Criatividade

e Grupos Criativos

DOMENICO DE MASI

Criatividade

E GRUPOS CRIATIVOS

SEXTANTE

Título original: *La Fantasia e la Concretezza*

Tradução
Léa Manzi
Yadyr Figueiredo

Tradução do latim
Gaetano Lettieri

Preparo de originais
Virginie Leite
Maria Angela Villela

Assistente editorial
Alice Tavares Dias

Revisão
Clara Diament
José Tedin Pinto
Sérgio Bellinello Soares

Indexação
André e Nelly Telles

Projeto gráfico e diagramação
Valéria Teixeira

Capa
Victor Burton

Fotolitos
R R Donnelley América Latina

Impressão e acabamento
Cromosete Gráfica e Editora Ltda.

CIP-BRASIL. CATALOGAÇÃO-NA-FONTE
SINDICATO NACIONAL DOS EDITORES DE LIVROS, RJ

D32c De Masi, Domenico, 1938-
Criatividade e grupos criativos / Domenico De Masi; [tradução Léa Manzi e Yadyr Figueiredo]. – Rio de Janeiro: Sextante, 2003.

Tradução de: La fantasia e la concretezza
Inclui bibliografia
ISBN 85-7542-092-5

1. Criatividade – História. 2. Inovações tecnológicas – História. 3. Mudança social. 4. Lazer I. Título.

03-2086. CDD 303.4
CDU 316.42

Editora Sextante (GMT Editores Ltda.)
R. Voluntários da Pátria, 45 – Gr. 1.401 – Botafogo
22270-000 – Rio de Janeiro – RJ
Tel.: (21) 2286-9944 – Fax: (21) 2286-9244
Central de Atendimento: 0800-22-6306
E-mail: atendimento@esextante.com.br
www.sextante.com.br

SUMÁRIO

INTRODUÇÃO

LINHA RETA, LINHA CURVA

"O tempo é um jovem que brinca."
HERÁCLITO

"O tempo passou na janela
– só Carolina não viu."
CHICO BUARQUE

MACONDO

Como muitos dos meus contemporâneos, tive a rara sorte de experimentar, pessoalmente, no decorrer de uma vida, a condição humana de três épocas distintas: a rural, a industrial e a pós-industrial. Um dos mestres do evolucionismo, Ernst Haeckel, diria que de uma certa forma a minha ontogênese, isto é, a minha aventura pessoal, pôde refazer o percurso da filogênese, isto é, toda a história evolutiva da espécie humana. Exatamente como se, no curso de 60 anos, eu tivesse percorrido a Grécia arcaica de Hesíodo e de Homero, a Atenas de Péricles, a Roma de Adriano, a Florença dos Médicis, a Inglaterra de Bacon, a França de Voltaire e Diderot, a América de Taylor e Ford, do Vale do Silício e das Torres Gêmeas, a Viena de Musil e de Mahler, a Europa de Hitler e de Mussolini, a Paris de De Gaulle e de Sartre, o Oriente de Gandhi e da Sony, as favelas subproletárias de Nápoles e da Bahia, assim como o turbocapitalismo de Wall Street e do planeta globalizado.

Quando nasci numa cidadezinha do sul da Itália, na região chamada Molise, lá não havia sistema de esgotos nem água corrente, telefone nem rádio. Do mundo distante nos chegava tão-somente um certo eco do clamor fascista. Até mesmo o vigário e os afrescos *naïfs* da sua igreja pareciam por demais modernos em relação aos usos, costumes, linguagem e utensílios da cultura camponesa, repleta de fatalismo, de proibições e de uma violência primitiva.

O homem é o único macaco que sobrevive à própria juventude. Porém, a vida média dos meus conterrâneos não ultrapassava os cinqüenta anos, e todo indivíduo que chegava à idade adulta havia perdido muitos dos seus irmãos ou contemporâneos já na primeira infância. De modo que a morte rondava sempre e fatalmente, dentro de casa ou na vizinhança, como um acontecimento doméstico, em nada excepcional, que pontuava o crescimento de todos os jovens, sendo freqüentes os lutos. Em suma, a morte não era, como hoje, algo que diz respeito somente aos velhos e aos temerários.

No inverno a neve enrijecia e arroxeava os pés descalços e, com sua mordida implacável, aprisionava as famílias nas próprias tocas, invadidas pela fumaça ácida das chaminés malconstruídas. No verão uma massa disforme de ceifeiros, que dormiam enfileirados sobre a terra batida, compunha um verdadeiro enxame proveniente das regiões vizinhas, que trazia para o nosso vilarejo uma atmosfera sangüínea de suores e de pecados, de cansaço e de brigas.

Durante aqueles anos conheci os ritos e os mitos do mundo rural, igual – em relação à simplicidade dos processos produtivos, à escassez do consumo, ao aspecto patriarcal das tradições e à ingenuidade dos medos e do exorcismo – ao Sertão de Glauber Rocha, ao Morón de Borges, ao antigo Japão de Kurosawa, à Macondo de García Márquez e à Lucânia de Carlo Levi. Eu também tive a minha Macondo, o meu José Arcadio Buendía, o meu Melquíades e a minha Úrsula Iguarán.

O trabalho de cultivo daqueles campos avarentos, em vista dos escambos artesanais e miseráveis nas feiras locais, era duro e bestial, separado pelas estações e pelas festas religiosas. A fatalidade do granizo e da colheita escassa era coisa certa para todos, assim como o inelutável esgotamento dos campos e das oficinas, para não falar do cínico capricho das epidemias.

As córneas amareladas pela malária, os corpos ressecados e pálidos pela tuberculose, que meu pai, como médico, teimava em curar, os alimentos paupérrimos no sabor e na variedade, as relações sociais azedadas por rixas insanáveis, a fome permanente da família, da vizinhança e da parentela constituíam os pontos cardeais de um universo praticamente imóvel, que obedecia a uma órbita traçada pelo ciclo das estações, da liturgia e do fato.

O HOMEM QUE NÃO TRABALHA NÃO ENCHE O CELEIRO

Naquele mundo agrícola e pastoril, muito próximo à aristocracia heróica de Homero, e muito distante da refinada aristocracia de Voltaire, o trabalho representava a única possibilidade de vida e de resgate social. Mais que um dever, ele constituía uma precondição de sobrevivência: na Itália Meridional de 1940, tal como na Grécia descrita por Hesíodo em *Os Trabalhos e os Dias*, por volta do final do século VIII a.C., "os deuses mantêm escondidos dos homens os meios de subsistência: se assim não fosse, num único dia encontrarias aquilo que te serve para viver, digamos, durante todo um ano, para em seguida voltares a dedicar-te ao ócio; aposentando logo o arado no lar, abandonando o trabalho dos bois ou das pacientes mulas... A fome é sempre companheira do homem negligente e os deuses e os homens se indignam diante daquele que vive ocioso, semelhantes na índole aos zangões privados dos ferrões que, ineptos, devoram a fadiga das abelhas. A ti seja caro, pelo contrário, o tempestivo trabalho, de forma que o teu celeiro se encha de bens sazonais. Com o trabalho os homens tornam os rebanhos ricos e gordos. E tu, trabalhando, te tornarás muito mais caro aos Imortais e aos mortais: estes, de fato, muito ódio têm para com os ociosos. Trabalhar não é vergonha, não trabalhar é vergonha. Se trabalhares, logo o inepto te invejará, tu que estás enriquecendo: fama e mérito acompanham a riqueza. Qualquer que seja a tua sorte, trabalhar é melhor... Semeias nu, nu aras e nu ceifas, se desejas no tempo justo cumprir todos os trabalhos de Deméter, de modo que tudo cresça no justo tempo e nem tu, em seguida, devas mendigar pelas casas alheias sem nada obter... Não adies a fadiga nem para amanhã, nem para depois: o homem que não trabalha, ou que adia, não enche o celeiro; a diligência é benéfica ao trabalho, enquanto o homem que adia luta sempre com problemas".[1]

DO QUININO AO ALTO-FORNO

Em seguida, por etapas graduais, me familiarizei com a vida um pouco mais evoluída de uma pequena cidade da região da Campânia, no sudoeste italiano, e mais adiante com a vida completamente urbanizada das grandes cidades. Pude então descobrir que tanto Hesíodo como a Bíblia nem sempre tinham razão e que, freqüentemente, os ociosos eram mais ricos que os trabalhadores, assim como, entre estes últimos, os trabalhadores intelectuais viviam sempre melhor do que os braçais. Conheci a sociedade industrial antes mesmo de conhecer a indústria: o cinema, o telefone, o rádio, o quinino, a sulfa, os antibióticos, a insulina, o plástico, a esferográfica, a lambreta e, mais tarde, a televisão passaram a fazer parte do meu universo de símbolos, de objetos, de tecnologias e de mobilidade.

Os estabelecimentos siderúrgicos potentes e estrondosos, nos quais trabalhei muito jovem, eram então efervescentes com seus operários analfabetos, escravizados por máquinas vulcânicas, poderosas produtoras de barulho e de centelhas. A disciplina era do tipo militar, e a discriminação política sufocava toda e qualquer meritocracia. A condição operária era ainda aquela descrita por Engels e por Simone Weil. Taylor e a sua racionalização faziam então o seu primeiro ingresso triunfante nas repartições reservadas aos consultores, que ostentavam os termos técnicos americanos que tinham acabado de aprender nas *business schools* de Boston ou de Lausanne.

Nas indústrias, onde os empregados, os gerentes e os profissionais liberais eram ainda uma nítida minoria em relação aos operários, mas que se tornavam cada vez mais numerosos, começou-se a falar de *job analysis* e de *job evaluation*, e em seguida de *job rotation* e de *job enlargement*, de ilhas de montagem, de um novo modo de se construir um automóvel. Mas continuou-se também a falar de alienação, de luta de classes e de revolução. Fora das indústrias, nas cidades cada vez mais congestionadas, discutia-se, com desgosto e com esperança, o consumismo e a opulência da sociedade, a marginalização e as lutas urbanas. Dentro e fora apareciam, timidamente, as primeiras fotocopiadoras e, de forma ostensiva, os primeiros mastodônticos computadores.

Enquanto a classe operária exauria-se seguida de perto pela automação, pela classe média e pelo trabalho intelectual, enquanto uma boa parte das esquerdas ainda sonhava com o proletariado no poder, alguns poucos sociólogos e políticos começavam a entrever uma sociedade sem camponeses e sem operários.

ÓCIO E ESTÉTICA

Os países ricos, diferentemente da sociedade arcaica na qual nasci e da sociedade industrial na qual assumi os meus primeiros postos como profissional, passaram, finalmente, a assumir um aspecto pós-industrial. A produção de bens imateriais – serviços, símbolos, informações e valores – adquiriu um lugar cada vez mais central, desalojando a produção de bens materiais.

Valores como a estética, a subjetividade, a feminilidade, a virtualidade, a flexibilidade, a descentralização e a motivação ganharam terreno em relação à racionalidade, à padronização, à produção em série, à massificação, ao controle, ao gigantismo e à centralização, aspectos privilegiados ao longo de todo o período precedente da sociedade industrial. A linha curva começava a seduzir mais do que a linha reta.

A televisão tinha nessa ocasião o domínio da opinião pública, as novas tecnologias da informática já proporcionavam um salto qualitativo em todos os campos e propiciavam as condições para desestruturar o tempo e o espaço das ações humanas. As atividades de execução e de reprodução passaram a ser, gradualmente, deslocadas para o Terceiro Mundo ou delegadas às máquinas, enquanto os cidadãos do Primeiro Mundo, cada vez mais escolarizados e ricos, graças aos seus laboratórios científicos, aos seus bancos de dados, aos seus ateliês artísticos, aos seus centros de produção e difusão audiovisuais e às suas Bolsas de Valores, asseguravam para si cada vez mais o monopólio das atividades criativas, informativas, financeiras e recreativas, assim como no recente passado industrial haviam garantido o monopólio da energia, das máquinas e dos capitais. Perfilava-se, de forma cada vez mais nítida, uma sociedade baseada muito mais no tempo livre do que no tempo dedicado ao trabalho.

O ócio ganha espaço no mundo frenético dominado pelos negócios, transformando-se, por sua vez, num bom negócio; a estética ganha terreno no mundo opaco atormentado pelo pragmatismo, transformando-se também num *business*.

REPENSAR O MUNDO

Na primeira parte deste livro – *Descoberta e Invenção* – pretendo refletir sobre as mudanças sociais a que tive ocasião de assistir ao longo dos anos, sobre as grandes transformações provocadas pelo homem no passado recente e remoto e sobre as mudanças que considero legítimo prever para um futuro próximo. Dado que o sentido dessas transformações me parece cada vez mais decifrável à medida que elas se desenvolvem, cresce em mim a necessidade de compartilhar as suas possíveis chaves de leitura com um número cada vez mais amplo de interlocutores críticos.

Vivemos por muito mais tempo que os nossos ancestrais; a ciência nos convence a ter uma expectativa de vida não somente mais longa mas também mais sadia; dispomos de prodigiosas próteses tecnológicas, capazes de multiplicar a potência dos nossos sentidos, a velocidade dos nossos cálculos, o alcance da nossa memória e o número das nossas relações. Porém, a consciência e o usufruto dessas novas oportunidades não dependem da existência das mesmas, mas da disposição cultural de cada indivíduo de reconhecê-las e de apreciá-las em todas as suas dimensões. E esta disposição, por sua vez, é influenciada pelo clima geral que há em torno, pela atitude diante da vida, pela confiança nos demais, assim como pelo hábito de confrontar os preconceitos com os dados de fato; em suma, por aquele conjunto de opiniões, emoções e sentimentos que, bombardeados pela mídia, acabam adoçando a nossa vida com a serenidade ou afogando-a na angústia.

No final das contas, a pergunta que me tenho feito com maior freqüência e que neste momento transmito aos leitores é a seguinte: na sociedade pós-industrial a felicidade criativa é uma exceção ou é a regra, pode crescer ou corre o risco de degenerar-se? Quantas são as testemunhas que, em sã consciência, estariam dispostas a compartilhar os obscuros vaticínios apocalípticos de Albert Caraco,[2] segundo o qual "o nosso destino é continuar a nos multiplicar, unicamente para morrermos em grande número"? E para quem "a maioria passa a vida inteira cochilando e, quando está para morrer, receia despertar"? E ainda para quem estamos por acabar "nus por fora e vazios por dentro, com o abismo debaixo dos nossos pés e o caos acima das nossas cabeças"? Quantos estariam de acordo com esse autor quando diz que cada um de nós "prefere sacrificar-se, sacrificar-se como as espécies animais numerosas demais, sacrificar-se como os enxames de gafanhotos ou os exércitos de ratos, pensando que seja mais sublime perecer, perecer em grande número, em vez de finalmente repensar o mundo em que vive"? Pois de acordo com Caraco "nós estamos no inferno e a nossa única escolha é a de nos encontrarmos entre os condenados que são atormentados ou entre os diabos adeptos ao seu suplício". E ainda, segundo ele, "estamos caminhando em direção à catástrofe planetária, e a humanidade está repleta de pessoas que a desejam e a desejarão cada vez mais para escapar da ordem, uma ordem cada vez mais absurda, que só pode ser mantida com o sacrifício da coerência e, portanto, da humanidade do homem". Quantos concordariam?

Pessoalmente considero o otimismo a forma mais perfeita e generosa da inteligência. Acredito que o homem jamais permitirá ser superado pelos meios que ele mesmo cria e, portanto, não se reduzirá nunca a escravo das suas próprias obras. Espero que esta convicção não seja fruto da miopia ou da superficialidade, mas que derive de uma educação científica ao historicismo, do hábito salutar de enquadrar o presente na moldura da longa história que o precedeu. O exercício da memória demonstra que este no qual vivemos não é o melhor dos mundos possíveis, mas é, certamente, o melhor dos mundos entre aqueles habitados pela nossa espécie até agora.

Dessa longa história, pretendo explorar aqui a vocação criativa como o menor denominador comum dos seres humanos, prescindindo das várias inclinações, seja ao otimismo, seja ao pessimismo. Seja que o mundo resulte em "um inferno temperado pelo nada" como para Leopardi, Caraco ou Gore Vidal, seja que resulte num trânsito habitável enobrecido pela beleza e pela fantasia como para Ariosto ou Beethoven, para Goethe ou Mendelssohn, para Fellini ou Niemeyer, ou ainda que resulte num duelo com a razão, em forma de teorema, como para Borges ou Calvino, de todo modo a história confirma que o homem sempre soube reagir a todas as visões negativas, transformando-as em estímulos e projetos para a sua criatividade.

MAPAS

Sempre me fascinou a progressiva precisão que adquiriram, com o passar dos séculos, os mapas geográficos traçados pelos exploradores: daqueles improváveis dos heróis homéricos àqueles aproximativos dos conquistadores romanos, espanhóis e portugueses, até aqueles bem mais críveis, como os atlas sobre os quais viajava a minha imaginação de estudante, até as fotografias de satélites que desalojaram aquelas fantasias com o cientificismo peremptório da precisão técnica, que não deixa brecha ao gosto e ao desgosto dos erros.

Na primeira parte deste livro gostaria de fornecer alguns mapas, gradualmente mais exatos, daquele misterioso continente do espírito que é a criatividade humana, daquela tensão inquietadora que trazemos dentro de nós e que, desde sempre, nos conduz a corrigir a natureza com a cultura, deixando aos nossos filhos um mundo diferente daquele que herdamos dos nossos pais. Os nove capítulos iniciais também são como etapas no longo caminho da criatividade, marcadas por descobertas ou invenções particularmente representativas dessa tensão.

O homem começou aprimorando técnicas de sobrevivência contra as ameaças da natureza e dos seus competidores. Prosseguiu, a partir dos ancestrais de Neandertal e de Cro-Magnon, elaborando sistemas culturais mais sofisticados e abstratos, com o objetivo de compensar as suas frustrações, as suas dores e as suas inseguranças com ilusões (culto dos mortos, magia, invenção dos mundos supraterrenos, etc.), com prazeres estéticos (erotismo desvinculado da procriação, gastronomia, música, arte, etc.) e com a acumulação ostentosa de bens materiais (poupanças, consumismo, luxo, etc.). E agora talvez tenha chegado à compreensão de que a acumulação insensata de dinheiro, de poder e de objetos permanece sendo incapaz de satisfazer as suas necessidades de introspecção, de amizade, de amor, de lucidez e de lazer para as quais necessita cultivar, de forma criativa, valores que haviam sido negligenciados, como a ética, a estética, a emotividade, a subjetividade, a ubiqüidade e a qualidade de vida.

As estacas demarcadoras desse percurso, com as suas longas circunavegações e com os seus saltos repentinos, foram estabelecidas pela sublime criatividade com a qual o homem tenta derrotar, tenaz e incessantemente, os seus grandes inimigos de todos os tempos: o cansaço e a solidão, a ignorância e a feiúra, a tradição e o autoritarismo, a miséria, a dor e a morte. Alternando e entrelaçando fases de intenso progresso espiritual com fases de frenético desenvolvimento material, traçados lineares velozes com indolentes curvas do pensamento, o homem conseguiu multiplicar tanto o número dos privilegiados – finalmente emancipados do cansaço, da dor física e da miséria – como aqueles que eram condenados pela fome, pela ignorância e pela violência. Para todos, ricos e pobres, conseguiu distanciar um pouco a morte, não eliminá-la.

TODAS AS HISTÓRIAS DO MUNDO

Em algum lugar está escrito, na febril e infindável produção de Borges, que todas as histórias narradas pelo homem podem ser reduzidas a quatro: a história da cidade sitiada, a história de uma viagem, a história de uma pesquisa e a história do sacrifício de um deus. Estas – segundo o cego vidente de Buenos Aires – são as histórias que narramos desde sempre e que para sempre narraremos.

Creio que se possa tentar uma simplificação e reduzir todas as histórias a duas, ambas infinitas: aquela que segue um itinerário retilíneo, peremptório, previsível e planificado e aquela que segue um itinerário curvilíneo, livre, caprichoso e imprevisível.

Poderia haver um terceiro tipo, aquele circular, no qual a previsibilidade da reta e a ondulação da curva se interpenetram, como na eterna teoria do eterno retorno: o ano perfeito especulado por Platão no *Timeu*, no qual os sete planetas, uma vez equilibradas as suas diferentes velocidades, retornariam ao ponto de partida; os infinitos nascimentos, mortes e renascimentos descritos por Demócrito, Nietzsche e Blanqui; a repetição de ciclos semelhantes, mas não idênticos, proferida por Heráclito, com o seu mundo gerado pelo fogo e que o fogo perenemente devora.

E poderia existir ainda uma quarta história: a da linha em espiral que ao infinito se lança e do infinito redobra: como *Eros e Psiquê*, narrado por Apuleio, no interior do conto mais vasto das *Metamorfoses*. Como a história sugerida por Ítalo Calvino na circunlocução: "Eu escrevo que Homero narra que Ulisses escuta o canto das Sirenes que cantam a Odisséia." Ou como as histórias inventadas por Sherazade ao rei persa Shariar, a fim de distraí-lo da sádica tentação de assassiná-la, como já havia feito com as suas outras esposas, que a haviam antecedido: histórias narradas por personagens de outras histórias, que, por sua vez, contêm outras histórias, encaixando-se uma dentro da outra, como as famosas *matrioskas* russas.

Não gosto de me deixar levar pela suave perversão dos labirintos. Prefiro entrever, nas nossas aventuras humanas, infinitas linhas retas e infinitas linhas curvas, que se alternam, se entrecruzam e se entrelaçam ao longo de toda a história secular que nos fez homens. Sempre com a esperança da quadratura do círculo.

HARD E *SOFT*

Em torno da dicotomia "reta e curva" sempre houve um disputa, como na epistemologia, quanto ao dilema entre "ciência *hard*" e "ciência *soft*", a autopoiese e a heteropoiese, o método e a sua ausência, a ordem e a desordem, o geral e o particular, o necessário e o possível, a lei e o acaso, a previsibilidade e a imprevisibilidade, a falibilidade e a infalibilidade, assim como a objetividade e a subjetividade.

Quando os termos dialéticos são assim tão conflituais, é impossível permanecer neutro. Tomem os dois maiores arquitetos deste século, Le Corbusier e Oscar Niemeyer. O primeiro é franco-suíço racionalista. Não pode deixar de ser a favor da linha reta: "A curva é cansativa, perigosa e funesta, possui um verdadeiro efeito paralisante... A estrada curva é um resultado arbitrário, fruto do acaso, do descuido, de uma ação puramente instintiva. A estrada retilínea é uma resposta a uma solicitação, é fruto de uma intervenção precisa, de um ato de vontade, um resultado atingido com plena consciência. É algo útil e belo."

Niemeyer é brasileiro, ou melhor, mestiço, pois em suas veias conflui sangue árabe, espanhol e alemão. Eis, portanto, a sua declaração sobre o mesmo campo: "Não é o ângulo reto que me atrai e nem mesmo a linha reta, dura, inflexível, criada pelo homem. O que me atrai é a curva livre e sensual... De curvas é feito todo o universo, o universo curvo de Einstein."

A linha reta é limitada por suas próprias regras, por seus próprios binários, que a impedem de desviar. Se varia, já não é mais reta. A linha curva, pelo contrário, passa por onde quiser, encontrando a sua razão de ser na sua própria liberdade: como as aves no céu, as embarcações no mar e os adolescentes na vida.

Calvino confessava: "Prefiro confiar na linha reta, na esperança de continuar até o infinito e tornar-me inatingível." Carlo Levi preferia alimentar uma esperança diversa: "Se a linha reta é a mais curta entre dois pontos fatais e inevitáveis, as divagações a prolongarão: e se essas divagações se tornam tão complexas, tão emaranhadas e tortuosas, tão rápidas que não deixam rastro, talvez a morte não nos teste mais, talvez o tempo se perca e possamos ficar ocultos nos esconderijos mutáveis."

PRECISÃO E APROXIMAÇÃO

Assumamos a linha reta, dura e inflexível como metáfora das ciências exatas, da tecnologia, da racionalidade e de tudo aquilo que, segundo Koyré, podemos chamar de "universo da precisão". E assumamos a linha curva como metáfora do humanismo, da arte, da poesia, da estética e da emotividade, de tudo aquilo que evoca o "mundo da aproximação". A história humana inteira pode ser lida como cursos e recursos dessas retas e curvas, desses mundos e universos; como a alternância entre crescimento espiritual e crescimento material, com fases silentes e fases rumorosas, nas quais a razão e a emoção de vez em quando se camuflam. Mas talvez, finalmente, seja possível uma síntese.

Durante milênios, até o final do século XVIII, a humanidade viveu sob a égide da aproximação, do misterioso, do mágico, do emotivo, desarmado diante das pestes, dos raios e das invasões. Em seguida, o Iluminismo e a Industrialização descobriram e privilegiaram as forças libertadoras da razão, consentindo que se impusesse com uma tal presunção que não tardou a transformar-se em tirania.

Mas a aproximação da sociedade rural e a precisão da sociedade industrial poderiam ser tomadas como tese e antítese de um processo histórico finalmente capaz de aportar, com a sociedade pós-industrial, numa síntese feliz. Consumada a experiência da racionalização extrema, conferidas às máquinas todas as operações que requerem velocidade, repetição e precisão, hoje o homem pode finalmente usufruir, pela primeira vez na história, a sorte de ser saudável, culto, longevo, nômade e, ao mesmo tempo, sedentário, sereno, contemplativo e solidário.

Uma vez entregue a precisão às máquinas, ainda falta recuperar muitos aspectos da aproximação, que já não será mais aquela rude e primitiva da época rural. Salvaguardados os ganhos da experiência industrial, estes devem transformar os limites em oportunidades, conjugando a competição com a generosidade e a lucidez racional com o calor emotivo. Os nossos netos poderão dedicar-se à estética até porque os nossos avós dedicaram-se aos negócios, segundo a sucessão já destacada por John Adams: "Devo estudar a política e a guerra, para que os meus filhos tenham a possibilidade de estudar matemática e filosofia, navegação, comércio e agricultura e possam assim dar aos filhos deles a possibilidade de estudar pintura, poesia, música e cerâmica."

MÉTODOS

As descobertas e as invenções às quais é dedicada a primeira parte deste livro visam representar não tanto o universo das obras criadas pelo homem, mas o alternar-se das linhas retas e curvas na sucessão destas obras, a evolução progressiva dos vários métodos que, no decurso de milênios, aprendemos a descobrir e a inventar. Chega-se assim a compreender, ainda que em linhas gerais, que passamos gradualmente de formas individuais a formas coletivas de criatividade, que aprendemos a não depender de gênios singulares, ou melhor, a somar a genialidade individual deles à genialidade coletiva dos grupos organizados para criar emoções e conhecimentos, ciência, arte e tecnologia.

À poesia, à pintura e à composição musical que permanecem como criações tipicamente individuais somaram-se o teatro, a lírica, a música de câmara, os concertos sinfônicos, os balés clássicos e modernos e ainda o *jazz* e os programas televisivos: todas elas formas artísticas em que é freqüente que um número razoável e variável de pessoas participe da criação inventiva e da interpretação de obras de arte. Este conjunto que se forma progressivamente é ainda mais acentuado na área científica e tecnológica, em que o progresso depende cada vez menos de um único Newton ou de um único Marconi e sempre mais dos grandes laboratórios de Cambridge, Genebra, do MIT ou de Osaka.

Tanto nas ciências como nas artes, não se trata mais de simples "escolas" ou de "movimentos" como os "keynesianos" na economia, ou o grupo da "teoria dos conjuntos" na matemática, ou da "biologia molecular", ou ainda os "impressionistas", os "cubistas" ou os "expressionistas", no campo artístico, ou mais ainda adeptos de grupos como o Fluxus, o Memphis ou o movimento da Transvanguarda, em que alguns cientistas ou artistas, compartilhando um mesmo paradigma, continuavam a produzir cada um por conta própria. Trata-se, ao contrário, de verdadeiras criações coletivas, como as telas pintadas a seis mãos por Andy Warhol, Basquiat e Francesco Clemente, nas quais seria inútil distinguir as contribuições pessoais, dado que a grandeza das obras consiste exatamente no conjunto. A mesma coisa vale para um concerto de *jazz*, para o roteiro de um filme, para a criação de um *software*, de um carro ou de um satélite.

CRISE NA ORGANIZAÇÃO INDUSTRIAL

Essa tendência aqui explorada no decurso de toda a história da humanidade era ainda uma hipótese na minha mente quando, juntamente com alguns colaboradores, iniciei a identificação de grupos criativos que trabalharam na Europa durante a época industrial, entre a metade do século XIX e a metade do século XX. A necessidade daquela pesquisa tinha brotado quase que por geração espontânea, como antítese a um longo estudo conduzido entre 1969 e 1986 sobre os trabalhadores das indústrias manufatureiras. Os dados que emergiam das milhares de entrevistas confirmavam que, graças à tecnologia, até mesmo a produção de bens materiais requer uma quantidade de trabalho humano cada vez menor, porém sempre mais qualificado. De modo que a organização industrial clássica do trabalho, descaracterizada pela predominância surpreendente dos colarinhos-brancos e das funções intelectuais, assinalava uma inadequação irreversível dos seus métodos consolidados e era obrigada a tomar emprestados modelos de outras organizações e de outras disciplinas: a teoria dos sistemas da biologia, por exemplo, ou o *project management* das empresas espaciais e da produção cinematográfica.

Disso nasce a minha curiosidade científica de explorar as experiências organizacionais não-industriais e seguir pelo curso inverso a história delas, até as décadas que precederam o taylorismo e o fordismo. As perguntas que eu me fazia eram, mais ou menos, as seguintes: no auge da era industrial existiram organizações que visavam mais à produção criativa do que à reprodutiva? Onde foram mais numerosas? Como eram estruturadas? Quais eram as suas características financeiras, comerciais e gerenciais?

Até mesmo do passado mais longínquo emergiam exemplos ilustres: as oficinas do Renascimento, por exemplo, e as academias que, a partir de Lourenço o Magnífico, competiam com as primeiras em termos de formação de artistas e cientistas. Mas me interessava sobretudo o período em que a indústria conquistou a sua hegemonia social, devido à sua organização científica: os séculos de Marx e de Weber, de Taylor e de Ford.

UMA VIA EUROPÉIA À REORGANIZAÇÃO

Resgatando e fichando dezenas de exemplos famosos e menos famosos – grupos de artistas que iam dos nazarenos aos pré-rafaelitas, dos impressionistas aos primeiros grandes estilistas; equipes de cientistas que iam dos médicos franceses, dos físicos italianos até os biólogos ingleses –, logo tornou-se claro para mim que, se excluísse as grandes aventuras do *jazz* e do cinema, nas quais a América havia triunfado – e se excluísse também casos anômalos e chamativos como os de Louis Comfort Tiffany, de Elbert Hubbard com as suas Roycraft Shops, ou de Charles Rohlfs e ainda de Charles e Henry Greene e poucos outros –, quase todos os grupos criativos que eram ativos no primeiro período industrial eram europeus.

A segunda constatação, sugerida pelas próprias fichas à medida que iam se acumulando, era que cada um desses grupos, organizados para produzir arte ou ciência, havia elaborado igualmente um modelo original de organização, financiamento e, freqüentemente, também de vendas. O distrito, a rede, o *lobby*, a administração por objetivos, o *project work*, o congresso permanente e todas as mais variadas inovações com as quais vêm se vangloriando até hoje os teóricos mais eminentes das ciências organizacionais já haviam sido pensados e pontualmente adotados pelos grupos cujas histórias floresciam sob o meu olhar de estudioso.

Portanto, enquanto os Estados Unidos realizavam o grande esforço teórico-prático que traria com o *Scientific Management* a descoberta de um método único, feito de leis e princípios exatos com os quais estabelecer a produção em série, a Europa percorria uma estrada autônoma, buscando e praticando diversas formas originais de organizar os trabalhos criativos, desempenhados de forma coletiva.

Num primeiro tempo essas múltiplas modalidades, frágeis devido à sua própria natureza e precocidade, mostraram-se perdedoras diante do avanço prepotente do monolítico modelo industrial. Porém, hoje, quando a organização da fábrica tradicional exauriu o seu ciclo histórico e demonstra-se incapaz de organizar não somente os escritórios e as repartições, mas também o lazer, a atividade artística e científica e até mesmo a própria fábrica, então os esforços e os exemplos da velha Europa voltam a emergir como patrimônio precioso e como fonte de inspiração para as estruturas e os funcionamentos dos grupos empenhados no trabalho criativo. Por isso, entre tantos grupos examinados na primeira fase da pesquisa, selecionei 13 que, além de serem quase todos famosos devido às suas genialidades, pareceram-me igualmente representativos de modalidades organizacionais igualmente originais.

A SOCIEDADE CRIATIVA

Os resultados desta pesquisa foram publicados em 1991, com o título *A Emoção e a Regra*,[3] e nos capítulos a seguir farei freqüentemente referência a esses 13 casos. O livro foi bem acolhido, tanto na Itália como no exterior, e o debate que desencadeou encorajou minha equipe a estender a pesquisa a uma dezena de grupos contemporâneos: das equipes de Fellini aos laboratórios científicos de Rita Levi Montalcini, o Consiglio Nazionale di Ricerca e muitas empresas. Do estúdio de Michelucci até o de Oscar Niemeyer, do ateliê de estilistas como Valentino ou Capucci às redações dos jornais e dos telejornais, das empresas de *design* como a Alessi ou a Frau até a de projetos gráficos como a de Antônio Romano; do circo aos museus, dos teatros clássicos e experimentais aos festivais de todos os tipos; dos institutos de pesquisa universitária a muitos grupos sem fins lucrativos. Essas pesquisas envolveram uma centena de estudantes de graduação e pós-graduação e dezenas de coordenadores reunidos em torno da cadeira de Sociologia do Trabalho da Universidade de Roma. Talvez atualmente este departamento possua o maior acervo mundial de casos que dizem respeito à criatividade coletiva.

Juntava-se a fome com a vontade de comer. À medida que aprofundava o tema da criatividade coletiva, os 13 casos descritos em A *Emoção e a Regra* me pareciam somente uma última etapa, em nada definitiva, de uma longa experiência histórica da humanidade, acumulada no curso de milênios, construindo diques, templos, catedrais e palácios, abrindo oficinas, fundando mosteiros e academias. Antecipando sempre formas passíveis de organização pós-industrial, funcionais à criatividade coletiva.

Satisfazendo a minha deformação como sociólogo, acato a concepção de que o verdadeiro sujeito histórico da criação não é o homem, mas a sociedade: *a sociedade criativa.* Disso deriva o conteúdo da primeira parte do livro, dedicada à reconstrução histórica do trabalho criativo, produzido pelo homem no decurso dos milênios e aqui reconstruído através de casos, episódios e métodos.

CONFUNDIR A ARTE COM A VIDA

Quase tudo aquilo que nos circunda é criado ou marcado pelo homem. Até mesmo um frango contém mais tecnologia do que carne e osso. Por isso, a minha escolha, privilegiando determinadas invenções em detrimento de outras, é completamente arbitrária. Obviamente dei preferência aos episódios que melhor sustentam as minhas teses ou que haviam permanecido menos citados na historiografia humana.

Além disso, a minha postura é etnocêntrica. Por mais que tenha me esforçado para compreender casos de criatividade em outras culturas, as referências à história ocidental prevalecem largamente neste livro. E o que é pior: ainda que eu tenha tentado ser objetivo, o meu ponto de vista permanece sendo, essencialmente, aquele de um intelectual europeu que divide seu tempo entre Roma e Ravello, ou seja, vive numa capital de cultura latina e numa cidadezinha de veraneio de cultura árabe-amalfitana, ambos os casos agraciados por uma renda média *per capita* de 25.000 dólares.

Por fim, não consegui resistir à tentação de selecionar sobretudo casos que chamam a atenção, embora esteja plenamente consciente de que mil humildes invenções – do anzol à lapiseira, da chave ao saquinho de chá, dos pregadores de roupa aos suspensórios, do ferro de passar à cadeira – tenham contribuído tanto para a felicidade humana quanto a Torre Eiffel.

Quase sempre as invenções humildes são anônimas e, justamente por isso, talvez sejam as mais coletivas dentre todas as invenções, representando, como os poemas homéricos, o resultado final de um progressivo ajuste secular. Além disso, todos nós ouvimos milhares de piadas, mas raramente conhecemos um inventor de piadas. Isto demonstra, mais uma vez, o quanto é difusa a necessidade de criar, de sorrir e de fazer sorrir. E demonstra que todos, como John Cage, amam "confundir a arte com a vida".

O tempo – afirmou Heráclito – é um jovem a brincar. Às vezes, nos seus jogos, gosta de se divertir sobretudo com a esfera emotiva, criando poesia, música e arte. Outras vezes lhe apetece concentrar-se sobretudo no âmbito racional, criando matemática, ciência e tecnologia. O importante é que cada homem saiba brincar com o tempo que brinca, de modo criativo, sem se esquivar aos seus dons: "O tempo passou na janela – só Carolina não viu", diz o lamento de Chico Buarque, na sua doce canção.

Que cada um, então, fecunde o seu tempo segundo as próprias vocações criativas, de modo que prossiga eternamente o itinerário do homem, que ama entrelaçar os mundos fantásticos da aproximação com os universos concretos da precisão; as linhas retas, saxônicas, peremptórias, com as linhas curvas, latinas, livres e sensuais.

A BELEZA SE EXPANDE

A segunda parte do livro – *Fantasia e Concretude* – visa sedimentar e aproveitar a longa experiência criativa descrita na primeira parte, a fim de buscar uma definição e uma explicação dos processos criativos: o que é a criatividade; o que é necessário para determiná-la; quais são as formas específicas que está assumindo na nossa sociedade pós-industrial; o que muda quando passa de uma modalidade individual para uma modalidade coletiva; quais contribuições para a sua compreensão são trazidas pela neurologia, pela psicologia, pela epistemologia, pela sociologia e por todas as ciências que se atormentam em busca do seu fascinante segredo.

As literaturas psicológicas e psicanalíticas são muito vastas, explorando terrenos interessantíssimos, mas, por vezes, tão disparatados entre si que desencorajam toda e qualquer tentativa de uma síntese exaustiva. Por isso, limitei-me a evocar somente poucas contribuições, estritamente úteis ao meu discurso. Com o mesmo critério redigi os capítulos dedicados à neurologia e à epistemologia.

Os últimos capítulos são dedicados ao exame de fatores que, creio, intervêm com maior peso na dinâmica dos grupos criativos: a motivação dos vários membros, o estilo da liderança e o clima geral, isto é, a alma da organização.

Afirma Gregory Bateson: "Para que exista um tipo de lei de Gresham da evolução cultural – segundo a qual as idéias ultra-simplificadas acabam sempre desalojando as mais elaboradas –, o que é mais vulgar e desprezível acabaria sempre destronando a beleza. Apesar disso, a beleza perdura."[4]

Após haver percorrido a história humana sob a égide da criatividade, após ter refletido muito sobre a natureza desse nosso potencial inato, creio poder concluir, mais otimista que Bateson, que a beleza não somente perdura, mas, felizmente, se expande.

PRIMEIRA PARTE

DESCOBERTA E INVENÇÃO

"A vida da cidade moderna é praticamente toda determinada pela linha reta... A curva é cansativa, perigosa e funesta, possui um verdadeiro efeito paralisante... A estrada curva é um resultado arbitrário, fruto do acaso, do descuido, de uma ação puramente instintiva. A estrada retilínea é uma resposta a uma solicitação, é fruto de uma intervenção precisa, de um ato de vontade, um resultado atingido com plena consciência. É algo útil e belo."

LE CORBUSIER

"Não é o ângulo reto que me atrai e nem mesmo a linha reta, dura, inflexível, criada pelo homem. O que me atrai é a curva livre e sensual, a curva que encontro nas montanhas do meu país, no curso sinuoso dos seus rios, nas nuvens do céu, nas ondas do mar, no corpo da mulher preferida. De curvas é feito todo o universo, o universo curvo de Einstein."

OSCAR NIEMEYER

CAPÍTULO UM

OS SETE DIAS DA CRIAÇÃO

"Mais olhas para trás, mais adiante verás."
WINSTON CHURCHILL

CIRCA

"No princípio, Deus criou os céus e a terra. A terra estava informe e vazia; as trevas cobriam o abismo e o Espírito de Deus pairava sobre as águas."[1] (GÊN, 1, 1-2.) Assim inicia o Gênesis, o primeiro livro da Bíblia, escrito aproximadamente há 3.000 anos, no qual se evoca, poeticamente, a origem do mundo, da humanidade e do povo eleito.

"Deus disse: 'Faça-se a luz!' E a luz foi feita. Deus viu que a luz era bela, e separou a luz das trevas. Deus chamou à luz DIA, e às trevas, NOITE. Sobreveio a tarde e depois a manhã: foi o primeiro dia." (GÊN, 1, 3-5.)

Por seis dias Deus prossegue a sua obra, criando todas as coisas por intermédio da palavra ("Ele falou e tudo foi feito", diz o Salmo), motivado pela beleza ("Deus viu que a luz era bela"). Diante de cada coisa nova que cria – a terra, o mar, a erva, as plantas, o sol, a lua, as estrelas, as aves, os peixes, o homem e a mulher –, Deus quase que se espanta com a sua beleza. E daquele estupor satisfeito lhe vem a motivação para prosseguir à etapa seguinte da criação. É a beleza do resultado que impulsiona Deus a seguir em frente, a produzir beleza, quase como se desafiasse a si mesmo e a sua capacidade de criar coisas cada vez mais belas.

Findo o sexto dia, completados e ordenados o céu e a terra e todas as coisas que neles se encontram, "Deus viu que tudo aquilo que havia feito era deveras muito belo". Exaltado por tanta beleza, realizou a coisa mais linda de todas: "No sétimo dia, terminada a sua obra, Deus descansou." Agora, "tudo estava criado".

Com efeito, sempre em busca da beleza e por meio da palavra, a criação prossegue a cada dia desde milhões de anos por obra do homem, que é ao mesmo tempo produtor e produto, artífice e artifício, criador e criatura. E essa criação, jamais com uma idêntica velocidade ao longo do tempo – por vezes fulminante e peremptória como uma linha reta, por vezes sinuosa e flexível como uma linha curva –, permaneceu lentíssima durante milhões de anos, em seguida avançou com uma aceleração imprevista, por blocos, saltos, regressões e revoluções. Até a descoberta do ferro, da roda e da escrita, até a invenção da máquina a vapor, até o desenvolvimento industrial, da bomba atômica, da biologia molecular e da informática.

Por sua vez, o estudo das primeiras longuíssimas etapas – a pré-história – deste caminho assim tão acidentado acontece, algumas vezes, por brilhantes iluminações, fulminantes como uma linha reta; já em outros casos é obrigado a seguir a linha curva de longas e tortuosas pesquisas. A narração que disso deriva é sempre sujeita a contínuas revisões, seja pela escassez de informações e pela incerteza dos achados sobre os quais se funda, seja pela particularidade congênita a um trabalho desse gênero, no qual o sujeito que hoje reconstrói os fenômenos pesquisados é mais ou menos aquele mesmo cérebro humano que ontem os produziu.

Portanto, refazendo o percurso desse período é obrigatório acompanhar toda e qualquer datação com o vocábulo *circa*, e, a cada descoberta de novas informações, impõe-se modificar até de milênios a cronologia da nossa pré-história, reformulando os paradigmas com os quais ela é interpretada. Sherwood L. Washburn, um pioneiro no estudo dos primatas, nos lembra que: "No início do século XVIII a opinião geralmente aceita era que o tempo transcorrido entre a criação da Terra e a época atual deveria ser avaliado em poucos milhares de anos. No final do século XIX, este intervalo tinha aumentado em milhares de vezes, atingindo a cifra de 40 milhões de anos. Com a descoberta de que o lento e constante declínio de certos isótopos radioativos constitui um relógio, tornou-se necessário incrementá-lo outra vez em milhares de vezes, de modo que hoje consideramos que a idade da Terra gire em torno de 4,6 bilhões de anos.

"A mente humana não consegue, literalmente, abraçar um período dessa ordem; o homem e o seu senso comum são capazes de perceber tempos breves como o ritmo do nascimento, do crescimento e da morte. A este sentido de tempo biológico pode-se somar um sentido de tempo social: um intervalo menos tangível de três-cinco gerações, que é importante para os atores do drama da sociedade humana. Intervalos mais longos não possuem o mesmo impacto emocional. A escala do tempo real, concebida pela ciência, pode ser considerada a primeira avaliação temporal completamente desvinculada da mente humana. A moderna concepção do tempo é, naturalmente, somente uma, dentre uma série de emancipações mentais que conduziram o homem a uma compreensão mais profunda da sua história evolutiva."[2]

Conforme já foi dito, a aventura da nossa espécie, nas suas fases iniciais, foi feita de eventos e transformações tão lentos, incertos e incertamente distribuídos, que até mesmo algumas de suas etapas fundamentais são permanentemente deslocadas, para a frente ou para trás, em milhares de anos. De todo modo, especialistas sobre pré-história como John Desmond Clark nos aconselham a crer que, no interior das lentíssimas ondas iniciais da história humana, "os diversos níveis culturais foram atingidos através de uma série de estágios de transição, inicialmente numa rápida sucessão e, a seguir, mais graduais, enquanto uma nova meta não fosse atingida".[3] Jean Chavaillon acrescenta que "a história das técnicas paleolíticas identifica-se nesta lenta passagem do instrumento multiuso ao instrumento especializado, do manufaturado fabricado unitariamente aos instrumentos construídos em série, do trabalho feito por um amador até o do profissional".[4] Koyré diria "do mundo da aproximação ao universo da precisão".

UM CAVALO DE 50 CENTÍMETROS

A vida na Terra teve início há milhares de milhões de anos. Há cerca de 200 milhões de anos surgiram os primeiros répteis, inclusive os dinossauros, os primeiros voadores e os primeiros mamíferos. A seguir, pelo que parece, cerca de 70 milhões de anos atrás, uma catástrofe destruiu todos os animais de grande porte (os dinossauros chegavam a ter 40 metros de comprimento). Mais ou menos na mesma época começaram a se formar os primeiros longínquos ancestrais dos animais atuais, assim como os primeiros exemplares de primatas, os primeiros macacos.

Morfologicamente, cada espécie seguiu a sua evolução própria, sua própria linha reta em direção ao contínuo aperfeiçoamento e desenvolvimento. O cavalo, por exemplo, até 38 milhões de anos atrás não conseguia superar 50 centímetros de altura; há 26 milhões de anos atingia 70 centímetros; há sete milhões de anos havia alcançado o metro; dois milhões de anos atrás chegou aos 120 centímetros, e há dois milhões de anos permanece tendo um metro e meio. Se lembrarmos que a série dos microprocessadores, em apenas trinta anos, passou de uma capacidade de 20.000 operações por segundo a uma capacidade de um bilhão de operações por segundo, nos daremos conta de quanto mudou a escala das progressões com a qual a nossa espécie se relacionou ao longo da sua história.

Num primeiro longuíssimo período dessa história, que termina em torno de nove ou dez mil anos atrás e que, geralmente, é unificado sob o rótulo de "paleolítico", passou-se, aos poucos, do *Australopithecus* ao *Homo habilis* e, em seguida, ao *Homo erectus* e ao *Homo sapiens*.

LENTÍSSIMOS RIOS DE GELO

Hoje dispomos de aquecedores e de aparelhos de ar condicionado, de máquinas capazes de retirar a neve e de isolantes térmicos. É óbvio que os nossos ancestrais pré-históricos, na falta dessas tecnologias capazes de controlar as inclemências da natureza, ficaram sujeitos aos seus efeitos de uma maneira muito mais drástica do que nós. Portanto, os fatores ambientais desempenharam um papel determinante na nossa própria criação.

"No tempo em que o Senhor Deus fez a terra e os céus não existia ainda sobre a terra nenhum arbusto nos campos, nenhuma erva havia ainda brotado nos campos, porque o Senhor Deus não tinha feito chover sobre a terra, nem havia homem que a cultivasse; mas subia da terra um vapor que regava toda a sua superfície" (GÊN, 1.2, 4-6). A Bíblia é uma imensa fábula, ainda que narrada por Deus, e, como em todas as fábulas, os eventos se sucedem com a rapidez da linha reta, que tanto agradava a Ítalo Calvino. Tudo no Gênesis, o bem e o mal, acontece num piscar de olhos: Deus disse: "Produza a terra plantas e ervas que contenham sementes, e árvores frutíferas que dêem frutos segundo sua espécie e o fruto contenha a sua semente. E assim foi" (GÊN, 1, 11). "Caim disse então a Abel, seu irmão: 'Vamos ao campo.' Logo que chegaram ao campo, Caim atirou-se sobre seu irmão e o matou" (GÊN, 4.5, 8).

As coisas do nosso mundo, na realidade, caminharam muito mais lentamente e de forma bem mais complexa. A rapidez da linha reta, própria do celeste mundo fabuloso, a evolução terrestre teve que substituir pela lentidão da linha curva: se a pré-história da nossa espécie, sob o perfil antropológico, é caracterizada pela longa e confusa sucessão que vai do *Australopithecus* até o *Homo sapiens*, a história geológica do nosso planeta, desde 70 milhões de anos até agora, passou por inúmeras eras – cretácea, paleocênica, eocênica, oligocênica, miocênica, pliocênica, pleistocênica e holocênica – cada uma das quais se dissolvendo nas que a precederam e nas que a seguiram.

Até 500 milhões de anos atrás o clima da Terra era muito mais quente que atualmente, e a superfície terrestre era muito mais desertificada. A seguir, talvez devido a uma conjuntura de variações da órbita terrestre, da inclinação do eixo da Terra e das radiações solares, teve início uma época glacial, na qual os blocos de gelo expandiram-se, absorvendo enormes massas de água marinha e recobrindo vastíssimas zonas de todos os continentes.

Durante milhares de séculos, antes mesmo que a nossa espécie adquirisse aspectos suficientemente humanos, talvez essas geleiras tenham ficado paradas e o clima permanecido uniforme.

Depois os blocos de gelo começaram a se mover: por várias vezes avançaram, provocando modificações radicais na flora e na fauna, e várias vezes retrocederam, provocando transformações profundas também no aspecto antropológico.

Parece plausível a idéia de que, quando uma dessas glaciações teve fim, inicialmente a substituição das geleiras por florestas e, depois, destas por pradarias, por savanas e por estepes favoreceram os ruminantes, os herbívoros, os onívoros e os hominídeos capazes de caminhar na posição ereta.

As glaciações repetiram-se a cada 100 mil anos; este era seu ritmo aproximado. A cada glaciação mudavam radicalmente o clima e o território. Conseqüentemente, os nossos ancestrais eram obrigados a modificar os seus usos e costumes, a fim de sobreviver: alguns sucumbiam, outros resistiam na forma "menos pior", outros tentavam emigrar e outros ainda tinham a capacidade de readaptar-se de modo rápido, beneficiados por uma maior criatividade e por uma maior coincidência entre as suas capacidades físicas e aquelas requeridas pelas novas condições geoclimáticas. Seguramente, os dons criativos de cada indivíduo em particular, assim como do bando como um todo, eram, todas as vezes, os recursos que asseguravam a vitória.

A partir de um milhão de anos atrás houve dez glaciações: uma, chamada Günz, aconteceu há cerca de 600 mil anos; outra, chamada Mindel, ocorreu cerca de 476 mil anos atrás; outra ainda, de nome Riss, sucedeu aproximadamente há 230 mil anos, e uma outra, Würm, aconteceu há 115 mil anos. A última, há 18.000 anos, cobriu de gelo pelo menos um terço de toda a superfície terrestre emersa, solidificando 5% do total de água existente na Terra e provocando um rebaixamento de 100 metros do nível do mar em relação ao nível atual.[5]

Os blocos de gelo em torno dos quais se desenvolveu a nossa lenta história paleolítica podem também ser considerados verdadeiros rios de gelo, capazes de fluir com uma velocidade de 3 cm anuais, sob o efeito de modestas variações astronômicas.

As ondas longuíssimas da nossa história coincidem em boa parte com as sístoles e as diástoles desse grande coração de gelo, transformando-as, criativamente, de catástrofes em oportunidades; graças a elas, os hominídeos conseguiram impor a sua hegemonia sobre todas as demais espécies animais, inclusive aquelas que pertenciam à mesma ordem, isto é, a dos primatas. Enfim, o *Homo sapiens* prevaleceu sobre todos os demais hominídeos, de modo que hoje existem cerca de um milhão de espécies de insetos, 2.400 espécies de roedores, 900 espécies de morcegos, cinco espécies de rinocerontes, duas espécies de hipopótamos e duas espécies de elefantes. Mas somente uma espécie humana.

A PRÉ-HISTÓRIA ESTÁ ESCRITA NAS PEDRAS

Infelizmente, durante milhões de anos, esta nossa história e a história do nosso planeta têm somente as pedras como testemunhas. Quando, em 1865, Sir John Lubbock introduziu pela primeira vez estes dois inspirados termos, "paleolítico" e "neolítico", tinha, justamente, a intenção de dividir a pré-história em épocas caracterizadas pelos modos diversos com os quais os nossos longínquos ancestrais usavam e tratavam as pedras. Segundo Gordon Childe, a Idade da Pedra abrange o extenso período de tempo durante o qual as comunidades humanas permaneceram privadas de tecnologia metálica. Portanto, mais do que um "intervalo de tempo", o Paleolítico é um *modus vivendi*, ou seja, um "modo de viver" iniciado quando um dentre os tantos animais conseguiu, pela primeira vez, quebrar as pedras e transformá-las em utensílios rudimentares. Em seguida, aos poucos, esse mesmo animal aprenderá a caminhar na posição ereta, a usar as mãos, a criar armas cada vez mais potentes, a proporcionar-se uma organização social, a dominar o fogo e a regular as relações interpessoais, a apreciar a estética e a divagar sobre o além. Quando, finalmente, tiver atingido este ponto, não mais se poderá falar de um animal, mas de um *homem*.

O modo de vida paleolítico foi, por ampla margem, o mais duradouro de toda a nossa história. Ainda hoje, em várias partes do planeta, existem algumas tribos que continuam a vivê-lo, para alegria dos nossos antropólogos, mas trata-se de um tipo de sobrevivência cada vez mais raro, assediado pela mídia, pela Coca-Cola e pelo McDonald's. Permanece o fato de que a humanidade inteira viveu de forma paleolítica por dois ou três milhões de anos, equivalentes a 99,9% de toda a sua história, durante a qual inventamos milhões de objetos, mas somente pouquíssimos modos de vida, estreitamente correlacionados aos modos de produzir o bem-estar e a riqueza.

Uma primeira maneira paleolítica de viver, que durou alguns milhões de anos, era marcada pelo *scavenging*, ou seja, os nossos ancestrais sobreviviam praticamente sendo "garis" (*scavenger*, em inglês, é aquele que coleta ou dispõe do lixo) da natureza, alimentando-se de plantas e pequenos animais encontrados por acaso, portanto dependendo totalmente dos recursos disponíveis no ambiente.

Um segundo modo de vida paleolítico, que durou cerca de um milhão de anos, caracterizou-se pela caça de animais pequenos e grandes, assim como por uma colheita mais selecionada de ervas e frutas.

Um terceiro tipo de vida, neolítico e mais recente, que durou cerca de dez mil anos, coincidiu com a civilização agrícola e caracterizou-se pelo cultivo da terra, pela atividade pastoril e pelo uso do ferro. Com ele, passou-se da pré-história à história.

Um quarto modo de vida, existente somente durante os 200 anos da sociedade industrial, entre a metade do século XVIII e a metade do XX, foi marcado pela organização científica das fábricas, pelo emprego de máquinas automatizadas e pela descoberta de fontes de energia como o vapor, a eletricidade e o petróleo.

Um quinto estilo de vida, iniciado somente há algumas décadas, está se organizando em torno do papel hegemônico do saber, da informação, da estética e do lazer.

Obviamente, o abismo cultural que existe entre o nosso modo de viver e aquele do paleolítico constitui um obstáculo em nada irrelevante à compreensão da estrutura e da cultura das comunidades pré-históricas.

UMA SENHORITA ETÍOPE CHAMADA LUCY

"O Senhor Deus formou pois o homem do barro da terra e aspirou-lhe nas narinas um sopro de vida, e o homem se tornou um ser vidente" (GÊN, 1.2, 7). Na realidade, a matéria-prima com a qual moldamos a nós mesmos não foi a terra, mas sim o macaco.

Os macacos mais antigos datam de 25 milhões de anos, quando surgiram os hominídeos da espécie africana *Proconsul*. Porém, até chegar ao *Australopithecus* mais antigo, talvez já capaz de articular uma primeira linguagem rudimentar, dotado de um encéfalo mais volumoso (cerca de 400 centímetros cúbicos) e dos pressupostos morfológicos para caminhar ereto sobre dois pés, é preciso que recuemos quatro ou cinco milhões de anos, quando se encontra, justamente, um tipo de quadrúpede que tentou e aos poucos conseguiu tornar-se um bípede.

Os macacos do tipo *Australopithecus* dominaram o cenário dos hominídeos até dois milhões de anos atrás, mas com vários subtipos robustos e magros, e continuaram a povoar algumas zonas da África até um milhão de anos. O dimorfismo entre os machos e as fêmeas era ainda muito acentuado, o acasalamento era promíscuo, e os machos haviam aprendido a agrupar-se para defender o próprio território. Os bandos viviam nas savanas ou nas florestas, descansavam durante a noite dormindo debaixo das árvores e nutriam-se de frutas, plantas, raízes e pequenos animais, contando com a ajuda ocasional de utensílios elementares e perecíveis.

Um chimpanzé que hoje coleta cupins nas florestas da Tanzânia, servindo-se de pequenos galhos, não deve ser tão diferente assim daqueles nossos longínquos ancestrais descobertos em vários sítios arqueológicos da África e erroneamente saudados como o elo perdido entre o homem e o macaco.[6] Com efeito, como é bem sabido, Darwin jamais sustentou a hipótese de que descendemos do macaco; portanto, de nada serve encontrar um fantasioso "elo perdido" entre nós e eles. O único ponto na escala evolutiva que compartilhamos com os atuais macacos – os quais, é preciso admiti-lo, muitas vezes se assemelham a nós de uma forma inquietante, seja no corpo, seja nas expressões – são alguns longínquos antepassados comuns, parecidos com os horríveis musaranhos.

Porém, tornemos aos macacos do tipo *Australopithecus*, ocupados, cada vez mais, na experimentação do andar ereto. Um exemplar muito celebrado dessa espécie é o esqueleto de uma senhorita etíope que viveu há cerca de três milhões e meio de anos, descoberta em 1974 por Donald C. Johanson, que a batizou Lucy, a partir do *hit* dos Beatles da época: *Lucy in the Sky with Diamonds*.[7]

Vinte e cinco anos, com um pouco mais de um metro de altura, essa moça bípede e um tanto ou quanto macaca, que pesava 25 quilos, teve a ventura de viver na interseção de duas linhas biológicas: a dos "hominídeos animais" (os australopitecos), especializados demais para evitar a própria extinção alguns milhões de anos mais tarde, e a dos "hominídeos humanos", demasiadamente imperfeitos para evitar evoluir para o que será, primeiro, o *Homo habilis*, depois o *Homo erectus* e, finalmente, o *Homo sapiens*, e, portanto, toda a longa cadeia de indivíduos humanos que foi se formando até chegar a mim, que escrevi estas coisas, e a vocês, que as estão lendo.

HOMO HABILIS: MÃOS E CÉREBRO

Há quatro ou cinco milhões de anos, os nossos longínquos ancestrais australopitecos começaram a experimentar o andar ereto, liberando aos poucos, deste modo, as patas anteriores, e permitindo assim que elas evoluíssem para a forma de mãos. Mas, antes que as duas patas livres aprendessem a construir utensílios, foi necessário o intervalo de pelo menos um belo par de milhões de anos.

Enquanto na Etiópia Lucy caminhava sobre os dois pés, sem contudo haver compreendido o que fazer com ambas as mãos, no Quênia e em outras regiões africanas alguns dos seus contemporâneos mais evoluídos aprenderam a usá-las para fabricar utensílios. E os fizeram com tal perícia que lhes valeu a denominação de *Homo habilis*, um novo tipo de hominídeo que se formou aproximadamente há dois milhões e meio de anos e que dominará a cena pré-histórica por pelo menos um milhão de anos.

Os utensílios encontrados juntamente com os restos do *Homo habilis* representam o primeiro grande salto da natureza rumo à cultura e a primeira grande expressão da criatividade humana. "Os utensílios", escreveram Chiarelli, Masetti e Pieraccioli, três paleontólogos italianos de grande renome, "diferentemente da ferramenta simples, são o testemunho da existência de um pensamento conceitual: é necessário que exista na mente do autor uma idéia, um modelo que ele execute, mediante uma série de operações efetuadas segundo uma ordem precisa. Os primeiros utensílios de pedra fabricados pelo homem, as machadinhas ou cutelos, da cultura olduvaiana, que remonta a cerca de dois milhões de anos, eram ainda bastante rudimentares. Para produzi-los, criava-se uma borda cortante numa pedra, graças à retirada de algumas lascas. Esses instrumentos refletiriam, segundo Thomas Wynn, uma inteligência de tipo pré-operacional, que avança por tentativa e erro, faltando ainda uma fase de verdadeira projeção do utensílio. Já a sucessiva indústria aqueuliana e bifacial, datada de aproximadamente um milhão e meio de anos e associada ao *Homo erectus*, dá ênfase à simetria e denota, portanto, uma referência pelas relações geométricas mais complexas, testemunhando uma inteligência operacional parecida com a do homem atual."[8]

Com o *Homo habilis* perdura o dimorfismo. Embora ainda habituado a dormir sob as árvores, esse nosso hábil antepassado é dotado de uma capacidade craniana que é praticamente o dobro daquela do *Australopithecus*, sendo capaz de utilizar instrumentos de pedra, de madeira e de osso; todavia, nutre-se de alimentos crus, mas usa couros para cobrir-se, sabendo fazer uso do fogo para se aquecer. Onívoro, talvez monógamo, assemelha-se a nós muito mais do que os demais hominídeos, manipula muito bem as pedras de modo a obter lascas cortantes e é capaz de organizar a própria moradia, seja no interior de cavernas, seja em campo aberto, protegendo-a do vento cercando-a com paliçadas.

No bando, os machos competem entre si pelo controle do maior número de fêmeas, sendo responsáveis pela obtenção do alimento e defesa do território. Por vezes, o grupo pára em áreas restritas, que utilizam como depósito, conservando aí os animais abatidos na savana.

Mas, acima de tudo, o *Homo habilis* começou a falar, adquirindo assim o principal instrumento para transmitir informações aos homens e aos animais, para se comunicar com os seus semelhantes, educar a prole, organizar conscientemente a vida coletiva e diferenciar-se, de forma definitiva e numa medida incomensurável, de todos os seus rivais.

Na prática, uma vez no estágio de *Homo habilis*, não só já havíamos aprendido a usar nossas mãos como tínhamos igualmente aprendido a usar muito bem o nosso cérebro (que então já ocupava um espaço de 600 a 800 centímetros cúbicos), usufruindo seja deste último, seja daquelas primeiras, a fim de inverter a nossa relação com a natureza: não termos mais que nos esforçar para sobreviver adaptando-nos ao mundo circundante, mas pretender, legitimamente, poder viver domando o mundo que nos circundava, segundo as nossas demandas.

Portanto, pela primeira vez na história a cultura suplantava a natureza, imprimindo desta forma uma forte aceleração àquela marcha triunfante da potência humana, que atingiria limites extremos, tais como aproximar-se da eternidade, a ponto de quase alcançá-la com as biotecnologias, mas, paradoxalmente, avizinhar-se também da destruição do homem e de todo o planeta, com a energia nuclear.

HOMO ERECTUS: FOGO E CAÇA

Há mais de 100 anos, um jovem anatomista holandês, Eugène Dubois, durante uma pesquisa na ilha de Java, encontrou um crânio grande demais para que pudesse ter pertencido a um macaco e pequeno demais para que pudesse ser verdadeiramente humano. Batizou-o, portanto, de "pitecantropo", isto é, "macaco-homem", servindo-se de um termo que já havia sido cunhado dois anos antes por Ernst Haeckel. Junto ao crânio encontrava-se um fêmur tão "moderno", que era uma prova suficiente para demonstrar que aquele homem-macaco caminhava ereto. Por isso, Dubois acrescentou o adjetivo *erectus*. O *Homo erectus* é um tipo de hominídeo que, após milhões de anos dominado pelo *Homo habilis*, conseguiu conquistar o papel de protagonista de todo o período pré-histórico, que remonta a um milhão e meio de anos.

O corpo desse nosso ancestral era bastante parecido com o nosso, com exceção do cérebro, bem menor: 900 centímetros cúbicos em comparação com os nossos 1.400 centímetros cúbicos. O grande pioneiro dos estudos pré-históricos, Gordon Childe, apoiando a sua febril imaginação antropológica nos quatro ou cinco fragmentos fósseis que foram encontrados, chegou até a descrevê-lo: "A sua fronte", nos assegura o autor, "prolongava-se para trás, acima de pronunciadas arcadas supra-orbitais, que protegiam os olhos e davam suporte à maciça arquitetura do crânio e da mandíbula. Contudo, um aumento rudimentar na área que preside a palavra nos nossos cérebros demonstra que o homem de Java falava e já atribuía aos sons significados socialmente aceitos."[9]

Com o *Homo erectus* o dimorfismo sexual vai se atenuando, e são criados os primeiros vínculos entre os casais. Os machos se especializam na defesa do território e na caça, que é feita em grupo, com o auxílio de instrumentos construídos especificamente para este fim. As fêmeas dedicam-se sobretudo à procriação, à criação dos filhos e à colheita das frutas espontâneas e das plantas. Ambos dormem, finalmente, no chão, em acampamentos-base destinados a múltiplas funções. É dali que partem os grupos de machos caçadores em busca de presas grandes e pequenas; é naquele mesmo local que se divide e se cozinha o produto da caça. Neste ponto, o fogo, o pai de todas as tecnologias, é utilizado de forma sistemática, e são produzidos em série e com destreza instrumentos de pedra para o corte e o arremesso, paus para escavar e golpear, assim como equipamentos para se defender contra as intempéries e para transportar as presas abatidas.[10]

No período de tempo compreendido entre um milhão e meio e 100 mil anos atrás, o *Homo erectus* difundiu-se em quase todas as terras emersas da Europa e da África. Já havia se tornado um ótimo caçador, sabia construir armadilhas e costumava organizar complexas excursões de caça. Dotado de uma capacidade craniana muito maior do que a do *Homo habilis*, construía facas e raspadores de qualidade muito superior, além de ter logo concebido uma forma de isolar a umidade das cavernas, cobrindo-as com pedras. Já para aprender a usar de modo sistemático o fogo, necessitou de mais tempo. Os primeiros restos de carvão queimado remontam a um milhão de anos, mas os achados mais confiáveis, correspondentes a um acampamento de nômades, datam de uma época posterior, demonstrando que somente há 500 mil anos os nossos ancestrais paleolíticos descobriram como acender o fogo e como manipulá-lo com a desenvoltura necessária.[11]

Todas essas demonstrações iniciais de criatividade predominantemente coletiva nos parecem hoje rudimentares e muito lentas, mas, se atentarmos bem, foram prodigiosas a ponto de nos tornarmos humanos, liberando-nos definitivamente da animalidade e distanciando-nos irreversivelmente de todos os outros animais, dentre os quais nenhum é capaz, ainda hoje, de atirar intencionalmente uma pedra, construir um arco ou acender uma fogueira. Diz a Bíblia: "Façamos o homem à nossa imagem e semelhança. Que ele reine sobre os peixes do mar, sobre as aves dos céus, sobre as bestas, sobre os animais selvagens e sobre todos os répteis que rastejam pelo chão." (GÊN, 1, 26.)

HOMO SAPIENS: A CRIAÇÃO DEU CERTO!

Os milhões de anos da idade paleolítica serviram ao homem para criar a si mesmo, diferenciando-se, imperceptível mas definitivamente, dos outros animais, adquirindo uma linguagem própria e construindo alguns utensílios indispensáveis à sua sobrevivência.

A fase final dessa longuíssima gestação cobre um período de tempo compreendido entre cerca de 500 mil e aproximadamente 9.000 anos atrás, isto é, do momento em que os hominídeos praticamente balbuciavam e construíam instrumentos de caça bastante rudimentares até quando os homens já haviam domesticado o cão, construído o arco e a flecha, inventado o mundo do além, dado origem a atividades intencionalmente estéticas, e estavam prontos para o salto da era paleolítica à era neolítica.

Essa é a fase dominada pelo *Homo sapiens*, que já sabe manejar com perícia as pedras, servindo-se de outras pedras, sabe usar chifres, paus e objetos pontiagudos a fim de tornar mais suportável o próprio cansaço na luta pela sobrevivência, cria técnicas sofisticadas que permitem a retirada intensiva de moluscos do mar, inventa a arte e a metafísica, fala e atribui aos sons significados compartilhados com outros membros do próprio grupo.

Com o *Homo sapiens* o ritmo evolutivo sofre uma aceleração decisiva: se o *Australopithecus* só sabia usar pedras e paus, se foram necessários milhões de anos para que os macacos mais evoluídos mal conseguissem encontrar e usar pedras lascadas, ao *Homo sapiens* de Neandertal bastaram 100 mil anos para aprender a curar os doentes, enterrar os mortos, iluminar as noites com lanternas a óleo, aproveitando assim horas de escuridão para a sua vida ativa. Hominídeo que a esta altura é um homem, nosso antepassado, agora já bem-formado, capaz de falar e de construir utensílios, dotado de um cérebro que cresceu nitidamente mais do que o do macaco, demonstra que o homem finalmente conseguiu criar a si mesmo.[12]

CAPÍTULO DOIS

O HOMEM DESCOBRE A IMPERFEIÇÃO E INVENTA A PALAVRA

"Tenha bem em mente aquilo que lhe digo" foi a advertência que Ruth me fez hoje de manhã. Eu o farei, naturalmente, mas não sei exatamente de que maneira. Suponho que as ordens vão ao sistema límbico e a informação geográfica ao hipocampo, mas não tenho certeza."

GERALD D. FISCHBACH

"A voz indica o que é doloroso e alegre e, portanto, também os outros animais a possuem, mas a palavra é feita para exprimir o que é prazeroso e o que é nocivo e, conseqüentemente, o justo e o injusto... e os outros valores."

ARISTÓTELES

UM *BRAINWARE* DE NEURÔNIOS E DE REDES

A prodigiosa evolução do homem dependeu sobretudo da sua própria criatividade, estimulada e enriquecida pela influência de três tipos de fatores interativos: *os ambientais* (clima, relevo, alimentação, doenças, etc.); *os genéticos* (consangüinidade, troca de genes, hereditariedade, mutações, fecundidade, etc.); *os culturais* (fatores que regulam a natalidade, a mortalidade, as migrações, os usos, os costumes, as linguagens, as ideologias, as técnicas, as manufaturas, os signos, etc.).

Entre os fatores genéticos da nossa criatividade, o cérebro desempenhou um papel primário, que lhe confere o lugar de honra entre os motores da evolução humana. O seu volume e a sua complexidade, o crescimento das suas capacidades inventivas, o progresso tecnológico, a longevidade e a qualidade das nossas vidas desenvolveram-se de forma sincrônica, influenciando-se reciprocamente. Johanson nos sugere que "a linha de *Homo* caracterizou-se por uma seleção contínua em relação à inteligência, como se evidencia pelo aumento considerável da capacidade craniana: o *Australopithecus afarensis* possuía um cérebro com uma capacidade equivalente a 1/4 se comparada à do homem moderno; no *Homo habilis*, o cérebro expande-se até cerca de 800 centímetros cúbicos. Há cerca de 35.000 anos, o cérebro do *Homo sapiens* tinha 1.500 centímetros cúbicos".[1]

No homem dos nossos dias parece que a média de 1.424 gramas, com vistosas exceções, como Ivan Turgueniev e Jonathan Swift, que podiam vangloriar-se de cérebros com mais de dois quilos, ou como Anatole France, que tinha um encéfalo de apenas 1.000 centímetros cúbicos. Porém, para sorte de Anatole France e de todos nós, homens contemporâneos, não existe nenhuma relação comprovada entre o tamanho do cérebro e os nossos comportamentos: há cérebros atuais, particularmente pequenos, que resultam ser mais inteligentes que alguns cérebros especialmente grandes do *Australopithecus* ou do homem de Neandertal. Além disso, gozamos de uma grande variedade de inteligências: a de tipo lingüístico, a lógico-matemática, a musical, espacial, cinestésica, corporal, interpessoal, social, naturalística e existencial.[2]

Para dizer a verdade, não há ensaios de anatomia aplicada sobre os nossos ancestrais pré-históricos que estejam de acordo quanto à dimensão dos seus cérebros. Parece, contudo, certo que, nas diversas etapas que transcorreram entre o *Australopithecus* e o *Homo sapiens*, o cérebro tenha crescido com um ritmo acelerado. Depois, estabilizou-se e, em seguida, começou a decrescer. Porém, para nossa sorte, decresce tão lentamente que até mesmo os menos dotados dentre os pugilistas, apresentadores de televisão ou professores universitários podem se vangloriar de ter um cérebro três vezes mais volumoso e mais pesado do que os macacos mais evoluídos do nossos tempo.[3]

Assim como é incerta a dimensão dos cérebros deles, também é incerto o que passou pela cabeça dos nossos ancestrais durante o inimaginável período de tempo que vai desde 25 milhões de anos atrás até nove ou dez mil anos passados. Com certeza, o jogo do acaso e da necessidade, mantido por um tempo assim tão desmedidamente longo e por um número de gerações também incomensuravelmente elevado, acabou por dotar o cérebro dos hominídeos, e, em seguida, os dos humanos, de neurônios incomparáveis em termos de quantidade (de 80 a 100 bilhões), de redes neuronais únicas em termos de quantidade, de complexidade e de funcionalidade, capazes – os únicos, no universo de toda a fauna terrestre – de desempenhar atividades criativas, em nível científico e artístico. Basta pensar que "a nossa é a única espécie que se preocupa em estudar a si mesma".[4]

Há quatro ou cinco milhões de anos teve início o nosso sistema de locomoção ereta. Contrariamente àquilo que se crê, "o cérebro humano não foi um dos últimos órgãos a se formar no homem, mas sim um dos primeiros. Do ponto de vista neurológico, já há cerca de três milhões de anos existiam cérebros com uma organização claramente humana... Tanto as provas diretas providas pela organização neuronal como as provas indiretas fornecidas pela confrontação entre as dimensões cerebrais indicam que o *Australopithecus* e pelo menos um outro primata africano do período que vai de três milhões a um milhão de anos atrás tinham cérebros com uma organização essencialmente humana, e que o *Australopithecus* provavelmente tinha também uma proporção cérebro-corpo compreendida na gradação humana".[5]

Há um ou dois milhões de anos, a nossa expansão cerebral e a nossa atividade instrumental sofreram uma extraordinária aceleração, determinando um destaque definitivo entre os hominídeos humanos e os hominídeos animais. Mas não era só o tamanho que fazia a diferença. Entre todos os mamíferos hoje existentes, o homem não é aquele que possui o maior cérebro, nem mesmo aquele que pode vangloriar-se de ter a maior proporção entre o cérebro e o corpo. Existem, por exemplo, diversos mamíferos marinhos que, nitidamente, o vencem. O que distingue o cérebro dos homens do cérebro dos animais (em muitos casos com uma vantagem da nossa parte), além da dimensão, é a morfologia, a complexidade.

Do ponto de vista morfológico, o cérebro foi gradualmente enriquecendo-se. O sistema neomamífero reúne características do paleomamífero e do proto-réptil (se quisermos adotar a subdivisão proposta por MacLean). O *proto-réptil* limita-se a gerir os comportamentos estereotipados e predeterminados, que não exigem flexibilidade com respeito aos estímulos ambientais. O *paleomamífero*, que está na base das emoções e das sensações prazerosas ou desprazerosas, molda o comportamento humano a partir dos estímulos ambientais. O *neomamífero* é capaz de analisar e transformar os sinais, sistematizando-os em coordenadas espaço-temporais, elaborando conceitos e projetos e compondo sínteses entre a fantasia e a concretude, isto é, criando.

Como *input*, esse nosso complexo *brainware* necessita de um sistema perceptivo capaz de armazenar informações provenientes do exterior; como *output*, precisa de um sistema vocal e motor capaz de expressar idéias e atuar segundo as estratégias concebidas.

À medida que aumentam as capacidades cerebrais dos hominídeos, modifica-se a morfologia do seu cérebro: o *Homo habilis*, que se limita a construir sistemas simples e a usar uma linguagem rudimentar, possui lobos frontais ainda pouco pronunciados; o *Homo erectus* e a seguir o *Homo sapiens* do tipo de Neandertal, que já são capazes de desempenhar funções cerebrais bem mais complexas e criativas, apresentam um desenvolvimento considerável dos lobos frontais, parietais e temporais; o *Homo sapiens sapiens*, de tipo mais moderno, criador da civilização científica, tecnológica e estética, já consideravelmente elaborada, possui, a essa altura, lobos encefálicos plenamente humanos, que lhe permitem ter uma boa noção do tempo, uma imaginação fértil e uma pronta capacidade de simbolizar: as chamadas "folhas de louro", finamente entalhadas somente por fins estéticos, e a placa óssea de Blanchard, sobre a qual um nosso antepassado há 30.000 anos desenhou os ciclos lunares, constituem testemunhos comoventes.[6]

Durante essa longa evolução, algumas áreas cerebrais se desenvolveram mais do que outras: trata-se das áreas da linguagem, situadas no hemisfério esquerdo, e de outras simétricas no hemisfério direito, particularmente importantes em relação ao tema que estamos examinando porque trouxeram consigo o amadurecimento da criatividade típica do *Homo sapiens sapiens*, que encontrará, a seguir, as suas primeiras grandes expressões nas civilizações suméria e egípcia. Especialistas como Eccles e Strata chamam a atenção para o fato de que o desenvolvimento, em tudo particular, do sistema visual na espécie humana determinou a nossa propensão especial a representar o mundo que nos circunda e, portanto, a nossa extraordinária criatividade nas artes figurativas, da gravura à arquitetura, da escultura aos vitrais, à cerâmica e à tapeçaria.

O CÉREBRO E A MENTE

Percepção sensorial, noção de tempo, capacidade de simbolizar, imaginação, capacidade expressiva e criativa são, portanto, as funções estabelecidas por esse prodigioso *software* que é a nossa mente e por esse *hardware* muito potente que é o nosso cérebro, o qual não se constitui de partes intercambiáveis, embora cada uma das partes singulares tenha algumas das capacidades do todo, graças a propriedades holográficas e à estonteante quantidade de interações.

Escreve G. Morgan, um dos poucos estudiosos que, nos últimos anos, nos ofereceu um livro apreciável e agradável sobre as ciências organizacionais: "O caráter holográfico do cérebro pode ser evidenciado de forma particularmente clara pela estrutura através da qual cada neurônio (célula nervosa) se conecta com centenas de milhares de outros neurônios, de forma a permitir um tipo de funcionamento que seja simultaneamente generalizado e especializado. Parece que diversas zonas cerebrais especializam-se em atividades diferenciadas, mas o controle e a execução dos comportamentos específicos não são em nada localizados, contrariamente ao que se pensava tempos atrás. Assim, enquanto podemos distinguir as funções realizadas pelo córtex cerebral (o comandante que controla todas as atividades não-rotineiras e, provavelmente, também a memória), pelo cerebelo (o computador ou o piloto automático que gerencia as atividades rotineiras) e pelo mesencéfalo (o centro dos sentimentos, dos odores e das emoções), somos levados a considerar que todas essas partes sejam estreitamente interdependentes, a tal ponto que cada uma delas é capaz, se necessário, de desempenhar as funções das outras... Sabemos também que o cérebro direito e o esquerdo trabalham em conjunto para produzir as estruturas do nosso pensamento, assim como sabemos que a distinção entre as funções desses dois hemisférios num setor dotado de capacidade criativa e num dotado de capacidade analítica vem paralelamente acompanhada por estruturas conectivas mais amplas. Por exemplo, a parte direita do cérebro criativo ou analógico é fartamente conectada com o sistema límbico e emocional. O princípio dessa conexão e do funcionamento generalizado é também um reflexo do fato de que os neurônios servem tanto como canais de comunicação quanto como locais para atividades específicas ou para dados de memória. Considera-se que cada neurônio é tão complexo quanto um pequeno computador e que é capaz de armazenar uma grande quantidade de informações. A estrutura altamente conectiva que mantém os neurônios unidos permite uma elaboração simultânea da informação em diversas partes do cérebro, torna possível receber diversas informações ao mesmo tempo, assim como de se ter consciência do que acontece em outra área... A importância da interdependência na complexidade do funcionamento cerebral é confirmada comparando-se cérebros humanos e animais. Os elefantes, por exemplo, possuem cérebros muito maiores do que os cérebros humanos, porém seus neurônios não são interconectados na mesma medida.

"Um aspecto interessante dessa interdependência é representado pelo fato de que ela determina o grau de interconexão recíproca e de troca, muitas vezes superior à necessidade de um momento particular. No final das contas, uma tal redundância resulta crucial para poder criar capacidades holográficas e para garantir a necessária flexibilidade operacional. A redundância permite ao cérebro funcionar com bases mais probabilísticas que determinísticas, e garante a possibilidade de corrigir erros casuais e coloca à sua disposição um excesso de potencialidades indispensáveis para que se possam desenvolver novas atividades e funções. Em outras palavras, facilita o processo de auto-organização, no qual a estrutura e o funcionamento interno podem se adequar diante de uma mudança das circunstâncias."[7]

Conforme foi visto, para que essas funções do cérebro humano atingissem o volume, a complexidade e a sofisticada perfeição que o tornaram superior a todos os outros cérebros de todas as outras espécies animais, foram necessárias dezenas de milhões de anos, durante os quais a massa encefálica e a caixa craniana cresceram de modo constante, não uniformemente acelerado e, de toda forma, tão lentamente, de maneira a ser perceptível somente a intervalos de milhares de milênios.

No estágio atual desse longo processo ainda em curso, nos parece ser somente um pouco mais claro do que eram para Descartes a distinção e a relação entre o *cérebro* e a *mente*.

Por um lado, um órgão bastante tangível, que pesa entre 1.200 e 1.800 gramas, composto por milhares de bilhões de células, das quais cem bilhões são neurônios, estruturados de modo diverso com todos os seus dendritos e axônios, os seus neurotransmissores, as suas sinapses e os seus impulsos nervosos que viajam a uma velocidade de 100 metros por segundo, com a sua plasticidade e a sua variedade estrutural, funcional e molecular: o *cérebro*, enfim, composto por células que se comunicam entre si, que se organizam em rede e modificam gradualmente as próprias conexões, com base na experiência.

Por outro lado, uma entidade impalpável, feita de consciência de si, imaginação, memória, emoção, estados de ânimo, impulsos, inclinações, desejos, aprendizado, inteligência e criatividade: a *mente*, enfim, que deveria ser o fruto do cérebro, mas que a muitos parece ser irredutível ao funcionamento de um órgão, por mais complexo que ele seja.

Se é inegável que "o fígado", como ironizou Gerald D. Fischbach, "contém provavelmente 100 milhões de células, mas mil fígados unidos certamente não produzem uma rica vida interior",[8] é igualmente verdade que "a mente não é em nada *desencarnada*", como conclui Alberto Olivério, em seu livro, tão rigoroso quanto agradável.[9]

NENHUM HOMEM É UMA ILHA

O cérebro humano cresceu quantitativamente até quando cada indivíduo podia contar só consigo mesmo, para investigar e descobrir todos os métodos necessários à sua sobrevivência e para memorizar todas as experiências adquiridas. Depois que o *Homo sapiens* aprendeu a usar os seus semelhantes, as máquinas, a escritura, a arte, a ciência e as técnicas a fim de delegar a outras pessoas e a outras coisas uma parte crescente das suas funções cerebrais, o encéfalo cessou de crescer quantitativamente, talvez porque já não tivesse mais essa necessidade.

Hoje o meu cérebro é composto também pelo cérebro dos meus colaboradores e dos meus amigos, é constituído pelos meus livros e pelos livros deles, pelo meu computador e pelos deles, é formado pelo meu relógio, pelo meu celular, pela minha secretária eletrônica, pelos meus discos e pela Internet, à qual me conecto. Em positivo e em negativo, tudo aquilo que crio não é criado somente por mim, mas também por todas essas pessoas e por essas próteses cerebrais. Da mesma forma, os livros que escrevo não são de minha exclusiva autoria, mas são produzidos e "editados" por mim. Talvez obra alguma possa ser *inteiramente* atribuída a quem a assina, nem mesmo aqueles últimos e incríveis quartetos de Beethoven, compostos quando ele já era surdo há vários anos, ou ainda os *Ensaios* precursores de Michel de Montaigne, escritos quando ele já estava há muitos anos recluso, no seu castelo solitário. Porém, trataremos disso mais adiante.

No terceiro milênio depois de Cristo, a criatividade individual é somente uma abstração ou um delírio de onipotência. Neste campo, mais do que nunca, é válida a frase de Thomas Merton: "Nenhum homem é uma ilha."

UM ÓRGÃO E DOIS CANOS

"No princípio era o Verbo (...) E o Verbo se fez carne", diz o Novo Testamento (Evangelho segundo São João, 1-1 e 14). Mas a versão prosaica desta gênese nos leva a reconhecer que foi o nosso aparato anatômico que se transformou, ao ponto de falar. Portanto foi a carne que se fez verbo, palavra, e não vice-versa. E a palavra é múltipla, como múltiplas são as linguagens.

"Ao monólogo com minha mulher", dizia Karl Kraus, "prefiro o diálogo comigo mesmo." Somos capazes de articular um diálogo interior, implicando somente a nossa imaginação, e um diálogo exterior, usando a linguagem da voz, do corpo, dos perfumes e das cores, da mesma forma como as abelhas usam a linguagem dos aromas e da danças. Mas é a palavra a via áurea da nossa comunicação em *output*, assim como o ouvido é o meio privilegiado da nossa comunicação em *input*.

Ainda não sabemos quando, como e por que os hominídeos começaram a falar. Há tempos pensava-se que fosse uma única língua, aquela com a qual a humanidade se expressou originariamente. Heródoto (II, 2) narra um curioso experimento de Psamético, rei de Pito, a fim de apurar que língua era aquela e quem ainda a adotava: "Antes que Psamético reinasse sobre eles, os egípcios acreditavam ser os mais antigos entre os homens.

Mas, desde que Psamético, ao se tornar rei, quis saber quem era o mais antigo, acredita-se que os frígios sejam mais antigos que eles e eles mais antigos que os demais. Visto que Psamético, apesar de suas pesquisas, não conseguia cogitar nenhum meio para descobrir quem fosse o povo mais antigo entre os homens, elaborou o seguinte expediente. Entregou a um pastor dois recém-nascidos tomados ao acaso, com a ordem de carregá-los junto ao seu rebanho e de criá-los da forma seguinte: diante deles, ninguém deveria jamais pronunciar palavra alguma; eles deveriam permanecer sozinhos numa cabana isolada; no momento justo, o pastor deveria lhes trazer cabras, saciá-los com o leite e fazer todo o resto necessário. Psamético ordenou todas essas coisas, com o objetivo de averiguar qual seria a primeira palavra que os bebês pronunciariam, uma vez ultrapassada a fase do balbuciar confuso. E isto foi o que aconteceu: passados dois anos desde que o pastor se comportava desta maneira, quando ele estava abrindo a porta e entrando, ambos os meninos prostram-se a seus pés, pronunciando a palavra *bekos*, estendendo as mãos... Psamético indagou qual povo utilizava o vocábulo *bekos* para nomear alguma coisa, e após suas pesquisas descobriu que os frígios chamavam o pão *bekos*. Desta forma, os egípcios, levando em conta essa circunstância, admitiram que os frígios eram mais antigos do que eles."

Embora mais escolarizados do que Psamético, muitos lingüistas perseguiram um sonho igual ao seu, em data recente, buscando as raízes comuns de todas as línguas e compilando dicionários nesse sentido.

Entre os fatores genéticos e culturais que nos tornam diferentes dos outros animais, a linguagem pode vangloriar-se de ter um lugar e um fascínio especiais, implicando os aparelhos fonador, neurológico e auditivo. São nesses complexos aparelhos, mais do que nos gêmeos de Psamético, que devemos buscar a origem do nosso modo de comunicar, único pela sua riqueza, plural nas suas linguagens e idiomas.

No plano anatômico é ilustrativo comparar o aparelho fonador humano com o dos outros primatas, pois temos maior capacidade de ressonância nas cavidades oral e faríngea, que desempenham a função de caixas acústicas para os sons produzidos pelas cordas vocais.

A fim de suprir a minha total ignorância no assunto, passo a palavra a três especialistas na matéria – Chiarelli, Masetti e Pieraccioli –, aos quais já incomodei no capítulo precedente: "A cavidade oral, que se apresenta no homem encurtada e alargada, tornou-se mais dócil às mudanças de forma e de dimensões requeridas pela articulação dos sons da linguagem; os maxilares e a mandíbula tornaram-se mais leves; o palato tornou-se mais curvo, e a pavimentação oral é constituída em grande parte pelo músculo genioióideo. Além disso, a cavidade faríngea do homem é proporcionalmente mais extensa do que a dos demais primatas, e isto se deve, essencialmente, à descida da laringe no pescoço, o que fez com que se perdesse o contato entre a epiglote e o palato mole. Formou-se assim uma porção supralaríngea da faringe que desemboca em ângulo reto na cavidade oral, numa configuração tipicamente humana. Por fim, a língua deslocou-se para trás até constituir, com a sua base, a margem anterior da cavidade faríngea por um lado e a posterior da cavidade oral, por outro: ela tornou-se de tal forma um elemento de continuidade entre as duas cavidades, a ponto de modificar simultaneamente, com os seus movimentos, as dimensões e a forma de ambas. O trato supralaríngeo do ser humano pode portanto funcionar como um órgão com dois canos, capaz de produzir uma notável variedade de sons emitidos pela laringe. O seu valor adaptativo foi o de estender o número de sinais vocais passíveis de serem produzidos, em muito superior ao dos outros primatas, nos quais, à diferença do homem, o trato supralaríngeo funciona como um órgão com um único cano."[10]

Quanto aos mecanismos nervosos, durante a evolução "no hemisfério encefálico esquerdo surgiram áreas neocorticais associativas, áreas definidas da linguagem destinadas à discriminação, compreensão e produção de mensagens e sinais verbais (...) As diversas áreas corticais, embora cada uma separadamente desenvolva um determinado tipo de operação verbal, não são entidades funcionais em si mesmas, mas integram um sistema empenhado na percepção, compreensão e produção da linguagem, funcionando em estreita colaboração com as demais áreas corticais, assim como com o resto do encéfalo".[11]

Enquanto os seres humanos se especializaram nos mecanismos de produção da linguagem, de forma a ter sob controle voluntário a expressão vocal e a poder fornecer informações objetivas, os outros primatas são capazes de controlar a sua vocalização numa medida assaz inferior, que permanece circunscrita a sensações emotivas e a respostas instintivas.

Em comparação com a humana, as áreas associativas dos outros primatas são menos extensas e têm um número inferior de conexões recíprocas. Também isto explica a falência de todas as tentativas patéticas, feitas até o momento, de induzir os macacos antropomórficos a falar, buscando recuperar em poucos meses as deficiências acumuladas em milhões de anos e pretendendo tornar vãs, 25 séculos depois, as reflexões que Aristóteles fez em A *Política*: "A natureza não faz nada sem um objetivo, e o homem, único entre os animais, possui a palavra."

SEIS PONTOS DE FORÇA

Contra todas as adversidades naturais e contra todas as ameaças dos competidores hostis, os nossos antepassados conseguiram despontar graças a seis pontos de força: os primeiros cinco eram constituídos por uma visão aguda, pela capacidade de caminhar ereto, pela conseqüente possibilidade de utilizar livremente as mãos e os braços, por um cérebro volumoso e inteligente e pela faculdade da fala. O sexto ponto de força era constituído pelo fato de possuir os primeiros cinco *simultaneamente*. A propósito do hominídeo, Carlton S. Coon escreve: "Dentro de certos limites, compartilhava estas características com os macacos e os antropóides, mas a combinação de todas as cinco era exclusivamente sua. Este conjunto de dotes naturais tornou-se algo de único em si."[12]

Naturalmente, o nosso hominídeo burlesco e bestial, destinado a se tornar o patrão da Terra, tinha também os seus pontos fracos: não conseguia morder com a mesma força dos outros animais, seus concorrentes, e devia dedicar mais tempo que os outros à criação da prole, que se tornava auto-suficiente somente muito mais tarde do que os outros filhotes.

IMPERFEIÇÃO

Mas o *Homo sapiens* soube fazer com que o mal viesse para o bem: a fraqueza das mandíbulas foi compensada com a capacidade de comer todo e qualquer tipo de alimento e com a invenção dos utensílios, enquanto o tempo "desperdiçado" com os recém-nascidos e com as crianças foi valorizado com fins de transmissão cultural de geração a geração. Fedele escreveu: "A cultura é aquilo que o homem faz: aquilo que *faz* mental e materialmente, graças ao aprendizado num âmbito social. Cultura é transmissão e uso de informação, mas de informação coletiva; é o conjunto dos esquemas de comportamento comunicados por instrução e não por hereditariedade genética, compartilhado por um grupo e não confinado a um único indivíduo. Por trás disso encontra-se todo o patrimônio do comportamento habitual, que é socialmente transmissível de geração a geração e que dá ao grupo condições de sobreviver num determinado habitat."[13]

Devemos portanto admitir que nenhum outro ser vivo soube elaborar uma "cultura" igualmente eficaz, conseguindo transmiti-la num modo tão perfeito e até obter sucesso na transformação, com atos criativos, de pontos fracos em pontos fortes.

A imperfeição, assim como a tenacidade e a coragem, é um ingrediente essencial para a criatividade, à qual fornece o espaço para se desenvolver e o estímulo para aguçar-se. Ao verso de Yeats "*Perfection of the life, or of the work*" (Perfeição da vida ou da obra), Rita Levi Montalcini contrapõe o seu "*Imperfection of the life and of the work*" (Imperfeição da vida e da obra), justificando assim a sua preferência: "Os processos evolutivos que nos descendentes de 'Lucy', nossa antepassada que viveu há três milhões e meio de anos, transformaram aqueles hominídeos de sexo feminino, de um metro e cinco centímetros de altura e com um crânio de dimensões não superiores às de uma noz de coco, no *Homo sapiens* não aconteceram seguindo um plano preestabelecido, mas por mutações casuais. O progressivo aumento do volume do cérebro e aquele, ainda mais espetacular, das suas capacidades intelectuais são o resultado de um processo desarmônico, que criou infinitos complexos psíquicos e aberrações comportamentais, dos quais foram poupados os nossos companheiros de viagem, desde os primatas antropomórficos até aqueles outros seres, infinitamente mais numerosos, que nos precederam em centenas de milhões de anos e que, provavelmente, também sobreviverão a nós, isto é, os insetos. Aqueles que hoje povoam o planeta não são substancialmente diferentes dos seus mais remotos predecessores, que viveram há 600 milhões de anos. Desde que surgiu o primeiro inseto, seu cérebro, como a ponta de um alfinete, demonstrou ser adequado a resolver os problemas ambientais e a ameaça dos predadores, de modo que não se dispôs ao jogo caprichoso das mutações e deve à perfeição do modelo primordial a sua estaticidade evolutiva."[14]

Algo parecido sucederá, muito mais tarde, também em relação aos estados e aos impérios, como foi descrito por Carlo M. Cipolla no seu *The Economic Decline of Empires* (O declínio econômico dos impérios), e sucederá também com as empresas, nas quais se tende a repetir, acriticamente, os comportamentos que levaram ao sucesso, mas que, se adotados num contexto modificado, podem determinar o declínio: "*Success needs failure*" (O sucesso precisa do fracasso), como demonstraram Cyert e March, os dois cientistas da organização.

EFICIÊNCIA E ENERGIA

O homem, dizia Benjamin Franklin, é um animal capaz de fabricar instrumentos. E os fabrica constantemente, acrescenta John D. Clark.

O primeiro a fazer isso foi o *Homo habilis* cerca de dois milhões de anos atrás, para quebrar os ossos das presas e sugar a medula, para romper os crânios e comer os miolos, para separar a carne do couro; os seus ancestrais haviam escolhido, entre uma infinidade de pedras, aquelas que apresentavam o formato mais adequado; já ele aprendeu a lascá-las, intencionalmente, a fim de obter instrumentos ainda mais eficazes para cortar, raspar, percutir, etc. A estes somou ainda paus torneados adaptados da melhor maneira para desenterrar raízes e tubérculos comestíveis.

Assim, enquanto a debilidade das suas mandíbulas era superada em relação aos animais concorrentes, a dieta variada, mais rica em proteínas e em gordura animal, juntamente com os esforços criativos necessários à captura das presas, estimulava a seleção e o crescimento do seu cérebro, tornando-o adequado a posteriores processos de criatividade e de programação ainda mais complexos.

Tudo isso pode parecer pouco em relação ao tempo incalculável que levou para acontecer, de modo lentíssimo, mas é preciso admitir que os outros primatas foram ainda menos criativos que os nossos ancestrais e permanecem, ainda hoje, subjugados pela natureza, contra a qual não souberam elaborar outras estratégias, além das elementares e desarmadas, que lhes são sugeridas pelos próprios instintos.

Os homens, ao contrário, etapa após etapa, primeiro com a coleta de lascas naturais, em seguida com a fabricação de instrumentos multiuso e, depois ainda, com a produção de uma série de instrumentos para construir outros instrumentos, levaram adiante, com imaginação e capacidade de realização, a sua marcha triunfante em direção às metas de sempre: poupar cansaço e matéria-prima, reduzir a dor, incrementar o bem-estar e a segurança, assim como manter a morte à distância.

André Leroi-Gourhan demonstrou que há dois milhões de anos, lascando um quilo de seixos, o homem conseguia obter uma única machadinha, com uma borda cortante de poucos centímetros; 400 mil anos passados, melhorando as suas técnicas, podia obter lâminas de duas faces, com um total de borda cortante de 120 cm; aprimorando mais ainda as suas técnicas, 80 mil anos atrás, conseguia construir pontas, enxós e raspadores, com um total de superfície de corte de quatro metros; há dez mil anos, com uma tecnologia ainda mais sofisticada, fabricava dezenas de lâminas com uma superfície total de corte de 20 metros.[15]

Na luta contra a fadiga e a fome, não existe um único utensílio ou expediente que não tenha sido pensado com o objetivo específico de *poupar* energia e economizar o tempo (H) necessário para construir os produtos (P). A meta prática final era a de aumentar a eficiência do trabalho humano (E), segundo a mesma equação (E = P / H) que Taylor formulará entre o final do século XIX e início do XX, nas fábricas da Filadélfia, e que toda a sociedade industrial assumirá como um desafio de época: o trabalho humano é considerado tanto mais eficiente quanto mais bens e serviços produz num menor período de tempo. O objetivo prático ideal é zerar H, delegar todo e qualquer esforço às máquinas e liberar completamente o ser humano de todo e qualquer trabalho chato, repetitivo, tedioso e cansativo, assim como concentrar todas as suas energias em fins elevados como a auto-realização através da criatividade, da introspecção, das atividades lúdicas, da amizade, do amor, do convívio e da beleza.

Livrar o ser humano do cansaço através do incremento da eficiência requer fontes energéticas alternativas à força muscular. O domínio das técnicas para acender, usar e melhor aproveitar o fogo, valorizando-o, garantiu a primeira dessas fontes. A segunda foi criada, milhares de anos mais tarde, por intermédio da domesticação do cão. A terceira fonte foi criada com a construção do arco e da flecha.

O CÃO: PRÓTESE DÓCIL E AFETUOSA

O *Canis familiaris*, aquele que hoje fareja a droga nos aeroportos, que de longe sente o odor da presa nas corridas de caça, que prenuncia as crises epilépticas dos enfermos, que desenterra as minas terrestres nas zonas de guerra, que encontra os corpos sob os escombros, que corre livre pelos parques ou passeia na coleira pelas calçadas, que mantém as ovelhas em fila pelas veredas, que cochila soturno sobre os sofás, que desfila aristocraticamente na Crufts inglesa ou que dorme piolhento aconchegado aos mendigos, aquele cão não existia *in natura*, mas é uma invenção cultural coletiva e progressiva, o elo mais recente de uma longa cadeia genética criada pelo homem a fim de manipular ao infinito o corpo e o cérebro de um quadrúpede, a ponto de fazer dele a sua prótese estruturalmente mais funcional e esteticamente mais sofisticada.

Numa tumba de 12.000 anos, descoberta em Israel, o corpo de um homem jaz abraçado ao corpo de um filhote, talvez de lobo ou talvez já de um verdadeiro cachorro. A análise do DNA não poderia resolver o dilema, pois, como demonstração do estreito parentesco originário entre eles, o lobo e o cão possuem um DNA quase idêntico. Daquela origem única, através de cruzamentos, seleções e adestramentos, o ser humano conseguiu obter centenas de raças, fazendo do cão a espécie mais variada que existe e modulando as suas variedades segundo as suas próprias necessidades de defesa contra os inimigos, de ajuda na caça e no pastoreio, de transporte com os trenós, de companhia para as pessoas solitárias, de brinquedo para as crianças, de modelo experimental para os cientistas, de guia para os cegos, de fonte de renda e de competição para os proprietários de canis, assim como de ostentação para seus donos. As seleções e os cruzamentos, concebidos, inicialmente, por motivos de utilidade prática, foram, aos poucos, dando lugar a híbridos produzidos cada vez mais para fins estéticos. Poderíamos dizer que a evolução do cachorro acompanhou, de forma paralela, a do ser humano, passando da fase nômade da sociedade pré-agrícola baseada na caça à fase de transumância da pastoral, até aquela sedentária da agricultura, ou ainda aquela urbana da sociedade industrial, para chegar, por fim, àquela atual, lúdica e estética, em que os *cães-prima-donas* da sociedade pós-industrial satisfazem as demandas estéticas e os desejos exibicionistas dos seus donos, mimados pelos seus admiradores, abarrotados de guloseimas, penteados por cabeleireiros, sócios de clubes caninos, como se fossem verdadeiros lordes.

Antes do cão, um milhão de anos atrás, havia o lobo, o coiote, o chacal; antes do lobo, há oito milhões de anos, havia o *Eucyon*; antes deste, há 40 milhões de anos, encontrava-se o *Esperocyon*. A evolução de lobo a cão foi bem lenta. Os lobos que se aproximaram dos acampamentos humanos, a fim de se nutrir com os restos dos alimentos deles, foram, gradualmente, adquirindo hábitos humanos, o que auxiliou o tipo menos agressivo dentre eles a domesticar-se, progressivamente, até vir a ocupar "aquela terra de ninguém que se encontra entre o humano e o não-humano", conforme escreveu o biólogo James Serpell. Homens e cães, no final das contas, só tinham, ambos, a lucrar com a colaboração recíproca. Recusando a sociedade com os humanos, os lobos se autocondenaram à via da extinção; já de cachorros, só na Itália existem 11 milhões, sendo que na cidade de Roma são 150.000.

Como se explica essa longa colaboração entre os homens e os cães? "A razão", escreveu Angus Phillips, "encontra-se, provavelmente, na semelhança em termos de estrutura social e de dimensões, entre as alcatéias e os primeiros clãs humanos; na compatibilidade dos seus objetivos de caça e das zonas nas quais a exercitavam; assim como na disponibilidade, por parte dos humanos, de aceitar nos seus acampamentos os lobos mais suplicantes, aqueles mais jovens e menos ameaçadores. Pode-se supor que certos lobos ou protocães tenham se aproximado, num primeiro momento, das fogueiras dos povoados atraídos pelo aroma da comida; e que, em seguida, passaram a ter acesso aos primeiros grupos humanos por terem se revelado úteis ou, pelo menos, inofensivos. Em suma, pode ser que, no início, os lobos, divididos em matilhas de 25 ou 30 animais, e os seres humanos, também eles agrupados em clãs de 25 ou 30 indivíduos, tenham compartilhado o mesmo território de caça, até que os lobos começaram a girar em torno dos acampamentos devorando os restos, e assim o homem compreendeu que o lobo, graças ao seu olfato e à sua velocidade, poderia ser-lhe útil para identificar e perseguir as presas. Além disso, o lobo era também uma ótima sentinela: durante a noite, com os seus sentidos afiados, podia advertir os humanos da iminência de um perigo."[16]

Portanto, milhares de séculos de caça, de observação da vida animal e de competição astuta e acirrada com as presas foram coroados pela domesticação – isto é, pela invenção – do cachorro, que empresta ao ser humano um ouvido mais aguçado, um olfato mais apurado (o cão 220 milhões de receptores olfativos, 30 vezes o número que a espécie humana possui), uma reação reflexa mais veloz e maior resistência. Enfim, uma fonte de energia dócil, fiel e quase inteligente.

O ARCO: ARMA MÚLTIPLA E MORTÍFERA

Milhares de séculos de progresso e milhares de gerações de hominídeos encontram a sua tecnologia suprema num mecanismo belo e complexo como o arco, no qual toda a potência muscular do arqueiro se concentra num só ponto, descarrega-se num único instante e prolonga-se numa trajetória, calculada em tempo real, segundo o tamanho, a distância e os deslocamentos do alvo.

Em 1798 da era cristã, o imperador otomano Selim III conseguiu lançar duas flechas de competição a uma distância de 889 metros. Parece que este foi o melhor tiro jamais documentado, feito com um arco de construção tradicional. Aquele arco, presente em todas as culturas, possuía uma longa história e havia prestado grandes serviços ao homem, único animal capaz de inventá-lo. Enquanto o machado e a faca permitiam um número limitado de ações, o arco era o equivalente atual da metralhadora, permitindo golpear, repetidamente, um ou mais alvos, sem correr o risco de perder a arma inteira caso o tiro fracassasse.

Com toda a probabilidade, essa arma – perfeita desde o seu início a ponto de ser usada até os nossos dias, sem significativas modificações – tem 30.000 anos de existência. Com certeza, algumas pontas de flecha remontam a 28.000 anos e alguns exemplares de arcos remontam a 8.000 anos; entre os que chegaram íntegros até nós, os mais antigos possuem 6.000 anos. Ao período compreendido entre 10.000 e 5.000 anos passados remontam os arcos encontrados no pântano de Holmgaard, na Dinamarca, com 150 a 180 centímetros de comprimento, projetados de modo refinado, com uma empunhadura rígida e um ventre entalhado com capricho. Ao período neolítico pertence um arco com dois metros de comprimento, encontrado na Inglaterra, em Somerset. E foi justamente na Inglaterra que, gradualmente, a tradição dos arqueiros mais se desenvolveu em toda a Europa, a ponto de permanecer viva quase até os nossos dias.

Já na Ásia foi inventado o arco composto por materiais diversos, enquanto a disseminação do uso do cavalo, a partir do terceiro milênio antes de Cristo, implicará a tendência de reduzir as dimensões dessa arma mortífera, conservando toda a sua potência, de forma a torná-la mais facilmente manejável pelos cavaleiros.

Até a invenção da balestra, em torno de 500 a.C., o arco permanecerá sendo a máquina bélica capaz de lançar flechas a maior distância e com maior velocidade. A sua posse era sinal de poder e de prestígio: basta lembrar que na tumba de Tutancâmon foram encontrados 32 arcos compostos, 14 arcos simples e 430 flechas.[17]

A AVENTURA DA CAÇA E DA PESQUISA

Mas, juntamente com o cachorro e o arco – que permanecerá sendo a arma mais mortífera durante centenas de séculos, até a criação da espingarda e da metralhadora –, conforme já vimos, o *Homo sapiens* tinha uma boa bagagem de invenções: instrumentos, normas, costumes e conhecimentos; possuía a música, a pintura, a moda, a magia, os ritos, as superstições, as ideologias, assim como a divisão e a especialização do trabalho. "No saber da selva encontram-se as raízes da Botânica e da Zoologia, da Astronomia e da Climatologia, enquanto o controle do fogo e a manufatura dos instrumentos dão início a tradições que se chamarão Física e Química."[18]

Quando até mesmo as formas mais sofisticadas e engenhosas de cultura selvagem – aquelas magdalenianas da França – declinarem, a espécie humana estará pronta para o salto qualitativo do paleolítico ao neolítico, isto é, pronta para o advento da barbárie agrícola. Os caçadores prosseguirão durante séculos a perseguir as suas presas, mas o espírito da pesquisa se transferirá, aos poucos, da aventura física da caça à aventura espiritual da ciência e da arte.

Eu, que escrevo este livro, os milhares de cientistas e artistas que neste mesmo momento estão trabalhando nos seus laboratórios, nos seus ateliês, nos seus estúdios, não fazemos outra coisa senão repetir na escrivaninha ou na prancheta, e de forma abstrata, aqueles mesmos atos de exploração, perseguição e criação que os nossos antepassados hominídeos praticavam materialmente nas cavernas e nas estepes.

A ESTÉTICA E A PROJEÇÃO

O Deus do Gênesis se compraz pela beleza de cada coisa por Ele criada. O homem da pré-história constrói coisas e depois as embeleza. "Parece", observou Childe, "que pedras antigas, com mais de 100 mil anos, foram trabalhadas com o maior cuidado e refinamento do que aquelas necessárias à sua pura eficácia utilitária (...) Muitos dos instrumentos mais recentes, particularmente da classe dos machados, demonstram uma extraordinária sofisticação e capricho no trabalho. Percebe-se que na sua fabricação despendeu-se maior empenho do que o estritamente necessário para que funcionassem. Os seus criadores procuravam fazer algo não somente útil, mas igualmente belo. Se assim é, os instrumentos em questão são verdadeiras obras de arte, expressões de um sentimento estético."[19]

Ao longo de todo o paleolítico, até quando o primado do *Homo sapiens* não se tornara definitivo, os selvagens continuaram a se defender das ameaças da fome por meio da caça, da pesca e da colheita e continuaram a se defender do frio das glaciações entocando-se nas cavernas, fabricando abrigos primitivos e domesticando o fogo.

Trata-se, contudo, de um progresso muito lento da vida material, acompanhado por um crescimento igualmente lento da dimensão espiritual e social. No final dessa longa etapa, o homem havia aprimorado as suas formas de vida coletiva (seleção dos chefes e dos estilos de liderança, colaboração e coordenação entre grupos, assistência aos fracos, educação da prole, etc.), o seu senso estético, a sua capacidade de simbolizar e as suas representações de uma vida para além da morte. Das principais espécies de hominídeos presentes no planeta, somente o *Homo sapiens* tinha aprendido a construir machados e a orná-los com desenhos, enquanto o homem de Neandertal havia aprendido a enterrar os mortos e a formular uma primeira noção de um mundo supraterreno.

Em cada passo desse caminho, até mesmo naquele mais elementar, "era necessário", escreve Chavaillon, "saber fazer escolhas; o gesto dos primeiros hominídeos manifesta uma intenção, a de quebrar ou de cortar, e obedece a uma idéia que antecede a operação prevista, a de recolher uma determinada pedra, visando a um uso específico".[20]

A capacidade de fazer projetos, que garante concretude à fantasia, transformando-a em criatividade, se aprimorará aos poucos e será aplicada não somente à obtenção e à preparação dos alimentos, à construção e ao embelezamento dos utensílios, mas também à organização solidária do grupo social e dos locais nos quais se davam a elaboração dos seixos, o abate das presas, o reparo, o repouso e a reprodução. Os primeiros acampamentos-base remontam a 1,8 milhão de anos; e os primeiros povoados, a 12.000 anos.

Há cinco milhões de anos, os macacos de tipo *Australopithecus* passavam cada noite numa árvore diferente, deslocavam-se num território restrito, e cada um, por conta própria, recolhia o alimento que lhe servia. Há um milhão de anos o *Homo erectus* já passava a noite em um terreno e já havia conseguido organizar melhor o arranjo social e o sítio material do seu bando, reduzindo a competitividade entre os machos e alargando as dimensões dos grupos. Em síntese, o ser humano aprendeu a viver de forma melhor, a trabalhar e a arriscar menos, a maximizar o uso das matérias-primas, a se servir mais comodamente dos outros animais, porque, a partir do paleolítico, o homem foi capaz de liberar-se da natureza, dando início, de modo gradual, a uma cultura "humana" e a uma organização social. Tornou-se um animal político.

HOMO RIDENS

Portanto, nas primeiras longuíssimas etapas do nosso itinerário humano em busca de uma existência livre da fadiga, da indigência e do acaso, os nossos ancestrais, inicialmente, se limitaram a nutrir-se de animais mortos ou doentes, e em seguida aprenderam a caçar animais sadios, a sacudir as plantas no tempo justo para colher os frutos, a decantar os grãos na água do mar, separando-os da areia, a caminhar em posição ereta e a usar as mãos para construir facas de pedra.

Sobretudo aprenderam a articular sons compostos na forma de uma linguagem, aprenderam a acender o fogo e a utilizá-lo para cozinhar e para se defender, tanto dos rigores do frio como de animais ferozes, aprenderam a vencer o medo da morte, graças à invenção de um mundo supraterreno, assim como aprenderam a suavizar as dores da vida com os prazeres proporcionados pela arte.

Prestes à passagem ao neolítico, o homem, "já bastante seguro de si, era um animal único, pronto para a segunda fase da sua história naquele que talvez seja um planeta único".[21]

Como não se deleitar, sozinho ou em grupo? Assim, olhando em retrospectiva a sua epopéia e comparando-a com a de outros macacos que permaneceram como tais, muito provavelmente o *Homo sapiens* não conseguiu se conter, tornando-se o *Homo ridens*.

CAPÍTULO TRÊS

O HOMEM DESCOBRE OS SÍMBOLOS E INVENTA O ALÉM

"A obra de arte é uma alegria criada para sempre."
JOHN KEATS

"O paraíso deve ser assim: descansar numa rede por toda a eternidade."
JORGE AMADO

UM ANIMAL CAPAZ DE INVENTAR O ALÉM

Parece que por milhões de anos os nossos antepassados nunca sentiram a necessidade de sepultar os mortos e de exercitar ritos mágicos ou religiosos; portanto, de crer numa vida ultraterrena e em alguma divindade. A fé no além-túmulo não é um comportamento determinado geneticamente, mas uma construção cultural do homem que atingiu um estágio relativamente avançado da sua evolução.

Essa, obviamente, é uma opinião leiga, fiel aos pais fundadores da sociologia, como Spencer, que formula a hipótese de uma passagem gradual de um ateísmo originário ao culto dos ancestrais, e depois ao politeísmo, para então passar ao monoteísmo e, por fim, chegar ao positivismo. Segundo essa opção, não foi Deus que fez o homem e a Terra à sua imagem e semelhança, mas sim o homem que fez à sua própria semelhança Deus e o paraíso, o diabo e o inferno.

De opinião completamente distinta são, obviamente, os crentes. Estudiosos como Julien Ries, sacerdote, teólogo e grande cultor da História das Religiões, realizam esforços titânicos a fim de forçar todo e qualquer mínimo indício e deslocar o nascimento do sagrado para a época mais remota possível, de modo que possa coincidir com o surgimento do próprio ser humano.

É plausível que o comportamento religioso tenha sido induzido pela confrontação dos nômades com os céus estrelados, pela observação do universo, pelo sentimento de perda, desvario e impotência que, ainda hoje, dela deriva; ou pela aspiração ao infinito e à eternidade como esperança para superar os limites humanos e a morte; ou, ainda, pela emoção do conjunto, da descoberta da alma, deduzida a partir da invasão persistente dos sonhos, do sono, das enfermidades e da morte; ou, mais ainda, pela incapacidade de suportar o luto e o desejo de prorrogar a convivência com os próprios mortos, com os espíritos invisíveis, com as potências sobrenaturais, representáveis tão-somente por intermédio dos símbolos e dos mitos. Espíritos potentes e misteriosos, possuidores de energias inefáveis – *o mana* – que podem ser comunicados somente aos seres humanos mais sensitivos, através da água, das plantas e das pedras.

Para historiadores como Julien Ries, inclinado a encontrar em todo e qualquer indício uma confirmação à religiosidade natural aos seres humanos e até mesmo aos pré-humanos, esses elementos são mais que suficientes para que se conclua que, desde as origens do homem, "a contemplação da abóbada celeste... despertou nele o pressentimento do mistério do infinito e da Transcendência... Portanto, o *Homo erectus*, que é, sem dúvida alguma, um *Homo symbolicus*, é já um *Homo religiosus*".[1]

De seguro sabemos que, já no paleolítico, por pelo menos oitenta milênios, praticou-se o sepultamento dos cadáveres e que, perto do fim dessa longa era, os ossos eram descarnados, os crânios era decorados com conchas e outras conchas eram encaixadas nas órbitas, quase que provendo um novo par de olhos ao defunto, obrigado para sempre a perscrutar a escuridão do além.

Na gruta de Qafzeh, perto de Nazaré, na Galiléia, foram encontrados fósseis humanos intactos, com cerca de 90.000 anos, mas, ao que parece, foram sobretudo os homens de Neandertal que, aproximadamente 60.000 anos atrás, sentiram a necessidade de enterrar os seus mortos e depositar oferendas junto a seus corpos, entrevendo a possibilidade de uma continuação da vida após a morte e inventando, dessa maneira, a religião, isto é, "aquele pacto do ser humano com uma divindade superior e abstrata, capaz de lhe assegurar, de diversas formas, o bem mais supremo, a eternidade de existência".[2] Sob esse aspecto, a divindade é uma das criações mais ousadas da mente humana.

Ries insiste: "A colocação de alimentos e adereços assim como as conchas encaixadas nas órbitas oculares indicam a idéia de uma continuidade *post-mortem* das atividades do defunto. Por intermédio das suas ações funerárias, o *Homo sapiens* de Neandertal, assim como o *Homo sapiens sapiens* do paleolítico superior, demonstra ser *Homo religiosus*, preocupado com a vida para além da morte."[3]

As sepulturas são de vários tipos: isoladas, espalhadas ao acaso ou organizadas num espaço planificado; em campo aberto ou em cavernas e grutas; em terra batida ou com laje de pedra; completamente desnudas ou enfeitadas por oferendas rituais, como flores, objetos ou armas; e o corpo é sepultado nu ou colorido, ou ainda adornado com medalhões, ou com vestes bastante ricas, em várias posições e a uma distância variada em relação às paredes da fossa. Alguns fósseis apresentam até mesmo indícios de canibalismo.

Embora as sepulturas permaneçam raras até 10.000 anos atrás e faltem testemunhos colaterais de outro gênero, capazes de enriquecer esses achados "mudos" com notícias posteriores esclarecedoras a propósito dos significados simbólico, ritual e metafísico da morte, compreende-se que para os neandertalenses a morte tinha se tornado um fato comunitário e religioso para todo o grupo, que procurava de alguma forma manter-se em contato com seus membros, mesmo após a morte.

Dos achados, que não chegam a constituir uma amostra representativa, podemos ter certa idéia quanto às causas dos óbitos e dos tipos de doenças que prevaleciam. Mais da metade (54,8%) dos corpos que remontam ao tipo Neandertal morreu por lesões traumáticas; seguem-se as artroses (16,6%), as osteítes infecciosas (9,5%) e as causas congênitas (4,8%). Mais tarde, tratando-se de corpos pertencentes ao tipo *Homo sapiens sapiens*, diminui o percentual ligado a lesões traumáticas (45%) e aumenta a proporção das artroses (21,2%). As várias enfermidades, da artrose à calcinose, são mais ou menos aquelas hoje existentes, variando somente as suas incidências do ponto de vista quantitativo. Como testemunho da periculosidade das tarefas cotidianas e da violência do relacionamento com a natureza e com os outros seres humanos está o fato de que os traumas eram, de longe, a causa mais freqüente de morte, ainda que tenham diminuído com o passar dos milênios, da fase mais arcaica até a mais evoluída.

A prática de proteger e cobrir os defuntos, quase como que prolongando as suas vidas depois da morte, demonstra que "com as primeiras sepulturas na gruta de Qafzeh e com aquelas dos neandertalenses, o homem criou a mais extraordinária manipulação da realidade: a sua mente criou uma cópia do mundo cotidiano, atribuindo-lhe um tal significado que, por vezes, condicionava a existência inteira em direção a esse objetivo imaginário, a ponto de serem sacrificadas, freqüentemente, incontáveis riquezas".[4]

Pelo cotidiano dos vivos, gradualmente difunde-se a presença dos mortos e do sagrado: numa cidade agrícola-artesanal descoberta na Anatólia, habitada entre 6250 e 5400 a.C., de 139 casas, pelo menos 40 continham pequenos santuários, com afrescos, altos-relevos, estatuetas e figuras, na grande maioria femininas.

UM ANIMAL CAPAZ DE CRIAR A ARTE

Entre 100.000 e 30.000 anos atrás, os neandertalenses diferenciam-se dos outros hominídeos pertencentes à espécie *Homo sapiens*. Os últimos representantes dessa raça circumediterrânea – a mesma que 60.000 anos antes de Cristo havia aprimorado a invenção do mundo supraterreno – alguns milênios mais tarde aprimoram a *arte*, fazendo com que fosse assim cumprido o segundo passo fundamental à produção metafísica do homem. Numa ordem temporal, portanto, primeiro nasceu a tecnologia, depois a teologia e por fim a estética. Esta última, quando traduz-se em termos de produção artística, requer a faculdade de abstração, de síntese, de simbolização e de associação.

Os longínquos hominídeos do tipo neandertalense, evoluídos, mas mesmo assim às vésperas de serem ultrapassados pelo homem moderno de tipo Cro-Magnon, talvez tenham sido os primeiros – entre 50.000 e 30.000 anos atrás – a saborear a alegria da beleza criada pelo homem e a iniciar, com simples entalhos ritmados, tanto no osso como na pedra, a grande aventura artística humana, que sob muitos aspectos se confunde com a religiosidade e com o sagrado.

Os homens de tipo Cro-Magnon, bem mais evoluídos, irão em seguida realizar verdadeiras criações artísticas na forma de pequenas estatuetas antropomórficas, com enfeites entalhados em pedras e em ossos, até a grande explosão da arte naturalística, que ornamentará centenas de imponentes santuários com perícia e criatividade surpreendentes.

A datação da pré-história, como já recordei, está sujeita a modificações imprevistas e radicais. Basta a descoberta de um osso, de um seixo, de uma inscrição ou grafite, para nos obrigar a revolucionar a divisão dos eventos e as suas implicações.

Até poucos anos atrás, duas circunstâncias chamavam a atenção na longa história da arte originária, cuidadosamente dividida por André Leroi-Gourhan em três períodos (primitivo, arcaico e clássico). A primeira circunstância consistia no fato de que, a meio caminho entre o nascimento da arte e os nossos dias, ocorreu aquele prodígio extraordinário que foi a arte rupestre da gruta francesa de Lascaux, datada de cerca de 20.000 anos. As pinturas de Lascaux foram consideradas por muitos o ápice irreplicável na criatividade estética da pré-história, comparável à Capela Sistina ou ao ciclo giottesco em Assis. Depois dela vieram, em ordem cronológica e de importância, as pinturas espanholas de Altamira, datadas de cerca de 17.000 anos.

A segunda circunstância, bem diferente da primeira, mas igualmente misteriosa, é que após 20.000 anos de progressos incessantes, e após haver atingido o auge de Lascaux e de Altamira, a produção artística pré-histórica repentinamente se interrompe e por 6.000 anos emudece.

Atualmente, essa segunda circunstância ainda permanece válida e inquietadora, enquanto o primado de Lascaux foi destituído em 1994, quando o espeleólogo Jean-Marie Chauvet descobriu um outro grandioso ciclo de afrescos numa outra caverna francesa, que agora traz o seu nome, ao longo do rio Ardèche. Este bem-recebido achado antecipa de fartos 15.000 anos a época em que o *Homo sapiens* soube criar obras-primas pictóricas de extraordinária beleza e vivacidade.

Permanece de toda forma válido, pelo menos até agora, que o homem ereto e os utensílios nasceram na África, enquanto a arte teve a Europa como berço, ao longo do vale do Vézère, onde os primeiros neantropos da espécie *Homo sapiens sapiens* deliciaram-se em representar em duas dimensões aquilo que viam em torno de si em três dimensões. Em alguns blocos de pedra portáteis, eles representaram órgãos genitais femininos, animais esboçados de forma genérica e signos elementares, com uma técnica simplificadora que exprime o todo pela parte. Em seguida foi a vez das paredes e das cavernas, com a incisão de animais em baixos-relevos; e, depois ainda, placas ornamentadas e verdadeiras esculturas, no pleno sentido do termo.[5]

Porém, a grande arte não esperou muito: somente depois de poucos milhares de anos, após o surgimento na Europa do homem moderno, a pintura rupestre atingiu o ápice, demonstrando ser grandiosa desde a sua aurora. O cenário no qual desdobrou-se essa época áurea da criatividade pré-histórica é aquele onde se encontra uma centena de vastas grutas na área franco-cantábrica, que os artistas da civilização magdaleniana elegeram, organizaram e sacramentaram.

No final do século XIX, ao longo das margens do rio Ardèche, foram descobertas 25 cavernas decoradas, todas de qualidade bastante medíocre. Somente em 1994, Chauvet, explorando a mesma área, fez uma das maiores descobertas de arte rupestre: um extraordinário ciclo de entalhes, pinturas e desenhos realizados há 35.000 anos. Num painel de seis metros encontram-se rinocerontes, bois selvagens, bisões e cavalos com fartas crinas. Em outras paredes há cópias de leões, outros animais de várias espécies e corpos humanos estilizados. No total, 420 figuras animais (entre as quais 72 felinos), pertencentes a uma quinzena de espécies diversas.[6]

Para encontrar algo igualmente surpreendente, é necessário aguardar 15.000 anos, quando um número impreciso de pintores e gravadores, no período de quatro ou cinco séculos, trabalhou nas grutas de Périgord e criou o grande complexo artístico das salas subterrâneas, dos corredores e das galerias, os quais, no seu conjunto, são conhecidos sob o nome de gruta de Lascaux. Também nesse caso, cervos, bois selvagens, cavalos, cabras e felinos são representados com grande perícia, ao lado de brasões, signos, figuras abstratas e figuras humanas.

A partir daquele marco que não foi superado, a arte rupestre difundiu-se na Espanha, na Alemanha e, em seguida, gradualmente, por uma área imensa, ainda mais vasta do que aquela que no futuro viria a ser ocupada pelo Império Romano, dando vida a uma das civilizações mais extraordinárias da pré-história: justamente a dos magdalenianos, que "levaram ao apogeu", escreve Denis Vialou, "a expressão simbólica dos temas culturais; eles codificaram a própria comunicação nas grutas, como se desejassem fixar as suas representações do mundo, a fim de organizar a sua própria e original cultura e defendê-la dos movimentos devastadores do tempo e dos homens".[7]

Além da possibilidade de refletir sobre o mundo simbólico desses artistas e de todo o seu povo, as grandes obras rupestres nos oferecem também a possibilidade de medir o nível de organização técnica que eles haviam atingido. Em muitos casos, dada a natureza das paredes usadas como suporte, esses artistas trabalhavam com as mãos nuas. Mas, na maioria das vezes, manipulavam buris de seixos, lascas e lâminas de pedras de vários tipos, e para a coloração usavam corantes, muitas vezes sofisticados, feitos de dióxido de magnésio, óxido de ferro, hematita e outros. Tochas e lanternas serviam para iluminar as grutas; cordas e andaimes eram utilizados para atingir os pontos elevados e de alcance mais difícil. Escreve Marie Perpère: "O artista de mãos nuas revela-se desde o seu preâmbulo (...) um artista abastecido com materiais variados, por vezes complexos. Para executar os seus entalhes, algumas vezes mune-se simplesmente de um fragmento de lâmina de seixo que recolheu; porém também soube executar pinturas policromadas em grutas escuras, para o que eram necessárias a escolha e a preparação de corantes, fabricação de pincéis, utilização de iluminação artificial e até mesmo a construção de andaimes para alcançar zonas inacessíveis."[8]

AS CINCO IDADES MÍTICAS DO HOMEM

Os homens de Neandertal tinham uma vida média inferior a trinta anos, e, entre eles, conseguiam chegar à idade adulta somente os indivíduos dotados de uma tal sorte e de uma estrutura física tão resistente que derrotasse as intempéries, as doenças e os traumas que, naquele tempo, abatiam a maioria dos seus companheiros. Sob esse aspecto, o destino do *Homo sapiens* não era muito diferente daquele, bem posterior, de um cidadão ateniense, um soldado romano ou um peregrino medieval.

O convívio, desde a infância, com a morte dos contemporâneos, a dor física que acompanhava e atormentava a vida cotidiana, a rudeza e a agressividade nas relações interpessoais durante toda a pré-história e, depois, durante toda a época rural alimentaram, no imaginário coletivo, uma visão áspera e fatalista da existência humana. Não somente a morte mas até mesmo as mínimas dificuldades cotidianas escapavam à alçada tanto das defesas tecnológicas, ainda demasiadamente rudimentares, como da capacidade explicativa, ainda por demais elementar. Os progressos materiais encontravam-se na sua aurora, e o período de tempo necessário para tornar uma descoberta ou uma invenção operacionais era bem mais longo do que aquele de uma vida humana, para que cada indivíduo, singularmente, pudesse dar-se conta delas e pudesse conceber uma noção otimista da própria história e do próprio destino. Predominava, portanto, no dia-a-dia, a constatação de quanto era dura a vida e de quanto a natureza era cínica e cheia de caprichos, até então ditadora absoluta.

Também devido a isso, numa primeira longa fase evolutiva da consciência "religiosa", pelo menos na parte mais pobre da população, predominou a idéia pessimista de uma humanidade que, em vez de marchar em direção à eterna felicidade, cada vez se distanciava mais de uma mítica idade áurea.

Se Homero, filho da Jônia opulenta, nos narra as vicissitudes de uma aristocracia despreocupada, ambiciosa e triunfante, num contínuo desafio com o mar, contra os inimigos, contra as Colunas de Hércules e num habitual convívio com um mundo supraterreno povoado de divindades extravagantes, Hesíodo, filho da rude e pobre Beócia, conta-nos da vida dura do homem simples, feita de labuta e suor, atormentada pelas intemperanças da natureza e pelas injustiças da sociedade.

O mito triste das cinco idades do homem, que o autor de *Os Trabalhos e os Dias* narra perto do final do oitavo século antes de Cristo, testemunha todo o profundo pessimismo com o qual era, como hoje, marcado o mundo camponês.

Numa primeira época – a Idade do Ouro, quando Cronos reinava no céu –, "os homens viviam como deuses, com o coração tranqüilo, livres de fadigas e de desventuras, não lhes pesava a miséria da velhice, mas, sempre florescentes de força nas mãos e nos pés, alegravam-se nos banquetes, longe de todos os males: e morriam como que caídos no sono. Todos os bens lhes pertenciam, a terra fértil oferecia fartos e copiosos frutos, e eles, tranqüilos e contentes, gozavam de seus bens, entre muitas alegrias".

Para Hesíodo, portanto, o paraíso consistia na tranqüilidade, na liberdade, na juventude, na boa saúde, no comer bem e na morte indolor. Não havia dúvida de que os produtos da terra fossem todos espontâneos e de que, em conseqüência, o trabalho fosse desconhecido.

Quando chegou a Idade da Prata, as coisas pioraram bastante: após uma infância banal que se prolongava por um século, cada homem, descrente e violento, padecia agonias devido à sua leviandade e à sua prepotente presunção, após o que, ainda na flor da idade, rapidamente morria.

A terceira Idade, a do Bronze, foi povoada por homens violentos e terríveis, que Zeus pai escavou dos freixos. As armas, as casas e os utensílios eram de bronze, e, como seus corações eram de ferro e os seus corpos potentes, a morte negra igualmente os colheu e eles desceram para a escuridão do gélido Hades.

A quarta Idade, a dos Heróis, foi povoada por semideuses, alguns dos quais pereceram na guerra dos Sete contra Tebas, outros na guerra contra Tróia e outros ainda, por vontade de Zeus, acabaram nas ilhas dos Beatos "com o coração sem aflições, heróis felizes, aos quais três vezes por ano a terra fecunda oferece frutos suculentos, doces de mel". Logo, também aqui, a condição beata consiste na possibilidade de gozar dos frutos da terra, sem ter que lavrá-la.

A quinta e última Idade, a do Ferro, é tão terrível que Hesíodo jamais desejaria vivê-la, preferindo "morrer antes ou nascer depois". Amaldiçoados por doenças, destinados a desaparecer quando as têmporas embranquecem, cinicamente desatenciosos nos cuidados e na veneração dos genitores, privados de temor para com os deuses e sem respeito pelo mérito, habituados a identificar o direito com a força, despudorados e blasfemos, de toda forma consagrados ao sofrimento e indefesos contra o mal, estes contemporâneos de Hesíodo "dia nenhum cessarão de matar-se de cansaço e de pena, e em noite alguma". O trabalho físico, portanto, juntamente com o sofrimento, denota a condição degradada do ser humano, não a sua condição triunfante.

Mas as desgraças cotidianas não geraram somente uma comovente nostalgia pela mítica idade áurea perdida. Já antes de Hesíodo, e progressivamente até os nossos dias, no ânimo humano sempre operou a necessidade de suprir as carências da razão com a exuberância da invenção; o hábito de explicar os eventos do mundo e da vida através de causas imaginadas, na falta de causas acertadas; a tentação de se deixar levar pela fantasia a fim de delinear futuros mundos fantásticos, nos quais as tristezas da vida terrena resultariam invertidas na beatitude da vida eterna. Disso nasce uma extraordinária produção de obras, de mitos, de ritos e de expedientes que visam ao consolo; toda uma fecunda fabulação, não mais sobre remotas idades áureas das quais a humanidade estaria se distanciando, mas sobre futuros mundos felizes, nos quais ela, de modo providencial, acabaria por aportar. Serão primeiro a fé judaica e em seguida a cristã a conciliar ambas as ilusões, creditando como verdade revelada tanto o pesar pela expulsão do paraíso terrestre como a esperança numa futura acolhida no paraíso celeste.

O "CONTRAMUNDO"

A arte e a religião foram, portanto, as duas grandes criações consoladoras esboçadas durante os milênios da pré-história e aprimoradas durante os séculos da história. Mas, se a arte pode oferecer somente algumas alegrias compensadoras para as dores existenciais, a fé num mundo depois da morte, além de exorcizar a duração demasiadamente breve da vida terrena, pode até descortinar a esperança de uma felicidade eterna, simétrica às atribulações padecidas na vida e perfeitamente de acordo com as aspirações humanas.

Se o culto dos mortos, iniciado pelos homens de Neandertal, não implicava necessariamente uma esperança de vida ultraterrena melhor do que aquela na Terra; e se, depois deles, outros povos imaginaram mundos sobrenaturais nada atraentes (o Sheol, da primeira tradição hebraica, por exemplo, ou o Hades homérico), há outras populações posteriores que construíram imagens bem-aventuradas do além, acreditando piamente na existência de convidativos paraísos e, a fim de garantir o seu usufruto eterno, se dispuseram a suportar pacientemente sacrifícios, a viver na pobreza, a ser martirizadas como os antigos cristãos ou até mesmo a se autodestruir, como os recentes camicases japoneses ou a sua variante islâmica ou, ainda, como séculos atrás, os ascetas budistas descritos em 1575 por Gaspar Villa, que, quando se sentiam prontos, decidiam ser enterrados numa tumba, na qual permaneciam até morrer, respirando através de um canudo de bambu e evocando sempre o Buda deles.

Sejam fruto de uma grande nostalgia ou de uma grande esperança, os paraísos ilustram sempre, da forma mais exaustiva possível, o mostruário das possíveis formas de bem-estar que o ser humano deseja, mas, se inatingíveis em vida, podem ser, finalmente e para sempre, alcançados depois da morte. Não há sorte incerta, rara, fugaz sobre esta terra que não se torne segura, plena e perene nas descrições paradisíacas.

No *Elucidarium* de Onório de Autun especifica-se que "os eleitos terão sete glórias especiais do corpo e sete da alma. Quanto ao corpo, a beleza, a rapidez, a força, a liberdade, a alegria, a saúde e a imortalidade. Quanto à alma, a sabedoria, a amizade, a concórdia, a potência, a honra, a segurança e a beatitude". O beneditino Eadmer de Canterbury acrescenta a vontade. Santo Agostinho adiciona ainda a felicidade perfeita, sem fim e sem perturbação, "um sábado definitivo sem poente". Outros vão, aos poucos, completando o elenco com condições tais como a perfeição, a plenitude, a paz, o prazer, a beatitude, a harmonia, a agilidade, a luz plena, o ouro, os perfumes, a estabilidade, a serenidade, a eterna juventude, a música, a socialização e o convívio.

E como, entre as ânsias terrenas, encontram-se também as da exclusividade e da carreira, o paraíso é imaginado de uma maneira que também essas perversas exigências venham aplacadas. De fato, ele é interditado à grande massa de pecadores, sendo reservado à elite restrita dos virtuosos e dos santos. "Os homens que são amaldiçoados", assegura o teólogo jesuíta Francisco Suarez, "são incomparavelmente mais numerosos do que aqueles que são salvos." E os beatos, assim como os anjos, são escalonados em graus diversos de beatitude. F. Arnoux, um canonista do século XVII, autor de *O Paraíso e as Suas Maravilhas*, argumenta que no céu "os Anjos correm, os Arcanjos servem, os Principados triunfam, as Potências se alegram, as Dominações comandam, as Virtudes resplandecem, os Tronos brilham, os Querubins iluminam e os Serafins ardem". A esses nove coros angélicos, no livro medieval *Hortus Deliciarum*, correspondem outras tantas categorias de beatos.

Para a elaboração desse "contramundo", cujas características e peculiaridades foram se acumulando no curso dos séculos, contribuíram teólogos e visionários, filósofos e artistas.[9] Visões místicas e explorações prodigiosas do Reino dos Céus não faltam: são célebres as de Elisabeth de Schönhau, de Hildegarda de Bingen, de Santa Brígida, de Santa Teresa de Ávila e de São João da Cruz, por exemplo. As construções abstratas dos teólogos e dos filósofos, reforçadas pelas visões dos místicos, alimentavam a imaginação dos artistas e dos poetas, a qual, por sua vez, se traduzia em mosaicos, em miniaturas, ilustrações, poemas e em cúpulas. Desse modo, no século XII, por exemplo, as admiráveis ilustrações do *Hortus Deliciarum* não poderiam ter sido concebidas sem a iniciativa e sem as informações da abadessa Herrade. A mais célebre representação pictórica do paraíso, o famoso políptico "Adoração do Cordeiro Místico", de Jan e Hubert van Eyck, de 1432, e conservado em Gand, na Bélgica, não poderia ser explicado sem o prévio conhecimento do *Hortus Deliciarum* e do livro do Apocalipse, atribuído a São João. O *Paraíso*, escrito por Dante Alighieri e inspirado pelo texto *A Hierarquia Celeste* de Pseudo-Dionísio, inspirou, por sua vez, as ilustrações do pintor do Renascimento Giovanni di Paolo.

Portanto, o paraíso, em si mesmo, é uma grande e sublime obra conjunta de toda a criatividade teológica humana, que por sua vez estimulou, numa medida e por um tempo surpreendentes, a criatividade artística e literária de centenas de gênios, desde Giotto até Michelangelo, de Bosch a Fra Angelico, de Correggio a Memling, de Brea a Rafael.

O CIMENTO DA FANTASIA

No decorrer da história, alguns desafios intelectuais, guerreiros, artísticos e científicos consumiram a criatividade humana durante um longo período de tempo, aumentando a tensão entre os povos, gerando competição entre homens, cidades e estados, servindo-se, por vezes, sobretudo da fantasia e, por outras, da capacidade de concretude e realização. Por exemplo, durante vários séculos, as cidades gregas rivalizaram entre si com vista a realizar a utopia do templo perfeito e impossível, pois a sensação de quem, de fora, concentrasse o olhar na edificação deveria ser igual à sensação de quem, do seu interior, passeasse o olhar pelos campos circundantes. Durante muitos séculos, os cientistas – dos platônicos aos neoplatônicos, de Newton a Young e Fresnel, de Planck a Einstein – competiram entre si a fim de decifrar o fenômeno da luz. Por muitos séculos Chartres e Reims, Milão e Ulm, Colônia e Barcelona disputaram entre si, visando construir a catedral mais fantástica ou a rosácea mais suntuosa. Por outros tantos séculos, do Panteon romano às construções de Pier Luigi Nervi, passando pela Consolazione de Tódi, na região da Úmbria, à catedral de Florença, à Basílica de São Pedro, até Les Invalides em Paris ou o Convento de Smolny em São Petersburgo ou o Palácio do Congresso em Brasília, os arquitetos e engenheiros competiram entre si para ver quem construía a cúpula mais vasta, mais alta e mais bonita.

À sua maneira, o paraíso representa um desses desafios, sem ser feito de mármores ou de binóculos, mas de fé, exaltação, fanatismo, dialética e luta pelo poder, feito de esperanças ingênuas, assim como de especulações interessadas e interesseiras: talvez o maior desafio à humanidade não seja imposto pela natureza, mas por ela mesma. E essa é a primeira dentre as razões que me motivam a me alongar tanto sobre o tema.

Como veremos mais adiante, a criatividade é síntese de fantasia e de concretude, mas nem sempre esses dois ingredientes estão presentes na mesma medida. Quanto à invenção do paraíso, a partida foi jogada ao longo de milhares de anos, em todo o planeta, numa chave predominantemente fantasiosa (caso se exclua a tentativa mais tangível e concreta, mas igualmente mais circunscrita, de traduzir o conceito em cúpulas). E esse é o segundo motivo pelo qual dediquei tanto espaço ao tema.

A terceira razão é que esse desafio mostra-se ainda mais surpreendente exatamente porque concerne, quase que exclusivamente, à esfera mental, isto é, à arte, à dialética e a seus cultores – filósofos, teólogos, poetas, pintores e músicos –, que o enfrentavam numa esquizofrenia total, pelo menos no mundo católico, com o uso prático que, depois, as hierarquias eclesiásticas fizeram. Basta pensar na diferença entre as promessas garantidas pela teologia da salvação e os dados resultantes da sociologia dos salvados.

O Evangelho assegurava: "É mais fácil um camelo passar pelo buraco de uma agulha do que um rico entrar no Reino dos Céus." A *Rerum Novarum* afirma que "suprimir do mundo a disparidade social é algo impossível"; mas, em seguida, adverte aos privilegiados que as riquezas deste mundo "para a felicidade futura, em vez de ajudar, prejudicam", enquanto "em relação aos infelizes, parece que Deus tenha uma particular predileção, pois Jesus Cristo chama de beatos os pobres".

Visto que sobre a Terra poucos privilegiados possuem a absoluta maioria das riquezas, no paraíso deveria haver muito mais pobres que ricos. Para verificar estatisticamente essa hipótese, legitimada pelo Evangelho e enfatizada por Leão XIII, deveríamos conhecer a classe de proveniência de todas as almas salvadas. Na falta de dados que concernem a esse universo, talvez seja plausível tomar os santos como uma amostra representativa, pelo menos com respeito às almas salvadas desde os tempos de Jesus Cristo aos nossos dias. Foi o que fizeram dois sociólogos impertinentes – Katherine e Charles H. George – baseados numa obra monumental, *A Vida dos Santos*, em 13 volumes, escrita por Alban Butler e publicada no século XVIII, tendo sido atualizada até 1949.

Graças a essa fonte escrupulosa, o nosso par de sociólogos conseguiu levantar as classes sociais das quais provinham nada mais nada menos que 2.489 santos e beatos, confrontando-as com as classes a que pertenciam as populações cristãs do Ocidente, durante os dois milênios em que a Igreja proclamou oficialmente seus santos.

Muito bem, enquanto no conjunto da população pode-se estimar que somente 5% equivaliam à classe alta, 10 a 15% à classe média e 80 a 85% à classe baixa, entre os santos somente 5% provinham da classe mais baixa, 17% da classe média e 78% pertenciam à classe alta. Caso se considere os 1.308 santos proclamados entre o século V e o século XIII, os dados mudam e obtém-se que 90% pertenciam à aristocracia. Algumas famílias nobres conseguiram angariar para seu seio meia centena de santos.[10]

Porém tornemos ao cimento e ao triunfo da fantasia. Dado que eram completamente livres para fantasiar ao infinito e inventar todas as possíveis satisfações ultraterrenas às suas necessidades insatisfeitas sobre esta terra, os teólogos e os visionários, os filósofos e os artistas extrapolaram os limites humanos até o céu sobrenatural e permitiram-se todos os caprichos a fim de serem compensados, imaginando as condições mais variadas, que certamente correspondiam não somente às aspirações pessoais dos inventores, individualmente, mas visavam também a compensações e aos ideais de vida mais difusamente apreciados na sua época. Assim, por exemplo, quando a aristocracia descansava e a massa trabalhava, o paraíso era vislumbrado como um lugar de sesta perene; quando, pelo contrário, a oferta de trabalho diminuía, o desemprego se tornava uma desgraça e o Iluminismo impunha o primado do movimento em detrimento da inércia, também o paraíso, repentinamente, se tornava laborioso, munindo-se de oficinas e repartições, e os beatos se tornavam jubilosos torneiros mecânicos ou diligentes empregados e as beatas se atarefavam nas funções de rendeiras, enfermeiras ou babás. O paraíso evolui paralelamente à evolução das esperanças, as quais, por sua vez, evoluem em paralelo à evolução da história: abolição da escravatura, gostos musicais, advento do protestantismo, nascimento da cosmologia e da ciência moderna, maquinismo industrial, alienação consumista, globalização, tudo acaba por refletir-se na topografia, na decoração e na consistência do paraíso.

Ainda que nos limitássemos somente aos paraísos hebraico e cristão, minuciosamente reconstruídos tanto por Jean Delumeau como por Colleen McDannell e Bernard Lang, já encontraríamos um infinito elenco desses reflexos: "Se muitos cristãos adotaram o lema de Santa Teresa de Ávila, 'Deus sozinho já basta', outros imaginaram um outro mundo abarrotado de atividades humanas. Que se resuma ao olhar do ser amado (seja ele Deus ou um companheiro humano), ou implique complexas interações de numerosas almas que se encontram e, reciprocamente, se adestram, trabalham e se divertem juntas, o paraíso tem uma estrutura social... A cultura celeste consiste em adoração eterna, em intimidade amorosa com Cristo, em jogos no chafariz da vida ou ainda no canto 'Santo, Santo, Santo'. Vimos que alguns santos estão nus, outros exibem conjuntinhos azuis e outros ainda encontram-se envolvidos pelas mais finas sedas. Em algumas descrições estão imóveis diante da presença divina, em outras tocam piano, assistem a cerimônias nupciais ou visitam amigos ainda ligados ao mundo terreno... Os diversos modos de imaginar o paraíso nos falam de como os homens se vêem a si mesmos, a suas famílias, a suas sociedades e a seu Deus... A mudança das idéias a propósito do amor, da amizade, do trabalho, de Deus e do crescimento espiritual na outra vida pode servir como indício para compreender as idéias e os ideais culturais desta vida."[11]

As figurações do paraíso, portanto, e a inexaurível criatividade que as coloriram constituem outras tantas fontes copiosas de informações sobre como o homem teria desejado viver sobre esta terra e sobre o que ele entendia por felicidade. Naquilo que nos diz respeito de forma específica, elas nos oferecem testemunhos indiretos originais para reconstruir não só as formas de criatividade que o homem produziu, mas também a relação ambígua de ódio e amor que ele manteve seja com o trabalho (em relação às suas causas, ao trabalho em seu conjunto, como fonte de sustento e de fadiga), seja com o ócio (suas causas, o ócio como um todo, como fonte de gozo e de vício).

RIACHOS DE LEITE E DE VINHO PARA OS HEBREUS

Muito antes que Hesíodo descrevesse as cinco idades do homem, no nono século antes de Cristo ganhou corpo um primeiro extrato de tradição hebraica que em seguida confluiria naquela imponente expressão de criatividade artística e religiosa que é a Bíblia. O Éden, descrito no livro do Gênesis, é o lugar da perfeição perdida que, entre as suas características, apresenta as da plenitude, da liberdade, da paz, do prazer, da beatitude, da imortalidade, da harmonia, da amizade, assim como da intimidade com Deus e com os animais. A idéia de Éden e a sua perda unem o povo hebreu a todos os demais povos da antiguidade. Porém, a sua singularidade entre todos eles é que concebe *também* uma idade áurea, uma Jerusalém Celeste, situada no futuro.

Talvez o mais antigo testemunho sobre um lugar de perfeição nos chegue através de uma pequena tábua proto-suméria, na qual é descrito em caracteres cuneiformes um sítio puro e resplendente – Dilmun – onde não existem doenças, nem violência. Somente na versão grega do Antigo Testamento, chamada *Setenta*, que remonta ao século III a.C., aparece, pela primeira vez com significado religioso, o termo "paraíso", um vocábulo persa que significa recinto, parque, jardim e pomar.

Obviamente o paraíso será diferente nas religiões que possuem uma visão histórica e linear do tempo (como o cristianismo) do que naquelas que, ao contrário, se distinguem pela circularidade do eterno retorno (como o hinduísmo ou o budismo), ou ainda nas concepções leigas do bem-estar e do progresso como "paraíso na terra". Uma complicação posterior é determinada pela ressurreição dos corpos, pois, dada a sua solidez física, precisam ocupar um espaço, assim como necessitam de alimento e satisfação.

No curso da história hebraica do além, quatro concepções sucederam-se uma à outra. A mais antiga, tomada de empréstimo do mundo semítico, consiste num sistema organizado em três níveis: a terra, o céu – onde vivem os seres celestes – e o mundo inferior (*Sheol*), onde vivem os mortos numa condição de escuridão, desordenada, poeirenta e silenciosa, que, contudo, é poupada das atribulações terrenas e pode ser melhorada graças à reza dos cônjuges sobreviventes, os quais, por sua vez, podem contar com a proteção dos antepassados.

A segunda concepção desvia a atenção dos mortos e dos deuses celestes, concentrando toda a adoração em Jeová e nas atividades terrenas na luta contra os inimigos de Israel.

A terceira concepção resgata a importância dos mortos, que voltam a ser inseridos nos destinos da comunidade hebraica: quando o Estado de Israel for finalmente reconstruído, é justo que os mortos fiéis a Deus e à liberação dos hebreus possam gozar da renovada potência. Eles, então, ressurgirão e, durante algum tempo, viverão na Palestina. "Reviverão os teus mortos", celebra o Apocalipse de Isaías, "os meus caídos ressurgirão, despertarão e exultarão aqueles que habitavam no pó" (26,19).

A quarta concepção, menos confiante em relação ao nascimento de Israel, abandona-se à salvação individual e designa às almas virtuosas a ascensão ao céu e a eterna intimidade com Deus. A salvação eterna torna-se assim uma esperança para a humanidade inteira.

Esse paraíso hebraico, fruto de uma criatividade muito elaborada, representa o máximo triunfo da eficiência produtiva num contexto rural: se a produtividade é medida tayloristicamente pela relação entre a quantidade de produtos e a quantidade de tempo empregado para fabricá-los ou cultivá-los, aqui devaneia-se sobre a disponibilidade de imensas provisões alimentares, sem que a mão humana praticamente tenha empregado o mínimo esforço. Diz o Talmude da Babilônia: "As espigas de trigo despontarão e alçar-se-ão como palmas nos cumes dos montes. E não pensem que a ceifa será tarefa árdua... O Santo, que Ele seja abençoado, fará soprar um vento do Seu tesouro e este soprará sobre as espigas e fará com que caiam os grãos. Então os homens andarão pelos campos e colherão um punhado com o qual se nutrirão, a si e às suas famílias... O grão de trigo será como dois rins de um grande touro... Neste mundo é preciso colher e espremer, com esforço, os cachos, mas no mundo que está por vir bastará arrancar um galho da videira, carregá-lo numa carroça ou num barco e colocá-lo num canto da casa e ele fornecerá (vinho) à vontade, como se fosse um grande barril."[12]

O alimento, a prosperidade sem fadiga e sem trabalho retornam como recompensa ultraterrena para os justos nos comentários de muitos antigos intérpretes da Torá. Ainda segundo o Talmude da Babilônia (*Barakhoth* 57b), três coisas podem nos fornecer um presságio e nos dar uma idéia do paraíso: os raios de sol, as relações sexuais e o Sabá.

Na sua *Anthologie Juive* (Antologia judaica), Edmond Fleg se reporta a um texto muito posterior, do século IX, no qual são minuciosamente descritas as delícias reservadas ao justo que atinge o Reino dos Céus: "Duas portas de diamante permitem o acesso ao Grande Éden e nestas portas encontram-se setenta mil anjos servidores... E quando um justo chega, eles o despem do hábito que trazia da tumba e o cobrem com oito vestes de nuvens de glória; põem sobre a sua cabeça duas coroas, uma com pedras preciosas e pérolas e outra de ouro de Parvaim; e colocam na sua mão oito ramos de mirta, o louvam e lhe dizem: 'Vai e come o teu pão com alegria!', e o introduzem num lugar onde correm oito riachos d'água entre 800 essências de rosas e de mirta. A cada justo é designado o seu baldaquim, de onde jorram quatro rios, um de leite, um de vinho, um de nardo e um de mel."

Como podemos ver, o paraíso aqui descrito é um verdadeiro elenco de improváveis compensações: o justo, ao qual a passagem se refere e que se apresenta diante das majestosas portas do Grande Éden, provavelmente é um pobre hebreu, que levou uma vida miserável, desgraçada pela fome, pela sujeira e, no deserto, também pela sede; e eis, portanto, a excitar a sua fantasia e a sua virtude, uma profusão de águas e de pães, de vinhos e de essências de rosas. Do trabalho, nem sinal, a partir do momento em que se dispõe de bens à vontade e os serviços são desempenhados por anjos.

LUGAR CINZENTO PARA HOMERO E FELICIDADE ASSEXUADA PARA OS PLATÔNICOS

O conceito de mundo supraterreno elaborado pelos hebreus monoteístas, num certo ponto, recebeu a influência dos poetas e dos filósofos gregos, politeístas e, num certo sentido, mais secularizados. Ao reino das sombras desceram Orfeu, Pólux, Teseu e Hércules. Para Homero, que no livro XI da *Odisséia* descreveu a descida de Ulisses aos infernos, a alma permanecia imortal após a morte do corpo, mas reduzia-se a uma frágil sombra vagante num lugar cinzento, acessível, de forma excepcional, aos heróis durante a sua vida terrena. As condições dos mortos no Hades ou no Averno estavam bem longe de ser apetitosas e denotavam a clara preferência dos gregos pela vida em vez da morte.

Com uma visão mais adulta e amadurecida da existência e, graças a uma incomparável inteligência filosófica, livres da necessidade de compensar as frustrações cotidianas com as fantasias infantis de uma eternidade perenemente feliz, eles preferiram suavizar a própria vida com a alienação estimulante da arte do que com a alienação deprimente do além.

Mas também existiram poetas e artistas gregos que descreveram uma eternidade mais reconfortante do que aquela homérica, na qual o corpo sobrevivia à morte, juntamente com a alma, dedicando-se, ambos, ao repouso, ao prazer da comida e dos campos cobertos de relva.

Platão, que representa um estágio de elaboração filosófica bem mais sofisticado do que o subentendido pelos poemas homéricos, sustenta que, uma vez liberada do corpo daqueles que praticaram a filosofia "com pureza e com justiça", a alma não perde o seu vigor terreno, mas se torna mais forte, refinada e divina; não cai para baixo nos ínferos, mas sobe aos céus, onde encontra o seu arranjo eterno no reino das idéias e nas ilhas dos Beatos. A alma de referência é sobretudo a do filósofo que, segundo Filão, sobrevive felizmente ao próprio corpo e goza de uma existência perene, imaterial e assexuada.

A concepção do além elaborada pelos romanos encontra uma apurada descrição no sexto livro da *Eneida*, no qual é narrada a descida de Enéias aos infernos. Passando por um vestíbulo, ele chega ao campo dos mortos insepultos, ao qual se seguem o rio Estige, os campos dos prantos e os últimos prados. Neste ponto o itinerário se bifurca: à esquerda está o Tártaro, isto é, o inferno; à direita, uma vez transpostos os muros de Dite, chega-se aos paradisíacos campos elísios, atrás dos quais encontram-se o bosque sagrado e, enfim, Lete, o rio do esquecimento. Nos campos elísios a vida resume-se a um passear entre plantas e flores.

"*AMABIMUS ET LAUDABIMUS*" PARA SANTO AGOSTINHO

Mais articulada, segundo as épocas e as abordagens teológicas, é a visão do paraíso cristão onde todavia prevalece, como em todos os velhos paraísos "ocidentais", uma concepção ociosa em vez de ativa.

Por um longo tempo, até as declarações de João Paulo II sobre o além, não havia dúvidas sobre a posição da Igreja Católica: na eternidade os seres humanos reviverão não somente com a alma, mas também com o corpo. São Tomás de Aquino afirmou, a seu tempo, "não um corpo celeste ou aéreo, ou ainda o corpo de um outro animal, segundo uma certa absurda teoria, mas exatamente o corpo humano, composto de carne e osso, com os mesmos órgãos que ora possui";[13] e a *Nota da Congregação da Doutrina da Fé sobre a Vida Eterna e o Além* o repetiu mais uma vez em 1979.

Obviamente, mesmo após a ressurreição dos corpos, uma boa parte dos órgãos será inútil. Tertuliano se pergunta: que uso faremos da boca e dos dentes, da garganta e do estômago, do intestino e dos rins, quando não será mais necessário comer e digerir? Por qual motivo teremos mãos, pés e membros que trabalham, quando terminará a preocupação com o sustento? E a que servirão os órgãos genitais e as mamas, a partir do momento em que no paraíso não existirão relações carnais, nem concepção, nem aleitamento?[14]

Santo Agostinho ensina que no paraíso "*vacabimus et videbimus, videbimus et amabimus, amabimus et laudabimus in fine sine fine*" (repousaremos e veremos, veremos e amaremos, amaremos e louvaremos no fim sem fim). No seu parecer, mesmo aqueles que sobre esta terra eram magros demais ou gordos demais no paraíso terão um corpo harmonioso, o qual, independentemente da idade da morte, terá aproximadamente trinta anos, como o corpo de Cristo quando foi crucificado. À diferença dos primeiros doutores da Igreja, segundo os quais as mulheres ressurgiriam com o sexo masculino, para Santo Agostinho cada um conservará o próprio sexo, mesmo no paraíso, sem que esta diferença contudo se traduza em desejo sexual recíproco.

NO PARAÍSO NÃO SE TRABALHAVA

Mas o grande *expert*, arquiteto e decorador do paraíso será o papa Gregório Magno (540 a cerca de 604), para quem as almas perfeitamente justas, assim que se liberam do corpo, vão contemplar o esplendor de Deus nas moradias celestes; aquelas não inteiramente justas purgarão por um certo tempo na purificação do fogo e aquelas malvadas precipitarão no fogo eterno do inferno. A partir de Gregório Magno, irá se acentuar a tendência de retratar o paraíso num modo mais corporal do que o descrito por Santo Agostinho, e à beatitude da alma será, com freqüência, adicionada a produção *sem nenhum esforço* de bens materiais em abundância.

No capítulo 20 do Apocalipse fala-se de mil anos, durante os quais um certo número de santos privilegiados tomará parte, com Cristo, numa primeira ressurreição. Como será a vida durante aqueles mil anos de paraíso na terra? Irineu de Lyon, garantindo que utiliza as palavras do próprio Jesus, arrisca afirmar que naquele milênio "nascerão vinhedos com dez mil videiras cada um. Cada videira possuirá dez mil vinhas e cada vinha dez mil latadas. Cada latada terá dez mil ramos e cada ramo dez mil cachos. Cada cacho possuirá dez mil bagos de uva e cada cacho espremido produzirá 25 metretas de vinho... Da mesma forma, uma semente de trigo dará dez mil espigas e cada espiga, dez mil grãos. Cada grão, dez libras de pura farinha. E também os outros frutos, flores e ervas seguirão estas proporções".[15]

Num contexto completamente rural, o paraíso não podia ser concebido senão como uma agricultura com uma produtividade altíssima, para a qual a imaginação de Irineu atribuía incrementos de uva e de trigo ainda mais vertiginosos do que o aumento de potência que os especialistas em informática atuais gostam de atribuir aos microprocessadores num futuro próximo.

Mas, mesmo após essa primeira ressurreição parcial de mil anos, a ressurreição final acontecerá num paraíso que, além de ser um estado do nosso espírito, será também um lugar físico onde residirão os corpos, como sustentava o grande "paraisologista" padre Garrigou-Lagrange.

Esses corpos, segundo a Primeira Epístola de São Paulo aos Coríntios, serão incorruptíveis, gloriosos, fortes e farão parte de um corpo espiritual. A essas virtudes irão se adicionar, gradualmente, a impassibilidade, a sutileza, a agilidade e o esplendor. Segundo São Tomás, graças à impassibilidade, não haverá mais velhice, sofrimento, doenças, fadiga, sono e fome: em outros termos, sem trabalhar mais, conseguiremos derrotar aquelas atávicas adversidades que sempre combatemos, através do trabalho.

Por mais sutis que sejam, os corpos terão, contudo, alguma consistência, porque – segundo São Tomás – "não poderão nunca nem se rarefazer nem se condensar". Todavia, graças à sua agilidade, poderão mover-se, sem dificuldades, no espaço. No seu *Mystères de l'au-delà* (Mistérios do além), o abade Michel defende que, "por mais rápido que seja o movimento do corpo glorificado através dos espaços, a medida de tal movimento será sempre o tempo, ainda que breve, no limite do imaginável, um tempo real, apesar da sua fugacidade".

Aproximando-se ainda mais da atual realidade virtual e dos deslocamentos em tempo real, Louis-Antoine de Caraccioli está certo de que no paraíso "os nossos corpos espiritualizados, radiosos, transparentes, seguirão a rapidez da mente e passarão, com a mesma agilidade, de uma estrela a outra, de tal modo que, esparsos pela imensidão dos céus, percorrerão o ar".[16]

Segundo a desenfreada imaginação de um outro "especialista" – Edmund Fortran –, os corpos glorificados poderão ver, ouvir, saborear, tocar, cheirar, caminhar, correr, dançar, falar e cantar, mas não terão nenhuma necessidade de comer ou de beber. Segundo o padre De Broglie, eles terão uma vida regular vegetativa, com uma parcela de *input* e outra de *output*. Obviamente de sexualidade nem se fala. Excluídos o frio e o desejo sexual, os corpos poderão vagar nus, segundo a intuição de São Tomás. No melhor dos casos, os beatos mais eminentes poderão adornar-se com uma auréola.

Portanto, os bens materiais ou serão inúteis ou serão produzidos sem nenhum esforço: de todo modo, não será preciso trabalhar. O que farão, então, os beatos num tempo abundante como o do perpétuo presente que é a eternidade? São Tomás assegura que serão felizes, pois gozarão da visão intelectual de Deus. Segundo São João de Patmos, cantarão louvores ao Senhor.

UM GOZO SEM MAR E SEM NOITE

Quanto mais infeliz parecia ser a vida terrena em épocas de enfermidades, carestias, violências e injustiças, mais felizes eram os devaneios acerca da vida eterna no paraíso. Esta última, portanto, fornecia em positivo a fotografia da realidade negativa. O Apocalipse assegura que no paraíso não existem nem o mar com os seus perigos, nem a noite com as suas insídias pecaminosas; lá não mais existem lágrimas, lamentos, sede, doenças, morte, nem cansaço, fome, nem – obviamente – tentação e pecado.[17] Muito mais tarde, no século XVII, o teólogo puritano Richard Baxter reafirma que não existirão nem enfermidades dolorosas nem angústias opressoras no paraíso.[18]

Mas não basta a ausência de doenças, miséria, dores, cansaço e morte; há também toda uma série de maravilhas, que vão desde a música, bem mais suave do que aquela composta por Bach, até danças dirigidas por Jesus Cristo, pessoalmente; do sabor mais delicioso à alegria indescritível, que inundarão os olhos, os ouvidos, as narinas, as bocas, as mãos, os corações, os fígados e todas as vísceras dos beatos. Um dos prazeres mais sofisticados consistirá na sádica satisfação de ver os amaldiçoados sofrerem e os poderosos serem humilhados, mesmo quando estes eram parentes ou amigos próximos. Escreve Tertuliano em *De Spectaculis* (Sobre os espetáculos): "Como admirarei, como rirei, exultarei e me alegrarei quando vir tantos monarcas orgulhosos e falsos deuses gemerem no mais profundo abismo das trevas! Tantos magistrados, que perseguiram em nome do Senhor, consumidos por fogos muito mais violentos do que aqueles que acenderam contra os cristãos! Tantos sábios filósofos torrarem nas ardentes chamas com seus iludidos discípulos!"

Em suma, o paraíso é o oposto da terra: quanto mais se sofre aqui, mais se goza lá. E, para gozar, evita-se toda e qualquer forma de trabalho: o qual, pelo contrário, é um castigo imposto ao homem para expiar a sua culpa original, como garante ainda a *Rerum Novarum* de Leão XIII.

E Louis-Antoine de Caraccioli carrega na dose garantindo-nos orgasmos intensíssimos, embora assexuados: "Todos os corpos que ressuscitarão para a glória experimentarão prazeres, de forma inefável, e prazeres tão puros, tão maravilhosos e tão superiores às nossas sensações atuais que os muçulmanos deveriam enrubescer por quão carnal é o paraíso deles."

MUÇULMANOS: NÁDEGAS DE UMA MILHA E ORGASMOS DE UM SÉCULO

Então, vamos dar uma olhadela, pelo buraco da fechadura, nesse paraíso do Alcorão. Como o Islã coincide sobretudo com zonas tórridas, desérticas, privadas de água e de verde, eis que, para compensar, o paraíso muçulmano é inteiramente um jardim de eterna delícia, ao qual podem ter acesso homens, mulheres e animais. O clima não é quente nem frio, as chuvas são freqüentes, assim como numerosos são os rios, os chafarizes e os riachos: não somente de água, mas também de mel, de leite e de vinho. Os jardins produzem bananas, romãs, lótus e uva em abundância. Os palácios são ricos em salões, terraços com vistas, pavilhões mobiliados com espreguiçadeiras, divãs e leitos elevados.

Os hóspedes eleitos são cobertos com ouro e pérolas, não dormem nem adoecem; passam parte do seu tempo a zombar dos condenados, mas durante a maior parte da eternidade dedicam-se ao repouso, às abluções, à comida e ao amor. Possuem um ótimo apetite e dispõem de saborosos quitutes; têm trinta metros de altura, privados de traseiros, mas ultradotados de órgãos sexuais: centuplicados no comprimento e incansáveis nas suas funções.

Cada homem dispõe seja das Huri, seja das suas eleitas: todas elas sorridentes e portadoras de "um sexo assaz convidativo". As Huri são virgens eternas, que toda vez readquirem a própria virgindade logo depois que a perdem, e que, segundo Ibn Qutaiba, possuem nádegas enormes, que podem atingir dimensões de uma milha por uma milha. A cada abraço corresponde um tipo diverso de volúpia, e o orgasmo dura um século.

De trabalho, nem se fala. Escrevem Bernheim e Stavridès no seu *Paradiso Paradisi* (Paraíso, paraíso), fonte da qual me servi copiosamente a fim de ilustrar este assunto, no qual aventurei-me: "Alguns contos se referem a refeitórios nos quais é suficiente apoiar as mãos para saciar a fome e a sede. Narra-se também sobre uma variedade de árvores, das quais despontam 70 mil pratos preparados. Pássaros de todas as cores, grandes como camelos, caem já assados no ponto, prontos para a delícia dos *gourmants*. Finda a refeição, os pássaros ressuscitam, voam embora, pousam num ramo e entoam um gorjear para a glória dos beatos. Em outra parte os beatos alinham-se diante do eleito e, um por um, dizem: 'Oh, santo de Deus, coma-me.'

"...A fruta está em primeiro lugar na alimentação, o *Mi'raj* aborda o assunto com tons surrealistas: se desejais um fruto, uma árvore daquela espécie despontará naquele instante, o colhereis, o saboreareis e eis que vos vem a vontade de um fruto diverso. Não há problema algum, pois a mudança efetua-se automaticamente dentro da vossa boca. Um outro modo, numa outra eventualidade, mais direto: o consumidor limita-se a olhar o fruto no pé e já sente imediatamente o seu sabor.

"...Quesito angustiante: o que fazer com os eleitos que gostam de trabalhar? Não é obrigação deles, mas se teimam em querer, tratar-se-á – como dizia Sale – de um 'trabalho agreste que possa satisfazer aqueles que possuem tais cismas'. Liberado do trabalho, o eleito discute com os amigos, escuta as histórias contadas pelos anjos, por Deus, passeia sozinho ou acompanhado por uma das suas mulheres; a pé ou sobre um cavalo alado, ou, melhor ainda, na garupa de um camelo."[19]

PROTESTANTES: RESGATE DO MUNDO E CENTRALIDADE DE DEUS

Cada cultura possui as sua éticas e os seus paraísos. A cultura protestante, aquela que exaltou o espírito do capitalismo e o mito da eficiência, quais paraísos inventou? O protestante devaneia com um paraíso ocioso como o dos católicos, um paraíso de luxúria como o dos muçulmanos ou um paraíso laborioso como aquele que agradaria aos nossos empresários?

O fervor religioso sempre teve vicissitudes alternadas: frágil em alguns períodos, vigoroso em outros. Sob o açoite de monges arrebatados como Girolamo Savonarola e por emulação de místicos dedicados como Tomás de Kempis, o século XV resgatou a espiritualidade e a devoção que haviam perfumado de incenso o mundo medieval e que, em seguida, o Humanismo do Renascimento havia coberto com um véu de terrestre beleza. Reflorescerам, portanto, as fraternidades, as ordens religiosas, as peregrinações e as festas religiosas; a tal ponto que os padres e a Igreja encontravam dificuldade na apropriação dessas formas espontâneas e até mesmo antieclesiásticas de culto. A atenção dos fiéis deslocou-se do papa e do clero para Deus, epicentro absoluto da vida cristã, da nova espiritualidade e do paraíso reformado, no qual a beatitude exprime-se de forma mais sóbria.

Ou melhor, dos paraísos: porque aquele de Martinho Lutero (1483-1546), frade agostiniano, alemão, portador de valores rurais absorvidos no mundo agrícola e nos pequenos vilarejos nos quais cresceu com sua família original, é ligeiramente diferente daquele de Calvino (1509-1564), leigo, suíço, filho de uma cidade como Genebra, pleno de valores urbanos fundados no capital, no crédito, no empresariado, na atividade financeira e comercial. Diferente, mas não a ponto de introduzir na eternidade contemplativa descrita por Lutero a materialidade do trabalho e das nossas tarefas cotidianas tão caras a Calvino.

A abertura confiante em direção ao mundo novamente valorizado e a centralidade de Deus na experiência terrena e celeste dos indivíduos constituem as bases da visão protestante. A intransponível distância entre o homem e Deus representa o seu corolário.

LUTERO: "SOMOS MENDICANTES, ESTA É A VERDADE"

A última frase que parece ter sido escrita por Lutero antes de morrer foi: "Somos mendicantes, esta é a verdade", mendicantes que por toda a vida devem se esforçar para glorificar Nosso Senhor, mesmo nas coisas mais simples e humildes, mesmo quando bebem ou comem.

Nos seus *Discursos à Mesa*, Lutero reflete várias vezes sobre a vida eterna: uma vida imutável, na qual não se come, nem se bebe, não se trabalha e não se tem nada para fazer porque "estaremos muito ocupados com Deus", que, holograficamente, "será tudo em todos". No céu, os seres humanos vão se tornar novamente fortes e belos, como já havia sido Adão no Éden; gozarão da presença de ovelhas, bois e animais de todas as espécies. Até mesmo "as formigas, as cigarras e todas as criaturas desagradáveis e fétidas serão, ao contrário, deliciosas e terão uma maravilhosa fragrância".[20]

Para descrever o paraíso ao próprio filho pequeno, Lutero fala de "um prazeroso, esplêndido, encantador jardim repleto de crianças que usam casaquinhos de ouro e colhem, debaixo das árvores, frutas deliciosas: maçãs, pêras, cerejas e ameixas amarelas e azuis. Elas cantam, saltam e são felizes".

CALVINO: TRABALHO NA TERRA E REPOUSO NO CÉU

Calvino, por sua vez, escreve que, "inteiramente ocupados na contemplação de Deus, os santos não têm nada de melhor para voltar os seus olhares ou dirigir os seus desejos". Nessa relação com Deus, todos os beatos são praticamente iguais, mas, apesar de todos conservarem o próprio sexo, perderão toda e qualquer diferença de caráter social: "O mundo terá um fim e, com ele, acabarão o governo, a magistratura, as leis, as distinções de classe, as diversas ordens de dignidade e todas as demais coisas desse gênero. Não haverá mais qualquer distinção entre patrão e servo, rei e camponês, magistrado e simples cidadão."

Portanto, nem mesmo para Calvino, certamente o mais "calvinista" entre os fundadores do protestantismo e o mais decidido defensor da importância do trabalho na terra para obter a salvação, nem mesmo para ele as almas beatas no paraíso desempenharão atividades assimiláveis ao trabalho rural ou industrial. Sobre a Terra, para o severo genebrino, a vida urbana que fervilha em suas múltiplas atividades deve ser ancorada, dia após dia, no empenho espiritual: não somente através da oração, mas também por intermédio do trabalho, que é valorizado e santificado.

Aquele que obtém sucesso nos negócios é um predileto de Deus, de tal forma que recebe antecipadamente ainda nesta vida uma parte do prêmio celestial. O contrário, ser pobre e azarado nos negócios, significa ser condenado por Deus desde já, aqui e agora, e por isso o pobre não merece a comiseração por parte dos ricos.

Depois de terem trabalhado tanto e de maneira tão meritória sobre a Terra, as almas justas deverão passar, de alguma forma, o longo intervalo de tempo que corre entre a hora das suas mortes e o dia do juízo universal. Durante este período, segundo Calvino, a alma repousa, mas não dorme; e por repouso é necessário que se compreenda "não a frouxidão, nem mesmo a letargia ou qualquer outra coisa que possa parecer-se com o torpor dos embriagados... mas a tranqüilidade da consciência e da segurança".[21]

Depois do juízo final, a alma beata poderá descansar por toda a eternidade: será uma unidade com Deus e contemplará os seus bens com uma intensa alegria "que esta felicidade ultrapassará largamente todas as comodidades que ora nos são proporcionadas".

TAMBÉM O PARAÍSO INDUSTRIALIZA-SE

Da descoberta do além – e a esta altura 90.000 mil anos se passaram desde então – até o advento da sociedade industrial, na segunda metade do século XVIII, a humanidade continuou a sonhar com uma vida sem morte, sem fadiga, sem miséria e sem dor. Como já dissemos, não podendo obter essas condições durante a vida terrena, os seres humanos começaram a fantasiar sobre a possibilidade de mundos futuros, nos quais as fraquezas fossem, finalmente, transformadas em forças; à morte do corpo correspondesse a imortalidade deste mesmo corpo, além daquela da alma; à miséria correspondesse uma gratuita opulência; à dor, um prazer sem fim; e ao cansaço, o ócio contemplativo.

Quando a confiança humanista no progresso, que havia entusiasmado o século XVI, ainda durante o Renascimento, cedeu o passo à angústia existencial do século XVII, então protestantes, puritanos, piedosos, jansenistas e metodistas focalizaram toda a própria atenção nos valores da frugalidade e do sacrifício. O austero mosteiro jansenista de Port-Royal-des-Champs contrapôs-se idealmente ao triunfo barroco de Versailles. No seu famosíssimo ensaio, Max Weber descreveu magistralmente essa passagem e a conseqüente difusão, tanto da ética protestante como do espírito do capitalismo.[22]

Com o Iluminismo e com a Revolução Industrial, as coisas mudam: o paraíso, conservando as conotações de imortalidade, de riqueza e de prazer, será contudo modernizado quanto àquilo que diz respeito ao ócio, que será banido da vida dos beatos. O céu, que a sociedade rural havia identificado como um jardim fértil, capaz de dar frutos sem requerer fadiga, será imaginado pela sociedade industrial como uma fábrica capaz de oferecer produtos sem infligir algum tipo de abuso.

Quando o frenético maquinismo industrial conseguiu triunfar na Europa e na América, a tradição anglo-saxã, mais pragmática e eficientista do que a católica, rejeitou como um imperdoável desperdício a idéia de um paraíso de mandriões, que passam o tempo a "tocar, indolentemente, a harpa feita de ouro, a recostar-se sobre as nuvens, a vagabundear sem uma meta precisa no paraíso de Deus".[23]

Iniciada no final do século XVII, a modernização do paraíso prosseguiu durante todo o século XVIII e culminou no século XIX, paralelamente à Revolução Industrial. Gottfried Wilhelm Leibniz (1646-1716), partindo do pressuposto de que a felicidade consiste num "progresso contínuo e ininterrupto em direção a um bem sempre maior", sustenta que os santos "terão motivos para multiplicar infinitamente a própria beatitude" e que, para isso, serão obrigados a um contínuo progresso, sem o qual "não podem existir o pensamento e, conseqüentemente, nem mesmo o prazer". Também Immanuel Kant (1724-1804) estava convencido de que, após a morte do corpo, a alma continuasse num progresso sem fim em direção àquela inatingível perfeição que somente Deus possui.

Na primeira metade do século XVIII, os dois "especialistas do além" com maior crédito – Swedenborg e Watts – atribuíram ao paraíso quatro conotações: variedade, movimento, serviço e mudança.

Emanuel Swedenborg (1688-1772), que não por acaso era engenheiro, matemático, cientista e gerente das minas suecas, deu crédito, com os seus bem-sucedidos livros, a uma idéia de um paraíso muito mais ativo do que aquele tradicional: os seus anjos não se limitavam a louvar e a glorificar Nosso Senhor, a partir do momento em que o simples repouso e a contemplação isoladamente "não seriam uma vida ativa, mas uma vida ociosa, na qual se tornariam preguiçosos". Por isso, não podiam recusar-se a executar uma série de tarefas como acolher e treinar os recém-chegados, proteger os vivos e desempenhar funções cíveis de utilidade pública, enquanto as jovens bordavam e as mulheres acudiam as crianças.

Ainda na primeira metade do século XVIII, o já citado pregador Isaac Watts (1674-1748) descreveu o paraíso como um *tour de force*, onde as almas, desviando-se de "um estado sedentário de contemplação inativa" e incentivadas pela visão divina, esforçavam-se para fazer carreira e diferenciar-se das almas concorrentes. Habituadas durante toda a experiência terrena ao ativismo fatigante dos protestantes, essas almas não poderiam jamais ter suportado a idéia de se tornarem preguiçosas justamente no céu, onde "toda e qualquer ocupação é delícia e todo e qualquer esforço, uma alegria".[24]

Modernizando-se, o paraíso cristão atenuou as suas diferenças com respeito à vida terrena; tornou-se mais material e mais sensual; mais dinâmico e mais laborioso, assim como mais bem organizado nas suas atividades sociais. Influenciados pelo Iluminismo, os teólogos o transformaram de um lugar de repouso num centro de atividade e de progresso. Além disso, aumentou a divergência entre a concepção católica e a protestante sobre as atividades desempenhadas pelos beatos: enquanto os teólogos do protestantismo defendiam uma idéia ativa da eternidade, feita também de trabalho e de serviço, os católicos inclinavam-se para uma visão refinada e ociosa do paraíso, onde os espíritos se entretinham nos prazeres da música, do teatro, das conversas e dos passeios: *requiescat in pace* (descanse em paz).

ESTUDO, *MEETING* E PIQUENIQUE

No século XIX, no encalço do progresso tecnológico e empresarial, quer os fãs da sociedade industrial fossem seguidores do Evangelho do Sucesso, quer os seus críticos fossem seguidores do Evangelho Social, todos concordavam quanto à importância da mudança, do desenvolvimento e do ativismo. Thomas Hamilton, num livro com um título *à la* ficção científica, de fazer inveja a Spielberg – *Beyond the Stars* (Para além das estrelas) –, estava certo de que os beatos não teriam se limitado a incumbências tediosas, mas teriam sido muito mais ativos, passeando com Cristo, como já haviam feito na Terra os seus discípulos.

Ao trabalho é necessário acrescentar as relações sociais com os parentes, os amigos e os amantes, os *meetings*, as reuniões, as conversas e as discussões e até mesmo os passeios nos campos e os piqueniques, dos quais os anglo-saxões são célebres cultores. Aumentam, obviamente, as ocupações intelectuais, precisamente enumeradas pelo reverendo escocês Thomas Dick, na sua obra *The Philosophy of the Future State* (A filosofia do Estado do futuro), 1828, na qual um capítulo inteiro é dedicado à conexão da ciência com o Estado do futuro. Intui-se imediatamente que no paraíso não será mais necessário o estudo dos idiomas, do direito, da medicina, da economia política, das artes militares, da caça, da pesca e nem da organização industrial. Em vez disso, serão muito cultivadas a astronomia, a matemática, a aritmética, a filosofia natural, a anatomia, a fisiologia e a história.

Permanecerão, segundo Dick, as diferenças intelectuais: por exemplo, entre um filósofo experiente e um escravo negro. Mas este último, estudando alegremente, poderá contudo recuperar a distância que o separa do filósofo.

Na primeira metade do século XIX tiveram uma grande difusão as idéias contidas na obra *Physical Theory of Another Life* (Teoria física de outra vida), que o filósofo escocês Isaac Taylor publicou em Nova York em 1836. Segundo Taylor, a vida na Terra não é nada mais que uma preparação para uma bem mais intensa vida ultraterrena. Também no paraíso as almas não poderão se limitar ao frívolo papel de "ociosas contempladoras do onipotente", mas continuarão a exercitar a própria coragem, a própria iniciativa, a própria ambição, a versatilidade, a sagacidade, a capacidade de calcular as probabilidades, a paciência e a diligência. A vida de serviço que os santos viverão no paraíso implica confrontos com adversários, funções de governo, assim como tarefas de guia, socorro e instrução para com os necessitados.

As idéias de Taylor difundiram-se entre os protestantes americanos e ingleses. Em 1857, o pregador batista Charles Spurgeon apregoa, na Inglaterra, contra o ócio, seja na Terra, seja no Céu; torce pelo trabalho, considerado uma bênção, um privilégio, uma glória e um prazer; identifica o Céu como um "lugar de serviço ininterrupto (...) no qual serve-se a Deus de dia e de noite".

Uns 20 anos depois, do outro lado do Atlântico, lhe faz eco o presbiteriano Robert M. Patterson, da Filadélfia, que em 1874 descreve o paraíso como se fosse uma empresa, na qual os beatos obedecem, com diligência e prontidão, as ordens de Deus, que os envia a exercitar a justiça em mundos distantes. Se o ócio forçado nos entedia mortalmente – como sustentará dali a pouco Levi Gilbert –, está completamente excluída a hipótese de que o Céu seja só um país do "bem-bom", ou um paraíso de preguiçosos, onde "ninguém quer nada com a dureza".

Chega a vez de Thomas De Witt Talmage, que no Brooklyn, em 1892, isto é, em plena decolagem industrial, garante que o paraíso é "o lugar mais laborioso do universo", que nos reserva sempre "mais êxtase, mais conhecimento, mais intercomunicação e mais adoração". O Céu não vem comparado nem com um calmo subúrbio residencial nem com uma igreja durante a função, mas sim com uma grande metrópole.

Sempre no Brooklyn, em 1875, o pastor da Igreja presbiteriana David Gregg publica um ensaio no qual sustenta que todas as tarefas desempenhadas pelos anjos e pelos santos no paraíso são, para todos os efeitos, trabalho, embora desvinculado das leis de produção; este perde a sua conotação instrumental, tornando-se totalmente expressivo, voltado, como é, para o divertimento, a caridade e a obediência a Nosso Senhor. Nos termos atuais, podemos dizer que se trata de um trabalho do "terceiro setor", liberado da tensão e da alienação: "O que eles fazem é um trabalho, mas um trabalho livre da ânsia, da fadiga e do cansaço, assim como o bater das asas da cotovia, que alça vôo com júbilo na luz de uma jornada fresca e clara e, espontaneamente, para o seu bel-prazer, abandona-se ao próprio canto que ressoa alegremente."[25]

O MAIS LABORIOSO DOS LUGARES

Em 1901, sempre em Nova York, o pastor batista William C. Ulyat rebate a idéia de Talmage, segundo o qual o paraíso é "o mais laborioso dos lugares", descrevendo a vida ali nos seus mínimos detalhes: alguns santos governam os palácios, outros prestam assistência como enfermeiros, outros exercem atividade política e outros ainda – sozinhos ou em cooperativa – dedicam-se a "ser mensageiros, ensinar, elaborar trabalhos artesanais, cantar e tocar instrumentos musicais, conversar e realizar discursos públicos, estudar filosofia, ciências e teologia, assim como exercitar-se nas artes criativas".

Com os ensaios de Gregg e de Ulyat, que chamam explicitamente de "trabalho" as atividades desempenhadas pelos santos, a analogia entre paraíso e indústria encontra as suas máximas expressões: para Gregg, de fato, o Céu "ressoa com o mesmo zumbido da indústria"; para Ulyat, é "um lugar de magnificência construtiva... Na prática, é uma oficina".[26]

Segundo outros teólogos, já o esforço de interceder junto a Deus para a salvação dos amigos e parentes é um belo abacaxi, comparável ao dos nossos homens políticos, atormentados pelos postulantes.

Em 1917, o professor de Cambridge Henry Barclay Swete desencoraja toda e qualquer esperança de moleza: "Incorremos num grave erro se associamos à nossa concepção de Céu a idéia de repouso do trabalho. Repousar do esforço, da fadiga e do esgotamento, isso sim; mas repousar do trabalho, da produção e do serviço, certamente não."[27]

Ainda em 1917, o teólogo americano Walter Rauschenbush chega a afirmar que os cursos de recuperação adquirirão uma grande importância no paraíso. Na Terra, escreve ele, uma parcela considerável de indivíduos "é abandonada a um tal estado de subdesenvolvimento pelo nosso sistema terreno de previdência social, que ela merece um curso celeste de recuperação. No Céu será uma grande alegria ver homens que se reúnem na saída das minas ou das lojas, mulheres que deixam a cozinha de restaurantes ou lavanderias repletas de vapores para receberem a educação superior que lhes é de direito e por tanto tempo negada".[28] Pelo que parece, o industrialismo tornou também os sonhos um tanto angustos, limitados.

É esse, cronologicamente, o último porto, certamente não definitivo, da invenção, talvez a mais imaginativa, persistente e conjunta de toda a história humana. Não sabemos quais os paraísos que a sociedade pós-industrial será capaz de elaborar, mas é fácil supor que também ela proporá novidades, prosseguindo nesse desafio inventivo ao qual nenhuma religião, nenhuma comunidade jamais se subtraiu e que, para sempre, continuará a compensar a infelicidade terrena com a invenção de mundos supraterrenos eternamente felizes.

CAPÍTULO QUATRO

O HOMEM DESCOBRE A SEMENTE E INVENTA O ESTADO

"Para a população de Sippar instaurei a alegria e eles oraram pela minha vida."
HAMURÁBI

"Chaga por chaga, olho por olho e dente por dente: quanto fez aos outros, tanto seja a ele feito."
PENTATEUCO

"Das grandes cidades, células e lares do mundo vêm a paz e a guerra, a riqueza e a miséria, a glória e o triunfo do espírito e da beleza. A grande cidade espelha a potência do homem... A grande cidade dita leis, em tempos de paz e de guerra, em matéria de trabalho. As grandes cidades são as fábricas ideais, onde se elaboram as obras do mundo inteiro. As soluções alcançadas nas grandes cidades difundem-se nas províncias: questões de moda, de estilo, de técnica e os movimentos das idéias."
LE CORBUSIER

A REVANCHE DOS PRIMITIVOS

Voltando a percorrer o itinerário da criatividade humana, esbarramos na invenção do além e cedemos à tentação de uma longa excursão pela história e pelas alamedas do paraíso, guiados pela suspeita de que os seres humanos, devido à sua natureza, não são particularmente propensos a sofrer, mesmo naquela forma, freqüentemente inelutável, que é a fadiga. Tanto isso é verdade que por 100.000 anos aplicaram-se em aperfeiçoar a esperança num lugar supraterreno e eterno, onde, além de não sofrerem a miséria, a morte e a dor, as almas beatas evitavam trabalhar, ou, quando trabalhavam, o faziam somente com alegria e prazer.

Todos os deuses e todos os paraísos com os quais nos deparamos não só se assemelham de maneira impressionante aos homens e às suas terras como mudam paralelamente às alterações destes últimos. Quando se estabelece o modo de produção industrial, por exemplo, e com ele passa a prevalecer o frenesi da exaltação do trabalho como máxima virtude, também a geografia e a dinâmica celestes alteram as suas conotações e os beatos do Céu começam a trabalhar como adeptos da cadeia de montagem, só que obedientes e felizes.

A isso retornaremos quando for o momento. Por ora, retomemos o fio histórico da criatividade humana e da vida ativa em suspensão entre o ócio e o trabalho.

A nova onda dessa história – a grande revolução neolítica – inicia-se 7000-6000 a.C. e, em relação às anteriores, é muito mais densa de acontecimentos que se superpõem e se sucedem numa seqüência muito mais rápida. Para se chegar ao arco e à flecha foram necessárias dezenas de milhares de gerações de hominídeos; para passar dos arcos aos vôos interplanetários, bastarão algumas centenas de gerações de homens.

Em homenagem à hipótese da imperfeição como impulso ao aperfeiçoamento – hipótese que é, justamente, cara a Rita Levi Montalcini –, o salto de época da sociedade da caça à sociedade agrícola e o salto da vida nômade à vida sedentária não foram obras dos refinados magdalenianos da França, mas de tribos meridionais bem mais primitivas.

Durante toda a longuíssima fase paleolítica, os homens, caçadores, especializaram-se no conhecimento do mundo animal, enquanto as mulheres, coletoras, especializaram-se no conhecimento do reino vegetal. Parece que quem criou a agricultura foram as mulheres do Oriente Médio e do Sudeste asiático, entre os anos 6000 e 3000 a.C., quando talvez ainda não fosse completamente claro que para a geração dos filhos fosse necessária a participação do homem, e, portanto, vigoravam, por conta da ignorância, aquelas convicções e aquelas relações de força que hoje, novamente, estão sendo recriadas graças à engenharia genética. Às vezes, como demonstrado neste exemplo, a falta de saber e o saber em excesso podem originar êxitos iguais.

Se no paleolítico a natureza prevalecia numa medida esmagadora sobre a cultura, no neolítico a cultura irá colonizar zonas cada vez mais extensas da natureza, preparando o campo para o progressivo domínio do homem sobre o ambiente, o que ao longo dos séculos conduzirá à situação atual, a tal ponto que a natureza se tornou praticamente uma metáfora, uma ideologia, uma nostalgia e uma aspiração ancestral.

A AGRICULTURA É FEMININA?

Em ordem cronológica, depois da caça e do extrativismo vegetal, depois do fogo e do cachorro, a fonte de sobrevivência foi a agricultura. Desmatamento, agricultura, pastoreio, artesanato, comércio, carpintaria e tecelagem significam cevada, trigo, legumes, hortaliças, cabras, ovelhas, bois, porcos, leite, carne, gordura, enxada, moenda, pilão, cerveja, vinho, levedo, tear, lã, tecidos, cerâmica, vasilhas e cabanas. E significam também organização social, nova divisão do trabalho, superpopulação, vilas, estradas, excedentes, classes, escambos, mercados, ritos, cerimônias, guerras, fortificações e impostos.

Todo solo, toda planta requerem seus próprios métodos e instrumentos de cultivo; todo fruto demanda técnicas específicas de colheita e de conservação, e cada tipo diferente de animal implica uma determinada prática de domesticação, um determinado emprego e um modo diverso de abate. A quem deve ser atribuída a invenção desses métodos e dessas técnicas? Aos homens ou às mulheres? A criação da barbárie agrícola foi obra dos homens, das mulheres ou de ambos? Coon e Childe, dois autores "clássicos" e de idéias conflitantes, aos quais freqüentemente me referi até aqui, colocam-se em posições opostas também naquilo que concerne ao matriarcado.

Diz Coon: "A afirmação repetida com freqüência de que os nossos antepassados viveram um primeiro período agrícola de matriarcado, de descendência na linhagem feminina e de adoração a uma suprema deusa da fertilidade não é absolutamente respaldada pelos fatos nem pela dedução lógica. A principal linha da evolução, que culmina na civilização moderna ocidental, seguiu um curso no qual a relação entre os dois sexos manteve-se constante desde os tempos dos caçadores até hoje."[1]

Segundo Childe, pelo contrário, "para os cultivadores puros, graças à contribuição da mulher à economia coletiva, o parentesco é naturalmente colocado segundo a linhagem feminina e prevalece o sistema do 'matriarcado'. Com a domesticação dos animais, por outro lado, a influência econômica e social passa aos homens, e o parentesco passa a ser segundo a linha paterna".[2]

Independentemente de uma estrutura familiar baseada no patriarcado ou no matriarcado, Childe sustenta que "todas as invenções e descobertas (correlacionadas à revolução agrícola) foram, a julgar pelos testemunhos etnográficos, obras das mulheres. Com o mesmo critério, às mulheres deve também ser atribuída a química da cerâmica, a física da fiação, a mecânica do tear e a botânica do linho e do algodão. Por outro lado, nas sociedades pré-históricas que mencionamos e em outras similares na Europa ou através da Ásia até a China, as descobertas femininas foram consolidadas numa só economia junto a outras descobertas atribuídas aos homens. Com efeito, eram os homens entre os bárbaros modernos a ocupar-se das manadas e dos rebanhos, assim como dos procedimentos relativos aos adereços necessários".[3]

AS BARREIRAS À CRIATIVIDADE NEOLÍTICA

Recapitulemos. Há cerca de dois milhões de anos, a longa aventura dos *Australopithecus*, que chegaram só a usar pedras e paus, desemboca no mais antigo representante do gênero *Homo*: aquele *Homo habilis* dotado de um cérebro bem mais volumoso e de uma postura bípede bem mais desenvolta do que os outros animais que o antecederam, além de ser, justamente como declara a sua designação, hábil, isto é, capaz de construir utensílios, ainda que rudimentares.

O *Homo habilis* constitui o elo de conjunção entre o *Australopithecus* e o *Homo erectus*, cujos representantes mais antigos remontam a um milhão e meio de anos atrás, têm uma capacidade craniana maior e desaparecem cerca de 300.000 anos atrás, depois de terem aprendido a articular sons, a caçar aves selvagens robustas, a construir cabanas, a dominar o fogo, a usar paus e a produzir lâminas.

O *Homo erectus* cede espaço ao *Homo sapiens*, dotado de um cérebro ainda maior e enriquecido com uma subespécie européia: a do *Homo sapiens neandertalensis*, destinado a desaparecer relativamente cedo, apesar das suas admiráveis *performances*. Ao *Homo sapiens* devemos invenções e descobertas de grande relevo: o uso do couro, a utilização e a manipulação do osso, o emprego das lâmpadas a óleo, a produção de escalpes, buris, agulhas, dardos, arcos, armadilhas, arpões, lanças, machados, anzóis, cestas e redes entrelaçadas. A ele, muito provavelmente, se deve também a invenção dos dois maiores sistemas consoladores de todos os tempos: a arte e o além.

Depois será o *Homo sapiens sapiens*, que surge cerca de 100.000 anos atrás, que irá diversificar-se bem mais, adaptando-se às várias situações geográficas e climáticas, e assim gerar todas as variantes atuais do nosso gênero humano.

A longuíssima trajetória que vai do *Homo habilis* ao *Homo sapiens sapiens* cobre, mais ou menos, a era pré-histórica a que geralmente nos referimos como "paleolítica" e que chega até as vésperas da "neolítica", bem mais criativa e objeto deste capítulo.

Numa primeira fase do neolítico, chamada natufiana, que vai aproximadamente de 10000 até 8300 a.C., os nossos antepassados permanecem num estágio intermediário entre o extrativismo e o cultivo, entre o nomadismo e o sedentarismo, mas começam a sair das cavernas, aprimorando os seus utensílios e criando os primeiros aglomerados. A criatividade ligada a essa fase permanece ainda obstruída por numerosas barreiras: a extrema fragmentação dos grupos (e das relativas experiências) em conjuntos de habitações muito pequenos, autárquicos e não-comunicantes entre si; a belicosidade recíproca na disputa das escassas terras cultiváveis; o nomadismo agrícola devido ao qual, uma vez explorado um determinado terreno, o clã inteiro se transferia para uma área limítrofe, deixando sempre inconclusas as construções, assim como os usos e costumes apenas esboçados. A abstração, a reflexão e a criação necessitam de um maior intercâmbio cultural, de uma dimensão social não-dispersiva nem sufocante, assim como de uma tranqüilidade e uma certeza adequadas a projetos de amplo fôlego.

Todas essas exigências encontraram uma resposta fecunda um pouco mais tarde, sobretudo nas ocupações "urbanas", onde a criatividade pôde finalmente se desenvolver, numa medida jamais vista antes. A partir daquele ponto as descobertas e as invenções sucederam-se em avalanche: o barco (7500 a.C.), a cerâmica (7000), a foice, as facas metálicas, os tijolos e a cerveja (6000), o anzol (4500), a escrita (4000), o tambor, o torno, o barco a vela (4000-3000), o mapa geográfico (3800), os cosméticos (3750), o prego, o papiro, o torno de vasos, a solda, a balança, a roda de carroça (3500), a tinta para escrever (3200), o dique, a harpa, o sabão, o arado, o fio com chumbo (útil na construção), o vidro, a divisão do dia em horas e o arreio para bois (3000 a.C.).

A MEIA-LUA FÉRTIL

O desenvolvimento da pesquisa sobre a criatividade ainda está num estágio por demais elementar para que se possa esclarecer o mistério das grandes concentrações de genialidade que ocorreram no tempo e no espaço. Como explicar tantos arquitetos, filósofos, escultores e escritores na Atenas de Péricles? E por que tantos pintores, escultores, arquitetos, historiadores e poetas, todos juntos, na Florença dos Médicis? Por que tantos psicólogos, físicos, filósofos, escritores, pintores, *designers*, arquitetos e músicos, de novo, todos ao mesmo tempo, na Viena de Klimt e de Musil?

Os cinco milênios que vão do sétimo ao terceiro antes de Cristo e, sobretudo, o milênio compreendido entre 3500 e 2500 a.C. merecem, para todos os efeitos, ser incluídos entre essas poucas, grandes e misteriosas concentrações de criatividade que se verificaram no curso da história humana.

Trata-se, é verdade, de um arco de tempo incomensuravelmente mais amplo que aquele tomado pelo esplendor de Atenas, de Florença ou de Viena. Mas os tempos da história mais antiga não podem ser julgados com a mesma métrica que usamos para medir os séculos mais recentes. Decerto será necessário ultrapassar o advento de Cristo, chegar ao século XII, depois ao XVIII e por fim aos nossos dias para se reencontrar explosões criativas igualmente ricas de invenções e de progresso social e técnico.

O teatro dessa grande revolução pode ser identificado "com a vasta zona limitada a oeste pelo Saara e pelo Mediterrâneo, a leste pelo deserto Thar e pela Cordilheira do Himalaia, ao norte pela cadeia montanhosa euro-asiática – Bálcãs, Cáucaso, Elburz e Hindukush – e ao sul, aproximadamente, pelo Trópico de Câncer. As suas condições geológicas e climáticas mostraram-se favoráveis ao desenvolvimento revolucionário". Esta zona "proveu as matérias-primas para as descobertas decisivas. Forneceu os incentivos a uma organização social intensa e amplas recompensas para uma colaboração em larga escala. Ofereceu a possibilidade de comunicação que permitiu que fossem compartilhados os novos conhecimentos, assim como recolhidos e concentrados os materiais essenciais. Por fim, os seus céus desprovidos de nuvens apresentavam todas as noites o impressionante espetáculo do movimento uniforme dos corpos celestes, que em outras latitudes é, com freqüência, encoberto ou por demais velado".[4]

Nesse cenário de "Meia-Lua Fértil", como o batizou Breasted, duas zonas se destacavam devido às suas conjunturas geográficas particularmente afortunadas: a ponta ocidental, constituída pela área do Nilo, com as suas inundações periódicas, e a parte oriental, constituída pela área mesopotâmica (sobretudo aquela compreendida entre a foz do Tigre e a do Eufrates), ambas valorizadas graças a sofisticadas intervenções conjuntas de canalização da água, de semeadura, colheita e transporte.

Por mais aproximativas que possam parecer essas comparações, pode-se, de toda forma, deduzir que essas áreas (sobretudo a Mesopotâmia), sede das duas primeiras grandes civilizações fluviais, às quais se deve somar também a da Índia, estão para a pré-história assim como Atenas está para o Classicismo e Florença e Viena estão para o mundo moderno.

PLENA CRIATIVIDADE NUMA NOVA ORDEM SOCIAL

Nessas duas áreas e nas zonas adjacentes à Palestina, à Síria e ao Líbano, durante o "breve" curso de 5.000 anos, seriam inventadas, aperfeiçoadas e difundidas novidades fundamentais como o tijolo, a fusão do cobre e depois do bronze, a roda, a domesticação do cavalo e do asno, o arreio de bois, a liga metálica, o arado, o barco à vela, o torno de vasos, a escrita, a escola, a propriedade privada da terra, a balança, o calendário, as medidas, o sistema monetário, o lucro, a astronomia, a aritmética, a geometria, a astrologia, a perspicaz combinação da economia pública com a economia de mercado e a organização do Estado.

Todas essas invenções serão efeito e causa de uma nova ordem social, de tipo urbano e estatal, com suas leis e seus costumes, suas hierarquias, suas classes, suas servidões, seus conflitos e suas instituições.

Foi dito que, de todas essas novidades revolucionárias, três foram fundamentais: a fornalha a carvão com tiragem forçada, o eixo giratório e a escrita. Mas é necessário acrescentar uma quarta invenção, causa e efeito de todas as outras, isto é, o sistema urbano e estatal.

As vantagens diretas e as transformações induzidas pela metalurgia são enormes: a maleabilidade do cobre, do bronze e das ligas metálicas permite a construção de objetos mais funcionais e mais bonitos; a complexidade do trabalho metalúrgico requer a especialização profissional de artistas-cientistas depositários de misteriosos segredos de fabricação (do mesmo modo que os sacerdotes-magos eram depositários de misteriosos segredos do exorcismo e da evocação); a vida itinerante, de um país a outro, desses mestres da metalurgia confere uma dimensão transnacional à ciência que possuíam, assim como uma organização corporativa da classe que representavam; a necessidade de sustentar os mineiros, os fundidores e os forjadores subtraídos das atividades agrícolas, de pastoreio e da caça determina a exigência de um excedente de produção a ser destinado à metalurgia (assim como hoje o financiamento do pessoal do setor terciário postula um maior excedente por parte dos setores da indústria); a construção e a utilização de arados metálicos liberam muitas mulheres do trabalho nos campos; o rebaixamento das mulheres a papéis secundários no trabalho agrícola reduz o *status* social delas e marca, definitivamente, o primado do sistema patriarcal, caso se admita que o matriarcal tenha realmente existido.

Pode-se prosseguir *ad infinitum* com a cadeia de efeitos que cada invenção determina, assim como com a interação recíproca entre as várias descobertas que aceleram o ritmo das mesmas e refinam a sua qualidade. Nesse mesmo período define-se o conjunto de fontes energéticas destinado a permanecer inalterado por muitos milênios: ao fogo para cozinhar e ao cachorro para puxar o trenó somam-se a catalisação da força eólica através da vela, assim como novos tipos de tração animal: o boi, potencializado graças à funcionalidade do arreio; o asno, potencializado graças à funcionalidade da albarda, e o cavalo, potencializado por adereços ainda pouco funcionais, que só mais tarde – na baixa Idade Média – alcançariam a atual perfeição.

Seria preciso aguardar a pólvora e depois a máquina a vapor e a eletricidade para que o homem descobrisse outras e mais potentes fontes de energia, proporcionando as premissas tecnológicas à sociedade industrial.

A Mesopotâmia, primeiro, e logo depois o Egito podem, portanto, vangloriar-se de um papel determinante no desenvolvimento das ciências (Física, Química, Matemática, Geometria, Pedagogia, Direito, Teologia, Economia e Astronomia), das tecnologias (escrita, transporte, construções, sistema de águas e navegação), das artes (arquitetura, escultura, poesia e música) e da organização (poder, classes, castas, estruturas profissionais, estruturas urbanas e estatais, relações interurbanas e internacionais, ordem, repressão, divisão do trabalho, armazenamento, distribuição, paz, guerra, sucesso e declínio).

A ESCRITA: A INVENÇÃO DAS INVENÇÕES

Mas a invenção das invenções – aquela que permite, potencializa e unifica o desenvolvimento de todos os setores – permanece sendo a escrita, que tem o papel de elo entre as ciências e as artes, entre o presente e o futuro, entre a memória e a invenção.

Assim que a organização social se torna complexa, nasce a necessidade de receber, elaborar, armazenar e transmitir informações. Como o primeiro setor a se tornar complexo foi o econômico, o uso de símbolos entalhados e escritos nasce nesse âmbito para, em seguida, estender-se às listas de objetos e profissões e, depois, aos textos literários, religiosos e políticos.

Um poema sumério de 5.000 anos atrás, no qual é narrada a luta entre a cidade mesopotâmica de Uruk, governada pelo soberano Enmerkar, e a cidade persa de Aratta, nos oferece uma deliciosa versão mítica de como teria nascido a escrita. Segundo essa versão, Enmerkar deveria enviar uma mensagem ao seu rival de Aratta, mas o assunto a ser referido é por demais complicado, de modo que o mensageiro não seria capaz de repeti-la, corretamente, de cor. Enmerkar não tem então outra saída senão inventar um expediente para vencer essa dificuldade, e eis que inventa a escrita: "Dado que o mensageiro possuía a *língua pesada* e não era capaz de repetir a mensagem, o Senhor de Uruk modelou a argila e gravou as palavras, como numa pequena tábua. Antes dele, ninguém jamais havia gravado palavras na argila. Ora, quando o Deus Sol resplandeceu, isto tornou-se manifesto: as palavras que o Senhor de Uruk havia gravado numa pequena tábua tornaram-se visíveis." O mensageiro, rebaixado ao cargo de carteiro, chegou a Aratta e disse ao rei destinatário: "Enmerkar, o filho do Deus Sol, entregou-me uma pequena tábua de argila. Senhor de Aratta, examine a tábua, apreenda o cerne do seu conteúdo e ordene-me aquilo que devo relatar em relação à mensagem recebida." O autor do poema encontra-se, obviamente, distante dos nossos problemas de semiologia e salta, com a rapidez do mito, as nossas questões ligadas às mensagens e aos códigos, aos emissores e aos receptores. Por isso, a narrativa, ingenuamente, prossegue: "O Senhor de Aratta recebeu do arauto a pequena tábua trabalhada artisticamente; o Senhor de Aratta examinou a pequena tábua – a palavra dita possui a forma de um prego, a sua estrutura perfura –, o Senhor de Aratta perscruta a pequena tábua trabalhada artisticamente."

É claro que o Senhor de Uruk havia negligenciado um singelo detalhe: ele sabia escrever, mas quem garantia que o Senhor de Aratta, destinatário da sua carta, soubesse ler? Para o primeiro, a transmissão de notícias já estava entregue à visão; para o segundo, a recepção era ainda ligada à audição. Para ambos, de todo modo, somente a luz radiante do sol permitiria a leitura dos caracteres cuneiformes.

Sabemos que na área sagrada de Uruk foram encontradas as mais antigas tábuas cuneiformes, ou seja, os documentos escritos mais antigos da história humana, datados de 3100 a.C. É portanto naquele momento que, pela primeira vez, um nosso antepassado – talvez um simples "*Literatus Sumericus*", como, com graça, o chamará M. Powell – grava numa tábua todas as idéias que tem a intenção de transmitir aos seus leitores em potencial, inclusive aos paleontólogos que, 5.000 anos mais tarde, a partir daquela leitura, teriam recebido homenagens e cátedras universitárias. Em relação às tábuas sumérias, os hieróglifos egípcios são mais tardios em pelo menos um século e, de todo modo, permanecem bem menos ricos em termos de desenvolvimentos possíveis e potencial difusão.

Conforme veremos no sétimo capítulo, freqüentemente a história atribui, apressada e fabulosamente, grandes invenções e grandes obras a um só ato e a um único personagem. Assim, o poema mítico atribui a um fulminante gesto de Enmerkar todo o mérito de ter inventado a escrita cuneiforme. Na realidade, ela não nasceu assim de repente, nem foi obra de um único homem criativo, mas evoluiu gradualmente, a partir do uso dos timbres, das fichas de cálculo, dos selos de acompanhamento com os quais os comerciantes se certificavam da quantidade de bens contida nas suas embalagens. A forma cada vez mais abstrata e simbólica assumida por esses certificados corresponde ao crescimento espiritual do *Homo sapiens sapiens*, nessa altura capaz de realizar operações mentais sem precedentes na história do planeta e, provavelmente, do universo.

Durante pelo menos um século, em muitas localidades do Oriente

Próximo, da Síria aos atuais Irã e Iraque, as pequenas tábuas sumérias que acompanhavam os carregamentos a fim de indicar a qualidade e a quantidade das mercadorias consistiam em pequenas placas de argila, sobre as quais vinha impressa, como uma forma de timbre, a marca de um determinado selo. A um certo ponto, o soberano Enmerkar, ou o "*Literatus Sumericus Urukens*", ou alguém em seu lugar, "dá a virada decisiva" que – note-se bem – ocorre só em Uruk e em mais nenhuma outra localidade que tenha feito uso das pequenas tábuas sumérias: pelo contrário, estas últimas continuaram a ser usadas por mais outros 100 anos, com exceção de Uruk, que as substituiria por tábuas pictográficas.

"O que acontece de concreto? Em vez de reproduzir mecanicamente sobre as tábuas de barro a marca dos timbres (com um eventual acréscimo à mão de entalhes que completavam seus traços), todos os registros são feitos com um estilete de bambu. Do ponto de vista *gráfico*, este é o verdadeiro início da escrita. Do ponto de vista *conceitual*, também: perde-se a ligação entre o timbre e a sua representação na tábua. A quantidade de símbolos gráficos gravados na argila aumenta vertiginosamente, partindo de 20 sinais padrões (correspondentes aos vários timbres de contagem) que aparecem nas tábuas pictográficas (o 'pictograma' é um desenho gravado; a estilização 'cuneiforme' ocorrerá um pouco mais tarde). Isto implica uma diferença que pode ser definida sem exagero como revolucionária: dá-se conta de que tudo, ou quase tudo, pode ser *posto por escrito*."[5]

Nas etapas sucessivas se passará do registro de conceitos (ideogramas) ao registro de palavras (logogramas), do registro de palavras ao registro de sons (fonogramas), da classificação de coisas (plantas, ofícios e profissões) à organização conceitual da experiência empírica (listas, esquemas e mapas). Somente no final do segundo milênio a.C., na região fenício-aramaica, foi realmente inventado o alfabeto, graças ao qual centenas de sinais acabam sendo substituídos por apenas três dezenas de letras, capazes, na sua infinita combinação, de representar e transmitir idéias quase que por magia.

Lucrécio, muitos séculos depois, ainda ficará encantado e identificará cada letra singular com os vários átomos em perpétuo movimento e que de vez em quando confluem até formar sons e palavras. A mesma maravilha é destilada em Pico della Mirandola, em Leibniz e em Galileu, que no seu *Diálogo sobre os Dois Máximos Sistemas do Mundo*, no final da Primeira Jornada, escreve: "Mas, acima de todas as estupendas invenções, que eminência de mente foi aquela de quem imaginou encontrar um modo de comunicar os seus mais recônditos pensamentos à pessoa que se queira, ainda que distanciada por um longuíssimo intervalo de espaço e de tempo? Falar com aqueles que se encontram nas Índias, falar com quem ainda não nasceu, nem terá nascido senão daqui a mil ou dez mil anos? E com que facilidade! Com as junções variadas de 20 caracterezinhos sobre o papel."

AS INVENÇÕES SEM INVENTORES E AS ESTRATÉGIAS SEM ESTRATEGISTAS

Grande parte das invenções humanas mais surpreendentes – do alfabeto ao Estado, dos veleiros às piadas, das festas ao arado, da tesoura à Magna Carta – não possui um "alguém que as imaginou", pois elas são fruto de progressivos ajustes e colaborações coletivas, seja nas suas criações, nas suas realizações, nos seus aperfeiçoamentos, na sua difusão, assim como nas suas aplicações.

Da mesma forma, salvo raríssimas exceções, uma descoberta ou invenção não acontece repentinamente, nem constitui um ponto de partida. Elas constituem um ponto de chegada ou uma etapa intermediária de um longo processo, freqüentemente interminável. Antes de 1687 muitas maçãs caíram na cabeça de muitas pessoas, mas só Newton soube deduzir a teoria da gravidade, porque há anos atormentava-se com o problema.

Como veremos, até agora os neurologistas, os psicanalistas, os psicólogos e até mesmo os sociólogos que se interessaram pela criatividade referiram-se sobretudo a personagens criativos singulares, ao artista, ao inventor ou ao descobridor extraordinário, obtendo, a partir das experiências singulares desses gênios isolados, a inspiração para supor algumas etapas canônicas que todo processo criativo tenderia a percorrer, da individualização de um problema à coleta de informações necessárias para analisá-lo, à formulação das hipóteses, à intuição iluminada de uma possível solução e à sua bem-sucedida verificação. Porém, a grande maioria das novas idéias não brotou na cabeça de um só: por vezes concorreram um clã inteiro, um povo inteiro, até mesmo todos os povos e por um período de tempo que pode abarcar até mesmo dezenas de milênios. Sobretudo no campo das ciências organizacionais existem percursos criativos que duram *ad infinitum*, como resultado de progressivos ajustes a situações modificadas ou de progressivos projetos visando a mudanças futuras.

Num tal caso, estamos diante de criações sem um criador, ou seja, de "estratégias sem estrategista", como diria Bourdieu. É isso que acontece no caso do Estado, a maior criação político-social do ser humano, aperfeiçoada gradualmente ao longo de milênios e, em seguida, modificada aos poucos, conforme as mutáveis instâncias demográficas, militares, econômicas, geográficas e culturais.

No decorrer da pré-história e da história até os nossos dias há grandes personalidades – de Sargão a Péricles, de Napoleão a Roosevelt – que imprimiram a própria marca na evolução do Estado, mas o peso deles permanece marginal em relação ao papel exercido por obscuros funcionários, por grupos de pressão, pelas massas e pelas conjunturas imprevistas.

Pense na enésima transformação que está ocorrendo debaixo dos nossos olhos: assediado primeiro pelo desafio comunista, que teorizava a sua extinção, depois pela globalização, que é uma ameaça ao seu poder, o Estado contemporâneo apresenta problemas crescentes, mostrando-se sempre mais inadequado a gerir as situações novas, determinadas pelo progresso tecnológico, pelos fundamentalismos, pelas multinacionais e pelas Bolsas de Valores. Pela primeira vez, em poucos anos, a economia destitui a política e as finanças destituem a economia; as velhas instituições internacionais não conseguem fazer frente à nova situação; lampejos de guerra e de guerrilha acendem-se por todos os cantos; um personagem, um grupo, uma nação tentam impor a própria ordem a todos os outros. Disso deriva a urgência de inovações radicais na disposição da *governance*, e em tudo que é lugar se procura teorizar, projetar e/ou experimentar alguma intervenção com a esperança de se chegar a reformulações satisfatórias.

Para a criação do Estado, os primeiros a contribuir foram sobretudo a Mesopotâmia e o Egito, a China, o México e o Peru. Ao estudo das suas origens dedicaram-se pensadores como Hobbes, Locke e Hume, Montesquieu, Diderot e Rousseau, Tocqueville, Marx e Engels, Spencer e Durkheim, assim como Fustel de Coulanges.

A INTERMINÁVEL INVENÇÃO DO ESTADO

Conforme vimos, na Mesopotâmia e no Egito a criatividade explodiu em todas as direções, colocando à prova, de forma visível e drástica, as várias resistências às mudanças, não menos numerosas; em todos os setores fez progressos rapidíssimos, se vistos com a nossa ótica moderna, e até mesmo assombrosos, se considerados os parâmetros da própria época.

A simples comparação entre a rusticidade de um seixo ornado durante o último período neolítico e o refinamento da elaboração repentina com que, dali a pouco, seria representado o deus Anzu, ou com o qual veio enobrecido o elmo de ouro de Meskalamdug, já na metade do terceiro milênio a.C., nos dá uma idéia precisa de como as ondas longas do progresso não tinham todas a mesma longitude e de quão diferentes foram as contribuições das várias civilizações ao crescimento do gênero humano como um todo. Igualmente grande é o salto caso se compare um vilarejo neolítico com uma cidade suméria, uma tumba de *Homo sapiens* com uma pirâmide faraônica, uma cabana de hominídeos com um palácio ou um templo da Idade do Bronze.

Para reconstruir a longa trajetória percorrida pelo homem até a invenção do Estado, é necessário partir das primeiras aglomerações. Entre os anos 7000 e 5000 a.C. são construídos, em lugares indistintos, grupos de casas indiferenciadas, ainda que protegidas por muros de certa imponência. Para se chegar a verdadeiras vilas é preciso esperar que ganhe corpo a comunidade agrícola de Starcevo, na Sérvia, onde as casas são alinhadas ao longo de uma rua central; ou ainda a pacífica aldeia de Sesklo, na Grécia, onde cerca de 300 agricultores, mais ou menos da mesma condição em termos de riqueza e prestígio, viviam em aproximadamente trinta casas homogêneas, na forma e no tamanho; ou, mais ainda, o beligerante vilarejo de Dimini, sempre na Grécia, com os seus cinco círculos de muros concêntricos e um notável edifício central destinado a algum personagem mais importante que os demais; ou, ainda, o povoado de Bylany, na Boêmia, onde a amplidão das habitações demonstra que em cada uma conviviam várias famílias.

Se a forma é representação plástica da função que ela hospeda, da forma desses diversos vilarejos e das suas respectivas moradias deve-se deduzir que Sesklo foi construída em função de uma comunidade paritária, Dimini em função de uma comunidade piramidal e Bylany em função de uma comunidade que recorda os recentes *kibutzim* de Israel.

Para que surja dali a pouco a cidade seriam necessárias uma massa muito mais consistente de população e de território (Uruk terá de 15.000 a 20.000 habitantes, distribuídos por uma superfície de 100 hectares), uma estratificação social bem mais articulada e uma ordenação jurídica muito mais sofisticada.

Mas, para percorrer o processo criativo inteiro que conduz à formação do primeiro Estado realmente digno deste nome, convém nos deslocarmos da Sérvia e da Grécia para a área mesopotâmica, onde o processo ocorreu quase que por inteiro, partindo das primeiras moradias redondas e indiferenciadas até atingir as formas específicas do Estado predador de Accad e do Estado gestor de Ur III.

NO PRINCÍPIO FOI A IGUALDADE

Graças ao trabalho de alguns historiadores, etnólogos e arqueólogos podemos reconstruir as etapas essenciais desse longo caminho que os povos da Mesopotâmia conseguiram realizar, para criar formas de convivência cada vez mais sofisticadas, até construírem verdadeiros Estados com todas as suas conotações, isto é, dotados de unidade política, soberania nacional, um sistema de governo, um aparato para a ordem interna, um exército com fins de defesa contra as ameaças externas, um grupo dirigente e um corpo legislativo.

Segundo Jean-Daniel Forest, que dedicou à invenção do Estado na Mesopotâmia uma pesquisa muito cuidadosa,[6] esse processo criativo abarca um longuíssimo período que vai do sétimo ao terceiro milênio antes de Cristo e se desenvolve em seis fases.

Na primeira dessas fases (do ano 6000 a 5100), no norte da Meia-Lua Fértil predominam as comunidades domésticas de tipo agrícola, cada uma das quais constituída por um grupo sedentário de parentes, que mantém uma relação de referência com um único ancestral e é estruturado numa única linhagem.

Na comunidade, economicamente baseada na agricultura e na pecuária, reina uma ideologia igualitária baseada na colaboração recíproca. O primogênito tem a responsabilidade de reunir o produto comum e distribuí-lo igualmente entre todos os membros da linhagem. As ligações entre as diversas comunidades são fracas e se dão sobretudo em âmbito reprodutivo, através de trocas com fins matrimoniais.

Uma vez escolhido o sedentarismo no lugar do nomadismo, a agricultura no lugar do extrativismo e a pecuária como substituta da caça, o ser humano viu-se obrigado, dadas as diversas condições do solo, a inventar pelo menos duas variantes de comunidade doméstica agrícola.

Uma primeira variante coincide com a cultura Halaf, que floresceu onde as condições produtivas eram favorecidas pela fertilidade do terreno. Cada comunidade que pertencia a essa cultura podia se conceder uma notável autonomia: por esse motivo tende a ser auto-suficiente e a reduzir ao mínimo o relacionamento com as outras comunidades. O povoado é constituído por construções monocelulares de forma circular, onde se vive e se veneram os crânios dos ancestrais. A louça, pintada e com entalhes, apresenta uma rica variedade. Não sendo necessários excessivos esforços para vencer os obstáculos da natureza, esse tipo de comunidade reproduziu-se por uma vasta área, por 700 a 800 anos, sempre igual, imutável, sem gerar inovações.

Já uma segunda variante, que coincide com a cultura Hassuna e, em seguida, Samarra, desenvolve-se em zonas menos férteis, criando uma formação social mais complexa pela exigência de maior integração entre as várias linhagens que sucumbiriam sem a ajuda recíproca. É no âmbito dessa cultura que nascem as primeiras vilas ou cidadezinhas, com a sua organização, os seus celeiros e os seus edifícios maiores de forma quadrada.

A COMUNIDADE HIERARQUIZADA

A segunda fase do longo caminho em direção ao nascimento do Estado desenvolve-se ao sul e, cronologicamente, estende-se do ano 5100 a 3700 a.C. A população Halaf aumenta, mas a expansão territorial é impedida por barreiras geográficas intransponíveis. Portanto, é necessário organizar-se de um modo que não é inteiramente novo, recorrendo aos modelos oferecidos por aqueles que já haviam encontrado dificuldades análogas e conseguiram superá-las com soluções próprias: o povo 'Ubaid, organizado num modo semelhante à variante Hassuna e Samarra, mas bem mais eficaz. Este povo cultiva uma ideologia bem menos igualitária, as linhagens seguem uma ordem hierárquica, alguns grupos sociais exercem autoridade sobre outros, e essa assimetria encontra expressão também nas suas moradias, claramente mais imponentes e ostentosas do que as outras.

Numa primeira fase, que Forest denomina "*chefferie* simples", essas moradias proeminentes são disseminadas pelo vilarejo; numa segunda fase, chamada por Forest de "*chefferie* complexa", são agrupadas numa acrópole, que predomina sobre a massa das habitações comuns, dando assim forma e representação física à superioridade de uma nova classe social, a dos notáveis, que neste ponto tomaram consciência da própria condição e a enfatizam com todos os meios.

Esses notáveis possuem casas maiores e mais bonitas, reúnem-se num edifício de particular prestígio, usam materiais raros, importados de longe, servem-se dos artesãos mais dotados e fazem com que sejam sepultados em tumbas decoradas; são, em resumo, uma elite, e como tal se apresentam e se comportam. Uma elite que assume, no âmbito da comunidade expandida, o papel proeminente que antes era preenchido pelo primogênito no âmbito da linhagem familiar. Agora a linhagem do primogênito praticamente domina todas as linhagens dos segundos filhos. O responsável supremo é o primogênito do grupo dominante.

Disso deriva uma sociedade mais complexa, mais bem estruturada e mais eficiente, que adquire, em termos de riqueza e de organização, aquilo que perde em termos de estética: a sua cerâmica é decorada, mas de forma mais apressada, e as suas preferências dirigem-se às técnicas que permitam não a maior qualidade dos manufaturados, mas maior produtividade na sua fabricação.

A INVENÇÃO DA CIDADE-ESTADO

A terceira fase do grande processo criativo com o qual se chegou à forma Estado também desenvolveu-se no sul da Mesopotâmia e encontrou o seu epicentro em Uruk, entre os anos 3700 e 3100 a.C.

O que determina o nascimento da cidade e da classe intelectual que assumirá o comando serão os enormes fluxos migratórios, atraídos pelas condições geográficas particularmente favoráveis à agricultura (entre o Tigre e o Eufrates, assim como, depois, no Egito, ao longo do Nilo), pela avançada experiência tecnológica e pelas construções de grandes edifícios públicos.

Se no vilarejo neolítico e na cultura Halaf cada casa era auto-suficiente, na cidade suméria (assim como na egípcia) ela se tornará uma célula na cidade, sendo esta última a única que será dotada de uma completude, ainda que inserida – para sobreviver e, por sua vez, prosperar – na mais ampla rede de nós urbanos.

No Egito, a pirâmide de Quéops, segundo Heródoto, demandou o trabalho de 100.000 homens durante 20 anos consecutivos. Para construir um grande edifício ou para operar um sistema hidrogeológico complexo, como a confluência entre o Tigre e o Eufrates ou como o vale do Nilo, é necessária uma grande massa de pessoas; mas, para gerir essa massa, é necessária a presença de numerosas condições: uma segura e crescente disponibilidade de recursos, uma divisão profissional do trabalho, uma coordenação e uma liderança, uma estratificação social, uma máquina bélica, uma tensão em relação à eficiência e à produtividade e um método, assim como os instrumentos para aplacar as ambições, os temores e os atordoamentos coletivos, ou seja, é necessário um aparato econômico, político, militar, religioso, produtivo, administrativo e intelectual.

A resposta da criatividade humana a todas essas exigências sociais consistirá no sistema urbano-estatal, no progresso agrícola (cada grão de cevada semeado chegará a render mais de 30 vezes) e no emprego de novos materiais (cobre, bronze, estanho e prata).

Quanto ao sistema urbano, ele evoluirá gradualmente com a mudança das variáveis que o influenciam: as atividades predominantes entre os cidadãos, o regime político, os recursos naturais, as exigências de armazenamento, assim como as relações com as terras do interior e com aquelas de além-mar. Na súmula da ciência política antiga, as lições de *Política* escritas mais tarde por Aristóteles, afirma-se que um conjunto de indivíduos constitui a família, um conjunto de famílias forma um vilarejo, um conjunto de vilarejos compõe o Estado, e vêm definidas as características necessárias a uma cidade-modelo: "Em comunicação com o interior, com a costa e com todo o território. Seria necessário desejar que tivesse a posição ideal, no alto, isto é, levando em consideração quatro condições: a primeira, posto que essencial, é a salubridade (as cidades que são voltadas para o leste e expostas aos ventos que sopram do leste são mais salutares; em seguida vêm aquelas protegidas dos ventos do norte, porque possuem, em geral, um inverno ameno). Quanto às restantes, é preciso atentar para que a posição favoreça a atividade política e guerreira. Naquilo que diz respeito às operações de guerra, a saída dos cidadãos da cidade deve ser fácil, mas o acesso e a conquista devem ser difíceis para os inimigos: deve existir sobretudo uma abundância natural de águas e nascentes; em caso contrário, isto deve ser providenciado, com a distribuição de reservatórios de água pluvial, com grande capacidade e em grande número, de forma que não venha nunca a faltar, se a guerra a isolasse do resto do território. Dado que é necessário pensar na saúde dos habitantes e esta depende do bom posicionamento e da adequada exposição da zona e, em segundo lugar, da disponibilidade de águas salutares, também disso é preciso ocupar-se, com seriedade... Quanto às fortificações, não é igual para todas aquilo que convém: assim, a acrópole é adequada aos regimes oligárquicos e monárquicos, o terreno plano ao regime democrático, enquanto para o regime aristocrático não convém nem um tipo nem outro, mas um bom número de posições guarnecidas" (VII, 1330b).[7]

A INVENÇÃO DA DITADURA RELIGIOSA

Por sua vez, o sistema urbano encontrará o fiel da balança na ditadura religiosa. Na Mesopotâmia o rei-sacerdote é um vigário divino, no Egito o faraó é um deus personificado; em ambos os sistemas o monarca constitui o vértice de uma pirâmide social cada vez mais estratificada, formada por militares, religiosos, escribas, técnicos e contadores no topo; e embaixo por comerciantes, transportadores, marinheiros, trabalhadores dos diques e dos sistemas de canalização das águas, artesãos de metais e pedras preciosas, camponeses, operários e pastores; ainda mais embaixo estavam os escravos.

O rei, com os seus atributos religiosos e civis, é o superintendente tanto do templo como do palácio. Ele é o artífice de todas as obras públicas, o ponto abstrato no qual se condensa a criatividade coletiva. A prova disso é que obra de arte alguma será jamais assinada por quem a idealizou ou construiu, sendo tudo atribuído à onipotência do rei. Uma inscrição do rei de Lagash, Urnanshe (2494-2465 a.C.), diz: "Urnanshe, rei de Lagash, filho de Gunidu, filho de Gursar, construiu o templo da deusa Nanshe, esculpiu a (estátua da) deusa Nanshe, escavou o canal para a deusa Nanshe, para a deusa Nanshe encheu de água o canal e construiu o templo de Eshir. Construiu o Aedin, construiu o Ningar, construiu o Egidri, construiu os bastiões de Lagash e esculpiu (a estátua) do deus da cidade."

E ainda, muitos séculos mais tarde, Hamurábi (1792-1750 a.C.) exprimiu-se da seguinte forma na Babilônia: "No curso do reino precioso que me foi proclamado pelo deus Shamash, isentei da corvéia a população de Sippar, a antiga cidade de Shamash. Escavei um canal, forneci águas perenes ao seu território e acumulei riquezas e farturas. Para a população de Sippar instaurei a alegria, e eles oraram pela minha vida."

Portanto, com freqüência, a criatividade pretende uma única personalidade a quem atribuir todo o mérito da nova idéia e da sua concretização: como, então, no governo de Menfi ou de Uruk ou ainda da Babilônia, também hoje na outorgação dos prêmios Nobel. Mas sobre isso retornarei mais adiante, no sétimo capítulo.

Nos pequenos centros – como, aliás, eram as cidades famosas como Uruk – é bastante provável que o rei tomasse parte, pessoal e diretamente, na realização das obras públicas (no baixo-relevo do ano 2500 a.C., o rei Urnanshe de Lagash está representado carregando sobre a cabeça uma cesta cheia de tijolos). Mas, à medida que as cidades cresceram em dimensão e com isso as funções dos seus reis se tornaram mais numerosas e mais complexas, as obras criativas foram atribuídas aos soberanos porque somente eles constituíam o símbolo, a síntese, o ponto de referência e o corpo sublimado da coletividade inteira.

URUK: TODO O PODER AOS INTELECTUAIS

Parece que a primeira cidade verdadeira da história foi Uruk: a partir da sua fundação, cerca de 3400 a.C., e em apenas quatro séculos, o seu modelo urbano irá se difundir em toda a Mesopotâmia, na Anatólia, na Síria, na Pérsia e no Egito. Em torno dela será criada uma rede inteira de cidadezinhas menores (de 1.000 a 1.500 habitantes), assim como uma trama formada pelo comércio, visando às provisões de pedra, madeira e metais, assim como à exportação de tecidos e outras manufaturas.

É com Uruk que se esboça pela primeira vez uma cidade-estado dotada de uma liderança compartilhada e de uma administração despersonalizada; um sistema socioeconômico complexo é construído; a memória histórica e a administração burocrática se estruturam em torno da escrita e do ensino; formaliza-se uma divisão do trabalho graças à qual um bom número de dirigentes e especialistas pode desenvolver uma atividade intelectual, escorada por uma massa trabalhadora que desempenha os trabalhos braçais. Em síntese, cria-se a passagem mais significativa da barbárie à civilização.

Ainda que sem cair num determinismo tecnológico extremo, como o de Childe, não se pode desconhecer o papel central das instituições científicas e técnicas que desencadearam a revolução urbana, permitindo a multiplicação do rendimento do terreno e a melhoria da produção de armas e utensílios. Disso derivou a acumulação primária de cevada, lã, óleos e tecidos e, mais tarde, de dinheiro, acumulação esta necessária à construção de grandes obras públicas e à manutenção do trabalho intelectual. Por sua vez, o templo e a sua hierarquia de governantes garantiram a organização e a ordem social, elaboraram e impuseram a ideologia necessária para convencer a maioria subalterna a desempenhar os trabalhos pesados, necessários para sustentar não somente a si mesma, mas também ao restante da minoria hegemônica.

Portanto, na base desse grande salto estão algumas invenções técnicas de inédita genialidade: o sistema dos "campos longos", com irrigação em sulcos em vez de bacias, que permitia regar superfícies muito maiores; o arado a tração animal, que gerava uma grande economia de energia e de mão-de-obra; o acréscimo ao arado de um funil com canudo, que permitia evitar a dispersão da semeadura pelo vento, posicionando cada semente e aumentando, desta forma, em 50% a relação entre a semeadura e a colheita; a foice de cerâmica para a ceifa; uma rudimentar máquina de trilhar, obtida com a modificação do trenó; a carroça com tração animal e com quatro rodas para o transporte dos produtos.

Numa bela reconstrução desse nascimento da civilização urbana, Mário Liverani escreve: "Esse complexo de inovações, baseado numa orgânica instalação hidráulica do território e no emprego da tração animal, deve ter tido um impacto na produtividade agrícola da baixa Mesopotâmia sem dúvida comparável à introdução da mecanização na agricultura moderna. Poder-se-ia talvez tentar efetuar cálculos mais específicos: já se afirmou que o posicionamento cuidadoso das sementes produz um aumento da produtividade avaliado em 50% em relação à semeadura por dispersão; o uso do arado implica, em relação ao uso da enxada, uma economia de tempo quantificável; e assim por diante. No seu conjunto, não é leviano supor que a passagem do sistema tradicional (amolecimento com a enxada, semeadura por jatos e irrigação por inundação) de dimensão familiar para um complexo técnico-organizacional como aquele descrito deve ter comportado um aumento de produtividade (com paridade dos recursos humanos empregados) numa ordem de grandeza estimável de cinco para um e dez para um."[8] Aumenta a produtividade e pontualmente retorna a fórmula taylorista da eficiência (E = P/H, isto é, a Eficiência é igual à quantidade de Produto dividida pela quantidade de Tempo Humano necessário para produzi-lo), que acompanhará o progresso humano até a introdução das máquinas automáticas, da energia elétrica, da informática e das biotecnologias.

O território circundante à cidade e por ela controlado estendeu-se e proveu a produção, enquanto a cidade, que estava no centro, proveu as atividades de transformação da matéria-prima, de troca, de oferta dos serviços e de administração. A economia familiar privada entrecruzou-se com a pública, gerida pelo templo, que possuía dependentes fixos e sazonais.

Todo o sistema econômico girava em torno de duas balizas: a cevada e a ovelha, ambas particularmente adaptadas às condições climáticas e hidrogeológicas da região. "A unidade produtiva padrão", escreve Liverani, "era uma extensão de 100 *iku* (aproximadamente 30 hectares) de terra, na forma de campos longos, unidade gerida por um *engar*, 'camponês', mais apropriadamente um 'gerente agrícola', e dotada de um *apin*, 'arado', ou melhor, uma 'equipe de lavragem e semeadura' (com duas ou três parelhas de bovinos) e um número muito limitado de dependentes fixos (retribuídos mediante a atribuição de terras). O trabalho sazonal, com a concentração de centenas de trabalhadores, era garantido pelo sistema de corvéia."[9]

O excesso de cevada, lã e tecidos constituía a base dos tráficos comerciais marítimos e terrestres,[10] enquanto as operações relacionadas ao controle dos mercadores, à troca e à venda de mercadorias levavam à elaboração de métodos contábeis cada vez mais sofisticados, cálculos matemáticos cada vez mais complexos e certificações escritas cada vez mais exatas.

Enquanto os artesãos nas suas oficinas trabalhavam metais, pedras duras, madeira, couro e fibras vegetais, em todas as casas existia um tear para a tecelagem doméstica, e no templo existiam grandes oficinas têxteis e numerosas moendas para moer os cereais.

O cultivo dos campos e o artesanato eram delegados predominantemente aos homens; já a tecelagem e a moenda cabiam sobretudo às mulheres. A essas tarefas somava-se toda uma outra efervescência de atividades domésticas e sociais: cozinhar os alimentos, defender as construções, administrar as finanças e os armazéns, participar das guerras; assim como a escrita, a invenção entre as invenções, que serve às exigências administrativas e ao escriba para calcular, descrever, recordar, catalogar, garantir e demonstrar. Mas sobre isso falarei daqui a pouco.

A medida linear e a moeda adicionarão à escrita elementos preciosos para simplificar o cálculo, antes muito complicado, liberando-o da relação com elementos díspares e do cálculo de grandezas antes incomensuráveis.

A disposição e o poder que regulam todo esse complexo sistema urbano são assim sintetizados por Liverani: "A elite dirigente da organização templária e de toda a cidade-estado que gravita em torno dela, elite que, de fato, constitui a direção política, considera o seu papel como o de uma grande 'fazenda agrícola', cujo proprietário é deus. No interior da fazenda encontram-se alojamentos patronais, isto é, o templo propriamente dito, que é a residência terrena do deus, há os alojamentos dos servos (os gerentes e os adeptos de várias ordens e graus), encontram-se os armazéns para os materiais e para o estoque de alimentos, assim como as oficinas de trabalho – exatamente como num normal *oikos* doméstico, só que numa escala fora da norma. E a presença de mão-de-obra escrava e o afluxo de trabalhadores diários e sazonais reproduzem relações presumivelmente difusas numa pequena escala, também no nível familiar."[11]

Toda essa organização tem como objetivo produzir sempre mais, com métodos cada vez mais eficientes, e com uma extração cada vez mais dispendiosa dos recursos subtraídos aos cidadãos a fim de que sejam acumulados no templo, com vista a um interesse coletivo, que os cidadãos, individualmente, jamais teriam podido garantir. Por que no templo? "O motivo de base", responde Liverani, "é até por demais óbvio: a taxação é menos dolorosa se feita em benefício de uma entidade super-humana, dotada de poderes superiores e de funções essenciais para a vida da comunidade, em vez de ser efetuada em favor de um 'chefe', que aos olhos de todos é um homem como os demais. Essa ideologia religiosa encontra nos enormes e prestigiosos edifícios templares a sua concretização, arqueologicamente visível."[12]

Portanto, o palácio e o templo asseguram a ordem interna e a defesa contra o exterior, a regularidade dos contratos, assim como as boas relações com os deuses. Em torno do templo, a cidade é uma imensa empresa, com uma eficiência crescente graças às novas tecnologias (eixos rotativos, carros, arados, pás, enxadas, brocas, furadores e cinzéis) e à nova ordem (códigos, sigilos e selos de acompanhamento).

Toda a mão-de-obra pertence ao soberano, com exceção dos criadores mais famosos (escultores, arquitetos, pintores e poetas), que conseguem trabalhar de forma independente, graças ao poder contratual derivado da raridade dos seus talentos.

Pela primeira vez na história, o poder está completamente nas mãos dos intelectuais: teólogos, legisladores, escribas, artistas e cientistas; e o soberano, como vértice da hierarquia social, sintetiza a função militar (rei-guerreiro), a função econômico-produtiva (rei-artífice e comandante) e a função social (rei-sacerdote). A ordem social, fruto de ajustes progressivos e da elaboração coletiva, mais do que da genialidade individual, representa, com a escrita, a grande obra-prima da época.

A ANOMIA E A INTEGRAÇÃO

O problema principal (de então, assim como de hoje) era representado pelo perigo da desintegração das relações familiares e de amizade, da difusão de uma anomia (ausência de leis, normas ou regras de organização), à medida que a cidade assumia dimensões incomuns. Nas antigas comunidades agrícolas domésticas e nas sucessivas unidades habitacionais dos vilarejos, todos eram parentes mais ou menos próximos, se conheciam bem e se freqüentavam. Com certeza não deviam faltar conflitos, mas eles também, à sua maneira, constituíam uma ligação que fortalecia aquilo que Tönnies chamaria de *gemeinschaft*: a comunidade calorosa, íntima, afetuosa, consangüínea, amiga, previsível e habitual.

Mas Uruk era uma cidade de milhares de habitantes, sem aquelas próteses como o telefone ou a Internet, que hoje permitem a manutenção do contato, pelo menos virtualmente. O novo modo de vida implicava que se passasse a viver num mesmo sistema urbano sem se conhecer e sendo reciprocamente anônimos, embora sem ser estrangeiros, antecipando aquilo que Tönnies chamaria de *gesellschaft*: a comunidade fria, formal, estranha, imprevisível, não-confiável e até mesmo hostil.

Para compensar essa força centrífuga, Uruk inaugurou diversos instrumentos de coesão: as festas, os aniversários, os deuses protetores da cidade e as procissões durante as quais a estátua da divindade local "é mobilizada e colocada em cena, literalmente, como poderoso fator de unificação",[13] a elite, a acrópole (o imponente Palácio Celeste, o *Eanna* de Uruk, no qual vivem juntos a deusa Inanna e o rei, é a primeira acrópole de todos os tempos), a ordem legislativa e, sobretudo, o rei-sacerdote, "que ocupa o centro da cena e parece conduzir a ação, situando-se assim numa posição de intermediário entre a divindade e o seu povo... Esse papel de interlocutor privilegiado faz do rei aquele que garante a ordem: é ele que, sobre a 'coluna de Uruk', combate as forças hostis representadas por um felino; é ainda ele que, nas estampas de alguns timbres, põe por terra prisioneiros amordaçados. Assegura a conformidade da vida humana à ordem cósmica, isto é, à vontade divina, de tal forma que reinem a segurança, a justiça, a fecundidade, a fertilidade e a prosperidade".[14]

Em relação à comunidade doméstica e ao vilarejo, a cidade gera atordoamento, insegurança e anomia, mas, em compensação, oferece ótimas contrapartidas: bens e serviços em quantidade, eventos de primeira mão, inovações tecnológicas e artísticas, vitalidade, dinamismo, instrução, oportunidades comerciais, possibilidades inesperadas de encontros profissionais e pessoais, assim como relações e intercâmbio com toda a rede de outras cidades menores que gravitavam em torno de Uruk.

O ESTADO PREDADOR E O ESTADO GESTOR

Depois da grande Idade Áurea que coincidiu com o apogeu de Uruk, uma quarta etapa de aproximação ao nascimento do Estado concretiza-se através de outras cidades-estado e de outras culturas (Nínive, Diyala, Dilmun e Magan), que, aos poucos, emergem enquanto Uruk decai, entram em conflito entre si, combatem-se durante cinco séculos, até se precipitarem na maior das desordens e das confusões.

Se as primeiras quatro etapas do longuíssimo processo criativo que conduziu à invenção do Estado são uma obra conjunta, na quinta prevalece a ação de um único condutor. De fato, de modo imprevisto, aparece na Mesopotâmia Central uma personalidade fora do comum, o semita Sargão (2340 a 2284 a.C.), que funda a cidade de Accad e unifica, rapidamente, uma vasta área como o atual Iraque, instaurando na região a própria dinastia, destinada a reinar por dois séculos.

O mito nos transmite a figura de Sargão como a de um herói transgressor, "uma espécie de marginalizado ou de aventureiro que não tem nada a perder e tudo a ganhar... o exato protótipo do herói regenerador que faz tábula rasa para construir uma nova ordem. Não possui um passado nem ligações e, como Pélops ou Rômulo, deve a sua fulgurante ascensão apenas aos próprios méritos pessoais, à originalidade do seu pensamento e das suas ações".[15]

Aquele que realmente pode ser considerado o primeiro Estado de todos os tempos, fundado por Sargão e continuado por Sargonidi, era uma poderosa máquina bélica que selecionava a elite do seu exército com base na coragem e no entusiasmo. Dessa forma, o antigo direito de primogenitura é substituído pelo princípio da meritocracia, determinando uma ampla alternância na classe dirigente, uma séria redistribuição da riqueza, assim como trocas comerciais mais intensas internas e com o meio externo.

Com os recursos obtidos basicamente dos saques de guerra, esse Estado guerreiro e conquistador sustenta todo o seu imenso arsenal administrativo e político. Mas a sua própria dinâmica o obriga a anexar sempre novas terras, a expandir-se infinitamente, a aumentar cada vez mais o círculo de seus inimigos externos, formando assim as bases para a sua própria ruína.

Trata-se, de todo modo, de um verdadeiro Estado porque "a conquista de Sargão introduz um nível de integração superior, com um território mais vasto, uma hierarquia mais ampla, uma organização política mais complexa e uma provável remodelagem da ideologia".[16]

Porém o aparato do Estado somente ficará completo numa sexta fase, quando a terceira dinastia de Ur conseguir realizar uma grande reforma que desloca o epicentro do sistema de guerra para o sistema de paz, de conquista à administração, de saque de territórios externos à gestão e garantia de recursos internos ao reino.

No novo Estado, que finalmente atinge uma forma definida, "uma rede de correios garante a centralização das informações e a transmissão das diretivas. Em cada cidade é nomeado um governador, como chefe de uma administração hierarquizada que registra, contabiliza e controla tudo, a julgar pelas milhares de tábuas que chegaram até nós. Tomam-se diversas medidas para assegurar a unidade do reino; os reis de Ur instauram um calendário único, reformando pesos e medidas, estabelecem uma relação estável entre as unidades monetárias, enquanto um dispositivo jurídico parece substituir o direito habitual... As rendas do Estado, sejam elas provenientes das propriedades ou dos impostos, financiam grandes projetos de interesse coletivo, tais como a escavação de canais e a restauração ou a construção de edifícios religiosos".[17]

Encontramos-nos ainda longe da realização de uma forma complexa como o Império, mas nesse ponto o Estado já é uma invenção adquirida pelo gênero humano. Para uma modalidade ainda mais complexa, a imperial, será necessário aguardar até o primeiro milênio antes de Cristo. E mais outros séculos deverão transcorrer até que Atenas experimente a democracia direta. E ainda outros séculos até que Justiniano formule o seu código, para que a Inglaterra garanta ao mundo a sua Magna Carta e a representação parlamentar e Montesquieu demonstre a necessidade de separar o poder legislativo do judiciário, assim como do executivo.

E agora nós, herdeiros mais recentes desta pesquisa perene, encontramo-nos a discutir deficiências do Estado moderno, diante dos desafios da globalização e das novas tecnologias, projetando formas novas de *governance*. Será um novo Sargão ou uma nova Ur a encontrar a solução? Com certeza a aposta em jogo permanece sempre a mesma: garantir maior grau de bem-estar à sociedade, aquilo que Hamurábi chamava de "a alegria comum".

A INVENÇÃO DAS LEIS

A partir da organização das primeiras cidades e do aparecimento das primeiras escrituras, nasce a exigência de normas escritas para organizar a vida coletiva em termos do que é justo e do que é injusto. Portanto, no interior da criação global da forma Estado, o homem começa a se aventurar na criação específica das leis.

Também quanto à criatividade jurídica, a Mesopotâmia pode se vangloriar de uma admirável primogenitura e uma surpreendente fecundidade. Na produção de éditos, leis e códigos sobressai toda a região, de norte a sul: as primeiras leis e depois os códigos mais famosos, irmanados por uma equilibrada sabedoria, provêm de Lagash, de Ur, de Isin e da Babilônia, todos centros meridionais. Em seguida, a produção normativa desloca-se mais para o norte, para a Assíria, onde a maior belicosidade da população reflete-se na maior severidade das normas e crueldade das penas.

Que eu saiba, o testemunho mais antigo da atividade legislativa é um perdão de dívidas contido no édito do rei Entemena, que reinou em Lagash em torno de 2430 a.C. Um século mais tarde, novamente em Lagash, outro rei, Urukagina, regulamentou com um édito alguns abusos comprometedores. Passaram-se outros séculos e outro rei da mesma cidade, o mesmo Gudéia de quem é conservada no Louvre uma maravilhosa estátua de uma fixidez inquietante, intervém com o objetivo de reduzir a distância entre as classes e se erguer templos aos deuses.

Mas uma verdadeira reunião de leis, a mais antiga de que se tenha conhecimento, não nos chega de Lagash, mas sim de Ur, a cidade de Abraão. Remonta ao vigésimo primeiro século a.C., e o seu artífice foi o rei sumério Urnammu, autor, portanto, do primeiro código de todos os tempos. Unificar as normas, bloquear os prepotentes e defender os fracos são os objetivos principais desse corpo normativo que, com 32 artigos, regulamenta muitas matérias, entre as quais o matrimônio e o divórcio, as relações entre os patrões e os escravos, o falso testemunho e as plantações abusivas.

A elaboração do segundo código legislativo remonta a uma data em torno de 1930 a.C.: o de Lipit-Ishtar, rei de Isin, composto por uma meia centena de artigos que dizem respeito, entre outras coisas, à propriedade e ao furto, às pessoas contratadas para serviços, à fuga dos escravos, às heranças e aos casamentos.

A FECUNDIDADE JURÍDICA DA BABILÔNIA

Ainda mais rica de espírito jurídico foi a região da Babilônia, que nos legou nada mais nada menos que três códigos de leis, todos de fundamental importância na história do Direito: o Código de Eshnuna, o de Amisaduqa e o de Hamurábi.

"Se na hora da sesta um homem é flagrado na casa de um dependente do Palácio, seja ele condenado a pagar dez siclis de prata. Se for flagrado de noite, seja ele condenado à morte", diz um artigo do Código de Eshnuna que recebe o nome não do rei, mas do Estado onde foi promulgado.

Idêntica punição é prevista para quem for surpreendido nos campos do funcionário palaciano.

"Se um timoneiro for negligente e causar o naufrágio de uma nau, deverá restituir o inteiro valor daquilo que naufragou", estipula outro dos 60 artigos do Código, que regulamenta questões como o aluguel, os empréstimos e os juros, assim como o matrimônio, a tutela, o seqüestro de pessoas ou o estupro.

O segundo grupo de normas da área babilônica, muito menos importante que o primeiro ou que o terceiro, não chega a ser um código propriamente dito, mas um simples édito ligado ao nome do rei Amisaduqa, que reinou de 1646 até 1626 a.C. e que, com este seu ato, revogou algumas dívidas e isentou seus súditos de alguns impostos.

OS PODEROSOS E OS MESQUINHOS NO CÓDIGO DE HAMURÁBI

Contemporâneo ao Código de Eshnuna é o bem mais famoso código do rei Hamurábi, grande estrela entre todos os códigos de todos os tempos. A fascinante coluna negra, com mais de dois metros de altura, até hoje atrai ao Louvre filas de impressionados admiradores.

Sargon morre no ano 2284 a.C. Hamurábi nasce em 1792 a.C. Talvez Hamurábi esteja para a criação do Direito assim como Sargão está para a criação do Estado: o primeiro arrematou os fios de uma longa experimentação política, até chegar a conceber a forma de um verdadeiro Estado; já o segundo fez a mesma coisa, a partir de uma longa experimentação jurídica, extraindo intuições e conclusões até formar um verdadeiro código legal. Porém, como é de nosso conhecimento, naqueles tempos, muito mais que hoje em dia, acontecia que um poderoso atribuísse somente a si mesmo o mérito de uma obra que, na verdade, fora realizada por vários autores. Provavelmente o Código de Hamurábi pertencesse ao rei babilônio tanto quanto o Código Napoleônico pertenceu ao imperador francês.

Falemos, então, a propósito desse indiscutível monumento do Direito. Composto por abundantes 282 artigos, ele nos permite reconstruir não somente o ordenamento jurídico mas também toda a rede de relações sociais, num grande reino neolítico, como aquele sabiamente criado e regulamentado pelo rei Hamurábi.

"Se um homem durante uma viagem comercial confia prata, ouro, pedras preciosas ou outros bens a outrem, delegando-lhe o mandato de entregar a mercadoria a terceiros, se o encarregado conserva para si estes bens, deverá pagar cinco vezes o valor dos bens subtraídos", diz o artigo 112. "Mulher e filho, se vendidos por causa de uma dívida, devem ser liberados após três anos de escravidão", diz o artigo 117. "Se um homem calunia uma sacerdotisa ou uma mulher casada, seja por tal motivo colocado diante dos juízes, e seus cabelos devem ser raspados na metade da cabeça", afirma o artigo 127. E "se a mulher de um homem adoece gravemente, ele pode desposar uma outra, mas não pode se divorciar da primeira, a qual deve manter dentro de casa e sustentá-la até a sua morte", reza o artigo 148. "Um homem não pode deserdar o filho sem um motivo grave, o qual deve ser avaliado pelos juízes", diz o artigo 168.

Como se pode ver, nesta como em outras leis mesopotâmicas, o princípio de ressarcimento prevalece sobre o princípio de talião (embora este seja admitido em alguns casos), e a busca do equilíbrio prevalece sobre a da vingança. Os primeiros artigos do código sancionam o procedimento dos processos, em seguida passa-se à regulamentação dos militares e dos bens destes, depois vêm abordadas a vida agrícola e a proteção dos pomares; e, dessa forma, gradativamente, procede-se por associação de idéias, até compor todo o quadro jurídico da vida no reino e completar o afresco de toda a fecunda e efervescente civilização babilônica.

Graças a esse código, "a rica reunião dos casos dedicados ao cultivo dos campos e dos pomares permitiu-nos aprofundar os nossos conhecimentos sobre o nível de capacidade e da tecnologia deles; o grande número de artigos sobre a família favoreceu muitíssimo os estudos sobre a sociedade daquela época. Homens livres e escravos, sacerdotisas e prostitutas, soldados e marinheiros, agentes comerciais e usurários, viúvas e amas-secas, agricultores e fruticultores, pedreiros, cirurgiões, veterinários e assim por diante: é todo um mundo que se move no âmbito de um 'código' que procura regulamentar a vida, os costumes, as profissões e as relações com o próximo.

"Nos bastidores, entrevêem-se as autoridades: juízes e sacerdotes. Chefes de distritos e soberanos ocupados em governar, julgar e em punir a massa multiforme de súditos, que não estava, naturalmente, sobre o mesmo plano: a lei certamente não era igual para todos; pelo contrário, por lei ficavam bem estabelecidas as diferenças. Duas categorias sobressaem de forma evidente dessa rica reunião de normas: o *homem*, isto é, o homem livre, o cidadão com tantos deveres, mas também com os sacrossantos direitos, e o *mushkenu*, um tipo de empregado dependente do Palácio, cuja denominação, através do árabe, chegou até nós por intermédio do vocábulo *mesquinho*."[18]

A INVENÇÃO DA ALEGRIA COMUM

Na inscrição já citada, Hamurábi afirma: "Para a população de Sippar instaurei a alegria", e no seu célebre código ele próprio define os 282 artigos que o compõem como "regras da justiça de Hamurábi, rei capaz, que as fixou, fazendo com que o país tomasse o rumo justo e um bom modo de vida".

Como foi detectado, "trata-se de uma verdadeira inscrição celebrante, em que o objeto específico da vanglória não é a construção de um templo ou de um palácio, ou o acerto de contas de vitoriosas campanhas militares, mas a instauração de um cânone fixo de justiça e de eqüidade, em benefício de todo o país", uma suma compiladora de regras que "certamente não nascem do nada e seguramente refletem uma complexa obra de elaboração, conduzida pelos especialistas do mundo do Direito, nas típicas formas nas quais, durante todo o decorrer da sua história, o saber mesopotâmico encontra expressão".

"A sabedoria mesopotâmica e a do Oriente Próximo, de modo geral, exprimem-se apenas nessas formas e com esses procedimentos. Os reis que desejam se apresentar como 'os bons pastores' dos seus 'rebanhos' utilizam com finalidade de propaganda as elaborações dos escribas que, em Direito como em outras áreas do saber, de maneira conscienciosa, organizaram a visão, a interpretação e o ordenamento que eles têm do mundo."[19]

"Para a população de Sippar instaurei a alegria", diz, portanto, Hamurábi. A obra de arte da qual ele se vangloria, o resultado de um longo e intenso trabalho, extenuante e conjunto, mas por ele certamente desejado e compartilhado, não é uma catedral ou um palácio, ou ainda uma máquina, mas a *alegria* da população, é a qualidade de vida dela; é a progressiva redução da conturbação coletiva provocada por catástrofes naturais (exorcizáveis pelo rei-sacerdote) e por desequilíbrios sociais (exorcizáveis pelo rei-regulamentador).

Conforme já disse, a Mesopotâmia representa o primeiro caso de explosão criativa em todos os campos, onde todas as diretrizes possíveis do progresso humano, científico, estético e sociológico são exploradas e rapidamente enriquecidas, numa medida tão prodigiosa, que os sucessores permaneceram suplantados. Até mesmo Aristóteles, já muitos séculos depois, estava convencido de que, sobretudo no campo técnico, tudo aquilo que existia para ser descoberto já o havia sido entre o Tigre e o Eufrates.

Nos séculos seguintes a Uruk, a Ur e à Babilônia, o instinto criativo dos gregos irá se aventurar com triunfo pela filosofia, pela poesia, pela política, pela arquitetura, pela escultura e pelas ciências puras; os romanos – como poeticamente reconhece Virgílio – atingem a excelência sobretudo na arte de governar. Para esbarrar num salto técnico comparável, pelo menos em parte, ao progresso mesopotâmico, será necessário aguardar o décimo segundo século depois de Cristo, mas, no que diz respeito à elaboração de normas capazes de garantir a alegria comum através do Direito, a pesquisa humana e a fecundidade inventiva nunca tiveram descanso.

A CRUELDADE LEGALIZADA

Desloquemo-nos agora mais ao norte, na Assíria, onde a estrutura social é de tipo aristocrático-militar e possui a recorrente pretensão (como mais tarde terão também Augusto, Trajano, Carlos Magno, Carlos V, Napoleão, Hitler e, hoje, os Estados Unidos) de construir um império universal. O *corpus* mais completo de leis assírias, mais parecido com um arquivo de fichas do que com um código sistemático, está contido em tábuas do décimo primeiro século a.C., que recopiam leis de um ou mais séculos precedentes. É tratado sobretudo o papel da mulher, da propriedade fundiária e da herança.

Mas o espírito dessas leis está agora bastante distante da bem equilibrada mentalidade suméria e babilônica: aqui o patrão tem o direito de vida e de morte sobre todas as pessoas de sua convivência; o Estado inflige penas que desembocam no sadismo; a lei de talião, a retaliação, e a crueldade da empalação são a ordem do dia.

→Infelizmente, a criatividade humana não diz respeito somente ao impulso vital e sadio aplicado à busca do progresso e do bem-estar, mas concerne também ao lado obscuro do ser humano, à sua turva e soturna convivência com a crueldade e com a morte. Os instrumentos de tortura, da crucificação aos jogos dos gladiadores, da câmara de gás à cadeira elétrica, são desgraçados testemunhos. Um repelente baixo-relevo que remonta ao oitavo século a.C. e que é conservado no British Museum representa com uma minúcia de detalhes o empenho diabólico com que eram realizadas as empalações. Esse hábito, científico na sua perícia e bestial na sua ferocidade, infelizmente não acabou na antiga Assíria o seu ciclo de morte, mas, através dos turcos, chegou até nós, inferindo sobretudo naquele heróico baluarte de civilização que foram as populações dos Bálcãs. O prêmio Nobel Ivo Andrić, na sua obra-prima *A Ponte sobre o Drina*, descreve a empalação de um servo rebelde sob o império otomano, executado por intermédio de "uma estaca de carvalho, com três metros de comprimento, recoberta de ferro batido, com uma ponta fina e afiada": um homem vivo "enfiado nesta estaca como um cordeiro no espeto, só que a ponta não saía da sua boca, mas da sua espinha – e de forma que não haviam sido lesionados de forma grave nem os intestinos, nem o coração e nem os pulmões".

Pedrag Matvejevic comenta da seguinte forma a descrição de Ivo Andrić: "É necessária uma operação muito profissional e sofisticada a fim de evitar as lesões dos órgãos vitais; são necessários diversos instrumentos

– uma dezena de martelos e martelinhos, com os quais ir empurrando, aos poucos, o pau dentro do corpo. A vítima deve sobreviver dessa forma durante alguns dias: 'inchada, empertigada e nua até a cintura', 'imobilizada entre duas traves', cuspindo 'uma baba espumosa branca', gritando e gemendo."[20]

Sobre o encarniçamento, sobre a fúria, sobre *thanatos*, com o qual os seres humanos empenharam-se para angustiar os seus semelhantes e para inventar pérfidos instrumentos de tortura e sofrimento, poderia ser escrita uma história tão longa quanto a relativa a *eros*, a propósito da tenacidade com que estes mesmos seres humanos dedicaram-se à melhoria da qualidade de vida e à debelação da dor. Também na criatividade perversa as formas individuais se alternam e se entrelaçam com as coletivas: a feroz fantasia que garante um lúgubre primado aos campos de concentração nazistas requereu centenas de pessoas para concretizá-la e aperfeiçoá-la até alcançar a sua mortífera eficiência. Não menos monstruoso é o aparato organizacional necessário para cumprir a pena de morte em muitos Estados que se proclamam "democráticos".

O EGITO: DISTANCIAR O MAL E SUPRIMIR A FALSIDADE

A lei, no Egito, evoca mais o conceito anglo-saxão do "*stare decisis*" do que o conceito mesopotâmico e sobretudo romano das tábuas de prescrição. Por isso, dispomos de poucos textos normativos, como o édito esculpido na superfície de uma coluna do décimo quarto século a.C., assim como as recomendações feitas por Tutmés III a um vizir no século XV a.C. Sabemos assim que, "para distanciar o mal e suprimir a falsidade", o decreto de Horemheb ordena a amputação do nariz; para quem rouba um barco a serviço do faraó, o decreto prevê o confinamento e, para funcionários e sacerdotes que se mostrarem desonestos quando no exercício da função de magistrados, a pena é de morte. E sabemos que o aguazil (governador plenipotenciário de cidade ou província por nomeação real) é aconselhado não se meter com trapaças, não ser faccioso em favor de funcionários ou de conselheiros e não se imiscuir com quem quer que seja.

Na falta de códigos e leis escritas, temos contudo duas outras vias para nos dar uma idéia do sistema jurídico vigente no Egito e para apurar quais eram as ações aprovadas e desaprovadas pelos egípcios: os resumos dos processos e as "confissões negativas", isto é, os abundantes papiros funerários com os quais os mortos se encomendam à divindade, enumerando minuciosamente as culpas com as quais *não* se macularam em vida. Num desses papiros lê-se: "Não privei nenhuma criança do próprio leite, não briguei com meu pai, não espanquei minha mãe, não cometi adultério." Portanto, sabemos que privar de leite uma criança, brigar com o pai ou espancar a mãe eram ações consideradas censuráveis do ponto de vista religioso e civil. Da mesma forma sabemos também que o homicídio, a pederastia e o furto de animais eram ações reprováveis, culpas graves: "Não matei nem fui o mandante de um homicídio", relata, com efeito, o Livro dos Mortos, "não tive relações sexuais com um rapaz, não cometi roubo de gado."

Quanto aos resumos processuais, foram conservadas as descrições de algumas causas, como, por exemplo, uma contra uma mulher suspeita de trapaça, ou outra por controvérsias de herança. Em Turim conserva-se um "Papiro Judiciário", no qual vem descrito o processo aos presumidos autores de uma conjura contra o faraó Ramsés III, que reinou no décimo segundo século a.C. No final do processo, a rainha e o seu mordomo, algumas mulheres do harém, alguns funcionários da corte e alguns oficiais do exército foram condenados à morte e anteciparam a execução suicidando-se. Outros personagens que apesar de terem estado a par da tramóia não a haviam revelado foram condenados à amputação do nariz e das orelhas.

Somente mais tarde, no oitavo século a.C., o faraó Bocoris editou um verdadeiro código de direito penal, mas, infelizmente, o seu texto extraviou-se.

ISRAEL: UM PACTO COM O DEUS ÚNICO E IMPLACÁVEL

Deslocando-nos em direção ao oeste, encontramos na Turquia as leis hititas, que remontam ao décimo sétimo século a.C. e que apresentam fortes analogias com as assírio-babilônicas, privilegiando o ressarcimento e limitando a casos extremos seja o talião, seja a pena de morte.

Muito mais tardias e drásticas são, por sua vez, as leis do Deuteronômio, inspiradas diretamente por Deus, reencontradas no Templo de Salomão em Jerusalém, promulgadas pelo rei Josias no ano 622 a.C. durante uma assembléia da qual participaram os homens de Judá e os habitantes de Jerusalém, assim como Deus Todo-Poderoso. Diferentemente de todas as outras de que falamos, essas leis não têm a intenção de estipular um acordo explícito entre cidadãos de um determinado reino com o seu soberano, mas de estabelecer um pacto de aliança direta entre o povo hebraico e Deus em pessoa. Não é por acaso que esse livro, com os outros quatro do Pentateuco, constitui no judaísmo "As Leis" por definição – a *Torá* –, que por sua vez compreende a mais famosa de todas as leis do mundo e a mais representada pela iconografia de todos os tempos: os Dez Mandamentos. "O Senhor disse: 'Eu sou o Senhor, teu Deus, que te fez sair do Egito, onde tu eras escravo. Não tenhas outro Deus além de mim.'"

No Pentateuco confluem blocos diacrônicos, freqüentemente diversos e até mesmo contraditórios entre si, que vão do nono ao quinto século a.C. Os Dez Mandamentos, por exemplo, são reportados tanto no livro do Êxodo como no Deuteronômio, mas entre as duas versões existem evidentes discrepâncias. Tome-se, como exemplo, o último dos Dez Mandamentos. No Êxodo está escrito: "Não cobiçai aquilo que pertence a outrem: nem a sua casa, nem a sua mulher, nem o seu escravo, nem a sua escrava, nem o seu boi, nem o seu jumento." O Deuteronômio diz: "Não cobiçai a mulher do próximo. Não cobiçai para vós aquilo que a ele pertence: nem a sua casa, nem o seu campo..." Entre as duas versões passaram-se alguns séculos, e, como se pode notar, a mulher conquistou uma certa autonomia em relação ao jumento e ao boi, enquanto entre as várias propriedades aparece o "campo", que testemunha a passagem de uma vida nômade à vida sedentária.

Por intermédio da "Lei" são regulados, um por um, todos os relacionamentos: com Deus, com os próprios semelhantes, com os escravos, com os animais e com as coisas. Deus é onipresente e intervém a todo e qualquer instante com as suas ordens peremptórias, com as suas promessas, as suas ameaças terríveis e as suas tremendas maldições contra todos aqueles que ousam desobedecer-Lhe: "Aumentarei contra eles os meus castigos, atirarei todas as minhas flechas: serão abatidos pela fome, consumidos pela febre e por uma horrível peste; desencadearei contra eles animais selvagens, os golpearei com o veneno das serpentes. Pela estrada, a espada os privará de seus filhos; nas casas haverá terror; morrerão todos: rapazes e moças, lactentes e velhos... De nada me esquecerei; tudo permanecerá como um segredo, junto a mim, até o momento da vingança e do castigo." A pena de morte é freqüente, o talião enfurece-se contra todos aqueles que erram: "Chaga por chaga, olho por olho e dente por dente: tanto fez, tanto lhe será feito."

A GRÉCIA: A JUSTIÇA DERROTA A OPRESSÃO

Derrotar a opressão e a injustiça: era isso que desejava Hesíodo em *Os Trabalhos e os Dias*. E isso procurarão fazer as leis de Atenas e até mesmo de Esparta, muito mais humanamente terrenas e equilibradas do que as leis bíblicas. As primeiras leis gregas, em ordem temporal, nos chegam de Locri, na Calábria, mas os primeiros corpos legislativos, as primeiras verdadeiras constituições, no sentido exato do termo, concernem à cidade de Esparta, estruturada aristocraticamente, assim como à cidade de Atenas, de estrutura democrática.

Todos os espartanos que haviam completado trinta anos participavam da assembléia citadina e elegiam 28 membros do senado, que controlavam os dois reis. Mas o governo da cidade era confiado a dois arcontes, eleitos somente pelos nobres, isto é, pela classe privilegiada, em relação às duas outras classes: a dos agricultores e a dos artesãos. O Estado prevalecia drasticamente sobre os cidadãos, a educação dos jovens era "espartana" e inteiramente confiada ao Estado, e servir ao exército praticamente equivalia à vida das pessoas. As normas jurídicas foram sistematizadas num *corpus* coerente somente em 620 a.C., obra do arconte Drácon, que as tornou, justamente, "draconianas", isto é, severíssimas, a tal ponto que chegavam a prever a pena de morte até para furtos de mínimo valor.

Muito mais democrática era a constituição de Atenas, sistematizada no sexto século a.C. pelo arconte Sólon, que aboliu a escravatura decorrente de dívidas, fez com que a atribuição de cargos públicos passasse a depender da renda e não mais do berço, estendendo o acesso a eles para todos os cidadãos, com exceção dos pobres, ou seja, aqueles que eram obrigados a trabalhar para viver.

Porém todos, até mesmo os pobres trabalhadores, faziam parte da eclésia, ou seja, da assembléia citadina que aprovava as leis, nomeava os arcontes, fornecia os membros do tribunal popular e tinha o poder de declarar guerra. Dado que os membros da eclésia eram numerosos demais e portanto difíceis de serem reunidos e dirigidos, o poder deles passou a ser, em seguida, delegado a um tribunal mais restrito, composto por 400 membros: 300 eleitos pela eclésia e 100 escolhidos por sorteio "de modo que também os deuses assumissem a responsabilidade deles".

Uns noventa anos depois, um outro legislador, Clístenes, reformou essa constituição, conferindo-lhe um caráter ainda mais democrático, subdividindo os cidadãos em dez tribos, todas com o direito de participar no governo da cidade. Estava assim perfeitamente formada aquela que, na antiguidade, representou – e talvez represente ainda hoje – a melhor democracia do mundo.

ROMA: PERDOAR OS HUMILDES E DEBELAR OS SOBERBOS

"*Tu, regere imperio populos, memento. Pacisque imponere mores, parcere subiectis et debellare superbos.*" Outros, escreve Virgílio na *Eneida*, saberão erguer estátuas melhor que tu, outros, melhor que tu, saberão calcular as órbitas dos astros, mas tu, ó romano, recorda-te que a tua missão consiste em governar os povos com teu comando, impor pacificamente os costumes, perdoar os humildes e debelar os soberbos!

Portanto, Virgílio reconhece no destino de Roma uma missão específica de governo e de legislação, a favor dos fracos, do equilíbrio e da estabilidade social. Aos olhos dos romanos, a constituição ateniense, ainda que excelente, representava um ponto de partida, não de chegada. Por isso, em 462 a.C. foi enviada a Atenas uma comissão de cinco especialistas para estudar as leis, reportá-las a Roma e, com base naquele arquétipo, formular uma legislação mais adequada ao povo latino, e mais avançada. Dez anos depois, o trabalho havia sido concluído, e 12 tábuas de bronze, destinadas a se tornarem famosíssimas na história do Direito, estavam prontas para serem afixadas no Fórum, permitindo a sua consulta a quem quer que fosse.

Com essa operação de grande criatividade legislativa e de máxima transparência, Roma codificava o procedimento civil e penal, o direito de família, as sucessões, a propriedade e o direito penal. As Doze Tábuas incorporavam, obviamente, também tradições herdadas de um passado recente ainda selvagem: a interdição do matrimônio entre patrícios e plebeus, a obrigação de eliminar os recém-nascidos deformados, o talião quando o culpado mantinha-se irredutível, a pena de morte no caso de incêndio doloso a uma casa ou à colheita, ou ainda ser lançado do despenhadeiro da Tarpéia por falso testemunho. "Trata-se, na sua forma definitiva, de uma legislação de tipo agrícola e primitiva, incompleta e não-orgânica. Todavia, é digna de um povo livre e altivo: nela encontramos o conceito de igualdade social e de respeito à liberdade. A tortura foi abolida, o condenado tem o direito à apelação, todos os homens podem dispor, livremente, dos próprios bens, não há proibições à formação de associações, assim como é previsto o ressarcimento a um indivíduo prejudicado por alguma obra pública."[21]

Obviamente, estamos ainda distantes daquele monumento ao Direito, o *Corpus Juris Civilis*, no qual Justiniano incorporará, no sexto século d.C., um modelo jamais superado de sistema jurídico. Ainda hoje, todas as escolas de Direito são obrigadas a se confrontar com as *Instituições*, o *Digesto*, o *Código* e as *Notícias* que articulam aquele *Corpus*. Mas o sistema completo de leis tem suas raízes nas longínquas Doze Tábuas, que constituem o primeiro pilar do grande arco jurídico que encontrará na figura de Justiniano, dez séculos depois, o seu ponto culminante.

Com o *Corpus Juris Civilis* a missão jurídica de Roma, objeto do devaneio de Virgílio, concretiza-se plenamente. Mais uma vez, obra da criatividade do homem, a carne fez-se palavra, e a palavra mudou o mundo.

A INVENÇÃO DAS CIÊNCIAS ORGANIZACIONAIS

O conjunto de todas as grandes descobertas mesopotâmicas e egípcias conflui não somente na formação e no desenvolvimento das leis com as quais se gerencia um Estado, mas também na mais ampla invenção das ciências organizacionais, com as quais se administra todo e qualquer sistema social, desde a família até o bairro, da empresa agrícola à oficina artesanal, assim como do escritório comercial ao exército. E a importância dessas ciências irá se revelar crescente com o incremento da complexidade social, absorvendo cada vez mais atenção até assumir, na sociedade industrial, um papel indispensável à produção do bem-estar.

É surpreendente descobrir que muitos conceitos destinados a se tornar básicos nas *business schools* do século XX foram pela primeira vez formulados no período neolítico. A divisão do trabalho, a criteriosa combinação da força de trabalho abstrata com a força de trabalho concreta, a solução dos conflitos,[22] o controle e a motivação dos homens, a valorização do trabalho intelectual, a estrutura hierárquica, a rede de organizações interligadas, a interação entre sistema e ambiente, o relacionamento entre *staff* e *line*, a planificação estratégica, o controle financeiro da gestão, o cuidado com a imagem e, de certa forma, a publicidade são todos invenções sociológicas realizadas entre os anos 3500 e 2500 a.C., ou conduzidas naquele período até formas de surpreendente sofisticação.

Mas sobre a invenção do trabalho organizado – talvez a maior invenção da antiguidade, assim como a escrita – é necessário refletir mais profundamente. Procurarei fazer isso no próximo capítulo.

CAPÍTULO CINCO

O HOMEM DESCOBRE O FERRO E INVENTA O CANSAÇO

"Os métodos da acumulação originária são tudo aquilo que se queira, menos idílicos."
KARL MARX

A CRIATIVIDADE É UBÍQUA

Por onde quer que tenha passado, o homem pré-histórico deixou testemunhos da sua criatividade. Devido a uma confluência de causas econômicas, geográficas, climáticas, antropológicas e somáticas, essa faculdade única e multifacetada espalhou a sua fecundidade sobretudo no Oriente Médio, mas pode-se afirmar que não exista lugar do planeta onde, desde a pré-história, primeiro os hominídeos e depois os seres humanos não tenham dado prova de fantasia e concretude.

Na África aprendemos a caminhar sobre os dois pés, a usar as mãos para construir utensílios, a valorizar o aparelho fonador para traduzir idéias em sons e sons em palavras. No Oriente Próximo, na França e na China aprendemos a transformar as pedras em facas e a caçar os animais usando armadilhas. Ainda na China nos tornamos hábeis no cultivo do bicho-da-seda e na manufatura de tecidos vaporosos. Na região onde hoje fica Nice aprendemos a acender o fogo. Em Nazaré, a enterrar os mortos. Na Rússia começamos a admirar o mundo dos espíritos. Na França, no Brasil e no México pintamos figuras de viva beleza nas cavernas. Na Áustria aprendemos a moldar estatuetas de uma opulência inquietadora. No altiplano iraniano, na Mesopotâmia, na Palestina, na Anatólia e no Turquestão nos tornamos capazes de cultivar o trigo, de fazer girar a roda, de escrever, de usar os números, de interpretar o curso dos astros, assim como de comercializar com países longínquos.

Na Lídia cunhamos as primeiras moedas. No Peru e no México aprendemos a cultivar o milho e, mais tarde, na China aprendemos a produzir arroz. Para colher, guardar e esmagar esses cereais inventamos cestas, pilões e moendas.

Há vinte mil anos os nossos ancestrais siberianos já haviam povoado toda a América do Norte, e os antípodas, outros nômades, haviam chegado à Austrália e à Nova Guiné. A invenção do timão, da vela, da escrita e da moeda contribuiu para o incremento do comércio, o intercâmbio das mercadorias, das experiências e das culturas.

Talvez na Jordânia tenhamos aperfeiçoado a cerâmica e domesticado o cachorro para defesa e para tração; em várias regiões da Europa e do Oriente Próximo domesticamos a cabra para nos dar o leite, a ovelha como fornecedora da lã, o porco como fonte de carne, o cavalo para o nosso transporte, assim como as galinhas para a refeição. Certamente na Mesopotâmia tivemos a idéia genial de pôr o arreio nos bois, transformando-os em tratores.

Na Sérvia inventamos o vilarejo pacífico, sem fortificações; já na Grécia criamos aquele mais belicoso e murado; ao longo do Danúbio inventamos os primeiros municípios. Nos Bálcãs aprendemos a forjar o bronze e na Anatólia inventamos fornos para a fusão do cobre.

Na Inglaterra conseguimos alçar ciclópicos megalíticos; na Palestina e no Egito aprendemos a construir templos e pirâmides de proporções incomensuráveis; na Espanha aprendemos a forjar o bronze em grande escala e na Turquia descobrimos e protegemos os segredos do ferro.

Na Mesopotâmia redigimos as primeiras leis; no Egito recolhemos a palavra poética e teológica de Deus; na Grécia, a palavra dramática e filosófica dos homens. E se na Pérsia inventamos a ditadura, na Grécia criamos a democracia.

A REVOLUÇÃO DE UM METAL DEMOCRÁTICO

Quando o uso dos metais – do ouro e do chumbo, em primeiro lugar – passou a prevalecer sobre o das pedras, o homem passou da pré-história à história. Depois de haver utilizado os que foram descobertos a céu aberto e em estado bruto, aprendemos a cavar poços e minas para usurpá-los à terra, assim como os procedimentos para extraí-los de outros minerais.

O cobre foi descoberto 8.000 anos atrás, mas foram necessários 3.000 anos para aprender a tratá-lo. Inicialmente nos limitamos a dar-lhe um pouco de forma, martelando-o na sua temperatura natural, depois aquecendo-o antes de martelar, para finalmente fundi-lo.

Para que a metalurgia se desenvolvesse, eram necessárias três precondições: (1) a presença de artesãos trabalhando num regime de tempo integral, dedicando-se a tarefas distintas daquelas ligadas à agricultura e organizados em oficinas; (2) o intenso intercâmbio com outras regiões de modo a armazenar matérias-primas, aprendendo técnicas mais aprimoradas para tratá-las, e (3) que alguns grupos tivessem acumulado uma certa quantidade de riqueza, de forma a poder dedicar uma parcela importante dos recursos para a aquisição de armas e adereços metálicos.

Dada a raridade dos metais e dos artesãos capacitados a manipulá-los, somente os homens mais ricos e poderosos podiam aspirar a possuir armas de cobre ou de bronze, certamente muito mais potentes e mortíferas se comparadas àquelas de osso, pedra ou madeira; e também somente as mulheres mais ricas podiam dar-se o luxo de ter jóias de metais como o cobre, o ouro ou o ferro, com as quais ostentavam o próprio patrimônio.

Aproximadamente há 4.000 anos, no sul da Espanha, mais exatamente em Almeria, desenvolveu-se uma verdadeira cultura do bronze, com oficinas que produziam espadas, alabardas, punhais, lanças e flechas em quantidade. Porém a história da metalurgia percorrerá as suas etapas mais importantes na margem oposta do Mediterrâneo, sobretudo na Turquia.

A posição geográfica, na encruzilhada do comércio entre a Ásia, a África e a Europa, favoreceu os Bálcãs a interceptar os conhecimentos indispensáveis para aprimorar tanto a atividade de mineração como a metalúrgica. Mas o metal tratado era ainda o bronze, e as matérias-primas eram por demais custosas, por procederem de regiões muito distantes. Portanto, os objetos obtidos eram destinados a uma faixa muito restrita de privilegiados, de modo que não chegavam a afetar os costumes de toda a sociedade.

Infelizmente, embora muitos artesãos fossem capazes de tratar o bronze, a matéria-prima era escassa; já o ferro era encontrado em grande quantidade em quase todas as regiões, mas ninguém sabia manipulá-lo em estado incandescente.

Foram os hititas da Anatólia que conseguiram isso, no curso do segundo milênio antes de Cristo, e consideraram a própria descoberta tão extraordinária que lhe conferiram um caráter mágico e conseguiram mantê-la em religioso segredo por alguns séculos. O monopólio os enriqueceu com as exportações, até que em 1200 a.C. o império hitita desagregou-se por culpa de lutas internas. As várias facções do povo hitita dispersaram-se muito rapidamente, e, com elas, o segredo do ferro, que se tornou logo após de domínio público.

Como todas as grandes revoluções tecnológicas, também esta provocou, por toda parte, efeitos subversivos nos campos político e social. O ferro permitia a muitos a aquisição de utensílios e armas a baixo custo, tornando vão o poder dos aristocratas, baseado na posse das preciosas armaduras de bronze. Os poderes fortes e centralizados do Egito e de Micenas foram varridos; os comerciantes fenícios, fortes graças ao poder das suas técnicas de navegação, baseadas na vela e no timão, abriram novas rotas até mesmo para além das Colunas de Hércules; na Grécia, a hegemonia dos aristocratas foi suplantada pela dos artesãos, dos comerciantes e dos intelectuais, mais propensos a formas democráticas de governo nas suas comunidades, naquele ponto já conformadas ao formato da *polis*.

A vicissitude histórica do ferro, a longa incubação dos métodos para forjá-lo, a dimensão mágica que assumiu a transformação desse maleável metal incandescente em armas e utensílios; a resistência de alguns povos ao seu uso e a rapidez com que outros souberam colher as oportunidades e construir, com base nelas, a sua fortuna, assim como as conseqüências catastróficas para algumas classes sociais e para alguns regimes de governo e o impulso que resultou disso para a criação de novas formas de comunidade civil e de constituição política, todas essas desordens e agitações – das quais a tecnologia tirou a psicologia, a sociologia e a política – oferecem a ocasião para refletir sobre o destino e sobre o temor às novidades, sobre a resistência às mudanças, sobre o *cultural gap* e sobre o recalque do declínio: todos fenômenos que pontualmente se repetem a cada etapa do progresso, da aurora da nossa história até os casos atuais a respeito da energia nuclear, da informática e das biotecnologias.

A RESISTÊNCIA ÀS MUDANÇAS

Sobretudo no período paleolítico, mas também no neolítico, cada descoberta singular acontecia depois de longos períodos de incubação, de aperfeiçoamento e de aplicação – que duravam, por vezes, até milênios ou centenas de milênios –, de tal forma que as suas várias etapas não pareciam ser concatenadas umas às outras e o seu tortuoso processo, na mente do *Homo erectus* e do *Homo sapiens*, não conseguia agregar-se numa visão unitária.

Se até 10.000 anos antes de Cristo mesmo o nascimento de uma criança parecia depender somente da mãe, sem nenhuma conexão com o ato de concepção ocorrido nove meses antes, e se a descoberta do papel masculino na concepção levou muitos séculos para se difundir por toda a área mediterrânea, como poderia ser percebido o longo processo graças ao qual, após milhares de anos, chegou-se a aprimorar a domesticação do cachorro ou a construção do arco?

Na Mesopotâmia essa relação muda bruscamente, e algumas invenções, mesmo aquelas vistosas como a escrita, são criadas e aperfeiçoadas num período relativamente breve; de um ou dois séculos, de forma que a história ou a incidência social delas possam ser constatadas, sentidas, aproveitadas e memorizadas no intervalo de um par de gerações. Talvez pela primeira vez o homem tome consciência das próprias capacidades criativas e dos destinos magníficos e progressivos que a natureza e a cultura lhe reservam. Além disso, o ritmo mais acelerado com que passam a se dar e a ser superadas as descobertas torna evidentes três fenômenos que acompanharão a criatividade ao longo de toda a sua história: a resistência às mudanças, o *cultural gap* e o recalque do declínio.

Como exemplo da *resistência às mudanças*, tome-se o caso do alfabeto: num mundo onde os escribas conseguiam ser hegemônicos exatamente graças ao monopólio que possuíam das escritas cuneiforme e hieroglífica, efetuadas com técnicas tão complicadas que permaneciam acessíveis somente a uns poucos, seria legítimo formular a hipótese de que o advento do alfabeto, muito mais simples, tivesse comportado a substituição imediata da velha escrita pelo novo sistema.

Em vez disso, o alfabeto entra em cena pela primeira vez, bastante timidamente, em Ugarit, no décimo quarto século a.C., desaparecendo um século depois, quando a cidade foi devastada. Reapareceu após mais de 100 anos e numa forma tão imperfeita que só fazia complicar excessivamente a leitura. Mas, mesmo quando foi simplificado e tornado acessível, podendo romper o monopólio dos escribas e o poder desmedido que eles detinham, o alfabeto não conseguiu se traduzir numa alfabetização de massa. A escrita cuneiforme continuou a ser usada durante séculos, mesmo quando as línguas para as quais ela havia sido criada (os idiomas sumério e acádio) já haviam se extinguido completamente.

Algo parecido já havia acontecido um milhar de anos antes, em relação à matemática: o sistema decimal havia entrado em uso e com certo sucesso, mas em seguida foi suplantado pelo sistema sexagesimal e só mais tarde reapareceu, para triunfar definitivamente.

E ainda um processo similar irá se repetir muito mais tarde com a teoria copernicana, que terá de lutar por muito tempo até conseguir suplantar a de Ptolomeu.[1] E verificou-se ainda durante os nossos dias com a longa resistência à adoção da energia elétrica, do plástico, do telefone celular, do correio eletrônico, dos transplantes e das biotecnologias. Todas as descobertas e todas as invenções implicam uma transferência de poder e uma mudança de hábitos, despertando, portanto, medo, desconfiança, resistência e atraso. Fernando IV dos Bourbons dizia que "é mais fácil perder um reino do que um hábito".

O CULTURAL GAP

Quando uma descoberta ou uma invenção irrompem na nossa vida profissional e cotidiana, não encontram o nosso cérebro na condição de uma tábula rasa: graças às faculdades hereditárias, aos instintos e às experiências acumuladas, ele já possui, de forma estruturada, um quadro conceitual próprio, parâmetros de referência próprios, seus mecanismos e seus automatismos, assim como as suas sinapses, formadas ao longo dos anos. Do mesmo modo, com base em paradigmas, mecanismos, automatismos e ligações sinápticas análogas, também a sociedade possui uma estrutura com as suas leis, os seus usos e os seus costumes.

Quando chegam as novidades, mesmo se percebidas de forma imediata como vantajosas, o nosso cérebro não está em condições de se reprogramar em tempo real para acolhê-las e assumi-las como critérios operacionais: é preciso tempo, muitas gerações, para que cada indivíduo e a sociedade no seu conjunto se reformulem, absorvendo as novidades e transformando-as em hábitos. Durante essa fase, freqüentemente muito longa, os indivíduos e a sociedade continuam a administrar os novos tempos com base nos seus velhos modelos cognitivos e comportamentais. Trata-se do fenômeno que os antropólogos chamam de *cultural gap*: o mesmo fenômeno que, repetindo-se nas diversas épocas, levou também os primeiros homens sedentários a se comportarem com base nos hábitos adquiridos no curso dos milênios de vida nômade; obrigou os habitantes das primeiras cidades a permanecerem agindo sob a influência dos hábitos campestres; forçou os primeiros operários a manterem valores camponeses e, por fim, constrangeu os atuais *knowledge workers*, os trabalhadores do conhecimento, a se organizarem segundo os velhos princípios industriais.[2]

O RECALQUE DO DECLÍNIO

O terceiro fenômeno ligado à criatividade e às inovações verifica-se quando uma idéia ou um produto, no início rejeitado e boicotado, em seguida acolhido e assimilado, começa a ser superado por produtos ou por idéias novas e mais eficazes.

Eis um exemplo relativo à agricultura na Mesopotâmia. Conforme já vimos, a riqueza dessa região era ligada à produção rural e à troca dos produtos excedentes, agrícolas e artesanais, por matérias-primas e produtos de outros países. Mas a salinização do solo passou a constituir um câncer sutil que os cientistas com as suas técnicas e os sacerdotes com as suas rezas não conseguiram sanar. Enquanto esse problema se difundia, ninguém percebeu ou quis encarar o fato, ninguém buscou um novo *core business*, ou negócio essencial, para a economia, e toda a civilização mesopotâmica acabou por declinar.

Ainda mais complicado, porque de natureza sociológica, é o declínio do reino do antigo Egito, antes do ano 2474 a.C. Nesse caso, a falta de relações comerciais determinou um fechamento excessivo do sistema social, e a acumulação de bens, destinados a serem enterrados junto com os aristocratas mortos, constituiu um desperdício cada vez mais insustentável. Mas a sociedade egípcia não soube enfrentar isso, voltando-se para o fracasso.

É verdade que, segundo a arguta observação de Keynes, "duas pirâmides ou duas missas para o morto são tão-somente o dobro de uma; não se pode dizer a mesma coisa a respeito de duas linhas ferroviárias de Londres para York!"; porém é também verdade que os ladrões de tumbas providenciavam, desde aqueles tempos, a reposição de uma boa parte dos tesouros em circulação; mas a economia e a sociedade não conseguiram manter o equilíbrio mínimo necessário, regredindo a uma anarquia fatal.

A CIÊNCIA E A ARTE COMO RESPOSTAS À DEMANDA SOCIAL

Em todos os casos, aquilo que emerge de modo suficientemente claro é a relação entre ciência e arte de um lado e a demanda social do outro. As trocas comerciais criam a necessidade de se calcular as rotas das embarcações guiando-se pelas constelações, de se melhorar as técnicas de navegação à vela, de tornar mais exata a quantificação das mercadorias no embarque e no desembarque, assim como de tornar mais confiável a certificação delas. As inundações cíclicas dos rios criaram a exigência de prever o seu ritmo através da astronomia e de medir com exatidão a superfície das várias propriedades de terra, antes e depois que as águas pluviais fizessem desaparecer as suas fronteiras. A necessidade de não perder a bagagem cultural acumulada fez com que fosse uma exigência crucial a sua transferência de uma geração para outra, formulando-se técnicas de memorização e de ensino cada vez mais eficazes. A necessidade de garantir a ordem interna, a potência em relação ao estrangeiro, assim como a clemência e a providência por parte dos deuses, fez com que fosse necessária a sabedoria política, administrativa e religiosa.

Pode-se prosseguir da mesma maneira em relação a todas as inovações realizadas na Mesopotâmia e no Egito e se descobrirá que todas elas respondem à tríplice exigência de padronizar, generalizar e medir. Assim, haverá sempre a confirmação de que "elas são, de modo demasiadamente evidente, os produtos sociais gerados pelas necessidades de uma sociedade empenhada na revolução urbana, descobertos mediante a contribuição da aparelhagem espiritual produzida pela revolução".[3]

As exigências sociais, por sua vez, derivam com bastante freqüência da relação entre o homem e a natureza. O vale do Nilo, por exemplo, tem uma conformação linear bem diferente da planície compreendida entre o Tigre e o Eufrates, que, ao contrário, apresenta características bidimensionais de uma área onde a vida social não ocorre somente para cima e para baixo, ao longo de uma única corrente, mas também à direita e à esquerda, na rede de canais transversais que unem os dois rios. Em duas condições assim tão disparatadas, em que até mesmo as dificuldades para se capturar um ladrão eram diferentes, as duas populações se desenvolveram segundo dois paradigmas opostos, condicionados pelos respectivos ambientes e adotados como resposta aos problemas sociais que aqueles ambientes determinavam.

Uma das duas mentalidades – a egípcia – corresponde ao pensamento linear, direto, imediato, representado metaforicamente pelos gregos pela flecha que, disparada pelo arco, percorre a linha mais breve entre o arqueiro e o seu alvo. A outra mentalidade – a mesopotâmica – corresponde ao pensamento oblíquo, curvo, sinuoso, envolvente, representado em forma de metáfora pelos gregos como a serpente, a qual, enroscando-se, é capaz de vencer os obstáculos interpostos entre ela e a sua meta. Serão os atenienses, somente muito mais tarde, que realizarão a prodigiosa síntese entre essas duas formas de pensamento, praticando-a, mais do que definindo-a, através daquelas astúcias da razão resumidas no termo *metis*.[4] Mas sobre isso voltarei mais adiante, no sexto capítulo.

Das exigências sociais nasce o impulso à descoberta e à invenção; destas últimas nasce, em cadeia, a possibilidade de uma criatividade posterior até desembocar fora do mundo considerado como possível. A aplicação da roda veloz ao torno abre novos horizontes estéticos no trabalho com a cerâmica; a adoção dos elmos de bronze determina que se torne obsoleta a clava de pedra, estimulando a invenção de armas de combate; as descobertas astronômicas – graças às quais os sumérios conseguem determinar as rotas marítimas, penetrar no mistério das inundações, prever com certeza os seus ciclos e escapar assim do seu perigo, transformando-as num aspecto positivo e planificando as intervenções agrícolas – têm efeitos tão gratificantes a ponto de induzi-los a estudar a linguagem dos astros, em busca de revelações, por meio da astrologia, sobre os aspectos mais inescrutáveis do destino humano.

A ENERGIA, O TRABALHO E OS PARADIGMAS

A onda histórica identificada como neolítica é bem mais breve do que a precedente, conhecida como paleolítica, e, por sua vez, mais curta que a outra onda pré-histórica, durante a qual alguns primatas haviam começado a caminhar sobre duas patas e a assumir comportamentos humanóides. A transição se dá sempre, conforme já foi visto, a ritmos irregulares.[5]

No período neolítico, assim como no interior de todas as demais ondas, é possível identificar descobertas que se distinguem por uma acentuada e íntima coerência entre si, dotadas de um intenso potencial revolucionário. O cobre no quarto milênio a.C., o bronze no terceiro e o ferro no primeiro tiveram efeitos tão significativos como a pólvora usada nas Cruzadas, o que é descrito em *Liber Ignium ad Comburendos Hostes* (Livro dos jogos para queimar os inimigos), de Marco Greco, por volta da metade do século XIII.

Cada nova etapa do progresso humano é ligada, *no plano prático*, à descoberta de uma nova fonte energética e à introdução de uma nova divisão no trabalho; e é correlacionada, *no plano teórico*, à abertura de um novo campo de pesquisa, de uma nova disciplina a ser explorada e dominada por intermédio de paradigmas a ela adequados. Alguns gênios isolados, alguns grupos e alguns povos contribuíram sobretudo para o progresso prático, freqüentemente tachando a atividade dos outros de especulação abstrata e inútil; outros gênios isolados, outros grupos e alguns outros povos deram a própria contribuição predominantemente ao progresso teórico, não raramente tachando os demais de vulgares pragmáticos. Basta lembrar que Francis Bacon considerava toda a filosofia grega um amontoado de tagarelice propalada por velhos gagás a jovens desocupados; e recordemos também o desprezo alimentado por Benedetto Croce em relação à "vil mecânica".

Após um milênio de extraordinárias invenções práticas na Mesopotâmia, no Egito e na Turquia, capazes de elevar enormemente a qualidade de vida prática e cotidiana dos cidadãos livres, seguiram-se três milênios de grande florescer filosófico e artístico, de experimentação política e de renovação religiosa, mas a tecnologia permanecerá praticamente imóvel e a qualidade prática da vida humana não melhorará uma só vírgula. Enquanto Hamurábi vive de um modo abissalmente mais humano do que Lucy, Dante Alighieri dispõe de comodidades quase iguais às de Hamurábi; e Napoleão emprega mais ou menos o mesmo tempo de César para ir do Rubicão ao Sena.

A NORMALIDADE DA DIFERENÇA

Estamos tratando de criatividade e de progresso. Mas em que consistem essas coisas? O que as caracteriza? O que determina os seus ritmos e as suas direções? Procedem como base à evolução ou à revolução? Para responder a estas questões, é preciso fazer com que sejam explicados alguns mecanismos sociológicos e epistemológicos, que presumi como já conhecidos até aqui.

O grande desafio com o qual a sociologia se depara desde que nasceu consiste em compreender e explicar a *normalidade da diferença*: por que a mudança é incessante; por que os sistemas sociais, ainda que se alterando continuamente, conseguem conservar a própria identidade; por que o entrelaçamento sempre diverso de fatores sempre iguais é capaz de produzir resultados que são iguais e diferentes ao mesmo tempo.

Quem hoje relê poesias, tragédias ou comédias gregas, romanas, toscanas ou vienenses encontra seres humanos os quais, todos e cada um por sua conta, amam, odeiam, alegram-se, sofrem, alimentam afetos, rancores e ciúmes sempre parecidos, apesar de darem vida a cidades, povos e sistemas sociotécnicos profundamente diferentes entre si.

Seja no microcosmo como no macrocosmo, deparamo-nos com fenômenos análogos: Darwin encontrou-se diante do problema de explicar por que os membros de uma mesma espécie são portadores dos mesmos instintos, enquanto a seleção natural age exatamente na diversidade, decretando a prevalência ou o descarte de indivíduos dotados de determinados requisitos.

Igualdade e diferença estão, ambas, na base da comunicação: não podemos interagir com os outros se não tivermos argumentos diferentes e até opostos e se não tivermos uma linguagem comum, códigos compartilhados que nos permitam interpretar de modo homogêneo as informações recíprocas.

Igualdade e diferença estão, ambas, na base do crescimento: a criança precisa assemelhar-se ao adulto se deseja conquistar a serenidade da segurança e o patrimônio da cultura; mas o adolescente necessita de uma certa liberdade; diferenciando-se do adulto, ele aventura-se na construção de uma identidade própria e separada do modelo inicial, se deseja crescer e se tornar por sua vez adulto, se deseja evitar a armadilha do narcisismo.

A ESTERILIDADE DE NARCISO E O SEGREDO DO OXÍMORO

Narciso era trancado no amor por si mesmo e se recusava a apaixonar-se por outrem, pois Tirésias profetizara que ele viveria enquanto não tivesse conhecido o outro, fora de si. Por isso recusou, entre mil cortejadores, até mesmo a ninfa Eco e o amigo Amínio, que, desesperado, privou-se da própria vida diante da demora do seu amante impossível. Artêmides, a fim de vingar Amínio, decretou que Narciso se apaixonaria por um objeto amoroso inatingível. Um dia, quando Narciso chegou a uma fonte límpida e transparente na região da Téspia, viu a própria imagem refletida no espelho-d'água e permaneceu irremediavelmente fascinado por aquele belo rapaz, que era ele mesmo: tomado, portanto, por um amor indomável, apenas pôde libertar-se com o suicídio.

No mundo físico, a metáfora de Narciso e da sua esterilidade realiza-se através da entropia positiva, que anula, progressivamente, os desníveis e os diferenciais, achatando tudo num êxtase opaco e pantanoso. Nos sistemas sociais, a metáfora de Narciso e da sua esterilidade concretiza-se através do comprazimento obsessivo e paralisante pela própria história, por meio do medo da novidade e da diversidade, da eliminação dos conflitos, da censura das dialéticas e da preferência pela evocação do passado em lugar da projeção do futuro.

A igualdade exasperada leva, portanto, à contemplação estéril, elimina o confronto dinâmico, corta as próprias bases da vida, desloca tudo para o centro da curva de Gauss, excluindo os extremos e obrigando à norma. A normalidade é identidade, é cânone, igualdade, naturalidade, regularidade e hábito. A identidade, por sua vez, é analogia, paridade, coincidência, balanceamento, compromisso e nuanças. Já o cânone é fundamento, instituição, regra, método, guia, sistema, forma e qualidade.

Se a vida é norma, só a diferença é normal, e a diferença é disparidade, variedade, dissonância, anormalidade e contraste. A variedade, por sua vez, é mudança, alteridade, multiplicidade, mutação, graduação, qualidade e nuança.

Entre diversidade e normalidade, portanto, existem dois preciosos pontos de contato lingüístico: o conceito de *nuança*, que pertence, contemporaneamente, tanto à normalidade (através da mediação do conceito de identidade) quanto à diversidade (através da mediação do conceito de variedade); e o conceito de *qualidade*, que pertence, contemporaneamente, seja à normalidade (por intermédio do conceito de cânone), seja à diversidade (por via do conceito de variedade).

A normalidade da diferença contrasta com a normalidade da igualdade? Na entrada do Eusoff Hall, em Cingapura, encontra-se um brasão com o lema: *Excellence and Harmony* (Excelência e Harmonia). Giuseppe Bonazzi, descrevendo-o numa bela reportagem, comenta o seguinte: "Harmonia, que nas nossas línguas evoca consonância dos sons, proporção entre as partes, justo equilíbrio das coisas entre si, adquire em chinês (*tiao-he*) um significado a mais, o do acordo entre os desiguais. No confucionismo, a desigualdade entre as partes que estão bem juntas, exatamente porque desiguais, é aquilo que infunde à harmonia vigor, credibilidade, tensão ética e estética. As obrigações recíprocas fundam-se no reconhecimento mútuo de ser desigual e permanecer como tal."[6] O segredo, provavelmente, está no oxímoro.

O DESCARTE DAS DIFERENÇAS

Em relação ao Oriente, o Ocidente é mais reticente em considerar normais as diferenças e as assimetrias. O racionalismo industrial, com a sua pretensão de chegar a princípios universais, válidos para toda e qualquer organização, tende a produzir objetos idênticos, com métodos organizacionais sempre iguais, prefere o múltiplo ao protótipo, privilegia a reta em vez da curva e a *thesis* em lugar da *metis*, considera todo e qualquer evento diferente do arquétipo como uma ofensa à sua qualidade, um intolerável distanciamento do padrão prefixado, um descarte anárquico da continuidade e uma falha no controle da qualidade.

Com a produção industrial, o capricho criativo do artesão ou do artista, empenhados em produzir objetos sempre diferentes, é sacrificado diante da exigência de produzir objetos cada vez mais iguais, desempenhando tarefas cada vez mais repetitivas, executadas em tempos cada vez mais breves. A duração do processo necessário para realizar uma tarefa singular ou para produzir um único objeto transforma-se no desafio da época da eficiência, que surge como objetivo primário do estabelecimento industrial, como condição para a sua sobrevivência no mercado concorrencial. A produtividade – que já definimos como a relação entre a quantidade de objetos produzidos e a quantidade de tempo necessário para produzi-los – almeja até anular o tempo humano de produção, fantasiando uma fábrica completamente automatizada, na qual a mão humana não toque jamais coisa alguma.

Na organização científica, a intransigência com a diversidade constitui um pré-requisito para a garantia da qualidade, do correto relacionamento humano livre de conflitos e para o indispensável profissionalismo. Assim, os limites de tolerância se restringem, o controle torna-se inflexível, a discordância transforma-se em desvio e o descarte da continuidade passa a ser simplesmente o "descartado".

Visando conduzir o mundo da aproximação ao mundo da precisão, o *Scientific Management* (Gerenciamento científico) elimina, antecipadamente, toda e qualquer possível anomalia. Escreve Frederick W. Taylor em *Shop Management* (Gerenciamento de oficinas), 1903: "Para designar, diariamente, a cada operário uma tarefa precisamente calculada, é necessário um escritório especial de programação para determinar todo o trabalho com pelo menos um dia de antecedência. Todas as ordens devem ser dadas aos operários detalhadamente e por escrito; além disso, a fim de dispor o trabalho para o dia seguinte e estabelecer o movimento de toda a fábrica, os operários devem fornecer diariamente ao escritório de programação uma prestação de contas, por escrito, que indique aquilo que foi feito. Antes que cada peça fundida ou forjada chegue à fábrica, todo o exato itinerário que deverá percorrer, de máquina em máquina, já deve ter sido estabelecido. Deve-se preencher um formulário de instruções que indique com detalhes como deverá ser executada cada operação, de cada peça, assim como o tempo necessário para isso, o número do desenho, dos instrumentos especiais e todos os aparelhos necessários... Em todos os casos é oportuna uma severa e cuidadosa inspeção do trabalho, pelo menos uma vez por dia, às vezes até duas."[7]

Um minucioso estudo dos tempos e dos métodos; uma precisa predisposição de cada operação, até mesmo de cada gesto, em todos os seus detalhes, de maneira a torná-lo o mais breve possível; a cronometragem de cada uma das operações, mesmo as mais elementares; o controle rigoroso dos comportamentos, dos resultados e dos eventuais desvios do padrão e a redução dos descartes, até eliminá-los por completo. São esses os princípios que asseguram à organização industrial o absoluto triunfo da normalidade sobre a diferença.

Essas regras não são circunscritas ao trabalho da fábrica: no ensaio *The Principles of Scientific Management* (Os princípios do gerenciamento científico), de 1911, Taylor sustenta que "os mesmos princípios podem ser aplicados com igual eficácia a todas as atividades sociais: desde a administração dos nossos lares ou das nossas fazendas, assim como a direção das nossas instituições religiosas ou filantrópicas; do gerenciamento das nossas transações comerciais, grandes ou pequenas, até ao funcionamento das nossas universidades ou dos ministérios do Estado".[8]

O descarte das diferenças, a sua marginalização e demonização estendem-se, desta forma, da organização das indústrias à organização de toda a economia e de toda a sociedade que, de tal modo, se transforma em "sociedade industrial": aquela sociedade que exaltou o coletivo contra o pessoal, a massa contra o individual, e que tudo ordenou em classes, grupos, sindicatos, partidos e corporações; a sociedade que tentou, mais do que qualquer outra, utilizar os recursos humanos marginais inserindo-os nos pontos mais tolos do fluxo do trabalho; a sociedade que mais do que todas as demais combateu a diversidade, mas que mais do que qualquer outra foi agitada pelas rebeliões dos diversos.

POPPER E KUHN

Portanto, a produção industrial funda a sua eficácia na rápida repetição dos produtos e dos processos padronizados nas fábricas e na repetição lenta de práticas e procedimentos, também estes padronizados, nos escritórios.

A repetição, a igualdade, a normalidade, a padronização, a unidade de tempo e de espaço, a sincronização, assim como a pontualidade, são todos princípios obsessivos que garantem a exclusão do excêntrico, do diverso, do complexo, do criativo, do novo e do arriscado em favor do normal, do simples, do executivo, do repetitivo, do contínuo, do garantido e do linear.

Contra o domínio da normalidade industrial, contra a sua epistemologia da linearidade e da continuidade que tem como metáfora própria a linha reta e a cadeia de montagem, a sociedade pós-industrial e a sua epistemologia do falsificável e da complexidade exaltam o subjetivo, o emotivo, o descontínuo e o complexo: tudo aquilo que encontra a sua metáfora na curva, na rede e no virtual.

Com Karl Raimund Popper[9] a epistemologia consegue dar uma sacudida na quietude das certezas, degradando-as ao nível de simples conjecturas. Toda e qualquer tese passa a ser nada mais que uma hipótese à espera de ser desmascarada como falsa. É só uma questão de tempo: mais cedo ou mais tarde, toda e qualquer descoberta científica é destinada a ser, de toda forma, superada pelo passo seguinte que a ciência, de modo triunfal e certeiro, dará. Para um cientista, ser desmentido não é uma desonra, mas uma passagem obrigatória. A diferença adquire assim a dignidade da norma.

Com Thomas Kuhn,[10] a epistemologia descobre o papel criativo e salvador da anomalia, recuperando a descontinuidade da revolução em relação à continuidade da evolução.

Em linha de máxima, como se formam os novelos do processo do conhecimento, segundo Kuhn? Não mais através do jogo da indução e da dedução, da tese e da antítese, mas sim através de revoluções científicas, desencadeadas como conseqüências de novas descobertas, aplicações destas descobertas através de procedimentos "normais", emergência de anomalias e posteriores descobertas, assim como posteriores revoluções.

Tomemos qualquer um dos campos científicos (Física, Química, Sociologia, ou qualquer outro) e imaginemos que, num certo momento histórico, os seus cultores estejam atormentados pela necessidade de explicar um determinado fenômeno que envolva o campo em questão. Muitos irão se dedicar ao desafio e chegarão antes dos outros a iniciais e rudimentares explicações. Foi assim que, por exemplo, na primeira metade do século XVIII, um grande número de cientistas (Gray, Desaguliers, Du Fay, Nollet, Watson, Franklin, etc.) empenhou-se no problema da eletricidade, e cada um, com base nas próprias pesquisas empíricas, forneceu uma explicação sobre um ou mais aspectos da questão. Esta fase primitiva, durante a qual ainda não se havia chegado a uma explicação global, deve ser considerada pré-paradigmática porque geralmente prepara e precede o advento do paradigma que, mais cedo ou mais tarde, será formulado por uma única mente genial ou por uma equipe criativa, finalmente capaz de abrir um novo campo do conhecimento.

No caso da eletricidade, somente Franklin e os seus sucessores imediatos chegaram a uma teoria global – a um *paradigma* – capaz de fornecer uma explicação aceitável (para os tempos de então) de quase todos os problemas ligados ao fenômeno. Esse paradigma forneceu aos sucessivos estudiosos de eletricidade a base comum para aprofundar posteriormente o problema e aplicar as descobertas aos vários setores práticos.

O corpo de idéias, fórmulas, leis, definições, praxes, métodos, exemplos, modelos, deontologias e soluções apreciadas e adotadas por uma determinada comunidade científica na sua atividade "normal" constitui, portanto, o *paradigma* dessa comunidade. A fase caracterizada pela aceitação e pela aplicação pacífica de um determinado paradigma é definida por Kuhn como "normal" porque "estavelmente fundada sobre um ou mais resultados alcançados pela ciência do passado, aos quais uma comunidade científica particular reconhece, por um certo período de tempo, a capacidade de constituir o fundamento das suas práxis posteriores".

Durante essa fase, os cientistas "normais" dedicam-se a limar o paradigma, a acumular experimentos explicativos, a resolver os vários quebra-cabeças com os quais se deparam, recorrendo a todas as astúcias da razão para "forçar a natureza nos enquadramentos pré-fabricados e relativamente rígidos fornecidos pelo paradigma".

Porém, mais cedo ou mais tarde, um dos quebra-cabeças resiste às soluções oferecidas pelo paradigma, porque "um sucesso extraordinário não é jamais, para uma teoria científica, um sucesso completo".

Diante dessa anomalia, os cientistas que se reconhecem no paradigma custam a aceitar que ele seja inadequado, resistindo à eventualidade do seu abandono, reprimem como heresia as dúvidas e as alternativas prospectadas pelos cientistas inovadores. A luta persiste até quando o reiterar-se e o multiplicar-se das anomalias conseguem danificar definitivamente a seriedade do paradigma e até quando descobertas posteriores façam surgir um novo paradigma capaz de revolucionar o curso da ciência.

O novo paradigma, por sua vez, terá os seus adeptos, que se encarregarão de limá-lo e aplicá-lo numa paciente obra de ciência "normal", até que surjam novas anomalias e novos paradigmas. Assim, por exemplo, após uma longa fase pré-paradigmática, a pesquisa física em torno do fenômeno da luz durante o século XVIII chegou ao paradigma fornecido pela ótica newtoniana, segundo a qual a luz consistia em corpúsculos materiais.

Depois de ter sido adotado por muito tempo e depois ainda de ter entrado em crise devido ao embate de anomalias cada vez mais numerosas, no início do século XIX, o paradigma newtoniano foi substituído por um novo, formulado pelos escritos óticos de Young e Fresnel, segundo os quais a luz consistiria num movimento ondulatório transversal.

Também esse novo paradigma encontrou o sucesso para em seguida decair, até que, no início do século XX, foi substituído por um terceiro paradigma, que devemos a Planck e a Einstein, segundo o qual a luz é formada por fótons, isto é, entidades da mecânica quântica que apresentam algumas propriedades típicas das ondas e outras propriedades características das partículas.

Portanto, para Kuhn, nos processos do conhecimento científico, as fases revolucionárias "festivas", durante as quais predominam a diferença e a anomalia, não são menos normais do que as fases aplicativas, repetitivas e cumulativas, nas quais predomina a pacífica normalidade do trabalho "de todo dia". No percurso da ciência, a normalidade da diferença está na impossibilidade de barrar para sempre a pesquisa e obrigá-la a permanecer numa fase "normal".

A NORMALIDADE E A DIFERENÇA NOS SISTEMAS SOCIAIS

Observações análogas poderiam ser feitas para os sistemas sociais, ainda que na sociologia as teorias em voga sejam ainda mais discordantes do que na epistemologia. Para a doutrina cristã, por exemplo, a normalidade, o equilíbrio e a harmonia constituem um bem em si mesmos: "Na presente questão", afirma Leão XIII na encíclica *Rerum Novarum*, "o desarranjo maior é este: supor que uma classe social seja naturalmente inimiga de outra; quase como se a natureza tivesse feito os ricos e os proletários para lutarem entre si num duelo implacável; algo tão contrário não somente à razão como à verdade... A concórdia cria a beleza e a ordem das coisas, enquanto um perpétuo conflito não pode senão provocar confusão e barbárie."

Ei-nos, novamente, diante do *Excellence and Harmony* que encontramos em Cingapura: com um itinerário oposto àquele de Cristóvão Colombo, acabamos realizando uma busca "do Ocidente para o Oriente", surpreendendo Leão XIII de braços dados com Taylor, segundo o qual, graças ao gerenciamento científico, todo trabalhador "adquire uma atitude mais amigável em relação aos patrões e ao conjunto das condições de trabalho, enquanto antes uma boa parte do seu tempo era usada em críticas, numa vigilância suspeita e por vezes até num comportamento abertamente hostil".[11]

Para a doutrina social da Igreja, assim como para os paradigmas gerenciais da sociologia, o padrão, o hábito, o cânone, a lei, o rito e a normalização constituem garantias de uma convivência humana pacífica, no trabalho e na vida. E a convivência pacífica constitui, por sua vez, a condição indispensável ao progresso. "Ordem e progresso", recomendava um dos pais da sociologia, e o lema sobrevive até hoje na bandeira brasileira. O conflito, o dinamismo, a diferença e a anomalia constituem condições patológicas, precursoras de desgraças terrestres e de punições divinas.

Mas ainda a propósito dos sistemas sociais, outras teorias privilegiam o conflito, a anomalia, o contraste e a desconfiança como formas de vitalidade e de crescimento. "Tudo aquilo que é criatividade, inovação e evolução na vida do indivíduo, do seu grupo e da sociedade", escreveu Ralf Dahrendorf, "deve ser considerado em grande parte como uma conseqüência dos conflitos entre grupo e grupo, entre indivíduo e indivíduo e entre emoções diversas no interior de um mesmo indivíduo. Este fato fundamental nos parece suficiente para justificar o juízo de valor de que o conflito seja essencialmente *de bom auspício e constitua um bem.*"[12]

A DIFUSÃO DAS NOVIDADES

Porém, tornemos à pré-história. No paleolítico e no neolítico era necessário um tempo desmedido – freqüentemente milhões de anos ou milênios, como já vimos – para criar um novo paradigma ou um novo utensílio; outro tempo infinito era preciso para que aquele paradigma ou aquele objeto conseguissem se difundir. Ainda hoje, apesar do poder publicitário dos produtores e do frenesi ganancioso dos consumidores, as inovações requerem decênios para vencer a resistência às mudanças e se difundir em nível de massa. Nos Estados Unidos foram necessários 75 anos para que o telefone, inventado em 1871, fosse implantado em 50% dos lares; a eletricidade levou 44 anos para chegar à metade das habitações; já a Internet necessitou de 30 anos; o carro empregou 29 anos; e a televisão em cores precisou de 20. Naturalmente os dados mudam segundo o país e segundo a cultura: a TV a cabo, que na América levou 39 anos para chegar à metade das famílias, na Itália do final do século XX ainda não era difundida; já, pelo contrário, a difusão da telefonia celular foi muito mais rápida na Itália do que nos Estados Unidos.

Obviamente, durante o período neolítico, que estamos analisando, as inovações eram poucas e a sua difusão, lentíssima. No ano 3000 a.C. alguns fugitivos do Egito e alguns colonos da Síria chegaram até Creta, onde ensinaram aos camponeses e aos pescadores indígenas as novas técnicas de cultivo, de extração e de fabricação; pouco após o ano 2000 a.C., devido a sucessivas influências e imitações, a civilização do bronze tinha chegado à Boêmia, à Hungria, à Cornualha e à Irlanda. Esta última, mais tarde, dará a luz a uma sociedade feudal de grande complexidade e sofisticação, como se pode perceber pela etiqueta que ditava a designação dos lugares na imensa sala do reino de Tara, com 210 metros de comprimento e 21 de largura.

Entre essas duas datas, enquanto a civilização mesopotâmica e a egípcia desagregam-se e ressurgem com vicissitudes alteradas, enquanto a civilização da Índia extingue-se quase que completamente, as aquisições da Idade do Bronze difundem-se até alcançar uma boa parte do mundo então conhecido. Dali a pouco, os poemas homéricos nos permitirão conhecer minuciosamente a vida dos deuses, dos heróis, dos reis, dos homens livres e dos escravos, legando-nos o testemunho de que "um adivinho, um médico, um aedo [isto é, um poeta] e um artesão [ou seja, um artista] têm certeza de ser bem acolhidos por toda parte", como diz *A Odisséia*.

As naves aumentam as suas capacidades (as construídas no antigo Egito transportavam até 120 homens), as caravanas viajam mais rápido, a criação de cavalos melhora, os reis retribuem visitas e trocam experiências, mas a ciência permanece separada da técnica e do artesanato que, de fato, não supera o nível que já havia alcançado 1.000 anos antes.

Em comparação ao rápido progresso do quarto milênio a.C., o do terceiro e do segundo é quase irrisório: melhoram os transportes e os armamentos na Anatólia; na Babilônia, a matemática descobre o valor da posição e a geometria descobre novas relações; a escrita do alfabeto é aperfeiçoada pelos fenícios; no Novo Reino egípcio inventa-se o vidro, e na Armênia desenvolvem-se as condições para o sucessivo uso do ferro.

Mas os faraós egípcios primeiro e os filósofos atenienses depois não teriam nunca sujado as próprias mãos com trabalhos humildes, enquanto os reis e os heróis homéricos labutavam o dia inteiro, suando como escravos, ainda que a posse exclusiva das armas e das armaduras de bronze lhes garantisse o poder sobre o povo inerme: note-se que uma armadura podia chegar a custar até o equivalente a 100 bois.

Com o declínio da Idade do Bronze, em torno do ano 1200 a.C., desmorona a civilização micênica na Grécia, assim como os poderes babilônico e egípcio, arrastando consigo as próprias vitalidades científicas, artísticas e técnicas, que parecem entrar em letargia: as duas primeiras voltarão a florescer na Grécia somente oito séculos depois; a terceira deverá aguardar pelo menos uma dupla de milênios antes de poder dar novas e substanciais contribuições ao progresso humano.

AS INOVAÇÕES DOS PROCESSOS

As grandes descobertas desse período não constituem inovação de produtos, mas inovação de processos, como diríamos hoje. São quase todas introduzidas pelos hititas, habitantes da Anatólia Central, que desempenham dessa forma um papel de transição entre a Idade do Bronze e a Idade do Ferro, entre a civilização do Oriente Médio e a ocidental. Todas contribuem para difundir o bem-estar e democratizar o poder.

A primeira inovação é o emprego mais moderno dos cavalos. Antes já existiam as carroças, lentamente puxadas por bois, e existiam os cavalos, utilizados, desajeitadamente, para o transporte nos seus dorsos. Nos documentos assírios fala-se de caravanas de mulas e asnos, cada um dos quais conseguia carregar até 90 quilos de metal ou 70 quilos de tecido a uma velocidade de 25 quilômetros por dia. Os hititas foram os primeiros a ter a idéia de utilizar os cavalos para a charrete, obtendo assim um meio de transporte bem mais ágil e veloz. As rodas, antes construídas com tábuas pregadas ao eixo, tornaram-se muito mais práticas, com seis raios e girando livremente em torno do próprio eixo. Além disso, os cavalos já não eram cavalgados somente para uso bélico, mas também para o envio de mensagens. De tal modo, as comunicações, os transportes, o comércio, as trocas de idéias e as suas difusões tornaram-se muito mais rápidos.

Ainda os hititas, conforme já vimos, em torno do ano 1200 a.C. descobriram como fundir e manejar o ferro. Não que este metal permitisse a construção de objetos muito diferentes daqueles que já podiam ser feitos com o cobre e com o bronze, mas agora os mesmos objetos podiam pesar menos e sair mais baratos, de modo semelhante ao que acontecerá três mil anos depois, quando o plástico substituir o ferro.

Dessa maneira, o progresso faz com que armas e utensílios se tornem acessíveis a um espectro muito mais vasto de usuários. "O ferro a um bom preço", anota Childe, "democratiza a agricultura, a indústria e até mesmo a guerra. Todo camponês tinha poder aquisitivo para ter um machado de ferro para cortar árvores, assim como a relha do arado feita de ferro, para romper um solo pedregoso. O artesão podia, de certa forma, possuir um conjunto de instrumentos de metal que o tornava independente das casas reais, dos deuses e dos nobres. Com armas de ferro, um plebeu podia enfrentar um cavaleiro da Idade do Bronze em condições de mais igualdade. Armados da mesma forma, um povo de bárbaros pobres e atrasados podia desafiar exércitos de Estados civis, cuja detenção do monopólio das armas de bronze os havia feito parecer invulneráveis."[13]

Uma terceira descoberta – a qual já abordamos amplamente – é o alfabeto, que democratizou a escrita, assim como o ferro democratizou o metal. Inventado pelos fenícios, demorou a se difundir, mas depois, aos poucos, acabou se impondo e eliminando por quase toda parte o poder dos escribas, facilitando a difusão das ciências e das artes.

Uma quarta descoberta – feita em Creso, na Lídia, em torno do ano 700 a.C. e, certamente, aperfeiçoada em Hegina, Atenas e Corinto, um século mais tarde – foi a moeda miúda, em substituição às vergas de prata. As conseqüências, também nesse caso, foram todas a favor de uma democratização da economia e do poder: logo, da sociedade. Se antes o comércio podia ser exercido somente no atacado, agora qualquer pessoa podia comprar e vender bens até de ínfimo valor, ou podia economizar parte da própria remuneração. Por sua vez, o artesão podia até produzir objetos pequenos, numa série adequada ao consumo por assim dizer "de massa", e o criador de animais podia comercializar seus produtos comestíveis a um preço bem mais barato que um boi ou um porco inteiros. Não será por acaso que os frangos de galinheiro não aparecem nem na *Ilíada* nem na *Odisséia*, enquanto são protagonistas das comédias de Aristófanes.

O VALOR DO CANSAÇO

Por mais "mecanizada" que fosse, a agricultura de Uruk requeria mão-de-obra para arar e semear, para ceifar e debulhar; o pastoreio requeria pessoal para a criação e para a migração dos rebanhos (cada pastor chegava a acumular de 100 a 200 ovelhas), para a tosa, a fiação e a tecelagem; o artesanato, ainda que servido por forjas, foles e força motriz de tipo animal, requeria energias para trabalhar o metal, as pedras duras, a cerâmica, a argila, a madeira e o couro, a fim de fabricar armas e utensílios; o comércio requeria serventes, carregadores, agentes, empregados, vendedores ambulantes e marinheiros; a vida doméstica demandava servos e supervisores para cozinhar, para cuidar das roupas, planejar e gerir a casa; a estrutura religiosa e administrativa, que não dispensava serviços ligados ao culto, ao gerenciamento e à proteção, requeria escribas, contadores, sacerdotes, guardas, funcionários e servos. Em todos os casos havia um tear para a tecelagem e uma moenda para a moagem; obviamente, havia uma série de teares e de moendas na sede templária do chefe. Para a tecelagem e para a moagem eram empregadas mulheres em regime de escravidão; já para buscar a água e recolher a lenha a ser queimada eram utilizados os homens.

Para pagar os trabalhadores não diretamente produtivos, para realizar toda a imponente arquitetura templária, para obter a centralização de todos os serviços, a fim de permitir aos chefes e a seus clãs uma vida abastada e os consumos vistosos necessários para confirmar o próprio prestígio, era preciso que uma parte da população ativa produzisse como excedente muito mais do que lhe era estritamente necessário. É bem provável que, sem a ênfase religiosa e sem o temor da fome, dos inimigos e dos guardas, a massa de trabalhadores não teria jamais se submetido às inumanas corvéias indispensáveis para o próprio sustento, assim como para financiar os serviços públicos e encher a barriga da classe dirigente.

No território de Uruk, as pesquisas arqueológicas identificaram uma estrutura templária reservada ao chefe e ao seu clã; um centro urbano destinado às atividades de transformação, produção, intercâmbio e serviços; alguns centros intermediários nos quais se desempenhavam as atividades administrativas descentralizadas; uma empresa agrícola que pertencia ao templo; e um certo número de posses agrícolas e pastoris (cada um com uma extensão de até 30 hectares). Cada casa era, ao mesmo tempo, uma unidade familiar, um edifício para a habitação e um local de produção.

O grosso da economia era gerido pelo templo, que remunerava os trabalhadores livres através de rações alimentares e concessões de terreno para uso próprio.

Como se vê, estamos bem longe da situação encontrada por alguns antropólogos junto a tribos primitivas dos nossos dias que "não possuem nem mesmo um termo específico para distinguir as atividades produtivas dos outros comportamentos humanos e não dispõem de nenhum vocábulo ou noção para sintetizar a idéia de trabalho em geral".[14] É verdade que as necessidades dos habitantes de Uruk eram ainda muito limitadas, mas é também verdade que as soluções disponíveis para satisfazê-las deviam ser, por sua vez, tão carentes a ponto de os obrigar a grandes esforços.

Num estudo,[15] Marshall Sahlins defende a idéia de que muitas sociedades primitivas evitam, a todo custo, produzir mais do que o necessário para satisfazer as suas demandas imediatas e, portanto, têm um tal domínio sobre o próprio tempo, que os caçadores e os coletores trabalham de duas a quatro horas por dia, não mais do que isso. Mas ainda para o caso de um primitivo que trabalha para si mesmo e não é obrigado a conferir um excedente para o chefe – sendo portanto patrão do próprio tempo e do próprio ritmo – é bem mais difícil pensar que isso ocorre também quando ele trabalha para um patrão, para um templo ou para um rei, isto é, para superiores que têm todo o interesse em aumentar as próprias pretensões, em forçar e controlar severamente a produtividade de quem trabalha para eles.

Por mais distante que ainda se estivesse da competitividade do livre mercado, por mais que se possa excluir que um cidadão da Mesopotâmia trabalhasse sob o moderno estímulo capitalista do lucro, no entanto, uma grande parte dos seus esforços para criar um excedente não era a seu favor, mas sim uma vantagem para o templo ou para o chefe. Pela primeira vez na história da humanidade uma massa tão importante de pessoas trabalhava não só para si e para o próprio clã, mas também para os outros – o rei, o sacerdote e os notáveis –, que desse trabalho de terceiros retiravam a própria opulência e o poder que tinham. Pela primeira vez essa assimetria mostrava-se legítima, justa e até mesmo estimulante. Pela primeira vez, um grupo de pobres, em troca de uma condição econômica e social ligeiramente superior à da massa, estava empenhado em controlar, atormentar e punir a massa. Pela primeira vez difundia-se o trabalho "dependente", cuja essência está exatamente na cisão dos interesses: aquele do empregador, que tende a extorquir o máximo dos produtos e dos serviços, e aquele do empregado, que tende à lei do menor esforço.

É por isso bastante improvável que o templo e o chefe não exercessem pressões e controles de modo que o trabalhador acelerasse o seu ritmo e os seus esforços. Quanto mais os escravos e os trabalhadores se esforçavam, mais excedentes ficavam em condições de garantir os seus superiores; quanto mais esses excedentes iam para as mãos do chefe, mais ele podia assumir batalhões de guardas para controlar os próprios dependentes, assim como podia adquirir e ostentar objetos de luxo para reforçar o seu poder e o seu prestígio. Se o trabalhador recebia ordens, pressões e prazos, automaticamente a sua atividade tornava-se penosa, atormentada e subordinada, ou seja, tornava-se um trabalho na acepção atual do termo, uma "canseira".

Pode ser que até mesmo em Uruk e em Ur ocorresse aquilo que Malinowski constatou mais tarde em relação às sociedades primitivas das ilhas Trobriands, na Melanésia, Nova Guiné. "Os trobriandeses", atesta ele, "trabalham movidos por motivos bem mais complexos do ponto de vista da sua natureza social e tradicional, mirando objetivos que certamente não têm muito que ver com a satisfação dos desejos presentes ou com o alcance imediato de fins utilitários (...) O trabalho não é feito na base do menor esforço, mas, pelo contrário, muito tempo e muitas energias são despendidos para esforços completamente inúteis, sob o ponto de vista prático. Além disso, o trabalho e o cansaço, em vez de serem colocados simplesmente com vista a um fim, constituem, num certo sentido, um fim em si."[16]

Em outros termos, segundo essa sugestiva descrição, não se trataria de um trabalho real, mas de um jogo cansativo, e o seu sucesso não seria compensado com um ganho maior, mas com maior admiração por parte dos demais membros da comunidade, como se fosse uma competição escolar ou uma gincana, como nas festas dos povoados. Assim, também a troca não teria a natureza de um comércio econômico, mas a de um dom. Em outros termos, para os trobriandeses são os significados mágicos, o respeito às tradições, o dever social e a ostentação das próprias capacidades que os motivam a se esforçarem, mas não ainda a acumulação do lucro. E a todas essas razões some-se a estética: muitos esforços adicionais são feitos de bom grado, com o intuito de obter um resultado *bonito*.

Embora predomine o costume errado de assimilar as atuais tribos aborígines às pré-históricas com a ilusão de encontrar confirmações a hipóteses improváveis, nada no entanto nos autoriza a pensar que as características de trabalho encontradas por Malinowski entre os trobriandeses possam também ser atribuídas ao trabalho que se executava na antiga Mesopotâmia. A própria pesquisa de soluções técnicas capazes de aliviar a fadiga do arado, da ceifa, da sova, dos transportes e da própria criatividade – tão fecunda que graças a ela esses problemas foram parcialmente resolvidos –, assim como o uso maciço dos escravos, demonstra que o trabalho era tão desagradável a ponto de estimular a adoção de instrumentos e de técnicas para eliminá-lo, ou, pelo menos, para torná-lo mais suportável.

A consciência do ócio será uma conquista dos gregos. Por ora o homem aprendeu a compreender o valor da fadiga, a alienação do trabalho dependente, a ambigüidade da situação profissional de quem não é nem patrão, nem chefe e nem escravo, assim como o preço do cansaço e do estresse.

Daqui para a frente toda a problemática ligada à repartição da mais-valia, dos lucros e dos salários, ao horário, ao rendimento, ao mercado de trabalho, à quantidade de tarefas, dos produtos e da vida, ao consumo, ao profissionalismo, ao comando, à delegação, à participação, à motivação, ao conflito, em suma, à galáxia de condições que compõem a interseção entre o trabalho e o lazer tornar-se-á dominante até desencadear conflitos sociais e revoluções, até manchar de sangue o mundo com guerras e lutas de classe e até mesmo contaminar o próprio sentido da nossa existência.

CAPÍTULO SEIS

O HOMEM DESCOBRE A SABEDORIA E INVENTA O ÓCIO

"A guerra deve visar à paz, o trabalho visar ao ócio, as coisas necessárias e úteis devem ter em vista as coisas belas."
ARISTÓTELES

"Vento algum é favorável para quem não sabe aonde quer ir."
SÊNECA

A PIRÂMIDE BELICOSA

Em somente 500 anos a civilização do ferro estendeu-se geograficamente da Espanha à Índia e, socialmente, dos aristocratas à classe média. Quando a Grécia, livre de incômodas heranças imperiais e aberta ao comércio marítimo, apresentou-se como candidata à hegemonia do mundo, estavam prontas todas as condições para o grande salto, tanto no campo político e cultural como no tecnológico.

Atenas soube colher as primeiras duas oportunidades e renunciou à terceira, de modo que ainda hoje permanece misterioso o motivo pelo qual a idade de Péricles conseguiu produzir a democracia e a arte, mas não soube descobrir nem o motor a explosão nem a energia elétrica.

Até 7.000 anos atrás, a nossa espécie havia experimentado a organização de pequenas comunidades de hominídeos e de vilarejos, sem uma rígida estratificação de classes: a forma das habitações precedentes à civilização mesopotâmica demonstra que não existiam distinções substanciais de estirpe, de poder e de dignidade. Será a organização urbana na Mesopotâmia e no Egito que criará e ressaltará as diferenças entre as populações, entre as classes e entre os indivíduos, até uma concentração de poder ditatorial nas mãos de um soberano, rei e sacerdote, e de poderes administrativos ou militares a um restrito círculo de escribas e generais. Uma verdadeira estrutura organizacional de tipo imperial é realizada na Pérsia no século VI a.C.; depois, entre o quarto e o primeiro século determinam-se e consolidam-se os desníveis de força e de riqueza entre os Estados limítrofes.

Ciro, o Grande, era defendido por um corpo de guarda nobre composto por 10.000 cavaleiros, que forneciam os oficiais necessários para guiar um exército de aproximadamente 360.000 soldados. As tropas eram recrutadas em todos os estados do império – da Ásia Central ao Afeganistão, da Ásia Menor à Síria, da Palestina ao Egito e da Etiópia ao Iêmen – que era dividido em 31 satrapias, agilmente ligadas entre si por estradas e mensageiros. Cada satrapia conservava os seus usos, os seus costumes, a sua língua e a sua autonomia, recebendo proteção em troca de impostos e fidelidade. Os fatores básicos sobre os quais se fundava toda a estrutura dessa imponente máquina de guerra – a pirâmide belicosa de Ciro o Grande – eram a disponibilidade do ferro e a perícia na criação eqüina nos altiplanos de Hamaden, do Irã e de Persépolis.

O BEM-ESTAR E A DEMOCRACIA

Essa imensa estrutura piramidal e ditatorial será derrotada por uma rede, agilíssima, de pequenas cidades-estado, unificadas por uma língua comum, ligadas por um tráfico marítimo e por alianças móveis das várias alianças: movimentos mais democráticos contra instituições mais autoritárias, diríamos hoje numa linguagem política; rede flexível contra uma rígida pirâmide, diríamos numa linguagem empresarial.

No centro da rede, durante o quinto e o quarto século, emerge a cidade de Atenas, organizada num modo antitético a Uruk, baseada em condições estruturais bem mais adequadas à democracia. É aqui que o homem experimenta, pela primeira vez, em múltiplas formas, a organização democrática do Estado, a sua constituição, os seus órgãos políticos, legislativos e administrativos. É aqui que, junto a uma experimentação concreta, é elaborada uma profunda reflexão sociológica sobre o melhor tipo de governo, sobre as várias constituições possíveis (monarquia e tirania, aristocracia e oligarquia, oclocracia e democracia) e sobre as virtudes indispensáveis aos governantes.

Atenas era uma cidade abastada. Durante a supremacia de Péricles (443-429 a.C.) contava com 43.000 cidadãos munidos de direitos políticos e 300.000 escravos: portanto, uma média de sete escravos por cabeça (leve-se em consideração que a dotação doméstica atual de máquinas e de energia à disposição de um cidadão americano, sob a forma de geladeiras, ventiladores, automóveis e outros, pode ser considerada equivalente ao serviço de 30 escravos). As minas de prata do Láurio, talvez as mais ricas do Mediterrâneo, onde trabalhavam de 10.000 a 20.000 escravos, forneciam um aporte de 100 talentos a cada ano (equivalentes a vários milhões de euros atuais).

Os tráficos marítimos garantiam o abastecimento da cidade com todas as matérias-primas necessárias e comercializavam todas as suas produções artesanais e artísticas, geradas em série por centenas de pequenas empresas familiares (desde cinco ou seis funcionários até uma centena), que se mantinham graças às várias trocas comerciais, à excelência dos seus produtos e ao baixo custo da mão-de-obra escrava: "Na Grécia do século V um cidadão como Péricles podia possuir uma fábrica de espadas, na qual o trabalho efetivo seria executado por escravos. A empresa Péricles era, portanto, um organismo industrial no qual o capitalista possuía seja os meios de produção seja a mão-de-obra, assim como a fonte de energia."[1] Havia mais de 100 fábricas de cerâmica alimentadas pela inesgotável capacidade inventiva dos antigos ceramistas.

LUGAR DE GÊNIOS

O maior recurso – desmedidamente abundante e do qual Atenas soube fazer um uso louvável – foi a criatividade genial dos artistas, dos pensadores e dos políticos que confluíram naquele que talvez permaneça até hoje como o mais denso aglomerado de gênios de todos os tempos. Basta uma olhada nas datas: em 500 nasce Anaxágoras; em 499, Ésquilo estréia em Atenas; em 496 nasce Sófocles; em 495, Péricles; em 484 nasce Heródoto; Eurípedes nasce no ano 480; Sócrates, em 469, e em 460 nascem Demócrito e Tucídides; Aristófanes vem ao mundo em 450 e Píndaro parte dele em 438; Xenofonte nasce em 430; Platão, em 427; Diógenes, em 413, e em 384 nascem Demóstenes e Aristóteles; Teofrasto nasce em 372. Se a esses personagens se somam Fídias, Lísipo, Policleto e Zeusi, todos eles ativos em Atenas no mesmo período de tempo, e caso se leve em conta que até esse período, conforme já vimos, as ondas do progresso humano haviam procedido em ritmo muito lento, de milênios ou de milhares de milênios, damos-nos conta da grandeza da aceleração que os gregos souberam imprimir à história da criatividade.

Em primeiro lugar, eles recriaram o próprio ser humano, conferindo-lhe um sentido, uma missão e um significado novos. Num contexto geográfico certamente privilegiado, mas no final das contas não tão diferente daquele que no mesmíssimo período servia de cenário a outros povos, produziram-se obras que permanecem inigualáveis ainda hoje, após 25 séculos. Com uma cultura material de base comum a muitos, eles souberam produzir uma cultura ideal e uma cultura social de tal forma mais elevada, a ponto de permanecer, ainda hoje, plenamente compreensível somente para uns poucos eleitos. Na cultura ideal eles exploraram espaços ilimitados de beleza e de verdade; na cultura social propuseram à humanidade as vantagens da convivência democrática.

Embora convencidos, assim como os sumérios e os egípcios, de que a vida é dura, os deuses cruéis e o destino caprichoso, somente os gregos – e pela primeira vez – conceberam a idéia sublime do homem que, prescindindo das forças sobrenaturais que às vezes o ajudam e às vezes o atrapalham, é mais forte que o seu destino, e que a grandeza do ânimo humano pode prevalecer sobre a terra e sobre os céus. Se na pré-história o homem havia criado a si mesmo como espécie única no planeta, na história os gregos o criaram como sujeito único e hegemônico no sistema universal, capaz de dar um sentido à própria existência, em condições de competir e de vencer até mesmo contra os deuses do Olimpo.

Sob esse aspecto pode-se arriscar um paralelismo entre a confiança grega na grandeza humana, que pode derrotar até o cinismo dos jogos divinos, e a confiança com que, mais tarde, a *Instauratio Magna* (Grande renovação) de Francis Bacon descortinará a era industrial, afirmando a possibilidade de derrotar, com a criatividade, até mesmo as conseqüências do pecado original: "O homem, com o pecado original, perdeu a um só tempo o seu estado de inocência e o seu domínio sobre a criação. Todavia, ambas as perdas ele pode reparar, em parte, também nesta vida; a primeira, por meio da religião e da fé; a segunda, por meio das artes e das ciências."

Resta ainda a ser compreendida qual combinação de elementos favoráveis pôde determinar naquele exato momento histórico e precisamente naquela área geográfica uma explosão assim tão única de criatividade humanista e política.

Contribuíram certamente fatores geográficos e urbanísticos, marcados pela beleza e pela variedade: o clima ameno; o cíclico recorrer das estações tão diversas entre si; o contexto mediterrâneo com as suas ilhas, as suas correntes, as suas rotas e o seu comércio;[2] a conformação do território com o seu fascinante entrelaçamento de terras e de águas, de montes e de vales; a densa rede de vilarejos e pequenas cidades de dimensões humanas, nas quais as relações primárias, o conhecimento recíproco, a possibilidade de intercâmbios informativos fáceis e a estrutura "comunitária" prevaleciam sobre a estranheza das relações metropolitanas, frias e assépticas, sobre a solidão das massas e sobre a estrutura "societária".

Outros fatores certamente positivos com vista à criatividade são de ordem sociopolítica: uma democracia em estado nascente, na qual experimentavam-se as formas mais abertas de participação popular, na qual toda nova invenção era favoravelmente acolhida; uma *polis* de pequenas dimensões, mas em rede com todas as outras *poleis* do Mediterrâneo; ampla disponibilidade de escravos para delegar as tarefas executivas; a conseqüente abundância de tempo livre das incumbências repetitivas, tediosas, cansativas e degradantes; estruturas como a ágora, os teatros e os templos, pensadas para facilitar a vida coletiva, o intercâmbio de informações e a cultura compartilhada; assim como um ótimo balanceamento entre a esfera pública e a privada.

Outros prováveis fatores de criatividade são de ordem cultural: uma língua complexa, rica, flexível, musical, falada não somente na Grécia atual, mas em muitas outras áreas do Mediterrâneo; o desprezo pelas atividades físicas e executivas em prol daquelas autônomas e intelectuais; a rejeição da corrida à riqueza material e o desinteresse pelo luxo; a atitude em relação à apreciação das alegrias simples e genuínas da vida cotidiana, em lugar daquelas sofisticadas de uma vida artificial; a predisposição ao belo, ao bom gosto, à busca da verdade, à composição entre progresso filosófico e modelo existencial em que inspirar o cotidiano, uma forma de pensamento capaz de mesclar a intuição com a reflexão, o procedimento sistemático com o caótico; uma educação voltada mais para o ócio criativo do que para o ativismo atarefado e competitivo.

É inegável que esses fatores, todos presentes no contexto helênico quando a Grécia alcançou a máxima criatividade, são profundamente diferentes dos fatores estruturais e culturais que encontramos em contextos posteriores, também inegavelmente fecundos: na Roma de Adriano, por exemplo, ou na Florença dos Médicis, ou ainda na Viena de Klimt e de Mahler. E são ainda mais diferentes dos fatores presentes nos centros atuais da criatividade pós-industrial: os *campi* de Stanford ou de Cambridge, do MIT, os laboratórios de Genebra, de Seattle ou de Cabo Canaveral; os estúdios de Hollywood, da Cinecittà, da CNN ou da Rede Globo.

LUGAR DE FESTA

Porém tornemos aos nossos gregos: poucos milhares de homens que povoaram durante alguns decênios uma região que, no final das contas, não é rica de vegetação, que viveram vidas breves e inseguras, em bairros nojentos, em casas desconfortáveis e mesmo assim permitiram à sua espécie – à nossa espécie – um salto de qualidade até hoje não superado, tanto pela criatividade política e social como pela criatividade estética e especulativa.

Se o Egito, a Mesopotâmia e a Pérsia haviam construído grandes obras reservadas ao rei e à sua oligarquia, Atenas e outras cidades gregas construíram a ágora destinada ao mercado e às assembléias; construíram repartições governamentais acolhedoras para o público; teatros para as representações das tragédias míticas e das comédias realistas; ginásios, liceus e academias para a formação dos jovens; chafarizes para matar a sede de todos os cidadãos, indistintamente; templos que representam na terra moradias divinas capazes de competir com o Olimpo; e estádios para as pacíficas atividades agonistas dos jovens atletas.

Exorcizaram, portanto, a angústia induzida pela beleza, traduzindo-a em alegria. Tucídides constata, com mais orgulho do que escândalo, como em Atenas havia festas praticamente o ano todo: em julho as Crônias, as Sinécias e as Pan-Atenenses; em setembro, os Mistérios Eleusínicos e as festas em honra de Apolo; em outubro, a festa da semeadura, as Oscofórias em honra de Dionísio, as Tesmofórias em homenagem a Deméter, as Apatúrias, com sacrifícios a Zeus e a Atena, as Chalkéias, festas das corporações operárias em honra de Atena e de Hefesto; em dezembro, os Aloa, homenagem a Deméter, Core e Poseidon; em janeiro, mês dos casamentos, a Teogamia, a fim de evocar Zeus e Hera, e as Lenaias, para evocar Dionísio; ainda em tributo a Dionísio, em fevereiro, ocorriam as Antestérias e, no mesmo mês, havia as festas Chlóia para Deméter e as Diásias para Zeus; em março, as primaveris Grandes Dionísias e as festas em favor de Atena; em abril, os Muníquias em honra de Artêmides; em maio, as Tragédias como tributo a Apolo; e em junho as licenciosas para Quirofórias, Dipólias e Arrefórias. (O clima festivo condiz com a criatividade: muito mais tarde Watson e Crick, que no laboratório Cavendish de Cambridge procuravam descobrir a estrutura do DNA, interrompiam todas as tardes as suas experiências para ir ao cinema ou para jogar tênis; também em Roma, o grupo dos físicos que trabalhavam com Enrico Fermi, no laboratório da Via Panisperna, tirava a cada trimestre dez dias de férias.)

O teatro de Atenas possuía 15.000 assentos, e a participação nas representações era obrigatória: nos únicos quatro dias das Grandes Dionísias, todos os cidadãos participavam da procissão dionisíaca, assistiam aos concursos líricos dos corais e escutavam pelo menos 20.000 versos das 15 ou 17 obras teatrais que o programa incluía. Um ateniense de quarenta anos já havia assistido a pelo menos 300 encenações teatrais de dramas e comédias de nível tão elevado, que são estudadas e recitadas até hoje no mundo inteiro. (A comoção dramática, a leveza de espírito e a emoção poética condizem com o ócio criativo.)

A AUDÁCIA DISCIPLINADA

A virtude da política, "a audácia disciplinada" e o equilíbrio das criações clássicas podem derivar tão-somente de uma condição de equilibrado bem-estar e de cultura sem alienação. Quando os grupos estão livres do poder da opressão; quando os cargos são independentes do berço e baseados na competência e no sorteio; quando todo cidadão tem direitos e deveres iguais ao participar das assembléias citadinas; quando o tempo dedicado à gestão da coisa pública é retribuído como qualquer outro emprego responsável; quando o *welfare* garante a redistribuição do excedente aos pobres; quando o Estado garante aos seus cidadãos teatros, templos, escolas, praças, chafarizes e obras de arte; quando a agricultura, a indústria e o comércio são colocados no mesmo plano e potencializam-se reciprocamente; quando os melhores talentos e os maiores investimentos são dedicados à beleza e à verdade, aí então pode-se concluir, justamente, que a democracia é completa e funcional. Atenas fez tudo isso, e seus frutos foram surpreendentes.

Em outros lugares, muitos profetas acreditavam ser mediadores entre o céu e a terra, atribuindo a própria sabedoria a fontes sobrenaturais. No mesmo século de Sócrates, Buda recorria à iluminação transcendental para confiar a salvação dos homens às suas virtudes morais; alguns séculos antes, Zaratustra havia se declarado enviado de Deus para purificar as religiões.

Também na Grécia as religiões dos mistérios e as filosofias místicas prometiam uma fácil salvação aos infelizes, mas a elite intelectual não se deixou iludir e buscou um modelo conceitual capaz de descrever e explicar a realidade através da filosofia e das ciências. Na república de Péricles, o homem – cada homem – é o centro e a medida de todas as coisas. A convivência não é regulada com base em leis divinas, mas corresponde a uma *polis* na qual "a idéia da humanidade como uma sociedade unitária, na qual os membros têm todos, uns em relação aos outros, obrigações morais comuns, é o correspondente ideológico de uma economia internacional fundada na troca de bens entre todas as suas partes".[3]

A filosofia, a matemática, a teoria musical, as ciências naturais e a medicina – finalmente desvinculada da magia –, a ética, a política, a história, a geografia, a psicologia, a anatomia, a botânica, a zoologia, a física e a biologia fizeram mais progressos *teóricos* nesses 100 anos do que nos milhares de séculos precedentes.

Quanto às artes, da arquitetura à música, da escultura à pintura e à poesia, conhecemos o tamanho da dívida que a humanidade conserva em relação à Grécia. Nos seus dulcíssimos cadernos de viagem *Do Monte Sinai à Ilha de Vênus*, Nikos Kazantzakis anota: "Olhem bem uma escultura da grande época clássica. Não é imóvel. Um visível frêmito de vida a percorre, vibra imperceptivelmente como a asa de um falcão quando plana no céu. Um olhar adestrado descobre nesta escultura plena um movimento que predominava nas obras das gerações precedentes, preparando a forma das obras futuras.

"A estátua vive, move-se, perpetua a tradição e prepara o futuro com uma audácia disciplinada. Os antigos não amavam as inovações bruscas. Aceitavam plenamente a tradição e a superavam somente adequando-se a ela. Se um criador encontrava uma solução técnica, um novo comportamento, um novo sorriso, todos acolhiam a descoberta como um bem comum... A arte não era uma questão pessoal; o artista representava a sua cidade e a sua raça e não possuía outro objetivo senão o de imortalizar o grande instante vivido pela coletividade. As suas relações com o povo eram muito estreitas."

Um povo convencido de que só o trabalho intelectual é digno de cidadãos livres, um povo consciente da sua excelência, um povo que goza de um justo bem-estar e de escravos aos quais delegar todos os esforços físicos e materiais e um povo seguro de que tudo aquilo que existia para ser descoberto a fim de melhorar a vida prática já o havia sido pelos seus ancestrais podia até descuidar do desenvolvimento tecnológico, do qual – no final das contas – teriam se beneficiado mais os escravos do que os homens livres. Enquanto o progresso teórico de Galileu, Bacon e Newton, sob o estímulo das revoluções burguesas, irá se traduzir num progresso prático para aliviar a qualidade de vida de todo o povo, já restituído dos seus direitos civis, o progresso teórico em si, criado por Aristóteles ou por Platão, bastava para enriquecer a vida dos cidadãos livres de Atenas, já dotados de todos os benefícios materiais então concebidos e apreciados.

O SUOR E A ESCRAVIDÃO

Nos tempos do império romano circulava no Oriente um tratado cosmológico birmano no qual se narrava a fábula de um país mítico, *Roma-Visaya*, onde existiam máquinas vivas, homens-máquinas, "máquinas veículos de espíritos", capazes de desempenhar as mais variadas tarefas: cultivar os campos, prestar serviços comerciais, capturar delinqüentes. É muito provável que o autor anônimo aludisse aos escravos que povoavam Roma, assim como haviam povoado Atenas: máquinas dotadas de ouvido, de fala, de beleza e de sensualidade. Portanto, muito melhores e bem mais funcionais que os robôs que hoje pretendemos da eletrônica.

Em A *Política*, seu surpreendente tratado de sociologia e politicologia, Aristóteles parte do princípio de que alguns homens são destinados à escravidão, dada a sua própria natureza. No primeiro livro, ele defende abertamente: o animal deve ser subordinado ao homem, assim como o corpo deve ser subordinado à alma. Mas nem todos aqueles que parecem homens realmente o são: aqueles que, embora pareçam, diferem "tanto quanto o corpo da alma ou o animal do homem, estes são, por natureza, escravos... Encontram-se nesta condição aqueles cuja atividade se reduz ao emprego das forças físicas e isto é o melhor que podem oferecer... Quanto à utilidade, a diferença é mínima: ambos contribuem para as necessidades da vida graças às forças físicas, seja escravos ou animais domesticados". Portanto, é escravo "por natureza" quem pode pertencer a outrem, sendo tão pouco dotado intelectualmente que "participa da razão à medida que pode aprendê-la, mas não a possui".

Salvo exceções, entre livres e escravos existem nítidas diferenças também do ponto de vista somático: "A natureza quis marcar uma diferença no corpo dos livres e dos escravos: os últimos o possuem robusto, adaptado ao serviço necessário, os primeiros eretos e inúteis às referidas atividades, mas adequados à vida política" (I, 1254 b).

Além daqueles que são escravos por natureza, há outros que o são por desventura: os derrotados numa guerra, os escravizados por dívida, os nascidos de escravos e os comprados de mercadores de carne humana. Porém, trata-se sempre de escravos: na maior parte dos casos dotados de inteligência ínfima, dedicam-se a ofícios manuais e sujeitos, como qualquer outro animal doméstico, ao poder absoluto dos patrões.

Mais adiante, como passagem decorrente, Aristóteles acrescenta que "dever-se-ia recusar a qualificação de cidadão a todos aqueles que precisam trabalhar para viver... Ser um operário perfeito não faz do operário um cidadão. Não é possível praticar a virtude da política levando a vida de um operário, de um assalariado... Denominamos como ofícios operários aqueles que alteram as disposições do corpo e os trabalhos remunerados que impedem ao espírito qualquer elevação, qualquer conforto".

(É inquietante a semelhança desse pensamento com aquele expresso por Tocqueville, 2.000 anos depois, na sua obra-prima A *Democracia na América*: "Quando um operário se dedica contínua e unicamente à fabricação de um só objeto, acaba por realizar este trabalho com uma singular habilidade; mas ao mesmo tempo perde a faculdade geral de aplicar o seu espírito na direção do trabalho. Ele torna-se a cada dia mais hábil e menos industrioso, e pode-se dizer que nele o homem se degrada à medida que o operário se aperfeiçoa.")

Portanto, junto a atividades tão bestiais a ponto de serem reservadas somente aos escravos existem outras menos degradantes, mas mesmo assim desagradáveis: todas aquelas que fazem suar, que deformam o corpo sob o peso do cansaço físico e que subordinam o trabalhador às decisões do patrão. No primeiro livro, Aristóteles escreve que, entre os vários trabalhos, "os mais mecânicos são aqueles que deformam o corpo, os mais servis os que se fundam exclusivamente no emprego do corpo e os mais ignóbeis aqueles que requerem uma capacidade espiritual numa medida mínima" (I, 1258b). No oitavo livro é especificado: "Devem ser considerados ignóbeis as obras, as profissões e os ensinamentos que tornam o corpo ou a inteligência dos homens livres inadequados às obras e às ações da virtude. Portanto, a todos os ofícios que por sua natureza comprometem a condição do corpo chamamos de ignóbeis, como também o trabalho à mercê, porque subtraem o ócio da mente e a tornam estreita" (VIII, 1337 b).

Deve-se portanto deduzir que a preguiça, a renda parasitária, a greve, a apatia e a inércia devem ser apreciadas e encorajadas? Pelo contrário. Segundo Aristóteles, é necessário apreciar sobretudo a nobreza do ócio criativo, isto é, do trabalho intelectual que desemboca no estudo e no jogo; a excelência da reflexão filosófica, da atividade mental que se exprime através da política e da arte.

Mas como é possível se dedicar ao ócio criativo sem morrer de fome? Quem arcará com as incumbências físicas e executivas se todos os cidadãos se dedicam à política, à filosofia e à arte? Para Aristóteles e para os "clássicos" a resposta é simples: antes de mais nada é preciso reduzir ao mínimo o desejo de objetos e de serviços, em suma, reduzir o bem-estar material supérfluo. De luxo, isto é, de ostentação da riqueza, nem se fala: o verdadeiro recurso é a razão e o único verdadeiro luxo é a sabedoria. Reduzidas as necessidades materiais, fica reduzida igualmente a necessidade de trabalhadores.

Em segundo lugar, tudo aquilo que comporta cansaço físico e subordinação organizacional cabe aos escravos: existem em número suficiente de modo que sejam descarregadas sobre eles todas as tarefas fisicamente cansativas e moralmente degradantes. E ainda que os escravos não bastem, há os trabalhadores braçais, os artesãos e os comerciantes, isto é, todos aqueles que trabalham mediante recompensa e que, enquanto tais, são muito parecidos com os escravos porque fazem para a massa dos seus clientes aquilo que o escravo faz para o seu único patrão. Mais tarde, também Cícero, em *De Officiis* (Dos deveres), rotulará como "indignos do homem livre e vulgares os meios de ganho de todos os assalariados aos quais paga-se o valor manual e não aquele do engenho; de fato, no caso deles o próprio salário é um penhor da sua escravidão" (I, 150).

A TÉCNICA IGNÓBIL E GROSSEIRA

Por que nas casas modernas os fios da luz, os canos da água e do gás são dispostos "encobertos ou disfarçados"? Por que os medidores são dispostos da forma mais escondida possível? Por que os aquecedores são dissimulados com grades e outros expedientes? Passados 200 anos da revolução industrial e do advento do maquinismo, agora nós nos envergonhamos das máquinas como intrusas pouco refinadas, que devem ser exploradas pela utilidade de seus serviços, mas que devem ser mantidas escondidas, toleradas porque hoje são indispensáveis, mas todavia indecorosas. Ainda hoje muitos intelectuais ostentam que rejeitam o computador e o telefone celular, assim como a fidelidade que alimentam pela caneta esferográfica e alardeiam pelos cartões-postais.

Movimentos ideológicos intensos como o Iluminismo e o Utilitarismo, 200 anos de rápido progresso tecnológico que se traduziu em longevidade, bem-estar econômico e desenvolvimento cultural, não bastaram para resgatar a máquina do desprezo e da rejeição dos gregos e dos romanos, que chegou até nós por intermédio do esnobismo dos intelectuais. Esses dois povos, que souberam revolucionar a visão do mundo, o papel do homem no planeta, a dimensão filosófica, estética e política da humanidade, deixaram contudo um modestíssimo legado de invenções tecnológicas: "A engrenagem e o parafuso", escreveu Moses Finley, "a moenda giratória e o moinho de água, a prensa de torcer, o corte longitudinal da madeira, o vidro soprado, a escultura de bronze com a técnica do metal fundido, o aglomerado de cimento, a dioptria para a avaliação topográfica, a catapulta por torção, o relógio e o órgão de água, jogos mecanizados movidos a água, pelo vento ou a vapor: com esta breve lista, mencionou-se praticamente tudo, e não é muito para uma civilização que durou quinze séculos."[4]

Qual o motivo de uma tão marcada dissimetria entre a produção humanista e a produção tecnológica do Classicismo?

É provável que os gregos e os romanos não sentissem a necessidade urgente de inventar máquinas porque, como já vimos, possuíam escravos em abundância para executar todas as tarefas perigosas, repulsivas, cansativas e tediosas.

Mas além da ampla disponibilidade de escravos, a aversão ou pelo menos o desinteresse grego e romano pelo desenvolvimento tecnológico era também motivado por causas estruturais e culturais.

Antes de tudo, eles estavam convictos de que, após a grande explosão criativa da Mesopotâmia, pouco ou nada permanecia por ser inventado no campo tecnológico (afirma-o explicitamente Aristóteles no primeiro livro da *Metafísica*). Se todo o possível do universo tecnológico já havia sido inventado, por que perder mais tempo em torno das ciências aplicadas?

De sua parte, a economia era tão austera e até mesmo pobre que desencorajava qualquer tendência à acumulação e ao consumo vistoso: logo, não havia estímulo ao incremento da eficiência e da produtividade através do emprego de máquinas cada vez mais potentes.

As atividades comerciais, como já vimos, eram até condenadas porque imorais e de mau gosto, motivo pelo qual as trocas não eram fortalecidas, a produção de massa não era necessária, nem a padronização dos produtos e dos métodos produtivos que condizem com o maquinismo industrial. O uso das máquinas era imediatamente ligado à vontade perversa e condenável de incrementar desmedidamente a produção, o intercâmbio, o ganho, a preocupação e o estresse, em detrimento do equilíbrio, da sobriedade e da sabedoria.

Os intelectuais estavam convencidos de que somente o mundo astral obedecia a regras precisas e mensuráveis, enquanto no mundo sublunar prevaleciam o capricho, a imprevisibilidade e a emotividade. As atividades práticas (logo, vulgares) eram bem distintas das teóricas (nobres, por conseqüência) e permaneciam relegadas ao "mundo da aproximação", marcadas pelo empirismo, entregues a procedimentos por tentativa e erro. Conseqüentemente, não se fazia nenhuma exigência para se chegar a um "universo da precisão", por meio de instrumentos de mensuração escrupulosa, e não se sentia nenhuma necessidade de recorrer à experimentação científica preventiva, a fim de aprimorar os procedimentos a serem empregados nas atividades produtivas e bélicas.

As máquinas mostravam-se como tentativas mágicas de imitar com subterfúgios artificiosos, enganadores e "maquinosos" a *natureza* boa, generosa e autêntica, com o objetivo de compreender os seus poderes secretos e transferi-los ao homem fraudulentamente. Um ato de astúcia luciferina e de soberba: logo, não justificado por necessidades efetivas, mas determinado pela insana vontade de ultrapassar os limites do humano. "Quem dera fosse possível a existência de teares automáticos, capazes de dispensar a mão-de-obra!", dissera Aristóteles. "Mas trata-se de pura ilusão."

Por fim, um outro obstáculo ao progresso tecnológico nas culturas grega e romana provinha da concepção enfaticamente nobre do cientista puro, que tinha a missão de dedicar-se, exclusivamente, à especulação teórica, não vulgarizada nem contaminada por intenções práticas imediatas, por interesses econômicos, por conveniências pessoais ou por fins de lucro. Distantes mil milhas do nosso atual consultor de empresas ou dos intelectuais "orgânicos" dos partidos ou dos sindicatos, o cientista e o artista do mundo clássico deviam deixar-se motivar somente pelo amor à verdade e à beleza. As máquinas não encontram espaço nesse paradigma.

Lembram-se de Arquimedes? No ano 212 a.C., deixou-se convencer a construir algumas máquinas bélicas, indispensáveis para salvar Siracusa do assédio dos romanos. Ao se referir a este episódio e ao falar desses mecanismos cogitados por Arquimedes, Plutarco sente a necessidade de pontuar: "Não que a eles Arquimedes tivesse se dedicado como a um trabalho digno de atenção; na maioria eram diversões de geometria, que realizou como passatempo. O rei Ierone foi o primeiro a solicitar a Arquimedes que dedicasse um pouco da sua técnica dos conhecimentos teóricos às coisas concretas e que misturasse, de alguma maneira, a especulação com as necessidades materiais, de modo a tornar a primeira mais evidente aos profanos, quando ela tivesse se tornado sensível... Contudo, Arquimedes possuía um espírito tão elevado, uma alma tão profunda e um patrimônio tão vasto dos conhecimentos científicos, que não quis deixar por escrito nada sobre essas coisas, às quais todavia devia o seu nome e a sua fama de uma inteligência não-humana, mas quase que divina. Persuadido de que a atividade de alguém que constrói máquinas, assim como de qualquer outra arte que se dirija à utilidade imediata, é ignóbil e grosseira, dirigiu os seus cuidados mais ambiciosos somente a estudos cuja beleza e abstração não fossem contaminadas por exigências de ordem material."[5]

Como se vê, o desprezo pela técnica utilizada para fins práticos (considerada, portanto, ignóbil e grosseira) é total em Arquimedes e plenamente compartilhado por Plutarco: do mesmo modo, 22 séculos mais tarde e também na Sicília, o reencontraremos intacto no protagonista nobre e conservador de O *Gattopardo*.

O ENRIQUECIMENTO INSENSATO

Nômade, salteador, pescador, caçador e camponês são para Aristóteles os estilos de vida baseados em riqueza não-suscetível de crescimento, cujo objetivo é o simples consumo dos bens obtidos. Os nômades, então, são preguiçosos por definição e passam a vida no ócio: à condição de não se submeterem ao desgastante trabalho da terra, eles preferem obter o próprio alimento dos rebanhos "obrigados a segui-los, quase como se fossem agricultores de um campo vivo". Todos esses estilos de vida visam à sobrevivência e permitem somente um enriquecimento relativo, sustentado pelo tipo de recursos que o determinam (o campo, o mar ou o pedaço de terra), limitados pela sua própria natureza.

Mas junto a esse existem outros modos de vida que visam ao crescimento ilimitado da riqueza, porque não são baseados no simples uso, mas no *intercâmbio* de mercadorias e serviços com a intermediação do dinheiro, "princípio e fim das trocas". Essa é a "crematística", isto é, a arte de fazer crescerem as coisas, os bens e a riqueza por intermédio do intercâmbio.

Diferentemente do enriquecimento obtido com a pesca, a caça, o pastoreio e a agricultura, aquele obtido graças ao intercâmbio não tem limites, podendo crescer *ad infinitum*. Por isso aqueles que cultivam esse gênero de vida acabam se alienando, por tomar o meio como fim, preferindo trocar as coisas, em vez de usá-las, de modo que "toda a energia deles gasta-se na busca de riquezas". "A causa desse estado mental é que eles se preocupam em viver, mas não em viver bem, e, como o desejo deles expande-se ao infinito, também é infinita a cobiça por meios para satisfazê-los" (I, 1258 a). "Ora, como para eles o gozo consiste no excesso, eles buscam a arte que produz tal excesso de gozo, e, caso não consigam encontrá-lo com a 'crematística', tentam por outra via, explorando cada habilidade de uma maneira não-natural. Assim não condiz com coragem produzir riqueza, mas sim inspirar confiança, e nem mesmo condiz com a arte do estrategista ou do médico, porque o primeiro procura a vitória e o outro, a saúde. E ainda assim eles fazem dessas habilidades meios para se procurar riquezas, com a convicção de que seja este o fim e que a este fim deve convergir cada coisa" (I, 1258 a).

Idêntico desprezo em relação ao comércio, seja no atacado seja no varejo, encontraremos alguns séculos mais tarde no *De Officiis* de Cícero, que distingue as profissões em desagradáveis e louváveis, censurando as primeiras não só pela sua intrínseca imoralidade mas também pelo mau gosto que as acompanha.

Aristóteles e Cícero não teriam nunca podido imaginar qual aceleração na corrida ao enriquecimento ocorreria, 2.000 anos depois, com a economia industrial e, depois, com a *New Economy*, mas é claro que, em relação ao tempo deles, o oportunismo dos comerciantes, dos profissionais liberais e dos partidários da guerra já lhes parecia sem sentido.

Conforme já tive ocasião de escrever num outro contexto,[6] a maior parte dos atenienses era educada para apreciar as pequenas coisas, a se contentar com o mínimo necessário no plano material e, em contrapartida, a divagar no mundo da arte, do espírito e da política. A Grécia clássica é a antítese da nossa incivilidade, em que tudo – educação familiar, publicidade, ostentação do nível de vida por parte dos ricos e falta de crítica, chegando até a cumplicidade por parte dos intelectuais – conspira para nos transformar em tubos digestivos, em máquinas programadas para o desperdício vistoso, para o consumo ilimitado e sem sentido.

A felicidade humana – esse verdadeiro tabu da nossa cultura a tal ponto que nas empresas até se evita pronunciar essa palavra, como se fosse algo obsceno – constituía, ao contrário, o objetivo primário e declarado das melhores pesquisas conduzidas na Grécia pelos filósofos e pelos artistas. E todas essas pesquisas chegam à convicção de que a essência da felicidade não consiste em acrescentar outras coisas inúteis à inútil invasão daquelas que já temos, mas sim em *enriquecê-las de significado* através da educação, como diria Dewey.

Gosto de citar uma passagem do *Fedro* na qual Platão descreve Sócrates, que, já um ancião e cansado, durante uma abafada tarde de verão se protege num lugar sombreado e aprecia toda a simples fruição que o local oferece: "Ah! Por Hera, que lugar magnífico para se fazer uma pausa! O plátano cobre tanto espaço quanto a sua altura. E esta verbenácea, como é grande, oferecendo uma sombra maravilhosa! Em plena floração, como está, o lugar não poderia ser mais perfumado. E o fascínio ímpar desta fonte que corre sob o plátano, a frescura da sua água: basta pôr o pé para me assegurar... E diga-me, por gentileza, se o ar puro que aqui se respira não é desejável e extraordinariamente agradável! Clara melodia do verão que faz eco ao coro das cigarras. Mas a mais saborosa dentre essas belezas é este prado, com a natural doçura da sua inclinação, a qual permite, quando nele se deita, que a cabeça fique numa posição perfeitamente confortável."

Ao maior intelectual de todos os tempos, ao sábio que mais do que qualquer outro soube explorar os trajetos dos nossos destinos e que acima de todos contribuiu para nos fazer humanos bastam um plátano, um prado, o canto de uma fonte e de uma cigarra para que possa ser completamente feliz.

QUANDO O PLÁTANO COCHICHA COM O OLMO

A democracia ateniense era global, eficiente, pedagógica e persuasiva. Enquanto em Esparta os jovens e as jovens eram igualmente arregimentados numa educação estatal de tipo militar, em Atenas a educação era muito mais livre, confiada à iniciativa dos pais e dos professores; o analfabetismo já havia sido praticamente debelado no final do século V; letras, música, dança, matemática e ginástica tinham uma importância primária e gozavam de idêntico prestígio nas escolas.

O Liceu de Aristóteles e a Academia de Platão eram, ambos, *campi* ainda mais ambicionados do que Harvard ou Oxford, hoje em dia. Em Atenas, ainda nos tempos de Adriano e Juliano, iam estudar filosofia, provenientes do mundo inteiro, mais jovens do que os que hoje vão a Londres para aprender inglês. Em As *Nuvens*, Aristófanes nos restitui o espírito de então: "Brilhante e fresco como uma flor, passarás o tempo nos ginásios...

Descerás à Academia onde, debaixo das oliveiras sagradas, correrás coroado de verde cana com um amigo da tua mesma idade, sentindo o aroma da salsaparrilha, de tranqüilidade e do álamo branco que perde os seus omentos, gozando da estação primaveril, quando o plátano cochicha com o olmo."

Platão nos dá uma descrição mais fria, mas não menos significativa, do sistema escolar e das estruturas dos seus edifícios: os ginásios e as escolas públicas "encontrar-se-ão no centro da cidade em três locais distintos; enquanto no exterior da cidade, em outras três localizações em torno da mesma, estarão os picadeiros e os campos adequadamente aparelhados para o tiro com o arco e outros lançamentos, em função da instrução e do treinamento dos jovens... Em todos esses edifícios morarão na qualidade de hóspedes os mestres de todas as disciplinas, atraídos e convencidos pela remuneração. Eles ensinarão aos alunos as lições de todas as disciplinas concernentes à guerra e à música... Também as mulheres deveriam praticar os mesmos exercícios" (As *Leis*, VII, 804 c-d-e).

A educação inicial dos jovens e a educação permanente dos adultos constituem o coração de toda a política ateniense. Dela se ocupam não somente os textos declaradamente pedagógicos, mas, na prática, toda a produção literária, filosófica, política e artística. O cidadão ateniense aprende noções, normas e preceitos comportamentais, não somente quando criança, no seio da família, ou enquanto jovem, nos ginásios e nas academias, onde ensinam professores do calibre de Platão e de Aristóteles, mas também durante toda a vida, através das histórias figuradas nas superfícies dos vasos e nas paredes dos templos e por intermédio dos contos mitológicos, das representações sagradas, dos concursos poéticos, ginásticos e hípicos, das encenações teatrais, das estátuas, da música, da dança e dos simpósios. Para os atenienses livres, a vida inteira é uma "imersão total" na formação ética, estética, artística, física e política: sempre visando à felicidade terrena porque "todos devem passar, o máximo possível e da melhor forma possível, a própria existência em paz... jogando os jogos de que gostam, realizando oferendas, cantando e dançando" (As *Leis*, VII, 803 d-e).

PLATÃO: A RAZÃO, A AÇÃO E A ARTE

Os três textos máximos de politicologia de toda a antiguidade – A *República* e *As Leis* de Platão e A *Política* de Aristóteles – dedicam uma parte central à educação. Qual dentre os grandes politicólogos atuais faria a mesma coisa?

Para Platão, *educação* é tudo aquilo que "forma desde jovem à virtude, suscitando o amor e o desejo de realizar-se como cidadão, de forma a saber governar e ser governado, segundo a justiça" (*As Leis*, I, 643 e). Somente graças à educação, "o mais importante dos esplêndidos bens que recebem os melhores homens", aprende-se como vencer a imprudência e a injustiça através da razão, da ação e da arte; aprende-se a ser "superior a si mesmo", dominando os "dois conselheiros desatinados chamados prazer e dor" (I, 644 c). "Aqueles que são educados com integridade tornar-se-ão homens valorosos, e, tornando-se tais, agirão bem em todas as outras coisas" (I, 641 c).

Mas não basta a educação infantil e juvenil, que "constitui a correta orientação em direção aos prazeres e às dores, de modo que se odeie aquilo que se deve odiar, logo, desde o início até o fim, e se ame aquilo que se deve amar" (II, 653 c). É ainda necessária a formação permanente, de modo que os cidadãos educados para o Bem, para a Verdade e para o Belo, sejam recordados desses princípios imprescindíveis, caso corram o risco de um desvio. Com a educação permanente, de fato, "caso nos distanciemos da estrada mestra, podemos corrigir o nosso caminho" (I, 644 b).

No mais famoso ensaio de politicologia de toda a antiguidade, e talvez de todos os tempos – A *República* –, Platão inclui a análise da educação naquele mesmo capítulo VII, central de toda a obra, que se inicia com o célebre mito da caverna. As disciplinas de ensino colocadas em discussão como as mais adequadas para conferir um equilíbrio harmonioso aos melhores cidadãos, na paz e na guerra, são a ginástica, a filosofia, as artes, a música, a aritmética, a geometria, a astronomia e a dialética.

Cada uma dessas disciplinas deve ser ensinada e aprendida não com fins de um imediato utilitarismo. Por exemplo, os jovens educados ao governo da cidade devem ser orientados à matemática "não por interesse privado, mas até que atinjam com o intelecto puro a contemplação da natureza dos números, não a estudando como mercadores ou revendedores, capazes de vender e de comprar, mas para fins de guerra e para facilitar a conversão da própria alma no devir para a verdade e o ser" (VII, 426 b).

Enfim, o ensino não deve cansar os alunos, mas sim atraí-los: "Não educar à força os jovens nos vários conhecimentos, mas servir-se sobretudo do jogo, a fim de que tu possas discernir a inclinação natural de cada um" (VIII, 537).

Platão trabalhou por muitos anos para compor e burilar A *República*. Diz-se que a morte o colheu enquanto ainda corrigia, por mais uma vez, alguns dos rascunhos. Mas, antes de morrer, ele escreveu também um outro diálogo, interessantemente voltado para a politicologia: *As Leis*, o qual já citei e no qual retorna, de modo mais completo, ao tema da educação.

Cada um de nós pode ser inferior ou superior a si mesmo: depende da formação que recebeu. A educação positiva exercita para a virtude e forma os verdadeiros cidadãos, "enquanto aquela que tende à riqueza ou à força ou a qualquer outra habilidade que seja privada de intelecto e de justiça é vulgar, servil, e não é em nada digna de ser chamada educação" (I, 644 a).

A educação positiva é capaz de tornar belíssimos os corpos e as almas. O corpo deve ser formado por meio da ginástica; a mente, através da música; ambos – alma e corpo – são formados por intermédio dos coros, isto é, a união da dança com os cantos durante os quais os movimentos do corpo – tanto infantil quanto juvenil ou adulto – de descompostos transformam-se em harmônicos, de forma que os movimentos físicos combinam-se às melodias da alma: "Quem é bem-educado é capaz de cantar e dançar bem" (II, 654 b).

Portanto, a lista das disciplinas a serem ensinadas aos jovens compreende a ginástica, a música solista e coral, tanto a ser executada como ouvida, a dança, a gramática, a poesia, a arte de tiro com o arco e os lançamentos em geral, o uso das armas, a equitação, a matemática, a geometria, a astronomia e a caça.

Todos esses ensinos devem ser delegados a escolas públicas, com mestres bem remunerados pelo Estado, "enquanto os seus discípulos não serão somente os jovens, mas também os homens adultos que se encontram no Estado, assim como as jovens e as mulheres" (VII, 803 e).

Embora parta do pressuposto de que "a nobreza do ânimo e a tendência à coragem sejam próprias do homem, enquanto a propensão à ordem e à sabedoria deve ser atribuída à natureza feminina" (VII, 802 e), Platão considera, contudo, que a educação física e mental deve ser idêntica para ambos os sexos, de qualquer idade, senão um Estado, "partindo com os mesmos fins e devendo enfrentar as mesmas dificuldades, obtém a metade dos resultados, em vez do dobro" (VII, 805 a-b).

A educação proposta por Platão é, ao mesmo tempo, democrática e meritocrática: homens e mulheres devem dela usufruir igual e gratuitamente, mas apenas os melhores devem ser considerados excelentes, podendo, por sua vez, tornar-se mestres de vida e juízes de beleza. Tome-se, por exemplo, o juízo estético: quem é capaz de afirmar se uma poesia é bonita ou feia? "A Musa mais bela", responde Platão, "é aquela que alegra os ânimos dos melhores e daqueles que receberam uma educação adequada, mas sobretudo aquela que sossega aquele único que se distingue por virtude e por formação" (II, 659a).

O índice de audiência e de "aplausômetro" das nossas transmissões televisivas causaria horror ao filósofo: "Não como aluno, mas sobretudo como mestre dos espectadores deve ser o juiz, e é justo que assim seja, e deve-se opor a quantos provoquem nos espectadores um prazer inconveniente e injusto" (II, 659 b). Platão reforça o seu ponto de vista com um exemplo: "Antigamente também a lei dos gregos permitia aquilo que hoje é permitido pela lei da Sicília e da Itália, onde, confiando à maioria dos espectadores que julguem o vencedor levantando a mão, a lei arruinou os próprios poetas – eles compõem os seus versos para satisfazer o prazer de baixo nível desses juízes, de modo que são os próprios espectadores que os educam – e arruinou os prazeres do próprio teatro. Se, de fato, os espectadores, escutando vicissitudes que propõem costumes de vida mais nobres do que os seus, deveriam retirar disso um mais nobre proveito, agora acontece que, por culpa deles, fazem exatamente o oposto" (II, 659 b-c).

ARISTÓTELES: A NOBREZA DO ÓCIO

Aristóteles dedicou muitas obras ao homem como animal político, mas a suma das suas idéias a esse propósito, talvez a obra de politicologia mais completa e sólida de toda a antiguidade, é *A Política*, sobre cujas páginas formaram-se como tradutores os expoentes da intelectualidade da Idade Média e do Renascimento, desde Alberto Magno até Tomás de Aquino, de Maquiavel a Guicciardini.

De oito capítulos que constituem o tratado, parte do sétimo e todo o oitavo são dedicados à educação: como a dizer que, entre todas as questões concernentes ao funcionamento da *polis*, esta é a mais importante, constitui a coroação e merece concluir a obra inteira.

Enquanto Platão toma a linha da distinção entre a educação negativa, porque orientada ao ganho, e a educação positiva, dado que voltada à virtude, Aristóteles parte da diferenciação entre educação orientada para a atividade e educação voltada para o ócio. Como para Aristóteles o ócio é bem mais importante do que a atividade e como a música representa a disciplina que condiz com o ócio, é a ela que o filósofo de Estagira dedica toda a parte final de *A Política*. Em suma, um dos maiores tratados de politicologia do Classicismo conclui-se com uma longa reflexão sobre os tipos e os efeitos da música: algo inconcebível para um ensaio moderno de ciências políticas, focalizado no utilitarismo e no economicismo.

Mas, façamos falar Aristóteles: "É preciso, sim, desempenhar uma atividade e combater, porém mais ainda ficar em paz e no ócio, fazendo assim as coisas necessárias e úteis, mas muito mais as belas. Conseqüentemente, mirando esses objetivos, deve-se educar os homens, tanto quando são ainda jovens, como também depois, nas outras idades, cada e toda vez que se necessitar de uma educação" (VII, 14, 1333 b).

O objetivo da vida não é o domínio sobre os outros, mas a felicidade no viver. E ainda assim muitos governantes educam os cidadãos para a atividade e para a guerra, mas descuidam em educá-los para o ócio e para a paz, de modo que "a grande maioria dos estados militaristas permanece de pé quando combate, desmoronando após a conquista de um império: em tempos de paz, perdem a têmpera, como o ferro. O responsável é o legislador, que não os educou para viver no ócio" (VII, 1.334 a).

O gozo da prosperidade e permanecer no ócio em paz são condições ideais, mas, ao mesmo tempo, muito perigosas, pois podem desembocar na insolência. Esse é um dos raros pontos no qual o pensamento de Aristóteles coincide com o de Platão, que, por sua vez, havia escrito: "A educação pode levar à vitória, enquanto a vitória, por vezes, é privada de educação: muitos, com efeito, tornaram-se insolentes devido às vitórias reportadas na guerra, e devido a essa insolência encheram-se de numerosos outros males" (*As Leis*, I, 641 e).

Aristóteles repete muitas vezes que o ócio não é inércia do corpo e da alma, não é silêncio da virtude e nem deserto de sentimentos. A atividade e o ócio portam em si grandes oportunidades, mas também danosos germes de degeneração. Com o intuito de evitar essa degradação "são necessários coragem e força para a atividade, amor à sabedoria para o ócio e temperança e justiça em ambas as condições". Quanto mais se vive no ócio e na opulência, mais necessárias se tornam a sapiência, a temperança e a justiça (*A Política*, VII, 1.334 a). A educação serve exatamente para isso e deve estar atenta a que "o cuidado do corpo preceda o cuidado da alma e que depois siga-se o dos apetites; o cuidado dos apetites deve ser feito em função do intelecto, aquele do corpo, em função da alma" (VII, 1.334 b).

Hoje, diz Aristóteles (e está falando do seu tempo, mas nós podemos aplicar o que ele diz ao nosso), discute-se sobre quais devam ser as matérias de ensino. Descontado o fato de que, da mesma forma que o Estado é único, também assim a educação deve ser única e pública, sobre a prioridade de três matérias todos concordam: a ginástica, porque é útil à saúde do corpo, e a gramática e o desenho, porque são úteis à vida prática. Sobre uma quarta matéria – a música – alguns colocam dúvidas, mas Aristóteles é um corajoso defensor, a ponto de dedicar a ela, como eu já disse, toda a parte final do volume.

A atividade, ele diz, acompanha-se de cansaço e de tensão, portanto, de tanto em tanto, sente-se a necessidade de repousar, talvez jogando, distraindo-se. Mas a atividade tem como finalidade o ócio, e a educação não deve ensinar apenas a trabalhar corretamente, mas deve também ensinar a ficar no ócio nobremente.

Enquanto a atividade visa a alguma outra coisa, é instrumental, "o ócio parece que contém em si o prazer, a felicidade, um estado de vida bem-aventurado". Quem é ativo agita-se exatamente para conquistar algo que ainda não possui, enquanto a felicidade é um fim em si mesma e traz um prazer imediato. Nem todos concebem o prazer da mesma maneira, "mas cada um segundo o seu ponto de vista e a sua disposição: os melhores, de todo modo, buscam o melhor prazer, que é aquele que deriva das fontes mais belas. Conseqüentemente, torna-se claro que é preciso aprender algumas coisas com vista ao ócio que existe na distração nobre, e que essas disciplinas e essas noções são um fim em si mesmas" (VIII, 1.338 a). A música representa o exemplo mais genuíno, sendo ao mesmo tempo educação, diversão e recreação intelectual. Deve ser portanto incluída entre as matérias escolásticas obrigatórias: não porque ela seja necessária ou útil, mas porque "serve à obtenção da distração nobre que existe no ócio", merecendo por isso um lugar "naquela forma de recreação que é própria aos homens livres".

A VIDA ATIVA

Hoje a supremacia do trabalho não admite discussões. Caso se trabalhe, e só caso se trabalhe, tem-se direito ao salário, ao respeito social e à segurança de uma assistência médica, assim como de uma aposentadoria. O trabalho é uma categoria libertadora, gratificante, honrosa e santificadora. Quem conhece um ofício e tem vontade de trabalhar não ficará nunca sozinho, nem escravo, nem triste, nem ficará à mercê das tentações ou dos usurários, ganhará o paraíso na terra e um lugar no paraíso celeste.

Dubreuil, o operário francês autor de "Standards", uma surpreendente reportagem de 1930 sobre a sua experiência de trabalho nos Estados Unidos, escreve: "Ter uma profissão revelou-se no curso da minha viagem mais eficaz que possuir um talão de cheques. Nunca havia sentido, com tanto orgulho, a força produtiva e a independência do trabalhador." O trabalho é a realização de uma criação por meio da obra do homem, é dever social, expiação, legítimo orgulho, auto-realização, fonte socialmente apreciável de ganho. O trabalho nos faz humanos, cidadãos, sociáveis, produtores e consumidores; nos legitima a desejar e a obter.

Quando falamos de trabalho entendemos toda atividade remunerada, seja ela manual, física, intelectual, autônoma ou dependente. Uma atividade que, quanto mais onívora e veloz, mais é apreciada. Sobretudo se exercida pelo homem, ela exige a precedência absoluta sobre qualquer outra atividade: o amor, a família, a distração, o lazer, as práticas religiosas, a formação e a saúde. Um bom trabalhador – seja ele bombeiro, gerente, empresário, puxa-saco ou ministro – irá se vangloriar de não ter um minuto de trégua ou um só dia de férias, de ficar no escritório até altas horas, de ter que levar trabalho para casa, de ser localizável e disponível 24 horas, durante todos os santos dias do ano.

Antes do advento industrial não era assim: por definição, a aristocracia e o clero não trabalhavam; os camponeses trabalhavam segundo os ritmos sazonais, com exceção de todos os dias chuvosos; os artistas e os artesãos, salvo exceções raras e ilustres, tinham poucas encomendas e prazos bem longos para satisfazê-las. Somente na guerra havia um compreensível incentivo a acelerar as marchas, os avanços e as retiradas.

Antes ainda, nos longos séculos da pré-história, os ritmos de trabalho e de vida deviam ser ainda mais lentos, caso se interprete os testemunhos do passado. Observando alguns povos primitivos que ainda vivem nos nossos dias, Sahlins[7] e Malinowski[8] demonstram que os caçadores e os coletores dedicam a essas suas atividades vitais de duas a quatro horas diárias, porque as suas necessidades são extremamente limitadas, porque não são movidos por interesses pessoais nem pela economia de troca, porque todos os tipos de produção são realizados em grupo e também porque o trabalho assume, com freqüência, a modalidade de um jogo, de uma disputa amiga ou de distração, e, assim, não se é induzido a desempenhá-lo com pressa, mas a saboreá-lo lentamente. Já vimos que, ainda durante a Grécia de Aristóteles, toda atividade de troca com fins de lucro era repreendida. E muitos de nós já vivemos a divertida e extenuante experiência de negociação de preço numa feira africana, onde o vendedor tem a expectativa de uma longa discussão, não tanto para obter um maior ganho, mas muito mais para poder jogar pelo maior tempo possível as perenes comédias da astúcia mercantil.

O SIMPÓSIO

Os gregos denominavam "simpósio" a prática de permanecer à mesa após o jantar para conversar entre amigos, bebendo vinho. Em geral, as coisas ocorriam da seguinte forma: finda a refeição, os escravos tiravam a mesa e as mulheres se retiravam. Com os comensais do sexo masculino permaneciam um copeiro, um ou mais músicos encarregados de tocar uma melodia de fundo, adequada a criar uma atmosfera agradável, sem perturbar. Segundo os casos e os participantes, a reunião podia tomar um rumo frívolo, debochado e embriagado ou podia desembocar numa direção mais séria: neste caso os presentes indicavam um "simposeuta" – um *chairman*, diríamos hoje –, que propunha um tema para discussão, coordenava as intervenções, vigiava para que fosse mantida a compostura do encontro, reforçava a dinâmica do grupo, dirigia a reflexão para aspectos ainda não-explorados, sintetizava as conclusões e esclarecia os termos dos eventuais desacordos.

Segundo o costume correto, o ritmo das intervenções era ditado pela passagem, de mão em mão – de boca em boca –, de um cálice que o copeiro providenciava para manter sempre repleto de bom vinho. Quem, segundo o turno, tinha o direito de falar expunha o próprio ponto de vista e bebericava do cálice, segurando-o com as duas mãos e mantendo-o bem à vista. Quando tivesse terminado a sua fala, passava o cálice e a palavra ao comensal sentado ao seu lado. E assim por diante, várias rodadas, até altas horas.

Não nos ocuparíamos dessa prática aqui caso se tivesse tratado de um simples costume gastronômico e de entretenimento. O fato é que ela ofereceu o cenário para o mais famoso diálogo de Platão, *O Banquete*,* o próprio Platão lhe dedica uma longa reflexão, de até dezenas de páginas, no seu livro fundamental sobre *As Leis*. E por quê?

Platão insere a sua reflexão sobre o banquete-simpósio, numa discussão mais ampla sobre a educação e o indica como uma das alternativas mais originais de formação permanente, isto é, de técnica pedagógica destinada aos adultos, desde que desenvolvida corretamente, sem degenerar para uma esbórnia coletiva. Para que o método funcionasse da melhor forma possível, eram necessários muitos fatores: um grupo de interlocutores unidos pelo laço da amizade e separados pela dialética; uma justa dimensão desse grupo; uma boa combinação dos convidados sob os aspectos de faixa etária, personalidade e competência; música de boa qualidade a um baixo volume; enlevação sem embriaguez; o leve torpor provocado pela comida; aquele entusiasmo crescente devido ao vinho; o avançar das horas no coração da noite; a autoridade e o carisma do "simposeuta" que tem a tarefa de presidir "a benévola reunião de amigos com outros amigos", como "guia privado de conturbações... guardião da amizade que se estabelece entre os participantes", vigilante a fim de que, no curso da reunião, esta não passasse por uma fase cansativa, mas que, pelo contrário, se reforçasse sempre, num contínuo crescimento.

Todos esses fatores conspiravam a favor de um suave estado de graça, de uma produção de idéias fecundada pelo ricochete criativo entre os vários interlocutores, de modo que a idéia de um estimulava idéias no outro.

---

* O título em italiano mais consagrado desta obra é O *Simpósio*, também usado neste contexto pelo autor. (N. do T.)

Platão assegurava que essas conversas entre bebedores, quando se desenvolviam com correção, contribuíam eficazmente para a educação dos atenienses, facilitando a reflexão coletiva sobre temas cruciais (o amor, a amizade, a paz, a guerra, o Estado, a democracia e a felicidade), a intuição de novas idéias, a criação de uma linguagem comum e de uma abordagem comum na busca da verdade. O banquete-simpósio oferecia uma ocasião preciosa para revelar os traços de personalidade mais recônditos de cada um dos participantes, para instigar a acuidade especulativa, para desnudar a astúcia da razão, para saborear os recursos e as carências dialéticas e para avaliar a capacidade de contribuir para a criatividade coletiva.

Em outros termos, o simpósio constitui uma das técnicas mais refinadas para criar e estimular os grupos criativos, um método de ócio criativo inventado pelo povo mais ocioso e mais criativo de todos os tempos, um método que pode ser unido àqueles outros, muito diferentes, mas também originais e intensos, colocados em prática muitos séculos mais tarde, seja pelos inventores do *brain storming*, *think tank* e *cinéticas* variadas, seja por alguns grupos geniais como os da equipe de farmacologia de Pasteur em Paris, a escola de arte fundada por Mackintosh em Glasgow, o Círculo Matemático de Guccia, em Palermo, caso nos atenhamos às pequenas dimensões. Ou então passa-se a grandes ou imensas dimensões, como a massa de arquitetos, urbanistas, botânicos e artesãos coordenados por Lúcio Costa e Oscar Niemeyer em Brasília, a esquadra de técnicos que cooperam para as corridas de Fórmula 1 no mundo inteiro, os milhares de cientistas que trabalham no CERN em Genebra, ou ainda a massa variada de artistas, artesãos, desenhistas, músicos, cantores e dançarinos que tornam sublime o carnaval do Rio.

Platão diz ter participado de muitos simpósios, de muitos banquetes em muitos lugares, quase nunca perfeitamente organizados, mas permaneceu convencido da sua eficácia e encoraja o seu uso freqüente, desde que correto. Chega até a considerá-lo um costume típico da cultura ateniense, que deu uma séria contribuição à primazia intelectual desta última cidade sobre Esparta ou sobre Creta.

O que Platão sublinha é o papel da enlevação, cuja natureza é afim àquela da música, confluindo ambas à discussão sobre a educação como um todo. Dado que "os bons são capazes de dominar a si mesmos, os maus não" (I, 644 b), e dado que "a razão é bela, temperada e privada de violência" (I, 645 a), o simpósio-banquete oferece a ocasião para exercitar-se numa razoável sobriedade racional e reforçá-la exatamente quando o vinho torna mais intensos os prazeres e as dores, a ira e o amor, as sensações e a memória, as opiniões e os pensamentos.

"Pelo que parece, não só o velho torna-se criança uma segunda vez, mas também o embriagado" (I, 646 a). O banquete, quando se desenvolve corretamente, pode restituir a fantasia livre do jovem, deixando-nos a sábia concretude do adulto, pode nos ajudar a superar o pudor sem nos fazer cair na impudência, pode fazer com que nos exercitemos em vencer o poder perturbador do vinho retorquindo-o com a força superior da razão, pode nos deixar logo alegres, dando-nos uma sensação de esperança e de segurança, e pode nos colocar à vontade, livres para falar, desvinculados de obstáculos ou de tabus.

O uso cuidadoso do vinho durante o banquete-simpósio garante um meio simples, seguro e rápido para conhecer a índole e os humores de cada um dos comensais, as suas capacidades de se autocontrolar ou de se liberar, as suas virtudes e os seus vícios, a sua propensão ao prazer e ao amor, assim como a sua repulsão ao ódio e à dor.

A atmosfera criada pelos sons é como um fluido no qual as idéias podem, prazerosamente, flutuar. Enquanto isso, a sutil competição de inteligência que se deflagra entre os comensais garante a justa dose de disputa necessária a estimular posteriormente a criatividade. A situação que se vem a criar é alegre, estética e propícia: "Pensamos experimentar o prazer quando nos encontramos numa feliz circunstância, ou de nos encontrar numa feliz circunstância quando experimentamos o prazer" (II, 657 c).

O simpósio será tão mais prazeroso, criativo e belo quanto mais educado, refinado e bem-formado for o ânimo daqueles que dele participam. O banquete é uma arte elitista porque nele é considerado belo não aquilo que agrada à maioria, mas aquilo que agrada aos melhores. Somente a competência intelectual e a excelência moral autorizam a produzir o belo e a definir o feio.

Celebra-se, assim, o matrimônio entre a alegria, a beleza, o aprendizado e a verdade; entre a imaginação e a capacidade de realização, entre a fantasia e a concretude, entre a estética e a prática: "O aprendizado acompanha-se de uma certa alegria, isto é, o prazer, mas o seu valor, a sua utilidade e aquilo que nele é belo e bom derivam plenamente da verdade" (II, 667 c).

Dediquei-me tão longamente à análise que Platão faz do banquete-simpósio porque se trata, talvez, da primeira reflexão sistemática sobre os processos criativos de grupo e sobre as técnicas para torná-los fecundos. Uma reflexão ainda mais convincente se confrontada ao diálogo sobre o amor – a alma de *O Banquete* –, no qual a teoria elaborada em *As Leis* encontra uma brilhante exemplificação prática.

Aquilo que Platão defende e valoriza é a fase de enlevação graças à qual o estado inconsciente da mente expande-se para o estado consciente, determinando aquela síntese mágica que, mais de 2.000 anos depois, Silvano Arieti teria identificado como a essência da criatividade.[9] Uma síntese mágica, mas suave, potente mas serena, que nada tem a ver com o recurso desenfreado a drogas por parte de artistas que perseguem presumíveis ou esvaecidas inspirações.

Quando o grupo – graças à música, à enlevação, aos meios-tons, à recíproca estima e simpatia, assim como à vigilante dialética – cai num estado de graça que se assemelha àquela suave condição entre o despertar e o adormecer, quando os pensamentos de cada um, tornados incandescentes, confluem para uma inteligência coletiva, quando os freios da razão ainda não foram suprimidos e a tentação do abandono já seduz – "*le dérèglement de tous sens*" (o desregramento de todos os sentidos), diria Rimbaud –, só então a criatividade torna-se lúcida, plena e generosa, oferecendo os seus frutos a toda a comunidade.

Graças a Platão, ao seu banquete e aos seus convivas, o nosso caminho em direção à essência da criatividade sofreu uma providencial aceleração. Mas ele é apenas uma das infinitas formas na qual se articula a dinâmica do pensamento grego. Uma rápida reflexão sobre uma outra dessas formas – a *metis* – pode nos fornecer uma posterior e preciosa pedrinha desse nosso mosaico, antes de esboçarmos uma teoria geral da criatividade.

A *METIS*

Sabemos, com certeza, que a Grécia fez com que déssemos um salto de época no nosso desenvolvimento humanista. Antes da *Ilíada* ou da *Odisséia*, nenhum povo jamais havia escrito poemas daquela grandeza. Antes de Sólon, ninguém havia promulgado leis constitucionais de tamanha robustez. Antes de Píndaro, de Fídias e de Ésquilo, ninguém havia escrito versos, esculpido estátuas e erguido templos tão gloriosos.

Surpreende a rapidez com que avança a descoberta dos gregos no campo humanista, assim como surpreende o perdurar da intencional imperícia deles no setor técnico-científico. Porém, surpreende mais ainda que as metas alcançadas pelos gregos, os níveis aos quais eles conduziram a especulação filosófica, a experimentação política, a elaboração dramatúrgica e a exploração artística não tenham sido, em muitos sentidos, superados 2.500 anos depois, apesar do vertiginoso crescimento numérico da população mundial, dos alfabetizados e dos intelectuais que se dedicam à filosofia, à política e à arte.

Para quem, como eu, estuda sistematicamente a sociologia da criatividade, trata-se de um problema talvez insolúvel, mas certamente fascinante, que merece todos os esforços heurísticos e a verificação precisa de toda e qualquer hipótese explicativa, antes de atribuirmos a concentração de tantos gênios e de tantas obras-primas ao simples capricho do acaso ou da providência.

Já indiquei algumas variáveis de ordem histórica, geográfica e climática que poderiam ter contribuído para a explosão da criatividade grega. Caso se busquem outras, é necessário exigir que sejam fatores coerentes no tempo, ativos em vários níveis, difundidos em diversos estratos sociais, mas também convergentes para um único modelo de vida, um comportamento espiritual, uma forma de pensamento, um modo de conhecer e de trabalhar estimulado pela criatividade e um empenho categórico de transformar a existência humana numa obra de arte.

Um desses possíveis fatores criativos pode ser identificado na atitude em relação ao trabalho e em relação ao ócio; um outro na particular concepção do bem-estar e da riqueza; e um outro ainda nos métodos educacionais. Mas particularmente rica de indícios me parece a pista que pode ser identificada na *metis*, isto é, naquela forma de pensamento recorrente junto aos gregos que compreende as várias "astúcias da inteligência", descritas de forma sedutora por Marcel Detienne e Jean-Pierre Vernant.[10]

Ao caráter grego vem habitualmente associado o dom ambíguo da astúcia, que encontra em Ulisses o seu expoente máximo. Até mesmo na galeria multicolorida de personagens de Salgari aparece garbosamente o grego astuto, capaz de chegar pelo atalho da esperteza lá onde outros recursos não lhe teriam permitido alcançar. É provável que a própria natureza da astúcia da razão, o seu caráter fugidio e ubíquo, tenha desencorajado a razão de se interessar pela astúcia. Talvez por isso os profissionais gregos do pensamento, isto é, os filósofos, não nos tenham legado nenhum tratado sobre o assunto, limitando-se a abordá-lo de viés.

Segundo Platão e Aristóteles, o homem dotado de *metis* apresenta duas qualidades. A primeira consiste na agudez, na vivacidade e na fineza de espírito, graças ao que a mobilidade da inteligência se une à rapidez da ação. Para Platão, os campos nos quais tudo isso se desenvolve ao máximo são a pesquisa intelectual e o processo de decisão. Para Aristóteles, esses campos são estendidos a toda e qualquer atividade que necessite de refinamento do espírito. A outra qualidade ligada à *metis* consiste na precisão do golpe de vista, na mira exata, e em saber canalizar todos os recursos para o objetivo prefixado ("fixando um só fim, lançando como dardos, em direção a este fim, todas as coisas", afirma Platão em *As Leis*).

Mais do que isso, explicitamente, nada se diz. É necessário, portanto, buscar os rastros da *metis* na profundeza da cultura helênica, entre as pregas da história e da arte grega, nos labirintos da mitologia, sob a superfície dos raciocínios explícitos. Tomemos como exemplo duas passagens de *As Leis* de Platão. A primeira diz: "Segundo o nosso modo de ver, a moleza torna a índole dos jovens inquieta, irascível e excessivamente mutável e vulnerável às pequenas coisas, enquanto, ao contrário, uma submissão demasiado forçada os faz mesquinhos, escravos e misantropos, os torna pessoas completamente nocivas" (VII, 791 d). A segunda passagem afirma: "Uma vida vivida com retidão não deve buscar os prazeres e nem mesmo, por outra parte, evitar completamente os sofrimentos, mas deve, em lugar disso, privilegiar a via do meio que ora definimos como serenidade, disposição que todos, sem errar, segundo a voz profética da adivinhação, atribuímos à divindade" (VII, 792 c-d).

Essas citações de Platão – e infinitas outras poderíamos retirar de toda a ilimitada literatura grega – oferecem dois exemplos de disposição ao pensamento complexo, que coloca o indivíduo diante da necessidade de encontrar de quando em quando uma via do meio, de manobrar sabiamente entre instâncias opostas, assim como de fazer um apelo vigilante à flexibilidade e às astúcias da inteligência. Eis, exatamente, em que consiste a *metis*.

Como já vimos, os gregos combinaram entre si duas formas de pensamento herdadas uma do Egito e outra da Mesopotâmia: linear, imediata, inflexível e retilínea – a *thesis* –, e sinuosa, ambígua, envolvente, curvilínea e reticular – a *metis*. É legítimo aventar a hipótese de que exatamente a síntese entre essas duas formas de pensamento, a combinação da perspicácia com a destreza, da intuição fulminante com a paciente reflexão, da imaginação desenfreada com a concretude domesticada pelas regras, sejam – junto a outros fatores que estamos explorando – a base da insuperável criatividade humanista da Grécia clássica, na qual gostaríamos de penetrar e descobrir as causas secretas e, na medida do possível, reproduzir, também durante os nossos dias, as fecundas condições.

Esse complexo entrelaçamento de modelos culturais, atitudes mentais, tendências operacionais e filosofias existenciais, que pode ser reconduzido ao conceito de *metis*, não se refere somente à fantasia, à pura imaginação, ao simples vagar do pensamento, mas à inteligência empenhada nas soluções práticas de problemas concretos, por si sós exorbitantes em relação aos recursos racionais de que dispomos e que, todavia, temos a intenção de resolver recorrendo a outros instrumentos, de natureza metarracional, que pertencem à astúcia, à acuidade, à intuição, ao estratagema, à atenção, à destreza, à desenvoltura, à agilidade, à precisão do golpe de vista, à rapidez mental e à habilidade de desembaraçar-se de estorvos ou impedimentos.

A *metis* é uma qualidade intelectual que abundou entre os gregos, disposta entre a genialidade e a fraude, entre o raciocínio afiado e o charlatanismo, entre a capacidade adquirida ao longo dos anos de experiência e a habilidade exibida num relâmpago, entre "o inquietador prestígio de uma inteligência por demais versátil"[11] e um saber aproximativo. Uma qualidade que, de toda forma, "aplica-se a realidades fugazes, móveis, desconcertantes e ambíguas, que não se prestam à medida precisa, nem ao cálculo exato, nem ao raciocínio rigoroso".[12] Quem possui *metis* dispõe de uma capacidade mental tão elástica, maleável, flexível, que é capaz de abri-la e encurvá-la em todas as direções.

Por que essa forma de inteligência é assim tão importante para quem estuda a criatividade? Porque representa uma ponte lançada da concretude para a imaginação; a necessidade de resolver um problema prático mediante a adoção, sem preconceitos, de meios engenhosos, inéditos e surpreendentes, desde que capazes de assegurar uma solução. A *metis* é um dos dois ingredientes que, junto à *thesis*, permite a mistura à qual pertence o ato criativo. Mas, ao mesmo tempo, é ela mesma uma síntese, uma combinação, uma mistura: logo, constitutivamente predisposta a compor sínteses posteriores, cada vez mais complexas.

Enquanto no pensamento chinês e também no indiano o ser e o devir, o sensível e o inteligível interpenetram-se, para o pensamento grego há uma clara separação entre esses mundos que não se tocam, mas se confrontam, dando vida a um irredutível confronto: "De um lado, o domínio do ser, do uno, do imutável, do saber seguro e estabelecido; do outro lado, o reino do devir, do múltiplo, do instável, do ilimitado, da opinião oblíqua e ondulante." Só a *metis* é capaz de permitir, facilitar e restituir o contato entre esses dois planos, de modo que possam ser sublimados numa síntese criativa "caracterizada exatamente por um contínuo movimento de balança, por um incessante ir-e-vir entre pólos opostos... O indivíduo dotado de *metis*, homem ou deus, quando se arrisca numa realidade múltipla, mutável, quase inapreensível devido ao seu poder polimórfico, não pode dominá-la, isto é, reduzi-la aos limites de uma forma única e fixa, sob a qual controlá-la, a não ser que se mostre, ele mesmo, ainda mais múltiplo, móvel e polivalente que o adversário".[13]

O conceito de *metis* honra o requisito da poliedricidade: compartilha muitos planos da realidade, perdura no tempo, cortando transversalmente toda a cultura clássica. Ao seu domínio pertencem Atena e Hefesto, Hermes e Afrodite, Zeus e Prometeu; e pertence, no mais alto grau, também Ulisses ("Ambos", lhe diz Atena no décimo terceiro canto da *Odisséia*, "conhecemos bem as astúcias: dentre todos os mortais tu és o melhor em conselhos e discursos; eu, dentre todos os deuses, sou famosa pela *metis* e pela sagacidade"); e pertence a perspicácia prudente de Antíloco, que, para zombar de Menelau, simula a loucura (e pertencerá, muito mais tarde, também a loucura fingida de Hamlet, que provoca a loucura real de Ofélia); pertencem o caçador e a caça; o sofista e o político; pertence o fogo, doméstico e assustador ao mesmo tempo, que esquenta e que destrói, que foge ao controle e que pode ser submetido até cinzelar diademas; pertencem o pescador, o caçador, o médico, o estrategista, o sofista, o tecelão, o navegador, o carpinteiro, o cocheiro e o cesteiro; pertencem a raposa com as suas subversões e o polvo com a sua polimorfia, mas também os anzóis, as redes, os laços, os alçapões, o labirinto, o ardil, o jogo de enigmas e tudo aquilo que é tramado e maquinado, o ver sem ser visto, assim como o vigilante olho vivo que nunca pisca.

A *metis* revela e facilita a composição do contraste entre tudo aquilo que é curvo, oblíquo, ambíguo, flexível, maleável, dobrável, tortuoso e pluridirecional, com tudo o que é pontual, direto, unívoco e unidirecional. Tudo o que surpreende e flagra, por outro lado amarra e compõe. Por isso, a *metis* é sempre um desafio ao existente e uma ameaça à ordem constituída, o forçar de uma saída a ser escancarada em direção a novos horizontes.

Através da mitologia e da prática do pensamento que chamamos *metis*, os gregos venceram bem antes de nós o desafio da complexidade, compreendendo antecipadamente que, para penetrar e gerir o mundo em transformação, é necessário transformar-se junto com ele; que a inteligência deve ser também movimento; que o observador deve abandonar toda ilusão de neutralidade e se considerar no interior da realidade observada; que o ator deve reverter os limites em oportunidades: "Que se trate da inteligência astuta cujo modelo originário nos é oferecido pela caça e pela pesca... ou se trate dos estratagemas do guerreiro quando age de surpresa; da artimanha ou da emboscada; da arte do piloto que dirige a embarcação contra ventos e marés; ou da astúcia verbal do sofista que inverte contra o adversário o argumento excessivamente forte, do qual este último havia se servido; ou ainda do engenho do banqueiro ou do comerciante que, como prestidigitadores, conseguem muito dinheiro a partir do nada; ou ainda da prudência cautelosa do político, cujo fruto sabe pressentir, antecipadamente, no curso incerto dos acontecimentos; ou da habilidade manual, segredo do ofício que dá aos artesãos o poder sobre uma matéria mais ou menos rebelde aos seus esforços industriosos: a *metis* preside todas as atividades nas quais o homem deve aprender a manobrar forças hostis, demasiado poderosas para serem controladas diretamente, mas que podem ser utilizadas, a despeito delas, sem nunca enfrentá-las diretamente, a fim de levar a termo, com uma sacada imprevista, o projeto meditado."[14]

Portanto, os deuses dotados de *metis* são ubíquos, têm a rapidez do relâmpago e podem manifestar-se por toda parte, com a velocidade do pensamento. E, dado que os deuses não morrem nunca, a única possibilidade de lhes bloquear a *metis* consiste em amarrá-los e amarrá-los novamente, aniquilando-os com sortilégios no estado de quase-morte que é o sono. Do mesmo modo, hoje e sobre a terra, a criatividade de milhões de trabalhadores é bloqueada por intermédio de vínculos de procedimentos, de regulamentos, de proibições e de isolamento e ainda pelo torpor causado por aquela posição soporífera que é a atividade repetitiva e privada de sentido.

FESTINA LENTE

Na guerra do Peloponeso, Tucídides diz que os gregos "são aventurosos para além do próprio poder e audazes para além do próprio juízo... Eles colocam-se em dificuldades e perigos todos os dias das suas vidas, com pequenas ocasiões para o prazer".

Se era assim que lhe parecia a Grécia clássica, me pergunto que efeito lhe teriam hoje as empresas pós-industriais, com toda a efervescência dos seus gerentes correndo de um lado para outro do planeta, infectados pelo bicho-carpinteiro do mercado, da competitividade e da livre concorrência. Hoje, o planeta inteiro, dos assépticos escritórios de Seattle aos porões do trabalho infantil na Coréia ou em Hong Kong, é um imenso formigueiro atarefado, um infernal canteiro de obras que marcha com ritmos cada vez mais ferozes, como se nenhuma máquina jamais tivesse sido inventada e como se ninguém jamais tivesse refletido sobre o sentido da vida. Em 1935, Bertrand Russell, no seu belo panfleto de elogio ao ócio,[15] escrevia: "Continuamos a desperdiçar tanta energia humana quanto era necessária antes da invenção das máquinas." E sabiamente acrescenta: "Nisso fomos idiotas, mas não há razão alguma para que continuemos a sê-lo."[16]

O enorme desperdício de tempo, dinheiro e saúde a que se reduz esse frenético atolar-se de trabalho tem como resultado final uma grande ineficiência no seu conjunto, em nome de mil pequenas eficiências particulares, uma matança do tempo que deveria ser valorizado, um descuido da vida real para se limitar a ganhar e a gastar dinheiro.

Os gregos sentiam que viviam quando desfrutavam do ócio e quando jogavam, porque só no ócio podiam se empenhar no bom funcionamento da democracia e somente através do jogo podiam criar coisas belas e prazerosas. A guerra e a atividade, assim prenunciava Aristóteles, deveriam ser dirigidas à paz e ao ócio, não ao enriquecimento.

Nós, pelo contrário, para que nos sintamos vivos, nos afobamos na produção de coisas inúteis e de desigualdades crescentes. O excesso de trabalho, do qual na Grécia até os escravos eram poupados e que, na sociedade industrial, os operários combateram como exploração, hoje representa algo de que milhões de funcionários, profissionais liberais, gerentes e empresários se gabam com ostentação, descuidando da vida familiar e social, do amor, da amizade, do lazer e da cultura para atordoar-se de fadiga nos expedientes extraordinários.

A vida social que para Tucídides parecia convulsa e agitada, em relação aos nossos ritmos cotidianos, transcorria sob a insígnia de uma lenta rapidez: *festina lente*. Lentidão do corpo que acelerava a rapidez do pensamento. Nenhum grego jamais viajou a uma velocidade superior àquela do cavalo; nenhum grego, nem mesmo escravo, jamais trabalhou mais de cinco ou seis horas por dia; nunca dois gregos puderam conversar permanecendo a uma distância de mais de 100 metros um do outro. Mas nenhum homem depois de Sócrates ou depois de Platão e Aristóteles jamais produziu reflexões filosóficas tão vastas e surpreendentes; homem nenhum depois de Sófocles ou Fídias produziu obras-primas artísticas tão perfeitas.

Talvez a criatividade artística e filosófica obedeça a regras muito diversas daquelas que presidem a criatividade científica e técnica, ainda que, como veremos, os processos neuronais que regem as duas formas de criatividade pareçam ser idênticos. Talvez para escrever poesias como as de Safo, para pintar telas como as de Velásquez, para construir um sistema filosófico como o de Kant, para conceber dramas como os de Shakespeare, para compor sinfonias como as de Mozart ou um concerto como os de Vivaldi sejam necessários condições objetivas e estados de ânimo pessoais bem diferentes daqueles que podem facilitar a criação de um novo *software* ou de uma nova macromolécula. É bem provável que a relação com o tempo, a sua gestão, a pressa e a calma constituam fatores cruciais do processo criativo: a *urgência* aguça o engenho quando é necessário bolar uma solução prática, já a *tranqüilidade* predispõe o ânimo a compor e a apreciar a beleza. Com certeza os gregos oferecem-nos a experiência simultânea de uma grande criatividade artística e de uma exemplar gestão do tempo. A sua obstinada rejeição tanto em relação à máquina quanto aos ritmos mecânicos dela derivados, assim como a busca por métodos sempre mais refinados para transformar o ócio num modelo de vida excelente, não pode ter permanecido estranha à sua surpreendente produtividade criativa.

A partir da Inglaterra de Bacon, da França de Descartes e da Itália de Galileu, o comportamento mental em relação ao progresso tecnológico mudará radicalmente, e a boa qualidade de vida será cada vez mais identificada com o bem-estar material, com o triunfo da razão sobre os sentimentos, com a posse e a ostentação de bens e com a capacidade de produzir riqueza através do trabalho. O ócio irá se tornar um desvalor, mesmo se a aristocracia prosseguir vivendo nos ombros dos outros; o saber científico e tecnológico será cada vez mais apreciado, em detrimento do saber humanista; o trabalho irá se tornar uma categoria central, devoradora, codificada, legal e moralmente sancionada.

Quando se chegar à *New Economy*, os valores serão completamente invertidos em relação à hierarquia compartilhada por Platão e por Aristóteles: ser desempregado é sinônimo de permanência no mais baixo degrau da pirâmide social; os menos ricos trabalharão pouco, em horários bem definidos e decrescentes; os mais ricos trabalharão dia e noite, dedicando-se exclusivamente à própria atividade profissional, levando em consideração todo o resto (a política, as relações afetivas, a sociedade e o lazer) apenas à medida que isso puder trazer vantagens para a carreira e para os lucros.

Durante os 200 anos da sociedade industrial, uma parte considerável da luta de classes dirá respeito exatamente à reconquista do ócio, por intermédio da redução do horário de trabalho. Porém a vida cotidiana será tão cansativa e estressante que toda a mente e todo o corpo permanecerão mortificados a tal ponto que não conseguirão desfrutar do ócio. Ao contrário daquilo que desejava Aristóteles, o repouso será em função do trabalho, e os ritmos de trabalho estarão tão incutidos no trabalhador, que o acompanharão, no seu inconsciente, durante o sono ou nas férias. Até mesmo quando fizer amor, não será ele a amar, mas a máquina que nele habita, como observou Jean-Paul Sartre.

Por outro lado, todo o sistema educacional, que para Platão e para Aristóteles devia ter como objetivo a formação ética e estética, o refinamento do gosto e a preparação do cidadão para a vida democrática, durante a sociedade industrial, preocupou-se sobretudo em preparar o jovem para o trabalho e a carreira. Família, escola, empresa e mídia competiram em direcionar e adestrar para a profissão, assim como em construir ligações cada vez mais estreitas entre o mundo da instrução e o da produção. A concorrência entre as empresas do mercado foi antecipada por aquela entre os alunos na escola. Tudo conspirou para fazer do adulto um produtor eficiente e um consumidor insaciável.

Por mais crítico que se queira ser em relação ao sistema industrial, não se pode negar que ele se revelou capaz de proporcionar progressos científico-tecnológicos não menos surpreendentes que os progressos humanistas que o mundo helênico foi capaz de produzir. Tudo indica que se possa deduzir que a lentidão facilite não só a reflexão filosófica e a produção artística, mas também uma maior sabedoria, aquele maior equilíbrio interior que permite melhor apreciar a beleza e a verdade, atingindo níveis mais elevados e mais estáveis de bem-estar interior. Já a velocidade parece convir à pesquisa científica, facilitando as suas invenções e as suas aplicações tecnológicas, mas reduzindo a atitude que as traduziria numa melhor qualidade de vida.

Permanece contudo difícil demonstrar que nos processos criativos existam regras e menos ainda regras constantes: como já recordei, o grupo de jovens físicos reunidos em torno de Enrico Fermi foi muito fecundo em termos de descobertas científicas, embora seguissem um ritmo de trabalho muito equilibrado e aliviado por felizes e freqüentes férias; os biólogos da Estação Zoológica, fundada em Nápoles por Anton Dohrn, apreciavam interromper freqüentemente as suas pesquisas para se reunir numa bela sala projetada por Hildebrand e com afrescos de Von Marées, onde ouviam concertos de música de câmara; Crick e Watson não abriam mão do chá cotidiano, do tênis e da ida ao cinema, nem mesmo durante as fases mais empolgantes da sua bem-sucedida pesquisa sobre a estrutura do DNA.

O ÓCIO GLOBAL

Há um aspecto da historiografia romana que sempre me surpreendeu: a escassez de estudos sobre o papel desempenhado pelas termas na vida pública e na vida privada, tanto em Roma como entre os povos submetidos ao seu jugo.

Por pelo menos cinco séculos, a partir do século II a.C., a maior parte dos cidadãos romanos, em Roma e em todo o mundo então romanizado, saía de casa e ia às termas, onde desenvolvia a maioria das suas atividades, intercalando o cuidado com o corpo com a diversão, o estudo e os negócios, até o pôr-do-sol. Por pelo menos cinco séculos os romanos dedicaram aos edifícios termais a mesma atenção, investimentos financeiros de igual monta e uma pesquisa técnica e formal idêntica à que os gregos haviam dedicado à construção dos templos. Por pelo menos cinco séculos os romanos identificaram as termas com seu próprio modelo de vida e de civilização, difundindo-o pelo mundo inteiro como a forma máxima e a garantia da romanização.

Apesar disso, os estudos a respeito permanecem sendo surpreendentemente escassos, ainda que os vestígios sejam, felizmente, numerosos e tão bem conservados que permitem não só a admiração estética e técnica, mas também a reconstrução bastante exata do papel indiscutível que as termas desenvolveram na evolução dos processos criativos.

As termas não são uma invenção romana, mas grega: em Olímpia, elas já existiam no século V a.C.; as de Pompéia remontam ao quarto século, e as de Baia são um pouco posteriores. Exatamente nestas últimas, talvez inspirando-se nas fumarolas das minas de enxofre de Pozzuoli, o empresário Sergio Orata inventou o aquecimento dos ambientes, graças ao ar quente emitido pelas fendas das paredes ou dos pavimentos.

Mas no mundo grego, onde as relações sociais se davam sobretudo na ágora, as termas não chegaram jamais a ocupar, como em Roma, um lugar de primeiro plano na organização da atividade cotidiana, das relações econômicas, do costume e da vida política e cultural. Somente com Roma o ócio tornou-se uma categoria global, a sabedoria uniu-se numa ligação tenaz com o poder e o indivíduo passou a ter de exercitar toda a sua inteligência para defender a serenidade diante da pressão de uma organização social na qual prevalecia a preocupação com a expansão do império e com a defesa de suas fronteiras. Basta vislumbrar os títulos das reflexões mais interessantes para se compreender quais eram as aspirações da sabedoria romana: *De Finibus Bonorum et Malorum* (Sobre os fins das boas e más ações), *De Senectute* (Da velhice), *De Amicitia* (Da amizade) são algumas das obras com que Cícero romanizou a cultura grega de forma eclética, conferindo-lhe rigor e estilo. *De Brevitate Vitae* (Da brevidade da vida), *De Vita Beata* (Da vida feliz), *De Clementia* (Da clemência) e *De Constantia Sapientis* (Sobre a constância do sábio) são alguns dos diálogos com que Sêneca ensinou a gerações inteiras a arte de gerir com a razão e adoçar com os sentimentos as adversidades da vida.

OS TEMPLOS DO ÓCIO

Graças às termas romanas, os homens passaram a dispor na Terra de estruturas que podiam competir, quanto à beleza e à imponência, com aquelas que os gregos reservavam aos deuses do Olimpo.

Até quando a república impôs uma vida austera e o objetivo exclusivo dos *balnea* era a higiene do corpo, elas permaneceram um lugar privado e simples das casas abastadas. Sêneca, por exemplo, nos descreve a *lavatrina* pequena e escura, onde Cipião o Africano tomava o banho completo, a cada nove dias. Igualmente simples eram os banheiros públicos, destinados a quem não podia dar-se o luxo de ter um em casa. E assim permaneceram até o século II a.C., quando começaram a se difundir rapidamente e, se comparadas ao mundo grego, começaram a ter melhorias tais como piscinas, salas de ginástica e de jogos, assim como lugares para passear.

Nos tempos de Pompeu, o banho, prática higiênica, passou a integrar uma nova concepção de cuidado com o corpo, da medicina preventiva à terapia psicossomática. Graças sobretudo a Asclepíades de Prusa, um médico que chegou a Roma proveniente da Ásia Menor, o conceito de saúde deixa de se restringir a doenças, passando a significar um estado de graça, de sentir-se bem de corpo e alma, gozando o pleno sentido da vida.

Com a passagem da república a império, foi Agripa quem promoveu um salto de qualidade nos banheiros públicos: uns 20 anos antes de Cristo, construiu no Campo de Marte um de grandes proporções, tecnicamente eficiente, esteticamente cuidado e – o que era mais importante – aberto ao público, gratuitamente, a fim de obter consenso político. Foi construída uma sauna, garantido o abastecimento de água por meio de um aqueduto construído especialmente para tal fim, e o local também foi dotado de um parque e um laguinho artificial. Chamar de *balnea* tudo isso era, sem dúvida, uma denominação restritiva. Por isso Agripa introduziu o novo nome de *termas*, que daquele momento em diante, até os nossos dias, designaria esse gênero de edificação polivalente.

Uns 70 anos mais tarde, na metade do século I d.C., Sêneca nos diz que a opinião pública consideraria de pouco valor um edifício termal "se nas paredes não resplandecessem grandes espelhos circulares, se o mármore alexandrino não estivesse combinando com mármore numídico, se estes mármores não adornassem por toda parte em forma de artísticos mosaicos e de desenhos variados, se o teto não fosse de vidro, se o mármore de Taso, que em tempos idos só se podia admirar nos templos (e nem tão freqüentemente assim), não circundasse as piscinas... e se a água não jorrasse de torneiras de prata".

Exatamente naqueles anos, 60 d.C., Nero construiu uma outra grande terma pública no Campo de Marte, um tipo de "cânone" das termas imperiais: um sistema orgânico de espaços e edifícios que representavam a síntese entre os banheiros públicos romanos e o ginásio grego; um sistema que permitia fundir de modo equilibrado o bem-estar do corpo com o mental, as atividades do indivíduo com a gestão do Estado, o trabalho com o estudo e o lazer. Em síntese, o ócio criativo.

No anos 80 foram inauguradas as termas de Tito; em 109, as de Trajano, e em 217, as de Caracalla; mais tarde, em 306, as de Diocleciano. Mas trata-se só das mais importantes e mais vistosas. Na realidade, no século I a.C. existiam em Roma 170 termas, e no quarto século já haviam chegado à casa do milhar, e isto sem contar as 11 grandes termas imperiais. Mas encontravam-se termas de todas as dimensões, por todos os cantos do império, destinadas a difundir por toda parte a estética romana e o modelo de vida fundado no ócio criativo.

Junto com o número, cresciam também a superfície e a capacidade delas. Eis os dados desse aumento contínuo: as termas abrigadas de Pompéia ocupavam 3.500 metros quadrados; as de Nero, 30.000; as termas de Trajano chegavam a 110.000 metros quadrados, e as de Caracalla, 140.000; já as de Diocleciano ocupavam uma superfície de 150.000 metros quadrados. As termas de Caracalla eram freqüentadas por 8.000 a 9.000 pessoas por dia, e as instalações permitiam servir até 1.600 pessoas ao mesmo tempo; as de Diocleciano podiam servir até 3.000 pessoas.

Para organizar tudo isso, era necessário não só um labirinto formado por aquedutos e tubulações (somente as termas de Agripa requeriam 100.000 metros cúbicos de água diariamente), mas também um abastecimento constante de lenha, de pedras-pomes, de comidas e de bebidas, assim como um exército de vigias, de funcionários ligados aos fornos e ao aquecimento, à manutenção, bombeiros hidráulicos, guardiães, treinadores, professores de ginástica e das várias modalidades de jogos, massagistas, barbeiros, depiladores, especialistas nas unções, médicos, enfermeiros, escribas, secretários, cozinheiros, salva-vidas e almoxarifes. A organização da criatividade é uma ciência, uma arte e uma profissão.

DA SAÚDE DO CORPO AO BEM-ESTAR DA VIDA

Como se vê, não se tratava de instituições marginais na organização urbana de Roma, mas de um instrumento complexo, grandioso e único em seu gênero, que monopolizava e aglomerava toda a vida social, econômica e política do maior império da antiguidade. Não se tratava de uma maneira de se distrair e se curar, mas de um sistema eficaz de vida e de trabalho. Nas termas não havia somente banheiros e piscinas, ginástica e farmácia, pontos de encontro, alamedas para passeios e terraços para se bronzear, ambientes destinados aos jogos, às unções, aos tratamentos com areias e lamas, mas também havia escritórios, bibliotecas, auditórios, salas para exposições e para convênios, que transformavam a cidade pré-industrial numa moderna "megalópole transnacional", para usarmos a terminologia cara a Gottman.[17]

Foi necessária, por parte dos romanos, uma grande dose de criatividade para inventar as termas, para projetá-las em tão grande número e sob formas tão diversas, para decorá-las de maneira artística e original, para adotar técnicas tão inovadoras e chegar a soluções tão adequadas para dissipar antagonismos entre interior e exterior ou entre estético e prático. Será necessário aguardar a arquitetura pós-moderna, antes de reencontrar algo assim tão polimorfo. E foi necessária, por parte das termas, uma grande dose de energia criativa para construir o lugar único no qual o mundo romano não só retemperava o corpo, distendia os nervos e revigorava o espírito, mas também onde alimentava a sua inexaurível capacidade inventiva, dos pontos de vista estético, econômico, social e político. Tudo isso por abundantes e consecutivos cinco séculos.

Para essa *performance* contribuiu, de forma não-secundária, o papel das termas na educação das massas ao bom gosto: construídas obedecendo a formas muito elegantes; ornadas por pinturas, mosaicos, mármores; enriquecidas por obras de arte em profusão – pense-se no *Touro* e no *Hércules*, hoje conhecidos como *Farnese*, pois posteriormente passaram às posses da renomada família nobre – que embelezavam as termas de Caracalla, ou ainda no *Laocoonte*, que decorava as de Trajano, elas permitiam a todo o povo, sem distinção de sexo ou de classe, a fruição refinada dessas jóias estéticas.

Obviamente um fenômeno de dimensões tão vastas como a presença diária de várias centenas de milhares de pessoas nas termas implicava também inconvenientes de vários tipos: a promiscuidade; o fervilhar de uma massa multicolorida que compreendia desde o imperador até o cortesão, do sacerdote ao magistrado, do vendedor ao escravo, do intelectual ao comerciante e do charlatão à prostituta; a tendência de alguns freqüentadores a exagerar na transpiração, nos exercícios físicos, nos banhos e nas duchas escocesas, caindo em estados de debilitação psicofísica ou de doenças cardiovasculares; e ainda a preguiça, a moleza e a perda de tempo daqueles que não tinham nada para fazer ou dos *bon vivants* que ficavam lá, vagabundeando e se regalando sob os pórticos.

Tudo isso irritava os moralistas, que requereram e acabaram obtendo restrições cada vez mais drásticas, até desvirtuarem a própria função das termas. No Concílio de Laodicéia de 320 d.C., a Igreja acolheu essas instâncias, que ela mesma havia alimentado, e proibiu a todas as mulheres o acesso às termas. Apesar disso, o costume termal demorou a morrer e veio a sofrer o golpe de misericórdia somente em 537, quando os godos de Vítige, que assediavam Roma, interromperam todos os aquedutos, privando as termas da sua matéria-prima.

Mas a sua verdadeira morte foi de natureza cultural: o moralismo cristão primeiro e o eficientismo industrial depois impunham que se fizesse uma separação nítida entre o trabalho e a vida, entre o jogo e o estudo e entre o belo e o prático. O ócio, mesmo na sua forma criativa, refinada e fecunda adotada pelos gregos e pelos romanos, tornou-se o principal inimigo da Igreja, dos educadores, dos empresários e do governo. E perdeu-se de vista as termas não só nos costumes mas até mesmo na memória dos que vieram depois, recalcadas junto a tantas outras virtudes que elas haviam favorecido: a sabedoria, o equilíbrio, a solidariedade e a cidadania. Até mesmo insuspeitáveis autores "leigos", como Margueritte Yourcenar[18] ou Gore Vidal,[19] que nos legaram retratos inesquecíveis de Adriano ou de Juliano, acabaram negligenciando o papel central da experiência termal na formação e na vida dos seus heróis.

Nos séculos que se seguiram, às termas sucederam-se cada vez mais catedrais medievais, ateliês renascentistas e estabelecimentos industriais. Ao sereno equilíbrio do ócio criativo acabará sucedendo o estresse atormentador do eficientismo.

CAPÍTULO SETE

O HOMEM DESCOBRE O PURGATÓRIO E REINVENTA A SI MESMO

"Se considerardes todas as coisas, achareis
que sempre aquelas que são boas e úteis
possuem ainda a graça da beleza."
BALDASSARRE CASTIGLIONE

"Toda nossa cognição
principia de sentimentos."
LEONARDO DA VINCI

"Por que o homem não se contenta?
Qual doçura pensais que sente
quem tem sede todavia?
Quem quiser ser feliz, que o seja:
do amanhã não há certeza."
LOURENÇO DE MÉDICI

AS OBRAS-PRIMAS ANÔNIMAS

Provavelmente o bloco de pedra mais colossal que os gregos transportaram tenha sido a arquitrave do tesouro de Atreu, com 126 toneladas de peso. Mas, já antes, os egípcios haviam conseguido levantar o colosso de Ramsés II, que pesava nada menos que 1.000 toneladas. Para construir a pirâmide de Quéops foram necessários pelo menos 2.300.000 blocos de calcário, o maior dos quais pesava 15 toneladas. Para transportá-los hoje seriam necessários 7.000 trens, com capacidade para 1.000 toneladas cada um. Depois de extraí-los das cavernas da região e cortá-los em quadrados, antes de colocá-los na obra e alçá-los a uma altura que às vezes podia chegar até 147 metros, foi preciso transportá-los a Gizé, aplainando estradas e construindo meios de transporte especialmente para este fim, o que requereu dez anos de trabalho.

Como os gregos e os egípcios foram capazes de realizar tudo isso? Quem teve a idéia do projeto como um todo? E quem intuiu e elaborou cada idéia de modo a resolver os mil problemas executivos? Como foram organizados e distribuídos os homens, os recursos, os animais e as máquinas? Com quais expedientes os construtores foram bem-sucedidos nos seus intentos, conseguindo reduzir os esforços ao mínimo? Onde encontraram a inspiração para imaginar uma obra tão complexa, a visão ampla e previdente, assim como a paciência de programá-la, o espírito prático para organizá-la e a tenacidade de conduzi-la a termo?

Sabemos que Quéops chegou ao ponto de prostituir a própria filha para conseguir reunir a soma necessária à sua empreitada sobre-humana. Mas ignoramos as sugestões com as quais os faraós conseguiram convencer os seus ministros, as suas cortes e o seu povo a enfrentar uma aventura assim tão ambiciosa, custosa, longa e arriscada.

Porém, igualmente surpreendentes são os santuários de Ajanta ou o observatório de Jaipur, na Índia, a abadia de Saint-Denis e a catedral de Beauvais na França, as fortificações de Ávila na Espanha, o santuário de Bamiyan no Afeganistão, as cidades de Chanchan e de Machu Pichu no Peru, o túmulo de Cincinatti nos Estados Unidos, o santuário xintoísta de Itsukushima no Japão, as estátuas megalíticas na ilha de Páscoa no Chile e o monumento, também megalítico, de Stonehenge na Inglaterra. São somente alguns dos infinitos exemplos entre as obras-primas do gênio humano – templos, fortificações, estradas, palácios, cidades, diques, pontes, teatros, termas, etc. – dos quais não conheceremos nunca os verdadeiros idealizadores e os inumeráveis construtores. Acrescentemos a essas obras anônimas, mas colossais, aquelas outras também anônimas, criativas e conjuntas, ainda que mais humildes e corriqueiras: as infinitas variedades de pães e de comidas, de bebidas, de vinhos e de outras bebidas alcoólicas, os inumeráveis modelos de vestidos, utensílios, armas e instrumentos para a casa, para a guerra, o trabalho e o jogo, e temos então um panorama das inimagináveis direções para as quais se moveu a criatividade humana, em todos os ângulos do planeta. Tomemos como exemplo dois casos paralelos de surpreendente engenharia anônima: a rede de estradas do império romano e a Estrada do Sol, Nam Cuma, na América do Sul.

Numa das salas do Hotel de Russie, em Roma, deparei-me com um mapa do império romano com a indicação de todos os teatros e de todas as termas: fica-se atordoado diante do pulular de edifícios que abarrotam a geografia do poder romano, adoçando-o com a cultura do corpo e da mente. Mas um assombro ainda mais admirado nos colhe diante do mapa das estradas do império, talvez a obra-prima mais densa de significados políticos, estéticos, culturais e econômicos de todos os tempos, comparável somente à rede da Internet.

No foro romano, junto ao templo de Saturno, havia o *miliarium aureum*, uma coluna revestida de bronze dourado, que assinalava os pontos de partida e de chegada de todas as grandes vias do império: na Itália, a Appia, rainha de todas as ruas, construída a partir do ano 312 a.C., que conduzia até Brindisi, permitindo o embarque para a Grécia, mas também as vias Aurelia, Cassia, Claudia, Cornelia, Flaminia, Labicana, Latina, Salaria e Tiburtina; no restante do império, estradas na África e no Egito, na Grécia e na Península Ibérica, na Mauritânia, na Palestina e na Inglaterra, até os limites do mundo então conhecido pelos romanos. Uma densa rede de pavimentações, cavalos, mercadorias, homens e idéias que se estendia por centenas de milhares de quilômetros, amalgamando raças, religiões, línguas, bens e serviços, num único grande sistema mundial.

No *miliarium aureum* estavam inscritas as distâncias para todas as outras grandes cidades; sobre todas as outras pedras miliárias estavam gravados os nomes do imperador e do magistrado que havia ordenado a construção ou a reconstrução, da legião que havia providenciado a sua realização e do governador da província que havia financiado a obra. Mas cada estrada, com o seu calçamento, as suas pontes, as suas defesas e as suas estações de correio, era uma obra-prima entre as obras-primas, utilizando, conforme o caso, materiais encontrados nas próprias regiões, escolhas estéticas e critérios de construção aperfeiçoados com base nas tradições, na experiência, nas capacidades criativas de cada um dos engenheiros, dos carpinteiros, dos obreiros, dos operários e dos funcionários da manutenção. A estrada servia para o deslocamento de tropas, informações, mercadorias, mas também para a disseminação dos usos e dos costumes. As estações dos correios, com as suas hospedarias, as suas estrebarias, os seus armazéns e até mesmo as suas termas, os seus tribunais e as suas basílicas, criavam um vaivém de conhecimentos e embriões urbanos, a partir dos quais teriam crescido, aos poucos, as cidades atuais.

Igualmente imponente, no continente americano, a teia de estradas pré-colombianas – o Nam Cuma –, que se estende por 40.000 quilômetros do 2º paralelo norte até o 35º paralelo sul, cobrindo, através de montanhas e vales, florestas e penhascos, geleiras e desertos, um território de quase três milhões de quilômetros quadrados, que hoje corresponde ao Equador, à Bolívia, à Colômbia, ao Peru, ao Chile e à Argentina. Construído pelos incas para deslocar rapidamente exércitos e informações, comerciantes, sacerdotes, peregrinos, missionários, mas também ouro, coca e quinino, o Nam Cuma, a Estrada do Sol, era destinado a pedestres e lhamas, dado que as populações locais não conheciam o cavalo.

O próprio fato de que esses longuíssimos caminhos fossem percorridos a pé provocou, junto com a engenharia propriamente dita, outras formas de criatividade ligadas ao desenho de bancos para descansar ou para admirar o panorama, por exemplo; e também aos totens que marcavam o percurso, sobre os quais havia animais e símbolos pintados, de modo que os viajantes se distraíssem a olhá-los durante as suas pausas; e ainda às estações para pernoites e às técnicas para acelerar a velocidade dos estafetas. Pense-se que, graças aos correios e aos seus recursos para pedestres, o inca de Cajamarca podia receber em 24 horas o peixe fresco do Pacífico e os 1.000 quilômetros entre Lima e Cuzco podiam ser cobertos em três ou quatro dias pelos atletas-carteiros indígenas, enquanto os cavaleiros espanhóis gastavam 12 ou 13 dias.

No século XVI o explorador Cieza de León testemunhará que a "Estrada do Sol é superior àquela que Aníbal construiu nos Alpes" e se perguntará: "Como os índios procederam para construir estradas tão grandes e compridas, ao preço de quanto cansaço, e com quais instrumentos conseguiram aplanar as montanhas e perfurar as rochas? Oh! Quanto maior seria o elogio merecido pelos outros reis que governaram a Terra se tivessem sabido fazer uma estrada como aquela, a maior e mais grandiosa no mundo!"

Todos os dias e em todo o planeta nós admiramos obras-primas imortais, usamos produtos e mecanismos providenciais como a roda, a roldana, o moinho, o pão, o óleo, a massa; adotamos formas de agregação complexa como a democracia, os jogos e as festas. Mas não sabemos quem inventou tudo isso, como se concluíram criações tão geniais assim, quanto esforço foi necessário e como se difundiram.

O MÉRITO DE UM SÓ

Para simplificar a resposta a essas legítimas curiosidades, usaram-se vários expedientes: algumas invenções foram atribuídas ao acaso, outras aos deuses, outras ainda ao diabo, outras ao rei e outras ainda a um gênio em particular. Corriqueiramente dizemos que Roma foi fundada por Rômulo e Brasília por Kubitschek; que a Villa Adriana foi construída pelo imperador que lhe empresta o nome e que a mesquita de Isfahan foi construída pelo xá Abbas I; atribuímos os códigos a Justiniano e a Napoleão; dizemos que os afrescos de Assis foram pintados por Giotto; que O *Quarto Poder* é de Orson Welles; que a máquina a vapor foi descoberta por Watt, e o cinema, pelos irmãos Lumière. Na maioria dos casos, a opinião pública atribui o prêmio Nobel a um determinado cientista, mesmo quando a sua descoberta se deve a vários colaboradores. Da mesma forma todas as leis tomam o nome do primeiro signatário.

São simplificações com as quais se evita o esforço de remontar à verdadeira origem, quase sempre complicada e conjunta, de uma idéia ou de uma obra-prima. Na resplandecente porta babilônica de Ishtar, o rei Nabucodonosor assina uma declaração com a qual ele se auto-atribui todo o mérito: "Ergui esta porta cívica; finquei solidamente as suas fundações no terreno; decorei-a com leões e com ladrilhos de cerâmica, esmaltados de azul, onde se perfilam touros selvagens e dragões babilônicos; fiz com que o teto tivesse enormes traves de lenho de cedro e fiz com que os batentes fossem cobertos por uma espessa lâmina de cobre vermelho. Conferi a este monumento uma tal magnificência que suscita maravilhas dos povos da terra." Parece até que Nabucodonosor fez tudo isso sozinho, exatamente como os nossos ministros quando se vangloriam de ter construído uma represa ou de ter conduzido a bom termo um decreto-lei.

Pense-se na Muralha da China, única obra do homem que, pelo que parece, é visível até da Lua. Idealizada para defender a população sedentária da nômade, une entre si centenas de torres de observação, muda de desenho, de estrutura e de materiais usados na construção, segundo a localização, seja esta no deserto, em terras geladas ou em florestas. Reúne num só imenso projeto centenas de obras parciais, segundo um planejamento concebido em torno do ano 220 a.C. pelo unificador da China, Qin Shi Huangdi, que se outorgou o poder supremo de definir o espaço e circunscrevê-lo numa linha capaz de desafiar o horizonte.

Graças às *Memórias Históricas* de Sima Qian temos várias informações sobre esse empreendimento colossal. Sabemos que durou, pelo menos, uma dúzia de anos, sabemos que o projeto e a direção dos trabalhos foram delegados ao general Meng Tian, temos conhecimento de que nas obras foram empregados 300.000 militares e 500.000 camponeses e que compreendia o trecho que vai da atual cidade de Lanzhou até a base da península coreana. Desse modo o perigo dos nômades era anulado; mas não de forma definitiva, como se pode constatar nesta petição que um ministro envia ao imperador, muitos anos mais tarde: "Os hunos vivem de carne e de queijo, vestem-se com peles de animais, não têm nem casas nem campos. Percorrem a estepe com os animais e os pássaros, parando somente onde encontram erva e água, e, quando estas acabam, eles retomam a sua caminhada. Atualmente têm seus magros pastos e terrenos de caça diante de Yandai, Shangjun, Beindi e Longxi, de olho na oportunidade para penetrar no nosso território, diante da mínima redução das nossas tropas. Sua Majestade preocupa-se com as desordens nas zonas de fronteira. Seria aconselhável enviar soldados sob as ordens dos generais e dos funcionários para ocupar as ditas regiões, estabelecendo-se ali também com as próprias famílias, que passariam a cultivar cereais lá. Estaríamos assim preparados para um eventual ataque por parte dos hunos. Além disso, devemos igualmente construir outros muros, com fossos nos seus pés, e com as partes de trás reforçadas por rochas e outros obstáculos. Nos pontos estratégicos poderemos fundar vilarejos com mil famílias cada um."

Seiscentos anos após a obra de Qin Shi Huangdi, a reedificação da Grande Muralha, naquele ponto em ruínas, foi retomada num ritmo acelerado. Em 446 d.C. foram mobilizados 300.000 operários; um século mais tarde, a quantidade de trabalhadores subirá a um milhão, e, em 607, chegará até a dois milhões de pessoas. Em seguida, com alternância de vicissitudes seculares, a obra paralisa-se e é retomada várias vezes. Aquela que hoje atrai turistas do mundo inteiro remonta, em grande parte, à dinastia Ming (1368-1644) e estende-se por 6.000 quilômetros, alternando bastiões, muralhas e torres de observação, que eram defendidos por um milhão de soldados.

Portanto, na China, como na Europa, o desejo insaciável de glória por parte dos governantes os levava a atribuírem-se todo o mérito das criações, fossem elas grandes ou pequenas, fazendo sombra aos verdadeiros artífices. Quando algum artista conseguia furar a barreira do anonimato, aí então não impunha nenhum limite de despesa para autocelebrar-se. No Louvre conserva-se uma coluna na qual um escultor do médio império diz a propósito de si mesmo: "Sou um artista sublime na minha arte, uma pessoa fora do comum pelas suas noções. Conheço o comportamento correto para um homem que marcha... o gesto de quem golpeia com a lança, o modo no qual se deve olhar para as gentes, a expressão de terror no vulto do inimigo capturado, conheço como se levanta o braço que caça o hipopótamo, a posição do corredor... Sei fazer incrustações que resistem ao fogo e que não se dissolvem na água. Não há quem saiba se distinguir em tudo isso, fora eu e o meu primogênito."

Os criadores têm sempre em alta conta as suas próprias capacidades. Mas no antigo Egito e, bem mais para lá, até chegar aos construtores de pontes, fortalezas, mosteiros e catedrais, na maioria dos casos as grandes obras permanecerão sem uma assinatura, e o mérito das suas criações será integralmente dedicado ao monarca, ao papa, ao príncipe ou ao monsenhor. Roma está repleta de lápides nas quais se perpetua que um certo papa "*fecit*" esse ou aquele templo, este ou aquele palácio. No faraó, no imperador, no rei e no papa realizam-se a síntese e a exaltação de milhares de marceneiros, carpinteiros, pintores, escultores, operários, aprendizes e transportadores que se identificam com o mandatário. Até mesmo nas cerâmicas há o selo do rei, não a assinatura dos ceramistas. Tudo deve ser feito para maior louvor do patrão na terra e de Deus no céu. Afinal de contas, em todas essas obras a dimensão estética é sempre subordinada à dimensão de celebração e à intenção de imortalizar o augusto mandante. Qualquer outro nome assinado subtrairia a este último uma porção de imortalidade.

FAMOSOS MAS DESPREZADOS

São exceções Grécia e Roma, onde, desde o sétimo século a.C., surgem obras assinadas: o *Atleta* dórico do museu de Delphi é de autoria do escultor Palêmides, alguns vasos são de um certo Euquímides ou de um tal Eufronte; sabemos quem construiu o Partenon; sabemos quais obras-primas devem ser atribuídas a Fídias e quais a Policleto. Nesses casos a obra não é creditada a um rei que se apropria do mérito dos artistas, mas é atribuída a um só artista, que se apropria do mérito de todos os seus colegas e colaboradores. Também hoje nós afirmamos que um arranha-céu é de Gropius, uma casa de Gaudí, uma estação de Michelucci, um filme de Fellini ou um museu de Ghery.

Embora lembrados como autores e ainda que muito bem pagos, artistas clássicos, como Zeuzi, Apeles ou Parrásio, todavia, raramente conseguiam se livrar do desprezo que os colocava na mesma categoria de todos os demais trabalhadores manuais. Aristóteles escreve: "A ótima *polis* não dará nunca os direitos de cidadão a um artífice, porque os artífices trabalham manualmente para a comunidade no mesmo tipo de relação daquela do servo que trabalha para o patrão." Plutarco é ainda mais explícito: "Nenhum jovem de elevados sentimentos, ainda que diante do *Júpiter* de Olímpia ou da *Juno* de Argo, desejaria ser um Fídias ou um Policleto." Sêneca chega a ser impiedoso em relação aos artistas: "Reza-se e praticam-se sacrifícios diante de simulacros dos deuses, mas deve ser desprezado o autor que os executou."

No mais, sabemos que, ainda em 1489 d.C., o pai e os tios de Michelangelo, que tinha então 15 anos, o espancavam a valer, a fim de impedi-lo de se tornar pintor. Talvez esse desprezo tenha levado tantos artistas, até os dias de hoje, a esconderem-se por trás de um pseudônimo ou ainda tantos compatriotas a apelidar-lhes de forma pejorativa. Pietro Vannucci, por exemplo, era chamado de Perugino – designação dos naturais da Perugia –, mas ele, na verdade, nasceu em Panicale e ganhou o apelido por trabalhar na Perugia. Donato de' Bardi era chamado de Donatello, Antônio Benci tinha o apelido de Pollaiolo (vendedor de galinhas), Sandro Filipepi era conhecido como Botticelli e Cimabue parece que tinha uma cabeça parecida com a de um boi (*bue* em italiano). Bernardino di Betto era chamado de Pinturicchio e Iacopo Robusti de Tintoretto – em alusão à pintura e à tinta. Mas, mesmo em tempos bem mais recentes, são comuns os apelidos: o verdadeiro nome do escritor Alberto Moravia é Alberto Pincherle e o de Le Corbusier, Charles-Edouard Jeanneret.

Em outros termos, durante muitos séculos e por muitos povos, as obras-primas estiveram separadas de seus criadores, de quem não se recordavam nem mesmo os nomes, ou que vinham colocados no último degrau do prestígio social. Após a abolição da iconoclastia, sancionada oficialmente em 726 d.C., as imagens adquiriram uma tal importância que em Bizâncio chegavam a ser admitidas como testemunhas dos batismos. Apesar disso, os autores eram relegados ao anonimato, como se não tivessem nenhuma relação com as suas obras-primas.

Somente com São Benedito (480-547) a atividade manual é igualada à intelectual: porém, mais no papel que na prática cotidiana, porque os monges continuarão a privilegiar as tarefas diretivas, administrativas e intelectuais, deixando a fadiga física aos servos e aos noviços.

AS OBRAS-PRIMAS PLURINOMINAIS

Em *Vite* (Vidas) de Vasari, Giotto não é chamado de "pintor e arquiteto", mas sim "pintor e mestre-de-obras". Violette-le-Duc sustenta que o uso correto do termo "arquiteto" tem início somente no século XVI. Antes de então, a palavra já era usada, mas somente para indicar o mandante, fosse ele bispo, rei, senhor ou monsenhor.

O papel de arquiteto separou-se do de marceneiro ou de mestre-de-obras somente quando a complexa construção das catedrais tornou necessária uma figura profissional especializada a quem delegar a projeção da empresa e depois, conseqüentemente, atribuir-lhe o mérito. Daquele momento em diante se dirá "a cúpula de Brunelleschi" ou "a cúpula de Michelangelo".

Mas também esta, como bem se pode compreender, é uma simplificação. Quando se concede ao artista o direito de assinar as suas obras e se lhe atribui inteiramente o mérito por elas, permanece o fato de que ele não pôde fazer tudo sozinho e de que a sua contribuição deve ter sido tão mais parcial quanto mais complexa a obra-prima e escancaradamente plurinominal, como no caso de uma catedral, um palácio senhorial ou um conjunto de afrescos. Nesses casos, então, a quem deve ser atribuído o maior mérito? Ao arquiteto, ao mestre-de-obras, ao pintor ou aos escultores? E, entre os pintores, quem conta mais: aquele que pinta as imagens dos santos e das pessoas ou o que pinta as coisas? Entre os autores de estátuas vale mais quem realizou o vulto, as mãos ou as vestes?

O problema complica-se posteriormente na nossa sociedade pós-industrial, em que a maior parte da criatividade artística, científica, esportiva, política e socioeconômica é de natureza coletiva. O principal mérito de uma obra-prima cinematográfica deve ser dado ao roteirista, ao diretor, aos atores ou a quem? E o mérito de uma representação operística bem-sucedida deve ser dado ao diretor, ao maestro da orquestra, ao maestro do coro, ao cenógrafo, ao estilista, aos cantores ou a quem? E a vitória na Fórmula 1, quem a merece: os projetistas do carro, os construtores, o diretor técnico, o piloto ou a equipe de apoio? Quem predispôs o desembarque dos aliados na Normandia ou o ataque da OTAN no Kosovo? Quem organizou a redução do horário de expediente na França? Quem projetou a fusão da Mercedes com a Daimler? Quem criou o programa inserido neste computador com o qual estou escrevendo este livro?

Quanto mais estudo as etapas da criatividade na sua milenar evolução, mais me dou conta de que se tratou predominantemente de processos coletivos que, por vaidade ideológica ou por simplificação prática, foram atribuídos a gênios individuais. Quando os psicólogos e os psicanalistas tentaram desenredar a meada das pulsões, das paixões e das vocações subentendidas na obra de um "gênio" singular, encontraram-se diante de um problema insolúvel e apelaram para explicações metacientíficas. Até mesmo um cientista sério como Silvano Arieti intitula o seu magistral ensaio como *Creativity – The Magic Synthesis* (Criatividade – A síntese mágica). E "mágico" provavelmente permanecerá o processo criativo enquanto insistir em buscar o seu segredo na mente, ainda que genial, de um só homem, em vez de buscá-lo na interação de todo um grupo.

O MEDO E A ESPERANÇA

As criações coletivas, sejam elas descobertas ou invenções, nascem sobretudo de um grande medo ou de uma grande esperança, difundidos no inconsciente popular. No século XII, o grande "século gaio" da retomada criativa no campo da ciência e da técnica, foi o medo dos inimigos que inventou a pólvora, foi o medo da fome que inventou a rotação trienal das culturas; foi o medo do cansaço que inventou as serras hidráulicas, os malhos das oficinas, a colocação em fila dos animais de tração, o moinho de água e a dobadoura para enovelar os fios das meadas; foi a esperança do conhecimento que inventou o relógio mecânico, os óculos e a imprensa; foi a esperança do bem-estar que inventou o estribo e os arreios modernos dos cavalos, a bússola, o moinho para o tratamento dos couros e para o esmagamento da uva.[1]

Época marcada mais do que qualquer outra pelo medo e pela esperança, a baixa Idade Média encontrou o estímulo para invenções mais numerosas e imponentes do que geralmente se pensa. "O que devemos à Idade Média?", pergunta-se Chiara Frugoni no início do seu agradável livro sobre este assunto. "Tento enumerar alguns elementos: os óculos, o papel, a filigrana, o livro, a imprensa com caracteres móveis, a universidade, os algarismos indo-arábicos, o zero, a data de nascimento de Cristo, bancos, tabeliães e casas de penhores, a árvore genealógica, o nome das notas musicais, assim como a escala musical. A Idade Média nos doa ainda os botões, as roupas íntimas e as calças compridas; nos diverte com os baralhos de vários tipos, com o jogo de xadrez e o tarô, e ainda com o carnaval; alivia a dor com a anestesia, nos ilude com os amuletos (mas o coral, que protege as crianças dos raios, ajuda também a repassar o rosário). Trouxe o gato para dentro de casa, o vidro para as janelas, assim como a lareira; fez com que nos sentássemos à mesa (os romanos comiam deitados) e passássemos a comer com o garfo, e trouxe a massa – tão amada pelos italianos, mas não somente por eles –, exatamente os *maccheroni* e os *vermicelli*, cuja farinha era incessantemente moída pelos moinhos movidos a água e a vento. Soube usufruir a força motriz da água ativando a espremedura do óleo e as serralherias, batedores para os panos, moinhos de papel e de farinha. Descobriu uma extraordinária força motriz: o cavalo, dotando de ferro suas patas, além de estribo, rédeas rígidas, de modo que o animal pudesse puxar sem ser sufocado pelo peso; aliviou o cansaço humano com o carrinho de mão e tornou mais seguro o caminho dos navegantes com a bússola e o timão. Nas batalhas desfraldou bandeiras com brasões coloridos, assim como ressoou o fragor da pólvora disparada por fuzis e por canhões. Mudou o sentido que temos do tempo, sobre a face da Terra, com um relógio que introduzia as horas de igual duração e não mais dependentes das estações; e mudou o nosso sentido de tempo também no mundo do além, fazendo emergir um terceiro reino, o purgatório, que rompe os destinos imutáveis da eternidade. Por fim, fez as crianças sonharem com Papai Noel."[2]

Em todos esses casos, é bem provável que o processo inventivo tenha ocorrido gradualmente, por tentativa e erro, na perene intenção de se cansar menos, saber mais, viver melhor e por mais tempo. A propósito do moinho, por exemplo, Bloch escreve: "Invenção antiga, o moinho de água é medieval do ponto de vista da sua efetiva difusão... A invenção talvez tenha brotado de uma centelha de gênio individual. O efetivo progresso, que consistiu na utilização da idéia, só ocorreu sob pressão das forças sociais."[3]

Ainda mais complexa e longa é a invenção dos arreios modernos. Até o século X d.C., o cavalo puxava a carroça por intermédio de um tipo de coleira tão malfeita, que no momento em que era puxada quase estrangulava o animal. Depois, na França, na Itália e em Bizâncio difundiu-se a notícia de que, nas estepes orientais, aqueles mesmos povos que haviam inventado a sela, os estribos e as ferraduras para os cascos usavam também um tipo de arreio que ligava as barras da carroça não ao pescoço, mas às costas do cavalo, permitindo-lhe andar reto com um menor esforço e podendo juntar em fila até oito animais. Combinado a outras invenções, como as rodas com raios e os grandes círculos metálicos, o novo tipo de arreio permitiu triplicar a força de tração dos animais, tornando mais produtivo o trabalho dos arados e mais velozes os transportes. Portanto, essa invenção aparentemente simples requereu muitos séculos e a contribuição de várias culturas, continuando a ser aperfeiçoada até os dias atuais: hoje, um cavalo pode puxar com facilidade uma carga de 500 quilos, e uma parelha de bois pode alcançar até cinco toneladas.

O MEDO DO PURGATÓRIO

Uma fonte nova de medo e um prodigioso incentivo à criatividade coletiva derivaram da descoberta do purgatório. Digo *descoberta* por respeito aos crentes, mas o próprio purgatório poderia ser considerado, por sua vez, uma grande *invenção* coletiva. A fim de não descontentar ninguém, Jacques Le Goff falou em nascimento. E o seu livro, que prende como um romance policial, intitulado, justamente, *La Nascita del Purgatorio* (O nascimento do purgatório),[4] nos servirá como guia na reconstrução da história.

Conforme vimos no terceiro capítulo, a sepultura e, com ela, o culto do além-túmulo remontam a pelo menos 90.000 anos. Depois disso, a vida depois da morte articulou-se, gradualmente, em profundezas, abismos, infernos e paraísos. Mas foram necessários milhares de séculos para se elaborar uma concepção complexa e sutil como a do purgatório, por sua vez fecunda de idéias posteriores: da difusão do sacramento da confissão à prática das indulgências, da sorte das cruzadas à grande acumulação econômica, do nascimento dos bancos à primeira formação do capitalismo moderno, que talvez deva ser atribuída ao catolicismo (como defende Marx), mais do que ao protestantismo (como sustenta Weber).

Para um aporte assim tão árduo, para a construção de um mosaico tão complexo, foi necessária uma longa sedimentação cultural, assim como a contribuição de inumeráveis visionários, que passaram uns para os outros o próprio testemunho, estimulando, reciprocamente, as suas fantasias: dos hebreus que inventaram o sombrio Sheol, a Paulo de Tarso e a João, que devanearam em torno de apocalipses de ficção científica; da visionária

Perpétua, que, aterrorizada e exaltada pelo martírio, sonhou com purgatórios *avant lettre*, até Santo Agostinho, que abandonou repentinamente o seu ceticismo em relação ao "terceiro lugar" quando se encontrou diante do cadáver da mãe e desdobrou-se para encomendar sua alma a Deus.

Conforme já vimos, as visões do além precedentes ao nascimento do purgatório tendiam quase todas para um lugar único de estacionamento das almas na eternidade ou, no máximo, dois: aquele das penas, destinado aos culpados, e o outro das delícias, reservado aos justos. São os hebreus que primeiro adotam um lugar intermediário – o Sheol, para sermos precisos – do qual os justos passarão ao Éden e os condenados à Geena.

Durante a alta Idade Média, entre os séculos III e VII, a idéia de um lugar intermediário, destinado ao doloroso aperfeiçoamento daqueles que em vida não foram nem bons nem maus, aparece em várias ocasiões. As almas daqueles que não foram nem tão virtuosos a ponto de merecer o paraíso nem tão pecaminosos para irem direto para o inferno o que farão naquele longo intervalo de tempo que transcorre entre o dia das suas mortes e o dia do juízo universal? Muitos tentaram responder a essa pergunta: de Clemente Alexandrino a Orígenes; de São Bernardo a Santo Agostinho (que explorou sobretudo a questão temporal) e até Gregório Magno (que examinou principalmente a sua colocação geográfica).

Mas o verdadeiro nascimento do purgatório aprimora-se somente no século XII, quando a própria palavra *purgatorium* de adjetivo passa a substantivo e empreende o seu caminho triunfal na história das religiões. Surgido (gramaticalmente como substantivo e topograficamente como um lugar determinado) num período preciso (entre 1170 e 1200) e num ambiente específico (a escola da assembléia de religiosos de Notre-Dame e o mosteiro cisterciense de Citeaux), em pouco tempo o purgatório conquista o imaginário coletivo e multiplica o seu sucesso até obter uma formulação oficial pelo segundo Concílio de Lyon (1274) e a celebrar o próprio triunfo no Jubileu de 1300, durante o qual o papa Bonifácio VIII concedeu a indulgência plenária aos peregrinos vivos e àqueles mortos durante a viagem.

Posteriormente, a iconografia religiosa, os frades mendicantes, a pregação nas igrejas e, depois ainda, o cântico de Dante Alighieri competirão na divulgação do "terceiro lugar", decretando a sua certeza e potência definitiva.

UMA IDÉIA MUITO FECUNDA

A partir do século XII, o purgatório se afirmou não só como uma idéia extraordinária dos pontos de vista teológico e pastoral – que ainda hoje busca adeptos, estimula conversões, exige sacrifícios e alimenta pesadelos –, mas também como um negócio insuperável que continua permitindo a movimentação de quantias astronômicas por intermédio de infinitas práticas, da simples doação reparadora aos jubileus superproduzidos. Para dar um exemplo, entre os anos 1000 e 1200, ou seja, no período em que a idéia de purgatório difundiu-se com maior virulência, somente a abadia de Cluny recebeu mais de 3.000 doações, e a abadia de Clairvaux, mais de 1.000.

Mas não foi só uma questão econômica. Como observa Le Goff, "a emersão e a construção através dos séculos da crença no purgatório pressupõem e comportam uma modificação substancial dos quadros espaço-temporais do imaginário cristão. Ora, tais estruturas mentais do espaço e do tempo são a armadura do modo de pensar e de viver de uma sociedade. Quando a sociedade é toda impregnada de religião, como a cristandade naquela longa Idade Média que se estendeu desde a tardia antiguidade até a Revolução Industrial, mudar a geografia do além e, portanto, do universo, modifica o tempo daquilo que vem depois da vida, e, logo, a sintonia entre o tempo terrestre histórico e o escatológico, entre o tempo da existência e o da espera, significa operar uma lenta mas substancial revolução mental. Significa, literalmente, mudar a vida".[5]

Com o purgatório, não só nasce uma área intermediária entre o inferno e o paraíso, mas nasce também um campo de negociação entre céu e terra. Pela primeira vez na história das religiões será possível aos vivos ajudar as almas purgantes dos mortos; pela primeira vez uma oferta ao santuário nesta terra irá se transformar num desconto da pena no além.

Na onda dessa descoberta histórica, entre a metade dos anos 1100 e 1200, todo o Ocidente foi obrigado a replanificar o próprio espaço terrestre e celeste. No mesmo período o homem é constrangido a rever também as suas relações com Deus: na medida em que as contingências das almas do purgatório dependem também dos sufrágios dos sobreviventes, uma parte do destino supraterreno é subtraída à justiça divina e conquistada pela ação humana. Essa nova possibilidade de influir no destino dos mortos determina um incremento de potência para os vivos, uma ligação mais estreita e uma maior intimidade entre vivos e mortos, o nascimento de novas formas de solidariedade institucionalizadas, como as confrarias que organizam orações pelos mortos e os bancos que administram os seus intróitos.

Além disso, o purgatório comporta, antes do juízo universal concernente à totalidade dos mortos, um juízo individual que diz respeito a cada defunto. Isso requer, portanto, um aumento da competência judiciária e de sutileza psicológica na avaliação tanto das atividades humanas quanto das intenções pelas quais foram motivadas.

O purgatório, enfim, testemunha a liberação de uma visão maniqueísta, infantil e drástica da realidade e a conquista das nuanças, das terceiras vias, dos compromissos, das dilações e das absolvições. Revaloriza a *metis* num mundo dominado pela *thesis*. Ele, de fato, reenvia a uma situação intermediária entre a eterna salvação e a eterna condenação; entre a virtude e o pecado mortal; entre a sensibilidade da alma e a sensibilidade do corpo; entre a terra e o céu; entre as jóias do paraíso e as penas do inferno. "Estrutura lógica, matemática, o conceito de intermediário é ligado a mutações profundas das realidades sociais e mentais da Idade Média. Não deixar mais que apenas se confrontem os poderosos e os pobres, os clérigos e os leigos, mas buscar uma categoria mediana – classes médias ou uma terceira ordem – enquadra-se no mesmo processo e refere-se a uma sociedade mudada. Passar dos esquemas binários aos esquemas ternários significa superar aquele estágio na organização da idéia de sociedade cuja importância Lévi-Strauss enfatizou."[6]

Não por acaso, no século XII consolida-se o sistema feudal com a sua tripartição seja em *oratores* que rezam, *bellatores* que combatem e *laboratores* que trabalham; seja em *senhores* que governam, *vassalos* que os assistem e *servos da gleba* que cultivam a terra. Diz ainda Le Goff: "Tal sistema, muito duro para a massa dominada, permitiu, todavia, um desenvolvimento excepcional da sociedade no seu conjunto. Ele é evidente sobretudo no número dos homens: entre o início do século XI e a metade do século XIII a população da cristandade latina praticamente redobrou globalmente. Nos campos, assistimos a uma expansão das superfícies, a um melhor rendimento determinado pelo multiplicar-se das lavouras e a um progresso na área tecnológica. Também espetacular é o desenvolvimento urbano, fundado no aproveitamento do desenvolvimento agrícola, na mão-de-obra artesanal e na renovação do comércio; cria-se um ambiente citadino ligado às estruturas feudais, mas que introduz um novo elemento, em parte contraditório: trata-se das classes médias livres – os artesãos, os mercadores – das quais nasce a burguesia com o seu novo sistema de valores ligados ao trabalho, ao cálculo, à paz e a uma certa igualdade – uma hierarquia horizontal em vez de vertical, na qual os mais poderosos superam os outros sem dominá-los."[7]

A ESPERANÇA DAS CATEDRAIS

Se o purgatório representava um medo terrível, as catedrais eram uma inefável esperança.

"Os grandes edifícios, como as grandes montanhas, são obra de séculos.

Freqüentemente os projetos artísticos transformam-se antes mesmo que tenham sido terminados: *pendent opera interrupta*, e depois são ininterruptamente retomados segundo a arte transformada... O homem, o artista e o indivíduo anulam-se nessas grandes massas sem nome do autor: a inteligência humana nelas reassume-se e se soma. O tempo é o arquiteto, obreiro é o povo." Assim, poeticamente Victor Hugo fala acerca da criatividade coletiva em O *Corcunda de Notre-Dame*. Se o paraíso, o Olimpo e o além inspiram muita arte religiosa nas idades pré-histórica e clássica, podemos afirmar que o medo do purgatório inspirou quase toda a arte religiosa do período gótico.

Durante a Idade Média, o ardor religioso, em meio ao patriótico, multiplicou a construção das igrejas assombrosas em termos de número, beleza e imponência. A média canônica queria que houvesse uma igreja para cada 200 almas. Muitas catedrais chegavam a ter capacidade para 20.000 ou até 30.000 fiéis. A de Ulm, por exemplo, continha 29.000 (isto é, muito mais que toda a população da pequena cidade), podendo acolher peregrinos provenientes de todos os cantos. "Por volta do ano de 1003", escreve o monge Rodolfo o Glabro, "no mundo inteiro, mas especialmente na Itália e na Gália, as igrejas começam a ser reconstruídas, embora na maioria dos casos não houvesse tal necessidade. Entre os povos cristãos havia uma disputa quanto à posse da igreja mais bonita. Poderia se dizer que o mundo, dispensado o luto, desejasse revestir-se todo com um hábito de igrejas; os fiéis construíam e embelezavam não somente as basílicas, mas até mesmo os mais humildes oratórios."

Como exceção àquilo que diz Victor Hugo, algumas catedrais foram construídas em tempo recorde (por exemplo, a de Troyes, que se completou em três anos, e a de Montpellier, cuja construção durou dois anos e quatro meses). Mas na maioria dos casos os trabalhos caminhavam tão lentamente – assim como eram muito freqüentes as interrupções devidas a terremotos, pestes, carestia, deficiências técnicas e exaustão dos fundos – que de muitas catedrais conhece-se a data do início, mas não a de acabamento, pelo simples fato de que este nunca se realizou, transformando a criação numa obra perpétua, em que construção e manutenção acabaram por se sobrepor. A catedral de Milão, como tantas outras igrejas góticas, ainda está incompleta, assim como provavelmente está destinada a permanecer inacabada a muito mais recente Sagrada Família de Gaudí, em Barcelona.

Emblemática é a história da catedral de Colônia: em 1248, um incêndio destruiu uma velha construção carolíngia e, em seu lugar, decidiu-se construir a imensa igreja atual. Foram necessários setenta anos só para completar o coro e muitos outros decênios para realizar o transepto. A obra foi oficialmente paralisada em 1599 por falta de verbas e retomada somente em 1820, após uma grande campanha internacional para angariar fundos, incentivada com o anúncio de que, uma vez concluída, a catedral receberia os restos mortais dos Reis Magos. Os reis da Prússia e da Baviera contribuíram com a arrecadação, os trabalhos foram retomados, e somente em 1842 o imperador Guilherme I pôde proceder à inauguração do monumento.

O resultado de uma travessia tão longa não conseguiu alcançar uma beleza comparável ao volume. Se o Partenon permanece sendo, talvez, o templo mais belo de todos os tempos, deve-se também ao fato de que os seus arquitetos o humanizaram, conferindo-lhe, de forma quase afetuosa, muitas pequenas dissimetrias e imperfeições. Já a catedral de Colônia, capciosamente simétrica em todas as suas partes, suscita emoções frias, devido a uma petulante sabedoria métrico-decimal que não combina com a imperfeição humana de quem quer que a admire.

OS POLIVALENTES ARRANHA-CÉUS DE DEUS

Temos, por sorte, muitos testemunhos e apaixonadas descrições da grande aventura criativa na qual se articulava a construção medieval de uma catedral.

Já naqueles tempos as ordens monásticas eram multinacionais e, da mesma forma que hoje as multinacionais conseguem influenciar o poder local de cada Estado, também naquela época, freqüentemente, as ordens conseguiam exercer sobre cada diocese um poder maior do que o do bispo titular, o qual, obviamente, via a construção da própria catedral como uma ótima oportunidade para elevar o seu prestígio. Isso explica o frenesi construtivo que contagiou em poucos anos muitos bispos da Europa.

Todavia, conforme afirma Roland Bechmann num meticuloso e vivaz ensaio, "a catedral não era uma obra de um senhor eclesiástico ou leigo, ainda que um senhor pudesse contribuir para a sua construção, ligando a ela o próprio nome que certamente era mais conhecido do que os dos humildes participantes e contribuintes, que, justamente, devido às suas ofertas, às suas técnicas e aos seus talentos, não mereciam ter caído no esquecimento da história... Mas mesmo se algum outro personagem extraísse glória, a catedral era, essencialmente, obra de toda a cidade; o bispo sozinho não teria podido realizá-la; o seu financiamento dependia da prosperidade da cidade... Realização coletiva, objeto de uso comunal, orgulho da cidade e lugar de animação e de reunião popular, a catedral apresenta-se assim como um investimento psicológico e financeiro de toda uma população, e geralmente por várias gerações".[8]

Essa total adesão de um povo a um projeto assim tão custoso e arriscado, esse seu duradouro devaneio em torno da realização de uma obra-prima arquitetônica, essa sua competição com outras cidades em termos da amplitude, da altura, da opulência e da beleza da própria catedral, explica-se também pelo fato de que esses "arranha-céus de Deus", como os chamará Le Corbusier, não eram apenas igrejas com funções litúrgicas, mas também esplêndidos espaços polivalentes, agradavelmente protegidos das intempéries, nos quais os fiéis podiam refugiar-se em caso de guerra e, em tempos de paz, podiam se divertir e realizar festas, discutir problemas coletivos, assim como tratar de questões pessoais, negociar gado e farrear: "Para fazer uma comparação moderna", diz Bechmann, "é como se estivessem reunidos, num único edifício em Paris, além da igreja principal, também o centro do Beaubourg, o CNIT e o Grand Palais."[9]

Se uma cidade na Idade Média fosse desprovida de uma catedral, ou tivesse uma, mas modesta, mais cedo ou mais tarde caía na tentação de construir uma caprichada, talvez movida pela inveja em comparação com cidades antagônicas, que haviam já cedido à mesma tentação e dotaram-se de igrejas imponentes. Todo o povo discutia e devaneava sobre isso durante anos, com um fervor atiçado pelo medo e pelos fanatismos religiosos, pelos antagonismos ligados à veneração dos diversos santos e por pertencer a bairros, vilarejos, congregações leigas e ordens eclesiásticas em luta entre si. Depois, talvez na ocasião de uma peste debelada, de uma guerra vencida ou de um milagre ocorrido, bispos e nobres começavam a examinar de forma mais concreta o assunto e a fazer as contas. Em seguida, marceneiros e mestres-de-obras esboçavam as possíveis formas alternativas, inventando as mais adequadas a maravilhar a população, seja pela grandeza, seja pela originalidade.

Dado que a construção poderia durar até uma centena de anos, não era prudente confiar a sua direção a uma só pessoa. Recorre-se, portanto, a uma pessoa moral (ou jurídica), composta por eclesiásticos e leigos, nomeados pela assembléia dos canônicos, que é o verdadeiro patrão da empresa e que vigia severamente o seu andamento, para assegurar à coletividade uma obra-prima na qual se obtenha a melhor relação entre o custo e o benefício.

O PREÇO DA SALVAÇÃO

O primeiro problema, obviamente, é a coleta de fundos. E aqui desencadeia-se, para sermos precisos, o medo do purgatório alimentado e embrutecido por espantosas cenas de animais purgantes, minuciosamente sacrificados com lúgubres rituais de prédicas e quaresmas, assim como conjuntos pictóricos e representações sacras. Doações, indulgências e coisas desse tipo constituem igualmente cauções necessárias para escapar às penas do fogo: o preço da salvação.

"Muitos", escreve Bechmann, "eram persuadidos de que as suas contribuições seriam contabilizadas no além. E todos podiam ver, materializado na catedral, o fruto do próprio esforço financeiro. A contribuição de cada um vinha, freqüentemente, personalizada: pedras tumulares, inscrições, vitrais e capitéis recordam a generosidade de um indivíduo, de uma confraria ou de uma corporação. Basta pensar nos 45 vitrais de Chartres, prestigiosas imagens de qualidade e verdadeiros cartazes publicitários dos ofícios da cidade; assim como nas inumeráveis pedras sepulcrais, nos cenotáfios, nas lápides com inscrições e nos túmulos que enchem as igrejas dessa época. Mas esse não era o único modo para arranjar as verbas indispensáveis. Todos os meios eram válidos: ofertas para o clero, vantagens honoríficas, coletas, vendas de indulgência ou de dispensas, exposições de relíquias, imposições, esmolas, doações e legados, emendas e penitências, vendas de velas, assim como de missas especiais e fundações. Aproveitava-se igualmente, e bastante, do orgulho e do interesse, não menos do que da fé e do desinteresse dos benfeitores e dos participantes, que eram de todas as classes sociais."[10]

O certo é que a iniciativa de construção das maiores catedrais da Europa coincide com os anos nos quais a idéia de purgatório está em incubação e explode: em menos de dois séculos, entre 1030 e 1200, surge um número inaudito de obras-primas, entre as quais as catedrais de Spira, San Nicola de Bari, Piacenza, Salisbury e Coronne.

No inexaurível cofre de informações que é o livro *Artisti a Bottega* (Artistas em oficina) de Ettore Camesasca, intrigante no conteúdo e agradável na forma, faz-se referência a alguns expedientes colocados em prática para financiar esses empreendimentos tão desmedidos em relação às possibilidades financeiras dos chefes oficiais. "Em 1292, Orvieto convoca o recenseamento dos bens privados, de modo a estabelecer taxas proporcionais em benefício da catedral em construção; quatro anos depois o exemplo é copiado por Florença, onde se acrescenta que quem quer que faça testamento deve deixar alguma coisa para Santa Maria del Fiore, que está sendo erguida; à catedral de Praga, João da Boêmia destina rendas das minas de prata de todo o reino, tanto das existentes quanto das futuras. Todavia o esforço maior é requerido à beneficência privada; se esta vem a faltar, todo o canteiro de obras entra em crise. Por isso, o papa quase nunca deixa de apoiar as novas construções, decretando indulgências para os benfeitores; e faz-se um amplo recurso às relíquias – que também então gozavam de um prestígio imenso –, confiando-as a comitivas de pedintes, que chegavam a executar itinerários de centenas de quilômetros."[11]

Acossados pelo medo do fogo eterno, papas e reis, abastados e mendigos desdobram-se para competir na criação de catedrais cada vez mais amplas, cada vez mais altas, sempre mais rutilantes de estátuas, pináculos, mármores e ouro em profusão, dos portões às paredes, dos tetos aos altares. No decurso de poucos decênios, a abóbada das catedrais passa dos 24 metros da de Sena, aos 35 metros da de Notre-Dame de Paris, aos 37 da de Chartres, para chegar aos 38 da de Reims, aos 42 metros da de Amiens e, por fim, aos 48 metros da de Saint Pierre em Beauvais. Tudo para maior louvor do Senhor, maior prestígio do bispo e maior refrigério para as almas purgantes.

UM CANTEIRO DE HOMENS E DE PEDRAS

Achados os fundos para dar início à construção da catedral, um soberano ou um prelado traça o seu perímetro; arquitetos, operários e empreiteiros desempenham o papel de projetistas, artistas, executores e administradores. Os construtores, que se deslocam de cidade em cidade em busca de encomendas, não superam nunca algumas centenas de unidades por canteiro de obras, o que acaba por juntar mestres e obreiros, marceneiros e carpinteiros provenientes de todas as partes, formando um grupo cosmopolita, nômade, meritocrático e interdisciplinar. Uma idéia, ainda que imprecisa, pode nos ser dada por um circo eqüestre ou uma equipe cinematográfica dos dias de hoje.

A liderança cabia às figuras de maior prestígio, uma mistura de engenheiro, arquiteto e mestre-de-obras, e implicava cuidar minuciosamente de toda a organização, evitando qualquer desperdício. "Para chegar, em tais condições, a realizar edifícios tão extraordinários, era necessário que esses mestres unissem o espírito prático ao talento. Eles deviam possuir, contemporaneamente, uma boa experiência dos canteiros de obras, noções técnicas sobre as diferentes tarefas organizacionais, sobre os materiais e sobre os equipamentos e os aparelhos a serem utilizados, aptidão para o desenho, conhecimentos quanto à resistência dos materiais e de estática, uma boa capacidade para lidar com os homens e para comandar e, enfim, aptidões artísticas excepcionais. Esses homens – que haviam recebido uma educação exclusivamente prática e podiam ser, originariamente, carpinteiros, marceneiros, freqüentemente homens pertencentes à Igreja ou provenientes de qualquer outra profissão – deviam ser e foram, no pleno significado do termo, verdadeiros arquitetos. O florescimento das catedrais e a sua perenidade no curso dos séculos revelou que muitos deles não possuíam somente talento, mas gênio."[12]

Embora nos canteiros fosse respeitada uma rígida especialização das competências profissionais, o mestre não desdenhava "arregaçar as mangas", intervindo pessoalmente no acabamento de um capitel ou no delineamento de um cimbre.

Nos canteiros, a iluminação artificial era insuficiente; as aparelhagens e os adereços, ainda rudimentares, eram fabricados lá mesmo e sob medida; o vidro e os óculos ainda não haviam se difundido; antes da invenção do papel que se rasga, o pergaminho era demasiado caro para permitir o desenho de plantas gerais e muito menos de detalhes a serem executados; os modelos em madeira eram caros e portanto eram limitados ao mínimo indispensável.

Faltavam instrumentos precisos para mensuração, até mesmo a fita métrica dobrável. E, apesar disso, as construções eram cuidadas com tanto esmero que, segundo um estudo minucioso da catedral de Chartres, o espaço entre as pilastras da galeria da nave não superava nunca 19 milímetros, os espaços verticais jamais superavam 30 milímetros e os espaços entre os contrafortes da nave central não ultrapassavam nunca 17 milímetros.

A organização do canteiro começava na pedreira onde as pedras eram cortadas e na floresta onde as árvores eram abatidas e se serrava a lenha. Prosseguia nos trajetos, por vezes muito longos, em alguns casos até mesmo internacionais, e na disposição dos meios para o transporte dos materiais, o que incidia notoriamente nos custos. Nos países mais frios, os canteiros eram obrigados a parar de outubro até março, e isso requeria que se organizasse, segundo o tempo, a rotação dos trabalhos, de modo que durante os meses de inverno a mão-de-obra não ficasse desocupada, mas fosse empregada em tarefas agrícolas ou na produção de uma oficina de peças padronizadas para serem montadas, posteriormente, no canteiro da obra, no momento da sua reabertura primaveril.

A eficiência da organização era confiada a uma ultra-especialização entre os artesãos, do escavador de pedra ao cinzelador, do vidraceiro ao carpinteiro, do marceneiro ao argamassador. Obviamente isto tornava difícil a integração entre os trabalhadores profissionais e os devotos voluntários que prestavam serviço gratuitamente.

A vida do canteiro de obras correspondia numa notável medida ao *ócio criativo*, sobre o qual falarei mais adiante. Trabalho e vida, criação e cansaço, jogo e oração, coros sacros e cantos profanos ali confluíam e misturavam-se desde a aurora até o poente. Os dias festivos eram pelo menos 85 por ano, e as ocasiões para se divertir no local de trabalho eram inumeráveis: a conclusão de uma armação, o assentamento de uma arquitrave ou a adequação de uma clava eram suficientes como pretexto para regar o convívio com cerveja e vinho, mantendo alto o moral e, com ele, a produtividade. "Manutenção do ardor trabalhador, melhor emprego dos meios disponíveis, simplificação, padronização e pré-fabricação, economia dos materiais, engenho e astúcia, aperfeiçoamento dos instrumentos, especialização dos operários e organização dos canteiros: tais foram, em resumo, algumas das respostas que os góticos opuseram às dificuldades da gigantesca operação por eles empreendida."[13]

A construção de uma catedral é um desafio titânico, uma longa, muitas vezes secular, sucessão de grandes e pequenos problemas estéticos, práticos e organizacionais, cada um dos quais requerendo uma solução rápida e original. É necessário, portanto, um fluxo contínuo de criatividade difusa, que brote em qualquer ponto e de qualquer cabeça do canteiro de obras; é preciso que das discussões extemporâneas, das imprevistas iluminações de um mestre-de-obras ou de um cinzelador saia uma solução para um arco, uma argamassa, um encaixe, um pináculo, uma arquitrave, um drapeado ou um caracol.

Movidos pelo medo e pela esperança, pela beleza e pelo orgulho, os mestres construtores e o seu tropel de ajudantes venceram desafios de modo quase surpreendente. Basta pensar na cobertura do coro de Saint Pierre em Beauvais: chegava a 68 metros de altura, comparável à de um edifício moderno de vinte andares. Mas, com razão, Camesasca sublinha que essa comparação seria incompleta caso não se precisasse que, à diferença do edifício moderno, a catedral gótica é "um edifício inteiramente vazio no seu interior, e com paredes praticamente anuladas pelas janelas que a percorrem de cima abaixo. Uma gaiola que, com a acrobacia das suas longas linhas perpendiculares, realizava algo que ninguém jamais havia alcançado de modo tão completo: uma Bíblia com esplêndidos vidros pintados, de onde o ensino se expandia sobre os fiéis junto com a luz do sol sempre límpida".[14]

Nesse ponto estamos distantes de mil séculos e mil milhas das grutas pré-históricas de Chauvet ou de Lascaux. Longe sob todos os pontos de vista, menos sob aquele de um detalhe que não pode ser negligenciado. Como naquelas cavernas escuras, onde os afrescos maravilhosos que admiramos à luz de modernas tochas elétricas eram destinados a permanecer selados aos olhos do homem e conhecidos somente ao olhar dos espíritos misteriosos, da mesma forma, nas grandes catedrais góticas, centenas de estátuas, capitéis e pilastras permaneciam no escuro das altas naves centrais ou laterais ou ainda das criptas profundas, invisíveis aos visitantes e, ainda assim, cuidadosamente bem-acabadas porque visíveis aos olhos de Deus e à sua indulgência para com as almas purgantes.

AS TREVAS PREPARAM A LUZ

A Idade Média dedicou-se com tanta insistência à demonstração da existência de Deus, com tanto furor à perseguição dos infiéis e dos cépticos e com um capricho tão escrupuloso à exploração do além, que faz brotar em nós a suspeita de que – a prescindir dos ritos e das penitências, das proclamações públicas de fé e das indulgências – o inconsciente coletivo dos "séculos das trevas" alimentasse sérias dúvidas sobre a existência do sobrenatural e escondesse um profundo conflito interior entre o dever de expiação dos pecados e a nostalgia pela alegria pagã, entre o desejo de salvação eterna e a aspiração à felicidade terrena.

Talvez o exagero dos teólogos e dos religiosos em mortificar o homem e a terra em favor de Deus e do paraíso de um certo ponto revelou-se sufocante demais e provocou uma reação. As mesmas catedrais góticas, pensadas em louvor ao Senhor, acabaram sobretudo por fazer florescer uma demonstração das capacidades humanas e dos resultados magníficos que o homem é capaz de obter sobre esta terra, quando apela às suas geniais habilidades de artista e de engenheiro.

O certo é que exatamente a Idade Média, com a sua espiritualidade exasperada, com a sua insistente busca de Deus, com a sua miséria material e com os seus medos e devaneios místicos, exatamente a Idade Média conseguiu sacudir o homem do seu longo sono tecnológico e fornecer-lhe as razões para novas esperanças terrestres, para novas conscientizações racionais e para novas humaníssimas criações. Como se as trevas tivessem preparado a luz.

Após 4.000 anos do grande salto tecnológico da Mesopotâmia, o século XII, o "século gaio", demonstrou que era possível melhorar as condições materiais do homem através da imprensa, dos óculos, do moinho de água, da bússola e do timão e também que era possível, com meios modestos mas com ímpeto seguro, realizar obras de incrível ousadia, como as catedrais. Para mover montanhas bastava uma missão nobre e compartilhada, o entusiasmo, a confiança em si mesmo, o convívio e a disposição à experimentação e à aprendizagem.

No século IX os solos rendiam duas vezes o trigo semeado; no século XIII rendiam quatro vezes. Portanto, o progresso foi constante, tanto que, em seguida, a produtividade permaneceu estagnada nesses níveis até o início do século XIX. Somente graças aos adubos químicos, aos arados, às máquinas de sulcar e aos tratores automáticos, no século XX industrializado os solos chegam a render até 40 vezes o trigo semeado.

Os arreios modernos permitiram substituir os bois por cavalos no trabalho da lavoura, obtendo assim um rendimento 50% mais alto. Noventa e cinco por cento da população viviam nos campos, porém multiplicaram-se os vilarejos de cerca de 500 habitantes (na França existiam 38.000), realizando uma distribuição demográfica bastante racional e homogênea sobre todo o território. Talvez graças à intervenção divina e às orações humanas, mais freqüentes do que em qualquer outra época, o clima melhorou e, com ele, a agricultura. Naturalmente, o diabo não se esqueceu de fazer a sua parte, provocando carestias freqüentes (a partir do século XI, em apenas 73 anos, ocorreram 48). Mas permanece o fato de que, entre os séculos X e XIV, a população européia duplicou e a Europa, envolvida pela agradável corrente de um rio calmo de beleza e de verdade, acomodou-se na margem luminosa de uma época nova, tão estimulante a ponto de ser interpretada como "renascimento" para toda a humanidade.

Depois de ter-se inventado, milhões de anos antes, como *Homo erectus* e como *Homo habilis*, o homem, com serena autoconsciência, trabalhou na reinvenção de si mesmo, como um leonardesco *homem universal*.

FLUIDEZ E RUPTURA

A partir do século XV e durante todo o século XVI, nas cidades da Itália Central e do Norte e sobretudo em Florença, nasceu, cresceu e difundiu-se um movimento acentuadamente urbano e burguês, que retirava a própria dinâmica de uma tríplice tensão: em direção ao passado clássico, assumido como modelo a ser imitado e reinventado; em direção ao presente renascentista, concebido como lugar e tempo de intensa atividade e plena beleza; e em direção à história futura, compreendida como horizonte no qual projetar a glória do "homem universal" na posteridade.

Muito se discutiu se entre a cultura dos últimos séculos medievais e aquela da Renascença houve uma nítida separação ou uma fluida continuidade. Decerto, o estímulo foi se montando, gradualmente, a partir do ano 1000; seguramente o século XII exibiu uma massa atormentadora de descobertas e de invenções tecnológicas, que revolucionaram a vida prática; com certeza Dante (1265-1321) e Giotto (1267-1337) haviam atingido uma síntese do pensamento e níveis expressivos de extraordinária profundidade. Mas é inegável o salto ideológico e existencial que separa os últimos séculos da Idade Média da vitalidade do século XV, a carismática postura de Giotto e Dante ao doce entusiasmo de Botticelli (1445-1510) e

Petrarca (1307-1374); a diferença entre o espírito que anima a república florentina daquele que pesava sobre as cidades góticas, assim como entre a aérea composição das cúpulas de Brunelleschi e de Michelangelo e as agulhas inquietadoras de Reims e de Colônia.

Os próprios intelectuais do Renascimento estavam conscientes da dívida que os novos tempos, nos quais eles viviam, tinham não somente para com o Classicismo mas também em relação ao período medieval. Num exagerado louvor à utilidade da arquitetura, Leon Battista Alberti escreve: "O que dizer das carroças, dos moinhos, dos celeiros e de outras invenções menores do mesmo tipo, as quais todavia têm uma importância enorme na vida de todos os dias? O que dizer das massas de água retiradas das cavidades escondidas e tornadas utilizáveis de modo variado e imediato? E ainda o que dizer dos troféus, dos santuários, das capelas, dos templos e dos edifícios que a arquitetura criou para o culto da religião e fruição da posteridade? Nem estou dizendo como, cortadas as rochas, perfurados os montes, aterrados os vales, vencidos os lagos e os mares, saneados os pântanos, construídas as naves, retificados os cursos dos rios, adaptados os estreitos, fabricadas as pontes e os portos, a arquitetura não só proveu ao benefício do homem, como abriu estradas a todas as províncias do mundo. O que permitiu aos homens um intercâmbio com vantagens recíprocas das colheitas, dos aromas, das gemas, das invenções e dos conhecimentos, de tudo aquilo, enfim, que é benéfico à manutenção e à comodidade do viver. Adicionemos as máquinas guerreiras, as fortificações e todos os achados que servem para defender e aumentar a liberdade, a potência e a glória da pátria, a estender e a consolidar o poder. Se, de fato, se pudesse perguntar àquelas cidades que, desde os tempos mais antigos, caíram sob o domínio dos outros, por quem foram vencidas e submetidas, eu acredito que responderiam que foram derrotadas pelo arquiteto."[15]

Mas, por mais conscientes da própria dívida em relação à Idade Média, os grandes personagens da Renascença decididamente recusaram a sua essência, apostando num ser humano e numa sociedade profundamente renovados, na viva síntese entre os valores mais elevados do mundo clássico e aqueles mais humanos do cristianismo, na edificação de uma nova cidade do homem, capaz de prosperar sem nenhum prejuízo para a cidade de Deus.

Decorreu disso um sincretismo entre o mundo pagão e o cristão, que logo traduziu-se em universalismo, liberdade republicana, paixão pela beleza e vontade de passar à história por intermédio da realização de obras capazes de se projetar no futuro, para além da vida de quem as havia, com mérito, concluído ou financiado.

FLORENÇA: UMA REPÚBLICA DE GÊNIOS

Esse movimento que se deflagrou no espaço de poucos decênios teve Florença como seu epicentro e dali expandiu-se, primeiro pela Itália e depois pelo resto da Europa. Mais uma vez, uma cidade relativamente pequena – somente 50.000 habitantes, que a peste de 1348 havia reduzido para 20.000 – conseguiu exibir um número incrível de personalidades geniais. Do mesmo modo que fizemos em relação a Atenas, repitamos também com Florença uma pormenorização quanto às datas: Petrarca nasce em 1307, Boccaccio em 1313, Brunelleschi em 1377, Ghiberti em 1378, Donatello em 1386, Paolo Ucello em 1397, Fra Angelico e Luca della Robbia em 1400, Masaccio em 1401, Filippo Lippi nasce em 1406, Pollaiolo em 1432, Andrea della Robbia e Verrocchio em 1435, Bramante em 1444, Botticelli em 1445, Lourenço de Médici em 1449, Filippino Lippi em 1457, Giovanni della Robbia e Maquiavel em 1469, Michelangelo em 1475, Guicciardini em 1483, Benvenuto Cellini em 1500 e Vasari em 1511.

Contemporaneamente, em outras cidades italianas, trabalham Piero della Francesca, nascido em 1416; Antonello da Messina, nascido em 1430; Mantegna, cujo ano de nascimento é 1431; Ariosto, que nasceu em 1474; Giorgione, nascido em 1477; Baldassare Castiglione, nascido em 1478; Rafael, nascido em 1483; Sansovino, que nasceu em 1486; Ticiano, nascido em 1488; Palladio, nascido em 1508; Tintoretto, que nasceu em 1518; Pierluigi da Palestrina, nascido em 1525, e Torquato Tasso, nascido em 1544.

E no resto da Europa trabalhavam Jan van Eyck, nascido em 1395; Bosch, nascido em 1450; Erasmo de Rotterdam cujo ano de nascimento é 1466; Holbein, nascido em 1460; Dürer, nascido em 1471; Copérnico, nascido em 1473; Thomas Moore, nascido em 1478; Paracelso, nascido em 1493; Rabelais, que nasceu em 1494; Bruegel, nascido em 1525, e Cervantes, nascido em 1547. Enquanto isso, Cristóvão Colombo desembarca na América em 1492 e Martinho Lutero lança a sua Reforma Protestante em 1517.

Sobretudo em Florença, a condensação e a ação conjunta de tantos artistas e de tantas obras-primas – comparável somente à Atenas de Péricles –, o notável estado das instituições e da economia, o sentido novo da liberdade, fora da cobertura da religião, da tradição e da miséria, determinaram um clima extraordinariamente criativo.

O RENASCIMENTO HUMANO

Esse clima retirava dos gregos e dos romanos – da língua, da arte e do modelo de vida deles – o exemplo mais elevado de humanismo, que era preciso recuperar e renovar depois de tê-lo finalmente liberado do aprisionamento no qual a Idade Média o havia silenciado. Após 700 anos retomou-se o estudo do idioma grego, e a educação dos jovens readquiriu um papel de suma importância nas famílias e no Estado. O homem foi recolocado no centro da vida social como senhor da própria sorte, capaz de dominar a natureza por meio da sua força ativa e consciente, merecedor de passar à história por meio da excelência das suas obras e da nobreza das suas ações, bem mais do que devido ao berço.

Após séculos de uma precedência voltada à vida contemplativa, à parcimônia e à mortificação da carne, é restituída plena dignidade à vida ativa, ao cuidado com o corpo, aos prazeres do amor e da boa mesa. A cultura não é um fim em si mesma e nem tem como objetivo o aperfeiçoamento teológico da fé, mas existe em função da vida civil. O trabalho representa a força com a qual o homem transforma o mundo e, portanto, é digno de louvor mesmo quando requer esforço físico e provoca o suor da fronte. "Não são de se condenar as fadigas", escreve Pontano, "a partir do momento em que nascemos para trabalhar e não podemos obter as virtudes e a felicidade senão trabalhando. E nenhuma dentre as artes e as disciplinas, mesmo aquelas menos complexas, pode ser obtida sem fadiga ou conservada por muito tempo sem um contínuo e freqüente exercício... Mais caras nos são as coisas cuja obtenção nos foi mais sofrida do que aquelas que o acaso e a sorte nos oferecem. O que mostra a utilidade e a necessidade das fadigas, sem as quais não se obtêm as virtudes, e ao mesmo tempo revelam que elas são sumamente apreciadas e agradáveis quando alcançam seu alvo, que é rico de puríssimo gozo."[16]

A atividade profissional deve gerar riqueza, e a riqueza não deve ser acumulada, mas deve circular: "Para que serve ganhar se não se produzem coisas?", diz Leon Battista Alberti. "E todo o sentido das coisas está não tanto em conservá-las, mas em usá-las segundo a necessidade."[17]

O dinheiro não somente é o "esterco do demônio", mas é sangue e substância da terra: "O dinheiro foi um ótimo achado", escreve Bernardo Davanzati, "um instrumento que faz bens infinitos; se alguém o maneja mal, não é o manejado, mas sim o manejador a repreender-se e se corrigir. O dinheiro é o nervo da guerra e da república, dizem graves e solenes autores; mas para mim ele mais parece um segundo sangue. Porque assim como o sangue, que é o suco e a substância do alimento no corpo natural, correndo por veias grossas às mais diminutas, rega toda a carne... assim o dinheiro, que é suco e substância ótima da terra, como dissemos, correndo das bolsas grandes para as pequenas, toda a gente sangra daquele dinheiro que se gasta e vai embora continuamente nas coisas que a vida consome, devido às quais volta às bolsas grandes; e girando assim mantém em vida o corpo civil da república."[18]

Os ricos devem cultivar as artes, proteger os artistas, embelezar a cidade com obras de arte que podem ser desfrutadas por todos os cidadãos. A beleza é uma deusa absoluta, que se identifica com a bondade e a quem corresponde um culto incessante, sentido e febril. Por sua vez, o amor é a tensão graças à qual o homem alcança as suas metas, exalta a si mesmo e os objetos da sua tensão. A arte, a bondade, a beleza e o amor são os meios com os quais o homem honra a si mesmo, a coletividade, a história e a Deus. A beleza é um imperativo categórico: "Belas vestes, bela casa, belas decorações, generosidade para com os amigos e para com o povo, reputação de prodigalidade entre os conterrâneos, vontade de emergir neste mundo."[19]

O culto da beleza atinge um ponto tão impiedoso que chega a igualar a feiúra ao pecado de ser malvado: "Os feios", escreve Baldassare Castiglione, em *O Cortesão*, "em geral são ainda por cima malvados, e os belos, agradáveis; e pode-se afirmar que a beleza seja a face prazerosa, alegre, grata e desejável do bem; e a feiúra, a face obscura, doente, desagradável e triste do mal."[20] Um madrigal de Michelangelo inicia dizendo: "*Se dal cor lieto divien bello il volto, / dal tristo il brutto*" (Se de um coração alegre vem belo o vulto, / de um triste, o feio).

A sociedade criativa que resulta dessa complexa filosofia de vida é algo de inédito sobre a face da Terra: forte, mas não arrogante; serena, mas não condescendente; dinâmica, mas não estressante, e amorosa, sem morbidez. Sobretudo no século XV, "um pontífice podia tranqüilamente conectar interesses políticos e culturais, enquanto um príncipe tratava com a mesma gravidade uma séria questão diplomática e a pesquisa de uma preciosidade; já um douto elevava-se lendo Salústio antes de ir apunhalar um tirano. O Classicismo redescoberto fazia-se sangue e ação; políticos e gênios militares viam-se diante de César ou Cipião, e novos mecenas cercavam-se de historiadores e de poetas que tornassem os seus nomes imortais e igualassem o século deles com aquele de Augusto".[21]

Essa passagem de Eugenio Garin, o maior estudioso italiano da Renascença, recorda-nos que mesmo um movimento tão criativo e fascinante produz êxitos ambivalentes: a pesquisa do passado levou alguns a revitalizar a grandeza do Classicismo e outros a escorregar para o pedantismo erudito; a busca da glória conduziu alguns ao mecenato e a grandes empresas, já outros, a conspirações, à impudência e ao delito; a busca de si mesmo impeliu alguns ao crescimento pessoal, mas outros a uma estéril introversão; o amor pela verdade levou alguns ao refinamento da própria educação, mas outros à temeridade e à fogueira; a busca da eternidade conduziu alguns à realização de gestos históricos; já outros, à carolice.

A ECONOMIA DA ARTE RENASCENTISTA

O Renascimento, de todo modo, representa um outro ápice, um outro ponto culminante na história da criatividade humana; um espelho provocador através do qual as capacidades criativas do homem se aventuraram e, vitoriosas, proporcionaram uma grande renovação estética e ideológica, graças aos desafios que o próprio homem se colocou.

Da mesma forma que a explosão criativa de Atenas e do Classicismo, também a de Florença, do Humanismo e do Renascimento voltou-se sobretudo para a arte, a filosofia e a literatura. Nem o século XV nem o XVI podem exibir descobertas científicas e invenções técnicas comparáveis àquelas precedentes da Mesopotâmia e do "século gaio", ou mesmo àquelas sucessivas, que ocorrerão nos séculos XVII e XVIII. Mas o progresso científico que marcou os séculos seguintes, até os nossos dias, foi preparado pelo amor à precisão, à perfeição, ao bom acabamento e à polidez que os artistas cultivaram numa medida extrema, a ponto de considerar "gótico", isto é, aproximativo, bárbaro e impreciso, até mesmo o meticuloso respeito pelas proporções que comprovamos nas catedrais da Idade Média.

O que desencadeou, no Renascimento, esse rio de criatividade artística tão repleto de obras-primas? Quais os métodos adotados pelos artistas do Renascimento nos seus processos criativos? As respostas mais convincentes nos chegam de dois estudos que, embora não sejam recentes, até hoje não foram superados: *Il Mondo degli Artisti nel Rinascimento Fiorentino* (O mundo dos artistas no Renascimento florentino) de Martin Wackernagel[22] e o já citado *Artisti a Bottega* de Ettore Camesasca.

Segundo Wackernagel, o estímulo primário e decisivo numa produção assim tão copiosa de obras de arte não residia somente na personalidade dos artistas e no seu impulso criativo espontâneo, mas também, e talvez até mais, na interminável demanda de obras de arte e na impetuosa personalidade dos mandantes que caracterizaram aquela época.

Na relação entre a demanda e a oferta, o desenvolvimento da arte florentina seguiu uma ordem inversa com respeito à da posterior produção industrial. A indústria dos tempos de Ford desenfornava os produtos criados pelos empresários, os armazenava e depois procurava distribuí-los no mercado. No jargão, dizemos que se tratava de uma indústria *product oriented*, "orientada para o produto". Somente num segundo momento a indústria, antes de começar a produzir, começou a sondar as necessidades do público através de pesquisas de mercado, de forma a modelar os produtos com base nas suas necessidades específicas, a fim de obter o máximo sucesso com as vendas. No jargão, afirmamos que se trata de uma indústria *market oriented*, "orientada para o mercado", empenhada na satisfação do cliente (*costumer satisfaction*).

Na produção artística florentina acontece o contrário: numa primeira fase, os artistas trabalham sob encomenda específica do mandante, respeitando contratos nos quais a demanda era detalhada e severamente articulada. Somente numa segunda fase, quando a demanda do mercado explodiu e o prestígio dos artistas consolidou-se, eles pintaram e esculpiram segundo o próprio desejo, já com a certeza de que as suas obras não deixariam de ser vendidas.

No início, os mandantes eram cidadãos quaisquer, artesãos, empregados ou párocos que sentiam a necessidade de construir uma casa ou uma igreja e embelezá-la com quadros ou com estátuas. Depois, a partir da metade do século XV, formou-se um grupo de mandantes – em primeiro lugar, Lourenço o Magnífico –, amantes da arte, entendedores sofisticados, colecionadores, dotados de cultura e com poder aquisitivo. Mas Lourenço era algo mais: era um mecenas, certamente mais ilustre, generoso e versátil do que Piero del Pugliese, que se distinguiu sobretudo como doador, ou do que Francesco di Piero, que também financiou obras notáveis, ou ainda do que aquele príncipe descendente dos Capetos, Jean de Berry, que promoveu um dos mais admiráveis livros de orações com pinturas em miniatura de todos os tempos: *Très Riches Heures*, atualmente conservado no Museu Condé de Chantilly.[23] Ser um mecenas significava muito mais do que ser um mandante: significava ser cultor da beleza, patrocinador, financiador, promotor, inspirador, crítico, intelectual refinado, homem rico mas consciente das responsabilidades cultural e social ligadas ao privilégio da riqueza, assim como respeitoso da arte, a ponto de tolerar os caprichos dos artistas mais indóceis. E com eles mantinha uma tal intimidade que fazia pensar que a amizade do artista fosse quase mais estimada do que a posse das suas obras. Isso acontece a Leonardo da Vinci, primeiro com Francisco I e depois com a nobre família Sforza; acontece também a Rafael, junto à corte de Leão X; e é ainda o que sucede a Ticiano em relação a Carlos V, que chega até a nomeá-lo conde Palatino.

Com Michelangelo vai-se mais além, e o artista chega a se permitir um relacionamento nada idílico com o papa Júlio II, talvez o maior mecenas de todos os tempos, que, além do Buonarroti, conseguiu atrair para o seu círculo dois outros gênios do calibre de Bramante e de Rafael. Júlio II encomendou a Michelangelo a criação e a construção do seu monumento fúnebre em San Pietro in Vincoli, mas entre o arquiteto, que apresentava projetos cada vez mais custosos, e o papa, que possuía cada vez menos dinheiro, surgiram crescentes incompreensões. Depois de várias audiências e após dias de insistência por parte de Michelangelo, o papa não encontrou outra solução senão a de indicar a um "palafreneiro que o convidasse a se retirar". A mortificação e a ira de Michelangelo foram tais que mesmo 36 anos depois do sucedido escrevia sobre isso com desdém. Voltou para casa a pé, escreveu uma carta de adeus, preparou a bagagem e partiu para Florença: "Daqui para a frente, quem me desejar deverá me procurar em outra parte que não Roma."

Conhecendo "o humor dos homens do seu feitio", o papa fez com que o procurassem, implorou para que voltasse atrás, escreveu três vezes às autoridades florentinas, a fim de que convencessem o sombrio artista a voltar para Roma. É o próprio Michelangelo que faz referências à injunção que, neste ponto, lhe foi feita pelo senhorio de Florença: "Nós não desejamos arranjar uma guerra com o papa Júlio por sua causa: é preciso que você vá." E só então, convencido mas não aplacado, Michelangelo retornou ao seu grande mecenas, com quem voltou a manter uma relação de amor e ódio até a morte.

O mínimo denominador comum antropológico, o motor socioeconômico do sistema florentino, composto por mandantes, mecenas, artistas, mas também por todos os cidadãos, foi a necessidade difundida de objetos belos para se olhar, capazes de suscitar emoções intensas. Não havia então nem cinema nem Internet ou televisão, com os quais hoje nutrimos os nossos olhos, aplacando a necessidade de imagens. Os edifícios, os afrescos, os quadros para altar, as pinturas, as telas para cavalete, as estátuas, mas também estandartes, móveis, utensílios, paramentos, porcelanas, caixas e baús, portas, vestes, couraças e tapeçarias, tudo devia satisfazer a necessidade de serem coisas belas, necessidade esta agudamente sentida por todo o povo, que a esta específica necessidade dedicou, por 200 anos, os próprios recursos materiais, a própria tensão, discussões acirradas, até disputas e guerras.

A Igreja, o município, o senhor, a corporação e o mandante privado criavam e reforçavam, por intermédio da arte, a própria imagem, o próprio prestígio, a própria credibilidade, o consenso político e a própria força comercial. Por meio da arte, cada mandante e mecenas assegurava para si a glória e a imortalidade na terra, assim como – durante a Idade Média – as doações garantiam a glória e a imortalidade no céu.

A economia e o mercado da arte renascentista foram, portanto, caracterizados por uma demanda cada vez mais vasta, mais culta, mais refinada e mais exigente; e por uma oferta sempre mais prodigiosamente copiosa e genial. A feitura das obras foi influenciada pela arte clássica, que freqüentemente fornecia também o "roteiro" ou o "cenário" dos ciclos pictóricos ou para um quadro determinado; assim como pela predileção por uma execução meticulosa, polida e perfeita; e também pela disponibilidade de tempo, numa vida ainda não estressada pela pressão do maquinismo industrial e da *New Economy*.

O PRESTÍGIO VEM DA PRECISÃO

Graças a biografias, autobiografias, crônicas e testemunhos, sabemos bastante sobre a extração, a formação, o papel social, os ganhos, os níveis de vida e o prestígio de cada um dos artistas da Renascença. O bonito ensaio *Nati sotto Saturno* (Nascidos sob Saturno) de Rudolf e Margot Wittkower,[24] repleto de preciosas informações; os estudos igualmente valiosos e já citados de Wackernagel e de Camesasca; o belo ensaio de André Chastel sobre o artista;[25] as muitas informações referidas por Eugenio Garin, nos seus inumeráveis estudos e ainda aquela fonte das fontes que é *Vite* de Vasari, nos permitem a reconstrução bastante fiel do ambiente no qual os artistas do Renascimento trabalhavam, da sua condição socioeconômica e dos métodos com os quais alimentavam ou domesticavam os seus furores criativos.

Sabemos que alguns artistas provinham da burguesia: Masaccio e Leonardo da Vinci eram filhos de tabeliães, Ghirlandaio, de um corretor, e Michelangelo era filho de um funcionário público. Mas a maioria provinha da classe média baixa, como freqüentemente denunciam os apelidos: o pai de Andrea del Castagno (André do Castanheiro) era camponês, o de Pollaiolo (Galinheiro) era vendedor de galinhas, o de Andrea del Sarto (André do Alfaiate) era alfaiate. Já o de Filippo Lippi era açougueiro, o de Paolo Ucello, barbeiro, e o de Botticelli, curtidor.

Conforme vimos, Júlio II usou com Michelangelo de uma paciente deferência. Porém, tratava-se de Michelangelo! Em geral, a consideração social de que gozavam os artistas não superava aquela reservada a um artesão qualquer. Zilsel calculou que, nas biografias coletivas dos italianos famosos, escritas durante um tempo que vai do início de século XV até a metade do XVI, o percentual dos artistas considerados dignos de integrá-las permaneceu abaixo de 5%, contra 49% representados pelos escritores, 30% pelos políticos e pelos militares e 6,5% pelos médicos.[26]

Somente poucos artistas (por exemplo, Michelangelo, muito cuidadoso na gestão dos próprios negócios, e Donatello, grande esbanjador) conseguiram obter um respeito considerável, enquanto a profissão de pintor e de escultor, somente perto do final da Renascença, adquiriu a estima social necessária para integrar as "artes liberais". O ourives era um pouco mais apreciado porque devia ter noções de química; de maior prestígio ainda era cercado o arquiteto, porque a sua profissão requeria conhecimentos profundos de matemática. Em 1468, Ludovico da Montefeltro assinou um contrato com Luciano Laurana, cujas premissas afirmavam: "Aqueles homens nós julgamos que devem ser honrados e dignos de comendas, os quais se encontram ornados de engenho e de virtudes. E, máxima dentre as virtudes, que sempre foram apreciadas junto aos antigos e aos modernos, é a virtude da arquitetura, fundada na arte da aritmética e da geometria, que estão entre as sete artes liberais e são as principais."

Não é tanto a fantasia criativa quanto a ciência unida à prática que confere prestígio a uma profissão. Por isso há um florescimento de tratados e de manuais que servem para transmitir com exatidão os conhecimentos específicos das técnicas de composição dos mestres especialistas aos alunos aprendizes: Benvenuto Cellini escreve o *Trattato dell'Oreficeria* (Tratado sobre ourivesaria), Leon Battista Alberti escreve o tratado *De Re Aedificatoria* (A arte de edificar), Luca Pacioli escreve o tratado *De Divina Proportione* (A divina proporção), Piero della Francesca escreve um tratado sobre a perspectiva, Gaffurio escreve um intitulado *Teoria Musicale* (Teoria musical), Ghiberti escreve os seus *Commentari* sobre as profissões artísticas, Leonardo da Vinci é autor de *Trattato della Pittura* (Tratado de pintura) e Cennini escreve o *Libro dell'Arte* (O livro de arte). Sempre em nome da escrupulosa precisão e da necessária correspondência entre pintura, escultura e realidade, Da Vinci, Michelangelo, Donatello e Pollaiolo dissecam cadáveres até enjoar.

OH, QUE COISA DOCE É ESTA PERSPECTIVA!

Entre os artistas há aqueles proverbialmente preguiçosos ou pouco confiáveis quanto ao cumprimento dos prazos de entrega. Piero della Francesca, Leonardo da Vinci, Andrea del Sarto, Rafael, Perugino, Júlio Romano e Iacopo della Quercia chegavam a atrasar para além dos limites da decência a entrega de obras acertadas contratualmente. Júlio II perguntou a Michelangelo quando acabaria os afrescos da Capela Sistina: "Quando puder", parece ter sido a resposta do artista.

Mas quase todos os artistas demonstram uma intensa paixão pela própria arte e uma tenacidade fora do comum ao levar suas idéias adiante. Este, aliás, o da tenacidade, é o aspecto que se encontra com maior freqüência nas personalidades criativas de todos os gêneros e de todos os tempos. E, freqüentemente, a tenacidade estende-se até a obstinação, a privação e o sofrimento. Plínio conta que Protogene, um pintor do final do século IV a.C., durante a execução de uma obra importante, "nutria-se de tremoços macerados na água, a fim de satisfazer, ao mesmo tempo, a fome e a sede, sem embotar as suas faculdades com refeições demasiado copiosas".[27]

Prescindindo da confiabilidade dessa história, no Renascimento não foram raros os casos nos quais os artistas se submeteram a sacrifícios inenarráveis para conseguir criar obras-primas universais: basta pensar nos quatro anos que Michelangelo passou sobre os andaimes da Capela Sistina, debruçado durante o dia inteiro sobre suas pinturas, com uma vela arranjada de forma um tanto ou quanto improvisada na altura da testa e totalmente sujo com tintas coloridas que escorriam e pingavam das paredes.

Muitos artistas (por exemplo, o próprio Michelangelo, Masaccio, Brunelleschi, Luca della Robbia, Donatello, Leon Battista Alberti, Verrocchio, Botticelli, Leonardo da Vinci, Piero di Cosimo e Rafael) permaneceram solteiros para se dedicarem inteiramente às suas paixões criativas. Outros, por causa da arte, descuidaram-se de questões pessoais ou de negócios. Vasari conta que Paolo Uccello era totalmente tomado pelas suas pesquisas estéticas, tanto que vivia praticamente "sozinho e num modo quase selvagem... mais pobre que famoso". Passava todas as noites no escritório estudando os problemas geométricos da perspectiva, e, quando a mulher o chamava para ir dormir, ele respondia: "Oh, que coisa doce é esta perspectiva!"[28]

Ainda Vasari descreve Masaccio como "uma pessoa muito abstrata e desleixada, como aquele que tendo fixado o seu ânimo e a sua vontade somente às coisas da arte, cuidava pouco de si e dos demais... De Tommaso (que era seu nome) foi chamado Masaccio".[29]

NASCIDOS SOB SATURNO

A vida do artista sempre estimulou a fantasia dos biógrafos e do público, sobretudo daqueles que não são artistas e gostam de atribuir aos gênios o desregramento, a extravagância, a imprevisibilidade e aquele aspecto "terrível", que até mesmo o papa teve que tolerar em Michelangelo.

Boccaccio descreve os artistas como pessoas com inclinações para as brincadeiras, as espertezas e as troças. Na novela 94 de Sacchetti, a esposa de um pintor investe contra o marido, gritando: "Maldito seja aquele que casou uma mulher a algum pintor; pois sois todos fantasiadores e lunáticos e andam inebriados e nem se envergonham."

Por sorte, a pesquisa escrupulosa dos Wittkower, *Nati sotto Saturno*, acaba com muitos desses estereótipos, demonstrando que o percentual de egocêntricos, neuróticos, rebeldes, infiéis, licenciosos, extravagantes, obcecados pelo próprio trabalho, loucos furiosos, introvertidos, violentos, suicidas, em suma, intratáveis e anormais, que se encontram na categoria dos artistas, no final das contas, não é em nada maior do que aquele que existe em todas as demais categorias sociais. A mesma coisa vale para aquilo que diz respeito à homossexualidade, apesar dos casos chamativos de Leonardo da Vinci, de Michelangelo e de Sodoma.

Mas, na realidade, como era o caráter desses artistas? Independentemente dos gênios do Renascimento, existe um denominador psicológico comum, um temperamento típico do artista, do cientista, do inventor e do criativo? Voltarei a esta questão na segunda parte deste volume. Por ora, devo antecipar alguns aspectos.

Platão sustenta que as grandes obras-primas são produzidas nos estados eufóricos, nos quais o artista se encontra quando é tomado pelo entusiasmo criativo. Mas o mesmo artista, eufórico quando cria, na vida de todos os dias tende a ser melancólico. Mais ou menos nos mesmos anos, Hipócrates (460-377 a.C.) teoriza que o estado do corpo humano depende da proporção na qual estão combinados quatro humores: na pessoa sangüínea predomina o sangue, na fleumática, a fleuma, na pessoa colérica prevalece a bile amarela e na melancólica, a bile preta. Aristóteles afirma: "Todos os homens extraordinários, excelentes na filosofia, na política, na poesia e nas artes são nitidamente melancólicos." Essa tendência à melancolia foi considerada uma tentação diabólica por parte da Igreja e um dom divino por parte dos humanistas – encabeçados por Marsílio Ficino – que não a atribuíram à perfídia do demônio, mas à influência de Saturno, planeta ambivalente por excelência. "Desde então", escrevem os Wittkower, "nenhuma obra excelente, intelectual ou artística, foi considerada possível se o seu autor não fosse um melancólico. No século XVI uma verdadeira onda de *tendência à melancolia* abalou a Europa inteira. As qualidades de caráter associadas à melancolia, como a irritabilidade, a variabilidade de humor, o amor pela solidão e a excentricidade, passaram a ser moda, e a sua exibição adquiriu um certo valor esnobe, de forma análoga ao *Weltschmerz* dos românticos e ao azedume dos nossos Jovens Raivosos."[30]

Embora Vasari retorne freqüentemente ao binômio artista-melancolia, exatamente das suas numerosas biografias emerge toda uma infinita variedade de caracteres, temperamentos e modelos de vida que distinguem os artistas da Renascença. Alguns como Rafael e Leonardo eram belos, afáveis, ótimos de conversa, com caráter gentil e equilibrado, além de cordiais; outros "haviam retirado da natureza um quê de loucura e de selvageria"; outros ainda, como Benvenuto Cellini e, mais tarde, Caravaggio, não eram confiáveis e chegavam a ser até mesmo trapaceiros; e mais outros, como Michelangelo, eram briguentos, rudes e solitários. Alguns artistas gostavam de exibir a própria habilidade, admitindo e solicitando a presença de observadores mesmo enquanto trabalhavam: Bernini gostava que os turistas visitassem o seu estúdio, mesmo quando esculpia; Rubens tinha o hábito de ditar cartas, fazer com que lessem Tácito para ele ou ainda o de conversar, enquanto pintava. Outros preferiam trabalhar na solidão (entre estes, no passado, Michelangelo e Tintoretto; mais tarde Guido Reni e hoje Oscar Niemeyer). Vasari narra que Pontormo trabalhava num quarto onde "subia-se por uma escada de madeira, a qual, uma vez tendo entrado, puxava para cima com uma roldana, e assim ninguém podia subir até ele, sem a sua vontade ou conhecimento".[31] Leonardo da Vinci recomenda que "o pintor e o desenhista devem ser solitários". Alguns eram extemporâneos e descontínuos (como Giovanni Bellini, que "costumava, como diz, divagar sempre segundo a sua vontade entre as pinturas"), alternando fases de ativismo quase furioso com fases de introvertida incubação. Muitos outros gostavam de se aplicar ao próprio trabalho com escrupuloso método: como havia feito muitos séculos antes o pintor Apeles, a quem é atribuída a máxima *Nulla dies sine linea* (nenhum dia sem uma linha); ou como, muitos séculos mais tarde, fará o músico Stravinski, a quem é atribuída a frase pitoresca: "O cérebro do artista é como uma criança: todas as manhãs deve ser posto no penico."

Quanto àquilo que diz respeito ao rigor intelectual, acontecia então o que se repete hoje no mundo cinematográfico. Muitos filmes narram eventos e personagens históricos com grande desenvoltura, sem se preocupar com uma fidedignidade absoluta; da mesma forma, na Renascença, muitas obras-primas da pintura e da escultura representavam com toda a liberdade as vicissitudes mitológicas ou bíblicas, os milagres dos santos e as empresas dos príncipes, sem nenhuma atenção filológica para a correspondência entre as cenas representadas e as comprovadas fontes históricas. Michelangelo representou Juliano e Lourenço de Médici numa forma muito pouco fiel, e a quem o reprovava ele respondia que, passados mil anos, ninguém saberia qual era o aspecto real deles.

O neurótico Proust defendia em benefício próprio que "o que existe de grande no mundo é obra dos neuróticos. Somente eles fundaram as religiões e deram vida às nossas obras-primas". Não se pode negar que muitos grandes artistas foram neuróticos e extravagantes: Piranesi, segundo o testemunho de um arquiteto seu conhecido, tinha um discurso desconexo e devaneava ao falar. Pontormo, Guido Reni e Parmigianino eram também, cada um deles, fora do normal. Mas, ao contrário, Rafael, Vasari e, mais tarde, Mendelssohn-Bartholdy, Matisse e Fellini foram pessoas equilibradas, serenas e agradáveis. Ao que parece, portanto, não há regras nem constantes acerca da presumida coincidência fatal do gênio com o desregramento, ainda que a idéia dessa indissolubilidade esteja tão radicada na opinião pública que todo aquele que se ilude em ser um gênio sente-se no dever de se mostrar excêntrico.

No Renascimento não só dominou a convicção de que o artista fosse melancolicamente saturnino, mas tinha-se também a certeza de que a melancolia fosse acompanhada de variações do humor, de irritabilidade e de estranhamento do mundo. Depois, no século XVII, predominará a sangüínea exuberância de personalidades extrovertidas como Bernini e Rubens, como Velásquez e Rembrandt. No entanto, com o Romantismo, reemergirá a melancolia, estimulada até a tuberculose ou ao suicídio.

Mas, para além das lendas, as biografias dos artistas demonstram que a criatividade genial acha-se em todos os tipos de personalidades: vaidosas como Piranesi ou esquivas como Duquesnoy; distintas como Da Vinci ou descuidadas como Masaccio; melancólicas como Leopardi ou alegres como Rossini; velozes como Luca Giordano ou lentas como Carlo Dolci; simples como Fra Angelico ou astutas como Agostino Tassi; rigorosas como Michelangelo ou pouco confiáveis como Benvenuto Cellini; esbanjadoras como Wagner ou parcimoniosas como Masaccio; mundanas como Bernini ou reservadas como Borromini; solitárias como Paolo Uccello ou extrovertidas como Ghiberti e Rubens; capazes, como Caravaggio, de obras que espelham perfeitamente o seu tipo de vida, ou capazes, como Mozart, de obras que pouco ou nada deixam transparecer da sua real existência; elegantes como Rafael ou maltrajados como Brunelleschi ou Annibale Carracci, que, "pouco limpo, vestia-se da pior maneira; com o colarinho torto, o chapéu com quatro abas, o manto mal-ajeitado e a barba desgrenhada... sempre abstrato ele, sempre solitário, parecia um homão às antigas, um filósofo".[32]

A OFICINA COMO INCUBADORA CRIATIVA

O problema, nesse ponto, de psicológico transformou-se em sociológico. Se não é possível identificar um aspecto dominante no temperamento dos vários artistas e criadores, se cada um deles foi assim tão diferente do outro e, apesar disso, a presença simultânea de tantos gênios dissonantes conseguiu produzir um dos mais sublimes conjuntos criativos de todos os tempos, o que amalgamou tantas diferenças? O que assegurou a transmissão cultural de uma geração à outra? O que concentrou num movimento humanista tão identificável quanto unitário aportes tão disparatados de tantas disciplinas e de tantos cultores diversos?

Tenho a convicção de que um papel de primeira importância nesse processo de amalgamação e de endereçamento foi desempenhado por duas instituições precisas – as oficinas, primeiro, e as academias, mais tarde – duas células sociais diferentes entre si, mas perfeitamente de acordo com a natureza do seu tempo e coerentes com o conjunto do sistema no qual se encontravam funcionando.

Freqüentemente, nos processos criativos, uma idéia puxa a outra, problemas e soluções se comunicam e se chocam entre si no curso do tempo, saltando épocas e fronteiras. Na Idade Média, o purgatório provoca o nascimento das catedrais; a catedral de uma cidade desperta a inveja e provoca a concorrência das cidades antagônicas, que, por sua vez, constroem as suas; o conjunto de catedrais gera um forte orgulho, uma confiança crescente nas capacidades construtivas do homem, um impulso vital, uma exigência de beleza, uma demanda crescente de artistas e uma rápida difusão das oficinas, as quais encontrarão, na Renascença, o seu período de máximo fulgor. As oficinas, por contraste, determinarão o nascimento das academias.

A edificação de cada obra imponente requeria um canteiro de obras no lugar da construção, outros canteiros junto às pedreiras e, ao redor, uma miríade de oficinas urbanas, onde os escultores, os carpinteiros, os artífices, os pintores e os ourives produziam estátuas, quadros e produtos semiacabados.

Assim, a oficina tornou-se a célula mais importante do sistema criativo do Renascimento: o lugar onde se formavam os artistas, nasciam as idéias e se realizavam as obras-primas, que eram expostas aos mandantes e aos compradores em potencial.

A OFICINA COMO GRIFE

Cennini recomenda ao jovem que deseja tornar-se pintor: "Quanto mais cedo tu possas, começa a te colocar sob a orientação de um mestre para aprender; quanto mais tarde puderes, dele tu partas." Geralmente o aspirante entrava para a oficina com 13 anos. Por meio de um ato lavrado por um tabelião, o pai o confiava a um mestre regularmente inscrito na corporação e ambos subscreviam as condições do aprendizado. Por sorte, conservamos aquele assinado pelo pai de Michelangelo: "Recordo, este dia primeiro de abril, como eu, Lodovico di Leonardo di Buonarotti, acomodo Michelangelo, meu filho, com Domenico e Davit di Tommaso di Currado [ou seja, o Ghirlandaio], por três anos a vir; com estes pactos e modos: que o dito Michelangelo deva permanecer com os supranomeados o dito tempo e aprender a pintar e a fazer o dito exercício e nisso os supranomeados o comandarão; os ditos Domenico e Davit lhe devem dar nestes três anos 24 florins em selos: no primeiro ano, seis florins, no segundo ano, oito florins e no terceiro, dez florins."

A formação era em regime de tempo integral: o discípulo devia morar com o mestre, ser-lhe fiel e obedecê-lo em tudo, cuidar dos seus bens, evitar desperdícios e observar os horários da casa. Por sua vez, o mestre empenhava-se em ensinar-lhe diligentemente a arte, fornecer-lhe a comida, o alojamento e as roupas e dar-lhe o eventual pagamento contratado. No plano profissional, o aprendiz devia aprender como se preparam os materiais para a pintura e as superfícies sobre as quais realizar afrescos, devia treinar o olho e a mão, por intermédio de exercícios de desenho, copiando a partir da realidade ou de obras do passado.

Em Florença, até o início do século XIV, um mestre podia ter somente um aprendiz de cada vez, mas uma oficina do século XV, entre mestres, discípulos, ajudantes estáveis e casuais, podia chegar a ter umas 20 pessoas, conforme sabemos a respeito da oficina de Ghiberti, durante o período da execução das portas de bronze do batistério, que veio a somar-se a outros compromissos improrrogáveis. De todo modo, o contrato para as portas comprometia o mestre a executar pessoalmente somente "aquelas partes que são de maior perfeição como os cabelos, os nus e similares". Aquilo que contava era a assinatura, a grife, que garantia a qualidade do produto, como hoje acontece em relação aos grandes estilistas da moda ou aos grandes *designers*.

A OFICINA COMO EQUIPE

A interdisciplinaridade e a criatividade coletiva da oficina antecipavam e preparavam as dos canteiros de obras. Benvenuto Cellini, falando sobre algumas das suas jóias raras, afirma: "As ditas jóias eram perfeitamente trabalhadas pelas mãos dos meus trabalhadores, seguindo os meus desenhos"; e falando sobre a fusão de Perseu, diz que se servia "de certos rapazes de comissões", porque "sozinho não podia dar conta de todas as coisas".[33] Até mesmo Michelangelo, que tendia a fazer tudo sozinho, teve que delegar uma parte do túmulo de Júlio II a alguns dos seus ajudantes. A mesma coisa foi feita por Rafael para as *Stanze* (as câmaras que ele pintou no

Vaticano). "Naquilo que diz respeito à realização da maior parte das grandes obras e dos complexos artísticos", escreve Wackernagel, "é preciso levar em conta esta *equipe*, formada por muitos componentes. O diretor do ateliê podia, no máximo, impor o seu estilo pessoal, graças às suas funções de supervisor e diretor dos trabalhos, sem, contudo, ter em mãos a realização completa da obra – e isto era válido até mesmo no caso de pintura em pranchas de pequenas dimensões. Esse tipo de divisão do trabalho era necessário devido às técnicas de pintura e de escultura particularmente laboriosas, que requeriam numerosas atividades, por vezes de ordem exclusivamente técnica, que preparavam e sustentavam a execução da obra."[34]

Habitualmente o escultor intervinha quando o bloco de mármore já havia sido esboçado pelos seus alunos, com base nos seus desenhos. Só Michelangelo gostava de presidir até mesmo o corte do mármore nas pedreiras, e depois costumava esboçar pessoalmente o bloco, porque exatamente dessas longas operações preliminares extraía a inspiração para a estátua que viria à luz. Benvenuto Cellini deixou-nos uma descrição muito vivaz da sua oficina e da vida que se levava dentro dela. As relações nada fáceis com o Duque mandante e a febril exaltação que acompanhou a fusão do "azarado" Perseu constituem um clássico da literatura em torno da vida do artista.

Porém, retornemos ao relacionamento entre o mestre e o aprendiz, por vezes conturbado, quase sempre fecundo. Após um período que oscilava entre três e cinco anos, o discípulo tornava-se empregado. Mais outros três ou quatro anos e ele prestava o exame final, apresentando uma "obra-prima" a ser julgada pelo cônsul e pelos prefeitos. Se o veredicto fosse positivo, de empregado ele passava à classe dos artífices e podia, por sua vez, abrir uma oficina, inscrevendo-se na corporação. A partir daquele momento, era ele que passava a ter de encontrar clientes, discutir com eles, contratar empregados e discípulos, fazer publicidade do próprio trabalho, assim como construir a própria fama.

Não raramente criavam-se verdadeiras dinastias: por exemplo, Filippino Lippi era neto de Filippo; os Della Robbia foram todos escultores, e os Ghiberti foram ourives por cinco gerações. Da mesma forma, criaram-se cadeias de mestres e de alunos. Escreve Cennini, a respeito da sua carreira como pintor: "Formei-me na dita arte com Taddeo de Florença, meu mestre, o qual aprendeu a dita arte de Taddeo, seu pai; pai este que foi batizado por Giotto, tendo sido seu discípulo por 23 anos."

A OFICINA COMO CLÃ E COMO CLUBE

Quais são as características socioorganizacionais que tornam única a instituição da oficina renascentista? Em termos modernos, diríamos que ela constitui um sistema interdisciplinar de mestres, artesãos e alunos, em concorrência com outras oficinas para obter e realizar encomendas muito variadas quanto à qualidade e quanto às dimensões.

Quase sempre a oficina é complementar ao canteiro de obras e trabalha por projetos. O seu ambiente é particularmente adequado a fecundar a criatividade, não só porque reúne a teoria e a prática, mas também porque constitui um tipo de clã ao qual confluem amigos fiéis, patrocinadores e financiadores, com um ir-e-vir de visitantes, amigos e colegas de passagem, clientes públicos e privados, entre os quais destacam-se os representantes da Igreja e da Senhoria. Algumas oficinas, como a de Rafael ou a de Taddeo Gaddi, eram verdadeiros clubes, onde as pessoas se reuniam, falavam de arte e ainda discutiam outros "belíssimos assuntos com disputas importantes". Por vezes participava até aquele misantropo que foi Michelangelo! E junto aos "belíssimos assuntos" freqüentemente recitavam-se poesias, tocava-se música, encenavam-se representações teatrais e acabava-se desembocando em vadiagens festivas, chegando até mesmo a verdadeiras algazarras noturnas.

A oficina nasce num lugar, mas pode mudar de sede com a mudança dos canteiros das obras da qual é um apêndice. Bramante, Gaggini, Antonello de Messina deslocaram-se continuamente durante as suas vidas, assim como Michelangelo e Leonardo da Vinci. Sendo um subsistema do grande sistema socioeconômico que incentivava a produção artística, a oficina nascia, crescia, duplicava-se, migrava, assim como selava alianças e intercâmbios com outras oficinas, ou ainda entrava em conflito com outras ainda. Em suma, tratava-se de um organismo dinâmico, aberto e fechado ao mesmo tempo, em que a invenção e a iniciativa eram premiadas pelo sucesso somente se o ambiente circundante apreciasse a estética e a genialidade.

Completamente voltada à criatividade e à originalidade, a oficina era o reino do imprevisto, da inovação, da flexibilidade e da aversão à banalidade. Além disso, era o lugar do desafio. Cada encomenda, com efeito, implicava a estipulação de um contrato no qual o mandante enumerava, escrupulosamente, os detalhes da obra encomendada, determinando os quesitos a serem respeitados: tamanho; tonalidade das tintas; quantidade de santos; a ordem hierárquica entre eles e, com freqüência, a sua postura; quantidade de pintura, sobretudo de azul e de ouro; número de dias necessários e as partes que eram reservadas ao mestre da oficina e a parte a ser feita pelos ajudantes. Cabia, em seguida, aos artistas compor uma obra-prima, driblando as dificuldades de tantos vínculos.

É essa a mistura organizacional e cultural naquela incubadora de gênios que foi a oficina, capaz de alimentar no período de poucos decênios a criatividade de Botticelli, Verrocchio, Ghirlandaio, Della Robbia, Michelangelo, Leonardo da Vinci, Bellini, Filippino Lippi, Neri di Bicci, Bramante e tantos outros. Caso se pense que numa cidade pequena como Florença havia umas cinqüenta, todas muito laboriosas de dia e muito vivazes de noite, assim como todas promotoras ou participantes de um aceso debate cultural; caso se leve em conta que dentro delas e em torno delas havia toda uma competição ciumenta entre os alunos, rivalidade entre os mestres, concorrência recíproca e intrigas entre os nobres e os religiosos; e caso se considere a competição que se desencadeava por ocasião dos grandes concursos para obras públicas e as discussões que toda vez acompanhavam a proclamação dos vencedores; e ainda caso se pense nos subterfúgios, nas fofocas, nas trapaças, nos escândalos e até mesmo nos delitos que atormentavam a efervescente vida florentina; e, somente caso se considere tudo isso, pode-se perceber o singular entrelaçamento de fatores, a irresistível vibração e a entusiástica atmosfera que marcaram aquele período e aquele lugar, fazendo com que fosse um *unicum*.

UM ESTÁGIO DURO E PERSONALIZADO

Um noviciado artístico não se reduzia a um alegre passeio. "Do ponto de vista prático", escreve Camesasca, "o estagiário, antes dos pincéis, tinha nas mãos pilões para pulverizar as tintas e a escova para preparar a *tavola* para receber a pintura; não estava excluída a possibilidade de que no início pegasse também no cabo da vassoura. No devido tempo, e procedendo por degraus, passava aos rudimentos do desenho".[35] Cennini afirma que o aluno devia levar pelo menos seis anos para aprender essas primeiríssimas operações manuais para depois "praticar colorir, adornar com mordentes, fazer drapeados de ouro, treinar pintura na parede, por outros seis anos, sempre desenhando".

Na oficina, o discípulo podia encontrar todo o saber, a acolhida, a proteção e o afeto que, provavelmente, esperava: Giotto, por exemplo, chegou a adotar Taddeo Gaddi, que permaneceu com ele por mais de vinte anos. Mas o discípulo podia também encontrar algum mal-estar, exploração e angústias de vários tipos. Bastaria tomar como exemplo Squarcione, que, pelo que parece, adotou Mantegna mais para explorá-lo do que para instruí-lo, e em cuja oficina passaram numerosos 137 estagiários, todos regularmente explorados.

O outro inconveniente da oficina era de ordem estilística. O aluno trabalhava sob um controle muito rígido por parte do mestre, copiava e recopiava os trabalhos, completava as suas obras seguindo severas diretrizes das quais não estava livre para se afastar. Em outros termos, absorvia do mestre todo o bem e todo o mal, sem poder confrontar métodos e estilos diferentes, sem poder optar por abordagens alternativas, com o devido conhecimento de causa.

Um último inconveniente do sistema de formação baseado nas oficinas era a ligação indissolúvel com as corporações, que garantia ao artista uma assistência ao *welfare*,* mas o aprisionava à condição social média baixa dos artesãos. Um Leonardo da Vinci ou um Michelangelo, um Rafael ou um Ticiano, que chegaram a freqüentar príncipes e papas, quase de igual para igual, haviam adquirido para a profissão do artista um prestígio tal que lhes permitia exigir um *status* social bem superior àquele gozado durante a Idade Média ou no próprio século XV.

A ACADEMIA: CIÊNCIA E PRÁTICA

Aos poucos, portanto, insinuou-se a exigência de um sistema formativo completamente novo – que tomará o nome de academia –, desvinculado de uma relação absorvente e devoradora entre mestre e aluno; um sistema finalmente capaz de ancorar a prática a um sólido fundamento teórico e conferir à arte, considerada uma atividade predominantemente manual, a patente liberal que correspondia às atividades intelectuais como a matemática, a literatura e a filosofia. Por outro lado, são os conhecimentos teóricos como a perspectiva e a matemática que permitem ao artista ser "politécnico": ao mesmo tempo pintor e escultor, ourives e decorador, construtor de aparatos para festividades e para a guerra, arquiteto e engenheiro de catedrais, de batistérios e de palácios, assim como de pontes e fortificações. Michelangelo gostava de repetir que "pinta-se com o cérebro e não com as mãos".

Nos seus escritos, Leonardo da Vinci tece elogios tanto à prática como à teoria, mas atribui a primazia à última. "A sabedoria", diz ele no segundo capítulo dos seus *Scritti*, dedicados exatamente a essa relação, "é filha da experiência." E mais: "Assim como o ferro enferruja sem exercício e a água torna-se putrefata e no frio congela, da mesma forma o engenho sem

* Literalmente *welfare* significa bem-estar, prosperidade; o seu uso aqui deriva de *Welfare State*, que se refere à previdência social (N. do T.).

exercício estraga." Mais ainda: "A meu ver, aquelas ciências são vãs e cheias de erros, se não nasceram com a experiência, mãe de todas as certezas, e, se não terminam em notória experiência, isto é, se a sua origem, meio ou fim não passa por nenhum dos cinco sentidos."

Em suma, Leonardo da Vinci, antes mesmo de Galileu, sanciona a excelência do método experimental: "Antes de fazer deste caso uma regra geral, experimente-o duas ou três vezes, observando se as experiências produzem os mesmos efeitos... As coisas mentais que não passam pelos sentidos são vãs e nenhuma verdade podem parir, senão danosa."

Porém, é a teoria que deve iluminar a prática: "A ciência é o capitão e a prática são os soldados... Estude primeiro a ciência e depois siga a prática nascida daquela ciência... Aqueles que se apaixonam pela prática sem ciência são como o timoneiro que entra no navio sem timão ou sem bússola, que nunca sabe ao certo aonde vai. Sempre a prática deve ser edificada sobre uma boa teoria."

Entre todas as ciências, Leonardo atribui a palma de ouro àquela que, nascida de uma experiência sensitiva e da reflexão, procede linearmente das premissas às conseqüências "como se denota nas primeiras matemáticas, isto é, número e medida, ditas aritmética e geometria". A projeção de tudo isso sobre o plano sublime da pintura é a perspectiva, ciência das ciências, que merece "ser colocada diante de todos os tratados e de todas as disciplinas humanas, no campo em que a linha radiosa complica-se pelos modos da demonstração, no qual se encontra a glória, não só da matemática ou da física, ornada com as flores de uma e da outra".

Sete inscrições atribuídas a Da Vinci com a frase "Academia Leonardi Vinci" induziram a pensar que tenha sido exatamente ele quem criou, em Milão, a primeira verdadeira academia. Pelo que parece, Leonardo limitou-se a animar, junto à corte dos Sforza, um círculo que se formava, enobrecendo, uma idéia florentina do clube de oficina. Mas o objetivo principal deste círculo, além de discutir sobre a arte e a ciência, provavelmente era o de reforçar que a pintura, naquele ponto coroada por tantos gênios, tinha o pleno direito de erguer-se da classe das artes mecânicas até a classe das artes liberais e de ser considerada não mais uma vulgar atividade física, mas uma nobre disciplina científico-artística.

Academia era o nome do bairro no noroeste de Atenas onde Cimone havia feito com que fosse construído um bonito parque. Antes desse parque e depois, nos edifícios adjacentes, Platão ensinou filosofia aos seus discípulos. "Academia", dali para a frente, foi o nome dado às escolas de nível superior, onde se garantiam o rigor científico e a justa apreciação pela abordagem teórica. Em torno de 1480, Marsílio Ficino, encorajado por

Lourenço o Magnífico, fundou a sua academia neoplatônica numa *villa* florentina. Aos poucos, muitas outras academias surgiram em Vicenza, Nápoles, Veneza e em outras cidades mais da península italiana.

Mas o mérito de uma primeira academia, ainda que embrionária, num sentido *leonardesco*, deve ser atribuído a Lourenço o Magnífico, que, em torno de 1490, encarregou o escultor Bertoldo de organizar no jardim dos Médicis, na Praça São Marcos, "uma escola de pintores e de escultores excelentes", conforme nos narra Vasari. Com tal objetivo, pediu ao Ghirlandaio que lhe assinalasse promissores "jovenzinhos pintores e escultores" (entre os quais encontrar-se-á o adolescente de 15 anos Michelangelo), que, desvinculados das corporações, seriam guiados no estudo das obras antigas e modernas, pertencentes à coleção dos Médicis, sem ter que se submeter aos pesados trabalhos manuais a serem executados para os mestres na oficina.

Foi essa a primeira academia moderna, destinada a aperfeiçoar-se em sucessivas versões, até tornar-se um modelo para as futuras universidades de todo o mundo. Segundo o pensamento de Leonardo da Vinci, na academia o artista na flor da idade deveria seguir programas específicos, vários ensinamentos delegados a diferentes mestres, e tinha a possibilidade de escolher, entre as disciplinas, os professores, as escolas e os examinadores, aqueles mais afins às suas próprias inclinações. Em geral, a formação iniciava-se com o estudo da perspectiva; depois, o estudante deveria ser introduzido à teoria e à prática das proporções; em seguida, ao desenho, copiando as obras dos mestres, desenhando relevos e copiando da realidade; e, por fim, como um tipo de *start up*, deveria ser acompanhado na prática da sua arte pessoal.

Tentativas desse tipo deram-se em algumas academias que surgiram em Siena e em Florença, entre os anos de 1530 e 1540. Mas o verdadeiro início das modernas academias de arte deveu-se a Vasari, que transformou uma decadente confraria florentina, à qual ainda aderiam famosos artistas locais, na Academia do Desenho. No dia 13 de janeiro de 1563, a ordenação da nova instituição foi apresentada ao grão-duque Cosimo, que aceitou compartilhar a sua direção com o velho Michelangelo. Os objetivos que Vasari pretendia alcançar por intermédio da Academia eram pelo menos três: colocar os artistas florentinos mais eminentes sob a proteção do grão-duque; fazer dessa instituição uma autoridade suprema em termos de arte, a ser consultada sobre as mais elevadas questões de estética; e educar, segundo os métodos mais modernos, os artistas principiantes, assim como conferir aos artistas já adultos a possibilidade de uma formação permanente, de modo que "quem não soubesse aprendesse, e quem soubesse, movido por honrada e louvável concorrência, fosse adquirindo melhorias".

Todos os três objetivos foram rapidamente alcançados, e até mesmo da Espanha o rei Filipe solicitou uma *expertise* acerca de projetos do Escorial. As espetaculares cerimônias fúnebres de Michelangelo, que ocorreram em 1564, forneceram à Academia uma posterior ocasião de lustro, e de forma tão crescente que dois anos mais tarde também solicitaram a adesão artistas venezianos, entre os quais Paladio, Tintoretto e Ticiano.

Assim, as academias, nascidas de maneira informal, após a metade do século XVI adquiriram uma estrutura própria, seus estatutos foram promulgados, obtiveram uma fama cada vez mais ampla e exerceram um papel preciso na formação dos artistas, assim como na elaboração de novos estilos. Tamanha sorte as estimulará, por um lado, a proliferar posteriormente (basta lembrar que na Europa, no breve intervalo que vai de 1751 até 1787, nasceram 72 academias de Estado); e, por outro lado, as levará a degenerar, com freqüência, num poeirento academicismo. Nem mesmo a Academia de Vasari escapou desse perigo, tanto que o próprio fundador distanciou-se, indignado com "as ninharias e as asneiras dos nossos acadêmicos".[36]

A CÚPULA E O SONETO

Criar uma catedral não é como criar um soneto. Na poesia, a criatividade é quase toda circunstancial à sua expressão: fantasia e concretude coincidem no ato criativo. *L'Infinito* (O infinito) de Leopardi já está completo no exato momento em que o autor colocou o ponto final. Pode haver, depois, o problema da declamação por parte do recitante, mas esta é uma questão secundária, além de não afetar a completude do primeiro ato criativo.

Uma coisa completamente diferente é a construção de uma catedral, que se prolonga no tempo e que mobiliza centenas de cérebros, numa contínua recorrência, reflexo de múltiplos atos criativos realizados para resolver inumeráveis problemas, grandes e pequenos, convergindo para uma única meta, por vezes muitíssimo distante, da catedral finalmente completada.

Podemos talvez afirmar que na composição de *L'Infinito*, que mobiliza, simplesmente, o cérebro e a mão de Leopardi, uma pena, um tinteiro e uma folha de papel, a imaginação prevalece sobre a concretude. Já na construção de uma cúpula como a de Santa Maria del Fiore ou a de São Pedro, a concretude prevalece sobre a imaginação porque nela intervêm problemas organizacionais complexos, derivados da necessidade de combinar entre si muitos homens e muitas informações, instrumentos complicados e notáveis recursos, assim como um sistema em formação e um contexto persistente.

Obviamente, entre a criação de um soneto, eminentemente individual, e a de uma cúpula, decididamente coletiva, existe toda uma gama de situações intermediárias. Tomemos ainda o simples caso de um soneto: os níveis de complexidade podem ser crescentes, a mistura entre a imaginação e a concretude modifica-se, esse entrelaçamento complica-se, as intervenções criativas podem ser numerosas e distendidas ao longo do tempo: na medida em que Leopardi se limite a escrever *L'Infinito*, que o leia para si mesmo; que o leia em voz alta ao conde Ranieri, interpretando o seu sentido oralmente; que eu leia esta obra de Leopardi; ou ainda que eu a escute no rádio, interpretada por um grande ator; ou mais ainda que este ator registre a sua leitura de *L'Infinito* junto a uma empresa discográfica internacional e venda milhares de cópias, entre as quais uma que eu ouço em companhia dos meus alunos, graças a um gravador fabricado por uma fábrica japonesa. Conforme se passa da primeira à última situação, são mobilizados mais pessoas e recursos; são convocadas inteligências, competências e emotividade sempre maior; são necessárias múltiplas contribuições criativas, de natureza cada vez mais disparatada; são requeridos profissionalismos cada vez mais especializados; aumenta o risco do efeito de conjunto, que depende da confluência de variáveis cada vez mais intrincadas entre si.

Sejam elas igrejas ou palácios, as obras arquitetônicas da Idade Média ou da Renascença, mais ainda do que as clássicas, resultam da contribuição conjunta de milhares de homens, cada um com a própria competência e com a própria criatividade. Aqui não se trata de poucos arquitetos que inventam e muitos escravos que executam, realizando gestos repetitivos: aqui, cada cinzelador, cada ourives, cada entalhador, cada artífice e cada escultor devem dar o melhor de si e da própria criatividade individual a fim de contribuir para aquela grande criação coletiva que é a igreja ou o palácio, compreendidos como "obras totais". Em nenhum outro caso, como nesses trabalhos de incomparável beleza, a criatividade se revelou como uma síntese sublime de fantasia e concretude, na qual ambas as polaridades concorrem à construção de obras-primas. Vale portanto a pena gastar algumas páginas a mais, a fim de melhor explicar esse entrelaçamento, o qual, conforme veremos na segunda parte do livro, é a base da minha teoria sobre a criatividade.

A GAVETA DOS INSTRUMENTOS

Em 1988, no Museu Picasso de Paris, houve uma exposição verdadeiramente singular. Todo o edifício foi ocupado durante alguns meses por quadros de El Greco, Cézanne, Ingres, Gauguin, Derain, Matisse, por esculturas ibéricas pré-cristãs, por máscaras e outros achados etnológicos do Gabão e de Vanuatu. O que tinham em comum esses objetos assim tão disparatados? Todos haviam sido fontes de inspiração durante o período de incubação da obra-prima revolucionária realizada por Picasso quando tinha 27 anos, ou seja, de uma forma ou de outra haviam inspirado *Les Demoiselles d'Avignon*. A todos esses objetos inspiradores somavam-se muitos esboços e desenhos preparatórios, assim como 16 cadernos nos quais o artista registrou, a cores e em preto-e-branco, as inúmeras idéias de cabeças, braços, olhos e posturas de tudo que é tipo, que depois confluiriam para a grande tela de 1907.

Após percorrer esse longo itinerário pelas salas do museu e pelo processo criativo do artista, quando, finalmente, sobre a última rampa de escadas, chegava-se à tela definitiva, ficava evidente que uma obra criativa não representa um ponto de partida, mas sim um ponto de chegada, não é uma intuição instantânea, mas o resultado de um itinerário mental longo e cansativo.

Além da laboriosa formação mental do artista, além da sua vasta preparação geral e além do trabalho dedicado à idealização de cada obra singularmente, cada criação requer atos precisos, gestos ponderados, fadiga concreta e ações organizadas. Requer a posse dos instrumentos adequados e das técnicas exatas. Uma tal constatação parece óbvia quando nos referimos às obras arquitetônicas, combinação de material tangível e volume complexo. Ela parece menos evidente quando nos referimos à pintura, que, contudo, além das reflexões intelectuais profundas, como aquelas atestadas por *Les Demoiselles*, exige uma disponibilidade adequada de suportes técnicos: a tela, os pincéis, o cavalete, uma sábia mistura das cores, uma atenta utilização dos tempos e dos métodos e instrumentos como telas, espelhos, manequins e modelos.

É a concretude que socorre a fantasia, permitindo que ela tome forma e se traduza em obra através de uma armação composta por instrumentos e técnicas, que variam conforme se trate de pintura sobre madeira, tela, parede, vidro ou cerâmica. Basta consultar o manual escrito por Cennino Cennini para apurar o quão rica era essa armação já no final do século XIV.

Antes de meter a mão na pintura, era necessário preparar as tintas, os pigmentos, as substâncias de liga, os pincéis, a caneta, as penas, a sangüínea, a *tavola* ou prancha e a pasta de gesso. Depois era preciso dispor de todos os esboços preparatórios, desenhar a composição, aplicar o fundo dourado ou de outra cor, desenhar os drapeados. Por fim, podia-se proceder à pintura das carnes.

Por sua vez, os desenhos preparatórios geralmente passavam por três estágios: o primeiro consistia num rascunho, no qual eram estabelecidas, de forma sumária, a composição do quadro e a posição das várias figuras; o segundo consistia numa série de estudos baseados na realidade; e o terceiro consistia num rascunho bem detalhado de toda a composição. O decalque e o enquadramento serviam depois para transferir o desenho para a tela, prancha ou parede. Parece que foi Leonardo da Vinci que inaugurou o método de pintar figuras em movimento, desenhando-as primeiro nuas e, em seguida, cobrindo-as com vestes.

Quanto às pinturas a óleo, era necessário primeiro engessar ou passar a massa no fundo, depois devia-se recobrir com ouro as auréolas dos santos e os eventuais fundos dourados, então procedia-se ao desenho propriamente dito. Já para a pintura mural, era necessário estucar um pedaço da parede a cada manhã e depois, durante o dia, *afrescar* o estuque ainda úmido. Eram necessários, portanto, tablados suspensos e ajudantes que assistissem nas operações práticas ou também, quando estimados pelo mestre, na pintura das partes menos importantes.

Se um quadro fosse pintado por um artista por sua própria iniciativa, sem uma prévia encomenda, uma vez completado e emoldurado, era necessário um bom faro nos negócios para inseri-lo convenientemente no mercado, rebatendo as críticas dos inimigos e competindo com a esperteza dos intermediários, dos colecionadores e dos outros potenciais compradores.

Fosse ele genial ou bastante normal, o artista devia garantir para si esses suportes práticos à sua inspiração, caso desejasse que ela se traduzisse em quadros, esculturas, monumentos ou edifícios. Mesmo no caso dos maiores mestres do Renascimento, "a criatividade permanecia sempre limitada e influenciada, num certo sentido, pelos métodos e pelos procedimentos de trabalho, pelas condições concretas do material e pelas circunstâncias 'artesanais' que, naquele período, determinavam a preparação e a execução da pintura. Um outro elemento de limitação era constituído pelas indicações sobre a forma e o tema de um quadro, estabelecidos pela maior parte dos mandantes, assim como da própria função da obra... Desse ponto de vista, mesmo o mestre importante e célebre era, ao mesmo tempo, um artesão, como todos os seus colegas, mais ou menos inferiores que trabalhavam em torno dele, bem ou mal, no mesmo campo. E mesmo quando os alunos e os assistentes presentes na oficina ocupavam-se, além de certos materiais, também de muitas partes da execução da pintura, a intervenção pessoal do artista se limitava ao essencial e se concentrava no projeto, na distribuição do trabalho, no controle dos assistentes, no toque final e em completar o conjunto; mesmo nesses casos, o mestre devia estar a par dos requisitos e das condições técnicas em uso no seu tempo".[37]

A SABEDORIA DA IMPERFEIÇÃO

Tudo aquilo que eu disse sobre a pintura, ainda com maior razão permanece válido para a escultura e, mais ainda, para a arquitetura, na qual a contribuição da capacidade de realização e da organização coletiva (ou seja, da concretude) é esmagadora.

Vamos dar um passo atrás na história da criatividade artística, voltando até aquela obra sublime que é o Partenon de Atenas. Lembro-me ainda da profunda emoção suscitada pela leitura do ensaio no qual Rhys Carpenter[38] refaz, etapa por etapa, a aventura do templo. E, recordo-me ainda, com igual emoção, o retorno a Atenas e a nova visita ao monumento, à luz das sugestivas hipóteses validadas pelo ilustre arqueólogo.

Portanto, dois grandes estadistas (Cimone e Péricles) e dois grandes arquitetos (Calícrates e Ittino) confrontam-se no século V a.C., isto é, durante o período que talvez tenha sido o mais elevado da história humana e, em Atenas, ou seja, na cidade que talvez tenha sido mais criativa de todos os tempos, para avivar uma competição entre duas facções políticas, entre duas visões da arquitetura e entre dois modos de combinar a emoção com a regra. Uma competição travada através da construção e da reconstrução de um templo. Uma luta mítica, feita de astúcia e de cálculo, de pedras e de idéias, de beleza e de estática, de poder e de dinheiro, de intuição individual e de colaboração conjunta, de fantasia e de concretude.

Sob a escolta de arquitetos tardo-gregos como Hermógenes, retomados por Vitrúvio, que havia demonstrado na arquitetura da Roma de Augusto o respeito às relações aritméticas fixas, Paládio e os humanistas da Renascença nos levam a ver no Partenon uma obra-prima perfeita, de proporções preestabelecidas, que nos parecem harmoniosas e que, portanto, só podem ter sido calculadas em cada milímetro: uma construção complexa com medidas exatíssimas, admiravelmente isenta de erros. Se, ao contrário, mede-se o espaçamento da colunata ou a largura das métopas e das cornijas, nos damos conta da sua irregularidade, a qual, tratando-se de arquitetos maníacos quanto à precisão em todas as outras partes da construção, não pode ser atribuída ao desleixo, mas tão-somente a uma decisão intencional: "A morada, resplandecente de mármores coloridos, da deusa Atena ergueu-se para ser contemplada por olhos humanos e não para que sobre ela meditassem o cérebro calculador ou a inteligência divina... Os desvios de uma uniformidade exata, mesmo sendo seguramente intencionais, foram, ao mesmo tempo, deliberadamente fortuitos e propositalmente não-sistemáticos, tendo sido adotados ao acaso, com uma finalidade puramente estética, com o objetivo de temperar a rigidez matemática privada de vida com aquela mínima irregularidade que distingue o organismo vivo do modelo genérico abstrato... Tomados no seu conjunto, os desvios e as deformidades encontrados na estrutura arquitetônica do Partenon são tão vastos e difusos, que mais de um estudioso foi induzido a asseverar (mas não é inteiramente verdade) que no Partenon não existe uma só linha reta, nem horizontal, nem vertical!"[39]

De todo modo, estamos diante de uma obra colossal, de uma obra-prima que requereu a contribuição por décadas de centenas de construtores, e que permitiu, intencionalmente, a precedência da *metis* sobre a *thesis*, da emoção sobre a regra e da curva sobre a reta, a fim de obter aquela vibração que é típica das obras-primas gregas. Ou, talvez, das obras-primas, *tout court*. Oscar Niemeyer, um dos maiores arquitetos do nosso tempo, disse: "Não é o ângulo reto que me atrai e nem mesmo a linha reta, dura, inflexível, criada pelo homem. O que me atrai é a curva livre e sensual, a curva que encontro nas montanhas do meu país, no curso sinuoso dos seus rios, nas nuvens do céu, nas ondas do mar e no corpo da mulher preferida. De curvas é feito todo o universo, o universo curvo de Einstein."

BRUNELLESCHI E GHIBERTI

Para construir curvas de mármore travertino ou de cimento, para projetá-las em direção ao céu e conseguir que permaneçam bem inteiras, a imaginação não basta. Dizemos que Michelangelo era muito criativo não só porque ousou idealizar uma cúpula como a de São Pedro, mas porque, depois de tê-la idealizado, conseguiu convencer o papa de que aquele era um projeto que devia ser privilegiado e financiado; conseguiu recrutar, selecionar e organizar centenas de pedreiros, cinzeladores, marceneiros, carpinteiros e artífices; foi bem-sucedido na execução de todos os cálculos matemáticos necessários e conseguiu controlar, severamente, cada um dos episódios nos quais se articulou um processo construtivo sobre-humano.

Antes de Michelangelo, um outro gênio florentino havia realizado uma obra com uma dimensão similar, senão maior, na qual a concretude estava presente e competia, vencedora, com a fantasia: falo de Filippo Bruneslleschi e da cúpula de Santa Maria del Fiore. A primeira pedra dessa catedral, projetada por Arnolfo di Cambio, foi colocada em 1296, e o edifício havia sido completado, com exceção da cúpula, em 1418. Portanto, Dante e Petrarca, Boccaccio e Donatello haviam assistido por anos aos progressos da obra, talvez quando crianças tenham brincado e bisbilhotado no meio da confusão de mestres e carpinteiros, cozinheiros e charreteiros que animavam o imenso canteiro de obras e, quando adultos, viram deslanchar, ao lado da catedral, os 85 metros do belo campanário de Giotto e, pouco mais adiante, os 90 metros do Palazzo Vecchio, também projetado por Arnolfo di Cambio.

Em agosto de 1418, saiu o edital do concurso para a realização da cúpula que faltava. Note-se bem: da sua *construção* concreta, não da sua *idealização* fantasiosa. Com efeito, a idéia já existia havia 50 anos, não só no papel, mas também numa maquete projetada por Neri di Fioravanti, em 1367, posta na nave esquerda da igreja diante do olhar de todos os cidadãos e completada com uma cúpula que, se fosse efetivamente construída, teria se tornado a mais alta do mundo. Todos os anos os responsáveis pela catedral deviam jurar sobre a Bíblia que o projeto seria realizado o quanto antes e que o modelo seria respeitado de forma íntegra e perfeita.

Brunelleschi (1377-1446) na época do edital tinha 41 anos e não era arquiteto; era relojoeiro e ourives, tão versado em mecânica que – parece – foi o inventor do primeiro relógio despertador da história. Atrás de si permanecia um grave ultraje: 16 anos antes do concurso para a cúpula, havia participado de uma outra concorrência, daquela vez exatamente em seu campo de especialização, ou seja, o concurso para as portas de bronze do batistério. Sete foram os candidatos, e Filippo foi o finalista, junto com Lourenço Ghiberti (1378-1455), também ourives e muito jovem. Entre os dois nasceu uma rivalidade que os acompanhou por toda a vida. De origem obscura e sem um currículo relevante, Lourenço era, contudo, muito sociável e bem mais capaz de fazer relações públicas, mobilizando um consenso em torno de sua proposta. Oriundo de uma boa família de ourives, otimamente treinado, mas com um caráter conflituoso e irascível, solitário e desconfiado, Filippo perdia em simpatia aquilo que ganhava na genialidade construtiva. Permanece o fato de que os 34 juízes da comissão, entre a dramática proposta de Brunelleschi e a graciosa proposta de Ghiberti, ficaram em cima do muro, declarando ambos vencedores *ex aequo*.

Coerente com o seu temperamento, Filippo abandonou a partida, renunciou para sempre à escultura em bronze e foi embora para Roma, onde trabalhou como ourives por uns 15 anos e onde fez frutificar o seu exílio voluntário, dedicando-se à minuciosa análise dos edifícios clássicos a fim de identificar as suas proporções geométricas, os seus segredos de construção, as misturas das argamassas e os tipos de cimento. Prodigioso, obviamente, deveria ser aos seus olhos o Panteon, com a sua cúpula de 43 metros de largura e 44 de altura; e até mesmo inquietador, na Domus Áurea de Nero, o arco de dez metros, alcançados pela cúpula subjacente à câmara octogonal. Octogonal, com efeito, era também a forma nada usual que Neri di Fioravanti havia imposto à cúpula a ser projetada para Santa Maria del Fiore.

INVENTOR ET GUBERNATOR

O edital do concurso, que previa para o vencedor uma quantia de 200 florins, equivalente a dois anos do ganho de um bom artesão, considerava o projeto de Neri intocável, com toda a sua fantasiosa criatividade formal, e requeria a solução dos problemas concretos para traduzir o modelo na prática, superando as dificuldades ligadas a uma cúpula não-circular, mas octogonal e com um fechamento oval, e não esférico. Para que se tenha uma idéia desses problemas práticos, basta que se lembre que só a produção das ripas de madeira demandou aproximadamente 700 árvores de tronco alto.

Duas semanas após a publicação do edital, Brunelleschi, assistido por quatro pedreiros e dois amigos escultores, iniciou a construção da sua maquete. Com dois metros de largura e quatro de altura, para completá-la foram necessários 90 dias, 49 carroças de massa de cimento e 5.000 tijolos. Finalmente, em dezembro de 1418, a comissão julgadora reuniu-se, discutiu por vários dias as propostas em causa (entre as quais a de Ghiberti) e, a fim de esclarecer as idéias, submeteu o próprio Brunelleschi a um interrogatório. Seu projeto original despertava grande perplexidade porque era contrário a todo bom senso e, de forma revolucionária, dispensava ripas. Segundo Vasari, que apreciava sempre as anedotas, Brunelleschi conseguiu vencer a concorrência com uma certa malícia: desafiou a comissão e os demais concorrentes a colocar um ovo em pé sobre uma superfície de mármore. A solução dele foi aquela, posteriormente atribuída a Colombo: quebrar de leve a base do ovo. Do mesmo modo que era fácil fazer o ovo ficar em pé, conhecendo esse truque, também assim teria sido fácil erigir a cúpula conhecendo os planos que o candidato tinha na cabeça, mas sem nenhuma intenção de revelá-los. Não sabemos se esse improvável episódio é autêntico. Sabemos, sim, que a comissão convenceu-se a declarar vencedora a proposta de Brunelleschi.

Infelizmente a alegria de tamanha vitória foi prejudicada por pelo menos duas desilusões: ao autor não foram pagos os florins prometidos e, ainda por cima, foi-lhe imposto como segundo mestre-de-obras exatamente o derrotado Ghiberti.

Como bem se pode imaginar, a convivência entre ambos não foi nada pacífica, tornando ainda mais complicada uma obra muitíssimo complexa por si só. Além de 300 trabalhadores, centenas de troncos de árvores, milhares de carregamentos de pedras, contínuos perigos de incêndio e de acidentes de trabalho, batalhas perenes contra a preguiça, a embriaguez e as greves dos operários somavam-se às dificuldades objetivas de uma empreitada jamais tentada antes. Uma série de problemas acompanhava o andamento das obras, do corte das árvores nas florestas e das pedras nas pedreiras ao transporte de materiais tão incômodos, assim como o deslocamento de rochedos que pesavam toneladas e que precisavam ser alçados a dezenas de metros do chão, para em seguida serem posicionados em lugares incômodos e arriscados.

Ross King dedicou à cúpula de Brunelleschi uma interessantíssima reconstrução histórica do contexto no qual a obra-prima nasceu e das infinitas peripécias que tiveram que ser superadas para completá-la. O seu livro, fonte de várias informações que relatamos nestes parágrafos, assim descreve o canteiro de obras: "A remuneração era baixa, a jornada longa, o trabalho extremamente perigoso, e a ameaça de abandono, por causa dos agentes atmosféricos, alta. A maior parte da mão-de-obra contratada para os canteiros provinha de famílias pobres, pertencentes à chamada arraia-miúda. Os operários não-especializados – que transportavam o cimento e os tijolos – eram conhecidos como pessoas sem nome e sem família. Mais de 300 pessoas trabalhavam na cúpula, incluídas aquelas que retiravam as pedras das pedreiras. A semana era longa, indo de segunda-feira até o sábado, freqüentemente do amanhecer ao poente, o que, durante o verão, podia significar uma jornada de 14 horas... Os homens traziam consigo os seus instrumentos de trabalho: esquadros em forma de T, martelos, espátulas e marteletes que, em caso de necessidade, podiam ser consertados por um ferreiro presente no lugar. À medida que os homens iam chegando, os seus nomes eram escritos num quadro-negro, como se fosse um cartão de ponto numa fábrica, enquanto as horas de trabalho eram marcadas por uma ampulheta de areia. Parece que Filippo foi um mestre-de-obras muito rigoroso... Além dos instrumentos, os trabalhadores traziam também consigo a própria alimentação para o local de trabalho."[40]

Para alçar os blocos de pedra calcária, cada um dos quais pesando 770 quilos, Brunelleschi inventou uma das máquinas mais espetaculares de toda a Renascença: um imenso molinete, que requeria três anos para ser construído e que, acionado por bois e dotado de um fio de aço com 182 metros de comprimento, funcionaria pelos próximos 12 anos, levantando pesos, num total de 30 milhões de quilos. Graças ao engenhoso jogo entre as roldanas e a engrenagem, entre ganchos e parafusos, tudo inventado por Filippo, em 30 minutos um boi era capaz de alçar ou abaixar, indiferentemente, até uma altura de 60 metros, um peso de 450 quilos. E a operação acontecia com a precisão de um relógio, com um ritmo de uma a cada dez minutos, e isso 50 vezes por dia. Ao molinete somaram-se, aos poucos, um potente guindaste e toda uma série variada de instrumentos inéditos e de técnicas de construção – de simples tornos e torniquetes a moldes para os quatro milhões de tijolos empregados na construção, cordas de segurança para guindar os operários para o alto, paredes de tijolos em "espinha de peixe", sistemas de transporte fluvial, desenhos para a curvatura dos cascos – capazes, alguns anos mais tarde, de fazer feliz o jovem Da Vinci, que se exercitava copiando-os e que, em alguns casos, foi até considerado por alguns historiadores descuidados o seu inventor.

Desse momento em diante, Brunelleschi, embora recebesse o mesmo salário mensal concedido a Ghiberti, passou a ser considerado *inventor et gubernator maior cupolae* (inventor e principal diretor das obras da cúpula), com a tarefa de "prover, gerir, compor ou fazer que fosse executado e composto tudo aquilo que fosse justo e necessário para a continuação da construção e conclusão da cúpula". Depois, graças também a um pouco de esperteza, Filippo conseguiu um aumento para 100 florins, quase três vezes o que recebia o seu eterno rival.

Com uma meticulosa atenção, Filippo controlou pessoalmente cada etapa da construção, cada tijolo, cada carregamento de argamassa e, para superar as dificuldades ligadas à forma octogonal imposta à construção pelo projeto de Neri di Fioravanti, teve a idéia de construir duas cúpulas concêntricas: a interna, de sustentação, de forma circular, e a externa, na obrigatória forma octogonal.

Muito festejada, a última pedra da cúpula foi colocada como consagração da obra no dia 30 de agosto de 1436, 15 anos e duas semanas após o início das obras. Sobre a cúpula, que depois seria superada em termos de altura, mas não em termos de beleza, pela cúpula de São Pedro em Roma, Michelangelo subirá muitas vezes em busca de inspirações estéticas e soluções técnicas para a sua obra-prima no Vaticano.

CAPOCCHIS ET IGNORANTIBUS

A cúpula de Brunelleschi permanece talvez como o exemplo mais eloqüente de quanta concretude é necessária para realizar uma criação e quantas infinitas criações estão incluídas numa obra grande e complexa. A história da cúpula e do mestre-de-obras que coordenou a sua realização oferece infinitas inspirações a quem estuda o fascinante fenômeno da criatividade coletiva do ponto de vista sociológico. Mas também os psicólogos podem encontrar no caráter conflituoso, orgulhoso, ciumento e tenaz de

Filippo muitas confirmações das características individuais que são recorrentes, com freqüência, nas personalidades dos criadores.

Pense-se na tenacidade com a qual, por mais de 15 anos, Brunelleschi, teimoso, perseguiu o seu sonho, lutando contra inimigos, enfrentando as reivindicações dos operários, esquivando-se das mutretas e das fofocas armadas pelos concorrentes, experimentando técnicas inovadoras e permanecendo impassível diante de insucessos ou de desgraças. Pense-se no desprezo que ele externa pelos críticos de suas obras, pelos medíocres e trapaceiros, pelos cabeçudos e ignorantes (*capocchis et ignorantibus*): "Muitos", escreve o amigo Mariano Taccola, "estão prontos a criticar e denegrir os resultados do inventor, a ponto de expô-lo ao ridículo e impedi-lo de argumentar em favor de suas teorias nos locais mais oportunos. Mas após alguns meses ou anos passam a usar as palavras do inventor, em seus discursos, seus escritos ou nos seus desenhos. Com arrogância outorgam-se o título de inventores das coisas que antes haviam criticado, atribuindo a glória a nenhuma outra pessoa, além de si mesmos."

(Cinco séculos depois, Freud escrevia algo parecido: "Existem três etapas na história de todas as descobertas. No início, os opositores afirmam que o descobridor é um louco; depois, que é mentalmente são, mas que a sua descoberta não possui, de fato, interesse algum; e, por fim, que a descoberta é muito importante, mas que todos a conheciam desde sempre.")

Brunelleschi atira ainda mais alto: "Todos desejam conhecer as propostas, o culto e o ignorante. O culto compreende o trabalho proposto – ou pelo menos compreende alguma coisa, uma parte ou tudo –, mas o ignorante e o despreparado não compreendem nada, nem mesmo quando se tenta explicar-lhes o trabalho. A ignorância deles os conduz rapidamente à raiva. Permanecem ignorantes porque desejam, a todo custo, parecer sábios, coisa que não são, e atraem uma profusão de ignorantes para concordar com eles e desprezar aqueles que compreendem."[41]

Pense-se ainda no orgulho com que considerava as suas próprias idéias: para a invenção do navio batizado de *Badalone*, com o qual tinha a intenção de transportar a baixo custo o mármore de Carrara do porto de Pisa até Florença, através do Arno, ele pediu e obteve a primeira patente da história, com a qual garantia a esse fruto do seu engenho a máxima proteção contra qualquer plágio.

Pense-se, por fim, na força de ânimo com a qual Filippo conseguiu superar a derrota sofrida quando o *Badalone*, poucos metros após haver deixado o porto, encalhou no rio, perdendo todo o carregamento de mármore e causando-lhe um prejuízo de nada mais nada menos que 1.000 florins, um terço da sua renda.

CAPÍTULO OITO

O HOMEM DESCOBRE A PRECISÃO E INVENTA A INDÚSTRIA

"A causa principal do progresso nas capacidades produtivas do trabalho, assim como na maior parte da arte, habilidade e inteligência com as quais ele é desempenhado e dirigido, parece ter sido a divisão do trabalho."

ADAM SMITH

"A real conquista da ciência e da tecnologia modernas consiste em pegar pessoas normais, instruí-las a fundo num campo limitado e conseguir, graças a uma adequada organização, coordenar as suas competências com as de outras pessoas especializadas, mas igualmente normais. Isso permite dispensar os gênios."

J. K. GALBRAITH

"Quando trabalhamos, devemos trabalhar. Quando jogamos, devemos jogar. De nada serve tentar misturar as duas coisas. O único objetivo deve ser desempenhar o trabalho e ser pago por tê-lo feito. Quando o trabalho acaba, aí sim, pode vir o jogo, a brincadeira, mas não antes."

HENRY FORD

"O que se poderá esperar de um homem que empregou 20 anos da sua vida fazendo cabeças de alfinete? E em que pode ele ainda aplicar aquela poderosa inteligência humana, que freqüentemente abalou o mundo, senão buscar o melhor meio para fazer cabeças de alfinetes?"

ALEXIS DE TOCQUEVILLE

"O estudo e até a invenção são uma distração mental... um enorme prazer, e não um trabalho."

FREDERICK W. TAYLOR

RUMO À MODERNIDADE

Bacon nasce em 1561 e morre em 1626; Galileu nasce em 1564 e falece em 1642; Descartes vem ao mundo em 1596 e dele parte em 1650; e Newton nasce em 1642, morrendo em 1727. Se quiséssemos ceder à tentação de simplificar os complicados processos da criatividade, até mesmo quando o objeto criado é uma nova época histórica, poderíamos afirmar que, num século e meio, como obra desses quatro personagens, o Ocidente inventou a modernidade.

Após o grande desbravamento da Mesopotâmia e do Egito, os mundos clássico e medieval frearam o arrojo das ciências exatas e canalizaram toda a sua criatividade para as vertentes humanista e teológica. Entre os anos 1000 a.C. e 1200 d.C., o patrimônio técnico enriquece-se somente de poucos novos instrumentos: a roldana, a estrada pavimentada, a roda dentada, a abóbada em semicírculo, a espiral ou o parafuso de Arquimedes, a prensa, o guindaste, o compasso, a pena de ganso, o moinho de vento e pouco mais.

Depois, o século XII, o século alegre ou gaio, dará um novo impulso ao progresso material e renovará a tecnologia de todos os setores: da guerra, com a pólvora; das comunicações, com a imprensa; da navegação, com a bússola, o timão e a vela moderna; da cultura, com os óculos; dos transportes, com os arreios modernos dos cavalos; da energia, com os moinhos de água, e da economia, com os bancos.

Porém, feitas as contas, para realizar o percurso de Paris até Roma continuava sendo necessário o mesmo número de dias; prosseguia-se no combate à carestia, às doenças e às pestes com fórmulas contra o mau-olhado, com as procissões e com os exorcismos; a vida média não alcançava os 40 anos, e a população mundial não superava meio bilhão de habitantes; as trevas da noite incutiam terror e impediam a maior parte das atividades; a dor física representava um flagelo inevitável; o analfabetismo era comum a príncipes e lavradores; e os direitos elementares das massas estavam no poder de poucos senhores.

BACON: *INSTAURATIO MAGNA AB IMIS FUNDAMENTIS**

Com o século XVII muda-se de registro. Na *Carta a Casaubon* de 1609, Francis Bacon declara sem meios-termos as suas intenções inovadoras: "Não me interessa escrever por diletantismo aquilo que outros, por diletantismo, lerão. O meu objetivo são a vida e os problemas humanos, com

---

* Grande renovação dos mais profundos fundamentos. (N. do T.)

todos os seus inconvenientes e dificuldades." É significativo que, para Bacon, a vida não inclua o diletantismo, isto é, o amadorismo no sentido do exercício do gosto, diferentemente do ofício ou da obrigação. E em somente três linhas ele inverte o paradigma do mundo clássico, colocando como epicentro da busca humana não mais a felicidade compreendida como sabedoria e equilíbrio interior, mas o bem-estar material como pressuposto da felicidade que dele derivaria.

Aristóteles estava convencido de que tudo aquilo que os seres humanos podiam inventar no campo tecnológico já havia sido inventado antes de seu tempo; portanto, só restava aplicar-se totalmente à especulação racional e à fruição espiritual por meio da filosofia e das artes. Diferentemente, Bacon tinha a convicção de que tudo aquilo que havia para ser criado no campo filosófico ou estético já havia sido pensado durante a Idade Clássica e a Renascença; chega até mesmo a afirmar, dessacralizando, que toda a filosofia dos gregos reduz-se a "tagarelice de velhos desocupados com jovens ignorantes". Portanto, no seu modo de ver, não havia mais tempo a perder com elucubrações humanistas, e era preciso dedicar-se de corpo e alma ao progresso material através da síntese entre a teoria e a prática: *commercium mentis et rei* (encontro da mente e da coisa).

Esse programa, que conduz ao matrimônio da filosofia natural com a produção industrial, será celebrado somente um pouco mais tarde, quando a aplicação da ciência à indústria criará uma época completamente nova em relação à rural. Mas já nos tempos de Bacon a longa acumulação primária, obtida graças ao comércio dos escravos, aos saques das naus espanholas e à distribuição das terras monásticas, permitia à Inglaterra investimentos consideráveis nas indústrias de mineração, têxtil, metalúrgica, de vidraçaria e nas fábricas de cerveja, de alúmen e de sabão, preparando, assim, o advento da indústria propriamente dita.

Bacon intui que a partir dessa efervescente atividade empresarial poderia nascer uma nova época tão-somente se as ciências fossem obrigadas a deixar a abstração para passar a visar a uma melhor qualidade de vida cotidiana. Na *Instauratio magna* (Grande renovação) ele se lamenta: "a tradição filosófica é uma sucessão de mestres e alunos, e não uma sucessão de inventores e de aperfeiçoadores de invenções". E, após ter constatado que, em 25 séculos de história conhecida, somente seis haviam sido férteis para a ciência ("o tempo, como o espaço, possui os seus desertos e as suas solidões"), repudia toda a doutrina clássica e medieval, resgatando o papel da concretude ("aquilo que é mais útil na prática também é mais justo na teoria"), reafirmando a sua idéia fixa de que, graças à aplicação prática das descobertas científicas, uma "terceira época do saber superará largamente a dos gregos e dos romanos". Será a época industrial: aquela na qual Prometeu acorrentado poderá, finalmente, liberar-se, como diria Landes.[1]

Até na sua época, sustenta Bacon, a filosofia clássica e o cristianismo haviam proposto diminuir as expectativas, disfarçar as necessidades, compensando as misérias materiais com o fatalismo, com as divagações intelectuais e com a esperança de improváveis felicidades supraterrenas. A partir dele, a teoria passa a ficar a serviço da prática, volta-se para a modernização das instalações, das escolas, das cidades, para a reorganização da vida cotidiana, para a produção de novos bens e de novos instrumentos, finalmente capazes de assegurar o bem-estar ao maior número possível de cidadãos.

Para tal fim, era indispensável reformar as escolas, substituindo as matérias humanistas por disciplinas científicas e técnicas; fundar novamente a sociedade, atribuindo ao Estado o objetivo prioritário de garantir aos próprios cidadãos o bem-estar material; reelaborar o paradigma sociológico, resgatando a confiança na criatividade humana e restituindo o destino dos homens ao seu empenho concreto. Era preciso, em suma, uma *Instauratio magna ab imis fundamentis*: uma total reinvenção, desde os alicerces.

Só para começar, Bacon, que se tornou ministro, promoveu a difusão de escolas profissionais, premiou a criatividade tecnológica, incentivou o artesanato, empenhou-se pessoalmente na experimentação de novas ligas metálicas, na fabricação de vidros transparentes, inquebráveis e coloridos, na introdução de práticas agrícolas para acelerar o amadurecimento das ervilhas e das cerejas ou para prolongar a conservação dos morangos, dos limões e do cedro.

Explora assim, empiricamente, a possibilidade de realizar, já durante a sua própria vida, fragmentos daquela utopia científica e tecnológica por ele vaticinada na *New Atlantis*, onde sonhava com um mundo finalmente liberado da fadiga graças a um processo que não foi concedido pelos deuses, mas conquistado pelo homem com a sua razão e a sua vontade.[2]

Assim, sem querer, Bacon lança as bases do *individualismo* utilitarista, que representará o reverso patológico da secularização; do *consumismo*, que equivalerá ao avesso doentio da economia capitalista; e da *exploração* classista, que denotará o contrário da produtividade industrial, em seu aspecto mórbido. Talvez não seja por acaso que Bacon termine confinado à prisão domiciliar: não foi o último nem o pior dentre os ministros que, no curso da história, cedeu à tentação de receber subornos.

GALILEU: A MATEMÁTICA E OS EXPERIMENTOS

Por motivos muito diferentes, também Galileu acabou no cárcere. Os grandes criativos do Renascimento – intelectuais, artistas e políticos –

viviam nesse clima cultural: imediatamente atrás de si havia uma Idade Média toda intricada, escondida no interior de uma relação sombria e mortificadora do homem em confronto com a natureza e com o além. Daquele passado recente não lhes brotavam nenhum estímulo inovador, nenhuma energia criativa, assim como nenhum exemplo de uma fecundidade terrestre e feliz. Mais para trás da Idade Média, existia um passado remoto e, ainda assim, mais afim às aspirações humanistas do século XV: o do classicismo grego e romano, que havia confiado ao homem a tarefa de criar as condições da sua felicidade terrena, por meio da beleza, da harmonia, da sabedoria e da democracia.

Para liberar-se do passado recente, o único patrimônio cultural de que a Renascença podia servir-se era aquele do passado remoto. Foi aquele longínquo classicismo que se buscou. E foi em nome daquele glorioso passado que o homem do século XV imaginou o seu esplêndido futuro, sem contrapor-se frontalmente à Igreja, mas conjugando com desenvoltura os sinais do cristianismo junto com os do paganismo, como fez Botticelli, pintando de forma igualmente admirável tanto Vênus como Nossa Senhora, ou ainda conforme realizou Michelangelo, colocando lado a lado cenas bíblicas e cenas pagãs.

No plano da filosofia natural, da lógica e da ética, assim como da física, da psicologia e da cosmologia, as universidades restringiram-se, durante todo o século XV e metade do XVI, a um aristotelismo rigidamente tradicional, e somente a partir da metade do século XVI começaram a surgir as novidades destiladas, com esforço, pelas academias e pelos clubes, através de Platão e dos novos comentários à obra aristotélica.

Teve início, assim, a marcha triunfal da ciência, que aos poucos alcançaria e, em seguida, ultrapassaria o prestígio tanto da filosofia como da literatura e da arte. Preste-se atenção a essas cifras eloqüentes: em 1589 Galileu torna-se docente de matemática com um salário de 60 florins, enquanto um seu colega filósofo recebia 500. Mas a remuneração do matemático Galileu passará a 180 florins em 1592 e a 1.000 em 1609.

O que havia acontecido? "Da mesma forma que nos dois séculos anteriores", explicará Eugênio Garin, "o cerne da cultura e de uma nova concepção de mundo havia se deslocado na direção dos *studia humanitatis*, agora deslocava-se no âmbito dos 'matemáticos'. Simetricamente, o estudo do homem e a ciência da natureza destruíam a hegemonia dos ensinamentos metafísicos teológicos de tradição escolástica... A filosofia, que no século XV havia se refugiado entre os políticos e os moralistas, agora pede asilo aos físicos e aos matemáticos, ou até mesmo aos 'heréticos', banidos de todas as escolas."[3]

Durante todo o Renascimento a cultura será perpassada pela sensação de que tudo estava se renovando: a arte, as ciências, a política, a cidade, o universo e a geografia. Imagine-se a impressão que devem ter despertado as descobertas de Colombo, para a época algo bem mais inquietador do que os nossos vôos espaciais. Mas, da mesma forma que, no Renascimento, Colombo revolucionou a geografia terrestre, também Galileu, no século seguinte, revoluciona o mapa celeste, rompendo o entrelaçamento confuso entre a física e a metafísica, que a Renascença havia misturado, a partir de Aristóteles. Com Galileu é a criatividade científica que dá um grande salto, comparável ao avanço que Dante e Giotto, Boccaccio e Michelangelo haviam levado às artes literária e figurativa.

Vincenzo Viviani, um fiel aluno de Galileu, falsificou, por afeto, a data do seu nascimento, a fim de fazê-la coincidir com aquela na qual faleceu Michelangelo, dando a idéia de um revezamento ou de uma substituição de um gênio por outro. Porém, se, de fato, deseja-se buscar uma continuidade, seria mais convincente estabelecê-la entre Galileu e Leonardo da Vinci. Michelangelo teve a sorte de viver como artista na Florença republicana de Lourenço o Magnífico, que adorava a arte; já a Galileu coube a ventura de viver como cientista na Itália da Contra-Reforma, que odiava a ciência e nutria-se de ignorância, "mãe da malignidade, da inveja e da raiva". Disso deriva a exasperante humilhação do cárcere.

Com o passado, Galileu não mantém uma continuidade, mas provoca uma ruptura. Em 1632, Tommaso Campanella lhe escreve, de Roma: "Estas novidades de verdades antigas, de novos mundos, novas estrelas, novos sistemas, novas nações, etc., são o princípio de um século novo."[4] O século de Bacon e de Descartes, de Hobbes, Grozio, Copérnico, Kepler, Newton e de Giambattista Vico.

Se o Renascimento foi grandioso devido à sua criatividade artística e teve o seu epicentro em Florença, o século de Galileu será magnânimo pela criatividade científica e terá o seu epicentro em Veneza, governada então por homens de alto nível, abertos às melhores experiências externas e capazes de salvaguardar as idéias e a república de um caráter eclesiástico invasivo.

Contudo, infelizmente, as relações de Galileu não eram com esses homens, mas com a obtusidade dos inquisidores romanos e com a mesquinhez dos colegas toscanos e vênetos. O Concílio de Trento havia acabado de encerrar-se quando Galileu veio ao mundo, num clima cultural estigmatizado pelo *Index*, que desde 1559 havia vetado os livros de Boccaccio, Maquiavel e Erasmo de Rotterdam e havia "purgado" os de Guicciardini e de Baldassarre Castiglione. Todavia, "as listas nuas e cruas dos *Index* dão somente uma pálida idéia do que foi a luta real, com as suas armadilhas e as suas misérias, como ocorre sempre em tempos de repressão cultural: todos voltavam-se para acusações demasiado fáceis de heresia, a fim de atingir inimigos pessoais, concorrentes perigosos, colegas incômodos e sobretudo as novas idéias que dificultavam a vida dos conservadores".[5] Conservadores estes que, por mais preguiçosos que fossem na aceitação da novidade, eram muitíssimo ativos na resistência às mudanças.

Nesse contexto, no rastro de Arquimedes e de Copérnico, Galileu teve a coragem de elaborar um paradigma revolucionário, uma nova concepção de mundo, uma revolução mental que conduzia a uma visão completamente nova do universo e que não tinha mais nada a ver com as teses aristotélicas sobre o movimento, o espaço, sobre a matéria e sobre as qualidades.

Mais do que sobre os experimentos e mais ainda do que sobre a precisão e os instrumentos de observação, o novo paradigma galileano funda-se no método matemático aplicado à exploração dos fatos naturais. Com Galileu, a matemática provoca uma erupção no mundo da física, iluminando-o de uma forma nunca dantes conhecida, permitindo ao homem colocar-se com confiança científica diante do próprio universo, no momento em que a teoria copérnica desviava-o da posição central que, por milênios, havia tido a ilusão de ocupar.

A matemática, a observação e as experiências são os grandes pilares da inovação científica proposta por Galileu, que não por acaso tinha poucos livros e apreciava viver no campo, "habituado a estudar", como ele mesmo se vangloriava, "no livro da natureza... no espaço aberto do Céu... onde as coisas estão escritas de um só modo".

Se para Aristóteles a precisão não pertencia à natureza do mundo sublunar, mas só àquela da astronomia celeste, para Galileu toda a natureza é regulada pelas mesmas leis e unificada numa mesma ordem física, na qual estão incluídos as estrelas e os movimentos celestes, os planetas, entre os quais a Terra, com as suas órbitas e os seus espaços.

O homem está prestes a desvendar, igualmente, os segredos dessa natureza, seja ela celeste ou sublunar, graças à ciência, à observação, à experimentação, à razão, à mensuração, à exatidão e à matemática que potencializam o nosso intelecto, assim como ao telescópio, que potencializa a nossa vista. Só aquilo que pertence ao absoluto e ao divino está para além da natureza e não pode ser sondado com a ciência.

A construção galileana, que além de física é também filosófica, é imponente e abre a estrada aos séculos seguintes, marcados pela criatividade científica e produtiva muito mais do que pela criatividade artística. Somente a música nos séculos XVIII e XIX e o cinema no século XX tentarão assediar o primado científico.

Nessa revolucionária construção galileana não se enquadram somente as descobertas sobre o movimento e sobre os planetas, mas um modelo que reside "na eliminação metódica dos contínuos equívocos físico-teológicos, na delineação do campo do conhecer científico, na reivindicação à pesquisa racional de todo o mundo da experiência, na prática dos processos de integração recíproca da matemática e da experiência sensata: na construção, enfim, de uma física tornada autônoma em relação a hipóteses pseudofilosóficas e pseudoteológicas".[6]

Com Galileu, em suma, o homem adquire um modo inteiramente novo de descobrir e de inventar. Nasce com ele o tipo de criatividade que permanecerá dominante nos próximos três séculos seguintes, até o tempo da sociedade industrial.

DESCARTES: O LABORATÓRIO E O MÉTODO

Aos objetivos socioeconômicos indicados por Bacon, Descartes oferece os suportes da matemática, enquanto Galileu e Newton proporcionam os da física. Juntos, esses quatro gênios lançam as bases da ciência experimental moderna, da abordagem empírica aos problemas humanos e da organização orientada para a máxima eficiência. Conforme já escrevi num outro contexto,[7] com Bacon e Descartes surgem três idéias: que a busca do bem-estar material, longe de ser algo reprovável, é um dever; que tal bem-estar deve ser criado através de uma programação econômica e de uma preparação profissional, por meio das máquinas e da ciência, e não através da força bruta dos homens ou dos animais; e que o trabalho, quando não é ciência ou arte, mas cansaço desumano, não tem nada a ver com os castigos bíblicos ou com fatalidades naturais: constitui apenas um estado de atraso, que o homem, mais cedo ou mais tarde, saberá superar graças à tecnologia.

Também Descartes, por seu lado, não se limita à elaboração técnica do seu método, mas se empenha com todas as suas forças em promover o progresso tecnológico. Ele mesmo afirma ter se dedicado ao máximo para "que fossem construídas no Collège Royal e em outros locais destinados ao público diversas salas para os artesãos, que cada sala fosse destinada a um corpo de ofícios e aparelhada com um laboratório com todos os instrumentos mecânicos necessários ou úteis às artes que ali devem ser ensinadas, e para que fossem concedidos fundos suficientes não somente para as despesas impostas pelas experiências, mas também para manter os mestres e os professores, cujo número deve ser idêntico à quantidade de artes ensinadas. Os professores devem ser hábeis em matemática e em física, de modo que possam responder a todas as perguntas dos artesãos, dar-lhes o motivo de cada coisa, assim como iluminá-los no caminho de novas descobertas nas artes".

NEWTON: O TELESCÓPIO E O CÁLCULO INFINITESIMAL

Galileu havia enriquecido o novo paradigma que ia tomando corpo e que teria fornecido o eixo intelectual à nascente sociedade industrial, demonstrando o primado do método experimental e forçando a passagem do mundo da aproximação para o universo da precisão, como, elegantemente, afirmaria Koyré.[8]

Até aquele momento, as ciências que nós chamamos de "exatas" haviam percorrido pouca estrada porque o ser humano não acreditava na exatidão, pois tinha a plena convicção de que a perfeição não pertence a este mundo sublunar, mas somente ao universo astral, livre dos caprichos e dos defeitos humanos, fixado em órbitas preestabelecidas, calculáveis e previsíveis.

Gore Vidal coloca na boca do seu *Juliano* a declaração: "Oribásio pensa que entre videntes, oráculos e sacrifícios eu tenha aterrorizado o futuro, obrigando-o a me obedecer."[9] Até o século XVIII, qualquer fenômeno natural, econômico, psicológico e político foi explicado muito mais com base no capricho dos deuses, na providência divina e na perfídia diabólica do que através de uma consciente intenção humana. O homem, à mercê dessas forças sobrenaturais, poderá limitar-se a ter presságios e fazer juramentos, atos penitenciais e propiciatórios, mas não poderá jamais intimidar o futuro, obrigando-o a lhe obedecer.

A partir de Bacon, Descartes e Galileu, o futuro é subtraído aos augúrios, aos profetas e aos adivinhos. Se ainda não depende dos homens (como, numa boa medida, ocorrerá três séculos mais tarde, na sociedade programada da nossa época pós-industrial), de toda forma não depende mais dos deuses. E o presente, pelo menos o presente, pode ser investigado com objetividade meticulosa, enfrentado com uma razão lúcida e melhorado com um otimismo voluntarioso.

A partir desse momento, o homem adota a presunção de que todos os fenômenos sejam explicáveis cientificamente, redutíveis em termos quantitativos, descritíveis em figuras euclidianas e tratáveis por intermédio das equações matemáticas.

Já Leonardo da Vinci havia escrito que "nenhuma certeza há onde não se pode aplicar uma das ciências matemáticas, ou que não sejam unidas a essas matemáticas... Dentre as grandes coisas das matemáticas, a certeza da demonstração eleva mais claramente o engenho dos investigadores". Com Galileu e com Newton as etapas do processo científico tornam-se ainda mais claras e imprescindíveis: é preciso aplicar-se teimosa e metodologicamente, refletindo primeiro em um nível teórico e depois experimentando por intermédio de instrumentos de precisão e, assim, chegando à formulação dos princípios e das leis universais, para, finalmente, aplicar estas leis à realidade com o orgulho e a confiança que só a ciência permite. A luneta com a qual Galileu apagará o ingênuo erro de Ptolomeu, do Sol que gira em torno da Terra, torna-se o símbolo da metáfora dessa revolução de época histórica.

Pouco depois será Newton a acrescentar o telescópio refletor. E exatamente ele será o cientista supremo que conseguirá canalizar a concepção alquímica e hermética, o platonismo, a metafísica racionalista e a concepção atomista, todos eles para o imenso estuário da sua nova visão de mundo, exatamente ele que lançou as bases para a física mecânica, que descobriu a decomposição em cores da luz branca, que inventou o cálculo infinitesimal e elaborou a teoria da gravitação universal, ele mesmo – de acordo com o imperativo baconiano do *commercium mentis et rei* – não se esquivará de arregaçar as mangas na vida administrativa inglesa, aceitando interromper os seus estudos para dirigir a Casa da Moeda de Londres.

PRONTOS PARA O GRANDE SALTO

O impulso dado por esses precursores da sociedade industrial e o clima de ativismo científico, que caracterizou de um modo geral a época deles, produziram descobertas e invenções surpreendentes. Se Henrique VIII (1491-1547) dispunha, mais ou menos, dos mesmos instrumentos práticos que Hamurábi, logo depois dele, e em poucos anos, os armamentos tecnológicos à disposição dos ingleses e dos franceses irão se enriquecer com a esteira transportadora (1588), o microscópio (1590), o termômetro (1592), os binóculos e a luneta (1608), o fuzil (1611), o submarino (1624), a calculadora (1642), o relógio de pêndulo (1656), o telescópio (1668), a junção universal (1676) e a bomba a vapor (1698). A estas nobres invenções outras podem ser acrescentadas, mais corriqueiras, porém não menos úteis à melhoria da vida cotidiana: a descarga dos vasos sanitários (1589), o jornal (1609), o guarda-chuva (1637), a cadeira de rodas para os deficientes (1650), o dinheiro em papel (1661), a panela de pressão (1679), o sorvete (1686) e o envelope para cartas (1696).

Na metade do século XVIII, quando Newton morre, a Europa está pronta para o grande salto do Iluminismo, que encontrará na França o seu ápice especulativo com a *Encyclopédie* (Enciclopédia) de Diderot e d'Alembert e, em seguida, na América – o seu lugar de eleição do ponto de vista prático –, com as invenções de Franklin e de Edison, assim como com as indústrias de Taylor e de Ford. Se a trajetória geográfica da pré-industrialização vai de Florença até Paris, a da industrialização parte de Londres para a Filadélfia e Detroit, e a da pós-industrial irá de Boston a Stanford, a Seattle e a Tóquio, segundo o cinturão solar, caro a Daniel Bell, que relacionou a trajetória da civilização, sempre mais coerente com o percurso do Sol: da Europa à Costa Leste americana, da Costa Leste à Costa Oeste e, finalmente, da Costa Oeste americana à Ásia. A China, portanto, aproxima-se.

De todas as invenções que o precederam, Bacon apreciava sobretudo a imprensa, que havia revolucionado a informação, centuplicando a difusão do saber; a pólvora, que havia revolucionado a arte da guerra, revertendo as forças em favor do mais fraco do ponto de vista físico; o ímã, que havia revolucionado a navegação, permitindo viagens intercontinentais, extraordinárias descobertas geográficas e novas trocas de mercadorias e de experiências entre os povos.

Mas nenhuma dessas portentosas invenções – e menos ainda o moinho de água, os óculos, os arreios modernos dos cavalos e os bancos –, tomada isoladamente, teria conduzido a um salto de época, da sociedade rural para a sociedade industrial. Foi o conjunto dessas novidades, o impulso vital do Renascimento, a formulação de um modelo racionalista e a descoberta de novas fontes energéticas, constituídas pelo vapor e pela eletricidade, que determinaram uma nova divisão do trabalho, uma nova relação, dos pontos de vista quantitativo e qualitativo, da mão-de-obra com a tecnologia, uma nova acumulação capitalista, uma nova distribuição do saber, do poder e da riqueza, assim como um novo comportamento em relação à vida e à adoção de novas práticas sociais. Tudo isso foi o Iluminismo nos planos intelectual e industrial, assim como no plano material, com a sua resplandecente produção em massa de tecidos, aço, objetos, móveis e, mais tarde, automóveis.

A RAZÃO LEIGA

Para definir o Iluminismo, dispomos de um texto daquela safra (de 1784) e de um filósofo excepcional (Immanuel Kant e o seu *Resposta à Pergunta: O que É o Iluminismo?*). "Tenha a coragem de servir-se de seu próprio intelecto! Este é o mote do Iluminismo... É tão cômodo evitar a maioridade. Se possuo um livro que tem, em meu lugar, o intelecto; um conselheiro espiritual que detém, por mim, a consciência ou um médico que me prescreve a dieta, etc., não é necessário que eu me esforce ou me canse. Não preciso pensar; desde que eu possa pagar, outros assumirão a incômoda tarefa por mim."

Portanto, o Iluminismo é o primado da autodeterminação, mas é também o primado da razão sobre a emoção (ou da linha reta sobre a linha curva, para retomar a nossa metáfora), da igualdade sobre a hierarquia, da tolerância sobre a perseguição, do laicismo sobre a religião e da especulação científica sobre a revelação divina. Com Voltaire e Rousseau, com Diderot e d'Alembert o termo *Iluminismo* indicou "o uso leigo da razão na pesquisa filosófica e científica, até tornar-se a palavra de ordem de uma elite de intelectuais que se sentiu investida de uma missão comum: promover o saber antimetafísico, fundado no sucesso do método experimental, banir os preconceitos e as superstições, fazer triunfar o espírito de tolerância, iluminar as consciências, difundir em todos os estratos sociais a educação e a cultura, reformar as instituições e limitar a influência das Igrejas nos Estados e na educação".[10]

A OFICINA CRIATIVA DA *ENCYCLOPÉDIE*

O conjunto das idéias reunidas sob a etiqueta global de Iluminismo é a *Encyclopédie*: 30 volumes de textos e de pranchas ilustrativas, um milagre do gênio humano devido sobretudo à força, à aptidão, à interdisciplinaridade, à tenacidade, ao senso de praticidade e à capacidade empresarial de Denis Diderot; à inexaurível sabedoria técnico-científica de d'Alembert; à visão empresarial de longo alcance de financiadores atentos como Breton e Briasson; e à hospitalidade catalisadora de d'Holbach.

Também nesse caso tende-se a simplificar a grande criatividade de grupo que conduziu à atormentada redação da *Encyclopédie*, atribuindo todo o mérito a Diderot e d'Alembert.[11] Não há dúvida de que os dois grandes intelectuais tenham desempenhado um papel determinante, seja como organizadores seja como redatores de inúmeros "verbetes". É igualmente indiscutível que, sem um gênio como Diderot, certamente a obra nem teria se iniciado em 1751 e nem haveria, teimosamente, tido prosseguimento durante 20 anos e, menos ainda, teria sido concluída, com sucesso, em 1772. Mas para nós que estamos interessados sobretudo na reconstrução dos processos criativos a figura que talvez seja a mais intrigante é a de Paul-Henri Thiry d'Holbach (1723-1789), um barão *parvenu*, escritor, animador cultural e promotor científico, mecenas, moralista, autor de textos condenados à fogueira, censurados e incluídos no *Index* e estimado e apreciado por Voltaire e Diderot, por Hegel e por Goethe.

Ele desempenhou um papel central na produção da *Encyclopédie*, contribuindo não como escritor, mas como "catalisador", através da suntuosa hospitalidade que ofereceu aos seus autores e por meio da atmosfera criada em torno deles, na qual – segundo Pierre Faville – "respira-se a honestidade, a energia, a inteligência, a generosidade, a recusa à hipocrisia e à intransigência e também o espírito de humor".

D'Holbach talvez tenha conhecido Diderot porque ambos eram amantes da música e interessados sobretudo na felicidade das pessoas, alcançada através de uma virtude leiga, materialista e natural. Embora muito diferentes em termos de caráter e estilos de vida, eles permaneceram amigos até a morte e foram pontos de referência para o mais vasto e significativo *lobby* intelectual de todo o século XVIII.

No seu salão parisiense o barão recebia todos os dias o restrito círculo dos amigos iluministas, e duas vezes por semana, nas quintas-feiras e nos domingos, o grupo expandia-se a muitos outros convidados de excelência. Junto aos amigos enciclopedistas encontravam-se ateus e deístas, céticos e espiritualistas, artistas, embaixadores, historiadores, políticos, literatos e todo um numeroso grupo de inteligências geniais e espíritos belos e rebeldes.

Mas a verdadeira oficina criativa na qual d'Holbach hospedava Diderot e os outros enciclopedistas era a *villa* Le Grandval, nos arredores de Marne, onde cada um estudava por conta própria das 6 da manhã às 13:00 horas. Meia hora depois encontravam-se todos para almoçar juntos. E das 15:00 horas até o pôr-do-sol passeavam pelos bosques, falando de filosofia e de política. De volta à casa, jogavam baralho, jantavam, ouviam música e depois iam dormir, a fim de retomar as atividades na manhã seguinte.

Eis um outro exemplo incomparável de "ócio criativo" que faz cair no abismo do ridículo os mil neuróticos e pitorescos *think-tank* com os quais hoje os estrategistas empresariais tentam alimentar as próprias imaginações empobrecidas pelo estresse.

Quando, em 1750, Diderot publicou o célebre *Prospectus* com o qual tornava público o programa editorial da *Encyclopédie*, o conhecimento humano era dominado pelo despotismo da emotividade, da superstição e da magia. O subjetivismo prevalecia sobre qualquer concepção sociológica possível do sistema social. O intelectual estava bitolado numa gaiola muito rígida de regras e de censuras, que impediam toda e qualquer concepção livre de sua parte.

Depois, o Iluminismo, a revolução burguesa e a sociedade industrial reverteram as relações de força: o racionalismo insinuou-se em todos os relacionamentos humanos com a missão de resgatar o homem da tríplice escravidão da miséria, da tradição e da autoridade, mas com o efeito perverso de mortificar a esfera emotiva; a ação coletiva superou a individual; a liberdade de pensamento e a democracia parlamentar conquistaram áreas crescentes no planeta.

Hoje estamos numa nova revolução de época histórica. Com a sociedade pós-industrial, são recuperados os valores da subjetividade, da estética e da emotividade; a criatividade é colocada em primeiro lugar como síntese da fantasia com a concretude; substitui-se o critério da continuidade e da simplicidade pelo da descontinuidade e da complexidade, que reposiciona o sujeito no interior dos fenômenos que ele mesmo observa, sem contudo colocá-lo no centro do universo.

Quando Diderot deu início à grande aventura da *Encyclopédie*, os iluministas tinham a sensação de que um ciclo histórico tivesse sido concluído e que, antes de um novo salto na civilização, se pudesse "acertar as contas", colocando homens e coisas em ordem alfabética, concatenando o saber numa única obra imponente.

Hoje tem-se a sensação de que o progresso esteja ainda por vir, que não seja possível (e que talvez não o será nunca mais) fazer uma pausa longa o bastante, como fizeram os enciclopedistas, para sistematizar o saber num corpus único, num *novum organum* baconiano. A enciclopédia evolui em metatexto.

Diante da *Encyclopédie* fica-se atordoado, e todas as obras posteriores do mesmo gênero parecem pálidas imitações de um modelo que não foi superado. Obviamente, lendo-a, percebe-se que foi escrita antes do advento da psicanálise (embora Diderot fosse fascinado pelo sonho), da sociologia, da biologia molecular e da física atômica e subatômica; antes do rádio, da televisão, do plástico, do computador, das biotecnologias e da Internet.[12]

Porém, permanece inata a tensão rumo à felicidade como objetivo irrenunciável de todos os seres humanos, pelo simples fato de que são dotados de razão e, naturalmente, inclinados a cortejar as idéias. Como disse Diderot em *Nipote di Rameau* (O sobrinho de Rameau), "As minhas idéias são as minhas putas".

A CRIATIVIDADE COLETIVA LEVA A MELHOR

Na onda de Bacon e Galileu, Descartes, Newton e Giambattista Vico, com o Iluminismo e a *Encyclopédie* volta-se definitivamente as costas ao passado, abrindo o caminho às mil contribuições da ciência, da tecnologia, da arte e dos estilos que confluíram na construção do mundo moderno.

Excetuando-se raros casos como o da escola pitagórica, antes do Iluminismo a criatividade científica era uma prerrogativa de cada gênio, individualmente; já a criatividade artística havia conhecido formas coletivas, como nos exemplos das catedrais e das oficinas. Em ambos os campos onde prevalece a criatividade, seja o terreno artístico seja o científico, predominaram o papel individual de cada cientista ou de cada artista e a convicção de que somente mentes excepcionais – os gênios – possuíam o dom divino e diabólico de abrir novas vias para a humanidade. Mesmo no caso dos grupos reunidos em torno de Pitágoras ou em torno de Ghiberti, estamos ainda muito distantes da integração das pequenas equipes modernas que, nas universidades e nas empresas atuais, constituem uma espécie de cérebro plural, um tipo de colméia, um sistema pensante como o dos jovens físicos aglutinados em torno de Enrico Fermi, de quem falaremos mais adiante. E estamos ainda igualmente distantes dos grupos organizados que caracterizam hoje a criatividade de laboratórios imponentes, como o CERN de Genebra, de organizações cinematográficas multinacionais como Hollywood e a Cinecittà, de redes televisivas planetárias como a CNN e de sistemas complexos que geram novos *hardwares* e novos *softwares* de informática como a Microsoft ou a Intel.

Enquanto o progresso humano esteve condicionado à criatividade de gênios individuais, a vida cotidiana da humanidade, a sua condição prática, a duração da vida dos indivíduos, a quantidade de esforço necessário para a sua sobrevivência, assim como a dor imposta pelas doenças, permaneceram praticamente inalteradas. O grande salto, graças ao qual a expectativa de vida duplicou, as dores físicas foram reduzidas a um décimo e até o Terceiro Mundo alcançou algum progresso, a sua condição, só aconteceu quando a criatividade humana assumiu uma forma predominantemente coletiva.

Essa grande transformação aconteceu num tempo e num lugar determinados: iniciou-se a partir da metade do século XIX, exatamente quando a indústria experimentava, para a seguir adotar em grande escala, a divisão do trabalho e a expulsão da criatividade artesanal dos processos produtivos de massa; foi fecunda sobretudo na Europa, onde fervilhavam os grupos criativos exatamente nos mesmos anos em que, do outro lado do oceano, Taylor tornava científica a divisão do trabalho e Ford inventava a linha de montagem. Podemos dizer que, no final do século XVIII, a Europa inventa e experimenta a indústria enquanto a América ainda é rural; e podemos dizer que, no final do século XIX, a Europa inventa e experimenta a sociedade pós-industrial, enquanto a América está no ápice do seu desenvolvimento industrial.

Para exemplificar essa transformação, narrarei alguns casos significativos da experiência austríaca, francesa, alemã, italiana, inglesa e escocesa.

A COMPANHIA THONET

Ainda hoje, as famílias burguesas possuem pelo menos uma das muitas cadeiras produzidas pela companhia Thonet. A número 14, que neste ponto difundiu-se por toda parte em mil imitações e versões, foi inventada por Michael Thonet (1796-1871) em 1848 e teve tal sucesso de mercado que em 1901 haviam sido vendidos 50 milhões de exemplares. Fundada oficialmente em Viena em 1853, a sociedade transformou-se gradualmente de uma oficina artesanal em grande empresa industrial com estrutura familiar, capaz de produzir, já no final do século XIX, o incrível número de 4.000 móveis por dia.

Essa produção, organizada por Michael Thonet e por seus filhos, encontrou os seus pontos fortes na beleza do desenho, na técnica original para o dobramento em série da madeira, na praticidade das inúmeras manufaturas, na divulgação ampla através de catálogos postais, assim como na distribuição efetuada por intermédio de uma rede de lojas abertas no mundo inteiro e por meio de uma penetração capilar das vendas graças aos *kits*.

Aspirando conciliar a economia da produção, o baixo custo dos produtos e a beleza das formas, a Gebrüder Thonet conseguiu dominar as técnicas de forma exemplar e produzir em série móveis excelentes, capazes de garantir um aspecto estético decorativo e uma originalidade estilística à burguesia emergente.

Com a Thonet, o *design* torna-se um fator decisivo no *marketing*, e as características industriais dos processos de elaboração combinam-se com os elementos pós-industriais dos produtos e da distribuição, constituindo uma experiência de vanguarda em relação ao tempo em que foi efetuada, assim como um exemplo que antecipou a atual organização da criatividade.

Numa foto tirada em Koritschan em 1860, Michael Thonet é retratado com os seus colaboradores mais próximos: os filhos e os artesãos que, graças à sua genialidade coletiva, transformaram a residência burguesa, conferindo-lhe um toque de leveza e praticidade. Toda vez que me sento numa das suas cadeiras, cada uma diferente da outra, numa infinita variedade; toda vez que vejo um cabideiro, uma mesa, uma cadeira de balanço ou um berço produzidos por eles; toda vez que o meu olhar tropeça no tornear das curvas e no brilho da madeira, que com maleabilidade se contorce na dança e nas formas desejadas por esses grandes artistas do cotidiano, penso na contribuição, talvez inconsciente, mas certamente revolucionária, que eles deram à idealização e à experimentação de novos processos criativos. Para melhor ou para pior, através deles a atividade empresarial e a produtividade estimularam a invenção pós-industrial, o *design* tornou-se um ponto forte na concorrência, as exigências dos consumidores guiaram as decisões dos produtores, a estética juntou-se à economia, e a comunicação e a distribuição assumiram um papel determinante na cadeia de valor.[13]

O INSTITUTO PASTEUR

A companhia Thonet antecipa as formas atuais de criatividade coletiva, mas é ainda muito próxima à indústria manufatureira, onde poucos inventam e muitos executam. Melhor exemplo de criatividade coletiva é o segundo caso, que encontramos na França e que não se refere às artes aplicadas, mas à ciência.

Inaugurado em 1885, o Instituto Pasteur de Paris é uma fundação privada, de utilidade pública, criada graças ao gênio científico e organizacional de Louis Pasteur (1822-1895), que conseguiu dar vida a um local no qual cientistas e técnicos de vários campos, organizados de forma interdisciplinar, mas respeitosos da autonomia científica recíproca, puderam encontrar as melhores condições para trabalhar na identificação, experimentação e difusão da soroterapia aplicada contra as mais letais doenças infecciosas.

No momento da fundação, o Instituto oferecia seis serviços, além de ser composto pelos laboratórios de produção e pela escola de especialização e pós-graduação em microbiologia. Desde seus primeiros anos de vida, à sede de Paris vieram unir-se numerosas filiais na França e no exterior. Com o passar do tempo, para a ampliação das atividades desenvolvidas e devido ao considerável aumento do pessoal científico, técnico e administrativo, os serviços do Instituto foram reagrupados em nove departamentos, que compreendiam cerca de 60 unidades de pesquisa.

A seguir, essa célebre instituição organizou-se como "cooperativa científica", onde cada pesquisador, conservando a própria autonomia, colabora com os demais para a obtenção dos objetivos comuns, no respeito a um etos científico herdado de Pasteur e de seus colaboradores iniciais: confiança nas possibilidades do método experimental e nas potencialidades da pesquisa realizada com a fórmula do grupo interdisciplinar de trabalho.

O Instituto – que é financiado sobretudo através de contratos para pesquisas, *expertises* ou consultorias, patentes de medicamentos e de instrumentação científica, remessas das filiais, doações do Estado francês e de contribuintes privados – desenvolve atividade de pesquisa, produção e ensino. Afirmou-se, particularmente, como centro de pesquisa básica (biologia, virologia, imunologia, biologia molecular e celular), como centro de pesquisa aplicada à medicina humana e veterinária, à higiene e à saúde pública, assim como à agricultura e à indústria, na produção de soros e de vacinas, como centro de ensino de pós-graduação, como centro hospitalar especializado em patologias infecciosas, parasitárias e imunitárias e ainda como centro de documentação científica, o qual compreende uma rica biblioteca, um museu e um banco de dados.

Com Pasteur, o grupo de trabalho irrompe no processo criativo, tornando-se o seu principal sujeito e marcando a passagem de época da *small science* à *big science* (da pequena ciência à grande ciência). Cada grupo é fortalecido por objetivos comuns, por uma missão compartilhada e por uma ética científica que prevalece em relação aos interesses materiais dos vários membros.

Na pesquisa tomam parte, de modo interdisciplinar, profissionais de várias disciplinas e, de maneira interclassista, graduados de nível superior e de nível técnico, tanto dirigentes como subalternos. O sucesso de mercado é visto como um critério importante, mas não absoluto: ele é subordinado à qualidade dos produtos e, sobre estes, incidem o impulso em direção à inovação e o amor pela pesquisa básica, considerada complementar tanto à pesquisa aplicada quanto à própria experimentação concreta. Não por acaso os laboratórios e o hospital encontram-se lado a lado.

O Instituto rejeita o isolamento que freqüentemente caracteriza as instituições científicas e acadêmicas: as suas relações com a comunidade, com o exército e com as indústrias são estreitas e permanentes; a comunicação dos seus resultados é feita sempre no momento oportuno. A atenção dedicada às necessidades individuais, à autonomia subjetiva, à rotação das tarefas e à formação permanente de cada um dos pesquisadores é análoga à atenção conferida aos interesses comuns e ao sucesso de toda a instituição. Da mesma forma, a inovação organizacional é feita respeitando a tradição e a experiência acumulada; a estética dos espaços e das aparelhagens não é menos cuidada que a sua eficiência prática; e a intensa articulação internacional é constante, tanto quanto a nacional.[14]

A ESTAÇÃO ZOOLÓGICA DE NÁPOLES: COMO FLORES NUMA ESTUFA

Para melhor compreender as condições e o clima em que viviam os grupos científicos entre o final do século XIX e o início do XX, vale a pena examinar pelo menos um deles com maior detalhe. Escolhi a *Stazione Zoologica*, organizada em Nápoles por Félix Anton Dohrn (1840-1909). Os fatores, as dinâmicas e as variáveis que emergem dessa história serão muito preciosos na formulação da minha hipótese sobre a anatomia, a fisiologia e a patologia dos grupos criativos, de uma forma mais geral.

Quem hoje percorre a célebre avenida que beira o mar de Nápoles, caso consiga desviar o olhar do golfo encantador, talvez tenha a sua atenção despertada por um imponente edifício branco, imerso no verde da *villa* municipal: a Estação Zoológica, fundada em 1872 pelo biólogo alemão Anton Dohrn. Nesse laboratório, ao longo dos anos, centenas de cientistas contribuíram para definir, entre outras coisas, o conceito de homeostase, a natureza da hemocianina, as interações humorais e nervosas, a gênese da melanina, a identificação da acetilcolina no tecido nervoso, a neurossecreção, a natureza do impulso nervoso e dos processos iônicos que fazem surgir o potencial de ação, a fisiologia do sistema nervoso e o funcionamento dos órgãos dos sentidos e dos processos de aprendizagem e da memória.

Como sede para um grande laboratório interdisciplinar (biológico, zoológico, botânico, ecológico, etc.), Anton Dohrn escolheu Nápoles por duas razões: o mar poderia fornecer uma fauna rica para os experimentos dos cientistas e a cidade e o porto poderiam garantir um afluxo constante de público ao interessante aquário anexo aos laboratórios, o que contribuiria, com o pagamento dos ingressos, para o financiamento das pesquisas.

Porém, vamos percorrer, etapa por etapa, a história dessa que, segundo as palavras de Pietro Dohrn, neto do fundador, "não era uma fábrica (como hoje são todas as instituições acadêmicas). Parecia mais uma fornalha, porque a ciência lá brotava sozinha e melhor que em qualquer outro lugar, do mesmo modo que crescem as flores numa estufa bem-cuidada". Nessa estufa napolitana, graças a Anton Dohrn, estudiosos do mundo inteiro podiam desenvolver livremente as próprias pesquisas, sem obstáculos burocráticos e acadêmicos, usufruindo ajuda financeira, aparelhagens, livros, materiais e conselhos, sem precisar retribuir com nada, além do próprio empenho a favor do progresso científico.

Quando Anton chegou a Nápoles, em 1870, rico somente de entusiasmo e de cultura, tinha 30 anos de idade. Quando morreu, em 1909, o seu sonho já havia se tornado uma realidade: única e célebre no mundo inteiro. Primeira em seu gênero, de modo absoluto, a Estação Zoológica foi o mais importante centro de estudos biológicos do mundo entre o final do século XIX e início do XX, permanecendo, até hoje, como um dos institutos internacionais de maior prestígio em estudos de biologia, fisiologia, bioquímica, zoologia, química fisiológica, embriologia, neurologia, história e filosofia das ciências biológicas, bacteriologia, oceanografia, botânica marinha e ecologia. Nos laboratórios da Estação, na sua biblioteca, no seu clima de "congresso permanente", amadureceram trabalhos e intuições de nada mais nada menos que 18 prêmios Nobel. Por ter contribuído assim para a formação dos melhores cientistas, o Instituto foi escolhido como sede de prosseguimento da pesquisa de estudiosos de valor já reconhecido.

O que permitiu tanta criatividade organizada? No meu modo de ver, o segredo reside num contexto e num clima cultural particularmente adequados; num modelo original de grande valor científico; na atitude criativa e empresarial do seu fundador; na sua capacidade de projetar, em termos modernos e inovadores; na possibilidade e na força de reunir, juntos, talentos científicos já acreditados, assim como de fecundar novos talentos; num ambiente onde a arte e a estética estimulavam a imaginação científica; na possibilidade de relações e intercâmbios internacionais; na atitude voltada para um estudo interdisciplinar; e numa forte motivação dos colaboradores, orientada por um objetivo comum. Vamos examinar, detalhadamente, todos esses fatores.

O CONTEXTO NAPOLITANO

A Estação Zoológica constitui um exemplo extraordinário de organização pós-industrial, realizada em plena época industrial, numa cidade que, sob muitos aspectos, era ainda pré-industrial.

Em 1870, Nápoles era uma ex-capital, com palácios e obras de arte esplêndidos, linda, num golfo belíssimo, cabeça enorme de um corpo – o do sul da Itália – atrasado e raquítico, teatro de grandes contradições: a mais populosa cidade italiana (720.000 habitantes), mas também a mais abandonada; com uma plebe vistosamente analfabeta, mas também com uma elite de humanistas e de cientistas à altura dos seus melhores colegas europeus.

Dez anos antes, em outubro de 1860, Francesco de Sanctis havia aceitado o cargo de ministro da Educação, que lhe havia sido confiado por Garibaldi, e dera início a uma reforma radical dos estudos, graças à qual a universidade napolitana pôde exibir, com orgulho, 11 cátedras de ciências e matemáticas; a modernização dos museus de zoologia e geologia do Gabinete de Física; a reorganização da Escola de Pontes e Estradas, que, em seguida, se transformou em Faculdade de Engenharia. A partir de 1863, junto ao novo Gabinete de Química, todos os domingos eram oferecidas aulas gratuitas, abertas a todos, e, a partir de 1869, a Faculdade de Ciências instituiu uma escola gratuita de mecânica, destinada sobretudo aos operários que desejassem aprender novas técnicas.

Portanto, um ambiente científico já válido e consolidado, no qual despontavam três filões: o matemático, o médico e o biológico.[15]

Nesse clima cultural chegou Dohrn, atraído sobretudo pelo outro clima: o de um céu límpido e uma temperatura agradável durante boa parte do ano, de uma flora exuberante, um mar cheio de peixes, rico de toda a gama de espécies viventes no Mediterrâneo.

O LÍDER: ANTON DOHRN

A personalidade. Mas quem era esse jovem de seus 30 anos, barbudo, proveniente do Norte no rastro de todos os aristocratas cultores do *grand tour*, mas com objetivos bem mais focados? Era, ao mesmo tempo, um cientista e um empresário. Por um lado, um consciencioso, ordenado e meticuloso arquivista; por outro, um grande amante das viagens, empreendedor, organizador e motivador. Um otimista sangüíneo e vital, mas também um depressivo, até o limite da neurastenia. "Devo tentar esticar o elástico da minha vida o máximo possível", propusera a si mesmo. E, com efeito, durante 70 anos consecutivos, persegue um demônio interior, o seu furor científico, em cujo nome tudo sacrificou: da relação com o pai ao patrimônio familiar; da relação com os filhos ao dote da mulher e ao equilíbrio conjugal; da vida na própria pátria ao amor pela pesquisa e pelos seus estudos pessoais.

Na esplêndida comemoração, feita por Theodor Boveri no Congresso Internacional de Zoologia de 1910, a concepção e a estrutura da Estação Zoológica eram interpretadas como uma obra de arte. E, na realidade, a vida de Anton Dohrn é uma mistura entre a vida de um artista, de um empresário e de um cientista. Um vida batizada pela música (Félix, o seu primeiro nome, era também o de Mendelssohn-Bartholdy, que havia sido o seu padrinho) e enriquecida pela amizade pessoal com músicos, pintores e literatos.

Porém, vamos percorrê-la em ordem, com a ajuda preciosa de uma biografia, por sorte muito detalhada, escrita por Theodor Heuss.[16]

A família. Os Dohrn provinham da Pomerânia. O pai de Anton, Carlos Augusto, era genial, extravagante, extrovertido amante de viagens e administrador esforçado de uma refinaria de açúcar, amigo do músico Félix Mendelssohn e do cientista Alexander von Humboldt e apaixonado por zoologia a ponto de tornar-se o entomologista alemão de maior autoridade, apreciado no mundo inteiro e investido do título de doutor *honoris causa*.

Em 1840 nasceu Félix Anton, que do pai pôde herdar não tanto o dinheiro (que lhe foi, conforme veremos, negado), mas um bom número de qualidades: o amor por Mendelssohn e pela música (na sua família surgirão grandes músicos como Wilhelm Furtwängler), o amor por Humboldt e pela ciência, o amor por Goethe e pela arte, o frenesi pelas viagens, a dimensão internacional da cultura; a capacidade de angariar fundos para financiar a pesquisa científica, o senso do convívio hospitaleiro que encontrava em casa em relação a intelectuais de todos os tipos e o ativismo espasmódico ("Não há nada de mais perigoso para mim do que ter tempo: certamente o passaria com melancolia... A única arma contra a minha doença é uma incansável atividade").

A vocação. Desde criança, Anton orientou as suas escolhas no campo científico: o seu "inato espírito artístico", escreve Heuss, "acabou por encontrar uma expressão na forma orgânica e criativa que ele soube imprimir à sua obra e no estilo da sua existência". Dedica-se às ciências naturais, estuda, viaja, ajuda o pai na redação de uma revista científica. Em Jena foi aluno de Ernst Haeckel e através dele entra em contato com a obra de Darwin. Interessa-se pelos crustáceos e pelos hemípteros, freqüenta os melhores salões de intelectuais e em agosto de 1865, acompanhado por Haeckel, numa longa visita de estudos a Helgoland, tem o primeiro encontro com a fauna marinha, à qual, posteriormente, dedicará toda a sua vida científica.

Em 1859 Darwin publica *A Origem das Espécies*. Anton é profundamente influenciado: "Na nossa disciplina", escreve, "existe uma quantidade ilimitada de obras de caráter puramente classificador-descritivo... As energias utilizadas até agora para separar as espécies deverão daqui para a frente ser usadas em sentido contrário: à unificação, à derivação uma da outra."

Estimulado pelas idéias darwinianas, Anton dedica-se cada vez mais aos crustáceos e à embriologia. Daí nascem a sua necessidade de obter materiais marinhos e, logo, a decisão de emigrar rumo ao sul.

O paradigma. Conforme já foi dito, um dos principais fatores de sucesso da obra-prima científica pensada e realizada por Dohrn foi o modelo vencedor sobre o qual ele baseou a sua empresa.

A Estação Zoológica de Nápoles pode se considerar filha da teoria evolucionista que se afirmou na segunda metade do século XIX através da sinergia de pesquisas de várias abordagens, todas elas amadurecidas na primeira metade do século. Dessa complexa tradição disciplinar fazem parte as teorias transformistas de Lamarck, as teorias sobre a extinção de Cuvier, a idéia do século XVIII de uma cadeia dos seres vivos; a chamada "teoria da recapitulação", com a qual contribuíram tanto Haeckel como o italiano Giambattista Brocchi. A teoria de Darwin se propõe como solução tanto para a questão da extinção das espécies, que Lamarck não queria admitir, quanto à da sua evolução, que os adversários das teorias transformistas não queriam aceitar.[17]

A motivação principal que conduziu Anton Dohrn às margens do Mediterrâneo foi exatamente a de aprofundar seus estudos como evolucionista. Muitos cientistas estavam convencidos de que a vida tinha se iniciado no mar: era portanto no mar que deviam ser buscadas aquelas formas intermediárias entre os diversos grupos. Guiado por Haeckel, Dohrn havia sido levado a pensar que o estudo do desenvolvimento embrionário dos animais marinhos poderia fornecer muitas informações sobre a evolução da vida. Segundo a "teoria da recapitulação", com efeito, o desenvolvimento embrionário de um indivíduo repercorre a história evolutiva da espécie a que ele pertence: a ontogênese – como já recordei na introdução ao presente volume – recapitula a filogênese.

A sociedade. Depois de se formar, Dohrn mora durante algum tempo em Jena. Foram nesses anos que estabeleceu uma sociedade com um grupo de amigos, que permaneceram queridos até a morte: o escultor e arquiteto Adolf Hildebrand, o pintor Hans von Marées, o literato Charles Grant, o matemático Ernst Abbe, que depois, junto às oficinas da Zeiss, desenvolveu a técnica do microscópio e, em colaboração com Dohrn, inventou instrumentos fundamentais para a pesquisa biológica. Em 1867, durante uma breve estada de estudo no jardim zoológico de Hamburgo, ele conhece o inglês W. A. Lloyd, especialista em aquários, que estava instalando um naquele jardim. No mesmo ano inicia uma correspondência com Darwin. No ano seguinte faz amizade com Thomas H. Huxley e depois, de volta à Alemanha, conhece o jovem zoólogo Nikolaus Kleinenberg. Todos esses personagens retornaram como protagonistas na história da Estação Zoológica napolitana.

Nesse período Dohrn formula uma hipótese biológica que, em seguida, se demonstrará inválida: isso lhe acarreta um grave colapso nervoso, o primeiro de uma longa série de colapsos que o acompanharão por toda a vida. Heuss anota: "Durante semanas, ou melhor, por vezes até meses, ele ficava como que paralisado, cansado, irascível, ainda que a sua inata cortesia o induzisse a esconder de terceiros sua condição nervosa. Durante aqueles períodos, as dificuldades dos trabalhos por ele iniciados agigantavam-se e gravavam-se no seu espírito, até que a névoa acabasse se dissolvendo. Com o passar dos anos essa situação melhoraria, mas a ameaça permaneceria sempre à espreita. É preciso levar em conta essa disposição da sua psique para compreender certas oscilações violentas do seu modo de agir. Mais milagrosos ainda são os resultados que ele consegue na sua luta com o destino."

Messina. Em 1868, Anton chega a Messina ("a Meca dos livre-docentes alemães", dirá um professor do lugar), seguido por terra de um "aquário portátil", construído alguns meses antes, na Escócia. Na cidade siciliana ele estuda e faz experimentos. Além disso, estabelece amizade com a família do conselheiro de estado russo Jegor Baranowski, de quem, mais tarde, em Nápoles, esposará uma das jovens filhas. No momento de ir embora, deixa as aparelhagens aos eventuais jovens estudiosos que chegassem ao lugar depois da sua partida e concebe a idéia de uma *estação zoológica*, "colocada à disposição de todos aqueles que tivessem ido a Messina para trabalhar; uma espécie de propriedade da ciência".

Volta para Jena, onde publica 11 ensaios, porém, neste ponto, está com a idéia fixa no projeto da estação a ser criada em Messina: "No coração", escreve, "penetrou-me um doce veneno que dificilmente não terá influência no meu futuro."

Para realizar a idéia, pede ao pai uma antecipação de 30.000 táleres da sua parcela hereditária, equivalente ao que já havia sido obtido pelos irmãos. Mas o pai assombra-se e, imprevisivelmente, recusa. O próprio Dohrn narra o ocorrido: "Poucos dias após a discussão com meu pai, eu estava voltando para Jena... Em Berlim tive a ocasião de visitar o novo aquário... Quando estava absorto nas minhas reflexões e o ônibus subia lentamente por uma ladeira pouco íngreme, me veio, de improviso, a idéia de que seria possível criar uma estação zoológica, caso fosse construído um aquário às margens do Mediterrâneo, o mar mais rico da Europa, e se a quantia arrecadada com os ingressos cobrisse as despesas do pequeno laboratório." Era o dia 4 de janeiro de 1870.

Só hoje, em meio a tantas discussões sobre como valorizar o patrimônio cultural, podemos dar o devido valor a essa idéia, apreciando toda a sua concepção pós-industrial. Mas voltarei a isso daqui a pouco.

Anton convoca imediatamente os seus amigos; passa a fazer as contas ("Já calculei que com 120 visitantes por dia, durante nove meses por ano, poderei cobrir os juros, as despesas de manutenção e ainda sobrará"); ele imagina uma cadeia de estações deslocadas até Gibilterra, nas ilhas de Cabo Verde, em Portugal e na Irlanda; calcula o pessoal necessário, as aparelhagens, as bibliotecas; tem certeza de que, estimuladas pelo modelo alemão, também a Inglaterra, a França e a Rússia seguirão o exemplo; chega a profetizar que "sob a pressão da teoria darwiniana, a biologia deverá se tornar a ciência, *por excelência*, do século".

A primeira viagem a Nápoles. Seria considerado um visionário se todas essas suas previsões não tivessem se tornado uma realidade, uma por uma. Escreve o seu biógrafo: "Considerada retrospectivamente, a obra de Anton Dohrn nos parece uma ousada e grandiosa intuição de um pioneiro. Após o exemplo da Estação Zoológica de Nápoles nascerão, com efeito, numerosos institutos autônomos de pesquisa científica que, alguns decênios mais tarde, serão destinados à biologia e a várias outras disciplinas: do ponto de vista da história do espírito, ela valoriza a biologia como um componente integral da cultura."

Para desenvolver e melhor aproveitar a sua idéia turístico-comercial, Messina era demasiado pequena e pouco freqüentada pelos turistas. Por isso Dohrn a troca por Nápoles, com vista à instalação do seu aquário (naqueles tempos somente Londres, Hamburgo e Berlim possuíam um) e da sua estação zoológica. Numa primeira viagem exploradora, no início de 1870, conseguiu arrancar do município a promessa de uma área na Villa Reale, com vista para o mar.

Dohrn faz contatos posteriormente através da publicação de um catálogo ilustrado a ser vendido ao público e por meio do fornecimento de animais vivos ou conservados em álcool a outros museus da Europa. Enquanto isso, tece acordos com a municipalidade, estabelece contratos com as autoridades, revela insuspeitável capacidade como relações-públicas, conseguindo – sendo alemão – vencer obstáculos burocráticos, diante dos quais até mesmo o mais escaldado dos advogados napolitanos teria se rendido.

O desencadear da guerra franco-prussiana e a sua convocação às armas interromperam as negociações. Em compensação, durante uma breve licença transcorrida na Inglaterra, Dohrn conhece, finalmente, Darwin. De volta à sua pátria e obtida a baixa, escreverá: "E agora vamos a Nápoles. Esperemos que o mundo dentro do meu crânio encontre o equilíbrio, de modo que também o de fora me pareça equilibrado."

Retorno a Nápoles. Dessa vez, antes de partir para o sul, Dohrn tratou de obter um rico dossiê de cartas de apoio por parte dos maiores expoentes europeus em ciências naturais. Em outubro de 1871 chegou pela segunda vez a Nápoles, onde o esperavam problemas com o município, com o construtor civil, com o cadastro, com a terra do Estado, com o conselho municipal e com o arquiteto. E, enquanto remediava todas essas picuinhas, compôs o seu "manifesto": um ensaio sobre *O Estado Atual da Zoologia e a Fundação de uma Estação Zoológica*, ao mesmo tempo obra-prima da ciência e da literatura, com a qual propunha que, além de explorar a gênese e a existência das funções, se estudasse também o comportamento individual e coletivo dos animais.

As "escrivaninhas". Ao arquiteto local veio unir-se Hildebrand da Alemanha, e, enquanto as obras prosseguiam com várias vicissitudes, Dohrn teve uma nova inspiração financeira e organizacional. Correu logo por toda a Europa para divulgá-la e dar-lhe corpo. "Eu havia ouvido dizer", ele mesmo conta, "que alguns hospitais, a fim de obter os fundos para a sua manutenção, recebiam a oferta de *leitos* por parte de entidades ou particulares ricos: estes comprometiam-se a doar uma determinada soma, anualmente, ou ofereciam uma quantia de maior importância, a fundo perdido. Tal oferta lhes garantia o direito de reserva de um leito, isto é, uma vaga para curar um doente naquele mesmo hospital. Calquei o meu plano nesse mesmo modelo: decidi oferecer em locação aos diversos governos e entidades científicas as várias *escrivaninhas* e *bancadas* que seriam colocadas nos laboratórios: teria assim garantida uma renda anual que me permitiria realizar empréstimos posteriores de capital."

O nômade. Daquele momento até a morte, uma parte considerável do tempo de Dohrn será dedicada a convencer governos, ministérios, instituições e particulares a alugar as escrivaninhas, isto é, a se empenhar em pagar anualmente à Estação a quantia necessária para garantir a um ou mais estudiosos a possibilidade de lá desenvolver as suas pesquisas. A Estação conseguirá obter pagamentos da Alemanha, da Inglaterra, dos Estados Unidos, da França, da Itália, da Rússia, da Suíça, da Bélgica, da Romênia, do Japão e da Suécia. Entre 1897 e 1933, uma escrivaninha foi reservada a uma pesquisadora mulher, por conta de uma associação americana dedicada, justamente, à promoção das ciências junto ao mundo feminino: a Naples Table Association for Promoting Scientific Research by Women.

Dali em diante torna-se difícil seguir as frenéticas atividades e deslocamentos de Dohrn. Quando ainda eram necessárias 81 horas para que se fosse de Nápoles até Brighton, o encontramos rodando, continuamente, toda a Europa e a América, em busca de dinheiro para divulgar as suas idéias. Somente no verão de 1875 o seu roteiro incluía Viena, Budapeste, Galícia, Breslávia, Stettino, Dantzig, Konigsberg, Berlim, Hamburgo, Bonn, Cambridge, Londres, Estocolmo, de novo Stettino, Leipzig, São Petersburgo, Moscou, Berlim, Hamburgo, Oldenburg, Bremen, uma terceira visita a Stettino e, por fim, Nápoles.

Seus interlocutores, nessa sua longa perambulação, eram cientistas como Darwin, Koch, Huxley, Du Bois e Reymond; funcionários de ministérios, embaixadores, cônsules, reis, príncipes e arquiduques como o rei da Baviera, o grão-duque Frederico e o czar da Rússia.

Os músicos de Bremen. Para a Estação debutante já havia então afluído o primeiro núcleo de amigos, tão disparatados e heterogêneos que mais pareciam um pátio dos milagres: primeiro Grant, depois Kleinenberg, Von Marées, Von Hildebrand, um certo Dassi, recrutado em Florença, uma certa senhora, viúva de um coronel russo, que até morrer tomará conta da bilheteria do Aquário. Dohrn escreverá: "Desde o seu fundador, que, aos

30 anos, se sentia igualmente inseguro, seja como homem seja como cientista, até o guardião do aquário e os serventes do laboratório, todos eram mais ou menos falidos na vida, se encontravam em Nápoles para refazer uma existência no mais fantástico dos modos, para passar uma velhice tranqüila... Éramos um pouco como os *músicos de Bremen*: nenhum de nós sabia o que fazer da própria vida, individualmente, mas nós todos nos sentíamos sustentados por uma vaga esperança de que, talvez, unidos, teríamos êxito em alguma empreitada."

Os recursos. Inaugura-se, finalmente, o aquário: os visitantes somam 26 no primeiro dia, 100 no segundo, 60 ou 70 no terceiro e depois diminuem. Dohrn recorre à publicidade nas embarcações que levam os turistas a Nápoles e no *Baedeker*. Enquanto isso, começam a chegar os bolsistas: o primeiro da Prússia e, depois, dois jovens ingleses.

A construção ainda não havia sido terminada e já se tornavam necessários outros laboratórios: a ampliação engole as 30.000 liras trazidas como dote pela jovem esposa, Maria Baranowska, e todas as ajudas que ele conseguiu recolher, pois, neste ponto, transformou-se num homem de negócios, num agente financeiro, num diplomata, que, em vez de se dedicar aos estudos a que aspirava, era obrigado a passar seu tempo em consultorias, contratações, solicitações, conferências e almoços de trabalho.

Para identificar e capturar os animais adequados era preciso dispor de marinheiros treinados especialmente para isso, além de uma pequena frota. Para conservar os animais eram necessários trabalhadores do ramo. Para a atualização dos pesquisadores era essencial uma biblioteca bem abastecida. Além disso, com o objetivo de divulgar as descobertas científicas, revistas especializadas deviam ser editadas e publicadas, e para a observação e análise do material histológico eram necessários instrumentos óticos.

Reconhecimentos. Tudo isso foi enfrentado pela Estação, que adquiriu uma primazia absoluta no mundo, conquistando uma fama que atraiu a Nápoles cientistas e gente famosa: os reis Vítor Emanuel II, Umberto I, Vittorio Emanuele III, o príncipe herdeiro da Dinamarca, o rei da Grécia, Guilherme II, Theodore Roosevelt e Eleonora Duse figuram entre os assinantes do livro de visitantes.

Começavam também a chegar os reconhecimentos oficiais: as universidades de Nápoles e de Berlim ofereceram a Dohrn uma cátedra, Oxford e Cambridge lhe conferiram uma láurea *ad honorem* e as universidades russas de Kasan e de Moscou, assim como a Sociedade Real de Nápoles e a Academia Sueca, o elegeram sócio honorário. E quando, em 1897, foi celebrado o jubileu da Estação, foi entregue a Dohrn – naquela altura cidadão honorário de Nápoles – um documento de congratulações, assinado por quase 2.000 cientistas do mundo inteiro. Nele testemunhava-se: "É impossível conceber como seria hoje o estado da ciência biológica sem a influência da Estação."

Enquanto isso, já não era preciso mendigar por contribuições: o aquário, que custara menos de 5.000 liras, havia proporcionado quase 80.000 liras de crédito e, sozinho, cobria dois quintos do total das despesas. O campo de estudos dos cientistas ali hospedados já se estendia da biologia à fisiologia e da botânica à química.

Epílogo. No seu último relatório (1908), Dohrn anota que 1.858 estudiosos, dos quais 566 alemães, trabalharam na Estação. Anton, então famoso e respeitado, mantém um relacionamento pessoal com os primeiros-ministros Crispi e Giolitti, com os reis Frederico III e Guilherme II. Pode portanto pensar na sua sucessão e em aposentar-se.

Em 1907 anota: "Comecei realmente a envelhecer; quem sabe este estado também não seja atraente?"

Morreu em 26 de setembro de 1909. Em seus funerais, conforme havia pedido, tocaram-se os quartetos de Beethoven: o em dó menor e o em fá menor.

UM CONGRESSO PERMANENTE

A Estação Zoológica de Nápoles, por vezes definida como "fábrica da ciência", "arsenal para a doutrina darwiniana", "grande hotel para cientistas", "congresso permanente" ou ainda "santuário do culto científico", após a morte de Anton passou a ser dirigida por seu filho Reinhard, depois pelo neto Pietro e mais adiante, até hoje, por diversos ilustres cientistas.

A história desse incrível laboratório deixa entrever alguns aspectos do segredo organizacional que permitiu o seu sucesso. "O rapaz enlouqueceu", disse Carlos Augusto diante dos projetos do filho. E até mesmo o grande Huxley deu a entender a Anton, quando este lhe propôs a idéia de angariar fundos na Inglaterra, a grande improbabilidade "de encontrar neste país o milionário entusiasta disposto a presentear um alemão com bastante dinheiro, de modo que ele possa viver na Itália, desfrutando os seus *hobbies* científicos". Por ironia da sorte, um dos mais generosos e desinteressados financiadores de Dohrn seria um milionário americano, Alexander Davis.

Dado que toda a organização da Estação pesou, principalmente, sobre os ombros de Dohrn, é sobretudo nos seus talentos pessoais, nas suas intuições organizacionais e no seu estilo de liderança que deve ser buscado o segredo do seu sucesso.

Os talentos pessoais de Dohrn. O fundador desse "congresso permanente" era provido de um grande carisma de líder, de uma sólida base científica, de um ótimo conhecimento de idiomas, de uma inteligência aguda e irrequieta, de uma educação leiga e liberal e do hábito de um bem-estar burguês que desembocava no luxo, que, no entanto, ele estava sempre disposto a sacrificar – como efetivamente o fez várias vezes – em prol dos seus projetos científicos.

Dotado de uma fantasiosa vontade criativa que o impulsionava sempre a novas iniciativas logo que entrevia o êxito das precedentes, era capaz de aproveitar ao máximo as possibilidades do contexto ambiental e antropológico napolitano ("Creio que desde os tempos de Hamilton e de Filipe Hackert, ninguém explorou como nós as potencialidades de Nápoles").

Apesar do temperamento polêmico e irônico, era tolerante, o que lhe permitia reunir na comunidade os personagens mais disparatados. Culto, muito atualizado, sensível à arte, capaz de lidar com grande tato, fosse com o povo, fosse com os poderosos, possuía tanto a curiosidade intelectual como a capacidade de se colocar no lugar das pessoas a quem estimava. Mas era também sombrio, propenso a profundas depressões e cínico diante de sentimentos que pudessem obstruir o caminho dos seus objetivos: isso lhe custou o fracasso do seu matrimônio, que talvez pudesse ter sido bem-sucedido.

A polêmica, assim como o intercâmbio intelectual, a conversa, a correspondência e o interesse pelas novas invenções eram, para ele, irrenunciáveis. Acima de tudo, era um mestre inigualável, disposto a dedicar todas as suas energias à educação científica e cultural de quem o seguia: aos 63 anos, já famosíssimo, ainda mantinha uma intensa correspondência com um estudante de 19 anos, a fim de orientá-lo e aconselhá-lo.

Quanto à sua capacidade como organizador, que todos reconheciam como extraordinária, a própria Estação Zoológica constitui um admirável testemunho. Tentamos aqui enumerar pelo menos as características mais evidentes.

Marketing *e promoção.* Quase todos os seus projetos encontraram os financiamentos necessários. Muito freqüentemente o destino da Estação estava nas mãos de vários sujeitos ou de mais de uma instituição burocrática, aos quais era preciso mobilizar e recorrer. Um senso acentuado, muito moderno, do *marketing* e da promoção lhe permitia ativar, simultaneamente, mais de uma fonte de sustento, distribuindo os riscos em diversas frentes e reduzindo as contrariedades. Nesse sentido, as duas idéias, do aquário e das "escrivaninhas" para financiar os laboratórios, são ambas dignas de um versátil empresário de vanguarda.

A gestão dos colaboradores. Outra grande capacidade foi a de recrutar os homens certos e treiná-los perfeitamente, fossem eles pescadores ou cientistas, artistas ou serventes. O filho do porteiro, por exemplo, que começou a trabalhar na Estação aos 14 anos e era semi-analfabeto, aprendeu ali e aperfeiçoou os métodos para a conservação dos animais até alcançar uma fama internacional e obter o título de doutor *honoris causa* pela Universidade de Nápoles.

Quanto aos curiosos critérios a fim de obter a máxima colaboração por parte de seus funcionários, o próprio Dohrn os descreve: "A maior parte dos homens encontra-se abaixo da mediocridade e geralmente neutraliza, de forma recíproca, aqueles que estão acima. É portanto útil associar um indivíduo superior a um medíocre, senão nascem atritos e o caldo entorna... As personalidades elásticas são raras em todas as condições sociais e em todos os ambientes... O truque encontra-se em saber colocar lado a lado vários indivíduos. Conheço demasiado bem os meus defeitos para condenar os dos outros. Um só não admito: o egoísmo vulgar."

A motivação. A terceira característica foi exatamente a de saber motivar os colaboradores ("dos quais esperava uma boa dose de idealismo"), obtendo o máximo resultado, apesar dos baixos salários. Escreve Heuss: "Dohrn solicitava de seus colaboradores qualidades absolutamente excepcionais: não somente deviam honrar o jovem Instituto com os seus trabalhos científicos, mas a cada um era delegada uma boa dose de atividade administrativa, de correspondência ligada aos negócios, de manutenção dos livros, assim como de estatística e de contabilidade dos seus setores."

A mínima divisão. Dessa descrição deduz-se uma quarta característica da organização adotada na Estação: a mínima, praticamente inexistente, divisão das tarefas entre os cientistas e o pessoal de serviço.

Bolsa de estudo e auto-organização. A quinta característica é a organização das "escrivaninhas". Os estudiosos que obtêm a designação delas podem usufruir da infra-estrutura da Estação com grande liberdade, sem precisar dar satisfações a outras pessoas, a não ser a si mesmos, distribuindo, de modo autônomo, o tempo, os métodos e o ritmo de trabalho.

A interdisciplinaridade. A sexta característica reside na realização, pela primeira vez, da máxima interdisciplinaridade entre as ciências naturais. Escreve Dohrn: "Quando se trata de estabelecer as condições de existência, ainda que de um só animal, o zoólogo não deve consultar o algologista (estudo das algas), e este, por sua vez, o geólogo e o mineralogista, e todos os três, o hidrólogo, o químico e o físico?"

Mas a Dohrn agradava igualmente unir literatos e pintores, arquitetos e músicos aos cientistas, numa espécie de Parnaso teutônico nas margens do mar Tirreno. Não por acaso a sala no primeiro andar da Estação, com afrescos de Von Marées, foi concebida também como sala de concerto.

O universalismo. A sétima característica é o internacionalismo, o apoliticismo, a hospitalidade, o laicismo, a tolerância e o intercâmbio contínuo, devido aos quais, justamente, a Estação foi comparada a um "congresso permanente".

A inovação tecnológica. A oitava característica é a permanente posição de vanguarda no uso de novas tecnologias e de novos preparados: microscópios, sistemas fotográficos, microfônicos e cinematográficos, etc. Muitas técnicas foram desenvolvidas na própria Estação, e muitas outras foram trazidas e aperfeiçoadas ali.

A economia de escala da pesquisa. A nona característica é a expansão contínua para atividades fronteiriças; logo, com a criação constante de novos laboratórios e de novas disciplinas, aumentava a sinergia de conjunto da Estação, que podia assim usufruir de uma certa "economia de escala" do conhecimento e da pesquisa. Pense-se que, entre 1902 e 1905, a construção do departamento de fisiologia implicou, praticamente, a duplicação do laboratório inteiro.

Essa, assim como outras ampliações, não correspondia a programas específicos preestabelecidos, mas obedecia às necessidades de experimentação à medida que elas emergiam do desconhecido da vida marinha. Pode-se afirmar que Dohrn, partindo com pleno entusiasmo das idéias darwinianas para todo o restante da sua aventura, deixou-se guiar, com docilidade, pelo desenvolvimento científico que, incessantemente, era produzido pelo Instituto.

A criatividade e o rigor. A décima característica consiste no primado da criatividade e no culto do rigor científico.

***A separação entre a pesquisa e o* management.** A décima primeira característica consiste na consciência – raríssima naqueles tempos – de que as atividades gerenciais devem ser autônomas em relação às atividades científicas: "Para dirigir a Estação", escreverá Dohrn quando começa a refletir sobre a escolha do seu sucessor, "não basta a competência científica, mais ainda, diria que esta nem é uma qualidade absolutamente necessária. O que se requer são peculiaridades que se encontram com maior freqüência em homens de outras classes profissionais, mais do que nos estudiosos."

A flexibilidade. A décima segunda característica é a elasticidade da organização, a aversão de Dohrn por todo e qualquer procedimento administrativo abstrato e impessoal, a fuga diante de qualquer tentativa de burocratizar a Estação ou de absorvê-la em estruturas públicas paternalistas, que teriam eliminado a luta estimulante, quase darwiniana, pela sobrevivência.

A rede. A décima terceira característica foi a força derivada dos numerosos "contatos pessoais entre os cientistas e as fecundas relações entre disciplinas científicas afins", que se estabeleciam no interior da Estação ou dela partiam até cobrirem, com uma densa rede informal, toda a comunidade internacional das ciências naturais.

A estrutura orgânica. Uma outra estrutura deve ser identificada na moderna estrutura formal da Estação – muito mais um organismo que um relógio, como se diria hoje em dia –, simples e complexa ao mesmo tempo. Escreveu Heuss: "A necessidade cotidiana, assim como a imaginação do fundador, a preservou do perigo de se enrijecer. Alguém afirmou que a Estação foi uma criação do espírito artístico de Dohrn; ao mesmo tempo, que ela é também um extraordinário testemunho das leis biológicas, a serviço das quais o estudioso havia se colocado; aqui, no elementar, não há nada de artificial; no andamento das funções, na mudança das condições, na luta pela existência, por vezes num sentido literal, essa obra desenvolveu a sua personalidade, mantendo uma posição diretiva, embora alternando problemas científicos com questões políticas."

Em outros termos, a Estação constitui o primeiro exemplo de organização concebida como sistema biológico, como uma rede de funções que interagem com o ecossistema.

O sistema. Em síntese, do ponto de vista das ciências organizacionais, o que foi a Estação Zoológica de Nápoles? Foi, conforme já se disse, um sistema complexo que Anton Dohrn alimentou continuamente com recursos humanos (pescadores, técnicos, pessoal de serviço, cientistas e artistas), com recursos financeiros ("escrivaninhas", contribuições públicas e privadas, aportes graças ao aquário, a publicações e à venda de animais vivos ou conservados) e com recursos técnicos (barcas a vapor e a motor, edifícios, aparelhagens científicas, materiais variados, etc.). Um sistema orgânico feito de aquário, laboratório, biblioteca, escritórios administrativos, departamentos de microscopia, de conservação, etc. Um sistema que produziu copiosos *outputs* de naturezas variadas: das publicações à divulgação científica, dos preparados biológicos às idéias e, sobretudo, aos cientistas que, formados no clima único da Estação, passaram a dirigir, em outros lugares, museus, laboratórios e cátedras, assim como fundaram instituições inspiradas na Estação, que, por vezes, até a superaram em importância.

Caso se pense que tudo isso acontecia no final do século XIX e no início do XX, exatamente enquanto nos Estados Unidos Taylor aprimorava a sua concepção científica do gerenciamento e Ford inaugurava a linha de montagem, nos damos conta de quanto vigor pós-industrial Anton Dohrn conseguia imprimir à sua organização, desenhando e realizando uma obra da qual só hoje somos capazes de apreciar a extraordinária e precursora modernidade.

Na sua época, talvez só o próprio Dohrn – genial também sob esse aspecto – tivesse a plena consciência disso, apesar do amargor que sempre trazia dentro de si. Assim, escrevia ele em 1876: "Com certeza a empresa devora as minhas melhores energias, os meus melhores interesses, mas é contudo uma empresa tão grandiosa, que assume proporções tão gigantescas e que me proporciona uma felicidade imensa, ainda que obrigando-me a estafar-me nos negócios. E tal felicidade representa a melhor recompensa, o estímulo mais forte para continuar a criar. A obra é realmente livre, autônoma; não há precedentes; nasceu do pensamento puro e traz em si traços espirituais de todas as fases da minha existência. E, além disso, para executá-la foi feito mais do que qualquer patrão de fábrica que quisesse instituir uma grande empresa industrial européia devesse fazer... E como foi difícil conseguir isso! A verdade é que me iludo dizendo que o verdadeiro objetivo da minha vida era o de criar este grande laboratório. Pois isso não é verdade. Eu queria algo diferente. Quem sabe se alcançarei? Eu queria criar espiritualmente, viver espiritualmente, concluir a minha existência numa atmosfera de civilização interior. Mas nos tempos de hoje isso é mais difícil do que antes: a selvagem e apressada vida de hoje arrasta consigo até aqueles que tentam opor resistência... os arrasta e só Deus sabe para onde."

A civilização interior. Sobre o equilíbrio do edifício branco arquitetado por Hildebrand, sobre a frescura das pinturas executadas por Von Marées, sobre a perfeição dos instrumentos óticos fornecidos pela Zeiss, sobre a flexibilidade da organização pensada segundo modelos de adaptação que evocavam as próprias formas orgânicas estudadas no microscópio, Dohrn construiu a atmosfera de civilização interior na qual desejava viver.

Certamente o sucesso da Estação num setor – a biologia – que deixará a sua marca para toda a sociedade pós-industrial é ligado ao carisma, à sólida cultura científica, à tensão criativa, à curiosidade intelectual, à inteligência aguda e irrequieta e à capacidade organizacional do seu fundador. Mas foram justamente as características organizacionais da Estação que permitiram que as qualidades do chefe se tornassem patrimônio comum de toda a instituição, garantindo-lhe a duração. Dohrn possuía um senso agudo e moderno da dimensão financeira da ciência, do *marketing* e da promoção que ela requer, tanto quanto ou mais que as empresas comerciais; enxergava de forma claríssima e com grande alcance os problemas ligados à motivação do pessoal, tanto científico como auxiliar; entendeu, com uma acuidade hoje rara nos chefes de empresa, como o trabalho intelectual requer um ambiente físico voltado para a beleza e um ambiente humano voltado para o requinte, a coletividade e o respeito à natureza e às pessoas.

OS PRÉ-RAFAELITAS E OS MATEMÁTICOS

Pode-se dizer que, entre o final de século XIX e o início do XX, não há país europeu que não possua uma equipe de cientistas ou de artistas parecida com as três que acabamos de examinar, inovadores tanto nos produtos como nos processos. Na Inglaterra, por exemplo, há pelo menos dois extraordinários grupos de artistas. O primeiro é o dos pré-rafaelitas e da Arts and Crafts Exhibition Society, que trabalham em torno de William Morris (1834-1896), renovando profundamente a pintura, o *design*, a arquitetura, a tapeçaria e a gráfica. Participam, em diferente medida, Dante Gabriel Rossetti, Jane Burden e Aglaia Coronio, Burne-Jones e sua mulher, mas também, de uma forma diversa, Ruskin e Oscar Wilde.[18]

O segundo grupo a ser lembrado é o do escocês Charles Rennie Mackintosh (1868-1928) e da sua Glasgow School of Arts, que deu amplo espaço à participação feminina e que contribuiu para o desenvolvimento das artes aplicadas na arquitetura e no *design*.[19]

No campo científico, gosto de recordar um caso particularmente singular, que floresceu do outro lado da Europa, no Mediterrâneo. No final do século XIX, para um país industrial e economicamente atrasado como a Itália, para uma região como a Sicília, ainda mais pobre que o já pobre sul, a única ciência na qual se podia apostar sem a necessidade de capital era a matemática, que requeria, como aparelhagem fixa, somente caneta e papel. Essa intuição unida a uma forte vocação para os estudos matemáticos e uma personalidade marcada por um excêntrico espírito de iniciativa induziram Giovan Battista Guccia a fundar, em 1884, o Círculo Matemático de Palermo, que logo se tornará uma rede interdisciplinar de cientistas, um estímulo fecundo para o intercâmbio de informações e para o desenvolvimento da matemática. Quando Guccia morreu, o Círculo, com os seus 912 sócios de quase todos os países do mundo, assim como a sua revista *Rendiconti*, era a mais importante organização de matemáticos do globo.[20]

Mas também nesse caso vale a pena nos determos em maior detalhe porque, se a Estação Zoológica de Nápoles representa um congresso permanente *avant la lettre*, o Círculo Matemático representa um caso igualmente precursor de organização em rede. Do Círculo, infelizmente, até mesmo os matemáticos têm uma lembrança escassa; de Guccia praticamente não existem relíquias ou documentação fotográfica; do edifício palermitano que servia como sede ao Círculo não resta qualquer vestígio, após um bombardeio em 1943. A única recordação que permanece é a rua onde ele se encontrava e que agora traz o nome do seu fundador, mas de quem nem mesmo os habitantes do bairro conhecem a identidade ou o valor.

O CONTEXTO MATEMÁTICO

No momento da Unificação Italiana, o quadro cultural siciliano era caracterizado por um extremo provincianismo. Na Itália, o mapa dos estudos matemáticos era marcado por uma força centrípeta: várias escolas nasciam e floresciam na periferia – no Piemonte, na Toscana e na região do Vêneto –, mas depois, aos poucos, os maiores expoentes eram atraídos pela Universidade de Roma, onde a pesquisa científica acabava por ceder o passo à atividade política: Cremona, Levi Civita, Castelnuovo e gradualmente muitos outros grandes matemáticos lá chegaram como professores, senadores ou ministros, constituindo um grupo muito poderoso, seja no campo científico seja no político.

No nível internacional havia duas escolas gigantes: a francesa, com Hermite, Jordan, Humbert, Halphen, Darboux, Poincaré, Picard e Hadamard; e a alemã, com Klein, Weistrass, Cantor, Kronecker, Hilbert, Landau e Caratheodory. Na Suécia, os estudos matemáticos giravam em torno de Gustav Mittag-Leffler, patrocinado pelo rei Oscar II, também um apaixonado cultor da matéria. O grande mérito de Guccia foi exatamente o de mediar entre todas essas escolas, superando o aspecto nacionalista e oferecendo a elas um terreno neutro, mas de grande prestígio, onde poderiam se encontrar, não para se contrapor, mas para confrontar os respectivos pontos de vista e contribuir para o desenvolvimento da ciência como um todo.

Em poucos anos, graças a Guccia, o prestígio da matemática italiana e sobretudo o do Círculo palermitano chegaram ao ápice. Testemunha Edmund Landau, que, tendo ido a Palermo especialmente para festejar o trigésimo ano das atividades do Instituto, em 1914, declarou: "Nós celebramos o jubileu de uma sociedade que tem somente uma minoria dos seus membros na cidade onde reside, mas que uniu quase mil matemáticos em todo o mundo... É a única organização permanente que temos; e assim nós consideramos Palermo como o centro do mundo matemático. A razão está principalmente na revista *Rendiconti* que o Círculo Matemático publica, sob a direção do seu fundador, o senhor Guccia, que consagrou a este trabalho os últimos 30 anos... A *Rendiconti* é agora a melhor revista do mundo."[21]

O LÍDER: GIOVAN BATTISTA GUCCIA

No seu discurso, Landau fala com admiração "daquele homem fascinante que é o senhor Guccia". Mas quem é este senhor?

Em agosto de 1875, no clima africano da biblioteca municipal de Palermo ocorre o décimo segundo Congresso Nacional da Sociedade Italiana para o Progresso da Ciência, bastante fechado. Apesar disso, aquele congresso produziu um involuntário efeito excepcional: entre os jovens que seguiam os trabalhos havia um estudante de engenharia – Giovan Battista Guccia – que ficou tão encantado pela exposição de Luigi Cremona, que decidiu na hora mudar de faculdade e de cidade, transferindo-se para Roma a fim de seguir o curso do grande matemático.

A idéia. Guccia havia nascido em 1855: chegou a Roma com pouco mais de 20 anos. Na capital, através de contatos cada vez mais estreitos com Cremona, tomaram forma todas as idéias que mais tarde realizaria, depois de se formar em matemática e retornar para Palermo. De Luigi Cremona, Guccia herdou a predileção pela geometria, a metodologia do trabalho científico, as "elevadas preocupações estéticas", o fervor organizacional, além de uma grande abertura para as relações internacionais.

A sua tese de formatura, antes mesmo de ser defendida na universidade, foi apresentada num congresso da Associação Francesa para o Avanço da Ciência, que ocorreu em Reims, em 1880: estavam presentes os melhores matemáticos do mundo, e Guccia pôde conhecer Hermite, Halphen e talvez até mesmo Jordan, que no seu salão de visitas recebia, como num círculo, tanto os matemáticos franceses quanto os estrangeiros ali de passagem.

Quando Guccia retornou a Palermo diplomado em Matemática, com uma boa dose de amizades científicas internacionais e a estima incondicional do seu mestre Luigi Cremona, tinha diante de si mais de uma alternativa profissional a seguir. Podia abraçar a carreira universitária, utilizando as ligações acadêmicas com a Universidade de Roma; podia projetar algo que se assemelhasse ao Politécnico de Milão; podia ainda pensar em iniciativas menos custosas e menos institucionais, como o salão e o círculo de matemáticos animado por Jordan, ou podia, enfim, fechar-se num isolamento científico que lhe permitisse cultivar, aristocraticamente, os próprios estudos, aproveitando as vantagens de uma situação econômica suficiente para que pudesse viver lautamente, mesmo sem trabalhar.

Mas Guccia deve ter compreendido que o tempo dos gênios isolados havia terminado. Klein pouco depois escreveria: "Uma distinção entre o período atual e aquele de antes está evidente nisto: que aquilo que antes era iniciado por um gênio isolado, agora devemos tentar realizá-lo através da união de esforços e da cooperação."[22] Giovan Battista era um homem prático, impetuoso, ambicioso e bom organizador. A avaliação das quatro oportunidades o conduziu a uma rápida decisão: num ambiente como o de Palermo, era mais conveniente apostar tudo num círculo de matemáticos que valorizasse as qualidades locais para as relações informais, sem requerer grandes investimentos de dinheiro.

A mobilização. As estruturas já se encontram belas e prontas, pois o casarão da sua família servirá como sede; os empregados da casa dariam uma mão na readaptação dos quartos; os amigos engenheiros e matemáticos ajudariam nas tarefas de secretaria e de administração; o arquiteto Basile, cortejado pela porção mais refinada da burguesia palermitana, desenharia o logotipo e a decoração.

O carisma. Certamente os dons carismáticos e a capacidade de iniciativa e de organização de Guccia deviam ser extraordinários, caso se pense que em apenas três anos, sem ter atingido os 30 anos, conseguiu tecer uma densa rede de amizades entre Paris, Alemanha e Roma. Permanece o fato de que, em 1884, o Círculo ganhava corpo com fartos 27 fundadores (entre os quais o físico Augusto Righi) e, em pouquíssimos anos, conseguia arrebanhar entre seus sócios também Basile, Battaglini, Amato-Pojero, Segre, Brioschi, Cremona, Humbert, Peano, Volterra, Beltrami, Casorati, Starkoff, Mittag-Leffler, Castelnuovo, Jordan e assim por diante.

Trata-se de compreender, portanto, o segredo organizacional dessa empresa científica, incrível até mesmo para uma revista alemã como a *Neue Hamburger Zeitung*, que em 1911 escreverá: "Em Palermo, capital da Sicília, existe há aproximadamente 25 anos uma associação chamada 'Círculo Matemático', que teve um desenvolvimento notável. Dela, com efeito, surgiu uma espécie de Sociedade Matemática Internacional que tem sócios em todos os Estados civilizados. Não seria de se pensar que uma Academia Internacional de tal feitio escolhesse como sede exatamente uma cidade um tanto ou quanto remota como Palermo." O estatuto do Círculo, no seu artigo 3º, estipulava sem meios-termos: "A sede da Sociedade é em Palermo, e é imutável."

O caráter. Faltam ainda algumas pinceladas para finalizar o retrato desse líder carismático, capaz de uma iniciativa tão singular. Guccia era dotado de imaginação e fantasia, mas sobretudo de concretude, sendo um bom matemático e ótimo organizador cultural. Para ele, conforme escreveram Brigaglia e Masotto, autores do ensaio mais completo sobre essa história, a matemática era "algo de concreto, que se constrói no constante e cotidiano contato com os matemáticos de todo o mundo, seguindo todos os dias a sua evolução concreta, feita de fórmulas e teoremas, e não só de puros conceitos".[23]

Guccia era meticuloso, extrovertido, muito rigoroso, agudo e intolerante. Brigou com todo mundo: com os grandes matemáticos italianos e estrangeiros, com os políticos locais e nacionais, com a Accademia dei Lincei e com os colegas da universidade palermitana. Permaneceu solteiro a vida inteira, colocando à disposição do Círculo uma parte da própria casa e dos empregados domésticos, investindo na sua empresa cultural uma parte notável do seu patrimônio, além de todo o seu tempo, sua competência e sua criatividade, com um estilo mais afim ao *management* idealizador da sociedade pós-industrial do que à generosidade típica do príncipe iluminado do século XVIII ou à atividade empresarial tecnocrática do homem de negócios da sociedade industrial. A sua empresa não foi nem beneficente nem um investimento: foi um empenho científico e uma ocasião criativa.

O isolamento. Embora amigo dos melhores palermitanos, odiou profundamente a sociedade local, a sua avareza e a sua inveja. E Palermo retribuiu-lhe um ódio igual: a universidade reprovou a sua proposta de oficializar o Círculo. A prefeitura recusou-se participar de um movimento – lançado por Volterra e por Castelnuovo – que visava a lhe oferecer uma medalha de ouro por ocasião do trigésimo aniversário da sua instituição; os palermitanos esqueceram-se dele imediatamente após a sua morte e até hoje o ignoram.

Mas talvez o próprio Guccia tenha odiado a si mesmo e a sua obra, à maneira siciliana, embora colocasse todas as suas forças para fazer dela uma obra-prima absoluta: "A organização ainda não é perfeita, como a desejo", escrevia a um colega. "Alguns anos ainda me são necessários (e muito trabalho) antes de vencer todas as nossas irmãs gêmeas de Londres, Paris, Nova York e da Alemanha! Mas hei de conseguir... porque nós dispomos de meios, de métodos e de uma organização que elas não têm!"

Por outro lado, Guccia lamentava, continuamente, o seu isolamento e o ódio social de que era objeto. Para fugir desse ostracismo que ele mesmo fazia de tudo para provocar, empenhava-se ao máximo em estabelecer e alimentar contatos com os colegas estrangeiros. As infinitas cartas e as inumeráveis viagens por toda a Europa constituem o instrumento com que ele compensava a angústia dos relacionamentos palermitanos.

Adoeceu em 1912 de uma enfermidade que permaneceu ignorada e contra a qual fez todos os esforços para curar-se. Morreu, contudo, em 1914.

A ESTRUTURA E A ATIVIDADE DO CÍRCULO

Mas em que consistiam a organização criada por Guccia e a sua originalidade em relação a outras associações análogas italianas e estrangeiras?

A organização formal e os recursos. Segundo o seu estatuto, o Círculo Matemático de Palermo "tem como objetivo o incremento e a difusão das ciências matemáticas na Itália". Visando a tal finalidade, realiza reuniões a cada 15 dias, publica uma revista, edita versões críticas de obras fundamentais, organiza congressos, concursos e outras atividades científicas úteis aos seus fins.

Aderia-se ao Círculo por inscrição. O desempenho de todas as atividades requeria pessoal, meios e capital. O pessoal era constituído por empregados (colocados à disposição por Guccia), por colaboradores científicos voluntários, pelo próprio Guccia, que se dedicava integralmente, e por alguns tipógrafos. Os meios eram constituídos pela sede, também ela fornecida gratuitamente por Guccia, e por uma biblioteca muito bem abastecida, assim como por uma tipografia especializada.

O capital necessário era arrecadado através das cotas anuais dos sócios ou por intermédio de uma contribuição perpétua de 300 liras. Outros aportes provinham da venda das publicações, de eventuais subsídios e doações. Pode-se calcular que as contribuições pessoais de Guccia estivessem ao redor dos 10% da renda total. Um tesoureiro providenciava a gestão dos fundos.

A tipografia. Para atualizar tecnicamente a tipografia, Guccia mantinha contato com as melhores editoras científicas da época. Para assegurar aos trabalhadores as máximas garantias ergonômicas, delegou a um médico então famoso a tarefa de estabelecer a iluminação, o tipo de máquina e os padrões de higiene. (É interessante, sob esse aspecto, a afinidade entre o cuidado ergonômico de Guccia para com a sua tipografia matemática de Palermo e a atenção também ergonômica de Hoffman e Moser para com os departamentos de trabalho da Wiener Werkstätte, como veremos mais adiante.)

Quanto ao cuidado tipográfico, observa Brigaglia: "É necessário levar em conta que, em matemática, a correção das provas tipográficas implica um cansaço enorme, e a impressão requer os caracteres matemáticos adequados. Nos tempos de Guccia a tipografia imprimia só matemática, mas não só os artigos do Círculo. Landau, mesmo quando publicava seus trabalhos com outras editoras, fazia com que fossem impressos em Palermo, pois lhe inspirava mais confiança.

"Guccia tinha uma paixão quase esnobe pela modernidade: por exemplo, escrevia todas as cartas a máquina e com cópia (de modo que pudesse sempre arquivar uma versão junto ao Círculo). Naqueles tempos, o uso da máquina de escrever era raro, tanto isso é verdade que quase todas as respostas, mesmo aquelas vindas do exterior, chegavam escritas a mão."

A biblioteca. A biblioteca continha textos preciosos (como algumas obras originais de Euler, os *Principia* e a *Optica* de Newton, etc.) e uma massa enorme de volumes especializados: pense-se que mesmo com as perdas devido aos bombardeios, aos saques e ao descuido, no pós-Segunda Guerra Mundial, foi ainda possível recuperar dos escombros cerca de 6.000 volumes.

O organograma. A organização do Círculo era muito simples. Eis como a descreve Brigaglia: "Guccia era o diretor de *Rendiconti*, mas não o presidente do Círculo. Os presidentes eram figuras representativas, mas não determinantes. O Círculo era uma sociedade com um estatuto próprio, cujo resumo vinha publicado na revista. A sociedade tem um conselho de presidência, formado por cinco sócios residentes, isto é, por colaboradores diretos e concretos da organização. Havia também o conselho diretivo, formado pelos sócios do mundo inteiro, cujo papel era sobretudo o da redação da revista. Antes da votação dos membros do conselho, Guccia fazia circular listas com os nomes que ele preferia. Os resultados eram publicados a cada vez, mas eram praticamente plebiscitários. O mesmo procedimento era adotado em casos particularmente delicados. Toda vez que se devia tomar uma decisão relevante, Guccia consultava alguns sócios, pessoalmente, ou todo o conselho diretivo." Todos os cargos eram a título gratuito.

Caso se exclua o exame científico dos trabalhos a serem publicados, distribuídos em escala internacional entre os vários redatores da *Rendiconti*, todos os outros trabalhos organizacionais e práticos pesavam sobre Guccia e os seus colaboradores mais imediatos: uma dezena, no total, com pouca autoridade no plano acadêmico, mas muito eficientes no trabalho prático e administrativo.

As reuniões. No segundo e no quarto domingo do mês, durante todos os meses do ano, com exceção de agosto e setembro, ocorriam as reuniões ordinárias, durante as quais não era admitida "nenhuma comunicação ou discussão sobre assuntos alheios à índole científica e ao objetivo da sociedade". Em toda reunião prestava-se conta da correspondência recebida, dos convênios em elaboração, das doações à biblioteca, admitiam-se os novos sócios e liam-se as comunicações científicas.

Das reuniões participavam os residentes em Palermo, aqueles que estavam de passagem e outros provindos de várias cidades da Sicília. As discussões deviam suscitar vivo interesse, caso se pense nas freqüentes conferências dos sócios estrangeiros e na composição interdisciplinar da assembléia: uns 80 engenheiros, matemáticos, arquitetos, antropólogos, físicos, astrônomos, etc.

A Rendiconti. Junto com as reuniões, a principal atividade do Círculo era a redação, publicação e venda da *Rendiconti*, a melhor revista matemática do mundo, segundo avaliação de Landau: "O senhor Guccia conseguiu conquistar como adeptos da sua revista os matemáticos sérios de todo o mundo. Seria necessário entrar em detalhes que não interessam a esta assembléia para que se pudesse explicar o porquê da preferência em publicar as suas melhores pesquisas na *Rendiconti* de Palermo do que em qualquer outro periódico do mundo."[24]

Os detalhes podem ser imaginados. Antes de mais nada, Guccia está "pessoalmente a par de todos os campos das ciências matemáticas" e assim, dominando toda essa vasta matéria, pode avaliar a real importância de cada contribuição, pode escolher os colaboradores certos para requerer os artigos, assim como pode discutir de forma igualitária com os vários autores. Em segundo lugar, a revista é poliglota e exclusiva. Em terceiro lugar, é bem administrada e rapidamente impressa. Escreve ainda Landau: "Desejo citar apenas dois detalhes, sublinhando sobretudo o modo amável e encorajador com o qual os autores são tratados por vocês e mencionando sobretudo a grande rapidez com que os documentos são compostos. São necessários três dias para vir da minha cidade a Palermo, e já me aconteceu de receber as provas de impressão oito dias após o envio do manuscrito; e, graças à perfeição da impressão, não havia muito a ser corrigido."

Para chegar à perfeição, com efeito, Guccia havia fundado uma tipografia *ad hoc*. No fascinante livro de Brigaglia e Masotto encontra-se este testemunho de Michele de Franchis, um dos principais colaboradores de Guccia: "Também o aspecto gráfico e a exatidão meticulosa com a qual os trabalhos eram impressos contribuíram para a rápida ascensão. Guccia fundou, em 1893, uma tipografia matemática, na qual empregou como chefe um rapaz de muitas qualidades: Gaetano Senatore, a quem Guccia, após a sua morte, legou a tipografia. A impressão da *Rendiconti* tornou-se cada vez mais perfeita... Guccia empregava todas as horas do dia e, por vezes, também da noite preparando essas publicações... As citações eram revistas e às vezes modificadas substancialmente, pois ele cuidava da forma e também do conteúdo dos trabalhos."

Na *Rendiconti* eram publicados os resumos das comunicações verbais das reuniões, as notas e os documentos originais recebidos para impressão e um boletim bibliográfico da produção matemática italiana e estrangeira. Quando o número das contribuições científicas se tornou exorbitante, a

Rendiconti deixou de ser trimestral, passando a ser mensal e com o encarte *Supplementi ai Rendiconti*, onde eram publicadas todas as informações de caráter organizacional.

Característica da *Rendiconti* foi a sua grande abertura em relação a todas as formas de matemática, desde a matemática pura até a sua forma aplicada e à lógica matemática. Conforme escreveram Brigaglia e Masotto, Guccia confiava o sucesso do Círculo a uma "revista que tivesse como centro da sua atividade a concretude dos grandes problemas da matemática e a variedade entre os seus vários temas. Ao mesmo tempo, uma revista que evitasse privilegiar uma tendência em relação a outras... Desse modo, a *Rendiconti* e o Círculo tendiam a se tornar a voz pela qual todas as tendências da matemática podiam se exprimir. Se houve algum desequilíbrio foi em dar ênfase e espaço aos trabalhos de jovens que ainda não haviam se afirmado e, portanto, a tendências de um modo geral originais".

Os resultados foram brilhantes: dois tomos por ano, num total de 800 páginas, e uma tiragem de 1.250 cópias em 1914, um prestígio e uma fama tão duradouros que quando a *Rendiconti*, após o longo intervalo da guerra e da crise, retomou as suas publicações, no início dos anos 50, os maiores cientistas do mundo expressaram satisfação. Von Neuman escreveu: "A *Rendiconti* certamente ocupa um lugar único entre as publicações matemáticas internacionais; além disso, é muito satisfatória a circunstância na qual ela continua a se desenvolver, segundo as grandes tradições."

A rede organizacional. No meu modo de ver, o instrumento resolutivo que determinou o sucesso prático da iniciativa consistiu na genialidade precursora da sua organização, baseada numa idéia de rede e na utilização do voluntariado.

O Círculo constituía, na estratégia de Guccia, um centro nevrálgico do qual partiam os fluxos informativos e ao qual retornavam os *feedbacks* oportunos, numa rede flexível de pontos de referência científicos deslocados por todo o planeta. Essa rede não privilegiava as relações formais em lugar das informais: limitava-se a garantir algumas certezas, como a continuidade da organização, a qualidade dos produtos e dos serviços, a persistência dos critérios com os quais os membros eram estimados, os valores de referência e a transparência da situação financeira.

A modernidade inteiramente pós-industrial dessa rede encontrava-se não só na sua estrutura, estranha ao burocratismo e ao formalismo das academias daquela época, como na centralidade absoluta da sua dimensão científica, que era mais importante do que qualquer outra dimensão espúria, com freqüência determinante em outras sociedades análogas italianas e estrangeiras. A originalidade, a modernidade e a genialidade organizacional do Círculo estavam no estilo que Guccia soube imprimir durante 30 anos, em termos de interdisciplinaridade, internacionalismo, interclassismo, gosto estético e mobilização de voluntários. Vale a pena prestar atenção a cada um desses aspectos.

A interdisciplinaridade. Já entre os 27 sócios fundadores havia físicos, engenheiros, arquitetos e matemáticos, e entre esses podiam-se distinguir especialistas em teorias das formas, das equações algébricas, da elasticidade, da geometria projetiva, da geometria analítica e da análise infinitesimal. Mas em poucos anos inscreveram-se também no Círculo filósofos, antropólogos como Pitré e arquitetos como Basile. Os matemáticos logo abrangiam todos os ramos das várias abordagens: de Poincaré, intuitivo e convencional, até Hilbert, formalista e axiomático, e Peano, o principal lógico italiano.

Embora acolhesse estudiosos das mais diversas inclinações – como Landau, que não ocultava a sua contrariedade diante de qualquer aplicação da matemática –, Guccia foi um decidido defensor da matemática aplicada e chegou até a projetar tanto uma série paralela da *Rendiconti* inteiramente dedicada às aplicações como um prêmio nacional de matemática aplicada.

O internacionalismo. Como matemático, Guccia ficou conhecido em Paris e em Berlim, antes de Palermo. O internacionalismo da ciência era para ele uma fé permanente, mas também uma arma de defesa contra as críticas e os ataques dos acadêmicos sicilianos. A eleição do conselho diretor era feita por correio, exatamente para permitir a máxima participação na vida do Círculo de todos os sócios não residentes em Palermo. Com efeito, do conselho diretor fizeram parte franceses como Poincaré e alemães como Hilbert e Klein. Max Noether indicava o de Palermo como "*der internationale Circolo*"; Brigaglia e Masotto escrevem a seu respeito como algo "absolutamente especial, não mais uma organização nacional com prestígio internacional, mas a única organização internacional permanente dos matemáticos".

O internacionalismo do Círculo explicava-se pela difusão da sua revista e da sua fama. Mas havia também um constante ir-e-vir de matemáticos antes de Palermo, assim como nas outras capitais internacionais dessa disciplina. Conta Brigaglia: "O Círculo fechava nos meses de setembro e de outubro, que Guccia utilizava sistematicamente para viagens ao exterior, com paradas em várias escalas. A meta preferida era Paris, mas esteve também em Estocolmo para encontrar Gustav Mittag-Leffler e na Alemanha, onde na juventude encontrava também Cosima Wagner e fazia escala obrigatória em Göttingen. Com Poincaré, por exemplo, a correspondência se limitava a breves bilhetes, nos quais anotava os temas que depois seriam discutidos pessoalmente nos encontros que mantinham todos os anos em Paris. A amizade com Poincaré foi a mais profunda e duradoura."

Igualmente freqüente foi, no sentido inverso, a chegada de matemáticos à Sicília: para darem conferências ou por amizade, Guccia conseguiu fazer com que passassem por lá Poincaré, Raymond, Mittag-Leffler, Humbert, Halphen, Landau – que ficou muito ligado ao Círculo, mesmo depois da morte de Guccia – e outros mais. De outras regiões italianas foram até Palermo Segre, Volterra e Longo. Com Peano as relações foram intensas; e boas com Pasquale Villari.

Mesmo após a morte de Guccia e no final da Primeira Guerra Mundial, quando os nacionalismos contrapunham violentamente os vários países entre si, na redação da *Rendiconti* continuavam a figurar homens como Landau e Courant, que na própria pátria haviam perdido o emprego como docentes, devido a leis raciais. "O Círculo", escreveu o sucessor de Guccia, Michele de Franchis, "não faz e não fará nunca uma distinção de nacionalidade ou de raça entre os matemáticos."

O interclassismo. São proverbiais as sutis distinções de casta que sempre diferenciaram as academias, designando, rigidamente, cada membro a uma classe bem determinada. No Círculo reinavam respeito e admiração em relação à autoridade dos matemáticos mais geniais do mundo, mas, no elenco dos sócios e nos cargos das associações, os professores de liceu e da escola de nível médio colocavam-se com iguais direitos junto aos catedráticos universitários e aos nomes mais celebrados das várias disciplinas. Além disso, os jovens eram encorajados e ajudados nos seus estudos, como recordará Landau: "Em todo caso", e isso é um dos mais notáveis entre os grandes e imortais méritos de Guccia, "ele sempre julgou os matemáticos exclusivamente pelo trabalho deles, sem se preocupar com as suas idades nem com as suas posições oficiais; ele ajudou muitos principiantes a publicarem as próprias pesquisas na sua importante revista e a terem confiança em si mesmos."[25]

O gosto estético. Guccia nunca foi um formalista ou um burocrata. Ele sempre privilegiou a qualidade das publicações, a velocidade de impressão, o nível cultural dos amigos e dos sócios. Em suma, o conteúdo. Mas isso não lhe impediu o culto da forma e da estética.

De Luigi Cremona (irmão do pintor Tranquillo) tomou de empréstimo elevadas preocupações estéticas. Encomendou ao grande arquiteto Ernesto Basile, membro do Círculo desde 1888, o desenho do símbolo do Círculo, da medalha de Guccia e, em 1907, dos móveis da biblioteca. Manteve com a mulher de Wagner uma longa e profunda amizade, alimentada por numerosas visitas pessoais, durante as suas viagens à Alemanha. O belo e o bem-feito foram um binômio inseparável na concepção estética de Guccia, assim como a ciência e a organização formavam uma outra equação, igualmente indissolúvel, na sua concepção prática.

O voluntariado. Com o Círculo torna-se patente uma característica que se encontrará a seguir em quase todas as atividades criativas de grupo que tive a ocasião de estudar: a participação insubstituível de pessoas que oferecem os seus serviços gratuitamente, movidas tão-somente pelo desejo de se engajar em uma aventura na qual acreditam, gratificante já em si mesma e pelo objetivo a que se propõe.

O desinteresse econômico de Guccia é comprovado pelo tempo que dedicou ao Círculo, pelas energias que nele investiu e pelas contribuições financeiras e logísticas com as quais permitiu que a iniciativa nascesse e funcionasse perfeitamente. Mas junto com o líder trabalharam durante anos obscuros professores, anônimos contadores e revisores de provas, amigos de prestígio de outras disciplinas, movidos apenas pelo gosto de contribuir para o bom êxito da empresa, sem terem nenhuma outra vantagem em termos de ganho ou de fama.

Provavelmente a matriz de tanta generosidade é a mesma que produziu, no curso dos séculos, o preconceito a favor da arte incontaminada, do trabalho intelectual como atividade nobre e desinteressada que nunca pede nada em troca, do artista e do cientista que não devem sujar as mãos com o dinheiro. E, paralelamente, o preconceito desfavorável em relação ao criativo ávido por dinheiro, pouco generoso e oportunista.

Retomarei esse tema no final do livro, quando deverei tratar do papel crucial que a motivação exerce na organização criativa e falarei também do "terceiro setor" como experiência motivadora.

KAKÂNIA

Junto a todas as outras características organizacionais que a análise desses grupos criativos permitiu identificar há uma – o contexto facilitador e exultante – pouco incisiva no caso da Estação Zoológica e da escola de Mackintosh e completamente ausente no caso do Círculo Matemático. Muito presente no caso da empresa Thonet, que alimenta a própria veia criativa com o húmus daquela Viena que Mozart, Haydn e Beethoven haviam já sacudido com as suas músicas e que dezenas de artistas e de cientistas surpreenderiam dali a pouco com a sua criatividade revolucionária. O exemplo dessa cidade permite, portanto, levantar uma hipótese sobre a influência que a atmosfera de uma sociedade pode exercer nos seus elementos criativos, estimulando a sua fecundidade criadora, através de uma espécie de ressonância, graças à qual as idéias e os êxitos de uns estimulam mais idéias extraordinárias nos outros.

Já nos referimos a casos de grande agregação criativa como a Atenas de Péricles e a Florença dos Médicis, mas podemos citar, muito mais perto de nós, a Roma do neo-realismo e da *dolce vita*, que produziu uma grande safra de obras-primas cinematográficas, ou ainda a Paris impressionista de Monet, Renoir, Manet, Cézanne, Van Gogh, Sisley, Pissarro, Toulouse-Lautrec e ainda Utter, Utrillo, Apollinaire, Picasso, Max Jacob, Modigliani, Debussy, Ravel, Chausson e Dukas; ou ainda a Paris existencialista de Camus, Sartre, Merleau-Ponty, De Beauvoir, Barthes e também Juliette Greco e Edith Piaf. Podemos também citar, no plano talvez um pouco mais prosaico da gastronomia, a entusiasmada competição com a qual toda a Borgonha cria vinhos ou toda a região do Trentino cria grapas; no plano musical, podemos recordar o florescimento de mestres do *jazz* em Saint Louis e Nova Orléans ou ainda a dos cantores e compositores tropicais na Bahia; no plano tecnológico, podemos recordar a massa de inovações produzidas em Seattle ou no Vale do Silício.

Porém, detenhamo-nos, finalmente, a observar a sociedade vienense entre o final do século XIX e as primeiras décadas do século XX. A Atenas clássica e a Florença do Renascimento possuíam em comum uma instituição republicana, uma dimensão geográfica e demográfica mais próxima do vilarejo do que da cidade e uma cultura na qual o componente artístico e filosófico predominava, de forma nítida, sobre o científico. Já a Viena de que estamos falando é uma cidade imperial de dois milhões de habitantes, que se desenvolve na onda modernizadora das indústrias, do metrô, dos grandes anéis rodoviários e de uma ciência não menos cultivada do que a arte. Não por acaso, na Maria Theresienplatz colocam-se, face a face e com igual imponência, o Kunsthistorisches Museum e o Naturhistorisches Museum, com equanimidade à arte e à ciência.

Podemos reconstruir minuciosamente o clima cultural dessa grande incubadora da modernidade, servindo-nos de livros, músicas, utensílios, arquiteturas, brochuras, danças e teatros. Mas bastam dois livros para compreender a sua atmosfera criativa. O primeiro é *O Homem sem Qualidades*, de Robert Musil (1880-1942), que nos descreve Viena na onda de uma desencantada nostalgia, contrapondo-a à cidade superamericana, já então frenética: "Lá em Kakânia", é assim que o autor nomeia a sua perdida e incompreendida sociedade, "havia dinamismo, mas não demais. Sempre que, indo para o exterior, se pensava naquela terra, pairava diante dos olhos a imagem das estradas alvas, largas e nobres do tempo de caminhadas e diligências (...) Naturalmente também corriam automóveis nessas estradas, mas não muitos; também ali se preparavam para conquistar os ares, mas não com muita ênfase. (...) Apreciava-se o luxo, mas nem de longe tão sofisticado como o dos franceses. Praticavam-se os esportes, mas não com a loucura dos anglo-saxões. Gastavam-se imensas somas com o exército, mas só o suficiente para continuar sendo a penúltima das grandes potências. Também a capital era um pouquinho menor do que todas as demais maiores cidades do mundo, mas um pouquinho maior do que as meras grandes cidades. Esse país era governado de maneira esclarecida, quase imperceptível, limando prudentemente todas as arestas, pela melhor burocracia da Europa, que só se podia acusar de um erro: o gênio e o espírito genial de iniciativa em indivíduos particulares, que não tinham por nascimento aristocrático ou missão oficial esse privilégio, eram considerados por ela um comportamento petulante e presunçoso. (...) E na Kakânia só se tomava um gênio por patife, nunca se tomava um patife por gênio."[26]

Nessa Kakânia serena florescem às dezenas as personalidades criativas. Há Otto Wagner, Olbricht e Loos; há Freud, Adler e Reich; encontram-se também Strauss, Mahler e Schönberg; Klimt, Schiele e Kokoschka; há Musil, Schnitzler e Hoffmannstahl; encontram-se Hoffmann, Kolo Moser e Emilie Flöge; e ainda Wittgenstein, Mach e Shlick; e mais Neurath, Frank e Carnap; há revistas como *Ver Sacrum*, *Jugend* e *Fackel*. Nessa Kakânia serena, "a arte coloca em desordem a vida. Os poetas da humanidade restabelecem toda vez o caos. Os poetas da sociedade cantam e se lamentam, bendizem e maldizem dentro da ordenação do mundo", como nota numa dessacralização Karl Kraus.[27]

Segundo Irving Stone, que ambientou nessa Viena o seu romance *The Passion of the Mind* (A paixão da mente), as circunstâncias que facilitaram tanta explosão criativa consistiram nos eficientes suportes domésticos de que usufruía grande parte de cada um daqueles artistas e cientistas, quase todos provindos de uma abastada classe burguesa; a tenacidade que os mantinha ligados ao trabalho pelo menos 12 horas por dia; a interdisciplinaridade dos grupos; o critério rigidamente meritocrático com o qual as obras eram julgadas; o hábito de quase todos os criativos vienenses de cultivar pelo menos uma segunda arte, além daquela privilegiada; uma difusa repressão sexual; o hábito de alternar períodos de intenso trabalho com períodos de férias a cada três ou quatro meses; o hábito de passar algumas horas do dia nos confortáveis cafés, onde a colorida fauna de artistas, literatos e cientistas dava vida a discussões, clubes e novas iniciativas.

A WIENER WERKSTÄTTE

Todas essas circunstâncias enumeradas por Stone tornam-se ainda mais incisivas se imersas numa atmosfera particularmente criativa como a de Viena entre os séculos XIX e XX, e que ainda hoje surpreende pelas suas características favoráveis à disseminação da criatividade. Destaco somente dois casos: o Círculo Filosófico, ao qual me referirei de maneira sintética, e a Wiener Werkstätte, à qual dedicarei maior espaço, porque até aqui ainda não examinei nenhum grupo artístico. Iniciemos por esta última.[28]

De 1903 a 1932 algumas centenas de arquitetos, pintores, artesãos e empresários organizaram em Viena uma cooperativa original – justamente a Wiener Werkstätte – para idealizar, produzir e distribuir manufaturados capazes de conciliar a beleza com a funcionalidade e de despertar o gosto estético da burguesia européia através de "obras totais" que iam desde a arquitetura dos prédios e dos jardins ao *design* dos utensílios domésticos, das tapeçarias, dos vestidos e das jóias.

Por pura coincidência cronológica, a Wiener Werkstätte nasceu naquele mesmo ano de 1903 em que, nos Estados Unidos, Ford fundava a sua indústria automobilística e Taylor enunciava os princípios fundamentais do seu *Scientific Management* no convênio de Saratoga, onde estavam reunidos – com todo um outro clima e com toda uma linguagem diversa – os membros da ASME, a Sociedade Americana de Engenheiros Mecânicos. Como já disse, esses eventos são emblemáticos de dois critérios organizacionais completamente diferentes entre si: a América de Taylor e de Ford apostava na organização do trabalho manual com o qual milhões de "homens-bois" podiam contribuir, através da repetição ao infinito de poucos gestos privados de sentido, à produção em série de objetos materiais destinados ao consumo de massa; já a Europa de Klimt, de Hoffmann e de Moser apostava na organização do trabalho criativo com o qual a genial elite dos artistas, dos artesãos e dos empresários conseguiu conjugar o bem-estar material com a excelência estética, na tentativa de construir um mundo mais bonito e mais feliz, além de mais rico.

Rios de dinheiro e de inteligência foram destinados, durante décadas, ao aperfeiçoamento da linha de montagem, aos setores manufatureiros, às tarefas operárias: somente os experimentos conduzidos por Taylor, que serviram de base para a sua segunda conferência apresentada à ASME, em 1906, duraram 26 anos e representaram um investimento de 200.000 dólares, feito por dez grandes empresas. Mas hoje, com o nascimento tumultuado da sociedade pós-industrial, surge um problema de proporções mais ousadas: como estender e melhorar a organização do trabalho criativo –

sobretudo daquele realizado de forma coletiva –, do qual dependem cientistas, estilistas, diretores de cinema ou teatro ou de escolas e museus, gestores de bens socioculturais, promotores de lazer e todos os gerentes empenhados no *marketing*, nas relações públicas, na publicidade, nos setores e nas tarefas inovadoras.

A Wiener Werkstätte nos oferece *insights* preciosos.

UM CONTEXTO IMPERIAL E BURGUÊS

Graças à política de Francisco I, de Metternich e de Francisco José, que subiu ao trono em 1848, com somente 18 anos de idade, a dinastia dos Habsburgo conseguiu manter unida, por 124 anos consecutivos, uma massa variada de italianos, alemães, ucranianos, romenos, eslovacos, checos, poloneses, eslovenos, húngaros, saxônios e servo-croatas. Das três grandes cidades – Budapeste, Praga e Viena –, esta última assumiu um papel cultural hegemônico, juntamente com a maior demografia: a população, que em 1857 era de 476.220 habitantes, em meio século conseguiu praticamente quadruplicar, atingindo, em 1910, 2.031.420 pessoas. Essas dimensões exorbitantes em relação aos números a que nos haviam habituado as outras cidades criativas como Atenas ou Florença nos colocam diante da primeira verdadeira explosão de moderna criatividade urbana.

Com a derrota bélica de 1918, todo o edifício do império austro-húngaro desabou, a autoridade da monarquia dissolveu-se e os vários grupos étnicos retomaram o seu autônomo e atribulado caminho. No próprio ano de 1918, quase por simbiose entre a biografia pessoal e a história nacional, uma peste erradicou muitos grandes protagonistas da vida cultural vienense e da própria Wiener Werkstätte: Gustav Klimt, Kolo Moser, Otto Lendecke, Egon Schiele, Otto Wagner, Viktor Adler e Hugo Henneberg. Não por acaso o corrosivo Karl Kraus identificará Viena como "o terreno de prova para a destruição do mundo".

A opulência e a miséria. A primeira contradição a que se referem os ensaístas que refletiram sobre o fenômeno vienense é a opulência dos edifícios imperiais e a degradação de todo o resto. Com uma densidade de 4,4 pessoas por cada moradia, a Viena do início do século XX não devia ser muito diferente da Nápoles descrita por Jessie White Mario e por Renato Fucini. Mas os intelectuais e os estudantes pobres de Nápoles, para escapar do desconforto das casas, dispunham de um ambiente com praias e campos aprazíveis, graças ao clima ameno. Seus colegas de Viena, diferentemente, para poderem escapar à inospitalidade de gélidas habitações e à inclemência do clima, tinham à sua disposição um conjunto de bibliotecas e de cafés, onde acabou por se concentrar, de forma móvel e interdisciplinar, toda a cultura daquele tempo.

Correção e estabilidade. A lei e a ordem – *Ruhe und Ordnung* – foram os valores prediletos de Francisco I e de toda a burguesia vienense do século XIX; a ordem e o conservadorismo serão os valores preferidos por Francisco José, que irá se opor a idéias e invenções: o elevador, a máquina de escrever, o automóvel, o telefone, a ferrovia, o gás, os esgotos e a eletricidade serão considerados diabólicos, assim como os subversivos e psicanalistas. Um governo clerical dirigirá o Estado liberal visando a metas reacionárias com meios revolucionários; um formalismo teimoso contestará, em vão, o caos cultural; uma exasperada sexofobia conviverá com a mais difundida e tolerada prostituição; uma total ingratidão para com os gênios não impedirá, contudo, os poderes públicos de serem generosos com os artistas da Secessão e da Wiener Kunst im Hause.

Essas contradições surgiam como o húmus ideal para fecundar aquilo que hoje se chamaria "pensamento divergente", que permitia aos gênios perscrutar e percorrer vias inexploradas tanto na arte como na ciência. Da mesma forma, o amor burguês pela estabilidade, pela família, pela casa e pelo casamento induzirá os artistas e os arquitetos a projetar de forma excelente até mesmo os objetos mais insignificantes da vida cotidiana: os talheres, os babados, a bijuteria, os vestidos, os brinquedos, os cartões-postais, os forros, todos aqueles adereços destinados a cobrir com decoro burguês o sentido de segurança que representava o pano de fundo de toda a vida vienense.

A filosofia. Três valores competiam com os da correção e da estabilidade: a filosofia, a estética e a interdisciplinaridade: "Na Viena de Wittgenstein", escreveram Janik e Toulmin, "todo homem culto discutia sobre filosofia e considerava os problemas fundamentais do pensamento pós-kantiano como diretamente ligados aos seus próprios interesses, fossem eles artísticos ou científicos, jurídicos ou políticos. Longe de representar o interesse especializado de uma disciplina autônoma e independente, a filosofia era para eles pluridimensional e inter-relacionada com todos os demais aspectos da cultura contemporânea."[29]

A estética. Quanto ao senso estético, os dois autores escrevem: "Uma vez dentro do seu castelo, o *pater familias* podia se dedicar a gozar dos frutos da sua fadiga, por meio da arte, da música e da literatura, que eram, em seu conjunto, o estuário 'natural' humanizador de todas as suas paixões e fonte de verdade metafísica. No devido tempo, quando se difundiu o desejo de imitar a aristocracia, o mecenato das artes se transformou num símbolo de riqueza e de *status* e foi praticado por outros motivos... Um homem podia provar que era alguém na vida dedicando, de todo coração, o seu tempo de lazer às artes, exatamente como dedicava o seu tempo de trabalho aos negócios. Os vienenses da geração que chegou à maturidade no final do século cresceram numa atmosfera tão saturada de valores 'estéticos' e tão dedicada a eles, que custavam a acreditar que existisse algum outro valor... Por tradição, a burguesia havia encontrado na arte um instrumento de educação moral e metafísica. Durante o *Gründerzeit* esta concepção era tão difundida que o gosto estético de um homem era a medida do seu *status* econômico e social.

"A arte tornou-se um estilo de vida para a geração seguinte. Se a geração do *Gründerzeit* defendia que 'negócios são negócios' e a arte essencialmente um ornamento da vida (negócios), os seus filhos, para quem a arte era substancialmente algo de criativo, sustentavam que 'a arte é a arte' e os negócios, uma tediosa obrigação que suprimia às pessoas a criação artística. Os membros da geração do *Gründer* apreciaram uma arte voltada para os valores do passado: eram eles os colecionadores ou os curadores daqueles museus aos quais se referiam como às suas próprias casas. A arte da geração mais jovem, por outro lado, olhava para a frente e era inovadora, situando-se no centro da vida deles."[30]

A interdisciplinaridade. Constituía o terceiro aspecto da bagagem cultural, com a qual todos os burgueses de Viena enfrentavam a sua aventura terrena no início do século passado. Interdisciplinaridade no tríplice sentido de conhecimento simultâneo de várias disciplinas por parte de uma mesma pessoa; no sentido da freqüência – sobretudo nos cafés – de personalidades diversas em termos de caráter e profissão (o músico e pintor Schönberg escrevia ao jornalista Kraus: "Aprendi mais coisas com o senhor do que aquilo que, talvez, um homem devesse aprender se quisesse permanecer independente"); e, por fim, no sentido do concurso de vários especialistas de diversos campos na criação de uma mesma obra, não por acaso, mas porque se desejava que ela fosse "total", ou seja, fruto do trabalho conjunto de arquitetos, pintores, ourives, tapeceiros, *designers* e músicos.

O palácio Stoclet de Bruxelas, construído por Hoffmann e decorado por Klimt; o cabaré de Fledermaus, no qual colaboraram Kolo Moser e todos os artistas da Wiener Werkstätte; a igreja de Steinhof, construída por Otto Wagner com vitrais de Kolo Moser, e muitas outras realizações tiveram, no início do século, o mesmo significado que a capela feita pelos Médicis ou as *Stanze* do Vaticano durante o Renascimento. Não é raro que um mesmo artista se afirme, ao mesmo tempo, ou de vez em quando, em campos diversos: Schönberg como músico e pintor; Wittgenstein como filósofo e arquiteto; Kokoschka como pintor, dramaturgo e poeta; Kubin como desenhista e escritor; e Paris Gütersloh, escritor e pintor. Mais uma vez, o espírito europeu está fascinado pela utopia de um único homem que domina a complexidade de diversas formas do saber e as suas múltiplas práticas. Comenta J. Clair: "Talvez o mais surpreendente de todos seja Richard Teschner, que escreve textos teatrais, constrói marionetes para interpretá-los, dirige os manequins feitos de madeira e de vidro, compõe a música, pinta os cenários... Antes de ser um dos maiores escritores do século, Musil é engenheiro e domina com a mesma magistral habilidade tanto a técnica como a língua. Do mesmo modo Hermann Broch. A obsessão pela matemática e pela lógica, a busca de uma explicação aplicável a todas as atividades do espírito invade a mente daqueles criadores. O próprio Freud, neurologista, fisiologista, com uma formação positivista, quando procura descrever o funcionamento daquilo que ele definirá como 'aparato psíquico', volta o olhar para a arqueologia e para a história da arte. Renasce e vive junto a todos os criadores da modernidade vienense o sonho do *polymathes*, do *polytechnes*."[31]

Portanto, o clima no seu conjunto era, ao mesmo tempo, estimulante e castrador: Freud, Mahler e Summelweiss eram atormentados pelas próprias idéias, mas conseguiam elaborá-las de alguma forma, assim como Lou Andreas von Salomé ou Alma Mahler, apesar do ambiente carola e antifeminista, conseguiam expressar a sua exuberante vitalidade. De modo que uma competição que se fazia completamente no plano das idéias produzia, por um lado, *enfants prodiges*, como Wittgenstein ou Otto Weininger, e, por outro, depressões, loucuras, suicídios e mortes precoces, como as de Mahler, Schiele ou Weininger, que se matou quando era ainda muito jovem, na mesma casa em que Beethoven tinha morrido.

Em síntese, na Viena de Musil, a arte nutria-se de esquizofrenia e produzia admiráveis monstros estéticos; a vida social nutria-se de conflitos e gerava surpreendentes monstros organizacionais. Um país de gênios arruinado por gênios, dirá ainda Musil: "o Estado mais desenvolvido do mundo, embora o mundo ainda não soubesse disso".

Aí está: com o advento pós-industrial, o mundo é obrigado a tomar conhecimento disto.

Outro lugar. Como já acenei, no final do século passado surgiram numerosos grupos artístico-artesanais para a produção de móveis e utensílios com os quais a florescente burguesia industrial e financeira buscava proporcionar para si belas peças de decoração para as suas moradias, de certa forma comparável ao estilo da inalcançável aristocracia.

Nos Estados Unidos foram sobretudo Elbert Hubbard (com as suas Roycroft Shops), Gustav Stickley (com o seu ateliê e a sua revista *The Crafts-Man*), Charles Rohlfs, Charles e Henry Greene que mantiveram a liderança estética e comercial. Mas em 1915 Stickley faliu e Hubbard morreu no naufrágio do *Lusitânia*, de modo que a América repentinamente perdeu dois grandes pioneiros do artesanato industrial. Sobretudo Stickley, apaixonado por máquinas modernas que facilitavam a sua produção em série, propôs a simbiose entre o artesanato e a indústria, contrapondo-se frontalmente a seus colegas europeus, que seguiam critérios de organização do trabalho completamente diferentes. Entre estes, William Morris, que inspirou numerosas associações inglesas de artistas, artesãos e arquitetos (a Century Guild, a Art Workers' Guild e a Arts and Crafts Exhibition Society); Robert Ashbee, excelente sobretudo na manipulação da prata, e Rennie Mackintosh, que fundou a famosíssima escola de Glasgow.

Todos esses movimentos e iniciativas exerceram a sua influência na origem e na obra da Wiener Werkstätte. Voltemos, portanto, à Viena do final do século XIX e observemos as circunstâncias que levaram ao nascimento dessa cooperativa de artistas e artesãos, extraordinária tanto pela qualidade de seus produtos como pela longevidade da sua atividade.

A "SECESSÃO"

No dia 23 de março de 1897 o Conselho Municipal de Viena decidiu garantir a alguns jovens artistas figurativos austríacos um terreno para a construção de um edifício adequado às suas exposições. Desde 1861 que os artistas já possuíam uma cooperativa própria (a Wiener Kunstlerhaus), que contudo havia assumido uma postura cada vez mais conservadora, culminando com a direção decididamente reacionária de Eugen Felix. Por isso, os jovens mais insatisfeitos (Klimt, Moll e Engel Hart) desligaram-se da cooperativa, obtiveram do município o terreno necessário e, uns dez dias depois, no dia 3 de abril, constituíram legalmente aquela que permanecerá na história da arte como a *Wiener Secession*, imediatamente acolhida e divulgada pelos críticos mais inovadores.

Logo a Secessão terá o seu edifício, projetado por Olbrich, a sua revista (*Ver Sacrum*) e as suas exposições, sempre visitadas por milhares de pessoas. Bahr escreverá em 1899: "Hoje temos muitos artistas e dispomos também de artesãos; já o que nos falta é a organização, e somente isto... É hora de os dois campos se encontrarem. Um gigantesco ateliê, um conjunto de oficinas, onde os artistas trabalhem com os artesãos, instruindo-os e ao mesmo tempo sendo instruídos por eles, permitindo assim ao artesão crescer através da arte e à arte crescer graças ao artesanato."[32]

Para que o desejo de Bahr pudesse se realizar com os mesmos critérios por ele indicados, seriam ainda necessários quatro anos. Nesse meio tempo, Hoffmann organizou na Secessão uma grande mostra internacional de artesanato artístico, para demonstrar que em todos os países ele tendia a "dar à sensibilidade moderna uma forma adequada". Participaram, de Paris, a Maison Moderne, fundada por Julius Meier-Graefe, da Bélgica, Henry van de Velde, e de Glasgow, Mackintosh, com o seu estilo "verde e casto", e ainda de Londres, Charles R. Ashbee, que nos seus laboratórios produzia todos os objetos que compõem a decoração de uma casa, por meio de uma organização democrática dos operários, que participavam dos lucros, sem intermediações.

O artesanato moderno presente nessa exposição de 1900 teve muito sucesso de crítica e de público, mas em seguida tornou-se difícil a realização de outros objetos, devido ao conservadorismo das empresas construtoras e por causa da "carência de mão-de-obra participante", conforme escreve o próprio Hoffmann.

Em 1901, os jovens alunos de Moser e Hoffmann constituíram, com fins comerciais, uma nova associação: a Wiener Kunst im Hause, para "contrapor à dispersão dos talentos uma organização que, através do trabalho coletivo, transforme progressos, idéias e experiências num produto coletivo".

As mostras da associação tiveram muito sucesso de crítica, algumas encomendas de particulares e uma da sede do Ministério da Cultura. Depois, o próprio ministro, em 1902, enviou Hoffmann à Inglaterra e à Escócia para conduzir uma pesquisa sobre as escolas de arte.

Eis todas as premissas artístico-organizacionais da WW. Faltava ainda um financiador, e quis a sorte que existisse em Viena Fritz Waerndorfer, de família rica, mas também, graças à própria profissão, amante da arte moderna e amigo tanto de Mackintosh como de Hoffmann, que haviam projetado e estavam decorando a sua casa.

Encaixam-se dessa forma todas as peças – experiências, necessidades, objetivos, conhecimentos, encomendas, financiamentos, requerimentos e genialidade – do mosaico organizacional concebido progressivamente pelo grupo dos jovens artistas que se encontravam, diariamente, no Café Heinrichhof.

UMA COOPERATIVA DE ARTISTAS E DE ARTESÃOS

No dia 12 de maio de 1903 houve uma assembléia constitutiva da Wiener Werkstätte, "cooperativa de produção de artesãos". Waermdorfer tornou-se o administrador, e Hoffmann e Moser, os diretores. O artigo 3º do estatuto afirmava, sem meios-termos: "O objetivo é a promoção dos interesses econômicos dos membros através de sua preparação e de sua formação no campo do artesanato artístico, por intermédio da produção dos objetos de todos os gêneros artesanais, segundo os projetos artísticos preparados pelos membros da cooperativa e por meio da abertura de oficinas, assim como, por fim, através da venda das mercadorias por eles produzidas."

Além dos três sócios fundadores, a primeira sede foi ocupada por artesãos igualmente especializados: um que trabalhava com a prata e dois serralheiros. Mackintosh enviou de Glasgow um desenho com um logotipo (que porém não foi adotado). Em outubro foram adquiridos outros espaços num outro bairro da cidade e estabelecidas ali as oficinas para o trabalho com ouro, prata, metais, couro, madeira, além de encadernações, da oficina para envernizamento, assim como uma outra para os trabalhos de construção. Durante um ano inteiro a cooperativa trabalhou na sombra: Hoffmann e Moser desenharam todos os instrumentos e todos os locais, enquanto os artesãos traduziam na prática os seus desenhos, modificando-os no próprio ato de realização.

O ambiente físico. Os critérios com os quais foram construídos os ambientes, os utensílios e a organização são muito modernos, mesmo se julgados à luz da atual ergonomia, e parecem ser até revolucionários, se comparados aos métodos que naqueles mesmos anos Taylor experimentava na Filadélfia ou os que na própria Viena de Hoffmann Michael Thonet havia adotado para as suas fábricas de móveis. Escreve a esse propósito Werner J. Schweiger, autor de uma preciosa monografia sobre a WW: "O princípio de que um local de trabalho estruturado de forma adequada contribui para reforçar a consciência do próprio valor e faz nascer a alegria de trabalhar já é colocado em prática na própria instalação das oficinas. Criar ambientes de trabalho sadios e agradáveis fazia parte da obra educativa da Wiener Werkstätte. O fato de que as oficinas fossem aparelhadas com modernos serviços higiênicos era tão sensacional que até as revistas de arte falaram sobre o assunto (!).

"Visitando a Wiener Werkstätte, tem-se a agradável surpresa de descobrir que também do ponto de vista estético todos os locais de trabalho são perfeitamente decorados, sendo ambientes particularmente propícios à criação artística. A higiene está na base da evidente beleza; luz, limpeza e ar puro constituem os elementos principais. As paredes e as partes em madeira são pintadas de branco, as partes de ferro são azuis e vermelhas... É compreensível que para alguns colaboradores... a coisa inicialmente lhes parecesse uma tal novidade que os intimidava; permanece o fato de que ninguém até então tinha trabalhado em condições assim tão excelentes."[33]

Mas não era só o arranjo dos ambientes de trabalho que fazia com que se trabalhasse com alegria; contribuíam para isso também os comportamentos, regulados por normas precisas e compartilhadas (como, por exemplo, a interdição de "usar termos injuriosos no interior das oficinas"). Além disso, "cada superior mantinha com os seus subordinados uma relação pessoal, além da profissional. Por isso, tudo corria bem, com simplicidade e sem contrastes".

As acomodações excepcionais da WW tiveram até mesmo um reconhecimento oficial, e Karl Brauer, que a partir de 1905 trabalhou no estúdio de Josef Hoffmann, no interior da cooperativa, escreveu: "A Wiener Werkstätte possuía uma carpintaria própria, organizada de forma exemplar; os operários tinham uma ou duas semanas de férias, coisa que então suscitava um notável estardalhaço."[34]

O sistema sociotécnico. Já em relação aos critérios utilizados nos projetos e nas construções, podemos ter uma idéia exata graças a um longo artigo que a revista *Deutsche Kunst und Dekoration* dedicou à WW, em 1904: "Sem clamor", lê-se, "formou-se em Viena uma empresa de artesanato artístico de grande estilo. No meio da balbúrdia das fábricas estende-se, mais silencioso e criativo, o trabalho manual do artesão. É verdade que também na Wiener Werkstätte não faltam máquinas; pelo contrário, ela é perfeitamente aparelhada com todas as novidades técnicas que servem à empresa; mas ali a máquina não é nem dominadora nem tirana, mas uma ajudante e uma serva cheia de boa vontade, e não é ela que determina a fisionomia dos produtos, mas sim o espírito dos seus criadores e a precisão das mãos exercitadas à arte.

"É melhor trabalhar dez dias em torno de um objeto do que produzir dez objetos num só dia: esta é a regra significativa da Wiener Werkstätte, que deve ser ensinada a cada operário, a fim de obter uma execução cada vez melhor. Conseqüentemente, cada objeto exprime o melhor nível de capacidade técnica e artística, e o seu valor artístico está exatamente lá, onde raramente se encontra e onde deveria ser buscado: não exclusivamente na exterioridade decorativa, nas aparências enganosas e formais, mas no conteúdo criativo e na seriedade e no cuidado do trabalho manual. Cada objeto traz a marca de ambos, e não é desenhado somente pelo artista-projetista, mas também pelo executor, pelo artesão, pelo operário que o realiza sozinho. Este é um sinal da sabedoria político-social dos fundadores.

"Hoje a Wiener Werkstätte possui uma elite de artesãos que se sentem solidários com a empresa e são movidos por um notável orgulho de dar, cada um, o melhor de si, no próprio campo."

O número da conhecida revista na qual foi publicado esse artigo saiu na mesma época em que era realizada a primeira exposição pública da Wiener Werkstätte, que ocorreu em Berlim com um bom sucesso de crítica e de negócios. No ano seguinte, as oficinas e os locais de venda foram incluídos no circuito das "Excursões Artísticas Vienenses", que previa visitas guiadas a palácios, museus, ateliês, etc.

Para a ocasião, e para sorte nossa, Hoffmann redigiu um opúsculo que continha uma espécie de manifesto-programa que vale a pena ser lido por inteiro, tão preciosas são as indicações para quem está à procura de segredos organizacionais que permitam a um grupo potencializar a própria criatividade. "O imenso dano causado, por um lado, pela deteriorante produção de massa e, por outro, pela imitação vulgar dos estilos do passado expande-se como uma gigantesca enchente pelo mundo inteiro. Perdemos a ligação com a cultura dos nossos pais e somos bombardeados, por todos os lados, por mil desejos e mil considerações. Neste ponto, a máquina ocupa o lugar da mão e o comerciante o do artesão. Seria uma loucura querer nadar contra a corrente.

"Apesar disso, fundamos a nossa oficina. Deve ser para nós um lugar no qual nos sintamos como na nossa casa, em meio ao alegre murmúrio das atividades artesanais, e deve ser aberto a todos aqueles que se reconheçam nas idéias de Ruskin e Morris... Desejamos estabelecer uma relação estreita entre o público, o projetista e o artesão e produzir objetos de uso doméstico simples e de qualidade. O nosso ponto de partida é o uso do objeto, a nossa primeira condição é a sua funcionalidade, a nossa força consistirá na harmonia das proporções e na excelente qualidade da sua elaboração. Quando for o caso, tentaremos adicionar ornamentos, mas sem forçar e não a todo custo... Para nós uma jóia de prata pode ter o mesmo valor que uma de ouro ou feita com pedras preciosas. É preciso voltar a reconhecer e a apreciar o valor do trabalho artístico e das idéias. O trabalho do artesão deverá ser avaliado em igual medida ao do pintor ou do escultor.

"Não podemos nem queremos concorrer com a produção de baixo custo; ela prejudica sobretudo os trabalhadores, e nós acreditamos que o nosso principal dever seja voltar a lhes dar a alegria do trabalho e uma existência digna do homem. Mas tudo isso pode ser obtido apenas gradualmente...

"A bela encadernação já não existe mais... A máquina trabalha com solicitude e enche as nossas livrarias de obras mal-impressas; o objetivo que se coloca é sempre o baixo preço... Esquecemo-nos de que o amor com que um livro deve ser impresso, ilustrado e encadernado nos coloca numa relação completamente diferente com ele, de que nos cercando de objetos bonitos embelezamos a nós mesmos? Um livro deve ser, no seu conjunto, uma obra de arte, e como tal deve ser avaliado.

"Nas nossas oficinas de carpintaria a execução é sempre extremamente cuidadosa e conscienciosa. Infelizmente, a nossa época habituou-se a produtos de qualidade tão baixa, que um móvel relativamente bem-feito nos parece caro demais... As imitações de estilo podem satisfazer somente os *parvenus*. O burguês de hoje, assim como o operário, deve ter a orgulhosa consciência dos próprios valores e não deve tender à imitação de outras classes, cuja missão cultural já está completa e que conservam, justamente, a recordação de um esplêndido passado em campo artístico. A nossa burguesia ainda está muito longe de ter realizado a sua missão artística. Agora cabe a ela levar até o fim essa evolução. Não é absolutamente suficiente adquirir quadros, ainda que sejam os melhores. Enquanto a nossa cidade, as nossas casas, os nossos quartos, os nossos armários, os nossos objetos, os nossos vestidos, as nossas jóias, a nossa língua e os nossos sentimentos não expressarem de forma simples, direta e bela o espírito do nosso tempo, estaremos bem longe da grandeza de nossos pais, e nenhuma mentira será capaz de nos consolar de todas essas carências.

"Que nos seja por fim permitido sublinhar que nós também estamos conscientes do fato de que, em determinadas circunstâncias, pode-se produzir, com a ajuda das máquinas, produtos em série de discreta qualidade, a preços acessíveis, desde que esses objetos revelem claramente o caráter da sua fabricação. Mas não é tarefa nossa entrar agora neste campo. O que queremos é aquilo que os japoneses sempre fizeram. Quem imaginaria um produto artesanal japonês fabricado por uma máquina?

"...Não podemos nos permitir correr atrás de fantasias. Nós temos os pés bem fincados na terra e aguardamos as encomendas."[35]

Esse panorama de trabalho não só contradiz claramente as posições de Taylor e de Ford, contemporâneos de Hoffmann, de quem tratarei daqui a pouco, mas antecipa em pelo menos meio século, e até mesmo supera, Elton Mayo, as relações humanas e os recursos humanos de que falarei nos últimos capítulos deste livro.

"ENRIQUECER A VIDA COM ARTE"

Hoffmann nunca poderia imaginar a perfeição que, um século mais tarde, seria permitida pelo computador e nunca poderia imaginar que os *remake* dos seus móveis seriam realizados, de forma esplêndida, por máquinas de controle numérico, assim como nunca poderia adivinhar que os japoneses se tornariam os campeões do artesanato eletrônico.

De toda forma, após a exposição de Berlim, outras exposições se seguiram; depois disso chegaram as primeiras grandes encomendas por parte de amigos abastados: alguns encomendaram a decoração da própria casa, outros que seus ateliês fossem equipados. Mas as principais obras pelo empenho e pela dimensão foram uma casa de saúde, algumas grandes casas e sobretudo o famoso e custoso palácio Stoclet, iniciado em 1906 e concluído em 1911, em Bruxelas.

Esses projetos atraíram novos sócios: Klimt, os escultores Metzner e Luksch, assim como o versátil Czeschka. A organização consolidou-se e articulou-se em subgrupos bem coesos, interativos e coordenados. Já não houve mais mostra importante que não se orgulhasse de contar com produtos da WW entre as obras-primas expostas. Numa exposição organizada por conta própria, em 1906, sobre o tema "A Mesa Posta", a WW apresentou exemplos elegantes e racionais que iam da mesa nupcial até a infantil, nas quais tudo – até mesmo o pão – havia sido desenhado pelos artistas da cooperativa. No mesmo ano e nos anos seguintes foram projetados e realizados jardins maravilhosos.

Enquanto isso a produção se estendia a todos os setores e a todas as atividades cotidianas: desde cartões-postais até papel de parede ou de presente, de talheres de cristal a anões de jardim, de brinquedos a livros, de *posters* a fotografias, de *ex-libris* a lâmpadas, de pentes a cofrinhos, de escritórios a bordados, de móveis a quadros, de calendários a baralhos, de cortinas a tapetes e de fantasias teatrais a bancos públicos.

Apesar disso, em 1906 apresentaram-se as primeiras dificuldades financeiras, que, somadas a desacordos organizacionais e estéticos, levaram à demissão o mais sensível dentre os amigos e colegas de Hoffmann: Kolo Moser. Após ter contribuído com a organização da cooperativa, após ter formado um grande grupo de novos artistas-artesãos e após ter desenhado e produzido objetos de rara beleza, ele voltou a exercer o ofício de pintor, por conta própria. Em compensação, outros artistas afluíram e outros ainda dirigiram-se à cooperativa para vender as suas obras nas suas lojas.

Toda essa intensa atividade culminou numa grande exposição, "Kunstschau Wien 1908", uma reunião de forças – como disse Klimt no discurso inaugural – "que exprimem as aspirações artísticas austríacas, um fiel acerto de contas do estado atual da cultura no nosso país": 179 artistas em 54 salas demonstraram "como é possível enriquecer a vida com arte". Os espaços reservados a Klimt e à WW despertaram o maior interesse e tiveram o máximo sucesso da crítica; o Museu da Arte e da Indústria adquiriu algumas obras expostas. Para a mesma ocasião, a cooperativa se transformou numa editora, publicando a fábula *Os Mocinhos Sonhadores*, escrita e ilustrada por Kokoschka.

Em 1909 a WW expôs as suas obras em Viena, por ocasião de um convênio organizado pelo Deutscher Werkbund, que havia surgido dois anos antes em Mônaco para "enobrecer o trabalho artesanal por intermédio da cooperação entre a arte, a indústria e o artesanato". Também nessa ocasião o sucesso foi enorme, coincidindo com o estímulo definitivo para a formação de um Werkbund austríaco. Quando em 1916 foi possível uma primeira comparação entre os alemães e os austríacos, a *Wiener Zeitung* escreveu: "A impressão que se obtém, no seu conjunto... é de que a produção austríaca, em relação à alemã, seja caracterizada por uma maior originalidade inventiva e pelo prevalecimento de um elemento artesanal sobre o industrial."

Uma prova posterior do sucesso chegou em 1912, quando se constituiu a WW inglesa.

O ALEGRE APOCALIPSE

O ano de 1914 marca a inversão de rota da cooperativa e o início de um lento declínio que durará até 1932. O déficit chega a um milhão e meio de coroas, devido à liquidação da WW. No seu lugar foi criada uma nova "cooperativa de produção de objetos de artesanato". A principal cota financeira foi adquirida pelo deputado Robert Primavesi, pelo industrial Otto Primavesi e por sua mulher Eugenia. Fritz Waerndorfer saiu de cena, após ter sido, durante 11 anos, o responsável financeiro. Otto Primavesi tornou-se diretor administrativo, dando uma virada na empresa e fazendo-a decididamente mais comercial.

Em 1915, Hoffmann propôs a Dagobert Peche que assumisse a direção artística da WW. A sua produção na cooperativa fez com que os críticos o identificassem como "o maior gênio do ornamento que a Áustria tivera desde os tempos do barroco". Enquanto isso, apesar da guerra e apesar da morte de Klimt, as atividades prosseguiram, foram abertas novas lojas na Áustria e no exterior, a cooperativa incorporou um grande número de mulheres e os setores da moda, das jóias e dos bordados se desenvolveram. A "Kunstschau" de 1920 viu ainda a WW em primeiro plano, mas despertou também muita polêmica. Entre a cooperativa de um lado e o Werkbund do outro, criou-se uma cisão praticamente irremediável.

Enquanto isso a direção geral havia sido assumida por Philipp Hausler, que se empenhou energicamente em reorganizar a empresa, então em decadência devido a uma longa doença de Hoffmann, assim como em reequilibrá-la economicamente, procurando frear o seu custoso experimentalismo, estabelecer acordos com as indústrias para realizar os projetos idealizados pela cooperativa, cortar o pessoal incapaz e amador empregado por Primavesi, fixar uma estratégia comercial, um programa de *marketing* e uma rede de vendas e abrir novas filiais no exterior, inclusive em Nova York.

Hoffmann via dessa forma todos os seus critérios artesanais virados de cabeça para baixo, exatamente em favor daquela organização "científica" e industrial que ele havia combatido a vida toda. E mais, foi atacado de modo frontal por Adolf Loos e Julius Klinger, a partir de 1925. Em 20 de abril de 1927, Loos realizou em Viena uma conferência com diapositivos, intitulada "A Doença Vienense. A WW. Um Acerto de Contas". Nela, acusava a cooperativa de desperdícios financeiros, de ser desorganizada, interessada em produtos de luxo para clientes de luxo, prejudicial ao bom nome da Áustria no exterior e, de toda forma, à beira da falência.

Com efeito, as vendas iam mal, os Primavesi estavam com a corda no pescoço, tanto sob o aspecto financeiro como familiar, e a cooperativa, no dia 10 de maio de 1926, foi colocada sob administração controlada. Três industriais – entre os quais Kuno Grohmann, de 29 anos – tentaram salvar o que fosse possível. Foram trocados nove diretores, tentaram-se reestruturações e planos de expansão na Áustria e no exterior, mas, em seguida, também devido ao fato de não se entenderem com a senhora Primavesi, a tentativa foi abandonada. Depois, veio o canto do cisne, com as dispendiosas celebrações do vigésimo quinto aniversário em 1928 e a inauguração da loja de Berlim em 1929.

Em 1931 foram nomeados três administradores (entre os quais Hoffmann), que se viram obrigados a fechar as oficinas, despedindo operários e artistas e vendendo o estoque das lojas. Em 1932, com um cartaz impresso atendendo perfeitamente às exigências estéticas da WW, foi anunciado que todos os objetos da cooperativa seriam leiloados.

DOZE ENSINAMENTOS

A WW representa um caso exemplar de organização criativa baseada na cooperação. No plano estrutural, a cooperativa, composta por 29 sócios e por algumas centenas de artistas e artesãos, articulava-se em oficinas (preparação e elaboração de couros, tecidos, ouro, prata e outros metais, de encadernações, carpintaria, oficina de envernizamento, escritórios para os trabalhos de construção e ateliês de moda). Os líderes indiscutíveis eram Hoffmann, que cuidava também das relações com agentes externos, e Moser, que estimulava toda a produção com uma criatividade torrencial. No plano funcional, os grupos *ad hoc* trabalhavam "por projeto", com uma ampla autonomia de decisão.

A cooperação e o gerenciamento de projetos. Cooperação e trabalho por projetos representam as duas primeiras propostas organizacionais da WW, ambas de extremo interesse para qualquer grupo criativo, até mesmo um atual.

No interior da cooperativa os artistas deviam conquistar admiração e estima graças às próprias idéias; os chefes dos projetos deviam ganhar o respeito, mostrando uma concreta capacidade de coordenação dos grupos de trabalho. O clima geral era marcado por uma cooperação máxima, e a estrutura formal praticamente coincidia com a informal, caracterizada por um convívio efervescente. Os conflitos, quando ocorriam, referiam-se sobretudo a questões de estética e de estilo.

A estrutura cooperativa, a mínima divisão do trabalho assegurada por uma organização por projeto e a liderança baseada na exuberância criativa e nos resultados tangíveis garantiam uma forte motivação e um clima de grande entusiasmo: cada sócio e cada subordinado tinham a exata sensação de participar da construção de um novo mundo estético, de um novo estilo de vida capaz de transferir para o cotidiano de todas as casas aquele sereno poder festivo que reinava na Viena de Strauss.

O clima participativo é um dos ensinamentos mais defendidos por Hoffmann e seus companheiros, que dedicaram toda a atenção possível para que a cooperação artesã predominasse sobre a divisão industrial do trabalho, a co-responsabilidade nos resultados correspondesse à co-responsabilidade nas decisões e a relação entre o chefe e os seus subordinados fosse personalizada, não-asséptica, e se assemelhasse à que existe entre um bom mestre e os seus alunos, e não à de um oficial e seus soldados. Ao relembrar que na WW esses critérios eram aplicados 30 anos antes que Elton Mayo os identificasse na Western Electric de Chicago e os ensinasse na Harvard Business School de Boston, constatamos as surpreendentes capacidades de antecipação que caracterizaram a organização da cooperativa.

O útil e o agradável. Uma terceira proposta consiste na ergonomia das oficinas, à qual era dedicada uma atenção até então desconhecida: quem produz, pensava Hoffmann, necessita de um ambiente que respeite a sua dignidade e exalte a sua criatividade. O trabalhador tem direito, enquanto trabalha, de submergir num universo de signos e de objetos tão harmoniosos, estimulantes, cômodos e saudáveis quanto aqueles nos quais mergulha no seu tempo de lazer. Da mesma forma, os ritmos de trabalho da atividade criativa também não podem ser sincronizados e massificados:

cada trabalhador escolherá os tempos e os métodos melhores para ele, que correspondam ao seu próprio biorritmo, e a sua produtividade será garantida muito mais pela sua motivação interior do que por um rígido controle imposto externamente.

Por isso, na WW os utensílios e os instrumentos eram desenhados e construídos pelas próprias pessoas que os utilizariam. Por esta razão a natureza do *design*, que deve conjugar o útil ao agradável, a beleza à funcionalidade, era assumida como um critério-guia para a cultura material que a WW privilegiava e difundia.

A estética como valor determinante. O quarto ensinamento pertence, justamente, à dimensão estética: os objetos irão se distinguir, cada vez menos, pela sua capacidade de uso e, cada vez mais, pela sua excelência artística. Na sociedade industrial, dois óculos se distinguiam pela qualidade diferente das lentes; na sociedade pós-industrial, em que todas as lentes são de boa qualidade, a principal diferença é marcada pelo *design*. Sob esse aspecto, ninguém soube melhor do que Hoffmann e seus colegas antecipar o novo renascimento que nos diz respeito.

A tecnologia como instrumento. A desconfiança de Hoffmann em relação à tecnologia não impedia suas oficinas de utilizarem as aparelhagens mais modernas. Afinal, era necessário levar em conta o grau de desenvolvimento que as máquinas haviam atingido naqueles tempos: ainda rígidas, mas já próximas da produção em série que dali a pouco Ford conseguiria com a sua linha de montagem; ainda brutais, mas já adequadas a uma rígida divisão das tarefas, quando poucos criativos forneciam os protótipos destinados a ser realizados, repetitivamente, por milhares de executores alienados. Nos mesmos anos em que Hoffmann combatia tudo isso, Ford sustentava que era melhor ter automóveis de baixo custo do que automóveis de várias cores. A WW surgiu e operou exatamente como uma extremada tentativa européia contrária a essa massificação do gosto, sem levar em consideração o fato de que a sociedade industrial teria triunfado exatamente graças ao sacrifício da qualidade e da estética, em nome da quantidade e da praticidade.

O que Hoffmann não podia prever é que, alguns decênios mais tarde, as máquinas teriam adquirido uma capacidade quase humana, alcançando uma flexibilidade e uma maleabilidade tais, a ponto de fazer com que os braços de um robô mais pareçam solícitos membros de um artesão muito paciente. Sabemos o que Hoffmann pensava acerca das máquinas existentes no seu tempo, só não sabemos o que pensaria hoje sobre uma máquina com programação eletrônica e controle numérico. Graças a ele, nos laboratórios da WW, a máquina permaneceu sempre sob controle, no papel auxiliar de um instrumento. E este é o quinto ensinamento que nos chega da cooperativa vienense.

A tradição e a inovação. No entanto, a inteligente ousadia com que Hoffmann atuou durante toda a sua vida nos autoriza a pensar que hoje os laboratórios da WW seriam dotados de modernos computadores e que os processadores de texto instalados na cooperativa teriam caracteres tipográficos bem mais bonitos que os atuais e que os Moser e os Peches seriam hoje mestres insuperáveis de *computer design*, assim como foram então nas soldas e nas fusões.

E é esse o sexto ensinamento que nos chega da esplêndida aventura organizada pela WW: a necessidade de conjugar os meios modernos com o gosto clássico, as oportunidades de hoje com as raízes do passado, com vista a um futuro cada vez mais respeitador da qualidade de vida.

***A organização* ad hoc.** O sétimo ensinamento concerne ao âmbito dos princípios organizacionais: a Taylor, que pregava a possibilidade de se chegar a cânones científicos aplicáveis indiferentemente a qualquer organização, em qualquer parte do mundo, a WW contrapunha, de fato, a necessidade de pensar uma organização sob medida conforme os objetivos e as circunstâncias. Se um sistema sociotécnico é destinado a produzir objetos nos quais predominam a idéia e a estética, ele deve ser organizado de uma forma bem diferente de um sistema destinado à produção em série.

A vocação e a seleção. O oitavo ensinamento diz respeito à formação das equipes de trabalho. Os artistas e os artesãos são selecionados, atentamente, com base nas suas genialidades criativas, são acuradamente treinados e empregados nas tarefas que melhor correspondem às suas capacidades, levando em conta que a curiosidade e as atitudes de um trabalhador mudam com o tempo: um ótimo encadernador de livros pode, num futuro, passar ao sopro dos vidros, ao desenho das vestimentas, à projeção de um jardim, segundo o seu próprio desejo e a atração que cada uma dessas atividades exerce sobre ele, ao longo do tempo.

O "criativo total". O nono ensinamento é do tipo disciplinar: da mesma forma que não é possível colocar objetos belos lado a lado com objetos feios, mas é preciso criar "um conjunto" de coisas, todas elas belas (a casa, os utensílios, os forros das paredes, o jardim, as roupas das pessoas que nela moram, etc.), da mesma forma a qualidade de uma pessoa genial é potencializada se ela se relaciona com outras pessoas igualmente geniais, em campos diversos. No trabalho, assim como no lazer, no ateliê, assim como no café, a interdisciplinaridade, a interação e o intercâmbio são essenciais. Convivendo com músicos, um pintor pode começar a compor música, além de melhor apreciar a música dos outros; interagindo com filósofos, um arquiteto pode conceber o seu próprio sistema filosófico, além de compreender melhor toda a filosofia. À obra total deve corresponder o mais possível um "criativo total", capaz de trabalhar com o cérebro e com as mãos, num contínuo e fecundo diálogo com todos os demais.

A "formação total". O décimo ensinamento é de tipo cultural: se o operário da linha de montagem é privado de toda e qualquer dimensão intelectual, o trabalhador criativo deve, pelo contrário, nutrir-se contínua e vorazmente das mais diversas sensações e noções: portanto, deve ler, ouvir, viajar, alimentar a própria curiosidade com conhecimentos e emoções sempre novos. Todos os protagonistas da WW e, em geral, da "grande Viena", da *Felix Austria*, são viajantes incansáveis: encontramos Hoffmann em Berlim e, alguns dias depois, em Turim, em Glasgow e em Roma; encontramos Zweig na França, na Itália, na África, na Ásia e na América, quase obcecado pela necessidade de estar em vários lugares ao mesmo tempo que o torna cidadão do mundo, além de cidadão da Europa e de Viena. Sentirem-se profunda e orgulhosamente austríacos não os impede de terem também necessidades radicais comuns a todos os cultores do belo.

Um novo segmento de mercado. O décimo primeiro ensinamento é do tipo comercial: a WW, no rastro de Thonet, intuiu o segmento de mercado constituído pela burguesia emergente, mexeu com o orgulho da classe, colocando a nu o seu complexo de inferioridade em relação à aristocracia, e ofereceu, através da estética, o meio para se liberar do mal-estar característico do novo rico. Se hoje uma nova WW fizesse a mesma coisa com o proletariado emergente, veríamos casas de operários bem mais bonitas, livres da invasão de horríveis quinquilharias, com a dignidade de um aspecto agradável finalmente restituída e talvez de modo até mais econômico, a partir do momento em que o feio pode ser, com freqüência, até mesmo mais caro que o belo. Ainda que de modo um pouco forçado, pode-se entrever na organização comercial da cooperativa alguns traços do que é hoje a moderna franquia. Já quanto ao *merchandising*, ela foi, sem dúvida, uma grande mestra.

A publicidade. O décimo segundo ensinamento diz respeito ao uso da publicidade e da mídia. Hoffmann conclui o seu manifesto programático, de 1905, com estas palavras: "Nós mantemos os pés no chão e aguardamos as encomendas." Com efeito, não se limitou a esperar: havia uma grande demanda devido ao sábio uso da imprensa e à vitalidade de um *lobby* que permitia contar com os parentes e com os amigos como clientes seguros, dotados de um bom gosto estético e de elevado poder aquisitivo.

Tudo isso permitiu à WW permanecer em atividade durante quase 30 anos, embora os tempos fossem ainda prematuros para as suas inovações; permitiu oferecer um trabalho estável e estimulante a centenas de artistas e artesãos; permitiu criar um estilo de vida que de Viena se difundiu pelo mundo. Sobretudo permitiu experimentar um tipo de organização que repercutirá na sociedade pós-industrial: uma organização muito diferente da industrial, em que o preço da eficiência era a feiúra, o barulho, a sujeira e a brutalidade; uma "organização total" não separada do resto do mundo, mas imersa no mundo, onde a economia e a estética eram cultivadas com igual solicitude, com o objetivo de garantir aos sócios não somente o bem-estar, mas também a beleza e a felicidade.

O CÍRCULO FILOSÓFICO DE VIENA

Mas junto a grupos empenhados na criatividade artística havia outros que, em Viena, trabalhavam nos campos científico e filosófico. O tempo e o espaço modificaram-se, rapidamente, sob a ação do progresso científico, acelerado por grupos precursores como o Instituto Pasteur de Paris, a Estação Zoológica de Nápoles e o Círculo Matemático de Palermo, os quais já abordei. Ao lado desse progresso da ciência, a estética sofreu uma transformação irreversível e a filosofia foi atrás, com a ação de um círculo ativo em Viena entre 1907 e 1936, graças a vários estudiosos de diversas formações, reunidos em torno da figura do filósofo Moritz Schlick e interessados na análise da estrutura e da lógica da ciência. A originalidade das principais instâncias teóricas analisadas pelos filósofos vienenses, concernentes à linguagem da ciência moderna, é evidenciada na organização do próprio grupo, definida por um sistema de colaboração científica muito inter-relacionado e informal.

A sua criatividade deve ser colocada em constante referência ao vasto fenômeno de explosão artística e cultural da Viena como coração da Europa Centro-Norte-Ocidental, mas também deve ser interpretada, globalmente, nos termos de um processo de extrema modernidade, projetado para além das fronteiras da sociedade na qual tinha origem, e da perda dos valores que nela se haviam expressado.

As atividades institucionais do Círculo, no qual despontam como fundadores Otto Neurath, Philip Frank e Rudolf Carnap, consistem eminentemente no trabalho acadêmico e na reflexão epistemológica, ambos orientados para sistematizar os conteúdos da doutrina neopositivista e para salvaguardar a natureza de pesquisa livre da especulação filosófica. No plano organizacional, o grupo é interdisciplinar; privilegia a informalidade, evitando, intencionalmente, formar um sistema compacto; é um zeloso guardião da autonomia metodológica de cada membro, de quem espera sempre a máxima competência; cuida com grande atenção do clima do conjunto e sustenta-se de modo determinante na obra de seu fundador, assim como no carisma de seu diretor.[36]

Retornemos à atmosfera criativa de Viena. Um outro livro, *O Mundo que Eu Vi*, de Stefan Zweig (1881-1942),[37] evoca com um terno rancor, comparável ao de Musil, a atmosfera vienense decadente e fértil que precede a derrocada do império: "Se procuro encontrar uma fórmula cômoda para definir aquele tempo que precedeu a Primeira Guerra Mundial, período durante o qual eu cresci, acredito que sou o mais conciso possível, afirmando que foi a idade de ouro da segurança. Na nossa monarquia austríaca quase milenar tudo parecia duradouro, e o próprio Estado parecia a garantia suprema dessa continuidade. Os direitos concedidos por ele aos cidadãos eram garantidos pelo parlamento, pelos representantes do povo eleitos de forma livre, e cada dever possuía os seus limites precisos. A nossa moeda, a coroa austríaca, circulava em peças de ouro, garantindo assim a sua estabilidade. Todos sabiam quanto tinham e quanto lhes era devido, o que era permitido e o que era proibido: tudo tinha sua norma, um peso e uma medida exatos. Quem possuía um capital estava em condições de calcular com exatidão a renda anual que lhe correspondia; o funcionário, o oficial podiam com toda segurança conferir no calendário o ano da promoção ou da aposentadoria. Todas as famílias tinham um orçamento preciso, sabiam o quanto podiam gastar com o aluguel e com a alimentação, com as férias e com as obrigações sociais, e havia sempre uma pequena reserva para os imprevistos, para as doenças e para os gastos médicos. Quem possuía uma casa a considerava um abrigo garantido para os próprios filhos e netos; sítios e fazendas passavam, por herança, de geração em geração; assim que um recém-nascido ocupava um berço, colocava-se no cofrinho ou depositava-se na poupança uma pequena quantia para o seu futuro, uma pequena reserva para o seu caminho. Tudo no vasto império parecia sólido e imutável... ninguém acreditava em guerras, em revoluções ou em desarranjos. Todos os atos radicais, todas as violências pareciam naquele ponto impossíveis, na idade da razão. Esse sentimento de segurança era a posse mais cobiçada, o ideal comum de milhões e milhões de pessoas... Nessa comovente confiança de poder impedir até mesmo uma falha surgida ao acaso, havia, apesar da aparente austeridade e modéstia na concepção da vida, uma presunção perigosa. O século XIX, com o seu idealismo liberal, estava seguro de que encontrava no caminho certo e infalível em direção 'ao melhor dos mundos possíveis'. Olhava com desprezo para as épocas anteriores com as suas guerras, carestias e revoluções, como se se tratasse de tempos nos quais a humanidade fosse ainda menor de idade e insuficientemente iluminada. Agora, ao contrário, tratava-se somente de mais algumas décadas, e as últimas violências, provocadas pelo mal, teriam sido completamente banidas. Tal fé num progresso ininterrupto e incoercível teve para aqueles tempos a força de uma religião; já se acreditava mais naquele progresso do que na Bíblia, e o seu evangelho parecia ser inquestionavelmente comprovado pelos novos milagres da ciência e da técnica."[38]

Se devêssemos deduzir uma hipótese geral acerca da experiência específica da criatividade vienense, deveríamos concluir que artistas e cientistas dão o melhor de si quando trabalham em grupos organizados *ad hoc* e quando usufruem, em torno de si, de uma atmosfera de segurança e de serenidade, em que a inteligência e a beleza são apreciadas e em que o gênio não corre nunca o risco de ser confundido com um estúpido ou com um fanfarrão.

A ALMA MUSA

Além da atmosfera geral, alimenta a predisposição coletiva à criatividade, há um outro fator que exerce uma influência focalizada em que alguns sujeitos individualmente, excitando a sua capacidade criativa através da fascinação. A fim de analisá-lo, devemos nos conceder uma digressão.

"*Cantami o diva del pelide Achille l'ira funesta che infiniti addusse lutti agli Achei*" (A ira, deusa, celebra do peleio Aquiles, / O irado desvario que aos aqueus tantas penas trouxe / E incontáveis almas arrojou no Hades). Diva é a musa que Homero invoca sete séculos antes de Cristo, naqueles versos iniciais da *Ilíada* que milhões de alunos, ainda hoje, repetem de cor nas escolas. Contemporâneo de Homero, também Hesíodo fala das musas e narra o encontro com elas na sua *Teogonia*. Dois séculos depois, serão Parmênides e Píndaro que voltarão a falar delas: um no início do seu poema "Sobre a Natureza" e o outro evocando "Dá-me um oráculo, musa, e eu serei o teu porta-voz". Inspiração poética e inspiração profética entrelaçam-se nesses escritores da antiguidade, para quem o artista não é senão o intérprete e o mensageiro da poesia inspirada pelas musas.

Passarão mais algumas décadas e Demócrito atribuirá a essas inspiradoras de beleza um efeito bem mais grandioso de possessão, êxtase e obsessão. Além disso, segundo Platão, será a musa que garantirá ao poeta a energia necessária para entusiasmar o seu público.

Sócrates, enfeitiçado pelo mancebo Fedro, enumera-lhe várias causas de êxtase, entre elas a fascinação das musas. "Esta obsessão", diz, "depois de ter tomado posse de uma alma sensível e pura, a desperta, suscitando nela uma inspiração báquica para os cantos e outros gêneros de poesia e, através da celebração de inúmeras obras dos antepassados, educa as gerações posteriores. Por outro lado, quem quer que se apresente às portas da poesia sem ser inspirado pelas musas, convencido de que lhe bastará a técnica para ser um bom poeta, será um poeta falido, porque a poesia de quem está em si é obscurecida pela dos que estão enlevados." Quem é tomado por esta paixão "concedida pelos deuses com vista à máxima felicidade" consegue fazer poesia bem melhor do que aqueles que permanecem donos de si mesmos. Portanto, não devemos nos espantar diante do êxtase provocado pelas musas, como é bem claro aos sábios, mas do qual, diversamente, escapam os intelectuais, propensos a raciocínios sutis e caprichosos.[39]

Para Sócrates, portanto, é preciso ser sábio dessa maneira: mas sábio a ponto de compreender que a sabedoria não é tudo.

Passam mais 20 séculos e a chamada da musa persiste, encarnando-se novamente num jovem inspirador: "*So oft have I invoked thee for my Muse*" (Quantas vezes eu invoquei você como minha musa), canta Shakespeare no seu setuagésimo oitavo soneto.[40]

Musa nenhuma por mais fiel me inspiraria
Como me inspiras tu, por mim sempre invocado.
Mas não só para mim és fonte de poesia;
Outros estros já tens certamente inspirado.

Teus olhos, que a cantar ensinam até o mudo,
E em olímpico vôo excelsam a ignorância,
Às asas do saber ajuntam penas – tudo,
No poeta, transformando em graça e rutilância.

Orgulhem-te, portanto, os versos que burilo:
Nascem todos de ti, são todos de tua alma.
Em versos de outros não influis senão estilo,

Dando-lhes da beleza externa a graça e a palma.
Para mim, és toda a arte, és tudo, e as minhas rimas,
Tu só, alçando-me a rude ignorância, as sublimas.

Existe, portanto, uma força que influencia e sustenta a arte do poeta, que consegue fazer com que os mudos cantem e que pode livrar da ignorância, exaltar a sabedoria e agraciar a graça. "Oh, musa do meu fado! Oh, minha mãe gentil", canta, ainda hoje, Chico Buarque. Por que no decorrer de 27 séculos ainda encontramos invocações desse tipo? E por que tantos criativos vivem com a angústia de perder a inspiração? Quem era essa diva invocada por Homero, por Shakespeare e por Chico como irrenunciável inspiradora? Era a Musa. E, para os gregos, que de criatividade entendiam bem, havia nove, cada uma especializada num gênero artístico: música, dança, mímica, astronomia, comédia, tragédia e poesias lírica, épica e elegíaca.

No exame científico dos processos criativos esbarramos, com freqüência, em figuras aparentemente excêntricas como d'Holbach, capazes de potencializar as capacidades criativas dos artistas e dos cientistas, criando em torno deles uma atmosfera particularmente estimulante. Às vezes essa função pode ser até mesmo desempenhada não por uma pessoa, mas por um lugar, uma casa ou um objeto.[41] Basta que se pense em quantas obras de arte no campo da música, da pintura e da literatura foram criadas numa cidadezinha minúscula como Ravello ou em algumas regiões campestres da Toscana, ou ainda em algumas cafés parisienses ou vienenses.[42]

Ainda não explorei suficientemente o papel desses catalisadores da criatividade e por isso não estou em condições de oferecer uma explicação científica aceitável a esse propósito. Nem outros, que eu saiba, foram capazes de fazê-lo. Limito-me, portanto, a descrever a sua fenomenologia através de um caso específico, que sempre me intrigou: o de Alma Mahler.

De inspiradoras e inspiradores está repleta toda a história da criatividade artística, uma vez que os artistas não fazem mistério disso e, às vezes, pelo contrário, utilizam a fonte de inspiração como matéria-prima para a própria arte. Já muito menos freqüentemente isso pode ser rastreado na história da criatividade científica, visto que os cientistas, todos fechados na couraça da própria racionalidade, tomam o máximo cuidado para não revelar os próprios sentimentos. Com certeza Heloísa foi a inspiradora de Abelardo e vice-versa. Fascinação igual, senão maior, deve ter sido a exercida por Beatriz em Dante, dado que ele a elegeu sua inspiradora ao longo de todo o transcendente itinerário que vai das assombrosas portas do inferno até a beata visão de Deus. Parece que Petrarca viu somente por poucos segundos, de forma fugidia, a mulher de um nobre de Avignon, chamada Laura, mas isso foi o suficiente para que a sua mente fixasse aquela imagem de maneira definitiva, fantasiando sobre ela pelo resto dos seus dias ("*Per ch'io miri/Mille cose diverse attento e fiso/Sol una donna veggio*"),* percebendo, por toda parte, a sua imagem e a sua voz ("*Parmi d'udirla, udendo i rami e l'ore/E la fronde e gli augei lagnarsi e l'acque/Mormorando fuggir per l'erba verde*").**

---

* "Por mais que eu olhe/Mil coisas diversas, atento e fixo/Uma só mulher eu vejo." (N. do T.)

** "Parece-me que a ouço, ao ouvir os ramos e as horas/ E as frondes e os pássaros queixarem-se e as águas/Murmurando, escaparem pela relva verde." (N. do T.)

Muitas foram as inspiradoras de Baudelaire: a satânica Jeanne Duval, a "musa e madona" Apollonie Sabatier e sobretudo a atriz Marie Daubrun, colocada em *As Flores do Mal*, num convívio de amantes na descentralizada Holanda, que – assim como a Europa Central para Borges – era pensada mais como um lugar do espírito do que como uma região geográfica. Onde tudo "é ordem e beleza/luxo, calma e volúpia", como hoje agradaria à refinada inquietude de Franco Maria Ricci. E quando a sugestão dessa musa opulenta se dissipar, Baudelaire a rebaixará ao papel de estação-paisagem, chorando: "*Vous êtes un beau ciel d'automne, clair et rose / Mais la tristesse en moi monte comme la mer.*"*

Mais perto de nós no tempo estão Duse para D'Annunzio, Isadora Duncan para Iessênin, Marie Laurencin para Apollinaire, Catherine Pozzi para Paul Valéry, Gala para Paul Eluard, a irmã incestuosa para o incestuoso Georg Trakl, a mulher Lina para Saba e Constance Dowling para Cesare Pavese.

A partir de julho de 1915 – quando a conheceu na "data mais feliz" da sua vida –, pelo resto dos seus dias, Maiakóvski amou Lili Brik. Mas como Lili era casada e fiel, a Vladimir só restou sublimar o seu amor, transformando os grandes olhos castanhos da mulher amada em persistentes e inspiradores encantos.

Trinta anos durou o amor de Rainer Maria Rilke por Louise Salomé, casada com o especialista em cultura oriental Andreas. Musa irrequieta e fascinante, a bela Lou não inspirou somente uma grande parte da obra de Rilke, sobretudo as *Elegias de Duíno* e os *Sonetos a Orfeu*, mas foi também pedida em casamento por Nietzsche e por Hauptmann, amada por Wedekind e talvez também por Freud, que, de toda forma, alimentou uma grande predileção em relação a ela; muito depois, inspirou um filme de Liliana Cavani. A sua força de atração deveria derivar não somente de um belo perfil, de uma inteligência aguda e da prolongada virgindade, mas também de uma complacente ambivalência: "Fomos esposos", escreve na sua autobiografia, falando de Rilke, "antes mesmo de nos tornarmos amigos, e amigos nos tornamos não por eleição, mas por núpcias celebradas clandestinamente. Em nós eram duas metades que se buscavam... Fomos assim irmão e irmã – como na aurora dos tempos. Antes que as núpcias entre irmãos se tornasse um sacrilégio."

Bóris Pasternak entretém por muitos anos uma correspondência intelectual e amorosa com Marina Tchetaeva, sua musa por correspondência

---

* "Vós sois um belo céu de outono, claro e róseo / Mas a tristeza em mim sobe como a maré." (N. do T.)

postal e afinidade eletiva (um pouco como aconteceu ao seu conterrâneo Tchaikóvski com uma rica financiadora, além de inspiradora). Uma só vez Bóris e Marina se encontraram: alguns dias antes que ela se enforcasse, na pequena cidade tártara de Elabuga. (No caso paralelo, *ma non troppo*, de Tchaikóvski, foi ele quem se matou.)

E, depois, há ainda os belos jovenzinhos que inspiraram Stefan George, a *liaison* de Verlaine com Rimbaud, de Federico García Lorca com Salvador Dalí, de Raymond Radiguet de *O Diabo no Corpo* com Jean Cocteau, e ainda Jimmie Trimble, marcado para sempre no coração de Gore Vidal, pessoa bem longe de ser propensa ao sentimentalismo.

COLECIONADOR DE GÊNIOS

Em cada uma dessas fascinações há algo de ambíguo, de surpreendente, de não-revelado, como uma irresistível força fecundadora em busca do terreno adequado à própria semente intelectual. Dedico maior atenção a Alma Mahler porque, entre todas, é a que mais me atrai, talvez porque o seu poder inspirador derrama-se na *Felix Austria*, da qual acabei de falar, permitindo algumas hipóteses posteriores a respeito do conjunto do clima que mais convém à criatividade.

Conforme já vimos, a atmosfera da capital dos Habsburgo, local onde essa exemplar história ganha corpo, é a de um alegre apocalipse, onde o pressentimento do desabamento imperial provoca uma sensação inexprimível, "capaz de transformar muitas pessoas em artistas", conforme refere Hofmannsthal, que acrescenta, profanamente: "Do ponto de vista intelectual, vivemos como prostitutas que se nutrem somente de saladas francesas e sorvetes." Saladas e sorvetes milagrosos, a julgar pela massa de obras de arte, científicas e políticas que brotou.

Alma Zemlinsky. Alma Schindler é uma jovem bela, refinada, caprichosa, irrequieta e arrogante, que passou a juventude numa casa projetada por Josef Hoffmann e decorada pelos melhores artistas da Secessão, uma jovem dotada de um infalível instinto em reconhecer à primeira vista e fecundar a genialidade dos criativos que a rodeiam.[43]

Antes de conhecer Mahler, Alma, que ainda não tinha 20 anos, sentiu-se enamorada, de forma não isenta de erotismo, por Alex Zemlinsky, um bom compositor e seu primeiro professor de piano. Ambos testemunharão, mais tarde, que a arte que praticavam tornou-se incandescente devido a essa influência.

Alma Klimt. Por certo período a senhorita Alma repudiou os "avanços", muito insistentes, de Klimt. Mas quando, anos depois, o pintor pára de cortejá-la e se casa, Alma, morta de raiva, anota no seu incandescente diário: "Em mim, ao contrário, não desabrochou nada, nem no meu rosto, nem na minha inteligência, nem no meu talento. Não sou feliz, nem infeliz. No tempo de um raio, compreendi viver somente uma vida aparente. Dentro de mim, sou tão inibida, que me sufoco. O meu navio está no porto, mas nele entra água."

Mas Alma não é uma Madame Bovary de província, propensa a escorregar, docemente, em direção ao medo e ao suicídio.

Alma Mahler. No dia 9 de março de 1902, o já famoso compositor e maestro Gustav Mahler, aos 42 anos, desposa Alma, 20 anos mais moça que ele. Por toda a sua vida, Alma permanecerá um espírito atormentado, convencida de ser um gênio musical sacrificado à fama que o marido lhe usurpa. Não estava apaixonada por Gustav e talvez nunca viesse a apaixonar-se: "Não sei se o amo ou se não o amo, se amo o maestro, o chefe de prestígio, ou ainda o homem", lamenta-se ela. E acrescenta a mágoa de "ter perdido todos os amigos em troca de alguém que sequer me conhece". Provavelmente chega até a odiá-lo, no fundo da sua alma, dado que no seu diário escreve a este respeito: "Existem certos carnívoros geniais que são completamente crentes de serem vegetarianos... Tenho a sensação de que cortaram as minhas asas. Gustav, por que quiseste ligar a ti este pássaro magnífico, feliz de poder voar, enquanto um outro diferente, cinzento e pesado, seria muito mais adequado a ti?... Gustav vive a tua vida. Minha filha não precisa de mim... Meu Deus, onde foram parar as minhas aspirações, as minhas magníficas aspirações?"

Com certeza Alma aprecia Mahler como maestro, mas não o estima como compositor porque nem mesmo o sublime *adagietto* da *Quinta*, a ela dedicado, conseguirá enternecê-la, e muitos anos após o matrimônio somente a *Sexta Sinfonia* conseguirá despertar nela uma certa emoção.

Como todos os autênticos criativos, Mahler estava plenamente convencido da sua grandeza: "Eu sei o que sou capaz de oferecer, o que poderei oferecer", escreve a Alma. "Gostaria de assistir a uma execução da minha sinfonia daqui a 50 anos." (Não há uma só vez que eu não me lembre desta frase toda vez que, num concerto, se aplaude uma sinfonia de Mahler.) Mas é o amor ardente pela sua jovem mulher que lhe inspira as imponentes massas sonoras que nascem, inexauríveis, da sua genialidade compositora. E quando tiver a suspeita, primeiro, e a certeza, depois, de que a esposa o trai, esta veia drenar-se-á em uma terrível luta, a qual, às vezes, a exaltará e, às vezes, correrá o risco de desertificá-la precocemente.

Mas com quem o trai, Alma, a musa? Com um outro gênio em busca de inspiração, obviamente. Desta vez não se trata de um músico, mas de um arquiteto, quatro anos mais jovem do que ela, buscando no amor de Alma o chicote que fará galopar mais rapidamente o cavalo da sua criatividade: Walter Gropius, futuro diretor da Bauhaus e protagonista da revolução arquitetônica moderna.

Antes de encontrá-lo, Alma havia escrito: "Não sei o que fazer. Habita em mim um conflito tremendo. Abandonada à dor, arde em mim o desejo de encontrar alguém que pense em mim, que me ajude a me encontrar. Tornei-me tão-somente uma reles dona-de-casa."

Alma Kammerer. Na realidade, os seus dias são bem diferentes dos de uma dona-de-casa burguesa. Em torno dela gira um turbilhão de músicos, políticos, escritores, cientistas, padres católicos e rabinos judeus em busca de um fogo que os acenda ou os devaste.[44] Alguns a amam até a loucura; outros, surdamente, não podem deixar de odiá-la. Alban Berg lhe dedica a obra *Wozzeck*, e Benjamin Britten, o *Noturno para Tenor* e *Pequena Orquestra*. Até mesmo em Karl Kraus, que procura a todo custo destruir Mahler, e em parte consegue, Alma surte um efeito inspirador, servindo de assunto para o sarcasmo da sua pena, banhada em veneno.

Apesar da vida turbulenta, a escandalosa Alma não escandaliza, pois é ela quem impõe as suas regras à sociedade em que vive, é ela a rainha intelectual da capital mais efervescente do mundo, no momento mais criativo da sua história.

O inimigo profundo que se aninha no interior da mente de Alma a corrói e a torna volúvel, cínica e implacável, constitui também o mistério que alimenta o seu fascínio e a irresistível atração que exerce, acendendo paixões e inspirando obras-primas em todas as personalidades criativas que orbitavam em volta dela, continuamente marcada por estados eufóricos e depressivos, por matrimônios e viuvezes, por filhos e por abortos.

Na corte de Alma circulavam criativos de todos os tipos, seja durante a convivência com Gustav, seja quando, aos 32 anos, bela, rica e famosa, fica viúva. Orbita em torno dela também um biólogo, Paul Kammerer, que escreve: "Cada um dos meus encontros com Alma Mahler traduz-se numa nova carga de energia para o meu trabalho. Quando estou com ela, de certa forma armazeno a energia de que necessito para produzir."

Alma Kokoschka. Mas no coração de Alma nem todos os amantes inspirados estão no mesmo plano. Um lugar à parte, talvez o mais íntimo e predileto, é ocupado por um outro pintor, Oskar Kokoschka, com 25 anos, rebelde, ciumentíssimo e violento, que ainda não sabe que é um gênio, mas Alma, com seus 34 anos e irrequieta, se dá logo conta do fato, desencadeando nele uma intensa atividade e fazendo com que se torne um criador obsessivo. Rodam juntos a Europa, com ele produzindo telas num ritmo eletrizante; a união deles será tempestuosa, com algumas pausas de intensa serenidade, como a estada em Nápoles, e com outras, tumultuadas, que levam Kokoschka à beira da loucura. Tanto que sua mãe escreverá à musa: "Se a senhora voltar a ver Oskar, eu a matarei com um tiro de revólver."

Mas a união tempestuosa continua, e continua o efeito criativo de Alma: "Deves tornar-te minha mulher", lhe escreve Oskar, "sem esperar mais, ou então o meu grande talento desaparecerá... Consegui compreender o quanto tu me tornas forte e o quanto poderei valer enquanto esta força for continuamente ativa." Mas Alma lhe impõe uma condição, que só uma musa pode se permitir: "Eu te esposarei quando tiveres criado uma obra-prima." E a obra-prima é *A Noiva do Vento*, de 1914, atualmente exposta no Museu da Basiléia.

Alma Gropius. O matrimônio, obviamente, não se celebrou. Ou melhor, não se celebrou com Kokoschka, mas com outro gênio: Walter Gropius, de quem Alma já havia tido uma filha. Era o dia 18 de agosto de 1915, ela com 35 anos e ele com 31.

A vida cotidiana de esposa e uma nova maternidade fazem Alma cair num "obscuro e morno sentimento conjugal", do qual sairá com um divórcio e um novo amor, descoberto há três meses, com um outro "eleito pelos deuses", como parece (por pouco) aos seus olhos.

Alma Werfel. Desta vez não se trata de um músico, nem de um arquiteto, nem de um pintor, mas de um romancista, gênero artístico que ainda estava faltando na sua coleção de musa inspiradora. Franz Werfel, no alto dos seus 27 anos, é luxurioso e mundano, escritor brilhante e bem inserido na sociedade, tudo o que era necessário para que Alma fizesse dele, primeiro, um amante, depois um marido e, enfim, um autor de sucesso.

Werfel fala dela com ênfase: "É um ser superior. Alma é a perfeição em pessoa... É uma visionária genial e instintiva. Pertence ao pequeno grupo das magas que ainda existem. Vive no interior de uma luminosa dimensão mágica, na qual existem uma vontade destruidora, um desejo de domínio... Diante dela sinto-me transparente – assumiu sobre mim um poder determinante, porque ali está, como uma energia em estado potencial, como uma vontade criadora." E depois, num segundo momento, implora: "Almitschka, viva para mim! Eu vejo o meu futuro inteiramente em ti. Desejo esposar-te não só por amor, mas também porque sei no íntimo de mim mesmo que existe uma pessoa no mundo adequada a mim e capaz de fazer de mim um artista, e esta pessoa só pode ser tu." Por sua parte, Alma limita-se a pensar que "Franz é como um passarinho bem pequenininho na minha mão, com o coração que bate acelerado, os olhos irrequietos, e eu devo protegê-lo das intempéries e dos gatos".

A musa Alma floresce na alcova: tem uma filha de Gropius quando está casada com Mahler e uma filha de Werfel na época do casamento com Gropius. Da mesma forma que permitia a Kokoschka encontrá-la somente mediante a apresentação de novos quadros, também só dará o prazer de sua companhia a Werfel com a condição de que lhe proporcione novos manuscritos. E no dia 8 de julho de 1929 casa-se com ele.

"Viúva das quatro artes." Antes de morrer, em 1964, aos 85 anos, esta "viúva das quatro artes", como a denominarão as más línguas, deverá fugir da Áustria invadida pelo nazismo, com o qual simpatizava; deverá exilar-se na França, na Inglaterra e nos Estados Unidos; deverá repudiar definitivamente aquela Viena onde foi rainha. Fará com que seja chamada de "viúva Werfel", no período em que o escritor é o mais famoso dentre seus maridos e, depois, "viúva Mahler", quando o compositor se torna mais célebre que Werfel.

Dos inúmeros homens que conquistou e inspirou, na conclusão dos seus diários e da sua atribulada existência de musa moderna, recordará, com a inalterada arrogância, somente os mais assíduos: "Eu nunca amei realmente a música de Mahler e nunca me interessei, verdadeiramente, pelo que escrevia Werfel, mas Kokoschka sim, Kokoschka sempre me impressionou."

A musa, portanto, mesmo quando é feita de carne e osso, pode permanecer indiferente às grandes criações que ela mesma inspirou. Mas o seu papel, até hoje subestimado pelos estudiosos da criatividade, não é menos fecundo que misterioso.

NO TEMPO DAS VELAS ESTAS COISAS NÃO ACONTECIAM

Concedemo-nos uma digressão emotiva, exatamente quando estávamos discutindo sobre a era mais desequilibrada em prol da racionalidade: a era industrial, que neste ponto triunfa, na Europa e nos Estados Unidos, a era na qual – para retomar a metáfora que nos acompanha ao longo deste livro – a linha reta triunfou mais do que nunca sobre a linha curva.

Até mesmo uma vida passional como a de Alma Mahler cruza, por várias vezes, com os fenômenos novos, duros e inflexíveis, determinados pela indústria: a luta de classes que incendeia as ruas de Viena e que ela, como boa burguesa, detesta; o maquinismo, que toma cada vez mais espaço na vida cotidiana e do qual ela, reacionariamente, desconfia.

Mas a máquina vence até o seu esnobismo de menina mimada: no momento oportuno ela solicita que seja feita uma instalação elétrica na sua casa. E, quando falta energia, por causa de greves proletárias, ela se mostra irritada e anota no seu diário: "É uma loucura pensar que a máquina nos permite alcançar a liberdade. E quanto mais nós dependermos dela, mais o trabalhador se tornará o nosso 'rei'. No tempo das velas estas coisas não aconteciam."

Quando Alma se dedica a essas recriminações, em muitas casas de cidade já havia passado o tempo das velas; no entanto, as fábricas ainda eram dominadas pela força movida a vapor. Até mesmo o mais célebre organizador industrial de todos os tempos, o engenheiro Frederick Winslow Taylor, embora tendo nascido em 1856 e morrido em 1915, nunca teve o prazer de trabalhar numa fábrica acionada por energia elétrica.

Na sociedade rural, o centro do sistema era ocupado pela produção agrícola e o poder estava nas mãos dos proprietários de terra. A partir do final do século XVIII, o centro desloca-se, aos poucos, do campo para a cidade, onde as fábricas produzem bens materiais em série e o poder passa às mãos dos industriais. Nas vésperas da Revolução Industrial, na Inglaterra, os trabalhadores agrícolas constituíam 75% da força de trabalho; na metade do século XVIII, esse percentual havia diminuído para 21%, e em 1900 eles eram apenas 9%. Ao mesmo tempo os industriários haviam subido de 14 para 46%. Nessas poucas cifras encontra-se todo o rápido advento da sociedade industrial.

Paralelamente muda o processo criativo. A essência da nova organização, que encontra no *Scientific Management* de Taylor a fórmula mais inovadora, é a criação genial sem a contribuição de gênios. Ou melhor, uma criação em que o protótipo do objeto a ser produzido e o processo que conduz à sua reprodução em série são inventados por poucas mentes geniais, mas, após terem sido projetados e divididos, são reproduzidos ao infinito por uma massa ilimitada de trabalhadores normais, senão até mesmo analfabetos, tão despreparados que Taylor os chama de "homens-bois". É isso que quer dizer J. Galbraith quando, com acuidade, observa que a verdadeira conquista científica da modernidade consiste em dispensar os gênios, como indivíduos, substituindo-os por uma organização de pessoas normais, mas bastante especializadas e bem coordenadas entre si.

Se hoje se fizesse uma enquete sobre qual foi a ciência que mais contribuiu para o progresso no século passado, obter-se-ia como resposta que foi a mecânica, a física ou a biologia. E caso a pesquisa indagasse qual a descoberta que mereceria receber a palma de ouro, a resposta seria a fissão do átomo, a estrutura do DNA, a televisão, o computador ou a ressonância nuclear magnética. Poucos iriam lembrar que por trás de todos esses sucessos, e como condição indispensável para cada um deles, estava presente a contribuição das ciências organizacionais. A descoberta e o desenvolvimento dessas ciências, com efeito, permitiram a potencialização de todas as atividades humanas, cognitivas e operacionais, numa medida até então desconhecida na história do homem: dentro e fora dos locais de trabalho.

Hoje é possível delegar às máquinas quase todas as atividades físicas e muitas atividades intelectuais de tipo repetitivo. Da fadiga estressante da linha de montagem até aquela alienadora do caixa de banco, do técnico de análises químicas, do arquiteto-desenhista, uma massa crescente de tarefas desagradáveis é finalmente evitada pelo homem e delegada a robôs e aos computadores. Acaba sendo profundamente modificada a composição da força de trabalho interno das empresas (cada vez mais constituída por profissionais liberais, *managers* e dirigentes), assim como a relação entre trabalho e tempo livre, a partir do momento que a atividade intelectual de tipo inventivo não é bitolável no esquema de um horário de expediente exato, mas acompanha o novo trabalhador em cada instante da sua vida. Mas disso falaremos no próximo capítulo.

Entre o final do século XVIII e o início do século XIX, alguns homens geniais e alguns grupos genialmente agregados compreenderam que a combinação cientificamente organizada de trabalho humano e trabalho mecânico teria permitido um incremento dos resultados numa ordem de grandeza muito impressionante, que o bom senso dos séculos anteriores nunca havia alcançado.

Em outras palavras, a invenção das invenções, desta vez, é a ciência organizacional, graças à qual, daqui para a frente, será possível imprimir a toda e qualquer atividade humana o máximo estímulo à eficiência e à produtividade, utilizando igualmente mão-de-obra grosseira e inteligências mais medíocres.

Com o advento da indústria, inicia-se um dos maiores experimentos conduzidos pelo gênero humano, comparável aos outros seis ou sete grandes experimentos realizados pelo homem na sua longuíssima história: a invenção da agricultura, 10.000 anos atrás; a invenção da cidade e do Estado, na Mesopotâmia, 5.000 anos passados; a da democracia, da filosofia e da rede, na Grécia de Péricles; a do direito internacional, do ócio criativo e do império global na Roma imperial; a da hierarquia eclesiástica e o leigo comum na Idade Média; o humanismo do Renascimento, e, por fim, a ciência moderna.

Nascida graças à acumulação primária na economia colonial inglesa, à exploração energética do vapor e da eletricidade, à conquista burguesa das liberdades parlamentares e à crença ilimitada no Iluminismo e no Racionalismo, a indústria teria dado os seus primeiros passos na Europa, mas, em seguida, encontrado a sua forma mais avançada na Filadélfia de Taylor, que inventou a organização, aplicando-a à produção metalúrgica, e na

Detroit de Henry Ford, que inventou a linha de montagem, aplicando-a à produção automobilística.

TAYLOR, O INVENTOR DO GERENCIAMENTO CIENTÍFICO

Para multiplicar a produtividade e a eficiência do trabalho é preciso programar a produção de forma capilar por meio de uma total racionalização, uma onisciência e onipotência organizativas, que terão como suas mais conhecidas experimentações as intervenções de Taylor na fábrica e a sua primeira e coerente formulação do *Scientific Management*.[45]

Naqueles tempos a palavra "trabalho" evocava quase que exclusivamente cansaço físico e esforço muscular. Portanto, a sua gestão caía sob domínio exclusivo do engenheiro e do empresário, que, no caso de Ford, coincidiam. Taylor não o disse de forma explícita, mas nos seus escritos circula a íntima convicção de que, mais cedo ou mais tarde, quase toda a fadiga física teria sido automatizada e, portanto, subtraída ao homem, finalmente livre para se dedicar ao estudo e à invenção, por ele considerados não como um trabalho, mas como uma distração mental e um enorme prazer. Na espera de que tal cenário fosse realizado, na sua inteireza, pelos engenheiros, era preciso reorganizar o esforço, de forma a obter uma produção crescente com um esforço decrescente.

Toda a contribuição teórico-prática de Taylor vai nessa direção. Ele experimenta em várias empresas as suas teorias revolucionárias e divulga os resultados em dois ou três pequenos volumes, que se tornarão verdadeiras bíblias para os gerentes industriais. Em 1899 enuncia, pela primeira vez, os seus "princípios fundamentais indispensáveis para uma boa gestão", e em 1903 publica o seu texto mais importante, *Shop Management*, no qual demonstra que "altos salários e baixo custo de mão-de-obra são a base da melhor organização"; indica "os princípios gerais que tornam possível manter essas condições, mesmo nas situações mais difíceis"; e enumera "os vários estágios que devem ser atravessados na passagem de um sistema medíocre de organização para um melhor".

Na prática, um empresário que deseja introduzir o *Scientific Management* na própria fábrica deve, antes de mais nada, padronizar todos os instrumentos e todos os métodos; depois, deve dividir todas as tarefas, de forma a "tornar cada função a mais breve e a mais simples possível"; portanto, deve medir, precisamente, os tempos unitários requeridos por cada tarefa elementar; depois, deve selecionar e treinar o trabalhador adequado designando-lhe o cargo justo; e, por fim, deve aplicar a cada função o mais adequado dentre os quatro sistemas de remuneração disponíveis: diária, empreitada, empreitada com prêmio ou ainda com uma tarifa diferencial.

Tudo isso é válido tanto para o trabalho operário quanto para os outros trabalhadores: "Não existe um tipo de trabalho que não possa ser submetido, vantajosamente, à análise dos tempos, mediante a subdivisão em elementos, excetuadas as operações mentais... O trabalho dos empregados pode ser submetido, com sucesso, à análise dos tempos."

O presidente do conselho americano dos engenheiros, na sua introdução a *Shop Management* (1903), escreve, enfaticamente: "Há cerca de 60 anos uma invenção americana conduziu uma das atividades manuais mais antigas e universalmente difundidas do plano no qual ela havia permanecido desde a aurora da civilização ao elevado nível da indústria mecânica moderna: a máquina de costurar. Já há aproximadamente 30 anos, outra invenção americana aperfeiçoou uma das mais antigas atividades manuais, a da escrita, inserindo-a no moderno progresso mecânico: a máquina de escrever. A arte de forjar e formatar utensílios e metais nasce, sem dúvida, no final da Idade do Ferro, em que, a esse propósito, é pelo menos tão remota quanto a arte da costura e da escrita, se não for ainda mais antiga. Como essas últimas, permaneceu inalterada dos seus primórdios até hoje. O estudo de Taylor e dos seus colaboradores a conduziu, de uma hora para outra, do plano do empirismo tradicional ao alto nível da ciência moderna e, ao que parece, a empurrou tão para a frente, que ela quase se tornou uma ciência exata." Taylor obteve um enorme progresso graças aos seus experimentos sobre o corte do metal, que duraram 26 anos e custaram 200.000 dólares às empresas que o financiaram. Com o *Shop Management*, ele ofereceu ao público os fundamentos dessa nova ciência da organização industrial, da qual é, "por unânime admissão, o principal estudioso e maior expoente".[46]

Os resultados que Taylor obteve nos setores manufatureiros nos quais introduziu o seu método foram extraordinários: por exemplo, a simples subdivisão das tarefas em tempos elementares permitiu que alguns operários da empresa Midvale aumentassem a produção em 33%; num outro estabelecimento, a aplicação do *Scientific Management* permitiu que 35 jovens conseguissem desempenhar o trabalho antes feito por 120, com uma notável diminuição da carga horária diária, um incremento do salário e uma melhoria da qualidade.

E as vantagens não são só econômicas: Taylor, orgulhosamente, sustenta que os seus métodos organizacionais, longe de rebaixar os trabalhadores ao nível de macacos, conforme andava sendo insinuado pelos seus opositores, permitiam a sua valorização, requerendo dos chefes "imaginação construtiva" e permitindo a todos os outros a progressiva liberação do cansaço físico e da repetitividade.

O último livro publicado por Taylor é *The Principles of Scientific Management* (1911). O desperdício de energias humanas por má organização – afirma-se – é bem mais grave e menos visível que o progressivo desaparecimento das florestas, o desequilíbrio hidrogeológico e a exaustão cotidiana das reservas de carvão e de ferro. Contra esse desperdício, *The Principles* fornece uma solução universal – o gerenciamento científico, capaz de obter resultados "realmente assombrosos", aplicáveis às ações individuais mais elementares, tanto quanto ao funcionamento das grandes empresas, ao trabalho doméstico, como ao trabalho agrícola, ao voluntariado, ao comércio, à instrução e à previdência social. Em resumo, a todas as atividades humanas.

A favor do *Scientific Management*, Taylor exibe ainda outras cifras e resultados: "Nos Estados Unidos pelo menos 50.000 trabalhadores obedecem a esse sistema; eles recebem salários diários 30 a 100% superiores ao que é pago a indivíduos com a mesma capacidade em zonas contíguas, enquanto as empresas das quais dependem nunca tinham prosperado tanto assim. Nessas empresas a produção por operário e por máquina é, em média, duplicada... Não ocorreu uma só greve entre a mão-de-obra organizada por esse sistema... Existe, em todos os níveis, entre direção e mão-de-obra, uma cordial colaboração."[47]

Em suma, graças à adoção da energia elétrica, do vapor e de outros progressos tecnológicos e profissionais, a indústria conseguiu obter para cada trabalhador uma produção duas, três e até mesmo quatro vezes maior. Graças a Taylor e ao seu *Scientific Management*, foi possível duplicar posteriormente a produção, criando dessa forma um bem-estar difuso, com redução da carga horária.

Conforme já recordamos, Aristóteles afirmava que o trabalho visa ao repouso, assim como a guerra visa à paz. Provavelmente Taylor não conhecia esse pensamento do grande filósofo grego, mas havia chegado à mesma conclusão por conta própria, adotando-o, coerentemente, como imperativo categórico. O fato é que em 1901, aos 45 anos, ele deixou a sociedade Bethlehem, na qual trabalhava, e, dali para a frente, no plano profissional, limitou-se a dar consultorias empresariais e a jogar na Bolsa. As atividades às quais ele tinha real apego não eram mais aquelas rudes e fragorosas das oficinas, mas as refinadas e repousantes, como a jardinagem e o golfe. O jardim da sua mansão torna-se tão importante na sua vida que contratou um jardineiro com uma dúzia de assistentes, ajudados esporadicamente por uns 30 trabalhadores braçais, um engenheiro civil e um grande número de floricultores.

Como se pode ver, portanto, Taylor foi mestre não só na organização científica do trabalho dos outros como também na apaixonada organização do seu próprio ócio criativo.

Morreu com 59 anos em 1915, quando os seus *hobbies* já lhe interessavam bem mais que o trabalho. Após uma primeira parte da vida dedicada à exaltação da linha reta, a morte o colheu quando já havia, sabiamente, optado pela linha curva. Mas, apesar disso, permanecerá na história como o gênio da racionalidade organizacional. E não por acaso a sua viúva, um tanto adoentada durante o casamento, mas cheia de vitalidade na viuvez, escolheu o seguinte dizer para a sua lápide: "*The Father of Scientific Management*."

FORD, O INVENTOR DA LINHA DE MONTAGEM

Mas além de Taylor, que trabalhou nas fábricas como consultor, o novo modo de produção industrial teve um outro grande pai: Henry Ford (1863-1947), que trabalhou como fundador, patrão e empresário da indústria automobilística mais famosa do mundo.[48]

A epopéia inventiva de Ford é intensa: em 1893 construiu o primeiro carro; dez anos depois fundou a Ford Motor Company, onde, com 311 funcionários, construiu o primeiro exemplar do Modelo A. A partir daquele momento, os automóveis circulantes nos Estados Unidos aumentaram vertiginosamente de um a cada milhão e meio de habitantes (1902) para um a cada 800 habitantes (1907).

Em 1908, Ford colocou em produção aquele que depois seria o carro do século, o Modelo T. No ano seguinte, "em 1909, uma manhã anunciei sem nenhum aviso prévio que daquele momento em diante passaríamos a construir somente um modelo, o Modelo T, e que o chassi seria exatamente igual para todos os carros e observei: todo e cada cliente poderá querer um carro da cor que preferir, desde que seja preta".[49]

Na primavera de 1913, ou seja, dois anos antes que Taylor morresse, Ford teve a sua idéia mais brilhante, aquela que o faria passar à história: no novo estabelecimento de Highland Park, sempre em Detroit, inaugurou a primeira linha de montagem, expressão e síntese máxima do taylor-fordismo. O ciclo de trabalho do montador médio, que era de 514 minutos antes da introdução do Modelo T e que havia sido reduzido a 2,3 minutos quando se atingiu o perfeito intercâmbio das peças, com a linha de montagem reduziu-se ainda mais, chegando a 1,19 minuto. Em 1915, os empregados da linha de montagem de Highland Park já passavam de 7.000, falavam-se ali umas 50 línguas, e poucos sabiam inglês, sendo que muitos eram trabalhadores provenientes do setor agrícola. Mas esses detalhes eram completamente indiferentes para a organização fordista, que havia reduzido os trabalhadores a uma categoria de peças também passíveis de serem intercambiáveis. Assim, o novo modo de produzir, o da criatividade sem gênios, havia completado os passos essenciais do seu percurso, percurso este fulminante, sobretudo se comparado às milenares gestações de outras revoluções da época.

Com essa "produção de massa", conforme a chamou o próprio Ford, nascem também o consumo de massa, a sociedade afluente. Nas intenções de Ford, o Modelo T, construído na linha de montagem, é um automóvel destinado à família americana. Ele é projetado para custar pouco, de modo que "homem algum que tenha um bom salário deixe de possuir e de gozar junto à sua família da bênção de algumas horas de prazer pelo espaços abertos por Deus". Não por acaso, o preço inicial do Modelo T era de 850 dólares e pouco depois caiu para 260 dólares, enquanto, naqueles mesmos anos, um veículo da Mercedes custava 18.000. A "Lizzie de lata", como era chamado, permaneceu em produção de 1908 a 1927, e foram vendidos 15 milhões de exemplares: um sucesso que só foi superado em 1977 pelo Fusca da Volkswagen.

A sua fábrica chama-se Ford, mas Henry tem plena consciência de que toda e qualquer empresa é uma obra coletiva, exatamente como uma catedral gótica. E gótico é o seu organograma: no pináculo mais alto está ele, patrão, estrategista, projetista e *designer*; abaixo encontram-se os chefes dos setores, e um pouco mais abaixo ainda os operários altamente especializados, que construíam máquinas e utensílios, desempenhavam um trabalho experimental, executavam tarefas mecânicas de alta qualificação e desenvolviam modelística; na base, abaixo de todos, estavam os operários-massa: trabalhadores braçais, quase todos imigrantes e analfabetos, colados à linha de montagem, tal qual encarnados por Charles Chaplin, repetindo ao infinito pouquíssimos gestos aprendidos em poucos minutos e totalmente desprovidos de inteligência: suor e estresse liofilizados ao estado puro.

O Modelo T era composto de 5.000 peças, quase todas construídas na própria Ford: mais ou menos um terço das que existem hoje num veículo da Fiat de média cilindrada, porém provenientes de todas as partes do mundo globalizado.

A linha de montagem realiza milagres no plano da produtividade: elimina todo e qualquer desperdício de tempo, obriga os supervisionados a se tornarem supervisores dos seus próprios colegas e multiplica o rendimento. "Em outubro de 1913 eram necessários nove horas e 54 minutos de tempo de trabalho para montar um motor; seis meses depois, com o método de montagem com linha móvel, esse tempo foi reduzido para cinco horas e 56 minutos." Colocada em prática, em poucos anos a linha de montagem conseguirá quadruplicar o rendimento de cada operário.

Mas o progresso projetado por parte dos empregadores exige vítimas do lado dos trabalhadores. "O resultado líquido da aplicação desses princípios é a redução da necessidade de pensar, por parte do operário, e a diminuição ao mínimo dos seus movimentos. Na medida do possível, o operário faz somente uma coisa, com um único movimento." Essa, que para Ford é uma entusiasmante conquista no plano econômico, para os seus operários é uma condenação infernal no plano humano. Até mesmo Henry deve ter suspeitado disso, pois em seguida sentiu a necessidade de arranjar um álibi de insuspeitável cinismo: "O trabalho repetitivo, o fazer continuado, sempre da mesma maneira, de uma única coisa, é uma perspectiva terrificante para um certo tipo de mentalidade. É terrificante também para mim. Eu jamais conseguiria fazer a mesma coisa todos os dias, mas para outros tipos de pessoas, e diria até que para a maioria das pessoas, as operações repetitivas não são motivo de terror. Na realidade, para alguns tipos de mentalidade, o pensamento é um verdadeiro padecimento. Para eles o trabalho ideal é aquele no qual o instinto criativo não deve expressar-se. Os trabalhos que requerem o cérebro e os músculos possuem poucos aspirantes... O operário médio, lamento afirmá-lo, deseja um trabalho no qual não deva gastar muita energia física, mas sobretudo deseja um trabalho no qual não deva pensar."

Conforme já escrevi num outro contexto,[50] a "racionalização total" proposta por Taylor e levada às últimas conseqüências por Ford privilegia a esfera quantitativa, o trabalho dos machos, a dimensão produtiva e consumista do homem, os lugares e as horas de trabalho. Conseqüentemente, coloca em segundo plano a esfera emocional e doméstica, os sentimentos, a contribuição feminina, a família e a estética, separando artificiosamente a vida prática das instâncias éticas ("amigos, amigos, negócios à parte") e separando o trabalho do estudo e do jogo: "Quando trabalhamos, devemos trabalhar. Quando jogamos, devemos jogar. De nada serve tentar misturar as duas coisas. O único objetivo deve ser desempenhar o trabalho e ser pago por tê-lo feito. Quando o trabalho acaba, aí sim, pode vir o jogo, a brincadeira, mas não antes."[51]

OS MOTORES E OS VETORES

Chama a atenção de quem lê a vida de Mozart o seu contínuo perambular, desde criança, para dar concertos, em todas as cortes da Europa, de

Salzburgo a Viena, de Mônaco a Paris, de Manheim a Milão, Bolonha e Roma. Como conseguiu – sempre me perguntei –, e com que tormento, cobrir tantas distâncias com carruagens que não superavam os cinco quilômetros horários?

Aristóteles e Leonardo da Vinci fantasiaram máquinas semoventes, motores imóveis, mágicos substitutos mecânicos dos músculos humanos e da tração animal; todos os olimpos e todos os paraísos são povoados por querubins alados, lançadores de flechas, bem-aventurados e divindades capazes de aparições prodigiosas e localizações mágicas.

A criatividade dos engenheiros irá se engarregar de transferir para a terra, entre os séculos XVIII e XX, esses sonhos, transformados em concretíssimos motores: a vapor (1712), a gás (1801), a combustão interna (1856), elétrico (1870), a diesel (1893) e a reação (1937). Surgirão infinitos prodígios de movimento e locomoção: do trem ao automóvel, do navio ao tanque de guerra, do trator ao submarino, dos limpadores de pára-brisas aos eletrodomésticos.

Uma grande parte dessas máquinas, como quase todas as melhores invenções industriais, nasce na Europa, mas depois é aperfeiçoada na América. A sua realização absorve sempre um grande número de inteligências e resulta de progressivos ajustes, para os quais, quase como se fosse numa competição, contribuem amadores e profissionais de todos os tipos. A criatividade necessária para produzi-los é, neste ponto, um fato conjunto, coletivo, impossível a gênios individuais, ainda que fossem extraordinários.

Tomemos o trem como exemplo. Se os trilhos existiam desde o final do século XIV, as ferrovias a cavalo foram substituídas pelas locomotivas a vapor somente em 1803, graças à genialidade inventiva do engenheiro Richard Trevithick, a serviço da ferraria de Coalbrookdale. Será, mais tarde, um outro engenheiro minerador inglês, George Stephenson, que construirá, em 1814, uma locomotiva tão imponente, a ponto de ligar para sempre o nome do seu inventor à epopéia ferroviária. A Rocket, locomotiva ainda mais poderosa, que Stephenson e o seu filho aprimoraram em torno de 1830, que atingia a velocidade de 50 quilômetros horários, inaugurou a era dos trens de passageiros que revolucionariam o transporte interurbano, mudando a face das cidades e dos campos. Em 1833, ainda na Inglaterra, foram inauguradas as primeiras locomotivas elétricas, e, mais tarde, em 1912, surgiu na Alemanha a locomotiva a diesel. Na Itália, onde uma primeira ferrovia, feita pelos Bourbon, havia ligado Nápoles a Portici, 100 anos depois alcançará um outro primado: um trem movido a eletricidade conseguirá superar os 200 quilômetros horários. Mas, para obter trens que fossem capazes de manter uma velocidade constante dessa ordem, seria necessário aguardar o Novo Tokaido, que a partir de 1964 passa a ligar Tóquio a Osaka.

Nos Estados Unidos, o percurso costa a costa, que até 1869 requeria pelo menos seis meses de diligência, a partir daquele ano, graças às ferrovias Union e Central Pacific, podia ser realizado numa só semana. Cem anos depois seria possível ir de Paris a Lyon com um trem super-rápido, capaz de correr a 240 quilômetros por hora: ótima *performance* para um veículo terrestre, mas um progresso irrisório se comparado ao salto de velocidade bem superior realizado pelos aviões e pelos satélites.

Em 1903, junto a Kill Devil Hill, no estado da Carolina do Norte, ocorreu o primeiro vôo controlado por propulsão mecânica: o *Flyer I*, conduzido por Orville Wright, voou durante aproximadamente 12 segundos por uma distância de 36,5 metros. Apenas 58 anos depois, no dia 12 de abril de 1961, Yuri Gagárin, a bordo da nave espacial *Vostok*, completou em 108 minutos o vôo orbital em torno da Terra, alcançando uma altura de 357 quilômetros.

"A INDÚSTRIA DAS INDÚSTRIAS"

De tempos em tempos, no curso dos milênios, o homem se autopropôs uma série de desafios para depois superá-los com uma criativa teimosia: o desafio da perfeição estética deflagrada pelos gregos, através dos templos, e pelos cristãos, por meio das catedrais; o desafio da segurança total desencadeada por Adriano, com os fossos, pelos chineses, com a muralha, e pelos americanos, com o escudo espacial; o desafio da potência instaurado pelos persas e pelos romanos, por Carlos V e por Napoleão, por Pedro o Grande e por Hitler, pela Rússia e pelos Estados Unidos, com a força dos seus exércitos, a ousadia das suas armas e o refinamento das suas estratégias. Foi o desafio da velocidade que marcou toda a era industrial, com a invenção e o aperfeiçoamento progressivo do trem, do automóvel e do avião: instrumentos com os quais o homem, um dos animais mais lentos do planeta, tentou compensar esse seu complexo ancestral.

O automóvel representa o auge da criatividade industrial: obtido por ajustes gradativos, empregou, aos poucos, uma massa cada vez maior de idealizadores que contribuíram com infinitas e progressivas melhorias: desde o motor a gasolina que Daimler e Benz aprimoraram na Alemanha em 1885, até o motor com dois cilindros que a Benz realizou em 1889. Ainda o próprio Daimler, no mesmo ano, introduziu a embreagem e as marchas com corrente dentada. Em 1891, René Panhard e Emile Levasseur construíram uma "carroça sem cavalos", com o motor colocado debaixo da parte dianteira, nos anos seguintes melhoraram-na com uma rudimentar direção hidráulica e uma transmissão por corrente em lugar da transmissão por correia. Em 1889 a Renault introduziu a árvore de transmissão. No mesmo período a Panhard adotou a suspensão por feixe de lâminas, e em 1895 a Peugeot montou o primeiro pneumático.

Poderia prosseguir nessa lista de ano em ano. Até os nossos dias, a criatividade dos engenheiros e dos criadores das carrocerias, dos *designers* e dos tapeceiros não cessou de fazer frente aos problemas estáticos, aerodinâmicos, estéticos, de velocidade, de segurança, de prestígio e de conforto que o automóvel continua a propor e que os projetistas, os operários e os desenhistas resolveram, um de cada vez, com freios a tambor, freios a disco, peças de aço estampado, carrocerias feitas de sofisticadas resinas de fibra de vidro, suspensões hidráulicas e hidropneumáticas, mecanismos automáticos eletrônicos, computadores de bordo, pilotos automáticos, *air-bags*, velocidade e padrões de segurança cada vez mais sofisticados e formas cada vez mais fascinantes.

Enquanto isso, a organização projetiva, produtiva e distributiva do automóvel mobilizava doses crescentes de criatividade coletiva. "A indústria das indústrias", como a chamou Peter Drucker, exibiu, no início do século XX, na América a primazia da produção de massa com Henry Ford (linha de montagem) e com Alfred Sloan (divisão descentralizada); na metade do século apresentou um novo modo de fazer o automóvel criando ilhas de montagem experimentadas na Suécia; no final do século revolucionou, no Japão, o processo produtivo por meio da *lean production*, ou produção enxuta, elaborada por Eiji Toyoda e Taiichi Ohno, na Toyota.[52]

O INGLÊS E O LEGIONÁRIO

A Revolução Industrial deu-se em três saltos sucessivos: na segunda metade do século XVIII, no final do século XIX e nos anos 30 do século passado. No final deste processo, a vida humana havia se transformado completamente, tendo passado de um milenar arranjo rural a um novo arranjo urbano. Nunca antes a diferença de vida entre os países ricos e os países pobres havia sido tão abissal; e, em tempo anterior, jamais as cidades haviam crescido tão velozmente, tanto em número como em suas dimensões; e nunca as casas haviam sido tão repletas de objetos úteis e supérfluos. Como nota Landes, a Revolução Industrial "modificou o modo de vida do homem mais do que qualquer outra coisa depois da descoberta do fogo: nas coisas materiais o inglês de 1750 estava mais próximo dos legionários de César do que dos seus bisnetos". Mas acrescenta. "A mudança é como um demônio: cria, mas ao mesmo tempo também destrói; e se contarão centenas de vítimas da Revolução Industrial, senão milhões."[53] A criatividade industrial originou um método próprio, centrado no racionalismo e em algumas de suas manifestações específicas, que podem ser identificadas na rápida aplicação das descobertas científicas ao processo produtivo, na divisão do trabalho, na cisão entre os locais de trabalho e de vida, na sincronização dos biorritmos individuais com os biorritmos das máquinas, no rápido prolongamento da duração da vida humana, no progressivo alargamento do mercado, de local para global, no urbanismo, na mobilidade e na reestruturação dos espaços em função da fabricação e do consumo dos produtos industriais, na escolarização em massa, no papel de atração do consumismo e do lazer, na padronização, na especialização, na centralização dos poderes e das informações, na economia de grande escala e na tensão, quase opressora, em direção à eficiência e à produtividade.[54]

Graças à nova ciência organizacional, invenção das invenções, muda todo o paradigma com o qual o homem explica e enfrenta a própria vida; e lançam-se as bases para um novo posterior salto de época, que será representado pela sociedade pós-industrial, na qual vivemos hoje.

Gradualmente, a experimentação científica substituirá o uso do bom senso; a programação tomará o lugar da espera fatalista pelos eventos; as decisões baseadas em experiências passadas serão melhoradas com técnicas de simulação do futuro; as estratégias orientadas pelo produto serão integradas com estratégias orientadas pelo mercado; a liderança, de carismática e autoritária, se tornará mais científica e participativa; dezenas de outras disciplinas – da medicina à psicologia, da pesquisa operacional à sociologia – serão convocadas a dar suporte à ciência organizacional, que enriquecerá com estudos, pesquisas, análises, estatísticas, cultores e escolas. Sem preconceitos graças aos sucessos obtidos nas fábricas, ela pretenderá, aos poucos, colonizar todas as atividades humanas, nos locais de trabalho e nos locais de vida.[55]

CIDADE E LAZER

A cidade, símbolo e sede privilegiada da sociedade industrial, é um lugar criativo? Em 1924, Le Corbusier escreveu, enfaticamente: "Das grandes cidades, células e lares do mundo provêm a paz e a guerra, a riqueza ou a miséria, a glória e o triunfo do espírito e da beleza. A cidade espelha a potência do homem... A grande cidade dita leis, tanto na paz como na guerra, em questões de trabalho. A grande cidade são as fábricas ideais, onde se elaboram as obras do mundo inteiro. As soluções alcançadas pelas grandes cidades difundem-se nas províncias: a moda, os estilos, as técnicas e os movimentos das idéias."[56]

Mais recentemente, John Naisbitt defendeu, ao contrário, que, pelo menos na América, as novas idéias não provêm das grandes cidades famosas, mas dos pequenos centros provinciais: "A América", escreve ele em *Macrotendências*, "é uma sociedade que se move de baixo para cima, isto é, onde as idéias têm início em cidades e municípios menores como, por exemplo, Tampa, Hartford, San Diego, Seattle ou Denver, e não em Nova York ou Washington."[57] De toda forma, trata-se sempre de cidade.

Até o advento da sociedade industrial, a cidade era o local protegido, no qual as pessoas se enclausuravam a fim de se defender da aspereza e da violência dos campos. Durante a sociedade industrial, essa relação foi, aos poucos, invertendo-se, e no imaginário coletivo a cidade tornou-se um lugar de movimento frenético, senão de vícios e de violência, onde os cidadãos sonham com uma serena tranqüilidade campestre e a paz e o silêncio do sítio, da casa de praia ou da casa na serra, para onde correm nos fins de semana. Não são poucos os criativos que se refugiam do incômodo barulho que distrai a atenção, a fim de buscar inspiração onde ainda reina o silêncio. Aliás, Musil descreverá, com lamento, a moderação de Kakânia e a ela contrapunha, ironicamente, a "cidade superamericana onde todo mundo corre ou pára com cronômetro na mão. Céu e terra formam um formigueiro varado pelos diversos andares de ruas superpostas. Trens aéreos, trens terrestres, trens subterrâneos, pessoas transportadas por ônibus, comboios de automóveis disparam na horizontal, ascensores rápidos bombeiam verticalmente massas humanas de um nível de trânsito a outro; salta-se de um meio locomotor a outro nos pontos de junção, sem pensar, sugado e arrebatado pelo ritmo dos veículos, que entre duas corridas trovejantes fazem uma síncope, uma pausa, uma pequena brecha de 20 segundos; trocam-se algumas palavras no intervalo desse ritmo geral. Perguntas e respostas articulam-se como peças de máquina, cada pessoa tem apenas tarefas bem determinadas, as profissões estão agrupadas em lugares certos, come-se em pleno movimento, as diversões estão reunidas noutras partes da cidade, e em outros locais encontram-se as torres onde ficam esposa, família, gramofone e alma. Tensão e distensão, atividade e amor são minuciosamente separados no tempo, e equilibrados segundo experiências de laboratório."[58]

Até a Revolução Industrial a população do planeta nunca havia alcançado um bilhão de pessoas, e nenhuma cidade, excetuando-se a Roma imperial, jamais havia atingido o montante de um milhão de habitantes. "Os números", escreveu Le Corbusier, "demonstram que a grande cidade é um fenômeno de data recente. De 1780 a 1910, em pouco mais de 100 anos, Paris passou de 600.000 a 3.000.000 de habitantes; Londres, de 800.000 a 5.500.000."[59] Os habitantes dos centros urbanos eram 224 milhões no início do século XX (equivalentes a 14% de toda a população mundial); no final do século passado haviam se tornado dois bilhões e meio (equivalentes a 45%). Enquanto isso, as cidades na casa do milhão haviam passado de 16 a 400, 20 das quais com mais de dez milhões de habitantes.

A cidade, portanto, é um fenômeno que cresce paralelamente à indústria e que oferece a sede mais funcional tanto para o trabalho como para o lazer. Assim, a criatividade aplicada à produção de novos objetos torna-se complementar à criatividade aplicada ao consumo deles.

A INVENÇÃO DO TEMPO LIVRE

O mundo da produção industrial tornou mais marcante o divisor de águas entre o tempo livre e o tempo de trabalho; nasce a tripartição da vida em fase de aprendizado, de produção e de aposentadoria; torna-se nítida a separação entre as atividades produtivas (reservadas aos homens e centralizadas no estabelecimento empresarial) e as atividades de cuidados e de reprodução (reservadas às mulheres e confinadas ao recinto doméstico). A cidade adequou as suas estruturas tornando-as funcionais a essas exigências.

Em cada tipo de sociedade os modos de fruição do tempo livre acabam por se adaptar aos moldes da organização do tempo do trabalho. Quando a atividade artesã e camponesa disseminava os trabalhadores numa rede de pequenas células produtivas, não-interativas em nível de organização global, mesmo o pouco tempo livre desses trabalhadores era consumido junto a cada uma das famílias, em cada um dos bares e em cada uma das salas de visita, como formas de lazer muito personalizadas e tecnicamente rudimentares. As procissões e os cortejos, as festas de povoado, os torneios, os jogos de pau-de-sebo constituíam momentos excepcionais, freqüentemente reservados às plebes urbanas, sendo a cidade o grande empório.

Quando o trabalho industrial matou nas "jaulas inumanas" empresariais (a expressão é de Max Weber) quantidades enormes de operários e de empregados, também o lazer assumiu formas massificadas e anônimas, ao mesmo tempo: das salas cinematográficas às estações termais, dos estádios às grandes lojas de departamentos.

Escreveu Alain Corbin: "Na aurora do século XIX, o tempo do camponês, do artesão e o do operário eram descontínuos, cheios de imprevistos, casuais, sujeitos a interrupções fortuitas ou recreativas. Este tempo relativamente lento, flexível, maleável, ocupado por atividades freqüentemente inespecíficas, foi aos poucos substituído pelo tempo calculado, previsto, ordinário, apressado e pressionado pela eficiência e pela produtividade; tempo linear, estritamente medido, que pode ser perdido, desperdiçado, recuperado e ganho. É isto que faz surgir a reivindicação de um tempo para si, no qual ficar de preguiça na cama ou segurando a vara de pesca constituem conseqüências exemplares.

"Mas o desejo desse tempo vazio, insidiosamente ameaçado pelo tédio, paradoxalmente produziu um outro tempo de trégua e de distração, por sua vez previsto, organizado, repleto, agitado e fundado em novos valores; um tempo-mercadoria dos primeiros clubes de férias, que se diferencia do tempo inicial da modernidade tão-somente pela ausência de trabalho."[60]

Os lazeres desviarão cada vez mais a criatividade do mundo do necessário e do dever para o mundo do supérfluo e do prazer.

O TRIUNFO DA ENERGIA

A primeira forma de energia que o ser humano manobrou foi, seguramente, a do seu próprio corpo: a energia que ainda hoje faz berrar e espernear um recém-nascido, faz caminhar uma criança, faz amar ou odiar um adulto e conduz o moribundo a se apegar àquele pouco que lhe resta de vida.

Mas na Física, de modo muito mais prosaico, por energia compreende-se "a capacidade de realizar trabalho que um corpo ou um sistema possui em relação a determinadas características, e que cede ou adquire com a mudança destas".[61] Na perene busca de expedientes que reduzam o nosso trabalho físico e mental, recorremos, várias vezes, ao cachorro para puxar o trenó, ao fogo para cozinhar os alimentos, ao boi para puxar o arado e a carroça, ao vento para inflar as velas das embarcações, à água para mover moendas e turbinas, ao vapor para acionar as locomotivas, à eletricidade para iluminar os centros urbanos e alimentar todos os eletrodomésticos, ao petróleo para acionar o motor a combustão, ao gás metano para aquecer as casas e à fissão do átomo para alimentar instalações.

A sociedade industrial foi a primeira a recorrer assim tão amplamente às fontes energéticas tradicionais e a inventar novas. Vapor e eletricidade são os seus símbolos equivalentes ao automóvel e à linha de montagem. Em 1870, quando Taylor tinha ainda 15 anos, somente 10% de todas as embarcações existentes no mundo eram acionadas pela força a vapor. Trinta anos mais tarde, quando Taylor já havia enunciado o seu *Scientific Management* e a indústria celebrava o seu triunfo, as unidades da frota mundial haviam redobrado e 75% delas eram movidas a vapor, que, por sua vez, era produzido pelo carvão fóssil.

Em 1788, na aurora da era industrial, na Inglaterra consumiam-se dez milhões de toneladas de carvão; em 1913, quando a Revolução Industrial já havia atingido o seu ápice, consumiam-se 290 milhões de toneladas. Enquanto isso, já se havia difundido a eletricidade, que acompanhava a urbanização, tinham sido completamente reformulados os processos para a produção de fundição do ferro e do aço e haviam sido inventados o motor de explosão e a turbina.

Em 1859 o coronel Drake perfurou o primeiro poço de petróleo dos Estados Unidos, em Titusville. No ano seguinte já produzia 100.000 toneladas, destinadas a se tornarem 50 milhões em 1900. Naquele ano, o petróleo fornecia 4% de toda a energia consumida no mundo, contra 80% pela proporcionada pelo carvão. Em 1973, nos tempos da Guerra do Yom Kippur, o carvão tinha passado a cobrir somente 28% das necessidades energéticas mundiais, contra 47% asseguradas pelo petróleo.

Mas foi exatamente essa guerra e a elevação dos custos do petróleo que ela provocou que induziram à valorização de uma fonte energética antes negligenciada: a do gás metano, de transporte fácil e de uso doméstico viável. No início do século XX ele estava quase ausente no elenco das fontes energéticas exploradas pelo homem; no final do século, quando o consumo global anual de energia havia atingido o equivalente a nove bilhões de toneladas de petróleo, o gás metano cobria 20% das necessidades mundiais, enquanto a energia nuclear já havia atingido a quota dos 6%.

A LIBERAÇÃO DA DOR

Afugentar a morte, vencer a dor, eliminar o cansaço e a miséria, debelar a ignorância, liberar-se da tradição, derrotar o autoritarismo e cancelar a feiúra. Por essas oito vitórias o ser humano debate-se desde sempre.

A sociedade industrial não deu uma importância excessiva à estética, preferindo a prática; nem sacrificou o utilitarismo à ética, preferindo os negócios. Mas combateu o analfabetismo, considerando-o inimigo da eficiência, e combateu a fadiga, considerando-a inimiga da produtividade. Contudo, talvez os seus maiores sucessos tenham sido conquistados contra a morte, que foi adiada; contra as muitas doenças que foram debeladas; e contra a dor, que foi derrotada em muitos casos. Em toda a pré-história e durante a longa época rural, contra a morte, as doenças e os traumas, a dor física e moral, nossos atrozes inimigos de sempre, lá onde os medicamentos e os cuidados médicos nos abandonavam, recorríamos aos antídotos espirituais constituídos pela esperança religiosa na imortalidade, pela consolação estética, pela doçura da amizade e pela paixão amorosa.

Mas as epidemias e as pestes, em ondas periódicas, continuavam a fazer estragos na nossa felicidade humana. Lucrécio e Manzoni descreveram os seus efeitos devastadores nos corpos e nas almas. O médico Rieux, protagonista de A *Peste*, de Camus, conclui a sua história com amargos presságios: "Ele sabia aquilo que a multidão ignorava, e que se pode ler nos livros, ou seja, que o bacilo da peste não morre, nem desaparece jamais, que pode permanecer por dezenas de anos adormecido nos móveis ou entre as roupas de cama e mesa, que espera, pacientemente, nos quartos, nas adegas, nas malas, nos lenços e na papelada, e que poderia vir o dia, talvez, que a peste poderia despertar os seus ratos para enviá-los à morte numa cidade feliz."

Somente em Nápoles houve contágios e pestes freqüentes, entre as quais, particularmente terríveis, as de 1348, 1527, 1562, 1580 e 1656 (quando a grande pestilência chegou a provocar até 5.000 mortes por dia, reduzindo em poucas semanas a 200.000 sobreviventes a população inicial de 450.000 habitantes), assim como as de 1836 e 1853. Em Florença as pestes ocorriam, em média, a cada dez anos: no século XIV foram gravíssimas as de 1348 (que, de uma hora para outra, reduziu à metade a população), 1363, 1374, 1383 e 1390.

A desnutrição, a falta de higiene e a brutalidade dos conflitos se encarregavam do resto. O certo é que o crescimento da população mundial foi muito lento: um milhão de anos atrás, os exemplares do *Homo erectus* presentes na Ásia, na África e na Europa eram somente poucas centenas de milhares. Quando, aproximadamente há 100.000 anos, apareceu o *Homo sapiens* do tipo Neandertal, a humanidade contava entre um e dois milhões de indivíduos. Quarenta mil anos atrás, quando finalmente prevaleceu o moderno *Homo sapiens sapiens*, a humanidade era composta por três a quatro milhões de indivíduos. Há dez mil anos, quando a descoberta da semente determinou a revolução agrícola, todo o gênero humano vivente sobre o planeta ainda não superava os cinco milhões de pessoas, e a densidade populacional nos povoados não superava 100 habitantes por dez quilômetros quadrados. Na época de Augusto, quando teve início o cristianismo, a população mundial não chegara ainda aos 300 milhões. Após 1.600 anos, no século XVIII, havia apenas dobrado, atingindo a casa dos 600 milhões. Só no começo do século XIX a humanidade alcançou a cifra do bilhão. Será depois, com a Revolução Industrial, que, em apenas dois séculos, a população mundial passaria, muito velozmente, de um a seis bilhões, provocando a explosão demográfica que faz da nossa espécie aquela que mais cresce no planeta. Em seguida, o próprio progresso médico e farmacêutico que provocou essa explosão também forneceu antídotos à fecundidade excessiva, inventando, em outubro de 1951, a pílula anticoncepcional, que teria separado para sempre o erotismo da procriação e teria liberado a mulher do medo milenar de uma gravidez não-desejada.

A criatividade humana obteve tudo isso inventando fármacos milagrosos: basta pensar no quinino, na cortisona, na penicilina, na aspirina, na clorpromazina, na mecloretamina e tantos outros antibióticos, antidepressivos, anti-reumáticos e antitumorais, aos quais se deve acrescentar as tecnologias cirúrgicas, cada vez mais desenvolvidas, e as de diagnóstico, sempre mais confiáveis, como a tomografia computadorizada e a ressonância nuclear magnética.[62]

Hoje é possível produzir remédios extraindo-os das plantas, sob a forma de drogas, ou dos animais, sob a forma de hormônios, obtendo-os por síntese química, por meio de fermentações e das biotecnologias. O longo processo que vai desde a criação até a experimentação e a difusão de um novo medicamento está entre os mais complexos de que o homem cogitou para potencializar e controlar a própria criatividade científica. O planejamento, a gestão e o monitoramento do processo farmacêutico que vai desde a preparação química de novas substâncias até a sua experimentação, primeiro em animais e depois no ser humano, são acompanhados pelo processo comercial, que implica desde a patente e as pesquisas de mercado até a propaganda e a distribuição.

Mas a criação nunca é um evento pontual. Detenhamo-nos um momento a fim de considerar os longos esforços feitos para vencer a dor. No ano 30 d.C., Celso descreve com crua vivacidade um jovem submetido a uma operação cirúrgica para a extração de um cálculo da bexiga: amarrado como um salame e imobilizado por dois energúmenos, gritava como um endemoninhado, em meio a um rio de sangue. Nessas condições, a cirurgia não podia deixar de ser uma intervenção artesanal dominada pela pressa e pela imprecisão (parece que Dominique Larrey, cirurgião de Napoleão, ganhou o *Guinness* de velocidade, amputando um membro em apenas 15 segundos). Na Idade Média recorria-se às *spongiae somniferae*, esponjas embebidas de poções de ópio, de cicuta, mandrágora ou meimendro. Mas, embora graças a essas poções o sono do paciente fosse provável, o seu despertar permanecia bastante incerto.

Depois, no século XIX, passando pela administração de gases como o protóxido de azoto, que, além de efeitos hilariantes, obtinha também algum efeito anestésico, chegou-se à aplicação do éter, graças a experimentos conduzidos em 1846 por um jovem estudante de medicina, William Green Morton, com o qual "a ciência aprendeu a controlar a dor", como diz a sua lápide no cemitério de Boston. Em 1875, um outro americano, William Halsted, iniciou o uso da anestesia local, injetando cocaína nos tecidos a serem cortados. Em 1929 foi introduzido o ciclopropano; em 1956, o halotano, e depois, gradativamente, o metoxifluorano, o enfluorano, o influorano, aos quais uniram-se, a partir dos anos 30, os barbitúricos.

Hoje, a anestesia, tanto geral como local, deu passos gigantescos e permite regular o estado de consciência, a respiração, a freqüência cardíaca, a pressão e a temperatura, proporcionando três vantagens: a eliminação da dor, que permite ao paciente não sofrer; a imobilização do paciente, que permite ao cirurgião operar com calma e exatidão; e o conhecimento dos circuitos cerebrais, que permite aos neurofisiologistas o estudo do funcionamento do nosso cérebro.

DISTANTES DE LUCY

A primeira industrialização induziu os sociólogos do tempo a examinar sobretudo três aspectos problemáticos: a divisão do trabalho e as suas conseqüências sociais; os efeitos alienantes da indústria nos trabalhadores; e a divisão da sociedade em classes, causada pela organização industrial.[63] As múltiplas e concomitantes inovações nas ciências, na política e na organização do trabalho foram interpretadas por muitos decênios como progressos separados e paralelos. Somente mais tarde – como obra de Lorenz von Stein, que viveu entre 1815 e 1890 – essas diversas mudanças foram acolhidas como um fenômeno unitário, uma revolução histórica e um salto de civilização: o advento da "sociedade industrial".[64]

Com um olhar retrospectivo, hoje é possível analisar essa sociedade industrial, seja nos seus confins cronológicos seja nos seus fatores determinantes, e – por fim – nas suas dinâmicas coletivas. Iniciada, como já dissemos, em torno da metade do século XVIII, ela alcançou a sua plena maturidade nos primeiros anos do século XX. Mas enquanto com Taylor e Ford a sociedade industrial celebrava o seu ápice, a ciência e a arte já iam preparando uma era nova, um novo tipo de sistema que só se tornará claramente visível na segunda metade do século XX. Por comodidade chamamos de pós-industrial essa nova sociedade na qual todos nós hoje vivemos.

As teorias da física quântica e da relatividade provocaram no sistema científico herdado do século XVIII uma verdadeira revolução, colocando em crise as concepções da física clássica, da mecânica ao eletromagnetismo e à teoria cinética.[65] Enquanto isso, a introdução do automóvel (1885), do aeroplano (1903), dos veículos com correias (1904), do rádio (1906), da máquina de lavar (1906), do aço inoxidável (1913), do plástico (1914), do guindaste (1923), da televisão (1926), do robô (1928), do isopor (1933), do motor a reação (1937), da fissão atômica (1939), do reator nuclear (1942), do computador (1945), da montagem automatizada (1946), do transistor (1947), da pílula anticoncepcional (1951), do videocassete (1952), do satélite artificial (1957), do aparelho estereofônico (1958), do laser (1960), da calculadora eletrônica (1971) e depois do microcomputador, do fax, dos telefones celulares, da biotecnologias, da Internet, das drogas farmacológicas mais recentes, serviu para consolidar, num único e poderoso impulso, uma verdadeira mudança de época da civilização (nas quais as dimensões científicas e tecnológicas se unem e se confundem cada vez mais), empenhado no duplo *front* de prolongar a vida e intensificar o aproveitamento do tempo, otimizando a relação entre a quantidade de bens produzidos e a quantidade de tempo necessário para produzi-los.

Se a essas conquistas tecnológicas da criatividade humana somarmos a revolução da psicologia através da psicanálise, da arte por meio do cubismo e de outros "ismos", da arquitetura por intermédio do racionalismo e do modernismo, da música graças à atonalidade, do espetáculo devido ao cinema e à televisão, da informação através da mídia e da literatura por meio da obra aberta, perceberemos o longo caminho percorrido pela criatividade humana, desde a nossa antepassada Lucy até chegar a nós, cidadãos do planeta pós-industrial.

CAPÍTULO NOVE

O HOMEM DESCOBRE A CRIATIVIDADE E INVENTA O FUTURO

"*A filogênese é um objeto sutil: não requer somente os poderes analíticos dos pesquisadores, mas também a imaginação construtiva do artista, e os dois devem contrabalançar-se entre si – como raramente fazem –, senão o objeto não se realiza.*"
ANTON DOHRN

"*Quando o Xerox Parc foi criado, Alan Key afirmou algo de muito político. Disse: 'O modo mais fácil de predizer o futuro é inventá-lo.' Eu penso que nós possamos ir mais além. A pessoa não inventa o futuro. O futuro é um sistema de coevolução.*"
JOHN SEELY BROWN

"Out of control. *É preciso fugir ao controle caso se deseje ter uma convergência entre tecnologia e biologia. A vida é o ponto de chegada da tecnologia.*"
KEVIN KELLY

O OITAVO DIA DA CRIAÇÃO

Comecei este livro evocando o sublime início do Velho Testamento: "No princípio Deus criou o Céu e a Terra. A Terra estava deserta e vazia, as trevas cobriam o Oceano e um vento impetuoso soprava sobre as águas. Deus disse: 'Seja feita a luz!' E apareceu a luz. Deus viu que a luz era bela e separou a luz das trevas. E à luz Deus chamou 'dia', às trevas chamou 'noite'. Fez-se tarde e veio a manhã: o primeiro dia."

O inspirado redator do Gênesis continua enumerando as obras do Criador: evoca cada uma delas pela sua beleza; cada uma produzida pela palavra do Senhor. "No dia em que o Senhor Deus fez a Terra e o Céu, ainda não havia sobre a terra nenhum arbusto do campo e a vegetação ainda não tinha brotado, porque o Senhor Deus ainda não tinha feito chover sobre a Terra, nem havia ninguém para cultivar o solo. Mas um vapor subia da terra e umedecia toda a superfície do solo."

E agora vejamos como a origem do nosso mundo é descrita, 3.000 anos depois, por um cientista: "Nos primeiros dois bilhões de história do planeta... a atmosfera da terra primordial era constituída por uma mistura de hidrogênio, azoto, amoníaco, metano e dióxido de carbono. A falta de oxigênio, da qual naturalmente se produziu a camada de ozônio que protege a superfície terrestre das radiações ultravioleta do Sol, fez com que os processos químicos que deram origem às primeiras formas de vida se verificassem em ambiente aquoso, dado que a água funcionava como filtro às radiações ultravioleta, com a formação de moléculas orgânicas (isto é, essencialmente compostas por átomos de carbono, hidrogênio e outros poucos elementos) cada vez mais complexas.

O primeiro degrau decisivo da biogênese foi a síntese natural da clorofila, uma molécula orgânica bastante complexa que contém magnésio, que possui a propriedade de transformar a energia irradiada pelo Sol em energia química, sob a forma sobretudo de carboidratos até a celulose, e de liberar, ao mesmo tempo, oxigênio molecular. Este é, em suma, o processo de fotossíntese clorofiliana que deu origem aos organismos vegetais. Uma vez deflagrada a evolução das formas biológicas, o processo se deu em relação a várias espécies vegetais, depois também animais, cada vez mais complexas, enquanto o oxigênio liberado – uma vez saturadas as águas nas quais havia se formado – passou, gradualmente, a acumular-se na atmosfera, criando as condições para que surgissem formas de vida acima do nível das águas. Transcorreu mais de um bilhão de anos antes de passar de condições abiológicas a condições pré-biológicas e destas ao nascimento das primeiras formas de vida capazes de autopropagarem-se e de evoluírem para formas mais elaboradas e mais complexas."[1]

Toda a longuíssima evolução do planeta, precedente ao surgimento do homem, segundo a Bíblia, ocorreu como obra da palavra de Deus; segundo o cientista moderno, ocorreu graças ao Sol e à ação do tempo. E dado que o Sol e o tempo fazem parte da natureza, podemos afirmar que o pensamento científico atribui a criação do mundo a um processo *autopoiético*, isto é, que tem origem a partir do seu próprio interior; enquanto o pensamento religioso atribui a um demiurgo transcendente a criação do mundo, logo se pensa tratar-se de um processo *heteropoiético*, cuja origem encontra-se no seu exterior.

Todas as fontes de energia, seja as exauríveis, de origem predominantemente fóssil (carvão, petróleo e gás natural), seja as renováveis (biomassas, energia hídrica, geotérmica, eólica, fotovoltaica, das ondas e dos gradientes térmicos oceânicos), derivam direta ou indiretamente da ação solar.

Naquilo que diz respeito às fontes exauríveis, "caso se calcule a quantidade de energia solar que foi necessária a fim de gerar todos os recursos estimados de combustíveis fósseis e se compare este montante com aquele outro, milhões de vezes maior, que pode ter dado origem a formas de vida vegetais e animais, e se ainda se considere que esta última energia é, por sua vez, pelo menos mil vezes menor do que a energia irradiada que do Sol chegou à Terra nos três bilhões e meio de anos desde que existem formas de vida no nosso planeta, tem-se uma idéia do quão difíceis e extraordinárias foram as condições que permitiram a gênese e o acúmulo de combustíveis fósseis, em cujo uso foi baseado o desenvolvimento da sociedade industrial".

Já no que concerne às fontes renováveis, elas também "derivam direta ou indiretamente do Sol, que irradia sobre a Terra a cada segundo uma quantidade de energia equivalente a quase 1.400 joules por metro quadrado. Reportando esta energia à secção média da Terra, pode-se calcular que a energia solar interceptada pelo nosso planeta, em seu conjunto, é de aproximadamente $1{,}75 \times 10^{17}$ watts (um watt é igual a um joule por segundo). Trata-se de uma quantidade de energia mais de 10.000 vezes superior àquela que é consumida todos os anos pelo nosso planeta. Ela é suficiente, levando em consideração o efeito-estufa natural devido à atmosfera, para manter a temperatura média na superfície do planeta em torno dos 15°C: se a energia irradiada pelo Sol não alcançasse a superfície da Terra, ela receberia calor somente das camadas geológicas quentes do seu próprio interior, e a temperatura se estabilizaria em torno dos 30 graus absolutos, ou seja, –243°C".[2]

Conforme já vimos nos primeiros capítulos deste livro, o processo de autocriação, de *autopoiese* do mundo, sofreu uma aceleração a partir do surgimento do ser humano, que, além de ter sido objeto da evolução biológica, também fez-se sujeito dessa mesma evolução, descobridor do seu próprio planeta, assim como de outros planetas e astros, das leis naturais, do universo infinitamente pequeno e daquele infinitamente enorme; e ainda como inventor de novas culturas ideais, materiais e sociais.

O hino do Gênesis ao Criador diz: "Assim foram acabados os Céus, a Terra e todo o seu exército. Tendo Deus terminado no sétimo dia a obra que tinha feito, descansou do seu trabalho. Deus abençoou o sétimo dia e o consagrou, porque neste dia repousara de toda a obra da criação.

"Tal é a história da criação dos Céus e da Terra." (GÊN, 1-2.) Mas se Deus pôde permitir-se um sétimo dia de justo repouso, foi porque o homem assumiu a honra de prosseguir a criação incompleta, através de suas descobertas e de suas invenções. Por isso, fez muito bem Horace Freeland Judson ao intitular *The Eighth Day of Creation* (O oitavo dia da criação)[3] o seu belo livro sobre os artífices da revolução biológica e sobre a descoberta do DNA.

O oitavo dia da criação está ainda muito distante do seu ocaso, e o homem, único animal que não descansa nunca, continua na sua frenética atividade de descoberta e de invenção, de criação e de procriação.

AS PULSAÇÕES DO PROGRESSO

Como já recordamos, quando teve início a revolução agrícola, cerca de 10.000 anos atrás, toda a população mundial não superava os cinco milhões de habitantes. Hoje somos seis bilhões e, quando lembramos disso, a primeira coisa que pensamos é que se trata de seis bilhões de barrigas para encher. Mas a questão pode ser vista também de outro ângulo: todas as noites seis bilhões de cérebros adormecem e começam a sonhar formas, objetos, idéias, cores, sons, jogos, negócios, sociedade, convivências e conflitos inéditos, boas ações, torturas e iniqüidades de tudo que é tipo; e todas as manhãs seis bilhões de cérebros acordam e começam a pensar em como traduzir na prática esses sonhos. E às vezes conseguem.

Os sonhos que mais deram certo nesses últimos decênios dizem respeito ao progresso científico e tecnológico, ao desenvolvimento organizacional, à longevidade, à escolarização em massa, à invenção e à difusão da mídia e das tecnologias informativas. Cada um desses campos usufruiu a contribuição de criativos cada vez mais numerosos e cada vez mais bem organizados. As lutas de classe impuseram a difusão dos benefícios derivados da realização desses sonhos.

Se vocês pegarem qualquer enciclopédia técnico-científica, na qual os autores e os argumentos são tratados em ordem cronológica, poderão logo observar que a história das origens até o século XVI preenche no máximo um décimo dos volumes; um outro décimo é ocupado pela história dos séculos XVII e XVIII. Os séculos XIX e XX absorvem todo o resto: oito décimos do conjunto.

Hoje a ciência e a técnica desenvolvem-se segundo um ritmo mais uniformemente acelerado, mas não foi sempre assim. As carruagens nas quais os nossos bisavós viajavam tinham uma velocidade mais ou menos igual à das carroças assírias e das bigas romanas. Já os automóveis duplicaram de velocidade no decorrer de 70 anos. Os microprocessadores, fiéis à lei de Moore, dobraram de potência a cada 18 meses. E as fibras óticas, a cada nove meses.

Não sabemos até quando durará essa progressão geométrica. A experiência milenar nos demonstra que o progresso técnico-científico alternou fases de desenvolvimento em algumas épocas com fases de letargia em outras. Conforme já vimos, depois do grande *boom* da Mesopotâmia, onde em poucos decênios foram inventados o arado e a roda, a irrigação baseada no sulco, a astronomia, a matemática, a cidade e a escola, foi necessário aguardar até o século XII d.C. para reencontrar-se um período igualmente fecundo, no qual se adensaram invenções como o relógio, os óculos, o moinho de água, o arreio moderno dos cavalos, a bússola, a pólvora, a imprensa e o timão.

Graças à sociologia quantitativa da ciência, hoje sabemos algo mais a respeito dessas "pulsações" do desenvolvimento técnico-científico, distribuídas não só segundo determinados períodos históricos, mas também segundo determinados ramos disciplinares, determinadas áreas geográficas e determinadas contingências como os períodos bélicos e os pacíficos, etc.[4]

De toda forma, as pulsações feitas de acelerações e lentidões não impediram a ciência e a técnica de crescerem, irreversivelmente, nos seus caminhos, ainda que de maneira não uniformemente acelerada. Um camponês munido de enxada conseguia produzir alimentos para duas ou três pessoas; um trabalhador agrícola que dispõe de modernas tecnologias consegue produzir alimentos para mais de 60 pessoas. Para cada grão de trigo semeado 2.000 anos atrás os agricultores romanos conseguiam obter quatro. No século XVI os agricultores conseguiam obter cinco. No século XIX os agricultores dos países já industrializados chegavam a obter 10. Na metade do século XX obtinham 20, e hoje, finalmente, chega-se a obter mais de 30 grãos para cada um que foi cultivado.

Nessa escalada convergem descobertas de novas práticas, invenções de novas máquinas e de novos adubos e introduções de novas biotecnologias. E a mesma coisa se repete em todos os outros campos da experiência humana: toda vez que uma nova necessidade e uma nova esperança legitimam uma nova demanda, desencadeia-se um novo ciclo de pesquisas e deriva daí uma onda de inovações. Não somente aperfeiçoam-se os campos já explorados e prossegue-se a corrida nas vias já traçadas, mas descobrem-se novos campos e abrem-se novos caminhos. Assim, durante o século XX, isso aconteceu na música com Schönberg, na psicologia com Freud, na física com Einstein, na pintura com Picasso, na arquitetura com Le Corbusier e na literatura com Joyce. E novos campos continuaram a ser desbravados na física por Enrico Fermi e na biologia por Crick e Watson. Assim fazem hoje milhares de laboratórios científicos que operam nos setores da informática e da eletrônica, dos novos materiais, do laser, das fibras óticas, da farmacologia, das tecnologias e das biotecnologias. Mas também assim fazem milhões de artistas e milhares de produtores nos setores da pintura, da arquitetura, da música e do cinema, do *design*, da televisão, da Internet e da moda.

A NOVELA DO RELÓGIO

Pense-se, por exemplo, na mensuração do tempo. Em 1950, as 1.600 empresas e os 90.000 relojoeiros suíços produziam 50% de todos os relógios do mundo: relógios mecânicos, com osciladores aprimorados, mas todavia lentos e com uma precisão famosa, mas insatisfatória. Em 1957, ainda na Suíça, o engenheiro Max Hertzel inventou o relógio de quartzo, graças ao qual os osciladores passaram, de uma hora para outra, de cinco ou seis a quase dois bilhões de oscilações por segundo.

À primeira vista pareceria um verdadeiro maná para a Suíça. Mas as empresas suíças eram demasiado pequenas para investir as somas requeridas pela grande inovação, e, sobretudo, o hábito que tinham de construir relógios mecânicos era muito enraizado para ceder a vez aos relógios eletrônicos: o *cultural gap*, criando uma intransponível resistência às mudanças, de fato, impedia os suíços de liderar a revolução que tinham ao alcance da mão.

Mais adequados a aproveitar a preciosa ocasião e a apreciar as vantagens que estavam por trás da proposta revolucionária de Hertzel podiam ser os americanos, dado que já eram especialistas em semicondutores, além de mais ricos e com maior espírito de iniciativa empresarial. Além disso, em 1971, dois engenheiros, justamente americanos, haviam introduzido a posterior inovação dos relógios digitais, que eliminavam os ponteiros.

Mais ágeis que os americanos foram os japoneses, que naquela época corriam desenfreados numa busca, sem precedentes, pelo primado tecnológico, até então nas mãos dos ocidentais. Duas grandes empresas nipônicas captaram a relevância da inovação dos osciladores de quartzo e dos quadrantes digitais, garantindo ao Japão a primazia na indústria de relojoaria, contagiando Hong-Kong e Taiwan e redimensionando a 10% o percentual de relógios suíços vendidos no mundo. Em poucos anos as empresas suíças reduziram-se a 600, com 31.000 empregados.

Mas a novela ainda não acabou. Os relógios de quartzo e, mais ainda, os seguintes, de césio não só são precisos como precisos *demais*; aproximadamente 200 vezes mais do que é necessário a um usuário comum para medir o tempo no seu dia-a-dia. Além disso, são demasiado econômicos para garantir uma margem adequada de lucro a quem os fabrica.

Neste ponto, os suíços também têm uma idéia para se refazer da perda sofrida. Deixam aos japoneses o ônus de prosseguir com a pesquisa científica nesse campo, pesquisa aparentemente inútil, dado o exuberante grau de exatidão já alcançado pelos relógios de quartzo, abandonam o segmento do mercado feito de relógios a preço médio e apostam não mais na tecnologia, mas sim na estética, confiando ao talento do *design* o sucesso dos Swatch a baixo custo e confiando ao prestígio da linha clássica o sucesso dos relógios de ultraluxo.

Enquanto isso os japoneses insistem na pesquisa científica, com obstinação e, pelo menos na aparência, também com insensatez, mas que logo lhes oferecerá uma nova vantagem competitiva: relógios que não são mais só relógios, mas que também medem a pressão arterial e a temperatura corporal, que anunciam a hora com som, que são também calculadoras, calendário, telefone celular, mapa geográfico, reprodutores de música, rádio, televisão e com conexão para a Internet.[5]

Histórias análogas poderiam ser narradas em relação a muitos outros setores: desde a batalha no campo termoiônico travada entre as válvulas e os transistores até a luta no campo fotocinematográfico travada entre a nova tecnologia digital e a velha película, que aproveitava a ação química da luz numa substância fotossensível.

DETROIT E TURIM: COM OS AUTOMÓVEIS RUMO AO DECLÍNIO

Este livro sai com um século de distância de um ano formidável – 1903 –, no qual Hoffmann inaugurou a Wiener Werkstätte, Picasso pintou *A Vida*, Schönberg compôs *Pelleas* e *Melisande* e Edwin S. Porter rodou o filme *Assalto ao Trem Pagador*. Mas foi também o ano em que Kitty Hawak, nos Estados Unidos, Wilbur Wright e o irmão Orville efetuaram o primeiro vôo com um avião a motor; o ano em que Taylor anunciou em Saratoga a sua teoria do gerenciamento científico e Ford inaugurou em Detroit a sua indústria automobilística.

No seu texto que se tornou um clássico, *The Coming of Post-Industrial Society* (O advento da sociedade pós-industrial), que saiu em Nova York em 1973 pelas edições Basic Book, Daniel Bell sustenta que um sistema social não pode galgar o dispositivo pós-industrial se antes não passou pelo industrial. Porém, a história não aconteceu assim: áreas como Detroit e

Turim, completamente industrializadas, não foram capazes de realizar o salto pós-industrial que, contrariamente, foi muito bem-sucedido em zonas rurais como o Vale do Silício ou em zonas urbanas pouco industrializadas como a região de Boston. O fato é que é preciso ser criativo para se tornar campeão de criatividade, e nem sempre a experiência industrial, com a padronização, a divisão de tarefas, a repetitividade e a linha de montagem mantêm o verniz da imaginação e da fantasia.

Nem todas as áreas privadas de indústria são iguais, assim como não são iguais todas as regiões atrasadas do Segundo e do Terceiro Mundo. Algumas delas, além de estagnadas numa economia pré-industrial, são privadas de uma cultura moderna, e são escassos os laboratórios, as escolas e as informações. Para essas áreas é difícil fazer a hipótese de um desenvolvimento industrial, baseado na produção de massa de bens materiais, e ainda menos um desenvolvimento pós-industrial, baseado na produção copiosa de bens imateriais.

Já outras áreas, apesar de não possuírem indústrias, têm uma cultura muito avançada no setor científico ou no artístico, possuindo ótimas escolas e laboratórios de vanguarda, alimentam com entusiasmo um sonho coletivo que lhes é próprio, não só ligado ao resgate de um atraso, mas com vista a um verdadeiro primado. Se não caem na armadilha da industrialização tradicional, desperdiçando imensos recursos em projetos retrógrados (pense-se na industrialização tardia na Itália Meridional, com as suas siderurgias e as suas refinarias, obsoletas desde o nascimento), essas áreas podem realizar passos gigantescos, tornando-se modelos de qualquer projeto de desenvolvimento: pense-se nos milagres *high tech* realizados em poucos anos no *Sunbelt* de Palo Alto ou no *Snowbelt* de Boston.

Disso falarei mais adiante. Aqui, contudo, é oportuno enumerar os casos menos chamativos de áreas industriais que não souberam compreender os novos tempos que chegavam e, em vez de construir o próprio futuro, destruíram também o próprio passado.

Compreender as transformações de época não é uma tarefa simples, nem para os indivíduos nem para a coletividade. Meu avô materno era médico numa região rural do sul. No final da sua vida, em meados do século XX, resolveu investir a sua respeitável poupança na prudente aquisição de terrenos agrícolas. A sua imaginação desinformada o conduzia a prever que a terra e a agricultura ofereceriam a máxima garantia de bem-estar para o seu futuro e o dos seus herdeiros (hoje obrigados a trabalhar duro, devido a essa sua miopia histórica). Naqueles mesmos anos, o pai de um querido amigo brasileiro arriscava corajosamente todo o seu capital na fundação de um jornal e de uma rede de rádio e televisão, criando um império econômico e cultural para si e para os seus herdeiros. O meu avô, como se vê, ainda não tinha nem se dado conta de que a sociedade rural já havia cedido o cetro à industrial; o pai do meu amigo, ao contrário, já havia percebido que a sociedade industrial estava declinando e que os investimentos deveriam ser feitos nos setores promissores da sociedade pós-industrial, antes de tudo na informação.

É possível fazer um paralelo dessas histórias familiares com as vicissitudes socioeconômicas de áreas como Detroit ou Turim, incapazes de vencer e assimilar a mudança, contrapostas a São Francisco e a Boston, que não só souberam imaginá-la como foram capazes de programá-la, criá-la e impô-la ao mundo inteiro.

Detroit. Com as suas três grandes fábricas – Ford, Chrysler e General Motors –, Detroit foi por 50 anos a cidade industrial por excelência: berço, templo, totem, monumento do automóvel, isto é, do produto que, por antonomásia, foi denominado "a máquina".

Quando, nos anos 20, Henry Ford garantia aos seus operários o fabuloso salário de cinco dólares por dia, Detroit possuía dois milhões de habitantes. Na imensa estação Michigan Central chegavam rios de imigrantes e de homens de negócios; nos hotéis de luxo, como o Statler ou o Fort Shelby, passavam clientes com muito dinheiro; a *city* pulsava de *business*, orgulhosa dos seus arranha-céus pululantes de colarinhos-brancos: a David Broderick Tower, o Book-Cadillac, o Guardian, o Metropolitan, o Capitol Square, o Penobscot e o Wurlitzer Building. Na zona do Grand Circus Park pelo menos 50 edifícios eram dedicados a espetáculos, com cinemas e teatros que podiam acolher, simultaneamente, mais de 30.000 pessoas. O Fox Theater, com os seus 5.000 lugares, os seus vidros coloridos, o seu lustre de quatro metros, era um dos cinco maiores centros de lazer e diversão de todos os Estados Unidos. O Hudson Building era o "grande armazém", ou a "grande *department store*", com a superfície de venda mais extensa do mundo, equivalente a dois milhões de metros quadrados, distribuídos por 32 andares. O banco Guardian Trust tinha sede no edifício *art déco* construído em 1928 com mármores e travertino importados especialmente da Europa e da África. O Fisher Building, que, também em 1928, foi considerado "a maior obra de arte de Detroit", transbordava de mármores, pinturas, tetos dourados, enquanto por sua garagem passavam a toda hora 900 automóveis. As arquiteturas, da mais sóbria até a mais deselegante e cafona, haviam sido todas confiadas a mestres do calibre de Albert Kahan ou de Mies van der Rohe.

O que é hoje Detroit, que foi a cidade mais industrial de todo o mundo? Após 300 anos da sua fundação, passados 100 anos daquele 1903 que marcou a sua industrialização, depois de 50 anos do final da *golden age*, a cidade do automóvel reduziu-se a um invólucro semivazio: os habitantes já não chegam a meio milhão, o centro é deserto, o Michigan Theater transformou-se num estacionamento, e o Hudson Building, em condições de risco, foi implodido com uma carga de tritol. As atividades mais prósperas são alguns cassinos que mais parecem construções do tipo Disneylândia; os estudantes de arquitetura procuram enobrecer as casas degradadas com murais presunçosos; de noite as luzes são quase todas apagadas; e de dia as moradias revelam as suas pinturas descascadas e as suas janelas com vidros quebrados.[6]

Enquanto Detroit insistia na produção industrial, Nova York desmembrava as suas fábricas urbanas, as descentralizava nas áreas subdesenvolvidas do mundo inteiro e reconvertia a sua economia, substituindo os macacões por gravatas e paletós, a atividade industrial pela prestação de serviços, os trabalhos executivos pelos criativos e a produção de manufaturas pela produção científica e estética.

Turim. Algo parecido aconteceu na Itália com Milão e Turim. Se na Milão de 50 anos atrás se perguntasse a alguém que passava pela rua quem eram as pessoas mais poderosas da cidade, a resposta teria apontado Pirelli ou Falk: um produtor de pneus e o outro empresário do aço. Se a pergunta fosse repetida hoje, a resposta indicaria Berlusconi, Armani, Trussardi, o arcebispo, o diretor do *Corriere della Sera* e Riccardo Muti, que dirige o La Scala: isto é, produtores de informação, serviços, estética e valores. Fazendo a mesma pergunta em Turim, 50 anos atrás, a resposta teria sido a mesma que a de hoje: a família mais poderosa era e permanece sendo os Agnelli, proprietários da Fiat, que produzia e produz automóveis. Milão tomou, a tempo, o caminho pós-industrial; já Turim, arraigada ao seu passado industrial, não acolheu nem mesmo as claríssimas premonições que lhe chegavam de Detroit, recusando-se a compreender, a tempo, que os sistemas do futuro próximo passariam a ter como centro a produção de bens imateriais, isto é, de criatividade organizada, seja ela artística ou científica.

Como para a ascensão, também a decadência de uma cidade requer a ação conjunta de múltiplos atores sociais – forças econômicas, políticas, intelectuais –, talvez não conscientes, mas de todo modo concordantes em fazer naufragar aquele determinado sistema urbano. Turim é uma *one company town* (cidade de uma só empresa), consagrada à produção em massa de uma classe dirigente conservadora e monótona, mal aconselhada por intelectuais igualmente monótonos e incapazes de decifrar os novos tempos e de indicar futuros alternativos.

Por decênios, a grande fábrica de Turim, a Fiat, manteve em relação ao exterior uma política de isolamento imperialista, ignorando, sistematicamente, os outros sujeitos ativos sobre o mesmo território; e, em relação ao interior, uma política de relações industriais baseada na gestão dos trabalhadores centralizada no controle e na negação de qualquer vínculo entre salários e produtividade.

A miopia gerencial da empresa levou os seus melhores técnicos a deixá-la, sem que com isso a fábrica conseguisse estabelecer algum tipo de boa e cordial parceria com eles, que pudesse transformar as desvantagens de um *spin-off* forçado numa oportunidade para formar um distrito dinâmico. A fuga de cérebros da grande empresa incapaz de valorizá-los de toda forma facilitou o nascimento de pequenas empresas especializadas em automação: em 1980 elas já contavam 164, cada uma das quais com menos de 70 empregados, num total de quase 2.000 trabalhadores. Como não foram ativadas redes vivazes entre a grande e a pequena empresa, da mesma forma não foram encorajados relacionamentos fecundos entre a indústria e a universidade. A grande empresa manteve tão-somente relações de domínio com os próprios *stakeholders*; os intelectuais limitaram-se apenas a descrever o óbvio, e os políticos foram manipulados ou ignorados.

Depois disso teve início o declínio industrial. No Piemonte, durante os anos 70, o setor de fibras reduziu em 62% os seus funcionários; a Olivetti sofreu uma redução de 45%. No início dos anos 80, a Fiat cortou pela metade a sua força de trabalho, sob o impacto da automação e da reestruturação. Nem mesmo essas chacoalhadas bastaram para induzir os operadores a mudar de rota, tomando finalmente consciência do advento pós-industrial. Os intelectuais locais, por sua vez, continuaram a conduzir pesquisas descritivas, privadas de interesse prático e de vigor propositional. A relação entre a grande empresa e as pequenas empresas subfornecedoras permaneceu essencialmente marcada pela falta de opção. E a competição continuou a prevalecer sobre a colaboração.

Apesar disso, um certo número de empresas conseguiu alcançar dimensões mais consistentes, desenvolvendo a própria pesquisa e obtendo patentes.

Em 1985 a Fundação Agnelli promoveu a Associação Tecnocity para o progresso tecnológico da área de Turim-Ivrea-Novara, que deveria ter reagrupado grandes empresas públicas e privadas, bancos e associações de empresários. Os modelos de referência eram claros: a *bay area* de San Francisco e a Route 128 de Boston. Mas eram igualmente evidentes as discrepâncias em relação a esses modelos: sobretudo o fato de que a Associação de Turim excluísse exatamente aqueles sujeitos que na América haviam feito a fortuna pós-industrial do Vale do Silício e da Nova

Inglaterra: as pequenas empresas inovadoras, as universidades e as instituições públicas.

E os efeitos negativos devido a essas discrepâncias não tardaram a aparecer. Turim não conseguiu saltar nem mesmo no último comboio do trem pós-industrial; a Fiat engoliu ajudas estatais diretas e indiretas de bilhões de euros; mas a agonia industrial da região resultou igualmente inevitável. O êxito final foi confiado ao fechamento e à venda da Fiat. "Caso a Fiat-Auto tivesse realmente que fechar, ou ainda caso se tornasse uma sucursal de menor importância da General Motors, poder-se-ia anunciar, oficialmente, que a Itália passou a integrar os países periféricos da economia planetária, a série C do sistema do mundo", escreveu enfaticamente um sociólogo de Turim, sem saber que no mundo nenhuma área de série A o é graças às fábricas de automóveis. Numa sociedade pós-industrial, a série A não é mais destinada aos produtores de bens materiais.[7]

BOSTON: DOS CALÇADOS AOS RADARES

Mas, conforme já mencionei, nem todas as cidades industriais resistiram às mudanças de modo assim tão teimoso, recusando a passagem inteligente rumo à sociedade pós-industrial. Seja em Turim como em Detroit, as empresas-fábricas desdenharam com soberba um relacionamento com a universidade, defendendo um primado da oficina em detrimento do laboratório e do momento produtivo em detrimento do criativo. Tanto em Turim como em Detroit, os intelectuais do quadro das empresas sempre foram relegados a papéis marginais, e aqueles externos a elas ocuparam posições burlescas ou antagonistas. Em ambos os casos, não souberam compreender os novos tempos nem propor projetos inovadores.

A comparação com Boston é reveladora e demonstra como os grandes empresários piemonteses, que no início do século XX souberam colher a mancheias estratégias e técnicas organizacionais das companhias americanas em fase de industrialização, não quiseram fazer a mesma coisa no final do século XX, na fase de desindustrialização.

Em Turim a Fiat criou obstáculos ao *spin-off* e à progressiva transformação da *one company town* piramidal num distrito reticular. Em Boston, as grandes empresas favoreceram o trabalho de especialistas capazes de inventar tanto novos produtos como novos processos organizacionais, fundando novas pequenas empresas *high tech*, baseadas na ciência, muito flexíveis e especializadas.

Em Boston, na metade do século XX, as grandes indústrias têxteis e de calçados entraram em crise. Tivesse isso acontecido no Piemonte, teriam evocado ajudas governamentais, a fim de prolongar o mais possível a agonia. Mas a Nova Inglaterra, com as suas prestigiosas universidades, era "a maior concentração mundial de talentos no campo científico, de engenharia e de pesquisa", como a definiu, em 1950, o presidente do MIT, que, junto com Harvard, estava à frente dessa concentração. Nasceram desses celeiros os novos laboratórios de pesquisa sobre computadores e sobre radares, e dos novos laboratórios brotaram novíssimas empresas: só o MIT fecundou uma centena, que foram se somar às empresas extirpadas pelo *spin-off* das grandes empresas. Em 1967, as novas empresas *high tech* localizadas ao longo da hoje renomada Route 128 (à qual, mais tarde, se acrescentará a Route 495) eram já mais de 600. Em 1982, os empregados desse tipo de empresas somavam 320.000, e só o setor eletrônico ocupava 26% de todos os trabalhadores da região. Em 30 anos, as grandes indústrias tradicionais foram varridas para longe, juntamente com a sua velha força de trabalho, e, no seu lugar, nasceu uma indústria completamente nova, na qual os ritmos são ditados pelos cientistas e onde os colaboradores pertencem, na sua maioria, a uma classe média alta. Os sindicatos desapareceram, os produtos são renovados a um ritmo vertiginoso, os parques industriais substituíram os velhos estabelecimentos, a colaboração entre as indústrias, a universidade e o governo local do estado é intensa e a descentralização é tão elevada que a maioria dos empregados nas seis maiores empresas tecnológicas vive em outros estados da Federação americana ou até mesmo em outros países do mundo.

Enquanto em Turim a relação entre a Fiat e a empresa é de "um a um" e desencoraja o nascimento de uma rede entre as empresas, em Boston existe uma forte integração reticular entre todas as companhias do distrito. Enquanto em Turim a Associação Tecnocity, promovida pela Fiat, exclui a universidade, e a grande empresa mantém distância do governo municipal e regional, em Boston as empresas co-participam da pesquisa científica e da formação promovida tanto pelo governo como pela universidade, por intermédio de fundações, parques, laboratórios, consórcios e bolsas de estudo.

Também na Itália – em Modena, Sassuolo, Prato e nas regiões de Marque ou Vêneto – nasceram distritos capazes de inventar novos modelos organizacionais que se contrapõem aos tradicionais da grande indústria fordista.[8] Mas, em relação à Route 128, esses distritos têm pouco fôlego, por falta de interação com as universidades, de pesquisa e de formação e ainda por falta de criatividade pós-industrial. A diferença mais marcante – como sempre em termos de criatividade – está no clima, na atmosfera, na alma do lugar e das pessoas: "Desde que freqüentaram a faculdade juntos", escreveram Piore e Sabel, "e como conceberam a própria atividade de negócios como extensão do seu trabalho universitário, os profissionais *high tech* têm não só uma linguagem em comum, que acelera a difusão de idéias, mas também um conjunto de padrões comuns – talvez até mesmo uma estética – sobre o modo 'certo' de ganhar dinheiro aplicando a tecnologia ao mercado. Portanto, o *campus* universitário é como o café da esquina onde os artesãos italianos resolvem os problemas recíprocos e trocam – ou roubam um do outro – as idéias."[9]

SMALL SCIENCE, BIG SCIENCE

A globalização, particularmente ativa no campo científico, acelerou e ampliou tanto os processos de colaboração quanto os de competição entre os criativos do mundo inteiro. Ambos contribuíram, de um lado, para multiplicar as descobertas e as invenções e, de outro, para multiplicar o número de cientistas e para transformar a *small science*, constituída predominantemente por personalidades geniais isoladas, como Galileu ou Newton, na *big science*, constituída principalmente por "cérebros coletivos", de grupos numerosos de pesquisadores unidos e potencializados em organizações modernas, com o objetivo de produzir sobretudo novas teorias (como fizeram na Estação Zoológica de Nápoles ou no Círculo Matemático de Palermo) ou novas práticas (como acontece ainda hoje no Instituto Pasteur de Paris).

A história desses e de tantos outros grupos análogos demonstra pelo menos duas coisas. Confirma a minha tese segundo a qual a Europa entreviu bem antes dos Estados Unidos a importância da criatividade coletiva no campo científico e foi pioneira em experimentar os métodos necessários para organizá-la. E desmente a tese de Daniel Bell e de todos aqueles que tentam sustentar que uma sociedade não pode se tornar pós-industrial se antes não tiver sido industrial: algumas antecipações da sociedade pós-industrial não aconteceram em Turim ou em Detroit, mas em regiões rurais do sul da Itália. "O caráter supranacional da ciência básica", escreveu De Solla Price, "confere ao seu desenvolvimento histórico um elemento de determinismo e de impenetrabilidade aos fatos socioeconômicos locais, muito mais vasto do que se está habituado a considerar sobre fatos humanos de outro tipo."[10] Eu acredito que essa característica não seja exclusiva da ciência de base, mas deva ser estendida também à ciência aplicada. E mais ainda deva ser alargada ao mundo da arte, como o demonstra o cinema iraniano, a música popular de Nápoles ou ainda a música tropical da Bahia.

Consideradas as devidas diferenças, pode-se portanto afirmar que a ciência pós-industrial adotou métodos de criação conjunta semelhantes aos que, muito antes, foram adotados no campo artístico através das representações teatrais, da construção das catedrais, da música gregoriana, sinfônica e lírica, assim como do cinema. O mundo de laboratórios, das universidades e de fundações destinadas ao progresso e à difusão científica aumentou vertiginosamente, e no interior do sistema social no seu conjunto a ciência adquiriu cotas cada vez maiores de investimentos e ocupou, gradualmente, o papel hegemônico que a indústria detinha há um par de séculos.

Muitos devem ter tido a ocasião de ver, em livros e em revistas, uma fotografia hoje muito famosa. Em 1931, Enrico Fermi e o seu grupo da Via Panisperna conseguiram organizar um convênio internacional de físicos, com a participação de um grande número de cientistas. Conforme o hábito em circunstâncias desse tipo, os participantes posaram para essa foto que, em seguida, se tornaria histórica devido à quantidade e ao nível dos cientistas presentes: alguns já célebres, como Bohr, Marconi, Heisenberg e Madame Curie; outros destinados a se tornar, como Rasetti e o próprio Fermi. Se contei corretamente, havia 40 pessoas retratadas na foto. E, ainda assim, Fermi considerava que o convênio havia sido um sucesso, dado que dele participaram praticamente todos os físicos então ativos no continente europeu. Quatorze dentre os personagens identificáveis seriam futuros agraciados com o Prêmio Nobel.[11]

Se hoje se desejasse refazer uma foto de grupo dos físicos que trabalham nas universidades, na indústria privada e nos setores públicos de toda a Europa, seria preciso convocá-los em praça pública. E se ainda por cima o convite fosse extensivo a todos os físicos do mundo, talvez não bastasse um estádio de futebol. Se aos físicos viessem somar-se os cientistas e os técnicos de todos os setores, seria possível igualar a população de uma cidade.[12] Esse crescimento, com efeito, não diz respeito somente à física, mas caracteriza todas as ciências. Num estudo de 1975, Gerald Holton calculou que o número de físicos do campo acadêmico cresceu num percentual análogo, senão até mesmo inferior, ao de todos os outros cientistas: "Em 1914", ele escreve, "nos Estados Unidos, contavam-se somente 23 doutorandos em física, num total de 505 para todos os setores, 244 dos quais no campo científico. Portanto, naquela época, os doutorandos em física cobriam 4,6% de todos os doutorandos do ano, ou seja, 9,4% dos doutorandos em ciências. O que é digno de nota é que uma recente sondagem mostra como aproximadamente meio século depois tenhamos praticamente as mesmas percentagens: isto é, 484 doutorandos em física, equivalentes a 5,1% de todos os doutorandos e a 9% dos doutorandos no campo científico. O grande incremento produtivo da pesquisa física nos últimos 50 anos não provocou uma correspondente queda quantitativa nas demais áreas."[13]

A pesquisa científica e tecnológica recebe no mundo inteiro uma grande atenção e financiamentos importantes porque dela dependem as maiores esperanças da humanidade relativas ao seu progresso material: graças a ela, um número crescente de pessoas poderá melhorar de vida sob um número crescente de aspectos. Elas poderão viver por mais tempo, reservar para si a alegria das atividades criativas, delegando às máquinas boa parte do cansaço físico e intelectual. É verdade que o mau uso de progresso tecnológico provoca desastres irreparáveis, um desemprego crescente e um incremento patológico das massas marginais, mas também é verdade que o bom uso permite reduzir drasticamente o horário de trabalho, finalmente liberando o ser humano do castigo bíblico da fadiga executora, monótona, brutal e alienante.

CHARADAS SOLUCIONADAS COM COLABORAÇÃO

À medida que as instituições científicas ficaram mais imponentes, o progresso tornou-se mais veloz e os seus produtos difundiram-se mais rapidamente. A descoberta copérnica levou 300 anos para prevalecer sobre as convicções ptolomaicas; a descoberta da relatividade por parte de Einstein ou a fissão do átomo de urânio por Fermi afirmaram-se em poucas décadas e, por sua vez, fecundaram posteriores frutos teórico-práticos. O microcomputador e a Internet precisaram só de uns dez anos.

Tomemos como exemplo a calculadora eletrônica. Quem hoje visita o Smithsonian Institute de Washington depara-se com um mastodôntico patriarca dos modernos computadores: 30 toneladas de ferragens, 18.000 válvulas, 6.000 interruptores, mil vezes mais rápido que os seus antepassados eletromecânicos, capaz de executar mais de 50 operações aritméticas por segundo.

Aquela monumental preciosidade, o Electronic Numeral Integrator and Calculator (ENIAC), projetado em 1947 por John W. Mauchly, da Pennsylvania University, é, contudo, muito menos potente do que o mais minúsculo dos computadores em que hoje, a poucas décadas de distância, uma criança qualquer brinca com os seus jogos eletrônicos.

O ENIAC havia sido projetado para o exército americano, que precisava enfrentar de uma maneira nova os problemas balísticos de mira da artilharia, até então solucionados de forma mais rudimentar com a técnica das "mesas de tiro". O seu limite, além da relativa lentidão, era a sua rigidez: só podia, com efeito, resolver um problema de cada vez, e, toda vez que se desejava endereçá-lo a um novo problema, era preciso trocar, manualmente, todas as conexões dos fios e todos os interruptores.

Somente dois anos depois, em 1949, a Cambridge University inglesa elaborou o EDSAC (Electronic Delay Storage Automatic Calculator), dotado de programa de memória; e em 1950 os americanos construíram o EDVAC (Electronic Discrete, Variable Automatic Computer), dotado, ele também, de capacidades análogas.

Nos anos 1950, 1960 e 1970, o uso dos computadores permaneceu confinado ao mundo militar ou ao das grandes burocracias, trazendo no seu DNA o caráter rígido de todos esses sistemas engessados. Parece que o primeiro uso ágil do computador foi feito por uma quadrilha criminosa, que geria apostas clandestinas nos Estados Unidos: e não é de se espantar que as coisas tenham acontecido dessa forma, dada a menor resistência às mudanças que geralmente caracteriza os grupos transgressores em comparação com as rígidas tecnoestruturas dos exércitos, das academias e das indústrias.

Já nos anos 1980, a microeletrônica contribuiu de forma determinante para miniaturizar as máquinas e os seus custos, enquanto as resistências culturais às novas tecnologias iam se invertendo numa tendência ao modismo, alimentada por condizentes campanhas publicitárias.

Uma vez aberto um novo campo graças à pesquisa pura, em tempos cada vez mais breves a pesquisa aplicada obtém protótipos industrializáveis e, em tempos ainda mais breves, a pesquisa do desenvolvimento faz surgirem numerosos modelos, cada vez mais aprimorados tecnicamente e cada vez mais refinados esteticamente, que o *marketing* e as vendas se encarregarão de colocar no mercado.

Em 1971 foi aperfeiçoado o primeiro microprocessador; 24 anos depois, em 1995, o número de computadores vendidos nos Estados Unidos superou o número de televisores, e, ao mesmo tempo, o número de mensagens trocadas via Internet superou o das cartas enviadas pelo correio tradicional. Poucas décadas depois do seu surgimento, o computador havia conseguido conquistar o mundo e havia gerado a rede. O relógio mecânico, não obstante sua maior simplicidade e praticidade, levara muitos séculos para obter um sucesso comparável.[14]

O uso do computador elevou a produtividade tanto na ciência como nas empresas, permitindo a desestruturação espaço-temporal dos processos e, ao mesmo tempo, a sua integração funcional através de fluxos comunicativos capazes de centralizar e distribuir informações em escala planetária e em tempo real. Para obter semelhante resultado revolucionário, cada computador teve que ser conectado com todos os outros, formando uma rede global.

De Solla Price conjetura que "a ciência possa ser configurada como uma charada a ser solucionada graças à colaboração recíproca".[15] A rede representa a melhor confirmação dessa conjetura. Embora recente, a sua invenção se deve a um número muito elevado de pais (19 entraram na disputa), de forma que ninguém pode reivindicar a completa paternidade, porque cada um deles, a partir de 1969, acrescentou uma idéia sua, uma inovação, um truque, todos confluindo para aquele prodígio telemático que modificou para sempre o modo de comunicação entre os seres humanos e que, a partir de 1982, passou a responder pelo nome de Internet.

Vint Cerf teve algumas das primeiras intuições e, juntamente com Bob Kahn, fixou as regras técnicas para o envio de dados em rede; Douglas Engelbart inventou o *mouse*, Ray Tomlinson inventou o *e-mail* e foi o primeiro a usar a arroba; Steve Walzer inventou a *mailing list;* Kevin MacKenzie realizou a primeira *emoticon;* William Gibson cunhou o termo "ciberespaço"; Tim Bernes-Lee criou a *World Wide Web*; Phil Zimmermann inventou o *software* para a codificação de mensagens e assim por diante. Junto com eles, ou por trás deles, operaram o Pentágono, a UCLA (a Universidade da Califórnia em Los Angeles), os institutos de pesquisa de Stanford, a Universidade de Santa Barbara (estes dois últimos também na Califórnia), a Universidade de Utah, a National Science Foundation e a Rand Corporation. Mas também a College University de Londres, o Royal Radar Establishment da Noruega e o CERN de Genebra.

Já estamos muito distantes dos tempos em que Newton trabalhava sozinho. A Internet, resultado de tantas contribuições e sínteses sublimes de ciência e estética, da subjetividade e do convívio, de *business* e de *no profit*, representa agora a metáfora mais eloqüente, o próprio ícone da criatividade pós-industrial.

O VALE PARANÓICO

Vale a pena refletir melhor sobre a aventura criativa que vai dos grandes computadores até os microcomputadores e destes últimos à rede. O principal teatro desse acontecimento é a Califórnia, ou melhor, o Vale do Silício, isto é, um triângulo de 56 quilômetros quadrados, ao sul da baía de São Francisco, descendo em direção a San José. Um vale, portanto, como Atenas, Florença e Ivrea: uma bacia adequada para concentrar energias e torná-las incandescentes, graças à cultura, ao clima e ao entusiasmo.

Desta vez os centros intelectuais do vale não são a Acrópole ou o simpósio, ou ainda as oficinas do Renascimento, ou, mais ainda, os escritórios projetados por Albini para Adriano Olivetti. Desta vez trata-se da cidade de Palo Alto e da Stanford University, fundada em 1891, por onde passaram como estudantes nada mais nada menos que 11 prêmios Nobel e onde foram criadas as válvulas, os radares e os circuitos integrados.

Num instituto sem fins lucrativos nesse vale, em 1964, Engelbart inventou o *mouse*; nesse mesmo vale, em 1966, o imaginativo Bill Hewlett e o concreto David Packard construíram um computador com oito quilobytes. E ali foi inaugurado, em 1970, o grande centro de pesquisa Xerox Parc. Ainda no mesmo vale, em 1971, foi inventado o primeiro microprocessador – o 4004 –, que continha 2.300 transistores; em 1974 aprimorou-se o 8080, finalmente aplicável aos computadores; em 1975 foi inaugurada a primeira loja de computadores do mundo, a Byte Shop, onde foram vendidos os primeiros 50 Apples; em 1976 o Zeta 80 entrou no comércio e logo alcançou um bilhão de exemplares vendidos; em 1984 Steve Jobs decidiu unir o *mouse* ao computador, dando vida ao Macintosh – o "computador democrático" –, prodigioso devido à forma simples com que podia ser operado, ao seu preço acessível e à sua estética inconfundível. Steve Jobs e Steven Wozniak criaram a Apple nesse mesmo vale.

Três períodos, todos muito breves, caracterizaram essa história pós-industrial. O primeiro, podemos chamá-lo "romântico", vai de 1980 a 1988, quando os *computer clubs* despontavam como cogumelos na comunidade do vale e os produtores de microcomputadores já chegavam a mais de 40. O segundo período, podemos denominá-lo de crise, vai de 1988 a 1993, quando esses produtores reduziram-se a uma quinzena. E o terceiro período, de grande renovação, é ligado ao triunfo da rede. Semicondutores, computadores pessoais e a Internet decompõem e marcam essa marcha triunfal.

Quanto à Internet, em 1967, os primeiros pesquisadores da agência ARPA tiveram a idéia da rede e se organizaram de forma a poder se encontrar a cada seis meses e debater os respectivos trabalhos. Em 1970, a Internet foi aberta ao uso profissional. Em 1992, muito longe do Vale do Silício, na sede do CERN em Genebra, nasceu a *www*, que se beneficiará da linguagem universal Java, aplicável, indiferentemente, ao computador IBM e ao Macintosh; do programa Oracle, particularmente adequado ao comércio eletrônico; do programa Júpiter, que permitirá aos membros da comunidade se verem, se falarem e entrarem e saírem de locais de encontro virtual. E, por fim, uma ponte ideal unirá as duas capitais da criatividade californiana – o Vale do Silício e Hollywood –, dando início a toda a série de efeitos especiais e celebrando, tendo a tecnologia como sacerdote, as núpcias entre a criatividade científica e a criatividade artística.

Para obter um sucesso assim tão rápido e atordoante é preciso uma mistura quase milagrosa. Os seus ingredientes são a ciência e a tecnologia cultivadas no interior de ótimas universidades; o entusiasmo quase infantil de jovens geniais, cegos pela ideologia do sucesso; a consciência de encontrar-se no umbral de um mundo novo e de passar à história; a abordagem feita de ócio criativo, devido a que o trabalho, o estudo e a diversão coincidiram num clima de quase camaradagem, comprometido e despreocupado, ao mesmo tempo; a inclinação ao trabalho de grupo e a compartilhar nos clubes as próprias paixões; a inteligência necessária para criar o futuro e, ao mesmo tempo, refletir sobre ele, para compreender o que está acontecendo (a revista *Wired* fornecerá um ótimo espaço para a reflexão epistemológica sobre a informática); a desenvoltura em integrar o público e o privado, o lucro e o *no profit*, a paixão e o projeto (basta pensar que, para difundir a Internet, centenas de milhares de engenheiros retornaram, voluntariamente, às suas velhas faculdades de origem para ensinar os jovens como se conectar).

A tudo isso deve-se acrescentar um espírito empresarial habituado a farejar tanto as novidades como o dinheiro, aceitando o risco sem limites e buscando a utopia. Para projetar um *chip* são necessárias centenas de especialistas que trabalham juntos por muitos anos, gastando centenas de milhões de dólares. Para então passar à produção em série são necessárias instalações que custam dois bilhões de dólares. Mas essa industrialização dos processos permitiu que, em apenas 25 anos, o custo de um transistor caísse dez milhões de vezes e que o computador entrasse em todas as casas do Primeiro Mundo e em muitas do Terceiro Mundo.

Os gênios da Grécia clássica operaram em meio à sabedoria; os da Florença do Renascimento, em meio à beleza; e os do Vale do Silício criaram sob o chicote de uma tensão monomaníaca: *Só os Paranóicos Sobrevivem* é, de fato, o título de um famoso livro de Andrew Grove, que, paranoicamente, a descreve.

Mas a construção das catedrais medievais não requereu também uma boa dose de loucura igualmente aguda e coletiva?

SMALL, SMART E SELF

Nos países do Primeiro Mundo, os governos tendem a sustentar a pesquisa básica nas universidades e a incentivar a pesquisa aplicada nas empresas, favorecendo férteis interações interdisciplinares entre a academia e a indústria.

É bastante provável que a supremacia dos Estados Unidos em relação aos outros países avançados prossiga ainda por vários anos na maior parte dos setores de ponta, mas a pesquisa, a instrução e a formação evoluirão de forma sinérgica no mundo inteiro, graças à distribuição cada vez mais capilar das informações.

Tudo leva à previsão de que, num futuro próximo, os setores mais dinâmicos serão aqueles das biotecnologias, das telecomunicações, da informática, dos novos materiais e dos serviços pela rede.[16] Provavelmente, os maiores esforços da pesquisa tecnológica irão se concentrar no âmbito da microeletrônica, dos *softwares* aplicados, inclusive os projetos *system on chip* e as técnicas de compactação da transmissão de dados via rádio e via ótica, das biotecnologias baseadas no DNA recombinante e dos novos sistemas de armazenamento de energia. As inovações e os progressos mais importantes dirão respeito à difusão das tecnologias de comunicação digital, ao desenvolvimento de sistemas de *e-commerce* e à realização de objetos inteligentes, capazes de dialogar entre si. Será, além disso, solicitada a inovação nas tecnologias da virtualidade, dos sistemas de geração e uso do conhecimento, da formação e da educação.

De um modo geral, irá se confirmar a tendência positiva de tudo o que é *small, smart* e *self*. No componente *self* será central a possibilidade das tecnologias informáticas de autoproduzir-se, auto-sistematizar-se e, portanto, automanter-se.

Um número crescente de pessoas poderá dispor da Internet e do desenvolvimento das redes, cada vez mais complexas e interconectadas, o que determinará um metassistema constituído por uma rede de redes, cuja tecnologia principal será relativa às conexões, à interface e ao controle.

A DESMATERIALIZAÇÃO DAS TECNOLOGIAS

Antes do século XII, antes de Galileu, de Bacon, de Descartes e de Newton, por milhares de anos a tecnologia não havia feito progresso algum. Logo após a *Instauratio Magna* de Bacon (1620) e depois por 400 anos, o progresso e a qualidade material da vida ocorreram a um ritmo acelerado. Mas quais vicissitudes haviam distinguido a evolução tecnológica nos séculos precedentes?

Conforme vimos até aqui, o progresso, lentíssimo na interminável fase plistocênica, teve, repentinamente, uma aceleração na época suméria, depois uma inexplicável parada de 4.000 anos e, mais adiante, mais uma explosão revolucionária. Identificar as constantes num ritmo tão conturbado pertence ao mundo das hipóteses. Jean Chavaillon nos dá um exemplo quando diz que a história das técnicas paleolíticas consiste numa lenta passagem "do instrumento múltiplo ao instrumento especializado, do manufaturado fabricado individualmente às manufaturas construídas em série, assim como do trabalho do amador ao trabalho do profissional".

Por minha vez, eu seria tentado a dizer que o progresso se deslocou *aparentemente* de tecnologias materiais para tecnologias desmaterializadas, enquanto a pesquisa científica transformou-se *realmente* de uma ação individual para um programa coletivo.

O presente capítulo e aquele que o precedeu quiseram demonstrar como, sobretudo a partir da metade do século XIX, a criatividade artística e a científica tornaram-se ações intencionais e organizadas de grupos profissionais *ad hoc*. Obviamente os poetas continuaram a fazer poesia individualmente, os romancistas prosseguiram escrevendo seus romances por conta própria e os pintores se mantiveram sozinhos, a pintar, diante das suas telas. Mas o prodígio emotivo das representações líricas e teatrais, as execuções dos concertos, a realização dos filmes, os desfiles de moda ou a criação de objetos de *design* são produtos coletivos nos quais conflui a criatividade de dezenas, às vezes milhares de pessoas. A mesma coisa vale para os laboratórios de pesquisa dos quais nascem os novos programas de computador, os novos materiais de aviões e as novas biotecnologias para o nosso corpo.

Uma coisa completamente diferente é a tendência, freqüentemente citada, segundo a qual as tecnologias estariam, progressivamente, se desmaterializando. O fato de que o celular que usamos seja muito menor que o telefone fixo ou de que o nosso computador portátil seja muito menor do que aquele dito fixo corresponde só em parte (ou sobretudo aparentemente) a um processo de desmaterialização.

De qualquer maneira, é verdade que com a invenção do arco e da flecha estávamos já diante de um engenho notoriamente desmaterializado se comparado à clava. Por sua vez, o arco é um engenho bem menos perfeito que o cachorro, obtido por meio da domesticação – isto é, de uma reinvenção –, que se desenvolveu ao longo de milhares de séculos de caça, de estudo da vida animal e de competição astuta e intensa com os animais silvestres. O cão emprestará ao homem um ouvido mais agudo, um olfato mais sensível, assim como uma prontidão e uma resistência maiores: uma forte energia dócil, fiel e inteligente. Logo, uma máquina desmaterializada a tal ponto que praticamente não é uma máquina.

Nas três invenções mesopotâmicas geralmente consideradas mais importantes – o forno a carvão com exaustão, o eixo cilíndrico e a escrita –, a relação entre a matéria constitutiva e o poder da função oscila sempre em favor da segunda.

Nas sete maiores descobertas tecnológicas da Idade Média – o moinho de água, o arreio moderno dos cavalos, a pólvora, a imprensa, a bússola, os óculos e o relógio –, a mesma relação enunciada anteriormente, isto é, entre matéria constitutiva e função, desequilibra-se, depois, em favor da segunda, ou seja, a tecnologia parece desmaterializar-se.

Bacon estabelece a ponte entre Copérnico (que ele não entendeu) e Newton (por quem ele não foi compreendido). E a revolução científica ligada a esses três gigantes, além, é claro, de Galileu e Descartes, desmantela tanto a dicotomia entre esfera teórica e utilidade prática como toda a cosmologia de Aristóteles e de Ptolomeu. Como conseqüência, temos o nascimento da física moderna, a descoberta das leis do movimento, a teoria da gravitação universal e o aperfeiçoamento do método experimental, em seguida adotado por todas as ciências.

Quando a física das partículas se desenvolver baseada em pressupostos completamente diversos da física newtoniana, surgirão de forma bem clara as transformações que hoje chamamos de pós-industriais: será invertida a relação entre teoria e prática nas descobertas científicas; e será modificada a relação aparente entre *hardware* e *software* nas tecnologias, dando a impressão superficial de uma posterior desmaterialização.

Se na sociedade industrial o praticante ainda prevalecia sobre o teórico na determinação do progresso tecnológico e o segundo sistematizava e explicava *a posteriori* as descobertas do primeiro, na sociedade pós-industrial é a teoria que abre novos caminhos à prática, que, em seguida, se beneficia criando aplicações concretas: a bomba atômica e o laser, à sua maneira, são filhos da fórmula einsteiniana da relatividade.

Quanto à relação entre matéria e função, as tecnologias pré-industriais (uma carroça, um veleiro ou um canhão) e as industriais (um alto-forno, uma prensa ou uma linha de montagem) haviam nos habituado a correlacionar a quantidade dos seus resultados ao tamanho e ao peso dos seus aparelhos mecânicos. A relação deles com a matéria era tátil, fenomenológica, grosseiramente métrico-decimal: basta lembrar os aparelhos radiofônicos a válvula, que, quanto maiores, mais eram apreciados.

Mesmo depois que a matéria revelou os seus prodigiosos segredos, e mesmo depois que foram desencadeadas as imensas forças energéticas contidas num átomo, ou as prodigiosas potencialidades contidas em um grão de silício, continuamos a avaliar a matéria com os mesmos critérios de medida que havíamos herdado da física tradicional. Habituados às válvulas, é óbvio que o transistor nos parece bem pequenino e que o *walkman* ou o celular aparentam ser, aos nossos olhos, como que "desmaterializados". Porém, caso consideremos a energia de um transistor ou de um *chip* através da fórmula de Einstein, aquele elemento microscópico revela-se dotado de uma potência desmedida.

Portanto, não foi a tecnologia que se desmaterializou, mas o nosso conceito de matéria que deve ser renovado com base nas novas aquisições teóricas: se observarmos um computador portátil com a ótica da física das partículas, ele nos parecerá tão imenso quanto um alto-forno ou como uma locomotiva a vapor. O disquete no qual memorizei todo o meu arquivo profissional é certamente menor do que as pastas catalogadoras nas quais eu estava habituado a arrumar de forma organizada os meus papéis, mas mesmo aquele disquete me parece uma enorme massa de energia se o avalio segundo as unidades de medida adotadas por Moore, em vez das habituais nos tempos de Watt ou de Henry Ford.

Logo, jamais como hoje a tecnologia esteve composta por uma matéria tão densa, a não ser que se considere como matéria somente as ferragens das grandes engrenagens, nas quais permanecia emaranhado o pobre Carlitos de *Tempos Modernos*.

FORD, FAUSTO E FRANKENSTEIN

Também graças à sua miniaturização (que é algo bem diferente da desmaterialização), é provável que quase todas as novas tecnologias nos pareçam cada vez mais amistosas e penetrem com crescente naturalidade na nossa existência. A longo prazo, a evolução tecnológica e sobretudo a digitalização da informação terão efeitos revolucionários na qualidade de vida e no trabalho, no ambiente, na sociedade, na economia, num posterior desenvolvimento tecnológico e na política. Mudarão substancialmente os modos de instrução, de trabalho, de comunicação e de uso do tempo livre. Em suma, de viver e de criar.

O contínuo progresso no campo das comunicações e das biotecnologias permitirá ao homem um confronto cada vez mais acirrado consigo mesmo, com os seus desejos, com os seus medos e as suas angústias de liberdade.

As transformações tecnológicas permitirão participar em tempo real daquilo que acontece no mundo, mas oferecerão uma tal abundância de informações que criarão um estresse psíquico e comprometerão a capacidade crítica. Correr-se-á o risco de acentuar assim a atual desorientação, de tornar as pessoas cada vez mais passivas e de perder os pontos de referência e a exata avaliação daquilo que podemos fazer.

O telefone celular, a televisão e a Internet já redefiniram a nossa relação com o espaço e com o tempo, determinando um sentido de ubiqüidade. A potência crescente dos computadores já alterou a nossa percepção do mundo. É portanto provável que a adoção de tecnologias ainda mais novas comporte uma maior tolerância em relação à diversidade, *feedbacks* mais rápidos e intensos, velozes mudanças de opinião e o nascimento de novos *lobbies* sociais e de novos grupos de pressão, digressão das comunidades tradicionais baseadas na contigüidade espacial, na recomposição de novas comunidades fundadas no compartilhamento dos gostos, dos interesses e das orientações e na busca de soluções "sob medida".

A redundância de informações comportará, para a maioria dos cidadãos, a dificuldade de processá-las e de dominá-las. Portanto, tenderá a aumentar o número dos "intérpretes", que se ocuparão de transmitir a informação depois de a terem recenseado, compreendido e, às vezes, até distorcido, com grandes perigos de equívocos interpretativos e de manipulação. Paralelamente, aumentará o poder econômico e político dos detentores dos meios de informação e dos titulares do novo conhecimento, que ocuparão aqueles vértices do sistema social que haviam pertencido aos industriais e, antes ainda, aos proprietários de terras.

Superados Taylor e Ford, predominarão Fausto e Frankenstein: metáforas inquietadoras da relação do homem pós-moderno com a tecnologia pós-industrial.

Nos países ricos irá se acentuar a busca de um bem-estar no trabalho, no lazer, no turismo, no estudo, nas comunicações, na saúde, na estética, no comportamento e nas interações. A necessidade de um bem-estar crescente determinará o estímulo para a invenção de tecnologias adequadas, capazes de oferecer um novo e complexo produto: a qualidade de vida e novos luxos como a disponibilidade de tempo e de espaço, de autonomia e segurança, assim como de beleza e simplicidade.

As tecnologias da informação e da comunicação permitem manter relacionamentos a uma distância planetária sem dar um passo sequer. Podemos ser, ao mesmo tempo, globais e locais, semelhantes e idênticos, ubíquos e isolados, nômades e sedentários, ao lado de modelos novos de comportamento que permitem manter relações de tipo econômico, jurídico e burocrático sem a co-presença física das partes. Junto a novas oportunidades de trocas, conhecimentos, integrações e divertimentos, a sociedade da informação criará também novas solidões, novos egoísmos, novos estranhamentos, novas corridas pelo desempenho, pelo resultado, pela competitividade e pelo sucesso.

Por outro lado, as oportunidades devidas ao aumento das informações disponíveis serão colhidas numa medida diferente, segundo as capacidades socioeconômicas, culturais, críticas, de filtragem e de seleção de cada um dos sujeitos sociais, com o perigo de uma posterior bifurcação entre o mundo dos privilegiados e o dos excluídos (*digital devide*).

As tecnologias da informação permitirão, por uma parte, formas de democracia telemática, direta, de tempo real; por outra, tentarão uma elite muito restrita a dominar todo o sistema social, favorecida pelo poder manipulador dos seus *mass media* e pelo desinteresse, inculcado sobretudo nos jovens, em relação ao exercício da política e dos valores de solidariedade. A *New Economy* subordinará a política à economia e a economia às finanças favorecida pelo crescente distanciamento entre a débil difusão da cultura humanista, cada vez mais desprezada, e a forte propagação da cultura técnica, sempre mais apreciada, causando a irresistível penetração da cultura de massa, posto avançado da mercantilização.

OS *MASS MEDIA*

Entre os fatores que moveram a passagem da sociedade industrial para a pós-industrial, deve-se enfatizar tanto a importância dos *mass media* e da Internet, que permitem a transferência de informação em tempo real por toda e qualquer parte, como a escolarização em massa, que coloca um número crescente de cidadãos em condições de receber essas informações, decodificá-las, elaborá-las e utilizá-las.

Os dois fenômenos, nos lugares onde ocorreram de modo simultâneo e complementar, provocaram um salto de qualidade cultural; onde, pelo contrário, ocorreram em proporções heterogêneas (mais *mass media* que escolarização), deflagraram a colonização do gosto, das necessidades e dos comportamentos coletivos por parte dos centros do poder, sobretudo das multinacionais.

Como não sabemos ao certo quem inventou a Internet, também não sabemos exatamente quem inventou o cinema. Sadoul, um dos seus historiadores mais ilustres, afirmou: "Plateau e Stampfer estabeleceram os princípios, Muybridge efetuou as primeiras tomadas, Marey inventou a primeira câmara filmadora, Reynaud deu vida aos primeiros espetáculos de projeção animada, Edison elaborou o primeiro filme, uma dezena de inventores tentou projetá-lo na tela e Louis Lumière conseguiu isso melhor do que todos. Pouco depois, Méliès, adaptando aos filmes os meios do teatro, transformou o cinema, que antes dele havia sido uma curiosidade científica, num verdadeiro espetáculo."[17]

A habitual simplificação, que acontece quando se trata de reconhecer a paternidade de uma realização genial, narra que no dia 28 de dezembro de 1895, num subterrâneo do Grand Café do Boulevard des Capucines em Paris, os irmãos Louis e Auguste Lumière projetaram "imagens em movimento". Na realidade, aquele experimento havia sido precedido de uma progressiva invenção de máquinas, as quais, gradativamente, foram se aproximando do projetor dos Lumière: o taumatrópio, o fenaquistocópio, o zootrópio, o prassinoscópio, o zooprassógrafo, o "fuzil fotográfico", o cronofotógrafo, o cinetoscópio e o vitascópio. E é significativo que exatamente o cinema, destinado a se tornar a maior expressão artística do século XX, tenha tido origens ambíguas, pertencentes, inextricavelmente, tanto ao mundo da ciência quanto ao da arte.

Naquele mesmo ano de 1895, no qual os irmãos Lumière garantiram para si a paternidade do cinema, Guglielmo Marconi realizou a primeira comunicação a distância mediante ondas eletromagnéticas. Somente 40 anos mais tarde foram iniciados os primeiros experimentos televisivos. No dia 25 de junho de 1967 foi ao ar, pela primeira vez, um espetáculo transmitido simultaneamente para o mundo inteiro, realizado com o emprego de cinco satélites: 300 telecâmaras e uma equipe de 3.000 homens permitiram que um bilhão de telespectadores assistissem ao mesmo tempo a um programa, transmitido em 13 línguas, no qual era ilustrado o presente e explorado o futuro.

Até a metade do século XX um simples rádio era um luxo: abastecido com válvulas incômodas, conseguia ser mais potente como receptor e como *status symbol* quanto mais volumoso reinasse no interior de enormes caixas de madeira, verdadeiros móveis feitos com matéria-prima de primeira. A seguir vieram os transistores e a conseqüente miniaturização, depois a televisão em preto-e-branco, mais adiante a noite inesquecível promovida por Armstrong, ao vivo, da Lua, e depois ainda a televisão em cores, a TV a cabo, a TV por satélite, os videocassetes em VHS e o DVD, que trouxeram o cinema para dentro de todas as casas; e depois ainda os telefones celulares e a Internet deram ao ser humano a ubiqüidade e transformaram a sociedade num cruzamento de fluxos informativos "ponto a ponto".

O andamento desse processo criativo, se comparado ao de outros grandes processos análogos que reconstruímos na longa história da humanidade, foi velocíssimo. Folheando as páginas do precioso relatório anual fornecido pela Veronis, Suhelr & Associates, descobre-se que as despesas dos Estados Unidos com as comunicações, de 81 bilhões de dólares em 1982, passaram a 135 bilhões em 1987 (igual ao PIB de um país inteiro como a Espanha) e aproximaram-se de 218 bilhões de dólares em 1992, com um vertiginoso crescimento anual de mais de 10%, superado somente pelo crescimento do *home video* (de cerca de 18%).

Quantas modificações culturais, em relação ao início do século XX, podem derivar do fato de que, 100 anos depois, 95% dos cidadãos do Primeiro Mundo vêem televisão cotidianamente, um número enorme de jovens fala mais de uma língua e desloca-se com desenvoltura de uma nação para outra, sendo fácil compreender também aqueles que, imersos nessas modificações, correm o risco de atordoar-se, perdendo o sentido de conjunto.

Mas o sistema insaciável das comunicações de massa nutre-se, incessantemente, de idéias, que logo são neofilizadas e metabolizadas, alimentando o apetite por outras idéias, sempre novas. Surge, a partir daí, uma crescente valorização da criatividade, indispensável para reabastecer de produtos informativos, artísticos, culturais, de entretenimento e *mass media*, e redistribuí-los por todo o planeta.

A ORGANIZAÇÃO, A CIÊNCIA DAS CIÊNCIAS

Um outro fator de inovação (menos vistoso, menos citado e menos cortejado) e que moveu a passagem da sociedade industrial para a pós-industrial é o que me leva a recordar, não só porque sou um cultor, o desenvolvimento das ciências organizacionais. Por milênios o ser humano trabalhou e viveu utilizando técnicas de organização coletiva baseadas no bom senso e na experiência. Desde as primeiras cidades da Mesopotâmia às grandes capitais do século das luzes, a burocracia, os transportes, as informações, a produção, o armazenamento e a distribuição foram organizados mais ou menos do mesmo modo, sem apreciáveis incrementos na produtividade e na eficiência.

Já entre as primeiras décadas do século XIX e as primeiras do século seguinte, com a difusão do modo industrial de produção, as técnicas organizacionais tornaram-se objeto de especulação científica, além de experimentação prática, conforme já vimos no capítulo precedente.

Christopher Freeman, professor de ciências políticas na Universidade de Sussex e fundador da abordagem institucionalista à economia e à inovação tecnológica, gostava de distinguir as *inovações incrementais* ("ocorrem sem uma real solução de continuidade, seja pelo ritmo diverso seja pelos diferentes setores industriais, mas que dizem respeito unicamente à melhoria da gama de produtos e dos processos de produção"), das *inovações radicais* ("eventos descontínuos, cuja *difusão* – em relação à sua primeira aparição – freqüentemente assume uma forma cíclica associada aos longos ciclos econômicos"), das *revoluções tecnológicas* ("tempestades de destruição criadora que constituem o cerne da teoria schumpeteriana das ondas longas"). Exemplos de inovações radicais seriam o náilon e o polietileno; já exemplos de inovações tecnológicas seriam a energia elétrica e as ferrovias.[18]

Mas quais são as características de uma autêntica revolução tecnológica? Segundo Freeman são cinco:

1. *uma redução drástica dos custos de muitos produtos e serviços*, com o conseqüente "efeito enxame" de Schumpeter, isto é, "uma percepção difusa de novas oportunidades de investimentos que produzem bons rendimentos";
2. *uma melhoria notável das características técnicas de muitos produtos e processos*, como a confiabilidade, a precisão, a rapidez, etc.;
3. *a aceitabilidade política e social*, a partir do momento em que as tecnologias revolucionárias freqüentemente "implicam mudanças legislativas, educativas, normativas, além de favorecerem profundas modificações de gestão e nos relacionamentos com o mundo do trabalho";
4. *aceitabilidade ambiental*, a partir do momento em que "tecnologias de alto risco ou aquelas que requerem custos de controle muito elevados acabam seriamente penalizadas, independentemente dos benefícios técnicos e econômicos que apresentam";
5. *efeitos sobre o sistema econômico*, a partir do momento em que as tecnologias revolucionárias devem ser capazes "de condicionar a conduta de todo o sistema" e de "influir claramente nas decisões que cada setor toma em matéria de investimentos".

Com base nesse elenco, a energia nuclear e o processo de Float Glass não podem ser definidos como "revoluções tecnológicas", enquanto a microeletrônica e a informática satisfazem todas as cinco condições: isto é, representam aquilo que Carlota Perez chamaria de "paradigmas técnico-econômicos", ou seja, um conjunto de princípios-guias que acabam por se tornar lugares-comuns do *management* e da produção.[19]

Muito bem, se no lugar de "revoluções tecnológicas" se utilizar o termo "revoluções científicas" e se formular a hipótese de que o advento das ciências organizacionais possa ter sido uma revolução científica, nos damos conta de que elas satisfazem todas as cinco condições de Freeman.

Conforme já vimos, em poucas décadas, entre a metade do século XIX e os primeiros anos do século XX, esta revolução lançou as suas premissas: Theodore Vail introduziu na AT&T a padronização dos procedimentos e a otimização dos fluxos de trabalho; Stewart, em 1825, abriu em Nova York o primeiro armazém a preço fixo. E, como já vimos, Taylor, em 1903, comunicou as suas descobertas fundamentais em matéria de divisão das tarefas e do *Scientific Management*; no mesmo ano, Henry Ford iniciou as suas geniais práticas de psicofísica do trabalho e inaugurou a sua primeira fábrica; em 1908, lançou o Modelo T, e em 1913 introduziu a linha de montagem.

Desde então, milhares de laboratórios, equipes de pesquisa e *business schools* observaram, analisaram, reformularam e divulgaram os critérios com os quais se organiza o trabalho de grupo, produzindo gerentes capazes de programar e coordenar a produção de massa. Personagens extraordinários, ainda que desconhecidos do grande público (pense-se em Fayol, em Urwick, em Mayo e em Roethlisberger), revolucionaram o modo de trabalhar nas oficinas e nos escritórios, impuseram novos relacionamentos entre os chefes e seus subordinados e produziram aqueles modelos de vida (frenéticos, sincronizados e eficientes) que atendem pelo nome genérico de "sociedade industrial". Esses mesmos modelos, aplicados às ciências, à arte, à guerra e ao uso do tempo livre, aceleraram a produtividade de cada um desses campos, facilitaram a substituição dos seres humanos por máquinas e lançaram as premissas para a superação da sociedade industrial e para o advento da pós-industrial.

A DESCOBERTA DA CRIATIVIDADE

A abertura intencional de novos campos, a hibridização da pesquisa científica com a pesquisa estética, a previsão científica, a projeção, a experimentação e a produção do futuro representam as mais recentes expressões da criatividade humana, correlacionadas ao advento da sociedade pós-industrial.

O homem sempre foi criativo. Aliás, podemos até mesmo afirmar que é a criatividade que o distingue dos outros animais e que o faz humano. Carl Gustav Jung, como veremos, considera a criatividade um instinto a mais que o ser humano possui em relação aos animais. Mas, talvez justamente devido a essa sua difusão generalizada, a criatividade foi levada em consideração só quando se concentrou em doses excepcionais nos cérebros de pessoas isoladas, que por este motivo despertaram maravilhas e foram chamadas de gênios. Mas, na história dos últimos dois séculos, a organização industrial privilegiou as capacidades executivas, rígidas, repetitivas, formulistas e padronizadas, em lugar daquelas flexíveis, caprichosas, inventivas e inovadoras.

Uma boa parte do século XX no entanto viu contrapostos o regime capitalista e o comunista. Essa contraposição, desembocada na Guerra Fria, foi determinante para exaltar o papel da criatividade até fazer dela o fator típico da sociedade pós-industrial.

Eis os fatos. Um cientista inglês e escritor de ficção científica, Arthur C. Clarke, em 1945, publicou, numa revista para radioamadores, um artigo no qual ventilava a idéia de que se pudesse lançar satélites artificiais para transmitir informações, via rádio, de uma parte a outra do planeta, superando o obstáculo da curvatura terrestre. "Aquilo que hoje estamos construindo", ele aclamava, "é o sistema nervoso da humanidade, que unirá toda a raça humana, para o bem e para o mal, numa ligação que nenhuma era precedente jamais teria podido imaginar."

Na realidade, o mundo ocidental não estava construindo nada do gênero. Convencido da sua superioridade científica em relação à URSS, ele havia afrouxado os incentivos à pesquisa e prosseguia na instalação do primeiro cabo telefônico transatlântico, que se concluiria somente em 1956.

Porém, em 4 de outubro de 1957, de surpresa, a União Soviética lançou um satélite, o *Sputnik 1*, numa órbita que alcançava 950 quilômetros de altura. Durante 62 dias o *Sputnik* continuou a girar, provocadoramente, sobre a cabeça atônita dos ocidentais. Os Estados Unidos reagiram ao humilhante choque acelerando a preparação de um satélite próprio, o *Explorer I*, que foi lançado em órbita quatro meses após o *Sputnik* e que mandou do espaço os primeiros dados para localizar as faixas de radiação de Von Allen.

Entre os dois satélites havia uma substancial diferença de tarefas. A União Soviética gozava da vantagem de um território compacto, onde as comunicações podiam ser tranqüilamente garantidas por meio dos cabos telefônicos. Por isso não tinha nenhum interesse em utilizar os satélites para fins de comunicação. Já os Estados Unidos exerciam a própria influência sobre um tabuleiro geopolítico extremamente extenso e fragmentado e por isso tinham o maior interesse em aprimorar um sistema de telecomunicações alternativo àquele a cabo.

O *handicap* deles, portanto, transformou-se em incentivo, e a limitação inverteu-se numa oportunidade, como freqüentemente acontece na sociedade pós-industrial. O presidente Eisenhower prometeu aos americanos que nunca mais seriam superados pela União Soviética e financiou, maciçamente, dois grupos de projetos: um que era denominado Advanced Research Projects Agency, o famoso ARPA, do qual teria nascido o primeiro embrião da Internet; e o projeto dos satélites, que, uma semana antes do Natal de 1958, lançaria o satélite *Score*, com o qual Eisenhower enviava os seus votos de boas-festas a todos os americanos. Por 13 dias o novo satélite continuou a transmitir também mensagens de outro gênero e após um mês desintegrou-se na atmosfera.

Mas o dado, a esse ponto, já havia sido lançado. Depois do *Explorer*, foi enviado ao espaço o *Echo 1*, depois o *Courier 1B*, munido de um potente amplificador, e mais adiante ainda o *Telstar*, que foi o primeiro a permitir a separação entre as imagens televisivas das chamadas telefônicas e de fax. No dia 6 de abril de 1965, finalmente, foi lançado um satélite que pesava somente 40 quilos, o *Early Bird*, o qual permitia, contudo, a transmissão de um canal televisivo em cores ou ainda 240 conversas telefônicas simultâneas. Naquele mesmo ano a União Soviética também iniciou o envio de satélites visando às telecomunicações, da série *Molniya*, mas naquele ponto o seu território já estava invadido por sinais que difundiam o modelo ocidental e que teriam contribuído, em pouco tempo, para formar brechas no Muro de Berlim.

A utopia de Arthur C. Clarke havia se tornado uma realidade: o sistema *Intelsat*, constituído em 1964, colocou em comunicação 105 países; em 1972, um bilhão de pessoas assistiram às Olimpíadas de Mônaco, e em 1982 dois bilhões de pessoas assistiram à final da Copa do Mundo em Madri. Fosse para o bem, fosse para o mal, toda a raça humana estava interconectada por um sistema nervoso sem precedentes e que nenhuma época anterior havia sequer imaginado.

Mas a maior descoberta e menos percebida no momento foi a de ordem cultural provocada, ou pelo menos enfatizada, pelo choque do *Sputnik*. A América, que se considerava superior tecnologicamente e cientificamente, de repente tomou consciência de que os destinos da sociedade dependem das capacidades criativas; a capacidade executora tão cara à indústria manufatureira pode ser também delegada a terceiros, mas só a criatividade pode garantir a um país a segurança e o progresso.

Certamente o interesse pela criatividade como agente autônomo de crescimento econômico-social já era latente (já em 1950, por exemplo, J. P. Guilford havia publicado *Creativity*, hoje considerado um livro precursor), e o choque do *Sputnik* desempenhou o simples papel de detonador. Contudo, a partir daquele evento, a pesquisa científica ocidental sofreu uma evidente aceleração, e na América foram iniciados imponentes programas de estudos dedicados, justamente, à criatividade. Seria difícil considerar uma simples coincidência o fato de que em 1957 a Michigan State University tenha destinado um polpudo financiamento a um plano orgânico de pesquisas sobre a criatividade, sobretudo infantil.

Para oferecer uma base interdisciplinar a essa pesquisa, entre abril de 1957 e julho de 1958, foram organizados alguns simpósios interdisciplinares, dos quais participaram numerosas escolas, cursos e faculdades. Deles resultaram, aliás, aqueles ensaios preciosos e antecipatórios que foram reunidos por Anderson e publicados em 1959 sob o título de *Creativity and its Cultivation* (A criatividade e suas perspectivas).[20] Caso se analise o nome dos estudiosos que colaboraram nesse texto coletivo, fica-se surpreso diante da feliz convergência de tantos mestres: do próprio Anderson a Erich Fromm, de Guilford a Hilgard, de Maslow a Margaret Mead, de Rogers a Sinnott.

Na sua introdução, Anderson expõe os objetivos dos simpósios sobre a criatividade, reconhecida como assunto de interesse comum a muitas disciplinas: “A definição e a pontuação do conceito de criatividade considerado de perspectivas diversas, a formulação de critérios que permitam reconhecer o processo de interpretação que oferecem as ciências biológicas, as ciências sociais e as ciências naturais; a descoberta e a elaboração de parâmetros ou de denominadores comuns que permitam avaliar o processo de criatividade de cada um desses pontos de vista e, sob o plano do comportamento humano, a identificação e a tentativa de definir tanto as características dos relacionamentos que facilitam o processo criativo como aquelas limitadoras e mais facilmente reconhecíveis que o obstruem."

Anderson recorda o Gênesis, lembra os filósofos gregos e evoca Leonardo da Vinci e Darwin, para então concluir: "Aquilo que há de novo, hoje, na criatividade é a criatividade intrínseca do homem; é a nova dignidade que ela lhe confere; é novo e criativo o reconhecimento, por parte do ser humano, do processo do cosmo em contínuo desenvolvimento. Aquilo que há de novo na criatividade é a crescente compreensão, a descoberta que se vislumbra somente agora, diante das imensas e até então insuspeitas possibilidades criativas do homem, diante das potencialidades inerentes à natureza, com os seus recursos e o significado do respeito pelo indivíduo."[21]

A partir desse momento a criatividade torna-se objeto de estudo científico, específico e interdisciplinar; o futuro passa de um efeito misterioso de fatores imponderáveis combinados pelo acaso a produto projetado, decidido e organizado pelo homem. A sociedade pós-industrial apresenta-se como sistema programado e criativo que coloca no seu epicentro a invenção, cientificamente orquestrada, de bens imateriais, como os serviços, as informações, os valores, os símbolos e a estética.

PREVER PARA PROGRAMAR

Mas que novos significados assume o processo criativo na sociedade pós-industrial? Nesta última versão, ainda que não definitiva, do convívio humano, parece completamente clara a ambição de querer criar, intencionalmente, o próprio futuro. O homem pós-industrial é o primeiro, na longa genealogia da sua espécie, a estar convencido de que o seu destino dependa sobretudo dele mesmo, de que esteja nas suas próprias mãos, capazes de programá-lo de forma antecipada.

Na sociedade pós-industrial, diria de modo hermético Alain Touraine, "o modelo cultural situa-se *diretamente* no nível da ação de transformação da sociedade por parte dela mesma. Daí a autonomia muito visível de agentes de historicidade, dos 'profissionais', na ordem da ciência e da organização, no da informação, da formação e do consumo".[22] Por isso, uma socióloga húngara, aluna do próprio Touraine, Zsuzsa Hegedus, chegou a denominar a sociedade pós-industrial "sociedade programada", isto é, uma sociedade na qual a natureza e as sortes dos sistemas e dos conflitos sociais são ligadas mais às relações de poder em ação, à possibilidade de programar o progresso ou, de todo modo, de condicioná-lo: "Numa sociedade programada, na qual o *objeto* da produção é o futuro, o preço e a conseqüência da dupla finalidade de cada ação dirigente são: o fechamento do porvir, a restrição do campo de escolhas e da possibilidade de alternativas."[23] Programar, portanto, significa restringir a gama das possíveis escolhas com a finalidade de produzir entre todos os possíveis futuros aquele com maior capacidade de aumentar o poder dos próprios programadores.

Mas a necessidade crescente de prever e programar não é sentida somente pelos grupos dirigentes. Todas as pesquisas sobre a sociedade pós-industrial levam a identificar uma espécie de lei fundamental que poderemos definir como "contradição de tendência dos comprometidos com o progresso". Em que ela consiste? Por um lado, como já dissemos, a sociedade pós-industrial requer grandes capacidades de previsão do curso da história, de antecipação de trajetórias e de projetar, rapidamente, um itinerário. Por outro lado, o progresso produz sempre as suas vítimas, além de trazer as suas vantagens: assim, por exemplo, à vantagem das novas tecnologias e da redução dos custos uniu-se a desvantagem do desemprego e da poluição.

Aquela que eu chamaria de "contradição de tendência dos comprometidos com o progresso" consiste, exatamente, no fato de que os projetistas do futuro, os programadores do porvir, tendem a subestimar as vítimas do progresso que eles próprios produzem, ignorando-as quando elaboram os seus planos e removendo-as quando calculam seus orçamentos. Notava-o, com tristeza, até mesmo Bob Kennedy, num discurso que vale a pena citar por completo: "Sejamos claros desde o início: não encontraremos nem um fim para a nação, nem para a nossa satisfação pessoal na mera continuação do progresso econômico, em exaurir, infinitamente, os bens terrenos. Não podemos medir o espírito nacional com base nos índices Dow-Jones, nem os sucessos nacionais com base no produto interno bruto. Porque o produto nacional bruto compreende a poluição do ar e a propaganda dos cigarros, assim como as ambulâncias para liberar as nossas estradas da carnificina. Coloquemos na conta as fechaduras reforçadas que usamos para trancar nossas portas, assim como os cárceres para aqueles que as arrombam. O produto interno bruto compreende a destruição das nossas árvores coníferas e do lago Superior. Aumenta com a produção de *napalm*, de mísseis e bombas nucleares e compreende também a pesquisa para evitar a disseminação da peste bubônica. O produto nacional bruto insufla-se com os equipamentos que a polícia usa para conter as revoltas nas nossas cidades; embora não diminua por conta dos danos que estas revoltas provocam, aumenta quando se reconstroem as sarjetas sob os seus escombros. Compreende o fuzil de Whitman e a faca de Speck, assim como a transmissão de programas televisivos que celebram a violência para vender mercadorias às nossas crianças.

"E se o produto interno bruto compreende tudo isso, muitas coisas não foram calculadas. Não levam em conta o estado de saúde das nossas famílias, a qualidade da educação delas ou a alegria das suas brincadeiras. É indiferente à decência das nossas fábricas, assim como à segurança das nossas ruas. Não compreende a beleza da nossa poesia ou a solidez dos nossos matrimônios, a inteligência das nossas discussões ou a honestidade dos nossos funcionários públicos. Não leva em consideração nem a justiça dos nossos tribunais nem a justeza das relações entre nós. O produto interno bruto não mede nem a argúcia, nem a nossa coragem, nem a nossa sabedoria, nem os nossos conhecimentos, nem a nossa compaixão, nem a devoção ao nosso país. Em resumo, mede tudo, menos aquilo que faz com que a vida valha a pena ser vivida; e pode nos informar de tudo sobre a América, exceto se temos orgulho de ser americanos."[24]

Todo progresso produz as suas vítimas. Quando os projetistas do futuro planificam o amanhã, miram o que lhes convém, descuidando das motivações das vítimas potenciais do progresso. As razões da eficiência, da produtividade, do lucro, muito freqüentemente acabam por prevalecer sobre qualquer outra razão, seja ela humanitária, ecológica ou social.

Por outro lado, os defensores das vítimas sabem calcular bem melhor os danos causados pelo progresso, mas mostram-se bem menos preparados para formular previsões exatas sobre o curso da história e são ainda menos preparados para projetar as suas concretas etapas futuras. Na maioria das vezes, quem quer projetar o futuro não se preocupa com as vítimas do progresso; e quem quer defender estas vítimas não sabe projetar o futuro. Deriva disso uma dupla necessidade de previsão: dos programadores, para aumentar o próprio poder; dos defensores das vítimas em potencial, para contrapor aos planos dos grupos hegemônicos os seus contraplanos antagônicos. Em outros termos, hoje a dialética social não acontece mais entre um grupo que decide e um grupo que obstrui as suas decisões, mas entre um grupo hegemônico que tenta impor o seu projeto de futuro e um grupo antagonista que lhe propõe um projeto alternativo. Quem não é capaz de criar projetos de futuro não tem nenhuma probabilidade de determinar o próprio porvir. A criação de projetos requer capacidade de revisão, de programação e de realização. Requer fantasia e concretude, imaginação e capacidade para fazer acontecer.

PROGRAMAR PARA CRIAR E EXPERIMENTAR PARA PRODUZIR

A necessidade de prever a evolução do sistema social, dos seus subsistemas e de cada campo de ação e de estudo não deriva de uma vontade de programar pura e simplesmente. A atual sociedade nutre-se de idéias e exige criatividade: "A originalidade desta sociedade", escreveu ainda Touraine, "é que o seu modelo cultural é diretamente ligado ao trabalho criador e que a acumulação que representa aí um papel principal é a da própria criatividade, isto é, da capacidade de conhecimento científico."[25] Eu acrescentaria a criatividade artística.

Qual é a ligação mais sutil entre previsão, projeção e criação? As barreiras organizacionais à criatividade são geralmente identificadas na força do hábito que desencoraja o esforço de desafiar o óbvio, na resistência às mudanças, no medo do risco, nas picuinhas burocráticas, na falta de controles capazes de identificar as novidades e de gratificar os inovadores, na carência de gerentes capazes de desencavar e implementar novas idéias, nas más comunicações entre os vários setores implicados no processo criativo, na excessiva rigidez das estruturas organizacionais, na falta ou na ignorância de objetivos claros, na ausência de sistemas adequados para solicitar a produção de idéias, na escassa rotatividade, na seleção de pessoal dotado de mentalidade predominantemente executiva ou pouco decidido na afirmação das próprias idéias, na falta de um bom sistema de planificação, na auto-imposição de limites, na convicção de que todo e qualquer problema admite somente uma única solução e no hábito de dar somente aquelas respostas que os chefes aparentemente esperam. Mas o que mais desencoraja a criatividade é a falta de um quadro de referência, de um projeto, de um cenário ao qual correlacionar a própria ação criativa: seja trabalhando para realizar o cenário prospectado, seja lutando para superar os seus limites, o próprio cenário constitui uma imprescindível pedra angular de comparação: uma espécie de Ítaca, sem a qual não se sabe de onde partir, nem para onde retornar.

A necessidade e a lógica dos modernos processos de previsão devem ser correlacionadas também com a necessidade e com a lógica da criatividade coletiva. Prever, projetar e criar o futuro são as três faces de um mesmo prisma, são as três atividades intelectuais que melhor definem a sociedade pós-industrial.

Mas o futuro não chega somente conforme previsto através de enquetes e produzido pelas decisões: chega também graças à experimentação de iniciativas de vanguarda, que simulam e antecipam a vida de células organizacionais, mais adequadas aos tecidos sociais do porvir que ao contexto atual.

Por isso prefiro trabalhar aqui sobre três planos, imbricados entre si, segundo o método que já adotei nos capítulos anteriores: *sobre o plano teórico*, fazendo referência a reflexões de estudiosos que melhor analisaram a evolução da nossa sociedade da fase industrial à fase pós-industrial, com os conseqüentes reflexos em termos de poder, conflitos, necessidades, cultura, etc.; *sobre o plano empírico*, recorrendo a alguns suportes estatísticos e a fatos concretos que permitem verificar as hipóteses de previsão; e *sobre o plano experimental*, voltando a uma série de episódios organizacionais realizados na Europa e nos Estados Unidos, que também podem ser considerados como outras experimentações precursoras dos sistemas pós-industriais.

Tenho, com efeito, a convicção de que, para compreender como agem as organizações que criam o próprio futuro, são úteis não só os estudos teóricos de intelectuais como Crozier ou Morgan, não só os dados necessários à construção de uma "ecologia" das empresas, mas também a reconstrução dos exemplos organizacionais conduzidos, como num laboratório, pelos pioneiros que melhor que os demais souberam entrever, com os seus próprios "produtos" e com os seus "processos produtivos", futuros possíveis aos quais reportar-se. Por isso, junto às teorias de Touraine, Hegedus, Wallerstein ou Toffler, são esclarecedores alguns casos como aqueles já vistos, da companhia Thonet, da Wiener Werkstätte, do Instituto Pasteur ou de outros que veremos, como a Bauhaus, o Cavendish e o Projeto Manhattan: igualmente organizações "criativas", seja devido àquilo que faziam, seja pela forma como o faziam, capazes, com os seus exemplos concretos, de fornecer linhas-guias para prever e projetar outras organizações criadoras do futuro.

ESCASSEZ DE IDÉIAS

Se me lembro bem, foi Akio Morita, fundador e presidente da Sony, que escreveu: "Posso dizer a um operário para vir amanhã de manhã às sete para produzir roscas, mas não posso dizer a um pesquisador para vir amanhã de manhã às sete para produzir idéias."

Depois dos exércitos, depois das matérias-primas, depois dos capitais e depois das estruturas organizacionais, na história da humanidade e na história das empresas emerge o primado de um novo fator crítico – a criatividade –, tão indispensável para a resolução dos problemas ecológicos, éticos, estéticos, físicos, filosóficos e econômicos que nos afligem quanto evanescente à compreensão, à codificação e à organização.

Se portanto existe crise, trata-se de uma crise de idéias, devida ao fato de que, ainda quando conseguimos pensar novas respostas, não somos capazes de formular novas perguntas. Muito freqüentemente as questões que nos colocamos são demasiado e monotonamente repetitivas para serem as questões verdadeiras do nosso tempo. Até mesmo a indústria, que nos últimos 200 anos representou o mais extraordinário cérebro coletivo nunca antes produzido pelo gênero humano, até mesmo ela, que em poucas décadas inventou milhões de novos objetos, de novos serviços, de novas exigências, de novas profissões e de novos modos de organizar e usufruir os recursos, até mesmo a indústria está com escassez de idéias, e o seu balanço de novidades já entrou no vermelho: sobretudo tratando-se de novidades organizacionais. J. Galbraith, especialista americano muito ouvido em termos de inovação, nos anos 80 reconheceu que "a maior parte das mudanças tecnológicas passou a ter origem fora da indústria. Não foram os produtores de máquinas de escrever mecânicas que introduziram as máquinas de escrever elétricas; os inventores da máquina elétrica não inventaram a máquina de escrever eletrônica; as empresas que produziam válvulas não introduziram o transistor e assim por diante".[26] Devido a uma espécie de lei de Gresham, nas grandes empresas que foram inovadoras mas que atingiram a maturidade, as velhas idéias tendem a esmagar as novas. A Western Union rejeitou a proposta de adquirir por 100.000 dólares a patente do telefone que lhe estava sendo oferecida por Graham Bell. Mais tarde, os inventores do transistor tiveram que deixar os laboratórios Bell, para poderem produzir em outro local os seus semicondutores. O presidente da IBM, contrário à idéia do microcomputador, declarou que só um grande computador resolveria todos os problemas de cálculo científico no mundo.

Há de se perguntar, portanto, por que a maioria das pessoas tem a sensação de viver numa desconcertante repetição de ritos e de coisas, mas, ao mesmo tempo, é obrigada a compartilhar o bombardeio de informações, segundo o qual tudo muda vertiginosamente: qual é o porquê dessa abundante, certa e líquida mesmice da nossa cultural industrial, que serve de contraponto a ensaios, artigos e discursos nos quais se repete, quase obsessivamente, que tudo muda, que estamos numa época de transformações fulminantes e que a mudança é a nossa marca de homens pós-industriais. Da mesma forma, fica difícil explicar por que as indústrias, às quais é atribuído um persistente papel de motor socioeconômico, aparecem, vistas do interior, como organizações esclerosadas por formalidades de procedimentos burocráticos.

A resposta talvez seja simples: cada um de nós – os sistemas sociais nos quais operamos e toda a humanidade da qual somos parte integrante – possui os meios técnicos para realizar um salto de época, mas ainda não encontrou o código cultural para assimilar e gerir esses meios. "Um dos maiores problemas da humanidade", escreveu Albert Einstein, "não consiste na imperfeição dos meios, mas na confusão dos fins." Toda a máquina organizacional da qual dispomos, pensada para produzir objetos e necessidades em série, contrasta com a máquina organizacional e criativa necessária para produzir idéias originais e para produzir o futuro. A sociedade e a mentalidade industriais pesam nos nossos ombros como míticas linhagens milenares; o passado próximo nos impede de investir no passado e no futuro remotos. Estamos ainda lambuzados de *Scientific Management* e de linhas de montagem, burocracias dignas dos Habsburgo e astúcias latinas. Os lugares físicos nos quais se trabalha, os homens e as mulheres com os quais colaboramos, os líderes que nos guiam, a cultura que nos intriga e as gratificações que nos lisonjeiam fazem parte, em grande medida, de um mundo ainda hoje baseado na serialidade e na capacidade de execução, em valores de obediência, de conformidade e de prescrições.

A DESCOBERTA E A INVENÇÃO

Todavia estamos vivendo numa época entusiasmante, marcada pela luta entre *a sociedade executiva* que morre e *a sociedade criativa* que se afirma. Esta nova sociedade hipercriativa, como todas as sínteses que conseguem coroar uma dialética histórica, postula invenção e organização, emoção e regra: por isso os cientistas, os artistas e os gerentes constituem os protagonistas das grandes transformações em ação.

As maiores dificuldades derivam das diferenças culturais entre os três grupos, dos ritmos e dos itinerários com os quais cada um deles se relaciona com a sociedade criativa, da disparidade e das contribuições – científicas, estéticas e organizacionais – com as quais cada um participa na construção do conjunto do porvir e do seu próprio papel nesse futuro.

Naturalmente, são sobretudo os cientistas que estão numa posição confortável neste momento, sendo apreciados como protagonistas de uma mudança que, discutida pelos ideólogos e pelos políticos, foi, na realidade, empreendida pelos engenheiros. Enquanto, por exemplo, os nossos partidos discutiam a oportunidade de nacionalizar ou de privatizar os correios, os cientistas do campo da engenharia produziram o fax e depois a Internet, eliminando uma boa parte do problema.

Na sociedade pós-industrial, uma instituição, um grupo ou um indivíduo é tão criativo quanto mais futuro ele consegue projetar na política, na economia, na ciência e na arte. É preciso, portanto, esclarecer como ocorre essa projeção. A esse propósito tomaremos as passagens de *Il Presente è l'Avvenire* (O presente é o futuro), um livrinho já citado, útil ainda que inconstante, publicado em 1985 pela socióloga húngara Zsuzsa Hegedus e, infelizmente, centrado exclusivamente na criatividade científica.[27]

O avanço recente da ciência – segundo Hegedus – é muito diferente dos progressos técnico-científicos que haviam marcado as etapas da sociedade industrial. Entre a metade do século XVIII e a metade do XX, a ciência limitava-se a lutar com a natureza a fim de subtrair-lhe matérias-primas e vencer obstáculos, caminhando passo a passo nessa sua exploração. Hoje a ciência, além de completar a exploração e a descoberta dos setores tradicionais, que já vinha sondando há séculos, inventa novos setores, não prescritos pela natureza, mas determinados pela cultura. Disso deriva o centralismo dos cientistas no atual sistema social.

A invenção dos novos campos (a biotecnologia, por exemplo, ou a eletrônica ou ainda a industrialização do espaço) acontece como obra das ciências puras, com o empurrão das demandas sociais. Quando um novo campo é descortinado pelas ciências básicas, então as ciências aplicadas, a tecnologia e o gerenciamento encarregam-se de traduzir os princípios e os conhecimentos gerais em produtos específicos, em serviços, em medicamentos e em instrumentos capazes de socorrer o ser humano nas suas práticas cotidianas.

Enquanto a ciência tradicional havia se proposto um objetivo "finito", porque "finita" era a natureza que ela tinha intenção de desvendar, a ciência contemporânea tem diante de si um território sem limites, porque infinitos são os campos possíveis aos quais a criatividade humana pode dar vida. A *descoberta* é limitada por alguns vínculos: o mundo material a ser descoberto é circunscrito pela sua própria natureza; todo e cada problema natural admite uma única solução excelente e um só procedimento eficiente para alcançá-la: o melhor caminho de Taylor. Já a *invenção*, pelo contrário, pode prosseguir por infinitas direções, pode abrir infinitos campos e pode seguir infinitos caminhos: tanto os *objetivos* como os *itinerários* são ilimitados, como ilimitadas são as capacidades criativas do cérebro humano.

Mais aumentam os campos inventados pelo homem, mais diminui a sua dependência dos recursos naturais. A ciência oferece uma gama crescente de possibilidades entre as quais se pode escolher aquelas a serem traduzidas na prática, aquelas preferíveis, descartando outras. A partir dos anos 30, desde a Segunda Guerra Mundial e o imediato pós-guerra (fissão do átomo, desembarque na Normandia, construção da bomba atômica e descoberta da estrutura do DNA), o trabalho inventivo nos introduziu num mundo novo, onde os obstáculos naturais cessam de constituir um limite para a ação. Depois, a partir dos anos 60, deu-se mais um passo à frente: tomou-se consciência do papel inédito assumido pelo trabalho criativo, como produtor de novos campos de ação, postulados por exigências sociais.

Consideremos três exemplos de extraordinária inventividade metodológica: o grupo romano de Enrico Fermi em Via Panisperna, que realizou a primeira fissão do átomo de urânio; a equipe de cientistas que realizou, com o Projeto Manhattan, a primeira bomba atômica; e o Cavendish de Cambridge, onde foi descoberta a estrutura do DNA. Aqui, a seguir, analisarei todos os três casos, dando porém mais espaço ao grupo de Fermi, não só porque foi o primeiro cronologicamente, mas sobretudo porque foi ele quem antecipou aos outros dois a adoção de um "time", como método organizacional de criatividade coletiva.

HOMENS E TEMPOS

Pode haver assimetria entre os homens e o tempo deles. Nem todos tiveram a sorte de Stendhal ou de Proust: espelhos fiéis da época que os produziu, sincronizados emocional e racionalmente com os fatos acerca do qual escreviam. Outros, como Bacon ou Beethoven, foram precursores de idéias e de técnicas; às vezes uma infelicidade para si, mas sempre uma fortuna para os seus póstumos. Outros ainda, mesmo que com sucesso, às vezes até com gênio, prolongaram além da medida um estilo de vida ou paradigmas intelectuais que já haviam atingido a plenitude antes mesmo dos seus nascimentos: são os casos de Croce ou de De Gaulle, homens do século XIX que viveram quase que por equívoco em pleno século XX.

Assimetrias desse gênero podem se verificar sobretudo nas fases históricas de alternância entre civilizações, quando, por exemplo, não progride somente uma única ciência ou uma única forma de arte, mas desloca-se a própria interseção entre as várias artes ou as muitas ciências, fazendo com que o homem realize um salto de qualidade: nos capítulos precedentes, tratei da revolução mesopotâmica, daquela do século XII, do Iluminismo, assim como da desarticulação das velhas disciplinas, que ocorreu na primeira metade do século XX, além da sua difusão graças a Einstein, Freud, Picasso, Joyce, Le Corbusier e Schönberg.

Como se pode observar, esses "revolucionários" são europeus. E predominantemente européia é a organização do trabalho baseada não na divisão das tarefas e na competitividade destrutiva, mas na cooperação, na informalidade e na estética. Essa particularidade é evidente em todos os casos que reportei, embora eles sejam diferentes entre si, sob muitos aspectos: alguns, com efeito, tiveram origem na iniciativa privada, já outros foram criados com fundos públicos; alguns envolveram um grande número de colaboradores, enquanto outros contaram com um exíguo número de iniciados; uns colocaram em primeiro plano os valores estéticos, outros, os científicos. Todos, contudo, fundaram a sua razão de ser e a sua sorte na criatividade coletiva e criativamente organizada.

OS JOVENS DA VIA PANISPERNA

Gerald Holton, um dos historiadores da ciência de maior autoridade, escreveu: "Os eventos que marcam uma virada na história moderna assumem, por vezes, o caráter de um fato mitológico. Um desses eventos deu-se em Roma, numa manhã do outubro de 1934, num quarto da Via Panisperna, no número 98ª, num velho laboratório de física." O grupo que deu vida a esse evento extraordinário trabalhou por volta dos anos 30 no laboratório de física dirigido por Enrico Fermi, fornecendo uma sólida contribuição não só ao progresso da ciência mas também à experimentação *avant lettre* das formas organizacionais pós-industriais.

A história desse grupo é muito conhecida, e por isso limito-me a resumir as suas etapas principais.[28] Fermi nasceu em 1901; aos 14 anos, por puro acaso, descobriu a sua paixão pela física; aos 25 obteve a cátedra de física teórica na Universidade de Roma; aos 33 anos marcou o início da era nuclear, descobrindo o efeito que um feixe de nêutrons com a velocidade diminuída pode produzir, desestabilizando os núcleos; aos 37 anos ganhou o Prêmio Nobel.

Quando a grande descoberta foi efetuada, em outubro de 1934, os colaboradores de Fermi eram todos muito jovens: Franco Rasetti e Oscar D'Agostino também tinham 33 anos, Emilio Segré, 29, Ettore Majorana (que já há algum tempo havia se distanciado do grupo), 28, Edoardo Amaldi, 26, e Bruno Pontecorvo, apenas 21. Deste fato surge a denominação "Os Jovens da Via Panisperna", com a qual, freqüentemente, refere-se ao time.

Todo o projeto que foi coroado pela sensacional descoberta abrangeu o período de cinco anos – de 1929 a 1934 –, quase todo absorvido por etapas preparatórias. A verdadeira fase de produção criativa durou apenas poucos meses (de janeiro a outubro de 1934), após o que o grupo começou a desmembrar-se, devido a várias vicissitudes. A história desses cinco anos foi pontualmente reconstruída, tanto sob o perfil científico como de política da ciência. A fim de obter mais detalhes acerca dos aspectos organizacionais, com freqüência descuidados pelos historiadores, realizei, em 1986, uma longa entrevista com Amaldi, um dos "rapazes", àquela altura já sucessor de Fermi no ensino da física na Universidade de Roma. Naquela ocasião focalizei a atenção da excepcional testemunha sobretudo na estrutura e no funcionamento do time: a sua dimensão, o seu estilo de liderança, as relações entre os momentos criativos e os executivos, os relacionamentos informais, a instrumentação tecnológica, as gratificações, os conflitos e tudo mais que qualquer pessoa que se dedicasse a um *check up* organizacional de uma unidade produtiva indagaria. A seguir farei um amplo uso dessa entrevista.

Segundo Holton, no trabalho do Grupo de Fermi pode-se facilmente distinguir duas etapas: perto do final de 1929 foi fixada a estratégia do projeto e foram designados os fundos para as pesquisas; a partir de 1930, o grupo deu início a um processo de auto-educação no campo da física nuclear; nesse mesmo período os vários componentes do grupo tornaram-se conhecidos por meio de publicações de alto nível; em 1931, alguns deles dirigiram-se a diversos países, a fim de freqüentar os melhores laboratórios e aprender as técnicas; ainda em 1931 foi organizado em Roma um congresso internacional de modo a atrair os físicos nucleares mais famosos; em 1932 foram construídas e aprovadas aparelhagens, graças a um significativo aumento do financiamento; e ainda em 1932 o grupo pôde usufruir grandes descobertas no campo da física nuclear que outros cientistas haviam feito no exterior; em 1933, Fermi publicou um ensaio fundamental sobre a teoria da desintegração dos raios beta; nos primeiros meses de 1934 chegou a notícia de que, na França, Joliot e Curie haviam obtido a radioatividade artificial com as partículas alfa, e Fermi vislumbrou a possibilidade de alcançar resultados ainda melhores por meio dos nêutrons. Um financiamento suplementar de 1.000 dólares permitiu intensificar os experimentos, que em poucos meses frutificaram numa cascata de descobertas, até a fundamental.

Durante o período mais explicitamente criativo, o Grupo de Fermi esteve na vanguarda no campo da física nuclear, mas – segundo Holton – representou "um *unicum* sob o aspecto da sua organização interna", concentrando todas as forças disponíveis na mesmíssima busca, na qual o grupo acreditava ser capaz de obter os máximos resultados e o máximo reconhecimento.

A ORIGINALIDADE DO TIME

A história do grupo é a de uma progressiva transformação de indivíduos estudiosos em *um único time* tão compacto a ponto de redigir e assinar os artigos coletivamente, após tê-los enviado, na forma de pré-impressão, a uns 40 físicos do mundo inteiro.

Quando o grupo se forma e começa a trabalhar, a Itália já está há algum tempo sob o fascismo, e a sua economia, com mais de 50% da população ativa na agricultura, ainda era predominantemente rural. Os recursos econômicos do grupo – graças à proteção do físico Orso Mario Corbino, senador e ex-ministro – eram dez vezes superiores aos que eram normalmente concedidos aos outros institutos universitários romanos, mas ainda assim modestos, se comparados aos financiamentos de que gozavam os concorrentes estrangeiros. Portanto, se o Grupo de Fermi teve sucesso, isso não dependeu nem do contexto nacional no qual estava inserido nem dos meios materiais de que podia dispor. A minha convicção é de que os resultados deveram-se sobretudo às características organizacionais excelentemente pós-industriais que o grupo conseguiu imprimir ao seu trabalho. Com isso, não quero dizer que o grupo agiu de forma intencionalmente pós-industrial, mas que, *de fato*, antecipou alguns métodos que hoje encontramos nas melhores equipes de criação.

Alguns, naturalmente, não todos. Assim, por exemplo, a dimensão estética teve um aspecto bem mais marginal do que em outros casos, como, por exemplo, na Estação Zoológica ou no Círculo Matemático. Watson narra que a estrutura do DNA foi descoberta, entre tantas outras possíveis, porque "era bonita demais para não ser verdade". Fermi nunca teria pensado algo do tipo, e, ao contário de Anton Dohrn ou de Guccia, nunca teria convocado Hildebrand para projetar o seu laboratório, nem Von Marèes para pintar afrescos nele e nem mesmo Basile para decorá-lo. O seu colega Rasetti – que talvez não por acaso depois tornou-se um dos maiores estudiosos das orquídeas! – o censurava a esse respeito explicitamente. Narra Bruno Pontecorvo: "Uma vez Fermi havia instalado, não me recordo exatamente qual, mas um dispositivo bem feinho. Rasetti, que não só era um grande cientista experimental, reconhecido por Fermi, como possuía também severas exigências estéticas, começou a criticar Fermi, que respondeu: 'Mas funciona otimamente.' Então, Rasetti, com raiva, bradou: 'Enrico, quando você faz uma experiência, às vezes você é capaz de fazer coisas indecorosas! Olhe só este eletrodo de Edelman (e Rasetti indicou um lindo eletrodo todo reluzente, cromado, que representava aos nossos olhos o *non plus ultra* do progresso técnico contemporâneo). Você seria capaz de cobri-lo de sangue de galinha (tratava-se de uma substância avermelhada e bem nojenta que usávamos no laboratório). Eu nunca faria algo parecido, nem mesmo se estivesse certo de que isso me faria ganhar o Nobel.' E Fermi respondeu, tranqüilamente: 'Claro, eu mergulharia sem titubear todos os nossos eletrodos num belo banho de sangue de galinha, se isso me fornecesse algum dado relevante.'"[29]

Isso não quer dizer que o grupo não tivesse interesses diversificados. Amaldi me contou que, durante as horas vagas, "falava-se de tudo um pouco, até de literatura. Rasetti, particularmente, era um grande leitor dos livros mais modernos. Tinha sempre lido os últimos volumes publicados na América, na França, etc. E isso era estimulante para todos nós. Todos líamos fluentemente alemão. Lembro-me dos livros de Remarque, de textos da literatura germânica, americana, inglesa, de Huxley, por exemplo".

"Basicamente falávamos um pouco de política – mas não muito – assim de uma maneira geral, crítica e gozadora, nos preocupando pouco. Falávamos das outras ciências, distintas da nossa, por exemplo, de biologia ou daquilo que cada um aprendera de outros setores. Rasetti tinha uma memória fenomenal, incrível, e uma cultura muito vasta. Durante a juventude – prosseguindo uma empreitada iniciada por seu pai –, fizera uma coleção com mais de 20.000 insetos, que, depois, quando deixou a Itália, doou ao museu de história das ciências naturais, anexo ao jardim zoológico. Antes de se tornar físico, quando ainda era um estudante, descobrira novas espécies de insetos: os coleópteros cavernículos, aos quais empresta o nome. Entendia também de geologia."

DEZ PECULIARIDADES ORGANIZACIONAIS

Segundo Holton, o sucesso do grupo se deveu ao isolamento e à proteção de que usufruiu graças a Corbino, à dimensão ágil do time, ao entrosamento dos seus membros, ao modelo de empresa quase familiar ao qual correspondia, à frugalidade, à capacidade de improvisação e ao cuidado dedicado às relações públicas. Algumas dessas características e mais outras ainda merecem ser analisadas de forma mais detalhada, exatamente porque revelam a extraordinária capacidade antecipatória do grupo em relação aos atributos organizacionais que eram necessários aos sistemas pós-industriais a fim de potencializar a própria criatividade.

A estrutura do time. A primeira dessas características é constituída pela própria estrutura do time, que representava uma novidade em relação aos laboratórios científicos da época. Contou-me Amaldi: "O nosso foi um dos primeiros grupos relativamente numerosos. Lembro-me que em 1936 fui aos Estados Unidos e em vários lugares me disseram: 'Ah, você pertence ao *Italian team*, você é de Roma.' Até então a maior parte das pesquisas era feita por cientistas que trabalhavam sozinhos ou, no máximo, em dupla. Os grandes grupos nasceram depois da guerra. Rutherford, por exemplo, sempre trabalhou só com um colaborador, no máximo com dois. Tratava-se de pessoas notáveis. O caso mais freqüente era o de um personagem que trabalhava sozinho ou com um aluno escolhido por ele e com o qual dialogava. Se nós fôssemos em menor número, não teríamos feito tudo aquilo que fizemos. Em relação a outros grupos estrangeiros no campo da física, não éramos inferiores a ninguém; em química estávamos atrasados sobretudo em relação aos berlinenses, a Otto Hahn, já então um dos maiores químicos do mundo. Nós tínhamos D'Agostino, que era um ótimo químico, mas, sem ofensa, não era Otto Hahn. Fermi, por exemplo, era um dos grandes físicos da época, mas não um dos maiores químicos. E essa foi a causa do sucesso que, em seguida, tiveram os berlinenses. Nós dominamos a cena num certo campo e depois eles obtiveram vantagem, exatamente graças à preparação química de Otto Hahn."

A interdisciplinaridade. Fermi era físico, como Amaldi. Rasetti – que cultivava também interesses biológicos e que mais tarde se dedicará à botânica – tinha estudado engenharia, como Segré e Majorana. D'Agostino era químico. Acrescente-se que a mulher de Fermi, Laura, estudava ciências e que a mulher de Amaldi, Ginestra, astronomia. Cada uma dessas especialidades era colocada ao dispor do grupo no seu conjunto, onde frutificava, e cada membro, embora conservasse a própria especificidade, adquiria, aos poucos, a capacidade de interagir cientificamente com todos os outros.

Contou-me Amaldi: "Cada um possuía uma especialização um pouco diferente. A parte química ficava por conta de D'Agostino: como era químico, não fazia os trabalhos de um físico. Entre nós, físicos, quem mais entendia de química era Segré; logo, era ele que, automaticamente, cooperava com D'Agostino, já que era mais bem preparado no assunto. Eu, *grosso modo*, desempenhava o papel de construtor de contadores, de eletrônica, etc. Fermi tinha o papel diretivo, e Rasetti, que justamente ocupava uma posição de destaque, cooperava com Fermi. Era claro que ele era o 'número dois', e, eu diria, quase em paridade com Fermi. Não que Fermi o mantivesse como subalterno. Tinham a mesma idade e eram amigos de longuíssima data."

A autoridade do líder e as decisões tomadas pelo "colegiado". Fermi era dotado de uma grande inteligência, de uma reconhecida excelência científica, de uma genialidade não-neurótica e de um equilíbrio e uma firmeza que faziam dele um líder natural. Recordava Amaldi: "Debatia-se, conversava-se. É preciso reconhecer que muitas das melhores idéias provinham de Fermi. Ele era o chefe. Não restam dúvidas quanto a isso. E isso lhe conferia, justamente, uma autoridade notável... Como líder, Fermi era realmente excepcional, tanto é que por todos os lugares onde esteve – inclusive na América – criou grupos de alunos formidáveis. Tinha um modo de trabalhar que o levava a raciocinar em voz alta, e assim estimulava e impelia à ação também os demais.

"Entre ele e nós havia um contínuo *feedback*. Outros cientistas, inclusive alguns grandiosos, não produziram escola: faziam um trabalho excepcional, mas sozinhos... Nós estávamos todos sob a influência de Fermi. Todos nós tínhamos estudado física geral e, como estudantes, havíamos sido todos ótimos. Mas, depois, a parte moderna da física foi ele quem nos ensinou; a todos nós – inclusive a Rasetti –, Enrico Fermi dava muitíssimo, mas exigia também muitíssimo.

"Nunca serviu de pistolão para qualquer um de nós; longe dele fazer uma coisa dessas. Recordo-me de que recebi uma bolsa de estudos de Piacenza, minha cidade natal, para uma estada no exterior. Consultei-me com Fermi e com Rasetti; houve uma grande discussão. Essas coisas aconteciam de uma forma um pouco planejada: Rasetti vai para Berlim, Segré para Hamburgo, Amaldi para Leipzig. E assim fui para Leipzig. Mas era tudo decidido pelo 'colegiado', de modo inteligente. Debatia-se: o que precisamos aprender? E onde estão os melhores lugares na Europa para isso? E então decidia-se: você vai para lá, você para acolá, você tem que aprender isso e você tem que aprender aquilo. E todos nós seguíamos esse plano por convicção própria, não por espírito de obediência submissa. Claro, era um modo inteligente porque nos comportávamos como professores de primeira categoria, que iam aos melhores centros para aprender aquilo que nos faltava em Roma. Assim, mesmo sendo um grupo pequeno, em pouco tempo trouxemos para Roma técnicas diversas, aprendidas rapidamente em outros lugares."

Orquestrantes, aliados e patrocinadores. Muitos estudos sobre a organização dos grupos criativos atestam que, habitualmente, por trás de um time há um "orquestrador", assim como patrocinadores, capazes de conciliar as exigências dos pesquisadores com aquelas mais gerais da macroestrutura (nesse caso, a universidade) nas quais eles operam, assim como com as de todo o sistema sociopolítico.

Fermi teve muita sorte e também muita habilidade em encontrar e estimular os orquestradores, os patrocinadores e os aliados para o protegerem e lhe proporcionarem os fundos necessários à pesquisa: Pegram, da Columbia University, Canton, do Metallurgical Laboratory de Chicago, e Allisan, da Universidade de Chicago. Em Roma, o grande protetor do grupo foi Orso Mario Corbino, diretor do Instituto de Física, ilustre cientista, senador e duas vezes ministro da República italiana, primeiro da Instrução Pública e, em seguida, da Economia.

Contou-me Amaldi: "Corbino nos protegia. Compreendia tudo. Era um homem extremamente inteligente, que logo teve a intuição de quem era

Fermi, quem era Rasetti. Estava muito satisfeito com o grupo e dava muitas idéias. Não tanto sobre o que fazer no campo da física, já que ele já havia se distanciado um pouco, pois exercia uma função política, mas interessava-se por problemas industriais e por diversas coisas. Porém, havia sido um excelente físico e dominava todos os conceitos fundamentais, não era despreparado. Muitas vezes íamos ao Instituto nos domingos porque Corbino descia da biblioteca para conversar. Era muito agradável.

"Morava na Via Panisperna, no mesmo edifício que servia de sede ao nosso laboratório de física. O seu apartamento ficava no andar de cima. Às 11 horas ele descia para nos encontrar e perguntava o que é que havíamos feito. Dirigia-se a Fermi, mas todos nós estávamos em volta. E quem respondia era Fermi, porque sabia mais que todos, mas cada um de nós também podia intervir, dizer alguma coisa, fazer uma observação. Não era um diálogo restrito aos dois. Corbino entendia tudo, fazia observações inteligentes, do tipo: 'Vocês tentaram fazer isso? Vocês têm certeza? Mas não têm dúvidas sobre essa outra possibilidade?' Era muito estimulante.

"Alguns matemáticos que haviam dado uma grande ajuda a Corbino, na obtenção da cátedra de Fermi, também eram aliados do grupo. Uma indicação desse tipo implica sempre um corpo docente inteiro de uma faculdade que vota e não depende de uma só pessoa. Corbino havia obtido o apoio total dos matemáticos, alguns dos quais já conheciam bem Fermi, porque, quando ele ainda estava na Escola Normal de Pisa e, depois, em Florença, havia publicado alguns trabalhos. Levi Civita era um mecânico racional e tinha desenvolvido o cálculo diferencial absoluto, que depois foi utilizado por Einstein para elaborar a teoria da relatividade (existe toda uma correspondência entre Einstein e Levi Civita, que era uma personalidade de destaque, citado em livros do mundo inteiro. Em 1936 ele foi convidado por Einstein, pessoalmente, para passar um período em Princeton, lecionando). Muito bem, Fermi havia publicado um ou dois trabalhos muito inteligentes e discutido bastante a respeito com Levi Civita, que ficara entusiasmado. Além dele, Castelnuovo, Enriques e outros, convencidos de que Fermi era excepcionalmente competente, deram total apoio à ação de Corbino na Faculdade, votando e ajudando.

"Naquela época até existia um seminário de física e matemática, que acontecia de tempos em tempos, onde conferenciavam tanto físicos como matemáticos e para o qual foram convidados a dar palestras Fermi e Rasetti. Nós então éramos rapazolas, não tínhamos conhecimentos para sermos conferencistas naqueles seminários. Mas nesse ambiente cultural mais vasto, feito de matemáticos e de físicos, ficou muito claro quem era Fermi e o quanto a sua atividade era admirável. Eram pessoas que compreendiam muito bem o alcance de tudo aquilo; eram todos ótimos matemáticos, pessoas muito decentes e gentis conosco.

"Corbino tinha uma influência direta sobre nós. Mas eles não nos influenciavam diretamente, embora contribuíssem muito para que se criasse um clima favorável para nós. Depois, surgiram os primeiros trabalhos, Corbino fez discursos muito bonitos, tanto na Academia dei Lincei como no Senado, falando dessas coisas novas, o que teve enorme influência sobre a opinião pública. Boa parte da população já tinha consciência de que em Roma estava se fazendo um trabalho novo e importante.

"Corbino morreu em 1937, sem ter a satisfação de ver Fermi agraciado com o Prêmio Nobel. Claro, teria ficado muito feliz. Mas o Nobel chegou em dezembro de 1938, enquanto no dia 14 de julho daquele mesmo ano haviam sido promulgadas as leis raciais. Corbino havia nos protegido sempre, mas contra aquelas leis não teria podido fazer nada. Personalidades como Levi Civita e Volterra foram expulsas do país pelas autoridades italianas. Fermi era um ariano puro (usando a terminologia da época), mas a mulher, Laura, era judia e teria sido afetada por aquelas leis, mesmo sendo seu pai um almirante da Marinha de guerra, fiel à pátria até o paroxismo, de origem vêneta e com uma tradição familiar de oficiais da Marinha. Morrendo em 1937, Corbino não assistiu ao Nobel de Fermi, que o teria enchido de alegria, mas também não soube do desaparecimento de Majorana e das leis raciais, não testemunhou o desmantelamento de tudo aquilo que ele havia construído. Depois tudo foi recuperado, mas naquela época foi uma ruína que não se pode descrever."

A consciência da centralidade da ciência. Embora numa Itália ainda rural muitos resistissem a perceber a importância da indústria, o grupo de Panisperna já tinha plena consciência de que a ciência passaria a ter um papel central na nova sociedade. Essa percepção lhes permitia investir todas as suas energias num projeto que, de outra maneira, teria sido somente uma utopia. Contou-me Amaldi: "Compreendia-se que tudo aquilo que se fazia marcava um importante passo à frente. Depois, aconteceram ainda mais coisas que nós não podíamos antecipar então. Não que compreendêssemos tudo. Compreendíamos que havia questões importantes em jogo e que um grande desenvolvimento estava por se dar. Contudo, o desenvolvimento que de fato ocorreu foi ainda superior ao que havíamos imaginado. Por exemplo, enquanto Hahn não havia ainda descoberto a fissão, nenhum de nós, inclusive Fermi, havia compreendido as aplicações energéticas que poderiam derivar das nossas pesquisas. Mas compreendêramos muito bem todas as aplicações ligadas aos radioisótopos, seja no campo da medicina, seja como indicadores em disciplinas experimentais, como na biologia e em outras mais. Isso já tínhamos entendido. E Corbino, quando foi informado a respeito, disse: 'Mas o quê? Vocês se deram conta disso e não patentearam? Vocês são loucos! Vocês devem retardar em 24 horas a publicação e vamos chamar um especialista em patentes.' E fez com que tivéssemos a patente do retardamento da velocidade dos nêutrons e da aplicação de substâncias radioativas. Na patente estão descritas todas as possíveis aplicações. Mas não as energéticas. Porque ninguém então pensava nisso – nem nós, nem mesmo os alemães. Isso foi compreendido somente em 1939. A nossa patente é do final de outubro, início de novembro de 1934. Contudo, havíamos compreendido as aplicações médicas e as descrevemos na patente ao longo de inúmeras páginas. E ficamos satisfeitos: não tanto pelo dinheiro que recebemos, porque nem foi tanto assim."

Enrico Fermi, o seu grupo de colaboradores e, talvez mais do que todos, o protetor deles, Corbino, tinham a plena convicção de que o desenvolvimento científico fornecesse o parâmetro fundamental para medir a potência de um país. Chegado à América, Fermi não terá nenhuma dúvida sobre a necessidade de contribuir com o seu gênio para a vitória nuclear dos Estados Unidos sobre o Japão. Mas já durante a fase da Via Panisperna, o grupo tinha a pretensão imediata de que, no campo do conhecimento, até mesmo os países subdesenvolvidos pudessem realizar grandes saltos à frente sem ter de aguardar que fossem percorridas, uma por uma, todas as etapas do desenvolvimento. Em outros termos, na presença de determinadas condições, mesmo um país ainda rural pode se tornar diretamente pós-industrial, colhendo grandes sucessos nas ciências sem ter de passar antes pela fase industrial. Holton chega a afirmar que "o caso Fermi pode ser assumido como uma 'receita' exemplar para assegurar a um país cientificamente 'em desenvolvimento' a ocasião para conquistar um Nobel para a ciência".

Mas para que um pequeno grupo de jovens cientistas, num país rural e fascista, pudesse concorrer com as nações industrializadas na corrida pela descoberta atômica eram necessárias uma grande inteligência organizacional, uma ótica em nada provinciana e uma forte tenacidade no trabalho.

Uma ótica em nada provinciana. Os relacionamentos com os estudiosos de outros países eram contínuos. Não só os vários membros do grupo viajavam muito para confrontar suas idéias e as suas técnicas com os maiores cientistas do resto do mundo, como havia uma contínua troca de informações, envio de pré-impressos e participação nos congressos. Rasetti visitou o laboratório de Millikan em Pasadena e depois o laboratório de Lise Meitner em Berlim; Segré foi ao local de trabalho de Otto Stern, em

Hamburgo; Amaldi passou um período com Debye em Leipzig e, depois, Rasetti, Segré e Amaldi encontraram-se na Noruega.

Esse foi um dos primeiros momentos a partir do qual a ciência tornou-se, verdadeiramente, transnacional, embora os cientistas dos vários países mantivessem todos um forte orgulho patriótico. Num artigo de 1968 em *Prospectives in American History* (Perspectivas na história americana), Charles Weiner escreveu: "Os físicos europeus e os seus alunos estavam num perpétuo movimento, ultrapassando e reultrapassando fronteiras para discutir as novas idéias. Já naqueles tempos, como hoje, as viagens e a comunicação eram aspectos essenciais da vida dos físicos, contrariamente à imagem popular do cientista trancado no seu laboratório, completamente avesso a todo e qualquer contato humano. As etapas obrigatórias dessas viagens compreendiam as universidades e os laboratórios de Munique, Leipzig, Göttingen, Leida, Zurique, Cambridge, Copenhague e Berlim."

Além desses contínuos contatos que conduziam os jovens da Via Panisperna para fora do próprio país, em outubro de 1931 Fermi organizou um congresso internacional de física que, inversamente, levou a Roma todos os grandes cientistas da época. A foto daqueles personagens legendários – de Marconi a Bohr, de Rutherford a Heisenberg e a Madame Curie – convocados a Roma por um grupo de "rapazolas" e em pose na escadaria do laboratório deles hoje integra a iconografia da física mundial.

Essa espessa rede de relações internacionais constituía uma contrastante exceção ao isolamento cultural da Itália fascista. Parece até surpreendente que os membros do Grupo de Fermi falassem correntemente idiomas estrangeiros. Disse-me Amaldi: "Conhecíamos outras línguas porque nos eram úteis. Tínhamos muitas relações com o mundo cultural inglês e alemão. Um pouco menos com o francês. As relações com a França eram difíceis: naqueles tempos a Itália era fascista, enquanto a França estava sob o governo socialista de Blum, o qual Madame Curie passou a integrar como subsecretária de pesquisa. Pontecorvo deixou a Itália em 1935 e foi trabalhar com Joliot em Paris. Já então, bem antes das leis raciais, ele havia decidido não viver na Itália fascista: não por uma questão de raça, mas por uma convicção antifascista. Quem estudava na Itália não tinha um relacionamento fácil com os franceses: se ia para a França, sofria um bombardeio de perguntas sobre o seu posicionamento político e era obrigado a falar sobre isso. Se quisesse depois retornar à Itália, esse fato podia até ser fonte de sérios problemas. Em suma, era perigoso. No entanto, se fosse para a Inglaterra ou para a América, as pessoas com as quais os italianos se deparavam não eram assim tão fixadas na questão política.

Discutia-se o assunto, não como se estivesse respondendo a um processo, mas como se cada italiano fosse, de fato, co-responsável."

Havia, portanto, uma notável conscientização da dimensão transnacional da ciência: o grupo mantinha-se constantemente informado sobre o estado da arte nos vários laboratórios do mundo; comunicava, por sua vez, e de forma oportuna, os próprios resultados aos mais importantes físicos estrangeiros; freqüentava e promovia convênios internacionais; hospedava estudantes de outros países, e cada membro do grupo realizava estágios no exterior com assiduidade, a fim de aprender novas técnicas, obter espaço nas revistas estrangeiras, medir a própria capacidade e reforçar os relacionamentos científicos.

Tenacidade e sistematicidade. Caso se reconstrua, em detalhes, o emprego do tempo feito pelo grupo, a sensação que se tem é de equilíbrio, sabedoria e profissionalismo. Contou-me Amaldi: "Nunca se cogitou do fato de que alguém pudesse chegar atrasado. Se durante o período que estávamos trabalhando com Fermi se dissesse: 'Vamos retomar o trabalho às três', todo mundo já estava ali, de volta, às cinco para as três. Não me recordo de uma só vez em que alguém tenha chegado às três e um minuto, ou às três e vinte e muito menos às três e meia. Habitualmente iniciava-se a jornada de trabalho bem antes das nove da manhã; parava-se ao meio-dia e meia; retomava-se o trabalho às três da tarde e prosseguia-se até às seis, de forma sempre muito sistemática. Era assim todos os dias. No sábado trabalhávamos só de manhã. E aí, com freqüência, íamos para alguma localidade de montanha, às vezes no próprio sábado, às vezes no domingo, muitas vezes todos juntos ou então em grupos de dois ou três, porque nem todos tínhamos exatamente o mesmo gosto.

"O trabalho era muito, muito intenso. Absorvia-nos completamente. Mas não deixávamos de tirar férias. No Natal, na semana santa, às vezes durante o carnaval, íamos esquiar. E, no verão, saíamos para as verdadeiras férias. Não fazíamos coisas – que vi muita gente fazer – como não respeitar os horários das refeições. Eram horários que faziam parte do dia, e, caso se queira trabalhar bem e eficientemente, deve-se estar bem alimentado na hora certa. Mesmo quando estava acontecendo algo de interessante, não se adiava o almoço. No dia em que descobrimos os nêutrons lentos era em torno de meio-dia, mas às doze e trinta, como sempre, fomos almoçar normalmente e nos reencontramos às três da tarde. Não alteramos horários e não entramos num estado de excitação.

"É preciso dizer que Fermi era formidável em matéria de não perder a cabeça, em não se agitar ou ficar excitado demais diante de algo importante. Permanecia sempre calmo, tranqüilo, sereno e alegre.

"Mas, para trabalhar como se deve, ia-se comer: bem, mas sem exagerar. Trabalhava-se durante o tempo justo, mas depois ia-se descansar. Quase não acredito quando vejo essa gente que faz essas reuniões sem pé nem cabeça, bebendo ou fumando sem parar para ficar estimulado! No nosso caso era exatamente o oposto. Alguns fumavam, mas nunca de modo obsessivo. Era exatamente como numa quadra de tênis! Ninguém, quando vai enfrentar uma partida difícil, deve começar a fumar ou a beber sem parar. Beberá, se suou, do mesmo jeito que se coloca água no radiador do carro, senão não funciona. Mas tudo isso era agradabilíssimo. Uma espécie de jogo, feito com o espírito do jogo, mas ao mesmo tempo todos conscientes de que não era uma brincadeira, jogar só por jogar, mas algo importante. E tudo era feito de modo agradável, divertido. Essa é a principal lembrança que todos nós conservamos.

"É claro que, após dois ou três meses de um trabalho assim, necessitava-se de uma semana esquiando, sem fazer absolutamente nada. Mas, emquanto fosse preciso, trabalhava-se duramente, sem interrupções. Durante tantos anos, nunca fomos ao bar, durante o horário de trabalho, beber alguma coisa. Toda e qualquer interrupção desse tipo estragaria o nosso clima de trabalho."

Como se vê, reinava no grupo a convicção de que o interesse intrínseco de um trabalho, a participação nas decisões e o entusiasmo determinam o sucesso muito mais do que as gratificações econômicas ou de carreira. Declarou-me Amaldi: "Achávamos tão bonito o nosso trabalho, tão prazeroso, tão extraordinário, que ninguém sequer pensava em procurar um melhor."

Os salários eram relativamente baixos, a vida modesta, e as perspectivas de carreira, muito escassas. Só D'Agostino, certa vez, cedeu à tentação de ganhos maiores, empregando-se numa fábrica de inseticidas. Amaldi recordava com grande modéstia: "Quem era assistente recebia o salário de assistente. E quem era titular, o de um professor titular. Eu recebia 700 liras por mês. Minha mulher também trabalhava e ganhava um pouco mais que eu. Com os dois salários não vivíamos mal. Um professor titular ganhava entre 1.200 e 1.300, ou até 1.500 liras mensais. Não era um lorde, mas vivia bem."

Poucos conflitos. Todos os testemunhos concordam que predominava no grupo, de modo harmônico, a busca de sucesso científico, de convívio agradável, de atividade lúdica e de amizade, em lugar de aspirações como o poder ou o dinheiro. O clima, a cultura, a liderança do grupo e a forte coincidência entre os objetivos individuais e os da equipe como um todo reduziam ao mínimo as ocasiões de conflito.

Solicitado por mim a lembrar de algum caso de discordância no grupo, Amaldi teve dificuldade de localizar na memória episódios de claro conflito, pelo menos até 1934. O único exemplo diz respeito ao período seguinte às grandes descobertas de 1934, quase como se o alcance da meta tivesse provocado o desmoronamento das defesas criadas pelo entusiasmo como baluarte do entrosamento e da solidariedade. Eis o que Amaldi me contou: "Ocasiões de conflito ocorriam muito raramente. De toda forma, eram sempre briguinhas à toa. Certa vez, por exemplo, Rasetti – que era uma pessoa extraordinária sob muitos aspectos, mas muito individualista – declarou que se sentia sacrificado por trabalhar em grupo.

"Nós trabalhávamos assim: nos reuníamos, discutíamos sobre o que havia a ser feito e depois decidíamos: você faz isso, você faz aquilo, e havia o compromisso a ser cumprido. A decisão era uma conseqüência das discussões. Era o próprio Fermi que, em seguida, fazia uma sinopse: 'Então, fica combinado assim. É você que vai fazer isso? E quem quer fazer aquilo? Vocês topam?' A gente fazia um acordo, mas geralmente não tinha briga.

"Mas aí, a uma certa altura, Rasetti disse: 'Eu me sinto sacrificado, sinto que este trabalho em equipe não me agrada. Eu gosto de fazer o meu trabalho com o meu contador. Esta história de que os contadores são de todo mundo...' (De fato, os contadores eram construídos e depois, segundo a medida a ser efetuada, quem precisava os utilizava.)

"Eu achava isso completamente lógico e não tinha nenhum problema com a questão. Rasetti não gostava, mas eu gostava. Cada um tem o seu jeito. E então, num certo sentido, ele deixou o grupo. Assumiu um determinado assunto específico que tinha a ver com ele e trabalhava num outro recinto, por conta própria. E com o seu contador, que era usado somente por ele. Mas continuamos a manter ótimas relações, mesmo com ele lá no seu canto, sozinho e com o seu contador exclusivo. Não surgiu nenhuma picuinha.

"Aliás, Fermi ficou um pouco chateado. Mas não disse nada, nem uma palavra, apesar de eu ter tido a sensação de que ele ficou levemente aborrecido. Até porque se tratava, meio que indiretamente, de uma crítica a ele, pessoalmente, já que Rasetti não podia ter queixas em relação a nós, os mais jovens, que éramos seus ajudantes. O único que podia incomodar Rasetti era o próprio Fermi; quem mais? Portanto, a questão era uma espécie de ressentimento, já que ele queria fazer as coisas sozinho. Mas não teve briga ou bate-boca. Assim, a partir daquele momento ele começou a publicar os seus artigos por conta própria e nós seguimos o nosso caminho sem ele. Contudo, usando a mesma fonte de nêutrons, já que havia uma só. Nunca teve uma briga sequer, ele nos contava os seus resultados e nós passávamos para ele os nossos.

"Começamos a trabalhar na questão dos nêutrons em abril de 1934. Antes, tínhamos trabalhado juntos, mas sobre outras coisas. No dia 25 de março nós descobrimos a radioatividade artificial, mas na hora estávamos só Segré e eu. Rasetti estava no Marrocos. Enviamos-lhe um telegrama e ele retornou duas semanas depois. Oscar D'Agostino estava em Paris para trabalhar com Madame Curie. Pontecorvo era ainda estudante, estava terminando o bacharelado e se formou em julho.

"Eu trabalhava como assistente de Rasetti e mantinha contato cotidiano com ele e com Pontecorvo. Foi no inverno entre 1934 e 1935 que ele disse: 'Eu estou mal no grupo. Tenho que ter um trabalho específico todo meu, que eu faça tudo sozinho, do início ao fim. Lamento muito, mas tenho de me separar.' E assim separou-se, mas de forma indolor. Nós prosseguimos nosso caminho por nossa conta e ele por sua conta. Trabalhava muito bem."

Conforme vemos, o conflito entre eles, além de raro, assumia uma forma para lá de civilizada, e, mesmo quando evocado depois, isso foi feito da maneira mais discreta possível. E pensar que não faltavam, no interior do grupo, as personalidades difíceis e temperamentais. Sobre o colega que era, sem dúvida, o mais enigmático e briguento, Amaldi me contou: "Quando fizemos as nossas descobertas, Majorana já não trabalhava conosco há algum tempo. Havia se trancado dentro de casa e era difícil encontrá-lo. Nós, por amizade, procurávamos manter o contato, mas para conseguir chegar até ele era preciso inventar a desculpa de algum livro ou qualquer outra coisa desse tipo. Ele morava na Avenida Regina Margherita com os pais e os irmãos. O pai era um engenheiro e trabalhava no Ministério das Telecomunicações. Uma boa parte do comportamento e do temperamento de Ettore estava relacionada à sua família, muito fechada e severa. Para as nossas famílias era normal que um rapaz de 16 anos pudesse sair à noite sem ter de pedir permissão aos pais. Não que fizéssemos nada de mais. Pelo contrário. Mas ninguém precisava pedir para o papai ou para a mamãe se podia sair. Saía-se e ia-se ao cinema ou ia-se dançar em algum lugar. Já os Majorana eram muito mais severos, com regras rígidas também para os filhos homens. Muito afetuosos, ótimas pessoas, mas diferentes das nossas famílias. Havia uma autoridade paterna e materna muito mais rígida."

Processos e instrumentação. Enrico Fermi e todos os outros membros do grupo conferiam uma grande atenção à estreita correlação que havia entre a inovação dos produtos e a inovação dos processos. E o grupo dava muita importância ao treinamento e à formação permanentes. Se alguém sabia algo a mais que os outros, devia ensinar a todos. Assim, por exemplo, no outono de 1931, Fermi, Rasetti, Majorana e Segré participaram de um seminário que Amaldi ministrou a fim de explicar as teorias então mais recentes de Rutherford, Chadwick e Ellis.

Quanto à instrumentação técnica, freqüentemente construída com meios rudimentares, Amaldi me contou: "Os nossos instrumentos eram muito bem-feitos, tinham algumas novidades, mas não que fossem invenções excepcionais. Eram bem-feitos no sentido de que foram aperfeiçoadas em comparação com outros instrumentos precedentes. Tínhamos uma técnica tão boa que a exportamos para muitos lugares. Com certeza, fomos nós que a introduzimos na América. Algumas técnicas ligadas aos nêutrons foram introduzidas na Columbia University por Segré e por mim; no verão de 1936 também as ensinei no Carnegie Institute de Washington; Segré as ensinou também em Berkeley. Em todos esses lugares fomos capazes, melhor que qualquer outro grupo ou pessoa, de fazer as mensurações ligadas aos nêutrons, sobretudo aos nêutrons lentos, e as ensinamos utilizando os nossos métodos. Éramos bastante competentes nisso. Aonde quer que fôssemos éramos muito bem acolhidos. Foram anos de muita, muita sorte. Para mim foram anos maravilhosos."

Problemas e soluções. Um último ponto a ser notado é a consciência de que o grupo tinha de saber identificar e formular um problema que fosse pelo menos tão importante quanto encontrar a sua solução. Talvez exatamente nessa capacidade de colocar novas interrogações e identificar, rapidamente, os novos campos a serem explorados esteja o maior mérito de Fermi e dos seus colaboradores. Bachelard sintetizaria tudo isso na sua oração maravilhosamente pós-industrial: "Dai-nos hoje a nossa fome cotidiana!"

Amaldi contou-me que, em 1931, quando encontrou Rasetti e Segré na Noruega, haviam finalmente objetivado os critérios com os quais iriam escolher a área de trabalho deles: "Dissemos que era melhor concentrar os nossos esforços num setor que estivesse num estágio bem primitivo e pouco desenvolvido, de modo que houvesse muito espaço para a pesquisa. Este era um ponto bem claro."

UM GRUPO PRECURSOR, GENIAL E COMPLETO

Quanto mais se analisa em detalhes essa grande aventura do pequeno grupo da Via Panisperna, mais emerge a genial modernidade da sua organização, tanto nos aspectos internos como nas suas relações com o meio exterior.

O próprio fato de que se tratava de um grupo e não de um cientista isolado constituía uma grande novidade no campo da física acadêmica. E, além disso, no interior da equipe, o processo de tomada das decisões era bem diferente daquele – mais centralizado e autoritário – vigente naqueles tempos nos institutos de pesquisa e, de um modo geral, nos locais de trabalho. A liderança tinha autoridade mas era também, ao mesmo tempo, participativa; a designação das tarefas era feita segundo a escolha pessoal; a motivação era constantemente alta; os conflitos bastante raros e nunca tão fortes a ponto de comprometer a coesão do grupo e a obtenção do objetivo prefixado. Também os instrumentos de laboratório, até outubro de 1934, não eram de uso pessoal. Podiam ser utilizados, indiferentemente, por quem quer que deles necessitasse.

A relação interorganizacional entre o grupo, a Faculdade, o Ministério, o CNR – Consiglio Nazionale di Ricerca, o Conselho Nacional de Pesquisas italiano –, as academias e as agências de fomento, fornecedoras de fundos e de bolsas de estudo, fluía bem graças a Orso Mario Corbino, que patrocinava o time com a autoridade que lhe provinha do fato de ser um homem ligado ao poder e à cultura, simultaneamente, e que tinha a lúcida consciência do seu papel na nova sociedade e da genialidade de Fermi na nova ciência.

Mas o próprio Fermi, com o seu caráter conciliador (diametralmente oposto ao de Guccia, por exemplo), o seu comportamento esquivo em relação à política e aos problemas metafísicos, o seu pragmatismo e a sua habilidade, conseguia cultivar boas relações com os colegas e sobressair-se no mundo acadêmico, sem melindrá-lo além da medida. Nem se deve cogitar que essas suas qualidades fossem exclusivamente ligadas ao ambiente romano, porque, também depois, quando nos Estados Unidos, ele terá a mesma capacidade de encontrar outros colaboradores, outros financiamentos e outros protetores de grande relevo.

O PROJETO MANHATTAN

Quando Fermi refugiou-se na América para salvar a mulher do racismo fascista, a Europa perdeu não somente um grande físico (como todos admitem), mas também um grande organizador (como poucos sabem).

A sua contribuição será determinante também no primeiro e grande projeto científico – o Projeto Manhattan –, que não só marcará o nascimento concreto da *big science*, mas que demonstrará ao mundo inteiro como, daquele momento em diante, a potência de um país dependerá do grau do seu progresso científico. Não por acaso, alguns estudiosos fazem coincidir o nascimento da sociedade pós-industrial com o lançamento da primeira bomba atômica.

O empreendimento que conduziu – entre 1942 e 1945 – à construção desse engenho mortífero, conciliando a criatividade de grupo com a rigidez dos vínculos militares, foi realizado graças à contribuição determinante dos cientistas europeus, que exportaram para os Estados Unidos uma cultura e uma tradição voltadas à organização da criatividade coletiva, originada nos centros de pesquisa artística e científica do velho continente. Não por acaso, as peculiaridades organizacionais do projeto eram as mesmas que encontramos, pontualmente, na história desses centros: interdisciplinaridade, informalidade, estilo de liderança carismática e participativa, além de um forte sentimento de pertencer a uma comunidade científica.[30]

Transplantada para Los Alamos, essa cultura foi fertilizada pelas enormes disponibilidades financeiras americanas e por uma estrutura logística protegida e previamente projetada, assim como por um impulso ideológico no qual o orgulho científico e o objetivo patriótico exaltavam-se mutuamente. A partir desse momento, o primado e a originalidade da organização do trabalho criativo deixarão de ser prerrogativas européias, onde as equipes nascidas nas oficinas da Renascença e aperfeiçoadas nos laboratórios científicos de Paris, Nápoles e Palermo e nas cooperativas artísticas de Viena, Glasgow, Londres e Weimar se tornarão sobretudo *made in USA* ou *made in Japan*.

O CAVENDISH

Obviamente a criatividade coletiva continuará a ser cultivada também na Europa, tanto no campo artístico como no científico. Basta recordar as obras-primas cinematográficas do neo-realismo na Itália; as equipes de Renoir, Fellini, Buñuel e Bergman; a revolução musical dos Beatles e a estilística das grandes casas de moda; os bólidos da Ferrari e a sinergia imbatível da sua escuderia.

Mas vale a pena assinalar ainda um caso diferente do ponto de vista organizacional: o da escola biológica de Cambridge, que alcançou o sucesso graças a uma original organização de parceria criativa e que marcou numa medida incomensurável o desenvolvimento do ramo científico que terá um grande destaque no século XXI.

Já famoso como laboratório de física, fundado por John D. Bernal, nos anos 50, o Cavendish se tornará o mais importante laboratório europeu de biologia, ligado aos nomes de Max Perutz, Lawrence Bragg, John Kendrew, Francis Crick e James Watson.

O nascimento de um novo campo disciplinar, a biologia molecular, determinou um posterior impulso criativo na já dinâmica organização do célebre laboratório. Enquanto Bragg orquestrava o sistema e angariava os financiamentos, a dupla Perutz-Kendrew trabalhava na estrutura da mioglobina, enquanto a outra dupla, Crick-Watson, trabalhava oficialmente na estrutura da hemoglobina, mas, de fato, na estrutura do ácido desoxirribonucleico, e com ótimos resultados.

O estilo de liderança de Bragg, com ênfase na participação, na falta de horários fixos para o expediente, assim como de práticas burocráticas a respeitar, na seleção cuidadosa dos pesquisadores, no caráter interdisciplinar da equipe, na abertura e no entusiasmo com o novo e com os jovens, na informalidade dos relacionamentos, no equilíbrio entre anticonformismo e disciplina, na livre circulação das idéias e dos resultados científicos, na relativa disponibilidade dos financiamentos, assim como na extrema mobilidade geográfica e disciplinar dos cientistas, são somente alguns dos elementos que caracterizaram a organização do Cavendish e sobretudo a empresa de Crick e Watson, os descobridores da estrutura do DNA.[31]

Em todos os três exemplos de criatividade coletiva – Grupo de Fermi, Projeto Manhattan e Cavendish – predomina o entusiasmo em relação à novidade e à projeção em direção ao futuro: cada um dos três grupos cultiva uma visão própria de mundo, tem em mente uma disposição futura da sociedade, prevê esta disposição e deseja incidir sobre ela, a fim de conformá-la a um desenho considerado melhor, assim como tem a plena convicção de que a ciência pode oferecer uma contribuição determinante nessa melhoria.

A CRIATIVIDADE PÓS-INDUSTRIAL

Voltemos à teoria de Hegedus. O futuro, segundo a socióloga húngara, é escolhido, predeterminado, semeado no presente: o presente *é* o futuro. E a produção de futuro usa como matéria-prima a informação: na sociedade atual, o verdadeiro poder deriva da produção e da manipulação da informação.

A classe dirigente. Quem possui esse poder pertence ao grupo dirigente e governa a sociedade, determinando o seu porvir, com base nos próprios interesses, os quais, no fundo, consistem em reforçar posteriormente o próprio poder.

Quem programa o porvir dos outros reduz a gama de escolha destes, impondo-lhes as suas próprias predileções, prospectadas como as únicas possíveis. Os "outros" estão em desvantagem por não possuírem as informações certas no momento apropriado. Por exemplo: quando, nos anos 60, o grupo dirigente francês escolheu um futuro baseado na energia nuclear, os cidadãos franceses não sabiam disso, nem possuíam informações suficientes para julgar se essa escolha era realmente a única viável. Nos dez anos seguintes foram induzidas necessidades, assim como criada uma estrutura energética de tal forma a tornar imprescindível e inevitável o recurso à energia nuclear. Assim, quando os franceses finalmente tomaram consciência do destino nuclear do país, era efetivamente difícil recolocar em discussão o processo que havia sido iniciado dez anos antes. Exatamente o oposto aconteceu na Itália, onde a escolha da classe dirigente foi contrária à construção de usinas nucleares.

Algo análogo aconteceu no mundo inteiro no que diz respeito às privatizações, aos investimentos na Bolsa e às fusões: a classe dirigente, mobilizando todo o seu aparato de centro de estudos e de mídia, fez com que muitos cidadãos que somente mais tarde compreenderiam que eram as próprias vítimas concordassem ou até mesmo se tornassem fanáticos defensores desses processos.

Ciência e natureza. Na sociedade atual, para se contrapor à escolha de porvir efetuada pela classe dirigente (em posição de vantagem devido à detenção do monopólio da informação), seria necessária uma mobilização permanente capaz de controlar – na hora certa e nos lugares corretos – todas as fases nas quais se articula a produção do porvir: primeiro através da invenção de novos produtos e de novos modelos, depois através da sua inserção e atuação social (ou seja, a produção de novas práticas, de novas técnicas e de novas necessidades).

No volume *O Futuro do Trabalho* já analisei essas fases do ponto de vista do mercado de trabalho; aqui as reexamino sob a ótica da criatividade.

A sociedade industrial, dominante entre a metade do século XVIII e a metade do século XX, foi a primeira a utilizar intensamente a ciência para fazer frente à natureza, descobrindo, por exemplo, novas fontes e novos recursos, quando aqueles precedentes exauriam-se, ou descobrindo novos modos para incrementar a produtividade dos recursos já utilizados. A ciência, em outros termos, foi utilizada para fornecer novas respostas a um único problema: como vencer a guerra contra a natureza que nos ameaça com os seus perigos e nos condiciona com a sua escassez. Nessa guerra, o pelotão avançado foi a indústria, em que, na unidade de lugar e de tempo da fábrica, foram produzidas novas respostas ao velho problema, assim como confrontaram-se os dois sujeitos coletivos da dialética social: os empregadores e os trabalhadores.

A abertura de novos campos. Já a sociedade pós-industrial (mas Hegedus prefere chamá-la "sociedade programada", em sintonia com Touraine) inaugurou um procedimento produtivo diverso esquematizável em três fases.

Acima de tudo, na primeira fase, encontram-se os laboratórios e os centros de pesquisa básica, nos quais são inventados e elaborados os novos campos de ação, as novas áreas e os novos modelos de atividade social (Hegedus os chama de "novos programas").

Depois, na segunda fase, operam as organizações que traduzem esses modelos em técnicas.

E enfim, na terceira fase, ocorrem as ações focalizadas a fim de produzir novas necessidades e novos hábitos sociais.

Diferentemente da sociedade tradicional, que usava a ciência para fornecer respostas novas a problemas velhos, os centros de pesquisa e os laboratórios modernos usam a ciência para inventar campos inteiramente novos, pelos quais o homem pode passear e correr como lhe apraz, obtendo novos instrumentos para a sua sobrevivência ou para o seu crescimento. A sociedade industrial produzia novas respostas, novas soluções; a sociedade atual produz novas perguntas, novas questões, novos problemas e novos campos de ação.

Ao fornecer novas respostas, a sociedade industrial estava vinculada pelos próprios limites da natureza; ao inventar novos quesitos, a sociedade atual não possui vínculos naturais senão aqueles, bem mais elásticos, da criatividade humana: uma reserva de carvão se exaure bem antes que a imaginação de um biólogo, ainda mais que o computador liberou o seu cérebro de todas as incumbências mecânicas ou mnemônicas e o deixou com toda a calma para pensar. A matéria mais preciosa da nova sociedade é, portanto, a atividade criativa e a informação que ela produz na sua infinita potencialidade. Aliás, a informática, a telemática e a genética são puros produtos do cérebro humano: são recursos descobertos não *na* natureza, mas sim inventados *a partir da* natureza. É essa a nova forma, a enésima metamorfose, que a criatividade vai assumindo na sua evolução milenar.

A invenção de novos produtos. A segunda fase, possível somente depois que a ciência abriu um novo campo de ação, consiste em explorar as potencialidades práticas desse novo campo, realizando aquilo que Hegedus chama de "modernização". Por exemplo, uma vez aberto o campo da genética, pode-se pensar em explorá-lo para produzir armas bacteriológicas, para eliminar doenças hereditárias ou para erradicar a fome no Terceiro Mundo.

Sabemos que é atribuição do Estado financiar sobretudo a primeira fase, isto é, a pesquisa pura ou pesquisa básica; as empresas privadas tendem a financiar sobretudo a segunda fase, ou seja, a pesquisa aplicada e o desenvolvimento experimental.

Um índice, ainda que aproximado, da prolificidade de todos esses investimentos e da inovação potencial que deles derivam pode ser dado pelo número e pelos tipos das patentes. Para dar uma idéia de como elas eram distribuídas no período de passagem mais evidente da sociedade industrial para a sociedade pós-industrial, basta consultar as estatísticas fornecidas pelo banco de dados da Odec. As solicitações de patentes depositadas no exterior pelos inventores americanos passaram de 103.214 em 1965 a 119.797 em 1985, com uma taxa de crescimento de 1,46. No mesmo período de 20 anos, as patentes japonesas passaram de 8.421 a 74.353, equivalendo a uma taxa de incremento de 8,83, e as patentes italianas de 7.322 a 16.596, significando um aumento de 2,27.

Segundo Hegedus, a partir da etapa da modernização, o processo passa a ser idêntico ao da sociedade industrial. A verdadeira diferença estaria somente na fase anterior às fábricas, em que os centros de pesquisa básica abrem novos campos inventando os modelos das atividades do futuro, os centros do poder decidem em quais invenções investir e onde os centros de pesquisa "aplicada" elaboram novas técnicas para formalizar esses modelos, permitindo assim transformá-los em produtos e serviços, em novas práticas sociais, novos estímulos e novas necessidades.

Já no meu modo de ver, também a continuação do processo, até a produção em série, a publicidade e a venda, tornou-se muito menos repetitiva do que era tempos atrás, possuindo ingredientes de criatividade, sobretudo graças às pesquisas sociorganizacionais e às pesquisas de mercado.

Criatividade empresarial. A invenção é um processo cultural que descortina novos campos. Uma vez aberto um novo campo, ele pode ser fertilizado por infinitos objetivos práticos. A escolha desses objetivos e desses usos é efetuada por parte daqueles empresários que são capazes de compreender, no momento oportuno, as vantagens que poderão derivar para aqueles que investem naquele novo setor. Além disso, eles devem estar de posse dos recursos financeiros necessários ao investimento nesse novo *business* ou, pelo menos, devem estar em condições de obtê-los no mercado. Tudo isso requer inteligência, máquinas, especialistas e pesquisadores para formular projetos e propostas, para construir cenários, para antecipar objeções e respostas. Em suma, requer criatividade.

Mas não termina aqui. Também quando se imagina uma possível utilização prática de um novo campo, mesmo quando já foram determinados os meios financeiros, profissionais e técnicos para produzir os bens e os serviços oferecidos por essa possível utilização, falta ainda convencer os usuários em potencial a se valerem dessas novas oportunidades e a utilizá-las da melhor maneira, ou seja, é preciso estimular novas necessidades e novos comportamentos por meio de aparatos publicitários e educativos, que requerem, por sua vez, dinheiro e criatividade.

O conjunto de atividades que decorrem de uma invenção científica e que têm como finalidade a exploração prática das oportunidades por ela abertas concerne ao *engineering*, à mobilização dos meios financeiros, ao *marketing*, ao empenho e ao aval dos especialistas que, com a credibilidade e o profissionalismo de que dispõem, garantem *a priori* o bom êxito das operações e a boa rentabilidade dos investimentos.

Na velha sociedade industrial, a maioria das empresas inventava por conta própria, aplicando essas inovações tecnológicas no âmbito do seu estabelecimento. Na nova sociedade – a "sociedade programada" –, a empresa deve saber aproveitar as oportunidades proporcionadas pela ciência, interceptando as informações apropriadas no momento justo, elaborando-as e fazendo-as frutificar.

Os "modernizadores", no nosso caso os empresários, definem-se com base em três capacidades: a de captar "voando" as informações científicas e as oportunidades práticas ofertadas pelos novos campos abertos pela ciência; a de mobilizar os recursos profissionais, financeiros e técnicos necessários para produzir os novos bens e os novos serviços; a de operar em um nível transnacional (hoje diríamos "em nível global").

Encontramos um processo análogo no campo artístico, onde se inventam, se produzem e se vendem filmes, eventos, exposições e concertos.

A colonização dos novos usuários. No topo, portanto, estão os cientistas que abrem novos campos de oportunidades; no meio encontram-se os "modernizadores", os empresários que acolhem essas oportunidades e as concretizam; e, no patamar inferior, os usuários, os quais, para usar uma expressão de Habermas, são "colonizados". Na sociedade industrial, as relações de domínio e de subalternidade ocorriam dentro dos fechados limites da fábrica, onde os trabalhadores se submetiam, sem poder determiná-las, tanto às escolhas estratégicas da empresa como às modalidades nas quais o trabalho era organizado. Na sociedade pós-industrial, a "colonização" ocorre em nível planetário, por meio da imposição, aqui e agora, de escolhas efetuadas ontem, em outro lugar e por outras pessoas.

Quando os usuários estavam em condições de contratar essas escolhas, não sabiam disso; agora que sabem, não as podem rejeitar, porque quase tudo é predisposto de modo que essas escolhas se apresentem como as únicas possíveis. Quem hoje usa um sistema informático ou uma pílula anticoncepcional é o último vagão, quase sem defesa, de uma longa cadeia de estudos, pesquisas, decisões e investimentos efetuados anos antes por pessoas e por grupos que, muitas vezes, operaram em países diversos e distantes.

A exploração dos trabalhadores, na sociedade industrial, também produzia a transformação deles num grupo homogêneo de explorados, isto é, numa classe antagônica. A impotência dos usuários na sociedade pós-industrial é agravada pelo fato de que a atual modalidade de domínio não produz uma população homogênea de "colonizados". Mesmo um grande biólogo que durante o dia trabalha num prestigioso projeto de genética, de noite, diante da televisão, reduz-se a usuário-telespectador subalterno. Um empresário que moderniza o setor da informática, quando adoece, submete-se às escolhas e às técnicas da medicina.

SOPHIE ANTIPOLIS

O paradigma de Zsuzsa Hegedus esquematiza bastante fielmente, iluminando-o, o itinerário pós-industrial que as idéias percorrem desde a sua aurora até a descoberta e a invenção, até a patente, ao investimento para torná-la produtiva, à sua tradução prática em bens e serviços, à distribuição e à venda e, finalmente, ao consumo.

Cada uma dessas fases requer decisões arriscadas, cada vez mais baseadas na pesquisa de mercado e na formação dos cientistas, dos técnicos, dos empresários, dos gerentes, dos operários, dos vendedores e dos próprios consumidores, "colonizados" por meio de campanhas publicitárias maciças e ousadas.

Tempos idos, uma empresa tendia a desenvolver todas essas etapas internamente, ainda que de forma elementar. Hoje o processo é desarticulado, e cada segmento é confiado a instituições, laboratórios, universidades e agências, freqüentemente disseminados por todo o planeta, mas coordenados por centrais criativas, escrupulosamente concentradas no Primeiro Mundo.

Pense-se nos "incubadores" que proliferaram na segunda metade do século XX para desenvolver sobretudo as fases de pesquisa e de desenvolvimento, nas quais as idéias devem ser traduzidas em programas práticos de produção de massa. Nos anos 70 já existiam vários em torno de Palo Alto e de Boston; nos anos 80, difundiram-se também na Europa.

Sophie Antipolis é uma tecnópole pioneira que surgiu exatamente nos anos 80 na região um pouco mais para o interior de Nice e de Cannes. Trata-se de um aglomerado de laboratórios de tudo que é tipo, cada um dos quais abriga "departamentos criativos fora da empresa": por exemplo, há um da empresa Amadeus, no qual mais de mil engenheiros aperfeiçoam técnicas para otimizar o processo de reservas das passagens aéreas; há um da sociedade de telecomunicações ETSI, onde os *experts* tentam aprimorar os padrões para as comunicações sem fio; existe o da Real Wiz, onde os pesquisadores criam efeitos especiais para o cinema. E, junto a esses laboratórios, que se colocam já na fase de realização, há também laboratórios destinados à pesquisa básica, como o Instituto de Biologia Molecular e Celular, que se dedica ao estudo da dor.

Como se vê, a criatividade científica da era pós-industrial encontra-se neste ponto muito distante da era dos destiladores de Lavoisier e das lentes rudimentares de Galileu. Nas vésperas do terceiro milênio, Sophie Antipolis abrigava 30.000 pesquisadores provenientes de uns 60 países e que trabalhavam por conta de 1.200 empresas em laboratórios espalhados por uma área de 4.800 hectares. A idéia que a inspirou foi a de criar um centro científico menos voltado que o Vale do Silício ao hedonismo e ao lucro e sim mais atento à ética do desenvolvimento. Segundo o seu fundador, Pierre La Fitte, "a idéia inicial era construir fora dos centros urbanos, em pleno campo, uma concentração intelectual voltada à criatividade e à inteligência e, portanto, por uma conseqüência lógica, à modernidade econômica, cultural e social".

Ali, mais ainda do que em Palo Alto, fez-se portanto um salto da fase rural à fase pós-industrial, sem transitar pela industrial.

O PROJETO GENOMA

Mas se eu tivesse que indicar a organização científica que melhor exemplifica a criatividade coletiva da era pós-industrial, escolheria o Projeto Genoma. E não só porque concerne à biologia, isto é, o campo científico mais promissor e inquietante atualmente, mas também devido ao emprego maciço da informática, pela imponência dos laboratórios mobilizados no mundo inteiro, pelo entrelaçamento, muito estreito, entre o setor público e a empresa privada, entre a imaginação fantasiosa e a concretude, entre pesquisa teórica e pesquisa empírica, assim como entre a abertura de novos campos e a riqueza de oportunidades concretas.

O homem, à semelhança dos outros animais, explorou o seu território. Porém, ao contrário dos demais animais, explorou *também* as outras espécies vivas, as plantas e os minerais. E estudou a si mesmo: a fim de se autocompreender, de vencer suas fraquezas e as suas malformações, com o objetivo de evitar a dor, afastar a morte e, agora, de modo a se programar. As descobertas do sistema sanguíneo, dos micróbios e dos vírus representam etapas igualmente fundamentais dessa secular exploração.

A primeira pesquisa genética importante foi desenvolvida perto do final do século XIX por Johann Gregor Mendel, que estudou o cruzamento de diversos tipos de ervilhas. Em 1908, um outro cientista, Thomas Hunt Morgan, confirmou e ampliou as intuições de Mendel, estudando a drosófila, uma mosquinha da fruta cujas células contêm oito cromossomos bastante grandes e, logo, bem visíveis. Ainda no início do século XX, Archibald Garrod demonstrou que a genética não dizia respeito tão-somente a legumes e mosquinhas, mas concernia também aos seres humanos. O termo "gene" foi introduzido por Wilhelm L. Johannsen em 1909. Na sua fase inicial, a genética humana estudou sobretudo as doenças hereditárias, decorrentes de defeitos enzimáticos. Porém a grande virada tem uma data precisa: 25 de abril de 1953, quando Crick e Watson, com um breve artigo no número 171 da *Nature*, anunciaram que haviam identificado a estrutura do DNA. Desde então, a exploração do mundo infinitamente minúsculo dentro de nós sofreu uma grande aceleração. Pense-se na terrível doença de Huntington, que implica uma progressiva e lenta degeneração do doente devido à fraqueza e à sonolência, até a psicose e a alucinação, a falta de coordenação dos movimentos, a paralisia e depois, gradualmente, a corrosão do próprio cérebro e a morte. A luta para identificar o gene maligno que determina essa terrível doença hereditária durou anos e concluiu-se em 1993, com um artigo no qual 50 co-autores anunciavam essa descoberta.

Igualmente significativa é a luta contra o câncer. "Os tumores", escreve o biólogo italiano Edoardo Boncinelli, "são conhecidos desde sempre. No cérebro de algumas múmias egípcias foram identificados grandes tumores cerebrais, tumores ósseos estão presentes nos restos humanos do neolítico, assim como em pelo menos um exemplar do *Homo erectus*... Foi contudo preciso que se chegasse à metade dos anos 70 para uma plena compreensão, do ponto de vista da fisiologia celular e molecular, do fenômeno do câncer. Muitos não se deram conta disso, mas tratou-se de uma das maiores conquistas da ciência e, de modo mais geral, do espírito humano. Hoje nós sabemos o que é o câncer, após milênios de hipóteses selvagens e de devaneios loucos."[32]

Talvez tenha sido exatamente essa conquista, com muitas outras de grande alcance, que tenha induzido os biólogos a abraçar a mais arrojada e colossal operação criativa até hoje organizada, sobretudo com a esperança de encontrar a chave para um diagnóstico precoce, para prevenir e curar as doenças hereditárias.

Ao introduzir a sua descrição, o prêmio Nobel Renato Dulbecco afirma: "O Projeto Genoma foi uma grande aventura. Começou como o sonho de uns poucos visionários e depois foi adotado por toda a comunidade científica, alcançando os seus objetivos graças à cooperação de instituições públicas e privadas... O segredo do seu sucesso compreende muitos fatores. O principal foi a dedicação absoluta de muitos cientistas, que tinham fé em poder alcançar os objetivos, apesar da escassez dos meios técnicos à disposição. Estes meios foram, contudo, rapidamente desenvolvidos, como novas tecnologias automatizadas, capazes de detectar a organização do DNA, traçar um mapa dos seus genes, ler as mensagens neles contidas, assim como os seus significados. Foram identificados novos mecanismos para determinar a atividade dos genes, explorando num só ato todo o genoma. Extraordinária, nesse progresso, foi a contribuição da informática."[33]

O nosso corpo é formado por 60 trilhões de células, cada uma com um núcleo. Em cada núcleo existem 23 pares de cromossomos, e cada cromossomo é composto por DNA, que tem a forma de longos filamentos, com poucos metros de comprimento, enrolados. Algumas frações desses filamentos (aproximadamente 30.000, equivalentes a 3% do total) são chamadas de "genes" e contêm instruções biológicas indispensáveis para o nosso crescimento, diferenciação, modificação, procriação e morte. O conjunto de genes contidos num organismo representa o seu genoma. Portanto, existe o genoma humano, mas as plantas, as bactérias, os vírus e os fungos também possuem um genoma que lhes é próprio.

Como é composta uma informação? De que alfabeto ela se serve? Serve-se de um alfabeto composto por apenas quatro letras, cada uma das quais ocupa um milionésimo de milímetro. O nosso genoma contém mais de três bilhões: se fossem verdadeiras vogais ou consoantes preencheriam 500.000 páginas de livros. Essas "letras" estão combinadas entre si em longas cadeias, e durante os anos 80 os cientistas se propuseram a identificar a seqüência exata na qual elas estão ordenadas. Caso fossem bem-sucedidos, teriam então conseguido decifrar todas as instruções que estão contidas no nosso organismo. Com o Projeto Genoma, alcançaram esse objetivo.

A aventura ganhou corpo entre 1985 e 1988. Na época, dados os meios e os métodos ainda imperfeitos, era necessário um mês inteiro para determinar uma seqüência de apenas 3.000 "letras". Nasceu, portanto, a idéia de acelerar os tempos, subdividindo o genoma inteiro em frações, "fotocopiando-as" (clonando-as) e distribuindo-as entre centenas de pesquisadores, em dezenas de laboratórios espalhados pelo mundo inteiro.

Para coordenar uma operação dessa grandeza, em 1990 foi constituído um consórcio público internacional, ao qual aderiram grandes instituições governamentais americanas, inglesas, francesas, alemãs, chinesas e japonesas. A direção do consórcio foi inicialmente confiada a Watson, um dos descobridores da estrutura do DNA, e em seguida ao geneticista Francis Collins, especialista em doenças hereditárias.

O consórcio decidiu, antes de clonar e distribuir as cópias pelos vários laboratórios, que os genes fossem ordenados com base nas suas localizações no interior do cromossomo. Essa operação de mapeamento requereu uns cinco ou seis anos, mas forneceu uma preciosa cartografia da nossa identidade.

Entraram em concorrência com o consórcio público muitas empresas privadas (entre as quais se sobressai a Celera), dotadas de enormes recursos e de laboratórios gigantescos. Utilizando os programas de informática mais poderosos, elas decidiram diferenciar-se do consórcio adotando um método que saltava a fase de mapeamento dos genes e que havia sido verificado com sucesso "no seqüenciamento" do DNA da drosófila, que, graças às suas características de simplicidade e visibilidade, conquistou um lugar respeitável na trajetória das pesquisas em biogenética.

Assim, em aproximadamente 13 anos, foram obtidos resultados mais surpreendentes do que aqueles previstos, e "seqüenciados" não somente o genoma humano, mas também outros 40 genomas, entre os quais o de alguns vermes, de muitas bactérias e de muitos parasitas.

Pôde-se assim apurarem que muitos genes são iguais independentemente do fato de pertencerem a um homem, a uma planta ou a um inseto: por exemplo, 30% dos genes contidos no levedo de cerveja e no ser humano são incrivelmente parecidos. Portanto, a vida é unitária, no sentido de que deriva de uma única linhagem primordial. Ter compreendido isso descortina possibilidades e revela afinidades inimagináveis. Partindo da questão de algumas doenças hereditárias, Boncinelli escreveu: "Estamos por viver uma aventura de dimensões excepcionais. Trata-se, substancialmente, de dar corpo às sombras, de materializar o impalpável, de trazer à luz realidades potenciais sepultadas por milhões de anos nas dobras da matéria, de propor às nossas consciências e de nomear coisas que jamais tiveram um nome. Estamos somente no início, mas já se vêem os primeiros frutos: foi identificado um punhado de genes que predispõem à asma, mas também seis genes que determinam, conjuntamente, o peso dos tomates."[34]

Graças aos resultados do Projeto Genoma também se pôde compreender que os genes não operam individualmente, mas em grupo; acelerou-se a possibilidade de identificar e de isolar qualquer gene; foi aberta a estrada para infinitas novas descobertas e invenções. "Antes de tudo", comenta Dulbecco, "começamos a entender bem como o ser humano é feito e a sua relação com as outras espécies. Em segundo lugar, poderemos identificar as causas de todas as doenças nas quais estão envolvidas alterações genéticas; isso permitirá identificar, desde o nascimento, indivíduos predispostos a certas doenças, viabilizando novos métodos de prevenção. Novas vias terapêuticas surgirão graças à intervenção direta nos genes ou nos seus produtos, as proteínas. Novos remédios serão criados, voltados de forma mais específica à peculiaridade dos vários indivíduos, de forma a reduzir tanto a diferença de eficácia como os efeitos colaterais e desfavoráveis observados em alguns indivíduos... O conhecimento do genoma é o primeiro passo de um longo percurso que nos conduzirá a conhecermos a nós mesmos, as nossas forças e as nossas fraquezas."[35]

Enquanto isso o Projeto Genoma permitiu compreender os genes, isto é, os elementos que presidem o sistema informativo da nossa existência. Deles, com efeito, dependem o crescimento, o aprendizado, o envelhecimento, a duração da vida, a nossa dependência de substâncias entorpecentes e a nossa reação aos estímulos ambientais. Deles dependem a altura de uma pessoa, o ritmo do seu batimento cardíaco, a sua pressão arterial e a sua predisposição a desenvolver esta ou aquela alergia. Dos genes depende a nossa vulnerabilidade em relação a milhares de doenças, entre as quais o diabetes, os vários tipos de câncer, a retinite pigmentosa, a esquizofrenia, a polipose do cólon, a hipertensão arterial, assim como os distúrbios cardiovasculares. Deles depende a transmissão de mais de 4.000 doenças hereditárias, entre as quais as doenças de Tay-Sachs, de Lesch-Nyan, algumas deficiências do sistema imunológico e a anemia falciforme. O componente genético tem um peso de 85% nas psicoses maníaco-depressivas, de 80% na espondilite anquilosante e na palatoesquize; 70% na luxação congênita do quadril, na artrite reumatóide e nas formas depressivas puras; de 60% na esquizofrenia; de 40% na úlcera e na psoríase.

Obviamente o passo seguinte para essas e outras doenças é a prevenção e a cura. O Projeto Genoma proporcionou-nos o mapa físico de todos os nossos cromossomos e a seqüência dos três bilhões de "letras" que constituem a nossa herança genética. A partir dos genes elaboram-se as informações que conduzem à produção das proteínas. Portanto, as etapas seguintes desse percurso concernem ao conhecimento das proteínas (proteoma) e depois também ao modo como as informações são transcritas (transcritoma) e veiculadas. Também esta é uma operação colossal porque as proteínas não são filamentosas como o DNA, mas moléculas com uma estrutura bem mais sólida, compostas por uma variedade de 20 aminoácidos, arranjados de diferentes maneiras, de forma a criar mais de 100.000 combinações diversas, cada uma das quais corresponde a um tipo de proteína.

Assim, da fase do Projeto Genoma e de muitas outras pesquisas "puras", que aperfeiçoarão e estenderão esse campo, a bola passa às infinitas possibilidades de pesquisa aplicada com vista a diagnosticar, de forma muito precoce, as doenças, sobretudo aquelas hereditárias, ainda em nível pré-natal; com vista também a inventar novas curas e novos medicamentos, mas igualmente visando à reprodução, de forma cada vez mais saudável e eficiente, tanto das plantas como dos animais. A genética pode permitir progressos resolutivos, graças a técnicas cada vez mais complexas. O conhecimento do genoma, com efeito, permite o aporte de modificações genéticas úteis às plantas, a realização do uso inteligente das células-tronco, o recurso a formas variadas de clonagem, a potencialização da farmacogenética, que visa à produção de fármacos e medicamentos cada vez mais apropriados às exigências específicas de cada indivíduo em particular. Graças à terapia gênica, será possível substituir um gene que funciona mal por um bom que pelo menos compense o defeito. Será ainda mais simples corrigir as imperfeições genéticas antes mesmo que sejam transmitidas aos filhos. O câncer e algumas doenças virais poderão ser curados, fornecendo às células interessadas algumas combinações gênicas que permitirão que elas produzam substâncias capazes de agir como antídoto. Poderão ser transplantados para os nossos corpos órgãos retirados de exemplares de espécies que não a humana ou ainda órgãos construídos em laboratório a partir de diversos materiais histológicos humanos. Partindo de células já diferenciadas ou semidiferenciadas, com um processo de reversibilidade, se poderá construir *in vitro* células-tronco, regredidas a um estágio de indiferenciação. Por meio da clonagem, já se consegue que alguns animais incorporem ao próprio patrimônio genético alguns genes humanos, que codificam hormônios, como o hormônio do crescimento, a insulina e outras proteínas.

Trata-se, como se vê, de um processo que exemplifica de modo surpreendente o paradigma de Hegedus sobre o caminho das idéias do campo da pesquisa pura para o da pesquisa aplicada, da decisão de traduzir as descobertas em produtos concretos, até a produção, difusão e uso desses produtos.

Mas dessa vez estão em jogo valores tão elevados que faço minhas as observações com as quais Boncinelli conclui o seu belo livro sobre o assunto: "O nosso genoma permitiu-nos estudá-lo e estudarmo-nos. A paixão, a criatividade, a inventividade e o industrialismo de alguns dentre nós fizeram o resto. Procuremos merecer tudo isto, operando com determinação, mas também com modéstia, prudência e ponderação: modéstia porque o mundo tem ainda tantas coisas para nos revelar; prudência porque o mundo não foi feito por nós e ri das nossas exigências; e ponderação porque a razão nos guiou até aqui e, com freqüência, nos fez ganhar a partida, mas nada garante que, querendo, arrisque-se a pôr tudo a perder."[36]

MUDANÇAS E CRISES

Portanto, em relação à sociedade industrial, muitas coisas mudaram: o lugar central já não é mais a fábrica onde se produzem bens, mas o laboratório científico onde se desenvolvem novos saberes e novas patentes, o laboratório de comunicação onde se produzem novas informações e o laboratório artístico onde novas estéticas são produzidas. O futuro já não é planejado, em seu conjunto, pelos políticos, mas pelos cientistas, pelos comunicadores e pelos artistas, pelos modernizadores, enquanto os políticos limitam-se a definir o quadro normativo dentro do qual os cidadãos produzem e consomem. O processo que conduz das idéias aos produtos práticos já não ocorre na unidade de tempo e de espaço da fábrica, mas numa rede transnacional, cujas malhas são distantes entre si, seja cronológica seja geograficamente. As relações de poder não mais se consumam por meio de escolhas empresariais e organizacionais impostas pelos empregadores, mas articulam-se em escolhas e programações de futuros possíveis, escolhas estas realizadas pelos cientistas e especialistas, os quais se encontram totalmente à mercê dos usuários. Os usuários, por sua vez, não constituem uma população homogênea, uma "classe dominada", mas um conjunto variado de pessoas, cada uma das quais podendo acumular diversos papéis, alguns hegemônicos, outros subalternos.

Poucos são aqueles que tomaram consciência dessas transformações radicais. A maioria, que não conseguiu fazer isso, continua a considerar as indústrias o epicentro do sistema social, continua a calcar a ação dirigente no velho patrão industrial e persiste em representar as atuais contestações, dentro e fora das empresas do terceiro milênio, como se fossem lutas operárias no interior das fábricas do século XX.

Daí nasce um sentimento de crise, que já não deriva do atraso da sociedade, mas do atraso com que ela é representada e interpretada. E disso brota a necessidade de uma profunda transformação no modo de exercitar a ação dirigente, dentro e fora das indústrias.

A indústria só conserva a sua importância se consegue desempenhar uma ação modernizadora. Entra contudo em crise se continua a agir segundo uma lógica "industrial", renunciando a colher as oportunidades oferecidas pela ciência pós-industrial e a realizá-las.

Se dirigir significa planejar o futuro, a principal qualidade de um dirigente deve consistir em identificar a novidade e traduzi-la numa prática: financiar as pesquisas de base, mesmo aquelas que não conduzem a rápidos resultados, acompanhar atentamente os seus êxitos, descobrir que invenções científicas são passíveis de serem exploradas do ponto de vista prático, escolher entre essas aplicações possíveis as mais convenientes, torná-las realmente realizáveis por meio da pesquisa aplicada, traduzi-las em produção de bens e de serviços por meio de uma organização criativa e motivadora, estimular a necessidade desses bens e desses serviços nos usuários em potencial e, por fim, vender esses produtos.

Tudo isso deve ser realizado com o suporte de tecnologias inteligentes, dos trabalhadores do conhecimento bem-formados e bastante motivados, com uma cultura vasta e do tipo universal, assim como com uma ética atenta aos valores sociais, tanto quanto aos valores da empresa.

QUATRO OBJEÇÕES

O quadro composto por Zsuzsa Hegedus tem grande eficácia, não tanto pelos problemas cognitivos que resolve quanto pelas questões que abre, assim como pela ponte que lança entre a ciência e o gerenciamento, entre a criatividade e a organização. Todavia, quando a ele me referi, já alterei algumas passagens, e outras ainda, segundo meu parecer, deveriam ser modificadas ou retocadas. Cito, a seguir, os pontos que considero mais relevantes.

Quantidade e qualidade. Não só na sociedade pós-industrial, mas também na industrial e mesmo na pré-industrial, a ciência pura "inventou" novos campos, novos setores que em seguida a ciência aplicada e o empreendimento dos "modernizadores" cultivaram e aproveitaram com finalidades práticas de vários tipos. A química e a eletricidade, assim como a astronomia e a física, foram "inventadas" pelos cientistas e aplicadas com diversos objetivos, freqüentemente contrários, segundo um itinerário bastante semelhante ao da informática ou da genética. As revoluções científicas descritas em 1962 por Kuhn[37] e aquelas descritas por Hegedus em 1985 ocorrem de modo bastante homogêneo: talvez não por acaso a socióloga tome emprestado ao epistemólogo o termo "paradigma" e o aplique aos novos campos descobertos pela ciência moderna.

Aquilo que hoje, no meu modo de ver, confere à ciência uma posição central na sociedade pós-industrial é a massa de recursos e de pessoas que ela absorve, a potência da tecnologia que emprega, a acumulação de conhecimentos de que dispõe, a quantidade de resultados que consegue obter, a velocidade com que o progresso teórico é convertido em progresso prático (e vice-versa). O incremento quantitativo, uma vez tendo alcançado uma certa dimensão crítica, produziu um salto qualitativo: na metodologia, no conhecimento e nos efeitos. As diferenças metodológicas entre Crick e Newton, entre o Projeto Manhattan e o Instituto Pasteur, entre o desembarque na Normandia e a vitória de Trafalgar não são inferiores às diferenças objetivas encontradas nos recursos disponíveis em cada um desses casos.

A criatividade difundida. Um segundo ponto discutível diz respeito à linha de demarcação entre o procedimento criativo tradicional e o procedimento novo. Segundo Hegedus, no processo de produção (que vai da abertura de novos campos por obra da ciência pura à modernização de práticas cotidianas por obra da ciência aplicada, dos dirigentes e dos realizadores), somente a primeira fase acontece de um modo nitidamente diferente do passado: todo o resto (aplicação, realização e utilização) ainda se assemelha muito às etapas análogas da sociedade industrial.

Já no meu modo de ver a acumulação de conhecimentos e de recursos produziu um radical salto de qualidade, seja na invenção de novos domínios humanos, seja na produção de novas técnicas e até mesmo no consumo: a *big science* é diferente da *small science* não menos do que um setor robotizado da Fiat é diferente de uma antiga oficina e também não menos do que o usuário de um microcomputador é diferente de uma dona-de-casa atarefada com a sua velha máquina de lavar louças.

Na sociedade industrial os cientistas e os projetistas assumiam sozinhos toda a fase inovadora, ajudados por uma exígua elite de gerentes. Uma vez aprimorado um novo produto (o Modelo T da Ford, por exemplo, ou o fusca da Volkswagen, ou ainda o modelo Giulietta da Alfa-Romeo), milhares e milhares de operários, privados de toda e qualquer dimensão imaginativa, eram obrigados a reproduzi-lo, repetindo, durante anos, os mesmos gestos e os mesmos procedimentos, limitando-se sempre e escrupulosamente a seguir apenas as prescrições da empresa. "O senhor não é pago para pensar", recordou Taylor a um operário que havia simplesmente ousado modificar alguns procedimentos previstos pela organização científica. A mesma simplicidade executiva dominava as operações de venda e as operações de uso: basta comparar a exigüidade e a banalidade dos manuais de instruções que acompanhavam as geladeiras e os carros com o volume e a complexidade daqueles que hoje vêm junto com um microcomputador.

Na sociedade pós-industrial, todas as fases da cadeia produtiva – que vai desde os laboratórios científicos até as salas de reuniões dos mais altos escalões, dos estudos de *marketing* das agências de publicidade até os usuários finais – sofreram no seu âmago um esvaziamento da parte executiva (física ou intelectual que fosse) em favor da parte criativa: tudo o que era operacional, protocolar e padronizado foi delegado às máquinas; e tudo o que era criativo foi reservado ao homem. Quando, nos departamentos de uma empresa industrial, cruzava-se com os trabalhadores (e isso ocorria a toda hora), sabia-se *a priori* que a maior parte daqueles homens desempenhava tarefas pesadas. Se numa empresa pós-industrial existem trabalhadores (o que acontece cada vez mais raramente, a partir do momento em que setores inteiros são operados, exclusivamente, por máquinas robotizadas), pode-se estar quase certo, a princípio, de que eles desenvolvem tarefas intelectuais, baseadas na inteligência e na flexibilidade, se não já teriam sido substituídos por equivalentes mecânicos.

A sociedade pós-industrial exige e absorve muito mais criatividade do que a industrial e, portanto, tende a utilizar os seres humanos como tais, ou seja, dotados de um cérebro que é pago para pensar, não para permanecer inerte, assim como para ser cultivado através de uma permanente formação adequada. É por isso que, daqui para a frente, no lugar de "sociedade pós-industrial", seria mais oportuno falar de "sociedade criativa", isto é, uma sociedade que valoriza a criatividade, que recupera a capacidade criativa dos indivíduos (sejam eles trabalhadores ou usuários) e que funda a sua especificidade na inteligência e na inventividade. Uma sociedade na qual ou se é criativo a todo momento ou se sucumbe.

A cientificização da tecnologia. Um terceiro ponto discutível, dentro do quadro traçado por Hegedus, concerne à separação demasiado clara que ela estabelece entre ciência básica e ciência aplicada, entre ciência e tecnologia e entre invenção teórica e invenção prática. Se analisarmos atentamente, nos últimos decênios verificaram-se, simultaneamente, várias tendências opostas.

Em alguns casos as descobertas práticas não se deram por obra de gente que "mete a mão na massa", privada de uma boa base teórica, mas derivaram, direta ou indiretamente, de novas teorias formuladas em sedes de estudos abstratos: provavelmente hoje nem o raio *laser* nem o *compact disk* existiriam se Einstein não tivesse teorizado a relatividade. Já em outros casos, uma série de ajustes e de descobertas práticas abre o caminho para novas teorizações, e o desenvolvimento tecnológico entrelaça-se, de forma inextricável, ao desenvolvimento científico: "As descobertas que se obtêm no campo da ciência básica", escreveu anos atrás o prêmio Nobel Carlo Rubbia, que contudo coloca a ciência acima da tecnologia, como sua geradora, "apóiam-se no uso continuado e no desenvolvimento de tecnologias de vanguarda. Por sua vez, a tecnologia bebe com fartura na fonte científica, extraindo enormes vantagens da bagagem acumulada, de forma independente, pela ciência pura."[38]

Por isso, falou-se de uma "cientificização da tecnologia". Quando Watt construiu a sua máquina a vapor, Carnot ainda não havia publicado a sua teoria sobre a termodinâmica; quando Edison construiu a lâmpada, as teorias sobre a emissão dos sólidos ainda não haviam sido formuladas; quando Marconi construiu o rádio, ainda não conhecia bem as teorias de Maxwell e de Hertz. Em outros casos, mais recentes, o desenvolvimento científico e o tecnológico estiveram fortemente interconectados: assim, os estudos do grupo da Via Panisperna sobre a física nuclear conduziram Fermi ao controle da fissão; e igualmente, na América, as pesquisas sobre a natureza das imperfeições dos sólidos conduziram à construção do primeiro transistor.

Extraímos esses exemplos de um relatório de longa data do cientista Umberto Colombo, que fala a esse propósito de uma "tecnologia científica" e recorda outros três fenômenos a ela correlacionados. O primeiro consiste na invenção de novos recursos através de procedimentos capazes de transformar materiais sem valor (o urânio, o lítio, a água e o silício) em energia. O segundo consta da invenção *ex novo* de novos materiais (cerâmicas de altíssima resistência, fibras de módulo elevadíssimo, etc.), com base somente nos conhecimentos científicos acerca das propriedades fundamentais e da estrutura dos sólidos. O terceiro consiste na "desmaterialização dos bens", com base na qual "novos serviços incorporam funções que antes eram desempenhadas por produtos talvez demasiado intensos em termos de composição material e de conteúdo energético e que vão definindo, com base na função desempenhada, serviços com alto conteúdo científico-tecnológico. A título de exemplo, vale a pena recordar a transformação da indústria dos fertilizantes em indústria da fertilização, que conduz, graças às aplicações das biotecnologias, à fixação direta do azoto nas plantas (NIF), ou ainda o caso dos pesticidas químicos utilizados na agricultura, que estão cedendo a vez às formas de luta biológica, integrada aos infestantes".[39]

O esquema de Hegedus, portanto, é demasiado simples para poder representar uma cadeia de produção e fruição de bens, idéias e serviços, neste ponto bastante complicada devido a fecundações recíprocas e freqüentes *feedbacks*. Disso deriva, por exemplo, a dificuldade em colocar a pesquisa aplicada acima ou abaixo da fase na qual os dirigentes decidem valorizar, do ponto de vista prático, os campos abertos pela pesquisa básica. E daí se infere que a diferença entre a invenção atual de novos campos e a descoberta tradicional de leis, qualidades e poderes inerentes da natureza seja determinada por uma relação quantitativa alterada entre as matérias fornecidas pela natureza e os processos cogitados pelo homem para transformá-la e evocar novas forças, as quais, de todo modo, lhes são intrínsecas.

A criatividade é inesgotável? Um último ponto discutível no quadro formulado por Hegedus diz respeito à sua convicção de que a criatividade humana seja inesgotável e possa continuar a satisfazer seus próprios caprichos *ad infinitum*, sempre inventando novos campos. Isso talvez seja verdade teoricamente, mas permanece contudo bastante problemático em alguns momentos da história humana, entre os quais o atual. Exatamente o rolo compressor da indústria esmagou durante 200 anos as capacidades inventivas de milhões de seres humanos, criando prisões culturais tão rígidas, que desmantelá-las, tanto em nível organizacional como em nível psicológico, é bastante difícil. A seleção, o adestramento, a formação, a divisão das tarefas, a estrutura hierárquica, os lugares físicos, os objetos, assim como as gratificações, tudo isso concorre para fazer com que as tarefas executivas nos pareçam naturais e confortantes, enquanto a atividade criativa pareça excêntrica, arriscada e psicologicamente muito onerosa.

Neste momento histórico, sobretudo no campo da organização, assinala-se um perigoso distanciamento entre a necessidade de criatividade e a efetiva disponibilidade das pessoas (sobretudo dos gerentes) de criar. Por que existem tanta desconfiança, resistência e repulsa em relação àquilo que é novo e belo? Não há uma só conferência ou congresso que não se encerre com a constatação de que os sistemas sociais se tornaram mais complexos, que a mudança é sempre mais veloz, que é preciso mostrar-se disponível ao seu fluxo impetuoso, assim como é preciso aparelhar-se a fim de manter o seu curso por meio de uma organização flexível e capaz de obter dos colaboradores a máxima criatividade. Mas depois, nos fatos, as organizações continuam sendo máquinas burocráticas, inexoráveis na castração das capacidades criativas de quem nelas trabalha.

Examinarei esses problemas na segunda parte deste volume. Antes é necessário compreender quais as reações que a hegemonia dos processos criativos determina no sistema social e por que a pesquisa e a invenção geram, ao mesmo tempo, tanta esperança e tanta desorientação.

REFLEXOS SOBRE A SOCIEDADE

Em 1949, Fernand Braudel publicava um dos baluartes da historiografia contemporânea, *O Mediterrâneo e o Mundo Mediterrâneo na Época de Filipe II*, no qual delineava a famosa teoria das ondas compridas. Segundo Braudel, a história pode ser lida em três níveis: o nível mais profundo registra flutuações seculares ou milenares, que provocam mudanças imperceptíveis no clima, na geografia, na geologia, na flora, na alimentação e nos transportes, ou seja, no macroambiente que condiciona a organização da vida cotidiana do ser humano. Mais superficialmente, a história se move em ondas mais curtas, mensuráveis em décadas e determinadas pelas conjunturas econômicas, pelos conflitos entre as gerações, pelas guerras entre as dinastias, pela dialética entre a cidade e o campo, assim como pelos aumentos e diminuições demográficos. Enfim, no nível mais superficial, o mar da história é ondulado pelos eventos cotidianos de ordem política, econômica, militar e diplomática.

Segundo alguns sociólogos (por exemplo, na Itália, Luciano Gallino e Aris Accornero), tudo aquilo que descrevemos até aqui pode testemunhar somente uma transição de médio alcance, a elevação de uma nova onda, mas de média dimensão, na qual a indústria conserva o seu papel central. Para mim (e encontro-me na boa companhia de Daniel Bell, Alvin Toffler e Alain Touraine), o alcance dos fatores que descrevi, a interação recíproca e a ressonância entre eles, o efeito rápido e penetrante que eles exerceram sobre toda a vida social e sobre o planeta inteiro são mais do que suficientes para atestar uma passagem de época de uma sociedade para outra.

Quando muda um só campo da atividade humana, estamos diante de um progresso; quando avança a interação entre múltiplos setores, estamos na presença de um salto de civilização: tem início aquilo que Braudel chamaria de uma longa onda da história. Esta nova onda, que desde o início do século XX anunciou-se com a descoberta da relatividade na física, da psicanálise na psicologia, do estruturalismo em muitas disciplinas, simultaneamente, assim como do modernismo e depois do racionalismo na arquitetura, do dodecafonismo na música e do cubismo na pintura, tornou-se evidente, a partir da Segunda Guerra Mundial, que serviu como bancada experimental para todas as descobertas já amadurecidas (pense-se na fissão do urânio) e de trampolim de lançamento para todas as descobertas seguintes (lembremos do DNA, da informática e da engenharia genética). Os efeitos dessas transformações na sociedade, no trabalho e no indivíduo foram determinantes e, praticamente, infinitos.

O novo sistema social caraterizou-se, rapidamente, por uma integração cada vez mais estreita dos seus subsetores, de modo que as vicissitudes de um refletem-se com crescente rapidez e instantaneidade nos demais. Pense-se, por exemplo, na relação que se instaurou, durante os anos 80, entre o petróleo e o dólar, entre a guerra no Oriente Médio e o bem-estar no Ocidente. Para levar adiante a guerra deles, o Irã e o Iraque foram obrigados a extrair e a vender cinco milhões de barris de petróleo por dia. Isso, por sua vez, constrangeu o Kuwait, a Arábia Saudita e os Emirados Árabes a competir e superar o Irã e o Iraque, vendendo a preço baixo sete milhões de barris ao Ocidente. O Ocidente (Estados Unidos na liderança) financiou a sua economia graças a essa redução de gastos petrolíferos; e esse financiamento da sua economia lhe permitiu preservar o primado tecnológico com o qual pôde produzir as armas que alimentavam a guerra, assim como os navios que asseguravam o transporte no Golfo Pérsico.

A ACUMULAÇÃO COMO FIM

Em outros termos, o processo generalizado que tudo transforma em mercantilismo – da produção, da troca, da distribuição e do investimento – já havia atingido o seu auge e envolvido todas as transações sociais (para utilizar o termo de Immanuel Wallerstein, um discípulo de Braudel): os bens, os serviços, os relacionamentos humanos e a cultura. O emprego do capital com o intuito primário da sua auto-expansão tivera início na Europa, no final do século XV, e somente no fim do século XIX terminara de conquistar todo o globo, dando vida àquela formação histórica que é justamente a economia mundial, cujo mercado de trabalho conseguiu reduzir à condição de proletários quase 50% de toda a população mundial (o resto continuou a trabalhar em agregados domésticos semiproletários).[40]

Esse capitalismo historicamente definido – que tem início na metade do século XIV – "é um sistema absurdo: acumula-se capital para se acumular mais capital. Os capitalistas são como camundongos que correm sobre uma roda dentada, que correm cada vez mais rápido, para poder correr mais e mais".[41] O suporte estatal a esse sistema econômico deu-se através de políticas alfandegárias entre um país e outro e por meio de normas no interior de um mesmo país, a fim de regular as relações sociais de produção com a taxação, o direito ao trabalho, os incentivos ao investimento, a individualização do lucro e a socialização do risco. No seu complexo, o resultado disso tudo é o "desenvolvimento desigual", sobre o qual escreveu, de forma clara, Samir Amin.[42]

E, ainda, a luta entre os capitalistas, os conflitos de classe que se estenderam do Primeiro ao Terceiro Mundo e os movimentos nacionalistas que se insinuaram do Terceiro Mundo ao Primeiro criaram uma pressão antisistêmica, à qual se somou a ação inédita das multinacionais, da demografia, da ciência e da integração transnacional entre ação criativa, ação produtiva e o uso.

Os gregos viviam com a constante impressão de que o mundo se encerrava dentro dos limites ao alcance de suas mãos; os romanos conquistaram o mundo inteiro então conhecido, entre as Colunas de Hércules, o Vale de Adriano e o acampamento oriental dos bárbaros. Em seguida, teve início uma longa fase histórica, na qual o homem "civilizado" viveu a aventura da exploração – geográfica, científica, econômica e filosófica –, convencido de que ele ocupasse o centro dos sistemas infinitos a serem conquistados e em meio aos quais viria a se perder. Ora, enfim, vive uma nova fase eufórica, na qual o planeta lhe parece, novamente, algo acabado e concluído. Assim como o Adriano de Yourcenar gozava de uma condição extraordinária de um mundo totalmente restituído ao homem, no qual – segundo a bela expressão de Flaubert – os deuses pagãos haviam se calado e os cristãos ainda não falavam, o ser humano que adentrou o terceiro milênio goza da condição excepcional na qual o conhecimento do próprio planeta, nas suas variações fundamentais, praticamente concluiu-se e o de outros mundos ainda não alcançou uma fase inquietadora. A própria atenção voltada à ecologia atesta a conscientização, cada vez mais difundida, de que os recursos e o espaço não são ilimitados, mas que vivemos num mundo "finito".

A sensação de "mundo concluído" contribuiu de forma não secundária para a explosão de criatividade na Atenas de Péricles e poderá contribuir, numa medida igualmente determinante, para uma nova explosão de criatividade no mundo pós-industrial. Realmente é necessário: a fim de inventar novas formas de convivência transnacional e, sobretudo, para sair da espiral segundo a qual os povos ricos tornam-se cada vez mais ricos e num percentual sempre mais exíguo, enquanto os povos pobres tornam-se cada vez mais pobres e num percentual mais elevado.

Segundo as estatísticas fornecidas pela *World Population Prospect: The 2002 Revision*, em 1950, numa população mundial de cerca de dois bilhões e meio de pessoas, somente 800 milhões habitavam os países ricos, enquanto o número de habitantes dos países pobres era de um bilhão e 700 milhões de pessoas. Cinqüenta anos depois, no ano 2000, a população mundial era ligeiramente superior a seis bilhões de habitantes, dos quais somente um pouco mais de um bilhão habitava os países ricos. E em 2050, sempre seguindo as previsões da ONU, a população mundial será de nove bilhões e 300 milhões de seres humanos; os ricos serão menos numerosos do que os atuais, e os pobres somarão mais de oito bilhões de pessoas. Em outras palavras, em 1950 os pobres eram o dobro dos ricos; em 2000 eram cinco vezes mais numerosos; e em 2050 o serão oito vezes mais.

A passagem da sociedade industrial à pós-industrial coincide com (e é marcada por) o declínio do capitalismo histórico: "Os sistemas históricos são, justamente, históricos. Vêm ao mundo e depois cessam de existir, como conseqüência dos processos internos nos quais a exasperação das contradições conduz a uma crise estrutural... O capitalismo histórico entrou nessa crise estrutural no início do século XX e conhecerá o próprio final como sistema histórico em algum momento do próximo século. É difícil e arriscado prever o que virá depois... A questão política do nosso tempo não é aquela que pergunta se existirá ou não uma transição do capitalismo histórico para alguma outra coisa. Isso é certo, até o ponto em que se pode ter certeza em coisas assim. O problema político do nosso tempo é se essa outra coisa e o êxito dessa transição serão ou não fundamentalmente diversos, do ponto de vista moral, daquilo que ora temos; se haverá ou não um progresso."[43]

O FIM DA HISTÓRIA E OUTRAS HISTÓRIAS

Segundo Wallerstein, portanto, um sistema econômico que durou quatro séculos (o capitalismo histórico) concluiu a sua parábola: ele hoje coincide com o planeta inteiro e é obrigado a se dar conta disso mudando as regras do jogo que ele mesmo havia se proposto e que estão na base do seu crescimento, mas que já não mais correspondem às suas exigências. Um sistema produtivo que durou dois séculos (a sociedade industrial) também concluiu a sua parábola: quase mais nada daquilo que caracterizou a fábrica e a época do primeiro Henry Ford permanece válido no mundo empresarial e na época de Bill Gates.

As onipotências tornaram-se planetárias, enquanto as oportunidades segmentaram-se geograficamente. As velhas divisões internacionais do mercado de trabalho evaporaram, cedendo lugar a circuitos, aparatos e redes capazes de driblar as regras da concorrência industrial e as infinitas relações entre o trabalho formalizado e o trabalho informal.[44]

No Primeiro Mundo, toda a economia terceirizou-se. Se, nos anos 90, podia parecer que o presidente da Sony tivesse razão, quando criticava os Estados Unidos por darem uma atenção demasiado branda aos estabelecimentos e às instalações industriais, assim como às empresas manufatureiras, hoje parece claro que a indústria percebeu, definitivamente, a sua hegemonia e que, salvo incidentes de percurso, as relações de força entre os países serão cada vez mais medidas em termos de capacidade criativa (laboratórios científicos, bancos de dados, emissoras de televisão, etc.), em vez da capacidade produtiva (toneladas de aço, números de carros produzidos por ano, etc.).

Os estudos sobre a terceirização da economia e do trabalho já se tornaram bastante conhecidos, mas vale a pena recordar alguns dados essenciais referentes ao país-guia, os Estados Unidos, onde os trabalhadores agrícolas, entre 1920 e 1980, caíram de 28% para 3% e os empregados da indústria passaram de 33% para 30%; já os dependentes do setor terciário subiram de 39% para 67%.

A descoberta dos anticoncepcionais deu uma contribuição determinante à revolução sexual, separando, definitivamente, o erotismo da procriação e permitindo a planificação demográfica em níveis familiar e social. A crescente flexibilidade da produção reduziu a padronização dos bens e com isso a massificação das modas. As cidades, que durante muitos milênios foram locais de consumo dos produtos rurais e que por dois séculos foram o lugar de produção dos bens industriais, modificaram rapidamente as suas funções, aparelhando-se de modo a serem hoje o lugar das transações e do lazer.

Enquanto isso, os movimentos sociais adquiriram uma importância crescente em relação às instituições; a criatividade e a emotividade tentaram sacudir as burocracias. Enquanto o progresso avançava, quem o sabia programar desinteressava-se, cinicamente, das suas vítimas, e quem defendia as vítimas imprudentemente desaprendia a programá-lo, conforme já vimos.

REFLEXOS NA PRODUÇÃO E NA VIDA COTIDIANA

Na sociedade industrial, a organização era condicionada por uma série bastante definida de variáveis ambientais, humanas e tecnológicas, que condicionavam o seu caráter. O espaço econômico da empresa tinha dimensões regionais ou nacionais; somente em alguns casos limitados, o seu raio de ação (proveniência das matérias-primas, dos capitais, da mão-de-obra e da maquinaria; destino dos produtos e dos investimentos) ultrapassava as fronteiras, as quais, aliás, eram defendidas com rígidos cinturões alfandegários. A produção se dava num âmbito caracterizado pela unidade de tempo e de espaço da fábrica. O poder na empresa era determinado pela relação de propriedade ou de "proletariedade", com respeito aos meios de produção.

Quanto aos homens que operavam na empresa, poucos graduados dominavam a massa de analfabetos e escassos líderes carismáticos programavam e controlavam os setores onde pululavam os "homens-bois". O trabalho era central – em termos de duração e de importância – na vida dos trabalhadores, que o exerciam como privilégio e como dever. Aqueles dotados de uma mentalidade industrial encontravam-se culturalmente em posição oposta aos dotados de uma mentalidade rural.

As variáveis tecnológicas, embora mais complexas do que as que haviam caracterizado o trabalho artesanal, eram ainda relativamente ingênuas, apesar da sua desmedida potência: aos instrumentos flexíveis, herdados das oficinas, a indústria acrescentou as linhas de montagem e as máquinas automáticas, para as quais o homem era um complemento, segundo ritmos separados pelos tempos e pelos métodos da empreitada cronometrada.

Os critérios organizacionais condicionados por essas variáveis eram os do *Scientific Management* e depois os das *Human Relations*: Toffler, conforme já vimos, os sintetiza na padronização, especialização, sincronização e maximização da produtividade, da eficiência e do lucro, na concentração dos recursos e economia de grande escala, assim como na centralização do poder.[45] Na prática, racionalismo e utilitarismo colocados numa chave produtiva, com êxitos de machismo e consumismo.

As variáveis que influem na organização produtiva na sociedade pós-industrial são bem mais numerosas e complicadas. O espaço econômico das empresas hoje é global; a economia terceirizou-se; a linguagem técnica e gerencial assemelhou-se no mundo inteiro; o tempo e o espaço da produção desestruturaram-se; o poder, dentro e fora da empresa, é ligado sobretudo à propriedade dos meios de criação; a cultura, sob muitos aspectos, desmassificou-se; a ciência está cada vez mais capaz de responder às necessidades sociais; a contraposição frontal entre burguesia e proletariado cedeu lugar a uma articulação bastante variada de classes, *lobbies*, grupos e movimentos. Os sistemas sociais tornaram-se multirraciais. Às máquinas flexíveis, rígidas e automáticas, herdadas da época industrial, somaram-se – superando-as – a eletrônica, a telemática e a robótica.

Os trabalhadores das empresas pós-industriais são escolarizados, com freqüência têm um diploma, um título de graduação e de especialização. Enquanto nos tempos de Marx havia um funcionário para cada 25 operários, hoje os colarinhos-brancos são bem mais numerosos que os macacões-azuis. O trabalho é vivido cada vez menos como um dever e cada vez mais como uma oportunidade: de toda forma, já não é central, nem em termos de duração nem em importância na vida das pessoas, que hoje em dia já não lhe dedicam, em média, mais de um décimo da própria existência. A diferença de mentalidade já não contrapõe revolucionários a reformistas ou rurais a urbanos, mas inovadores a conservadores, solidários a competitivos, comportamentos pós-industriais a comportamentos industriais. Os indivíduos habituaram-se a respeitar, simultaneamente, vários líderes e reivindicam a desburocratização dos relacionamentos e o acesso às informações. As mulheres têm um peso bem maior nos processos de decisão. E a autonomia e a estética são valores cada vez mais apreciados.

As conseqüências, em termos organizacionais, foram dilacerantes. As novas tecnologias determinaram o declínio do trabalho físico, com exceção da prestação de serviços e do trabalho conceitual, fazendo surgir o trabalho criativo dos profissionais liberais e dos gerentes. O espaço econômico das empresas tornou-se planetário, e as estruturas articularam-se em distritos, redes, aparatos, matrizes e projetos, com formas bem mais variadas e plásticas do que os antigos organogramas piramidais. A flexibilidade dos aparatos tecnológicos "despadronizou" e "desespecializou" a produção, incorporando os serviços nos bens. Os recursos financeiros e humanos, destinados aos serviços de *staff* (projeção, *marketing*, venda, imagem, etc.); com freqüência superam fartamente os recursos destinados à linha de produção. Em lugar da hierarquia e da dependência, estão cada vez mais presentes a parceria e a colaboração. O espaço e o tempo da produção desestruturam-se sempre mais, enquanto o teletrabalho reabre a possibilidade de fazer coincidir, novamente, o local de trabalho com o local da própria vida.[46] Uma parte crescente dos trabalhadores polariza-se sempre mais nos subsistemas que desempenham atividades criativas (em que os resultados são superiores à soma algébrica dos fatores que a compõem), enquanto uma parte decrescente dos trabalhadores polariza-se nos subsistemas que desempenham atividades executivas (em que os resultados são inferiores à soma algébrica dos fatores que a compõem). Os problemas da empresa tornam-se cada vez mais problemas interorganizacionais. O conflito terceiriza-se e articula-se.[47]

"No curso de uma só geração", escreveu Wright Mills, "um sexto da humanidade passou de um estado feudal e atrasado à modernidade mais avançada e temível."[48] Portanto, numa só geração, fomos obrigados a nos reciclarmos culturalmente, aprendendo a trabalhar sempre menos na empresa e sempre mais por toda parte, graças ao teletrabalho; aprendendo a viver simultaneamente em vários sistemas (o da produção, o do consumo, o da família, assim como os dos grupos formais e informais); adotando maior flexibilidade nos relacionamentos, no comando e na subordinação; dispondo-nos a substituir a dependência pela colaboração e a assimetria pela parceria; conjugando as dimensões de nômades com as de sedentários; as raízes da nossa identidade com os espaços planetários da globalização.

Dentro de casa, tivemos que nos habituar a conviver com várias gerações de bisavós, avós, pais, filhos e netos, aprendendo a fazer do tempo livre (que aumenta) o centro das nossas vidas, em lugar do tempo de trabalho (que diminui). Viemos de famílias nas quais os tios eram bem mais numerosos do que os avós, e vamos em direção a famílias nas quais os avós serão mais numerosos que os tios. O "jovialismo" (como uma idolatria acrítica da exuberância vital) cedeu espaço ao desejo adulto de compreender e de decidir com meditada reflexão. O mérito e o profissionalismo conquistaram espaço em relação à improvisação e à ideologia.

Para administrar todos esses fenômenos, para extrair deles todas as vantagens possíveis, em termos de qualidade de vida e qualidade do trabalho, a fim de evitar os perigos em termos de alienação intelectual e de exploração material, é necessário mobilizar uma massa de criatividade bem maior do que a que era requerida pela sociedade industrial, a qual delegava a elites restritas a produção dos problemas e das soluções.

O DESTINO DO INDIVÍDUO

"Jamais a imaginação do homem renunciará a fazer da sociedade uma obra de arte", conclui o famoso *The Coming of Post-Industrial Society*, de Daniel Bell (1973). Não se pode dizer que a sociedade industrial tenha sido uma obra-prima. Porém, diferentemente da sociedade rural, que levou milênios para se desestruturar e gerar um novo sistema, a industrial colocou bem mais rapidamente as premissas da "terceira onda", a qual se abateu sobre os países já industrializados com tal rapidez, que nem mesmo eles estavam preparados. Disso nasce a corrida dos sociólogos, dos filósofos e dos psicólogos para avaliar o evento, a fim de indicar ao indivíduo um novo lugar na nova realidade e para desenhar um futuro, para cada pessoa singularmente, menos hostil do que foi a recente sociedade de massa.

Conforme já lembrado em outro contexto, por comodidade sistemática pode-se classificar os numerosos escritos desses observadores em três filões, sendo cada um caracterizado por uma visão própria do mundo, por um denominador comum teórico-prático e por uma avaliação da nova relação que está se instaurando entre a estrutura da personalidade individual e a estrutura do macrossistema social.[49]

Dois desses filões foram bem esquematizados por Michael Marien no seu escrito de 1977.[50] De nossa parte, procuraremos assinalar os traços essenciais do terceiro filão.

O filão otimista. Num primeiro grupo, portanto, podem ser incluídos todos aqueles estudiosos – Rostow, Fuchs, Bell, Kahn, Wiener, Galbraith, Tofler e os especialistas do Hudson Institute ou ainda os da Commission of the Year 2000 – que vêem a sociedade pós-industrial como continuação, numa escala maior, mais opulenta, mais tecnológica e melhor, da sociedade industrial.

Segundo Bell, por exemplo, ela se caracteriza por cinco aspectos peculiares: *na economia*, pela passagem da produção de bens à produção de serviços; *no mercado de trabalho*, pela predominância de profissionais liberais e de técnicos; *na relação entre a teoria e a prática*, pela centralidade do saber teórico, gerado tanto pela inovação quanto pelas idéias diretrizes nas quais a coletividade se inspira; *nas perspectivas futuras*, pela gestão do desenvolvimento técnico e o controle normativo da tecnologia; *nos processos de decisão*, pela criação de uma nova "tecnologia profissional".[51]

Bell empenha-se demais na exploração da estrutura social para que possa também dedicar-se ao indivíduo, ao qual, no final das contas, destina somente as últimas páginas do seu famoso ensaio. Durante os milênios da sociedade rural – diz ele – a realidade, para o homem, era constituída pelo mundo da natureza; durante os dois séculos da sociedade industrial constituiu-se da técnica; na sociedade pós-industrial será constituída pelo mundo dos outros indivíduos, pelo universo social, definido pela antítese entre pulsões agressivas, que compelem o homem a demolir, e aspirações a uma ordem – na arte e na vida – que o conformem às regras da harmonia. De toda forma, jamais o indivíduo terá condições de cultivar a própria dimensão social como na sociedade pós-industrial: será este o seu modo inédito de estar no mundo e no universo. Conseqüentemente, também a criatividade será reconhecida como a característica essencial do ser humano, a sua resposta mais preciosa, graças à qual ele inventará modos cada vez mais novos de se relacionar com seus semelhantes.

Um espaço bem mais importante é dedicado ao indivíduo na construção teórica de Alvin Toffler (1981). Para o autor de *A Terceira Onda*, que foi operário e conheceu na própria carne o embrutecimento provocado pela disciplina da fábrica, a sociedade industrial alcançou a máxima mortificação do indivíduo através das regras impiedosas que havia estipulado e imposto a si mesma.

As novas condições estruturais, tecnológicas, biológicas, informáticas, habitacionais e trabalhistas da sociedade pós-industrial permitirão, conforme já recordei, a reavaliação do núcleo familiar como local de produção e de reprodução, a coincidência das funções de produção e de consumo nos mesmos sujeitos (*prosumers*), a desestruturação do tempo e do espaço por meio de formas novas de descentralização do trabalho e do lazer; a desmassificação da cultura com o resgate dos gostos pessoais e o eclipse dos modismos; maior individualismo, com formas desburocratizadas de coordenação, novos estilos de liderança e sistemas múltiplos de comando.

Para todos os teóricos da opulência pós-industrial, a confiança na ciência e no progresso tecnológico, a certeza de tempos vagos sempre crescentes, assim como de maior interdependência dos sistemas, da progressiva liberalização da fadiga física, além da difusão essencial da cultura e das informações, asseguram aos indivíduos o melhor dos mundos existentes até agora, com fortes garantias de liberdade política e de autodeterminação social, num *welfare state*. Conseqüentemente, a criatividade ganha terreno, permeando todas as atividades humanas e conferindo a cada uma delas a vibração da transformação contínua.

O filão pessimista. O segundo filão – que Marien chama de filão dos descentralistas e dos ecologistas – retoma os pais intelectuais como Jefferson, Penty e Chesterton e conta com estudiosos como Schumacher, Illich, Goodman e Gershuny, teóricos da descentralização, de estruturas feitas na medida do homem e do respeito aos valores humanos. A esses homens e a esse grupo acrescentem-se hoje todos os contestadores da globalização.

Mais do que a métodos quantitativos e pesquisas de previsão, esses autores referem-se a petições de princípios, a impulsos de generosidade filantrópica, a fulgurações criativas, assim como a utopias sociais e ideologias românticas. Atentos aos estragos provocados pelo maquinismo, pelo consumismo, pela globalização, pela industrialização selvagem, pela divisão internacional do trabalho, pelo cinismo tecnocrático, pelo urbanismo, pelo gigantismo das fábricas, pela alienação e pelo anonimato das cidades, cultores do *small is beautiful*, eles sonham com a volta aos campos, à parcimônia, às tecnologias apropriadas, às necessidades "radicais" de introspecção, de amizade, de convívio, de autogestão do trabalho e do tempo livre, do respeito pela vida na medida do homem, à salvaguarda do equilíbrio ecológico e à aplicação da criatividade não tanto na criação de novos objetos, mas na atribuição de um maior sentido e significado a tudo aquilo que já possuímos.

Se, em relação ao indivíduo, o primeiro grupo apresenta um comportamento "copernicano", fundado numa visão de mundo como sistema de elementos coexistentes, em que os homens são *uma* das partes em causa, o segundo grupo tem um comportamento "ptolomaico", radicado na centralidade do homem e da natureza, em torno dos quais gira todo o resto, assim como as suas finalidades.

O filão historicista. O terceiro filão – que Marien não contempla na sua síntese, mas que merece uma atenção pelo menos igual àquela que dedicamos aos dois primeiros – deve ser identificado no grupo de estudiosos e pesquisadores que têm Alain Touraine como referência. Por trás de Touraine há a figura de Georges Friedmann, com os seus estudos críticos sobre o maquinismo industrial, há a cultura da Europa Continental, explicitamente atenta às implicações políticas das teorias sociológicas, assim como o gosto pela teorização e pela pesquisa empírica, continuamente interligadas.

Caso voltemos a ler *Pour la Sociologie* (Pela sociologia) (1974), livro no qual se encontram expostos de forma mais linear alguns conceitos que já haviam sido tratados em A *Sociedade Pós-Industrial* (1969) e em A *Produção da Sociedade* (1973), torna-se mais claro que, para Touraine, a sociedade pós-industrial caracteriza-se, conforme já vimos, pelo fato de ser uma *sociedade programada*, na qual a ação criativa precede as decisões com as quais se escolhe, entre tantas, quais as idéias a privilegiar e a colocar em prática. A concretização das idéias através da produção prepara os bens e os serviços com os quais pretende "colonizar" os consumidores.[52]

O indivíduo corre o risco de encontrar-se esmagado e alienado, debaixo do peso das decisões tomadas sem o seu conhecimento, longe dele, tanto no tempo como no espaço.

A dinâmica social manifesta-se através de uma dupla dialética entre as classes: a classe superior pode assumir tanto um modelo orientado em direção a uma projeção de futuro (classe dirigente) como um modelo orientado em direção à conservação do passado (classe dominante). Mas a mesma distinção aplica-se também às classes populares: quando são *contestadoras*, elas inventam um contramodelo de sociedade, um programa de futuro próprio a elas, contrário ao das classes dominantes; mas, quando são *dominadas*, elas se limitam a defender os próprios direitos adquiridos, sem serem capazes de elaborar um projeto próprio de futuro.

A FORÇA DA CRIATIVIDADE

Por trás desses três cenários, qual o papel que a criatividade individual desempenha em relação à sociedade? O contexto pós-industrial impele em direção a um subjetivismo mais competitivo e alienado ou ruma para uma cooperação mais solidária?

Bell, conforme dissemos, sustenta que a sociedade futura verá a prevalência das relações entre o homem e o seu mundo social; segundo Toffler, verá um resgate do núcleo familiar e dos gostos individuais. Ou seja, o primeiro filão vê com otimismo o futuro do indivíduo, mas não entra em detalhes na análise das más distribuições, das desigualdades e dos conflitos. Segundo os autores desse filão, as afinidades que unem os homens da era pós-industrial prevalecem sobre as diferenças que os dividem; a ciência já é capaz de liberar da fadiga física e dos vínculos com a natureza; a desigualdade entre as classes é um dado perene da organização, tido por certo mesmo no futuro, ainda que em níveis de maior bem-estar para todos. A criatividade é tão poderosa e difundida que garante à humanidade aquele bem-estar crescente, em cujo usufruto os conflitos se atenuam e se diluem.

Os estudiosos como Schumacher, Illich, os contrários à globalização, etc. estão bem mais perplexos diante do futuro: seu temor se refere mais à tecnologia que à ciência, sua confiança no poder constituído é minada pelo terror dos efeitos desastrosos que poderiam ser provocados pelo conflito entre as potências, pelo orgulho tecnocrático dos países ricos, pela divisão internacional do trabalho e pelos desequilíbrios provocados, temerariamente, no ecossistema.

Os estudiosos pertencentes a esse filão reservam às implicações psicológicas da questão social uma atenção muito marcada e acreditam que as soluções dos problemas individuais e coletivos virão graças a impulsos com caráter de voluntariado e graças à vitalidade dos movimentos. Em sintonia com todos os estudos sobre o narcisismo, eles exibem um pessimismo na análise da estrutura da personalidade, com uma insistente denúncia em relação aos estragos feitos ao mundo e todo um aparato de terapias, mais ideologizadas do que científicas.

Tomemos, por exemplo, a imagem do homem moderno – alienado através da escolarização e da privação do convívio – tal como emerge dos textos divulgados por Illich e o comparemos à imagem análoga do Adão narcisista, desenhada com uma feroz severidade por Lasch: um Adão americano que "não tem interesse pelo futuro, em parte porque o passado o interessa pouquíssimo", dominado pelo egocentrismo, pronto a regredir a níveis arcaicos, tão infantil e sem noção clara do perigo quanto inseguro. Em ambos os autores, a capacidade criativa do indivíduo corre o risco de permanecer sufocada, sob a influência desse desinteresse pelo futuro e pela sua invenção.

Em relação a esse panorama negro, é mais bonito e bem mais aceitável aquele que os sociólogos europeus, pertencentes ao terceiro filão, colocam na base do *constructo* social: um indivíduo que oscila entre o privado e o público, em busca de uma síntese dinâmica de ambas as instâncias, consciente das mudanças que intervieram na dialética das classes e capazes de projetar, criativamente, conflitos políticos centralizados na contraposição dos modelos criados hoje para a sociedade de amanhã.

Todas as três abordagens, de todo modo, postulam um emprego da criatividade bem maior que no passado: os novos recursos que a sociedade conseguiu proporcionar-se, o preço que ela corre o risco de pagar por seu destemor e a necessidade de projetar o futuro são elementos que apelam às capacidades criativas. Jamais como agora o futuro do homem esteve tão entregue à sua criatividade.

A CULTURA IDEAL

Mas a cultura com a qual o homem administrará os seus recursos para criar o seu futuro estará à altura das possibilidades que esses recursos permitem? A coexistência, na mesma aldeia global, de fome e desperdício, de solidão e superpovoamento, assim como de estresse e desemprego, não denuncia uma escandalosa carência de capacidades programadoras e criativas? A mentalidade, como sabemos, é causa e efeito de ideologias, linguagens, objetos, sinais, comportamentos e convenções. Einstein tem realmente razão quando constata que nem a Segunda Guerra Mundial e nem mesmo a bomba atômica conseguiram modificar as bagagens da nossa antiga consciência.

E quais são essas bagagens? Uma primeira bagagem cultural é de ordem ideal e, como nos recordam os antropólogos, é constituída por valores, por crenças, por estereótipos, por ideologias, pela linguagem, pelas necessidades e por um sentido difuso do tempo, do espaço, do saber, da vida, da morte e da identidade.

A era industrial foi preparada por algumas tentativas de reinterpretar essa cultura e plasmá-la em função dos novos tempos: já abordamos Descartes na França, Galileu em Florença, Bacon e Newton na Inglaterra, aos quais se deve somar Giambattista Vico em Nápoles. Eles fundaram uma sensibilidade nova em relação ao progresso, à estética, ao sentimento, à imaginação e à razão. Conforme já vimos, no decorrer da história industrial essa nova sensibilidade logo traduziu-se numa necessidade difusa de bem-estar material, numa prevalência maior de quantidade do que de qualidade, e na modernização, na secularização, no conflito de classes, assim como na organização arranjada cientificamente e finalizada pela eficiência produtiva. Os resultados, positivos e negativos, mostram-se, bem à vista, para todos.

A cultura ideal que a sociedade pós-industrial herda da industrial é marcada pela tomada de consciência de que as grandes construções teóricas (Bacon, Descartes e Vico, mas também Hegel e Marx, Durkheim e Weber) foram insuficientes para explicar as fraturas que o maquinismo industrial produziu na linguagem, na relação entre tempo real e tempo vivido, no sentido estético, nas ideologias, na ética, na percepção do espaço e na psicologia da opulência.

Surgiram assim novas escolas e novas teorias que tentaram reinterpretar e reprojetar os vários participantes da cultura ideal: Hubbard e suas Roycraft Shops no Estados Unidos, os pré-rafaelitas, Mackintosh e Morris na Inglaterra, a Secessão e a Wiener Werkstätte na Áustria e a Bauhaus na Alemanha lançaram as bases de uma nova estética. O Instituto Pasteur de Paris, a Estação Zoológica de Nápoles e o Círculo Matemático de Palermo dispuseram os fundamentos para uma nova ciência. Wittgenstein em Cambridge e na Áustria, o Círculo Filosófico de Viena e a Escola de Frankfurt na Alemanha conceberam os alicerces da filosofia de uma linguagem, de uma epistemologia moderna e de uma sociologia crítica. Einstein, Bergson e Husserl, cada um a partir do próprio ponto de vista específico, estabeleceram novas relações entre o espaço e o tempo.

O TEMPO

No momento em que a sociedade industrial cedeu a vez à pós-industrial, o tempo constituía uma das maiores preocupações e o paradoxo fundamental a ser resolvido. O sentimento de onipotência difundido pelos progressos científicos contrastava com o sentimento de morte, que todavia permanece fatal no destino do ser humano. A incapacidade de reprogramar o tempo tornava vãos todos os esforços que a sociedade industrial fizera para crescer.[53]

Durante 100 anos, conforme vimos, a vida média mais do que dobrou. Ao mesmo tempo foram inventados expedientes e mecanismos para medir o tempo com maior precisão (os cronômetros), para programá-lo com mais exatidão (agendas eletrônicas), para economizá-lo (aviões, telefones, Internet, panelas de pressão, etc.) e para armazená-lo (secretárias eletrônicas, gravadores, videocassetes, bancos de dados, etc.), assim como para enriquecê-lo, permitindo-nos realizar mais de uma coisa ao mesmo tempo (rádio nos carros, *CD-players*, etc.).

Pense-se, como exemplo, na precisão alcançada na medição do tempo. Em 1949, o National Institute for Standard and Technology (NIST) aperfeiçoou um relógio que tinha uma defasagem de um segundo a cada três anos; 40 anos depois, em 1989, o mesmo Instituto, utilizando as vibrações de alguns átomos de berílio resfriado até uma temperatura de 47 milionésimos de grau abaixo do zero absoluto, graças à luz combinada de seis raios laser, construiu um relógio atômico cujo descompasso de um segundo ocorre apenas a cada três milhões de anos. Ainda o mesmo Instituto anunciou que em 2010 estará em condições de criar um relógio calibrado por íons de mercúrio capaz de uma discrepância de um segundo a cada dez bilhões de anos, isto é, um tempo quase equivalente à idade do nosso universo. Naturalmente essa corrida em busca de máxima precisão não é um fim em si mesma, mas serve para melhorar a rota dos veículos aeroespaciais, determinar as rotas dos aviões, sincronizar o computador no âmbito das redes de telecomunicações e até mesmo sincronizar os sinais de trânsito.

Mas, em termos de "cultura do tempo", todo esse progresso técnico não se traduziu em melhor qualidade de vida: enquanto o tempo à nossa disposição crescia graças à farmacologia, à biologia, à medicina, à higiene e à alimentação; enquanto as horas de trabalho se reduziam (os nossos avós, conforme foi dito, trabalhavam cerca de 120.000 horas, mas hoje a duração média de uma vida de trabalho não supera as 80.000 horas); e ainda enquanto o nosso tempo vago aumentava (no último século passou de 25.000 horas para 260.000 horas numa vida média), insinuava-se, sempre mais inquietadora, a sensação de que, em relação aos nossos avós, o tempo realmente disponível tivesse diminuído e que o tormento da pressa tivesse aumentado. Essa sensação e essa preocupação, com todo o estresse e esmorecimento delas derivados, constituem alguns dentre os maiores obstáculos à criatividade, sobretudo de tipo artístico.

Coexistem desconfortos paralelos, como o dos desempregados que não sabem de que maneira ocupar o tempo e o dos hiperatarefados que não sabem de que modo reservar um pouco de tempo para si mesmos e para os que lhe são caros. A sincronização dos ritmos produtivos determinou uma hipersincronização dos ritmos de vida, com todos os conseqüentes desperdícios e com horas, dias e meses mortos e sobrecarregados. Paradoxalmente, sob outros aspectos existe pouca sincronização: lojas e museus que fecham exatamente quando a massa sai do trabalho; cônjuges obrigados a turnos e plantões que impedem a convivência entre eles e com os filhos, etc.

Existem excessivas desigualdades entre a quantidade de trabalho de alguns profissionais e a de outros: alguns gerentes, por exemplo, acabam por dedicar aos seus escritórios a maior parte das suas vidas ativas. Tornou-se cada vez mais difícil diminuir a defasagem entre o tempo natural (dias, meses e estações), o tempo social (tempo de trabalho e tempo livre, compromissos profissionais e familiares, prazos burocráticos e normativos, convenções, usos e costumes) e o individual (biorritmos, exigência de introspecção, de convívio e de crescimento pessoal).

Exatamente o nosso potencial criativo corre o risco de ser destruído: ou seja, o mais nobre entre os dons humanos e o mais precioso. Mas, por sorte, existem impulsos contrários que pressionam rumo a uma renovação estética e filosófica.

A RENOVAÇÃO ESTÉTICA DA BAUHAUS

A sociedade pós-industrial chegou aparentemente de improviso, com a Segunda Guerra Mundial, mas foi preparada por tentativas, iniciativas e abordagens teóricas através das quais os pioneiros da nova era insinuaram as suas dúvidas e fizeram propostas, recorrendo à originalidade dos seus talentos criativos. Já descrevemos casos como a Wiener Werkstätte e a Thonet. Façamos um aceno à Bauhaus, à Escola de Ciências Sociais de Frankfurt e ao Círculo de Bloomsbury.

Fundada em Weimar em 1919 por Walter Gropius, a Escola Bauhaus agregou como alunos, docentes e tutores uma miríade de gênios da arte e da técnica, de Itten a Kandinski e de Moholy-Nagy a Mies van der Rohe.

Juntos, eles formaram uma organização capaz de fornecer suporte à criatividade coletiva, original e poderosa.

Enquanto na Inglaterra William Morris havia lutado drasticamente contra a invasão da indústria, a favor do primado criativo do artesão, na Bauhaus, que foi ao mesmo tempo uma escola, um laboratório e uma oficina, e que assumiu mais de uma forma, sucessivamente, em diversas cidades, foram criados modelos e protótipos que a indústria teria depois utilizado para a fabricação em série e para o consumo de massa. Teoria e prática, inspiração artística e técnica fundiram-se na Bauhaus, permitindo alcançar níveis muito elevados nos campos da arquitetura, da decoração, das artes gráficas e do desenho industrial.

Nos primeiros dez anos, toda a organização girou em torno da liderança de Gropius, depois destemperou-se num difuso estado de anarquia e somente nos últimos três anos (1930-1933) prevaleceu uma forte orientação à tarefa objetiva. A atividade institucional era constituída pelo ensino teórico-prático no campo do desenho industrial e da arquitetura, aos quais se uniam, integrando-os, a publicação de livros e revistas, trabalhos gráficos, assim como projetos de edifícios e protótipos industriais. As idéias predominantes eram marxistas e anárquicas. A organização tendia a exaltar três momentos: a criação, a instrução e a aplicação. A vida comunitária, marcada por grande parcimônia, tocava várias disciplinas e diversas qualificações (artistas, artesãos e profissionais liberais), encorajando a abertura em direção às novas formas de cultura.

Como escreveu Caristi, "o grande mérito da Bauhaus foi o de ter produzido um esforço contínuo na pesquisa de um método racional e de uma concepção teórica, como base preliminar de todo e qualquer trabalho artístico. Sua vitalidade pode ser comprovada nas aplicações contínuas que tal concepção teve. A sua didática, em particular, conseguiu elevar o trabalho artístico a nível de profissão moderna (*industrial designer*), superando a ênfase que a Renascença dera ao produto da arte: uma incontrolável inspiração, a sublimação de um momento único. Gropius e os seus colaboradores procuraram aplicar tudo isso, e a generosa defesa que empreenderam em favor da relação entre a arte e a indústria não foi uma batalha contra o artesanato, mas uma iluminada tentativa de proteção e potencialização do engenho humano contra o taylorismo e a alienação que esse processo de produção gerou na pessoa humana. Baseado numa socialização relativamente completa, realizada por meio de uma elevada inclusão dos participantes na organização, a Bauhaus soube superar os limites da pirâmide taylorista, hierárquica e dividida, privada de todo e qualquer discernimento criativo, realizando uma estrutura completamente elástica, capaz de gerir de modo eficiente o controle de seus membros e a obtenção dos fins propostos... Voltada para a afirmação da criatividade, a perfeita sintonia e fusão entre o tempo de trabalho e o tempo de lazer e uma organização em forma de clã, a Bauhaus nos oferece uma estrutura com grande antecipação a respeito do tempo e dos modelos organizacionais do período no qual se afirmou".[54]

A RENOVAÇÃO SOCIOLÓGICA DA ESCOLA DE FRANKFURT

O tempo e o espaço modificaram-se rapidamente sob a ação do progresso científico, acelerado por grupos precursores como o Instituto Pasteur de Paris, a Estação Zoológica de Nápoles e pelo Círculo Matemático de Palermo, acerca dos quais já falei. Mas a eles devem ser acrescentadas algumas experiências que marcaram uma virada fundamental na filosofia e na sociologia: o Círculo Filosófico de Viena, do qual já falamos, e a Escola de Frankfurt, que tratou de temáticas sociológicas próprias da sociedade pós-industrial.[55]

Fundado em 1923 por Felix Weil, Friedrich Pollock e Max Horkheimer, e ativo ainda hoje, sua sede foi primeiro em Frankfurt, depois em Genebra, em seguida em Nova York e por fim novamente em Frankfurt, abrigando sociólogos do calibre de Adorno, Marcuse, Fromm e depois também Habermas. Voltado sobretudo para a pesquisa e só em segunda instância ao ensino, o estatuto diferenciava membros sob regime de tempo integral e tempo parcial, todos igualmente subordinados à "ditadura do diretor", instituída por Grünberg e mantida por Horkheimer.

A peculiaridade organizacional e cultural do grupo pode ser identificada na independência econômica; no relacionamento intenso com os outros institutos e estudiosos; na interdisciplinaridade; na forte autoridade do diretor; na origem judaica de vários membros; na sua origem burguesa comum; no estilo de vida refinado; no senso estético; nos interesses poliédricos e na forte motivação ética.

Além disso, no plano do conteúdo, reencontramos aqui todos os capítulos da cultura ideal sobre os quais a nova sociedade deverá basear-se, tentando uma baconiana refundação na forma de interpretar e de reprojetar a si mesma, desde as suas mais íntimas e profundas raízes. A partir da Segunda Guerra Mundial, o ser humano passou a ter de acertar contas tanto com o perigo inédito e apavorante de que o gênero humano se autodestrua, através da deflagração atômica e dos excessos da engenharia genética, como com a oportunidade, igualmente inédita, mas contudo excitante, de que o trabalho seja finalmente liberado do castigo bíblico da fadiga bruta, graças à eletrônica, à informática e à inteligência artificial.

INQUIETAÇÃO E EUFORIA: O CÍRCULO DE BLOOMSBURY

Achar-se, quase sem perceber, numa sociedade terceirizada dentro e fora da indústria, que liquida rapidamente o exército de camponeses e de operários sobre os quais havia fundado por milênios a sua produção; que descentraliza as fábricas do Terceiro Mundo e recoloca, no coração do sistema, a manufatura junto com a ciência; que cria em poucos anos uma rede de informação rápida, planetária e capilar ao mesmo tempo; que miniaturiza os instrumentos; que obriga a cultura humanista e científica a um novo diálogo e a uma nova aliança, homologando os saberes e os conhecimentos; que muda o jogo da dialética social, agora centrada mais ainda na produção de futuro do que na produção de riquezas; e que deve reconverter-se rapidamente a essa nova condição global, proporcionando os instrumentos conceituais para compreendê-la e os instrumentos operacionais para administrá-la – foi esse o grande problema diante do qual o homem, mesmo o dos países avançados, sentiu-se inquieto e indefeso.

A sensação de crise e de desorientação que caracterizou a cultura das últimas décadas encontra em todas essas circunstâncias a própria justificativa. Até mesmo a passagem de uma psicologia da pobreza a uma psicologia da riqueza resultou difícil. Igualmente angustiante mostrou-se a passagem da dependência à autonomia, da centralidade do trabalho à centralidade do tempo livre, da segurança difusa ao risco onipresente e do abandono nas mãos do destino à projeção intencional do próprio futuro.

Pouco ou nada do recurso filosófico e religioso que havia socorrido o homem no seu longo itinerário, primeiro rural e depois industrial, pode ser-lhe de igual ajuda ao empreender o percurso pós-industrial: tudo o que lhe servirá deve ser reinventado. Por isso, a alternativa, histórica e cotidiana, encontra-se entre a inquietação da pesquisa e a euforia da invenção.

Não por acaso a necessidade de euforia é a mais difundida e a mais frustrada. E não por acaso na falta de auto-realização através da profissão, do convívio ou da adesão a uma ideologia forte e compartilhada, recorre-se com tanta esperança e com tanta frustração a substitutos como prestígio, conivência, fuga, droga, magia e esoterismo.

Uma cultura nova, inventada não mais por uma sociedade industrial, exige que seja dada mais importância aos climas do que às estruturas; exige que a arte do viver (da qual a sabedoria latina do imperador Adriano constitui um exemplo admirável) substitua a arte do produzir (da qual a eficiência calvinista forneceu a máxima expressão).

Também essa nova vocação cultural tem um magnífico exemplo precursor. Fundado no início do século XX e sobrevivente, com vicissitudes alternadas, até os anos 50, o Círculo de Bloomsbury reuniu, primeiro em Cambridge, depois em Londres e em outras sedes descentralizadas em Sussex e na França, um selecionado número de artistas, historiadores, economistas e filósofos, ligados pela pesquisa estética, pela aversão à moral vitoriana, pela originalidade e pelo exclusivismo, pela amizade entrelaçada a relações sexuais livres, assim como por afinidades múltiplas, consolidadas também por interesses econômicos.

Os nomes mais em evidência são os de Thoby Stephen, Leonard Woolf, Saxson Sydney-Turner, Maynard Keynes, Clive Bell, Lytton Strachey, assim como Vanessa e Virginia Woolf. A sua ideologia é de tendência liberal e pacifista, com traços anárquicos. A organização inaugura um modelo original próprio que recusa uma forma linear de poder hierarquicamente descendente, pretendida pelo sistema social da época, e inaugura um tipo de cooperação que marca a passagem do machismo à androginia, da sala de visitas ao *lobby*, do grupo de amigos ao grupo de poder intelectual baseado na capacidade de manipular a opinião pública, protegendo-se com recíproca cumplicidade.

Bloomsbury representa somente uma tentativa, uma abertura genial que paga o preço de todas as contradições de um pioneirismo incapaz de purificar a solidariedade da conivência, o anticonformismo do esnobismo, assim como o mérito do privilégio. Pena esta descontada em termos de isolamento, de neuroses e, nos casos de Virginia Woolf e da Carlington, também com o suicídio. Mas a contribuição do grupo à fundação de uma nova cultura é enorme: pela primeira vez os desejos são explicitamente vividos sem culpa, os pudores são drasticamente colocados para escanteio, a qualidade de vida é ferozmente cortejada, a estética é zelosamente cultivada e a subjetividade ao empreender e perseguir o bem-estar é rigorosamente respeitada. O germe de uma cultura pós-industrial foi semeado, e hoje seus efeitos, tácita e irreversivelmente revolucionários, são sentidos.

A CULTURA MATERIAL

Os objetos evoluem mais rapidamente do que as formas do pensamento, e o ímpeto expressado pela sociedade industrial concentrou-se inteiramente na produção de bens que tornou torrencial e transformou, de modo radical, o universo dos signos e das coisas no qual o ser humano vive imerso.

As cidades, as casas, os utensílios e as estradas que a sociedade industrial legou à pós-industrial foram projetados em função da produção de massa, do consumo de massa e da economia de grande escala: grandes fábricas para concentrar a produção, grandes armazéns para concentrar a distribuição e grandes lojas de departamentos e supermercados para concentrar as compras, grandes estádios e imensos cinemas para concentrar a diversão, escritórios grandes que concentram a burocracia, grandes *campi* universitários, concentradores da instrução, assim como grandes policlínicas que concentram diagnósticos e terapias. O critério dominante no qual se inspirou a atividade manufatureira foi o de deslocar os homens, com rapidez, para onde se localizam as coisas, as quais, sendo pela própria natureza inertes, são concentradas de forma a minimizar os percursos. Manhattan e a United States Steel, o metrô e as grandes lojas de departamentos, as grandes salas cinematográficas são símbolos da hegemonia industrial.

E o homem que foi rural e sedentário, amarrado a uma terra e a uma lei, a uma oficina, a um senhorio e a uma tradição, agora tornou-se nômade, muda constantemente de casa, viaja sem cessar. Bernd Guggenberger escreveu que, segundo o dito "*Don't cry, drive on*" (Não chore, continue dirigindo), na época pós-moderna viverá segundo a interdição de ancorar-se a toda e qualquer estrutura: "Deve-se parar de amar um lugar, uma mulher, uma casa, uma cidade, uma profissão ou um ideal. É preciso estar sempre pronto a transferir-se, a mudar de humor, de ideal, de trabalho. A verdadeira virtude da época é a total mobilidade."[56]

Aquilo que Guggenberger não levou em conta é o efeito da telemática sobre a cultura material da sociedade criativa. Pode ser que Naisbitt tenha razão, quando nega um futuro ao teletrabalho afirmando que as pessoas irão sempre aos escritórios: senão para trabalhar, pelo menos para socializar. Pode ser que durante um certo tempo ainda a nossa necessidade de consumo servirá de camuflagem à nossa necessidade de relacionamento, satisfazendo-a, indiretamente. Todavia, está claro que numa sociedade em que os trabalhadores e os consumidores lidam sobretudo com a matéria-prima da informação, ou seja, a mais móvel e dócil entre as mercadorias, os escritórios e as lojas irão, gradativamente, se dissolver nas redes, exatamente como a correspondência em papel dissolveu-se na Internet.

Se a tudo isso se acrescenta que a necessidade de relacionamento poderá ser satisfeita no crescente tempo livre e que o trabalho intelectual, substituto sempre maior do trabalho físico, reduz até praticamente anular a divisão entre local e tempo de trabalho, de um lado, e local e tempo de vida, de outro, nos damos conta das profundas mudanças que tudo isso poderá determinar à vida material: o distanciamento dos corpos durante o trabalho, a casa telemática e o *prosuming* provavelmente farão com que o nosso universo físico se assemelhe a um mundo no qual se pode estar, simultaneamente, sedentário com o corpo e nômade com a mente.

DASEIN E *DESIGN*: O ISTITUTO CENTRALE DEL RESTAURO

Para criar novos objetos e novos lugares, liberados dos cânones da sociedade industrial, são necessárias uma extraordinária independência criativa e a coragem de conferir à forma a dignidade que antes se reservava somente ao conteúdo. Quando a produção de lentes óticas requeria uma grande perícia artesanal, o preço dos óculos era proporcional ao seu grau de funcionalidade. Mas hoje que toda lente é, com uma ampla margem, de qualidade superior às necessidades de quem a usa, a forma, isto é, a estética, a grife dos óculos valem mais que qualquer outro elemento na determinação do seu valor. Heidegger fundava a essência no *Dasein*, na "presença"; Guggenberger, com maior desenvoltura, a fundamenta no *design*, na aparência. A forma, na sociedade pós-industrial, adquire a mesma força que antes tinha o conteúdo; a cultura material invade e desemboca na cultura ideal e social.

Prova disso é a ânsia de usar e de perder o patrimônio cultural, a necessidade de a ele recorrer a fim de obter o impulso, a força e o estímulo necessários para refundar a estética e transformar toda e qualquer obra numa obra global, segundo a aspiração da Wiener Werkstätte e da Secessão.

Dos mosaicos antigos de Ravena, Klimt extrai a inspiração para os seus ornamentos moderníssimos. Para criar uma nova relação com a produção artística do passado, torna-se importante a recuperação de objetos e de formas através da restauração, que une, criativamente, a ciência e a arte, fazendo uso das técnicas, das estéticas e das políticas. Pode-se encontrar um exemplo emblemático e precursor na Itália: o Istituto Centrale del Restauro.

Projetado em 1938, o instituto foi inaugurado em 1941 e colocado como dependente do Ministero dell'Educazione Nazionale (Ministério da Educação Nacional), com o objetivo de executar e controlar a restauração das obras da antiguidade e obras de arte, desenvolver pesquisas científicas diretamente, aperfeiçoar e unificar os métodos de intervenção, estudar os meios técnicos para a melhor conservação do patrimônio histórico e artístico nacional italiano, expressar pareceres sobre todo e qualquer trabalho de restauração e conservação de obras da antiguidade e obras de arte em geral, assim como promover o ensino do trabalho de restauração.[57]

O instituto foi criado, por um lado, por vontade do regime fascista, de forma a centralizar, controlar e encaminhar as atividades de tutela e conservação do patrimônio artístico nacional italiano; por outro, pela exigência enfatizada pela crítica moderna de acabar com uma prática da restauração de tipo subjetivo e arbitrário.

O modelo organizacional escolhido foi o do grupo interdisciplinar e interprofissional (restauradores, físicos, químicos, artesãos e historiadores da arte), capazes de operar em bases metodológicas elaboradas pelo próprio instituto. O resultado constitui até hoje um exemplo raro de organização criativa, capaz de sintetizar instâncias antes consideradas inevitavelmente contraditórias e não só no campo da restauração: tradição e inovação, didática e trabalho, individualidade e coletividade, sabedoria artesanal e conhecimento científico, pensamento teórico e atividade manual, racionalidade e paixão, nacionalidade e internacionalidade, público e privado, recursos internos e relações externas. A essas características organizacionais é preciso acrescentar as contínuas relações de intercâmbio com personalidades particulares e com institutos do mundo inteiro, a liderança participativa, a perfeita simbiose entre texto e contexto, ou seja, entre o objeto da restauração, as pessoas dedicadas à restauração e às estruturas em que a restauração se dá. Em síntese, o instituto conseguiu convocar pessoas, disciplinas e competências, organizando-as num sistema dotado de extraordinária vitalidade criativa.

A CULTURA SOCIAL

Em todos os exemplos históricos que citamos, fizemos referência às suas características organizacionais, se tratando de grupos criativos interdisciplinares e não de cientistas ou artistas isolados. A sua especificidade, com efeito, não se encontra somente nos produtos de altíssimo nível e originalidade precursora, mas também nos processos tecnológicos e organizacionais com que, pela primeira vez de uma forma assim tão difusa e internacional, passava-se da *small art* à *big art*, da *small science* à *big science*, conforme já recordamos.

Antes de Pasteur, de Anton Dohrn, de Guccia e de Fermi, é preciso retroceder no tempo para resgatar algum exemplo raro de laboratório coletivo no qual a pesquisa fosse conduzida com base em programas específicos por uma equipe interdisciplinar constituída e estruturada previamente. Antes da Wiener Werkstätte e da Bauhaus é necessário remontar à oficina do Renascimento para encontrar grupos de artistas assim tão entrosados, nos quais a intenção renovadora, a missão pedagógica, a relação entre clientes, financiadores e o público, assim como a organização por matriz ou por projeto concorressem de forma tão original, valorizando a criatividade, a inovação, o imprevisto, a modernidade e a flexibilidade.

Ao inventar métodos organizacionais aplicáveis ao trabalho criativo desenvolvido por um grupo, a Europa tem a primazia cronológica e qualitativa, na mesma medida que os Estados Unidos detêm o primado na invenção de métodos organizacionais aplicáveis ao trabalho executivo, desempenhado por uma repartição ou escritório. Não existem, na Europa do século XX, cientistas da organização criativa do calibre de Taylor ou de Ford; mas existem no Velho Continente exemplos de equipes criativas, comparáveis, em termos de refinamento organizacional e originalidade funcional, a uma repartição da Western Electric.

Os europeus foram os primeiros a pensar – entre a metade do século XIX e a metade do século XX – que o grupo criativo e a sociedade criativa devem distinguir-se de uma organização e de uma cultura social criadas para obter o máximo de eficiência e de produtividade numa empresa onde prevalece o trabalho executivo. Infelizmente, a sociedade pós-industrial, que deveria ter-se organizado com base num paradigma pós-taylorista e pós-fordista, herdou e toma emprestado, de forma acrítica, uma organização do trabalho e da vida calcada na oficina de manufaturas, dividida e hierarquizada, onde não se quer deixar nada à mercê da livre iniciativa e do imprevisto.

Os fechamentos nacionalistas, o bipolarismo de classes, a família nuclear, a exclusão das minorias, dos jovens, dos velhos e das mulheres, o aniquilamento das necessidades individuais em relação às necessidades das organizações, a subordinação da escola, do descanso, do lazer, da família e dos afetos às necessidades da produção e do consumo, estas compreendidas como categorias onívoras e centrais; todos os usos e costumes que a sociedade industrial substituiu com intransigência, assim como os das comunidades rurais, resultam hoje igualmente inadequados a uma sociedade pós-industrial, dominada pelos fatores inovadores até aqui descritos e marcada pela exigência de potencializar a criatividade por meio da organização.

Disso deriva a necessidade de se inventar uma cultura da criatividade que ultrapasse e substitua a cultura da executividade e um conhecimento dos processos criativos de grupo que possa estar ao lado do conhecimento dos processos criativos individuais.

A ÉTICA DA CRIATIVIDADE

O fato de que esses processos sejam voltados para a descoberta e para a invenção não os exime de respeitar a ética da comunidade na qual são realizados e que, sempre com maior freqüência, interagem com vastas redes de outras comunidades, até envolverem interesses planetários. Além disso, a divisão pós-industrial do mercado da ciência e da arte impõe ao

Primeiro Mundo um uso da criatividade que não agrave a disparidade socioeconômica, a colonização cultural e o *digital devide*.

No decorrer dos séculos, a avaliação ética e social da ciência passou da condenação sem direito ao apelo para o entusiasmo fanático. Em *Grundrisse*, Marx nos alerta: "Com o capital a natureza se torna um puro objeto para o homem, um puro objeto de utilidade, e deixa de ser reconhecida como uma força em si; e o próprio conhecimento teórico das suas leis autônomas apresenta-se simplesmente como astúcia capaz de subordiná-la às necessidades humanas, tanto como objeto de consumo quanto como meio de produção."

Muitos cientistas tendem a distinguir entre *ciência*, que não seria passível de avaliações econômicas ou éticas, e *tecnologia*, que seria, pelo contrário, imputável de eventuais danos sociais e morais. Segundo o prêmio Nobel Carlo Rubbia: "A Ciência é a mãe da Tecnologia, por sua vez responsável pelo imenso progresso econômico e social da sociedade de hoje. Mas quais são as relações entre a Ciência e a Tecnologia? A Ciência, em todas as suas disciplinas, tem por objeto a descoberta das leis que governam o nosso mundo. Nesse sentido, ela responde a uma curiosidade gratuita do ser humano... Já a Tecnologia é o domínio do útil, daquilo que serve, se produz e se compra. As suas motivações são completamente diferentes das da Ciência. O seu desenvolvimento corresponde, em geral, a mudanças rápidas do nível de vida do homem, assim como a grandes problemáticas políticas e econômicas." Mas, a seguir, o próprio Rubbia acrescenta: "Estas duas grandes criações do homem são, hoje mais do que nunca, caracterizadas por trocas recíprocas e por um notável caráter de interdependência."[58]

Quando escreveu estas linhas, Rubbia dedicava-se, profissionalmente, à ciência básica, e, portanto, é bastante óbvio que as suas preferências éticas fossem voltadas à ciência, em detrimento da tecnologia: "O cientista, como o artista, tende a ignorar a existência do mandante e a rejeitar a própria idéia de uma pesquisa controlada, encomendada. Todavia, mesmo no modelo mais puro de física ou de biologia, um programa de pesquisa experimental implica hoje investimentos que são comparáveis aos da grande indústria. Portanto, entra em jogo a relação com o organismo financiador, que quase nunca é um mecenas: até que ponto podemos ser influenciados, condicionados e limitados?"

Portanto, por um lado, há a propensão do cientista que "se sente verdadeiramente como tal apenas quando é completamente livre. O ideal para o homem de ciência é compreender, concentrar os esforços na pesquisa das respostas às perguntas que gradativamente vai se fazendo.

Totalmente imerso no seu trabalho, o que o impulsiona é o desejo da descoberta. A ciência pura é entendida como uma atividade cognitiva desinteressada; exatamente como a filosofia, a pintura e a música não podem ser programadas, pressupõem, com efeito, liberdade intelectual. As maiores descobertas foram feitas por pessoas que se sentiram profundamente livres para escolher, seguir a própria intuição e proceder segundo o próprio método".

Por outro lado há a mistura cada vez mais íntima entre "a pureza" da ciência e "a impureza" da tecnologia. E há os custos crescentes das pesquisas que impõem uma rigorosa programação dos tempos e dos métodos, uma escrupulosa alocação dos recursos e – com maior freqüência do que se queira acreditar – uma certa submissão do cientista em relação ao financiador.

Rubbia reúne a ciência pura com a música e com a pintura, mas a história dessas duas artes demonstra o quão estreitas e por vezes até cruéis foram as relações entre os artistas, os comerciantes, os críticos e os mandantes. Ontem, os grandes ciclos de afrescos, as catedrais, as festas principescas, hoje as exposições, os festivais e as obras arquitetônicas empenham tamanhos recursos econômicos e organizacionais que exigem financiamentos, financiadores, programações, prazos, decisões, assim como obediências e cumprimentos. A isto se deve acrescentar as armadilhas da vida científica, tanto é que o próprio Rubbia admite: "Não se deve contudo crer que a Ciência pura seja um idílio. Na realidade, ela é um terreno semeado por confrontos, rivalidades, suspeitas e trapaças."

E deve ser também levada em conta a utilidade ou periculosidade social do objetivo: "Junto a essas escolhas dos grandes conhecimentos existe uma outra atividade humana de pesquisa, também ela chamada de científica, mas de endereço mais diretamente aplicativo, industrial e, por vezes, com fins militares. A escolha dos investimentos nesse tipo de pesquisa é um índice de prioridade. O quadro não é encorajador, se é verdade que quatro quintos dos cientistas trabalham direta ou indiretamente em pesquisas aplicadas, voltadas para a indústria bélica."

Nesse ponto, a ciência e a tecnologia, cada vez mais interligadas e, portanto, co-responsáveis, deveriam ser subtraídas da hegemonia da indústria bélica[59] e deveriam ser submetidas a um severo controle por parte das forças sociais, como alguns movimentos (antinucleares, verdes, ecológicos, contra a globalização, etc.) vêm reivindicando com um consenso crescente. Mas o controle não concerne somente aos grandes programas como o Escudo Espacial. Há incongruências a serem eliminadas e novos campos a dominar, com o conjunto sob a égide de uma ética leiga dos negócios e das profissões, que até agora permanece gregária, em relação àquela bem mais consolidada e difundida ética de natureza religiosa.

Tome-se, por exemplo, as questões morais surgidas em torno dos mais recentes desenvolvimentos da biologia, sobretudo da embriologia e de organismos geneticamente modificados. O embrião humano pode ser usado como objeto terapêutico ou de diagnóstico com implicações científico-comerciais? A finalidade humanitária justifica a intrusão na esfera privada e a escolha de um embrião e não de um outro? Entre o utilitarismo científico, a utilidade pública e a concepção sagrada da vida, o que deve ter prioridade? A sociedade pode entregar-se à auto-regulação dos cientistas ou deve submetê-los a severas normas? E quem é capaz de legislar sobre esta matéria? E seguindo quais critérios?

A natureza, tal como foi passada às mãos da humanidade do terceiro milênio, seria irreconhecível aos olhos do homem de Neandertal, ou aos de Júlio César ou até mesmo aos dos nossos avós. Do ecossistema até as partículas elementares, tudo foi manipulado pelo homem a fim de reduzir a sua periculosidade, incrementar a sua utilidade prática, domesticar o comportamento ou potencializar e regular a força. Até mesmo as mais "naturais" dentre as criaturas são fruto da intervenção humana, não menos do que das suas constituições originais. Uma galinha que cisca, incapaz de correr ou de voar, provavelmente nunca sobreviveria à seleção natural exercida pelos carnívoros: portanto, também ela é o último elo de uma cadeia de mutações, de cruzamentos e de proteções, determinadas, intencionalmente e a seu próprio favor, pelo homem. Em cada frango que chega às nossas mesas há mais tecnologia do que carne.

A natureza do ser humano, portanto, é a sua cultura. Entre a metade do século XIX e a metade do século XX, por obra de cientistas como Pasteur e como Sabin, foi multiplicada a massa de organismos geneticamente modificados com o objetivo de curar a saúde do homem (vacinas contra a raiva, contra a varíola, a difteria, a poliomielite, etc.) ou de melhorar a produção agrícola (pesticidas biológicos, etc.). A esses organismos foram incorporadas modificações hereditárias, por intermédio de cruzamentos feitos com polinização artificial, com mutações provocadas por radiações ou com substâncias químicas adequadas, etc.

Já nas últimas décadas, a engenharia genética permitiu a manipulação de vírus, microrganismos, plantas e animais, provocando "modificações genéticas não por mutação e seleção, mas mediante uma intervenção direta no genoma do organismo a ser modificado".[60] Isso, por um lado, permite intervenções ainda mais seguras e eficazes do que as obtidas através das modificações, mas, por outro lado, desperta temores de nova ordem, devido aos perigos que podem derivar das operações científicas sem preconceitos ou escrúpulos, desvinculadas de limitações éticas compartilhadas.

Mas, como já disse, é difícil estabelecer quem deveria definir esses limites e com base em quais critérios ideológicos, econômicos e políticos. A mesma afirmação, cara a Hegedus, para quem a ciência deveria responder a demandas sociais, é pouco resolutiva, não só por alguns motivos que veremos mais adiante, mas também porque, no âmbito da própria sociedade, com freqüência emergem demandas contrastantes por parte de subgrupos diversos. Na própria Europa dos anos 80, enquanto de uma parte o Instituto Max Planck de Colônia realizava pesquisas para aumentar o conteúdo protéico das batatas, procurando torná-las um substituto adequado da soja, empregada como alimento na atividade pecuária, a fim de reduzir a sua importação do Brasil e, dessa forma, salvar alguns hectares da Amazônia, de outra parte a associação dos produtores europeus de batatas fritas financiava pesquisas que visavam à redução do teor de glicose nas batatas, a fim de conferir uma cor mais clara às *chips*, segundo a preferência dos jovens que freqüentam as lanchonetes de *fast food*.[61]

A INFÂNCIA PERPÉTUA

Todo e qualquer problema correlacionado à ética da criatividade apresenta-se de forma inédita e crucial. Pela primeira vez na história do planeta um único modelo de vida, elaborado nas universidades, nos laboratórios, nas empresas, nas salas cinematográficas, nos bancos de dados, nos provedores e nas televisões americanas está colonizando o mundo não só através da imposição armada, mas sobretudo através da comunicação persuasiva dos *mass media* e da Internet. Pela primeira vez, após milhares de anos, o centro da elaboração cultural deslocou-se da Europa para os Estados Unidos. Pela primeira vez estamos em condições de construir máquinas que substituam não apenas a força muscular do homem, mas também a sua força mental. Pela primeira vez as biotecnologias são capazes de decifrar e de modificar o nosso destino genético. De forma inédita, graças às tecnologias da informação e da comunicação, as relações entre os seres humanos e as coisas, assim como entre ser humano e ser humano, podem se dar de forma totalmente virtual, prescindindo do contato físico e dos aparatos táteis.

As conseqüências são retumbantes. Em três gerações a longevidade mais do que dobrou; desapareceram milhões de velhos empregos de trabalho braçal e foram criadas milhões de novas atividades intelectuais; a maioria da população ativa emprega-se no setor terciário; o tempo livre aumentou para a maior parte da população rica e com boas condições de vida; as emoções e os sentimentos voltaram a ganhar terreno em relação à pura racionalidade industrial; todos os ramos da vida feminilizaram-se; o tempo e o espaço se desestruturaram; a qualidade da existência tornou-se o objetivo prioritário em todos os países, onde a expectativa de vida supera as 700.000 horas. Pela primeira vez na história do nosso planeta, os homens que vivem fartamente somam um bilhão; e pela primeira vez os homens que vivem na miséria somam cinco bilhões.

Essas transformações históricas não derivam de uma contribuição equilibrada e simultânea de todos os povos do planeta. Alguns países foram conquistando, gradativamente, o monopólio da produção de idéias e de patentes, apostaram os próprios recursos em laboratórios científicos, nas universidades, nos bancos de dados, nas editoras, nas *majors* cinematográficas, na hegemonia no campo da informação e da comunicação, descarregando em outros lugares as produções industriais, menos rendosas, mais cansativas, desgastantes e poluentes.

Outros países viram chegar aos seus territórios essas fábricas de manufaturas do Primeiro Mundo e depararam-se com a atribuição da tarefa de produzir bens materiais, de consumar os subprodutos dos mercados ricos e de assimilar de forma acrítica uma cultura hegemônica.

Outros ainda permanecem amarrados à condição de Terceiro Mundo, e, para consumir os restos dos países mais felizardos, são obrigados a emprestar a própria mão-de-obra a baixo preço, a aceitar a subordinação política e a ceder bases militares.

Segundo as melhores pesquisas de previsão, mesmo num futuro próximo as áreas do mundo que conseguirão obter as melhores vantagens das inovações científicas e tecnológicas serão, substancialmente, aquelas já hoje desenvolvidas. Conseqüentemente, os ricos, os cultos e os competitivos serão ainda mais ricos, mais cultos e mais competitivos, enquanto os pobres se tornarão ainda mais pobres, ignorantes e indefesos. Aumentarão os desequilíbrios demográficos; as faixas débeis serão cada vez menos tuteladas; a má vontade prevalecerá sobre a cooperação; o equilíbrio do ecossistema será cada vez mais ameaçado por um uso inadequado dos recursos energéticos. A não ser que uma nova ordem social seja pretendida e obtida pelos povos atualmente prejudicados. Mas, mesmo para idealizar e instaurar essa nova ordem, será necessária muita criatividade, guiada por uma ética muito diversa daquela que até agora tolerou as injustiças atuais.

Estamos, portanto, numa trágica bifurcação: caso cresçam a conscientização e a indignação dos "condenados da Terra", os conflitos se tornarão ingovernáveis por parte dos privilegiados, mas poderão, finalmente, conduzir a uma redistribuição equânime da riqueza, do trabalho, do saber e do poder. Se prevalecerem a inconsciência dos ricos e a falta de empenho dos pobres, o peso do gênero humano sobre o ecossistema superará a capacidade da natureza de suportá-lo e as novas ameaças à democracia derivarão exatamente daquelas tecnologias que, com um uso correto, poderiam aumentá-la. Então, o seu impacto alcançaria o êxito, lucidamente aventado, quase dois séculos atrás, nos albores da sociedade industrial, por Alexis de Tocqueville, no segundo volume de *A Democracia na América*, onde expõe as possíveis causas tanto da diferença crescente como da total homologação.

Quanto ao primeiro perigo, Tocqueville escrevia: "Não vejo nada de mais preocupante, do ponto de vista político, do que esses novos sistemas industriais... Enquanto o operário confina cada vez mais a sua mente à atenção de um único detalhe, o patrão passeia, todos os dias, pelos mais vastos horizontes. Muito em breve, bastará ao primeiro somente a força física, sem inteligência, enquanto ao segundo será necessária muita ciência e até mesmo gênio para ser bem-sucedido. Um se assemelhará, cada vez mais, a um administrador de um vasto império, e o outro, cada vez mais, a uma besta... É desta porta que a democracia deve temer um retorno da aristocracia e da desigualdade social."[62]

Se substituirmos o termo "operário" por "habitante do Terceiro Mundo" e no lugar do termo "patrão" colocarmos "habitante do Primeiro Mundo", a análise de Tocqueville adquire uma extraordinária atualidade para a humanidade da era pós-industrial.

Quanto à possível homologação, derivada do maquinismo e da sociedade industrial, Tocqueville escrevia: "Se tento imaginar o despotismo moderno, vejo uma multidão desmedida de seres parecidos e iguais, que dão voltas em torno de si mesmos, a fim de proporcionar-se pequenos e mesquinhos prazeres com os quais satisfazem as suas almas. Cada um deles é como um estrangeiro em relação a todos os demais. Os seus filhos e os seus poucos amigos constituem para ele toda a humanidade. O resto dos cidadãos está ali, ao lado dele, mas ele não os vê; vive somente para si e em si. Se existe ainda uma família, já não existe a pátria.

"Acima desta multidão vejo alçar-se um imenso poder tutelar, que sozinho ocupa-se em assegurar aos súditos o bem-estar e em zelar pela sua sorte. É absoluto, minucioso, metódico e até mesmo comedido. Pareceria com a autoridade paterna se tivesse como objetivo, como aquela, a preparação dos homens à virilidade. Mas, pelo contrário, busca somente mantê-los numa infância perpétua."[63]

Em suma, o progresso tecnológico, separado do desenvolvimento humanista, permititirá produzir mais riqueza e mais saber, mas não saberá distribuí-lo de forma equânime. O risco contra o qual será preciso lutar com todas as nossas forças é que, apesar de um crescimento exponencial da eficiência em todas as suas manifestações, da esfera técnica à econômica, o conteúdo e o sentido da própria vida empobrecerão cada vez mais, e que o aumento da riqueza ocorra com prejuízo das necessidades radicais como a reflexão interior, a beleza, a amizade, o amor, o lazer e o convívio.

Mais uma vez, a salvação do gênero humano está entregue à criatividade humana colocada a serviço de um progresso generalizado e feliz.

SEGUNDA PARTE

FANTASIA E CONCRETUDE

"Eu não sou um cultor da navegação; poderia dizer que prefiro confiar na linha reta, na esperança de continuar até o infinito e tornar-me inatingível. Prefiro calcular demoradamente a minha trajetória de fuga, esperando poder lançar-me como uma flecha e desaparecer no horizonte. Ou ainda, se muitos obstáculos me impedem o caminho, calcular a série de segmentos de reta que me conduzam para fora do labirinto, no tempo mais curto possível."

ÍTALO CALVINO

"Se a linha reta é a mais curta entre dois pontos fatais e inevitáveis, as divagações a prolongarão: e se essas divagações se tornam tão complexas, tão emaranhadas e tortuosas, tão rápidas que não deixam rastro, talvez a morte não nos teste mais, talvez o tempo se perca e possamos ficar ocultos nos esconderijos mutáveis."

CARLO LEVI

CAPÍTULO DEZ

A CONTRIBUIÇÃO DAS NEUROCIÊNCIAS

"Esta é a orquestra que executa pensamentos de beleza e verdade."

R. W. GERARD

"As pessoas capazes de inventar são raras, as que não inventam nada são a maioria."

BLAISE PASCAL

"A capacidade de criar produtos úteis ou bonitos e de encontrar o modo de resolver questões que suscitam perplexidade não se restringe às pessoas dotadas de talentos superiores, mas é um direito que todo homem de inteligência média traz consigo desde o nascimento."

ERNEST R. HILGARD

"Poderia se afirmar sem dúvida que a mola principal da criatividade é... a necessidade imperiosa de se expandir, de se estender e de se desenvolver... Tenho a convicção, confortada pela experiência, de que essa tendência existe em todo indivíduo."

CARL R. ROGERS

MAIS PERGUNTAS QUE RESPOSTAS

Introduzindo o livro *A Emoção e a Regra* (1991), eu recordava algumas rachaduras fecundas presentes desde o início do século XX na monolítica cultura industrial. Enquanto, na Filadélfia, Taylor definia o seu *Scientific Management* e, em Detroit, Ford inaugurava a sua empresa automobilística, transformando uma oficina em fábrica, na Europa elaboravam-se as idéias precursoras da futura sociedade pós-industrial, por intermédio dos grupos criativos que recordamos nos capítulos anteriores, por intermédio do cubismo de Picasso, da psicanálise de Freud, da filosofia de Ernest Mach, da música de Schönberg e de Stravinsky, da física do casal Curie, de Planck e de Einstein, além da estética de Klimt e de Wedekind, da Art Nouveau, do Jugenstil e do *Liberty*.

Mas tanta explosão criativa, sufocada pelo industrialismo que prendia milhões de trabalhadores em tarefas parcelizadas e executivas, não conseguiu impor como predominante a função de descoberta e invenção. A estrela da sociedade industrial não era a criatividade, mas a produtividade, não era a classe diversificada dos artistas nem mesmo a prestigiosa categoria dos cientistas, mas a corporação dos engenheiros. Os sociólogos, por conseqüência, tinham os olhos voltados para a organização das oficinas e a sua luta de classe.

O resultado é que hoje sabemos tudo a respeito de como se constroem os bens materiais, mas não sabemos quase nada de como se criam as idéias.[1] Somando tudo, aliás, sabemos muito melhor como se faz para destruí-las, considerando-as tolas, perseguindo-as, ignorando-as.[2] Sabemos muito menos da criatividade coletiva e de como as equipes devem ser organizadas para exprimir toda a sua potencialidade, apesar de o nosso sistema pós-industrial ser dominado pelas grandes redações dos jornais e dos telejornais, pelos grandes laboratórios científicos, pelos grandes aparatos de produção e comércio da arte: vale dizer pela *big art* e pela *big science*. No curso da história humana, os "lobos solitários" têm resolvido muitos problemas e ainda resolverão outros, mas na nossa sociedade pós-industrial "são cada vez mais numerosas as atividades de pesquisa científica que se transformam em trabalhos de equipe e impõem a integração social. E não existe talento, por mais destacado que seja, capaz de substituir de modo compensador os esforços dos grandes laboratórios científicos, que desenvolvem hoje em todo o mundo – e desenvolverão cada vez mais, no futuro – a maior parte da atividade científica".[3]

Há muitos anos, portanto, as minhas pesquisas giram em torno das questões com que eu abria *A Emoção e a Regra*: Quando é que um grupo se pode dizer criativo? Quais as abordagens disciplinares (a epistemologia, a neurologia, a psicanálise, a psicologia social, a sociologia, a antropologia, as ciências organizacionais) que melhor contribuem para desvendar para nós os segredos da criatividade individual e da criatividade coletiva? Todos os grupos podem ser criativos, ou apenas aqueles que possuem determinadas características? E quais? Que peso exercem sobre as capacidades criativas de um grupo a motivação, a personalidade e as neuroses individuais dos seus membros? Quais são as fontes de poder e os estilos de liderança que melhor se coadunam a quem dirige um grupo criativo? Como se desenvolvem os processos informativos e de decisão no seu interior? Quais são as causas e as possíveis soluções dos conflitos que nele surgem? Como se pode avaliar, de dentro e de fora, o grau de criatividade de um grupo? Como se formam e como se dissolvem os grupos criativos? Que barreiras se interpõem à sua fecundidade? De que recursos têm necessidade? Que influência exerce sobre eles o contexto em que operam?

Para responder a essas questões, mobilizei dezenas de equipes de pesquisa, tanto na Universidade La Sapienza, de Roma, como na escola de especialização S3 Studium, que prepara os jovens formados para o gerenciamento dos processos criativos. Analisamos minuciosamente a história organizacional de centenas de grupos: empresas de produção cinematográfica, sociedades de consultoria e formação gerencial, agências de publicidade, teatros líricos, de representação e de variedades, clínicas cirúrgicas e as correspondentes salas de operação, laboratórios farmacêuticos, físicos, químicos e biológicos, grandes festivais, casas de moda, associações voluntárias atuantes no campo ecológico, redações de jornais e telejornais, grupos juvenis de *rock*, estúdios de *design*, orquestras sinfônicas.

Tirei daí a convicção de que, já nos anos da primitiva industrialização, alguns grupos artísticos como os nazarenos ou os pré-rafaelitas, o círculo de Bloomsbury ou a Bauhaus, e alguns grupos científicos como a Estação Zoológica de Nápoles, ou o Instituto Pasteur de Paris, tinham elaborado os seus modelos originais de organização, de financiamento e, freqüentemente, de venda, que nada tinham a ver com o *Scientific Management* das indústrias manufatureiras. O distrito, a rede, o *lobby*, a administração por objetivos, o projeto de trabalho, o congresso permanente e muitas outras inovações organizacionais – de que se valeram, algumas décadas mais tarde, os gurus americanos e japoneses – já tinham sido pensados e praticados por esses grupos geniais.

A massa de informações que acumulei nesses anos de entusiasmante pesquisa ainda está longe de permitir conclusões tranqüilas sobre a natureza e a dinâmica dos processos criativos de grupos, sobre aquilo que resulta quando uma equipe, empenhada em tarefas criativas, cogita seriamente sobre formas de organização capazes de aumentar o próprio rendimento. Para examinar esses problemas, observa-se a necessidade de refazer cada vez melhor as longas incubações e as surpreendentes intuições que levaram, no curso da história e da pré-história, a nos transformarmos de animais em homens. Por isso, este livro começa de tão longe, detendo a atenção pelo menos sobre alguns episódios especialmente intensos da criatividade humana.

Portanto, ainda resta muito a explorar no ilimitado espaço da criatividade. As perguntas são muito mais numerosas do que as respostas. Mas gosto de contar e compartilhar aquele pouco que eu creio já ter compreendido, mesmo que sejam fragmentos ainda desprovidos da necessária organicidade.

O meu campo é a sociologia, e o olhar sociológico sobre a criatividade perscruta principalmente dois aspectos: qual a influência que o contexto social exerce sobre os criativos e sobre a criatividade; e o que caracteriza os processos criativos e operacionais, quando a criatividade se expressa não por indivíduos, mas por grupos.

Toda a primeira parte deste livro refaz o percurso de algumas etapas da história da criatividade, particularmente significativas à finalidade da minha pesquisa sobre a criação coletiva. Obtém-se daí um quadro geral de como foram evoluindo as expressões da criatividade humana no decorrer da história, e se extrai ainda algum esboço de resposta a algumas das perguntas que formulei um pouco antes: quando um grupo se pode dizer criativo, como se formam os grupos criativos, quais as características organizacionais que emergem com maior força ao se examiná-los, que peso exercem a vocação, a preparação e a tensão dos membros individuais sobre as capacidades criativas de uma equipe, quais são as barreiras que se interpõem à sua fecundidade, que influência determina o contexto em que ela opera.

Daqui por diante, examinarei algumas contribuições que a neurologia, a psicanálise, a psicologia, a epistemologia e a sociologia, disciplinas mais intensamente implicadas nos problemas relativos à criatividade, deram à compreensão dos processos criativos. A maior parte da imensa literatura fornecida por essas disciplinas refere-se ao cérebro, à personalidade e à lógica de indivíduos criativos geniais. Ainda assim, encontram-se aqui e ali acenos úteis que servem para reforçar a credibilidade da minha tese sobre os grupos criativos, teses que exporei nos capítulos de conclusão.

UMA EXPLORAÇÃO ALEGRE

O mistério da criatividade, ainda que permaneça profundo, encontra-se cercado: químicos, biólogos, neurologistas, psicólogos, psicanalistas e sociólogos examinam-no a fundo com interesse crescente, patrulhando os seus limites, analisando os seus processos. Como todos os fenômenos complexos, a criatividade também revela sempre zonas novas, à medida que se avança na sua exploração: conhecimento e ignorância, acúmulo e fome de dados crescem paralelamente, e, com eles, aumenta o fascínio da pesquisa.

Para mim, sociólogo do trabalho, o fascínio é aumentado pelo contraste com a maior aridez do mundo manufatureiro ao que eu me dedicava preferencialmente, antes de me desviar para o estudo da criatividade: linhas de montagem operárias, *open spaces* de burocratas, massas de homens e mulheres forçados como Sísifo a um trabalho inútil e sem esperança, treinados desde a infância a trocar os fins pelos meios, a sacrificar afetos, inteligência e vida em nome de um parafuso, de uma prática, de uma soldadura, de uma embalagem, repetidos infinitamente e elevados ficticiamente a dimensão expressiva, a objetivo de vida, a valor social e a totem expiatório.

Há alienação, tédio, esforço, angústia, empastados até mesmo na cúpula da basílica de São Pedro, na *Nona Sinfonia* ou no *Hamlet*. Mas, uma vez que uma obra de arte é uma jóia criada para sempre, explorar-lhe a gênese faz da exploração uma atividade alegre.

Este meu estudo tenta abrir um novo *front* no cerco multidisciplinar, no corpo-a-corpo do homem com o seu cérebro, indo colocar-se ao lado de outras iniciativas do mesmo gênero, cumpridas por outros pontos de vista científicos.

O primeiro *front* a que vamos nos referir é o das neurociências, aberto em 1872 pelo prêmio Nobel Camillo Golgi e por – mais próximos de nós – Hillarp, Fuxe, Dahlstrom, Eccles, Brodmann, Penfield, Luria, Stent, Sperry, Bogen, Kuffler, Hubel, Wiesel, Levi-Montalcini e tantos outros.

A MÁQUINA DO PENSAMENTO

Esses exploradores traçaram os primeiros caminhos no território que talvez seja o mais complexo de todo o nosso universo, o córtex do cérebro humano: 15 bilhões de neurônios, cada um com os seus axônios e os seus dendritos; cada um destinatário de cerca de dois mil contatos químicos por parte de outras células, ativáveis até mesmo em menos de um milésimo de segundo: 600 milhões de sinapses por milímetro cúbico.

O córtex cerebral de um chimpanzé tem 12 bilhões de neurônios. Portanto: "O acréscimo de três bilhões de neurônios é responsável por uma nova qualidade de vida que não era previsível com base na fisiologia e no comportamento de animais com um córtex menos rico. Naturalmente, não é possível sequer tentar adivinhar quantos neurônios a mais seriam necessários para outro salto tão significativo quanto aquele que ocorreu do chimpanzé para o homem. Um bilhão de neurônios a mais determinaria apenas um ligeiro melhoramento? Três bilhões de neurônios a mais, desenvolvidos no córtex de uma espécie animal vivente neste planeta ou num sistema solar diferente, determinariam aquela espécie de capacidade da qual não podemos sequer conceber a amplitude e a compreensão?"[4]

O divisor de águas entre nós e o chimpanzé se faz ainda mais tênue se penetrarmos no interior de um neurônio e – ainda mais a fundo – no interior do seu DNA: nesse *sancta sanctorum* do nosso cérebro, 99 em 100 componentes são idênticos aos do animal, e apenas um se diferencia e nos faz humanos.

No curso da evolução, o nosso cérebro miniaturizou progressivamente os seus circuitos, multiplicou e sobrepôs os seus níveis funcionais, dedicou áreas inteiras do seu córtex para sintetizar as informações provenientes das outras zonas cerebrais e para desenvolver os processos mentais mais elevados: a abstração, a previsão e a simbolização. Em algumas partes dos lobos temporais, occipitais e parietais são elaborados as percepções, as imagens, os símbolos verbais, etc., para formular hipóteses, sínteses e conceitos de ordem ideal, moral, estética e científica; na área prefrontal, fixa-se a atenção – evitando a distração do objetivo –, antecipa-se e planifica-se o futuro – prefigurando estratégias e táticas –, fazem-se as escolhas e prepara-se a sua transformação em ação motora.[5]

É nessas áreas, ainda hoje cercadas de mistério – por isso chamadas de "silenciosas" pelos neurologistas –, que se pode localizar a nossa capacidade criativa, mesmo sendo as nossas atividades mentais tão complexas que não se pode fixá-las entre limites bem circunscritos. Além disso, elas são sistematicamente ligadas tanto a fatores biológicos quanto a fatores ambientais, como Luria[6] demonstrou.

SENILIDADE E CRIATIVIDADE

Além da exploração fisiológica do cérebro, da elaboração de mapas para orientar a localização das zonas criativas e da compreensão de mecanismos químicos e elétricos que determinam a criatividade, as neurociências nos têm fornecido preciosas noções sobre a relação entre a idade do homem e a sua capacidade criativa.

O calor, o afeto, a atenção, a disponibilidade, a ausência de esquemas preconcebidos, a quantidade e o tipo de interações entre a criança e o seu ambiente contribuem mais para o desenvolvimento mental do que a elaboração solitária. Muitas técnicas foram desenvolvidas visando ao encorajamento da criatividade infantil, desde a fase em que se é incapaz de falar.[7]

Numerosos estudos dizem respeito tanto à infância como à juventude: ou seja, aquelas que, por tradição e estereótipo, representam a idade criativa por excelência. Até mesmo em algumas espécies animais – os macacos japoneses, por exemplo – foi constatada uma atitude particular para explorar, inspecionar e manipular o mundo circunstante, resolvendo problemas com base em critérios inventivos de natureza cultural, e não genética.[8]

Piaget, entretanto, nega a existência tanto da criatividade – como alguma coisa diferente da originalidade, da genialidade e da inteligência superior – quanto da idéia, bastante difundida, segundo a qual a criança seria mais criativa do que o adulto. A criança – defendeu ele, em 1959 – não tem imaginação: aquela que o senso comum lhe atribui nada mais é do que incoerência ou – mais ainda – assimilação subjetiva. Mas voltaremos a esse tema expondo as contribuições psicológicas ao conhecimento do fenômeno criativo.

As neurociências dedicaram particular atenção à relação entre senilidade e criatividade, além de aos remédios físicos, farmacológicos e sociais capazes de atenuar os danos causados pela involução cerebral devida à velhice. Ugo Butturini escreveu: "Lembrando que alguns dos fatores fundamentais que levam ao envelhecimento são o declínio da atividade mitótica celular e da velocidade de crescimento dos tecidos, a involução senil leva também a uma diminuição da massa cerebral, com perda de água. Esses elementos concorrem para determinar uma diminuição dos receptores periféricos, fenômeno típico do envelhecimento. Isso interfere também para provocar a inadaptação e a indiferença ao ambiente, a perda desarmônica da homeostasia, o aumento da vulnerabilidade dos tecidos.

"Os fenômenos mencionados têm dupla polaridade: o envelhecimento promove falhas neuroendócrino-metabólicas; estas, por sua vez, aceleram o envelhecimento e provocam novos equilíbrios compensatórios. Fica bem difícil estabelecer, às vezes, o quanto depende primitivamente do envelhecimento e o quanto depende das falhas neuroendócrino-metabólicas primitivas. Isso adquire significado particular na patologia do sistema nervoso central – que se ressente de todos os fatores exógenos: radicais livres, nitrosaminas, oncógenos, toxinas, medicamentos, fumo, álcool, estresse, alimentação forçada, etc. – que pode ser primitiva, por isso, involutiva, por exemplo, por redução das cargas enzimáticas e pelo mais longo período de latência necessário para a sua reconstrução (Benzi), ou secundária a uma patologia vascular crônica (arteriosclerose, vasculite senil, déficit no bombeamento cardíaco, etc., e, com isso, a hipoxia), que provoca falta de oxigênio e glicose para as necessidades metabólicas celulares e o metabolismo sistêmico desses e outros fatores nutricionais e energéticos...

"Um estudo cuidadoso que permita detectar e corrigir os principais erros do equilíbrio neuroendócrino-metabólico desde o início da idade mediana, o controle da alimentação seriamente programada e cumprida, o afastamento dos fatores de risco, assim como a prevenção da doença hipocinética e da eventual patologia crônica podem retardar em muito o início do envelhecimento cerebral e de todos os outros órgãos e permitir, assim, uma velhice ativa, auto-suficiente, com preservação da atividade criativa e persistência de uma motivação que torne o indivíduo mais seguro de si, opondo-se ao fatalismo ou à depressão e, assim, à recusa, inconsciente ou não, da vida."[9]

CRIATIVIDADE ARTÍSTICA E CRIATIVIDADE CIENTÍFICA

Uma contribuição posterior preciosa da parte das neurociências diz respeito à relação entre a fisiologia da criatividade artística e a fisiologia da criatividade científica.

Dois grandes neurobiólogos, Gunther Stent e Rita Levi-Montalcini, negam que exista qualquer diferença entre elas. Levi-Montalcini escreve: "Com o afirmar-se do 'estruturalismo', ocorrido simultaneamente em diferentes áreas de pesquisa, tais como a psicologia, a lingüística, a antropologia e a biologia, e com a descoberta da propriedade dos circuitos nervosos de canalizar as mensagens transmitidas pelos sistemas sensoriais de uma forma altamente abstrata para os centros cerebrais antepostos à elaboração deles, ruiu – como mostra o conhecido biólogo molecular e neurobiólogo Gunther Stent – a hipótese de que a criatividade que se manifesta em campo científico e se patenteia na faculdade de descobrir novos fenômenos e leis de natureza universal difira daquela expressa nas obras de arte... figurativas, musicais e literárias."[10]

Rita Levi-Montalcini lembra que até agora foram estudados principalmente os mecanismos que regem a criatividade científica, porque "o cientista, mais do que o artista, é ao mesmo tempo ator e espectador dessa atividade". Poincaré e Einstein, por exemplo, deixaram informações muito precisas sobre o modo que cada um deles tinha de brincar com as idéias para chegar às descobertas. A mesma coisa fizeram Von Helmholtz, Loewi, Nicolle, Von Frisch, Cannon, Selye, Eccles, Watson, Monod e tantos outros.

Newton, Bacon, John Stuart Mill e Darwin seguiam um método indutivo que procedia do conhecido para o desconhecido, de modo a chegar a conclusões maiores do que as premissas das quais partiam. Nesse processo, o trabalho da mente prevalece sobre o trabalho de experimentação. Claude Bernard contrapõe ao método indutivo o método hipotético-dedutivo, e Popper atribui ao pesquisador a tarefa de tornar falsas as suas hipóteses, em vez de validá-las.

Como se sabe, a partir da filosofia clássica até o mais recente positivismo e o materialismo dialético, desenvolveu-se um filão empírico de pensamento segundo o qual não existem idéias inatas e todo o nosso conhecimento deriva da experiência direta e concreta que por meio dos canais sensoriais permite introjetar os objetos externos dotados de uma existência autônoma, e elaborar neles as sensações por meio dos nossos circuitos cerebrais. Em contraposição ao empirismo, o idealismo tem privilegiado as categorias inatas e a supremacia das idéias sobre os objetos, que não existiriam sem o seu reflexo no nosso pensamento.

Tanto Gunther Stent quanto Rita Levi-Montalcini enfatizam como, no curso dos séculos, nasceu e se consolidou uma estranha dicotomia epistemológica pela qual o processo artístico foi considerado indutivo e explicado por meio do idealismo, enquanto o processo científico foi considerado dedutivo e explicado por meio do empirismo. Pasteur ou Fermi, portanto, estariam limitados a descobrir leis e fenômenos inerentes à matéria, que mais cedo ou mais tarde qualquer outro, no lugar deles, teria, portanto, trazido à luz; Klimt e Gropius, entretanto, teriam criado obras impossíveis de se repetir, porque nascidas do nada.

Com o estruturalismo, finalmente, lançou-se uma ponte entre essas duas concepções opostas, assim como entre as ciências da natureza e as ciências do homem.

No que diz respeito ao problema do processo criativo, pode-se dar um grande passo adiante na compreensão da estrutura e da função dos circuitos dos neurônios cerebrais. Escreve Levi-Montalcini, referindo-se a Stent: "Tanto o idealismo como o materialismo, embora chegando a conclusões opostas, partiam, ambos, do pressuposto de que os sistemas sensoriais transmitem uma imagem fiel do mundo exterior, enquanto, segundo o estruturalismo, a realidade – tal como a percebemos – alcança os centros corticais dedicados à sua elaboração numa forma altamente abstrata, após o processo de síntese e de eliminação da informação supérflua que advém a cada etapa ou estação de discriminação e distribuição, interposta entre os sistemas sensoriais receptivos e o centro terminal cerebral."[11]

Nos anos mais recentes, as neurociências têm conferido uma base experimental preliminar a essas intuições já avançadas em campos diferentes por Sigmund Freud, Claude Levi-Strauss e Noam Chomski. Por métodos eletrofisiológicos e partindo do caso mais simples, três grandes neurobiólogos – Stephen Kuffler, David Hubel e Thurston Wiesel – atingiram uma etapa fundamental no penoso caminho em direção à compreensão dos mecanismos que permitem a passagem da percepção em nível sensorial à percepção subjetiva em nível dos centros corticais superiores.

Graças a esses cientistas, sabemos hoje que, à medida que o impulso se move das mais baixas camadas do córtex visual para as mais altas, o seu conteúdo informativo é selecionado e, em parte, destruído, de modo que a informação que chega do campo visual atinge os mais altos centros corticais em uma versão muito mais simplificada e mais abstrata.

Nem todos nós, portanto, temos uma imagem fiel do mundo exterior, mas uma imagem elaborada através de uma longa série de abstrações e reestruturações. Stent deduz daí que a concepção idealista e a materialista resultam, ambas, em contraste com a realidade. As nossas idéias, de fato, são fruto tanto da amostra sensorial quanto da elaboração cerebral, e os mecanismos que regem a criatividade artística são mais ou menos idênticos aos mecanismos que regem a criatividade científica.

Rita Levi-Montalcini conclui: "A concepção de uma diferença substancial entre a criatividade científica e a criatividade artística baseia-se – como já se enfatizou – nessa curiosa aberração que enfoca, do ponto de vista materialista, a obra científica e, do ponto de vista idealista, a obra do artista. O estruturalismo forneceu uma base científica à concepção que à lógica corrente – e a despeito das diferentes e opostas teorias filosóficas – parecia mais racional, ou seja, de uma fundamental similaridade, para não dizer identidade, entre os processos cerebrais ativados na elaboração de uma obra de arte ou na realização de uma descoberta científica. Uma e outra são – como comenta Stent – o fruto de uma criação única e impossível de se repetir, pois cada indivíduo difere de todos os outros, mas ao mesmo tempo todos trazem a sua origem de uma propriedade criativa comum a todo o gênero humano, porque cada um de nós é possuidor de circuitos cerebrais fundamentalmente iguais e elabora a informação que chega do mundo exterior mediante os mesmos processos que o estruturalismo, pela primeira vez, enfocou com base em um rigoroso conhecimento científico, e não por puras especulações teóricas."[12]

À mesma conclusão chega, por via epistemológica, M. D. Grmeck: "A despeito da diversificação dos ramos atuais da ciência e da técnica, a atividade criadora da inteligência apresenta o mesmo problema onde quer que seja. O ato graças ao qual se realiza uma descoberta científica ou uma invenção técnica é análogo, senão idêntico, ao ato que cria uma obra de arte."[13]

CAPÍTULO ONZE

A CONTRIBUIÇÃO DA PSICANÁLISE

"Podemos ir com um outro apenas até onde fomos conosco mesmos."
CARL GUSTAV JUNG

"Podemos ir conosco mesmos apenas até onde fomos com um outro."
JAMES HILLMAN

"Se durante o tratamento psicanalítico nós curássemos os artistas das suas neuroses, eles cessariam de criar?"
ROLLO MAY

A CRIATIVIDADE É ANALISÁVEL?

Uma segunda brecha no muro de fortificação que protege o mistério da criatividade foi aberta pela psicanálise, mesmo que Freud, no seu *Estudo Autobiográfico*, sustente que essa ciência "não pode fazer nada para esclarecer a essência do dom artístico, nem pode explicar os meios com os quais o artista trabalha, isto é, a técnica artística".[1]

Essa contradição, ou seja, que Freud se dedique a um objetivo que ele mesmo declara inatingível, é freqüente entre os psicanalistas que têm se ocupado da criatividade: por exemplo, está presente também em Hillman e em Arieti. Nasce portanto a dúvida de se a criatividade, individual ou coletiva, é um processo analisável na sua gênese, nos seus desenvolvimentos e na conexão entre produto criativo, personalidade criativa e ato criativo.

Como vimos, só recentemente esses problemas foram enfrentados em larga escala, também como efeito do antagonismo internacional entre Estados Unidos e União Soviética. Seria exagerado sustentar que tal interesse tenha nascido só depois do pânico determinado em 1957 pelo *Sputnik*, e que os estudos sobre a criatividade foram efetuados apenas para procurar uma solução para o complexo coletivo de inferioridade científica causado na América pelo imprevisto sucesso soviético. Na verdade, percorrendo as datas e os nomes ligados aos estudos sobre a criatividade, notamos que o choque do *Sputnik* ocorre apenas por ter imposto o problema, violentamente, à atenção pública pela mídia, por ter dado um novo vigor aos estudos científicos sobre a criatividade e por ter estendido aos programas de formação empresarial um problema que os cientistas já sondavam há mais de um século. Se a correlação dessa retomada com o *Sputnik* não agradar, e se for mesmo preciso dar uma data exata ao início dos estudos mais modernos sobre a criatividade, talvez se possa escolher o ano de 1950, uma vez que nesse ano aconteceu o congresso da American Psychological Association, durante o qual Guilford fez uma famosa conferência, tomada depois como ponto de referência de muitos estudos que se seguiram sobre o assunto.

A data é interessante para a nossa questão: havia pouco terminara a guerra que tinha sido o divisor de águas mais claro entre sociedade industrial e sociedade pós-industrial; aqueles dedicados ao setor terciário tinham crescido numericamente com uma velocidade que, dali a alguns anos, os levaria a superar pela primeira vez os que se dedicavam à indústria (nos Estados Unidos, a ultrapassagem acontecerá em 1956); na Inglaterra, os cientistas do Cavendish já estavam às voltas com a estrutura do DNA; de ambos os lados do oceano começava-se a perceber tanto a insuficiência do taylorismo quanto a importância da criatividade na organização do trabalho. Não por acaso, um texto que ficará famoso na cultura empresarial – *Motivation and Personality* (Motivação e personalidade), de Abraham H. Maslow, publicado em 1954 – dedicará o seu capítulo introdutório à ciência e à criatividade científica.

MUITOS ESTUDOS, POUCAS CERTEZAS

Se bem que muitos neguem a possibilidade de desvendar o mistério da criatividade e de reconduzir o seu processo do domínio mágico da natureza para o domínio científico da cultura, ainda assim os estudos sobre a criatividade se multiplicam. Se hoje eu digito a palavra "criatividade" na Internet, a massa de artigos a baixar desencoraja qualquer ilusão de poder exaurir a leitura. De resto, Hillman tinha já escrito: "A criatividade tornou-se moda na psicologia acadêmica, onde se registra um novo interesse pelas 'diferenças individuais', a educação de excelência e o 'processo criativo'. Como podemos desenvolver talentos para os nossos objetivos nacionais? Como podemos cultivar indivíduos criativos na nossa luta pela sobrevivência?"[2]

Uma miríade de estudiosos, antes e depois de Hillman, reconhece a importância crescente da criatividade para a salvação do gênero humano. Quase todos eles apresentam os resultados das suas próprias reflexões como hipóteses a serem também verificadas com pesquisas adicionais, e estruturam essas reflexões em torno de uma certeza axiomática: que, de qualquer forma, o ato criativo é cientificamente insondável. Segundo Rogers: "Não podemos ter esperança de descrever exatamente o ato criativo, que é indescritível, pela sua natureza intrínseca. É do ignorado que devemos aceitar o desconhecimento até o momento em que ocorre. É o improvável que se torna provável. Podemos dizer, mas apenas de maneira bem genérica, que o ato criativo é o comportamento natural de um organismo que tem a tendência de se manifestar quando é aberto à globalidade da sua experiência interior e exterior, e quando está livre para submeter à prova, de modo flexível, todas as formas de relacionamento. Desse bando de possibilidades semiformadas, o organismo, de modo análogo a um cérebro eletrônico, seleciona a única forma que responde melhor do que todas as demais a uma necessidade interior, ou aquela única que estabelece o relacionamento mais eficaz com o ambiente, ou seja, aquela que revela uma ordem mais simples e mais satisfatória na qual a vida pode ser percebida.

"Essa, porém, é a única característica do ato criativo que é possível descrever. Em quase todos os produtos da criatividade, percebemos a intervenção de uma seletividade e de uma tendência particular, uma prova evidente de disciplina, uma tentativa de chegar à essência."[3]

Há autores, porém, para os quais já existem pontos fixos sobre os quais é possível tentar a construção de uma primeira abordagem da criatividade. Eles enquadram o processo criativo no âmbito de uma teoria psicológica ou psicoterapêutica própria, mais vasta, chegando, assim, a uma visão mais orgânica e mais considerável. É o caso (contraditório) de Freud, ou o de Jung, que contudo dedicaram ao nosso problema uma atenção apenas marginal. Mas é mais ainda o caso de Silvano Arieti, que nos forneceu o estudo talvez mais documentado e mais orgânico sobre a criatividade vista por um psiquiatra, mas que (também ele, contraditoriamente) especifica a sua obra com o subtítulo de "Magic Syntesis" (Síntese mágica), portanto, ainda não-científica.

Arieti ("psiquiatra e psicanalista, com formação em neurologia e psicologia e interesses não-profissionais em vários campos") conclui o seu estudo erudito e importante sobre a criatividade assinalando os pontos principais na sua pesquisa: "A pessoa criativa permanece depositária daquilo que torna criativa a sua personalidade, um segredo que ela não pode revelar a si mesma nem aos outros. Aquilo que não é mais segredo é o modo pelo qual o seu processo criativo se desenvolve e atinge a sua conclusão, e as condições que facilitam o seu aparecimento."[4]

Afinal, não é pouco, se considerarmos que os psicólogos e os psicanalistas têm enfrentado o problema só nos últimos 100 anos, e que os sociólogos do trabalho quase não se têm ocupado dele, dedicando-se preferencialmente aos estudos das atividades executivas e manufatureiras. O fascínio das atividades criativas e a sua recente centralização impulsionam para um maior empenho científico nesse tema, que já conquistou o interesse da psicanálise, da filosofia, da psiquiatria, da sociologia e, depois dos pais do inconsciente, a atenção dos seus discípulos, dos educadores, dos filósofos, dos psicólogos e dos sociólogos da arte, da ciência e da política.

A CRIATIVIDADE É DE TODOS?

Antes de passar a descrever algumas contribuições específicas que a psicanálise tem dado ao conhecimento da criatividade (intencionalmente selecionadas por mim pela contribuição que possam dar também ao conhecimento dos grupos criativos), é preciso discutir um outro problema: a criatividade é apanágio de poucas pessoas geniais, ou é dote universal, que só em poucos atinge níveis de exceção?

Segundo Silvano Arieti, algumas pessoas são absolutamente privadas de criatividade, muitas são dotadas de uma criatividade ordinária e poucas têm o privilégio da criatividade extraordinária. Apenas alguns tipos de neuróticos seriam privados também da criatividade ordinária. Outros autores – Jung, Sinnott, Dow, Fromm, May, Rogers, Maslow, Murray, Anderson, Stoddard, Mead, Matussek – reputam que a criatividade seja um dote presente em todos, e em todas as idades. Rogers escreve: "A ação da criança que inventa uma nova brincadeira com os seus companheiros, ou a de Einstein, que formula a teoria da relatividade, ou a da boa dona-de-casa que inventa um novo molho para o prato, ou a de um jovem escritor que escreve o seu primeiro romance, são todas, segundo a nossa definição, criativas, e não vale a pena que se as disponham em uma ordem hierárquica de maior ou menor criatividade."[5]

De 14 grandes *experts* em várias disciplinas chamados a discutir sobre a criatividade nos simpósios organizados pela Michigan State University, entre 1957 e 1958, 11 declararam-se a favor da tese de que a criatividade é potencialmente dada a todos, em todas as idades, e que "o verdadeiro problema é descobrir quais as influências ou quais as forças externas que impedem a criatividade, ou que impedem a quem quer que seja de se tornar uma personalidade completa".[6]

Rita Levi Montalcini, de acordo com Gunther Stent, reputa que as grandes descobertas científicas e as grandes obras de arte sejam "fruto de uma criação única e impossível de se repetir, porque cada indivíduo difere de todos os outros", mas reputa também que todas as outras exteriorizações de criatividade, não obstante a sua singularidade e excepcionalidade, "trazem a sua origem de uma propriedade criativa comum a todo o gênero humano".

Para Jung, o homem é dotado de cinco instintos, entre os quais o da criatividade é essencial. Voltaremos a esse autor mais adiante, mas aqui nos ocorre antecipar que ele estuda principalmente a criatividade "incomum", em relação com a personalidade artística, pelo que acaba considerando verdadeiramente criativos apenas os artistas, atribuindo a todos os outros somente alguns talentos que podem ser criativos de muitas maneiras (o impulso de realizar a *si mesmo*, a função transcendente criadora dos símbolos, etc.).

Hillman rebela-se contra essa distinção operada pelo seu mestre: "Não temos mais necessidade de dividir os homens em dois grupos, sustentando, junto com Jung, e depois com Neumann, que a criatividade e a pessoa criativa são um mundo diferente, especial, e não submetido às leis da natureza, ao modo pelo qual elas agem e controlam os homens comuns... Qualquer noção de dois tipos de psicologia – um para você e para mim, outro para a pessoa criativa – exclui o criativo da humanidade comum; o eu e você, da criatividade. Muitos dos grandes – Elliot, Mann, Freud, Matisse, só para dar alguns recentes exemplos notáveis – insistiram tanto sobre a incontestável regularidade e o acinzentado burguês da vida pessoal deles, que seria justo ouvi-los. Se o instinto criativo é dado a cada um de nós, e com ele, também, a sua modificação pela psique, não podemos mais manter cisões e fendas entre o homem e o gênio... Mesmo sem talento artístico, mesmo privado da força egóica da grande vontade, mesmo sem a boa sorte, pelo menos uma forma do criativo está continuamente disponível para cada um de nós: a criatividade psicológica. Criar alma: podemos gerar alma em nós. Ou, como diz Jung: 'Mas quem, eventualmente, poeta não é, cria o quê? Se alguém não tem mesmo nada para criar, pode talvez criar a si mesmo.'"[7]

Também John Keats, a quem talvez devamos a mais bela definição de obra de arte, tinha escrito: "Aquilo que é criativo deve criar a si mesmo."

Podemos concluir constatando que, no curso da sociedade industrial, quando era dominante a convicção de que não ocorria criatividade difusa, e que, em vez disso, uma sociedade era feita de poucos gênios capazes de projetar e programar o trabalho executivo de milhões de "homens-bois", os estudiosos também preferiam reservar sua atenção apenas para as "sumidades": Freud estudou Leonardo e Michelangelo; Jung estudou Joyce e Picasso; Arieti estudou Dante e Petrarca, Chagall, Dalí e Escher; Rollo May estudou Mondrian e Picasso.

Com o advento da sociedade pós-industrial, difundindo-se a necessidade de descobrir e cultivar a criatividade em cada cidadão e em cada trabalhador, começa a prevalecer a idéia de que todo ser humano tem a própria centelha criativa e que é preciso alimentá-la, para o bem de todos. Continua, obviamente, o estudo das personalidades geniais (Erickson, por exemplo, explorou a gênese psicanalítica da criatividade em George Bernard Shaw e William James; Hoffstadter procurou estabelecer relações entre a inteligência artificial e as modalidades criativas de Bach, Gödel e Escher), mas cresce o interesse pela criatividade difusa "*and it's cultivation*", como soa o título do famoso livro elaborado por Anderson (1975).

Nos grupos criativos – e aqueles estudados por mim o demonstram amplamente – está clara a relação entre genialidade excepcional, criatividade normal e pura qualidade de execução: mesmo se os produtos derivam de um trabalho coletivo em que nem sempre é legítimo descobrir a paternidade das partes individuais, mesmo assim é quase sempre possível distinguir os líderes, os fundadores, os organizadores, os executivos e os discípulos, cada um caracterizado por um diferente tipo e nível de criatividade. Anton Dohrn, aliás, chega a teorizar a necessidade de aproximar a todo criativo um certo número de colaboradores pouco dotados, de modo a preestabelecer uma espécie de complementação imune à competitividade.

FREUD: A SEXUALIDADE SUBLIMADA

A contribuição da psicanálise ao conhecimento dos processos criativos, sobretudo do tipo artístico, é fundamental. Eu posso aqui limitar-me apenas a algumas citações particularmente estimulantes para a compreensão dos grupos criativos, mas indico ao leitor textos de grande fascínio, entre os quais o principal é *The Act of Creation* (O ato de criação), de Arthur Koestler,[8] riquíssimo de temas e de casos.

Freud ocupou-se da criatividade, sobretudo em função da sexualidade e da motivação, tanto para explicar-lhe o mecanismo como para interpretar algumas obras de arte (por exemplo, *Moisés*) ou, enfim, para examinar a personalidade de alguns artistas (por exemplo, Michelangelo e Leonardo da Vinci). Além dele, também outro mestre, Carl Gustav Jung, ocupou-se da criatividade, dedicando alguns ensaios célebres a Paracelso, a Freud, a Picasso e a Joyce.

Reportando-se a esses dois mestres, um vasto número de psicanalistas dedicou-se à exploração da criatividade. Entre os freudianos está Ernst Kris, que em 1952 escreveu um ensaio bastante conhecido sobre a psicanálise da arte,[9] em que é dado mais peso ao pré-consciente do que ao inconsciente, e os mecanismos formais da criatividade são ligados ao processo primário que a personalidade do artista utiliza sob a forma de "uma regressão a serviço do ego".

Ainda entre os freudianos, escreveram ensaios interessantes sobre o assunto: Phyllis Greenacre (a criatividade como "história de amor com o mundo"), Lawrence Kubie (criatividade como produto do pré-consciente), Philip Weissman (a criatividade como resposta alucinatória ao seio materno), assim como E. H. Erickson (estudos específicos sobre George Bernard Shaw e sobre William James). Entre os neofreudianos, Ernst G. Schachtel sustenta que "a principal motivação na base da experiência criativa é a necessidade do homem de se colocar em relação com o mundo circunstante", por meio de uma experiência que consiste "sobretudo na abertura durante o encontro e no aproximar-se repetido e variado com o objeto, no jogo livre e aberto da atenção, do pensamento, do sentimento, da percepção".

A Hillman e Anzieu, que têm Jung como referência, dedicaremos maior atenção. Enfim, um lugar de grande relevo na psicanálise da criatividade é ocupado por Silvano Arieti, que dedicou a esse tema alguns estudos fundamentais, com orientação psicoestrutural, demonstrando em muitas etapas uma tese original própria, à qual eu também vou me referir, na parte que me interessa.[10]

Mas voltemos aos pais da psicanálise. Mais do que estudar os mecanismos do processo criativo, eles procuraram descobrir as motivações à criatividade: não *como* se cria, mas *por que* se cria.

Para Freud, trata-se de uma motivação inconsciente, de tipo sexual, com raízes na primeira infância e que aproxima, de modo inquietante, a criatividade da neurose. Ambas, de fato, constituem tentativas de resolver conflitos interiores.

Ao motivar a criatividade, a sexualidade entra em jogo de três modos: antes de tudo, porque impele o artista, que não pôde satisfazer as próprias necessidades sexuais, a compensar essa frustração desviando e sublimando a procriação física em criação artística. Depois, porque o criativo desafoga, por meio da tentativa de conhecer e penetrar nas coisas desconhecidas, o seu desejo frustrado de desvendar os mistérios do sexo, que carrega desde a primeira infância. Enfim, porque a representação estética permite ao artista tornar públicas as suas fantasias íntimas, vencendo a vergonha e o embaraço que sempre acompanham a exteriorização dos sonhos.

JUNG: CRIATIVIDADE PSICOLÓGICA E VISIONÁRIA

A contribuição de Jung ao estudo da criatividade pode ser facilmente extraída da leitura de algumas de suas obras (*A Dinâmica do Inconsciente*, *Psicologia e Religião*, etc.), do ensaio de M. Philipson, *Outline of a Jungian Aesthetics* (Esboço da estética junguiana), e do primeiro capítulo do livro de James Hillman, *O Mito da Análise*.[11]

O epicentro da psicanálise freudiana é a libido: daí a sua concepção da criatividade como deslocamento e sublimação da sexualidade frustrada. O epicentro da psicanálise junguiana é o inconsciente coletivo: daí a sua dupla explicação da criatividade, no aspecto psicológico e visionário. Quando o processo criativo se realiza segundo a modalidade psicológica, o artista extrai os materiais ideativos para sua obra da sua experiência pessoal. Já quando o processo criativo se realiza segundo a modalidade visionária, o artista obtém os materiais ideativos para a sua obra do inconsciente coletivo, onde, no curso das gerações, foram aos poucos depositados os arquétipos primordiais.

Na modalidade psicológica é o artista que governa a matéria artística; na modalidade visionária é a matéria artística que domina o artista. Assim Jung explica como existem obras tão extraordinárias que transcendem tanto a experiência existencial dos seus autores como os tempos em que ele vive, dotadas de uma grandeza autônoma própria, que o artista tão-somente limitou-se a animar. Essa dimensão originária, que caracterizaria as obras de arte particularmente excelentes, pode-se hoje referir pelo menos em parte à *autopoiese* criativa, de que falaremos em seguida, recorrendo aos exemplos de Montaigne e de Beethoven.

Para Jung, seja como for, o processo criativo está relacionado aos instintos, isto é, às reações coativas e automáticas com as quais os organismos respondem biologicamente a determinados estímulos e a determinadas necessidades. Nos animais, Konrad Lorenz especifica quatro instintos básicos: nutrição, procriação, agressão e fuga.[12] No homem, Jung especifica quatro instintos correspondentes – fome, sexualidade, pulsão de atividade e pulsão de reflexão – e acrescenta-lhes o instinto criativo: um instinto *sui generis* que se torna, assim, o elemento fundamental para caracterizar e diferenciar o homem das outras espécies viventes. Segundo Jung, a tarefa criativa de todo homem consiste no desenvolvimento da sua personalidade, na auto-realização (como diria Maslow); o instinto criativo se explica por meio do impulso à totalidade, à espiritualidade e à produção de símbolos. Por sua vez, a psicoterapia consiste, sobretudo, na elaboração desse quinto instinto, pelo "desenvolvimento das possibilidades criativas latentes no próprio paciente" (enquanto para Freud e Adler consistia sobretudo na elaboração dos outros quatro instintos).

Resulta daí que o trabalho executivo, parcelizado, alienado, desprovido de objetivos expressivos e significativos, reduzido à instrumentalidade, funda-se na repressão sistemática do instinto criativo, que, por sua vez, encontra a sua elaboração fisiológica na atividade científica e artística. Até mesmo "a criação é tanto destruição quanto construção": mas é destruição por excesso, que nada tem a ver com a triste desumanização do trabalho taylorizado. Pode acontecer, portanto, que para os criativos "a vida se consuma na tentativa de freá-la, de domesticá-la, dar-lhe tempo e espaço suficientes, já que a sua pressa é o diabo destrutivo presente no próprio impulso criativo".[13]

É exatamente isso que verificamos na experiência frenética de Giovan Battista Guccia ou de Anton Dohrn, consumidos por uma hiperatividade criativa similar, de muitos modos, à de Mozart ou de Rimbaud.

HILLMAN: EROS E PSIQUÊ

Estreitamente ligado à matriz junguiana, mas ainda mais imaginativo no estilo literário, James Hillman dedica à criatividade um capítulo inteiro do seu afortunado livro O *Mito da Análise*, para tratar não tanto da criatividade do artista, do místico ou do médico, mas principalmente da criatividade específica do psicólogo.

O ensaio parte de uma série de fascinantes quesitos sobre os mesmos pais da psicanálise: "Que fatores específicos em Freud e Jung são 'psicologicamente criativos'? Trata-se da originalidade de suas idéias? Ou da descoberta de novas áreas e da extensão da ordem nessas áreas, da invenção do equipamento metodológico para enfrentar essas áreas e essa ordem? Ou, em vez disso, a 'criatividade' deles consiste principalmente na produtividade de suas vidas, naquela massa de trabalho que leva ao surgimento de escolas, sistemas, seguidores, comentários? Estará, quem sabe, no caráter estético do estilo literário de Freud, que lhe permitiu ganhar o Prêmio Goethe? Ou na capacidade que Jung tinha de perceber aquilo que, enquanto singular, revoluciona e dá nova forma ao modelo geral, conferindo, desse modo, coerência ao singular?... Ou, para definir a criatividade de Freud e Jung, devemos de preferência nos voltar à amplitude da visão deles, que abraça história e arte, ciência natural e religião, biologia e filosofia, linguagem e etnologia: uma síntese suficientemente vasta para conter a psique do homem moderno? Ou foi simplesmente que Freud, com a descoberta da 'atenção às palavras', como era chamado o seu método no início, e Jung, dando ouvidos e acreditando nas fantasias de seus pacientes esquizofrênicos, redescobriram aquelas partes da alma que tinham sido perdidas no inconsciente e, fascinados por essa descoberta, geraram em si próprios e nos outros um novo sentido de alma? Se esta última é a criatividade psicológica específica deles, então devemos aí incluir, também, as suas vidas exemplares, em que a psicologia encarnou-se nas suas pessoas: a psicologia como fato vivido, eles mesmos como liberadores, recuperadores da saúde, mestres, pais, cada um tendo vivido plenamente nos limites do próprio mito, cada um subjugando as coações e aceitando as vicissitudes da própria pulsão para se tornar exatamente aquilo que era. Com isso, cada um foi tão sincero consigo mesmo quanto com o seu próprio campo de trabalho, ou seja, a psicologia que cada um criou dentro de si mesmo, através de si mesmo."[14]

Lamentavelmente, Hillman deixa em aberto tais questões e, ao final do seu ensaio, dá a elas uma resposta apenas em conjunto – entre o onírico, o literário e o psicanalítico, como é o seu estilo – pela revisitação metafísica do mito de Eros e Psiquê, retomado de Apuleio e contraposto à versão freudiana de Édipo. Afinal de contas, ele está preocupado em compreender como a psique se transforma em vida, e orgulhoso por tratar desse problema científico como se fosse uma aventura psicológica vivida por amor da alma. Em busca de uma solução, o nosso imaginativo autor esbarra no tema da criatividade: na qualidade de psicanalista, prefere enfrentá-lo por meio de mitos e arquétipos; na qualidade de junguiano, prefere contrapor ao mito turvo de Édipo o de Eros e Psiquê, alegre, porque com final feliz.

A criatividade que Hillman tem nas mãos e à qual se refere é aquela própria do psicólogo. Para o psicólogo, "criar" quer dizer "fazer alma", transformar a psique do paciente em alma, e a alma, em vida. Porquanto nenhum homem é uma ilha, visto que todas as almas interagem entre si, para o psicólogo é impossível gerar e despertar a alma do próprio paciente, se antes não gerou e despertou a própria alma. Por isso, Freud, antes de analisar os outros, faz a sua própria análise. Jung dizia que "podemos ir com outra pessoa somente até onde já fomos conosco mesmos". Hillman rebate que "podemos ir conosco mesmos somente até onde já fomos com outra pessoa".

Tudo isso é especialmente verdadeiro na criatividade coletiva: um grupo cria à medida que a sua organização não se reduz a uma justa oposição mecânica e racional de recursos, mas consegue exaltar o "sentimento comum" do grupo, a contaminação da alma de cada membro, o operar de todos num mesmo comprimento de onda, atingindo as sinergias próprias de um sistema orgânico e vital. Os físicos da Via Panisperna, os membros do Círculo da Bloomsbury, os biólogos de Cavendish, os artistas da Wiener

Werkstätte e da Bauhaus crescem e criam interagindo, fazendo juntos a ciência ou a arte assim como o psicanalista faz a alma consigo mesmo e com o paciente. O espírito se alimenta de solidão e de transcendência; a alma se alimenta de comunidade e de imanência.

Mas, prescindindo do objeto a que se aplica (uma pintura ou uma sinfonia, um teorema ou uma alma), em que consiste a criatividade? No seu ensaio sobre *Fatores Biológicos que Determinam o Comportamento Humano*, Jung considera a criatividade como um dos cinco instintos basilares do homem, enquanto, como já dissemos, Lorenz[15] enumera para os animais apenas quatro instintos análogos, omitindo justamente a criatividade, que ficaria, portanto, exclusiva do homem: uma necessidade própria, específica e fundamental. O homem tem o impulso instintivo para criar, para produzir, para realizar, e, acima de tudo, para realizar a si próprio, encontrando um sentido e um objetivo para a sua própria vida, desenvolvendo as suas possibilidades criativas latentes.

Hillman compartilha a visão instintiva de Jung segundo a qual a criatividade "não é um dom ou uma graça especial, uma capacidade, um talento ou um artifício. Antes disso, é aquela imensa energia cuja origem está além da psique humana, e que impele a pessoa a se dedicar a si mesma por meio de um vínculo específico com a outra. A criatividade obriga à devoção à própria pessoa, ao seu transformar-se por meio daquele vínculo, e carrega consigo um sentido de impotência e de crescente consciência do próprio poder numinoso... A força instintiva *ectopsíquica*, porque vem de além da psique, é mais do que humana e mais poderosa do que o seu detentor. O qual, na verdade, corre sempre o perigo de ser possuído. Agindo como uma coação, a força é sempre excessiva".[16]

Devoção à própria pessoa, mas também sensação de impotência, consciência do próprio poder, excesso de experiência, autoconsumação são dimensões presentes tanto em Caravaggio quanto em Mozart, Rimbaud e Majorana. Mas nos casos estudados por mim estão evidentes sobretudo no frenesi operacional dos mestres e dos organizadores: Guccia, Dohrn, Pasteur, que queimam as próprias energias no mesmo esforço de criar organizações capazes de exaltar a criatividade dos colaboradores e dos alunos, no furor quase religioso com que eles põem as próprias energias criativas a serviço de outros criativos.

O *SENEX*, O *PUER*, O EXTRAVAGANTE...

Como bom psicanalista, Hillman usa o expediente de explorar o conceito de criatividade por meio das noções dessa corrente. Quais são as idéias, as fantasias, as metáforas, os símbolos e as noções que temos da criatividade e dos criativos?

Uma primeira idéia liga a criatividade à imagem paterna: o Deus pai criador, que separa os céus e a terra, que dá ordem ao caos ("a ordem é a insígnia de Deus", disse Santo Agostinho), que estrutura a realidade conferindo-lhe perfeição e hierarquia, que transforma o verbo em carne, que dá vida a um filho, a um reino, a uma obra em que se verá perpetuado. O êxito é o do *senex* e da sabedoria senescente.

Uma segunda idéia, "banhada de esperança e otimismo, crescimento e alegria", vê na criatividade o dom de antecipar o futuro, de inovar, de passar do velho ao novo, do conhecido ao desconhecido, do normal ao excepcional, do serial ao lírico, do rígido ao flexível, do fechado ao aberto, ao livre, ao disponível, do programa ao jogo, à sorte, à extravagância. O êxito é o do *puer* e da irresponsabilidade narcisista.

Uma terceira idéia liga a criatividade "ao primitivo, ao vazio, ao ignorante, ao desprovido e depravado", identificando o criativo com o rebelde, o revolucionário, o insensato, o iconoclasta e o desregrado – "*dérèglement de tous les sens*" (o desregramento de todos os sentidos), teria dito Rimbaud –, e colocando-o nas fronteiras do mal, da sombra, da destruição e da morte.

Uma quarta idéia liga a criatividade à capacidade inteiramente leiga de surrupiar – como Prometeu – os segredos da natureza, de fazer descobertas, de inventar, de resolver problemas estendendo o conhecimento humano e competindo com os deuses por meio da tenacidade e da resistência física: como Lope de Vega e Michelangelo, como Voltaire e Scott, como Edison e Balzac, mas também – acrescento eu – como Thonet e Pasteur, como Dohrn e Guccia, como Crick e Watson, como os artistas da Bauhaus e como os cientistas de Los Alamos.

Uma quinta idéia liga a criatividade à forma, à excelência, ao sucesso, e caracteriza o criativo na pessoa ambiciosa que subordina o interior e o privado ao exterior e ao público, ficando vítima da sua própria imagem mítica, da qual não pode mais fugir.

Uma sexta idéia liga a criatividade à imagem materna, à Grande Mãe: ciclicamente, o criativo oferece o húmus, a raiz, a casa e o útero à alimentação e à regeneração da humanidade, que espera passiva os frutos da sua árvore e a linfa da sua fonte.

Em alguns casos ou em alguns estágios da sua vida, o criativo é possuído por um desses seis modelos; em outros casos ou em outros estágios, transita de um modelo para outro e suporta a tensão desse trânsito: "Pode acontecer que a vivacidade da obra juvenil (*puer*) deva ceder o lugar a um tom mais poderoso, sério e ordenado (pai); ou pode-se, também, renunciar ao sucesso (*persona*) para lançar um ataque destrutivo (sombra) sobre a sociedade que pede o sucesso; ou pode-se abandonar o trabalho metódico (pai) durante anos de esterilidade e gestação (mãe)... Pode, além disso, haver *contaminações*, conjunções ímpias, dessas experiências arquetípicas do criativo: criança e sombra podem não ser suficientemente separadas, resultando no *enfant terrible*; criança e pai juntos resultam no velho louco, o mago diletante, num Falstaff inepto ou num charlatão da sabedoria; o pior, a mãe e a sombra juntas misturam toda e qualquer possibilidade de clareza e diferenciação, gerando o culto da terra e do sangue e da selvageria regressiva em nome da "força com a alegria" e da renovação vital.[17]

Uma sétima concepção da criatividade – mais adequada para explicar a criatividade psicológica – remete ao feminino não-materno, à sensualidade, à ambivalência psicossexual, ao interesse estético, à imaginação e à beleza, à fantasia e à extravagância.

Uma oitava idéia da criatividade – ainda mais ligada à criatividade psicológica – implica o conceito de amor: "O *criativo é um resultado do amor*. É marcado por imaginação e beleza e pela conexão com a *tradição* como força vivente e com a natureza como corpo vivente. Essa percepção do instinto insistirá na importância do amor: que nada se pode criar sem amor e que o amor se revela a origem e o princípio de todas as coisas viventes."[18] Daí a contaminação tentada por Hillman entre a criatividade e o mito de Eros e Psiquê: Eros inflama, ensina, cura – é sentimento, fantasia, amor, relação, inspiração e iniciativa. E, por isso, pertence ao feminino.

Provém daí, pelo nosso discurso, uma diferença fundamental entre a criatividade e a inovação: enquanto esta última está voltada para a frente, é progresso e construção de progresso, a criatividade é voltada para o alto, cresceu no interior antes de ser manifestação exterior, mas ultrapassa a contemplação sonhadora para se tornar paixão vital, necessidade e desejo.

...O SANTO PERVERSO

Talvez fosse fecundo aplicar as categorias de Hillman aos vários casos concretos de criatividade coletiva que estudei: sobretudo, expor as suas raízes profundas sobre as quais floriram a vida de Pasteur e a morte de Los Alamos, a extravagância de Bloomsbury e a autoridade da Escola de Frankfurt. Mas não tenho competência para utilizar instrumentos psicológicos tão sofisticados, nem me foi possível, até agora, organizar com sentido prático uma pesquisa interdisciplinar sobre a criatividade coletiva, não obstante a necessidade que sinto disso. Talvez a mesma incompetência me tenha levado a privilegiar grupos socialmente louváveis, enquanto a criatividade aplicada a objetivos perversos talvez tivesse oferecido, ela também, ensinamentos úteis.

Sob esse aspecto, os analistas sentem-se muito menos vinculados: tendendo a ver na criatividade uma "regressão a serviço do ego", não são muito sutis quando se encontram frente a tipos de criatividade eticamente diferentes. Depois de ter dado a sua definição de criatividade, Carl R. Rogers apressa-se em dizer: "Seja-me permitido acrescentar alguma glosa negativa à definição que acabei de dar. Não se faz distinção entre criatividade 'boa' e criatividade 'má'. Alguém poderia descobrir uma maneira de levar alívio a um sofrimento, enquanto outro poderia cogitar novas e mais refinadas formas de tortura dos prisioneiros políticos. Para mim, trata-se de ações criativas, em ambos os casos, por mais radicalmente diferente que possa ser o seu valor social."[19]

Entre os casos concretos que citei, 12 pertencem à criatividade construtiva e um só – o Projeto Manhattan –, à criatividade destrutiva. É óbvio que os cientistas de Los Alamos tinham as suas boas razões para se dedicar à bomba atômica, mas no melhor dos casos eles poderiam se apegar à reserva mental do fim que justifica os meios. E os meios, nesse caso, eram centenas de milhares de vidas humanas.

ARIETI: A SÍNTESE MÁGICA

Neste ponto – central, na minha exposição – parece-me oportuno, finalmente, fazer referência à tese de Silvano Arieti sobre a essência da criatividade. Ele parte da tentativa de caracterizar a diferença entre criatividade, de um lado, e raridade, espontaneidade, divergência e atração pelo novo, de outro.

Original é um produto que não repete modelos preexistentes. A sua elaboração é favorecida por um clima de indulgência, segurança, amizade, colaboração, permissividade. Pode se dar em um caso isolado (unicidade), ou pode repetir-se em séries muito limitadas (raridade).

Espontâneo é aquilo que brota da livre associação de idéias, de combinações não-forçadas de conexões sinápticas ou dendríticas. As idéias espontâneas podem se reapresentar, freqüentemente, ciclicamente ou até obsessivamente. Assim, uma idéia espontânea nem por isso é rara ou única. Pode-se perder a originalidade conservando a espontaneidade: um sonho é sempre espontâneo, porque elude a vigilância do ambiente, mas nem por isso é original. O prêmio Nobel Otto Loewi elaborou em sonho a prova da mediação química dos impulsos nervosos, mas esqueceu-a, ao despertar. Por sorte, o sonho se repetiu na noite seguinte.

Divergente é um pensamento que recusa soluções definidas e usuais para apostar em soluções novas. Ainda assim, propõe soluções, e por isso não é livre. Divergente por excelência é uma inovação de processos no âmbito de uma empresa. Com respeito ao convergente, o pensamento divergente, estudado sobretudo por Guilford,[20] é dotado de fluidez, originalidade e flexibilidade. A atração pelo novo, a falta de resistência às mudanças e a receptividade diante da inovação são pressupostos da criatividade, mas não são a sua essência.

Pouco acima da originalidade está a *criatividade ordinária* e depois, ainda mais acima, está a *criatividade extraordinária*. A primeira produz obras de importância normal, mas satisfaz o autor, apaga-lhe a sensação de frustração, confere-lhe uma atitude positiva frente à vida, eleva-lhe o moral. A segunda produz obras de extraordinária importância, contribuindo de modo determinante para o progresso social e para as grandes conquistas da humanidade: para aqueles que, nas revoluções científicas, Kuhn chamaria de os novos paradigmas.

Arieti dedica-se ao estudo da criatividade extraordinária, considerada, como veremos, um *processo terciário* capaz de combinar processos primários com processos secundários, ou mecanismos defeituosos ou arcaicos do processo secundário com mecanismos normais do próprio processo secundário. Por isso ele fala da criatividade como de uma *síntese mágica*.

A teoria da síntese mágica, antes de ser formulada nos termos exatos de Arieti, pode ser encontrada, de forma quase imperceptível, em outros psicólogos e psicanalistas. Rollo May, por exemplo, no simpósio sobre criatividade organizado em 1957 pela Michigan State University, e por mim várias vezes mencionado, sustenta que "a criatividade procede, com intensidade mais ou menos acentuada, em níveis que não são submetidos ao controle direto da vontade consciente. Por isso, o estado de consciência exaltada de que estamos falando não significa de fato uma autoconsciência mais viva. Refere-se, antes, ao abandono, à absorção, e subentende um aguçar da consciência da personalidade global. Mas devemos desde já acrescentar que as intuições conscientes ou as soluções de problemas que se apresentam bem no meio de um devaneio não aparecem ao acaso, mas exclusivamente naquelas esferas nas quais o indivíduo está intensamente empenhado na sua vida consciente...

"O êxtase não é interpretado como um simples equivalente do 'deixar-se ir' báquico; subentende o ato de que participa a pessoa completa, no qual os níveis subconscientes e os níveis inconscientes da personalidade interagem um a um, numa ou noutra forma, com os níveis conscientes. Não é, por isso, o caso de voltar-se ao *irracional*, mas antes se deveria falar de *super-racional*, que põe em jogo simultaneamente as funções intelectuais, volitivas e emotivas."[21]

Abraham H. Maslow, na mesma ocasião, descreve tipos criativos "que atingiram a uma 'segunda ingenuidade', para empregar a expressão de Santayana. A 'inocência' deles de percepção e expressividade acompanhava-se de uma inteligência refinada".[22] Para descrever o criativo, Maslow fala de um grande talento que, além do processo primário, "dionisíaco", "feminino", audaz, fantasioso, coroado pelo lampejo e pela inspiração, sabe também peneirar rigorosamente, julgar com prudência, criticar com realismo, sob um posicionamento "apolíneo" e "masculino".

"Chamarei de *criatividade primária*", diz ele, "aquela que se origina nos processos primários e serve-se deles muito mais do que recorre à intervenção dos processos secundários, e de *criatividade secundária* aquela que se baseia essencialmente nos processos secundários. Na criatividade secundária entra uma grande parte da produção mundial: as pontes, as casas, os novos automóveis, até muitos experimentos científicos e muitas obras literárias que são essencialmente a consolidação ou a exploração das idéias alheias. É comparável à diferença entre um 'comando' e a polícia militar rodoviária, entre o pioneiro e o colono. Chamarei, enfim, de *criatividade integrada* aquele tipo de criatividade que se vale de ambos os processos, sem dificuldade e com bons resultados, seja numa bem-sucedida fusão, seja numa também bem-sucedida sucessão, e da qual provêm as grandes obras no campo da arte, do pensamento e da ciência."[23] Nessa definição, a "criatividade secundária" coincide com aquilo que, em seguida, chamarei de processo inovador, enquanto a criatividade integrada coincide com aquela que Arieti chamará de criatividade *tout court*.

Mas voltemos a Arieti e à sua teoria da síntese mágica. Essa síntese representa – na avaliação do próprio autor – um paradigma fundamental de que ele pôde se desenvolver graças aos aportes de caráter pioneiro de uma miríade de estudiosos por assim dizer "pré-paradigmistas", como Wallas, Rossman, Osborn, Taylor, Guilford, Stein, Wertheimer.

Estamos historicamente muito envolvidos nas pesquisas de que estivemos falando para poder avaliar com exatidão o alcance da teoria de Arieti com respeito às teorias dos autores que, antes dele, exploraram o processo criativo – se é que se trata de uma desproporção comparável à que Kuhn observa entre os precursores e os descobridores de novos paradigmas. O fato é que o estudo de Arieti apresenta todas as pretensões e os sinais de uma grande teorização capaz de englobar as hipóteses já formuladas por outros e de construir sobre elas um sistema de cognições e de exemplares correspondentes às consagrações de um verdadeiro paradigma. Outros também, antes dele, tinham pressentido a sua idéia de criatividade, como vimos, mas ninguém tinha dado uma demonstração tão exaustiva nem testado tanto a sua aplicabilidade em campos tão disparatados como a poesia, a música, a religião, a estética, o dito espirituoso, a pintura e a ciência.

Arieti faz, portanto, uma resenha crítica de uma grande quantidade de estudos anteriores, conduzidos por neurologistas, psicanalistas, psicólogos, pedagogos e biólogos; assume como fundamentais os subsídios da teoria dos sistemas (o seu livro, de resto, é dedicado ao amigo Von Bertalanffy); analisa os vínculos entre criatividade e ambiente sociocultural, formula algumas de suas hipóteses originais ("*endocetto*", "pensamento paleológico", etc.) e chega finalmente ao desenho do conjunto de uma teoria da criatividade própria.

Freud tinha falado de *processo primário* como de um funcionamento específico da psique – sobretudo na sua parte inconsciente –, dominante nos sonhos e nos estados psicóticos. A ele contrapõe-se o *processo secundário*, isto é, o pensamento aristotélico, o funcionamento específico da mente enquanto está desperta e adota a lógica racional.

A criatividade, segundo Arieti, consistiria num *processo terciário*, isto é, numa síntese mágica, uma combinação extraordinária de mecanismos primários e secundários; ou de mecanismos defeituosos ou arcaicos e mecanismos normais, todos pertencentes ao processo secundário.[24] Na formulação da sua hipótese, Arieti é ajudado pela própria experiência de terapeuta e pelos vínculos, que lhe parecem evidentes, entre a esquizofrenia e a criatividade.

O sonhador, o esquizofrênico e o criativo têm em comum uma facilidade peculiar de acesso à esfera primária. Mas o sonhador perde essa facilidade assim que desperta, e por isso fica-lhe impossível combinar as imagens do sonho com os conceitos racionais. O esquizofrênico, entretanto, tem acesso ao processo primário também em estado de vigília, mas não consegue coordenar o processo primário com o processo secundário: quando consegue, nas curtas fases transitórias em direção à cura, a sua produção de idéias apresenta extraordinários paralelismos com o processo criativo.[25]

A pessoa criativa possui uma capacidade extraordinária de acessar alguns processos mentais freqüentemente verificáveis no doente mental. Com uma diferença: o doente ajusta toda a sua existência a esses processos primários de pensamento, enquanto o criativo os usa somente na sua atividade criativa, *adotando-os* na sua forma original e *adaptando-os* com base na lógica racional.[26] Outro paralelo pode ser formulado entre o comportamento de alguns homens primitivos – que adotam os processos primários para se ajustar à cultura de sua tribo aborígine – e os criativos –

que adotam o pensamento paleológico próprio para se *diferenciar* da cultura usual da sua sociedade.[27]

Referindo-se sobretudo ao processo criativo dos artistas, Arieti explica a capacidade deles de transformar os conceitos abstratos em imagens concretas por meio da sua maior possibilidade de acessar tanto a esfera primária quanto a esfera secundária. A delicadeza dessa passagem sugere a cautela de a ela se referir usando as palavras do próprio autor: "O sujeito criativo conserva uma possibilidade maior do que a média de ter acesso às imagens, à metáfora, à verbalização acentuada e a outras formas ligadas ao processo primário... A *inspiração* é a faculdade que permite ao sujeito criativo encontrar uma forma do processo secundário que encerre um conteúdo do processo primário. Essa possibilidade de acesso ao processo primário pode requerer um estado de passividade similar ao do sono, mas essa passividade não pode afetar toda a psique do artista. Ao contrário, ela contrasta com a vivacidade aumentada daquela parte da psique que concerne ao processo secundário e que rege a síntese artística. No ato da criação estética tem lugar, portanto, um mecanismo mental complexo que une uma passividade maior do que a habitual a uma atividade maior do que a habitual."[28]

O processo terciário, portanto, faz com que se combinem, por meio de uma intuição inovadora, os materiais obtidos pelo processo primário com os obtidos pelo processo secundário, depois de ter descartado todas as formas parciais e insatisfatórias.[29]

Talvez se pudesse retocar esse pensamento de Arieti, supondo que, na arte, o artista consiga conter um produto do processo primário em uma forma do processo secundário; na ciência, entretanto, o cientista consegue realizar um produto do processo secundário por meio do suporte do processo primário. Mas seria possível também adiantar uma hipótese inversa: uma vez que, afinal de contas, o processo criativo consiste numa pesquisa, e uma vez que fazer pesquisa – como dizia Woodward – significa traduzir as coisas de uma forma para outra, poder-se-ia concluir daí que o artista confere forma subjetiva a conteúdos objetivos, enquanto o cientista confere forma objetiva a conteúdos subjetivos.

A CRIATIVIDADE COMO INTUIÇÃO E COMO REEXAME

Quanto ao específico processo criativo dos cientistas, Arieti distingue entre descobertas devidas à capacidade criativa e invenções devidas somente a "reexame ou aplicações práticas de princípios descobertos por outros". Atribui estas últimas ao mundo da tecnologia e constata que existem princípios científicos altamente criativos que permaneceram muito tempo sem aplicações práticas, assim como existem tecnologias de grande utilidade prática mas desprovidas de interesse, sob o aspecto da criatividade (toldando assim as observações atualmente correntes a propósito da inovação tecnológica).

Para investigar o processo criativo do tipo científico, Arieti se volta para alguns casos em que os próprios cientistas descreveram as modalidades desse processo, assim como tinha sido verificado em suas pesquisas: o filósofo Helmholtz;[30] o matemático Poincaré[31] e, antes ainda, Newton.

Das descrições que fizeram, evidencia-se que eles, a certa altura e quase por milagre, pressentem conexões inéditas entre objetos ou fenômenos que antes apareciam sem qualquer relação recíproca. Desse modo, descobrem a existência de uma nova "classe". Observando a órbita da Lua e a queda de uma maçã, Newton descobriu que, embora sendo extremamente diferentes uma da outra, Lua e maçã pertenciam, ambas, aos corpos gravitacionais, isto é, a uma *nova* classe sujeita às mesmas leis físicas.

Arieti chama esse processo de "intuição por criatividade" e observa a diferença entre o processo terciário como acontece na criatividade científica e o processo terciário como acontece na atividade artística. Na ciência procura-se esclarecer, pelo modo mais límpido e claro possível, aquilo que une e aquilo que divide dois objetos pertencentes à mesma classe. Na arte, porém, os limites entre duas entidades (por exemplo, entre um tema e uma metáfora) ficam intencionalmente ambíguos e esfumados, de modo a se conferir fascínio e mistério.

A descoberta de semelhanças entre objetos leva à formulação de novas "classes" ou de novas "classes de classes", ou seja, de sistemas. A descoberta de novas classes e novos sistemas, por sua vez, pode levar à descoberta de novas propriedades dos objetos que os compõem ou, até mesmo, de novos objetos: as lacunas deixadas por Mendeleiev na sua tabela periódica dos elementos (1869) puderam ser preenchidas, mais tarde, pela descoberta do gálio (1875), do escândio (1879) e do germânio (1886).

Quando ocorrem pequenos episódios fortuitos como a queda da maçã, para Newton, a presumida oscilação da lâmpada na catedral de Pisa, para Galileu, ou o recurso acidental à parafina para reduzir a velocidade dos nêutrons, de parte de Enrico Fermi, então é a própria natureza – e não o homem – que cumpre a concretização da idéia e, com ela, a síntese mágica entre processo primário e secundário. A genialidade do cientista está em acolher essa concretização e em induzir uma classe universal partindo de uma simples ocorrência concreta. Diferentemente do que acontece na arte, em que o particular é *símbolo* do universal, na ciência o particular é *fragmento* do universal: ambos pertencem à mesma classe real.[32]

Em outros casos, o cientista não tem necessidade de um elemento revelador para atingir uma verdade universal; basta-lhe a sua fantasia. Einstein, seja respondendo a um questionário de Hadamard,[33] seja numa carta ao seu amigo Janos Plesch, contou que procedia fantasiando imagens: uma vez, por exemplo, imaginou-se cavalgando um raio de luz e regendo um espelho diante de si; e como os três – raio, cientista e espelho – viajavam à mesma velocidade, a da luz, era impossível que o espelho refletisse a imagem de Einstein, por menor que fosse a distância entre os dois.

Embora com as diferenças por ele mesmo assinaladas, Arieti sustenta que a criatividade artística e a científica fundamentam os seus mecanismos na análise seletiva e na síntese mágica de processos primários (inconscientes, pré-conscientes, paleológicos, etc.) e processos secundários; de conceitos abstratos e imagens concretas. A questão é compreender como ocorre essa síntese, quais os níveis e com quais expedientes o material primário e os métodos secundários se combinam e se fundem para dar vida ao ato criativo. "Tudo aquilo que fora invisível, indizível e impalpável pode vir à tona de várias maneiras: subitamente, inesperadamente, de chofre, num relance; durante a meditação, a contemplação, a fantasia, o relaxamento, o uso de drogas, os sonhos; ou pela ação de um esforço de evocação, de associação, de estimulação externa, da sensação cinestética, e por aí vai. Cabe às faculdades mentais que fazem parte do processo secundário aceitar ou recusar esse material", afirma Arieti.[34]

ELOGIO TARDIO DO GÊNIO SOLITÁRIO

Ainda mais complicado, obviamente, é compreender como ocorre o processo criativo quando o produto estético ou científico não é fruto de um único indivíduo, mas de um grupo. Trata-se, então, de entender quanto e como o grupo facilita ou inibe a síntese entre processos primários e processos secundários, entre conceitos abstratos e imagens concretas, entre elementos no âmbito de uma classe e entre classes no âmbito de um sistema.

Arieti exibe uma longa lista de condições necessárias para promover a criatividade: a solidão, o isolamento, a introspecção, a inatividade, a capacidade de sonhar de olhos abertos, a possibilidade de soltar as rédeas do próprio pensamento, de modo que ele possa vagar livremente, a disponibilidade para perceber vínculos e semelhanças, a suspensão do senso crítico em relação às idéias próprias e alheias, a aceitação ingênua, a abertura, a disponibilidade para a exploração e a aceitação, a memória interior dos conflitos traumáticos vividos no passado, a vivacidade intelectual e a disciplina interior.

Excetuados alguns raros casos de criatividade que conseguem produzir idéias em presença de outras pessoas ou em lugares barulhentos, Arieti considera o trabalho de grupo inteiramente antitético à condição criativa: "Hoje, exalta-se o trabalho de grupo, especialmente na pesquisa científica. É muito duvidoso que uma idéia original possa vir de um grupo, embora o trabalho de grupo seja freqüentemente útil para desenvolver e aplicar uma idéia original, quando ela surge, e, sobretudo, para desenvolver a tecnologia graças à qual uma idéia original é utilizada para objetivos práticos."[35]

Mais uma vez estamos diante da diferença entre criatividade em estado puro, pesquisa aplicada e inovação. Houve tempo em que teria sido excluída a possibilidade de realizar em grupo também as fases de inovação tecnológica; depois, o trabalho em equipe foi adotado com sucesso, tanto nas fases inovadoras quanto na pesquisa aplicada; agora, sobretudo no campo científico, torna-se cada vez mais difícil atribuir idéias geniais a criativos individuais, e os maiores reconhecimentos, como por exemplo os prêmios Nobel, são indicados a uma única pessoa, mais como representante de um grupo genial do que como gênio isolado.

Desse modo, portanto, a tese de Arieti – que também é apreciável sob muitos outros aspectos – parece invalidada pelo velho estereótipo da criatividade como apanágio exclusivo do artista ou do cientista solitário. Embora escrito em 1976, quando já tinham inventado o microprocessador em Palo Alto, o livro de Arieti está anos-luz distante do Projeto Manhattan, como do Vale do Silício ou do Projeto Genoma.

CAPÍTULO DOZE

A CONTRIBUIÇÃO DA PSICOLOGIA

"Nós aprendemos a nadar durante o inverno e aprendemos a patinar no gelo durante o verão."
WILLIAM JAMES

"Quais são as condições necessárias para a atitude criativa? Antes de tudo, é indispensável estar perplexo."
ERICH FROMM

O ATO CRIATIVO

Criatividade como deslocamento e sublimação da sexualidade frustrada (Freud); como inteligência excepcional (Piaget); como instinto (Jung); como capacidade de "fazer alma" (Hillman); como regressão a serviço do ego (Kris); como história de amor com o mundo (Greenacre); como produto do pré-consciente (Kubie); como resposta alucinatória ao seio materno (Weissman); como síntese mágica (Arieti). Mas quantos tipos de criatividade existem? Por meio de que processo nasce e se completa o ato criativo?

Psicólogos e psicanalistas têm procurado responder a essas perguntas. Em um ensaio muito citado de A. I. Taylor sobre *The Nature of the Creative Process*[1] (A natureza do processo criativo), é proposta uma distinção entre criatividade *expressiva*, baseada nas associações livres; criatividade *produtiva*, orientada à realização de um objeto e controlada pela razão; criatividade *inventiva*, necessária para descobrir cientificamente novas relações entre os elementos; criatividade *inovadora*, capaz de levar mudanças significativas a todo um setor do conhecimento; e criatividade *emergente*, capaz de elaborar aqueles que Kuhn chamaria de novos "paradigmas".

Mais adiante, eu proporei uma distinção, bem mais simples, entre criatividade pura, criatividade aplicada e inovação.

Quanto ao segundo problema – as etapas do processo criativo –, eu me limitarei a dar um quadro sinóptico de algumas teorias desenvolvidas por psicólogos e psicanalistas, dedicando um pouco mais de atenção à de D. Anzieu.

O CAMINHO DAS IDÉIAS

A partir do final do século XIX e durante um século inteiro, os estudiosos de criatividade ficaram fascinados pela freqüência com que as intuições geniais tomam corpo e explodem na mente humana, até triunfarem no mundo. Para Helmholtz,[2] o caminho das idéias percorre duas etapas, para Poincaré,[3] quatro, e para Rossman[4] e para Osborn,[5] sete.

De quase todos os criativos que eu tenho analisado, conheço bem as peripécias existenciais, as causas explícitas e as modalidades que conduziram à criação de grupos originais. Tenho ainda conseguido freqüentemente reconstituir as etapas que conduziram à formulação das novas idéias. Mas, no caso dos grupos criativos, a primeira das obras-primas é justamente a sua própria organização, que sempre brota de uma primitiva idéia embrionária, mas é, depois, aperfeiçoada aos poucos, no curso dos anos, por meio de contínuos ajustes e retoques. Durante uma viagem à Alemanha, Anton Dohrn pensou, meio de repente, nas oportunidades financeiras e científicas possíveis de obter do posicionamento, lado a lado, de um aquário e um laboratório: e então passou todo o resto da vida construindo, administrando, ampliando e modificando a Estação Zoológica. Guccia, às vésperas da formatura, vem a saber que o matemático Jordan recebia no seu salão parisiense uma espécie de círculo de colegas e daí tirou a idéia de um círculo análogo, a realizar em Palermo – mas depois foram-lhe necessários muitos anos para fazer desse círculo a maior rede matemática do mundo.

Na organização, mais ainda do que na literatura, na música ou nas ciências exatas, as idéias vêm por intuição, por "tentativa e erro", por ajustamentos progressivos, graças a estímulos de todo gênero: oportunidade de mercado, genialidade intuitiva, conflitos, cooperação, imitação e assim por diante. Sob esse aspecto, talvez o campo que mais se assemelhe ao organizacional (e que, de certo modo, o inclui) seja a arquitetura: uma catedral, um edifício ou uma ponte, de fato, requerem um longo percurso de realização, envolto em compromissos, bem mais tortuoso e enervante do que o percurso do desenvolvimento da idéia que levou o arquiteto à primeira concepção desses prédios. Vimos isso pelas vicissitudes da cúpula florentina de Brunelleschi.

DO CAOS AO DISSABOR

Seria muito longo analisar as etapas do processo criativo tal como têm sido propostas pelos autores individuais que estão interessados nele. Por isso, limito-me a apenas um deles, particularmente útil aos meus objetivos, e tento aplicar as idéias à criatividade coletiva.

Saisissement. Para Anzieu, a fase de *saisissement* (surpresa) é uma regressão não-patológica momentânea aos processos primários, uma dissociação parcial, um desdobramento obtido sob controle, que é acompanhado de exaltação, euforia, angústia, etc., e que, na maior parte das pessoas, corresponde a momentos densos como "um luto, um compromisso importante, uma doença grave, uma liberdade conquistada que expande o campo das possibilidades, as 'entradas' ou as 'saídas' biográficas".[6]

Nessa fase, o criativo é ao mesmo tempo *prisioneiro passivo e ativo conhecedor* das próprias sensações, e pode ser atingido pelo *insight*, pela iluminação graças à qual (como Dante no *Paraíso* e Santo Agostinho nas *Confissões*) "atinge, em um determinado ponto", a verdade, a totalidade, a idéia, o desenho de conjunto da obra.

O *insight* torna-se possível pelo fato de que o *saisissement*, a incubação, a dúvida, a reflexão "abaixam a guarda", atenuam as dúvidas do criativo, reduzem-lhe as censuras e o predispõem a ter acesso às idéias, projetos e empreendimentos que, de outra forma, não teria pressentido, ou, se tivesse pressentido, teria descartado.

Esse "abaixamento da guarda", segundo Anzieu, pode ser facilitado pelo emprego de duas técnicas opostas e intercambiáveis: a acumulação (quando o criativo é estimulado e inspirado pelo excesso de contatos humanos, relações sexuais, drogas, álcool, viagens, etc.); e a privação (quando o criativo é estimulado e inspirado pelo silêncio, pela solidão, pela parcimônia, pela abstinência, pela imobilidade).

É óbvio que o grupo criativo fornece ao indivíduo mais ocasiões de "acumulação" do que ocasiões de "privação", mas, por sua vez, no conjunto, pode haver necessidade de alternar ou privilegiar fases de *acumulação* (convenções, viagens, distrações coletivas, etc.) com fases de *privação*. São significativos, a propósito, os contrastantes exemplos extraídos do grupo de Fermi, com as suas freqüentes férias na montanha; de Guccia e Dohrn, com as suas freqüentes viagens extensas e prolongadas pela Europa; do grupo de Bloomsbury, com as suas digressões e transgressões sexuais; dos cientistas atômicos isolados no retiro secreto de Los Alamos.

Tomada de consciência. A segunda fase especificada por Anzieu – a tomada de consciência, a captura da idéia lampejante, graças à atenção – pode ser, ela também, bloqueada ou facilitada pelo grupo, segundo a sua atitude frente à criatividade. Nessa fase, de fato, a idéia deve tomar corpo, passando da intuição pura à formulação pré-consciente, mas não pode mais valer-se, nesse seu trânsito, do estado de graça que já permitiu o *saisissement*. A idéia deve abrir caminho através das inibições, do medo, da vergonha, da reserva, das dúvidas do criativo: de todos os bloqueios que podem sufocá-la ao nascer.

Nessa segunda fase, o socorro não pode vir mais da acumulação ou da privação, pode vir apenas da possibilidade de se confiar, de se confrontar, de ser encorajado por uma pessoa amiga, por um colega que tenha confiança em nós, que estimamos e que nos estima. Nascem daqui as grandes sociedades criativas (Abelardo e Heloísa, Pierre e Marie Curie, Jean-Paul Sartre e Simone de Beauvoir, Robert e Clara Schumann), mas daqui, também, a insubstituível utilidade do grupo em que o líder, o aluno ou o colega podem servir de confidentes, de caixa de ressonância, de estímulos, de críticos desinteressados, de interlocutores privilegiados, de aliados, de cúmplices, de coniventes; de qualquer modo, não de inimigos castradores nem de tutores possessivos.

Embrião. Se o *saisissement* tinha permitido ao caos fazer-se idéia, a segunda fase permite à idéia fazer-se verbo, e a terceira permite ao verbo fazer-se carne, isto é, permite à criatividade produzir o embrião da sua criação, qualquer que seja: "matriz, tabela, esquema, algoritmo, método de pensamento ou de ação, modelo gerador de programas, estruturas, sistemas de termos opostos, de sinais, de operadores e de operação".[7]

Essa teoria não é nova – ainda que esteja com a linguagem mais rarefeita e imaginativa, tão ao feitio de certa psicanálise francesa, marcada, *malgré soi*, por Lacan –, é subtraída inteiramente a Arieti: "Por periférico", escreve Anzieu, "esse representante psíquico instaura-se como central; de anedótico, torna-se essencial; de aleatório, necessário; de desligado em relação ao resto, torna-se fonte de vínculos rigorosos; de desordenado, estruturante; *...em outras palavras, esse representante inconsciente de um processo ou de um estado psíquico primário fornece o dinamismo organizador de toda uma série, de toda uma complexidade de processos psíquicos secundários*".

Destaquei estas últimas palavras para ressaltar o seu estreito parentesco com as teorias de Arieti. Nessa fase, de fato, não nos parece existir ainda, senão em estado embrionário, a síntese mágica para a qual o caos, tornado idéia, depois verbo e depois embrião, finalmente evolui para um *corpo organizado*, desenvolvido e definido em todas as suas partes: a partitura de uma sinfonia, o texto de uma teoria científica, de um romance ou de um poema, a escultura de uma estátua, a película de um filme, o relatório de uma pesquisa sociológica, a redação de um estatuto ou o texto de uma constituição.

Essa fase também apresenta problemas bem particulares, quando a operação é obra de um grupo: incompreensões, conflitos e incompetência de um lado; solidariedade, sinergia e rapidez, do outro; com todas as questões conexas de liderança, custos econômicos e psicológicos, instrumentações técnicas, sistemas informativos, motivações, interações, gratificações, etc. Nenhum dos grupos por mim examinados poderia ter feito tudo o que fez *se não tivesse sido um grupo*, e um grupo bem organizado.

Licenciamento. A penúltima fase, segundo Anzieu, é o licenciamento da obra por parte do autor, é o corte do cordão umbilical, que ainda subsiste entre o criador e a sua criatura, com tudo aquilo que daí se origina em termos de *marketing*, de lançamento, de publicidade, de crítica, de sucesso, de insucesso, de gratificação, de temor, de angústia, de presunção, de compromissos e assim por diante.

Também nessa última fase o grupo leva vantagem em relação ao artista e ao cientista solitário, se pensarmos na força solidária com que os membros do Bloomsbury defendiam reciprocamente as suas obras, retrucavam aos adversários, criavam modas a seu favor, exercendo sobre a mídia toda a força do seu clã e antecipando, assim, as mais modernas camarilhas intelectuais em torno dos prêmios, das revistas, das "famílias" e das "escolas" científicas e artísticas.

Nos grupos que estudei, o "licenciamento" da obra ocorreu nos modos mais diferentes: para a Casa Thonet, consistia em verdadeiras operações de *marketing* e distribuição dos móveis produzidos; para Pasteur, consistia na venda de vacinas; para Dohrn, consistia na publicação das revistas e na venda dos animais marinhos; para Guccia, consistia na realização dos congressos, na publicação das revistas e das obras críticas; para a Wiener Werkstätte, nas mostras e na entrega das mercadorias; para a Bauhaus, na passagem dos protótipos à produção em série; e para o Istituto Centrale del Restauro, na restituição da obra restaurada. A formação completa dos alunos e a sua separação definitiva do instituto constituem uma fase conclusiva para a Estação Zoológica de Nápoles, para o Instituto Pasteur, para o Círculo de Viena, para a Bauhaus, para o Istituto del Restauro. Para Crick e Watson, como para o grupo da Via Panisperna, o "licenciamento" da criação consistia na publicação de suas descobertas: pensemos no famoso e breve artigo com o qual dois biólogos de Cambridge anunciaram na *Nature* a descoberta da estrutura do DNA. Para os cientistas de Los Alamos, o "licenciamento" da obra foi o lançamento da bomba sobre Hiroxima, com toda a hedionda tragédia que daí resultou.

Uma posterior vantagem do grupo a respeito do artista ou cientista individual está numa garantia maior de continuidade inventiva: enquanto o criativo que trabalha sozinho, quando licencia uma obra, pode ser tomado pelo temor ou pânico de que a própria veia criativa se interrompa, o grupo pode oferecer maior confiança, esteio e esperança no prosseguimento da fecundidade coletiva.

Dissabor. Uma fase que Anzieu acentua mais do que outros estudiosos é a do dissabor, ou seja, a insatisfação que quase sempre acomete o criativo frente à sua obra licenciada, aos erros e às imperfeições que lhe parecem finalmente claros e dos quais não se tinha apercebido antes do licenciamento. A seu modo, o dissabor pode constituir uma fase fecunda, porque traz em si o estímulo para que uma obra seguinte supere a qualidade da anterior.

Em certo sentido, o dissabor pode surtir o efeito oposto ao do grande sucesso, que em alguns casos estimula o criativo a prosseguir em sua pesquisa científica ou estética; em outros casos, ao contrário, paralisa-o pelo medo de não conseguir superar-se, de não produzir obras posteriores igualmente apreciadas pelo público. No filme *Oito e Meio*, Federico Fellini descreve muito bem esse sentimento de crise que assola o diretor frente ao medo da esterilidade criativa.

AS PECULIARIDADES DOS CRIATIVOS

Se a psicanálise sondou principalmente a gênese e a motivação do fenômeno criativo, a psicologia e a pedagogia interessaram-se prevalentemente pelas etapas que – como acabamos de ver – levam ao surgimento e à realização das idéias criativas, do modo como se educa para a criatividade, de quais as conexões que podem ser percebidas entre criatividade e idade, de quais traços psicológicos distinguem a personalidade criativa. Apenas recentemente a pedagogia acentuou o seu interesse pela criatividade: Guilford, Hildgard, Stoddart acumularam grandes méritos nesse sentido.

Hoje, muitas empresas investem uma parte crescente de suas atividades formativas para recuperar e cultivar em seus administradores a disposição para a criatividade: psicólogos como Edward de Bono ou W. J. J. Gordon, ecléticos como Hubert Jaoui, operativos como Alex F. Osborn fornecem a essas tentativas o seu suporte de exercícios e de métodos. O *brainstorming*, a cinética, o *think tank* e o psicodrama oferecem muletas à tomada de decisão e atuam como prótese para os mecanismos mentais imobilizados por longos períodos de prática executiva sem crítica e falta de hábito da dialética.

Trata-se de métodos às vezes ingênuos, às vezes ingenuamente ensinados ou aplicados. De resto, mesmo as técnicas recomendadas pelos mestres do Renascimento não eram desprovidas de sua dimensão infantil, às vezes até ridícula ou repugnante. Vasari menciona que Piero di Cosimo "parava às vezes para considerar um muro que tivesse sido seguidamente cuspido por pessoas doentes, e dele concebia batalhas de cavalos, as mais fantásticas cidades e os maiores países imagináveis: do mesmo jeito fazia com nuvens do ar".[8]

Leonardo recomendava aos alunos que exercitassem a fantasia interpretando as manchas de umidade nos muros. Bem antes dele, no século XI, o pintor chinês Sung-Ti aconselhava Ch'En Yung-Chi a se inspirar num muro destruído para fazer correr o pincel segundo o jogo de livre associação que dele se originava.[9]

Quanto às habilidades requeridas pela criatividade, elas são tais e tantas[10] que talvez seja mais justo negar inteiramente que seja possível esperar-se qualquer lista de características peculiares aos criativos, desde que se excetuem "a persistência e a intensidade da dedicação deles ao trabalho". A essa conclusão chegou Anne Roe, depois de ter examinado a fundo a personalidade de artistas, biólogos, físicos, psicólogos e antropólogos eminentes, por meio de pesquisas publicadas entre 1946 e 1953. A essa mesma conclusão eu cheguei, por minha vez, reconstruindo a história de tantos grupos criativos e a galeria de personagens que a tornam brilhante.

Muitos psicólogos (Hirsh e Lanch-Eichbaum) fazem distinção entre talento e gênio; outros (Piaget) negam que haja diferença entre criatividade e inteligência; outros ainda (Gesel, Jackson, Torrence e Wade) fazem distinção entre inteligência e criatividade: segundo Arieti, "não há dúvida de que muitas pessoas particularmente inteligentes não se distinguem pela criatividade, enquanto muitas pessoas criativas não parecem ter um Q. I. excepcionalmente elevado".[11]

Um número surpreendente de autores classificou um número ainda mais surpreendente de características consideradas específicas da personalidade criativa: Henle chegou a cinco, Hirsh e Guilford, a seis, Barron, a 12, Taylor, a 20, Torrence, a 84: da curiosidade à invasão, da versatilidade à vitalidade, da indiferença à paixão pelo jogo, do orgulho à soberba e da tenacidade à extravagância.

Na criatividade de grupo, justamente pela própria natureza da atividade coletiva, não são apenas as qualidades dos membros individuais que incidem sobre os processos ou sobre os produtos; quanto melhor for a interação entre os membros do grupo, melhor será entre o grupo e o mundo exterior.

Referindo-se à criatividade individual, Rollo May escreveu: "Entre o mundo e o ego e entre o ego e o mundo desenvolve-se um processo dialético ininterrupto; um subentende o outro, e nenhum dos dois pode ser definido omitindo o outro. É por isso que não podemos nunca localizar a criatividade como um fenômeno subjetivo; não a podemos estudar, nunca, simplesmente nos termos do quanto se desenvolve no íntimo do indivíduo. O pólo do mundo é uma parte inseparável do indivíduo em questão... Não podemos falar da 'pessoa criativa'; podemos falar apenas do 'ato criativo', porque o que ocorre é sempre um processo, uma ação; especificamente, um processo que põe em relação a pessoa e o seu mundo."[12]

Quando a criatividade é coletiva, o "mundo" de cada criativo constitui-se, antes de tudo, dos outros componentes do mesmo grupo e das interações a que eles dão vida. Deduz-se daí que a prolificidade criativa de cada um pode depender também dessa interação com todos os demais e pode variar, por isso, segundo o grupo em que o indivíduo opera. Enrico Fermi demonstrou uma grande capacidade de criar equipe, seja aquém, seja além do oceano, produzindo idéias geniais em ambos os casos. Crick continuou a realizar grandes descobertas científicas mesmo quando deixou de trabalhar com Watson, no Cavendish. Watson, entretanto, demonstrou menos genialidade científica quando trabalhou longe do grupo de Cambridge, mas, em compensação, mostrou grandes dotes gerenciais.

Como veremos, é provável que um bom grupo possa contribuir, com outros fatores, para a produção de idéias de um criativo, mas que não seja suficiente, sozinho, para fecundá-las. É também provável, por outro lado, que um mau grupo possa bloquear a criatividade dos indivíduos que dele fazem parte.

De resto, entre as categorias consideradas peculiares às personalidades criativas, algumas dizem respeito estritamente aos indivíduos, outras põem o indivíduo em relação com o contexto.

Entre as primeiras, podemos recordar a capacidade de se divertir com os elementos e com os conceitos, o "sentimento da eureca", a posse de um "lugar interior de avaliação", a ânsia pelo isolamento;[13] a perplexidade, a concentração, o sentido do ego, a originalidade, a disponibilidade para renascer a cada dia pela coragem, a fé e a certeza.[14]

Entre as segundas, podemos considerar o desejo de se comunicar, a abertura à experiência,[15] a capacidade de aceitar o conflito,[16] a disponibilidade para o encontro.[17] Murray escreveu que o criativo "deve experimentar um certo gosto pelo caos temporário":[18] o caos interior, devido ao turbilhão de idéias, dúvidas, exaltações e desencorajamentos; o caos exterior, devido às condições econômicas, aos relacionamentos interpessoais, aos conflitos da solidariedade; o caos da sorte e da desgraça, devido à alternância com que a natureza privilegia ou caprichosamente abandona os criativos.

Murray escreveu que, na vida dos gênios, a certa altura "o acaso desempenha o papel do destino. Pasteur falava do *acaso da mente preparada*; Charles Pierce falava de *acaso, amor e lógica*; Darwin falava de *acidente*. É o milagre do evento raro: duas entidades até então nunca ligadas entre si unem-se na dimensão espaço-tempo no momento exato em que a psique está pronta para colher o significado daquela combinação particular".[19]

Sobre o papel do acaso afortunado, Weisinger[20] escreveu um livro inteiro de leitura inquietante, que já desloca a atenção sobre os fatores externos à personalidade criativa e sobre a dimensão sociológica, a que dedicaremos alguns dos próximos capítulos. Antes, porém, devemos fazer uma rápida menção a um outro tema a que os psicólogos – mas também os neurologistas e os psicanalistas – têm dedicado alguma atenção: a relação entre capacidade criativa e idade. Nós já falamos disso, mas vale a pena voltar ao assunto.

IDADE E CICLOS

Certamente, a criatividade de um grupo depende da propensão à criatividade de cada um dos seus membros, mas tal propensão não é igual no tempo, como sabemos pelos estudos de Jacques,[21] Marchetti[22] e Butler.[23] Muitos grandes criativos (Baudelaire, Mozart, Rafael e Rimbaud) morreram ainda antes dos 40 anos. Outros deixaram de compor bem antes de morrer: Rimbaud, desaparecido aos 37 anos, deixou de escrever por volta dos 20 anos; Rossini, que morreu aos 74, escreveu quase todas as suas músicas até os 39 anos; Joaquín Rodrigo, cego desde a infância, viveu quase um século e aos 40 anos compôs o *Concerto de Aranjuez*, tendo ficado tão célebre que condicionou quase patologicamente toda a sua produção posterior. Outros artistas tiveram ciclos de criatividade frenética alternados com períodos estéreis: Michelangelo fez a *Pietà* do Vaticano, o *Davi*, a Capela Sistina e o *Moisés* antes dos 40 anos; depois, durante 15 anos, ficou praticamente improdutivo; enfim, até a sua morte, aos 89 anos, permaneceu prodigiosamente fecundo.

Marchetti demonstrou que se pode até mesmo identificar regularidades cíclicas na carreira criativa de todo grande artista. Butler relaciona um número extraordinário de grandes artistas e pensadores que produziram até a idade avançada: Cervantes, Franck, Freud, Goethe, Victor Hugo, Tintoretto, Voltaire, etc.; Verdi compôs *Falstaff* aos 80 anos, Tolstói escreveu *Ressurreição* aos 72 anos, Ticiano pintou a *Batalha de Lepanto* com quase 90 anos. São intelectualmente longevos – mais próximos de nós – Picasso, Bertrand Russell e Moravia. Em outros casos (Tomasi di Lampedusa Bufalino), a criatividade começou a se manifestar somente na idade madura.

Além das peculiaridades de início e fim do ciclo conjunto de cada criativo, existem, também, peculiaridades inerentes a cada ciclo: altos e baixos, fases de latência, explosões repentinas, períodos de estabilidade produtiva.

No caso da criatividade de grupo, talvez não seja necessário à produtividade que todos os membros atravessem a sua fase de fecundidade ao mesmo tempo, sendo possível uma compensação entre as contribuições de cada um. É preciso, porém, que em todo momento pelo menos alguém esteja em estado de graça e que os outros lhe dêem o necessário suporte ou, pelo menos, não o atrapalhem. Da história da Via Panisperna, sabemos, por exemplo, que Majorana se afastou do grupo durante períodos até longos, e que Rasetti, depois da fase das grandes descobertas, assumiu uma postura mais individualista. Descontinuidades notáveis podem ser assinaladas também na produção dos membros de Bloomsbury, da Wiener Werkstätte, da Bauhaus, mas obviamente a descontinuidade criativa de uma ou mais pessoas tem efeitos diversos, dependendo se os membros do grupo trabalham de modo sincrônico e coordenado (justamente como na Via Panisperna e em Los Alamos) ou de modo mais diacrônico, cada um quase que por conta própria, como ocorria no grupo de Bloomsbury, no Círculo de Viena, na Escola de Frankfurt, na Estação Zoológica de Nápoles e no Círculo Matemático de Palermo.

Interessantes, de todo modo, são as observações que poderiam ser feitas acerca da idade dos grupos, sobre os seus ciclos de criatividade, sobre toda aquela série de problemas estudados recentemente sob o rótulo de "ecologia organizacional".

No nosso caso, a Estação Zoológica de Nápoles, o Instituto Pasteur de Paris, o Círculo Matemático de Palermo, o Istituto Centrale del Restauro, embora com rumos diferentes, são sobreviventes aos respectivos fundadores e permanecem ativos até agora. Mas o grupo da Via Panisperna teve uma vida muito curta; o de Los Alamos e o de Crick e Watson trabalharam "por projetos" e se exauriram em poucos meses, uma vez atingido o seu objetivo.

Não é possível, portanto, fixar regras universais sobre a longevidade dos grupos criativos, mas numerosos indícios legitimam a hipótese de que eles tendem a durar muito menos do que as empresas industriais e burocráticas ou que, nos casos em que duram muito, o seu potencial criativo é sufocado, mais cedo ou mais tarde, por aquela espécie de entropia das organizações, que é a burocratização.

ALGUMAS LENDAS SOBRE O ARTISTA

Se os psicólogos e os psicanalistas não conseguem ainda estabelecer quais são, e se existem, os traços peculiares da personalidade criativa, a opinião pública tratou de criar por sua conta alguns estereótipos entre os quais procura limitar as biografias dos artistas e dos cientistas de modo a neles encaixar, em prejuízo da excepcionalidade, da obscuridade, da incompreensão e da estranheza que acompanham – de modo ao mesmo tempo tolerante e alienante –, a vida dos gênios.

O estudo desses estereótipos está a meio caminho entre a psicologia, a sociologia, a antropologia e a psicanálise. Falamos disso aqui, na parte dedicada à psicologia, por simples comodidade de exposição.

Como foi dito, com o reconhecimento da paternidade das obras geniais floresceram as lendas em torno dos seus autores. Para os pintores, escultores e arquitetos dispomos de estudos extraordinariamente copiosos acerca do anedotário que os circunda. As biografias contidas na *Historia Naturalis*, de Plínio o Velho, *Vite* (Vidas), de Giorgio Vasari, os contos de Su Tung Po e, muito mais recentes, os estudos de Otto Rank, os de Julius von Schlosser e a altamente erudita *Lenda, Mito e Magia na Imagem do Artista*, de Ernst Kris e Otto Kurs,[24] nos permitem não somente reconstruir os estereótipos, mas também remontar às suas genealogias e às suas ramificações em todos os continentes.

É difícil, porém, comparar os estereótipos referentes aos artistas e os referentes aos cientistas (para estes últimos não existem estudos tão capilares); e é muito difícil, enfim, deslocar esses estereótipos (nascidos em função dos gênios individuais) para grupos criativos organizados, ainda mais recentes, como aqueles examinados no livro A *Emoção e a Regra* e no presente estudo. Alguma tentativa, mesmo assim, pode ser feita, com o objetivo de contribuir para uma primeira e rápida exploração das culturas internas e externas desse gênero de grupo. Vamos examiná-los com base nos temas propostos pelos estereótipos que mais se repetem nas biografias dos gênios individuais.

O gênio precoce. Um primeiro estereótipo quer que o gênio seja um precoce *enfant prodige*, de origens humildes, alçado por pura sorte a níveis superiores de fama e fortuna graças à descoberta casual efetuada por um mecenas ou por um mestre. Muito precoces foram Albert Einstein e Alan Turing. Mas permanece exemplar o conto, historicamente de todo infundado, segundo o qual Giotto teria sido um pastorzinho e Cimabue o teria descoberto, adotado e tido como discípulo. A lenda, na qual acreditaram Ghiberti e Vasari, repete-se, em versão mais ou menos idêntica, nas biografias de Andrea del Castagno, Zubarán, Polidoro da Caravaggio, Goya, do japonês Maruyama Okyo, Mantegna e até na fábula O *Urso de Bronze*, de Andersen.

Segundo essa lenda, o urso seria um herói obrigado a superar provas para forçar a generosidade do destino, que quase sempre toma corpo em um mestre-mecenas. Nos casos que estudei, alguma coisa de análogo pode-se reconhecer em Michael Thonet, descoberto e protegido pelo príncipe de Metternich; em Gian Battista Guccia, enviado à França pelo matemático Cremona; em Enrico Fermi, que, casualmente, aos 14 anos, pega um livro de física de uma banca de Campo dei Fiore e que, depois de formado, é cientificamente adotado e protegido por Corbino; em Cesare Brandi e Giulio Carlo Argan, que encontraram em Bottai um ótimo patrocinador e um ótimo orquestrador do Istituto Centrale del Restauro.

Mas ainda mais fácil é a identificação dos nossos organizadores culturais com a figura do Cimabue-mecenas-mestre. Na biografia de Dohrn encontramos a figura do pequeno Salvatore Lobianco, filho do seu porteiro, cujos dotes inatos de cientista o biólogo descobre e valoriza, até levá-lo ao ambicionado reconhecimento da láurea *honoris causa*. Na biografia de Guccia há dois jovens tipógrafos que são ensinados a imprimir textos matemáticos, e são financiados para organizar talvez a melhor tipografia da Europa, especializada na confecção de textos matemáticos, na vanguarda até mesmo sob o ponto de vista da higiene.

O extraordinário e o casual se repetem, também, na história do grupo da Via Panisperna e no recrutamento dos jovens cientistas por parte de Enrico Fermi. O primeiro encontro entre Fermi e Majorana é geralmente descrito em termos de fábula. Mas o próprio fato de que o grupo fosse apontado com o carinhoso "jovens da Via Panisperna" relaciona-o ao mito da precocidade do gênio e ao de uma genealogia de cientistas, de uma "escola", de um círculo exclusivo de iniciados nos mistérios da natureza. Um sentido análogo de *stoá*, de grupo exclusivo, de escola avançada de pensamento, encontramos no Círculo de Bloomsbury, na Escola de Frankfurt, na equipe dos pasteurianos, na Bauhaus e entre os alunos do Istituto Centrale del Restauro. Em todos esses casos, a instituição inteira assume o papel de um Cimabue coletivo, que acolhe os gênios precoces e os acompanha paternalmente no itinerário que os leva do anonimato à fama.

O gênio desdenhoso. Freqüentemente, o gênio é incompreendido até pelos seus mecenas, mas, não se importando com o poder deles, trata-os de igual para igual ou até mesmo com desprezo. Assim aconteceu, segundo a lenda, com Apeles e Alessandro, entre Michelangelo e Júlio II, entre Donatello e o patriarca de Veneza, entre Ticiano e Carlos V, entre Beethoven e os seus clientes. Comportamento similar, em mais ocasiões, pode ser encontrado nas biografias de Pasteur, Dohrn, Guccia, Majorana e dos artistas reunidos na Wiener Werkstätte.

O gênio louco. O gênio é um ser divino, um puro louco, que somente nos seus êxtases sobre-humanos consegue atingir a sabedoria e a beleza infinita. Em tal caso, o gênio constitui uma elite, uma sumidade destacada da massa, pode permitir-se comportamentos excêntricos, e mesmo assim merece veneração, privilégios e poder. Assim foi tratado Holbein, assim foram considerados Dührer e Guido Reni, como todos os grandes do passado, de Leonardo da Vinci a Beethoven.

Embora seja em um nível muito mais "burguês" do quanto permitiam o contexto do Renascimento e, depois, o do Romantismo, mesmo os membros do Círculo de Bloomsbury assumiram uma postura de destaque aristocrático na sociedade do seu tempo e, com o mesmo esnobismo, exerceram sobre ela o seu poder cultural. Por alguns aspectos, não foram diferentes as posturas de Guccia, de desdém para com o contexto acadêmico de Palermo; o autoritarismo elitista da Escola de Frankfurt em relação aos ambientes culturais europeus e americanos; assim como a consciência do próprio valor internacional que marcou o grupo da Via Panisperna.

Com respeito ao passado, hoje o sentimento de potência demiúrgica encontra-se mais freqüentemente nos cientistas do que nos artistas, e, de resto, as conquistas da física e da biologia contrastam com a regressão e a crise que muitos entrevêem na produção estética.

Assim, torna-se ao mesmo tempo mais fácil perceberem-se comportamentos excêntricos e até presunçosos num Einstein ou num Perutz do que num Hoffman, Gropius, Matisse ou Niemeyer.

Uma visão posterior da excentricidade é o desregramento, a loucura do gênio e, por conseqüência, a autodiscriminação, a discriminação e a incompreensão das quais foi objeto. No nosso caso, Ettore Majorana dá uma versão introvertida, neurótica, anômica e autolesiva daquilo que, em Caravaggio, entretanto, foi diabólico e anti-social.

O gênio mágico. O gênio é capaz de imitar a natureza e até de competir com ela e superá-la; pode penetrar nos seus segredos e dominar-lhe os processos. Zeusi pinta uvas tão reais que os pássaros descem para bicar-lhe o quadro. Uma ovelha se põe a balir, tomando por seu o cordeiro que Ticiano tinha pintado no quadro de São João Batista; um cão ladra, acreditando que um retrato pintado por Dührer seja mesmo o seu dono; sempre Ticiano: ele retrata Paulo III de modo tão realístico que o quadro, posto a secar ao lado da janela, é tomado por passantes como o papa de verdade. Giotto acrescenta a uma tela de Cimabue um inseto tão verídico que o mestre tenta espantá-lo; do mesmo Giotto, Boccaccio diz que "muitas vezes, nas coisas feitas por ele, acha-se que o sentido de visão dos homens tem erro, acreditando ser verdadeiro o que estava pintado".

Diz-se que Michelangelo perguntou à estátua de Moisés: "Por que não falas?" A *Vênus* de Cnido e a *Eros* de Parion, esculpidas por Praxíteles, chegaram a suscitar a atração sexual de muitos admiradores.

O artista e o cientista são freqüentemente considerados magos, capazes de infundir uma alma em suas obras. Na Idade Média, Virgílio é considerado um mago, construtor de autômatos animados. E contra a magia demoníaca da arte, tão verdadeira que engana quem a olha, lança-se a condenação do cristianismo primitivo, assim como se abatera a desconfiança de Platão.

Contra o desafio científico e tecnológico de Ícaro, que ousa voar, de Prometeu, que ousa entender o segredo do fogo, de Ulisses, que ousa transpor as colunas de Hércules, de Babel, que ousa erguer uma torre para o céu, de Éfeso, que ousa dotar de movimento as próprias obras antropomorfas, de Epimeteu, que molda com a argila figuras humanas muito verdadeiras, os deuses reagem com punições exemplares, para desencorajar posteriores presunções blasfemas dos homens e dos heróis.

No nosso caso, já secularizada e laicizada a cultura da sociedade industrial, não é mais o artista que desperta a inveja vingativa dos deuses e dos mandantes, porquanto é geralmente o cientista que gera, com a admiração das massas, também o terror e o ódio. Em torno da Estação Zoológica de Nápoles e em torno do grupo da Via Panisperna nascem anedotas quase supersticiosas; as primeiras descobertas de Pasteur também despertam desconfiança; um medo difuso cerca hoje a manipulação genética e os estudos sobre o DNA; a história do Projeto Manhattan é intitulada por Junk de *Os Aprendizes de Feiticeiros*, e o suicídio da filha de Oppenheimer passa pelo imaginário coletivo como castigo divino infligido ao pai da bomba atômica.

O gênio surpreendente. Um outro estereótipo, freqüente na história da arte e da ciência, refere-se à habilidade surpreendente de alguns gênios: Tintoretto, Tiepolo, Rembrandt, Luca Giordano e Hokusai ficaram célebres pela rapidez das execuções, assim como Chopin e Beethoven pela capacidade de improvisação.

Do mesmo modo, entre os personagens que compõem o retrato das minhas evocações, pode-se recordar o filho de Michael Thonet, August, que ficou famoso por ter construído uma cadeira – a *Demostrationselles* – capaz de suportar pesos de até 6.240 kg e formada por um único elemento linear com seção cilíndrica, com oito metros de comprimento. Assim também se pode recordar a rapidez com que Enrico Fermi efetuava os cálculos com a sua régua.

O gênio afortunado. Recorrentes, na história da arte e da ciência, são também as anedotas nas quais o acaso ajuda os gênios. A providencial sugestão de molhar as cordas salva do desastre o levantamento do obelisco da Praça São Pedro, em Roma, e a do obelisco de Atmeida, em

Constantinopla (neste caso, a lenda diz que o arquiteto depois se suicidou de vergonha, mas o estereótipo do arquiteto que se suicida é, ele também, bastante freqüente). Providencial é também o caso da nitroglicerina que, escapando da mão de Nobel, cai sobre a serragem, o que impede a sua explosão.

A sorte intervém muitas vezes nas descobertas do Grupo de Fermi: quando se constataram reações distintas num recipiente, segundo fosse ele pousado sobre o mármore ou sobre a madeira; quando – sempre casualmente – se descobriu que a parafina reduzia a velocidade dos nêutrons, etc. Coincidências afortunadas espreitaram também o caminho de Anton Dohrn, Pasteur, Crick e Watson.

O gênio litigioso. Um outro estereótipo deseja o artista e o cientista em luta com os próprios colegas. *Vite*, de Vasari, é recheada de anedotas a propósito, mas já na antiguidade se fabulava sobre a contenda entre Zeusi e Parrásio, entre Apeles e Protógenes, entre Homero e Hesíodo. No Renascimento e além dele ficaram famosas as inimizades entre Ghiberti, Brunelleschi e Nani di Bianco, como aquela entre Dührer e Luca di Leida, aquela entre Van Dick e Fraus Halas, outra entre Bernini e Borromini. Durante toda a vida, Beethoven foi atormentado pelo medo dos danos que poderiam lhe causar os colegas invejosos.

Não é raro que essas contendas terminem em suicídio (Borromini), ou até mesmo com homicídios, verdadeiros ou presumidos: Andrea del Castagno teria matado Domenico Veneziano, assim como Dédalo teria matado o neto de Talo, Salieri teria envenenado Mozart, e, sempre por colegas invejosos, teriam sido envenenados Pordenoni, Peruzzi, Barocci e muitos outros.

No nosso caso, ainda que de forma incruenta, não faltaram as contendas, as vinganças, as rasteiras e os revides. Encontram-se exemplos disso nas vidas de Pasteur e Dohrn. Guccia entrou em grave colisão com os acadêmicos de Palermo, com muitos matemáticos nacionais e com a Academia dei Lincei; entre a Wiener Werkstätte e Adolf Loos houve batalha aberta; nasce algum dissídio no interior do grupo de Fermi, sobretudo na ocasião do concurso de Majorana à cátedra; desacordos ainda mais graves surgiram muitas vezes entre os cientistas do Projeto Manhattan; fecunda, embora áspera, foi a contenda entre Crick e Watson, de um lado, Wilkins e Frank, de outro, por ocasião da corrida pela descoberta da estrutura do DNA; menos fecunda foi, mais tarde, a ruptura entre Crick e Watson, documentada pelo livro A *Dupla Hélice*.[25]

O gênio infatigável. Um outro estereótipo alusivo aos casos por nós estudados diz respeito à atitude para o trabalho. Apeles e Protógenes trabalham duro todos os dias, como de resto Michelangelo, Mozart e Beethoven.

Arquimedes e o Parmigianino prosseguem com o trabalho, imperturbáveis, mesmo diante da perseguição dos inimigos, que assediam a sua cidade.

Paolo Ucello, Brunelleschi, Edison esquecem do amor, do sono e da comida a fim de levar a termo as suas obras.

Mas a mesma coisa se pode dizer de Anton Dohrn, Guccia, Pasteur e todos os outros personagens da minha casuística, prisioneiros do demônio criativo que levam dentro de si, e alienados, em suas obras, até a morte. Diferentemente, porém, dos cientistas e sobretudo dos artistas solitários, que muitas vezes, para alimentar a sua criatividade, recorrem ao isolamento (sobretudo os orientais, como Mi Fei, Fan K'uan, Kao k'o-Ming, Ku-Chun-Chih, Hsin Chang, mas também os ocidentais como El Greco ou como Salinger), ao álcool ou às drogas (Wu Tao-Tzu, Li Ch'eng, Kuo-Shong, Nietzsche, Wilde e muitos artistas contemporâneos nossos, como Basquiat), os protagonistas dos grupos geniais que evoquei neste livro, talvez mesmo pela forma coletiva e organizada do seu trabalho, mantêm um comportamento bem mais normal, comparável à regularidade racional do administrador, melhor do que a irregularidade dos drogados e as mortificações ascéticas dos místicos. Uma exceção, ainda que moderada, é apresentada pelo Círculo de Bloomsbury, que causava escândalo na Inglaterra vitoriana, onde, aliás, era muito fácil escandalizar e escandalizar-se.

CRIATIVIDADE E DINHEIRO

A relação do artista ou do cientista com o dinheiro está ligada a este último aspecto. O estereótipo quer que o gênio seja avaro ou esbanjador, sem meio-termo.

Quando, na antiguidade, acreditava-se que o poeta, o pintor ou o escultor agissem sob inspiração divina, parecia absurda a idéia de que as suas obras fossem suscetíveis de avaliação econômica e de retribuição pecuniária. Ainda hoje, de resto, em muitas ocasiões o trabalho intelectual é considerado protegido de toda contaminação monetária: bastaria reler as biografias de Bach, Mozart, Beethoven, Schubert e Marx para compreender o drama dessas vidas desgraçadas pela miséria, angustiadas pela insolvência dos clientes – seus agentes – devedores e pela petulância dos credores.

Nenhum dos grandes grupos criativos citados por mim foi pobre, mesmo que alguns dos seus líderes tivessem recolhido, ao longo de suas vidas, ajudas e contribuições para a sobrevivência das suas instituições: Guccia é caprichoso ao exigir o pagamento das cotas sociais; Dohrn percorre continuamente as cortes e os governos de toda a Europa em busca de fundos; Enrico Fermi recorre à proteção de Corbino para assegurar os financiamentos necessários às pesquisas de sua equipe. Mas o "espírito empresarial" do trabalho criativo organizado em grupos formais comporta uma atenção – ela também empresarial – pela dimensão das obras empreitadas e, em alguns casos, considera a perseguição explícita do ganho como objetivo não-inconveniente: como eu já recordei, o artigo 3º do estatuto da Wiener Werkstätte diz explicitamente e sem reservas que "o escopo [da WW] é a promoção dos interesses econômicos dos seus membros".

Estamos longe, portanto, da pobreza em que viveram muitos gênios: não só os incompreendidos pelos seus contemporâneos, mas também os cercados por respeito e admiração. A casa habitada por Beethoven nos tempos em que foi preparado o *Fidelio* é assim descrita pelo compositor Ignaz Xavier von Seyfried, que a freqüentou: "Livros e papéis de música espalhados por toda parte: ali, os restos de um jantar frio; aqui, as garrafas destampadas e semivazias; lá, numa estante, apontamentos rápidos para um novo *Quarteto*; aqui, os restos da refeição matinal; lá, em cima do piano, folhas rabiscadas com idéias para uma grandiosa sinfonia, ainda em estado embrionário; aqui, provas de impressão esperando ser corrigidas; cartas de amigos ou de negócios espalhadas pelo chão, ao lado das poças d'água deixadas pelo chuveiro que ele está acostumado a usar com freqüência, enquanto está imbuído de compor."

A condição de Marx, da mulher e dos quatro filhos, durante o exílio londrino, foi tão miserável quanto essa. Um relatório escrito em 1853 por um espião prussiano assim se refere: "Mora num dos bairros mais pobres de Londres. Tem um apartamento de dois aposentos, dos quais um dá para a rua, isto é, um salão, atrás do qual se encontra o quarto de dormir. Nesse apartamento seria inútil procurar um só móvel limpo e em boas condições: tudo está quebrado, desengonçado e em pedaços, coberto por uma espessa camada de pó, tudo em desordem. No meio do salão encontra-se uma mesa grande de aspecto venerando, coberta de lona encerada; ela desaparece sob os manuscritos, jornais, livros, brinquedos de crianças, trapos e trabalhos da senhora Marx; pode-se notar ainda algumas xícaras pequenas com as bordas quebradas, colherinhas sujas, facas, garfos, um castiçal, copos, um tinteiro, cachimbos holandeses, cinzas de fumo, tudo em desordem nessa única mesa.

"Quando se entra na casa de Marx, apresenta-se diante dos olhos uma nuvem tão densa de fumaça, produzida pelo carvão e pelo fumo, que é preciso começar a se introduzir às apalpadelas, como numa caverna, até que o olhar se habitue e permita avistar alguns objetos, como numa névoa. Tudo está sujo, coberto de pó: é verdadeiramente perigoso tentar sentar-se. Uma cadeira tem somente três pernas, as crianças brincam na cozinha, numa outra cadeira que, por milagre, ainda está inteira: é justamente aquela que lhe oferecem, mas sem desimpedir a cozinha dos meninos que, sentando-se, tornam a pôr as calças. Mas Marx e a mulher não se preocupam com nada. Recebem-no com muita cortesia, oferecem, com gentileza, um cachimbo, fumo e uma bebida, que está bem ao lado. Uma conversa inteligente e simpática acaba por compensar os defeitos domésticos, tornando suportável a falta de comodidade; é fácil habituar-se com a companhia e acha-se o ambiente interessante, original. Tal é o quadro fiel da vida familiar do chefe dos comunistas Marx."

Um ano antes, esse chefe dos comunistas tinha perdido a filha Franciska, de poucos meses, e para comprar o caixão teve que pegar dinheiro emprestado de um imigrante. Sua mulher, que era irmã do ministro prussiano Von Westphalen, descreve numa carta a odisséia dos despejados: "Dois capangas invadiram a casa, pegaram todos os meus poucos haveres, as camas, a roupa de cama, as roupas, até o berço do meu pobre menino... Fomos obrigados a deixar a casa no dia seguinte. O tempo estava frio, chuvoso e escuro. Meu marido vai procurar um lugar onde ficar, mas ninguém quer nos acolher, quando ouve falar de quatro crianças... Mas o que me mortifica mesmo, que me faz sangrar o coração, é o triste fato de que o meu marido tem que sofrer toda essa mesquinhez, quando bastaria pouco para nos livrar do aperto; vê-lo assim, sem qualquer ajuda, logo ele que ajudou generosamente tanta gente."[26]

Mais ou menos nos mesmos anos, Richard Wagner fustigava a moleza dos costumes opulentos e preconizava as fortes virtudes teutônicas da simplicidade viril, mas no entanto usava a mulher para obter ricas gratificações do rei da Baviera e bombardeava a sua decoradora com cartas em que encomendava a decoração da própria casa, as sedas azuis, vermelho-cinzentas, amarelas e rosas, os veludos, a tapeçaria e os perfumes. "O resultado", escreve um biógrafo seu, "foi proporcional aos esforços: seqüências de salas e corredores de cores diferentes, estofados de seda e guirlandas florais em torno das janelas e das portas; tudo num crescendo até o quarto do compositor, onde as rosas chegavam ao teto, enquanto o chão era coberto de tapetes macios de Esmirna e a cama, envolta em *moire* florido." Os maledicentes do seu tempo compararam aquela extravagante cafonice ao *boudoir* de uma manteúda. Wagner a pretendia para alimentar a sua "voluptuosa disposição de espírito" ("Não posso viver como um cão, não posso dormir sobre palha e me restaurar com aguardentes de qualidade inferior"). O seu biógrafo a justifica com psicologismo risível: "Em Wagner, a criação determina um verdadeiro estado mórbido no qual os sentidos superexcitados devem ser acalmados em ambientes macios, ao abrigo de qualquer reação violenta. Wagner, o criador, deve voltar ao seio materno, deve reencontrar a atmosfera voluptuosa da infância."[27]

É bem raro que um cientista individual ou um grupo científico seja indulgente com a tentação do luxo. Muito mais freqüente, aliás, é o caso de artistas individuais ou grupos inteiros que fazem do luxo um símbolo de *status*. Bernini, D'Annunzio e Andy Warhol apreciam, igualmente, moradas e freqüências exclusivas. No imaginário coletivo, os mundos do cinema, da moda e da televisão identificam-se com as luzes de Hollywood, com os desfiles deslumbrantes, com a doce e bela vida das estrelas e do *jet set*.

Infelizmente, não sabemos quantos desses estereótipos nasceram das reais vicissitudes biográficas das pessoas geniais e quantas pessoas geniais se sentiram impulsionadas pelos estereótipos, modelando sobre eles uma parte da sua vida. O livro muito interessante de Arthur Koestler *The Act of Creation*[28] fornece talvez o mapa e a bússola certos para navegar no continente psicológico da criatividade individual, com as suas regiões marcadas pelo riso e pelo humor, pelo jogo e pela emoção, pela lógica e pela ilusão, pela depressão e pela esterilidade, pela arte e pela confusão.

Kris e Kurz, por seu lado, concluem *Lenda, Mito e Magia na Imagem do Artista* afirmando que *tòpos* biográfico e vida parecem ligados um ao outro por um duplo liame. Por um lado, de fato, as biografias registram eventos típicos, mas por outro elas moldam com eles mesmos os destinos de uma categoria profissional determinada. Quem segue uma vocação é – pelo menos até certo ponto – prisioneiro desse fato ou destino típico. Circunstância essa que não é, de modo algum, uma relação privilegiada, e muito menos exclusiva, com o pensamento consciente e o comportamento do indivíduo (de um determinado código de *ética profissional*), mas que, ao contrário, investe diretamente em direção ao inconsciente. Em suma, nós aqui encontramos aquela que, sinteticamente, poderemos definir como *uma biografia prescrita*.

CAPÍTULO TREZE

A CONTRIBUIÇÃO DA EPISTEMOLOGIA

"Artista é somente quem sabe fazer da solução um enigma."
KARL KRAUS

"Nós possuímos uma alma capaz de curvar-se sobre si mesma; ela pode fazer companhia a si própria."
MICHEL DE MONTAIGNE

O CAMINHO DA MENTE

A minha tentativa de explorar o processo criativo dos grupos e extrair disso hipóteses para a sua maior compreensão tem inúmeros pontos de contato com as tentativas análogas de muitos epistemólogos para compreender o percurso lógico do conhecimento humano. A aproximação entre o método dedutivo e a descoberta científica, a aproximação entre o método indutivo e a criação artística, a tentativa de superar as paliçadas entre os primeiros e os segundos, realizada seja pelos epistemólogos seja pelos neurologistas (Levi Montalcini),[1] o debate ainda em curso entre *autopoiese* e *heteropoiese* (Maturana e Varela, Piatelli Palmarini, Watzlawick),[2] entre método e não-método (Feyerabend),[3] entre paradigmas (Kuhn),[4] entre projetos (Lakatos)[5] – tudo isso constitui também brechas no muro de fortificação que protege o segredo científico da criatividade.

Uma vez que seria muito oneroso tornar a percorrer todas essas etapas, remeto diretamente aos epistemólogos que as assinaram: os *subjetivistas* – de Locke a Berkeley, de Hume até Kant e Russell –, que atribuem o progresso científico sobretudo à criatividade dos cientistas individuais; os consensualistas, que atribuem sobretudo à capacidade de demonstração de falsificação (Popper),[6] às revoluções operadas pelos cientistas paradigmáticos e consolidadas pelos cientistas "normais" (Kuhn) ou aos programas das comunidades científicas (Lakatos); os *objetivistas*, segundo os quais o progresso é produto não de cientistas individuais nem de comunidades científicas isoladas, mas da sociedade no seu complexo, graças ao acaso e às ocasiões favoráveis, sem um sujeito específico (Chalmers)[7] ou sem um método preciso (Feyerabend).

Eu aqui me limitarei a algumas observações acerca dos estereótipos mais freqüentes em torno da figura e da obra dos cientistas, acerca do conceito de complexidade, acerca da *autopoiese* dos processos criativos. Outros temas, como a *heteropoiese* ou a discussão sobre se os grupos criativos são sistemas prevalentemente abertos ou prevalentemente fechados, são com certeza mais interdisciplinares e pertencem ao mesmo tempo à epistemologia, à sociologia e às ciências organizacionais. Preferi tratar desses temas nos capítulos seguintes, porque me parece que encontram a sua sistematização mais congruente dentro do discurso sociorganizativo.

ALGUMAS LENDAS SOBRE O CIENTISTA

No capítulo anterior referimo-nos às lendas que Kris e Kurz acentuaram na história dos artistas. Mas a história dos cientistas não é menos rica de estereótipos, mitos e lendas, com os quais se gostaria de explicar os mistérios da criatividade deles. Por que se acaba por recorrer a esses atalhos ilusórios? E quais são os mais freqüentes?

A história e a filosofia das ciências, como todas as disciplinas científicas, pretenderiam ser o espelho objetivo das vicissitudes e dos méritos que levam os cientistas a realizar as suas descobertas. Mas o nosso cérebro é mais astuto e insidioso do que nós e, por mais portentosas e sombrias que possam ser as empresas do gênio humano, ele sempre as desejaria mais claras e surpreendentes, por isso não se limita aos fatos ou até mesmo não os apura, comprazendo-se em inventar novos e em enfeitar, complicar, simplificar, ampliar ou atenuar os que tem à disposição.

Ainda que seja com um pouco mais de cuidado do que os divulgadores e jornalistas, que não titubeiam em sublimar as histórias em lendas, freqüentemente também os historiadores e filósofos da ciência acabam por transformar as convicções em mitos, isto é, em justificativas racionalizadas dos seus desejos, como os definiria Mirko D. Grmek.[8]

A reconstrução histórica das descobertas pulula desses mitos, ilusórios mas cortejados. Grmek se diverte relacionando uns 15, e vale a pena revisitá-los rapidamente, mesmo porque constituem, ainda que seja em negativo, outras tantas abordagens à explicação da criatividade.

Mito da anatomia e da analogia. Muitos epistemólogos, sobretudo neopositivistas, negligenciam a conjuntura histórica das descobertas e procedem à vivissecção somente do produto final, como se fosse um achado anatômico, sem colocar a descoberta no contexto em que ela foi amadurecida e sem tornar a percorrer as várias fases da pesquisa.

Outros epistemólogos abusam do arriscado recurso às analogias. Repassemos algumas: o processo criativo "é como a embriologia"; a luz "é como o som"(Newton); "as superfícies eqüipotenciais em um espaço ocupado por condutores carregados com energia eletrostática podem fazer-se corresponder a superfícies isotérmicas em um sólido infinito em que está fluindo calor" (Thomson); a compreensão da descoberta é um processo análogo à anatomia (Scheffer); o nascimento de uma nova idéia científica é similar às mutações biológicas (Nicolle); o coração "é o sol do microcosmo" (Harvey); a distribuição do sangue no corpo é como a irrigação de um jardim (ainda Harvey); o ato da pesquisa científica é como a mudança brusca da interpretação de um desenho ambíguo, tipo pato-coelho (Hanson e Kuhn); "se sigo a luz com a velocidade C (velocidade da luz no vácuo), deverei perceber tal raio como um campo eletromagnético oscilante no espaço, mas em repouso... Do ponto de vista do observador, como o da hipótese, tudo deveria ocorrer segundo as leis que valem em repouso com respeito à terra" (Einstein).

Ficam logo evidentes, mesmo para quem não tem familiaridade com a física, os diferentes graus de credibilidade dessas analogias, onde mais se faz uso delas e onde mais delas se abusa.[9]

Mito da história. Outro mito, oposto ao primeiro, consiste em confiar-se totalmente na história de um processo criativo, para explicar e justificar-lhe o êxito. Existem milhares de biografias de cientistas ilustres, mas quase todas repetem os mesmos fatos, os mesmos episódios, freqüentemente inventados e depois apresentados como verdadeiros, até se transformarem em lendas. No campo da arte, *Vite*, de Vasari, representa um coletor e multiplicador exemplar de lendas sobre artistas, que ainda hoje são repetidas nas escolas e nos jornais.

Não obstante a carência de reconstruções históricas, alguns epistemólogos se obstinam a encontrar nas lendas a explicação total das descobertas. O próprio Grmek, que estigmatiza esse costume, exagera, por sua vez, quando usa o limitado caso de Claude Bernard para a demonstração de um número exorbitante de teses. Como diria L. Pearce Williams, a história das ciências, no seu estado atual, não pode suportar um peso desse gênero.

Mito da autobiografia. Outro mito consiste em atribuir uma excessiva força probatória às descrições autobiográficas que muitos cientistas fizeram do modo como chegaram às suas próprias descobertas. Pesquisas acuradas demonstram que nem sempre essas descrições correspondem fielmente aos processos criativos reais. Ainda que seja de boa-fé, muitos cientistas contaram os seus empreendimentos calando sobre alguns detalhes, exaltando outros, inventando completamente outros, até fazer coincidir a sua imagem com aquela mais admirada pelo grande público ou com a mais apreciada pela comunidade científica.

Basta confrontar a descrição da dupla hélice do DNA assim como foi feita por Watson[10] e como foi reconstituída, mais realisticamente, por R. Olby[11] para compreender quais as deformações míticas dos fatos que podem ser produzidas por quem os viveu na primeira pessoa. Ou basta comparar o conto autobiográfico de Bernard[12] à reconstituição que Grmek[13] fez da sua experiência, para ver como o itinerário longo, tortuoso, acidentado, contraditório e hesitante, efetivamente percorrido pelo pesquisador para chegar às suas descobertas, torna-se seguro, coerente, rápido, racional e quase triunfal.

Em muitas autobiografias parece que o cientista quer sobretudo causar admiração no leitor, convencê-lo ou convencer-se da própria genialidade. Em muitas biografias é o histórico que leva a torcer os fatos, a desordenar a seqüência cronológica dos eventos, a fim de fazer coincidir um processo criativo com o esquema preconcebido que ele traçou antecipadamente.

Mito do pensamento sem mente. Segundo outro mito, a ciência acontece por *motu proprio*, com base numa dinâmica sua, impessoal, que prescinde dos aportes e das vicissitudes dos cientistas individuais. No momento em que esse "pensamento sem mente" está maduro para determinada descoberta, mais cedo ou mais tarde, casual ou intencionalmente, alguém a fará.

Mito da descoberta bonita e pronta. Segundo a mitologia clássica, Atena nasceu da cabeça de Zeus já pronta para a guerra: adulta e completamente armada. Assim, segundo alguns historiadores da ciência, uma descoberta nasceria já completa da mente do cientista individual, num lugar preciso e num momento preciso. Na realidade, como vimos em muitos exemplos (do arco à roda, do relógio ao automóvel, do cinema ao computador e à Internet), cada descoberta é fruto de longas pesquisas e do aporte de muitas pessoas, freqüentemente distantes entre si no tempo e no espaço. A tendência dos historiadores modernos é de atribuir uma data precisa, um lugar preciso, uma paternidade precisa para cada descoberta, mas, na realidade, trata-se sempre de processos longos, tortuosos, coletivos e, freqüentemente, múltiplos. Basta pensar na fissão fria e em quantos cientistas a ela chegaram, quase concomitantemente, sem que cada um soubesse do feito dos outros.

Mito do percurso direto. Outra ilusão mítica descreve os percursos da criatividade científica como diretos, lineares, instantâneos, isentos de possíveis erros e vacilações. Aliás, segundo Bacon, a verdade deriva mais freqüentemente do erro do que da confusão. E, na verdade, o processo criativo é quase sempre tão tortuoso e acidentado, tão cheio de tentativas abortadas e de golpes de sorte que até os erros podem tornar-se úteis à descoberta. A alquimia, o misticismo, o ideologismo e a astrologia ajudaram Kepler, Bacon, Newton e Harvey nos seus caminhos para as descobertas. O relator do Prêmio Nobel conferido ao descobridor da insulina descreve a história da descoberta com clareza exemplar, mas os fatos se passaram de maneira muito mais complicada. A mesma coisa se pode dizer da descoberta da vacina antivariólica feita por Jenner e da antirábica, feita por Pasteur, e também da experimentação fundamental de Bernard sobre a glicosúria de origem nervosa.

Mito da evolução e da revolução. Outro mito preconiza que o caminho da ciência depende de uma evolução contínua, sem pausas, sem acelerações e sem iluminações. A descoberta da circulação sangüínea por Harvey é um salto revolucionário que não se explica senão somando pequenas descobertas do próprio Harvey e dos seus precursores.

Do mesmo modo, é considerada mítica a convicção de quem sustenta que o progresso científico se deve somente a episódios revolucionários. Justamente, Kuhn defende que o caminho da ciência deve-se tanto às fases revolucionárias em que um novo paradigma se despoja do reinante quanto às fases em que a ciência "normal" aplica esse paradigma à solução de um simples quebra-cabeça e, assim fazendo, o aperfeiçoa. Para o progresso do conhecimento contribuem com igual dignidade tanto as "catástrofes" e os rápidos saltos qualitativos (aquilo que, em linguagem corrente, é chamado de criatividade) quanto as lentas transformações quantitativas e os progressivos ajustamentos (aquilo que, em linguagem corrente, é chamado de inovação).

O que vale para a ciência em geral vale também para as descobertas individuais. Ao descrever as suas, Claude Bernard testemunhou que o *insight* nada mais é que a eclosão repentina de um longo percurso interior feito de lenta maturação de idéias, assimilação de novos dados, construção de novos esquemas e novas explicações.

Mito da observação-hipótese. Segundo outra ilusão mítica, a observação dos fatos precederia sempre a formulação das teorias; o mito oposto desejaria, entretanto, que fosse sempre a teoria que precedesse, orientasse e iluminasse a observação dos fatos. A prática das pesquisas demonstra que nenhum dos dois mitos exclui o outro, no sentido de que "as teorias são necessárias para observar os fatos, e os fatos observados são necessários para produzir as teorias".[14]

Quem nasceu primeiro, o ovo ou a galinha? Nascem primeiro as hipóteses ou vem primeiro a observação? Segundo Galileu e Newton, parte-se de uma hipótese e, por dedução lógica, constroem-se situações que podem ser submetidas a controles experimentais. Bernard sustenta que, ao contrário disso, a hipótese, se bem que fundada no conhecimento de fatos concretos, não decorre deles necessariamente, mas brota da intuição do cientista, que às vezes se baseia em fatos e outras vezes se fia num golpe de genialidade. Provavelmente, a experiência é um ponto inicial de desenvolvimento iluminado pela hipótese e um ponto de partida para a construção de novas hipóteses. Teoria e prática, imaginação e fatos, observação e hipótese alternam-se e se entrelaçam sem descanso.

Além disso, não deve ser esquecida a ambigüidade do procedimento indutivo de tipo baconiano, para o qual, partindo de "fatos" específicos empíricos, o cientista chegaria à inferência das leis gerais. Primeiramente, os fatos nos surgem de modo diferente, de acordo com os nossos julgamentos prévios e os nossos objetivos; em segundo lugar, as leis gerais freqüentemente são intuídas pelo cientista antes mesmo de ter observado os fatos. "Olhando em um tubo catódico", diz Grmek, "vê-se uma coisa diferente, vê-se outro 'fato', o que leva a pensar que o aparelho seja um microscópio, um telescópio ou um caleidoscópio."[15]

Mito da confirmação. Outra ilusão mítica é de que a confirmação das hipóteses seja muito mais importante do que a demonstração de que elas são falsas. Trazemos conosco a tendência de não modificar o nosso quadro conceitual; desejamos que as novidades não contradigam as nossas convicções anteriores, mas que concordem com elas. Por isso torcemos pela comprovação e não pela demonstração de falsidade, se bem que esta última seja muito mais densa: a demonstração de falsidade *demonstra a não-verdade, enquanto a confirmação não demonstra a verdade*. Segundo Popper, a tentativa de confirmação da hipótese reduz-se antes a uma série de tentativas abortadas de falsidades. Afinal de contas, "a demonstração de falsidade apresenta-se como definitiva e a confirmação é apenas provisória", diz Grmek. Mas erra, por sua vez, porque também a demonstração de falsidade pode ser falsificada. Harvey, por exemplo, teve a intuição de que o sangue venoso era o mesmo sangue que o arterial, mas demonstrou-o de modo tão inexato que a sua tese foi recusada de modo aviltante e só muito tempo mais tarde pôde triunfar, graças à recusa das recusas.

Mito do raciocínio lógico. Segundo outro mito, o raciocínio científico teria seu procedimento num plano estritamente lógico, sem nunca ser entrecortado pelos raciocínios psicológico e sociológico. E ilusória também é a tentativa oposta, de explicar o caminho do cientista em termos exclusivamente psicológicos ou sociológicos. É inegável que Pasteur, Ehrlich ou Ludwig chegaram a algumas de suas descobertas com base em observações precisas, com idéias claras e simples aplicadas com rigor lógico; mas também é inegável que muitas descobertas valem-se de abordagens irracionais e intuições que se voltam mais para o domínio da psicologia ou da psicanálise do que para o da lógica formal. Talvez exagerando, Popper disse que "toda descoberta contém um elemento irracional ou uma intuição criadora, no sentido bergsoniano do termo".

Mito do espírito sobrenatural ou mito do contexto. Também ilusórios são dois mitos contrapostos: o mito segundo o qual a descoberta se originaria sempre e inteira em premissas e percursos irracionais, no gênio pessoal do pesquisador, no espírito sobrenatural que o habita e o torna um super-homem; e o mito contrário, segundo o qual a descoberta seria decorrente exclusivamente de fatores externos, de natureza socioeconômica. Quando uma exigência se torna profunda e coletiva, a sociedade inteira impele a comunidade científica a formular programas, a canalizar financiamentos e a aplicar as suas melhores inteligências na solução daquela necessidade. Por esse aspecto, quase sempre o progresso científico decorre, ainda que em parte, da necessidade de fornecer respostas concretas a uma urgente questão social. Mas o impulso que permite às comunidades científicas procurar as respostas não se exaure naquela questão, ao menos porque os cientistas, muito mais do que os poetas, os teólogos e os artistas, tendem a proteger zelosamente o próprio isolamento nos confrontos com os profanos e com a vida do dia-a-dia, como bem testemunhou Kuhn.[16]

O MITO DOS MITOS

Mas o mito dos mitos consiste na convicção geral de que o progresso ocorre de modo muito simples e linear, por uma incrementação gradual do conhecimento à qual corresponderia uma também gradual redução da ignorância. Originam-se aí, por germinação, alguns outros mitos sucedâneos: de que existiria um ponto arquimediano, fundamental, neutro, externo, do qual os fenômenos podem ser observados com neutralidade olímpica; que existiriam leis da história dotadas da mesma atemporalidade e regularidade das leis que regem o universo físico; que a ciência deveria levar em consideração somente o que se pode repetir e o que é geral, desprezando tudo o que é singular e contingente; que existiria, do ponto de vista de Taylor, um e somente um caminho que conduz à solução dos problemas, e não uma pluralidade de direções, de tempos e de pontos de vista; que os vínculos e limitações constituiriam precondições intransponíveis para a pesquisa, e que não poderiam nunca ser revertidos em oportunidade.

Na verdade, "a cada aumento do conhecimento corresponde um aumento da ignorância, e a novos tipos de conhecimento correspondem novos tipos de ignorância... Os limites da ciência contemporânea são uma espécie de pessoa de duas caras. No momento em que se estabelecem os limites de um determinado universo de discurso, abrem-se novas possibilidades para a construção de novos universos de discurso".[17] Mas esse problema exige que se introduza, ainda que sinteticamente, a questão epistemológica da complexidade.

OITO ABORDAGENS À COMPLEXIDADE

A atividade criativa organizada é simples ou complexa? As suas transformações se dão de forma contínua, linear e coerente, ou descontínua, complicada e incoerente? Estamos todos dispostos a afirmar que a criatividade é complexa. Mas em que consiste a complexidade?

Edgar Morin indicou "oito caminhos que conduzem ao desafio da complexidade". É preciso que eu os repasse rapidamente, para abordar meu conceito sobre complexidade que em parte os contradiz e em parte os engloba.

Segundo Morin, os cientistas – sobretudo aqueles das ciências ditas "exatas" – foram forçados a se conscientizar de que a realidade é múltipla, difícil, incerta, complicada, contraditória, quando em seu universo conceitual e empírico eles estabeleceram as seguintes idéias:

a. *desordem e acaso*, para os quais nem tudo pode ser colocado nos compartimentos da sistematicidade e da previsibilidade;

b. *singularidade, localidade e temporalidade*, para as quais cada fenômeno, que ocorre aqui e agora, não é sempre e totalmente explicável com base nas leis formuladas por indução;

c. *complicação*, para a qual todo fenômeno se torna de tal modo enredado por interações e retroações a ponto de não poder ser analisável com profundidade ou compreendido totalmente;

d. *complementaridade*, em que ordem, desordem e organização não são conceitos contraditórios entre si, mas complementares;

e. *paradoxalidade* da organização, para a qual todo sistema organizado é ao mesmo tempo maior ou menor do que a soma das partes; é dotado de um centro, de muitos centros e de nenhum centro, ao mesmo tempo; é *hologramático*, pois cada um dos seus elementos contém as qualidades e as informações do todo;

f. *recursividade*, para a qual a parte é gerada do todo e o todo é gerado da parte; o produto é também produtor; o efeito é também causa;

g. *crise da verdade*, como um conjunto de conceitos claros e distintos, por isso, crise da possibilidade de estabelecer demarcações claras entre ciência e não-ciência, entre sujeito e objeto, entre indivíduo e ambiente, entre autonomia e dependência;

h. *inexistência de um ponto arquimediano* acima e além da realidade estudada, no qual o cientista, colocando-se conceitualmente naquele ponto, pode observá-la de modo neutro, sem se contaminar ou contaminá-la, ficando "no centro do universo e no cume da razão".

A NOVA ALIANÇA

Essas oito abordagens têm contribuído para preencher a distância entre ciência e arte, entre ciência *hard* e ciência *soft*, mais do que fizeram no passado os esforços de todos os sociólogos, filósofos e psicólogos positivistas, profundamente empenhados em encontrar, no comportamento do homem e da sociedade, leis tão simplificadoras e exatas quanto aquelas exaltadas pelos físicos, químicos e biólogos.

Nunca como hoje, portanto, as duas culturas estiveram tão próximas; e não porque as ciências humanas tenham finalmente conquistado os códigos da ordem previsível e da simplicidade inteligível que pretendiam, mas porque as ciências da natureza chegaram finalmente à consciência (e mesmo ao reconhecimento e à apreciação) daquela desordem e daquela complexidade que desde sempre detestavam.

O que permitiu a cientistas como Prigogyne e Stengers profetizar uma nova aliança foi a inédita circunstância pela qual – pela primeira vez na história da cultura – são as ciências exatas que permutam métodos e paradigmas da ciência humana, não o inverso. Essa circunstância comporta, pelo menos aparentemente, uma extensão – mais do que uma restrição – da área da incerteza e da complexidade. Na verdade, cria as premissas para uma nova e grande estação de explorações e invenções.

POR QUE AS CIÊNCIAS "EXATAS" FAZEM PROGRESSOS

A simplicidade das ciências exatas foi fundamentada na certeza de que o homem podia aproximar-se progressivamente da onisciência, por meio de um progresso irreversível feito da acumulação de conhecimentos descritivos e explicativos, obtidos pela observação do próprio campo de pesquisas, de um ponto de vista objetivo e neutro.

As dicotomias ordem-desordem, geral-particular, necessário-possível, lei-acaso, previsibilidade-imprevisibilidade, infalibilidade-falibilidade, neutralidade-implicação limitavam as ciências da natureza nos primeiros termos desses binômios (que a elas conferiam exatidão) e as ciências do homem nos segundos termos (que a elas conferiam imprecisão).

Por alguns séculos, a posição adquirida pelas ciências exatas lhes permitiu acumular enormes progressos. Mas elas teriam alcançado, depois, uma estagnação definitiva, se não tivessem abandonado a veleidade da exatidão e da objetividade, aceitando a reintegração do observador no próprio campo de análises, a relatividade dos fenômenos frente ao particular e ao contingente, a possibilidade de oferecer respostas diferentes a novas perguntas, a necessidade de conjugar a exigência de informações pela abertura dos sistemas com a exigência de identidade por intermédio do seu fechamento, a utilidade dos julgamentos antecipados como "matrizes construtivas do conhecimento" (Gadamer), assim como a utilidade de superar a representação com a construção e a explicação do preexistente com a criação da novidade.

Tudo isso já estava há muito definido nas ciências humanas e sociais. Porém, enquanto elas viveram essa condição como se fosse um rebaixamento, um limite e um vínculo, um obstáculo à sua exatidão, credibilidade, qualificação científica, capacidade de formalização e de exaustão, as ciências da natureza aceitaram, em vez disso, a complexidade como tensão essencial entre uma velha e uma nova epistemologia, entre a era da descoberta e a era da invenção. Portanto, como uma oportunidade.

DESCONTINUIDADE DO PROGRESSO

Mas as ciências humanas, por prescindirem do seu grau de formalização, são contemporâneas do homem, pelo menos tanto quanto o são as ciências da natureza. E a história da humanidade pode ser lida como um alternar-se de fases caracterizadas pelo progresso das ciências *hard*, com fases caracterizadas pelo progresso das ciências *soft*.

Nas suas *Dezoito Lições sobre a Sociedade Industrial*, Raymond Aron descreve a irregularidade do progresso técnico no curso dos séculos, mas o seu pensamento deve ser combinado com a teoria de Braudel, que já mencionamos, segundo a qual, na evolução da história, podemos entrever *ondas curtas* feitas de revoluções, ajustes, urbanizações, despovoamentos e assim por diante; e ondas maiores, determinadas por aqueles processos de grande duração, apenas identificáveis por um olhar de conjunto em toda a história do nosso planeta e da nossa espécie.

Iniciada há 30 milhões de anos aproximadamente, essa história teve uma sedimentação científica e tecnológica muito lenta, que abordamos na primeira parte deste livro. Até o advento da civilização mesopotâmica, o *Homo erectus* aprendeu praticamente a se adaptar ao ambiente e às estações, livrou-se da escravidão das questões concretas, compreendeu como cultivar a terra em vez de se limitar a recolher os seus frutos espontâneos, descobriu a indispensabilidade do macho no processo de procriação, conseguiu domesticar os animais, inventar a roda e a vela.

No período bem mais curto, compreendido entre 5 mil e 2.500 anos atrás, o homem organizou cidades e escolas, descobriu a escrita, a matemática e a astronomia, inventou instrumentos indispensáveis para a navegação longa, experimentou a divisão e a especialização do trabalho, criou a balança e o calendário, submetendo as ciências exatas à demanda social.

No período ainda mais curto compreendido entre os séculos X e XIII d.C., a invenção do relógio modificou o conceito de tempo; os modernos arreios dos cavalos e o moinho de água substituíram enormes massas de força muscular; a introdução do purgatório como área de negociação entre a perdição e a salvação extrema lançou uma ponte entre o mundo terreno e o supraterreno, criando uma premissa para a economia capitalista; a invenção dos óculos prolongou a vida intelectual dos estudiosos.

No conjunto, porém, dos pré-socráticos até todo o século XVI, a atenção dedicada ao progresso do espírito foi, de longe, mais ampla do que a atenção prestada ao progresso prático. E, como vimos pelos olhos argutos de Koyré, permanecem até agora misteriosas as razões que levaram os gregos, que possuíam grande parte dos conhecimentos sobre os quais se fundará o progresso científico do século XVIII, a desistir frente às Colunas de Hércules da aventura tecnológica.

Hans Sachs, que explorou essa circunstância, relaciona a vitória de Orfeu e de Narciso sobre Prometeu e Sísifo a causas psicológicas mais do que econômicas ou sociológicas: fato é que as razões da auto-realização e da elevação interior antepuseram-se, durante muitos séculos, às razões da mecanização e da automação.

A CRIATIVIDADE A SERVIÇO DO BEM-ESTAR

É Francis Bacon quem primeiro observa toda a complexidade da vida cotidiana devida à desproporção entre a imensa riqueza da especulação teórica acumulada durante séculos e o estágio extremamente rudimentar dos instrumentos práticos de que o homem ainda dispunha no fim do século XVI. E propugna uma grande cruzada para a aliança entre teoria e prática, entre mente e coisas: "*commercium mentis et rei*". Ao embuste da alquimia e à vacuidade da física clássica Bacon contrapõe o primado da razão prática:

"A prensa," escreve ele "invenção de grande estatura, a artilharia, cuja descoberta não estava muito além dos limites das nossas possibilidades, a agulha magnética, em parte já antes conhecida: que mudança essas três invenções trouxeram ao mundo, nesses anos! A primeira, no campo do saber; a segunda, no campo da guerra; e a terceira, na busca dos tesouros e dos bens e no campo da navegação... Não há dúvida, portanto, de que a soberania do homem encerra-se no conhecimento no qual repousam muitas coisas que os reis com os seus tesouros não podem comprar... Atualmente nós governamos a natureza com as opiniões, mas somos escravos dela pela necessidade; mas se ela nos guiasse nas invenções, nós a comandaríamos na ação."

A missão que Bacon se propõe, enfim, é a de livrar as escolas das velharias da antiga cultura clássica e preparar os ingleses para a "descoberta de novas artes e instrumentos, graças aos quais se possa obter o melhoramento das condições humanas de vida". A metafísica causou progressos e danos suficientes ("Platão corrompeu a filosofia natural com a sua teologia, tanto quanto Aristóteles com a sua lógica"). É chegado o tempo de se dedicar ao desenvolvimento científico e ao melhoramento prático da condição humana ("a vida humana deve ser enriquecida com novas descobertas e com novos poderes"). Não que a teoria seja inútil, mas "aquilo que é mais útil na prática é mais certo na teoria", porque "o progresso da mente do homem e o progresso da sua condição material são uma coisa única e idêntica".

Com o pecado original, o homem perdeu o seu domínio sobre o mundo criado; com as artes e as ciências, ele o readquirirá, resgatando-se da condenação bíblica de ter que ganhar o pão com o suor do seu rosto. Cumprida a *Instauratio Magna*, o homem poderá finalmente gozar a vida, desde que tenha procedido com prudência nas suas invenções. "Da mesma fonte", de fato, "jorram instrumentos de incontinência e até de morte... Os venenos mais potentes, assim como os canhões e instrumentos de destruição semelhantes, são justamente frutos das invenções mecânicas; e conhecemos bem em quanto eles superam o Minotauro em crueldade e em poder destrutivo... As artes mecânicas podem estar voltadas tanto numa como noutra direção, isto é, podem servir tanto para o bem como para o mal."

COMPLEXIDADE ONTOLÓGICA E COMPLEXIDADE EPISTEMOLÓGICA

Os dois filões do progresso – o físico e o metafísico – não acontecem, portanto, paralelamente. Tenho convicção de que o sentido da complexidade seja perene e que tenha origem exatamente nessa defasagem, pelo que se pode falar de *complexidade ontológica* quando prevalece a desproporção entre as dificuldades da vida prática e a escassez de meios concretos disponíveis para superá-las; assim como se pode falar de *complexidade epistemológica* quando prevalece a desproporção entre a riqueza de oportunidades práticas e a pobreza de paradigmas teóricos capazes de justificá-la no plano conceitual.

Até Bacon – isto é, até os albores da sociedade industrial –, prevaleceu o sentido da complexidade ontológica: frente às calamidades naturais, às doenças, às distâncias geográficas e às carências, o homem sentia todo o peso da impotência cotidiana de quem se encontrava esmagado pela desproporção entre a imensidão mitológica das forças naturais e a limitação psicofísica das forças individuais.

Os dois séculos da sociedade industrial preencheram muitas dessas lacunas, e hoje o homem dispõe de conhecimentos científicos e instrumentações tecnológicas tais para transformar em domínio a sua impotência atávica nos confrontos com a natureza. Fica prevalecendo, por isso, o sentido da *complexidade epistemológica*: frente à inversão da relação entre tempo de trabalho e tempo livre, frente ao prolongamento do tempo médio de vida, frente à possibilidade de reduzir o planeta a uma grande vizinhança numa aldeia global e frente à passagem do tempo estabelecido para tempo escolhido, em vez de se sentir triunfante, o homem desanima e interpreta a extrema elementaridade do seu pensamento metafísico como extrema complexidade do universo físico e do sistema social.

Não por acaso, os cientistas das ciências *hard* (físicos, químicos, biólogos e cirurgiões, sobretudo) vivem com euforia e exaltação os tempos atuais marcados por sua onipotência, sublinhada pela passagem do seu trabalho da fase da descoberta à da invenção. Ao contrário, os cientistas das ciências *soft* (sociólogos, filósofos e cientistas políticos, sobretudo) vivem com depressão e desencorajamento a sua crise, sublinhada pela impotência frente à necessidade de passar da fase descritiva à explicativa e de previsão.

Por ironia da sorte, são justamente os cientistas *hard* que sentem mais intensamente a urgência de que se supere a crise das ciências *soft* e que vão assumindo a responsabilidade de fornecer novos modelos capazes de levar todo o saber para fora da seca, para onde o arrastou a complexidade epistemológica. Nesse sentido, a física e a biologia vão hoje suplantando a centralização da filosofia no seu próprio terreno e assumem a tarefa de fornecer explicações do mundo, da sociedade e do homem, que antes seriam esperadas apenas dos filósofos.

Por essa razão, de Bachelard em diante, os epistemólogos trazem à discussão o problema da complexidade; e por isso a complexidade ontológica – determinada pela emergência do acaso, do aleatório, da desordem, da complicação, do emaranhado, das multiplicações, das proliferações, do polimorfismo e da *metis* – confunde-se com a complexidade epistemológica, determinada pela emergência dos cursos e recursos, da pluralidade, da dificuldade, da contradição, da relação circular entre produtor e produto, da relação holística entre parte e todo, da relação retroativa entre causa e efeito, da dificuldade e impossibilidade de tomar decisões.

E em ambos os domínios vai-se fazendo frente à *complexidade*, ou com a tentativa de contorná-la – como fez Bohr na física, quando encerrou o embate entre a concepção crepuscular e a concepção ondulatória das partículas, definindo que entre as duas não existe contradição e sim complementaridade; ou como fez Simon na sociologia, quando encerrou a pretensão da racionalidade máxima nas decisões, definindo a preeminência da racionalidade limitada –, ou com a tentativa de transformar as suas valências de vínculo e limitação em oportunidade, de obstáculo à onisciência, e converter a onipotência em precondição para criar novidades.

ALGUMAS CAUSAS DA COMPLEXIDADE EPISTEMOLÓGICA

A minha tese, portanto, é que a sociedade atual não seja tão complexa, mas que os paradigmas de que a maioria dos cientistas *soft* dispõe sejam insuficientes para satisfazer a sua obstinação em querer explicar a sociedade, já prevalentemente pós-industrial, por meio de velhos modelos elaborados em função da sociedade industrial, já superada. As explicações sociológicas são, assim, reduzidas a tautologias insensatas. Muitos têm a consciência de que os velhos paradigmas sociológicos já não bastam; mas, em vez de substituí-los por novos, debitam à realidade o pecado de ser complexa.

Outra causa da atual complexidade epistemológica deve-se ao fato de que a sociologia – sobretudo a "sociologia da ação" – abandonou há tempos a árdua tarefa de fornecer representações gerais da sociedade para aplicar-se em descrever os compartimentos individuais, ou detalhes ornamentais. Nas análises recentes dos cientistas sociais, o comportamento das partes suplantou de modo muito radical a estrutura do todo.

A terceira causa é determinada pelo hábito de privilegiar a análise dos processos produtivos considerados centrais e determinantes, em vez de a análise simultânea da produção, do consumo e das suas interações recíprocas. Esse segundo método poderia justificar a presença simultânea, num mesmo macrossistema, de vários subsistemas diferentes entre si e interagentes de modo a acelerar ou retardar a evolução do conjunto, com danos sobretudo para as áreas mais pobres. Hoje é impossível analisar um sistema socioeconômico sem levar em conta simultaneamente a sua produção e o seu consumo. Marx tinha-o imaginado bem, e em *Grundrisse* fala da relação direta e indireta entre os dois termos para os quais não somente "cada um dos dois fornece ao outro o seu objeto; a produção, o objeto externo ao consumo; e o consumo, o objeto ideal à produção; mas também cada um deles – além de ser imediatamente o outro e o mediador do outro –, ao se realizar, cria o outro e realiza-se como o outro". Se nos tempos de Marx era possível compreender um sistema socioeconômico visitando sobretudo os campos e as fábricas, hoje é mais importante começar pelos supermercados e *shopping centers*.

Tentemos enumerar, ainda que rapidamente, algumas das tantas situações mundiais determinadas por diferentes compostos de produção e consumo, levando em conta o fato de que cada composto tem a sua aptidão própria para facilitar ou inibir determinados tipos de criatividade.

Nas áreas atrasadas, a produção e o consumo de tipo industrial ainda não são centrais e, em alguns casos, talvez nunca o sejam, porque conseguirão dar o salto direto da condição rural para a pós-industrial. Algumas delas – as mais pobres – são totalmente carentes de meios de produção adequados para cultivar as suas terras e, por isso, não produzem quase nada (*comunidades empobrecidas e, às vezes, sustentadas por ajuda internacional*), como o Sael ou a Somália. Outras áreas chegam a ter meios de produção, mas são sistematicamente pilhadas dos produtos dos seus campos e das suas florestas (*comunidades rurais exploradas*), como acontece na Amazônia. Outras áreas, ainda – as mais afortunadas –, dispõem de meios suficientes para produzir bens agrícolas e, além de consumi-los, podem também permitir-se a acumulação primária, graças à qual lhes será possível realizar uma decolagem industrial autônoma (*comunidades pré-industriais*), como está acontecendo no Brasil. Nas áreas atrasadas prevalecem uma criatividade tecnológica de tipo muito elementar, conexa à vida cotidiana, e uma atividade estética às vezes exuberante, mas de tipo *naïf*. A criatividade científica – que requer altos níveis de escolarização e grandes investimentos de capital – é quase impossível.

Quando uma área torna-se industrial, ou quando se aproxima da fase da industrialização, quase sempre ocorre que algumas regiões ainda fiquem privadas tanto das indústrias quanto dos produtos industriais, constituindo assim um subsistema atrasado (*sociedade pré-industrial*), como ocorreu no sul da Itália e como ainda hoje acontece em algumas zonas do Brasil ou da Coréia. Outras regiões podem produzir bens industriais dos quais as áreas centrais (*sociedades industriais exploradas*) se apropriam, como acontece na Romênia ou em Taiwan. Outras regiões, embora não produzindo bens industriais, podem ainda assim participar da cultura consumista, obtendo os produtos industriais de outrem em troca da própria força de trabalho, das próprias matérias-primas, da própria subordinação política (*sociedades materialmente colonizadas*), como acontece com muitos países do Terceiro Mundo. Outras, enfim, produzem e consomem bens industriais (*sociedades inteiramente industriais*), como acontece no nordeste da Itália e na Irlanda.

A fase de decolagem industrial é caracterizada geralmente por um entusiasmo em iniciativas econômicas, pela intuição copiosa e genial de novos produtos, novos nichos de mercado, novos métodos de produção e distribuição. A criatividade apóia-se mais na tecnologia, no *design*, na organização, nas finanças e nos expedientes de aquisição e venda do que na arte, na literatura ou na filosofia.

Quando uma área se torna pós-industrial, existem três possibilidades ideais típicas. Algumas delas produzem bens pós-industriais que depois são comprados abaixo do preço e utilizados por países ricos (*sociedades pós-industriais exploradas*), como ocorre para a informática na Índia e para microprocessadores em Hong-Kong ou na Indochina. Outras podem consumir bens pós-industriais, predominantemente produtos estrangeiros (*sociedades culturalmente colonizadas*), como a Itália ou o Brasil fazem com os filmes americanos. Outras, enfim, podem produzir e consumir produtos novos (*sociedades plenamente pós-industriais*), como acontece na Califórnia.

DESERTO E POMARES, ALTOS-FORNOS E SILÍCIO

Existem, portanto, comunidades pré-industriais que, sob alguns aspectos, ainda participam da comunidade rural e que também já fazem parte da sociedade industrial. De modo análogo, as sociedades industriais maduras integram de alguma maneira a sociedade industrial e também já pertencem à sociedade pós-industrial. O atual sistema mundial caracteriza-se pela presença simultânea de toda essa tipologia aqui esquematizada e ainda por muitos outros tipos: aí se encontram, por exemplo, comunidades empobrecidas como o Sael e o Afeganistão, comunidades pré-industriais como parte da Turquia ou do Brasil, sociedades industriais maduras como Cingapura, sociedades pós-industriais como a Califórnia, onde os laboratórios convivem com os pomares, e ainda sociedades desequilibradas como a Coréia ou o Paquistão, que, apesar de pobres, possuem a bomba atômica.

O sistema inteiro, porém, tem sempre a conotação do estado de avanço do seu eixo central: por conseguinte, hoje todo o planeta está assumindo as características da sociedade pós-industrial, seja na sua forma de domínio seja nas suas formas de dependência. Os países mais potentes exercem uma hegemonia planetária por meio de instrumentos pós-industriais. Todos os outros sujeitam-se a essa hegemonia e a esses instrumentos. Portanto – uns de um modo e outros de outro – estão todos imersos num único sistema mundial, que é de tipo pós-industrial, e todos participam, ativa ou passivamente, da cultura pós-moderna.

A muitos estudiosos passam despercebidas principalmente as modalidades novas, com as quais se realizam as relações globais de domínio por parte dos países e grupos mais adiantados, que impuseram o monopólio científico, o das informações, o dos meios de comunicação de massa, em substituição ou em reforço ao domínio militar e ao econômico.

POR QUE A SOCIEDADE PÓS-INDUSTRIAL É COMPLEXA

A principal diferença entre sociedade industrial e sociedade pós-industrial é que a primeira era centrada no trabalho e na produção de bens materiais, enquanto a segunda é centrada no tempo livre e na produção de bens não-materiais: serviços, símbolos, informações, valores e estética.

Não é uma diferença de pouca monta, mas aqui podemos somente limitar-nos a relacionar alguns elementos que tornam ontologicamente mais complexa a sociedade pós-industrial, e alguns elementos que tornariam ontologicamente mais simples a sua gestão, caso o modelo pós-industrial fosse finalmente adotado no lugar daqueles que foram elaborados em função das sociedades industriais precedentes, já em declínio.

Portanto, a maior complexidade ontológica deriva, além dos fatos já examinados, também dos que procurarei sintetizar em seguida.

- Enquanto a evolução biológica do homem é considerada mais ou menos conhecida, e enquanto as constantes fundamentais do universo do ser vivente, como afirma Monod, já foram descobertas, a evolução cultural do nosso sistema social ainda está em plena dinâmica, e a sua lógica ainda nos escapa.
- A tecnologia tornou-se tão potente e tão penetrante que requer programas e controles cada vez mais capilares e socializados.
- A progressiva desestruturação do tempo e do espaço – devido à qual a produção, o consumo e o lazer ocorrem cada vez menos em uma unidade de tempo e de espaço (a fábrica, o supermercado, o cinema, etc.) – comporta a dispersão dos sujeitos, o afastamento dos corpos e a impotência dos métodos tradicionais de socialização e de coordenação.

- O atomismo psicológico e cultural, a difusão de personalidades estruturadas de forma narcisística e a flexibilidade dos sistemas produtivos comportam a redução da massificação da cultura, o ocaso dos modismos, a prevalência dos gostos individuais, com a conseqüente menor possibilidade de planificar os consumos e os comportamentos, achatando-os numa dimensão coletiva. A previsão do mercado resulta cada vez menos confiável, também por causa da passagem do consumo indispensável ao consumo voluptuoso, que faz prevalecer o capricho sobre a necessidade.
- Os movimentos anti-sistêmicos (o operário que se projeta do centro para a periferia; os nacionalistas que se projetam da periferia para o centro, recorrendo cada vez mais freqüentemente ao terrorismo) criam turbulências cada vez mais freqüentes nos contextos sociais, modificando-lhes o equilíbrio e reduzindo a sua previsibilidade.
- O acesso ao bem-estar e à instrução por parte de um número crescente de pessoas incrementa a solicitação de participar desde baixo da projeção do futuro e dos processos decisórios que lhes dizem respeito, forçando a formas mais engenhosas de trabalhos de grupo e coordenação.
- A adoção de tecnologias cada vez mais poderosas e sofisticadas dispensa mão-de-obra e trabalho intelectual, provocando ondas traumáticas de desocupação, com os decorrentes fenômenos de marginalidade e desvio.
- A dimensão planetária do "espaço econômico" com o qual se relacionam as organizações obriga os operadores a jogar num tabuleiro ilimitado e variado, que requer vastos conhecimentos e atualizações rápidas.
- A dialética social confia cada vez menos no encontro frontal entre os dois blocos contrapostos, da burguesia e do proletariado, e cada vez mais articulada em movimentos, interações duplas e múltiplas, alianças e alinhamentos móveis que requerem complicada flexibilidade de estratégias e táticas. O terrorismo permanece cada vez mais como única modalidade possível de luta dos pobres contra os ricos.
- O progresso faz vítimas; quem projeta o progresso tende a se desinteressar das suas vítimas; quem defende as vítimas é freqüentemente incapaz de projetar o futuro.
- Algumas variáveis – sobretudo a energia, a eletrônica, a biotecnologia, os novos materiais, os novos espaços – interagem simultaneamente, modificando velozmente os cenários futuros do sistema social.
- Entre a fase em que se produzem novas idéias por parte dos idealizadores e a fase em que os usuários finais sofrem ou gozam os seus efeitos existem longas e complexas etapas intermediárias – de decisão, por parte da classe dirigente, e de implementação, por parte da estrutura técnica – para as quais os usuários são impotentes frente às forças que determinam

de fato o seu futuro. Criações e decisões ocorrem *antes e alhures* com respeito à conscientização dos usuários, que, quando poderiam incidir sobre elas, não sabem da sua existência; e quando, finalmente, lhe conhecem a existência, já é tarde demais para incidir sobre elas.

- De cada nova etapa de conhecimento resultam a especificação de novas zonas de sombra e o surgimento de novas interrogações.
- O ecossistema já está ameaçado por uma poluição e por um desequilíbrio que poderiam tornar-se irreversíveis.

POR QUE A SOCIEDADE PÓS-INDUSTRIAL É SIMPLES

Enquanto esses fatores jogam a favor de uma complexidade maior do sistema social (mas seriam considerados ao mesmo tempo como vínculos e como oportunidades), outros jogam a favor da sua progressiva simplificação e possibilidade de compreensão, de modo que, para estabelecer se a sociedade pós-industrial é ontologicamente mais simples ou mais complexa do que aquelas que a precederam, seria necessário proceder à soma algébrica de todos esses fatores, depois de os ter ponderado.

Entre os fatores que jogam a favor de uma simplificação e de uma fácil gestão do sistema, sintetizo aqui, em seguida, aqueles que me parecem mais incisivos:

- À medida que se ampliam os conhecimentos por meio das descobertas, cresce a possibilidade de se criarem novos instrumentos, novos materiais e novas oportunidades, por meio das invenções.
- Além de insistir em se formular as velhas perguntas para obter respostas cada vez mais aprofundadas, a ciência pode formular a si mesma tipos de questões inteiramente novas, para obter respostas inéditas.
- As descobertas teóricas cada vez mais precedem as aplicações práticas; a ciência tem cada vez mais capacidade de responder a questões sociais.
- Ao mesmo tempo, os instrumentos técnicos estão cada vez mais capacitados a responder questões apresentadas por seus usuários e, aliás, antecipam-se a eles em seus programas, a tal ponto que é até mais difícil apresentar novos problemas do que obter novas soluções.
- Nos países industriais e pós-industriais a longevidade média aumenta cada vez mais e passará das 300 mil horas aproximadamente – dos nascidos em 1850 – a um milhão e duzentas mil horas – dos nascidos em 2050. Ao mesmo tempo, as horas de trabalho formal serão reduzidas de 120 mil para 40 mil. Daí resulta a liberação de uma enorme massa de tempo destinada a folga, instrução, auto-realização e sociabilidade.

• A tecnologia oferece suportes cada vez mais amplos à atividade operacional (substituindo o trabalho humano cansativo e repetitivo), à atividade decisória (facilitando a elaboração dos dados e a projeção das tendências), às funções técnicas especializadas (*design*, análises clínicas, elaboração de projetos técnicos, etc.). A prevalência do trabalho inteligente em relação ao trabalho manual permite ao homem dedicar-se principalmente a funções criativas.

• A possibilidade técnica de descentralizar o trabalho, transformando-o em *teletrabalho*, permite aos operadores substituir o tempo estabelecido pelo tempo escolhido, reduzir o tráfego urbano, a possibilidade de conflitos, a subordinação e a burocratização.

• A maior flexibilidade dos processos produtivos reduz a necessidade de produzir em série e de massificar o consumo.

• A homologação das linguagens e dos conhecimentos, a facilitação dos deslocamentos, a rapidez e a riqueza das informações e o aumento da escolaridade difundida permitem uma melhor compreensão recíproca, melhor alocação dos recursos, melhor aprovisionamento, assim como uma tendência de deslocar os conflitos do plano material para o plano simbólico.

• Os instrumentos estão cada vez mais aptos a respeitar ou até mesmo a superar os padrões pretendidos pelos usuários. Como conseqüência, o seu valor é conferido não pela eficiência das suas funções, mas pela melhor qualidade dos materiais empregados e, sobretudo, pela estética. A polarização dos engenheiros vai, assim, sendo substituída pela nova polarização dos artistas e dos *designers*.

• Cada vez mais é possível obter grandes desempenhos de instrumentos construídos com materiais como o plástico ou o silício. O limite, por isso, já não é aquele rígido, determinado no passado pela qualidade e quantidade de matérias-primas disponíveis, mas o bem mais elástico determinado hoje pela capacidade (sobretudo coletiva) de idealizar e criar.

O PAPEL DA FORMAÇÃO

Procurei demonstrar que a sociedade rural era ontologicamente mais complexa, enquanto a pós-industrial é mais complexa do ponto de vista epistemológico. Isso significa que as ciências da natureza fizeram a sua parte, e que agora cabe às ciências do homem fazer pelo menos a mesma coisa.

E, uma vez que isso só é possível por meio de um salto cultural, a sua realização é em grande parte confiada à elaboração de modelos descritivos, elucidativos e de previsão, capazes de explicar a sociedade, agilizando a sua compreensão e gestão.

Em dependência imediata emerge a importância da formação pessoal, como instrumento para preencher o vazio cognitivo do qual decorre o desânimo do homem pós-moderno frente à realidade. Para quem utiliza corretamente as atividades formativas na educação para a criatividade, resulta a exigência de apostar nas seguintes prioridades:

- o estudo e a difusão dos conceitos e métodos relativos ao paradigma pós-industrial, como único capaz de acertar as contas quanto às mudanças ocorridas, à distância que já nos separa da sociedade industrial e às perspectivas com base nas quais é possível desenhar o nosso futuro;
- a recuperação da importância que deve ser atribuída às ciências humanas e sociais, que justamente a teoria da complexidade liberou do sentimento de inferioridade em face das ciências "exatas", que se revelaram, elas também, relativas e falíveis;
- a aquisição e a difusão do conceito de complexidade, pois somente disso pode resultar um salto qualitativo das organizações criativas e da sua administração;
- a fundação e a difusão de uma nova epistemologia das ciências organizacionais que permita colher o seu sentido, apreciar-lhes a dignidade e adequar-lhes a aplicação às atividades criativas.

Para realizar tudo isso, é necessário desenvolver as forças criativas ingênitas na tecnologia e na ciência, liberar o tempo e as energias do homem, desviando-as do trabalho desagradável para o criativo: resgatar Sísifo da sua milenar condenação a um esforço inútil e sem esperança. É importante entender que tudo isso – pela primeira vez na história da humanidade – pode ser feito porque o homem, com o esforço imenso e paciente dos seus músculos e da sua inteligência, conseguiu estabelecer para si próprio um "oitavo dia da criação".

É importante compreender, além disso, que a gestão do presente não pode ser guiada somente pela experiência do passado, pela história como "*magistra vitae*", mas deve ser também focada no futuro, configurado e modelado nos laboratórios científicos, nos escritórios e estúdios, nos lugares destinados à criatividade.

Desde o século XVIII, no brasão do Palácio Serra di Cassano, em Nápoles, onde triunfou o melhor Iluminismo do sul da Itália, campeia o mote: "*Venturi non immemor aevi*" (a quem não será esquecido pelo século vindouro). E Henry Ford, na sua autobiografia, recomenda "não ter medo do futuro nem nutrir veneração pelo passado... O que pertence ao passado é útil somente enquanto nos sugere modos e meios de progresso".

Nada mais adequado a quem, por vocação e por profissão, ocupa-se em construir, no presente, o futuro.

A CRIATIVIDADE COMO *AUTOPOIESE*

A epistemologia considerou o problema da *autopoiese* e da *heteropoiese* na criatividade. Quem contribui com mais intensidade no processo criativo: a mente do criador ou o contexto em que essa mente se formou e no qual vive?

Os casos que estudei sugerem-me a hipótese de que o contexto em que opera um grupo criativo pode facilitar-lhe a criatividade ou pode criar-lhe obstáculos, *mas não pode determiná-la*. Aliás, alguns casos deixam claro que um grupo produziu obras e idéias avançadas em relação ao seu próprio tempo ou em contraste com o macrossistema que o cercava: a Estação Zoológica de Nápoles viveu praticamente isolada da cidade e da sua vida cultural; o Círculo Matemático de Palermo desenvolveu-se em oposição ao mundo acadêmico local; o Círculo de Bloomsbury deleitou-se com as distâncias que o separavam do puritanismo inglês da sua época; o grupo da Via Panisperna seguiu um programa científico que pouco ou nada tinha a ver com a Itália fascista dos anos 1930.

Pode-se quase afirmar que o grupo criativo prefere a *autopoiese* à *heteropoiese*. Eliot Jacques já o tinha constatado quando descreveu os subsistemas criativos como sendo dotados de autonomia e capacidade de discernimento, e subsistemas executivos como sendo subordinados a prescrições e controles externos. Mais ainda o demonstraram Humberto R. Maturana e Francisco J. Varela, quando diferenciaram os processos cibernéticos descritos por Ludwig von Bertalanffy dos sistemas viventes analisados em seus estudos.[18]

O fechamento do sistema lhe garante que o "conjunto constitutivo" da identidade[19] oferece a possibilidade de reconhecer e valorizar a própria capacidade autônoma de encontrar no seu interior as energias criativas. Isso vale tanto para a criatividade de grupo quanto para a individual, mas é de percepção mais imediata no segundo caso e por isso presta-se melhor à nossa argumentação. Escolhemos, assim, dois casos em que a *autopoiese* fica particularmente evidente: os últimos quartetos de Beethoven e um ensaio de Montaigne.

OS ÚLTIMOS QUARTETOS DE BEETHOVEN

Um primeiro exemplo particularmente significativo de *autopoiese* pode ser tirado da extraordinária vicissitude artística e humana de Ludwig van Beethoven: a elevação e a grandiosidade das suas composições, de fato, se dão num crescendo contínuo, quase no mesmo passo da progressão da sua surdez e do seu isolamento dos sons externos. E justamente esse isolamento – responsável, na opinião de alguns contemporâneos, pela incompreensão e até mesmo pela mediocridade (no julgamento deles) de determinada música – hoje é reconhecido como uma das causas da grandeza de Beethoven e da estima que os que vieram depois lhe tributam.

As composições que, talvez mais do que quaisquer outras, corroboram essa minha tese são os últimos quartetos: aquele em *Mi bemol maior opus 127*; o *130*, o *131*, o *132* e o *135*: cinco prodigiosas criações que representam talvez a mais visionária e ousada entre as explorações futurísticas da história das artes.[20]

Beethoven, como se sabe, foi preparado desde cedo para a música, mas, contrariando o desejo do pai, e de modo diferente do que aconteceu com Mozart, não foi um menino-prodígio, mesmo tendo dado alguns concertos quando criança e tendo sido nomeado organista de Bonn aos 14 anos. Dos estereótipos do artista – que a sua vida reforçará e enriquecerá em muitos aspectos –, ele tinha não tanto a precocidade quanto o caráter extravagante e irascível. As doenças do corpo e da alma contribuíram para tornar mais anguloso esse caráter.

Depois da morte da mãe, Ludwig, então com 17 anos, será tomado pela asma, pela tuberculose e pela melancolia; mas, alguns anos depois, a mais impiedosa das maldades se lhe anunciará, com um crescente zumbido nos ouvidos. Estamos em torno dos seus 28 anos, e Beethoven não ousa confessar nem a si mesmo a aterrorizante hipótese da surdez. Foram necessários ainda três anos para que ele encontrasse forças para confiá-la a um dos seus mais queridos amigos: "O teu Beethoven", escreve ele em 1º de junho de 1801 a Karl Amenda, "vive terrivelmente infeliz, em luta com a natureza e com o Criador. Já muitas vezes blasfemei contra Ele, que expôs a sua criatura de modo que, no menor evento, a mais bela flor se destrua ou seja decepada. Saibas que a mais nobre parte de mim, o meu ouvido, está muito reduzido. Já quando estavas comigo, eu sentia os primeiros sintomas disso e me calava. Agora, devo viver tristemente, evitar tudo o que me era caro e agradável... Devo ficar afastado de todos. Os meus melhores anos passarão sem poder cumprir tudo o que o meu talento e as minhas forças ter-me-iam permitido."

Alguns dias mais tarde, em 29 de junho, escreve a outro amigo, Franz Gerhard Wegeler: "Há três anos, a minha má saúde vem me dando rasteiras: há três anos, o meu ouvido torna-se cada vez mais fraco... Há dois anos, evito quase toda companhia, porque não me é possível dizer às pessoas: estou surdo. Se me dedicasse a outra profissão, ainda poderia passar, mas para a minha é uma condição assustadora. Para te dar uma idéia dessa impressionante surdez, digo-te que, no teatro, tenho que me pôr muito perto da orquestra, para ouvir os atores. Se fico um pouco longe, não ouço mais os sons agudos dos instrumentos e das vozes... Tenho freqüentemente amaldiçoado o Criador e a minha existência... Quero, se possível, desafiar o meu destino, se bem que haverá momentos da minha vida em que serei a mais infeliz criatura de Deus."

Alguns meses depois, em maio de 1802, Beethoven decreta a sua morte social, escrevendo, no retiro de Heiligenstadt, o seu famoso "testamento": "Ó, homens, vós que me considerais e me chamais de um ser odioso, teimoso e misantropo, quanto sois injustos comigo! Ignorais a razão secreta que me faz aparecer-vos assim... Há seis anos fui colhido por um mal insanável, piorado por médicos incapazes... Nascido com um temperamento ardente e vivaz, e inclinado também aos divertimentos da sociedade, cedo tive que me isolar e passar a minha vida em solidão... Ah, como confessar a fraqueza de um sentido que, em mim, deveria ser de um grau mais perfeito do que nos outros, de uma perfeição como, decerto, poucos músicos têm ou tiveram?... Sou obrigado a viver como um exilado! Tão logo me aproximo das pessoas, toma-me uma terrível angústia, porque tenho medo de ser exposto ao risco de dar a conhecer o meu estado... Que humilhação, quando alguém ao meu lado ouvia o distante som de uma flauta e eu não o ouvia, não ouvia nada! Esses fatos me levavam ao desespero: pouco faltava para que eu mesmo desse fim aos meus dias...Ó, homens, se um dia lerdes estas palavras, pensai que fostes injustos comigo, e o infeliz console-se de encontrar um semelhante que, apesar de todos os obstáculos da natureza, fez tudo o que estava dentro das suas possibilidades para ser acolhido na fileira dos artistas e dos homens dignos."

Quando o ouvido abandonou Beethoven completamente, ele ainda não tinha escrito nem a terceira das suas nove sinfonias. E, quase como para demonstrar a si mesmo e aos outros a possibilidade de romper a barreira opressora da surdez, em poucos meses ele presentearia o mundo com umas 15 obras-primas imortais: o *Quarteto Rasumowsky*, a *Quarta*, a *Quinta*, a *Sexta Sinfonia*, o *Fidelio*, a *Missa em Dó*, os *Concertos* para piano e violino, o *Aprendiz* e a *Aurora*.

Somente a possibilidade de ler as partituras permite a Beethoven manter algum contato entre a criatividade interior e o mundo exterior dos sons. Ele mesmo, na citada carta a Amenda, escreve: "Para tocar e compor, o meu mal me atrapalha muito pouco, mas atrapalha muito no relacionamento com as pessoas." E Goethe, depois de tê-lo encontrado e visto nele "uma personalidade totalmente desenfreada", diria: "O ouvido abandona-o, o que talvez traga menos dano à parte musical da sua índole do que à social." Certo é que, depois de janeiro de 1815 – quando executa o

Quinto Concerto para os participantes do Congresso de Viena –, Beethoven não poderá tocar nem reger mais em público.

Às dores, aos zumbidos estonteantes e ao isolamento a que é obrigado pela surdez juntam-se várias outras causas. A primeira causa constitui-se de uma cadeia de ardentes paixões amorosas, terminadas invariavelmente em desilusões e solidão.

A segunda é a miserável desordem da sua vida cotidiana, angustiada por um vaivém de governantas, domésticas, cozinheiras e arrumadeiras que chegam e fogem diante da confusão de objetos e sentimentos que Beethoven costuma enfeixar. Só em Viena, ele mudou de umas 30 casas, todas muito modestas, como a de Marx, que descrevemos no capítulo anterior.

A terceira causa de infelicidade constitui-se da verdadeira mania de perseguição, pela qual Beethoven se sentia economicamente bem mais miserável do que realmente era, constantemente perseguido por inimigos imaginários, por amigos traidores e empresários exploradores.

A quarta é constituída pela relação tempestuosa que, a partir de 1815, o compositor estabelecerá com o sobrinho Karl, derramando sobre ele um afeto sufocante e possessivo de paternidade frustrada, tão irrefletido a ponto de impelir o rapaz a tentar o suicídio.

É nessa situação que Beethoven compõe toda a sua monumental produção, sublime pelo conteúdo, inovadora na forma e na técnica. De maneira diferente do que ocorre com Mozart, o grosso dos contemporâneos compreendeu que o autor da *Nona Sinfonia* era um gênio: não por acaso, nos funerais de Mozart havia só uns poucos íntimos, enquanto no de Beethoven, talvez três mil pessoas.

Mas a sua música era muito avançada com respeito ao gosto e aos costumes da época para obter, além do respeito, também a compreensão. Entre a *Oitava* (1814) e a *Nona Sinfonia* (1824), escreveu Giovanni Carlo Bollola, "transcorrem cerca de dez anos que não constituem apenas um longo lapso de tempo preenchido pela composição de importantíssimos trabalhos de câmera e daquele outro monumento representado pela *Missa Solene*, mas também o advento de uma revolução estilística das mais assombrosas que jamais se verificaram na consciência criativa de um artista".[21]

O preço pago por Beethoven por essa revolução foi o súbito sucesso da sinfonia coral e o seu posterior esquecimento, do qual ela saiu somente dez anos mais tarde, graças à entusiasmada admiração de Wagner, que não se refreou em remanejá-la em vários pontos, para facilitar-lhe tanto a execução como a compreensão. Principalmente o quarto tempo – aquele que hoje é considerado o ápice universal, em matéria de sinfonia – foi asperamente criticado. Spohr escreveu: "O quarto tempo me parece tão monstruoso e insípido e, na concepção da ode schilleriana, tão trivial, que ainda não consigo entender como um gênio como Beethoven o tenha podido escrever." E, mais tarde, Giuseppe Verdi também dirá que "a *Nona Sinfonia* é sublime nos três primeiros tempos: péssima, como feitura, na última parte".

Depois da *Nona*, a "monstruosidade" criativa de Beethoven se acentuará, culminando, nos últimos quartetos, "no vértice dos valores formais e poéticos de toda a obra beethoveniana, talvez a mais visionária e ousada entre as explorações futurísticas da história das artes".[22]

Esses quartetos, aos quais se reportarão, no século XX, Bartók, Schönberg, Berg e Hindemith, no século de Beethoven parecerão ásperos a todos, exceção feita a Liszt e Wagner. Mais tarde, George Bernard Shaw ironizará a dificuldade deles, definindo-os como "simples, sem pretensões, perfeitamente compreensíveis". Tomemos como exemplo o *Quarteto em mi bemol maior op. 127*. Quando foi executado pela primeira vez, em 1825, deixou a platéia no mais completo estupor. Spohr tornou a escrever: "O contínuo agravamento da surdez impediu Beethoven de ouvir a música, e isso deve ter tido um influxo negativo sobre a sua imaginação. A sua contínua busca de originalidade, a sua aspiração por abrir novos caminhos à música, não pôde mais – como antes – evitar os erros pelo controle do ouvido. Não há, portanto, do que se admirar se as suas obras se fizeram cada vez mais excêntricas, desconexas, incompreensíveis. É certo que existe gente que acredita poder entendê-las e, regozijando-se disso, coloca-as acima das suas obras-primas anteriores. Mas eu não sou um desses, e confesso francamente nunca ter conseguido extrair prazer dessas últimas composições de Beethoven."

Eis um passo central, ao fim do nosso estudo: o fato de que o isolamento acústico e, por isso, social de Beethoven o tenha impedido de ouvir música e confrontar idéias constitui um limite (como sustenta Spohr) ou uma vantagem para a criatividade do músico? O *Quarteto op. 127* e os outros que o seguiram são hoje considerados excelentes exatamente pelas características de composição que ontem os tornaram incompreensíveis.

Enquanto Beethoven escrevia o *Quarteto em mi bemol maior* – o mais transparente e, de certo modo, o mais bem-sucedido dos cinco –, a cirrose hepática juntou-se aos seus outros sofrimentos físicos, os devedores lhe começaram a regatear pagamentos, a sua habitação é reduzida a dois esquálidos cômodos sem adornos, o sobrinho abandona-o para sempre, o pressentimento da morte iminente torna-se plenamente consciente. Apesar disso, "de todos os seus irmãos, o *Quarteto op. 127* é o que apresenta uma inspiração mais uniforme, imerso numa imensa e difusa luz dourada que anula em si todo contraste muito acentuado. E é também aquele em que se manifesta no mais alto grau o absolutismo musical 'mozartiano', aquela serenidade elísia sublimada, em cujo seio o psicologismo vulgar procuraria em vão um eco dos anseios e das misérias da vida terrena do mestre".[23]

A criatividade, nesse caso, parece estimulada, e não obstada, pelas adversidades físicas e emocionais, resultando sublimada em uma imprevisível serenidade dos conteúdos, uma extraordinária e inovadora dificuldade da estrutura, uma rigorosa racionalidade da organização formal. Schuppanzigh, que participou da primeira execução, declarou depois do clamoroso insucesso: "Eu mentiria se dissesse que é muito difícil para mim nas passagens: é o conjunto que é difícil... Não existem dificuldades de técnica, mas o que o torna difícil é somente a originalidade, que não se deixa agarrar de repente."

O que torna o *Quarteto op. 127* inatingível aos primeiros executores e ouvintes é que, nele, a regra corrige a emoção com prepotência inusitada. Nele, como nos outros quartetos finais, não existe somente a destruição de toda a ordem musical preestabelecida,[24] mas existe, sobretudo, "a constituição de uma nova ordem formal de infinita complexidade, e não mais atribuível a esquemas elementares, mas, justamente por isso, não menos rigorosamente racional e não menos governada por uma mente organizadora extremamente lúcida. Nesse sentido, e com um paradoxo apenas aparente, poder-se-á afirmar que nos últimos *Quartetos* é a "mente" de Beethoven, ainda uma vez, que domina o coração, numa clara racionalidade animada por um sublime *esprit de geométrie*, em que cada elemento subjetivo e passional perpassa inevitavelmente, no âmbito dos valores absolutos, uma entre as mais puras e transcendentais invenções de toda a música.[25]

Quando Beethoven compõe essas últimas obras-primas, falta pouco para a sua morte, que o colherá aos 57 anos de idade. Ele sente o fim, e, enquanto escreve as notas do *Quarteto em mi bemol*, redige para o seu editor: "Apolo e as musas não querem ainda confiar-me à morte, já que eu ainda lhes devo muito, e, antes da minha ida para os Campos Elísios, devo deixar para trás aquilo que o espírito me dita e me impõe terminar. Parece-me ter escrito até agora somente algumas notas."

OS CANIBAIS DE MONTAIGNE

Os últimos quartetos, hoje considerados "a mais pura essência da música, constituídos de maneira lógica e rara e muito mais refinados", foram por muito tempo julgados "incompreensíveis e disformes, bustos incompletos de um gênio quase louco".[26] Mas o caso de Beethoven, músico e surdo, é talvez muito evidente e "escolástico"; além disso, a música pode ser lida, não apenas ouvida, tanto que o próprio Beethoven – e depois Goethe – minimizou os danos que a surdez pôde provocar no talentoso compositor. Tomemos, por isso, entre os tantos possíveis, um exemplo de *autopoiese* relacionado às ciências sociais: em particular, à antropologia.

Em *Ensaios*, de Michel de Montaigne, existe um, intitulado *Deuses Canibais*,[27] que se presta muito bem ao nosso objetivo. Montaigne nasceu em 1533 e morreu aos 59 anos de idade. Herdeiro precisamente do castelo de Montaigne, retirou-se nele aos 38 anos, em total isolamento, para fugir às atribulações mundanas e cultivar os seus estudos marcados pela sabedoria e qualificação clássica.

Do seu trabalho, dos seus amores, da sua família, sabemos muito pouco. Mas sabemos que foi educado primeiro por um preceptor alemão e depois em um ótimo colégio; que se exprimia fluentemente em latim, francês, alemão e italiano; que sofreu toda a vida de cálculos renais, tanto que considerava a saúde física uma "graça beatificante"; que foi prefeito de Bordeaux durante quatro anos; que durante mais de um ano viajou pela Itália; e que o seu imenso saber encontrou desabafo numa única e poderosa criação: *Ensaios*, publicado, em grande parte, em 1569.

O próprio Montaigne é consciente dos imensos tesouros que o homem pode alcançar pela sua reflexão interior mais do que pelo seu contexto exterior: "Nós possuímos uma alma capaz de curvar-se sobre si mesma; ela pode fazer companhia a si própria." E, fazendo-se companhia, Montaigne atingiu, ano a ano, níveis cada vez mais elevados de originalidade especulativa e de universalidade cada vez mais vasta, destacando-se claramente dos costumes e das idéias do seu tempo, marcado por ferozes lutas religiosas e civis. Até a sua linguagem, a sua sintaxe, a sua pontuação são todas inventadas e contribuem para fazer dele o mais singular e o maior pensador francês do século XVI.

O seu método foi marcado pela curiosidade intelectual, pela tolerância moral, pelo liberalismo, humanismo e ecletismo filosófico, assim como pela liberdade dos vínculos às idéias correntes: "*Que sais-je?*" ("Que sei eu?") é o mote que ele fez estampar no seu brasão.

Deuses Canibais é o trigésimo primeiro ensaio do primeiro livro e é constituído, no total, de umas 15 páginas em que Montaigne, justamente nos anos da mais insensata intolerância que culminaria na Noite de São Bartolomeu, antecipa os traços essenciais daquele relativismo cultural que, quatro séculos mais tarde, seria a glória dos nossos antropólogos estruturalistas.

"É preciso resguardar-se das opiniões vulgares e julgá-las com a razão, e não por aquilo que delas dizem as pessoas." Os gregos consideravam bárbaros todos os povos fora das suas fronteiras, e, apesar disso, quando Pirro e Filipe viram o acampamento romano, reconheceram que ele era organizado de modo nada bárbaro. Do mesmo modo argumenta Montaigne a propósito de algumas populações "selvagens". Durante muitos anos, ele teve como servidor um homem "simples e um pouco rude" que tinha vivido muito tempo "naquela outra parte do mundo que foi descoberta no nosso século, no país onde Villegaignon aportou e que chamou de França Antártica". Das descrições que aquele homem lhe fez sobre os costumes do povo que habita aquelas terras sem fronteiras, Montaigne tira a conclusão (totalmente estranha, no seu tempo) de "que não existe nada de bárbaro e de selvagem naquele povo... e que cada um chama de barbárie aquilo que não está nos seus costumes; como realmente parece que nós não temos outra pedra de toque da verdade e da razão senão o exemplo e a idéia das opiniões e das usanças dos países em que estamos. Nesse lugar encontram-se sempre a religião perfeita, o regime perfeito, o uso perfeito e refinado de cada coisa".

E mais: a naturalidade e a simplicidade experimentadas por aquele povo ("nenhuma utilização de servidão, de riqueza, de pobreza; nenhum contrato; nada de sucessões; nada de divisões; nada de ocupações, senão por deleite") fariam inveja à República ideal de Platão. Os velhos ensinam aos jovens dois únicos ideais: "O valor contra os inimigos e o amor pelas mulheres; os adivinhos que não prevêem o futuro com exatidão são perseguidos; as almas virtuosas vivem eternamente no céu oriental, as malditas são condenadas ao céu ocidental."

Também o canibalismo desse povo, sendo de natureza ritual e efetuando-se em corpos já mortos, é compreendido e enquadrado na sua cultura e reavaliado. De mais a mais, escreve Montaigne, "existe mais barbárie em comer um homem vivo do que em comê-lo morto; em lacerar com suplícios e martírios um corpo ainda sensível, fazê-lo assar pouco a pouco, fazê-lo ser mordido e martirizado por cães e porcos (como não só lemos, mas vimos recentemente, não entre antigos inimigos, mas entre vizinhos e concidadãos e, o que é pior, sob o pretexto da liberdade religiosa), do que assá-lo e comê-lo depois que está morto".

Do que lhe foi contado, do fato de que, na cultura daqueles povos selvagens, nada "desculpasse a traição, a deslealdade, a tirania e a crueldade, que são as nossas culpas habituais", Montaigne conclui que "nós, por isso, bem que podemos chamá-los de bárbaros, considerando as regras da razão, mas não com respeito a nós mesmos, que os superamos em toda espécie de barbárie". Até a poligamia, enquadrada no contexto social daqueles povos e esclarecida no seu estado significativo simbólico, parece compreensível e até biblicamente elogiável.

Um dia, três desses "selvagens", não se sabe por quais vicissitudes e desejos de novidade, chegaram a Rouen "não sabendo o quanto lhes iria custar, um dia, à tranqüilidade e à felicidade, o conhecimento da corrupção daqui, e que daquele comércio nasceria a sua ruína". Até o rei Carlos IX ficou curioso e falou com eles demoradamente; o próprio Montaigne precipitou-se para Rouen para entrevistar minuciosamente um deles.

Solicitados a indicar o que os tinha marcado mais fortemente durante a sua viagem à Europa, os "selvagens" enumeraram algumas usanças francesas que, pensando bem, são mesmo estranhas: não entendiam como, por exemplo, homens adultos, fortes e armados se rebaixassem a ponto de obedecer a um rei menino; não entendiam como uma parte da população dispunha de toda espécie de comodidades enquanto a outra parte era obrigada a mendigar, definhada pela fome; não entendiam, enfim, como "essa metade tão necessitada podia suportar tal injustiça e não agarrava os outros pelo pescoço ou punha fogo às suas casas".

É difícil dizer devido a quais elementos científicos e de personalidade Montaigne era levado a se colocar tão antropologicamente avançado com relação aos seus contemporâneos: resta o fato de que ele conseguiu elaborar uma concepção abrangente do relativismo cultural, que não podia encontrar nenhuma correspondência junto às demais concepções correntes na França da época, e que somente hoje podemos apreciar em toda a sua genial originalidade.

Voltando aos nossos grupos criativos, é também extraordinária a capacidade de antecipar o gosto estético e a exigência de praticidade por parte de Michael Thonet, cujos objetos e sistemas de vendas, distantes 150 anos, correspondem ainda perfeitamente à demanda do mercado burguês. Na mesma medida, é extraordinária a previdência de Enrico Fermi e de seu grupo a respeito dos desenvolvimentos da física atômica, e ainda das idéias e costumes elaborados pelo Círculo de Bloomsbury, no que concerne à economia, à estética e aos modelos de vida.

CAPÍTULO QUATORZE

A CONTRIBUIÇÃO DA SOCIOLOGIA

"Existem três etapas na história de toda grande descoberta. No princípio, os opositores sustentam que o descobridor é louco; em seguida, que tem a mente sã, mas que a sua descoberta não tem, na verdade, qualquer interesse; enfim, que a descoberta é muito importante, mas que todos sempre a conheceram."

SIGMUND FREUD

"Criar é dar uma forma ao próprio destino."

ALBERT CAMUS

"A inovação é mais filha do trabalho que do lampejo de gênio."

PETER F. DRUCKER

AQUILO QUE AS OUTRAS DISCIPLINAS NÃO EXPLICAM

Os dois casos – de Beethoven surdo e Montaigne encerrado no seu castelo – são quase laboratórios, não obstante as boas metáforas, de uma criatividade que encontra sua razão de ser na própria fonte de inspiração, sobretudo *no interior* das personalidades individuais que a exprimem.

Desloco-me agora da psicanálise, da psicologia e da epistemologia para a sociologia e as contribuições que ela pode me fornecer para forçar o muro que protege o mistério da criatividade. Porquanto me interessam principalmente os processos criativos de grupo, espero da abordagem sociológica uma ajuda muito maior do que a que tenho obtido das outras disciplinas. Por meio dos seus ramos específicos dedicados à ciência, à arte e ao conhecimento, a sociologia explora os relacionamentos entre mundo científico, teatro, música, literatura, artes figurativas, arquitetura e sociedade;[1] a consistência, a vida, a organização do trabalho científico[2] e artístico; as questões que surgem no interior dos vários mundos criativos para tudo que diz respeito ao poder, à autoridade, aos conflitos, às negociações, aos condicionamentos, à institucionalização, ao profissionalismo, ao etos, aos *invisible colleges*, à paternidade das idéias.

Antes que esses problemas fossem enfrentados sociologicamente, as formas de criatividade mais freqüentemente estudadas se referiam a cada artista, a cada cientista, a crianças – com as suas brincadeiras e fantasias – ou ainda a neuróticos e psicóticos – sobretudo aos esquizofrênicos –, com as suas livres associações de idéias e de fatos. Obviamente, essas análises eram monopolizadas pelos psicólogos e psicanalistas, que focalizavam as suas atenções sobre as relações e os conflitos entre os diversos níveis da personalidade criativa, mais do que entre os diversos membros do grupo criativo. Assim, também os fatores internos geradores da criatividade, sobretudo os inconscientes, atraíram esses estudiosos mais do que os fatores externos da criatividade – ambientais, econômicos, políticos: a *autopoiese* deixou-os muito mais curiosos do que a *heteropoiese*. Enfim, quando os psicólogos e psicanalistas submeteram as obras produzidas pelos criativos a análise, foram atraídos mais pelos produtos concretos (um quadro, uma estátua ou um edifício, como fez Freud no seu ensaio sobre *Moisés*, de Michelangelo), ou pelos produtos ideais (uma sinfonia, um poema literário, um sistema filosófico, uma lei química ou um teorema matemático, como fez Grmek nos seus estudos sobre as teorias de Claude Bernard), do que pelos produtos organizacionais ou sociais (um negócio, uma escola, um partido, uma nação).

Faltam, entretanto, estudos mais profundos sobre a criatividade coletiva, a criação de sistemas sociopolíticos, a influência exercida pelos fatores externos sobre a fecundidade dos criativos. E, desde muitos anos até hoje, a maioria dos produtos estéticos e científicos – filmes, publicidade, *design*, planos urbanos, descobertas físicas e biológicas, fármacos, cenários econômicos – é fruto de criação coletiva, e parece cada vez mais evidente que a atribuição de obras coletivas a um único autor responde somente a exigências de familiaridade definida, de praticidade jurídica, de arrogância majestática.

Por sorte, de quando em quando novas figuras criativas conseguem emergir da sombra. No campo cinematográfico, somente de alguns anos para cá o diretor libertou-se do anonimato a que a exorbitante notoriedade dos atores o relegava; ainda mais recente é o reconhecimento feito ao diretor de fotografia, ao compositor da trilha sonora, ao cenógrafo, ao montador, ao criador de efeitos especiais. A importância que se atribui ao diretor e ao cenógrafo, no campo lírico, também é recente. No campo sinfônico, somente agora se está difundindo a consciência do relevo desproporcional assumido pelos regentes em comparação aos membros da orquestra e até aos compositores. Basta pensar que até agora, mesmo nos programas dos teatros mais sérios, o nome de um Maazel, de um Muti, de um Abado é freqüentemente impresso em tipos mais evidentes do que os concedidos a Bach ou Beethoven.

Entre as várias ajudas que a sociologia pode oferecer a quem se interessa por criatividade coletiva, escolhi seis – a análise da criatividade social, o etos das comunidades científicas, os estudos quantitativos, os estudos de previsão, os tipos de criatividade requeridos nas várias fases do processo criativo, a fenomenologia das equipes criativas – a que dedicarei este capítulo. O capítulo seguinte, o décimo quinto, será dedicado à minha definição sociológica da criatividade de grupo e a alguns problemas teórico-práticos que dela decorrem.

A CRIATIVIDADE SOCIAL

A carência de estudos sobre a criatividade de produtos sociais é reconhecida também por um psicólogo como Harold H. Anderson, numa passagem que, justamente graças à sua raridade, merece ser relatada na íntegra: "Muitos, pensando na criatividade, dirigem a mente para a *Mona Lisa* de Leonardo da Vinci, os poemas de Milton, o *Pensador* de Rodin, o pára-raios, as lentes bifocais de Benjamin Franklin, a estufa, o telégrafo de Morse, o telefone de Alexander Graham Bell, a lâmpada elétrica e o fonógrafo de Edison. Nesses casos, a criatividade é associada a uma pintura, a uma escultura, a um soneto, a uma invenção, a um produto que é possível ver, estudar, empregar de forma útil.

"Mas existe ainda outro tipo de criatividade que poderemos chamar de invenção psicológica ou social e cujos produtos não são objetos tangíveis. É a criatividade que não se exerce nas coisas, mas nas pessoas, a criatividade nos relacionamentos humanos. É uma forma de criatividade que requer inteligência, acuidade de percepção, finura de sensibilidade, respeito ao homem como indivíduo e uma certa coragem pessoal para explicar o próprio ponto de vista e para manter as convicções sobre ele. A criatividade nos relacionamentos humanos exige a integridade do indivíduo e uma capacidade particular de operar com os outros. Encontramos exemplos históricos nas tentativas, exercidas no campo político e social, para a composição das divergências. A Magna Carta, o Bill of Rights, a proclamação de emancipação da população negra, as Constituições, os estatutos municipais e as suas emendas e os códigos e regulamentos urbanos representam, todos, exemplos de criatividade social."[3]

Uma estimulante exceção, no predominante desinteresse pela criatividade social, é representada por Harold D. Lasswell, professor de Direito e Ciências Políticas em Yale. Chamado pela Michigan State University para oferecer a sua contribuição à série de simpósios sobre a criatividade que se desenvolvera entre 1957 e 1958, Lasswell apresentou uma relação sobre "O desenvolvimento social na criatividade", em que se retomavam os seus trabalhos precedentes e se antecipavam idéias que se tornariam centrais, depois, na obra de Kuhn sobre a estrutura das revoluções científicas e nas teorias de J. Galbraith sobre a inovação tecnológica.

Mas a relação de Lasswell reveste-se, para mim, de particular importância, porque examina os mecanismos daquele tipo particular de criatividade coletiva que conduz à difusão dos produtos sociais. Portanto, com respeito aos estudos psicológicos e psicanalíticos, o de Lasswell autoriza deduções mais bem aplicáveis ao tema da minha pesquisa sobre os grupos criativos.

Como estudioso político, Lasswell não dá importância às diferenças entre criatividade ordinária e extraordinária, entre processos criativos conscientes e inconscientes, fisiológicos e patológicos, voltando a atenção a variáveis de natureza espaço-temporal e social: "No grande lapso de tempo e espaço que inclui a pré-história e a história, é presumível que na relação dos maiores eventos criativos figurem a domesticação dos animais ou a descoberta do fogo ou as inscrições rupestres. Poderemos reduzir sistematicamente o contexto, no tempo e no espaço, até nos limitarmos à caracterização da pessoa reconhecida como a mais criativa no laboratório de uma empresa químico-industrial ou em uma exposição de arte ou no curso de uma reunião de comitê."[4]

Mas, entre os vários processos e produtos criativos, Lasswell destaca os mais próximos do seu próprio interesse profissional e da sua própria experiência de cidadão americano. Quais foram as contribuições inventivas – ele se pergunta – oferecidas pelos Estados Unidos à civilização humana? A invenção da Corte Suprema, do sistema federativo e da república presidencialista; uma forma original de capitalismo caracterizada por um tipo particular de investimentos, um misto de público e privado, de organização científica do trabalho, de consumo, de automação, de relação entre tempo de trabalho e tempo livre; um sistema social em que mulheres e crianças são respeitadas; o reconhecimento do mérito; a instrução permanente; o emprego de novos materiais e de novas fontes energéticas; a originalidade na produção e no uso dos meios de comunicação de massa; a teorização filosófica do pragmatismo; os movimentos éticos e transempíricos; a densa rede de iniciativas filantrópicas e cívicas; a luta organizada contra a imoralidade, as doenças, a depressão psíquica e o desconforto da espera – luta que comporta, por sua vez, uma infinidade de inovações diminutas (da limpeza dos banheiros públicos à broca odontológica indolor, de drogarias e lojas de convêniencia aos bancos sem longas filas nos guichês); o sem-número de instituições e de costumes que permitem exprimir cordialidade, formar e gozar "do poder da riqueza, do respeito, da capacidade, da abertura mental, da retidão, do bem-estar e do afeto".

Esse alargamento de horizontes permite abrir o panteão dos gênios criativos também aos grandes políticos, aos grandes educadores, aos grandes organizadores, ao lado de um Aquenaton, um Bentham, um Smith, um Rousseau, um Da Vinci, Galileu ou Mozart. Mas permite também valorizar dignamente aquele tipo particular de criatividade organizacional que, somando-se à criatividade artística ou científica, constituiu, na Europa, o traço especial de todos os pioneiros que temos encontrado neste livro, de Thonet a Gropius, a Cesare Brandi. A obra de arte deles, a sua obra-prima mais fascinante e menos vistosa, consiste de fato na estrutura organizacional idealizada pelos respectivos grupos de trabalho, na sábia combinação dos homens recrutados para realizar os seus projetos, nos expedientes seriamente cogitados para financiar as suas pesquisas, no clima entusiasmado construído e protegido a fim de liberar as potencialidades criativas dos companheiros de aventura, nos sistemas informativos montados para aprovisionar-se de notícias e para divulgar os resultados.

Lasswell nos ajuda a entender algumas dobras secretas da organização dessas obras-primas de criatividade coletiva. Para não desmentir o festejado pragmatismo dos americanos, ele acentua não somente a sua criação, mas também o *reconhecimento* e a *difusão* do produto criado. O processo, portanto, é duplo: "Um – essencial – de inovação, que deve por sua vez provocar o segundo, vale dizer, um certo grau de reconhecimento do valor da inovação. Em seguida, o reconhecimento pode passar por numerosos ciclos de recusa e confirmação. Mesmo assim, cada vez que o ciclo se conclui com um consenso afirmativo, realiza-se um modelo criativo de grau bem-definido."[5]

Sob essa ótica, a criatividade artística da qualificação clássica foi preparada com o florescimento de obras gregas e romanas, mas completou-se, com a sua redescoberta e valorização, no Renascimento; as maravilhas egípcias, sumérias, fenícias e pré-colombianas estão somente hoje atingindo toda a sua plenitude por meio das descobertas arqueológicas e da competente admiração dos nossos contemporâneos.

Lasswell dedica muita atenção aos mecanismos do "reconhecimento", aos fatores que o dificultam ou facilitam, antecipando toda a vasta literatura industrial sobre a pesquisa e o desenvolvimento tecnológico, sobre o *marketing*, a publicidade e a distribuição. Além disso, ele fornece impulsos utilíssimos para formular uma completa teoria sobre diferenças entre processos que temos marcante e intencionalmente distinguido em "criação" e "inovação", em que a primeira chega a um novo produto – um filho, um material, uma sinfonia – que antes não existia; e a segunda modifica, renovando-o e aperfeiçoando-o, um produto ou um processo preexistente – a educação de uma criança, a modificação de uma célula, o arranjo de uma música, as variações sobre um tema, a ampliação de um negócio.

O ETOS DAS COMUNIDADES CIENTÍFICAS

Além do mérito de ter recuperado para a produção criativa também as construções sociais, a sociologia conseguiu assegurar muitas outras contribuições preciosas para o conhecimento da criatividade, em geral, e da criatividade de grupo, em particular. Analisamos algumas delas, sobretudo com referência à ciência.

Para Durkheim, à medida que o conhecimento racional se desembaraça das suas origens religiosas e as sociedades humanas crescem e se especializam, a ciência conquista um estatuto epistemológico próprio e uma objetividade própria, desatrela-se do ambiente em que atua, produz as suas invenções e descobertas por *autopoiese*. Para Marx, ao contrário, é a sociedade – ou melhor, a sua classe dirigente – que determina os objetivos, os programas, os desenvolvimentos e usos da ciência, que procede, assim, por *heteropoiese*.

Com esses autores, ainda estamos numa fase pré-paradigmática da sociologia da ciência. Será preciso aguardar as obras de Merton para que esse ramo da sociologia adquira uma dignidade autônoma e se prepare um estudo sistemático das relações entre ciência e sociedade consideradas inteligentes, e das relações entre cientistas no interior das comunidades científicas.

Como é sabido, Merton dedicou muita atenção aos imperativos éticos que, a seu ver, dominam as comunidades científicas. Nos seus estudos sobre a estrutura normativa da ciência, de 1942, ele escreve: "O etos da ciência é aquele complexo de valores e normas investido de tonalidades afetivas envolventes para o homem da ciência. As normas são expressas em forma de prescrições, proibições, preferências e direções permitidas, e são legitimadas em termos de valores institucionais. Esses informativos, transmitidos em forma retórica e exemplificativa, e reforçados por sanções, são, em vários graus, interiorizados pelo cientista, que forma, assim, o seu superego."[6] As sanções consistem sobretudo na desaprovação, no ressentimento e no desprezo daqueles que sustentam o etos.

No mesmo ensaio, Merton enumera os quatro "imperativos institucionais" que, a seu ver, permitem descrever e compreender o etos da ciência moderna: o universalismo, o comunismo, o desinteresse e o ceticismo sistemático. Eles desenvolveriam, numa comunidade científica, a mesma função de aglutinadores assinalada por Kuhn para o paradigma, e permitiriam classificar os cientistas segundo várias tipologias: Cotgrove e Box, por exemplo, propõem a distinção entre *cientista universitário*, interessado nas publicações, na carreira acadêmica e no prestígio; *cientista profissional*, interessado no reconhecimento das patentes e no sucesso econômico; *cientista empregatício*, interessado no funcionamento da organização científica e na carreira empresarial.[7]

Muitos sociólogos da ciência (Cotgrove, Box, Mulkay, Weigart, Blume) têm criticado as idéias de Merton, ampliando ou reduzindo a lista dos imperativos éticos. Outros, ainda (Crane, Cole, eu próprio), têm procurado proceder à sociometria dos *invisible colleges* e de outras comunidades científicas. Merton contribuiu ainda para o caminho da exploração sociológica, apontando outros aspectos da organização da ciência: a prioridade nas descobertas, o "efeito São Mateus", as estruturas da idade na ciência, as funções científicas, a ambivalência dos cientistas, a "síndrome de Arquimedes", etc.

Não há descoberta de Merton e dos seus melhores críticos que não possa lançar luz também sobre os grupos criativos por mim levados em consideração: o universalismo, por exemplo, o comunismo, as disputas sobre a prioridade das idéias e os papéis e ambivalências permitem compreender muitos comportamentos não somente dos cientistas, mas também dos artistas que têm trabalhado em equipe a partir do século XIX, experimentando com surpreendente antecipação as formas organizacionais mais tipicamente pós-industriais.

AS IDÉIAS EM CIFRAS

Se os sociólogos estrutural-funcionalistas estão interessados sobretudo no etos, na comunicação e na troca interna nas comunidades científicas; se alguns historiadores da ciência (como Kuhn, Bendavid, Rose) procuraram compreender a lógica subentendida ao progresso e às revoluções científicas, outros autores, de matriz estatística e demográfica, procuraram quantificar a atividade científica estudando a distribuição cronológica e geográfica dos criativos. O que os incomoda é principalmente a descontinuidade dessa distribuição, em que grupos de gênios extraordinários adensam-se em rápidas sucessões temporárias e em áreas geográficas muito restritas, deixando a descoberto longos períodos de tempo e áreas muito vastas.

Arieti recorda o historiador latino Veleio Petérculo (19 a.C.– 30 d.C.), segundo o qual a emulação, a inveja, a admiração e a imitação estariam na base de circunstâncias históricas afortunadas, para as quais Ésquilo, Sófocles e Eurípedes, ou Sócrates, Platão e Aristóteles atuaram em Atenas e num lapso de tempo muito restrito.

Muitos séculos mais tarde, em 1869, Francis Galton publicou *Hereditary Genius* (Genialidade hereditária), e em 1874 publicou *English Men of Science* (Cientistas ingleses). Personagem bizarro e meio maníaco, levado a procurar em todo fenômeno a dimensão estatística, fundou a genética matemática, melhorou a demografia, chegou até a imaginar estranhas relações entre os anos vividos pelos membros da família real e a quantidade de orações a eles oferecidas pela população; ou entre as pinceladas necessárias para pintar um quadro e os movimentos de mão necessários para fazer um par de meias de malha.

Nos seus estudos sobre homens geniais (generais, estadistas, poetas, etc.) e, em particular, sobre cientistas, Galton achou que muito freqüentemente se tratava de pessoas aparentadas entre si, em famílias elitistas. Numericamente, a proporção de grandes homens ingleses era de um para 2 mil adultos masculinos, ou um para cada 20 mil cidadãos em geral. Quanto aos cientistas, Galton calculou que correspondiam a um em cada dez mil adultos masculinos, ou um em cada 100 mil ingleses em geral. Essa ordem de grandeza resultou, mais tarde, apenas parcialmente confirmada, tanto pela Inglaterra como pelos Estados Unidos, onde os cientistas eram 50 em um milhão de habitantes, em 1903, e aumentaram paulatinamente até cerca de 500 para cada milhão de habitantes, em 1960.[8]

Mas a obra mais completa sobre o tema é *Configurations of Culture Growth* (Configurações sobre o desenvolvimento cultural), publicada em 1944 pelo antropólogo A. Kroeber, que, por alguns aspectos, antecipa a idéia dos paradigmas com que Kuhn virá explicar, pouco mais tarde, a estrutura das revoluções científicas. Kroeber estuda ainda a distribuição dos gênios em filosofia, filologia, medicina, escultura, pintura, teatro, literatura e música, chegando à conclusão de que eles indicam, em cada campo, esquemas culturais (Kuhn diria "paradigmas") capazes de incidir sobre as trajetórias do desenvolvimento e que encerram a fase de incubação para abrir a de inovação.

Não existem razões psicológicas e fisiológicas suficientes para explicar a irregularidade com que uma determinada raça, num determinado período de tempo, exprime os seus gênios: deduz-se daí que as causas da irregularidade são culturais; que o desenvolvimento de uma ciência pode influir, em cadeia, sobre o desenvolvimento de outras ciências; que o florescimento de gênios pode estender-se de uma área focal restrita a zonas gradativamente mais vastas, assim como, na fase de declínio, pode novamente restringir-se ao seu lugar de origem. Como se pode ver, o problema debatido é, ainda uma vez, se a criatividade depende ou não de condições sociais, se é fruto de *autopoiese* ou de *heteropoiese*.

Pouco depois da publicação do importante livro de Kroeber, outro estudioso – Leslie A. White – interveio no debate com um estudo próprio, *The Science of Culture* (A ciência da cultura),1949, em que sustentava que toda grande descoberta científica torna-se possível por uma prévia e necessária acumulação de fatos e idéias. Quando tal acumulação está no ponto certo, mais cedo ou mais tarde, inevitavelmente, alguém consegue extrair-lhe a síntese e chegar à descoberta sem qualquer necessidade de dados excepcionais, mas simplesmente porque circunstâncias culturais favoráveis convergem para ela. No capítulo anterior já falei do filão epistemológico que nega a presença de um sujeito e de um método na trajetória do progresso, atribuindo-lhe o método ao acaso e ao contexto social. Isso explicaria, entre outras coisas, a enorme quantidade de descobertas múltiplas: por exemplo, Mayer, Joule, Helmholtz, Colding e Thomson, que entre 1843 e 1847 formulam a lei da conservação da energia; Galileu, Fabricius, Scheiner e Harriot, que em 1611 descobrem as manchas solares; Priestley, Scheele, Lavoisier, Spallanzani e Davy, que em 1777 resolvem os problemas da respiração. Todos independentemente um do outro. Com esse propósito, De Solla Price calculou que as descobertas científicas tendem a ser múltiplas em 42% dos casos.[9]

Segundo Spengler e Toynbee, toda civilização tem somente uma grande florescência; segundo Sorokin, pode haver mais de uma, no curso do tempo; segundo Gray (1958), a genialidade tende a se verificar em grupo mais vezes, no curso de uma civilização, com cadência e duração descontínuas, à base de uma teoria epicíclica. A história, segundo Gray, seria caracterizada por três ciclos (econômico, social e político), cada um dos quais medido por uma formação própria, um desenvolvimento próprio, uma florescência e um declínio próprios. Quando coincidem as melhores fases de todos os três ciclos, então tem-se uma explosão de criatividade.

CORDA ESTICADA ENTRE VERDADE E BELEZA

De Solla Price, como vimos no nono capítulo, fornece os números acerca do crescimento exponencial da população científica no mundo, tanto daquela agrupada em instituições formais como daquela ligada a redes informais. Nunca como hoje o gênero humano dedicara tanto de si à descoberta e à invenção; nunca as esperanças da sociedade pela solução dos seus problemas se haviam voltado de modo tão maciço e tão peremptório para os cientistas mais do que para as pessoas com poderes mediúnicos, os sacerdotes, os príncipes. E esse crescimento, se bem que atordoante, é sempre inferior à exigência de cérebros dotados e cultivados para melhorar a qualidade da existência humana pela abertura de novos campos do saber e pelo fértil cultivo dos campos já abertos.

Não vale a pena, neste livro, analisar a fundo o fenômeno, já dissecado por muitos outros. Limito-me, assim, a sublinhar alguns aspectos mais diretamente ligados à criatividade na fase de passagem da sociedade industrial para a sociedade pós-industrial: a velocidade do desenvolvimento científico mais recente, a massa conjunta de pessoas e de fundos destinados à ciência, as desigualdades entre os vários países, as diferenças entre ciência pura, ciência aplicada, ciência de desenvolvimento e tecnologia, a avaliação ética de todos esses elementos.

De Solla Price encerra o seu estudo de sociologia quantitativa com uma nota qualitativa: os cientistas, a seu ver, são cada vez mais dotados de *mavericity*, a habilidade de fazer associações ideológicas não-usuais e inesperadas (uma qualidade que lembra muito de perto o "pensamento divergente", de De Bono) e, por contraste, de preocupação com a objetividade e o conservadorismo: "O cientista é tomado por uma violenta ação recíproca da criação apaixonadamente livre, de um lado, e pela inata cautela objetiva, de outro." Segundo McKinnon,[10] o cientista altamente criativo quase poderia ser definido como raro indivíduo capaz de sobreviver à tensão aguda entre o teórico e o estético, o equilibrista capaz de andar na corda esticada entre a verdade e a beleza. Isso talvez requeira um traço esquizofrênico estranhamente estável, que se estabiliza em quem se torna cientista."[11]

Segundo De Solla Price, a passagem de *small* para *big science* comporta também uma mutação da personalidade criativa: hoje, o trabalho de grupo refreia a *mavericity*, o cientista quer triunfar não apenas sobre os segredos da natureza, mas também sobre o obscurantismo e sobre a cautela do ambiente social; quer ter mais poder para escolher os melhores estudantes, para obter para si os fundos mais lautos, para empreender os projetos mais grandiosos.

De Solla Price está na boa companhia de muitos outros sociólogos que analisaram com ótica quantitativa as comunidades científicas: graças a Fleck, Sullivan, Mullins, Collins, Bloor, a *dimensão social* da ciência foi estudada quase como a das fábricas manufatureiras, enquanto a formação do consenso, as *fontes de poder*, o *tipo de autoridade* e *as modalidades organizacionais* dos laboratórios, das corporações e das escolas adquirem relevo idêntico ao que o problema da *motivação* dos criativos teve para os psicanalistas. Latour e Woolgar, por sua vez (1979), adotaram o método antropológico da observação participante para penetrar nos segredos culturais do laboratório científico e deles colher a afinidade com cada uma das outras organizações sociais, enquanto Knorr-Cetina acentuou a dimensão filosófica das próprias observações, conduzidas em laboratórios com a adoção de uma "metodologia sensitiva" e trazendo à luz a motivação dos cientistas para o sucesso, mais do que para a verdade.

OS CENÁRIOS DA CRIATIVIDADE

Outra contribuição da sociologia ao estudo da criatividade consiste em permitir uma previsão científica da evolução que alguns fatores geradores de criatividade poderão sofrer no futuro próximo. Alguns livros sobre mutação – considerem-se os quatro textos que citamos com maior freqüência, porque marcaram melhor do que os outros o advento da sociedade pós-industrial: *The Comming of Post-Industrial Society* (O advento da sociedade pós-industrial), de Daniel Bell, *A Produção da Sociedade*, de Alain Touraine, *Il Presente è L'Avvenire* (O presente é o futuro), de Zsuza Hegedus, *A Terceira Onda*, de Alvin Toffler – mudaram o nosso modo de ver o futuro do mundo. Outros – considerem-se as pesquisas do Clube de Roma ou *Macrotendências*, de John Naisbitt[12] – forneceram cenários muito eficazes em estimular iniciativas de grande utilidade prática.

Graças a todos esses estudos sobre o futuro, sabemos que um punhado de fatores preeminentes – o progresso científico e tecnológico, o desenvolvimento das ciências organizacionais, a globalização, a difusão da cultura escolástica, a difusão dos meios de comunicação de massa e dos meios de transporte, o crescimento demográfico, o prolongamento do tempo médio de vida, as lutas de classe, as lutas de liberação – projeta a sua influência sobre todo o sistema social, revolucionando as instituições, as culturas, a mentalidade. Mas como agirão esses fatores – que regem a mutação da sociedade no sentido pós-industrial – sobre as capacidades criativas do gênero humano? Como as modificarão?

Um século fecundo. O século XX foi prodigiosamente criativo: em 1905, Albert Einstein firmou as bases da teoria da relatividade e da mecânica quântica; em 1919, Guglielmo Marconi inventou o rádio em ondas curtas; em 1941 foi injetada pela primeira vez a penicilina como antibiótico. Em 1949, a RCA produziu a televisão em cores; em 1960, Theodor Maiman desenvolveu o *laser*; em 1967, Christian Barnard realizou o primeiro transplante de coração; em 1969, Neil Armstrong e

Buzz Aldrin chegaram à Lua; em 1979 nasceu Louise Brown, o primeiro bebê de proveta; em 1981, a IBM produziu o primeiro microcomputador e adquiriu de Bill Gates o sistema operacional DOS; em 1997 nasceu Dolly, a primeira ovelha clonada; em 1999, a Internet afirmou-se definitivamente como sistema informativo universal; em 2000 completou-se o mapa do DNA. Ao lado de cada um desses empreendimentos de criatividade científica pode-se citar outro também extraordinário de criatividade artística, política, social ou organizacional. E por trás de cada um desses nomes, dessas descobertas e dessas invenções, pode-se encontrar uma equipe, um negócio, um instituto universitário, um laboratório.

O século XXI abriu-se completamente: já no ano de estréia foi construído o primeiro fígado artificial; foi aplicado num paciente o Abiocor, o primeiro coração artificial; foi concluído um método eficaz para produzir células-tronco humanas e, como já disse, foi completado o mapa do DNA. Tudo justifica a previsão de que, num futuro próximo, tanto o número quanto a longevidade dos homens serão maiores. Quais os efeitos que podem advir disso sobre a futura criatividade da nossa espécie?

Seis bilhões de cérebros. Aumenta o número de nascimentos no Terceiro Mundo; no Primeiro Mundo retardam-se as mortes; a soma algébrica desses dois fenômenos determina um crescimento muito veloz de toda a população mundial. Como vimos, essa população levou milhares de anos para atingir – apenas à altura da metade do século XVII – meio bilhão; depois, em apenas 350 anos, chegou aos atuais seis bilhões. Segundo o Fundo das Nações Unidas para a População (UNFPA), por volta do ano 2050 os habitantes do planeta podem superar os nove bilhões. Em 1950, apenas Nova York superava os dez milhões de habitantes; em 2050, umas 23 cidades terão mais do que isso, e cinco delas superarão os 20 milhões. Nessa época, se tudo continuar como hoje, apenas 14% da população mundial viverão nos países mais desenvolvidos; todo o resto estaria amontoado no Terceiro Mundo, onde, nos próximos anos, nascerão 90% de todas as crianças. A quase totalidade do crescimento demográfico se concentrará em seis países: Índia, China, Paquistão, Nigéria, Bangladesh e Indonésia.

As populações desenvolvidas permanecerão praticamente com os números atuais, enquanto as populações do Terceiro Mundo dobrarão a cada 35 anos. Em pouco tempo, o Terceiro Mundo chegará a crescer com uma velocidade dez vezes maior do que a dos países adiantados, e então os atuais equilíbrios do mercado de trabalho se alterarão irremediavelmente. Por exemplo, a África, que em 1970 estava equilibrada com a Europa, em 2050 poderá estar três vezes mais populosa. No Mediterrâneo, a população ativa da orla norte permanecerá mais ou menos igual à atual, enquanto a população ativa da orla sul crescerá em mais de três milhões por ano.[13]

Projeta-se, assim, um cenário que tende a se esquivar à programação, enfatizando uma diferença da qual, em 1975, o físico americano David Stone forneceu um exemplo paradoxal. Na época, os chineses eram ainda 750 milhões, e Stone calculou que, se todos juntos tivessem dado um salto da altura de dois metros, as ondas telúricas determinadas pela queda deles teriam provocado na parte oposta do globo um terremoto de 4,5 graus na escala Richter. E, se os chineses tivessem repetido o salto a cada 53 ou 54 minutos (o tempo que leva uma onda para dar a volta à Terra), o efeito ter-se-ia amplificado até destruir a Califórnia. Naturalmente, os californianos poderiam neutralizar esse efeito, dando eles também saltos simultâneos. Mas, em vista da sua exigüidade numérica, teriam sido necessários saltos de uma altura tal que, depois do primeiro, dificilmente lhes seria possível dar o segundo.

O crescimento demográfico dos países pobres, pesadelo para os países ricos, pode, em vez disso, tornar-se um potente multiplicador da criatividade global e, por conseqüência, um fator propulsor para o Terceiro Mundo. Quando se fala do rápido aumento da população mundial, pensa-se logo, com alarme, no crescente número de bocas a alimentar. Mas é preciso que se pense também, e com otimismo, no número crescente de cérebros que povoam o nosso planeta. Hoje, a população mundial é dez vezes mais numerosa do que nos albores da sociedade industrial. Toda noite, seis bilhões de pessoas adormecem e começam a sonhar. Toda manhã, seis bilhões de pessoas despertam e começam a pensar. E, como existem sempre mais cérebros no Terceiro do que no Primeiro Mundo, é cada vez mais provável que cresça a contribuição do mundo subdesenvolvido à criatividade do planeta. É verdade que no setor científico e técnico a criatividade requer grandes investimentos e grandes laboratórios bem organizados, dos quais os países pobres são carentes; mas também é verdade que estes últimos estão dando à humanidade incalculáveis contribuições criativas nos campos artístico, literário e lúdico. Pense-se no Brasil, com os seus poucos diplomas científicos e com os seus tantos romancistas, poetas, músicos, com os seus carnavais e as suas estruturas turísticas.

Portanto, provável e afortunadamente, estamos caminhando para um mundo em que a criatividade técnica e a humanística não são mais diacrônicas como vimos no passado, não se alternam mais no curso dos séculos, mas estão finalmente sincronizadas, ainda que florescentes em áreas diferentes do planeta. É representativa, a propósito, a presença de Basquiat e de Francesco Clemente, ambos provenientes de áreas subdesenvolvidas, no grupo hegemônico que girava em torno de Andy Warhol.

A criatividade é jovem? Um segundo fator, estritamente ligado ao crescimento demográfico, é dado pelo veloz prolongamento do tempo médio de vida em todo o planeta, mas de modo significativo nos países desenvolvidos. Mesmo nesse caso a humanidade fez progressos muito lentos ao longo do período de muitos milhares de anos: o homem de Neandertal tinha uma vida média de 29 anos; na época de Péricles, cada cidadão grego podia esperar para os seus recém-nascidos uma vida de 36 anos; na época de Napoleão, essa esperança podia apagar-se aos 45 anos, e, nos primeiros anos do século XX, a vida média beirava os 50 anos. Centenas de séculos, portanto, foram necessários para aumentar em 20 anos a expectativa de vida dos seres humanos naqueles países mais afortunados que souberam primeiro das vantagens da higiene e da medicina.

Depois, quase de repente, a descoberta das vacinas e dos soros, o progresso médico, higiênico e terapêutico, o desenvolvimento da cirurgia e o cuidado do corpo fizeram o tempo médio de vida dos povos industrializados dar um salto similar àquele que eles conseguiram acumular lentamente em toda a história e a pré-história precedentes. No limiar do ano 2000, o tempo médio de vida nos países mais adiantados oscilava em torno dos 75 anos (Grécia, Inglaterra, Itália, Estados Unidos) e dos 77 anos (Japão). Os americanos que nasciam à época do primeiro Henry Ford podiam esperar viver cerca de 430 mil horas; os americanos que nascem hoje podem esperar viver 750 mil horas. Posteriores e prováveis progressos devidos à microbiologia, à biologia, à cirurgia, à engenharia genética, à melhor qualidade de vida e à maior atenção à ecologia e à higiene poderiam prolongar, nos próximos anos, a expectativa de vida até uma média de 100 anos.[14] Em 2050, o número de pessoas com mais de 65 anos será o triplo do registrado em 2000.

Duas desigualdades macroscópicas caracterizam esse fenômeno. A primeira, em âmbito mundial, refere-se à marcante diferença entre os países mais desenvolvidos (75 anos de tempo médio de vida) e os países menos desenvolvidos (57 anos), perceptível mesmo à primeira vista, quando se gira pelas cidades do Primeiro Mundo, cheias de anciãos, e pelas cidades do Terceiro Mundo, cheias de crianças. No fim do século XX, a população com menos de 15 anos representava 45% na África, 22% na América do Norte, 20% na Europa. A isso junta-se que os anciãos dos países desenvolvidos gozam de capacidade física e intelectual ostentadas em outros lugares só pelos jovens.

A segunda desigualdade, no interior dos países desenvolvidos, diz respeito aos sexos: o tempo de vida média das mulheres, de fato, prolongou-se muito mais do que o dos homens. Na Itália, por exemplo, durante o século XX, o tempo médio de vida subiu de 35 para 76 anos, enquanto o das mulheres subiu de 36 para 83 anos. No início do período considerado, as mulheres viviam, em média, somente um ano a mais que os homens; no fim do período, elas viviam cerca de sete anos mais do que eles. Não por acaso o número de viúvas chegou a ser quase o quádruplo do número de viúvos.

No início do século XXI, as pessoas em idade de trabalho eram cerca de um bilhão nos países desenvolvidos e cerca de três bilhões nos países em desenvolvimento. Não se sabe se os fluxos migratórios do sul para o norte do mundo são mais importantes para os países em desenvolvimento, para fugir à fome e ao desemprego, ou para os desenvolvidos, para suprir a diminuição da força de trabalho. Em ambos os casos, podemos esperar mais ajuda da ciência do que dos recursos naturais. Hegedus advertia que, para saber se e como será resolvido o problema da fome ou do trabalho, é mais útil nos informarmos daquilo que acontece nos laboratórios de Stanford do que sobre o que acontece nos campos da África ou da Ásia.[15]

Com o aumento do bem-estar e da confiança na ciência, cai o temor do declínio demográfico que, em épocas alternadas, preocupa diversos países do Ocidente, a França principalmente.[16] O temor de crises econômicas e desemprego, o medo pelo futuro dos filhos, a recusa da maternidade por parte das mulheres que trabalham, os custos crescentes para a criação e a educação das crianças, a tendência a famílias nucleares e limitadas, o contraste entre as exigências da maternidade e as exigências da carreira, a inadequação dos serviços sociais e das estruturas habitacionais constituem para o Primeiro Mundo o mesmo que a falta de incentivo para se engajar numa disputa de prolificidade constitui para o Terceiro Mundo.[17]

Um dos estereótipos que cercam a criatividade dá como certo que os muito jovens têm a mente fresca e exuberante, enquanto os velhos são vítimas de uma estagnação progressiva da criatividade. Por sorte, um homem de 60 ou 70 anos de hoje, ajudado pela gerontologia, pela medicina e pela tecnologia, é mais vital, autônomo e socialmente útil do que seus pares de alguns séculos atrás. O declínio das forças físicas é de há muito compensado pela possibilidade de delegar o trabalho bruto às máquinas, enquanto nada demonstra que a idade legal de aposentadoria coincida com uma redução da capacidade criativa. A longevidade não só civil como artística de Michelangelo, Donatello, Rembrandt, Ticiano, Turner, Cézanne, Matisse, Picasso, Gropius, Lloyd Wright, Niemeyer, ou de Haydn, Händel, Liszt, Verdi, Stravinski, e a científica de Galileu, Laplace, Franklin, Darwin, Russell, Einstein e Levi Montalcini demonstrariam, aliás, o contrário![18]

O envelhecimento da população[19] poderia também levar vantagens à sociedade no seu todo, oferecendo um forte impulso à paz, à luta contra as doenças, à pesquisa biotecnológica, à difusão de uma qualidade de vida maior, com menos alcoolismo, menos droga e menos violência, maior atenção aos problemas ambientais, maior sabedoria e maior profissionalismo, menor consumismo, maior solidariedade, maior apreço pela beleza e pelo refinamento. Todas as condições que poderiam resultar favoráveis a um incremento da criatividade.

Novos problemas, novas soluções. Esses dois fatores de inovação – desenvolvimento demográfico e prolongamento da longevidade média – impõem novos problemas e postulam novas soluções criativas. Se vivemos mais longamente e se as mulheres são mais longevas que os homens, as leis que se obstinam em antecipar a idade da aposentadoria e que na verdade mandam as mulheres para casa antes dos homens estão defasadas com respeito à evolução dos tempos.[20] Se em algumas áreas do mundo existe um excesso de jovens, enquanto em outras existe um excesso de velhos, inútil criar barreiras aos fluxos migratórios e dar à luz mais crianças nas nações ricas, enquanto nas pobres dezenas de milhares delas morrem de fome.

Além da criatividade científica, artística e tecnológica, é necessária maior criatividade social e organizacional: para assegurar infra-estruturas, transportes, informações e normas capazes de reequilibrar as relações demográficas; para permitir às mulheres o trabalho, a carreira e, ao mesmo tempo, a maternidade; para redistribuir a carga de trabalho executivo que decresce entre a população ativa que cresce; para criar combinações mais adequadas entre tempo de formação, tempo de trabalho e tempo livre; para povoar as áreas despovoadas e diluir a densidade demográfica das grandes cidades,[21] com grande vantagem para a criatividade, que requer silêncio, tranqüilidade, introspecção, autonomia, estudo e tempo disponível.

Se cresce a disponibilidade de mão-de-obra mundial e simultaneamente cresce a quantidade de máquinas para substituir a mão-de-obra, não é necessária muita fantasia para compreender que se caminha para um vertiginoso aumento de desocupação, mas é preciso muita criatividade para transformar essa desocupação em tempo livre, essa alienação em liberdade, essa inércia forçada em ócio criativo.[22]

Os nossos avós, em suas 430 mil horas de longevidade média, dedicavam quase metade ao trabalho, na maior parte dos casos em uma única empresa, da juventude até a morte, que coincidia cronologicamente com a ida para a aposentadoria. Nós, nas 750 mil horas da nossa longevidade média, dedicamos apenas um décimo ao trabalho, que desenvolvemos em muitas empresas e em muitos lugares, e que deixamos ao ir para a aposentadoria muito antes que a morte sobrevenha. Um recém-formado hoje tem diante de si 30 anos de vida empregatícia e depois 30 anos de vida pós-trabalho.

Se, por um lado, elevar a idade de aposentadoria comporta problemas relacionados à ocupação juvenil, ao melhor modo de incrementar o rendimento dos anciãos (liderança, ambiente fixo de trabalho, flexibilidade, trabalho temporário, etc.), à sua reciclagem, ao seu treinamento profissional, à sua resistência às mudanças e à competitividade das suas empresas, por outro lado conservar os limites atuais significa que muitos trabalhadores ficam sem utilidade justamente quando acumularam mais experiência e mais especialização profissional.

Como se vê, as transformações demográficas provocam cadeias infinitas de conseqüências, cada uma das quais gera, por sua vez, novos impulsos à criatividade e requer novas soluções criativas: como trasladar mão-de-obra de um país para outro limitando os traumas culturais? Como compensar as despesas mais altas dos anciãos com a sua produtividade? Como reformular os balanços familiares, no momento em que, pela primeira vez na história, muitas pessoas de 50 anos encontram-se precisando sustentar tanto os seus genitores quanto os seus filhos? Como modificar as modalidades de representação política no momento em que o corpo eleitoral for constituído por anciãos, em sua maior parte? Como as empresas produtoras de bens de serviço responderão a um mercado crescente de consumidores anciãos dotados de maior tempo livre, com uma disponibilidade econômica mudada e sem que os filhos se preocupem? Em que medida a nova relação entre tempo, saúde e dinheiro modifica também a relação com os meios de comunicação de massa, com a instrução, com as viagens, com a política, com a família, com as associações? E como responder às exigências que daí decorrem? É claro que a necessidade de criatividade cresce *pari passu* com a população que se multiplica e com os cérebros que pensam.

Muitas dessas perguntas que a sociedade faz aos políticos, aos administradores, aos responsáveis por projetos sociais, por meio do desenvolvimento demográfico e do prolongamento da vida, estão sem resposta, seja na teoria seja na prática, e postulam um esforço criativo, a fim de que as idéias resolutivas não se façam esperar. Outras são aparentemente simples e já receberam respostas teóricas (por exemplo, dar trabalho a todos, mas com menor expediente, a fim de vencer o desemprego), mas são de árdua aplicação prática. Neste caso, o esforço criativo deve ser concentrado ou pela exigência de mudar as respostas ou pelo modo de superar os obstáculos concretos a colocá-las em prática.

ENTENDER PARA REPRODUZIR

Com respeito a outras pesquisas psicossociológicas sobre a criatividade, este meu estudo é voltado sobretudo a entender quais são as características organizacionais dos grupos que demonstraram grande genialidade criativa. Procurei analisar a gênese, o percurso, a difusão e a concretização das idéias produzidas por *equipes organizadas ad hoc* para exprimir ao máximo a sua própria criatividade. Portanto, um subsídio precioso à compreensão desses processos pode ser fornecido pela sociologia do trabalho e da organização.

O percurso criativo é uma seqüência de fases, cada uma das quais se distingue por suas próprias especificidades organizacionais. Já descrevemos essa fase no nono capítulo, mas agora é preciso reexaminá-la sob uma nova luz, na esperança de colher as suas especificidades organizacionais. Se fosse isolar essas características e entender quais os instrumentos, quais as astúcias e quais os estratagemas que foram usados pelos grandes líderes dos grupos geniais que citei no curso deste livro, quem sabe não se poderia reproduzi-los em outros grupos, obtendo o incremento da sua taxa de criatividade. Aumentar a criatividade de um grupo significa multiplicar o mais precioso dos recursos humanos: aquele do qual dependem o progresso e a felicidade.

O processo criativo é um só, mas para comodidade científica podem se distinguir no seu interior cinco ou seis fases marcadas, cada uma com sua própria fisionomia. Cada uma dessas fases compreende tarefas, momentos e ações decisivamente criativos e ações, momentos e tarefas mais prosaicamente burocráticos e executivos. Mas, como se modula, de vez em quando, o misto de criatividade e exeqüibilidade, fantasia e concretude para obter uma combinação ótima? Como variam, de fase em fase, as estruturas, os processos, a cultura, as gratificações necessárias para otimizar a produtividade criativa de um grupo?

Procuramos entender o que ocorre, do ponto de vista organizacional, em cada uma das fases, privilegiando três: a primeira, em que a pesquisa pura produz novas idéias; a quarta, em que as idéias passam por um processo de engenharia através da chamada "pesquisa de desenvolvimento"; e a quinta, em que essas idéias que passaram por tal processo traduzem-se em novos produtos materiais, novas obras artísticas, novas organizações ou novos serviços.

A FASE DA PESQUISA PURA

Na parte principal do percurso existe a fase criativa propriamente dita: aquela em que os cientistas ou os artistas "puros", gozando de liberdade quase absoluta, elaboram leis, tendências, paradigmas ou correntes; inventam teorias, descobrem novas possibilidades. Estamos nos laboratórios universitários, nos ateliês dos estilistas, nos estúdios dos arquitetos, nos institutos de pesquisas sobretudo públicos, nos centros experimentais de cinematografia.

Quais são as características organizacionais dessa fase, em termos de *missão*, estruturas, profissionalismo, clima, cultura, liderança, conflitos e gratificação?

Além do pessoal técnico e auxiliar, freqüentemente numeroso, os sujeitos que povoam essa fase são os verdadeiros produtores das idéias, os patrocinadores, os "orquestradores", os financiadores e os mecenas, para usar a terminologia de J. Galbraith.[23] No interior do grupo, as interações são freqüentes e quase sempre marcadas por notável informalidade.

O objetivo principal da organização é alimentar um clima gerador de criatividade, fornecer os suportes adequados, oferecer a possibilidade de falhar e tentar novamente, assegurar o tempo necessário e até supérfluo, oferecer valores éticos, meios práticos, coligações com outros criativos, instrumentos para a divulgação das idéias produzidas, ocasiões formativas e estímulos intelectuais, possibilidades de reflexão e de *autopoiese* e uma certa "anarquia organizada".

Geralmente, os criativos empenhados nessa fase atribuem ao seu trabalho um valor expressivo; empregam com satisfação uma linguagem especializada; usam a fantasia com prazer e como catarse, têm um forte senso estético, uma multiplicidade de interesses culturais e perspectivas a longo prazo.

O contexto físico em que eles operam tende a ser personalizado, subjetivamente prático, esteticamente pesquisado: o laboratório, o ateliê, a própria casa do criativo são os lugares típicos do seu trabalho, onde os seus gostos se revelam por um excesso de ordem ou de desordem, por fotos e objetos de recordação, pelo culto da memória e do círculo de amigos por excelência: em suma, por um ambiente material nitidamente diferente daquele que encontramos habitualmente no escritório de um executivo.

A cultura social do grupo caracteriza-se por forte compenetração entre vida e trabalho, por senso hierárquico, por conflitos horizontais, por aparente desperdício de tempo e recursos, por baixa disposição de se submeter a controles burocráticos e escassa capacidade de mediar e negociar.

O biorritmo de cada um dos criativos tende a influenciar os ritmos do trabalho de grupo; o tempo livre é usado para receber estímulos e para criar.

As gratificações requeridas, mais do que em dinheiro (que freqüentemente é ostensivamente esnobado), consistem em reconhecimentos, notoriedade, privilégios, respeitabilidade e ambiente estimulante.

A FASE DA PESQUISA APLICADA

Quando a ciência "pura" e a arte "pura" conseguem elaborar idéias novas, algumas dessas idéias revelam-se ricas de possibilidades concretas e de potenciais explorações práticas, que serão objeto de intervenção criativa por parte dos grupos dedicados à "pesquisa aplicada", isto é, à segunda fase do longo processo que vai da criação ao consumo.

A descoberta da estrutura do DNA, por exemplo, entreabriu novas esperanças para a cura do câncer, para a eliminação de doenças hereditárias, para a identificação da paternidade. A descoberta da relatividade e da fórmula da energia conduziu à invenção do raio *laser* e à sua utilização em novas técnicas de diagnóstico ou terapêuticas, em novos tipos de impressoras ou leitores de discos. Pelos polímeros, foram produzidos novos tipos de tecidos, e por aí vai. Passa-se, portanto, à fase da ciência "aplicada" (mas também da arte "aplicada" no campo dos tecidos, das porcelanas, da cinematografia, etc.): laboratórios e equipes de universidades, consórcios, parques tecnológicos e grupos públicos ou privados procederão à pesquisa de possibilidades concretas para chegar a novos remédios, novas coleções de roupas, novos gravadores, etc. Nessa segunda fase faz-se ainda apelo às capacidades criativas dos especialistas, mas eles atuam entre sulcos já traçados pela pesquisa pura, na fase inicial e precedente a esta.

De toda forma, as atividades da primeira e da segunda fases são *criativas* por excelência, dado que nas ações, nos eventos, nos comportamentos que lhes dão conotação a dimensão criativa prevalece em muito sobre a executiva e a burocrática.

A FASE DA TOMADA DE DECISÃO

A pesquisa aplicada produz idéias susceptíveis de exploração no meio industrial, mas nem todas as idéias são depois "adquiridas" pelas indústrias para serem implementadas. É das decisões dos elaboradores de políticas ou diretrizes que dependerá a formatação das idéias, que, além da aquisição das patentes, requer pesquisas de mercado, predisposição a novos processos produtivos, assim como a admissão e formação de novos especialistas, todos eles muito onerosos no plano financeiro. Também essa terceira fase, dominada pela tomada de decisão dos dirigentes, é rica de criatividade: as reflexões de Shumpeter sobre o empreendedor, a elaboração das estratégias, estudada por Drucker, Chandler e J. Galbraith; as fórmulas quase legendárias, cercadas do admirado respeito dos administradores de todo o mundo, como a "produção em massa" criada por Henry Ford para a Ford e por Alfred Sloan, para a General Motors, a "imitação criativa" da IBM, o "judô empresarial" da Sony, a "*fastest with the mostest*" da Du Pont ou da Apple, a produção enxuta introduzida por Eiji Toyoda e Taiichi Ohno para a Toyota testemunham a sofisticação criativa que a atual economia de mercado exige dos empresários e dos dirigentes industriais, que têm a tarefa de colher, voando e a jato, as novas oportunidades, apropriar-se das patentes e consigná-las aos próprios cientistas, aos próprios tecnólogos e aos próprios administradores, a fim de que as traduzam em produtos, serviços e eventos destinados ao mercado.

A FASE DO DESENVOLVIMENTO

A pesquisa pura descobre ou inventa um novo campo de conhecimento; a pesquisa aplicada extrai dele utilizações práticas, preparando novos protótipos e conseguindo as patentes correspondentes; os *tomadores de decisão* de uma determinada empresa decidem comprar essas patentes para produzir o seu objeto em quantidade industrial e vendê-lo no mercado.

A essa altura, é necessário um grupo, um escritório, uma direção dedicada ao desenvolvimento, isto é, encarregada de encontrar e planificar os financiamentos necessários; transferir e adaptar as idéias adquiridas; prover a disposição dos novos setores de produção; treinar os operadores; negociar com os outros subsistemas da empresa: do *marketing* ao planejamento, das aquisições ao controle, da produção ao exame final e à aprovação, da embalagem à publicidade, à distribuição e às vendas. O escritório encarregado do desenvolvimento tem a tarefa de inserir as inovações no aparato de circulação da empresa, agilizando-lhe a assimilação e o metabolismo.

Trata-se, no mais das vezes, de grupos empresariais que ainda operam com notáveis margens de liberdade, mas que podem se mover somente nos limites – já restritos – da tarefa que a direção lhes atribuiu com relação ao bem, ao serviço ou ao evento a produzir, e também do orçamento a obedecer. Devendo tirar proveito de uma patente adquirida do exterior, eles decidem mais "como fazer" do que "o que fazer", porque operam dentro dos limites já traçados pelos inventores e pelos que elaboram as políticas da empresa. Por essa razão, a quarta fase tem conotação mais inovadora do que criativa.

Com respeito às equipes da pesquisa pura e aplicada, os grupos empenhados no desenvolvimento geralmente adotam internamente apreciáveis divisões das tarefas e uma organização bastante voltada para os procedimentos. Todavia, aí estão presentes – ainda que menos freqüentemente que na pesquisa pura e aplicada – as figuras dos produtores de idéias, dos patrocinadores e dos "orquestradores".

Os encarregados dessa fase – mais profissionais do que criativos – atribuem ao seu trabalho um valor expressivo mas também instrumental, usam uma linguagem ainda de cunho especialista e já interdisciplinar, têm um bom senso prático e uma boa capacidade de relacionamento, impõem-se perspectivas a médio prazo. Com respeito ao trabalho dos inventores, o seu contexto físico – o escritório, o laboratório, o ateliê – é mais padronizado, tecnocrático, prático, gerencial e asséptico.

A cultura social do grupo é marcada em tempos flexíveis, em cisões não-drásticas entre vida e trabalho, no sentido da hierarquia, para uso do tempo livre como lazer, estímulo e recuperação das forças. Os conflitos verticais se confundem com os horizontais. Tanto os individuais como os grupos, no seu conjunto, se mostram bastante disponíveis aos controles burocráticos; há uma difusa propensão a mediar e negociar.

As gratificações apreciadas, além das econômicas, consistem na possibilidade de trabalhar com um líder admirado, na oportunidade de aperfeiçoar a própria formação, nas ocasiões de troca com departamentos de universidades e laboratórios de prestígio, na possibilidade de vir a ter contato com cientistas famosos, no reconhecimento, obtendo um papel central, na autonomia e na carreira paralela à dos demais administradores (*dual ladder system*).

A FASE DA PRODUÇÃO

Completado o novo produto ou o novo processo, não resta senão passar à produção propriamente dita. É essa a fase crítica da fábrica ou do escritório, aquela estudada até hoje pelos sociólogos e pelos psicólogos do trabalho, pelos estudiosos de ergonomia e das ciências organizacionais, que a teorizaram, projetaram, acompanharam, comentaram e criticaram em seus mínimos aspectos, acompanhando-lhe a evolução desde a grande oficina do século XIX até a fábrica taylorizada e as atuais redes de empresas descentralizadas em âmbito global, automatizadas e freqüentemente desestruturadas no espaço e nos tempos de trabalho. É esta também a fase tradicional mais marcada pelo esforço físico, pela alienação, pela exploração, em que massas de trabalhadores foram forçadas a tarefas privadas de autonomia e criatividade. Mas é essa a fase em que, hoje, é possível mais radicalmente delegar às máquinas as operações cansativas e executivas, reservando aos trabalhadores apenas as tarefas que requerem flexibilidade e capacidade de discernimento.

No plano estrutural, a organização dessa quinta fase caracteriza-se pela divisão marcante do trabalho e do poder, pela hierarquia piramidal, pelos sistemas informativos predeterminados, pelo planejamento rígido, pelo orçamento financeiro preestabelecido, pelo controle minucioso da qualidade e da quantidade dos produtos e também dos métodos para produzi-los.

O trabalho, nos grupos operários e nos escritórios, é vivido de preferência como instrumental; a linguagem é técnica, a fantasia é usada como expediente e como fuga; a cultura tende a ser unidimensional; as perspectivas de intervenção operacional são a curto prazo; o compromisso político-sindical é mais observado.

O contexto físico (oficina, escritório, *call center*) é padronizado, objetivamente prático, pouco cuidado esteticamente ou até mesmo feio, nocivo e perigoso.

Os ritmos de trabalho tendem ao sincronismo, os horários são rígidos, o trabalhador separa o tempo de trabalho do tempo livre e usa este último para recuperar as forças. Os tempos mortos são mínimos, é proibido esbanjar e errar. Os conflitos são de preferência verticais, a disponibilidade, burocraticamente controlada. As gratificações pretendidas são na sua maioria econômicas, de garantia do emprego, de identidade profissional e de solidariedade.

AS FASES DA COLONIZAÇÃO E DO USO

A sexta fase, que habitualmente não constitui por si mesma um momento, mas corre em paralelo e interage com a pesquisa, com o desenvolvimento, com a programação e a produção, consiste em todas aquelas operações de *marketing* e publicidade, venda e relações externas que sondam o mercado, solicitam-no, atingem-no e o colonizam.

Trata-se de uma fase que conquistou um papel de grande importância na empresa moderna, seja manufatureira como terciária, e que, requerendo inventividade, astúcia e faro psicossociológico, apela para a criatividade dos publicitários, dos vendedores e de toda a variada galáxia dos *experts* em "*marketing* global". Eles também operam dentro dos trilhos das estratégias empresariais, mas com muita freqüência contribuem para determiná-las, dispondo assim de amplos espaços criativos.

Nesse momento, o índice de criatividade volta a ser alto, e se encontram características organizativas bem semelhantes àquelas verificáveis na fase de pesquisa aplicada ou, pelo menos, de pesquisa de desenvolvimento.

A sétima e última fase do trâmite criativo consiste no uso dos serviços e no consumo dos bens, serviços e eventos criados ao longo da extensa prova das seis fases precedentes. Caracterizada no passado por uma forte passividade dos sujeitos envolvidos, ela vai se transformando profundamente à medida que os objetos e serviços se tornam mais sofisticados e mais interativos: a criatividade requerida do usuário de um computador ou de um banco de dados pode ser bem maior do que a requerida do usuário de uma lava-louças.

Além disso, os consumidores vão assumindo um papel mais incisivo em controlar os fluxos de capital, que dependem cada vez mais da sua capacidade de inventar formas originais de uso, verdadeiros programas personalizados. A veiculação de uma chamada publicitária é mais cara quanto mais espectadores a vêem. Isso significa que um espectador, sintonizando uma determinada rede em preferência a uma outra rede concorrente, determina o preço que a rede escolhida pode pretender do anunciante pela veiculação do anúncio. Em outros termos, no mercado pós-industrial, o consumo não é apenas a outra face da produção, o seu complemento comercial: ele próprio *é* a produção, com todos os liames que a produção mantém com a ação criativa.[24]

Todas essas fases do processo criativo referem-se ao mundo científico-tecnológico. Mas elas já podem também ser percebidas no processo da criação artística, em que criativos no estado puro, administradores de galerias de arte, pintores engajados, críticos, museus, os meios de comunicação de massa, colecionadores, compradores e público já constituem um sistema e uma seqüência estreitamente interligados.

Além disso, nota-se que os processos criativos reais acompanham apenas em linhas gerais as etapas que delineei com intencional excesso de esquematização. Na realidade, algumas fases podem ser saltadas, outras, reunidas, e outras, ainda, desmembradas. Por exemplo, os primeiros modelos lançados pela Ford foram idealizados, concluídos e patenteados por Henry Ford, que tinha também procedido à organização da oficina, à disposição prévia da maquinaria, à seleção, ao treinamento e à orientação dos operários, à invenção dos processos e métodos, à organização das vendas e até mesmo à publicidade. Do mesmo modo, no processo criativo dos filmes há casos em que a mesma pessoa é roterista, diretor, produtor, protagonista, editor e agente publicitário.

MUDANÇA PERPÉTUA

O homem primitivo tinha à sua disposição as tecnologias prontas e o uso na natureza: uma pedra, um galho, um osso, um curso de água, um lobo. Depois, transformando a pedra em faca, o galho em arco, o osso em furador, o curso de água em força motriz, o lobo em cão de trenó, inaugurou a inovação tecnológica, que comporta invenções, aceitações e recusas de mudanças, conflito entre velho e novo, deslocamento de riqueza e de poder, modificação do trabalho, novo conhecimento, nova cultura e nova sociedade.

A era industrial começou e foi pontuada por grandes descobertas geográficas, científicas e tecnológicas, e por grandes invenções que revolucionaram todos os setores, tanto artísticos como científicos. Mas talvez a sua principal conotação não esteja tanto nessas "grandes" novidades revolucionárias que renovaram todos os campos do saber quanto num pulverizar infinito de pequenas transformações incrementais que modificaram até os mínimos detalhes toda a nossa vida cotidiana. As ruas, as praças, os templos e as habitações em que transcorria a vida de Sócrates eram mais ou menos idênticos àqueles em que transcorria a vida de Dante ou de Voltaire. Dentro das suas casas, a cama, o fogão, as cadeiras, os serviços higiênicos eram mais ou menos os mesmos.

Em vez disso, o planeta em que eu vivo hoje é profundamente diferente não só com respeito ao de Sócrates ou Voltaire, mas também a respeito daquele em que eu vivia quando menino: mudaram os navios e os portos, os trens e as estações, os aviões e os aeroportos, o leito dos rios, o traçado das estradas, o calçamento que as cobre e os automóveis que as percorrem. Na cidade, mudaram as construções, os esgotos, a rede telefônica, a de luz e a canalização do gás; mudaram os sinais luminosos do trânsito e a organização do tráfego, o cinema, a publicidade, as empresas e até as igrejas e cemitérios.

Ainda mais veloz, minuciosa e incisiva foi a transformação dentro da minha casa: muitos objetos, como o computador, a instalação para ar condicionado, a caldeira para o aquecimento, o celular, o fax, o aparelho de DVD, há 20 anos não existiam e cinco anos atrás eram muito mais imperfeitos. Todo o resto – do saca-rolha às maçanetas, do rádio à televisão, da torradeira aos vidros, das prateleiras aos detergentes, da lâmpada à panela de pressão – mudou ainda com mais freqüência. Assim hoje – já em plena sociedade pós-industrial – os meus olhos vêem formas e cores cada vez mais diferentes; os meus ouvidos escutam sons novos a cada dia; o paladar, o olfato e o tato são continuamente mobilizados para saborear comidas, sentir odores ou tocar em formas inéditas. Tudo muda todos os dias sob o meu olhar, tão habituado a essa transformação que já não repara mais.

A sociedade – industrial antes e pós-industrial agora – foi um laboratório permanente, uma colméia que nunca enxameou, uma toca fervilhante, uma floresta em que milhões de abelhas operosas e cupins e castores, noite e dia, produziram, modificaram, destruíram e reconstruíram tudo o que lhes esteve ao alcance.

As grandes descobertas e as grandes invenções são como um salto vertical, raro, visível, revolucionário, surpreendente, que agita as nossas existências e o nosso imaginário. Essa mudança perpétua, entretanto, é como uma expansão horizontal, uma contínua ocupação, discreta, mas tenaz, da nossa vida cotidiana que muda pouco a pouco, momento a momento. A grande invenção e a grande descoberta representam as extremidades festivas da criatividade humana; a pequena inovação, em vez disso, representa o seu desdobramento cotidiano, humilde, subterrâneo, mas incessante e, afinal de contas, não menos determinante.

Mesmo para Heráclito, tudo fluía bem. Mas essa nossa impaciência por mudança instantânea nasceu apenas com a indústria e prosseguiu até os nossos dias, cada vez mais aguda, transformando o mundo da produção, que mudou a cada dia não apenas os seus produtos, mas também a nossa existência, e mudou ainda a si próprio, alterou os seus equipamentos, o seu pessoal, os seus processos de produção e distribuição. Esse moto-perpétuo cada vez mais acelerado ocorre por motivos biológicos, por obsolescência física e técnica, mas principalmente por vontade internacional, quase como um fim em si mesmo, prescindindo da sua utilidade instrumental objetiva, de modo que milhões de pessoas trocam continuamente seus carros, computadores ou telefones sem nenhuma necessidade real, a não ser a vontade em si de mudar por mudar.

A INCESSANTE METAMORFOSE DO MODELO T

A mudança com a qual nos habituaram os microprocessadores, dobrando de potência a cada 18 meses e arrastando em seu vórtice tudo aquilo que dele se alimenta – do telefone celular ao computador, dos centros cirúrgicos aos armamentos –, é certamente mais rápida do que aquela que, um século antes, caracterizara o advento e a difusão do automóvel. Mas a história dos primeiros modelos já contém, imperceptível, aquele sorvedouro que hoje nos engole.

Tomemos como objeto de reflexão exatamente um dos primeiros carros e mais longevos: o já mítico Ford Modelo T, que se espalhou nos mesmos anos em que a criatividade organizacional orientada para a produção de massa atingiu o seu cume.

Como já recordei, em 1903, Taylor participou da conferência da sociedade americana dos engenheiros, em Saratoga, Estado de Nova York, e despertou enorme gritaria com a sua descrição do *Shop Management*, destinada a ficar como marco na história da organização científica. Justamente nesse ano, numa carpintaria de Detroit, Henry Ford constituiu a Ford Motor Company, da qual era vice-presidente, projetista, chefe mecânico, superintendente e diretor-geral. Cinco anos depois, o mesmo Ford pôs no mercado o Modelo T, destinado a permanecer, até 1927, como o automóvel por excelência: o carro dos americanos, o símbolo dos Estados Unidos.

Em 1911, Taylor iniciou a publicação em fascículos, na *The American Magazine*, do ensaio *The Principles of Scientific Management*. No mesmo período foram divulgados outros textos fundamentais para a organização industrial: *Work, Wages and Profits* (Trabalho, salários e lucros), de Gantt, *Twelve Principles of Efficiency* (Os doze princípios da eficiência), de Emerson, e *Motion Study* (Estudo do movimento), de Gilbreth.

Em abril de 1913, Henry Ford experimentou pela primeira vez a "linha de montagem", para reduzir o tempo de montagem do dínamo empregado no Modelo T. Essa linha de montagem se tornaria o símbolo do maquinismo de toda a linha industrial, a invenção na qual o verbo taylorista se fazia carne e o veículo popular tornava-se a representação concreta, plástica e dinâmica da administração científica, devido a como fora projetado, como fora construído e a como contribuía, na vida cotidiana, à transformação da América de campos vastíssimos em maior potência urbano-industrial.

Por volta de 1920 saem seis livros de anedotas sobre o Modelo T; em 1912, a Doubleday publica *My Life and Work* (Minha vida e meu trabalho), a (auto)biografia de Henry Ford. Já são então produzidas 1.200.000 unidades do veículo por ano, e Ford é o homem mais rico da América. A autobiografia torna-se imediatamente um *best-seller* traduzido em dez línguas, inclusive em russo.

No quarto capítulo, Ford conta o nascimento do Modelo T: "A característica fundamental do novo modelo – que se fosse aceito, como eu julgava, era minha intenção adotá-lo como modelo único e depois dar início à sua produção propriamente dita – era a sua simplicidade. No veículo existiam apenas quatro unidades de construção: o conjunto de transmissão de potência, a estrutura, o eixo anterior e o eixo posterior. Todas essas unidades eram de fácil acesso e tinham sido projetadas de modo que não era necessária nenhuma habilidade especial para fazer reparos ou substituições. Eu pensava, então – mesmo que eu manifestasse muito pouco a minha opinião a respeito da novidade da idéia –, que devia ser possível ter peças tão simples e tão baratas que seria debelada a ameaça de trabalhos de reparo manual caros. As peças poderiam ser fabricadas a custo tão baixo que custaria menos comprar novas do que consertar as velhas. Podiam ser postas à disposição do público em lojas de ferramentas, como pregos ou parafusos...

"Antes do Modelo T eu tinha construído oito modelos ao todo... O

Modelo T praticamente não tem componentes que não fizessem parte de um ou de outro dos modelos precedentes. Cada detalhe foi plenamente posto à prova com o uso prático. Não havia de fato nenhum dado que fizesse pensar que esse modelo teria sucesso ou não. Não teria podido acontecer de outro modo, porque não tinha sido construído num dia só. Continha tudo aquilo que, naquele tempo, eu era capaz de colocar num veículo a motor, acrescentando o material que eu conseguira obter pela primeira vez.

"Lançamos o Modelo T para a temporada 1908-1909... Vendemos 10.607 carros, um número maior do que o mais vendido anteriormente por qualquer fabricante de automóveis. O preço do carro de passeio era 850 dólares. Sobre o mesmo chassi, montamos um carro urbano pelo preço de mil dólares, um veículo para cada tipo de estrada por 850 dólares, um cupê por 950 dólares e um Landau por 950 dólares. Assim, certa manhã, anunciei, sem nenhum aviso prévio, que daquele momento em diante construiríamos apenas um modelo – o Modelo T – e que o chassi seria exatamente igual para todos os veículos. Não posso dizer, certamente, que todos estivessem de acordo comigo."

No quinto capítulo, Ford conta o nascimento da linha de montagem e a sua primeira e revolucionária aplicação ao processo de produção do novo carro. "O Modelo T foi o primeiro motor que produzimos de forma autônoma. A grande economia começou na fase de montagem e depois foi estendida aos outros setores... O primeiro passo para a linha de montagem veio quando começamos a levar o trabalho aos homens, em vez de os homens ao trabalho... O resultado claro da aplicação desses princípios é a redução da necessidade de pensar por parte dos operários, e a redução dos seus movimentos ao mínimo. No que for possível, o operário faz somente uma coisa com um único movimento...

"Estávamos no início do mês de abril de 1913 quando tentamos pela primeira vez experimentar uma linha de montagem. Tentamos com a montagem do dínamo... Creio que essa foi a primeira linha de montagem jamais instalada... Com o estudo científico, um operário está agora em condições de trabalhar quatro vezes mais do que há não muitos anos. Aquele tipo de linha demonstrou a eficiência do método, e atualmente o aplicamos em todos os pontos. A montagem do motor, que antes era efetuada por um só homem, é agora subdividida em 84 operações; os operários desenvolvem atualmente o trabalho que antes era feito por um número de pessoas três vezes superior." [25]

Essa descrição é de extremo interesse, porque mostra como o espírito inovador do empreendedor Ford se lança em todas as direções: a criação de um modelo que não foi tirada do nada, mas utilizou todas as experiências acumuladas na construção de modelos anteriores; a diferenciação dos vários subtipos; o novo modo de produzi-lo e divulgá-lo. Além disso, Ford, como todos os inovadores, acha que deve superar a resistência às mudanças que toda novidade, inevitavelmente, provoca.

Por sorte, temos um testemunho também vivaz do Modelo T e das suas infinitas metamorfoses, vistas, desta vez, do lado dos consumidores. Em 31 de maio de 1927 as oficinas Ford lançaram o último veículo da série: levava o número 15.007.003, e, com o seu fim, marcou o fim de uma época e o fim de um "*american dream*". Dez anos depois, em 1936, um cliente apaixonado pela Ford, E. B. White, publicou no *New Yorker* um elogio fúnebre à sua velha paixão mecânica: sólido, valente, banal, heróico, capaz de transmitir as mesmas características a quem dele se servia.[26]

A intuição das necessidades mutáveis do consumidor e a genialidade autônoma de Ford o impeliam a inovar continuamente o carro, de modo a assegurar-lhe um sucesso crescente no mercado. E o mercado, pelas palavras de White, percebia, absorvia essa inovação perpétua e tornava-se fiel: "Havia uma coisa no Modelo T: o comprador não considerava nunca a compra completa, de um produto completo, acabado. O melhor ainda devia vir... Achava-se de posse de uma estrutura viva, vibrante, à qual se podia juntar um sortimento quase infinito de acessórios decorativos e funcionais. Saía-se da agência de carros já segurando o volante novo entre os joelhos e com a cabeça cheia de idéias criativas. Os Ford nasciam nus como as crianças, e a necessidade de corrigir os seus raros defeitos e de combater os seus fascinantes distúrbios deu vida a uma indústria extremamente florescente. Aqueles eram os grandes dias das oficinas simples. Folheei velhos catálogos da Sears Roebuck e eles me trouxeram tudo à mente com muita clareza.

"Primeiro, comprava-se um captador-refletor de segurança Ruby, para que a traseira brilhasse ao refletir a luz de outro carro. Depois investiam-se 39 centavos num radiador Moto Wings, um adereço muito difuso que conferia o toque Pégaso ao carro e fazia com que o motorista se sentisse um pouco como Deus. Com nove centavos comprava-se uma guia para a correia do ventilador do radiador, para impedir que ela escapasse da roldana.

"Comprava-se um preparado para impedir as perdas de água do radiador. Essa substância fazia parte dos acessórios básicos do automobilista, mais ou menos como a aspirina no armário dos remédios. Comprava-se um óleo especial para prevenir a batida do motor. Uma luz para fixar no painel, o necessário para remendar câmaras de ar, uma caixinha de ferramentas para fixar ao piso, um pára-sol, um apoio para a barra de direção, para mantê-la firme, e uma série de recipientes para gasolina, óleo e água – três latinhas cilíndricas, finas, que repousavam numa caixinha no piso durante viagens longas e importantes – vermelha para a gasolina, cinza para a água, verde para o óleo. Era apenas o começo."

White prossegue, falando de outras pequenas e contínuas inovações: dispositivos antivibração, borrachinhas pretas para aplicar na capota, amortecedores diversos, protetores de pedais, espelhos retrovisores, aceleradores de pedais, maçanetas de vários tipos, silenciadores para as janelas, perfumes de lavanda para o interior, taquímetros, limpadores de pára-brisa, amperímetros e vibradores reguláveis. "Um acessório puxava outro. Os donos dos carros Ford não só compravam aqueles acessórios já no comércio como inventavam novos para resolver problemas menos comuns. Eu mesmo guiei o meu carro diretamente da agência de carros para a oficina de um artesão e lhe disse para acrescentar duas enormes presilhas de ferro ao estribo da esquerda para sustentar um baú do exército."

O DESENVOLVIMENTO ORGANIZACIONAL

O Ford Modelo T permaneceu o mesmo apenas na aparência, durante os 20 anos em que foi produzido. Na realidade, não houve um só parafuso que não tivesse sofrido contínuos melhoramentos. Em nível bem mais elevado, mesmo uma criação grandiosa como os poemas de Homero sofreu, no decurso dos séculos, acréscimos e mutilações de acordo com a oscilação do gosto. Mas hoje a mudança é incessante e incisiva: seja um produto material como o automóvel ou o avião, seja um produto imaterial como um tema musical ou uma necessidade induzida, seja um produto organizacional como uma nação, uma entidade local ou uma empresa, estão todos em frenética evolução e absorvem, metabolizando-os, os progressos de todos os setores que concorrem para a sua funcionalidade. A partir de 1492, a descoberta do Novo Mundo obrigou os estados europeus a modificar o seu arranjo geopolítico; durante o século XX, a descoberta da televisão permitiu ao Ocidente pôr em crise a União Soviética, mais com as suas mensagens consumistas do que com as suas armas destrutivas. Hoje, a invenção de novos materiais e a biotecnologia, com o poder dos computadores, permitem revolucionar a nossa mobília, os nossos utensílios, o nosso corpo, as nossas células e o nosso DNA. E tudo isso, por sua vez, modifica incessantemente o nosso modo de ver e viver a vida cotidiana.

Pensemos um instante nas mil conquistas, grandes e pequenas, do século XX (do plástico à pílula anticoncepcional, da lavadora elétrica ao código de barras) e no seu impacto sobre o nosso modelo de vida e sobre a nossa organização social e produtiva.[27] Atrás de cada uma dessas invenções existem anos de pesquisa, de lutas, incompreensões e insucessos. "Para a ciência moderna", escreveu John von Neumann, "está passando a época da igreja primitiva e está se aproximando a época do bispo. Os diretores dos grandes laboratórios são, efetivamente, muito similares aos bispos, associados como são aos poderosos, em todas as condições sociais, e expostos aos perigos dos pecados carnais, de orgulho e de cobiça de poder."

Os objetivos das pesquisas têm se tornado cada vez mais custosos e arriscados; mas a interação procede por meio de um fértil relacionamento interativo de ciência e tecnologia, entre criação e realização e entre descoberta e invenção. Não mais lampejos de gênios individuais – cada um recurvado sobre seu pequeno microscópio –, mas trabalho coordenado de equipes numerosas e interdisciplinares, servidas por poderosos e complexos equipamentos coletivos organizados com critério.

As empresas inovadoras procuram atrair cérebros férteis: toleram as falhas (Carothers foi admitido pela Du Pont para desenvolver uma fibra acrílica e, antes de inventar o náilon, durante uns 11 anos não conseguiu obter nenhum resultado); premiam tanto os campeões perseverantes imaginativos e hábeis nas pesquisas como os seus patrocinadores, que os sustentam; incentivam a produção de idéias, por meio de promoções na carreira, prêmios e gratificações, oportunidades de estudos e de viagens, percentuais sobre os ganhos correspondentes à descoberta, direitos de autoria, participações acionárias.

Nesse moto-perpétuo da criatividade organizada, os inovadores individuais precisam ter personalidade forte para nadar contra a corrente; permanecem irreverentes ao *status quo* e eternos descontentes sobre o estado das coisas; são teimosos na afirmação de suas propostas; sabem desencavar os patrocinadores justos, isto é, aqueles capazes de defendê-los; sabem dialogar com os inovadores indóceis e obter decisões favoráveis das cúpulas empresariais.[28]

O desenvolvimento organizacional é um capítulo central das ciências sociais. Sob os impactos do progresso tecnológico, da globalização, da escolarização de massa, da crescente expectativa por parte dos consumidores, da relação mutável entre custo e benefício, as empresas entraram num estado de perene fibrilação: privatizam-se, fundem-se, criam divisões, internacionalizam-se, estruturam-se e se desestruturam sem descanso. Outras empresas, multinacionais de consultoria, correm em seu socorro, vendendo-lhes novos métodos e novas técnicas para abrir brechas nos velhos arranjos organizacionais e introduzir novos. Escolas inteiras de administração de empresas dedicam-se a criar verdadeiros paradigmas da inovação permanente.

As teorias de mudança organizacional – no auge, entre 1960 e 1980 – deram crédito à idéia de que a inovação devia ser um processo intencional, sistemático, programável e decidido na mesa de reuniões, sempre que fosse necessário: isto é, sempre. Decorre daí a convicção generalizada de que existem modelos simplificados e formalizados capazes de impor "leis de funcionamento" às empresas e burocracias robustas. Para tal objetivo, as teorias do "Desenvolvimento Organizacional" propuseram trabalhos de grupo, descentralização e participação; as teorias de "Mudança Organizacional" propuseram a chamada *contingency*, quer dizer, a centralização ou a descentralização, a longo ou curto prazo, decisões individuais ou coletivas, escolhas improvisadas ou planejadas *ad hoc*, segundo os casos individuais contingentes.[29]

As transformações – intensas até 1980 – tornaram-se torrenciais nas décadas seguintes, e, com elas, tornou-se problemático entender o tipo de mudança a introduzir, quem deve introduzi-la, como e quando. A velocidade das solicitações externas à empresa, principalmente – e em primeiro lugar o progresso tecnológico e a globalização –, demonstrou que a criatividade não pode ser relegada ao papel de recurso temporário, à qual apelar nos casos específicos da mudança planejável, mas é um modo permanente de ser da organização inovadora, que precisa de indivíduos e grupos cada vez mais fecundos de novas idéias. Também para a empresa permanece válida a afirmação de John Keats que se referia aos indivíduos: "Aquilo que é criativo deve criar a si mesmo."

A INOVAÇÃO

A impaciência contagiosa de enriquecer, substituir, modificar ou inovar continuamente os processos e produtos, a sua venda e o seu uso, é o próprio coração do capitalismo, com o seu espírito empreendedor e a sua competitividade, a sua opulência e a sua alienação. O caso do Modelo T exemplifica o ritmo com que a inovação se processava no curso da sociedade industrial. Já naquela época um produto era inventado, desenvolvido e lançado. Depois disso, se tinha sucesso, era logo aperfeiçoado, até atingir uma fase de maturidade que antecedia a sua saída do mercado e a substituição por novos produtos melhores, como aconteceu, por exemplo, com o raiom, depois substituído pelo náilon, que, por sua vez, foi suplantado pelo poliéster.

Então, como hoje, o impulso para renovar pode vir do acaso (como aconteceu com a 3M com o Post-it) e até do insucesso (como aconteceu com o Mustang e o Thunderbird, criados pela Ford para compensar o fracasso do Edsel). Pode também vir do mercado, dos fornecedores, dos parceiros, que evoluem nos seus gostos e exigências. Outras vezes, o impulso inovador nasce da genialidade do empreendedor que cria novas empresas ou renova as que já existiam com base em golpes de gênio ou em oportunas pesquisas financeiras, tecnológicas, organizacionais ou de mercado: é esse o caso da Frau, uma das fábricas mais refinadas de móveis e poltronas de couro, que foi salva *in extremis* por Franco Moschini e levada à atual posição de empresa líder do setor. Outras vezes a inovação se deve à inventiva de gerentes e operários, encorajados a produzir novas idéias e premiados por suas sugestões de aperfeiçoamentos. Outras vezes resulta de novas descobertas e de novas tecnologias que estimulam novas necessidades ou que permitem, finalmente, satisfazer necessidades incubadas por muito tempo (era desejo antigo eliminar os inconvenientes e a fragilidade do disco de vinil, até que a Philips colocou o CD no comércio). Além disso, pode originar-se de incentivos estatais, federais ou internacionais (como ocorreu com a Tennessee Authority, na América, ou com a Casa per il Mezzogiorno, na Itália, e como até hoje acontece com os fundos europeus), de acordos entre empresas e universidades (como no Vale do Silício), da ação de consórcios (como aconteceu em Boston), de eventos bélicos (basta pensar em Los Alamos), de competições aeroespaciais e de conflitos entre países produtores de matérias-primas.

Freqüentemente, o estímulo para inovar decorre de pesquisas prévias e construções de cenários: a AT&T, por exemplo, completou as centrais telefônicas automáticas depois que, em 1909, a American Telephone and Telegraph Company tinha elaborado projeções das quais se podia deduzir que, dentro de uns dez anos, todas as mulheres da América não seriam suficientes para cobrir a quantidade de telefonistas necessária. Em outros casos, as inovações são estimuladas pelo fluxo das migrações, das alterações demográficas e até do aumento da criminalidade: o desenvolvimento da robótica nasce da exigência de substituir a mão-de-obra cada vez mais cara e, em certas áreas, cada vez mais carente; o desenvolvimento das empresas turísticas e de produtos gerontológicos nasce da consciência de que a longevidade humana aumenta, a população envelhece e o tempo livre se expande; o desenvolvimento das companhias seguradoras e a proliferação de empresas fabricantes de fechaduras especiais, dispositivos de alarme e armas portáteis são incentivados pelo aumento da criminalidade. A inovação pode nascer de erros providenciais, como, por exemplo, aquele que levou o químico sueco Alfred Nobel à descoberta da dinamite. Outras vezes deriva da insatisfação dos cientistas e técnicos, da desatenção dos concorrentes, da proximidade contagiosa de empresas inovadoras, da incongruência entre as performances da própria empresa e o andamento geral do mercado, da fertilização cruzada entre disciplinas em vários níveis de progresso.

Freqüentemente, a criação de um novo produto, de um novo serviço ou de um novo método junta, engloba e potencializa idéias preexistentes. Peter F. Drucker cita o caso do elaborador eletrônico que "empregou pelo menos seis diferentes conhecimentos novos: a aritmética binária; o conceito de máquina calculadora elaborado por Charles Babbage na primeira metade do século XIX; o cartão perfurado, inventado por Herman Hollerith para o recenseamento nos Estados Unidos em 1890; o tubo *audion*, um comando eletrônico inventado em 1906; a lógica simbólica, que foi criada por Bertrand Russell e Alfred N. Whitehead entre 1910 e 1913; e, enfim, os conceitos de programação e de retroação, que nasceram de algumas tentativas vãs conduzidas durante a Primeira Guerra Mundial, para desenvolvimento de canhões antiaéreos eficazes. Mas, conquanto todos os conhecimentos necessários já estivessem disponíveis em 1918, o primeiro computador que funcionou apareceu em 1946".[30]

De qualquer modo, prossegue Drucker, "a inovação é mais filha do trabalho do que do lampejo do gênio... Nas inovações, como em qualquer outra atividade humana, devem existir talento, engenho e conhecimento. Mas é necessário o empenho constante, preciso e finalizado. Se faltam diligência, constância e comprometimento, o engenho e a cultura de pouco servem".

É comum que quem tem capacidade de inventar não tem poder nem competência para traduzir em prática a própria idéia. É preciso, então, que a sua imaginação obtenha o apoio de alguém com mais poder, capaz de superar os obstáculos, vencer as desconfianças e a inveja, remover as barreiras financeiras e organizacionais e ter coragem e inteligência para investir na nova idéia, assim como para proteger o inventor. Em suma, para impor a inovação e traduzi-la num bom negócio.

Essas condições se verificam com mais freqüência quando o clima empresarial volta-se de modo entusiástico para o aprendizado, a inovação, a vitalidade e o sucesso; quando o mercado é mantido atentamente sob observação e se "ouvem" as sugestões; quando as unidades operacionais são suficientemente pequenas e ágeis, as relações são informais, a burocracia não atrapalha a espontaneidade; e quando se permitem abordagens múltiplas e excêntricas para resolver o problema.

Ao contrário, as idéias inovadoras podem falhar quando a empresa quer ganhar muito e logo; quando não está disposta a investir tempo nem dinheiro; quando os inovadores acabam por criar inimizade justamente com aqueles que devem decidir sobre financiar e implementar as suas propostas; quando as inovações empreendidas são repelidas pela opinião pública, pelos sindicatos, pelos grupos de pressão, pela Igreja e pelos meios de comunicação de massa; quando a explicação e a defesa das novas idéias são confiadas a incapazes; quando os inovadores são muito precipitados ou demasiadamente cautelosos; quando é prevista apenas uma parte das vantagens que se poderiam obter graças à inovação sugerida; quando os empresários ou os altos dirigentes são "míopes" (como no caso do Programa 101, que, se tivesse sido acolhido, teria assegurado à Olivetti a paternidade do microcomputador)[31] ou não têm a coragem de enfrentar os riscos da inovação; quando prevalecem os preciosismos burocráticos e a força do hábito; quando uma inovação introduzida anteriormente obtém tal sucesso que é considerada definitiva, permitindo que os seus criadores, que se tornaram poderosos, recusem qualquer novidade que possa obscurecer o seu prestígio: *success needs failure*, é o que repete quem entende do assunto.

Por outro lado, o caminho da inovação é longo, tortuoso e cheio de ciladas. Um produto novo, mesmo se excelente, pode ser recusado pelo mercado por ser muito avançado para o seu tempo, ou muito atrasado. E, mesmo quando acolhido com euforia, pode dar lugar a um excesso de investimentos, fadados depois a ser drasticamente redimensionados. É esse o caso do desastroso desmoronamento que, no fim do século XX, arrastou à falência milhares de pequenas empresas enganadas pela miragem da *New Economy*. A mesma coisa acontecera muitos anos antes, no setor de materiais elétricos: das cerca de mil empresas que despontaram entre 1880 e 1890 nos vários países desenvolvidos, em 1914 restavam vivas apenas 25. Também assim, no início da década de 1920, nos Estados Unidos, havia entre 300 e 500 empresas automobilísticas, mas em 1960 restavam apenas quatro.

O INOVADOR

Isso nos leva a duas outras questões: quem é o sujeito ativo da inovação e o que o impele a inovar. Falando de descobertas e invenções, na primeira parte deste livro lembrei que muitíssimas obras, embora sendo fruto da ação conjunta de numerosos criativos, são atribuídas a um só sujeito. A mesma coisa vale para as empresas e para os seus produtos. Dizíamos que a Olivetti foi obra de Camillo, que a Fiat foi fundada por Giovanni Agnelli, que a Ford e o Modelo T foram criações de Henry Ford, que a Microsoft é filha de Bill Gates. Não há dúvida de que esses personagens desempenharam papel determinante, mas, se formos relembrar com cuidado os acontecimentos reais, descobrimos, ao lado desses demiurgos, um número surpreendente de co-responsáveis que permaneceram na sombra.

O famoso "efeito São Mateus", de que fala Robert K. Marton, esclarece bem esse fenômeno.[32]

De modo geral, parece-nos claro que a inovação é caracterizada por uma longa mudança evolutiva, pontuada de vários episódios de mudança revolucionária.[33] Ainda assim, parece-nos realista a tendência pela qual passamos de uma inovação industrial – devida prioritariamente a empreendedores individuais, empenhados em *hand based activities*, contrapostos pela concorrência e imersos em um contexto social caracterizado por relações fracas entre universidade e empresa – a uma inovação pós-industrial realizada predominantemente por equipes interdisciplinares, com as quais concorrem tanto as empresas já densas de *brain based activities* como as universidades, os consórcios e os parques tecnológicos, enquanto a competitividade e a cooperação, a rotina interna e o impulso inovador externos, os comportamentos estratégicos e os adaptadores se equilibram alternadamente.

Segundo Shumpeter, o inovador é uma pessoa que rompe as rotinas sociais, que consegue vencer a resistência dos conservadores frente às mudanças, que consegue introduzir novos produtos, novos métodos, novos mercados e novas organizações. O que o move pode ser o desejo de lucro, mas também de sucesso, a alegria de criar, a embriaguez de arriscar, o orgulho de realizar uma obra inédita, admirável e extraordinária, a vontade de se distinguir, de ficar na história.

Na primeira fase dos seus estudos sobre o empreendedor, Shumpeter refere-se a um sujeito inovador individual que tende a olhar além do conservador, e encara uma inovação vislumbrando nela, antes dos outros, as vantagens de médio e longo prazos. Na última fase, caracteriza a ação empresarial não mais como um ato quase casual, mas num plano bem programado; e entende a empreitada não mais como uma obra de um empreendedor individual, mas "cada vez mais obra de equipes de especialistas que produzem o quanto é requerido e a fazem funcionar de modos previsíveis e controláveis".[34]

Hoje, a inovação provém de escritórios quase sempre colocados em posição intermediária na pirâmide empresarial, vem de órgãos nacionais e internacionais encarregados da pesquisa, de instituições acadêmicas de colégios invisíveis. Mas, individual ou coletivo, o sujeito inovador age em condições de risco, com base numa racionalidade limitada, numa pesquisa satisfatória, numa mudança evolutiva, como Simon, Nelson e Winter nos ajudaram a entender, fazendo irrupções com as suas hipóteses sociológicas num campo antes monopolizado pelos economistas.[35]

A ARMADILHA DA ROTINA E O IMPULSO DO CONTEXTO

As grandes empresas estão sujeitas a uma diminuição geral do impulso à inovação por causa do número que fatalmente conspira a favor da burocratização. Por isso, muitos criativos chegados à Fiat de Turim, à Ford de Detroit e às empresas têxteis da Nova Inglaterra para realizar as próprias idéias foram obrigados a fazer *spin-off*.

Para combater essa degradação são necessárias chicotadas de energia vibratória de fora (por meio da intervenção pública, do ímpeto ameaçador da concorrência, de uma invenção alheia inesperada, de uma ajuda providencial, até mesmo de uma guerra) ou inculcadas no interior (injeções de confiança de parte de um diretor entusiasta, apelos eficazes à cooperação, capacidade de aproveitar oportunidades oferecidas pela rede, pelos custos transacionais, etc.).

Quando a vitalidade organizacional não consegue compensar a rotina, a organização deixa de ser inovadora e morre, ou é superada por uma empresa mais criativa.

Para evitar ou inverter a tendência à rotina, foram concebidos numerosos expedientes: a lubrificação dos sistemas informativos; a redução dos níveis hierárquicos e dos controles; o recurso a fatores motivadores; a formação de unidades operacionais dedicadas exclusivamente à pesquisa e ao desenvolvimento; a introdução de novos tipos de liderança, baseados na participação e no carisma; ênfase na missão, no espírito de conjunto, no nacionalismo e na embriaguez do progresso, do primado e do sucesso. Um antídoto muito eficaz pode vir das redes associativas, da cooperação, do trabalho de grupo, da solidariedade e do impulso de geração criativa do contexto. Isso pode, de fato, encorajar a vitalidade de uma organização, impelindo-a a inovar, ou pode desencorajar-lhe o dinamismo, induzindo-a à rotina, que está para o impulso inovador das organizações assim como a entropia está para a termodinâmica.

Para Landes, o propulsor da criatividade é a liberdade econômica; para Tocqueville, é a democracia política; para Marx, é a igualdade das oportunidades.

No curso de 70 anos, o capitalismo confrontou-se com o comunismo justamente no campo da inovação, que é a base do poderio militar e do bem-estar econômico. A queda do Muro de Berlim estabeleceu que, pelo menos nessa fase histórica, o impulso de inovar é mais preponderante quando o sistema social se baseia na propriedade privada, no lucro, no individualismo e na competitividade. Não por acaso, para prosseguir nas suas pesquisas, muitos cientistas dos países comunistas tiveram de se evadir da Cortina de Ferro.

Mas se a burocracia e a rotina são os grandes inimigos da inovação, isso não quer dizer que a concorrência seja a sua única amiga. Aliás, é cada vez mais freqüente a apreciação do papel desempenhado pela cooperação entre empresas e instituições públicas, e até mesmo entre empresas concorrentes entre si.[36] E isso não se dá por acaso, se bem que o mercado e a competitividade sejam imaginados como panacéia para curar qualquer doença econômica, mas os liames explícitos e os subterrâneos entre as empresas são já tão freqüentes que racham, em medida inquietante, o mito da concorrência perfeita. Dê-se uma olhada em dois mapas: o da figura 1 esquematiza as ligações entre as indústrias automobilísticas mundiais por volta de 1980; o reproduzido na figura 2 esquematiza as ligações entre as empresas de telecomunicações por volta de 1990. Como se pode ver, estamos bem distantes do modelo teórico imaginado pelo liberalismo, no qual as empresas jogam o jogo duro da concorrência impiedosa, independentes como nômades, no espaço límpido e neutro do mercado puro.

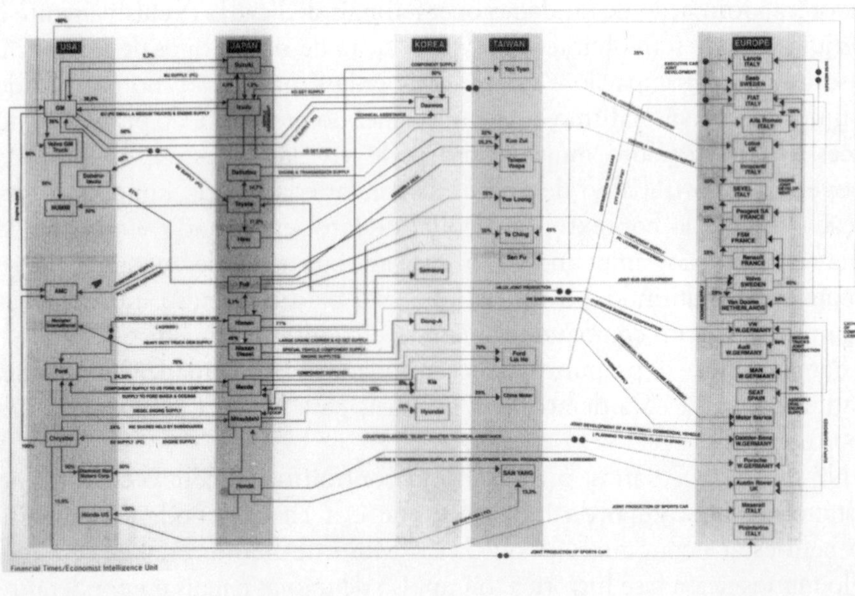

Fig. 1 – Mapa das ligações entre as indústrias automobilísticas mundiais (por volta de 1980).

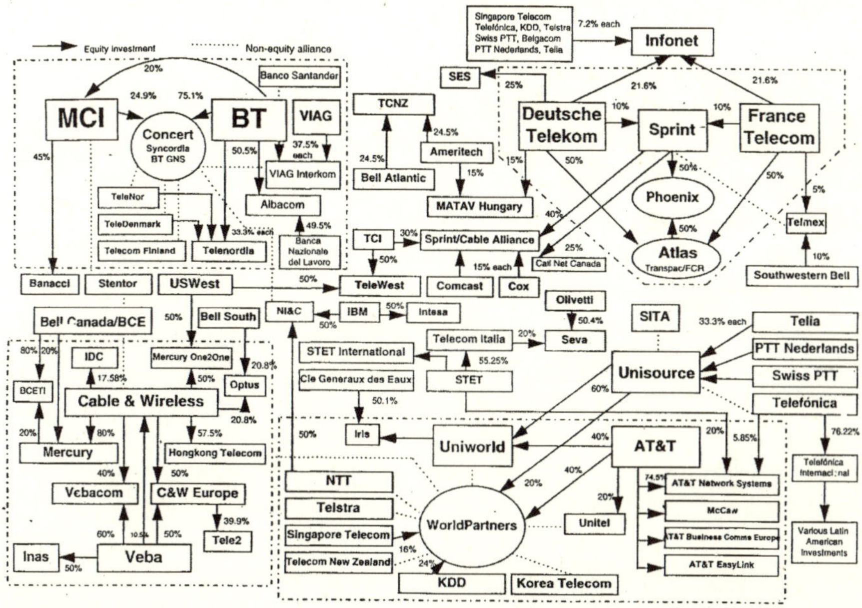

Fig. 2 – Mapa das alianças entre as empresas de telecomunicação (por volta de 1990).

Uma interconexão tão estreita não pode deixar de exercer fortes influências sobre o impulso inovador, às vezes acelerando-o, às vezes freando-o, mas estamos apenas no campo das hipóteses, porque faltam pesquisas consideráveis sobre essa zona interorganizacional, ainda na sombra.

Completei, finalmente, o quadro indispensável para enfrentar o âmago do meu discurso – o que é a criatividade e como funcionam os grupos criativos –, do qual estou gradativamente mais próximo, seja percorrendo as etapas da sua evolução histórica (na primeira parte do livro), seja examinando as contribuições explicativas oferecidas pelas várias disciplinas (até aqui, nesta segunda parte). Nos próximos capítulos, também predominantemente sociológicos, definirei a criatividade e examinarei os processos criativos realizados em equipe, as condições internas e externas que influenciam o funcionamento dos grupos criativos, os sacrifícios que a criatividade exige e as gratificações que propicia.

CAPÍTULO QUINZE

CRIATIVIDADE E GRUPOS CRIATIVOS

"O verbo latino cogito, *penso, significa etimologicamente agitar junto."*
J. HADAMARD

"Aqueles que sonham de dia sabem muitas coisas que fogem a quem sonha somente à noite."
EDGAR ALLAN POE

A CRIATIVIDADE É AMERICANA?

Durante a primeira metade do século XX, para fugir ao nazismo e ao fascismo, um grupo enorme de cientistas, literatos e artistas transferiu-se para a América, pondo fim àquela hegemonia da criatividade européia que, depois dos grandes e antiqüíssimos feitos heróicos da Mesopotâmia e do Egito, dominara ininterruptamente da época de Péricles até os primeiros 30 anos do século XX. Como vimos, entre a metade do século XIX e a década de 1930, enquanto os Estados Unidos – sobretudo com Taylor e Ford – cogitavam técnicas geniais para organizar as massas operárias encarregadas da produção manufatureira em grandes séries, na Europa, ao lado da organização das fábricas, das burocracias e dos exércitos, experimentavam-se métodos originais para elevar a produtividade criativa de grupos científicos como o Instituto Pasteur, em Paris, ou o Grupo de Fermi, em Roma, e de grupos artísticos como a Wiener Werkstätte, em Viena, ou a Bauhaus, em Berlim. Esses casos de excelência, que marcam a via européia para a organização criativa, relacionam-se de algum modo à gloriosa tradição das oficinas de arte e das academias renascentistas. A partir da década de 1930, o grande êxodo de cientistas e artistas europeus para o Novo Mundo[1] habituou a América a um superávit de personalidades geniais, que ela soube merecer colocando-lhes à disposição recursos, gratificações e liberdade. Originou-se aí, na opinião pública americana, a sensação dominante de um primado indiscutível dos Estados Unidos em questão de criatividade, que claudicou apenas três vezes.

A primeira, como já recordamos, ocorreu em 1957, quando o mundo ocidental foi colhido de surpresa pelo anúncio de que ao redor do nosso planeta orbitava um satélite artificial inventado não em Stanford ou no MIT, mas na União Soviética. Mesmo antes desse choque, alguns estudiosos americanos já tinham se interessado por criatividade: Barron, Guilford, Roe, Rogers, por exemplo. Mas sob o desaforo soviético, que ia somar-se aos desafios lançados pela guerra fria e quente, pela concorrência industrial, pelas exigências de folga e tempo livre, pelas mudanças históricas relacionadas ao advento pós-industrial, os estudiosos e empresários americanos reagiram com a confiante racionalidade que lhes é característica: os primeiros potencializando e os segundos financiando as pesquisas sobre a criatividade e as eventuais técnicas para incrementá-la.

O segundo golpe contra o que um estudioso americano – Thomas Kiely – orgulhosamente rotulou de "inata capacidade inventiva da inteligência americana"[2] foi desferido 20 anos mais tarde pela concorrência japonesa, que em muitos setores conseguiu encontrar soluções mais geniais, mais práticas, menos onerosas e esteticamente mais agradáveis do que as inventadas nos Estados Unidos, que pela primeira vez depois de duas guerras mundiais levadas a termo vitoriosamente viram ameaçada a sua supremacia técnico-comercial. As empresas que durante algumas décadas tinham liderado o progresso mundial com os laboratórios universitários que com elas agiam em conjunto subitamente se descobriram desprovidas de idéias. Mas ainda dessa vez o espírito empreendedor americano respondeu com renovado ardor de estudos e investimentos: as empresas estabeleceram polpudos fundos para a formação voltada à criatividade, os gerentes se submeteram docilmente a treinamentos de todo tipo, os estudiosos e os formadores foram férteis em achados pedagógicos, às vezes até muito caprichosos. Basta percorrer qualquer manual de formação gerencial publicado nas décadas de 1970 e 1980 para dar-se conta de quão rico tinha se tornado o instrumental de técnicas, preparadas pelos *experts* em criatividade durante aqueles anos e experimentadas em fileiras e fileiras de trabalhadores de todos os níveis e setores.

Passam-se mais 30 anos e eis o terceiro choque, provocado, dessa vez, pelo terrorismo islâmico: nas barbas da mais protegida fortaleza do mundo, dois aviões provocam a demolição das Torres Gêmeas, mortificando os Estados Unidos sob os olhos atônitos de todo o mundo, enquanto um terceiro avião rompe uma brecha justamente no Pentágono, coração, cérebro e metáfora da invulnerabilidade americana. É a primeira vez que a virgindade do solo estadunidense é brutalmente estuprada e que os americanos, especialistas em levar a guerra a todos os cantos da Terra, vêem ruir em sua própria casa dois arranha-céus, ouvem os gritos dos seus feridos, cheiram a poeira dos seus escombros, são atingidos pelos estilhaços dos seus vidros quebrados. Nessa terceira vez não se trata de desafios espaciais nem de concorrência comercial: agora estão em jogo a primazia, os nervos, o orgulho do povo mais poderoso do planeta, obrigado a se confrontar com táticas e estratégias incoerentes com o próprio modelo de agressividade. Dispara-se, assim, quase que por reflexo condicionado, uma operação criativa coletiva para transformar o imperialismo maleável, que Tocqueville já nos tinha desvendado, em imperialismo rude, explícito e auto-referencial.

POR QUE AS EMPRESAS DEVEM SER CRIATIVAS

Em favor dessa crescente atenção empresarial para a criatividade concorrem as mesmas transformações tecnológicas adotadas pelas empresas sob a pressão do progresso científico e da concorrência internacional. Todo computador que entra numa empresa subtrai aos trabalhadores uma parte de esforço físico e intelectual, assume as suas tarefas repetitivas, alienantes e estúpidas, deixa à disposição deles apenas as tarefas mais ricas em conteúdo intelectual, não-processáveis, ligadas à inventividade de quem os desenvolve. Por outro lado, também os trabalhadores – cada vez mais cultos, especializados e escolarizados – estariam prontos para essas tarefas mais criativas se a sua fertilidade intelectual não fosse com muita freqüência castrada por uma organização “industrial” obsoleta, que ainda lhes impinge regras feitas há 100 anos, em função de operários semi-analfabetos encarregados da linha de montagem, e já amplamente inadequadas para fecundar a invenção continuamente pretendida por um mercado mais voraz por produtos inéditos.

Os trabalhadores estão cada vez mais aculturados; as máquinas podem desenvolver quase todas as funções repetitivas e executivas; o mercado aprecia sobretudo bens de serviço novos, sofisticados e personalizados. Portanto, tudo na sociedade pós-industrial concorre para valorizar a atividade criativa, pelo menos até o quanto foi valorizado, na sociedade industrial, o esforço executivo.

O problema, a essa altura, é como incentivar (ou, pelo menos, como não obstar) a criatividade dos indivíduos e dos grupos por meio de uma organização adequada. As técnicas geralmente divulgadas pelos missionários da criatividade nas empresas partem do pressuposto de que exista um só tipo de criatividade; de que todo trabalhador seja criativo por constituição; de que, não obstante isso, os trabalhadores individuais estejam desprovidos de idéias por causa dos bloqueios psicológicos devidos a uma modalidade errada de pensar e interagir; de que sejam necessárias, portanto, intervenções de formação capazes de derrubar essas barreiras psicológicas introjetadas no nível do inconsciente, para dar livre curso, finalmente, às capacidades criativas inatas que cada um possui em seu patrimônio genético.

POR QUE AS EMPRESAS NÃO SÃO CRIATIVAS

Durante muitos anos estudei as organizações manufatureiras: siderúrgicas, metalomecânicas e de outros setores. Participei diretamente de trabalhos do alto-forno, das linhas de montagem, das aciarias; depois desenvolvi pesquisas tendo por pauta as condições dos trabalhadores "proletários" encarregados de tarefas executivas de todo gênero. Por fim, passei a estudar as organizações criativas: o laboratório de pesquisas, a equipe cinematográfica, a equipe de cientistas, o ateliê de estilistas e o escritório dos profissionais liberais e dos dirigentes. Na maior parte dos casos problemáticos com que me deparei, as empresas se mostravam impotentes para resolver as situações, não tanto porque faltassem idéias imaginativas, mas porque as propostas, embora originais e sensatas, acabavam ficando no papel, inviabilizadas pela miopia de quem deveria decidir a sua conversão em prática.

Nem sempre essa miopia tinha culpa: uma organização predisposta a fazer um milhão de vezes o mesmo carro, sempre do mesmo modo, perde, com o tempo, qualquer atitude para fazer coisas diferentes. Ainda assim, a sistemática frustração da criatividade induz os trabalhadores – sobretudo os intelectuais – a baixar a sua taxa de criação, a não investir energias na produção de idéias que certamente serão barradas pelos chefes, habituados a considerar a inteligência dos colaboradores mais como uma perigosa divagação do que como um recurso precioso. Na China, durante a dinastia Ming, havia uma lei que impunha a morte a um filho que superasse o pai em qualquer coisa. De fato, quantos chefes de empresa reconstituíram essa lei discriminando as inteligências melhores? A tendência de reprimir a imaginação e a fantasia antes mesmo que possam produzir idéias originais parece-me sempre gerada pela mesma matriz organizadora que põe em curto-circuito a propensão a criar e a tenacidade em levar a termo as soluções idealizadas.

Essas minhas afirmações, que poderiam parecer muito drásticas, são coerentes com o significado que atribuo à "criatividade" e ao "grupo criativo". A massa de informações históricas e de observações teóricas acumuladas nos capítulos anteriores parece-me suficiente para arriscar as definições que darei em seguida, com o intento de tratar a criatividade não para celebrá-la, mas para resgatá-la: de fato, a criatividade, ao contrário da exeqüibilidade – muito estudada nos dois últimos séculos, de Smith em diante –, foi deixada na sombra. Atribuída e reservada apenas à cúpula empresarial, não podia deixar de ser considerada um dom mágico e raro da natureza a permanecer em mistério e não ser capaz de se reproduzir.

O QUE SABEMOS DA CRIATIVIDADE

Afinal de contas, toda a criatividade humana serviu para transformar a energia solar em energia social. O que nos impeliu a essa grande aventura e de que modo a realizamos? Como vimos nos capítulos anteriores, as neurociências procuraram descrever as estruturas e os mecanismos bioquímicos e bioelétricos que governam a atividade criativa, o mapa das áreas cerebrais dedicadas à criatividade e as diferenças e similaridades entre processos criativos artísticos e científicos. A psicanálise, por sua vez, procurou compreender quais são os impulsos inconscientes que induzem a criar e quais são os que tendem a reprimir esse instinto. A psicologia explorou os tipos de criatividade, as fases do processo criativo, a diferença entre criatividade e inteligência e os modos possíveis de ensinar e desenvolver a criatividade. A epistemologia estudou como se estrutura e se desenvolve o conhecimento. A sociologia ofereceu as suas contribuições para entender como são criadas as organizações (empresas, estados, constituições, procedimentos, regulamentos, etc.), quais os relacionamentos que se instauram entre sociedade e criatividade, como promover a criatividade em âmbito social por meio da educação, da tolerância, etc., como remover os obstáculos sociais à criatividade, quais as particularidades organizacionais que caracterizam a criatividade de grupo. Em todas essas abordagens, surpreende a circunstância de que quase não existam estudos sobre a criatividade coletiva; que a criatividade individual tenha sido estudada sobretudo sob o perfil psicológico e psicanalítico; que até para explicar a criatividade de grupo se tenha recorrido mais ao inconsciente do que à sociologia. E Freud havia advertido: "Frente ao artista, a análise psicológica deve depor as armas." Nota-se, além disso, que se começou a estudar a criatividade individual justamente quando ela começou a ceder o passo à criatividade coletiva.

Ainda assim foram feitos muitos progressos no estudo das etapas em que se articulam os processos criativos: já em 1884, Helmholtz observou que um criativo, quando procura a solução de um problema, começa explorando tudo o que existe em torno dele, depois deixa a mente repousar até que lhe ocorra uma solução súbita e inesperada. Em 1926,

Wallas enriqueceu essa descrição articulando-a em quatro fases: preparação, incubação, iluminação, verificação. Poincaré, que se divertiu descrevendo para nós como lhe vieram as idéias matemáticas mais brilhantes, assegura que a iluminação tem características de brevidade, subitaneidade e certeza imediata. Em 1931, Rossmann subdividiu o processo criativo em sete estágios: observação de uma necessidade, análise dessa necessidade, resenha das informações disponíveis, formulação das soluções prováveis, sua análise crítica, invenção propriamente dita e experimentação para verificar-lhe a validade.

Ao que parece, a informação é imprescindível para a criatividade científica, mas conta muito menos para a artística. Um dos maiores e mais sábios escritores do século XX, Jorge Luis Borges nunca leu um jornal, e John Keats, o doce autor de *Ode a um Rouxinol*, confessava nunca ter lido nada. Para que a informação favoreça a criatividade, é preciso que ela veicule muitas idéias e que o receptor tenha a capacidade e a vontade de entendê-las, assimilá-las e valorizá-las. O dia em que todos os livros e todos os jornais do mundo fossem encerrados em um disquete grande como um cinzeiro, talvez o progresso científico da humanidade conseguisse dar grandes passos, mas não se pode dizer que o artístico cresceria paralelamente. Até Einstein escreveu: "Quando observo a mim mesmo e os meus métodos de pensamento, chego à conclusão de que o dom da imaginação foi mais importante para mim do que a minha capacidade de assimilar conhecimentos." E Niemeyer lhe fez coro, quando declarou: "Na arquitetura, a intuição desempenha um papel tão importante quanto o conhecimento... A imaginação e a espontaneidade são para mim as fontes da arquitetura."[3]

Mas voltemos às etapas do processo criativo. Em 1953, Osborn descreveu sete delas: orientação, preparação, análise, criação, incubação, nova síntese e avaliação. Seis, entretanto, são as etapas que Anzieu descreveu em fins do século XX: a que ele chama de *saisissement* (surpresa), a tomada de consciência do problema a resolver, a estruturação do código que rege o tipo de conhecimento implícito naquele determinado processo criativo, a composição e a realização da idéia, o licenciamento, o dissabor.

Muitos testemunhos nos asseguram que a estética entra pelo menos em dois momentos do processo criativo: quando confere ao ambiente físico uma força particularmente intensa (como ocorreu, por exemplo, com a paisagem de Ravello, capaz de estimular criativos muito diferentes entre si, como Boccaccio, Wagner, Gide, Forster, D. H. Lawrence, Grieg, Escher) e quando fornece um critério para selecionar as idéias, como aconteceu com Crick e Watson, que, entre as muitas estruturas possíveis do DNA, privilegiaram aquela indiscutivelmente mais bonita ("É muito bonita para não ser verdadeira!", parece que Rosalind Franklin exclamou quando lhe foi mostrada). De resto, a elegância das fórmulas sempre excitou os matemáticos. Para Hillman, os critérios da estética (unidade, linha, ritmo, tensão e elegância) na verdade coincidiriam com os do trabalho criativo: "Quando somos tocados, movidos e abertos à experiência da alma, descobrimos que o que nela vive não somente é interessante e significativo, necessário e aceitável, mas também atraente, amável e belo."[4]

A criatividade foi considerada como capacidade de construir e destruir, de revelar segredos; de ver antes dos outros e de fazer ver aos outros; como originalidade marcada pela avaliação social; como pesquisa de uma forma ou de um pensamento dotados de originalidade, unidade e qualidade rara; como conquista de alto grau de subjetividade na arte, de alto grau de objetividade na ciência; como modo para liberar-se das escolhas habituais e obrigatórias; como conquista capaz de enriquecer não apenas o criativo, mas todo o gênero humano; como método diferente do pensamento comum, capaz de chegar a resultados que o pensamento comum poderá entender, aceitar e apreciar somente num segundo momento.

De acordo com alguns estudiosos, é preciso distinguir entre *inteligência*, como função unitária uniforme, e *criatividade*, como função múltipla, na qual intervêm muitas capacidades mentais. Alguns defendem que muitos somos criativos, outros, que todos nós somos dotados de criatividade ordinária, mas que apenas poucos são dotados de criatividade extraordinária, de forma limitada a alguns campos. Segundo Arieti, alguns tipos de neuróticos são completamente privados também da criatividade ordinária, que, entretanto, pressupõe espontaneidade e originalidade.

Raramente as criações se exaurem em si mesmas. O mais das vezes, uma criação fecunda outras, em cadeia: a invenção da pintura a óleo, no Renascimento, determinou toda a arte pictórica seguinte; a imprensa, a energia elétrica, a organização científica e o computador foram muito férteis de invenções posteriores.

CONSCIENTE E INCONSCIENTE

Para dar uma definição minha de criatividade, volto ao ensaio *Creativity. The Magic Synthesis*, de Silvano Arieti, já amplamente citado no décimo primeiro capítulo. Esse autor, que juntamente com Arthur Koestler[5] parece-me um dos estudiosos mais convincentes do processo criativo, observado do ponto de vista psicológico, afirma que tal processo, ao contrário dos seus produtos, "é desprovido de novidade e sublimidade; em boa parte, ele consiste em mecanismos mentais antigos, superados e primitivos, geralmente confinados àqueles recessos da psique que estão sob o domínio daquilo que Freud chamou de processo primário". Segundo Arieti, o processo criativo consiste numa síntese entre o pensamento primário e o pensamento secundário (figura 1).

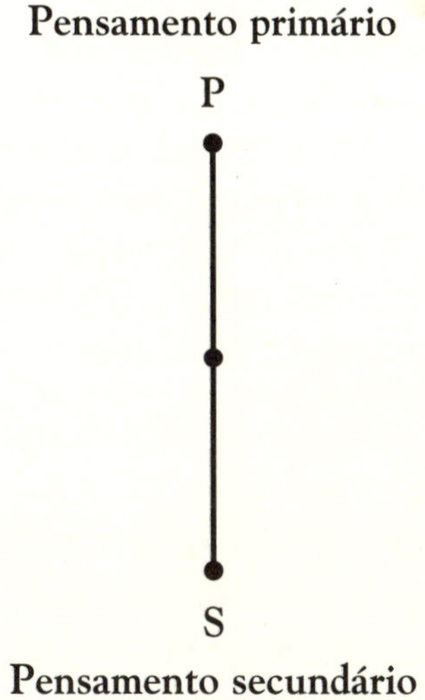

Fig. 1 – A criatividade como síntese do pensamento primário (P) e do pensamento secundário (S).

Como Ehrenzweig e Rollo May antes dele, Arieti também sustenta que essa síntese seja mágica. "O *processo primário*, para Freud, é um modo de funcionamento da psique, especialmente da sua parte inconsciente. Ele prevalece no sonho e em algumas doenças mentais, especialmente nas psicoses. O processo primário funciona de modo muito diferente do secundário, que é o modo de funcionamento da mente quando esta está desperta e se serve da lógica comum. Os mecanismos do processo secundário manifestam-se também no processo criativo, em estranhas e complexas combinações com os mecanismos do processo primário e em sínteses que, apesar de imprevisíveis, são, ainda assim, suscetíveis de interpretação psicológica. É do acoplamento apropriado com os mecanismos do processo secundário que essas formas primitivas de cognição, geralmente limitadas a camadas anormais ou a processos inconscientes, se transformam em forças inovadoras." [6]

Segundo Arieti e outros psiquiatras que compartilham essa colocação, concorrem para elaborar produtos inéditos tanto o inconsciente como o consciente, aliados entre si no esforço criativo. Os impulsos eróticos sublimados impelem o criativo a dar respostas insólitas, frustrando as barreiras conceituais e as convenções impostas pela consciência. Ele é capaz de ter emoções mais intensas do que os outros e de transmiti-las aos outros. A idéia nova é concebida de modo confuso no inconsciente, onde atravessa uma fase obscura de incubação, depois assume uma fisionomia precisa e toma corpo no consciente. "Os indivíduos criativos", escreve Giacomo Daquino, "sejam eles artistas ou cientistas, têm em comum capacidade de observação e de síntese, excepcional energia psíquica e particular inclinação para as coisas complexas. Acima de tudo, dispõem de uma certa descontinuidade com respeito à racionalidade, isto é, de um pensamento mais livre e menos dependente da lógica, mais inclinado à fantasia, mais próximo do sonho. Sem imaginação e fantasia não haveria criatividade, mas a sua inspiração deve integrar-se, com boa adaptação, à realidade."[7]

FANTASIA E CONCRETUDE

Dos meus estudos sobre os grupos criativos passados e atuais emergiu a necessidade de enriquecer o processo criativo linear, descrito por Arieti como síntese de pensamento primário (P) e secundário (S), por meio da assunção de outros dois elementos: esse processo é também síntese da esfera racional, composta de conhecimentos e habilidades (R), e da esfera emotiva, composta de emoções, sentimentos, opiniões e atitudes (E) (figura 2).

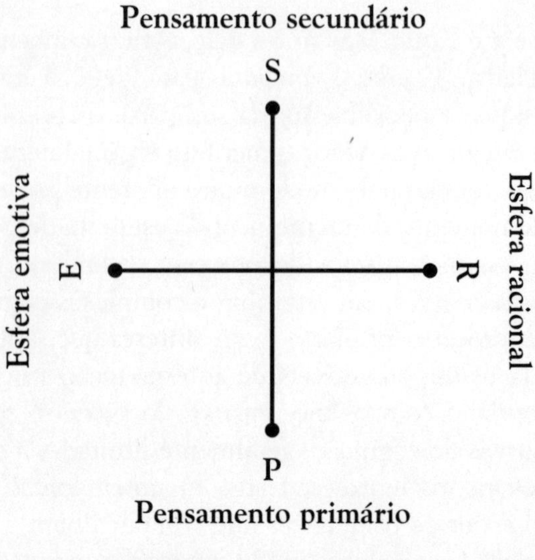

Fig. 2 – A criatividade como síntese de pensamento primário (P) e pensamento secundário (S); de esfera emotiva (E) e esfera racional (R).

Na figura 2, o eixo vertical S–P (secundário-primário) une dois pontos extremos que representam o nível consciente, ao alto (S), e o nível inconsciente, embaixo (P). Por sua vez, o eixo horizontal E–R (emotivo-racional) une dois pontos extremos que representam o pólo da emotividade, à esquerda (E), e o pólo da racionalidade, à direita (R).

Cruzando esses dois eixos resultam quatro áreas. Limitemo-nos, por ora, a considerar apenas duas: a de baixo, à esquerda, marcada por emotividade e inconsciente, representa a área da fantasia; a do alto, à direita, marcada por racionalidade e consciente, representa a área da concretude (figura 3).

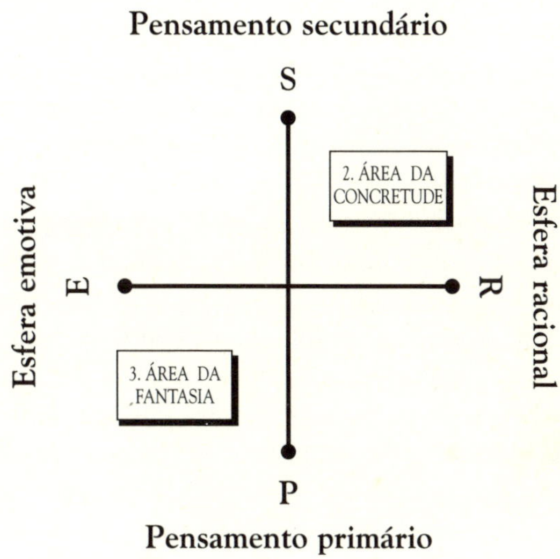

Fig. 3 – Área da fantasia e área da concretude.

Pois bem, a criatividade, à diferença do que geralmente se acredita, não se caracteriza pela imaginação e pela fantasia sozinhas, mas consiste numa síntese de *fantasia* e *concretude* (obviamente, uma fantasia não entendida como consolo ou como evasão). É isso que, provavelmente, também Arieti pretende dizer quando escreve que a criatividade consiste na "capacidade de transformar a casualidade e a disparidade numa estrutura organizada".[8] Até um poeta, depois de ter composto as suas poesias, tem necessidade de encontrar um editor que as publique, uma rede de livrarias que as vendam, veículos que as divulguem e – quem sabe – um *lobby* que as faça ganhar um prêmio literário.

Como já sublinhei no sétimo capítulo, Michelangelo não foi um artista de genialidade extraordinária somente pelo fato de ter idealizado, já com

70 anos, a cúpula da Basílica de São Pedro; foi um grande gênio criativo porque, *além de tê-la idealizado*, conseguiu impor o seu projeto à atenção do papa, conseguiu fazer aprovar e financiar uma obra tão ousada, conseguiu recrutar e dirigir uma massa enorme de pedreiros, especialistas em cantaria, carpinteiros e artífices, conseguiu manter firme durante 20 anos, até o dia da sua morte, uma empreitada hiperbólica cuja conclusão sabia que não veria.

Mais recentemente, William Morris e outros conduziram uma indignada polêmica em favor do artesanato, entendido como triunfo da imaginação, da fantasia e da singularidade contra a indústria, entendida como triunfo da concretude repetitiva. De um lado, o "bom artesão", a arte em seu estado genuíno, a emoção temperada pela experiência; do outro, o "monstro" mecânico, a parcelização e a racionalização dirigidas à eficiência e ao consumismo. A Bauhaus tentou conciliar as duas posições, reconhecendo tanto a fantasia do protótipo quanto a concreta ação serial da sua reprodução industrial.

Não sei se Michel Thonet estava a par do debate – político, estético, econômico e até ético – que, já no seu tempo, inflamava na Inglaterra os entusiastas da indústria nascente e os saudosos do velho artesanato. O certo é que ele soube oferecer uma solução tão perfeita para esse problema que se pressupõe uma profunda reflexão e uma prodigiosa intuição: no papel floresceram formas de perfeita beleza, impossíveis de serem repetidas. Nas oficinas, essas formas se consubstanciaram em trabalho bruto, em matéria manipulada, de concretude organizada. Gebrüder Thonet torna-se assim uma perfeita síntese de fantasia e concretude, de invenção artesanal e execução industrial, em que o projeto, a produção e a venda são complementares e se exaltam mutuamente. Thonet, de fato, descobre um segmento de mercado (a classe média, confortável e em ascensão); inventa um estilo (antecipação do *Liberty* e da *Art Nouveau)*; inventa uma técnica produtiva (como manusear a madeira em série, isto é, uma tarefa de difícil exeqüibilidade, pela natureza da madeira como matéria); inventa uma técnica de distribuição (a venda por catálogo e o envio da mercadoria em *kits* de componentes facilmente montáveis pelo próprio comprador); e adota uma forma de pagamento ainda muito rara naquele tempo (o preço fixo indicado no catálogo).

INTUIÇÃO E PROJETO

A síntese criativa de fantasia e concretude nem sempre contém esses dois ingredientes em igual medida. Foi dito, por exemplo, que Berlioz era um gênio sem talento e que David era um talento sem gênio. Os criativos gostam de fazer acreditar que todas as suas obras sejam fruto de uma fulminante e miraculosa intuição fantasiosa, e a opinião pública reforça esse hábito, inventando lendas que tendem a depurar o mais possível a criatividade de todo cálculo intencional. Em *Ecce Homo*, por exemplo, Nietzsche descreve enfaticamente como compôs *Assim Falou Zaratustra*: "Aqui, todas as coisas acorrem, acariciando, ao teu discurso, e te adulam: isto é, elas querem cavalgar nas tuas costas. Como cavaleiro de toda comparação, tu cavalgas aqui para toda verdade. Aqui, escancaram-se para ti todas as palavras e todos os tesouros de palavras do Ser; todo o Ser quer, aqui, tornar-se palavra, todo o vir-a-ser quer aprender a falar de ti."

Com a maior simplicidade e muita modéstia, o arquiteto Oscar Niemeyer assim descreve a criação de uma obra-prima sua, o Auditório de Ravello. "Iniciando os desenhos do projeto, senti, subitamente, que essa não era uma obra fácil de projetar. O terreno era irregular, estreito, com uma inclinação transversal muito acentuada. Daí a iniciativa de fazer construir em maquete, desejoso de definir em condições pouco favoráveis – os planos fornecidos eram muito pequenos – a conformação natural do terreno. Eu não pensava, de fato, numa obra cara, que pudesse implicar movimentações de terra desnecessárias, e para isso assumi, como ponto de partida, a decisão de localizar a platéia exatamente segundo a inclinação dada. E assim o projeto começou a surgir."[9]

Do mesmo modo simples são as opções declaradas por Stendhal, a propósito de intuição e planejamento. Por volta de 1800, ele arquitetou planos de comédias com os quais esperava atingir a glória. Em 1840 esboçou um curso de literatura[10] em que relacionava as possíveis tipologias das obras literárias ("minuciosamente atentas às paixões ou às lutas suscitadas pelas paixões, ou fazem rir"), punha em contraste o instinto com as ligações, indicava algumas situações e alguns contrastes de paixões como inadequados para as artes e relacionava outras como mais convenientes para o gênero cômico ou dramático. Mas, alguns meses mais tarde, abandonou a idéia de *curso* pela de *arte* e esboçou uma meia página sobre *A Arte de Compor Romances*: "Eu não faço planos. Quando os fiz, desgostei-me do romance por causa do seguinte mecanismo: enquanto escrevia o romance, procurava recordar as coisas em que tinha pensado ao fazer o plano, e em mim o sentido da memória apaga a imaginação. A minha péssima memória é cheia de *distrações*. A página que estou escrevendo me dá idéia da seguinte: assim foi feita a *Cartuxa*. Eu pensava na morte de Sandrino: foi somente isso que me fez começar o romance. Em seguida, descobri o bom das dificuldades a serem vencidas... Ora, quase não fazendo mais planos, a não ser mais ou menos, atenuo o meu foco nas tolices das *expressões* e das *descrições* freqüentemente inúteis, e que é preciso apagar quando se chega às últimas cenas."[11]

Portanto, em *A Arte de Compor Romances*, Stendhal declara proceder por inspiração, sem um plano preciso. Na verdade, da sua biografia resultaria que, quando ele faz planos detalhados (como para *Lamiel* ou para *Luciano Leuwen*), não consegue levar a termo os seus romances.[12] Quando, entretanto, procede principalmente por improvisação (como em *O Vermelho e o Negro*, ou em *Cartuxa de Parma*), consegue concluir verdadeiras obras-primas. Talvez não saibamos jamais como as coisas realmente se deram: provavelmente Stendhal formulava planos de enredo somente quando lhe faltava a fantasia, como para suprir com a precisão das regras a carência das emoções.

Graças aos seus cadernos de notas, sabemos muito mais acerca das fontes inspiradoras de Henry James e das peripécias do seu pensamento em torno das tramas das suas obras.[13] E Charles Dickens – que de invenções entendia – afirma que Goldwin escreveu às avessas o seu *Caleb Williams*, compondo antes o segundo volume e depois o primeiro. Hofstadter identifica nas obras de Gödel, Escher e Bach um denso enredo de intuição e cálculo.[14] Num ensaio sobre *Filosofia da Composição*, Edgar Allan Poe declara peremptório: "A maior parte dos escritores – de modo particular os poetas – prefere fazer crer que compõe com um espécie de frenesi sutil – com uma intuição estática –, e por certo ficariam arrepiados de permitir ao público ver nos bastidores as elaboradas e vacilantes cruezas do pensamento, o verdadeiro fim colhido apenas no último momento, os inumeráveis lampejos de uma idéia que não atingiu a maturidade da expressão, as fantasias plenamente aperfeiçoadas, que por desespero foram deixadas cair como intratáveis, as cautelosas escolhas e as cautelosas recusas, os penosos riscos e as interpolações – em uma palavra, as rodas e os roquetes, as roldanas para as trocas de cena, as escadas e as armadilhas do diabo, as penas de galo, os cosméticos vermelhos e as pintas pretas que 99% das vezes constituem a praxe comum do *histrio* literário."[15]

Até um compositor transbordante como Rossini pareceria dar razão a Edgar Allan Poe. Eis uma descrição feita pelo pintor De Sanctis, que com ele conviveu: "Rossini sofria as maiores dores quando recopiava os seus escritos, nunca se cansava de aperfeiçoá-los; freqüentemente começava a lê-los do início e trocava as notas, que tinha o hábito de apagar com um raspador, usando de uma paciência verdadeiramente singular. Não se pensaria nunca que um homem com tão ardente imaginação pudesse chegar a minúcias do gênero. Outra coisa que chegou à minha observação foi a regularidade dos seus hábitos, para não falar da ordem simétrica com que dispunha os móveis e os objetos que tinha à sua volta. O aposento que ocupava durante grande parte do tempo, seja para receber seja para trabalhar, era o seu quarto de dormir. Ali no meio havia a escrivaninha, e sobre ela, dispostos em perfeita ordem, estavam os papéis, o seu indispensável raspador, as canetas e penas, os tinteiros e todas as outras coisas de que precisava para escrever... Tudo dava a impressão de limpeza e ordem, o que é um deleite para a vista, mas não dava a impressão de um quarto habitado por um artista, que somos levados a imaginar inclinado para a desordem. Quando, admirado dessa ordem perfeita, mostrei ao mestre a minha surpresa, ele me disse: 'Eh, meu caro amigo, ordem é riqueza.'"[16]

Mais tarde, Raymond Queneau seria direto: "Essa inspiração que consiste em obedecer cegamente a todo impulso é, na verdade, uma escravidão. O clássico que escreve a sua tragédia observando um certo número de regras que conhece é mais livre do que o poeta que escreve aquilo que lhe passa pela cabeça e é escravo de outras regras que ignora."[17]

O CORVO PROGRAMADO

Como prova dessa afirmação tão drástica, Poe nos acompanha ao seu armazém sintético, na sua cozinha de delícias, onde exibe despudoradamente uma espécie de ata detalhada dos achados e dos expedientes com os quais compôs O *Corvo*, a sua poesia mais célebre: "É minha intenção demonstrar que nenhuma parte dela foi devida ao acaso ou à intuição – que a obra prosseguiu, passo a passo, até o seu remate, com a precisão e a rígida conseqüência de um problema matemático... com o objetivo de compor uma poesia capaz de satisfazer ao mesmo tempo o gosto popular e o crítico."

E eis, etapa por etapa, essa sua premeditação. O primeiro problema diz respeito à extensão. "Uma poesia é tal somente quando excita intensamente a alma, elevando-a; e todos os excitamentos intensos são, por necessidade, curtos." É preciso, portanto, atentar para o efeito provocado pela unidade da impressão, escolhendo uma extensão tal que permita um conto bem circunstanciado, mas não tão longo que se seja obrigado a lê-lo em muitas retomadas. A relação matemática entre intensidade e duração, entre gosto popular e gosto crítico, leva-o a fixar a extensão em cerca de uma centena de versos.

A segunda etapa consiste na escolha da impressão que a poesia suscitará na pessoa que a ler. Poe não tem dúvida em privilegiar a beleza, a contemplação do belo, a excitação do coração, único sentimento capaz de suscitar ao mesmo tempo um prazer intenso, elevado e puro, atmosfera e essência da poesia, bem diferente da descoberta da verdade, satisfação do intelecto, com que a prosa condiz melhor.

Mas qual o tipo de beleza? É esse o terceiro nó a desfazer. Uma vez que o belo sempre comove, Poe aponta a melancolia, que entre todas as formas possíveis de beleza é aquela que mais do que qualquer outra consegue despertar as lágrimas na alma sensível.

Decididos a extensão, o fim e o tom, era preciso caracterizar uma nota picante, um eixo sobre o qual fazer girar com estilo toda a composição. A encontrada foi o refrão, o estribilho, universalmente usado com esse objetivo, colocado no fim de cada estrofe, mas retocado de todo excesso de monotonia e repetitividade, variando-lhe a cada vez a aplicação. Melhor um refrão curto, de uma só palavra, sonora e de eficácia prolongada. A escolha não podia deixar de cair em *nevermore* (nunca mais), a partir do momento em que o "o" longo é a vogal mais sonora, e o "r" é a consoante mais elástica.

Mas como se faz para usar *nevermore* em muitas repetições? Se a palavra fosse repetidamente pronunciada por um ser humano, surtiria um efeito desagradável. Melhor recorrer a um animal. Animais falantes existem apenas dois, mas o papagaio é colorido demais e ridículo, enquanto o corvo vem a propósito, animal da má sorte, horrendo, velho, tétrico e grasnante pássaro de ébano de porte severo, que induz somente a tristes pensamentos.

O grosso está quase pronto: uma poesia de 108 versos, dividida em 18 estrofes, cada uma das quais termina com a palavra *nevermore* pronunciada prevalentemente por um corvo negro, quase irreal.

Resta agora decidir o tema, mas aqui também a escolha é forçada, uma vez que nada é mais melancólico do que a morte unida à beleza: "a morte de uma bela mulher é indiscutivelmente o tema mais poético do mundo – e está também fora de dúvida que os lábios mais adequados para proferi-lo são os de um amante privado da amada". Esse amante, agastando-se no prazer ambíguo do tormento, gira a faca na sua chaga e acossa o corvo com perguntas formuladas de modo a tirar do esperado e implacável *nevermore* "aquela dor que é a maior delícia, porque a mais intolerável".

A essa altura era preciso compor uma estrofe: não a primeira nem uma das primeiras, mas uma das últimas, chamada a servir de parâmetro para todas as outras, definindo o ritmo, a métrica, a extensão e a disposição geral. Aquela que agora, na composição final, é a antepenúltima estrofe foi a primeira a ser composta por Poe: depois, uma após outra, redigidas as 15 que a precedem e, por fim, as duas que a seguem. Todos os versos têm métrica usual: versos trocaicos, octonários cataléticos e completos, tetrâmetros, pés consistentes de uma sílaba longa seguida de uma breve, e por aí vai, seguindo um pedantismo intencional. A combinação deles, entretanto, é original, exaltada pelo apuro com que são aplicados os princípios da rima e da aliteração.

Não restava senão completar alguns detalhes. O ambiente em que ocorria o diálogo desconsolado entre o amante e o corvo, mais do que um campo aberto ou uma floresta sem fim, devia ser um lugar fechado, consoante a voluptuosidade da dor: uma rica sala cheia de objetos, feita sagrada pelas recordações daquela que a freqüentara. É dezembro; lá fora a tempestade se desencadeia, o corvo procura abrigo batendo as asas contra a porta, o amante desconsolado abre-a para ele, ele pousa sobre o busto de Pallade (nome escolhido pela sonoridade), e aí começa o diálogo – talvez verdadeiro, talvez sonhado – entre o impassível pássaro e o inconsolável amante.

GRANDES ESTRUTURAS E PEQUENAS JÓIAS

Sendo Edgar Allan Poe um magnífico inventor de tramas, não saberemos nunca se essa espécie de informe minucioso corresponde à realidade ou se é também fruto de invenção. Mas poderemos retrucar ao astuto escritor que, ainda que a sua confissão fosse verdadeira, ainda que a sua célebre poesia não tivesse sido escrita sem interrupção, mas tivesse sido friamente projetada na mesa, ainda assim nos encontraríamos frente a uma genial invenção: não tanto pela carga emotiva contida em cada verso, mas por aquela suscitada por meio da intencional estrutura global subentendida na construção poética inteira, capaz, por sua própria conta, de despertar intensas emoções. Vamos encontrar-nos, assim, frente a uma arquitetura e a um arquiteto, ou, pelo menos, a um artesão, mais que a uma poesia e a um poeta: de todo modo, frente a uma criação e a um criativo. Tanto mais que, depois do ensaio de Thomas Eliot sobre Dante, sabemos muito bem que "a filosofia é essencial à estrutura da poesia e a estrutura é essencial à beleza das partes". Ou, ainda, que a estrutura de um poema *fala* junto com as palavras e confere a elas um sentido, uma intensidade e uma harmonia que as ultrapassam, como demonstrou Raffaele la Capria, um escritor que fez da estrutura a própria essência da sua obra-prima *Ferito a Morte* (Ferido de morte).[18]

O debate sobre a importância da estrutura poética é antigo e conseguiu animar todo o mundo intelectual da época helenística, com o confronto sobre a criatividade entre Calímaco e Apolônio de Rodes, que é o mais aceso e o mais tenaz de toda a antiguidade. Como se sabe, a civilização helenística coincide com os três séculos seguintes à morte de Alexandre, e na Alexandria teve o seu centro mais rico, populoso (400 mil habitantes) e culturalmente intenso. As bibliotecas alexandrinas chegaram a conter 700 mil volumes. O mecenas Ptolomeu Sóter concentrou na sua corte gramáticos, poetas, naturalistas, médicos, filósofos, comediógrafos e matemáticos (Euclides, por exemplo). Em seguida, em torno de Ptolomeu Filadelfo reuniram-se intelectuais ainda mais famosos, como Calímaco, Teócrito e Apolônio de Rodes.

Calímaco (310-240 a.C.), poeta delicado, arguto, amante da arte pela arte – destinada não às massas populares, mas à elite de gosto estético bem cultivado, mestre de refinado ócio criativo que contagiará Catulo, Tíbulo, Propércio e Ovídio –, foi particularmente inclinado às polêmicas literárias. Os contemporâneos o acusaram de ser um "poeta de poucos versos", ótimo em compor poesias curtas, mas incapaz de conceber um grande poema. Calímaco, por seu lado, contra-atacou asperamente todos aqueles que o acusavam de não ter nunca composto uma obra imponente, de muitos milhares de versos, e declarou a sua clara desaprovação a qualquer composição grandiosa, aí incluídos os poemas homéricos. Aos seus olhos, uma pequena flor ou uma espiga de trigo são mais belas que uma árvore; uma pequena fonte pura consegue emocionar mais que um grande rio que arrasta na sua correnteza também o lodo; uma poesia de poucos versos rápidos e alusivos, dedicada a uma humilde lenda local, pode comover mais que um "poema único e contínuo de milhares de versos, dedicado às iras dos reis e aos heróis galhardos".

Ao contrário, para Apolônio de Rodes – nascido por volta de 300 a.C., aluno e irredutível adversário de Calímaco –, um grande poema épico, dotado de estrutura imponente e de trama complexa, vale muito mais do que muitas pequenas poesias. Em coerência com seu próprio ponto de vista, Apolônio compôs O *Argonauta*, uma obra interminável, de 5.835 versos, mais erudita do que inspirada.

A polêmica entre a primazia da rápida inspiração e a primazia da grande estrutura projetada é perseguida até os dias de hoje. De um lado, Calímaco, Catulo e depois os poetas da Plêiade, os parnasianos e assim por diante até Carducci, Pascoli, aos mil autores de aforismos e jogos de palavras. Do outro lado, Apolônio de Rodes, Virgílio, Dante, os épicos do Renascimento, e depois, aproximando-se dos grandes romancistas modernos: Stendhal, Flaubert, Tolstói, Musil, Joyce e as vanguardas do século XX.

Num prefácio arguto para *La Sua Signora*, uma coletânea de escritos curtos de Leo Longanesi, Indro Montanelli recordou: "Longanesi não nos deixou de herança senão poucos versos magros... Um dia lhe perguntei por quê. 'Porque', respondeu ele, 'se queres contar alguma coisa, como se costuma dizer, de orgânico, deves dobrar-te, de vez em quando, ao banal. Até Tolstói deve dizer, a certa altura, que *Ana Karenina levantou-se e foi apoiar a testa nos vidros da janela*. Aí está: não serei jamais capaz de acompanhar uma Ana Karenina num movimento tão óbvio e usual... Ainda assim, se queres escrever um romance, deves resignar-te em seguir os personagens mesmo nessas pequenas ocupações privadas. E eu não me resigno.'"[19]

O grande romance, como o poema imponente, assemelha-se mais a uma obra arquitetônica, pensada, estruturada, calculada e equilibrada nas suas várias partes do que a um quadro sobre o cavalete. Uma catedral ou uma ponte são construídas em pouco tempo por uma massa interdisciplinar de artífices; um poema, entretanto, é escrito por um único autor, no decorrer de muitos anos. Mas há poemas como a Bíblia ou como a *Ilíada*, em que muitas pessoas puseram as mãos no decorrer do tempo, justamente como aconteceu, em arquitetura, com a Basílica de São Pedro ou com o Castelo de Santo Ângelo, em Roma.

POETAS E CENÓGRAFOS

A distinção e a tensão entre faculdade poética e faculdade combinatória, provindas de Coleridge – que Poe declara professar e que Eliot resgata –, encontram uma teorização posterior em *Retrato do Artista quando Jovem*, de Joyce (onde a beleza é concebida como "relação formal entre uma parte e outra em um todo estético, ou entre as diversas partes e o todo"), e encontra uma posterior encarnação em *Ulisses*, talvez a mais "pensada" das obras literárias jamais concebidas por um escritor. Depois, as vanguardas do século XX e a indústria cultural fizeram o resto, separando a criação, a imprevisibilidade, a originalidade, a magia da obra, da sua composição típica de engenharia, necessária para fazer desta última uma "supercriação, em confronto com a qual a velha criatividade do artista parece uma espécie de tímido e imperfeito ofício".[20]

Essa esquizofrenia entre criação e composição "pode ser observada numa sessão de roteirização na qual os roteiristas tecem tramas verossímeis e calculam efeitos prováveis, entre um bate-papo e um café, movendo fatos e personagens como um peão no tabuleiro e imaginando situações que visam sobretudo atingir um eventual espectador, também ele imaginado". Para La Capria, essa cisão entre criação e composição representa uma forma de alienação similar à do operário, e conseguiu gerar apenas produtos artificiosos e artefatos, até enxugar a inspiração poética, até se tornar "a maldição da nossa época".

La Capria fala de esquizofrenia; eu falaria de síntese. Parece que para La Capria, que ainda assim contribuiu, como roteirista, para o nascimento de ótimos filmes, existe um só modo para criar, parado no tempo. Tudo se cria e se renova, exceto a criatividade, que ficaria presa ao sopro da inspiração, à centelha divina, à palavra da musa invocada pelo poeta. Fiel ao modelo romântico do criativo como único modelo possível, ele recusa a idéia de que também o modo de criar seja "histórico", ligado aos tempos e ao contexto, como qualquer outra expressão humana. Nega que, ao lado da criatividade individual, exista uma criatividade de grupo fundada justamente sobre a separação e a reunificação de fantasia e concretude. Não reconhece que a sessão dos roteiristas que se dedicam a tecer tramas entre um bate-papo e um café, muito distante do poeta solitário que invoca a musa e canta poemas, seja, em vez disso, bastante similar a um simpósio platônico, em que trabalho, reflexão, amizade, colaboração e lazer se entremeiam sutilmente, produzindo ao mesmo tempo divertimento e conhecimento, bem-estar, brincadeira e invenção.

A forma mais atual de criatividade – a criatividade coletiva a que concorrem pessoas dotadas acima de tudo de capacidade de fantasiar e pessoas dotadas acima de tudo de concretude – não é menos genial, menos inspirada ou menos divina do que a forma romântica de criatividade solitária. Ela responde às exigências próprias da sociedade pós-industrial e se vai juntar, dignamente, às tantas outras formas de criatividade precedentes experimentadas pelo homem na sua secular aventura de criador. Mas a esse respeito voltaremos daqui a pouco.

O mover fatos e personagens como peões sobre um tabuleiro criou as obras-primas imortais de Fellini, Bergman, Gláuber Rocha e Buñuel: criou o cinema, que, junto com o *jazz*, representa a máxima expressão artística do século XX.

E o imaginar situações que visam atingir um eventual espectador, também ele imaginado, representa uma forma nova de criatividade, orientada para o *marketing*. A seu modo, Stendhal também fazia pesquisas de mercado, quando se entretinha batendo papo com rapazes, para conhecer antecipadamente quais viriam a ser, depois de sua morte, os gostos dos seus leitores pósteros. Os roteiristas que perscrutam as expectativas do público destinatário dos seus filmes não se comportam de maneira muito diferente daquela dos grandes compositores do passado, que procuravam adivinhar as expectativas dos seus nobres agentes, dos quais dependia a sua própria sobrevivência: Bach, à corte de Weimar, Mozart, a serviço do arcebispo de Salzburgo. Inumeráveis obras-primas do passado foram concebidas e polidas para corresponder aos gostos dos protetores, a quem são invariavelmento dedicadas. Haydn dedicou 25 de suas 104 sinfonias ao conde Carl Joseph Morin e, quando o conde o demitiu, o músico passou-se, como mestre de capela, para a corte do príncipe Esterházy, destinando-lhe a maior parte das sinfonias compostas entre 1761 e 1790. Numa carta ao amigo e biógrafo Georg August Griesinger, regozija-se pela principesca condescendência: "O meu príncipe estava satisfeito com tudo o que eu compunha; obtinha sempre a sua aprovação; à frente da orquestra, eu tinha possibilidade de fazer experiências, de ver o que causava impressão e o que não funcionava; fazia retoques, acrescentava, cortava, corria riscos. Fora do mundo, sem ninguém à minha volta que lançasse confusão no meu espírito, fui obrigado a me tornar original."

JAZZ

Se puséssemos num *continuum* todas as formas de criatividade coletiva, talvez tivéssemos de um lado a inovação organizacional (de que falei no capítulo anterior), exemplo máximo de criatividade realizável somente em longo prazo e de modo crescente; do lado oposto teríamos o *jazz*, exemplo máximo de criatividade coletiva que fez da mudança perpétua a sua própria essência, concentrada em cada *performance*. O *jazz*, que representa a expressão mais alta da música do século XX, toca talvez o limite extremo de que se valeu o processo criativo de grupo, como perfeita síntese de técnicas introjetadas e de emoções geridas, de fantasia africana e de concretude estadunidense.

Num concerto sinfônico clássico convergem muitos elementos: a partitura que o compositor criou; o grupo dos componentes da orquestra que conhece os instrumentos e que estudou aquela partitura tantas vezes a ponto de conhecê-la de cor; um regente que examinou aquela peça ao longo da sua história, a sua reconstrução filológica, os seus infinitos desdobramentos técnicos e as suas possíveis evocações emotivas. A máxima liberdade criativa é apanágio do compositor, que pode se permitir expandir, atingindo livremente a própria fantasia e contendo-a na própria concretude. A criatividade dos músicos e do regente, ficando circunscrita ao âmbito da interpretação, vem em ordem imediatamente inferior à do compositor. Mas ainda entre a liberdade criativa do regente e a dos músicos existe uma sensível diferença: só o primeiro decide as entradas, os tempos e a mesclagem dos instrumentos.

Na música de câmara não vigora a mesma hierarquia de liberdades da orquestra, que se explica pela rígida separação do regente – que detém quase todo o poder de decisão – dos músicos, que são obrigados a observar os mínimos gestos do maestro. Como diz Goethe, o quarteto de arcos se constitui de "quatro pessoas inteligentes que se entretêm uma com a outra": a originalidade de interpretação nasce, a cada vez, da sua afinação genial, mas não pode ir além dos limites preestabelecidos pela partitura.

No *jazz*, os espaços criativos são praticamente infinitos, e a melodia preexistente à *performance*, mais que um vínculo, é um conselho, um desafio, uma sugestão, uma oportunidade.

Para fazer *jazz* é preciso que cada músico tenha introjetado perfeitamente as técnicas ligadas ao seu instrumento: de outro modo, não seria possível desenvolver um "diálogo" com os seus colegas, pelo mesmo motivo que uma criança não é capaz de elaborar um discurso e entabular um colóquio se não aprendeu antes a falar corretamente. No *jazz*, o tempo de um trecho-padrão é subdividido em *chorus* de 16 batidas que caem para 12, no caso dos *blues*. Depois de uma introdução e um primeiro *chorus* que servem para aquecer os músicos, para criar entre eles o *feeling* necessário, assisti-los na inspiração e expor a melodia, cada instrumento destinado à improvisação (o trompete, o saxofone, mas também o piano, o violão e até a bateria) tem à sua disposição um ou mais *chorus* para improvisar, enquanto o ritmo o acompanha. Somente a melodia e os acordes estão escritos de forma aproximativa: todo o resto é confiado ao talento de cada músico, que se pode soltar na mais absoluta liberdade de invenção, sucessão e combinação dos instrumentos, de modo que cada concerto é praticamente uma criação diferente de todos os outros.

Obviamente, aqui também gênio e talento, o virtuosismo e a inspiração podem dar vida a infinitas variações, mas, no conjunto, o *jazz* pode ser considerado ainda o processo mais sofisticado a que chegou a criatividade coletiva, até absorver completamente o estudo, as energias físicas e intelectuais, a própria vida dos músicos criativos.

EMOÇÕES ADMINISTRADAS E TÉCNICAS INTROJETADAS

Falando de *jazz*, usei duas expressões – "emoções administradas" e "técnicas introjetadas" – que pedem algumas explicações. Antes de definir os grupos criativos, de fato, é preciso retomar o esquema que tínhamos descrito e completá-lo, examinando as duas áreas de que ainda não falei. A área marcada pela esfera emotiva (E) e pelo pensamento secundário (S) é justamente a *área das "emoções administradas"*; a marcada pela esfera racional (R) e pelo pensamento primário (P) é, por sua vez, a *área das "técnicas introjetadas"* (figura 4).

Não existe criatividade sem uma fantasia desenfreada que nos faça sonhar de olhos abertos, sem um impulso emotivo que nos encoraje a ousar o nunca ousado, a cobrir os espaços e superar os obstáculos que separam os nossos sonhos da sua realização.

Uma boa idéia que nos vem durante o sono, mas que desaparece quando despertamos, não é possível de se traduzir na prática, não constitui material útil para fins de criatividade. Ainda assim, um impulso emotivo exorbitante pode fazer-nos sair do sério, pode induzir-nos a um excesso de audácia que condena os nossos projetos ao fracasso. É preciso, portanto, salvar os sonhos e as idéias originárias do esquecimento, é preciso aprender a arte de trazer os sonhos, as fantasias e as idealizações da zona escura do inconsciente para a zona clara da consciência e da reflexão, sem, porém, reduzir-lhes a originalidade, a impertinência, a excentricidade ou o absurdo; sem aviltá-los com imagens e idéias banais, batidas, correntes, pálidas, insípidas. Administrar as emoções, as fantasias e os sonhos significa obrigá-los a se transformar em idéias sem contornos, evanescentes, fugidias, em projetos bons para se traduzir em prática, para se transformar em produtos criativos. Significa mudar o verbo em carne.

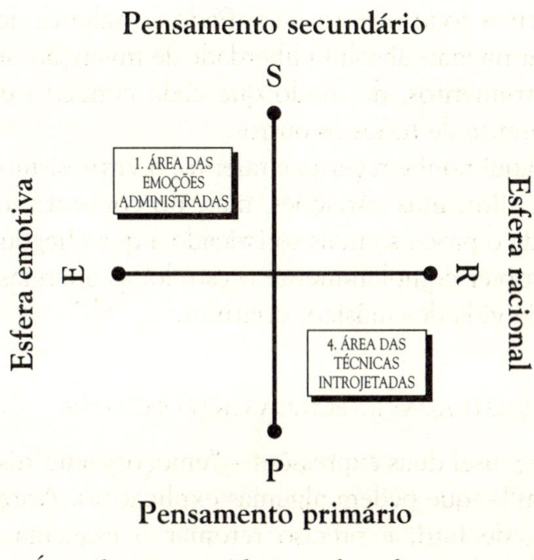

Fig. 4 – Áreas das emoções administradas e das técnicas introjetadas.

Por outro lado, o ato criativo tem sempre necessidade de instrumentos conceituais, de técnicas empíricas com as quais transformar as fantasias em obras concretas. Um compositor deve poder testar ao piano a música que está inventando, mas, se não conhece bem as técnicas de execução ao piano, a sua mente será absorvida pela escolha das teclas certas e ele se distrairá da composição. Para que o seu conteúdo criativo possa fluir livremente, é preciso que ele saiba tocar de olhos fechados. Com mais razão, isso vale para os instrumentistas do *jazz*, que inventam a sua música no próprio ato de se exibir em público. Da mesma maneira, só um escritor muito treinado consegue pensar no passeio que fará com um amigo, nas guerras estelares ou na conclusão do seu romance policial, enquanto as suas mãos correm velozes sobre as teclas do computador. E um bom piloto automobilístico consegue vencer a corrida porque sabe guiar com tanta desenvoltura que aciona os freios, troca as marchas, aperta a embreagem ou o acelerador com maestria, tudo com movimentos automáticos, enquanto o seu cérebro concentra a atenção na escolha do percurso ótimo, na tática para ultrapassar o adversário e na trajetória para cortar uma curva. Só quando tiver as técnicas de que a sua arte precisa completamente introjetadas, o criativo terá a mente desimpedida e poderá calcá-la no cimento da invenção.

Koestler escreve, a propósito da mecanização dos hábitos: "Quanto maiores forem a padronização e a desenvoltura que adquirirmos no exercício de uma técnica, tão mais automática ela se tornará, porque o código das regras que a governam já opera abaixo do nível da consciência. Mas o grau de atenção consciente que acompanha a execução depende ainda de um segundo fator: as condições do ambiente, a natureza mais ou menos familiar ou mais ou menos insólita do terreno. O condutor inexperiente deve concentrar-se mesmo numa estrada deserta. O condutor hábil opera automaticamente; mas deve concentrar-se, se o tráfego está intenso. Pode-se, portanto – um pouco paradoxalmente –, descrever a consciência como uma experiência que se reduz e se apaga à medida que aumenta a padronização de uma técnica exercida em condições monótonas... No ato criativo existe um estímulo que se eleva das camadas subterrâneas mais ignotas e férteis da mente, enquanto o processo que descrevi se caracteriza por uma *descida* que relega as operações técnicas a hábitos e reflexos."[21]

Esse estímulo que se eleva assemelha-se de algum modo àquilo que eu chamo de "emoções administradas", e o processo que desce assemelha-se de algum modo àquilo que eu chamo de "técnicas introjetadas". Podemos assim concluir este parágrafo definidor dizendo que *a criatividade é síntese não só de fantasia e de concretude, mas acima de tudo de emoções administradas e técnicas introjetadas.*

O QUE SÃO OS GRUPOS CRIATIVOS

A criatividade artística pode ser individual e coletiva, programada ou repentina. Na criatividade científica, entretanto, já prevalecem os processos coletivos, e, desde os tempos de Galileu, os planejamentos, os programas e a experimentação constituem momentos de paciente racionalidade em que o espaço deixado à fantasia é reduzido a nada.

Para chegar a descobertas e invenções excepcionais são necessárias doses excepcionais de fantasia e de concretude (como c–c¹, na figura 5). Lamentavelmente, porém, a maioria absoluta dos indivíduos não é composta de gênios em cuja fantasia e a concretude convivem, ambas, a níveis fora do comum. Em geral, há quem se sobressaia um pouco mais na capacidade imaginativa (por exemplo, b¹–a¹), e há quem se sobressaia um pouco mais na concretude (por exemplo, a–b¹).

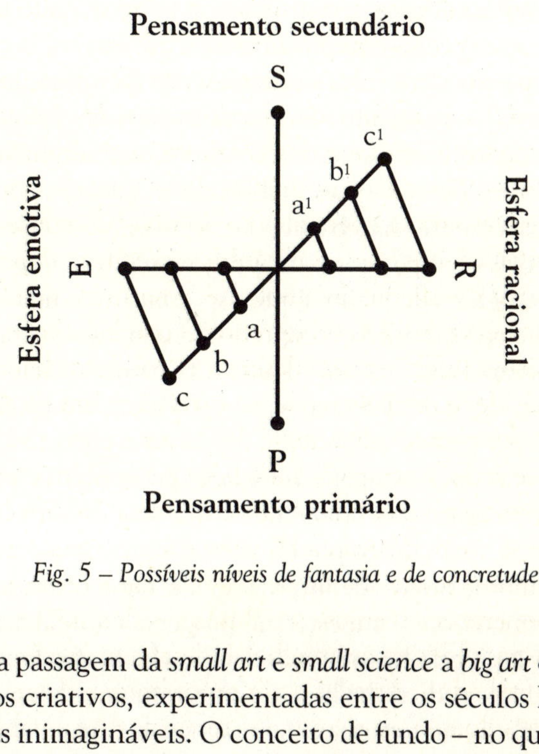

Fig. 5 – Possíveis níveis de fantasia e de concretude.

Por sorte, a passagem da *small art* e *small science* a *big art* e *big science*, graças aos grupos criativos, experimentadas entre os séculos XIX e XX, abriu possibilidades inimagináveis. O conceito de fundo – no qual se inspiraram, ainda que inconscientemente, grandes líderes como Pasteur e Dohrn, Guccia e Hoffmann, Gropius e Fermi – foi de que não era necessário recorrer a gênios, cada um deles *per se* completo em fantasia e concretude, mas que bastava *colocar juntas pessoas dotadas principalmente de grande fantasia e pessoas dotadas principalmente de grande concretude*, dando assim vida a organizações muito férteis de idéias e de realizações: *gênios coletivos compostos de sujeitos individuais não necessariamente geniais*.

Portanto, produzir criatividade nas organizações não consiste tanto em obrigar as pessoas concretas a serem mais imaginativas, ou as pessoas imaginativas a serem mais concretas, graças a improváveis técnicas maiêuticas. Produzir criatividade nas organizações consiste em formar misturas equilibradas de pessoas imaginativas e de pessoas concretas, cada uma delas coerente consigo mesma e fiel à própria vocação natural. Lamentavelmente, às vezes alguns grupos (por exemplo, os artistas) tendem a selecionar, de início, apenas pessoas muito imaginativas, com cabeça nas nuvens, arriscando-se a cair em uma atmosfera caprichosa, em que nenhum projeto será, depois, traduzido em prática; outros grupos (por exemplo, as empresas) tendem a selecionar, de início, apenas pessoas muito concretas, com os pés muito plantados no chão, arriscando-se a cair numa atmosfera burocrática onde nunca se dá asas à imaginação, onde falta uma pitada de utopia, uma propensão ao risco.

Mesmo assim, jamais teria sido fácil como hoje combinar fantasia e concretude, do momento em que uma boa parte das atividades concretas pode ser delegada às máquinas, já capazes de compensar, pelo menos em parte, a carência de concretude que quase sempre acompanha as personalidades imaginativas. Obviamente, não basta colocar lado a lado mecanicamente pessoas imaginativas com pessoas concretas, nem é bastante fornecer-lhes um suporte tecnológico adequado: é preciso criar um clima de tolerância recíproca, estima e colaboração; reforçar esse clima, dando-lhe a certeza de uma missão compartilhada; torná-lo incandescente, graças a uma liderança carismática, capaz de derrubar as barreiras que bloqueiam a criatividade da equipe.

O que ocorre, portanto, é um grupo variado, composto de personalidades imaginativas e personalidades concretas – um grupo similar àqueles que citamos várias vezes, assinalados por uma dose marcante de interclassismo, de princípios antiburocráticos, de internacionalismo e universalismo –, que estão atentas à dimensão ética e estética, propensas à modernidade tecnológica, enraizadas à própria história mas debruçadas no futuro, capazes de se dar modalidades lúdicas de trabalho e de transformar os vínculos em oportunidades, os conflitos em estímulos, o antagonismo em colaboração.

Em suma, um grupo não se torna criativo se não se discutem seriamente os critérios com que se devem selecionar os membros e os líderes, a localização do poder, os métodos de administração herdados da velha sociedade industrial. Num cenário dotado de entusiasmo contagioso, o carisma dos líderes, a liberdade de expressão e ação, a organização desestruturada nos seus próprios tempos e espaços, a curiosidade intelectual, o refinamento estético dos modos e dos lugares fazem milagres, mais do que qualquer guru impõe às empresas técnicas que se presumem capazes de suscitar criatividade em todo funcionário.

DIFERENÇA E INTEGRAÇÃO

Um problema crucial para os grupos criativos, ainda mais do que para outros grupos, consiste no balanceamento certo entre diferenciações e integrações. Anderson, que parte de um enfoque psicológico para o qual "a criatividade existe em todos",[22] recorre à comparação – talvez de cunho muito organicista – com a fecundação do óvulo pelo espermatozóide e o conseqüente desenvolvimento do indivíduo. Antes da fecundação, óvulo e espermatozóide são claramente diferenciados, cada um tem a sua individualidade: o seu encontro é um confronto de diferenças e uma interação cibernética. Do mesmo modo, num grupo criativo cada sujeito conserva a sua personalidade, que se confronta e interage com todas as outras; cada sujeito *é* ambiente, *faz* ambiente para todos os outros. Assim ocorreu, com ênfase particular, no grupo de Bloomsbury, no Círculo Filosófico de Viena, na Escola de Frankfurt, no grupo de Cambridge e no da Via Panisperna.

O confronto e a liberação recíproca das diferenças não deságuam automaticamente em conflito, imposição de poder, ameaça e agressividade, de um lado, e defesa, isolamento e fuga, de outro. Nos grupos que estudei, apenas quando a liderança se transformou em autoritarismo, quando a originalidade e a excentricidade degeneraram em comportamento psicótico, quando a divergência de idéias tornou-se contraste insanável, só então houve demissões (Kolo Moser, com respeito à Wiener Werkstätte), isolamentos (Majorana, com respeito ao grupo da Via Panisperna), desencontros políticos e científicos (Teller, com respeito a muitos colegas do Projeto Manhattan).

Geralmente o confronto das diferenças leva à integração das partes: "Integração significa essencialmente comportamento harmonioso... Enquanto a espontaneidade é congênita, a harmonia é alguma coisa que deve ser aprendida, alguma coisa que se alcança por meio da atividade com os outros, pelo entrecortar dos objetivos e desejos."[23]

Pensemos no esforço obstinado com que Guccia aglutina as pessoas e supera os componentes nacionalistas da comunidade matemática de Palermo; pensemos na simbiose, ainda que temporária, atingida por Crick e Watson antes da descoberta da estrutura do DNA; pensemos na delicada fase de agregação de físicos em torno de Fermi (a ponto de se falar dos "Jovens da Via Panisperna") e a dos médicos em torno de Pasteur (a ponto de se falar dos "pasteurianos"); pensemos na estreita colaboração entre Michael Thonet e os seus filhos, e então entenderemos como a metáfora da fecundação genética usada por Anderson resulta significativa.

Na integração com os demais, cada um cede alguma coisa de si mesmo, em função de um novo produto coletivo: "O crescimento é um abandono não-coagido." E a cessão e o abandono devem acontecer seja no sentido de que cada um deve saber renunciar às suas idéias preconcebidas, à sua parte de usos, conhecimentos, julgamentos e preconceitos, que resulta contraproducente à criatividade coletiva, seja no sentido de que cada um deve colocar em comum as suas idéias, hipóteses, intuições, oferecendo-as ao grupo como aporte pessoal ao crescimento global.

É essa, naturalmente, a passagem mais delicada e mais difícil, que requer afinação, simbiose, altruísmo, eliminação de toda resistência às mudanças, capacidade de privilegiar o jogo de equipe e o objetivo final com respeito ao sucesso individual e às etapas intermediárias. A excelência dos grupos estudados por mim e pela minha equipe e a assombrosa originalidade e grandeza dos seus resultados dependem, em boa parte, justamente disso, *abandono não-coagido* dos artistas e dos cientistas que deles tomaram parte. Em tal capacidade de renúncia ao individualismo criativo estão a originalidade e a primazia histórica de cada um. Se a força centrífuga tem predomínio sobre a força centrípeta (é o caso de Majorana, antes, e Rasetti, depois, no Grupo de Fermi; é o caso de Crick e Watson, depois da sua grande descoberta comum; e é também o caso dos cientistas atômicos depois de Hiroxima), as capacidades criativas da equipe embaçam-se até se apagar.

Quando o grupo criativo está suficientemente maduro, adquire uma individualidade que transcende cada um dos seus componentes e que o diferencia com respeito aos outros grupos de cientistas ou artistas. Assim, a Casa Thonet torna-se a mais original entre todas as do seu tempo; o Instituto Pasteur, a Estação Zoológica de Nápoles e a Bauhaus marcaram por sua individualidade; os biólogos de Cambridge disputam com os americanos e londrinos, conseguindo derrotá-los.

Ao mesmo tempo, porém, os grupos criativos, uma vez atingida a maturidade, encontram-se bem diferenciados também com relação ao seu interior, em que cada membro, embora coordenado com todos os demais, aplica-se sobretudo aos trabalhos em que se sobressai. "Por qual motivo", pergunta-se Anderson, "o homem se vangloria de ser a forma mais elevada de vida biológica? Porque no homem as células tornam-se mais altamente especializadas, vale dizer, mais altamente diferenciadas do que as células de qualquer outra espécie, também pelo fato de que no homem as células atingiram um nível mais alto de organização, ou integração, ou harmonia no comportamento."[24] Justamente nas modalidades originais de especialização e de coordenação está uma das diferenças principais entre a organização dos grupos criativos e a organização dos grupos de trabalho executivo nas empresas da linha Ford.

Uma última passagem consiste na tensão de um grupo para determinada direção e para uma meta precisas, marcadas, ambas, por uma crescente complexidade. Daí decorre um itinerário que, partindo de uma intenção linear, chega a uma prática circular: o círculo virtuoso do crescimento criativo. Essa peculiaridade merece uma explicação posterior.

A ESPIRAL CRIATIVA

Como é sabido, as pesquisas de Taylor foram regiamente subvencionadas pelas empresas americanas, mas as idéias tayloristas alcançaram pouca repercussão durante a vida do seu genial teórico. Depois da sua morte, entretanto, alguns incentivadores entusiastas e algumas circunstâncias afortunadas determinaram o sucesso e a rápida difusão do taylorismo. Na América da década de 1920, apenas uma estudiosa – tão genial na época quanto negligenciada então e hoje – entendeu os limites do *Scientific Management* e se bateu em defesa da dimensão criativa dos trabalhadores: Mary Parker Follett.

Num livro de 1924 – *Creative Experience* (Experiência criativa) –,[25] que ainda hoje merece ser relido, Follett descreve a sua experiência profissional e as suas idéias a respeito da criatividade coletiva. Chamada como *expert* para mediar algumas controvérsias de trabalho, ela se deu conta de que as soluções poderiam ser encontradas somente com a participação de todas as partes interessadas, não por meio de uma "psicologia da adaptação", mas de uma "psicologia da invenção".

Mas por sua vez a capacidade criativa de um grupo depende do tipo de espiral interativa que nele se arma: no seu interior, de fato, a dinâmica não responde a uma lógica linear de estímulo e resposta, mas a uma lógica circular, na qual cada um reage não só a um estímulo único, mas a uma complexa relação interativa. É interessante observar como, mais de 30 anos depois, um dos maiores *experts* de psicologia da criatividade, J. P. Guilford, depois de ter conduzido profundos estudos sobre o assunto, confirmará inteiramente a hipótese de Follett, declarando que a inadequação do conhecimento psicológico em matéria de pensamento criativo deve ser "atribuída, em grande parte, à adoção mais ou menos geral do modelo estímulo-resposta. Não se trata de pôr em dúvida os progressos que a psicologia realizou mediante esse esquema conceitual, mas as suas limitações tornam-se muito evidentes quando chegamos aos processos intelectuais superiores".[26]

Voltando à dinâmica circular que se instaura nos grupos, Mary Parker Follett sustenta que ela pode sugerir duas espirais opostas: um círculo vicioso e negativo, que leva à esterilidade e à desagregação, ou um círculo virtuoso e positivo, que leva à criatividade e ao desenvolvimento.

Quando o comportamento circular toma o rumo da espiral negativa, um ou mais membros do grupo procuram exercer o poder *sobre* os demais, privando-os das ocasiões e das possibilidades idealizadoras e reprimindo-lhes a originalidade. Os demais reagem com desorientação, ambigüidade e resistência prudente, confiando nos privilégios adquiridos; ou – se têm força – com agressão, cólera e violência; ou ainda – se não podem fazer outra coisa – com o conformismo acrítico e a fuga. Isso reduz, até esgotar, o desenvolvimento criativo do grupo.

Um outro tipo de espiral negativa que Follett não analisa a fundo mas que emerge explicitamente pelos meus estudos é determinado pela burocratização do grupo. Anton Dohrn, Hoffmann e Perutz distinguiram-se pela total estranheza ou pela hostilidade aberta contra qualquer procedimento da vida social no interior dos seus institutos. Onde esse critério organizacional, essa "anarquia organizada", tem resistido no tempo (no Cavendish, por exemplo), a criatividade ainda continuou a dar os seus frutos. Mas onde os chefes burocráticos substituíram os carismáticos, a crença na garantia, o carreirismo e a passividade sufocaram todo impulso criativo e os grupos morreram (a Wiener Werkstätte) ou foram esterilizados (a Estação Zoológica de Nápoles).

Quando, entretanto, o comportamento circular segue a espiral positiva, a integração vence a dominação, os líderes exercem o poder *com* os demais, "o comportamento socialmente integrativo numa pessoa tem a tendência de produzir um comportamento análogo – socialmente integrativo – nos outros".[27]

Instaura-se, assim, um clima favorável, que multiplica e enriquece a troca de informações em todos os níveis, elimina as ameaças e os medos, potencializa a coragem de tentar e errar, atrai do exterior os melhores cérebros, protege os participantes com personalidades mais fracas e os ajuda a permanecer no grupo, determina a sintonia e a "extensão de onda" comum, graças às quais é mais fácil colher as mais sutis intuições, que freqüentemente se revelam resolutivas. Anderson comenta: o prazer, a alegria, o entusiasmo e o êxtase acompanham a experiência da espontaneidade e da harmonia, a ação, a comunicação, a produção, a conclusão".[28]

Então, até a livre interação de diferentes mentalidades torna-se criativa, e se obtém aquele entusiasmo coletivo, aquele ativismo quase paroxístico que deram o fascínio incomparável à Estação Zoológica de Nápoles, à Bauhaus, ao Círculo Matemático de Palermo, ao grupo da Via Panisperna e aos biólogos de Cavendish, mas também às equipes de Fellini ou ao laboratório de Rita Levi Montalcini.

Como se vê, estamos nos antípodas da produção industrial assim como a estavam organizando as grandes empresas manufatureiras, justamente nos anos em que Mary Parker Follett conduzia a sua solitária batalha contra a "psicologia da adaptação": as empresas que Max Weber tinha chamado de "gaiolas desumanas", onde a divisão e a disciplina impediam toda tentação residual de originalidade e onde cada necessidade criativa era considerada como uma divagação patológica.

FENOMENOLOGIA DA EQUIPE CRIATIVA

A análise de tantos grupos criativos, históricos e atuais, unida ao estudo da melhor literatura sobre a criatividade, permitiu-me relevar algumas constantes que dizem respeito tanto aos criativos componentes individuais de um grupo criativo quanto do grupo criativo no seu todo.

Os membros do grupo. Quanto aos *fatores individuais*, chama a atenção, nos membros individuais de um grupo criativo, a forte motivação à atividade idealizadora e realizadora – freqüentemente intercalada ou definitivamente interrompida por fases de torpor – que atinge até desinteresse ostentado e súbita repugnância.

As habilidades intelectuais e a preparação caprichosa dos indivíduos são exaltadas por um intenso compartilhamento emotivo e, quase sempre, por uma admirável correção profissional, por um forte senso de integração ao próprio grupo. Espírito de iniciativa, confiança recíproca, força de vontade, dedicação total, flexibilidade, concordância com a precedência do trabalho mais que da sua instrumentalidade, orientação no sentido da finalização criativa mais que no sentido da vida extratrabalho, mas também multiplicidade de interesses, emulação nos confrontos com os grupos concorrentes e solidariedade com os colegas de dentro do próprio grupo, segurança nas próprias idéias e capacidade organizacional, às vezes acompanhada de franca ingenuidade e por aventurosa propensão ao risco, culto pela estética, pelos valores, pela dignidade e pela supremacia da arte e da ciência sobre qualquer outra expressão da atividade humana. A tudo isso juntam-se a pluralidade e a hibridação das experiências, que imprimem no indivíduo criativo uma abertura natural para as idéias, raças e comportamentos diferentes dos seus próprios. Com razão, Oscar Niemeyer se vangloria: "O meu nome é Oscar Ribeiro de Almeida de Niemeyer Soares. Ribeiro e Soares são nomes portugueses, Almeida é, talvez, árabe, Niemeyer é alemão. Portanto, no meu nome existem raízes diferentes, e eu sou mestiço, como mestiços são todos os meus irmãos brasileiros."

O grupo no seu conjunto. Quanto às *características do grupo criativo considerado no seu todo*, chama a atenção a freqüente convivência pacífica, na mesma equipe, de pessoas maníaco-depressivas com pessoas dotadas de grande equilíbrio; o apreço por um ambiente físico acolhedor, bonito, funcional, diferente e original; a flexibilidade de horários, mas também a capacidade, quando há necessidade, de sincronismo e pontualidade; a convivência interdisciplinar e a complementaridade e afinidade cultural de todos os membros; a capacidade de aproveitar oportunamente as ocasiões, de calibrar a dimensão do grupo com base na tarefa, de encontrar os recursos, de equilibrar a natureza afetiva com a profissional, de modo a permitir um fácil intercâmbio de papéis e de funções.

Mas o que emerge a todos os aspectos é a preeminência do líder-fundador, capaz de uma dedicação quase heróica ao objetivo; particularmente eficaz em criar um ambiente psicossocial, um clima, um ardor fora do comum; orientado, com igual empenho, tanto para a tarefa como para o grupo e para si mesmo; carismático e autoritário mais do que se espera; freqüentemente inclinado, ainda que de forma inconsciente, a matar a organização por ele criada; atento para alimentar a memória e a história do grupo com notas autobiográficas epistolares, fotografias, filmes e documentação meticulosa, e capaz de transformar os conflitos em estímulos à criação e à solidariedade.

O grupo, ainda que com algumas diferenças segundo se trate de cientistas ou de artistas, aceita quase sempre com respeito e até mesmo com veneração a liderança do seu chefe; adota complacente o seu estilo de trabalho, de vida e de pensamento, os seus métodos de pesquisa, de expressão e de ostentação. Honra os imperativos éticos universalistas, interclassistas, antiburocráticos, antiacadêmicos, internacionalistas, e os imperativos práticos da parcimônia, do apego ao belo e à modernidade tecnológica.

Da mesma forma que o criativo individual sabe fundir mais que os outros a imaginação com a concretude, assim também o grupo criativo sabe fundir mais do que os outros as personalidades prevalentemente imaginativas com as personalidades prevalentemente concretas. Os criativos individuais demonstram maior capacidade de observação e de síntese, mais energia física, força de vontade, desejo de se afirmar, maior capacidade de pôr de lado os esquemas usuais e as soluções simples, inclinando-se para o inédito e o complexo, sempre prontos a interromper os processos racionais para se abandonar à imaginação e ao sonho. Características análogas encontram-se em todos os grupos criativos que tenho estudado. Com uma diferença apenas: enquanto para o criativo individual é bastante fácil pôr de lado a sua própria racionalidade e fantasiar, emocionar-se e sonhar, e enquanto para os grandes grupos – principalmente para a multidão – é na verdade difícil agir racionalmente, tendendo eles a se entregar a explosões excessivas de alegria, entusiasmo, raiva ou violência, nos pequenos grupos

– quais sejam, predominantemente, as equipes criativas –, a natureza e a própria dinâmica do pequeno agregado tendem a um excesso de racionalidade, como se cada membro, mesmo sem querer, acabasse por inibir em todos os outros a capacidade de valorizar o seu próprio material inconsciente, emocionando-se e fantasiando.

E aqui entra em jogo a função do líder, que deve ser capaz de infundir no grupo tanto entusiasmo que neutralize esse excesso de racionalidade inibitória, transformando-a em liberdade de pensamento e de expressão, inclinação a falar e a ouvir, jogo, interação afetiva recíproca, profunda adesão ao objetivo comum, intensa fé na missão que o grupo deve perseguir. Em suma, multiplicação de inconscientes e lógicas, graças à ressonância de almas e cérebros comprometidos na mesma participação criativa.

Foi isso que pude compreender repassando minuciosamente a experiência de muitos grupos de excelência e, em grandes etapas, a história de toda a criatividade humana. No final das contas, eu soube destilar apenas umas poucas iniciais e tímidas conclusões, e as referi ao leitor mais como hipóteses do que como certezas.

CAPÍTULO DEZESSEIS

DOIS MODELOS DE CRIATIVIDADE

> "Há Papalagi *que afirmam nunca ter tempo. Correm em volta como desesperados, como possuídos pelo demônio, e onde quer que cheguem fazem o mal, provocam mal-estar e criam espanto porque perderam o seu tempo.*"
>
> TUAIAVII DE TIAVEA

> *"Só uma astuta interpenetração de trabalho e felicidade é ainda capaz de permitir – sob a pressão da sociedade – uma verdadeira experiência."*
>
> THEODOR W. ADORNO

A CRIATIVIDADE COLETIVA COMO *HETEROPOIESE*

Uma vez definido o grupo criativo como *um sistema coletivo em que operam sinergicamente personalidades imaginativas e personalidades concretas, cada uma contribuindo com o melhor de si, num clima entusiástico, graças a um líder carismático e a uma missão compartilhada*, também para os grupos criativos se coloca uma série de questões. Examinarei algumas delas, a começar pelo dilema que já tinha formulado a propósito da personalidade criativa: se a criatividade nasce sobretudo da *autopoiese* (do interior da personalidade individual ou da personalidade de cada grupo criativo), ou se nasce sobretudo por *heteropoiese* (do contexto e das condições sociais em cujo cérebro se encontram a operar). Referindo-se à personalidade criativa individual, provavelmente Freud e Kardiner seriam do primeiro parecer; Fromm, Sullivan, Dewey, Durkheim, Kroeber, White e Gray seriam do segundo. Arieti, ainda uma vez, é pela síntese dos dois conceitos: "A cultura geradora de criatividade e a pessoa potencialmente criativa são os dois componentes necessários da criatividade... O indivíduo e a cultura fazem parte de um processo circular extremamente dinâmico. Eles são coexistentes e interdependentes. Nenhuma das duas partes poderia existir sem a outra... A cultura não produz os grandes homens. Ela oferece apenas, àqueles que possuem altos pressupostos, a possibilidade de se tornarem grandes... O encontro de uma cultura geradora de criatividade com uma pessoa potencialmente criativa é um acontecimento improvável. O acontecimento torna-se menos improvável quanto mais a cultura é geradora de criatividade e quanto mais pronto estiver o indivíduo para um tipo particular de criatividade."[1]

Sabemos que os alemães dispunham, já antes de Galileu, dos instrumentos óticos para perscrutar o céu, contudo não chegaram a descobrir as manchas solares, enquanto Galileu chegou lá graças ao fato de estar familiarizado com a arte pictórica florentina, por isso tinha os olhos educados para captar melhor os matizes. Coisas análogas valem para a criatividade coletiva. Mas então se algumas situações sociais se tornam mais adequadas do que outras para fecundar a criatividade, quais são as características mais evidentes de um contexto "gerador de criatividade"? Silvano Arieti, apesar de psiquiatra, dedicou muita atenção aos fatores exógenos que agilizam os processos criativos, e no seu livro enumera uma dezena deles, aos quais acrescentarei outros. Mas outros, ainda – alguns similares, outros complementares –, são indicados por Rogers, Lasswell, Anderson, etc.

Portanto, um primeiro fator que pode contribuir *do exterior* para incrementar a criatividade de um indivíduo ou de um grupo é constituído pela *disponibilidade de meios culturais e materiais*. Seria impossível pensar nas esculturas de Michelangelo e ainda mais na sua arquitetura se ele não se tivesse formado na Florença dos Médicis e se não dispusesse dos financiamentos do Vaticano, da cultura do Renascimento, do mármore de Carrara, dos artesãos da Toscana e do Lázio. É óbvio que, sem os recursos necessários, não se pode concretizar nenhum produto criativo.

Um segundo fator positivo é constituído pela *exposição a estímulos culturais diferentes ou até contrastantes*. A Sicília, a Hungria, as metrópoles como Paris e Nova York, como São Paulo e Rio, ou, ainda, capitais heterogêneas como a Atenas de Péricles, a Alexandria de Ptolomeu Sóter e de Ptolomeu Filadelfo, a Roma de Augusto e Adriano, a Nápoles do século XVIII, a Viena dos Habsburgo foram muito fecundas de criatividade, e, ao mesmo tempo, entroncamento de raças, idéias, fluxos migratórios e usos e costumes muito diferentes. Não teríamos o *jazz* nem a música tropical sem o encontro fecundo da cultura africana com a européia e a americana. A diversidade é criativa; a mesmice achata. Um dos perigos mais dissimulados e ameaçadores da globalização está justamente na redução da polifonia a monólogo, na destruição das identidades, das originalidades e das diferenças.

Obviamente, não basta um contexto multicultural: é necessária, também, a capacidade, por parte dos criativos, de colher, acolher e sublimar as suas mensagens. Portanto, um terceiro fator de geração de criatividade consiste na *abertura aos estímulos culturais*. Um contexto social em que não só é possível aos criativos encontrar os meios para criar, mas em que as novidades são bem acolhidas, desejadas, auguradas, encorajadas; em que o pluralismo de idéias, gostos e comportamentos é defendido, apreciado, premiado, é um contexto que contribui para estimular a criatividade não menos que a personalidade aberta, receptiva e prolífica dos criativos individuais. Porém, é necessário que o ambiente não seja estimulante a ponto de sufocar o criativo sob um acúmulo excessivo de expectativas.

O quarto fator externo que contribui para estimular a criatividade dos indivíduos e dos grupos é constituído por um contexto social que *acentua a transformação*, o futuro, a importância de gratificações que não sejam imediatas, a sábia capacidade de protelar a alegria do sucesso até o momento em que a obra esteja finalmente acabada e pronta para ser apreciada.

O quinto fator gerador de criatividade é constituído pela ausência de *discriminações*, pela possibilidade igual de acesso aos recursos culturais por parte de qualquer personalidade criativa, independentemente de sexo, raça, etc. A tolerância e a liberdade de expressão e de associação reduzem drasticamente o perigo de que um indivíduo ou um grupo, embora dotados de potencial criativo, sejam obrigados a reprimi-lo, privando a humanidade inteira de descobertas e invenções preciosas.

O sexto fator constitui-se da *tolerância e do interesse com respeito a pontos de vista divergentes*. A recusa sistemática de idéias chocantes, estilos de vida excêntricos, comportamentos originais e iniciativas insólitas achata a cultura, destrói a dialética, subtrai à capacidade de síntese os elementos mais díspares a sintetizar. Essa condição, com a abertura nos confrontos de estímulos culturais diversos, corresponde pelo menos em parte àquilo que Rogers[2] chama de "segurança psicológica", aceitação do indivíduo como valor incondicional, clima liberado pela ânsia de valorizações exteriores, possibilidade de compreender participando. Seria necessário, porém, levar em conta, como já se disse, que alguns casos de criatividade (o do Círculo Matemático, por exemplo, ou o do Círculo de Bloomsbury) se desenvolveram justamente num clima geral hostil: em tais casos, o grupo serviu de microambiente tolerante e de câmara intermediária protetora, em que o criativo individual podia sentir-se encorajado a cultivar também idéias e comportamentos reprovados ou subvalorizados pelo macrossistema. A isso acrescente-se que sentir-se uma minoria elitista e recusada freqüentemente estimula à competitividade, à coragem, ao confronto e ao desafio.

O sétimo fator gerador de criatividade indicado por Arieti é a *interação de pessoas significativas*. Imagine-se o mundo do cinema hollywoodiano na década de 1930 e o mundo do cinema italiano no segundo pós-guerra.

Imaginem-se os clubes jacobinos que prepararam a Revolução Francesa e os racionalistas que preparavam o Iluminismo; e também os grupos políticos americanos que idealizaram a Constituição, os carbonários da Unificação Italiana, os pintores do Impressionismo francês, os cientistas reunidos por Dohrn ou por Guccia, a explosão interativa de gênios brasileiros como Lúcio Costa e Oscar Niemeyer, Darcy Ribeiro e Burle Marx, Cândido Portinari, Heitor Villa-Lobos, Gláuber Rocha, além de Vinicius de Moraes, Antônio Carlos Jobim, João Gilberto, Gilberto Gil, Caetano Veloso e tantos outros,[3] e se compreenderá o processo de inspiração recíproca que foi posto em prática pela presença simultânea e pelo intercâmbio cultural de pessoas pertencentes a campos diferentes.

Essa condição positiva, juntamente com o segundo e sexto fatores, corresponde ao que Anderson chama de "sistema aberto", isto é, "*um ambiente de horizontes atraentes, no qual a pessoa encontra segurança e estímulo recíproco nas suas relações com os outros*", em que os membros do grupo que constitui o contexto significativo para o criativo individual "permitem a ele ou até mesmo o estimulam, na medida da sua abertura para o ambiente, a ser ele próprio e aventurar-se no desconhecido".[4]

O oitavo fator gerador da criatividade é constituído pela *promoção de incentivos e recompensas*. Essas gratificações, reservadas às pessoas criativas, não só lhes asseguram maior disponibilidade financeira direta ou indireta, mas constituem um reconhecimento, um "fator motivador" – como diria Herzberg – que influi positivamente no incremento da sua criatividade. Naturalmente, existem contra-indicações: a dispersão de energias, a distração, os subterfúgios freqüentemente requeridos pela atual quermesse dos prêmios artísticos e literários, a excessiva notoriedade decorrente da atribuição de reconhecimentos ambicionados como o Nobel e as tentações da indústria cultural podem resultar contraproducentes para a criatividade.

O nono fator gerador da criatividade – lembrado por Arieti e especificamente indicado por Lasswell, sobretudo com referência à criatividade social – é constituído pela *dialética e insatisfação social*. "As inovações valorizantes", escreveu Lasswell, "vale dizer, as doutrinas religiosas, éticas críticas ou políticas surpreendentemente novas, são favorecidas por ambientes altamente polêmicos, nos quais se atacam as normas estabelecidas. É uma situação típica dos momentos em que a crise toca o ápice e as inovações concorrem para exacerbá-la."[5] É desnecessário citar, a propósito, os casos da Revolução Francesa, da Unificação Italiana, da Revolução Americana; como também o caso do Projeto Manhattan e, de certo modo, o da Bauhaus.

Mesmo essa condição favorável à criatividade pode ser invertida: situações agradáveis de segurança, bem-estar e integração podem se tornar, por sua vez, fecundadoras de idéias: pensemos na boa condição de Darwin e de Mendelssohn; pensemos na Felix Austria descrita por Stefan Zweig. Em todos esses casos, o que facilita a produção de idéias é um *estado de graça e de liberdade*.

Mas esse estado propicia ainda mais a criatividade em comparação com fases anteriores de restrição, inibição, repressão, doença ou medo. No caso individual, encontramos esse sentido de bem-estar, essa recuperada alegria de viver e compor, em algumas obras de Beethoven e de Mozart escritas depois de fases tempestuosas de miséria ou de mal-estar físico, em algumas páginas de Stendhal e em alguns quadros dos impressionistas. No caso coletivo, a libertação da escravidão pode ser considerada um fator muito favorável para a extraordinária criatividade musical dos negros em Louisiana, e o fim da perseguição pode ser considerado uma causa igualmente eficaz da surpreendente criatividade demonstrada em várias ocasiões pelos judeus. Imagine-se que entre 1900 e 1970 o número de prêmios Nobel dados a judeus foi 28 vezes superior aos Nobel de todas as outras raças postas juntas. Exemplar, no mesmo sentido, é a explosão criativa do cinema neo-realista italiano depois da fase repressiva do fascismo e depois da destruição da Segunda Guerra Mundial. O entusiasmo deu os seus frutos criativos no Brasil liberado do regime militar. Uma surpreendente florescência de escritores, artistas, diretores e cientistas está acompanhando a redução da diferença social entre homens e mulheres.

OS GRUPOS CRIATIVOS SÃO SISTEMAS FECHADOS?

Todas essas condições geradoras de criatividade podem referir-se tanto a um sistema social inteiro como a um subgrupo específico (como acontece em vários casos descritos neste livro) e a personalidades criativas individuais. Por exemplo, a equipe de Enrico Fermi, como já relembrei, atuou na Itália rural e fascista da década de 1930, que mal tolerava os pontos de vista divergentes. Apesar disso, o físicos da Via Panisperna, graças à proteção de Corbino, gozaram do encorajamento público, de liberdade de ação e de recursos econômicos muito maiores do que aqueles obtidos por outros cientistas e artistas da época. No seu interior, eles estiveram sempre atentos a trocar idéias e a ajudar-se mutuamente; no exterior, sobretudo com laboratórios estrangeiros, mantiveram contínuas interações por meio de revistas, congressos, estágios e relações pessoais.

Aliás, freqüentemente o grupo constitui um escudo protetor, um porto livre, um líquido amniótico para amortecer e compensar as carências do macrossistema, e a sua capacidade de gerador de criatividade torna-se tão mais eficaz quanto mais forte é a diferença entre o seu clima interno (colaborador, solidário, tolerante, etc.) e o clima geral da sociedade (repressivo, desconfiado, fechado, retrógrado, etc.). A mesma observação vale para os criativos individuais: pode ser que a sociedade, no seu todo, seja pobre, ou fechada, ou discriminante, mas que um determinado artista ou um certo cientista tenham a sorte de poder viajar, conhecer, gastar e estudar muito mais do que a média. Por exemplo, Lou von Salomé ou Sibilla Aleramo, Virginia Woolf e sua irmã, com respeito aos contextos sociais em que viveram, souberam aproveitar oportunidades muito maiores do que as permitidas a outras mulheres contemporâneas, assim como Leopardi pôde usufruir uma cultura familiar e uma biblioteca paterna decididamente excepcional com relação ao "rude arrabalde nativo".

Se forem examinados apenas os aspectos macrossociais, os casos por mim reportados confirmam somente em parte a lista de condições positivas fornecida por Arieti. A Viena da Wiener Werkstätte e do Círculo Filosófico, a Berlim da Bauhaus e a Cambridge do Cavendish representam a presença simultânea de muitos aspectos afortunados, mas o Círculo Matemático de Palermo, o Istituto Centrale del Restauro e o grupo que atuou em torno de Fermi na Via Panisperna contradizem em notável medida a hipótese de uma estreita conexão entre a criatividade de um grupo e as características do sistema social em que esse grupo atua.

Um macrossistema pode matar o grupo, constrangendo os seus componentes à dispersão e ao exílio, como aconteceu, pelo menos em parte, com a Escola de Frankfurt, o Círculo de Viena, a Bauhaus e os físicos da Panisperna. O regime dos coronéis da Argentina e dos generais no Brasil obrigou ao exílio dezenas de grandes criativos. Mas se, apesar disso, o grupo consegue sobreviver e atuar, a sua concretude e a sua coesão podem compensar as carências ou, até mesmo, transformá-las em estímulos à colaboração recíproca, à desforra cultural e à criatividade antagonista. A esse propósito, volta a ser útil justamente o caso do Brasil: os criativos exilados pelos generais inverteram positivamente essa desgraça coletiva: graças ao contato com o exterior, eles alargaram os seus horizontes culturais, estreitaram fecundos relacionamentos com os colegas estrangeiros, adquiriram experiências organizacionais que se tornariam preciosas depois, na pátria outra vez livre.

Os grupos criativos, portanto, possuem acentuada capacidade de adaptação e sabem valorizar os recursos, seja quando operam como sistemas abertos, como quando acham mais conveniente trabalhar em isolamento, ou quando são obrigados a se defender dos contextos hostis, combatendo-os corajosamente.

A INVENÇÃO DO ESTRESSE

Duas outras condições, opostas entre si, podem influir de modo ambivalente sobre a criatividade dos grupos organizados, assim como sobre a dos criativos individuais: o estresse e o ócio.

Aquilo que hoje chamamos de estresse, isto é, uma tensão nervosa patológica permanente, não é um fenômeno natural, é histórico, "cultural", inventado pelo homem num período preciso da sua evolução: a era industrial, com o seu modo específico de produzir e consumir. Aqui não se trata de dar a isso um julgamento político ou moral, mas de ver se ele produz ou, pelo menos, catalisa a criatividade, dado que os anos do seu triunfo coincidiram com a maior explosão histórica do progresso científico e tecnológico.

Que eu saiba, nenhuma outra espécie vivente transformou em razão de viver o uso apressado do tempo; em nenhuma outra época histórica antes do advento industrial o homem viveu com a permanente idéia fixa de otimizar cientificamente o seu tempo, de premiar quem quer que conseguisse produzir e consumir a maior quantidade de bens na menor quantidade de segundos. Nem mesmo os escravos, na Grécia e na Roma pagã, trabalhavam mais de seis ou sete horas por dia. Salvo casos excepcionais, como a construção de muros de defesa ou a preparação de festas, a corrida pertencia ao mundo da ginástica; já a pressa e a dedicação em regime de tempo integral pertenciam à guerra.

Visto de fora, o homem industrial parece caracterizado pela ânsia de velocidade, pela impaciência, pela urgência, pelo moto-perpétuo que tende a se auto-acelerar sem trégua. No começo do século XX, um chefe indígena das ilhas Samoa – Tuiavii de Tiavea – teve ocasião de fazer uma viagem à Europa e de escrever uma espécie de reportagem antropológica sobre os usos e costumes dos brancos, por ele chamados de *Papalagi*. Eis o que escreve em um pequeno capítulo, intitulado justamente "O *Papalagi* Não Tem Tempo": "O *Papalagi* está sempre descontente com o seu tempo e se lamenta com o Grande Espírito porque não lhe deu o bastante... Nunca entendi bem essa coisa e penso mesmo que se trate de uma grave doença. 'O tempo me escapa!', 'O tempo corre como um potro enlouquecido!', 'Me dê um pouco de tempo!'. Estas são as queixas mais habituais que fazem os homens brancos... Eu afirmo que deve ser uma estranha espécie de doença; porque, mesmo supondo que o homem branco tenha vontade de fazer uma coisa, que o seu coração a deseje de verdade, por exemplo, que queira andar ao sol, ou passear no rio com uma canoa, e queira amar a sua menina, assim estraga toda a alegria, atormentando-se com o pensamento: 'Não tenho tempo de estar contente.' O tempo está ali, com toda a boa vontade, e ele não o vê. Fala de mil coisas que tomam todo o tempo dele, fica amuado e lamentoso no seu trabalho, que não tem vontade nenhuma de fazer, que não lhe dá alegria e para o qual ninguém o obriga, a não ser ele mesmo... Há *Papalagi* que afirmam nunca ter tempo. Correm em volta como desesperados, como possuídos pelo demônio, e onde quer que cheguem fazem o mal e provocam mal-estar e criam espanto porque perderam o seu tempo."[6]

Como foi possível chegar a tal estado de frenesi? A construção da Muralha da China, a da cúpula do Brunelleschi, a reconstrução do San Carlo de Nápoles e a construção de Brasília, todas ocorreram em tempo recorde. Mas em circunstâncias normais o homem sempre apreciou a calma, procurando fazer bom uso do tempo.[7] Depois, no fim do século XVIII, chegou a indústria e com ela o culto da produção apressada, isto é, a produtividade. A exploração industrial do trabalho assume três formas sucessivas: num primeiro momento, tentou-se alongar o mais possível a jornada de trabalho; num segundo momento, quando não havia mais nada para esticar, introduziram-se empreitadas e cronômetros para acelerar o ritmo até obter a máxima produção no mesmo tempo; numa terceira fase, visou-se à qualidade dos produtos e, para melhorá-la, procurou-se enfatizar o empenho dos trabalhadores, elevando-lhes o moral.

No início do século XIX, em muitas fábricas a jornada de trabalho chegou a superar as 15 horas, os ritmos se fizeram infernais, o controle tornou-se militarizado. Em 1802, o governo inglês precisou intervir com uma lei "humanitária" para impedir que as crianças trabalhassem mais de 12 horas por dia. Numa reportagem publicada em 1840 por L. R. Villamé – "*Tableau de l'état physique et moral des ouvriers dans les fabriques de coton, de lain et de soie*" (Quadro do estado psíquico e moral dos operários nas fábricas de algodão, lã e seda) –, se faz notar que os condenados a trabalhos forçados cumpriam dez horas por dia, os escravos que ainda existiam nas Antilhas trabalhavam em média nove horas por dia, enquanto na França, isto é, na pátria dos *direitos do homem*, existiam fábricas em que a jornada de trabalho era de 16 horas, com uma hora e meia de intervalo para as refeições. Na pesquisa sobre o "Movimento da Produção", publicada por W. Schulz em 1843 e muitas vezes citada por Marx, mencionava-se que "em 1835 trabalhavam nas fiações inglesas tocadas a vapor e a água 200.558 meninos entre os oito e os 18 anos". Ainda em 1880, Paul Lafargue, no seu livro *Direito ao Ócio*, escrevia: "As oficinas modernas transformaram-se em casas de correção ideais, onde se encarceram as massas operárias e se condenam aos trabalhos forçados durante 12 e 14 horas não só os homens, mas também as mulheres e as crianças." E acrescentava que não teria sido possível inventar "um mal mais embrutecedor para a inteligência das crianças, mais corruptor dos seus instintos, mais destruidor do seu organismo, do que o trabalho na atmosfera viciada da oficina capitalista".[8]

UM MESTRE DE VIDA E DE MORTE

Por motivos que logo serão evidentes, vale a pena gastar algumas palavras a mais sobre Paul Lafargue. Nascido em Cuba em 1842, aos 23 anos encontrou Marx na Inglaterra e Blanqui na França. Em Londres, o "belo jovem, inteligente, enérgico e fisicamente bem desenvolvido", como o descreve o próprio Marx, desposou a sua filha Laura. Muito ativo na Internacional, tanto na França como na Espanha, Paul foi preso várias vezes. O próprio *Direito ao Ócio*, seu texto mais notável, foi terminado na prisão de Saint-Pélagie.

Paul soube dar um grande exemplo de sabedoria, tanto em vida quanto na morte. Na tarde de 26 de novembro de 1911, ele e a mulher foram ao cinema e passearam. Ao anoitecer, voltaram para casa, conversaram amavelmente sobre trivialidades com a família do jardineiro e depois recolheram-se aos seus aposentos. Na manhã seguinte foram encontrados serenamente mortos. Sobre a mesa, uma carta de Paul dizia: "Saudável de corpo e mente, mato-me, antes que a velhice impiedosa, que me tolhe um por um os prazeres e as alegrias da existência, e que me espoliou dos recursos físicos e intelectuais, paralise a minha energia e despedace a minha vontade, fazendo com que me torne um peso para mim mesmo e para os outros." Ele tinha 70 anos; ela, 65.

Quando Lafargue, mestre de vida e da morte, escreveu *Direito ao Ócio* – a sua pequena obra-prima instrutiva e desagravadora – na Inglaterra, os privilegiados (aristocratas, herdeiros, empresários) tinham a seu serviço direto e indireto cerca de 1 milhão e 200 mil pessoas, entre mordomos, garçons, cocheiros, valetes, uma multidão imponente e variada, dedicada "exclusivamente a satisfazer os gostos dispendiosos e fúteis das classes ricas" – rendeiras, bordadeiras, estilistas, decoradores, cabeleireiros de todos os gêneros –, que andavam junto de um exército de pretorianos, policiais e magistrados, "burocratas mantidos num ócio de improdutividade ocupacional".

Em outros termos – segundo a descrição de Lafargue –, de um lado havia a classe dos operários, cada vez mais espremidos pelos ritmos da produção industrial, dilacerados em sua carne e em seus nervos em pedaços, obrigados ao "papel de máquina fornecedora de trabalho sem trégua nem remissão", intelectualmente degradados e fisicamente deformados pela fadiga e pela fome; do outro lado, a classe dos capitalistas, "condenada ao ócio e ao prazer forçado, à improdutividade e ao consumo excessivo". No meio havia a estupidez astuta dos enroladores encarregados do esbanjamento vistoso dos ricos.

A PAIXÃO FUNESTA PELO TRABALHO

Naqueles tempos, conta Lafargue, na Europa, as únicas classes que gostavam do trabalho pelo trabalho eram os agricultores diretos, curvados sobre suas terras, e os pequenos comerciantes, grudados aos seus empórios: todos que se agitavam como toupeiras em seus túneis subterrâneos, sem nunca esticarem as costas para gozar a natureza à vontade. Frente a uma desigualdade tão escandalosa, o proletariado deveria ter se rebelado, emancipando a si próprio e a toda a humanidade do trabalho servil. Em vez disso, ele permanecia preso na armadilha armada pelos patrões e seus cúmplices, os padres, os economistas e os moralistas, que inculcavam incessantemente nos proletários a frugalidade, a mansidão e uma "paixão funesta pelo trabalho, levada até a exaustão das forças vitais". Poder-se-ia pensar que um ser humano tivesse ódio pela fadiga que o degrada. E, em vez disso, "uma estranha loucura se apossa da classe operária das nações em que a civilização capitalista é dominante... Essa loucura é o amor ao trabalho".[9]

Assim, enquanto os ricos defendiam com zelo o seu direito ao ócio, os pobres exigiam tolamente o seu direito ao trabalho: uma tortura de 15 horas por dia na atmosfera viciada das oficinas, precedida e seguida de longas horas de idas e vindas e pelo breve repouso em míseros casebres.

Nem se pode dizer que o advento da automação tivesse ajudado o trabalhador a recuperar o seu legítimo tempo livre. "Uma boa operária", calculava Lafargue, "faz com o fuso não mais de cinco malhas por minuto; certos teares circulares fazem 30 mil no mesmo tempo. Cada minuto da máquina equivale, portanto, a 100 horas de trabalho da operária; ou seja, cada minuto de trabalho da máquina deixa para a operária dez dias de repouso."[10] No setor têxtil, portanto, como em todas as indústrias mecanizadas, já no fim do século XIX teria havido condições técnicas para reduzir drasticamente o horário de trabalho e restituir o ócio aos trabalhadores. Em vez disso, o que acontecia? Acontecia que "quanto mais a máquina progride e supera o trabalho do homem, com rapidez e perfeição cada vez maiores, mais o operário, em vez de prolongar na mesma proporção o seu repouso, redobra o ardor, como se quisesse competir com a máquina".[11] O problema, portanto, não era mais estrutural, mas cultural. Para um número crescente de pessoas, o excesso de trabalho não constituía uma necessidade econômica, mas uma alienação psicológica.

OS SERVOS DO PODER

No tempo em que Lafargue escreveu o seu panfleto, a automação ainda estava num estágio embrionário, a organização do trabalho ainda não tinha sido aperfeiçoada, e o principal expediente usado pelos empresários para extorquir dos trabalhadores o máximo de produção consistia em prolongar o mais possível a jornada de trabalho.

Quando, no início do século XX, Taylor entrou em cena no mundo fabril e propôs o seu *Scientific Management* capaz de centuplicar a produtividade do trabalho, na maior parte dos casos essa "administração científica" não foi adotada para reduzir os horários sem prejuízo da produção, mas para multiplicar a produção sem redução do horário. Assim, o trabalhador encontrou-se numa espiral irreversível: produzir cada vez mais para consumir cada vez mais; trabalhar cada vez mais depressa na fábrica para poder gastar cada vez mais depressa no tempo livre.

Para lubrificar esse mecanismo perverso e evitar que os trabalhadores tomassem consciência dele e o repelissem, foram contratados, a soldo, batalhões de psicólogos e sociólogos – os que Loren Baritz rotulou de "servos do poder" –, com o objetivo de motivar para o trabalho, por meio das *Relações Humanas*, e estimular o consumo, por meio da publicidade. "As empresas", diz Baritz, "deram início às pesquisas no campo da ciência social somente no momento em que se convenceram de que se tratava de um modo eficiente e relativamente barato de aumentar a produção e fazer crescer os lucros... Os industriais, como tal, estão no negócio para fazer dinheiro. Eles se servirão, para isso, dos cientistas sociais da indústria somente se eles se revelarem úteis para atingir esse fim."[12] Henry Ford I utilizou maciçamente esse tipo de pesquisa, e, depois dele, Henry Ford II declarou: "Se pudermos resolver o problema das relações humanas na produção industrial, faremos tanto progresso no sentido de custos mais baixos nos próximos dez anos quanto no último quarto de século, por meio da organização da produção em massa."[13] Baritz comentou: "Na metade do século XX, a ciência social industrial tornou-se um dos mais importantes instrumentos dos dirigentes industriais americanos na sua luta contra os custos, as forças de trabalho, o governo e os consumidores."[14]

IRREQUIETOS EM CAVALOS SERENOS

Entregando corpo e alma, ingênua e impetuosamente, ao vício do trabalho, produzindo muito mais do que o necessário, os proletários criaram os pressupostos para o consumo supérfluo, e, em vez de exigir para si mesmos a vida ociosa dos ricos, pretenderam infligir também aos ricos a obrigação de trabalhar a mais não poder: "Quem não trabalha não come." E, pelo menos nisso, obtiveram dois maus resultados: o de estender à burguesia a aberração de matar-se de tanto trabalhar; o de estender a si mesmos a aberração de matar-se de tanto consumir. Se houve tempo em que operários trabalhavam arduamente e ricos ficavam ociosos, hoje os empresários, os empregados, os gerentes, os administradores de empresa, os profissionais liberais e os diretores de todo nível se agitam por sua vez, sem descanso, tomados pelo frenesi do dinamismo industrial. E mesmo quando não têm muito o que fazer devem ainda assim manter um ritmo neurótico para fingir a si mesmos e aos outros que estão incessantemente às voltas com compromissos improrrogáveis, tendo o excesso de trabalho emergido como símbolo de excelência, em vez de escravidão. Assim, a "improdutividade ocupacional", que nos tempos de Lafargue atormentava os burocratas, garçons, rendeiras, policiais, cabeleireiros e toda a variada fauna de lacaios obrigados a satisfazer os gostos dispendiosos e fúteis dos aristocratas, hoje persegue empregados, gerentes, profissionais, consultores e toda a nova fauna de "colaboradores", obrigados a executar tarefas e a tomar, com a máxima pressa, decisões às quais freqüentemente falta até mesmo sentido.

Ao pintor David, que lhe perguntava como preferia ser retratado, diz-se que Napoleão respondeu: "Sereno, num cavalo irrequieto." Dessa resposta nasceu aquele quadro destilado de sabedoria de comando, sobre o qual cada um de nós fantasiou, nos bancos das escolas elementares. Hoje, parecem irrequietos em cavalos serenos muitos políticos e homens de negócios, muitos profissionais, intelectuais, eclesiásticos mundanamente negociantes, estudantes atormentados pela pressa de entrar no mundo do trabalho, modernos capitães de indústria com as suas cortes de gerentes que praticam orgulhosamente as virtudes marciais e contagiosas da competição global. Esses guerreiros em tempo de paz, presas do demônio do ativismo, são educados pela família, pela escola, pela empresa, pela mídia, para rechaçar qualquer tentação de sabedoria equilibrada, de reflexão sobre a própria existência em termos de emulação solidária em vez de competitividade destrutiva.

Hoje, uma imensa e deletéria indigestão de trabalho e de estresse neurotiza todo o mundo da *New Economy*, e, como nos tempos de Lafargue o trabalho excessivo dos proletários provocava na burguesia o excesso de bens com que alimentar o seu consumismo obeso, assim hoje o trabalho excessivo dos adultos subtrai aos jovens a possibilidade de encontrar emprego e os obriga à inércia forçada da desocupação.

O MODELO AMERICANO

Entre a data de publicação do livro de Lafargue e os nossos dias foram inventadas máquinas para programar e administrar o tempo, para economizar tempo, para guardar e para transferir o tempo, assim como para compensar o tempo perdido.[15]

Como a maior parte dos elogios ao ócio é obra de escritores muito laboriosos, assim a maior parte dessas máquinas prodigiosas para a economia de tempo é obra dos americanos e japoneses, ou seja, os dois povos que mais obstinadamente perseveram na neurose do zelo pela eficiência, e que insistem em ritmos estressantes de trabalho, sempre dispostos a renunciar aos fins de semana, às férias e às festas, a fim de não comprometer um bom negócio. Povos ricos de bens e de dinheiro, mas paupérrimos de tranqüilidade, de tempo e paz social, povos que a conspiração tanto da *Old Economy* quanto da *New Economy* comprimiu em uma situação cada vez mais implacável, em que a economia predomina sobre a política; as finanças prevalecem sobre a economia; a globalização perverte a identidade; a virtualidade prevalece sobre a tangibilidade; a miscigenação, sobre a separação; e a troca e o aluguel, sobre a produção e a propriedade. Acima de tudo, uma situação em que a velocidade triunfa em toda parte sobre a lentidão. Um sistema novo, em suma, em que a comercialização rapidamente se estendeu dos bens materiais e dos serviços às relações humanas e à cultura.[16]

Enquanto em todos os países industrializados os operários sindicalizados obtiveram ritmos de trabalho mais humanos e substanciais reduções de horário, para os não-sindicalizados – profissionais autônomos, trabalhadores do conhecimento, gerentes, dirigentes, operadores da *New Economy* – a vida entre os 30 e os 60 anos de idade tornou-se um inferno: compromissos da manhã à noite, telefone celular que toca a toda hora e onde quer que se esteja, ritmos frenéticos, nada de férias, nada de fim de semana e uma vida privada reduzida a um entediante ruído de fundo. Para os não-sindicalizados, o horário semanal supera cada vez com maior freqüência aquelas 40 horas que os Estados Unidos introduziram em 1938 como conquista dos trabalhadores.

Tudo isso se deve à aceleração que a busca da eficiência e o consumismo imprimiram à corrida alienante para o sucesso ilimitado, para a autocomplacência do capitalismo regido pela concorrência, superexcitado pela sua vitória histórica sobre o comunismo e convencido de que representa o melhor dos modelos possíveis. Mas esse modelo é contemporâneo e consubstancial à nação americana, cresceu com ela, à medida que o "Novo Mundo" atraía do Velho Mundo os jovens mais aventureiros e impacientes, à medida que os sucessos bélicos e comerciais e as rápidas fortunas da sociedade opulenta premiavam os mais empreendedores e reforçavam o orgulho do *american way of life*.

Além desses motivos culturais, existe um outro estrutural que favorece a invasão da atividade preocupante na nossa vida cotidiana. Como eu já disse, para os trabalhadores que desenvolvem tarefas flexíveis e criativas é objetivamente difícil separar o trabalho do resto da própria vida. Qualquer atividade intelectual, de fato, utiliza como instrumento de trabalho principalmente o cérebro. E o cérebro, ao contrário dos velhos meios de produção, como o torno ou a linha de montagem, é a mesma coisa que o próprio trabalhador e o acompanha onde quer que seja, dentro e fora do local de trabalho, de dia e de noite, levando consigo as suas cismas, as suas zangas e os seus ímpetos.

Com o ocaso de um comunismo real que talvez soubesse distribuir a riqueza mas que certamente não sabia produzi-la, os países industriais e principalmente os pós-industriais embarcaram num turbocapitalismo que sabe produzir a riqueza mas não sabe distribuí-la. Decorrem daí crescentes diferenças entre cultos e ignorantes, ricos e pobres, nativos e imigrados, entre empregados e desempregados. E para todas essas desigualdades agora é preciso acrescentar o *digital devide*.

Aí está, no final do século XX, a situação dos Estados Unidos, isto é, do país mais rico, mais poderoso, dotado do exército mais poderoso, das mais modernas universidades, das mais amplas salas de concerto, dos museus e fundações mais bem cuidados e do maior número de prêmios Nobel: "Entre os 60 milhões de americanos de menores posses, alguns não se deram bem na tentativa de manter ou encontrar um lugar numa fábrica, ou num escritório, e viram-se impelidos a atividades mal-remuneradas: vendedor, garçom, vigia, carteiro, empregado doméstico ou faxineiro. Com base nessa dinâmica, os trabalhadores dispostos a aceitar um deslocamento para baixo ocuparam todas as posições de trabalho tradicionalmente destinadas aos não-qualificados, dos quais os desocupados constituem o grosso da população carcerária estadunidense, igual a 1 milhão e 800 mil detentos. Se a isso se juntarem os 3 milhões e 700 mil indivíduos em liberdade condicional à espera de julgamento, o total de sujeitos penalmente incriminados nos Estados Unidos resulta em cerca de 5 milhões e 500 mil pessoas, vale dizer, 2,8% da população adulta do país, o dobro em relação a 1980, nos albores do turbocapitalismo."[17] Isso foi escrito em 1999 por um autor moderado como Edward G. Luttwak. Entre o início e o fim dos dois governos Clinton, o número de encarcerados dobrou, passando de um para dois milhões, cifra hoje amplamente superada.

A tais aberrações conduz um modelo de vida que baniu a arte do ócio e que talvez, justamente por isso, consiga progredir sobretudo na ciência e na tecnologia, mas não na beleza, na sabedoria e na felicidade. O problema da felicidade, de fato, não coincide com o problema do progresso tecnológico, da riqueza e da eficiência produtiva, visto que os povos que mais progrediram em tecnologia, os economicamente mais ricos e mais eficientes do ponto de vista organizacional vêem crescer dia a dia as suas contradições e inquietudes. Contradições e inquietudes de um modelo que todos os outros países se arriscam a importar pela via da globalização.

A SÍNDROME DE GALOIS

O estresse favorece a criatividade? Todo o "modelo americano" conspirou contra o repouso, o ócio, a introspecção, e a favor do superativismo estressado. Mas o progresso indubitável, sobretudo técnico, que caracterizou essa sociedade faz nascer a suspeita de que pelo menos algumas formas de criatividade, em vez de serem atrapalhadas pelo estresse, podem ser por ele incentivadas. A essa influência excitante darei o nome de *síndrome de Galois*. E explico por quê.

Evariste Galois nasceu em 1811 em Bourge-la-Reine, perto de Paris, e legou o seu nome à teoria algébrica dos grupos. Consciente, já aos 16 anos, da sua genialidade matemática, tentou várias vezes entrar para a École Polytechnique, mas foi reprovado primeiro por falta de preparação sistemática e depois porque o desastrado professor Cauchy perdeu o manuscrito em que Galois tinha enunciado as suas descobertas fundamentais. Para maior desdita, no ano seguinte andou sumido também um segundo trabalho, apresentado por Evariste para o concurso de matemática com edital da Académie. Um terceiro estudo original foi julgado incompreensível pelo professor Poisson. Então, o desafortunado Galois abandonou os estudos e aos 19 anos alistou-se na Guarda Nacional, desesperado também pelo suicídio do pai.

A experiência militar num exército real, sendo Galois republicano e revolucionário, não poderia tornar-se senão tempestuosa: preso várias vezes, foi depois desafiado por dois patriotas. Passou toda a noite anterior ao duelo na frenética redação de geniais teoremas sobre os quais, depois, escolas inteiras de matemáticos quebraram a cabeça.

Na aurora de 30 de maio de 1832, Galois foi atingido pelo projétil do adversário e permaneceu sem socorro onde havia tombado. Morreu de peritonite no dia seguinte: tinha apenas 20 anos, e do seu funeral participaram milhares de republicanos.

As suas teorias foram publicadas 14 anos mais tarde, e somente hoje percebe-se toda a sua importância. Em seu livro *História da Matemática*, Carl B. Boyer escreveu que Galois estava tão próximo da mentalidade algébrica moderna e no entanto se exprimia de modo tão obscuro que não conseguia fazer-se entender pelos matemáticos do seu tempo. Hoje fala-se tanto da "nova matemática" nas escolas, mas ela é nova apenas no sentido de que as concepções de Galois finalmente se afirmaram, mais de um século depois que o destino se enfurecera tão cruelmente contra ele.[18]

Concentremos por um instante a nossa atenção na noite que precedeu o duelo, na frenética explosão de criatividade gerada pelo paroxismo das horas que transcorriam inexoráveis, no pressentimento da morte iminente, na pressão psicológica exercida pela premência dos eventos na mente de um jovem consciente da sua incompreendida genialidade matemática. Eis justamente aquilo que se poderia chamar de "síndrome de Galois": uma condição geradora de criatividade determinada pelo pressentimento de não ter tempo, pelo medo de que um inelutável prazo se aproxima do vencimento, ou de que alguma coisa de importante, definitiva, apocalíptica esteja por acontecer, e pela vontade de lançar, além desse sombrio limite, um germe de beleza e de verdade que sobreviva a nós e nos represente junto aos nossos pósteros. Naturalmente, essa vontade de ultrapassar o fim pode contribuir para torná-lo ainda mais inevitável: assim como a noite insone de Galois deve ter contribuído para a sua vulnerabilidade e para a sua morte.

Poder-se-ia, portanto, chamar de "síndrome de Galois" qualquer situação individual ou coletiva em que pessoas criativas compensam, antecipam e, num certo sentido, determinam o próprio fim por uma explosão excepcional de criatividade. E se poderia também chamar de "síndrome de Galois" qualquer situação de febril operosidade criativa que se determina quando se difunde a consciência de poder criar uma nova era, uma virada épica, uma grande transformação desde as fundações num campo específico ou na sociedade inteira; ou quando uma pessoa tem a impressão de que uma grande fortuna está ao alcance da mão e que um esforço sobre-humano, um empenho febril, é o bastante para consegui-la.

Casos individuais do primeiro tipo (criatividade excepcional antes do fim) acontecem freqüentemente na história: imagine-se a prodigiosa quantidade de obras-primas compostas por Mozart[19] e por Mahler nos últimos meses de suas vidas, quando a iminência da morte tornara-se, para ambos, um pesadelo; pensemos em Anton Dohrn e Giovan Battista Guccia, que retesaram o arco de suas vidas até rompê-lo; pensemos na copiosa criatividade de Picasso e de Niemeyer, mesmo depois dos 80 anos. Casos coletivos, sempre do primeiro tipo, são a Bauhaus e a Escola de Frankfurt, que aceleraram o próprio ritmo criativo, sentindo no ar a noite iminente do nazismo. E mais evidente ainda é o caso da Grande Viena, banco de prova de todos os apocalipses, ela própria apocalipse alegre e propalada da era Habsburgo.

Casos individuais do segundo tipo (criatividade excepcional na iminência de uma virada histórica) se têm cada vez que um ou mais criativos determinam um novo paradigma, ou que se difunde um novo estilo: a grande revolução estética do Renascimento florentino, a florescência impressionista em Paris, o neo-realismo cinematográfico em Roma, a rápida seqüência de descobertas produzidas em 1934 pelo grupo de Enrico Fermi, a recente cascata de invenções e inovações ligadas à eletrônica e à informática, aos novos materiais, à engenharia genética.

Mas o efeito gerador de criatividade produzido por essa síndrome não se liga exclusivamente aos fins de época, à premência solene e trágica dos desmoronamentos históricos. O sentido mais cotidiano e corriqueiro do prazo, do termo, do limite, induz freqüentemente o jornalista a escrever um artigo, o administrador a tomar uma decisão instantânea, a equipe cinematográfica a rodar uma cena inesperada. Muitos criativos acabam quase que inconscientemente por protelar a produção de suas obras até quando a iminência improrrogável do prazo os obriga a comprimir o tempo e a acelerar o trabalho, cuja qualidade criativa quase sempre tira proveito dessa excitante pressão. Rafael e Mozart foram constantemente premidos pelos prazos contratuais: a fecundidade da sua arte tirou proveito desse sofrimento, que por sorte não afetou a serena leveza das suas obras-primas.

É raro que uma existência atormentada pelo espectro do fracasso e da morte produza as notas extremamente doces do *Réquiem* mozartiano. O mais das vezes, a excitação neurótica dos criativos transparece tempestuosa nos seus produtos. Basta pensar na pintura de Caravaggio ou na música de Mahler. Para não falar da dodecafonismo e do *rap*, de Schiele, de Munch, de Pollock, de Bacon, de Basquiat e de todos os estilos criativos que trazem evidentíssimos os sinais de uma tensão irredutível, de um mundo que se despedaça e se retorce sob a premência da máquina. "*The best reason to paint is that there is no reason to paint*": a melhor razão para pintar é que não há nenhuma razão para pintar, chegou a escrever Haring, sobre um de seus quadros.

Ao que parece, portanto, o estresse é capaz de incentivar uma criatividade torrencial, no campo tecnológico, e desequilibradora, no campo artístico.[20] Uma criatividade que ultrapassa o pobre e desarmado *Papalagi* e o desorienta com produtos sempre novos, que ele não tem tempo de metabolizar. Uma criatividade que o lança no pânico de não ter tempo: "Ainda que nunca exista mais do que pode caber entre o nascer e o pôr-do-sol, ele nunca tem o bastante."

Para alcançar uma criatividade serena, para criar com sabedoria equilibrada, é preciso aquilo que eu chamo de "ócio criativo": um estado de graça que já atingiu a Grécia e a Roma clássica, por motivos que me são misteriosos, mas que talvez Flaubert tenha conseguido captar e sugerir-nos: "Quando os deuses já não existiam e Cristo ainda não, entre Cícero e Marco Aurélio houve um momento único em que o homem existiu, sozinho." Um estado de graça que se repetiu na Florença dos Médicis, que desapareceu na era do maquinismo industrial, e que talvez seja possível agarrar outra vez – se apenas chegássemos a desejá-lo com toda a alma – depois do advento da sociedade pós-industrial: "o tempo é silencioso e ama a paz e a calma e o ficar estendido numa esteira", conclui Tuiavii de Tiavea. "O *Papalagi* não compreendeu o tempo, não o reconhece pelo que ele é, e por isso o maltrata daquele modo, com os seus costumes ásperos... Devemos livrar o pobre e confuso *Papalagi* da sua loucura, devemos devolver-lhe o seu tempo. Devemos destruir a sua pequena máquina do tempo e dizer-lhe que do amanhecer ao cair do sol há muito mais tempo do que o homem precisa."

Hoje – que o estudo é direcionado ao trabalho e sacrificou-se a tranqüilidade – a solução do problema não está em destruir o relógio, renunciar à precisão e ao bem-estar, ficar estendido o dia inteiro numa esteira. A solução do problema está no ócio criativo, na arte de reunir em síntese três faculdades intelectuais – trabalho, estudo, lazer – que o mecanismo industrial tinha, astuciosamente, separado.

NO SÉTIMO DIA DESCANSOU

Lembra-se do que lemos no Gênesis? "Assim foram acabados os Céus e a Terra e todo o seu exército. Tendo Deus terminado no sétimo dia a obra que tinha feito, descansou do seu trabalho. Deus abençoou o sétimo dia e o consagrou exclamando 'É meu!', porque neste dia repousara de toda a obra da criação. Tal é a história da criação dos Céus e da Terra."

Surpreende a exclamação ingênua "É meu" com que Deus se apropria do dia de repouso, como se os outros seis dias pertencessem a outros. Mas se o criador do Céu e da Terra pôde presentear a si mesmo um sétimo e infinito dia de quietude, foi porque o homem, por sua vez, assumiu o ônus do oitavo e longuíssimo dia em que a incompleta criação divina prossegue pelas descobertas e invenções humanas. Como vimos, Horace F. Judson chamou a descoberta da estrutura do DNA de *The Eighth Day of Creation*. Mas justamente a forma com que Crick e Watson descobriram essa estrutura, justamente o procedimento deles, combinando o trabalho com o estudo num clima de entusiasmo lúdico, legitimam a esperança de que o homem pós-industrial possa finalmente gozar as vantagens de um progresso sem estresse, gerado por um tipo novo de criatividade capaz de nos fazer crescer harmoniosamente, com sincronia, seja na nossa sensibilidade humanística, seja na nossa força tecnológica.

Por uma espécie de sortilégio, quanto mais as máquinas ficam poderosas, menos conseguem nos livrar dos compromissos e nos restituir o nosso tempo. O motivo é evidente: quanto mais esforço físico podemos descarregar nos computadores e nos robôs, quanto mais tempo conseguimos, assim, recuperar, tanto mais esforço intelectual absorvemos, engolfando as horas que avançam sobre nós com múltiplas preocupações de todos os gêneros. E uma vez que essas preocupações são todas reguladas por normas, compromissos, contratos, controles e prazos impostos pelo exterior, eles participam mais da natureza do trabalho do que da natureza do lazer. As próprias férias – o nosso "sétimo dia" – foram, hoje em dia, transformadas num esforço estressante.

ATIVIDADE E TRABALHO

A essa altura é preciso parar um instante para refletir sobre o significado do termo "trabalho", confrontado com outros termos como ócio, repouso, lazer e similares.

Dediquei mais de um livro[21] à análise do trabalho do ponto de vista teórico e empírico, mas, se tivesse de dar uma definição satisfatória, estaria em sério embaraço. Do nascimento até a morte, o ser humano desenvolve contínuas atividades, seja com o corpo, seja com a mente. Mesmo quando dormimos, nosso cérebro sonha, nossos pulmões respiram, nosso coração pulsa, nossa digestão prossegue. Algumas atividades, por convenção, são chamadas de "trabalho", sujeitas a normas contratuais específicas, e julgadas dignas de retribuição: uma mulher que cuida do filho ou um jovem que estuda na universidade não são considerados trabalhadores e não são pagos; a mesma mulher, se cuida do filho de outra, e o mesmo jovem, caso se dedique a um grupo de estudos ligado a um banco, são então considerados trabalhadores e recebem uma remuneração.

O termo "trabalho" remete a muitos outros conceitos psicológicos, sociológicos e jurídicos; por exemplo: aos conceitos de produção, serviço, ocupação, profissão, cargo, tarefa e função, mas também aos de vínculo, contrato, dedicação, paixão, alienação, dever e escravidão.

Durante as suas múltiplas experiências profissionais, cada um de nós tem podido constatar que alguns cargos se chocam com a própria vocação e os próprios gostos. Ainda assim, nós os suportamos, pela necessidade de ganhar dinheiro, de manter a família, de nos realizarmos no tempo livre e assim por diante. Em suma, porque não encontramos nada melhor no mercado. Nesse caso, estamos falando de *trabalho instrumental*, que não nos dá satisfação enquanto o desenvolvemos, mas que mesmo assim aceitamos, *em função de* outras vantagens irrenunciáveis que, graças a ele, podemos nos permitir (uma casa, férias, um automóvel, a possibilidade de manter os filhos estudando, etc.).

Em outras ocasiões, mais afortunadas, experimentamos trabalhos perfeitamente apropriados à nossa vocação e à nossa formação; ocupações capazes, enquanto as exercemos, de nos fazer sentir realizados e úteis, de nos fazer crescer profissional e humanamente; tarefas que teríamos desenvolvido com prazer, mesmo que fossem menos vantajosas no plano econômico. Nesse caso, falamos de *trabalho expressivo*, que nos dá satisfação no próprio ato em que o fazemos.

Quando executamos um trabalho instrumental, não vemos a hora de parar; quando executamos um trabalho expressivo, não queremos parar nunca. No primeiro caso, corremos o risco de uma alienação destrutiva; no segundo caso, arriscamos uma alienação criativa. A criatividade, de fato, é a atividade expressiva por excelência.

TEMPO LIVRE E REPOUSO

Durante todo o tempo considerado "não-trabalho", o ser humano continua a realizar atividades físicas e mentais que são rotuladas como tempo livre, repouso, sono, ócio, lazer.

No conceito de tempo livre está implícito o de "tempo residual", tempo que resta *depois* de ter levado a cabo os compromissos de trabalho, considerados mais importantes do que qualquer outro compromisso, segundo os preceitos inculcados em época industrial pela família, pela escola, pelo Estado, pela religião. Uma mesma atividade (como fumar, conversar sobre esporte ou sobre política, ler o jornal, fazer a corte ao colega) desenvolvida durante o tempo livre é aprovada; desenvolvida durante o horário de trabalho, *em vez* de trabalho torna-se desonestidade, indiferença, falta de empenho, superficialidade, falta de profissionalismo; desenvolvida durante o tempo de trabalho, mas *contra* o trabalho, torna-se greve, absenteísmo ou boicote. Desenvolvida durante o tempo de trabalho ou mesmo fora do trabalho, mas *aproveitando-se do trabalho alheio*, torna-se parasitismo.

A sociedade industrial estabeleceu para o tempo livre três diferentes funções: a de *pausa*, para recuperar as forças físicas e intelectuais com vista a uma retomada de trabalho produtiva; a de *necessidade*, para reproduzir e educar a prole, e a de *oportunidade*, para gastar dinheiro, completando a mercantilização do homem produtor com o homem consumidor. É principalmente sobre esta última função do tempo livre, entendido como tempo de consumo planejado, que se concentra, hoje, a atenção dos operadores econômicos. Escreve Alain Corbin: "Nos albores do século XIX, o tempo do camponês, o do artesão e o do operário eram descontínuos, cheios de imprevistos, casuais, sujeitos a interrupções fortuitas ou recreativas. Esse tempo relativamente lento, flexível, maleável, ocupado por atividades freqüentemente imprecisas, foi pouco a pouco substituído pelo tempo calculado, previsto, ordenado, apressado pela eficiência e pela produtividade; tempo linear, estritamente medido, que pode ser perdido, desperdiçado, recuperado ou ganho. Foi isso que suscitou a reivindicação de um tempo para si, do qual o 'preguiçar' na cama ou a pescaria de linha e anzol constituem seqüências emblemáticas. Mas o desejo desse tempo vazio, insidiosamente ameaçado pelo tédio, tem, paradoxalmente, produzido um outro tempo de trégua e distração, por sua vez previsto, organizado, preenchido, agitado e fundado em novos valores: tempo-mercadoria, dos primeiros clubes de férias, que se diferencia do tempo inicial da modernidade apenas pela ausência de trabalho."[22]

O conceito de *repouso* remete ao de recuperação de energias *depois* de se estar cansado, ou ao de acúmulo de energias *antes* de se cansar. Não existe repouso sem esforço, seja ele devido ao trabalho ou ao lazer. Pausas para repouso são previstas ou toleradas, mesmo durante o horário de trabalho, para comer, beber, relaxar os músculos, fazer as necessidades fisiológicas, manter-se desperto: todas elas necessidades inevitáveis a fim de que o trabalho prossiga no melhor dos modos e, portanto, não contrárias, mas indispensáveis à produtividade. Mesmo enquanto repousamos, o nosso coração se contrai e os nossos pulmões respiram, mas as outras atividades do corpo e do cérebro são intencionalmente mantidas num ritmo mínimo, como um carro em ponto morto, a fim de que as nossas energias não se gastem, e, ao contrário, se regenerem.

ÓCIO E JOGO

O conceito de "ócio", como o de repouso, dá a idéia de alguma coisa que acontece "no lugar do" trabalho. Mas, diferentemente do repouso, não está em função do trabalho, e sim *em função direta de quem está ocioso e da sua atitude*. O ócio é um estado de bem-estar do corpo e da alma. Um estado livre e espontâneo no qual saboreamos a alegria de viver e de conviver, de estar conosco mesmos e com os outros, de nos sentir em sintonia com os lugares, as coisas e pessoas que nos circundam. O que fazemos em nossas horas de ócio não responde a nenhum vínculo contratual, não segue nenhuma prescrição externa, não respeita nenhum ritmo imposto por outros: responde apenas ao prazer estético e à satisfação ética, ao céu estrelado que está acima de nós e à lei moral que está dentro de nós.

Mas o ócio, como veremos, é uma arte difícil, que requer exercício, experimentação e autodisciplina. Bem endereçado, ele gera eros e criatividade, sublimando-se em lazer. Desprovido de educação, ele se arrisca a se degenerar em tédio, insipidez, violência, em tânatos: não por acaso, fala-se de "perder tempo", "matar o tempo", ou ainda "passar o tempo".

O conceito de "jogo" compartilha alguns aspectos do trabalho, alguns aspectos do ócio e alguns aspectos do repouso. Como o ócio, o jogo também remete à espontaneidade e ao prazer, é fim em si mesmo e a satisfação que interessa diretamente ao jogador. Como o trabalho, também o jogo remete ao conceito de atividade, de tenacidade e de empenho máximo do corpo e da mente. Como o repouso, o jogo também é considerado parte minoritária do todo, precedida e seguida de partes mais contínuas, substanciais e sérias, atividade positiva apenas se limitada no tempo: "O jogo bonito dura pouco." Quando não dura pouco, quando é praticado sistematicamente, já não é um lazer, mas um verdadeiro trabalho, como ocorre com os profissionais do futebol ou da Fórmula 1.

Obrigados pela necessidade, podemos trabalhar mesmo se aquele determinado trabalho não nos agrada; o jogo, no entanto, faz sentido apenas se é jogado livremente, por nossa escolha e gosto, consistindo na alegria e na coragem de desafiar voluntariamente a nós mesmos e à nossa sorte com inteligência, fantasia, destreza e obstinação. Seja no trabalho como no jogo, existem regras a respeitar, mas as regras do trabalho nos impõem limites repressivos; as do jogo, em vez disso, nos oferecem oportunidades exuberantes. O jogo remete a conceitos de tensão, distensão, competição, mistério, incerteza, evasão, liberdade, diversidade, exibição, representação, compensação, festa, alegria, desafio, sorte, aposta, risco, brincadeira, prêmio. Serve para descarregar as energias, para imitar e fingir ser aquilo que não se é, para relaxar, alienar-se, testar as próprias capacidades, aprender a se autocontrolar, concorrer e participar, dar vazão a instintos negativos, refinar o gosto, a elegância, o gestual, assim como romper a monotonia, tornando a existência bela e variada.[23] Tanto no trabalho como no jogo há dispersões de energia que são depois recuperadas por meio do repouso. Portanto, o repouso não é alternativo, mas complementar e funcional, tanto no trabalho como no jogo.[24]

O jogo é sempre "expressivo"; o trabalho só o é quando, nele, a pena da fadiga é superada pela alegria da curiosidade, da exaltação, da tentativa, da pesquisa, da invenção, da destreza: em suma, da criatividade. Quanto mais o trabalho se torna criativo, mais se aproxima do jogo, até quase sobrepor-se e coincidir com ele. Um empresário completamente tomado de paixão pela empresa em que arrisca e cresce, um professor arrebatado pela alegria de ensinar e pelo amadurecimento dos seus alunos, um cientista que vê a sua pesquisa já próxima da descoberta, uma dona-de-casa que vê a sua família prosperar graças à sua dedicação, um artesão que vê surgir das suas mãos um objeto raro e único dificilmente sabem dizer se a sua atividade é um trabalho ou um jogo. Em casos como esses, o prazer criativo prevalece claramente sobre o dever repetitivo; o *Homo faber* se transfigura no *Homo ludens*.

AMBIVALÊNCIA DO TRABALHO

À medida que as máquinas se tornam capazes de executar os trabalhos cansativos e precisos antes infligidos ao homem, à medida que as ações de decisão reservadas ao homem se deslocam do campo administrativo condicionado pelas premissas de fato ao campo direcional baseado nas premissas de valor (para usar a terminologia de H. Simon),[25] o trabalho se transforma em jogo e adquire as suas características. Quando essa transformação se completar e o homem puder limitar-se a realizar apenas atividades plenamente criativas, então trabalho e jogo coincidirão até tornar impossível qualquer distinção. E cessará a *alienação pelo capital*, porque o principal instrumento de trabalho será o próprio cérebro, e não a fábrica do patrão; cessará a *alienação pelo produto*, porque a obra do criativo é assinada, e a grife lhe confere autenticidade e valor, torna-a única, impossível de se reproduzir, e "atribuída" ao autor; e cessará a *alienação pelos companheiros de trabalho*, porque se trabalhará em equipes sinérgicas, que criarão sinergicamente.

Por ora, esse processo, já claramente delineado, é ainda um potencial, pois o trabalho, sobretudo para os administradores, os profissionais e os dirigentes, conservou uma ambigüidade própria, a sua dupla e esquizofrênica natureza de geração e morte, privilégio e expiação, prazer e sofrimento, domínio e escravidão, alienação e auto-realização, afirmação de identidade e massificação, livre escolha e condenação, decisão e simples execução. Durante a era industrial, nessa ambivalência prevaleciam a pena e a subordinação, que encontram a sua máxima expressão no trabalho executivo e o seu monumento histórico na linha de montagem. Durante a era pós-industrial poderão prevalecer o prazer e a autonomia, que encontrarão a sua máxima expressão no trabalho criativo e o seu monumento histórico no laboratório científico, no estúdio de televisão, no ateliê do estilista, onde o trabalho perderá a dimensão expiatória, executiva e massificante, em favor da dimensão auto-realizadora, liberadora e geradora de idéias. Na atividade criativa, de fato, tanto o sofrimento quanto o prazer, a liberdade como o vínculo, mudam sua natureza, tornando-se menos brutais e mais humanos, menos físicos e mais espirituais, menos estruturais e mais culturais, menos massificados e mais objetivos, assim como menos impostos e mais escolhidos. Bem diferentes entre si são os trabalhos de Michelangelo frente à massa informe, a tempestade de dúvida de um Kierkegaard ou de um Beethoven frente à escolha compositora, a responsabilidade de decisão de um engenheiro frente a um cálculo aerodinâmico, em relação à alienação de um empreiteiro diante do ritmo repetitivo da sua tarefa parcelizada, ou o desespero de um condenado diante da brutalidade inútil e sem esperança de uma sentença de trabalhos forçados.

Na atual fase do perene desafio entre criatividade e burocracia, entre alienação destrutiva e alienação criativa, a sociedade consumista e competitiva atiça as necessidades alienadas do poder, do dinheiro e da posse, em prejuízo das necessidades radicais da introspecção, do convívio, da amizade, do amor, do jogo e da beleza. A mercantilização tenta colonizar todos os relacionamentos humanos e toda a cultura. O interesse econômico e a organização industrial tentam invadir toda a dimensão privada e humana da vida. O trabalho moderno, que extrai suas raízes das corporações medievais, dos canteiros de obras renascentistas, das oficinas iluministas, das indústrias capitalistas; o trabalho celebrado por São Benedito e por Calvino, por Bacon e por Ford, nessa primeira fase da sociedade pós-industrial, se contrapõe ao jogo e à criatividade, se opõe a eles, nega-os, tenta ainda sufocá-los com prescrições e procedimentos. Mas a união antes impossível entre jogo e trabalho parcelizado transforma-se em união entre jogo e trabalho criativo, hoje indispensável para a produção de idéias, estética, valores e novidades. Se hoje Marx reescrevesse o seu *Grundrisse*, pensaria duas vezes antes de repetir que "o trabalho não pode se tornar jogo".[26]

Em *Ética a Nicômaco*, Aristóteles distinguia as atividades humanas em quatro categorias: *prònos*, isto é, o trabalho fisicamente cansativo; *ascolía*, ou seja, os negócios; *paidiá*, isto é, o jogo; *scholé*, o deleite cultivado. Quando o trabalho era predominantemente físico, a regra "*ora et labora*" dos monges beneditinos procurava obter o deleite cultivado por meio da combinação santificante de fadiga e oração. Hoje, que o trabalho é acima de tudo intelectual, eu próprio proponho que se obtenha o deleite cultivado por meio da combinação criativa de estudo, trabalho e jogo.

O COMUNISTA E O LIBERAL

Quando a fábrica ainda era tocada a vapor, quando na oficina ainda não havia energia elétrica nem motor a explosão, Lafargue já vislumbrava as maravilhas da oficina automatizada e estava convencido de que a capacidade produtiva das máquinas logo permitiria que se reduzisse a jornada de trabalho a três horas, liberando o homem da fadiga e restituindo-o à alegria do ócio ativo, considerado um direito universal. "As nossas máquinas de respiração de fogo, de membros de aço, infatigáveis, de fecundidade maravilhosa, inexauríveis, cumprem docilmente, sozinhas, o seu sagrado trabalho... A máquina é o redentor da humanidade, o Deus que resgatará os homens das *sordidae artes* e do trabalho assalariado, o Deus que lhes doará o ócio e a liberdade." Assim, enfaticamente, termina o famoso panfleto.[27]

Por certo não teria sido fácil recuperar a saúde de massas de trabalhadores doentes de laboriosidade e de consumismo; não teria sido fácil devolver a eles o gosto pelo ócio, pelo jogo, pela introspecção, pelo convívio; todos jóias sem preço, porque subtraídos à compra e venda do mercado. Mas Lafargue estava convencido de que a obra reeducadora do comunismo seria bem-sucedida.

Cinqüenta anos depois é a vez de um grande liberal, não por acaso membro de excelência do Círculo de Bloomsbury. Num delicioso ensaio de 1930, *Perspectivas para os Nossos Netos*, John Maynard Keynes (1883-1946) demonstra uma confiança no progresso tecnológico de fazer inveja a Lafargue: "Foi iniciada no século XVI, prosseguindo num crescendo ininterrupto no século XVIII, a grande era das invenções científicas e técnicas que, desde o início do século XIX, teve um desenvolvimento incrível: carvão, vapor, eletricidade, petróleo, aço, borracha, algodão, indústrias químicas, máquinas automáticas e sistemas de produção em massa, telégrafo, imprensa, Newton, Darwin, Einstein e milhares de outras coisas e homens muito famosos e muito notórios para serem lembrados... Pode muito bem acontecer que nos encontremos às vésperas de uma evolução do rendimento da produção agrícola de grandeza análoga à que se verificou na extração de minérios, na indústria manufatureira e nos transportes. No decorrer de muito poucos anos, quero dizer, no período da nossa vida, poderemos ser capazes de executar todas as operações dos setores agrícola, mineral, manufatureiro, com um quarto da energia humana que estávamos habituados a empregar... A eficiência técnica foi se intensificando com um ritmo mais rápido do que aquele com que logramos resolver o problema da absorção da mão-de-obra... A desocupação devida à descoberta de instrumentos poupadores de mão-de-obra prossegue com ritmo mais rápido do que aquele com que conseguimos encontrar novos empregos para a mesma mão-de-obra. Mas essa é apenas uma fase de desequilíbrio transitório. Visto em perspectiva, de fato, isso significa *que a humanidade está procedendo à solução do seu problema econômico.* Problema que pode ser resolvido ou pelo menos estar em vias de solução no período de um século."

Àquela altura, cessadas as dificuldades econômicas, surgiram as psicológicas: habituado à idéia fixa do trabalho, "pela primeira vez desde a sua criação o homem se encontrará frente ao seu verdadeiro e constante problema: como empregar o tempo livre das preocupações econômicas mais urgentes, como empregar o tempo livre que a ciência e o juro composto terão proporcionado para ele, para viver bem, agradavelmente e com sabedoria".

Para evitar o "colapso nervoso", o liberal Keynes propõe uma solução idêntica à imaginada pelo comunista Lafargue: "Turnos de três horas e semana de trabalho de 15 horas podem manter o problema sob controle por um bom período." Nesse meio tempo será preciso desvencilhar-se progressivamente de todos os princípios, dos valores, dos costumes e de todas as práticas ligadas à velha distribuição da riqueza, será preciso redimensionar o valor do dinheiro, da avareza, da usura, da prudência. Dessa vez não será a educação comunista, mas a liberal que nos ensinará que "quem menos se aflige pelo amanhã trilha verdadeiramente o caminho da virtude e da profunda sabedoria... Renderemos homenagens a quem souber nos ensinar a colher a hora e o dia com virtude, à gente maravilhosa capaz de tirar um prazer imediato das coisas, os lírios do campo que não semeiam e não fiam... Nesse meio tempo não fará nenhum mal pôr em ação algum modesto preparativo para o que é o nosso destino, encorajando e experimentando as artes da vida não menos do que as atividades que hoje definimos como sérias e socialmente úteis".[28]

O SOCIALISTA E O DIPLOMATA

Poucos anos depois, em 1935, é um outro personagem muito próximo do Círculo de Bloomsbury, desta vez o socialista Bertrand Russell (1872-1970), que declara a sua gratidão ao progresso tecnológico, que libertou o homem do trabalho. No seu *Elogio ao Ócio*, um ensaio tão proveitoso, pelo menos, quanto o de Lafargue e o de Keynes, ele escreve que, enquanto do início da civilização até a Revolução Industrial muitos trabalhos davam apenas para sobreviver, já "a técnica moderna permite que o tempo livre, dentro de certos limites, não seja uma prerrogativa de pequenas classes privilegiadas, mas possa ser distribuído de forma equânime entre todos os membros de uma comunidade. A ética do trabalho é a ética dos escravos, e o mundo moderno não tem necessidade de escravos".[29]

Russell também não usa meios-termos: "Eu creio que nesse mundo se trabalha demais e que males incalculáveis têm origem na convicção de que o trabalho seja coisa santa e virtuosa... A técnica moderna tem tornado possível diminuir, em grande medida, a quantidade de esforço necessária para assegurar a cada um os meios de sustento... O caminho para a felicidade e a prosperidade encontra-se, entretanto, numa diminuição do trabalho... A guerra demonstrou de modo indiscutível que, graças à organização científica da produção, é possível assegurar à população do mundo moderno um discreto estilo de vida, desfrutando apenas uma pequena parte das capacidades gerais de trabalho. Se no fim do conflito essa organização científica, criada para permitir aos homens combater e produzir munição, tivesse continuado a funcionar reduzindo a quatro horas a jornada de trabalho, tudo teria caminhado para melhor. Em vez disso, foi instaurado o velho caos."[30]

Portanto, para Bertrand Russell a jornada de trabalho deve ser reduzida para quatro horas. E de novo se propõe o problema pedagógico: "O sábio uso do ócio é um produto da civilização e da educação. Um homem que trabalhou toda a sua vida durante muitas horas por dia se entedia se de repente não tem mais nada para fazer... Enquanto um pouco de tempo livre é agradável, os homens não saberiam como preencher os seus dias se trabalhassem somente quatro horas em 24. Esse problema, inegável no mundo moderno, representa uma condenação da nossa civilização, já que nunca teria se apresentado nas épocas precedentes. Antigamente havia uma capacidade de despreocupação e de diversão que foi, em boa medida, sufocada pelo culto da eficiência. O homem moderno pensa que tudo deve ser feito com vista a alguma outra coisa, e não como um fim em si mesmo."[31]

Entretanto, o ócio aristotélico, assim como o oriental, elogiado por Hermann Hesse,[32] não é um meio de instrumentalizar, mas um fim a ser amadurecido interiormente, uma arte a cultivar com assiduidade. Conquistar uma redução de horário não significa que os trabalhadores beneficiados saibam transformar isso, automaticamente, em qualidade melhor de vida. Quando, há anos, a Volkswagen reduziu a semana de trabalho para 28 horas e diminuiu os salários em 12%, dois alunos meus conduziram uma pesquisa entre os trabalhadores envolvidos, e muitos deles lamentaram não saber o que fazer do maior tempo livre, porque tinham menos dinheiro para gastar. Para eles, o tempo disponível não era tempo de crescimento pessoal e convívio, mas tempo para compras e consumo. Se não tinham dinheiro para gastar, que tempo livre era esse?

Algo de parecido já tinha acontecido na França, mais ou menos nos mesmos anos em que Russell divulgava o seu livro. Em 1937, o governo francês da Frente Popular aprovou uma lei que tornava as férias remuneradas obrigatórias. Pouco depois, Paul Morand, um embaixador refinado, profissional do tempo livre e das boas viagens, apreciado por Céline e amigo de Cocteau, publicou um livrinho agradável – *Elogio do Repouso* – em que ironizava justamente a capacidade de estar ocioso por parte de quem tinha sido educado unicamente para o trabalho. Morand constatava que, surpreendidos pela indolência legalizada, os indefesos e esforçados trabalhadores não sabem matar o tempo e fatalmente caem na neurastenia ou no tédio. "Existe uma técnica para as férias, mas ninguém nos ensinou: aprendemos com os nossos pais a calcular o que o ócio nos faz perder, não aquilo que ele nos dá a ganhar. Hoje, devemos aprender de novo a relaxar. É uma tarefa como qualquer outra, até mesmo uma vocação, também... O ócio exige também as virtudes do trabalho: a cultura do espírito, da alma e do olhar, ter gosto pela meditação e pelo sonho, assim como ter serenidade, todos eles valores raros nos dias de hoje."[33]

Morand se admira pelo fato de se ter perdido "aquela dilatação gratuita do ser, que é a alegria", tendo sido as festas degradadas a manifestações artificiais, organizadas por associações turísticas e cidades termais. Repousar não significa fugir da vida, nem manter entreaberta a porta do Éden, assim como a vida não se limita a ostentações vaidosas ou a sagazes especulações financeiras ("a formação de riqueza movida pela prudência sufoca a galinha sob os seus ovos de ouro"). Não se pode viver à base de rapidez, de insegurança e, portanto, de medo. A reação que daí decorre consiste na necessidade insana de se agrupar na vida coletiva como "caviar humano em busca de uma latinha".

Agora, que o ócio pode ser conquistado também pelas massas, é preciso educar essas massas para o ócio. Segundo Russell, não se trata de uma educação comunista, como propunha Lafargue, nem de uma educação liberal, como teria agradado a Keynes, mas de uma educação socialista, ao mesmo tempo científica e humanística: "Uma população que trabalhe pouco, para ser feliz deve levar em conta as alegrias do espírito, além da utilidade direta do saber científico."[34]

O ÓCIO CULTIVADO

Hoje, como na década de 1930, o horário de trabalho de operários e empregados continua a diminuir, mas a atenção, os investimentos, a formação, as normas e a infra-estrutura dedicados ao trabalho continuam a crescer. Família, empresa e sociedade reservam um cuidado preocupante à preparação profissional dos jovens e à formação permanente dos adultos. A ligação cada vez mais estreita entre escola e trabalho, entre universidade e empresa, é invocada como sinal claro de modernização pedagógica.

Nada acontece em favor do tempo livre. Ainda que ele ocupe um espaço crescente na nossa existência, até representar já o triplo das horas contratuais de trabalho, mesmo assim a família, a escola e a sociedade continuam dando como certo que basta o bom senso para viver e aproveitar o ócio. O tempo livre é considerado menos útil, menos importante, menos ético e menos complexo do que o trabalho: portanto, não merece qualquer esforço educativo.

Na verdade, tanto o trabalho quanto o tempo livre podem dar os seus bons frutos apenas se cultivados de modo que o primeiro não degenere em brutalidade e alienação, e o segundo não degenere em tédio, desperdício, droga ou violência. Hermann Hesse aponta como exemplo o Oriente, onde o ócio é "desenvolvido, dominado e saboreado até se tornar arte". Em vez disso, no nosso Ocidente, sobretudo na América, tudo conspira para exaltar o trabalho e aviltar o ócio, desqualificando-o, desencorajando-o, privando-o de sentido e mercantilizando-o. Não por acaso, a maior parte dos sinônimos que se empregam para indicá-lo é depreciativa: fraqueza, vício, negligência, falta de empenho, irresponsabilidade, desperdício, indolência, preguiça, descuido, má vontade e covardia. A preguiça, na verdade, é um dos sete pecados capitais.

Por outro lado, Russell observa que "a idéia de que o pobre possa ficar ocioso sempre incomodou os ricos", os quais, entretanto, conhecem bem a importância do tempo livre. Por isso construíram para si palácios e teatros. Por isso patrocinam concertos e financiam obras de arte. Por isso preocupam-se em confiar os filhos a governantas poliglotas e a colégios renomados, onde a educação visando às boas maneiras, às recepções, aos bailes e cruzeiros marítimos recebe uma atenção até maior do que a preparação profissional.

Para a massa de cidadãos fala-se em tempo livre só como ocasião de consumo, útil para a economia, algumas vezes perigoso para a inflação e ameaçador para a ordem pública; portanto, um segmento de vida coletiva a manter sob controle, a acalmar ou a incentivar, segundo as exigências mercantis; a transformar em objeto de manipulação por meio de festas e publicidade, nunca a cultivar com uma ação pedagógica precisa. Um segmento de vida que os operadores turísticos e todos os outros vendedores de sonhos disputam para planejar e colonizar, a fim de propiciar não a felicidade dos ociosos, mas o lucro dos comerciantes.[35]

A única atenuante para essa política abjeta consiste no fato de que somente de alguns decênios para cá o tempo médio de vida começou a aumentar, o horário previsto pelos contratos de trabalho começou a diminuir e o tempo livre tornou-se um fenômeno de massa. Quando ele era escasso, todos podiam preenchê-lo com algum passatempo ingênuo; agora, que supera a média de 200 mil horas, somente uma séria preparação pode livrá-lo do tédio. "Num sistema social desse gênero", escreve Russell, "é essencial que a instrução seja mais completa do que é agora, e que almeje, em parte, educar e refinar o gosto, de modo que um homem possa desfrutar com inteligência o seu tempo livre."

Entretanto, é crescente o número de países em que o culto da eficiência sufoca a despreocupação e a alegria. O tempo livre é vivido com a mesma expressão, com a mesma preocupação, com a mesma pressa com que é vivido o tempo de trabalho. O cansaço provocado por um empenho profissional fatigante desencoraja a participação ativa no esporte, na natureza, na literatura, na arte, no voluntariado, induzindo ao usufruto passivo de partidas de futebol transmitidas pela televisão ou de filmes vistos em casa: "Observação inativa da hábil atividade alheia."

Na época de Péricles, cada cidadão tinha à sua disposição sete escravos, em média. Isso lhe permitia dedicar-se ao estudo, à ginástica, à administração da coisa pública, à filosofia, à estética, criando aquelas obras-primas insuperáveis que a Grécia legou à humanidade. Calcula-se que hoje cada habitante de países industrializados, além de gozar de uma longevidade média mais do que dobrada, tenha à sua disposição utensílios mecânicos e computadores que equivalem a pelo menos 33 dos antigos escravos. E a ausência de educação para a correta utilização do tempo e do progresso tecnológico cria a sensação de que o tempo seja menor do que então para cultivar esteticamente as relações consigo mesmo e com os outros. Tudo isso porque perdemos o valor real das coisas, a sua exata hierarquia, a distinção entre o que conta e o que não importa. "O *Papalagi*", notava Tuiavii na sua reportagem, "emprega todas as suas energias e consome todos os seus pensamentos para tornar o seu tempo cada vez mais cheio. Utiliza a água e o fogo, a tempestade, os relâmpagos do céu, tudo para deter o tempo. Põe rodas de ferro sob os pés e dá asas às suas palavras, sempre para ter mais tempo. E para que todo esse grande esforço?"

Só uma sábia reeducação para o ócio pode permitir-nos dar uma resposta sensata a essa pergunta e pode nos colocar no bom caminho para fazer do ócio uma arte criativa, para domesticar o cavalo agitado do progresso, transformando o pânico em tranqüilidade: "É na mudança", diz Heráclito, "que as coisas repousam."

O ÓCIO COMO JOGO E COMO FLUIDEZ DO PENSAMENTO

A originalidade da abordagem de Bertrand Russell com respeito à de Lafargue e também à de Keynes está no fato de que, para esses últimos, o ócio é um ponto de chegada: direito a conquistar graças às máquinas e à luta proletária (Lafargue); saída segura, em função da apropriação do trabalho humano por parte das máquinas e à conseqüente solução final do problema econômico (Keynes). Para Russell o ócio não é um ponto de chegada, mas um ponto de partida para uma nova etapa da civilização humana, fundada justamente sobre esse estado de graça capaz de gerar progresso social e felicidade individual, por meio de uma nova expansão criativa.

Eis o momento certo para introduzir uma posterior distinção: entre ócio e jogo. Ficar numa rede, pensando e dormitando, pescar de linha ao longo da margem de um riacho, afinar a inteligência jogando xadrez, tonificar o físico praticando alpinismo representam também modulações de ócio, que varia cada vez mais do *repouso passivo* para o *jogo ativo*, da espontaneidade para a intencionalidade, mobilizando crescentes doses de preparação, vontade e esforço.

Quando o jogo é jogado para compensar a monotonia ou o estresse do trabalho, estamos na presença daquilo que os ingleses chamaram de *hobby*: divertimento, mais que passatempo, destinado não a preencher de *qualquer maneira* algumas horas do dia, mas chamado a valorizar o tempo livre por meio de um empenho regrado. Com freqüência, o *hobby* produz também bens ou serviços: como quando o administrador ocupava o seu tempo livre aparando a grama do jardim, consertando o telhado ou desentupindo a pia. Nesse caso, falamos de *hobby* e não de trabalho verdadeiro só porque ele não é recompensado economicamente. Mas é de qualquer maneira útil para manter a mente desperta, o corpo rijo, satisfeita a pessoa que, ainda que por meio do *hobby*, descobre outras coisas de que gostaria e que poderia fazer, se soubesse fazer.

Quando o jogo é compensado economicamente, estamos em presença do trabalho-jogo, de trabalho jogado como se fosse um jogo, de jogo trabalhado como se fosse um trabalho. É o caso de muitos empresários que, trabalhando-jogando, desenvolvem a si mesmos e as próprias empresas; é o caso de muitos trabalhadores do conhecimento que, trabalhando-jogando, desenvolvem tarefas perfeitamente consoantes à sua vocação espontânea, divertem-se e, ao mesmo tempo, produzem riqueza e ganham uma remuneração; é o caso de alguns operários e empregados que, trabalhando-jogando, se encontram em condições similares às do velho artesão e recebem um pagamento para fazer coisas que de qualquer maneira gostariam de fazer, mesmo gratuitamente. Durante o seu tempo livre, esses trabalhadores-jogadores não sentem nenhuma necessidade de recorrer ao *hobby*, pelo simples fato de que não têm nenhuma frustração profissional para compensar.

Em todos esses seus matizes, o ócio resulta sempre favorável à criatividade. Antes de mais nada, porque lubrifica o curso dos pensamentos, o fluir das idéias. Não por acaso, diz Bertrand Russell, o que nós chamamos de *civilização* foi obra de uma classe quase ociosa, "que cultivou as artes e descobriu as ciências, que escreveu livros, inventou sistemas filosóficos e refinou as relações sociais. Até a campanha para libertação dos oprimidos partiu geralmente de cima. Sem uma classe ociosa, a humanidade nunca teria logrado erguer-se da barbárie".[36]

Os seres humanos conservam durante toda a vida uma sadia e infantil necessidade de brincar, de fazer coisas sem outro objetivo senão o prazer de fazê-las. E, se bem cultivadas, as suas mentes adoram demorar-se no exercício do pensamento, na reflexão e no estudo; experimentam prazer em reportar acontecimentos humanos singelos para um quadro de referência intelectual mais vasto e mais profundo; tomam gosto em conferir um sentido às coisas. A educação, dizia Dewey, consiste em enriquecer as coisas de significados. O usufruto ignorante, passivo, manipulado no tempo livre, torna insensatas até as ocasiões mais preciosas; o conhecimento, ao contrário, enriquece de intensidade e de prazer mesmo as alegrias mais simples: "Apreciei os pêssegos e abricós muito mais do que apreciava antes", confessa Russell, "desde que soube que começaram a cultivá-los na China, no início da dinastia Han; e que os chineses, em homenagem ao grande rei Kaniska, os introduziram na Índia, de onde se espalharam para a Pérsia, alcançando o Império Romano no primeiro século da nossa era. Tudo isso tornou esses frutos mais doces para mim."[37]

O ócio bem cultivado e a alegria de viver que dele se origina permitiriam a todo cidadão favorecer a sua vocação artística ou científica, aprofundar os seus conhecimentos profissionais, dedicar-se às atividades socialmente úteis, substituir os atuais passatempos banais e passivos, adequados a pessoas estressadas com atividades lúdicas e ricas de significado, adequadas a pessoas relaxadas e de bem com a vida. Em suma, constituiria um generoso incentivo à criatividade individual e coletiva, tornando mais agradável a nossa existência e salvaguardando-a do perigo eterno da barbárie.

O ÓCIO COMO INFÂNCIA RECONQUISTADA

No trabalho criativo, o ócio representa aquela espécie de cochilo do espírito, durante o qual as intuições evaporam do inconsciente e se vão condensar em novas idéias. É o ócio que permite, portanto, o necessário afastamento dos problemas que nos preocupam e que propicia a imersão naquela espécie de limbo da mente, onde flutua o plâncton da nossa criatividade.

Que eu saiba, quem observou com mais vigor esse mérito do ócio foi Hermann Hesse, num artigo de 1904, *Die Kunst des Mussiggangs* (A arte do ócio), em que denuncia que a atividade industrial, inculcando desde a infância o ideal de um esforço coagido e ansioso, desacreditou e destruiu a arte de estar ocioso, isto é, o pressuposto indispensável para o trabalho intelectual. Hesse confronta a pressa da nossa existência superesforçada com o fascínio da indolência oriental, "vale dizer, o ócio desenvolvido, comandado e saboreado até se tornar arte".[38] Basta saber abandonar-se ao fascínio das *Mil e Uma Noites* para ficar à mercê do encanto exercido pela divindade do ócio, experimentar nostalgia e inveja de uma civilização oriental feita de gente que "tem tempo! Um monte de tempo!". "Enquanto nós – pobres ocidentais – reduzimos o tempo a minúsculos e mínimos farrapos, cada um dos quais ainda conserva o valor de uma moeda, lá, ao contrário, ele continua a fluir inteiro, em uma corrente contínua de ondas, suficiente para satisfazer a sede de um mundo inteiro, inexaurível como o sal do mar e a luz dos astros."

"Talvez", continua Hesse, "a indústria e a ciência não tenham necessidade de personalidades individuais. Mas para a arte e para os artistas, "a personalidade não é um luxo, mas condição existencial, ar vital, capital irrenunciável". Só para arte e para os artistas? Hesse corrige-se de repente e acrescenta: "para todos aqueles que experimentam a relevância e a necessidade de se sentir viver e crescer, de ter consciência dos fundamentos das suas energias e de construir a si mesmos segundo leis congênitas".

O que parecia a Hesse, em 1940, uma exigência finamente estética, hoje, na sociedade pós-industrial, que pede a todos uma abordagem criativa, é uma necessidade imprescindível e universal, que diz respeito a artistas, cientistas, profissionais. trabalhadores do conhecimento, políticos, administradores, operadores de todo gênero, isolados ou em equipes. Para todos esses *trabalhadores*, o ócio não representa um desperdício de tempo, mas a condição essencial para descobrir a si mesmos no ato de construir, compor e criar, "para clarear novas idéias e levar à maturação o trabalho inconsciente, para reaproximar-se a cada vez, com fervor desinteressado, do mundo natural, tornando-se outra vez crianças, sentindo-se de novo amigos e irmãos da terra, das plantas, da rocha e da nuvem".[39]

TRABALHO E NÃO-TRABALHO

Mas existe outra relação entre ócio e criatividade, muito mais complexa e rica. Como já recordei, os seres humanos nunca estão parados, nem com o corpo nem com a mente. Somente por convenção, algumas atividades são chamadas de "trabalho", contidas em regras precisas e dotadas de valores de troca. Nos últimos dois séculos, a sociedade industrial pretendeu uma separação tanto clara quanto artificial entre tudo aquilo que considerou "trabalho" e tudo o que considerou "não-trabalho", entre tempo dedicado ao estudo e ao aprendizado, tempo dedicado à produção e aos negócios, tempo dedicado ao repouso, ao jogo e ao deleite cultivado (figura 6).

Nos dois séculos dominados pela fábrica manufatureira, o escritório era reservado a uma minoria de adolescentes e jovens privilegiados, que iriam depois empreender a carreira profissional, burocrática ou eclesiástica. Para a maioria destinada ao trabalho operário existiam várias formas de aprendizado. Estudo e aprendizado ocupavam os primeiros anos da vida; depois, iniciada a carreira, não era mais prevista nenhuma formação permanente.

Principalmente para os homens, o trabalho constituía a parte principal, séria e adulta, da vida, o dever, o resgate, a expiação, a afirmação, o mérito; em vez disso, o jogo constituía a parte secundária, frívola, infantil, o prazer, a evasão, o divertimento, a anomalia, até o pecado. Portanto, as duas coisas eram mantidas distantes uma da outra, a fim de que o prazer do jogo não comprometesse o dever e a produtividade do trabalho. "Quando trabalhamos, devemos trabalhar", recomendava Henry Ford. "Quando jogamos, devemos jogar. Não adianta nada tentar misturar as duas coisas. O único objetivo deve ser o de executar o trabalho e ser pago por tê-lo executado. Quando o trabalho termina, pode vir o jogo, mas não antes."

Entre trabalho e não-trabalho, a separação devia ser clara: *separação dos lugares*, da zona industrial e da fábrica da casa, dos bairros-dormitórios, das áreas comerciais, do bar, do cinema, do estádio, da paróquia; *separação dos tempos*, dias e horas de trabalho rigidamente separados dos dias festivos e das horas de repouso cotidiano, dos fins de semana, das férias de verão, das "semanas brancas" (semanas destinadas a férias de inverno nas montanhas). Essa separação foi imposta pela própria natureza do trabalho industrial, que, para a imensa maioria dos trabalhadores, requeria lugares adequados e maquinarias de grande volume, barulhentas, perigosas, inconciliáveis com a vida doméstica e o repouso.

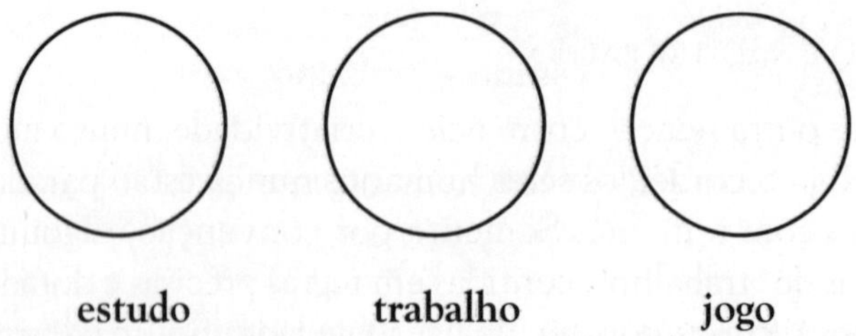

Fig. 6 – Separação do trabalho, do estudo e do jogo na sociedade industrial.

Em vista da separação entre trabalho e jogo e para educar essa maioria desde pequenos, as escolas também separaram claramente o estudo (sério, severo, sistemático por definição) do jogo (barulhento, caprichoso, desordenado, brincalhão). Parafraseando Ford, se poderia dizer: "Quando estudamos, devemos estudar, quando jogamos, devemos jogar... Quando o estudo termina, então pode vir o jogo, mas não antes."

ESTUDO-TRABALHO

À medida que o trabalho se intelectualizou e as sempre novas tecnologias e a globalização tornaram indispensável uma formação permanente dos trabalhadores, para muitas profissões a ruptura entre estudo e trabalho atenuou-se cada vez mais, ou, pelo menos, as duas atividades se alternaram com crescente freqüência, ao longo de toda a carreira profissional, ou, na verdade, se confundiram, como esquematiza a área 2 da figura 7.

Em muitos casos, o estudo (1) torna-se claramente separado do trabalho (3). Não é por acaso que uma das funções essenciais apontadas na escola é justamente a de criar uma clara divisão entre idade do jogo e idade do trabalho, forçar a passagem da criança da atividade lúdica e espontânea, respeitadora dos biorritmos subjetivos, à atividade empenhada, séria, restrita a ritmos obrigados, objetivos. Não por acaso, a ovelha-negra é justamente o aluno indócil, que prefere o jogo ao estudo, que luta para conservar a parte lúdica da sua infância e prolongá-la o mais possível na sua vida adulta.

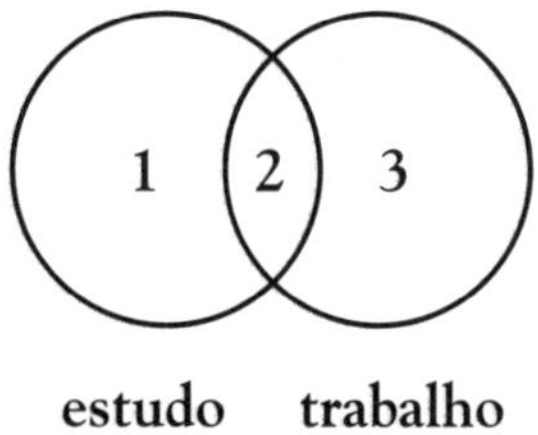

Fig. 7 – Combinação entre estudo e trabalho.

À medida que a produção se fez mais complexa, tornaram-se mais necessárias e freqüentes a atualização e a reciclagem dos trabalhadores. Por conseqüência, tornou-se necessário que estudo e trabalho se alternem ou se combinem (2). Pensemos nos cursos de atualização para operários, na formação para gerentes, nas várias formas de treinamento no trabalho e, por último, no *e-learning*, atividades que se exercem, todas, no horário de trabalho e que são regularmente pagas pela empresa. Mas pensemos também no trabalho do jornalista, do escritor, do magistrado, do médico, do professor, do estudante, do advogado e do pesquisador, que devem estudar para escrever os seus artigos ou livros, preparar aulas e conferências, discutir processos ou enfrentar exames. Em todos esses casos, o estudo é trabalho; com freqüência, um trabalho nada leve.

TRABALHO-JOGO

Em outros casos, o trabalho assume algumas conotações que são bem semelhantes às do jogo (figura 8).

Os atores, os animadores de centros culturais e esportivos, de estâncias turísticas, os orientadores de hidroginástica, os organizadores de festivais, os bailarinos, diretores de museu, diretores de cinema e televisão, estilistas, modelos de desfiles, *designers*, esportistas profissionais, poetas e muitos empresários desenvolvem atividades em que trabalho e jogo – produção de riqueza e produção de prazer – coexistem. Em todos esses casos, as características do trabalho (1) e as do jogo (3) freqüentemente se enredam e se confundem (2).

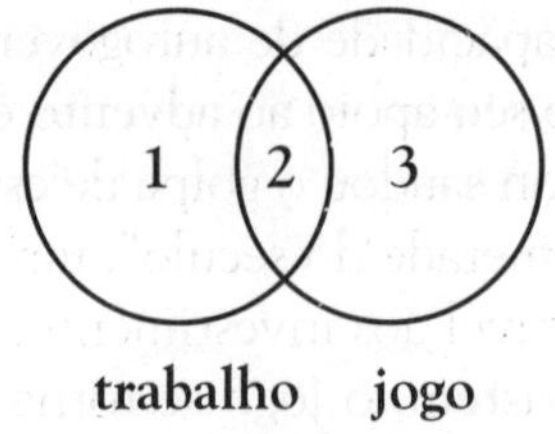

Fig. 8 – Combinação entre trabalho e jogo.

Para os gregos, a vida só tinha sentido se era jogada criativamente.

Em outro ponto já citei Heráclito, para quem "o tempo é uma criança que brinca". E a brincadeira é entendida como atividade espontânea, um fim em si mesma, que pode ser iniciada, interrompida, recomeçada ao bel-prazer, enquanto o trabalho é entendido como atividade obrigatória, com a finalidade de produção e retribuição, sujeito a regras que decidem o seu objetivo, o conteúdo e a modalidade. Essa – do compromisso regrado e dirigido contratualmente – é a principal peculiaridade diferencial do trabalho expressivo com respeito ao jogo, a partir do momento em que ambos podem ser simples ou complexos, leves ou cansativos. Mas o trabalho é sério, por definição.

A categoria de *seriedade* é quase estranha ao mundo grego, marcado pela leveza, enquanto triunfa no mundo industrial e lhe confere o tom grave e o aspecto taciturno. Como entre a infância jocosa e a maturidade penosa existe a escola, que prepara a criança para a seriedade, para o compromisso, assim, entre o mundo grego e o nosso está a Idade Média, que foi o grande educandário do Ocidente, o seu aprendizado severo para a *seriedade*: dez séculos para apagar a espontaneidade do sorriso pagão da face do homem e habituá-lo a ser *sério*, considerando a *seriedade* uma atitude "adulta", "viril", digna de respeito, admiração e credibilidade. "O homem", escreveu Arrigo Colombo, "não constrói castelos de areia e barquinhos de papel nem brinca de cantarolar 'o pobre peregrino': a existência e a história são um fato de seriedade, um encargo de subsistência e de construção."[40]

A sociedade industrial aprendeu inteiramente as lições, primeiro da Idade Média, depois do calvinismo: eliminou a brincadeira, transformando-a em afazer, em negócio, em entretenimento, organizada como uma fábrica e mais rentável do que uma fábrica, lançando descrédito sobre todos os povos ainda capazes de rir e brincar.[41] O secretário de Estado John Forster Dulles, informando o National Security Council acerca da situação da América do Sul, escrevia que as elites daqueles países "são como crianças... praticamente desprovidas de qualquer capacidade de autogoverno". Pouco depois, o governo Kennedy deu todo o seu apoio ao advento dos generais no Brasil, e o embaixador Lincoln Gordon saudou o golpe de estado como "a mais decisiva vitória democrática da metade do século", uma vitória que teria "criado um clima muito mais favorável aos investimentos privados".[42]

Se trabalho e jogo coexistem, o jogo se torna produtivo, o trabalho se libera da alienação e adquire leveza, as pessoas e as sociedades se autoconstroem, se expandem harmoniosamente, transformando-se de fins em si mesmas em instrumentos para o posterior crescimento da humanidade e do seu mundo: "O trabalho *permanece um fato de seriedade* mas simultaneamente se *liberta como jogo*, como imanência e espontaneidade, com a expansão da pessoa... Por isso, entendido, sentido e vivido na espontaneidade do jogo, na satisfação, no gosto e na alegria, repousante no próprio compromisso, no esforço, no jogo *sério*, porém mais jocoso do que o jogo. Que torna o jogo supérfluo."[43]

No passado, a aristocracia se divertia e os súditos, com poucas exceções, trabalhavam. Hoje, finalmente, trabalho e jogo poderiam coexistir em todas as classes sociais, bastando que se substituísse o desperdício de uma infinidade de coisas fúteis, conferindo-se sentido às coisas certas e essenciais; que se substituísse o luxo feito de riqueza ostentada pelo luxo feito de bom gosto e de disponibilidade saboreada de tempo, espaço, silêncio, autonomia, segurança e beleza.

ESTUDO-JOGO

Em outros casos, ainda, é o estudo que se combina com o jogo, porque o jogo tem valor instrutivo ou porque os instrutores assumem o jogo como expediente pedagógico, ou ainda porque a pesquisa e o aprendizado do estudioso – pesquisador, cientista, profissional, ensaísta – são tão intrigantes e gratificantes que entusiasmam e divertem, tal como se fosse uma atividade lúdica (figura 9).

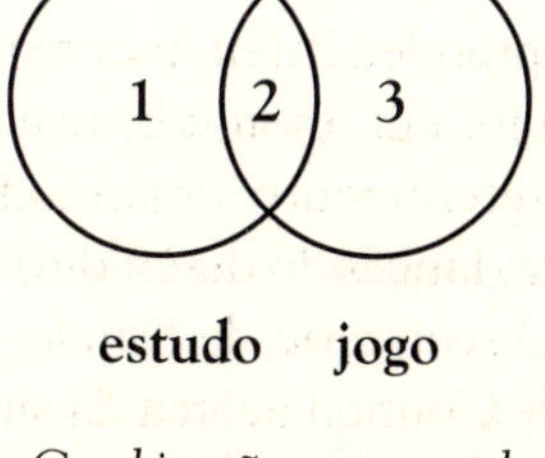

Fig. 9 – Combinação entre estudo e jogo.

Marx estava convencido de que o trabalho era a essência do homem e de que a civilização era fruto exclusivo do trabalho, fosse manual ou intelectual; Russell estava convencido de que a essência de cada homem fosse o ócio, assim como acontecia com os aristocratas; segundo Alexandre Koyré, "não é do trabalho que nasce a civilização: ela nasce do tempo livre e do jogo". Pessoalmente, acredito que essas opções eram válidas na sociedade industrial, quando o estudo intelectualmente oneroso, o esforço fisicamente penoso e o jogo psiquicamente despreocupado eram inteiramente diferentes um do outro e inconciliáveis entre si.

ESTUDO-TRABALHO-JOGO, ISTO É, ÓCIO CRIATIVO

Para a sociedade grega, a essência da vida era o jogo, o eros, a espontaneidade. Para a sociedade industrial, a essência da vida é o trabalho, o empenho, a seriedade. Espero mesmo que, para a sociedade pós-industrial, a essência da vida possa ser o ócio criativo: síntese de estudo, trabalho e jogo. Já hoje, de fato, o panorama das atividades que tornam a nossa sociedade pós-industrial é cada vez mais parecido com o esquematizado na figura 10.

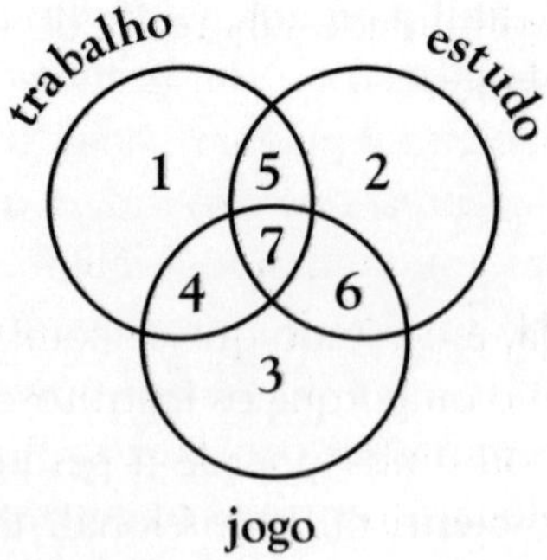

Fig. 10 – Combinação entre trabalho, estudo e jogo na sociedade pós-industrial.

Só uma parte (1), já minoritária, da nossa vida é ocupada pelo trabalho executivo e parcelizado que se aproxima da fadiga bruta, privada da dimensão cognitiva (2) e da lúdica (3). Ao lado desse tipo de atividade alienada multiplicam-se os trabalhos que desembocam no jogo, como, por exemplo, o de uma equipe cinematográfica que se diverte rodando um filme cômico (4); os trabalhos que desembocam no estudo, como por exemplo o de uma equipe de cientistas que conduz uma experiência, ou o de um jornalista que se documenta e entrevista *experts* para escrever um artigo (5); e os inúmeros jogos com finalidades de aprendizagem (6).

Mas a plenitude da nossa existência só é atingida nos momentos em que o trabalho, o estudo e o jogo acabam por coincidir, acumular-se, exaltar-se reciprocamente, combinar-se (7). Isto é, quando ao mesmo tempo trabalhamos produzindo riqueza, estudamos produzindo saber, jogamos produzindo prazer de viver, satisfação e alegria. É então que, finalmente, podemos saborear aquilo que eu gosto de chamar de *ócio criativo*: uma condição mais afim com o mundo latino e oriental, que se põe em antítese objetiva com o "modelo americano", e que é invocada com cada vez mais freqüência, até nos Estados Unidos, como única via de saída das aberrações daquele modelo.

O exemplo mais surpreendente de *ócio criativo* que eu conheço é o carnaval brasileiro: fonte insuperável de impetuosa alegria, de sábia organização e de valiosa criação, sem o estresse da indústria.

Para compreender toda a originalidade, é preciso fornecer alguns dados sobre o contexto. Os países do mundo são 226. O Brasil ocupa o quinto lugar, seja em superfície seja em população. Em comparação aos Estados Unidos, a sua superfície é ligeiramente menor, os seus habitantes são quase a metade e a sua renda *per capita* é igual a 1/8. Mas na verdade não existe um só Brasil. Ao lado do país paupérrimo das favelas e dos índios existe o país rico dos bancos, das indústrias, das grandes redes de televisão e de informática. Além disso, o Brasil pode se vangloriar da pacífica convivência de umas 40 raças diferentes, que dão vida a um maravilhoso mosaico de cores, usos, costumes, mentalidades, religiões e fantasias. O Brasil ocupa o primeiro lugar do mundo no que diz respeito à produção de açúcar e café; o quinto, para o número de livros vendidos; o sétimo, para a produção de discos; o décimo lugar para a extração de ouro. O Brasil ocupa hoje a décima quinta colocação entre as maiores economias do mundo em relação ao PIB. Enfim, é um país jovem: os jovens abaixo de 15 anos representam 29% da população inteira.

Pode ser pela imensa extensão do território com respeito à população que o habita, pode ser a juventude da gente, a mistura de raças e cores, pode ser a variedade do clima e dos costumes, a sensualidade, o caráter naturalmente expansivo, o certo é que o Brasil se faz o país mais acolhedor e mais alegre do planeta. Num mundo cada vez mais competitivo, agressivo, taciturno, introvertido, desconfiado, a preciosa reserva de alegria que o Brasil cuidadosamente abriga e generosamente distribui representa um patrimônio, pelo menos, tão precioso quanto a reserva de oxigênio da sua floresta amazônica.

Enquanto em grande parte do mundo ainda domina uma clara separação entre o trabalho (ao qual estão confiadas as possibilidades de ganho, prestígio e poder) e o tempo livre (ao qual se confiam as possibilidades de introspecção, jogo, convívio, amor e alegria), em muitas faixas da população brasileira ainda prevalece uma contaminação original do trabalho pelo jogo, que transforma o ócio numa arte refinada, uma escolha de vida, uma fonte inesgotável de idéias, além de riqueza.

Isso faz com que o carnaval brasileiro, nas suas diferentes versões locais, represente no mundo o exemplo mais completo de "ócio criativo", ao qual confluem e suavemente se mesclam produção de sentido e produção de riqueza, alegria e aprendizado, pluralismo e identidade.

A sua auto-organização é um caos que se compõe milagrosamente e se estrutura ordenadamente, graças à motivação de todos aqueles que dela tomam parte: como organizadores, como participantes e como espectadores.

Fantasia e concretude, sensualidade e androginia, emotividade e racionalidade criam um clima exaltante que sublima a fadiga em jogo, a música em ritmos vitais, as poucas regras em disciplina aceita e introjetada.

A organização aprende com a própria experiência; metaboliza as mais modernas técnicas construtivas, comunicativas e estéticas; inclui e acolhe, zerando todo e qualquer sentimento de estranheza, seja em quem participa diretamente, seja em quem alegremente assiste.

A festa é doce, não-agressiva. Não controla ou obriga, mas domestica com o fascínio dos sons e das cores. Funda a economia na doação, não no lucro. Se a imensa máquina organizacional do carnaval do Rio – que implica o aporte combinado de uma massa de pessoas bem mais numerosa do que a da General Motors e da IBM juntas, que movimenta um giro de negócios de fazer inveja à Microsoft ou à Globo – não dispusesse de uma carga enorme de motivação, se a ela não confluíssem fadiga, jogo e aprendizado, seria necessário um aparato imenso e caríssimo de funcionários a recrutar, selecionar, admitir, treinar, administrar, controlar, incentivar e punir. E a exuberância criativa dos desfiles que fazem com que os anêmicos eventos de moda parisienses e milaneses pareçam, em comparação, pobres ensaios de adoentados ficaria achatada dentro de uma rígida armadura burocrática de marca empresarial.

Durante o carnaval, os pobres oferecem aos privilegiados a sua música, as suas cores e a sua alegria, contagiando-os com a explosão de beleza e de prazer. E se esse fenômeno extremamente pacificador pode repetir-se todo ano é porque – como diz Jorge Amado – "um povo mestiço, cordial, civilizado, pobre e sensível habita essa paisagem de sonho". Um povo pobre de recursos materiais, mas riquíssimo de cultura, disposto a acolher toda a diversidade, a fazer conviverem pacificamente todas as raças da terra e todos os deuses do céu.

Existe um pensamento zen que exprime com perfeição tanto a essência do estudo-trabalho-jogo em que se substancia o carnaval brasileiro quanto aquilo que eu entendo por *ócio criativo*: "Quem é mestre na arte de viver distingue pouco entre o seu trabalho e o seu tempo livre, entre a sua mente e o seu corpo, a sua educação e a sua recreação, o seu amor e a sua religião. Com dificuldade, sabe o que é o quê. Persegue simplesmente a sua visão da excelência em qualquer coisa que faça, deixando aos outros decidir se esteja trabalhando ou jogando. Ele pensa sempre em fazer ambas as coisas juntas."

É nesse estado de graça que o ócio se torna condição e fator ideal da criatividade, seja individual como de grupo.

O MODELO LATINO

Como epígrafe ao capítulo central de seu ensaio magistral *A Condição Humana*, Hannah Arendt cita a passagem de Dante: "Em toda ação, a intenção principal do agente – seja quando age por necessidade, seja quando age por sua livre vontade – é manifestar a sua imagem. A conseqüência disso é que todo agente prova deleite ao agir. Posto que toda coisa que existe deseja o seu ser, e posto que o ser é, para o agente, em certa medida, mais intenso quando ele age, disso ele obtém, necessariamente, um deleite... Por isso nada age senão para realizar a sua essência latente."

Toda a substância dessa passagem, que é também o nó do meu discurso, encontra hoje a oportunidade máxima de realização. Desde que a indústria surgiu e influenciou toda a sociedade, tornando-a "industrial", a longevidade média dobrou, o bem-estar está muito mais difundido, o tempo livre é o triplo do tempo de trabalho. Mas, em termos de trabalho, o resultado é ambivalente: para as pessoas que executam tarefas de natureza quantitativa e repetitiva, o horário contratual decresce, mas o tempo livre maior é rapidamente colonizado pelo consumismo; para as pessoas que exercem atividades do tipo qualitativo, flexível e criativo, é cada vez mais difícil separar o que se pode chamar de trabalho do que se pode chamar de estudo e daquilo que se pode chamar de jogo. É um pouco como acontecia em *O Banquete*, de Platão, em que uma alegre brigada de cidadãos atenienses geniais, saboreando vinhos caros e discutindo o amor, criava uma obra-prima filosófica e um dos *best-sellers* mais famosos de todos os tempos.

A minha tese, portanto, é que, pela primeira vez depois da civilização clássica, em muitas camadas sociais o trabalho não representa mais a categoria geral que caracteriza a nossa vida e a das nossas coletividades. Pela primeira vez, depois da Atenas de Péricles e da Roma de Adriano, o destino econômico e cultural de tantas pessoas e de tantas cidades é determinado pelo tempo livre, pelo jogo, pela capacidade de valorizá-los também para produzir riqueza e conhecimento.

Tratando-se de um claro melhoramento, com respeito à condição industrial, podia-se esperar que fosse favorecido de modo mais rápido, compartilhado, entusiasmado e equilibrado. Vivemos mais, muitos trabalham menos, muitíssimos trabalham melhor. Por que, então, tanta gente está desorientada? Por que essa crescente sensação de desconforto? Porque nos parece que o tempo à nossa disposição não aumentou de fato, e que é necessário acelerar os ritmos das nossas múltiplas atividades, apressar-nos, programar minuciosamente cada jornada nossa, para não ficar para trás. Mas para trás com relação a quem e a quê?

Apesar da obstinada persistência dos velhos ritos empresariais que estabelecem a separação entre vida e trabalho – os portões, as portarias, os relógios de ponto, os cartões, os porteiros, os horários contratuais de entrada e saída –, um pouco de vida entrou nas empresas (o bar, o bandejão, o caixa automático, o grêmio, a creche, a quadra de tênis), mas muito trabalho se espalhou em toda a vida. Não só os celulares e o correio eletrônico, de fato, eliminaram toda a possibilidade de se isolar e toda a privacidade do empregado, submetendo-o dia e noite à empresa, mesmo durante as férias; mas todo empregado e todo administrador têm consigo os problemas do seu trabalho 24 horas por dia, para onde quer que vão, em qualquer coisa que façam. Não se trata mais de expansão de horário de trabalho, trata-se da evaporação de qualquer limite entre trabalho e não-trabalho, para dar lugar a uma miscelânea inextricável entre trabalho e vida.

Tudo isso já tinha acontecido nas comunidades pré-industriais, onde o camponês e o artesão viviam nos mesmos lugares onde produziam e se reproduziam, onde o tempo de trabalho se emaranhava com os afazeres domésticos, com os cantos e com a distração. Mas naquele tempo era a vitalidade do tempo livre que coloria o trabalho, enquanto hoje é o trabalho que tira o viço do tempo livre, submetendo-o aos seus próprios ritmos e às suas próprias lógicas, necrosando-o, transformando-o em mercadoria. O desafio, portanto, consiste em aceitar a inevitável hibridação do trabalho com o tempo livre, imprimindo, porém, à sua síntese uma marca de vitalidade, de leveza e de plenitude que só a cultura latina e a oriental estão ainda em condição de assegurar.

O modo de vida alternativo que proponho, e que, por compreensível deformação *etnocêntrica*, chamo de "modelo latino", passa pela agradável necessidade de desestruturar o *tempo definido*, substituindo-o pelo *tempo escolhido*; de diversificar ou reunir, ao próprio gosto, os lugares das nossas atividades; de conduzir trabalho, estudo e jogo numa síntese equilibrada e feliz, não mais medida pelos horários contratuais e pelos lugares empresariais. Em outras palavras, o empresário que deve imaginar um novo sistema organizacional ou novos mercados, o empresário que deve concluir um negócio, o publicitário que deve criar um *slogan*, o jornalista em busca de um estalo para escrever o seu artigo ou o magistrado às voltas com uma pista criminal têm mais possibilidades de encontrar as soluções certas se passeiam ou nadam ou vão ao cinema do que se ficam encerrados entre as costumeiras quatro paredes cinzentas e entediantes do escritório. Nos anos que passaram, foi o trabalho que colonizou o pouco tempo livre; nos anos futuros, deve ser o tempo livre que colonizará o pouco trabalho. Como eu disse, as modalidades com que essa revolução transformará as nossas existências serão mais latinas e orientais do que americanas, pelo simples fato de que nos países latinos e no Oriente, mais do que em qualquer outro lugar, conservaram-se a arte do ócio, o gosto pela lentidão, o culto do belo, o prazer da solidariedade, o senso da história, a capacidade de "ser leve como uma andorinha, não como uma pluma", segundo o delicado auspício de Paul Valéry.

Frente aos efeitos perversos do "modelo americano", frente ao cinismo do mercado agressivo, ao recrudescimento das desigualdades, à indiferença às vítimas do progresso, é preciso elaborar e acolher, também na América, um modelo alternativo, capaz de criar e distribuir a riqueza com igual eficácia, substituindo a opulência de poucos pela fartura moderada e difusa, a competitividade destrutiva pela emulação solidária, as necessidades alienadas pelas radicais.

Os povos latinos têm, eles também, as suas contradições, mas conservam uma disposição à alegria, à sensualidade, ao acolhimento e à festa grupal que quase todos os outros povos já deixaram de ter. Assim, é mais provável que os latinos elaborem um novo modelo de sociedade finalmente capaz de assegurar a todos a serenidade econômica, sem exigir a renúncia à plenitude do espírito, à alegria, ao jogo e ao convívio. Um modelo que ponha cada um em condições de manifestar a sua própria identidade e realizar a sua própria essência latente, segundo o prognóstico de Dante.

Para triunfar, esse modelo pós-industrial deve passar por uma revolução cultural e organizacional não menos radical do que aquela provocada, no seu tempo, pelo taylorismo e pelo fordismo. Esse modelo latino, atingindo a difícil reconquista do tempo, do seu significado e do seu gozo, nos permitiria reconciliar a criatividade com a felicidade, tornando-nos permanentemente prontos a acolher o novo.

Com respeito ao *trabalho repetitivo*, o homem realizou a sua condição industrial; com respeito ao *ócio criativo*, o homem procurará realizar a sua condição pós-industrial. Os níveis de tecnologia e de escolaridade já atingidos permitem que se estendam os privilégios do ócio clássico e renascentista a todos os cidadãos, desde que eles tomem conhecimento da sua necessidade, preparem-se para valorizá-lo e consigam neutralizar a ação nefasta dos burocratas e dos hiperativos.

CAPÍTULO DEZESSETE

DO CONTROLE À MOTIVAÇÃO

"A lebre vence o cão porque corre por conta própria."
PROVÉRBIO POPULAR

"Não se está morto enquanto se deseja seduzir e ser seduzido."
CHARLES BAUDELAIRE

A MEDIDA E O BROTO

Costuma-se medir a eficiência do trabalho executivo fazendo uma relação da quantidade de peças produzidas ou de serviços prestados e do tempo empregado para realizá-las. Uma equipe de torneiros que consegue produzir 1.000 parafusos por hora é mais eficiente do que uma equipe que, com aparelhagem igual, consegue produzir apenas 900. A mesma coisa dizemos de um garçom que consegue servir 100 clientes por dia com relação a outro que serve apenas 50. Em ambos os casos aplicamos a fórmula matemática E=P/H, proposta por Taylor e muitas vezes evocada no curso deste livro.

Mas como se faz para medir a eficiência de um grupo quando a atividade desenvolvida é de natureza criativa, na qual trabalho, estudo e jogo se confundem? Todo o problema da avaliação econômica, infelizmente, se complica assim que entra em jogo a criatividade.

Enquanto um artista cria uma estátua, o seu cérebro a imagina e modifica, à medida que o braço a esculpe com o martelo: criação e realização são coisas tão estreitamente entrelaçadas que se fecundam reciprocamente. Alguma coisa de análogo acontecia com Fellini e com Totò, que ousavam improvisar cenas e tiradas durante a execução dos seus filmes. Em muitos outros casos, entretanto, é possível distinguir melhor entre a *fase criativa* (por exemplo, a redação detalhada do projeto arquitetônico por parte de Vanvitelli) e a *fase de realização* (a construção do Palácio Real de Caserta).

Se, portanto, por comodidade de análise, distinguimos a criação (baseada sobretudo na fantasia e na cultura dos criativos) da realização (baseada sobretudo no seu profissionalismo), damo-nos conta de que a fórmula de Taylor da eficiência resiste com dificuldade quando é aplicada à fase de realização (na qual o tempo tem a sua importância), mas é de todo insignificante quando é aplicada à fase ideativa (na qual a qualidade das idéias conta mais do que a sua quantidade). Não por acaso, o impasse organizacional em que hoje está encalhada a empresa pós-industrial decorre justamente da sua insistência em aplicar ao trabalho intelectual aqueles sistemas de controle métrico-decimais que foram inventados para quantificar a eficiência do trabalho manufatureiro.

Ainda que se torne difícil restringir a criatividade por fórmulas matemáticas, é preciso caracterizar tanto os fatores capazes de incrementar a fecundidade criativa quanto as barreiras capazes de inibi-la. O cepo de um grupo criativo pode fazer germinar criatividade sempre nova, ou pode exaurir-se. Por isso, procurarei repassar, neste capítulo, algumas etapas fundamentais das ciências organizacionais, em busca de bases e analogias que poderiam sugerir o modo certo para tornar o trabalho mais criativo.

A CRIATIVIDADE PODE EXPANDIR-SE

A sociedade industrial concebeu a organização do trabalho sobretudo como organização de fábrica, baseada no controle, na vigilância e na disciplina dos operários. A própria estrutura dos edifícios e de cada local, as divisões de vidro, a posição elevada dos controladores, os portões, as portas com alarmes, as janelas com barras, os cartões e relógios de ponto, os cronômetros, e depois toda a tropa de chefes de pessoal, supervisores, chefes de turma, porteiros, guardas, vigilantes, com as equipes complementares constituídas por capelães de fábrica, psicólogos e sociólogos, assistentes sociais, sindicatos patronais, toda essa imensa, articulada e caríssima superestrutura garantiu que os trabalhadores, sobretudo os operários, executassem com maior eficiência até as tarefas mais desagradáveis, durante dias inteiros, durante anos, durante toda a vida, deformando o corpo, embrutecendo a alma, a fim de garantir os produtos de massa para a sociedade emergente.

Parte desses trabalhos, ontem como hoje, é imposta aos menos favorecidos da terra, aos imigrantes fugidos de seus países desafortunados, aos habitantes do Terceiro Mundo cada vez mais invadido pelas fábricas que o Primeiro Mundo nele descentraliza. Taylor dizia com orgulho etnocêntrico que a organização científica do trabalho permitiria aos melhores trabalhadores americanos conquistar as tarefas mais bem pagas, descarregando as piores tarefas para os imigrantes italianos. Hoje são os italianos que as infligem, com desprezo, aos trabalhadores despudoradamente chamados de "extracomunitários", obrigados, quando muito, a atestar a sua própria identidade com impressões digitais, como se fossem macacos delinqüentes. Uma outra parte dessas tarefas (parte crescente, felizmente) é delegada às máquinas, cada vez mais maleáveis e rápidas.

Essa desnaturação deixa às mulheres e aos homens do Primeiro Mundo as atividades mais inteligentes, flexíveis e criativas, aquelas que não são fáceis de controlar externamente, porque dependem principalmente do estado de espírito, do profissionalismo e da motivação do trabalhador. Mesmo assim o *cultural gap*, a compulsão à repetição, o hábito secular de desenvolver e infligir trabalho coagido estão de tal maneira enraizados que induzem a transferir todo o instrumental de controle, com pequenos retoques ornamentais, do trabalho executor da fábrica manufatureira para o trabalho criativo da empresa pós-industrial. Hoje, na Sisco do Vale do Silício ou na Microsoft de Seattle, a organização de milhares de engenheiros assemelha-se muito mais à da Ford operária produtora em série do Modelo T do que à do Instituto Pasteur e do Círculo de Bloomsbury, criadores de novos fármacos e de novos estilos, com uma produtividade de idéias de que Bill Gates nem suspeita. Adotando os métodos de Taylor ou de Ford, os critérios da "produção ágil", os *brainstorming* e os *think tanks* das várias MacKinseys, os 40 mil atenienses de Péricles ou os 20 mil florentinos de Lourenço o Magnífico não teriam nunca podido criar o Classicismo e o Renascimento com as suas inumeráveis obras-primas imortais. Para que uma organização dê expansão à sua criatividade – e pode fazê-lo –, é preciso revolucioná-la desde os seus fundamentos.

DO PROLETARIADO AO VOLUNTARIADO

Quem quer que trabalhe, quem quer que dirija trabalho alheio, principalmente se o trabalho é de natureza intelectual, dá-se conta de que a quantidade e a qualidade do serviço estão estreitamente ligadas sobretudo ao grau de motivação de quem o faz. Controversos, entretanto, são os instrumentos organizacionais necessários para motivá-lo ou para desmotivá-lo. Neste capítulo, passarei em resenha os mais importantes, quase todos considerados em função do trabalho industrial, procurando entender o quão úteis se poderiam tornar também para incrementar a criatividade nos grupos pós-industriais.

Para Marx, a questão da propriedade é central. Se a lebre vence o cão é porque corre por conta própria. Será possível que um trabalhador subalterno, um proletário, possa ser motivado ao trabalho mesmo quando se mata de esforço em benefício alheio? Mesmo quando boa parte do produto lhe é subtraída por um patrão que se arroga o direito de decidir o que ele deve fabricar, como deve fazê-lo, com que meios e com quais companheiros de turma? Portanto, o proletário tem diante de si apenas duas alternativas: ou reage com a luta ou cai num estado de alienação próprio de quem nem se dá conta de estar sendo explorado.

Analisaremos uma por uma as causas de alienação agudamente caracterizadas por Marx, para entender até que ponto o trabalho criativo lhe é imune ou dela pode, por sua vez, cair vítima.

Decididamente posição completamente diversa assumem os pais e fundadores das ciências organizacionais – Taylor e Ford, antes de tudo –, para os quais está fora de discussão a plena legitimidade tanto da propriedade privada quanto da clara separação entre direção e trabalhadores. O que eles discutem é o método para incrementar a eficiência do trabalho, chegando à conclusão de que o bastão de comando e a isca do incentivo monetário representam a melhor solução. Todavia, nos próximos parágrafos procurarei entender se as teorias "clássicas" da organização manufatureira estão em condição de oferecer algum impulso também para melhorar o rendimento das atividades criativas.

Com as *Relações Humanas* e os *Recursos Humanos*, com as ilhas de montagem suecas e com os círculos de qualidade japoneses, a motivação conquista um papel central no discurso organizacional, e as aquisições alcançadas pelo trabalho manufatureiro oferecem preciosas sugestões também para a organização dos grupos criativos.

Enfim, em face da crescente desafeição pelo trabalho, mestres do calibre de Drucker, convencidos de que a motivação representa o grande desafio do trabalho intelectual no século XXI, sugeriram observar o "terceiro setor", para compreender "o que as empresas sem fins lucrativos podem ensinar às empresas com fins lucrativos". Também dessa escola de pensamento procurarei extrapolar algumas idéias que poderão ser muito úteis para estimular a criatividade dos grupos, melhorando a sua organização.

A ATIVIDADE LIVRE E CONSCIENTE É O CARÁTER DO HOMEM

Há anos que releio com renovado espanto aquelas dez geniais pequenas páginas com as quais, com apenas 26 anos, Marx enfrentou a relação entre trabalho e trabalhador, em *Os Manuscritos Econômico-Filosóficos*, de 1844.[1] O trabalho a que Marx se referia era o trabalho operário das nascentes indústrias manufatureiras, a fadiga brutal dos operários nas fábricas movidas a vapor e pelos músculos humanos, onde o trabalhador era considerado somente "como soma de trabalho, como um animal, reduzido às mais elementares necessidades da vida". Portanto, um trabalho muito distante da experiência de um jovem intelectual como Marx, que na metade do século XIX nunca, provavelmente, tinha sequer visitado uma oficina ou uma mina. Ainda assim, a acuidade das críticas e as sugestões que ele apresenta, para mim – que hoje pretendo analisar e organizar a condição dos trabalhadores intelectuais inseridos nos grupos criativos –, são tão densas que, ao reler aquelas poucas páginas em que foi antecipada e como que liofilizada toda a gigantesca construção marxista que se seguiu, sempre acabo me perguntando quais e quantas considerações preciosas ele teria deixado como legado se tivesse vivido no nosso tempo e tivesse enfrentado o trabalho intelectual, bem mais familiar, para ele, dos trabalhadores do conhecimento, dos artistas e dos cientistas que atuam como dependentes de um empregador público ou privado.

Para Marx, as variáveis determinantes são duas: a diferença entre homens e animais; a diferença entre trabalhadores empregados e trabalhadores autônomos. "Certamente, o animal também produz. Faz um ninho, habitações, como fazem as abelhas, os castores, as formigas, etc. Só que o animal só faz o que precisa imediatamente para si e para os seus filhotes; produz de modo unilateral, enquanto o homem produz de modo universal; o animal só produz por imperativo da necessidade física imediata, enquanto o homem produz também quando livre da necessidade física, e produz verdadeiramente quando está livre dela; o animal reproduz apenas a si próprio, enquanto o homem reproduz a natureza inteira; o produto do animal pertence imediatamente ao seu corpo físico, enquanto o homem se coloca livremente perante o seu produto. O animal constrói apenas segundo a medida da necessidade da espécie à qual pertence, enquanto o homem sabe produzir segundo a medida e a necessidade de todas as espécies, e sabe dispor previamente onde quer que seja a medida inerente àquele determinado objeto; assim, o homem constrói ainda segundo as leis da beleza."

Portanto, para Marx – como para Jung, muitos anos depois – a diferença fundamental entre o homem e o animal está no fato de que este último não está em condições de criar e, quando também produz qualquer coisa, o faz sob o estímulo e dentro do âmbito restrito de uma necessidade física que o impele. O homem, em vez disso, é feito para criar sempre coisas novas, de valor universal, livremente, principalmente fora da necessidade imediata, com base nas leis da medida apropriada e da beleza.

Afirmando que o homem *produz verdadeiramente só quando está livre da necessidade física*, Marx vislumbra toda a importância do ócio criativo e antecipa em um século tanto Bertrand Russell ("Sem uma classe ociosa, a humanidade jamais teria se erguido da barbárie"), quanto Koyré ("Não é do trabalho que nasce a civilização: ela nasce do tempo livre e do lazer"), ou Le Corbusier ("O espírito criativo se afirma onde reina a serenidade"). E antecipa, ainda mais, a doutrina social da Igreja, que só com a *Populorum Progressio*, de Paulo VI (1967) viria a dizer que "o trabalho é humano só quando se torna inteligente e livre".

Em regime de mercado, onde imperam "a avidez por dinheiro e a guerra entre aqueles que lhe são afeitos, a concorrência", o trabalho vendido pelo operário ao empregador nada tem a ver com a atividade criativa que conota o ser humano: tudo o faz regredir ao esforço animal e, de certo modo, até mesmo pior. No trabalho dependente – o executado por pessoal com vínculo empregatício –, segundo Marx, não há espaço para a motivação; se um proletário explorado está até contente, é preciso encaminhá-lo a um psiquiatra que trate dele, ao economista que lhe ensine noções repensadas *ex-novo* em função não mais do capital, mas do trabalho, ao político que o oriente na ação revolucionária indispensável para se apropriar dos meios de produção.

O oposto da *motivação* sensata, que torna o trabalhador e o seu trabalho uma coisa só, é a *alienação insensata*, que os torna estranhos um ao outro, até os contrapor: alienação objetiva, que consiste na exploração imediata; alienação subjetiva, que consiste em ser explorado sem se dar conta e sem reagir.

Nessa guerra de todos contra todos que é o livre mercado estão contrapostos, de um lado, o proprietário e, de outro lado, os proletários. No meio estão as mercadorias que o proletário produz e das quais o patrão se apropria. Quanto mais o trabalhador produz, mais lhe é subtraído, pelo que "o operário se torna uma mercadoria tão mais vil quanto maior é a quantidade de mercadorias que produz. A *desvalorização* do mundo humano cresce em relação direta com a *valorização* do mundo das coisas. O trabalho não produz somente mercadorias; produz a si próprio e ao operário como uma *mercadoria*". O oposto do trabalhador criativo é o trabalhador mercantilizado.

Mas até que ponto pode ser mercantilizada uma atividade criativa, sem perder essa sua característica? Durante os anos que nos separam dos *Manuscritos*, muitas coisas mudaram: surgiu a sociedade anônima – a sociedade por ações –, que tornou a propriedade abstrata e atomizada; a esmagadora maioria dos trabalhadores passou da agricultura, do artesanato e das profissões livres para os empregos, primeiro da indústria e depois dos serviços; muitas atividades criativas – principalmente as científicas – foram organizadas no âmbito de estruturas públicas (universidades, CERN, NASA, etc.), ou de grandes estruturas privadas, em que a figura do "patrão" é muito diluída; tanto os criativos organizados em grupos como os seus chefes participam de uma mesma cultura altamente escolarizada e especializada, permanentemente atualizada. Em tais novas condições é freqüente que um criativo perceba mais o jogo da estrutura técnica, do gerenciamento, principalmente dos burocratas, em vez de um "patrão", mesmo que isso não faça muita diferença em termos de barreiras à criatividade e à dependência psicológica.

ESTRANHEZA DO PRODUTO, ALIENAÇÃO DO PRODUZIR

Segundo Marx, dessa degradação principal – devida ao fato de que o operário não *é* o patrão, mas trabalha *para* o patrão – decorrem todas as outras formas de estranheza.

Estranheza do produto. A primeira conseqüência alienante é que "o operário vem a se encontrar, em relação ao produto do seu trabalho, como se fosse em relação a um objeto *estranho*... A vida que ele deu ao objeto se lhe contrapõe, hostil e estranha". O produto material do trabalho operário, o "pedaço" por ele fabricado, destina-se a encaixar-se nas peças fabricadas por todos os colegas, até compor o produto final, que o patrão vende não se sabe a quem e não se sabe com que lucro.

Mesmo hoje, em muitos dos grandes laboratórios científicos, em muitas das grandes produções cinematográficas e de televisão, o trabalho é tão parcelizado que o produto final apresenta um grau de anonimato quase igual ao dos produtos saídos das linhas de montagem. Mas em geral nas produções científicas e artísticas há mais reconhecimento de paternidade, mais poder de "assinatura" do que nas outras produções. Basta pensar nas longas listas de créditos no início e no fim de um filme ou de um teatro encenado; basta pensar nas longas listas de nomes que freqüentemente asseguram uma patente a um grupo inteiro. Mas isso não permite que se minimize a frustração de quem trabalha numa equipe criativa e, embora contribuindo com idéias, arte e destreza para o produto final, vê a sua contribuição – talvez determinante – absorvida sistematicamente por uma grife que não é a sua e que leva água ao moinho do seu patrão. Quantas jóias assinadas Cartier ou Tiffany foram completamente idealizadas por Cartier ou por Tiffany? Quantos perfumes de Chanel, quantos automóveis de Bugatti são fruto criativo da senhora Chanel ou apenas do senhor Bugatti?

Marx prossegue: "A estranheza do operário ao seu objeto se exprime no fato de que quanto mais o operário produz, tanto menos tem para consumir; quanto mais valor produz, tanto menos valor e dignidade ele possui; quanto mais belo é o seu produto, tanto mais o operário fica disforme; quanto mais refinado o seu objeto, tanto mais ele se embrutece; quanto mais potente é o trabalho, tanto mais ele se torna impotente; quanto mais o trabalho é espiritual, tanto mais ele se torna material e escravo da natureza... O trabalho produz para os ricos coisas maravilhosas, mas para os operários produz apenas privações. Produz palácios, mas, para o operário, espeluncas. Produz beleza, mas, para o operário, deformidade. Substitui o trabalho com máquinas, mas impõe a uma parte dos operários um trabalho bárbaro e transforma a outra parte em máquina. Produz coisas do espírito, mas, para o operário, idiotice e cretinismo."

Aqui também existe uma profunda diferença entre o trabalho pesado das manufaturas do século XIX e o atual trabalho criativo, ainda que dependente. E a diferença é favorável ao trabalho criativo. Hoje, a sociedade exige, privilegia e gratifica a criatividade. Por outro lado, as atividades criativas tornam mais refinado, prestigioso, apreciado e cultivado o trabalhador que as pratica, que freqüentemente se distingue pela particular originalidade dos seus hábitos, pelo rebuscamento dos seus adornos domésticos, pela excentricidade do seu escritório, até se tornar um modelo admirado e imitado. Portanto, não só o seu produto lhe é menos estranho, não só a sua condição é menos mercantilizada, mas a sua atividade é de longe menos mecânica, repetitiva, banal, entediante do que aquela própria aos operários de fábrica. E isso nos leva ao ponto seguinte.

Estranheza do produzir. Para Marx, há uma segunda conseqüência do fato de que o operário é obrigado a vender o seu trabalho a outrem: não só o produto, mas também a atividade produtiva, o ato, a modalidade do produzir são subtraídos à decisão do trabalhador, forçado a seguir cegamente as prescrições empresariais, que no mais das vezes lhe impõem atividades banais e insensatas: "O produto não é mais do que o resumo da atividade, da produção. Por isso, se o produto do trabalho é alienação, a própria produção deve ser alienação ativa, alienação da atividade, atividade da alienação. Na estranheza ao objeto do trabalho se resume a estranheza, a alienação que se opera na própria atividade do trabalho."

No trabalho dos grupos criativos, hoje executado por conta de terceiros e na dependência alheia, essa segunda circunstância alienante não apenas é perceptível, mas opera talvez de modo mais agudo do que no trabalho do velho proletariado manufatureiro. Aqui, de fato, a subordinação não envolve analfabetos, mas artistas e cientistas altamente escolarizados, que certamente gostariam de liberdade operacional bem mais elástica do que aquela desejada pelo operário analfabeto de 150 anos atrás.

A CONDIÇÃO DE ESTRANGEIRO COMO VERDADEIRA CIDADANIA

Segundo Marx, a atividade produtiva imposta ao trabalhador dependente é alienada por vários motivos.

O trabalho vendido. Antes de tudo, como já tínhamos ressaltado, o operário não trabalha para si mesmo, mas vende o seu serviço a quem lhe dá o trabalho. Para Marx, o trabalho representa a essência do homem. Portanto, se um homem vende o seu trabalho, vende a sua própria essência: "A exterioridade do trabalho para o operário aparece naquilo em que o trabalho não é dele mesmo, mas de outrem. Não lhe pertence, e ele, no trabalho, não pertence a si mesmo, mas a um outro... A relação do operário com a sua própria atividade, como atividade estranha que não lhe pertence, a atividade como passividade, a força como impotência, a procriação como perda de virilidade, a energia física e espiritual *própria* do operário, a sua vida pessoal – e, de fato, o que é a vida senão atividade? – como uma atividade voltada contra ele, independente dele e que não lhe pertence. A *estranheza de si mesmo*, como, antes, a estranheza da *coisa*."

Se o trabalho executivo é a essência do homem, imagine-se o trabalho criativo! Portanto, vender as próprias idéias, as próprias criações, deveria ser ainda mais alienante do que vender a própria força muscular; vender o próprio cérebro deveria ser ainda mais motivo de estranheza do que vender o próprio corpo. O produto criativo realizado em uma empresa, um instituto de pesquisa, um laboratório, também não é de quem o criou e realizou, mas de quem contrata o trabalho (empresário, produtor cinematográfico, instituto científico, proprietário de galeria, emissora de TV, etc.) e de quem, depois, adquire a patente, o quadro, o filme. A estranheza do produto, porém, é muito diferente, segundo a sua natureza executiva ou criativa. Uma parte da obra de arte, a sua assinatura, fica, mesmo assim, com o artista, sob a forma de fama, glória, satisfação moral, direitos autorais, assim como uma parte da descoberta ou da invenção científica fica para o cientista sob forma de paternidade, notoriedade, estima pública, reconhecimento, além dos *royalties*.

O trabalho forçado. Segundo Marx, o trabalho dependente não corresponde à natureza humana do trabalhador, não é livre, mas coagido, "é *externo* ao operário, isto é, não pertence ao seu ser, e por isso ele não se afirma no seu trabalho, mas se nega, não se sente satisfeito, mas infeliz, não desenvolve uma energia física e espiritual, mas acaba com o seu corpo e destrói o seu espírito. Por isso, o operário só se sente em si fora do trabalho; e sente-se fora de si no trabalho. Está na própria casa se não trabalha, e está fora de casa se trabalha. O seu trabalho, por isso, não é voluntário, mas obrigado, é um *trabalho forçado*".

Aqui também existe uma profunda diferença entre trabalhadores executores e trabalhadores criativos, porque, em muitos casos de trabalho criativo, o artista, o especialista em artes gráficas, o ator, o diretor, o cientista se identificam profundamente com o seu trabalho, amam-no com toda a alma e se sentiriam mutilados sem ele. A energia física e sobretudo a espiritual mobilizada espontaneamente pelo artista ou pelo cientista são muito mais elevadas, livres e libertadoras do que as extorquidas ao proletário.

O trabalho instrumental. O proletário descrito por Marx teria humanamente direito a um trabalho *expressivo*, que lhe agrade e lhe permita, mesmo, exprimir-se; em vez disso, ele se submete a um esforço repulsivo, porque só assim pode obter o ganho indispensável à sua sobrevivência e à da sua família. De tal modo o trabalho rebaixa a nível instrumental, a simples "*meio* para a satisfação de uma necessidade, a necessidade de conservar a existência física... A sua estranheza se revela claramente no fato de que, tão logo diminui a coação física ou qualquer outra coação, o trabalho foge como a peste. O trabalho externo, o trabalho em que o homem se aliena, é um trabalho de auto-sacrifício, de mortificação... O trabalho estranho inverte a relação, enquanto o homem, mesmo porque é um ser consciente, faz da sua atividade vital, da sua *essência*, apenas um meio para a sua *existência*". Por outro lado, se não aceitasse tanta estranheza, não restaria ao trabalhador senão morrer de fome. "Ele pode se manter como sujeito físico somente enquanto é operário, e é operário somente enquanto é sujeito físico."

Esse aspecto da alienação do trabalho – a cruel instrumentalidade das tarefas executoras, repetitivas, brutais – está muito menos presente nas tarefas criativas, que se caracterizam justamente por sua marcante expressividade. Quando o criativo executa o trabalho certo no grupo certo, a sua atividade resulta em tudo menos instrumental, não é repulsiva como a peste, mas desejada como um prazer, não é mortificante, mas gratificante, não é um simples meio, mas um fim já completo em si mesmo.

Estranheza ao próprio mundo interior. Expropriado do seu produto, do seu trabalho, das suas vocações profissionais, forçado a uma atividade que não lhe agrada, o operário descrito por Marx é expropriado até do seu mundo interior: "Quanto mais o operário se consome no trabalho, mais poderoso se torna o mundo estranho, objetivo, que ele cria diante de si, e quanto mais pobre, mais pobre torna-se ele mesmo, e menos lhe pertence o seu mundo."

Mas não é esse o caso do trabalhador criativo, que encontra justamente no seu mundo interior a fonte da sua inspiração, o motor da sua fantasia, o lugar do seu próprio crescimento e da sua própria satisfação.

Estranheza à própria espécie. Subtraído às suas funções francamente humanas, obrigado a esforços desumanos e animalescos, o proletário descrito por Marx torna-se estranho até mesmo à sua própria espécie. "Arrebatando ao homem o objeto da sua produção, o trabalho estranho lhe arrebata *o vigor de ser pertencente a uma espécie*, a sua objetividade real e específica, e transforma a sua primazia diante dos animais na desvantagem que consiste no fato de que o seu corpo inorgânico, a natureza, lhe é subtraído."

Aqui também a diferença entre o operário manufatureiro do século XIX e o criativo dos nossos dias é abissal: se o pertencer à espécie humana se caracteriza justamente pela capacidade criativa, pela fantasia, pela inovação perpétua, o criativo não corre nenhum risco de descer a nível tão baixo quanto o de burro de carga, como acontecia com o proletário. É justamente a sua atividade criativa que o reintegra constantemente à sua verdadeira natureza humana, que lhe recorda a cada instante o fato de ser "homem" e lhe fornece os meios intelectuais para exaltar essa especificidade.

Estranheza aos colegas. Estranhado pela sua espécie, o homem se torna estranho também a si mesmo e aos seus semelhantes: a si mesmo, porque o trabalho alienado "torna estranho ao homem o seu próprio corpo, tanto pela natureza externa quanto pelo seu conteúdo espiritual, o seu ser *humano*". Aos seus próprios semelhantes porque, se o homem se contrapõe a si mesmo, *o outro* homem se contrapõe a ele. Aquilo que vale da relação do homem com o seu trabalho, com o produto do seu trabalho e consigo mesmo vale da relação do homem com o outro homem e, do mesmo modo, com o trabalho e com o objeto do trabalho do outro homem.

Por sorte, o estudo dos grupos criativos colocou sob nossos olhos realidades sociais muito mais integradas, solidárias, quentes, inclusivas e centrípetas. Lamentavelmente, os grupos criativos tendem a durar pouco, mas, enquanto duram, prevalecem neles a aproximação, a solidariedade e a harmonia. Até os inevitáveis conflitos são convertidos em emulação, competição e obstinada tenacidade.

Estranheza às máquinas. Ao lado da estranheza nos confrontos com os colegas existe a estranheza do operário nos confrontos com o aparato tecnológico da fábrica, a partir do momento em que ele não trabalha *com* as máquinas mas trabalha *como uma* máquina: "Sendo o operário reduzido a máquina, a máquina pode apresentar-se diante dele como uma concorrente."

Isso pode acontecer nos grupos criativos também quando uma nova tecnologia elimina algumas figuras profissionais, quase sempre auxiliares.

Mas o trabalho realmente criativo nunca é delegável às máquinas, que lhe oferecem somente um suporte insubstituível para incrementar a precisão, a finura e a potência. Por isso, quase todos os criativos com quem topei são amantes até o fanatismo das inovações tecnológicas e se apressam em adotá-las e ostentá-las.

Estranheza ao cedente do trabalho. Se o trabalhador é estranho de si mesmo e dos seus semelhantes, com mais razão é estranho do seu patrão, isto é, daquele que lhe subtrai o produto, que lhe impõe uma determinada tarefa, que lhe ordena uma determinada organização produtiva. "Se o produto do trabalho não pertence ao operário, e um poder estranho está à sua frente, isso é possível somente pelo fato de que tal produto pertence a um *outro homem, estranho a esse operário*... Uma atividade que está a serviço e sob domínio, coerção e jogo de um outro homem... Como ele torna a sua própria atividade estranha a si mesmo, assim torna própria do estranho a atividade que não lhe é própria."

Isso certamente valia para os proletários do tempo de Marx. Entretanto, para os grupos criativos que atuam hoje em dia, muito mais que o patrão, o verdadeiro inimigo são a burocracia, o academicismo, a cansativa e incisiva rigidez dos procedimentos, a ignorância, a beatice, a miopia, a opacidade de alguns expoentes empresariais, de alguns críticos e de algumas faixas de público.

O QUE FAZER?

Por que será que, não obstante essa exploração implacável, o operário fica agarrado à sua tarefa alienante? Porque – responde Marx – o proletário, à custa de executar um trabalho alienado, aliena-se, por sua vez: por um lado, por mais degradante que possa ser o trabalho, ele não pode deixá-lo, porque não sobreviveria sem ele; por outro lado, o hábito ao trabalho e à vida degradada o induz ao fatalismo, impede-o de entender a fundo o estado de exploração a que está submetido, que subtrai dele toda a capacidade de indignação, de raiva e de resgate, faz com que ele perca toda a esperança na mudança, confunde-o até lhe dar a ilusão de que o seu trabalho é agradável, até fazê-lo perder a capacidade de reconhecer o seu inimigo de classe e de se organizar para combatê-lo.

Coerente com essas premissas, Marx deduz que o remédio para tanta devastação, a conversão da alienação em motivação, não é uma questão de nível de retribuição (como acreditava Proudhon e como pensará Ford). A dimensão humana – isto é, a dimensão criativa – do trabalho não é monetizável: um eventual aumento salarial "não seria mais do que uma *melhor remuneração dos escravos* e não elevaria a função humana e a dignidade do operário nem do trabalho". A doutrina social da Igreja chegará a conclusão análoga muito mais tarde (1961), com a encíclica *Mater et Magistra* de João XXIII, onde se lê: "Se as estruturas, o funcionamento, os ambientes de um sistema econômico são tais que comprometem a dignidade humana de quantos neles exercem as suas atividades, ou por embotar neles sistematicamente o senso da responsabilidade, ou por constituir um impedimento de que mesmo assim exprimam a sua iniciativa pessoal, tal sistema econômico é injusto, ainda que, por hipótese, a riqueza nele produzida atinja quotas elevadas e seja distribuída segundo critérios de justiça e de eqüidade."

Radicalmente diferente, porém, com respeito à solução proposta pela Igreja, é aquela sustentada por Marx: para o proletário, o único resgate pode vir da conquista, violenta que seja, dos meios de produção. Só quando os empregados se tornarem patrões poderão motivar-se verdadeiramente ao trabalho, pelo simples fato de que então serão eles que decidirão como repartir os lucros, o que produzir, como, quando e com quem. Segundo Marx, a verdadeira solução, definitiva e radical, somente pode consistir na abolição da propriedade privada e do trabalho dependente, considerando que "na relação do operário com a produção está incluída toda a sujeição do homem, e todas as relações de servidão não são mais do que modificações e conseqüências da primeira relação".

As poucas páginas em que o jovem Marx antecipa toda a essência da sua poderosa teoria me pareceram sempre com um fósforo que, dali a pouco, provocaria um incêndio colossal, o experimento mais traumático e ardoroso de toda a história da humanidade: as revoluções e os regimes comunistas aos poucos triunfantes, da Rússia à China, de Cuba à África.

Essa grande tentativa de mudar o tom, planejando uma sociedade planetária radicalmente alternativa a todas as já experimentadas na nossa espécie, é, ela mesma, um desígnio criativo sobre-humano, devido primeiro a pensadores individuais como Marx e Engels, mas depois também a grupos, a sovietes, a vanguardas organizadas, a núcleos de base.

Em 1989, a queda do Muro de Berlim forneceu a metáfora mais sugestiva da falência desse desenho, com respeito àquele menos radical e compacto, porém mais flexível e capilar, que lhe tinha sido contraposto pelo mundo capitalista. Mas a falência do comunismo real dependeu, em boa parte, do fato de que já o proletário pós-industrial é bem diferente do proletariado típico do século XIX, descrito por Marx, feito de intelectuais, e a sua alienação – embora exista – não tem mais nada a ver com a alienação eviscerada nos *Manuscritos*.

No estado atual, se é verdade que o comunismo perdeu, é também verdade que o capitalismo não venceu e que muitos dos seus problemas permanecem até agora sem solução. Entre eles, justamente, o problema da motivação ao trabalho intelectual: o grande desafio do século XXI.

EMPREITADA E DINHEIRO

Nos 100 anos seguintes aos *Manuscritos*, em todos os países adiantados, prescindindo do regime político, a indústria conquistou e defendeu a sua centralização, enquanto a maior parte da força de trabalho permaneceu operária. Por conseqüência, também a maioria das teorias elaboradas e das práticas organizacionais experimentadas voltou-se para melhorar o rendimento do desempenho dos operários. Os dois pilares sobre os quais foi construída a grande base da produtividade manufatureira foram a organização científica da fábrica e a satisfação das necessidades pessoais de cada trabalhador. Estamos muito distantes da problemática do trabalho criativo, no entanto não faltam, nem em Taylor nem em Ford, dicas e intuições úteis para melhorar o seu rendimento.

Comecemos pelas necessidades dos trabalhadores. Quais são e como satisfazê-las? Marx é um filósofo que parte do pressuposto de que todo ser humano tem direito a ser patrão de si mesmo, dono dos seus instrumentos de produção, do seu produto e da sua vida; tem direito a realizar as aspirações que são próprias da espécie humana e que, se não distorcidas ou represadas, coincidem sempre com as necessidades universais de crescer livremente – no corpo, no espírito e na coletividade – segundo as leis da beleza.

O operário de Taylor. Meio século mais tarde, uma primeira alternativa concreta para a visão marxista do proletário na fábrica chega do outro lado do oceano, na obra de Frederick W. Taylor, que, diferentemente de Marx, conhece a fábrica por dentro e parte do pressuposto de que a maioria dos trabalhadores nutre aspirações bem mais modestas, práticas, imediatas, do que as indicadas nos *Manuscritos*.

O que querem os operários? Na sua famosa exposição ao congresso de Saratoga, publicada em 1903 sob o título de *Shop Management*, Taylor procura responder várias vezes a essa pergunta. De um modo geral, todos os trabalhadores lhe parecem afetados por "indolência natural",[2] ainda que "exista uma vasta categoria de indivíduos que não têm necessidade de qualquer imposição para aceitar o prazo normal de execução de um trabalho; pessoas tão dotadas de sensibilidade, tão conscientes e desejosas de agir com probidade, que um conselho, poucas palavras de explicação ou, no máximo, uma advertência fraterna representam tudo aquilo de que necessitam".[3]

Além disso, "o interesse pessoal sempre foi, e será sempre, um incentivo mais forte do quanto seja o desejo de bem-estar geral".[4] Portanto, é preciso personalizar ao máximo a relação entre diretorias empresariais e operários, a fim de que cada um deles encontre uma resposta sob medida às suas aspirações subjetivas.

Num primeiro momento, Taylor sustenta que apenas os salários conseguem remover a preguiça congênita dos operários, que por sua natureza não querem trabalhar com melhor rendimento, a menos que se lhes garanta um aumento salarial abundante, que deve ter caráter permanente.[5] Depois, reconhece que eles são sensíveis também a outras lisonjas: "Promoções, altos salários e, em alguns casos, redução das horas de trabalho são as legítimas aspirações de quem trabalha."[6] Ainda assim, não é necessário partir da idéia de que todos os indivíduos sejam capazes de executar trabalhos de primeira ordem, nem que todos queiram assumir a responsabilidade disso: quanto menos inteligente é um trabalhador, mais ele é adequado para "suportar a monotonia da repetição".

A organização de Taylor. O segundo texto fundamental de Taylor, *The Principles of Scientific Management*, de 1911, abre com uma declaração geral sobre o objetivo da organização e dos intentos de cada trabalhador: "O objetivo principal da organização industrial deve ser o de assegurar o máximo de bem-estar ao empresário e também o máximo de bem-estar a cada um que executa a obra. Máximo de bem-estar para cada um que executa a obra significa não apenas salários maiores do que os usualmente pagos a pessoas da mesma categoria, mas também – e isso é o mais importante – evolução de cada indivíduo, para que possa, assim, atingir o nível máximo de rendimento, de modo a estar em condições de fazer o tipo mais complexo de trabalho a que as suas capacidades inatas o tornem adequado; e significa, além disso, atribuição efetiva a ele, nos limites do possível, de um trabalho de tal importância."[7]

Os trabalhos de oficina, segundo Taylor, são de quatro tipos: os mais simples, que "não requerem inteligência especial, aplicação muito severa, habilidade específica ou esforço excessivo"; os simples, que requerem pouca inteligência ou habilidade especial, mas que exigem "força física, esforço prolongado e conseqüente fadiga"; aqueles que requerem "habilidade especial ou inteligência, unidas a aplicação atenta, mas sem sério esforço físico"; e aqueles enfim que requerem "habilidade, inteligência, aplicação atenta e esforço físico sério" (como, por exemplo, a manobra de um martelo mecânico a vapor, veloz e múltiplo).[8]

Cada um desses trabalhos é pago de modo diferente, ainda que o critério comum de avaliação seja a empreitada. Além disso, cada um desses trabalhos pode ser executado com maior ou menor produtividade, segundo quem o efetua: existem trabalhadores de primeira ordem que, sem fazer esforço excepcional, conseguem produzir de duas a quatro vezes mais do que um trabalhador médio, sem qualquer dano para a sua saúde, a "um ritmo de trabalho que torna os homens mais felizes e mais prósperos".

Com essas premissas, se o trabalho é organizado não com base no simples bom senso, mas de modo escrupulosamente científico, calibrando bem as tarefas de cada um, calculando escrupulosamente a empreitada, introduzindo no devido tempo as inovações tecnológicas certas, pondo o homem certo no lugar certo, formando-o profissionalmente, orientando-o tecnicamente, então se obtém o quadrado do círculo: altos salários para os trabalhadores e baixo custo de mão-de-obra para os empregadores.

A harmonia taylorista. A administração científica requer que a determinação de tarefas e obrigações seja absolutamente precisa. Que os tempos sejam calculados em segundos, o encaminhamento seja gradual, o sistema de pagamentos e incentivos seja justo, claro, equânime, transparente. Requer sobretudo uma completa revolução cultural, com a qual os operários consigam entender "que o novo sistema transforma empregadores de antagonistas em amigos, que trabalham ao lado deles com o máximo empenho possível, pelos mesmos objetivos: realizar um aumento de produção que reduza os custos em tal medida que possam pagar permanentemente aos operários de 30 a 100% mais do que ganhavam no passado, embora assegurando sempre bons lucros à empresa".[9]

Os resultados exaltados por Taylor são surpreendentes: adotando o seu método, aumentando simultaneamente (ainda que não paralelamente) os lucros e os salários, pode-se reduzir o horário de trabalho, os conflitos se dissipam, o sindicato torna-se supérfluo e se difunde a harmonia, porque o operário, uma vez melhorados o trabalho e o salário, assume uma atitude mais amigável com o empregador e com o conjunto das condições de trabalho, enquanto antes grande parte do seu tempo era empregada em crítica, vigilância suspeitosa, e talvez em atitudes abertamente hostis.[10]

Os grupos criativos. O que tem a ver a administração científica com os grupos criativos? Taylor, como Marx, apóia o seu discurso nos operários da indústria metalomecânica e indica nove qualidades necessárias para se ter um empregado verdadeiramente completo: inteligência, instrução, conhecimentos técnicos, tato, energia, decisão, honestidade, bom senso e boa saúde.[11] Como se vê, falta a criatividade, que numa organização taylorista, minuciosamente predefinida, longe de representar um recurso, seria um desvio e apenas criaria embaraços.

Que eu me lembre, porém, Taylor fala pelo menos quatro vezes de alguma coisa que evoca criatividade e até os grupos criativos. A primeira vez é quando prognostica no operário dotes de empreendimento, resolução, perseverança e tenacidade (isto é, dotes que sempre se encontraram também nas personalidades criativas), chegando a escrever que "as duas qualidades que se revestem de maior importância para o sucesso desse gênero de trabalho executivo são a decisão e aquela que se pode chamar de '*imaginação construtiva*', faculdade que permite a um homem servir-se de poucos fatos mantidos na memória para contornar os obstáculos que se lhe opõem e realizar, a despeito deles, alguma coisa de concreto".[12]

A segunda vez é quando sustenta que "a procura de homens dotados de espírito de iniciativa e de inteligência nunca foi tão grande como hoje, e a moderna subdivisão do trabalho, em vez de impedir a evolução e o melhoramento dos homens, permite que eles atinjam maiores níveis de eficiência também quando se dedicam a um trabalho menos manual e menos monótono".

A terceira circunstância em que Taylor evoca a criatividade, desta vez justamente na forma coletiva que mais me interessa, é quando recorda os irmãos Mayo, dois cirurgiões que, no início do século XX, fundaram em Rochester, Minnesota, uma clínica revolucionária pelos seus métodos organizacionais, baseados em equipes de médicos especialistas, coordenados por um líder *ad hoc* e treinados para atuar segundo o critério do "*fastest with the mostest*", o máximo resultado no mínimo tempo. Alguns anos mais tarde, Taylor lembrou dessa clínica Mayo como "a única administração científica completa e de sucesso".

A quarta vez, enfim, é quando Taylor, apressando-se em concluir *The Principles*, lança, com ênfase profética: "Já quase se esgotou o tempo em que grandes realizações com caráter pessoal, individual, eram possíveis para um homem que agisse sozinho, sem a ajuda daqueles que o circundavam. Aproxima-se cada vez mais, em vez disso, o tempo em que todas as empreitadas de grande porte se cumprirão por meio de um tipo de colaboração em que cada um realiza a tarefa mais adequada, conserva a sua individualidade e, na sua esfera de ação, não tem ninguém acima de si, não renunciando, assim, de qualquer modo, à sua própria originalidade de concepção e ao seu próprio espírito de iniciativa, embora sendo controlado por muitas outras pessoas com as quais trabalha em harmonia."[13]

Ainda assim, Taylor está convencido de que o seu método científico possa estender-se com proveito a qualquer organização, incluídas as igrejas, o terceiro setor e as universidades. Logo, a seu ver, o bom senso será suplantado pela ciência organizacional, destinada a se tornar mais do que uma arte, e "muitos dos elementos que agora são considerados fora do campo do conhecimento exato serão logo estabelecidos como regra precisa, catalogados, adotados e usados, como agora o são muitos elementos de engenharia".[14]

Com efeito, hoje os grandes laboratórios científicos, as grandes produções cinematográficas e os grandes festivais são organizados cada vez mais do modo que agradaria a Taylor, segundo o modelo que chamamos de "americano", e que consegue dar frutos muito melhores no campo científico do que no artístico. Textos que certamente pretendiam se tornar clássicos desde a sua primeira aparição, como A *Riqueza do Conhecimento*, de Thomas A. Stewart, oferecem um panorama eloqüente do esforço que as ciências organizacionais americanas estão cumprindo para conter também o "capital intelectual", os recursos intangíveis, a informação, o conhecimento, a memória histórica e a fantasia das empresas dentro de regras operacionais diretas para desenterrar, incentivar, compartilhar e mercantilizar o saber, de modo que nunca fuja a essas novas formas de taylorização global.[15]

Acontece, porém, que o taylorismo tende a se inclinar constitucionalmente para a burocratização e a apagar exatamente aquela flexibilidade que representa a alma do trabalho criativo. Aqui também, portanto, trata-se de encontrar um equilíbrio certo entre fantasia e concretude, entre *ésprit de géometrie* e *ésprit de finesse* (espírito de geometria e espírito de delicadeza), de modo que um não prevaleça e o outro não murche.

UMA FÁBRICA NÃO É UMA SALA DE ESTAR

Enquanto Taylor é um consultor especialista em organização das oficinas e vê apenas a produção, Ford é um empresário e está atento também tanto para a produção quanto para as vendas. Segundo Taylor, "para o próprio bem deles, é importante que os trabalhadores não ganhem muito nem muito pouco",[16] porque os altos salários fariam com que se tornassem gastadores e consumistas. Para Henry Ford, entretanto, interessa justamente impulsionar o consumo, vender os seus carros antes de tudo aos seus próprios empregados e retomar, assim, das suas mãos de consumidores, o dinheiro que eles ganharam com as suas mãos de produtores.

Produção e consumo no centro do mundo. Entre a publicação de *Shop Management*, de Taylor (1903), e a publicação da autobiografia de Ford (1922) passaram-se 20 anos, durante os quais a fábrica movida a vapor transformou-se em fábrica movida a energia elétrica e a América dos imigrantes andrajosos transformou-se na América do consumo crescente. Taylor quer convencer os operários a produzir, Ford quer convencê-los a produzir e gastar. Por isso se vangloria de pagar aos seus empregados salários mais altos do que qualquer outra empresa concorrente: "À parte qualquer outra consideração, acredito que as nossas vendas dependam, em certa medida, dos salários que pagamos."[17]

Taylor é filho de uma família rica que leva em grande conta o trabalho, sem porém fazer dele um mito; Ford é um *self-made man* que põe no trabalho o sentido de toda a sua existência: "O trabalho cotidiano é uma grande coisa, uma coisa verdadeiramente grande. É o verdadeiro fundamento do mundo; é a base do nosso amor-próprio."[18]

Patrão e operário são sócios. Mas Ford, como Taylor, está convencido de que entre o empregador e o empregado não há nenhum contraste objetivo de interesses: "O patrão é o sócio do seu operário, o operário é sócio do patrão." Nenhuma das duas partes pode afirmar o seu próprio poder à custa da outra sem acabar prejudicando também a si mesma.[19] Isso não impede que o nosso Henry considere indiscutível o seu poder de decidir unilateralmente tudo aquilo que diz respeito à organização da fábrica, sem deixar qualquer margem de liberdade de condições a quem quer que seja: "Dos homens, nós desejamos que façam aquilo que se lhes pede para fazer. A organização é tão especializada e cada uma das partes depende tão estreitamente das demais, que não podemos pensar nem por um momento em permitir aos homens fazer aquilo que querem... Os homens se encontram na fábrica para executar a maior quantidade possível de trabalho e para receber a maior quantidade possível de pagamento. Se fosse permitido a alguém fazer aquilo que quer, a produção se ressentiria disso, e, assim, também o pagamento se ressentiria. Se alguém não gosta de trabalhar do nosso modo, sempre pode ir embora."[20]

O incentivo salarial. Sob a ótica de Ford, o que conta para o operário é o dinheiro: "O homem que se dirige à sua jornada de trabalho com a sensação de que, por mais que consiga render, o seu trabalho não frutificará tanto que possa tirá-lo da indigência não tem a atitude certa para fazer bem o seu trabalho cotidiano. Está ansioso, preocupado, e isso contribui para prejudicar o seu trabalho. Mas se o homem sente que o seu trabalho de todo dia não apenas satisfaz as suas necessidades elementares como lhe garante ainda uma margem de comodidade e o põe em condições de dar aos filhos alguma perspectiva boa e de garantir à mulher algum prazer, então o seu trabalho assume para ele um aspecto positivo e ele se sente livre para dar o melhor de si. É bom para ele e bom para a empresa... Se você quer que um homem dedique o seu tempo e a sua energia, determine o seu salário de modo que ele não tenha qualquer preocupação financeira."[21]

Portanto, para Ford, a motivação do trabalhador se obtém por meio de um bom salário e uma boa gratificação adicional que lhe assegurem uma espécie de participação nos lucros. Os salários não são mais do que "uma distribuição de quotas de participação".[22] Se os trabalhadores "vêem no contracheque os frutos do seu trabalho duro, como prova de que um trabalho ainda mais duro significa salários mais altos, então começam também a aprender que são uma parte da empresa, que o sucesso da empresa depende deles e que o seu sucesso depende do sucesso da empresa".[23]

A participação nos lucros. Mas Ford vai mais longe, e em 1914 lança um plano de participação "para a distribuição da prosperidade", em que, unilateralmente, a direção da empresa aumenta o salário mínimo diário para cinco dólares e reduz o horário de trabalho para 48 horas semanais. Mas dessa vez os incentivos monetários, além do serviço prestado, são também ligados à condução de "uma vida apropriada": para tanto, um esquadrão de 50 investigadores bate os bairros operários e inspeciona as habitações para apurar os cuidados e a limpeza das casas, a correta convivência dos trabalhadores casados, o "regime de vida sadio" dos solteiros e por aí vai. Quanto aos lugares de trabalho, é absolutamente essencial à produtividade como à humanidade da empresa que a fábrica seja limpa, bem iluminada e bem ventilada. Não é oportuno entretanto encorajar os contatos pessoais entre os trabalhadores, que devem fazer o seu trabalho com a máxima seriedade e depois ir embora para casa: "uma fábrica não é uma sala de estar".

O trabalho em cacos. Quase todas as tarefas realizadas na Ford podiam ser aprendidas em menos de uma semana e, para serem dominadas, requeriam um mínimo de instrução. Na imensa maioria dos casos, eram tarefas extremamente repetitivas, na linha de montagem – que excluíam toda forma de criatividade, por mais leve que fosse –, confiadas a imigrantes semi-analfabetos, provenientes das áreas agrícolas mais pobres da Europa e da América Central. Frente a uma tão imponente massa de operários expropriados de toda atividade intelectual e reduzidos a máquinas e diante de tanto desperdício de inteligência humana, o jovem Marx teria ficado furibundo. Ford, entretanto, permanece olimpicamente destacado: "O trabalho repetitivo", declara ele com candura, "o fazer continuamente, sempre do mesmo modo, uma única coisa é uma perspectiva terrificante para um certo gênero de mentalidade. É terrificante também para mim. Eu não conseguiria nunca fazer a mesma coisa todos os dias."[24] "Mas se olharmos bem", continua ele, "o maior número de trabalhos, seja do homem de negócios, do presidente, dos funcionários e dos empregados de banco, é formado de trabalhos de rotina, repetitivos." Por sorte, nunca se conseguiu descobrir "que o trabalho repetitivo possa de algum modo causar dano a um homem",[25] e, sorte ainda mais providencial, "para a maioria das pessoas, as operações repetitivas não são motivo de terror". "Quanto ao operário médio", prossegue Ford, "lamento ter que dizer, deseja um trabalho no qual não deva despender muita energia física, mas deseja sobretudo um trabalho no qual não tenha de pensar." Quer uma prova? O trabalho mais monótono de toda a Ford é o de um operário que segura uma engrenagem com um gancho de aço, agita-a num reservatório de óleo e depois coloca-a num recipiente: sempre o mesmo movimento, que não requer energia muscular nem inteligência. E ainda assim esse operário continua a fazer oposição tenaz a qualquer tentativa de transferência para um trabalho melhor. Oitenta anos depois dos *Manuscritos* de Marx, Ford nem suspeita de que aquela "oposição tenaz" seja a prova gritante da alienação provocada por uma mistura inculpável de ignorância e de prolongada acomodação a uma atividade privada de inteligência.

O trabalho criativo. Segundo Ford, quem tem uma mente criativa e detesta a monotonia acredita que todos os outros tenham a mente também irrequieta. Na realidade, para a maioria dos trabalhadores, ter de pensar é verdadeiramente um castigo, e as tarefas que requerem cérebro têm poucos aspirantes.

Quisera Deus existissem tantos criativos quantos são necessários para o progresso da humanidade! A gente comum, prossegue Ford, pensa que o trabalho criativo possa ser executado "apenas no campo da figuração pura. Falamos de 'artistas' criativos na música, na pintura e nas artes. Evidentemente, limitamos as funções criativas a tipos de produtos que podem ser pendurados nas paredes de uma galeria ou tocados em salas de concerto, ou de algum modo expostos onde pessoas ociosas e cansadas da vida se reúnem para admirar a cultura dos outros. Mas se um homem tem necessidade de um campo para desenvolver o seu vital trabalho criativo, deve-se apenas deixar que se aventure onde deva tratar com leis superiores às do som, da linha e da cor". Segundo Ford, há necessidade de artistas nas relações industriais, na organização sólida e harmoniosa da política, da sociedade e da ética; na projeção de tudo o que é justo, bom e desejável na nossa vida; no fazer projetos concretos e eficazes para trazer vantagens e benefícios aos outros, seja no plano humano como no financeiro.[26]

Acaba ficando a idéia bizarra que Ford tem da pintura e da música, segundo ele destinadas a pessoas ociosas e cansadas da vida, que se reúnem para admirar a cultura dos outros; eu nunca teria suspeitado (e provavelmente nem ao menos ele suspeitava) de tamanha afinidade com Platão no considerar o trabalho do filósofo, do político e do sociólogo ainda mais criativos do que qualquer atividade artística. Predileção similar terá entusiasmado Lasswell, que tanta atenção reservou à criatividade social. Quanto a mim, que me interesso pela motivação necessária aos grupos criativos para potencializar a sua criatividade, cabe sublinhar como os dois gênios máximos da organização industrial descuidaram da melhor parte do homem – o potencial criativo – para se concentrar ferozmente na sua produtividade muscular, no controle das suas energias físicas, em como incentivar a sua capacidade de execução despersonalizada e os seus consumos crescentes.

FADIGA E MONOTONIA

Praticamente toda a ciência organizacional "clássica" partia do pressuposto de que bastavam poucos gênios criativos individuais para criar tudo o que havia para criar, e que aqueles poucos gênios criativos individuais, para executar o seu trabalho, não tinham nenhuma necessidade de estudos e suportes organizativos *ad hoc*, bastando o seu bom senso para tornar produtivo o seu trabalho. Uma vez inventados uma nova liga de aço, um novo eletrodoméstico, um novo modelo de automóvel, a palavra passava para as oficinas, onde milhares de operários semi-analfabetos deviam traduzir aquela invenção em toneladas de aço, em milhões de geladeiras ou de veículos. Só então acentuava-se a exigência de uma organização científica orientada para otimizar três objetivos: o incremento da produtividade, a redução dos acidentes e a eliminação dos conflitos. Para atingir esses três objetivos, empenharam-se engenheiros, fisiologistas, biólogos e psicólogos, que, como primeira coisa, enfrentaram a questão da fadiga física. A que esforço máximo podia ser submetido um corpo humano? Por quantas horas? Com que variações no rendimento? Essas e outras questões similares em torno da organização industrial apresentavam a característica da universalidade, colocando-se de modo idêntico em Londres, em Nova York, em Paris como em Roma ou Moscou, e ligadas à fisiologia humana, e não aos contextos políticos.

Em 1893, a firma Mather & Platt, de Manchester, obteve bons resultados reduzindo a semana de trabalho para 48 horas; sucessos análogos conseguiram colher o Health of Munition Workers Committee, em 1915; depois, o Industrial Fatigue Research Board; depois, em 1921, o National Institute of Industrial Psychology de Londres. Todos os estudos focalizaram a medição e a natureza da fadiga. No que concerne à medição, não se atingiram os resultados esperados; no que se refere, entretanto, à natureza, conseguiu-se determinar os efeitos do ácido láctico e de várias toxinas sobre os músculos e no sangue, assim como avaliar as variações da produtividade com base nos horários, nas pausas, nas condições atmosféricas, na iluminação e nas posições do corpo.

Na década de 1920, ao lado do problema da fadiga decorrente do esforço físico, emergiu o problema do tédio derivado da monotonia do trabalho repetitivo. Em 1924, May Smith, uma pesquisadora tão perspicaz quanto esquecida, publicou um ensaio esclarecedor em que demonstrava que a monotonia não é um fato objetivo, mas depende da reação psicológica de cada trabalhador. "Monótono significa, literalmente, *de um só tom*; dá idéia da ausência de variação, de um caldo insípido, de um terreno plano, de uma situação que não pode fornecer ao homem um estímulo intelectual ou uma mudança de emoções."[27] Um trabalho se torna monótono para determinado indivíduo em função de uma série complexa de variáveis: o trabalho em si mesmo, a sensibilidade de quem o executa, a quantidade de produtos feitos com o passar das horas, a opinião dos superiores e dos colegas acerca daquele determinado trabalho, as mudanças fisiológicas relativas às refeições, às pausas, etc., as oscilações emocionais, o humor, a vida coletiva da fábrica. A incidência dessas variáveis muda de uma pessoa para outra e de um momento para outro.

May Smith descreve duas fábricas em que o trabalho era igualmente repetitivo, mas o grau de satisfação, diametralmente oposto. Na fábrica em que a maioria dos rostos exprimia uma entediada aceitação da existência, ninguém se interessava por coisa alguma dos operários, não havia espírito corporativo e reinava uma negligência geral. O único interesse era o de receber a paga semanal. Na fábrica onde transpiravam contentamento e satisfação gerais "existiam não apenas um interesse real pelo trabalho e pela acumulação do produto com o passar do dia, mas também um desejo de obter a aprovação dos superiores e um interesse por diversas atividades sociais que ligavam os homens uns ao outros".[28] Então, com a variação da situação geral e das emoções individuais, a mesma jornada de trabalho pode parecer curta e agradável ou interminável e insuportável.

Em 1929 é a vez de um estudo de S. Wyatt e J. A. Fraser,[29] que demonstra como o tédio faz cair o ritmo de trabalho segundo as características individuais de cada operário, como atinge sobretudo aqueles de inteligência superior, e "é particularmente forte nas operações semi-automáticas que requerem uma atenção suficiente para impedir a extravagância, mas insuficiente para absorver totalmente a atividade mental".[30]

Voltemos por um momento ao trabalho criativo: é óbvio que nesse tipo de atividade a fadiga física constitui um problema sério apenas em determinados casos. Certas cenas de filmes, certas *performances* teatrais, certos balés e alguns espetáculos, como também determinadas execuções musicais, requerem dos atores, dos músicos, dos diretores, dos regentes e dos técnicos esforços extraordinários, suportados somente depois de ensaios extenuantes. Poucos poderiam resistir à fadiga física de um Pelé ou de um Maradona, que transformavam uma desgastante partida de futebol em arte sublime. No caso do trabalho científico, entretanto, são necessárias com mais freqüência paciência e meticulosidade, e não esforço muscular; a descoberta é constituída mais de monotonia do que de ácido láctico.

Na falta de pesquisas sistemáticas sobre o tédio no trabalho criativo, talvez pudessem ser assumidas, pelo menos como hipóteses de investigação, algumas interessantes conclusões a que chegaram tanto May Smith como Wyatt e Fraser, a propósito do trabalho físico. Esses últimos sustentam que o tédio surge menos se, durante a jornada de trabalho, de vez em quando se muda o tipo de trabalho; se o trabalho é pago por empreitada, não por tempo; se a tarefa consiste em uma série de etapas concluídas em si; se há oportunidade de pausas de repouso; se "os operários podem trabalhar de preferência em grupos sociais compactos, em vez de como indivíduos isolados". Smith, em particular, sublinhou que um trabalho "expressivo", com relação a um trabalho "instrumental", tem menos probabilidades de provocar tédio e é apreciado pela coletividade em que é executado, se as pausas são bem dosadas, se o ambiente físico em que se trabalha é bem cuidado, se o trabalhador tem a impressão de ser acompanhado com interesse pelo seu chefe e se no grupo se nota um bom espírito de equipe. As minhas pesquisas me levam a aventar a hipótese de que essas afirmações referentes ao trabalho físico seriam confirmadas até no trabalho criativo.

A DESCOBERTA DO GRUPO E DO MORAL

No período de tempo que vai da investigação executada por Smith e a feita por Wyatt e Fraser iniciava-se a grande epopéia científica das pesquisas na Western Electric. Antes de 1926, durante uns três anos, essa empresa tinha efetuado uma série de experimentos em seu próprio estabelecimento de Hawthorne, em Chicago, na tentativa de apurar qual era o efeito da iluminação no rendimento dos operários. Os resultados, tão surpreendentes quanto inexplicáveis, induziram a empresa a encomendar uma série de pesquisas a Elton Mayo, sociólogo de origem australiana, professor da Graduate School of Business Administration da Harvard University.[31] Em várias etapas, as pesquisas se prolongaram até a década de 1950, passando a constituir o mais imponente corpo de análises sociológicas até agora realizado na indústria.

Até o fim dos anos 1920, a maior parte dos operários que trabalhavam nas fábricas de Chicago e Detroit era de ex-camponeses analfabetos, imigrantes dos países pobres da Europa e da América Central, dispostos a qualquer sacrifício em troca de um salário com o qual matar a fome da família. Depois, esses imigrantes da primeira leva foram substituídos pelos seus filhos: nascidos na América, eles sabiam falar, ler e até escrever em inglês, tinham sempre vivido na cidade, todos tinham adquirido os traços da cultura urbana, próspera e consumista da América, ainda não atingida pela grande crise. Já habituados a um relativo bem-estar e a uma boa segurança, eles tendiam a recusar os trabalhos repetitivos, fatigantes e banais, mesmo se bem pagos. Assim, o paradigma de Ford, segundo o qual o único estímulo para incentivar um trabalhador é o dinheiro, começou a vacilar sob o choque dessa anomalia e despertou a suspeita de que a motivação era alguma coisa bem mais complexa, orquestrável somente com o aporte das ciências humanas.

Que o rendimento do trabalhador dependia da sua motivação estava fora de dúvida, mas restava descobrir o que, além do dinheiro – ou em vez dele –, era necessário para motivá-lo. Elton Mayo e a sua equipe descobriram primeiro: foram os primeiros a medir os efeitos do moral sobre a motivação e da motivação sobre o rendimento: os primeiros a compreender que a produtividade de cada trabalhador dependia da sintonia com o seu grupo formal e, principalmente, com o seu grupo informal; e foram os primeiros a demonstrar que, para as operárias submetidas a observação, "a sua autodeterminação e o seu bem-estar social vinham em primeiro lugar, enquanto o trabalho era secundário... Um depois do outro, todos os comentários expressados pelas moças indicam que elas se sentem liberadas da tensão nervosa sob a qual trabalhavam antes. Deixaram de considerar o homem que dirige o setor como 'chefe'... Têm o sentimento de que o aumento de produção deve ser correlacionado, de algum modo, com a atmosfera que reina no lugar de trabalho, que é claramente mais livre, mais alegre, mais agradável... Em certo sentido, são vigiadas muito mais de perto do que antes, mas trata-se de uma vigilância diferente".[32] Se um trabalhador é mantido pelo próprio grupo, está em sintonia com o seu chefe, participa de algumas decisões, vive num ambiente que convém às suas necessidades, acaba por trabalhar até mais com o mesmo salário, mantém um ritmo mais constante, é mais eficiente e mais produtivo.

O clima das oficinas de Hawthorne, capaz de manter elevado o moral dos trabalhadores, era devido a uma política de relações com o pessoal marcada por claro paternalismo: "Pelo que concerne a horário de trabalho e pagamentos", descreve Mayo, "a companhia supera a concorrência. Ela organizou um restaurante em que se pode ter boa comida a preços módicos... Há um hospital otimamente equipado, munido de tudo o que é necessário, dotado de uma equipe médica de primeira ordem. A direção do pessoal usa de todos os métodos que se consagraram no âmbito da orientação profissional com o objetivo (atingido com sucesso, segundo as estatísticas) de adaptar o trabalho ao operário. Não tem havido greve nem sinal de descontentamento há mais de 20 anos. Sem dúvida, o moral geral, no sentido comum dessa palavra, é bom, e a companhia é bem aceita pelos seus empregados. Não mencionei os vários programas de poupança e investimento que a companhia oferece aos seus dependentes, as férias e outras numerosas demonstrações de uma vontade muito clara de perseguir finalidades humanitárias de todos os modos possíveis... Desse ponto de vista, a 'companhia' se tornara, para o simples operário, pouco menos do que uma realidade mítica."[33]

Acrescente-se a tudo isso o encorajamento ao trabalho de grupo, o desencorajamento dos grupos informais que se opunham às decisões empresariais, uma liderança participativa, a possibilidade de desabafar por intermédio de entrevistas terapêuticas com os psicólogos da fábrica, atentamente direcionadas a aparar as arestas, e se terá aquela mistura de Relações Humanas que parecerá a Baritz a quintessência da manipulação, aos administradores a panacéia para todos os conflitos, aos empresários o segredo para bater a concorrência por meio de um aumento de produtividade milagroso.

De Elton Mayo em diante, aos olhos dos sociólogos e nas mãos dos chefes de pessoal, o trabalhador deixará de existir como átomo e se dissolverá no grupo, considerado como a célula primária e fundamental da organização, única destinatária digna das políticas empresariais.

Se o professor de Harvard, em vez de estudar as operárias de Chicago às voltas com as ligações telefônicas, tivesse estudado os artistas e os artesãos da Wiener Werkstätte, os farmacologistas do Instituto Pasteur ou os biólogos da Estação Zoológica de Nápoles, teria chegado à sua conclusão com 30 anos de antecipação. Os grupos criativos, de fato, são consolidados pela motivação, operam sob a alta tensão do próprio moral, freqüentemente dão mais importância às relações sociais internas e à meta a atingir do que à retribuição. Mesmo assim, os estudos de Mayo e a grande experiência dele decorrente sugerem preciosos impulsos para melhorar o rendimento dos grupos criativos.

A DEGRADAÇÃO DO TRABALHO

A Western Electric investiu somas significativas nas pesquisas sobre o moral que Elton Mayo, dirigindo-as, transformou em uma obra-prima científica até hoje não igualada. Depois, aos poucos, muitas outras empresas e quase todos os departamentos universitários de administração de empresas – encabeçados por Harvard – procuraram aprofundar ou desmentir seus resultados. Falou-se de Relações Humanas, de Recursos Humanos e de mil outras abordagens que, finalmente, reconstituiriam um sólido laço afetivo entre os trabalhadores e a empresa, dissuadindo-os tanto da luta de classe quanto do ócio confortável.

No início da década de 1970, um manual que estava em voga – *Sociologia das Organizações*, de David Silverman –,[34] referindo-se a uma tipologia de Schein, caracterizava três filões no âmbito da sociologia gerencial relacionáveis à escola das Relações Humanas: o do grupo de estudiosos (Homans, Brown, Zalenznik), segundo o qual a principal motivação dos trabalhadores caracterizava-se pela necessidade de interagir com os colegas e de ser aceitos por eles; o dos psicossociólogos (Maslow, McGregor, Likert e Argyris), que valorizavam principalmente a necessidade de autorealização dos trabalhadores em relação às oportunidades oferecidas a eles pela organização; e o dos sociopsicólogos (Schein e Bennis), que refutavam a assunção de fatores motivacionais universalmente válidos e propunham uma visão menos abstrata e generalizada das necessidades individuais, relacionadas com a estrutura sistêmica da empresa.

Maslow, McGregor, Argyris e principalmente Likert partem de dois pressupostos aparentemente contraditórios: o primeiro é que o sistema empresarial seja estruturalmente um gerador de conflitos; e o segundo, que o conflito constitua um aspecto patológico da vida empresarial para o qual a direção deve procurar aplicar todos os métodos de gestão capazes de eliminá-lo. Enquanto Maslow, McGregor e Argyris dedicaram-se sobretudo ao diagnóstico dos germes conflituais, Likert, como veremos daqui a pouco, preparou também uma terapia própria, que consistia na conhecida "liderança participativa".

A VOLTA DO CONFLITO

Kornhauser, embora partindo da mesma base de estudos psicológicos em que está enraizado o pensamento de Lickert, McGregor, etc., já em 1954 chegava a duas conclusões: que o conflito entre trabalhadores e empresa era inextinguível ("A análise psicológica nos convenceu de que as relações conflituais entre trabalhadores e direção não desaparecerão num futuro previsível") e que o objeto da contenda seria logo expandido "para a segurança social, a assistência médica, uma melhor educação, a escola, a habitação, as atividades recreativas e todos aqueles benefícios que o homem comum pode chegar a considerar como direito seu".[35]

Tanto McGregor quanto Argyris estão convencidos de que o trabalhador pode se auto-realizar, sobretudo no seu trabalho e por meio do trabalho; mas ao mesmo tempo eles têm bem claro que a organização segundo Taylor e Ford desfigurou o trabalho, degradou-o e tolheu-lhe toda possibilidade efetiva de constituir a ocasião na qual o trabalhador poderia se realizar. Nenhum desses autores quer admitir que a degradação depende, antes de tudo, da separação de trabalho, capital e produto, mas todos sustentam que, do modo que foi concebida e realizada, a organização capitalista impedirá a auto-realização dos indivíduos e, por conseguinte, reduzirá progressivamente a sua produtividade.

Quando McGregor afirma: "A típica organização industrial oferece apenas oportunidades limitadas de satisfazer as necessidades do ego dos indivíduos que se encontrem nos níveis mais baixos da organização... Se as praxes da 'orientação científica' tendessem deliberadamente a frustrar essas necessidades, não poderiam satisfazer esse objetivo melhor do que já fazem";[36] ou quando Argyris diz que "aqui existe incompatibilidade entre a necessidade dos indivíduos sadios e os requisitos da organização formal... que tende a requerer que as pessoas trabalhem em situações em que elas são dependentes, passivas, usam pouca capacidade e são de importância escassa",[37] esses autores não fazem senão repetir, de modo mais pálido, o que Marx já escrevia em 1844.

Com mais de 100 anos de atraso sobre *Os Manuscritos*, McGregor e Argyris anunciaram aos administradores americanos que o trabalho é um fato central na vida do homem, mas que a organização formal o desnatura e aliena. Mas eles não vão além na análise e não ousam levar a fundo as pesquisas das causas que determinam esse efeito nocivo da organização. Para Marx, ainda jovem, a honestidade intelectual não o impedira de cumprir a etapa posterior do diagnóstico: "Enfim, a exterioridade do trabalho para o operário aparece no fato de que o trabalho não é dele mesmo, mas de outrem. Não lhe pertence, e ele, no trabalho, não pertence a si mesmo, mas a outro." Para McGregor e Argyris, mesmo 100 anos mais tarde, o nó do problema não está no arranjo capitalista da empresa e na separação do capital do trabalho, mas em questões de desajuste psicológico dos trabalhadores, superável por meio de pequenos retoques na organização e maior destreza na gestão, por parte dos administradores, deixando intactos as sedes do poder e os mecanismos de apropriação da margem de ganho.

AS RELAÇÕES INFORMAIS

A segunda aquisição, particularmente útil, ainda no que diz respeito à organização criativa, já efetuada por Elton Mayo, porém mais bem definida pelos autores em pauta, é a superação da visão da empresa como estrutura formal, a valorização das relações informais e a sua recuperação por parte da área de gestão administrativa. Num certo sentido, no nível da direção é geralmente essa recuperação que assinala a passagem do capitalismo para o neocapitalismo, e que permite aos patrões vedar às organizações de trabalhadores alguns daqueles espaços sobre os quais eles tinham fixado a sua força contestadora.

Sugerindo às diretorias das empresas apropriar-se também da dimensão informal do negócio e gerir também as emoções e os sentimentos dos seus dependentes, esses autores admitiram implicitamente o imediato insucesso das próprias diretorias, por ter concentrado esforços excessivos sobre o aperfeiçoamento da estrutura formal e dos sistemas de controle técnico e por ter, desse modo, abandonado às mãos dos sindicatos as relações informais e a motivação.

Enfim, esses autores chegam a compreender e teorizar, ainda que de modo tosco e incompleto, a incompatibilidade entre eficiência e liberdade, entre produtividade do trabalho e auto-realização dos trabalhadores. Mas esse ponto ainda será mais aprofundado.

A CONTRADIÇÃO INTERNA NA ORGANIZAÇÃO CIENTÍFICA

McGregor e Argyris partem de uma visão homeostásica, seja do indivíduo seja da organização, referindo-se para isso aos estudos de Maslow. O sistema-homem e o sistema-empresa, segundo esses autores, estão constantemente em busca de equilíbrio, tanto para o seu interior como entre eles mesmos e o mundo exterior. De um lado, o indivíduo procura realizar o equilíbrio entre as suas próprias necessidades e os seus próprios recursos; de outro lado, a empresa deve manter o equilíbrio, tanto (no seu interior) entre os vários subsistemas que a compõem quanto (no exterior) entre ela mesma e os *stakeholders*, os beneficiários que interagem com ela no mercado. Para se realizar, o indivíduo precisa atingir o grau máximo de livre autodeterminação, superando os vínculos interpostos pelas estruturas sociais que o contêm (a empresa entre eles); a empresa capitalista, por sua vez, para sobreviver, tem necessidade de conter o mais que puder as ações de cada trabalhador dentro de regras preestabelecidas e impostas de cima. Essa necessidade, levada ao paroxismo, encontra a sua formulação mais significativa nas palavras do empresário Krupp: "O que eu tentarei conseguir é que nada de importante ocorra sem a consciência e a aprovação da direção, que o passado e o futuro previsível da vida da empresa possam ser conhecidos consultando-se os planos diretivos e sem fazer qualquer pergunta a qualquer mortal."

Segundo McGregor, que repete Maslow, as necessidades do indivíduo são estruturadas numa hierarquia que vai das exigências primárias de ordem física para aquelas de segurança, as sociais, do ego, para, por fim, as necessidades de auto-realização. Tal estruturação tem como características principais o fato de que a necessidade seguinte passa a predominar, tão logo seja satisfeita a necessidade precedente (*progressividade*); e o fato de que a tensão do indivíduo, uma vez satisfeita uma necessidade, se desloca e se concentra na necessidade seguinte ainda não satisfeita (*concentração*). O que acontece quando um trabalhador individual entra em relação de subordinação com uma empresa? Tanto McGregor como Argyris sublinham o contraste entre essas duas quantidades heterogêneas, mas não ousam chegar às extremas e coerentes conseqüências dos efeitos desse contraste. Experimentemos, então, fazê-lo nós.

Para sobreviver, a empresa tem necessidade de ser eficiente. Se é eficiente, pode permitir-se pagar bons salários aos empregados, mas, em troca, pede-lhes o sacrifício de se submeter a uma rígida disciplina, de renunciar à liberdade, de regrar a sua conduta profissional com base em procedimentos precisos e de manter com os seus colegas apenas as relações de trabalho previstas pelas regras de processo produtivo. Em outros termos, a empresa dá ao empregado um pagamento crescente em troca da sua crescente renúncia às satisfações das exigências sociais e de auto-realização. Com a paga, o trabalhador pode satisfazer cada vez mais as suas necessidades físicas, de segurança e de prestígio; pela paga, o trabalhador é obrigado a renunciar às suas necessidades sociais e de auto-realização. Mas, uma vez que Maslow sustenta que os indivíduos se desinteressam daquilo que já têm, concentrando sua tensão sobre o que ainda não têm, deduz-se que os trabalhadores darão importância cada vez menor àquilo que a empresa lhes pode dar (o dinheiro) e darão importância cada vez maior àquilo que a empresa não lhes pode dar (socialização e liberdade). Em outras palavras, a organização capitalista contém em si mesma os germes da própria crise estrutural, porque a sua lógica contrasta de forma crescente com a lógica do trabalhador. Tal contraste poderia desaparecer somente suprimindo-se os atributos capitalistas da empresa, ou seja, eliminando-se a empresa tal como é há 200 anos e inventando uma organização completamente nova, espelhada na auto-realização por meio da criatividade e do grupo.

Essa *défaillance* (desfalecimento, enfraquecimento, perda de forças) é denunciada até por um autor como Tom Peters, que é tudo menos heterodoxo, no seu livro *Rompendo as Barreiras da Administração*: "A monstruosa empresa tecnocrática acabou, superada, suicida... As novas perspectivas de desenvolvimento não devem ser pesquisadas na grande dimensão nem na pequena, mas sobretudo no que é desarticulado, flutuante, na simbiose com quem dela tira proveito... É necessário fundir e confundir as funções empresariais, eliminar os limites, criar grupos de trabalho autogerenciados em contato direto com o mercado, estudar o produto junto com o cliente... realizar o gerenciamento do conhecimento, procurar vender uma quantidade cada vez maior de inteligência e uma quantidade cada vez menor de bens materiais... Se estamos na sociedade do conhecimento, se não podemos pretender ser depositários do conhecimento, é preciso transformar cada organização numa organização que saiba aprender, estruturar a atividade de empresa como um conjunto de projetos levados adiante por grupos dotados de ampla autonomia."

Portanto, a atual empresa capitalista, à medida que racionaliza cientificamente a sua organização, é obrigada a reduzir justamente aquelas condições que mais contribuiriam para o desenvolvimento pessoal e para a criatividade dos seus empregados. A isso acrescenta-se que a empresa não distribui vantagens e desvantagens de modo a gratificar os empregados menos remunerados com um trabalho mais criativo e a compensar com remunerações maiores aqueles empregados que são obrigados a tarefas menos criativas. Hoje, mais do que nunca, quem tem a sorte de executar atividades mais agradáveis e criativas é também mais bem remunerado, trabalha num ambiente mais agradável, pode contar com melhor formação, com mais estabilidade e melhor carreira. Ao contrário, os trabalhadores que ganham menos são ainda obrigados a tarefas mais perigosas, mais penosas e mais banais.[38]

FATORES HIGIÊNICOS E FATORES MOTIVADORES

No plano científico, as análises desse problema e as soluções propostas estão substancialmente ajustadas às relações humanas e aos recursos humanos. No que concerne aos trabalhos repetitivos, as soluções adotadas se reduzem essencialmente a quatro: a sua transferência para máquinas cada vez mais sofisticadas; a sua transferência para a mão-de-obra do Terceiro Mundo, ainda disposta a executar tarefas subumanas; a sua imposição às "franjas" marginais do Primeiro Mundo, obrigadas a escolher entre trabalhos desagradáveis ou desocupação (é esse, por exemplo, o caso de muitos *call centers*); e a adoção de expedientes organizacionais ou de retribuição capazes de compensar a repulsa a esses trabalhos (temporários, empreitadas, prêmios, *pool-rotation*, *job enlargement*, etc.).

A questão é diferente quando diz respeito ao trabalho criativo de grupo. Se as equipes trabalham por conta própria e os diversos membros participam por sua escolha, a questão não se aplica. Quando, entretanto, as equipes operam na dependência direta do empregador, então torna a emergir em várias medidas a desafeição, determinada pelo estado de subordinação que geralmente contrasta com a criatividade e com a autonomia da qual ela se nutre.

O que fazer nesses casos, cada vez mais freqüentes? Aqui também as soluções adotadas são de três ou quatro tipos e tendem a compensar a desmotivação causada pela dependência ou a aumentar a atração do trabalho em si, ou com gratificações materiais, morais, ou ainda com todas essas coisas juntas.

O próprio fato de serem "grupos" confere às equipes criativas um fascínio atraente para todos os cientistas e os técnicos que trabalham nos laboratórios científicos, nas equipes cirúrgicas, nas turmas operacionais, ou todos os artistas e técnicos que trabalham no cinema, nos corpos de baile, nos teatros líricos ou nas orquestras. Nesses casos estruturalmente coletivos, uma vez percebidos, uma personalidade muito egocêntrica acaba, mais cedo ou mais tarde, por fazer o papel de bode-expiatório (como acontece freqüentemente nas equipes cinematográficas e teatrais), por ser expulsa ou por se auto-expelir (como aconteceu entre Majorana e o grupo da Via Panisperna).

A força autodefensiva e centrípeta do grupo de trabalho age poderosamente até nos setores executivos, como descobriu Elton Mayo na década de 1930, chegando a demonstrar que, do ponto de vista psicológico e sociológico, nenhum homem, nas empresas, é uma ilha, todos trabalham interagindo com outros, cedo ou tarde criam-se, sempre, grupos informais aos quais todo trabalhador está fortemente ligado, e não é possível, portanto, obter um bom rendimento de cada um contra a vontade do grupo formal e informal a que ele pertence.

Na década de 1950, McGregor e Argyris nos ensinaram que a auto-realização é um forte atrativo: portanto, nenhum trabalho é capaz, mais do que o trabalho criativo, de motivar quem o executa.

Na década de 1960 foi a vez de Herzberg, que analisou centenas de pesquisas sobre a motivação e deduziu que o entusiasmo no trabalho não depende daqueles que ele chamou de "fatores higiênicos" (remuneração, garantia no emprego, prestígio decorrente dele, capacidade técnica do seu chefe, condições físicas do trabalho), mas daqueles que ele chamou de "fatores motivadores" (correspondência entre vocação pessoal e trabalho efetivamente executado; ver reconhecida e apreciada a sua capacidade, por meio de promoções e de progressão na carreira; ser suficientemente responsabilizado; poder crescer por intermédio do trabalho, tanto profissional como humanamente).[39]

Um trabalho executivo pode ser realizado ainda que não se esteja motivado. Talvez com pouca eficiência, com pouco cuidado, pensando em outra coisa, mas pode ser realizado. Já Wyatt e Fraser acentuaram que o perigo de se entediar é menos provável quando o trabalho é totalmente automático, porque nesse caso pode-se separar o pensamento do trabalho e direcioná-lo para assuntos mais interessantes ou usá-lo para conversar com outros operários. Porém, eles acrescentaram que, "se não é possível distrair a mente dessa maneira, o tédio pode tornar-se muito intenso".[40]

É esse, justamente, o caso mais recorrente nas fases de rotina, que também existem nas tarefas criativas: elas são suficientemente repetitivas para entediar, mas não tanto para consentir que se as execute automaticamente, pensando em outra coisa. Por isso, muitos alunos de piano se rendem frente ao tédio dos solfejos ou muitos estudantes de arquitetura se rendem diante dos extenuantes exercícios de composição.

Afortunadamente, ainda que pareça impossível executar uma certa atividade criativa quando não se está motivado para ela, e, por outro lado, o próprio fato de que uma atividade requer dotes criativos, sobretudo se é executada em equipe, a torna motivadora aos olhos de quem sabe que possui tais dotes. Personalidades imaginativas e cheias de fantasias e personalidades concretas encontram-se juntas para enfrentar um problema novo, ou que requer uma solução nova, e só pelo motivo de se encontrarem juntas vivem um intenso estado de graça, percebem o fascínio e a raridade da ocasião que lhes é propiciada, sentem a dimensão lúdica, útil e instrutiva daquilo que fazem, dão-se conta do privilégio que toca aos criativos por serem mais imunes ao tédio e à banalidade do que os outros.

Portanto, os grupos criativos tendem a níveis de motivação mais altos do que qualquer outro grupo, mesmo que o seu entusiasmo, como todos os estados ardorosos, corra o risco de arrefecer rapidamente, quando não é realimentado pelo sucesso, pelas gratificações e pela capacidade de motivação do líder. De resto, todo trabalho – passando pelas modalidades industriais, que o tornavam tangível, físico, quantitativo e executivo, às modalidades pós-industriais, que o tornam abstrato, intelectual, qualitativo e criativo – requer uma organização capaz de substituir a arma do controle pelo incentivo da motivação.

A CRIATIVIDADE É UM HOLOGRAMA

Pelo fim do século XX tornaram-se cada vez mais evidentes as anomalias e inadequações da organização industrial aplicada às atividades pós-industriais. Finalmente, alguns cientistas começaram a espernear, invocando firmemente aquilo que até então tinham se limitado a sugerir de forma submissa. James Champy, num livro de sucesso intitulado, não por acaso, *Reengineering Management* (Reengenharia na administração), profetizou com absoluta franqueza: "As velhas maneiras de administrar não durarão muito. Os organismos empresariais, os esquemas de remuneração, a organização vertical, todo o conjunto atual de técnicas de comando não durará muito... A mudança não dirá respeito apenas ao que fazem os administradores de empresas, mas a *quem são eles*. Não somente ao sentido da tarefa deles, mas ao sentido deles mesmos. Não somente àquilo que eles conhecem, mas a *como eles são*. Não somente ao modo de eles verem, mas ao modo de eles viverem no mundo."

A proposta mais convincente foi a de orientar as organizações para um sistema "holográfico" baseado em quatro princípios, opostos àqueles introduzidos 100 anos antes por Taylor e Ford.[41]

O primeiro princípio versa sobre a "redundância das funções", característica de um sistema dotado de uma elevada flexibilidade, que o torna capaz de se reorganizar de forma autônoma na base dos problemas que logo se apresentam. Isso requer tal nível dos conhecimentos entre todos os membros que permita um rápido intercâmbio de papéis e de funções.

O segundo princípio versa sobre a pluralidade dos modelos organizacionais que um sistema deve saber assumir, variando a sua própria flexibilidade e a sua própria complexidade interna, para encarar a complexidade do macrossistema externo, de modo a protelá-lo ou valorizá-lo para os próprios fins.

Com base no terceiro princípio, as normas e os procedimentos que regulam o sistema devem limitar-se à menor especificação possível, sem pretender disciplinar cada coisa em cada um dos seus detalhes. A direção do sistema deve orquestrar as estratégias gerais, deixando ampla autonomia para os vários subsistemas, de modo que eles estejam livres para se organizar por conta própria, com base em normas e valores que são continuamente reavaliados e reformulados por parte dos que atuam no próprio sistema.

O quarto princípio de um sistema holográfico consiste na necessidade de que todo agente aprenda a aprender, isto é, que seja capaz de avaliar a qualidade e os resultados do seu trabalho, reorganizando-o toda vez que se torne necessário.

A contradição interna da teoria dos sistemas holográficos é que ela ainda usa o conceito de "princípios", apesar de negar todo e qualquer princípio. Mas as características próprias da organização holográfica se reencontram exatamente nos grupos criativos que analisei: as informações circulam com difusão bem maior do que nos grupos executivos; o intercâmbio dos papéis e das funções é bem mais freqüente; a escuta do que ocorre no macrossistema é constante; e cada grupo cria aprendendo e aprende criando.

EXIGÊNCIA DE HUMILDADE

"O desafio que espera a administração americana", escreveu Peter S. Drucker, um *expert* em organizações que dominou durante meio século a cultura gerencial, "é destinar o trabalhador de opinião à produtividade." Cientificamente organizada há mais ou menos 100 anos, para exprimir o máximo da produtividade manufatureira dos operários semi-analfabetos, a grande empresa não consegue obter resultados tão brilhantes quando se trata de espremer idéias dos trabalhadores de opinião. Por que será?

O modo de produção industrial, que por 200 anos foi o motor do progresso humano, agora vai a reboque das mudanças que a sociedade produz de forma autônoma. A organização por controle, pensada para multiplicar desmesuradamente, nas oficinas, a produção em série de bens materiais iguais entre si, transferida aos escritórios, aos ateliês, aos laboratórios e aos estúdios, desmotiva e provoca estranhamento nos trabalhadores, priva as tarefas de qualquer sentido lógico, burocratiza e diminui a velocidade dos fluxos de trabalho e inibe as idéias justamente onde haveria maior necessidade de produzi-las.

Lamentavelmente, em vez de tomar consciência da estagnação em que se encontra a produtividade intelectual nas empresas, muitos continuam a considerar a organização industrial como a única e melhor maneira para a perfeição organizacional. Quer organizar bem uma escola, um hospital, um partido, uma igreja, uma companhia teatral, um ministério? Não existe mais do que uma possibilidade: aplicar a todos, apesar de tão diferentes, as mesmas regras já experimentadas e destiladas na indústria. A organização da empresa, em suma, se propõe a ser a ponta avançada e definitiva dos esforços historicamente empreendidos pelo homem para otimizar os seus recursos.

Ainda assim, tanto as empresas quanto as ciências organizacionais revelam insuficiências cada vez mais graves, à medida que a sua evolução se comporta em ritmo mais lento do que a evolução da tecnologia e da sociedade. O tempo e o espaço, categorias cruciais da organização, continuam a ser geridos como se ainda não tivessem sido inventados nem o computador nem a telemática; as mulheres continuam a ser relegadas a posição gregária, como se ainda não tivessem conquistado a paridade constitucional; a criatividade ainda permanece sufocada sob um excesso de burocracia, fim em si mesma. O resultado geral dessas inadequações organizacionais é o déficit de produtividade intelectual dos trabalhadores de opinião, que Drucker aponta como o desafio mais insidioso à atual administração americana.

Em suma, fala-se tanto de crise (e até de morte) do pai, da família, da religião, dos partidos e da sociedade: seria hora de se começar a refletir sobre a crise (e talvez sobre a morte) da organização empresarial na sua versão clássica que perdura até hoje; seria hora de as organizações com fins lucrativos empreenderem algum exercício de humildade, começando a olhar em torno de si, para se inspirar na rica e desconhecida experiência de outros sistemas organizados.

GRUPOS CRIATIVOS E SEM FINS LUCRATIVOS

O modelo mais recente sonhado pelas empresas ocidentais para sair da estagnação é o japonês, em que um único e indescritível enredo de neotaylorismo e fatores culturais autóctones permitiu que a adesão dos dependentes à missão indicada por seus chefes permanecesse com vida natural intensa e duradoura. Ainda assim, o modelo nipônico conseguiu desarranjar o equilíbrio antropológico do Japão, mas não serviu para salvar as empresas nativas de uma crise irreversível. Os seus enormes investimentos em pesquisa científica e pesquisa estética não afetaram a primazia criativa do Ocidente. Não é do Sol Nascente, portanto, que podemos esperar grandes contribuições ao incremento da criatividade coletiva, mesmo se a experiência das empresas capitalistas, orientais ou ocidentais, permanece o mais rico patrimônio de sabedoria organizacional acumulado pela humanidade.

Para reconstituir as organizações em caráter pós-industrial, para inventar novos métodos capazes de incrementar a criatividade coletiva, dispomos de pelo menos três fontes de motivos e sugestões: a forma de produção industrial; os exemplos excelentes oferecidos por alguns grupos criativos; os comportamentos organizacionais aprovados pelas empresas sem fins lucrativos.

Foi justamente Drucker que insistiu – entre 1988 e 1993 – sobre o que as organizações com fins lucrativos podem aprender das organizações sem fins lucrativos.[42] Ele partia da constatação de que, nos Estados Unidos, um número enorme de pessoas (30 milhões, diz um artigo de 1988; 80 milhões, diz um artigo de 1992), em média, dedicava voluntariamente mais de cinco horas por semana a uma organização qualquer sem fins lucrativos, o equivalente a dez milhões de postos de trabalho em tempo integral. Essas instituições do chamado "terceiro setor" (igrejas, hospitais, orquestras, museus, universidades, Cruz Vermelha, Exército da Salvação, escotismo, etc.), acrescentando um pouco de habilidade gerencial e muitas atividades de formação à própria organização informal e à própria liderança carismática, conseguiram incrementar vertiginosamente a sua eficiência, justamente enquanto, nas grandes empresas, o rendimento dos recursos humanos estava caindo.[43]

Quais são os segredos de tanto sucesso? Drucker aponta uma dezena deles, mas outros ainda estão emergindo das minhas pesquisas, que confirmam que muitos fatores de motivação e de produtividade são encontrados com igual freqüência tanto nas organizações sem fins lucrativos como nos grupos criativos.

Eis o mais interessante. Nos grupos criativos, assim como nas organizações do "terceiro setor", domina uma forte tensão em relação à missão, claramente definida, que confere a si prioridade sobre qualquer outra coisa. A missão, ou objetivo principal do grupo, é assumida como ponto operacional de referência, como guia da ação e parâmetro de avaliação. Tanto nos grupos criativos como nas organizações sem fins lucrativos, o voluntariado e a ação desinteressada constituem a mola mestra do sentido de pertinência: quem não compartilha mais a missão ou quem não está mais motivado a emprestar a sua atuação se retira. Em ambos os tipos de organização, a carga inovadora prevalece claramente sobre a resistência às mudanças; todos os membros gostam de ser responsabilizados para "definir e fixar os seus objetivos de colaboração. Esperam ser consultados e participar das decisões que dizem respeito ao seu trabalho e ao trabalho da organização no seu todo".[44]

Tanto os grupos criativos como as organizações do terceiro setor tendem a julgar cada um dos membros não só com base nos seus resultados, mas também com base nas suas boas intenções, no seu empenho e na sua generosidade. As falhas são toleradas; a auto-avaliação é freqüente;[45] presta-se grande atenção ao clima interno (orientação de grupo), caracterizado por entusiasmo e solidariedade. Prevalece a organização "por objetivos", e cada um é avaliado com base no empenho com que a persegue.

Tanto nos grupos criativos quanto nas organizações do terceiro setor, antes ainda do treinamento, o recrutamento e a seleção são severos, no mais das vezes confiados a *experts* internos. As relações interpessoais são predominantemente horizontais, calorosas, informais, solidárias e centradas na emotividade. Para o indivíduo ou para o grupo no conjunto contam, principalmente, o reconhecimento e a gratificação moral.[46] Prevalece uma liderança carismática. Cada um está atento àquilo que deve dar aos outros; atribui muita importância ao empenho; tende a aprender o mais possível, para melhorar a qualidade das suas próprias contribuições; sente-se responsável; sabe para que ele serve; sabe para que serve a sua contribuição pessoal; não tende a descarregar sobre os outros as suas próprias responsabilidades. A disciplina provém do empenho pessoal, da atração exercida pelo líder, da adesão à missão, da dedicação ao trabalho, da fé, da generosidade, da participação na "brincadeira"; o próprio trabalho assume, às vezes, modalidades jocosas.

Obviamente, enfatizei os aspectos positivos, ainda que, na realidade, o embate não seja raro em grupos criativos e em organizações sem fins lucrativos que atravessam fases de desmotivação, desorientação, diáspora e crises de identidade. Por outro lado, mesmo nas empresas orientadas para o lucro acontecem confrontos de grupos entusiastas pelo seu próprio trabalho, seu próprio chefe e sua própria missão. Mas quem reconhece a necessidade de reprojetar desde as fundações a organização pós-industrial, para favorecer a criatividade, não tem dificuldade de reconhecer que os grupos criativos e as organizações sem fins lucrativos, com relação à maior parte das empresas, já estão muito mais adiantados nesse caminho.

CAPÍTULO DEZOITO

CULTIVAR A CRIATIVIDADE

"É preciso cultivar nosso jardim."
VOLTAIRE

*"Os deuses não quiseram que
o cultivo fosse fácil."*
VIRGÍLIO

UMA PLANTA DELICADA

Nunca, como hoje, tivemos tanta necessidade de criatividade: para aliviar a fome de bilhões de seres humanos, para permitir que o progresso científico e tecnológico prossiga na sua bela corrida libertadora, para aumentar a riqueza e distribuí-la com eqüidade, para construir um novo modelo de vida, capaz de dar sentido à fartura dos afortunados e sorte aos marginalizados da terra, para estender a paz e a alegria, para depurar o sistema ecológico da poluição e o sistema social das tentações autodestrutivas, para saborear até o fundo a alegria perene da beleza.

Mas a criatividade é uma planta delicada, a ser assistida com fantasia e concretude, com diligência ansiosa e competência científica. Uma planta que não pode ser confiada apenas aos gênios, muito raros para satisfazer necessidades de novidades cada vez mais sofisticadas e difusas. O *oitavo dia da criação* já está nas mãos de poucos criativos isolados e de muitos grupos criativos, cuja fecundidade depende, por sua vez, de uma combinação feliz de fatores. Como já sabemos, a criatividade de uma equipe decorre da combinação certa de personalidades imaginativas e de personalidades concretas, assim como da feliz coincidência de trabalho, estudo e lazer.

Essa mistura tão complexa, que funciona somente se o grupo está motivado, não se forma por acaso: é fruto de um processo organizacional e decisório profundamente diferente daquele que assegurava a produtividade das turmas operárias e dos escritórios de empregos nas velhas empresas manufatureiras. Um grupo criativo baseia a sua fecundidade na competência e na motivação dos seus membros, na liderança carismática capaz de indicar e fazer compartilhar uma missão inovadora num clima solidário e entusiasta.

A SENHORITA SMITH

O trabalho operário, até aquele repetitivo e tedioso, também pode cativar o trabalhador, se acompanhado de condições agradáveis. May Smith – "a senhorita Smith", como gentilmente a chama Elton Mayo – sublinha que o trabalho em si, mesmo que repetitivo ou variado, representa apenas um dos elementos do quadro e, sozinho, não constitui todo o quadro. Nos locais de trabalho existem condições que conseguem compensar também as piores tarefas: o espírito corporativo, por exemplo, a ligação psicológica e quase afetiva que às vezes se cria entre determinada máquina e o seu operador, uma vida de relação muito variada, o agrado dos superiores, a simpatia e o apoio solidário dos colegas ou dos subordinados, até a possibilidade de se lamentar. A solução para o tédio consiste em deslocar a atenção da monotonia do trabalho para as emoções suscitadas pelo contexto social. A senhorita Smith descreve com vivacidade o efeito motivador que os elogios de um superior conseguem surtir num operário, fazendo-o esquecer a desagradável condição objetiva do seu dever.

Quem sabe o que teria a senhorita Smith conseguido entender e nos fazer entender sobre o trabalho criativo se apenas tivesse aplicado a ele um pouco da sua extraordinária imaginação sociológica!

A primeira criação de um grupo criativo consiste em criar a si mesmo. Imagine-se a severidade com que o Círculo de Bloomsbury selecionava os seus novos membros ou aquela com que Enrico Fermi examinava cuidadosamente os seus assistentes potenciais. Um grupo criativo quer mudar o mundo, e quer fazê-lo com regras novas e com novos instrumentos, partindo da sua competência específica, no intento de transformar toda a humanidade: "O que conta", pintou Niemeyer na parede do seu estúdio, em Copacabana, "não é a arquitetura, mas a vida, os amigos e este mundo injusto que temos de modificar."

O primeiro núcleo de um grupo criativo geralmente se aglutina em torno de uma idéia, uma utopia, um imperativo categórico, uma necessidade ardente, a convicção de tornar possível o impossível, com a despreocupada leveza de um jogo e a teimosa audácia de um menino. A pressuposição de um resultado admirável e da admiração pública decorrente, o orgulho pela primazia de uma descoberta importante para a humanidade inteira, a satisfação afetuosa de compartilhar o mérito com os colegas, a alegria de ler alegria igual nos olhos do líder, a embriaguez de um salto de qualidade provocado entre o antes e o depois da criação, o orgulho de se ter chegado antes dos concorrentes, a satisfação por ter realizado um sonho rompendo paradigmas cognitivos e sistemas de poder consolidados, apontando novos itinerários para novas metas, são igualmente alavancas motivadoras que logram fazer superar os obstáculos, suportar as fases de desencorajamento, assegurar a necessária tolerância com as imperfeições individuais, sustentar o grupo também nos insucessos, conferir fé e audácia, assim como fortificá-lo frente aos seus impulsos centrífugos e aos infalíveis assaltos do exterior.

Tudo isso diz respeito ao clima em que o grupo criativo se forma e opera. O clima, por sua vez, encontra no líder um artífice bem mais parecido com o empresário do que com o gerente, bem mais carismático do que participativo. Por isso, é a essa figura que dedicarei os próximos parágrafos, preparando-me para a conclusão do livro.

A LIDERANÇA PARTICIPATIVA

Como se pode facilmente compreender, como todo dia milhões de trabalhadores experimentam na própria pele, e como tenho repetido muitas vezes neste livro, persiste um total e irredutível contraste entre a maior parte das organizações atuais e o trabalho criativo. Tanto as empresas quanto a burocracia permanecem ainda fundamentalmente tayloristas e pretendem impor a uma força de trabalho já escolarizada, culta, autônoma e ciosa da sua própria subjetividade e dos seus próprios desejos de bem-estar, mais ou menos as mesmas regras e os mesmos estilos de liderança criados há mais ou menos 100 anos para uma mão-de-obra analfabeta e portadora de poucas e elementares necessidades de sobrevivência.

Como já vimos, houve mais de um suspeito dessa incongruência na segunda metade do século XX: estudiosos como Maslow, McGregor, Argyris e Likert, que indicaram algumas causas colaterais e arriscaram alguns paliativos sem apresentar a solução.

Likert desenvolveu uma terapia que consiste na "liderança participativa", capaz de obter em qualquer organização e em qualquer país "uma produtividade mais elevada e ganhos maiores, custos mais baixos, menor desperdício, menos absenteísmo, melhores condições de trabalho, maior satisfação dos empregados e melhor saúde física e mental deles".[1] Esse tipo de liderança, segundo Likert, transformaria a empresa num sistema social "constituído por grupos de trabalho interdependentes, com alto grau de lealdade entre os membros, atitudes favoráveis e confiança entre superiores e subordinados. Estão também presentes uma sensibilidade em relação aos outros e uma capacidade relativamente elevada de interagir em âmbito pessoal e de grupo. Essas características permitem uma efetiva participação nas decisões relativas a problemas comuns, por exemplo, fixar à organização objetivos que constituam uma integração satisfatória das exigências e necessidades de todos os seus membros e de todas as pessoas a ela funcionalmente ligadas. Evidencia-se um alto grau de influência recíproca, enquanto no todo da organização atingem-se altos níveis de influência total coordenada. Cada membro sente a responsabilidade de contribuir para o sucesso da organização, e cada um, se necessário, toma iniciativas tendentes à obtenção dos seus objetivos. A comunicação é eficiente e eficaz. Todas as informações relevantes que tenham importância para os efeitos de cada decisão ou iniciativa afluem de um lado a outro da organização. A liderança estabeleceu o que se poderia com razão definir como um sistema operacional altamente eficiente para a interação e a influência recíproca".[2] Em síntese, a *liderança participativa* teorizada por Likert melhoraria a produtividade da empresa, reduzindo a combatividade dos empregados.

Outros autores – por exemplo, Argyris e Kornhauser, na América, Dahrendorf e Coser, na Europa – suspeitaram de que o estado de conflito determinado por causas estruturais não se poderia eliminar com intervenções funcionais como a liderança participativa. Dahrendorf acrescentou outra objeção: admitindo e não concordando que se possa depurar a organização de toda forma de conflito, mesmo assim sairia dele com o estímulo criativo destruído, considerando que "tudo aquilo que é criatividade, inovação e evolução na vida do indivíduo, do seu grupo e da sociedade é de se considerar em grande parte uma conseqüência dos conflitos entre grupo e grupo, entre indivíduo e indivíduo e entre emoções diferentes no interior do próprio indivíduo. Esse fato fundamental nos parece suficiente para justificar a avaliação de que o conflito seja essencialmente previsível e que se constitua num bem".[3] Coser, por sua vez, sustenta que o conflito "previne a calcificação do sistema social, constituindo-se num impulso para a renovação e a criatividade".[4]

Para evitar observações desse gênero, Likert propôs atenuar os conflitos, não tanto que narcotizasse as capacidades inovadoras da organização nem tampouco que as fizesse submergir sob as greves e o absenteísmo. Para tal escopo, ele sugere um tipo de direção em que os superiores exerçam "um controle efetivo, promovendo a cooperação por meio do consenso, a criação de atitudes favoráveis e o emprego do trabalho de grupo... Por meio da própria participação em grupos altamente solidários e ligados, os membros da organização, em todos os níveis, são envolvidos no processo decisório.

Daí resulta um quadro de controle superior àquele que se encontra nas organizações tradicionais", e daí decorre, para os administradores, a possibilidade de "aumentar o controle por eles exercido, delegando parte da sua autoridade aos níveis inferiores". Em outros termos, com a direção autoritária, "os empregados podem sentir-se muito vigiados e nutrir sentimentos de rancor e de resistência";[5] com a liderança participativa, entretanto, pode-se obter uma eficiência produtiva mais elevada e, por isso, maior desfrute do trabalho, sem que os trabalhadores, cada vez mais controlados, se dêem conta disso.

REINVENTAR A LIDERANÇA

Para tornar as organizações mais criativas, pode acontecer que a maquiagem da direção proposta por Likert represente uma condição necessária; certamente, não constitui condição suficiente. Ficaria faltando ainda assim, por exemplo, colocar rapidamente em todos os níveis um grande número de mulheres, até equiparar a sua presença com a dos homens; seria preciso reduzir drasticamente o horário de trabalho, de modo que todos os trabalhadores criativos, incluindo gerentes, possam ficar imersos durante muitas horas por dia no mundo extra-empresarial, aprendendo a acolher os seus sinais, estímulos, necessidades e valores emergentes. Seria preciso assegurar um clima entusiasmado, condições de máximo prazer estético e afetivo dentro e fora dos locais de trabalho. Estes, por sua vez, graças ao teletrabalho, deveriam coincidir cada vez mais, seja topográfica seja psicologicamente, com os locais de vida. Além disso, para organizar e encorajar a criatividade em todos os níveis, seria preciso revolucionar a liderança, e não apenas em termos de estilo de participação.

Quando comecei a estudar os grupos criativos, eu sabia por experiência própria que os setores das empresas manufatureiras tradicionais eram dirigidos por chefes predominantemente autoritários, como maestros intransigentes; visto que as organizações mais intelectualizadas, principalmente aquelas voltadas para serviços, tendiam a confiar os escritórios a chefes com tendência participativa, como teria agradado a Likert, eu aventava a hipótese de que os grupos criativos renunciassem aos líderes, substituídos por simples coordenadores, mais ou menos como acontece nos grupos de música de câmara. Com o tempo, à medida que eu passava em revista dezenas de grupos criativos e os ia comparando com os grupos de tipo executor, chegava à conclusão de que a minha hipótese estava errada, que o gênio, com muita freqüência, é autoritário, que as organizações artísticas e científicas quase sempre se estruturam em torno de personalidades fortes, carismáticas, severas e dotadas de grande autoridade, ainda que isso não exclua a amizade e as reuniões grupais.

Como vimos no curso deste livro, pelo menos seis fatores concorrem, hoje, para modificar a organização e a liderança em qualquer grupo de trabalho: o progresso tecnológico, a globalização, a escolarização de massa, a necessidade de flexibilização, a desestruturação do tempo e do espaço, a complexidade dos sistemas produtivos. O próprio conceito de "trabalho" sai completamente modificado, perdendo a sua centralidade na experiência de vida dos cidadãos. No interior das organizações, a motivação desempenha o papel hegemônico que antes pertenceu ao controle. O conceito de "chefe", na empresa, assim como o conceito de "pai", na sociedade, modifica-se profundamente com a passagem "da rivalidade edipiana para a inveja fraterna", para usar as palavras de Mitscherlich.[6]

Em relação aos nossos bisavós, que dedicavam quase a metade da sua existência ao trabalho, nós reservamos a ele não mais do que um décimo da nossa vida, que intercalamos com pausas mais freqüentes e mais longas, e o mitificamos muito menos. Os empregados dos engenheiros Taylor e Ford eram analfabetos; hoje, os empregados de engenheiros são quase sempre igualmente engenheiros, lêem os mesmos livros e os mesmos jornais, vêem os mesmos programas de televisão e vão de férias aos mesmos destinos turísticos. As distâncias culturais entre chefe e dependente foram se estreitando até desaparecerem, a fonte do poder hierárquico está mais numa posição formal do que num desnível substancial, a fonte do poder real está mais na autoridade do que no número de estrelas no uniforme. Freqüentemente são os pais que aprendem com os filhos, e os chefes, com os subordinados. A função "alimentadora" do líder desapareceu; a "formativa" é confiada cada vez mais à experiência direta, ao autodidatismo, à mídia, às faculdades de administração, aos consultores externos; a função "afetiva" é com freqüência sufocada pelas relações burocráticas; a função "social", por intermédio dos outros níveis hierárquicos e do mundo exterior, é quase sempre executada de forma autônoma por cada trabalhador, pessoalmente ou por intermédio da Internet, sem qualquer necessidade de mediação.

A desestruturação do tempo e do espaço de trabalho se processa velozmente, correndo com as pernas do progresso tecnológico. Mesmo o teletrabalho, apesar do nosso apego aos celulares em todo lugar e a toda hora, de fato venceu retumbantemente, se bem que ainda encontre resistências contratuais justamente nos chefes, que vêem nele uma ameaça posterior ao seu poder imediato, tangível, sobre os seus subordinados. Mas a instância em favor de uma liderança diferente da liderança hierárquica tradicional vem, principalmente, da exigência de criatividade contínua e, por conseqüência, do papel já imprescindível daquele clima organizacional que os chefes tradicionais não conseguem mais obter. O abismo entre as novas exigências e as velhas regras organizacionais, de fato, desconta-se em termos de desmotivação, dando vida a um círculo vicioso: quanto mais a organização tem necessidade de criatividade difundida, para responder com presteza às necessidades e aos valores emergentes do mercado e do sistema social, mais deve dispor de pessoal motivado. Porém, quanto mais a organização fica ligada aos velhos métodos baseados no controle, na vigilância e na disciplina, mais provoca efeitos desmotivadores nos seus "dependentes". A tudo isso acrescente-se que a flutuação cada vez mais caprichosa dos mercados globais reduz, dia a dia, a segurança ocupacional dos trabalhadores, atirando-os ao pânico. Em outras palavras, a organização cria barreiras à criatividade justamente agora, quando tem mais necessidade de ser criativa, voltando-se assim ao seu próprio insucesso.

O CHEFE CARISMÁTICO

O líder de um grupo criativo deve obter resultados tais que pareçam quase milagrosos. Antes de tudo, deve criar o grupo, com a felicidade de encontrar e com a capacidade de atrair todas as pessoas certas e – do modo certo – complementares.

Depois, deve fazer com que essas pessoas o acompanhem sempre, mesmo nos momentos de desestímulo, acreditando nas suas indicações, com fé e confiança, sem necessidade de muitas explicações racionais.

Em seguida, agir de modo que a meta indicada fique fascinante para os seus companheiros de aventura, como um sonho resplandecente e atingível como uma realidade concreta.

Deve tentar envolvê-los emotivamente, até entusiasmá-los, não só pelo objetivo proposto, mas também pelo tempo previsto e pelos métodos para atingi-lo.

Mais adiante, deve procurar tirar o melhor de cada um, fazendo-o apaixonar-se pela empresa e pela companhia.

Depois deve transformar os conflitos nascentes em emulações solidárias, os vínculos em oportunidades, a carência de recursos em aceitação do desafio, em disposição para o sacrifício, em voluntariado.

Em seguida, deve estar em condições de manter cada componente do grupo em equilíbrio entre autonomia individual e organização integral, entre identidade e participação, entre crescimento e espera, entre coordenação e liberdade, sem que as regras indispensáveis degenerem jamais em procedimentos insensatos.

Além disso, deve ter a capacidade de transformar o trabalho em ócio criativo: isto é, em síntese dinâmica de trabalho, estudo e lazer.

Depois, deve saber dosar a arte da palavra com a da escuta, dando ao interior e ao exterior do grupo a sensação correta de que a obra criada não seja de um só, mas de todo o grupo.

Em seguida, deve manter o grupo em estado de fibrilação contínua, de sístole e diástole, alimentando nele do mesmo modo a necessidade de se fechar em si mesmo, *autopoieticamente*, e a necessidade de se abrir às relações com o mundo, *heteropoieticamente*. Depois, deve ser capaz de conjugar passado e futuro, memória e inovação, destruindo tudo aquilo que é obsoleto, sem provocar sentimentos de vazio e de culpa.

Depois, deve preceder o grupo na medida de ser por ele apreciado, mas não tanto que se torne incompreensível ou inatingível.

E, ainda, deve ser capaz de inspirar e sugestionar, organizar, desorganizar e reorganizar, mudar tanto que surpreenda, mas não tanto que desoriente, com uma combinação certa de astúcia e ingenuidade.

Por fim, deve saber atrair e envolver, mas também dissipar-se e desaparecer, sem que o grupo se desfaça sob o peso do luto ou da sensação de impotência.[7]

ENTUSIASMO CONTAGIOSO

Tudo isso é preciso para ser um bom líder carismático num grupo criativo. Mas sobre três aspectos, sobre três dotes, sou forçado a me deter: a capacidade de fazer compartilhar apaixonada e tenazmente a meta previamente escolhida, transformando-a em um ideal fascinante e ardente; a vocação pedagógica com os colaboradores; e a tolerância, quando se verificam insucessos.

Comecemos pelo primeiro dom. Que Napoleão, depois da carnificina sofrida na campanha da Rússia, tivesse conseguido obter das famílias francesas outros 112 mil jovens para levar ao massacre de Waterloo sempre me pareceu um exemplo extremo de terrível fascínio carismático, capaz de envolver um povo inteiro até o fanatismo e o suicídio. Mas, em todos os grupos criativos que estudei – dos jovens da Via Panisperna à equipe de Fellini, dos laboratórios de Max Perutz e de Rita Levi Montalcini ao grupo de arquitetos e artistas mobilizados por Kubitschek para a construção de Brasília –, sempre encontrei um líder carismático capaz de mobilizar esforços sobre-humanos em torno de um projeto sobre-humano.

Em sua passagem famosa de *Economia e Sociedade*, Max Weber escreve: "Por carisma deve-se entender uma qualidade extraordinária que é atribuída a uma pessoa... Do ponto de vista conceitual, é de todo indiferente o modo pelo qual a qualidade em questão *deveria* ser avaliada, com base em critérios 'objetivamente' corretos, de caráter ético ou estético ou de outro tipo; o que importa é somente como ela é efetivamente avaliada por aqueles que são dominados de forma carismática, pelos *sequazes*... Sobre a validade do carisma, decide o *reconhecimento* espontâneo dos dominados, ainda com base na prova (no começo foi sempre um milagre), que nasce da fé na revelação, da veneração do herói e da confiança no chefe... Tal *reconhecimento*, do ponto de vista psicológico, é uma decisão de fé toda pessoal e determinada pelo entusiasmo, pela necessidade e pela esperança... Se a prova vem a faltar por um período longo, se o investido do carisma parece abandonado pelo seu deus ou pela sua força heróica ou mágica, se não consegue o sucesso por algum tempo, e se, acima de tudo, *a sua orientação não traz qualquer benefício aos dominados*, então a sua autoridade carismática corre o risco de desaparecer." O grupo gerido de forma carismática "constitui uma comunidade de caráter emocional... O poder carismático, por ser extraordinário, contrapõe-se claramente tanto ao racional – acima de tudo, do tipo burocrático – quanto ao tradicional... O poder tradicional é vinculado aos precedentes que existiram no passado e, como tal, é igualmente orientado com base em regras; já o poder carismático inverte o passado (dentro do seu âmbito), e, nesse sentido, é especificamente revolucionário".[8]

O carisma exercido pelo chefe num grupo criativo sofre algumas dificuldades e se vale de alguns pontos de força. A maior dificuldade está no fato de que os colaboradores não podem ser motivados de uma vez por todas, mas a sua paixão se mantém no estado ardente dia a dia, hora a hora, talvez pelo período de muitos anos, até que a obra sonhada se transforme em realidade.

Imagine-se Cristóvão Colombo, que, durante meses inteiros, conseguiu convencer as suas chusmas rebeldes de que a chegada às Índias era certa e estava próxima. E Michelangelo, que, já velho, conseguiu prosseguir durante 20 anos na complexa construção da cúpula de São Pedro, mantendo vivo o empenho de milhares de colaboradores.

O líder deve ser capaz de infundir um entusiasmo constante, porque o trabalho criativo é sempre a "tempo integral": quem está preocupado com um problema que requer soluções criativas (um artista, um publicitário, um empresário, um artesão, um pesquisador ou um profissional) não pode interromper o fio do pensamento do modo como o operário, ao soar da sirene, interrompia o seu serviço na linha de montagem. O cérebro do criativo, uma vez impregnado de determinado problema, acaba por trabalhar nele sem interrupção (no escritório, em casa, no serão, no sono e no cochilo) até que chegue a intuição genial, a hipótese certa, o *insight* da solução. E incessantemente a sua mente é mantida num estado de febril exaltação, se não quiser que caia em prostração e abandone a sua aventura criativa.

O líder deve acompanhar a equipe em todas as fases do processo criativo, até administrar a alegria do sucesso, o dissabor pelo eventual insucesso, o pesar pelo grupo que se dissolve, como sempre acontece nos *project groups* e, com freqüência, nos grupos criativos, que, ao contrário dos burocráticos, tendem a ter vida breve.

O principal ponto de apoio com que o líder pode contar para a motivação dos seus colaboradores é a relação íntima, quase paternal, que se forma entre os grupos criativos e a sua obra. Os operários na linha de montagem perdiam o senso de seres humanos, acabavam quase por se identificar (se alienar) na máquina. O trabalho criativo também aliena, o grupo criativo também não vive em si mesmo, mas na sua obra. Mas entre a obra criada e o seu grupo criador existe uma simbiose bem mais firme e brilhante do que aquela que ligava fracamente os empregados ao seu produto fabricado em série. Como eu já disse, enquanto a alienação do trabalhador executor *esvazia*, a alienação do trabalhador criativo *enche*. A obra executora é do patrão do trabalhador; a obra criativa, mesmo quando vendida ao patrão ou a terceiros, pertence para sempre ao grupo que é o seu autor. Basta pensar nas motivações que acompanham a atribuição dos prêmios Nobel para as ciências, sempre atentas em relacionar todos os membros da equipe que colaborou com cada líder ganhador do prêmio.

PAIXÃO PEDAGÓGICA

Um segundo dote particularmente necessário para o líder carismático de um grupo criativo consiste na paixão pedagógica. Muitas empresas, após terem selecionado pessoas medíocres – desde que dóceis – e depois de lhes terem sufocado qualquer vislumbre de audácia sob um amontoado de procedimentos e controles, sentem a necessidade de revitalizar a criatividade dessas pessoas, colocando-as nas mãos de formadores que se dizem *experts* da matéria. É como se eu gostasse de mulheres louras mas desposasse uma morena e depois a levasse ao cabeleireiro para oxigenar os cabelos. Esses “formadores em criatividade”, missionários do “modelo americano”, freqüentemente privados de bases científicas sólidas, submetem os alunos bons pagantes a caprichosos exercícios psicofísicos: iludem-nos a respeito de que cada um deles esconde um gênio a ser desencavado;

transformam a criatividade, isto é, a expressão mais misteriosa e preciosa do gênero humano, num fenômeno de circo.

Educar um jovem ou um administrador para a criatividade significa ajudá-lo a individualizar a sua vocação autêntica, ensinar-lhe como escolher os parceiros certos, como encontrar ou formar um contexto suficientemente gerador de criatividade, como explorar os vários aspectos do problema que o preocupa, como colocar a mente à vontade, como alimentá-la de liberdade e como estimulá-la, até que, em colaboração com as mentes dos seus colegas, dê à luz a idéia certa. Significa, acima de tudo, educá-los para não temer o fluir incessante das inovações, a ameaça aos arranjos constituídos de poder e as impugnações dos conservadores. Tudo isso somente pode ser feito por um autêntico líder fecundador de criatividade, autêntico, como por exemplo Pasteur, Guccia, Fermi, Dohrn, Michelucci ou Fellini.

TOLERÂNCIA AO INSUCESSO

Um terceiro dote particularmente necessário para um líder carismático à testa de um grupo criativo está na tolerância ao insucesso. Um escritório de burocratas trabalha com toda a segurança, à base de procedimentos verificados e aprovados, de uma casuística exaustiva, de uma meta modesta que consiste em repetir as mesmas práticas infinitamente. Nesse caso, o erro é inadmissível, e a tolerância deve ser próxima ao zero. Mas a atividade criativa não tem trilho a seguir, não tem experiências às quais se agarrar, não tem procedimentos a invocar. Avança às apalpadelas para uma meta mais esperada do que certa. "Nenhum vento", disse Sêneca, "é favorável a quem não sabe aonde quer ir." Toda a história da pesquisa científica e artística é pontuada de insucessos, como aquele, clamoroso, de *A Sagração da Primavera*, de Stravinski, ou de sucessos desviados, como o de Cristóvão Colombo, que acreditava ter chegado às Índias, ou o de Enrico Fermi, que acreditava ter descoberto novos elementos químicos da tabela de Mendeleiev.

Bernard Shaw escreveu que "O fotógrafo é igual a uma merluza, que põe milhões de ovos, dos quais apenas um será fecundado." Um grupo criativo é como a merluza: produz milhares de idéias, mas só poucas entre elas se revelam portentosas. O líder deve tolerar os insucessos e fazer com que sejam tolerados, resolver os conflitos de modo delicado e incentivar os colaboradores a transformarem o desencorajamento em renovado entusiasmo.

Para se manter firme na longa tempestade do processo criativo, o líder deve saber saborear antecipadamente a alegria da descoberta, e deve responder com generosidade à sorte de atuar em campo criativo, isto é, na mais misteriosa e sedutora das atividades humanas. "*Plain main j'ai reçu, plain main je donne*" (Mão cheia eu recebi, mão cheia dou), confessou Le Corbusier no seu *Poème de l'angle droit* (Poema do ângulo reto). Tudo isso remete à cultura, ao clima, à própria alma do grupo.

A ALMA DA ORGANIZAÇÃO

Falando de motivação, de liderança, de missão e de entusiasmo nos grupos criativos, observo que cada um desses fatores, tomado sozinho, é insuficiente para explicar o que acontece na vida real desses grupos, quando a sua criatividade consegue atingir ápices luminosos. Freqüentemente, vendo em ação determinada equipe cinematográfica, determinada orquestra ou determinada equipe científica, dei-me conta de estar assistindo, privilegiado, a um momento particular em que aquela equipe, aquela orquestra ou aquele grupo estava dando o melhor de si, estava atingindo um extraordinário estado de graça, estava criando e vivendo algo de único, impossível de se repetir. Até agora sou incapaz de traduzir esse estado de graça em termos racionais, quantitativos, mesmo porque, quando ele triunfa, desenvolve um tal poder de fascinação que envolve emotivamente também o observador, até neutralizar as suas veleidades científicas.

Se a racionalidade ainda não é capaz de se insinuar nas dobras da emoção e de aplaná-las, só o mito nos ajuda a aventar a hipótese daquilo que conseguimos perceber sem compreender. Assim, a impotência da análise científica é compensada pelas sugestões de beleza poética. Portanto, recorrerei ao mito, dentro em breve, para interpretar a idéia que fiz do clima e da alma que tornam um grupo criativo.

O clima de uma organização é a sua temperatura cultural, é a condição em que a sua alma cresce ou se atrofia. Por sua vez, a alma de uma organização criativa é alguma coisa a mais do que a sua cultura, do que a sua percepção sensorial, do que a sua consciência do tempo e do espaço, do que a sua inclinação, a sua autoconsciência e inteligência, as suas emoções, os seus impulsos e desejos, do que a sua capacidade de simbolizar, imaginar, exprimir-se, recordar, aprender, representar o mundo, auto-representar-se e auto-organizar-se. A alma da organização criativa é tudo isso, mas é também algo mais.

Do mesmo modo, quando falamos da alma de um indivíduo, entendemos alguma coisa que transcende cada uma dessas capacidades e até a sua soma aritmética. Entendemos a sua interação recíproca, a sua síntese capaz de exprimir de forma intangível o nível de equilíbrio, de beleza e de ética a que o indivíduo chega. Entendemos o que o faz indivíduo e lhe permite ser "pessoa": não um indivíduo qualquer, mas *aquele indivíduo, aquela pessoa* diferente de todas as outras.

Se a mente é o que nos distingue dos outros animais, a alma é o que nos distingue dos outros homens. Heráclito disse, hermeticamente, que para as almas "é morte fazer-se água, para a água é morte fazer-se terra: da terra nasce a água, da água, a alma".

BRINCAR COM A ALMA

É freqüente a tentação de transferir para um sistema sociopolítico (como uma nação) ou para um sistema sociotécnico (como uma empresa) as categorias de cérebro, mente e alma que se atribuem a um único homem. Isso acontece quando dizemos que o nosso país é uma "pátria", ou quando dizemos que a nossa empresa é uma "família". Tomemos como exemplo o Brasil: muitas raças, muitas religiões, diferenças de clima abissais, paisagens, usos, trabalhos e costumes; mesmo assim, é possível reconhecer neles um denominador comum, uma "brasilidade", uma só alma, uma só "cara brasileira", síntese de sensualidade, comunicabilidade, hospitalidade, iniciativa.

Aparentemente, uma operação similar pareceria legitimar a acusação de organicismo que se dirige com justiça a Menênio Agripa, pelo seu famoso apólogo, ou a Leão XIII, por uma passagem também famosa da *Rerum Novarum* ("Como, no corpo humano, os vários membros concordam entre si e juntos formam aquela harmoniosa moderação que se chama simetria, assim a natureza quis que no consórcio civil se harmonizassem entre si aquelas duas classes e daí resultasse o equilíbrio"). Mas o organicismo de Agripa e de Leão XIII tem uma conotação ética (porque condena o conflito como intrinsecamente anti-social) e uma conotação política (porque encobre a intenção manipuladora de domesticar os pobres e resolver o seu estado conflituoso em vantagem dos ricos). Dizer, entretanto, que a alma do Brasil é feita de sensualidade, comunicabilidade, hospitalidade e iniciativa é apenas um modo sintético e até poético de oferecer o sumo de uma rica literatura antropológica sobre a brasilidade.

No caso dos grupos criativos, portanto, a tentativa de assumir os conceitos de cérebro-mente-alma e as suas relações recíprocas, tais como são dedutíveis do sistema biológico de cada pessoa humana, e aplicá-los ao sistema sociotécnico de uma organização tem apenas um objetivo lúdico e heurístico: jogar com esses conceitos, para extrair deles idéias comparativas acerca daquela relação áurea entre recursos palpáveis e recursos impalpáveis que é capaz de tornar um grupo criativo.

De certo modo, uma organização também tem o seu corpo (imagine-se uma empresa industrial com os seus estabelecimentos, maquinarias, escritórios, matérias-primas, equipamentos, arquivos, etc.), tem a sua mente (estratégias, programação, organização, estudos e pesquisas, relações públicas e comunicações, *marketing*, etc.), tem a sua alma (síntese de clima, cultura, imagem, estética, missão, valores, coesão, equilíbrio, eficácia, sabedoria, emulação e assim por diante).

Assim entendida, a alma tem a ver com o que Edgar H. Schein chama de "cultura", mas que de muitos modos a transcende. Schein (que não se refere aos grupos criativos em particular) liga o seu conceito de cultura organizacional aos problemas que a empresa observa no mérito da sobrevivência externa (missão, estratégia, objetivos, estrutura, sistemas, processos, identificação dos erros, sistemas de correção); à integração interna (linguagem, conceitos comuns, limites e identidade de grupo, natureza da autoridade e das relações, concessão de prêmios e *status*); aos assuntos de base mais profundos (relações humanas com a natureza, natureza da realidade e da verdade, natureza humana e das relações humanas, natureza de tempo e de espaço).

Mas Schein olha para a cultura privilegiando o prisma do sucesso e do insucesso econômico. Eu olho para a alma da organização criativa privilegiando o prisma da sua fecundidade de idéias, da felicidade ou da infelicidade humana de quem nela trabalha e de quem com ela se relaciona.

Não podem existir grupos sem a sua própria cultura: no mesmo momento em que o grupo nasce, começa a sedimentar o seu patrimônio de idéias, de instrumentos, de procedimentos e costumes, o que constitui a sua cultura específica. Que existe independentemente da vontade do grupo. Onde houver um grupo aí existe uma cultura. Podem existir, entretanto, grupos sem alma, porque a alma é fruto de uma ação intencional, de um carisma surpreendente, de uma ocasião afortunada, de um namoro coletivo. A cultura vive pelo próprio fato de que o grupo vive; a alma, entretanto, é alimentada dia a dia, senão murcha, e com ela esmaece a felicidade. Grupo sem alma é carne sem verbo.

Na minha língua, alma é uma palavra feminina, como feminina é a palavra organização. A alma sobrevive ao corpo, é a sua parte duradoura, compartilhada também pelos outros componentes do macrossistema. Alma é aquilo que Joana d'Arc conseguia alimentar nas suas tropas; aquilo que Adriano Olivetti sabia incutir à sua empresa; aquilo que Toscanini sabia tirar da sua orquestra e Pelé do seu time. Alma é aquilo que transforma um grupo secundário, frio e instrumental, em grupo primário, quente e expressivo. Alma é uma presença viva, emotiva, harmoniosa, que, por sua vez, confere à organização vitalidade, unidade, profundidade, fecundidade, emotividade e eficácia. Alma é visão e missão voltadas para o futuro, a criação, o crescimento, a formação e a beleza. Alma é fantasia, potencialidade, sensibilidade, androginia e estado simbólico. Alma, mãe e filha da criatividade feliz.

MENTE SEM ALMA

Se consideramos a empresa como exemplo ideal e típico de organização, para comodidade de exposição podemos dizer que a sua evolução histórica atravessou duas fases que são de qualquer modo evocadas, em termos correntes, como "industrial" e *Old Economy*, de um lado, e "pós-industrial" e *New Economy*, do outro. A passagem de uma fase para a outra foi marcada por uma incrementação paralela da mente da empresa, em prejuízo do seu corpo e da sua alma.

Já o lembramos várias vezes: na fase industrial, as empresas eram predominantemente manufatureiras, a força de trabalho era prevalentemente operária, semi-analfabeta, do meio rural; a tecnologia era mecânica e automática; a maior parte do trabalho era de natureza física; a organização era centralizada no controle, na racionalização, na padronização, na especialização, na economia de escala, na sincronização dos processos produtivos e na centralização dos processos decisórios. Em suma, em tudo aquilo que está sob o nome de taylorismo e fordismo.

Em tal fase, podemos dizer que o "corpo" da empresa (músculos, máquinas, matérias-primas, produtos materiais) prevalecia sobre a mente (saber organizacional, genialidade, bossa e tenacidade de empresário), mas ainda havia lugar para a alma, bonita ou feia que fosse (carisma dos chefes, solidariedade, raiva, exploração e luta dos trabalhadores; familiaridade, paternalismo e espírito de participação na comunidade).

Depois, aos poucos, os trabalhos e os trabalhadores intelectuais prevaleceram sobre os trabalhos e os trabalhadores manuais, a empresa desmaterializou-se, as oficinas cederam lugar aos escritórios e aos laboratórios de pesquisa. Como já vimos, a ultrapassagem dos "colarinhos-brancos" sobre os "macacões" ou "guarda-pós azuis" aconteceu em 1956, nos Estados Unidos e depois, gradualmente, em todos os outros países industrializados. Sempre nos Estados Unidos, em 1968, os jovens que freqüentavam a universidade superaram os seus contemporâneos que tinham abandonado os estudos.

Enfim, na atual empresa pós-industrial prevalecem os trabalhadores intelectuais, a tecnologia informática e eletrônica, as estratégias orientadas para o *marketing*, o papel determinante da motivação e a desmaterialização dos processos e produtos.

Na *New Economy*, como eu já disse em outro lugar, o processo é levado aos extremos: as finanças prevalecem sobre a economia, a velocidade prevalece sobre a reflexão, o virtual prevalece sobre o tangível, o global sobre o local, o aluguel sobre a compra, a mercantilização estendeu-se aos bens imateriais: serviços, relacionamentos e cultura.

Em suma: podemos dizer que, na empresa industrial, o corpo prevalecia sobre a mente e, de algum modo, a embrutecia, mas os relacionamentos, ainda rudes e de cunho familiar, conferiam espessura e até fascínio à alma da empresa. Exuberância do corpo, amortecimento da mente, exaltação da alma. Na empresa pós-industrial, entretanto, o corpo se atrofiou até quase desaparecer com o teletrabalho, a mente tornou-se hipertrofiada, a alma se esvaziou: *animula vagula, blandula, pallidula, nudula*, poder-se-ia dizer, com a graça do imperador Adriano.

A RECUPERAÇÃO DA ALMA

Nesse ponto, o problema se articula em algumas interrogações: pode existir uma organização criativa sem alma? Se, como eu acredito, isso é totalmente impossível, então é preciso que se passe a outra pergunta: como pode ser despertada e preservada a alma de um grupo criativo? O que fazer para lhe aumentar a sensibilidade?

Viver num contexto dotado de alma é gratificante, envolvente e quente, inspirador. Portanto, se a alma de um grupo rege a felicidade de quem dele faz parte, é preciso recuperar aquela alma que a organização pós-industrial está mortificando em favor da mente, a fim de que os criativos encontrem na sua equipe proteção e estímulo, prazer e coragem. É preciso recuperar emulação e emotividade, subjetividade e solidariedade, ética e estética, amizade, amor e convívio, leveza e jogo. É preciso transformar um grupo secundário, frio e instrumental, em grupo primário, quente, expressivo e jocoso.

"*Nec, ut soles, dabis iocos*", diz Adriano: se a alma morre, não é mais capaz de procurar deleite, jogo, divertimento, felicidade. E o corpo deixa de ser criativo. Uma organização feita de homens que consideram o trabalho, mesmo o instrumental, uma categoria totalizante, a que sacrificar todo o resto da vida, uma empresa feita de homens satisfeitos com os seus ritmos estressantes, propensos à eliminação do concorrente, inimigos de todos os outros e, no fundo, também de si mesmos, é uma organização sem alma, sem alegria e sem felicidade. E, por isso, sem criatividade.

Se é indispensável proteger ou recuperar a alma de qualquer organização que pretenda ser criativa, então é preciso compreender como protegê-la, como recuperá-la. Na falta de métodos atinentes ao universo da precisão científica, o homem sempre recorreu aos mitos do poético mundo da aproximação. Na falta da *tabula*, usamos a *fábula*. Para entrever como um grupo pode conquistar a sua alma criativa, proponho que se procure a fábula *Eros e Psiquê*, talvez a mais bonita de toda a antiguidade clássica.[9]

A ANGÚSTIA DA BELEZA

Como se sabe, essa fábula está inserida no romance *As Metamorfoses* ou *O Asno de Ouro*, de Apuleio, estudioso extravagante, taumaturgo, pregador de dogmas e mistérios, poeta extraordinário que viveu mais ou menos nos mesmos anos mágicos do imperador Adriano. O romance narra as desventuras de Lúcio, um jovem sedento de novidades e ávido de experiência, até o ponto de experimentar uma poção mágica que, desafortunadamente, transforma o seu semblante no de um asno, embora deixando-lhe a mente e a alma de um ser humano. A busca do modo de voltar à humanidade é longa e aventurosa, mas, por fim, Lúcio felizmente consegue.

Numa das tantas peripécias, cabe a Lúcio-asno ouvir a doce fábula com que uma velha procura distrair ou consolar uma menina raptada pelos salteadores. É justamente a fábula *Eros e Psiquê*, que é a mesma coisa que a de Lúcio, em busca de um meio para se livrar do estado de asno que sobreviera com a metamorfose que o atingira, e reconquistar o amor e a beleza, isto é, a alma, a humanidade. (Portanto, a metáfora se adapta bem a um grupo que vai em busca da sua criatividade perdida.)

Era uma vez, narra a fábula, um rei e uma rainha com três filhas: duas bonitas e a terceira, Psiquê, belíssima, a ponto de ser considerada uma nova Vênus. A Vênus autêntica, a imortal, inquietou-se e resolveu confiar a sua vingança ao filho Amor-Cupido-Eros, pedindo-lhe que induzisse Psiquê a se apaixonar loucamente por um homem desafortunado, pobre, doente, o último entre os mortais.

Começam assim as desventuras da bela Psiquê, a angústia determinada pela sua beleza. Enquanto as irmãs, se bem que menos bonitas do que ela, foram pedidas em casamento por dois príncipes, ela permanece donzela, sozinha e triste. O pai interroga o oráculo do deus Milésio, que profere uma sentença implacável: expor a moça no cimo de um monte, onde um terrível dragão virá arrebatá-la. Toda a região se põe em luto e acompanha a moça, em piedoso cortejo, para o seu fúnebre leito de núpcias. Mas quando Psiquê fica sozinha, trêmula e em lágrimas, eis que Zéfiro a ergue da terra e, com o seu sopro leve, leva-a lentamente encosta abaixo, até pousá-la no cavado de um vale de relva e flores.

Toda a fábula, como se vê até aqui, e como ainda se verá mais em seguida, é um alternar-se de sorte e infortúnio, de oportunidades que se transformam em desventuras e de desventuras que se revelam em oportunidades, como sempre acontece quando uma situação predisposta à criatividade se torna fluida, febril e carregada de imprevistos.

O AMANTE INVISÍVEL

No prado macio de relva orvalhada, um bosque denso de sombra e, no bosque, um magnífico palácio, com um tropel de invisíveis criadas e músicos suaves. Tarde da noite, um esposo invisível entra no leito de Psiquê, docemente a possui e, aos primeiros raios da aurora, desaparece misteriosamente. Psiquê então engravida dele.

Mas os pais nada sabem da recuperação da felicidade de Psiquê e envelhecem chorando a bela filha perdida; as irmãs também nada sabem e buscam Psiquê desesperadamente.

O amante, tangível mas invisível, põe Psiquê em guarda: se acolher as irmãs, o sofrimento delas logo se transformará em competitividade e inveja, provocando uma grande dor para ele e até mesmo o fim para ela. Mas Psiquê, desejosa de revê-las, com os seus sussurros de amor consegue obter do amante a permissão para recebê-las.

As três irmãs trocam beijos e abraços sem fim e choram lágrimas de alegria, mas Psiquê, fiel às promessas, não revela o enigma do seu esposo e o descreve como um belo jovem de rosto sombreado pela primeira barba.

As duas forças que animam a fábula de Apuleio, como toda aventura criativa, são o amor que cria e a inveja que destrói. As irmãs, então, são roídas pela inveja e maquinam a sua tremenda vingança. Enquanto isso, o amante invisível continua a advertir Psiquê: as irmãs a induzirão a descobrir o seu aspecto, e, se ela ceder à tentação de olhá-lo no rosto, a partir daquele momento não o verá nunca mais. O filho, além disso, em vez de nascer deus, será um simples mortal. "Ansiosa, Psiquê contava os dias que se sucediam, os meses que passavam, e na sua inocência admirava-se daquele estranho peso e daquele ventre que, por um pequeno ferimento, tanto tinha crescido."

Enquanto isso, as irmãs insistem com Psiquê para revê-la, e o amante invisível continuava a preveni-la contra aquelas megeras invejosas. Mas tantas vezes Psiquê, valendo-se do recurso da sedução das suas carícias, consegue obter do amante a permissão de revê-las, que elas põem em prática o seu plano maldoso. Conquistando dissimuladamente a fé da irmã, insinuam-lhe que o amante invisível nada mais é senão o monstro anunciado no oráculo: furtivo, horrível, perigoso, pronto para devorar mãe e filho logo depois do parto. E lhe indicam a única via de salvação: "Pega uma navalha bastante afiada e esconde-a bem na cama. Depois, sob uma panela bem fechada, põe uma lamparina cheia de óleo. Quando ele, vencido pelo primeiro sono, começar a ter a respiração pesada, vai até ele na ponta dos pés, tira a lamparina e, à luz dela, empunha sem hesitação a arma, levanta o braço e, com toda a tua força, destaca do terrível dragão a cabeça do pescoço."

A desventurada acredita nelas e prepara todas as coisas para o delito. "Mas tão logo a luz clareou a intimidade do leito nupcial, aos olhos dela surgiu a mais doce e a mais suave de todas as feras, cupido em carne e osso, o belíssimo deus que dormia suavemente."

Isso que o leitor está lendo é um ensaio, não um romance. É portanto anômalo interromper-se na releitura dessa passagem sublime. Mas seria também uma barbárie não o fazer, ainda que de forma concisa.

Psiquê, então, "viu a cabeça loura e a cabeleira gotejando ambrosia, e o cândido pescoço e as róseas faces, os belos cachos espalhados pelo peito e nos ombros, a cujo deslumbrante esplendor a própria luz da lamparina empalidecia; sobre os ombros do deus alado, a candura brilhante das penas úmidas de orvalho, e, ainda que as asas estivessem imóveis, as últimas plumas, as mais leves e macias, vibravam irrequietas como se percorridas por uma palpitação".

Foi assim que a inocente Psiquê se apaixonou por Eros. Mas a lamparina, por sua vez, invejosa, deixou cair uma gota de óleo fervente no ombro de Eros, que despertou e, vendo-se traído na sua confiança, sem nada dizer, fugiu, dolorosamente.

A VINGANÇA

A essa altura, a trama se adensa: aos dias amorosos e serenos transcorridos na paz do palácio seguem-se etapas febris, fugas e perseguições, provações cruéis e socorros imprevistos, lampejos de esperança e momentos desesperados. E depois da incubação, da eliminação dos obstáculos, da superação das provações, a busca da solução e o triunfo.

Psiquê, abandonada por Eros, se atiraria no rio, desesperada, se não fosse animada pelo sábio e providencial deus Pan, que a aconselha a se pôr em busca do seu amor. Mas Psiquê está furibunda e consuma a sua vingança, empurrando as suas irmãs para se esfacelarem rocha abaixo. Então, põe-se em viagem, na busca desesperada de Eros, que se refugiou no palácio da mãe.

Vênus, ignorando tudo, está nadando no mar, onde uma gaivota mexeriqueira lhe fala do amor de Eros por Psiquê. Capturado pelo fascínio da moça, conta a gaivota, Eros descuidou-se de todo o resto do mundo, e assim os homens perderam o senso do amor, do prazer, da gentileza, da graça, da amizade e do convívio, e tudo tornou-se vulgar, rude, selvagem e agressivo.

Vênus, furiosa, precipita-se para Eros, cobre-o de vitupérios e depois encarrega o pregoeiro Mercúrio de bater todos os cantos da terra para anunciar um prêmio ("sete beijos dulcíssimos e um ainda mais doce, com a língua na boca") para quem quer que permitisse a captura de Psiquê.

Depois de ter vagado dia e noite, como alma penada, na procura vã do seu amor, Psiquê resolve apresentar-se espontânea e humildemente a Vênus, na tentativa de lhe aplacar a cólera. Primeiro, Vênus a faz torturar com chibatadas por suas criadas Angústia e Tristeza, depois a espanca pessoalmente, até sangrar, submetendo-a então a quatro provas sucessivas, de dificuldade crescente, na esperança de que a moça perca a pele, junto com o fruto de Eros que leva no seu ventre.

AS PROVAS E O FINAL FELIZ

A primeira prova consiste em separar, até o anoitecer, os grãos de trigo, cevada, lentilha, grão-de-bico e fava misturados num único e grande monte. Apiedada, a população de formigas acorre para ajudar Psiquê e resolve o caso.

Então, Vênus, exasperada, ordena-lhe que tire alguns flocos da lã de ouro luzidia do pêlo de uma ovelha selvagem do bando que ficou enfurecido pelo calor do sol. Uma cadela ajuda Psiquê a resolver o problema.

A terceira prova consiste em levar para Vênus um jarro da água que verte de uma cascata inacessível, cercada por horríveis dragões. Dessa vez será uma águia que ajudará Psiquê, enchendo a ânfora para ela.

A quarta prova consiste em pegar um pequeno cofre de Vênus e levá-lo a Prosérpina, no Inferno, para que o encha com um pouco da sua beleza. Agora é uma torre falante que se compadece de Psiquê e lhe indica como superar os mil obstáculos traiçoeiros para cumprir a sua missão no reino dos mortos. A missão somente terá sucesso se, depois que Prosérpina tiver enchido o cofrezinho com um pouco da sua beleza, Psiquê souber levá-lo de volta a Vênus, resistindo à tentação de abri-lo. Mas Psiquê é uma mulher belíssima e não pode renunciar à idéia de aumentar a sua suavidade. Por isso, desobedece à recomendação da torre falante e imprudentemente abre o cofrezinho. Dentro dele não existe senão um sortilégio de sono, que a envolve e faz cair adormecida, como morta.

Eros, curado da queimadura e guiado pelo instinto amoroso, sai à procura de Psiquê e a desperta. Depois voa até o pai, Zeus, e com mil lisonjas lhe implora que intervenha. Júpiter se comove, amansa Vênus, convoca todos os deuses, ordena que tragam Psiquê à sua presença e a torna imortal. Assim, celebra imediatamente as núpcias e faz servir um suntuoso banquete nupcial. "E, no tempo exato, nasce uma filha, que nós chamamos de Volúpia."

IL FAUT CULTIVER NOTRE JARDIN (É PRECISO CULTIVAR NOSSO JARDIM)

O que pode ensinar esse mito de Eros e Psiquê a quem vai em busca do modo certo para alimentar a alma, num grupo que quer ser criativo?

Como temos visto, a primeira parte da fábula conta que Eros tinha recebido da mãe invejosa, Vênus, a ordem de induzir Psiquê a se apaixonar pelo mais abjeto dos homens. Em vez disso, esquivando-se à ordem, é Eros que se enamora de Psiquê e a possui. Psiquê, por sua vez, induzida pelas irmãs invejosas, trai tolamente a confiança e o amor de Eros. Forçando o seu sentido, essa primeira parte da trama pode ser considerada uma alegoria ao moderno mundo dos negócios, insensível e talvez hostil à beleza, onde freqüentemente se tem confiança em quem se odeia, se trai a confiança de quem se ama, trocam-se as forças construtivas por destrutivas perversões da competitividade, da inveja e da concorrência impiedosa. Com a conseqüência de que a alma da organização, destinada a ser criativa, em vez disso murcha, os relacionamentos humanos regridem a animalesca agressividade e a beleza se degenera em monstros. A criação é comprometida.

Primeiro, portanto, a fábula nos ensina que a alma de uma organização criativa não pode consistir em competitividade destrutiva, na busca espasmódica de um proveito próprio, em prejuízo dos outros. Até Jeremy Bentham, pai do utilitarismo, exorta: "Crie toda a felicidade que estiver capacitado a criar; elimine toda a infelicidade que puder eliminar. Cada dia lhe dará ocasião, o ajudará a acrescentar alguma coisa aos prazeres alheios, ou a diminuir alguma coisa dos seus sofrimentos. E para cada grão de alegria que semear no peito de outrem, você encontrará uma colheita no seu peito, enquanto todo o desprazer que você tirar dos pensamentos e sentimentos de outra criatura será substituído por maravilhosa paz e alegria no santuário da sua alma." Quando expulsamos Eros do nosso mundo, com ele esvanecem alegria e amizade, enquanto tudo se degrada na mais vulgar rudeza.

As noites de amor entre Eros e Psiquê acontecem num lugar de delícias que favorece a procriação. A alma de um grupo criativo também somente pode gerar melhor as suas obras-primas se a organização é bela em todos os aspectos: nos seus lugares, nos seus produtos, nos seus modos de comunicar e se relacionar. É essa beleza que gera alegria de viver, e sem alegria de viver a alma se torna estéril.

O mito de Eros e Psiquê nos ensina que a alma do grupo criativo deve ser jocosa: longe de temer a serenidade e a felicidade, deve antes segui-las com intencional leveza, consciente de que trabalho, estudo e lazer podem valorizar-se reciprocamente, tornando-se híbridos.

Ensina que a alma de um grupo criativo é ameaçada por quatro perigos: o excesso de racionalidade (a contagem e a classificação das sementes), o excesso de avidez (a lã de ouro a recolher), o excesso de imprudência (a cascata inclinada sobre a qual debruçar-se) e o excesso de curiosidade e de preguiça (o cofrezinho do sono, que é proibido abrir).

Ensina que a alma dos grupos criativos, quando existe, não envelhece: permanece jovem, curiosa, empreendedora. "Se dependesse de mim", escreveu Gilberto Freyre, "eu não estaria nunca plenamente maduro nem nas idéias nem no estilo, mas sempre verde, incompleto, experimental."

Ensina que a alma dos grupos criativos, como a alma individual, é feita de medo e ingenuidade, de otimismo e curiosidade, de ternura e intransigência.

Ensina que a alma de um grupo criativo é mais do que o seu corpo (escritórios, equipamentos, instrumentos de trabalho, capitais) e do que a sua mente (estratégias, relações, comunicações): é a sua vida. É isso que vivifica corpo e mente, conferindo sentido e significado a ambos.

Ensina que a alma dos grupos criativos é síntese e contradição: ama e desconfia; procura e foge, ousa e desespera. É união, mais que separação, síntese, mais que análise; é "estar em si", sentir-se um só com o todo, não pelo medo do desconhecido, mas pela alegria da viagem e da pesquisa. É emulação solidária. É encarregar-se dos problemas comuns ao grupo e à humanidade.

Ensina que a alma da organização criativa é fantasia e concretude, entusiasmo e visão, identidade e universalidade, reflexão ociosa e vitalidade fecunda, é imaginação, tensão em direção ao futuro, respeito às raízes e responsabilidade com a natureza.

Ensina que a alma da organização criativa é frágil, porque pode sofrer traição, a qualquer momento, pela inveja, pela desconfiança, pela mesquinhez, pela rudeza. Ela nunca é alimentada de uma vez por todas, mas cultivada dia a dia, terna e obstinadamente, como se cultivam todas as utopias, todas as iniciativas impossíveis, todas as almas que – tais como Psiquê – levam em seu seio a Volúpia. "*Il faut cultiver notre jardin*", exorta Voltaire.

O TRABALHO CRIATIVO É DOLOROSO?

Depois dessa longa viagem pela pré-história, pela história, pelo mito, pelas disciplinas, preparamo-nos para a despedida com duas reflexões sobre a dificuldade e sobre a facilidade do criar.

Como vimos, na atividade executora também existem aspectos e momentos alegres. Na organização taylorista, a atividade executora é separada da atividade decisória, mais discricionária e menos desfrutada, mas ambas estão circunscritas por normas, vínculos e contextos tão rígidos que castram, portanto, a dimensão criativa do trabalho. Em toda atividade, mesmo a mais humilde, pode sempre ser encontrado algum traço de criatividade, aplicado talvez a detalhes desprezíveis; com mais razão, subindo na escala hierárquica dos operários para a direção e para a propriedade da empresa, cresce também o espaço discricionário confiado aos operativos e, com ele, crescem a qualidade e o gosto pelo trabalho. Trata-se, porém, de oportunidades criativas contidas dentro de precisos quadros de referência, conaturais à própria estrutura da empresa. Por isso temos falado desse espaço em termos de "inovação" ou, como já foi dito por alguns teóricos da organização, de "imitação criativa", mais do que de criatividade.

Criar, de fato, significa iluminar aquilo que antes estava escuro, dar forma àquilo que antes era caótico, gerar aquilo que nunca antes havia sido criado nem gerado, antecipar o futuro, produzir o porvir. O trabalho criativo se destaca, por isso, do executor, e, na organização taylorista, contrapõe-se a ele: o operário na linha de montagem, o empregado no processo burocrático ou o caixa no guichê do banco repetem os pensamentos e gestos preparados por outros, asseguram a conformidade das operações às normas, reproduzem o passado infinitamente, segundo modalidades privadas de inteligência e de liberdade, em perene estranhamento do produto, do poder, dos colegas e, no fundo, de si mesmos, como escreveu Marx genialmente nas páginas dos *Manuscritos*, que já comentei.

Se o trabalho executivo é com certeza alienante, isso não impede que a criatividade também o possa ser: pela fadiga física que quase sempre comporta, pela força envolvente que aprisiona e à qual deve se submeter, pelo egoísmo ao qual às vezes recorre, pelo caráter unidimensional a que muitas vezes se reduz e pela exploração que às vezes contém. A atividade criativa é dolorosa, quando a "tempestade da dúvida" arma ciladas no longo percurso da pesquisa, quando as falhas intermediárias afastam a esperança da vitória final, quando o estresse da fadiga criativa favorece incompreensões e conflitos no grupo, quando a suspeita de que as hipóteses estão erradas toma corpo, quando outros possam chegar à solução antes de nós, os recursos indispensáveis possam faltar, os colegas possam abandonar-nos bem no meio do empreendimento, o líder ou os companheiros de aventura possam revelar-se inadequados à necessidade.

Hillman escreveu que o criativo "assume a forma que lhe é imposta seja pelos limites gerais do campo, seja pelos limites específicos do *opus* no qual ele influi... Experimentamos a nossa relação com o *opus* como cumprimento e sofrimento: cumprimento porque no *opus* o criativo está contido e realizado; sofrimento porque a limitação de cada *opus*, de cada campo, restringe tragicamente a possibilidade criativa aos limites da realização concreta. Por isso o pintor pode apenas ser um pintor, e o seu *opus* deve ser a tela e não a argila, o papel pautado ou o corpo humano. Desde o início, o *opus*, como problema e fantasia, determina a minha relação com ele. Coloca-me defronte os meus sacrifícios e ilumina as possibilidades que eu tenho de completar uma obra. As pessoas criativas não se preocupam tanto com a criatividade, mas, e principalmente, sofrem o fascínio do *opus*".[10] É esse fascínio, é a escravidão ao seu apelo que sublimam o sofrimento da criação em criação alegre.

Existe ainda outro motivo pelo qual a criatividade é também sofrimento. Ela, de fato, é obrigada a viver a sua contradição intrínseca: por um lado, deve produzir obras livres, originais, diferentes, desvinculadas da repetitividade instintiva e do hábito adquirido; por outro lado, quer ser entendida e apreciada também por não-criativos, que a julgam com base no seu pensamento comum. Quem toma caminhos realmente novos fica só consigo mesmo, e o isolamento faz com que se desencontrem, distancia os outros posteriormente e acentua a solidão dolorosa.

Quando a criatividade ocorre por ação de um grupo, o sentido de isolamento é menos forte, mas os vínculos do campo e do *opus* adquirem ênfase particular, porque submetidos ao crivo dialético dos vários membros. Ao contrário, a contradição originalidade-compreensibilidade é atenuada no trabalho de grupo, em que cada participante encontra nos demais membros os seus primeiros referenciais, dotados das qualidades necessárias para entendê-lo e apreciá-lo mais do que possa entendê-lo e apreciá-lo o grande público externo. Mesmo nos casos nos limites da patologia, como o de Ettore Majorana, o grupo da Via Panisperna conseguiu amortecer o impacto entre o gênio incompreensível e a opinião pública. Isso não impede que as equipes estudadas revelem aqui e ali profundas divergências de opinião, temores e conflitos no seu interior: imagine-se, como exemplo, a relação deteriorada entre Rasetti e os seus companheiros, incluindo Enrico Fermi, depois de 1934; ou imagine-se a saída de Kolo Moser da Wiener Werkstätte.

Outro motivo de sofrimento na criatividade é a insatisfação do artista e do cientista em relação às suas obras, pela constatação da distância que separa a obra pensada e tentada da obra realizada, pelo paciente faz-e-desfaz para reduzir essa distância.

Outro motivo de sofrimento é o angustiante vazio que inferniza o artista, quando, depois de um grande sucesso, é tomado pelo terror de não ter mais nada a dizer, desesperado pela perda de confiança em si mesmo, na sua genialidade, na veia criativa que ele teme tenha se tornado estéril para sempre.

Outro motivo de sofrimento se dá pelo antagonismo. São proverbiais tanto a competitividade entre Bernini e Borromini quanto o rancor de Salieri por Mozart. Beethoven foi atormentado a vida toda pelo medo de que os concorrentes pudessem subtrair-lhe as encomendas, e agigantou o fantasma da inveja e da perfídia deles. Giovan Battista Guccia encontrou-se em freqüentes disputas com os seus colegas acadêmicos e com outros *lobbies* matemáticos. As tensões entre os biólogos de Cavendish e os de Londres, antes de descobrirem a estrutura do DNA, foram superadas somente pelos atritos bem mais desagradáveis entre Crick e Watson, depois de a terem descoberto.

O antagonismo é freqüentemente alimentado e se torna nocivo, pela injusta diferença entre a farta criatividade e o parco reconhecimento. Popper escreveu que "O sucesso depende de muitas coisas, da sorte, por exemplo. Pode depender do fato de que se esbarrou num problema promissor. Depende de não se antecipar. Depende de coisas como uma feliz divisão do tempo entre o procurar manter-se atualizado e o concentrar-se na elaboração das próprias idéias."[11]

Um motivo posterior de sofrimento se dá pela relação entre a fase "festiva" da criatividade, constituída pela criação, pela iluminação, pela constatação com que a mente se aproxima das verdades hipotéticas, pela sensação de que a idéia abstrata esteja finalmente por se concretizar numa obra real, pelo sucesso final; e a fase "corriqueira", quase sempre bem mais longa, entediante e cansativa, constituída de trabalho paciente, necessário para traduzir a idéia na prática e para evitar excessivas diferenças entre projeto e realização.

O último motivo de sofrimento está na exigência, que emerge quase sempre em fase criativa, de adaptar-se à obra que se está criando, em vez de se fazer o contrário. Às vezes, a obra "toma pela mão", envereda por percursos imperativos, forçando o autor para esses percursos, obrigando-o a esforços impensados, a metamorfoses bem mais radicais do que aquelas a que ele estaria disposto no início do trabalho. "Não é Goethe que cria o Fausto, mas o Fausto que cria Goethe", constatou Jung.[12] E algo de análogo aconteceu a todos os criadores com quem me deparei.

O TRABALHO CRIATIVO É ALEGRE?

Li num livro muito estimulante sobre a dinâmica do prazer: "Enquanto se pode autoprovocar a dor, não se pode fazer o mesmo com o prazer. A serenidade, por exemplo, é um dom também do inconsciente, é o resultado de uma harmonia entre as diversas instâncias psíquicas, que nenhuma gratificação externa nos pode oferecer."[13] Pensando bem, existem muitíssimas fontes de prazer ao alcance da mão, não menos do que fontes de dor. Um perfume, uma música, um bom prato antegozado, uma nuvem, um pôr-do-sol, a carícia da pessoa amada, uma boa notícia, a cura de uma doença são também sementes de felicidade que precisam apenas de sentidos prontos para acolhê-las e de almas prontas a gozá-las. Do mesmo modo, por sorte, dispomos de especialistas capazes de curar a dor (médicos, psicólogos, etc.) assim como especialistas capazes de proporcionar o prazer (músicos, pintores, cozinheiros, etc.).

Agora, que o nosso tempo de vida alongou-se mais com relação ao de nossos antepassados e que a biotecnologia promete posteriores progressos para as próximas gerações começa a insinuar-se a forte dúvida de que a existência não consista tanto na sua duração quanto na sua qualidade; e que a qualidade de vida, por sua vez, não consista em satisfazer necessidades doentes, alienadas, neuróticas e neurotizantes como o poder do dinheiro, mas que consista em todo o bem-estar psíquico de que podemos gozar quando a longevidade e a boa saúde estão asseguradas.

O prazer decorre da satisfação imediata de um desejo, quando isso é possível. Do mesmo modo, decorre da sua simbolização, da sobressaltada espera do momento em que a realidade permitirá satisfazê-lo. No caso da criatividade, nem sempre o impulso de criar pode ser satisfeito imediatamente: é mais fácil encontrar papel e caneta para um poeta do que encontrar financiamentos e quem encomende projetos para um arquiteto. E, mesmo depois de ter encontrado o dinheiro, leva muito tempo até que um projeto se transforme em casa, templo ou ponte real.

A criatividade é um ponto de chegada. Por sorte, a alegria da obra criada quase sempre compensa amplamente todo o estudo, a preparação, a pesquisa, o exercício, em suma, a fadiga (sempre intelectual e às vezes também física) que são necessários para criá-la. A necessidade é um ponto de chegada, não de partida. E, como todo ponto de chegada, produz o prazer intenso de todas as metas atingidas.

A criatividade é doadora de sentido. O trabalho criativo também pode alienar, mas, por sorte, conserva uma carga de expressividade totalmente ignorada pela fadiga instrumental das tarefas executivas e permanece portanto irredutível à violência racionalizante que elas sofreram pelo taylorismo e pelo fordismo. Por sua própria natureza, a criatividade dá significado às coisas quando as descobre, e dá corpo a um significado quando os inventa.

A criatividade é doadora de vida. "Não temos experiência da morte física", observou Giacomo Daquino, "mas conhecemos bem a morte psíquica, que é perder a esperança, o amor, alimentar-se mais de ódio, apagando toda criatividade para o bem. O dinheiro, o sucesso, o poder e a aliança da 'inteligência com o silício' representada pelas calculadoras são apenas paliativos, quando o indivíduo perdeu a capacidade de criar. A pior desgraça que pode acontecer à humanidade é um mundo que não tenha artistas."[14]

A criatividade é surpreendente. Responde ao desejo de ir além do insólito, de surpreender-se e de surpreender, dando expansão ao eros, aos instintos que impelem a fugir aos limites impostos pelo pensamento consciente, secundário, lógico e dedutivo. Proceder somente segundo a razão, como a sociedade industrial nos induziu a fazer, não é uma conquista, mas uma redução, porque nos castra da emotividade.

A criatividade é necessária. A maioria das pessoas que viveram em época industrial foi educada para contrapor o prazer (férias, folgas, ginástica, entretenimento, amor, afeto, amizade e jogo) ao dever (trabalho, competitividade, acumulação, consumo, sucesso), dando sempre a precedência a este último. Com o advento pós-industrial é preciso entrar na ordem de idéias de que também alguns prazeres (introspecção, afeto, lazer, crescimento intelectual, bem-estar físico, criatividade), quando não prejudicam o próximo, são também deveres. Essa nova consciência é uma conquista, porque requer a remoção consciente de toda a instigação ao sofrimento, à renúncia, ao sacrifício, à autopunição, entendidos como expiação, heroísmo, força de vontade. Na sociedade pós-industrial, poderíamos dizer que o prazer, principalmente o prazer da criatividade, é um dever. E a participação criativa garante um dos prazeres mais intensos, mesmo porque é prolongada no tempo e salpicada de pequenas alegrias comuns, ansiedades e esperanças compartilhadas.

A criatividade é duplamente universal. É universal porque a alegria de criar é dada a todos, uma vez que todos criam, ainda que nem todos cheguem a fazer obras-primas, a elaborar novos paradigmas, a inventar instrumentos revolucionários ou a descobrir novos mundos. "Não é necessário pintar um grande quadro ou fazer uma grande descoberta para ser criativo, porquanto criativos são todo pensamento e toda ação que nos sublimam, afastando-nos dos instintos arcaicos e tornando-nos mais humanos."[15]

Mas a criatividade é universal também porque ninguém cria do nada, cada um utiliza os materiais depositados em seu próprio inconsciente. E, uma vez que o inconsciente é universal, as obras realizadas por um criativo despertam sintonias e ressonâncias também em outros. Na maior parte dos casos, o criativo experimenta prazer tanto em criar uma obra surpreendente como em constatar que ela provoca nos outros uma surpresa análoga à sua própria.

A criatividade é doadora de paz. É terapêutica, porque ajuda a esquecer outros problemas, a aplacar outras tensões, a sublimar pulsões destrutivas, a reduzir a sensação de inutilidade, mediocridade, isolamento, a fugir da monotonia cotidiana e das preocupações imediatas. Outras vezes, ao contrário, os processos criativos conseguem distrair, divertir, isolar do mundo hostil, separar da banalidade. Pintando, recitando, compondo, é possível defender-se muito bem das neuroses, pode-se conter as tensões profundas, conduzindo-as para uma desembocadura catártica.

A criatividade é doadora de força. O impulso para criar deu a muitos criadores a energia necessária para superar barreiras que pareciam insuperáveis: imagine-se o esforço desenvolvido por Dohrn e Guccia para implantar laboratórios de vanguarda em cidades ainda refratárias, como Nápoles e Palermo; imagine-se o desespero do exílio superado graças justamente ao entusiasmo criativo de cientistas como Fermi ou de artistas como Niemeyer.

A criatividade é rebelde. Na história da arte e da ciência não é difícil encontrar criativos que puseram cegamente o seu talento a serviço dos princípios vigentes; mas é muito fácil defrontar-se com personalidades rebeldes, que usaram sua criatividade contra ditadores, invasores e beatos; basta pensar em Dante Alighieri e Giordano Bruno; imagine-se a luta contra o nazismo levada a cabo pela Escola de Frankfurt ou pela Bauhaus; ou na resistência contra os generais, levada avante por grupos de brasileiros como Fernando Henrique Cardoso, José Serra e Darcy Ribeiro.

A criatividade é misteriosa. Tem o fascínio do mistério e provoca a apreensão angustiante da maternidade. Se, na natureza, somente a mulher tem o privilégio de carregar em seu seio a sua própria criatura física, homens e mulheres têm igualmente a felicidade de fecundar, gestar e parir idéias novas, criaturas intelectuais destinadas a enriquecer o gênero humano de beleza e verdade.

A criatividade é alegre. Por todos os motivos que dei e porque, por sua vez, traz alegria. Os criativos sabem disso e, por sua vez, gozam disso. Quem quer que veja uma escultura de Canova, ouça uma sinfonia de Mozart ou uma canção de Caetano Veloso, quem quer que leia um romance de Stendhal ou uma poesia de Rimbaud, quem quer que assista a uma representação de Ésquilo ou de Shakespeare participará da alegria criativa desses grandes pensadores de felicidade, porque, como já lembrei, uma obra de arte é uma alegria criada para sempre e para todos. A mesma coisa vale para quem usa uma fórmula matemática de Euclides ou de Galois, para quem voa num supersônico aprimorado por engenheiros geniais ou para quem usa um *software* criado por informáticos precursores.

A criatividade é impertinente e suave. A lição talvez mais autêntica que levo dessa longa viagem pela criatividade é que ela não tem regras: nasce indiferentemente em almas precoces ou senis, cultas ou primitivas, e pode assumir as formas mais diversas, às vezes tempestuosas, às vezes aplacadas, às vezes aparentemente simples, às vezes supostamente complexas. A sua força está na surpresa da sua multiplicidade, das suas infinitas e imprevisíveis direções. Erasmo, depois de nos ter contado todo o mal do mundo, encerra o *Elogio da Loucura* dizendo: "Eu estava brincando." E Bach, depois de nos ter feito perder os sentidos sob a massa polifônica da *Paixão segundo São Mateus*, despede-se docemente, sussurrando: "Boa noite, Jesus."

NOTAS

INTRODUÇÃO

1 HESÍODO. *Le Opere e i Giorni* (Os trabalhos e os dias). Milão: Biblioteca Universale Rizzoli, 1993, pp. 95, 117, 125, 127.

2. CARACO, A. *Breviario del Caos*. Milão: Adelphi, 1998.

3. DE MASI, Domenico (org.). *L'Emozione e la Regola. I Gruppi Creativi in Europa dal 1850 al 1950* (A emoção e a regra). Bari: Laterza, 1991.

4. BATESON, G. *Mente e Natura*. Milão: Adelphi, 1984, p. 18.

CAPÍTULO UM

1. Todas as citações bíblicas presentes no texto foram retiradas de *Bíblia Sagrada*, Edição Pastoral-Catequética. São Paulo: Ave Maria, 1998.

2. WASHBURN, S. L. *L'Evoluzione dell'Uomo* (A evolução do homem), em "Gli Antenati dell'Uomo" (Os antepassados do homem), caderno 17 (outubro de 1984) de *Le Scienze*, aos cuidados de FEDELE, F., p. 83. Sobre os temas rapidamente tratados nessa parte do livro, ver também: BARRAU, J. *et al. La Riscoperta della Preistoria* (A redescoberta da pré-história). Milão: EST Mondadori, 1979; SIMONS, E. L. *Primate Evolution: an Introduction to Man's Place in Nature* (Evolução dos primatas). Londres e Nova York: MacMillan, 1972; SZALAY, F. S. e DELSON, E. *Evolutionary History of the Primates* (História da evolução dos primatas). Nova York e Londres: Academic Press, 1979.

3. CLARK, J. D. *Le Origini della Società Umana* (As origens da sociedade humana), em "Le Origini dell'Uomo" (As origens do homem), dossiê de *Archeo* nº 43 (setembro de 1988), Istituto Geografico De Agostini, p. 74.

4. CHAVAILLON, J. *Lo Strumento, l'Uomo e la Società* (O instrumento, o homem e a sociedade), em *Le Origini dell'Uomo*. *Op. cit.*, p. 81.

5. COVEY, C. *L'Orbita Terrestre e le Glaciazioni* (A órbita terrestre e as glaciações), em cadernos de *Le Scienze* nº 30, junho de 1986, p. 81.

6. DARWIN, C. *L'Origine delle Specie* (A origem das espécies). Turim: Boringhieri, 1972; COPPENS, Y. *La Scimmia, l'Africa e l'Uomo* (O macaco, a África e o homem). Milão: Jaca Book, 1985.

7. Sobre o estudo e a descoberta de Lucy, ver o envolvente livro de JOHANSON, J. D. e

EDEY, M. *Lucy, le Origini dell'Umanità* (Lucy, as origens da humanidade), Milão: Mondadori, 1981; JOHANSON, J. D. *Lucy e il suo Impatto nell'Evoluzione Umana* (Lucy e o seu impacto na evolução humana), em *Le Origini dell'Uomo. Op. cit.*, pp. 64 ss.

8. CHIARELLI, B., MASETTI, C. e PIERACCIOLI, R. *Lo Sviluppo del Linguaggio Umano* (O desenvolvimento da linguagem humana), em *Gli Antenati dell'Uomo. Op. cit.*, p. 82.
9. CHILDE, G. *Il Progresso nel Mondo Antico* (O progresso no mundo antigo). Turim: Einaudi, 1979, p. 26.
10. ROCHE, H. *Premiers Outils Taillés d'Afrique Ancienne* (Primeiros utensílios da África antiga). Paris: Societé d'Ethnographie, 1980; CLARK, J. D. *Le Origini della Società Umana. Op. cit.*
11. PERLÈS, C. *Preistoria del Fuoco* (Pré-história do fogo). Turim: Einaudi, 1983.
12. LEAKEY, R. E. e LEWIN, R. *Origini* (Origem). Bari: Laterza, 1979; TOBIAS, Ph.V. *Uomo: Origine ed Evoluzione* (Homem, origem e evolução), em *Enciclopedia del Novecento* (Enciclopédia do século XX), v. VII, 1984. Para o paleolítico, ver WYMER, J. *The Paleolithic Age* (A era paleolítica). Londres: Croom Helm, 1982; BORDES, F. *Leçons sur le Paléolithique* (Lições sobre o paleolítico). Paris: Edições do CNRS, 1984. Vários autores. *Il Paleolitico* (O paleolítico), caderno nº 30 de *Le Scienze*, junho de 1986.

CAPÍTULO DOIS

1. JOHANSON, D. C. *Lucy e il suo Impatto. Op. cit.*, pp. 68-69.
2. KORNHABER, M. L. e WAKE, W.K. *Intelligence: Multiple Perspective* (Inteligência: múltiplas perspectivas). Harcourt Brace College Publishers, 1996; DENNETT, D. C. *La Mente e le Menti* (A mente e as mentes). Milão: Sansoni, 1997; GARDNER, H. *Una Molteplicità di Intelligenze* (Uma multiplicidade de inteligências), em dossiê de *Le Scienze*, nº 1, primavera de 1999, pp. 19 ss.
3. MARTIN, R. M. *Dimensioni del Cervello ed Evoluzione Umana* (Dimensões do cérebro e evolução humana), em *Le Scienze*, nº 319, março de 1995.
4 BONCINELLI, E. *Genoma: il Grande Libro dell'Uomo* (Genoma, o grande livro do homem). Milão: Mondadori, 2001, p. 3.
5. HOLLOWAY, R. L. *I Cervelli degli Ominidi Fossili* (O cérebro dos hominídeos fósseis), em *Gli Antenati dell'Uomo. Op. cit.*, pp. 73 e 78.
6. Vários autores. *Homo, Viaggio alle Origini della Storia* (Homem, viagem às origens da história), Veneza: Cataloghi Marsilio, 1985.
7. MORGAN, G. *Images. Le Metafore dell'Organizzazione* (Imagens. As metáforas da organização). Milão: Angeli, 1990, pp. 118-120. Ver também: CHANGEUX, J.-P. *Plasticità Cerebrale e Apprendimento* (Plasticidade cerebral e aprendizagem) em dossiê de *Le Scienze*, nº 1 (primavera de 1999), pp. 32 ss. Para a aplicação do conceito de "holograma" às organizações, ver também: DE MASI, Domenico. *Il Futuro del Lavoro* (O futuro do trabalho). Milão: Rizzoli, 1999, pp. 227 ss.
8. FISCHBACH, G. D. *Mente e Cervello* (Mente e cérebro), no número especial de *Le Scienze* inteiramente dedicado a esse tema (nº 291, novembro de 1992, pp. 16 ss.).

Ver também: GARDNER, H. *Intelligenze Creative* (Inteligências criativas). Milão: Feltrinelli, 1994; GOLEMAN, D. *L'Intelligenza Emotiva* (A inteligência emocional). Milão: Rizzoli, 1996; CHANGEUX, J.-P. Ragione e Piacere. *Dalla Scienza all'Arte* (Razão e prazer. Da ciência à arte). Milão: Cortina, 1995; DENNETT, D. *La Mente e le Menti* (A mente e as mentes). Milão: Sansoni, 1997. Igualmente interessantes são os artigos contidos nos cadernos especiais de *Le Scienze*, dedicados a "Mente e Macchina" (Mente e máquina), organizado por LOLLI, G. (nº 66), "Le Neuroscienze" (As neurociências), organizado por SRATA, P. (nº 69), "Filosofia della Mente. Pensiero, coscienza, emozioni" (Filosofia da mente. Pensamento, consciência, emoções), organizado por CORDESCHI, R. (nº 91).

9. OLIVERIO, A. *La Mente. Istruzioni per l'Uso* (A mente. Instruções para uso). Milão: Rizzoli, 2001. Do mesmo autor, ver também "L'Evoluzione del Cervello" (A evolução do cérebro), dossiê de *Le Scienze*, nº 8 (novembro de 1986).
10. CHIARELLI, B., MASETTI, C. e PIERACCIOLI, R. *Lo Sviluppo del Linguaggio Umano. Op. cit.*, p. 81.
11. Id., pp. 81 e 82. No que diz respeito à origem do comportamento humano e, em particular, da linguagem, ver também: OLIVERIO, A. e FERRARIS, A. *L'Alba del Comportamento Umano* (A aurora do comportamento humano). Bari: Laterza, 1983; LIEBERMAN, P. *L'Origine delle Parole* (A origem das palavras). Turim: Boringhieri, 1980; JOHNSON, G. *Dentro i Palazzi della Memoria. Come Fabbrichiamo le Parole nelle Nostre Teste* (Dentro dos palácios da memória). Milão: Bompiani, 1992.
12. COON, C. S. *Storia dell'Uomo* (História do homem). Milão: Garzanti, 1976, p. 21.
13. FEDELE, F. *La Scoperta e lo Studio del Paleolitico* (A descoberta e o estudo do paleolítico). *Op. cit.*, p. 5.
14. MONTALCINI, R. Levi. *Elogio dell'Imperfezione* (Elogio à imperfeição). Milão: Garzanti, 1987, pp. 11-12.
15. Referido em CHIARELLI, B. *Origine della Socialità e della Cultura Umana* (Origem da socialidade e da cultura humana). Bari: Laterza, 1984, pp. 126 e 168.
16. PHILLIPS, A. *L'Uomo e il Cane. Una Love Story* (O homem e o cão. Uma love story), em *National Geographic*, edição italiana de janeiro de 2002, p. 22. Ver também LORENZ, K. *E l'Uomo Incontrò il Cane* (E o homem encontrou o cão). Milão: Adelphi, 1973. Lorenz prefere fazer o cão descender do chacal.
17. MCEWEN, E., MILLER, R. L. e BERGMAN, C. A. *Evoluzione dell'Arco e delle Frecce nella Storia* (Evolução do arco e da flecha na história). *Le Scienze*, nº 276 (agosto de 1991).
18. CHILDE, G. *Il Progresso nel Mondo Antico. Op. cit.*, p. 30. Ver, além disso, CAMPS, G. *Les Civilisations Préhistoriques de l'Afrique du Nord et du Sahara* (As civilizações pré-históricas da África do Norte e do Saara). Paris: Ed. Doin, 1974.
19. CHILDE, G. *Il Progresso nel Mondo Antico. Op. cit.*, pp. 12 e 29-30.
20. CHAVAILLON, J. *Lo Strumento, l'Uomo e la Società. Op. cit*, p. 81.
21. COON, C. S. *Storia dell'Uomo. Op. cit.*, p. 79.

CAPÍTULO TRÊS

1. RIES, J. *Le Religioni* (As religiões). Milão: Jaca Book, 1993, p. 28. Para toda essa fascinante temática, ver também LEROI-GOURHAN, A. *Le Religioni della Preistoria* (As religiões da pré-história). Milão: Rizzoli, 1970; LEVY-BRUHL, L. *L'Expérience Mystique et les Symboles Chez les Primitifs* (A experiência mística e os símbolos nos primitivos), Paris 1938; ELIADE, M. *La Creatività dello Spirito* (A criatividade do espírito). Milão: Jaca Book, 1979; *id.*, *Storia delle Credenze e delle Idee Religiose* (História das crenças e idéias religiosas). Florença: Sansoni, 1989; PETTAZZONI, R. *L'Essere Supremo nelle Religioni Primitive* (O ser supremo nas religiões primitivas). Turim: Einaudi, 1968.
2. PIPERNO, M. (org.). *Le Origini dell'Arte* (As origens da arte), dossiê de *Archeo*, Istituto Geografico De Agostini, p. 5.
3. RIES, J. *Le Religioni*. *Op. cit.*, p. 13.
4. PIPERNO, M. (org.). "La Scoperta dell'Aldilà. Credenze e Riti alle Origini dell'Uomo" (A descoberta do além. Crenças e ritos nas origens do homem), dossiê de *Archeo*, nº 75 (maio de 1991), p. 58.
5. DELLUC, B. e G. *L'Arte Parietale Prima di Lascaux* (A arte rupestre antes de Lascaux), em M. Piperno (org.), *Le Origini dell'Arte* (As origens da arte), *op. cit.*, pp. 11-13. DE LUMLEY, H. (org.), *Art et Civilisations des Chasseurs de la Préhistoire* (Arte e civilização dos caçadores da pré-história). Paris: Musée de l'Homme; LEROI-GOURHAN, A. *Dictionnaire de la Préhistoire* (Dicionário da pré-história). Paris: PUF, 1988. Para o desenvolvimento da arte na pré-história, ver: LEROI-GOURHAN, A. *La Préhistoire de l'Art Occidental* (A pré-história da arte ocidental). Paris: Mazenod, 1965; *id.*, *I Più Antichi Artisti d'Europa. Introduzione all'Arte Parietale Paleolitica* (Os mais antigos artistas da Europa. Introdução à arte rupestre paleolítica). Milão: Jaca Book, 1981; BREUIL, H. *Quattre Siècles d'Art Pariétal* (Quatro séculos de arte parietal). Montigna: Centre d'Études Préhistoriques, 1952.
6. Para a arte rupestre da gruta Chauvet, veja CLOTTES, Jean. *La Grotte Chauvet: L'Art des Origines* (A gruta Chauvest: a arte e as origens). Paris: Editions du Seuil, 2001.
7. VIALOU, D. *Lascaux e l'Arte Magdaleniana* (Lascaux e a arte magdaleniana), em *Le Origini dell'Arte*. *Op. cit.*, p. 37.
8. PERPÈRE, M. *Gli Attrezzi dell'Artista* (O equipamento do artista), em *Le Origini dell'Arte*. *Op. cit.*, p. 63.
9. Entre os milhares de livros, merecem o papel de textos fundamentais do paraíso cristão o *Gênesis* no Velho Testamento, o *Apocalipse* de São João e o de São Paulo, A *Cidade de Deus* de Santo Agostinho, *La Gerarchia Celeste* (A hierarquia celeste) do Pseudo-Dioniso, os Diálogos de São Gregório Magno, a Lenda Áurea de Jacobus de Varagine, os *Inni Sul Paradiso* (Hinos ao paraíso) de Efrem, o *Hortus Deliciarum* inspirado pela abadessa Herrade.
10. GEORGE, K. e C. H. "I Santi Cattolico-Romani ed il Loro Status Sociale" (Os santos católico-romanos e o seu status social) em *Classe, Potere, Status. Comportamento Sociale e Struttura di Classe* (Classe, poder, status. Comportamento social e estrutura de classe), organização de BENDIX, R. e LIPSET, S. M. Pádua: Marsilio, 1971, pp. 79 ss.
11. McDANNELL, C. e LANG, B. *Storia del Paradiso* (História do paraíso). Milão: Garzanti, 1991, pp. 9-11. O estudo de McDannell e Lang diz respeito ao paraíso das tradições hebraica e cristã; para um panorama mais amplo, referentes também aos

paraísos de outras religiões, veja BERNHEIM, P. A. e STAVRIDÈS, G. *Paradiso Paradisi*. Turim: Einaudi, 1994. Ao paraíso cristão é dedicada uma imponente trilogia de DELUMEAU, J.: *Le jardin des délices* (O jardim das delícias), Paris 1992; *Mille Ans de Bonheaur* (Mil anos de felicidade), Paris, 1995; *Que Reste-t-Il du Paradis?* (O que resta do paraíso?), Paris, 2000.

12. *TALMUD* di Babilonia, *Ketuboth* IIIb.
13. D'AQUINO, Tommaso. *Compendium Theologiae*. Paris: 1984, p. 233.
14. TERTULLIANO, Q. S. F. *Opere Scelte* (Obras escolhidas). Turim: Utet, 1974.
15. DI LIONE, Ireneo. *Contro le Eresie* (Contra as heresias). Milão: Jaca Book, 1981, V, 33.
16. Para todas essas informações, ver os dois riquíssimos estudos, já citados, de BERNHEIM P. A. e STAVRIDÈS, G. *Paradiso Paradisi*, e de DELUMEAU, J. *Quel che Resta del Paradiso?* (O que resta do paraíso?).
17. *APOCALIPSE*, 7,16; 21,4; 21,27; 22,2 e 3.
18. BAXTER, R. *The Saint's Everlasting Rest*, versão organizada por B. Fawcett (1758). Inglaterra: 1978, p. 23.
19. BERNHEIM, P. A. e STAVRIDÈS, G. *Paradiso Paradisi*. *Op. cit.*, pp. 185-86.
20. Para essas e outras numerosas informações sobre o paraíso protestante, ver, MCDANNELL e LANG, *Storia del Paradiso*. *Op. cit.*, cap. VI, e DELUMEAU, J. *Quel che Resta del Paradiso*. *Op. cit.*, cap. XXV.
21. CALVINO, G. "Psychopannychia", em *Corpus Reformatorum*, XXXIII, 188.
22. WEBER, M. *L'Etica Protestante e lo Spirito del Capitalismo* (A ética protestante e o espírito do capitalismo). Milão: Sansoni, 1963.
23. SWEETE, H. B. *The Life of the World to come* (A vida do mundo futuro). Londres: 1917, p. 103.
24. Os escritos de Isaac Watts são imaginativos até nos títulos: *Death and Heaven* (Morte e céu); *Or the Last Enemy Conquered and Separate Spirits Made Perfect* (Ou o último inimigo conquistado e espíritos separados tornados perfeitos); *With an Account of the Rich Variety of Their Employments and Pleasures* (Com a lista de sua rica variedade de empregos e prazeres).
25. GREGG, D. *The Heaven-Life* (A vida no céu). Nova York: Revel, 1985, p. 62.
26. ULYAT, W. C. *The First Years of the Life of Redeemed After Death* (Os primeiros anos de vida dos redimidos depois da morte). Nova York: The Abbay Press, 1901, pp. 109 e 191.
27. SWETE, H. B. *The Life of the World to Come*. *Op. cit.*, p. 103.
28. RAUSCHENBUSH, W. A *Theology for the Social Gospel* (A teologia para o evangelho social). Nova York: 1917, p. 237.

CAPÍTULO QUATRO

1. COON, C. S. *Storia dell'Uomo*. *Op. cit.*, p. 184.
2. CHILDE, G. *Il Progresso nel Mondo Antico*. *Op. cit.*, p. 66.
3. *Ibid.*, p. 58.
4. *Ibid.*, pp. 70-71. Para um quadro amplo do Oriente Próximo e, em particular, da

Mesopotâmia, veja MOSCATI, S. *L'Alba della Civiltà* (A aurora da civilização). Turim: Utet, 1976; *id.*, *Antichi Imperi d'Oriente* (Antigos impérios do Oriente). Roma: Newton Compton, 1978; OPPENHEIM, L. *L'Antica Mesopotamia, Ritratto di una Civilità* (A antiga Mesopotâmia, retrato de uma civilização). Roma: Newton Compton, 1980.

5. ZACCAGNINI, U. *La Nascita della Scrittura* (O nascimento da escrita), em *Archeo* nº 42 (julho de 1988), p. 83. Ver sobretudo *Mitologia Sumerica* (Mitologia suméria), de PETTINATO, G. Turim: Utet, 2001; *La Forma della Scrittura* (A forma da escrita), de GREGORIETTI S. e VASSALE, E. Milão: Feltrinelli, 1988.
6. FOREST, J-D. *Mesopotamia. L'Invenzione dello Stato. VII-III Millennio* (Mesopotâmia. A invenção do Estado. VII-III Milênio). Milão: Jaca Book, 1996.
7. Todas as citações de A *Política*, de Aristóteles, presentes neste livro são extraídas da edição Bari: Laterza, 1997.
8. LIVERANI, M. *Uruk, la Prima Città* (Uruk, a primeira cidade). Bari: Laterza, 1998, p. 25. Ver também NISSEN, H. J. *Protostoria del Vicino Oriente* (Proto-história do Oriente Próximo), Bari: Laterza, 1990; ADAMS, R. McC. *La Rivoluzione Urbana* (A revolução urbana). Turim: Einaudi, 1982.
9. LIVERANI, M. *Uruk, la Prima Città. Op. cit.*, p. 47.
10. Para o tráfico, ver POLANYI, K. *Traffici e Mercati Negli Antichi Imperi* (Tráfico e mercados nos antigos impérios).Turim: Einaudi, 1978; *id. Economie Primitive, Arcaiche e Moderne* (Economias primitivas, arcaicas e modernas). Turim: Einaudi, 1980.
11. LIVERANI, M. *Uruk la Prima Città. Op. cit.*, p. 87.
12. *Ibid.*, p. 92. Ver também FRANGIPANE, M. *La Nascita dello Stato nel Vicino Oriente* (O nascimento do Estado no Oriente Próximo). Bari; Laterza, 1996.
13. FOREST, J-D. *Mesopotamia. Op. cit.*, p. 138.
14. *Ibid.*
15. *Ibid.*, pp. 241-42.
16. *Ibid.*, p. 243.
17. *Ibid.*, p. 244.
18. SAPORETTI, C. *Le Più Antiche Leggi* (As mais antigas leis), em *Archeo*, fevereiro de 1992, p. 84.
19. ZACCAGNINI, U. *La Nascita della Scrittura. Op. cit.*, pp. 92-93.
20. MATVEJEVIC, P. *Geopoetica dei Balcani* (Geopoética dos Bálcãs), in *NEXT*, nº 9, 2000, pp. 146-47.
21. SAPORETTI, C. *Le Più Antiche Leggi. Op. cit.*, p. 107.
22. DE MASI, D. "Per Una Tipologia dei Conflitti" (Para uma tipologia dos conflitos), em *Trattato di Sociologia del Lavoro e dell'Organizzazione. L'Industria* (Tratado de sociologia do trabalho. A indústria), organizado por DE MASI, D. e BONZANINI, A. Milão: Angeli, 1988, p. 865.

CAPÍTULO CINCO

1. KUHN, T. S. Kuhn. *La Rivoluzione Copernicana. L'Aastronomia Planetaria nello Sviluppo del Pensiero Occidentale* (A revolução copernicana. A astronomia planetária no desenvolvimento do pensamento ocidental). Turim: Einaudi, 1972.
2. Para o *cultural gap*, ver DE MASI, D. *Il Futuro del Lavoro* (O futuro do trabalho). Milão: Rizzoli, 1999, sobretudo pp. 53 ss.
3. CHILDE,G. *Il Progresso nel Mondo Antico. Op. cit.*, pp. 112-113.
4. DETIENNE, M. e VERNANT, J.-P. *Le Astuzie dell'Intelligenza nell'Antica Grecia* (As astúcias da inteligência na Grécia antiga). Bari: Laterza, 1984.
5. Ver, a respeito, o cap. 3, "Onde Lunghe, Onde Brevi" (Ondas longas, ondas curtas), no livro *Il Futuro del Lavoro. Op. cit.*, pp. 59 ss.
6. BONAZZI, G. *Lettere da Singapore* (Cartas de Cingapura). Bolonha: Il Mulino, 1998, p. 44.
7. TAYLOR, F. W. *L'Organizzazione Scientifica del Lavoro* (A organização científica do trabalho). Milão: Etas-Kompass, 1967, p. 42.
8. *Ibid.*, p. 145.
9. POPPER, K. R. *La Logica della Scoperta Scientifica* (A lógica da descoberta científica). Turim: Einaudi, 1970.
10. KUHN, T. S. *La Struttura delle Rivoluzioni Scientifiche* (A estrutura das revoluções científicas).Turim: Einaudi, 1962.
11. TAYLOR, F. W. *L'Organizzazione Scientifica del Lavoro. Op. cit.*, p. 237.
12. DAHRENDORF, R. *Classi e Conflitto di Classe nella Società Industriale* (Classes e conflito de classe na sociedade industrial). Bari: Laterza, 1963, p. 363.
13. CHILDE, G. *Il Progresso nel Mondo Antico. Op. cit.*, p. 90.
14. MÉDA, D. *Società Senza Lavoro. Per una Nuova Filosofia dell'Occupazione* (Sociedade sem trabalho. Por uma nova filosofia de ocupação). Milão: Feltrinelli, 1997, p. 25.
15. SAHLINS, M. *Economia dell'Età della Pietra* (Economia da Idade da Pedra). Milão: Bompiani, 1980.
16. MALINOWSKI, B. *Argonauti del Pacifico Occidentale. Riti Magici e Vita Quotidiana nella Società Primitiva* (Argonautas do Pacífico Ocidental. Ritos mágicos e vida quotidiana na sociedade primitiva). Roma: Newton Compton, 1973, p. 81.

CAPÍTULO SEIS

1. COON, C. S. *Storia dell'Uomo. Op. cit.*, p. 281.
2. MATVEJEVIC, P. *Breviario Mediterraneo* (Breviário mediterrâneo). Milão: Bompiani, 1988.
3. CHILDE, G. *Il Progresso nel Mondo Antico. Op. cit.*, p. 223.
4. FINLEY, M. I. *Innovazione Tecnica e Progresso Economico nel Mondo Antico* (Inovação técnica e progresso econômico no mundo antigo), em *Economia e Società nel Mondo Antico* (Economia e sociedade no mundo antigo). Bari: Laterza, 1984, pp. 235-262. Para os problemas inerentes à relação entre antiguidade clássica e tecnologia, ver MARCUSE, H. *Eros e Civiltà* (Eros e civilização). Turim: Einaudi, 1964, pp. 177 ss.;

SACHS, H. *The Delay of the Machine Age* (O atraso da era da máquina), em "Psychoanalytic Quarterly", II, 1933; KOIRÉ, A. *Dal Mondo del Pressappoco all'Universo della Precisione* (Do mundo da aproximação ao universo da precisão). Turim: Einaudi, 1967. Sobre a vida quotidiana dos gregos, ver LEVI, M. A. *La Società nel Mondo Antico* (A sociedade no mundo antigo). Roma: Eri, 1966; LLOYD, G. E. R. *La Scienza dei Greci* (A ciência dos gregos). Bari: Laterza, 1978; FLACELIÈRE, R. *La Vita Quotidiana in Grecia nel Secolo di Pericle* (A vida cotidiana na Grécia no século de Péricles). Milão: Rizzoli, 1989; *I Greci* (Os gregos), organizado por LLOYD-JONES, Hugh, Milão: Il Saggiatore, 1967; GIARDINA, A. *Gli Antichi e le Macchine* (Os antigos e as máquinas) em *Technology Review*, nº 25 (setembro de 1990), pp. 34 ss.; DE MASI, D. *Il Futuro del Lavoro*. *Op. cit.*, cap. IV, pp. 64 ss.

5. PLUTARCO. *Vita di Marcello* (Vida de Marcello), 14.
6. DE MASI, D. *Il Futuro del Lavoro*. *Op. cit.*, pp. 66 ss.
7. SAHLINS, M. *Economia dell'Età della Pietra* (Economia da Idade da Pedra). Milão: Bompiani, 1980; Id., *Au Coeur des Sociétés: Raison utilitaire et raison culturelle* (O coração das sociedades). Paris: Gallimard, 1991.
8. MALINOWSKI, B. *Argonauti del Pacifico Occidentale*. *Op. cit.*
9. ARIETI, S. *Creatività, la sintesi magica* (Criatividade, a síntese mágica). Roma: Il Pensiero Scientifico, 1979.
10. DETIENNE, M. e VERNANT, J. P. *Le Astuzie dell'Intelligenza nell'Antica Grecia*. *Op. cit.*, p. XI.
11. *Ibid.*, p. 246.
12. *Ibid.*, p. XI.
13. *Ibid.*, p. XII.
14. *Ibid.*, pp. 36-37.
15. RUSSELL, B. *Elogio dell'Ozio* (Elogio ao ócio). Em *Economia dell'Ozio* (Economia do ócio), organizado por DE MASI, D. Milão: Edizioni Olivares, 1992, p. 118.
16. Ver o verbete "Terme" em *Enciclopedia dell'Arte Antica* (Enciclopédia do mundo antigo), vol. VII, 1966, pp. 715 ss.; o estudo de CARCOPINO, J. *La Vita Quotidiana a Roma nell'Apogeo dell'Impero* (A vida cotidiana em Roma no apogeu do império). Roma e Bari: Laterza, 1986; o livro de vários autores *Terme Romane* e *Vita Quotidiana* (Termas romanas e vida cotidiana). Módena: Panini, 1987; o livro de NIELSEN, I. *Thermae et Balnea: The Architecture and Cultural History of Roman Public Baths*. Aarhus, 1990; o dossiê de STACCIALI, R. A. *Le Terme dei Romani* (As termas dos romanos), em *Archeo* nº 68 (outubro de 1990); o estudo de LOMBARDI, L. e CORAZZA, A. *Le Terme di Caracalla* (As termas de Caracalla). Roma, 1995; o guia *Terme di Caracalla* (Termas de Caracalla), da Superintendência Arqueológica de Roma, com textos de Marina Piranomonte. Milão: Electa, 1998.
17. GOTTMAN, J. *Magalopolis. Funzioni e Relazioni di una Pluricittà* (Megalópole. Funções e relações de uma cidade cosmopolita). Turim: Einaudi, 1970.
18. YOURCENAR, M. *Memorie di Adriano* (Memórias de Adriano). Turim: Einaudi, 1990.
19. VIDAL, G. *Giuliano*. Milão: Bompiani, 1960.

CAPÍTULO SETE

1. FINLEY, M. I. *L'Economia degli Antichi e dei Moderni* (A economia dos antigos e dos modernos). Bari: Laterza, 1974; BLOCH, M. *Lavoro e Tecnica nel Medioevo* (Trabalho e técnica da Idade Média). Bari: Laterza, 1981.; LE GOFF, J. (org.). *L'Uomo Medievale* (O homem medieval). Bari: Laterza, 1993.
2. FRUGONI, C. *Medioevo sul Naso. Occhiali, Bottoni e Altre Invenzioni Medievali* (Idade média sobre o nariz. Óculos, botões e outras invenções medievais). BARI: Laterza, 2001, p. V.
3. BLOCH, M. *Lavoro e Tecnica nel Medioevo* (Trabalho e técnica na Idade Média). *Op. cit.*, pp. 83-87.
4. LE GOFF, J. *La Nascita del Purgatorio* (O nascimento do purgatório). Turim: Einaudi, 1982.
5. *Ibid.*, pp. 3-4.
6. *Ibid.*, pp. 10-11.
7. *Ibid.*, pp. 145-146.
8. BECHMANN, R. *Le Radici delle Cattedrali* (As raízes das catedrais). Milão: Mondadori, 1989, p. 128.
9. *Ibid.*, p. 127.
10. *Ibid.*, pp. 128-129.
11. CAMESASCA, E. *Artisti a Bottega* (Artistas em oficina). Milão: Feltrinelli, 1965, p. 136.
12. BECHMANN, R. *Le Radici delle Cattedrali. Op. cit.*, pp. 130-131.
13. *Ibid.*, p. 293.
14. CAMESASCA, E. *Artisti a Bottega. Op. cit.*, p. 159.
15. ALBERTI, L. B. *De Re Aedificatoria* (A arte de edificar). Argentorati, 1541, caps. 1º-2º.
16. PONTANO. G. *De Fortitudine*, em *Opera*, v. I, Florentia, 1520, cap. 6º.
17. ALBERTI, L. B. *Opera Inedita et Pauca Separatis Impressa.* Florença: Mancini, 1890, p. 169.
18. DAVANZATI, B. *Lezione delle Monete* (Lições das moedas), em *Le Opere* (As obras). Florença: 1853, v. II, p. 438.
19. VOLPE, G. *Il Medioevo* (A Idade Média). Florença: Vallecchi, 1927, p. 500.
20. CASTIGLIONE, B. *Il Cortegiano* (O Cortesão). Florença: IV, Cian, 1929, p. 57.
21. GARIN, E. *Il Rinascimento Italiano* (O Renascimento italiano). Milão: Istituto per gli Studi di Politica Internazionale, 1941, pp. 45-46. Do mesmo Garin, um dos maiores estudiosos do Humanismo e do Renascimento, ver: *L'Umanesimo Italiano. Filosofia e Vita Civile nel Rinascimento* (O Humanismo italiano. Filosofia e vida civil no Renascimento). Bari: Laterza, 1993; *Scienza e Vita Civile nel Rinascimento Italiano* (Ciência e vida civil no Renascimento italiano). Bari: Laterza, 1993; *L'Uomo del Rinascimento* (O homem do renascimento). Bari: Laterza, 1988. Para aprofundar o conhecimento do grande movimento humanístico e do Renascimento, ver: BURKHARDT, J. *La Civiltà del Rinascimento in Italia* (A civilização do Renascimento na Itália). Florença: Sansoni 1944; PANOFSKY, E. *Rinascimento e Rinascenze nell'Arte Occidentale* (Renascimento e renascença na arte ocidental). Milão: Feltrinelli, 1971;

BATTISTI, E. *L'Antirinascimento* (O anti-renascimento). Milão: Garzanti, 1989; Ottavia Niccoli (org.). *Rinascimento al Femminile* (Renascimento no feminino). Bari: Laterza, 1991.

22. WACKERNAGEL, M. *Il Mondo degli Artisti nel Rinascimento Fiorentino* (O mundo dos artistas no Renascimento florentino). Roma: Carocci, 1994.
23. CAZELLES, R. *Giorni del Medioevo* (Dias da Idade Média). Milão: Rizzoli, 1988.
24. WITTKOWER, R. e M. *Nati sotto Saturno. La Figura dell'Artista dall'Antichità alla Rivoluzione Francese* (Nascidos sob Saturno. A figura do artista, da antiguidade à Revolução francesa). Turim: Einaudi, 1968.
25. CHASTEL, A. "L'Artista" (O artista), em GARIN, E. *L'Uomo del Rinascimento. Op. cit.*, pp. 237 ss.
26. ZILSEL, E. *Die Enstehung des Geniebgriffes*. Tübingen: 1926, pp. 159 ss.
27. PLÍNIO. *Historia Naturalis XXXV* (História natural), p.102.
28. VASARI, G. *Vite de' più Eccellenti Pittori, SScultori et Architetti* (Vidas dos mais excelentes pintores, escultores e arquitetos). Milão: (1550), Rizzoli, 1943, II, p. 217.
29. *Ibid.*, 289.
30. WITTKOWER, R. e M. *Nati sotto Saturno. Op. cit.*, p. 118.
31. VASARI, G. *Vite. Op. cit.*, IV, 279.
32. Reportado em WITTKOWER, R. e M. *Nati sotto Saturno. Op. cit.*, p. 130. Síndromes maníaco-depressivas foram verificadas em literatos como Walt Whitman, Virginia Woolf, Edgar Allan Poe, Ernest Hemingway, Ezra Pound, Mark Twain, Tennessee Williams, Hermann Hesse; em músicos como Gustav Mahler e Charles Mingus; em pintores como Vincent van Gogh e Paul Gauguin. Kay Redfield Jamieson procurou demonstrar a existência de uma ligação entre os seus distúrbios de humor e a sua produtividade artística (ver *Sindrome Maniaco-Depressiva e Creatività*, em *Le Scienze*, nº 320 (abril de 1995), pp. 56 ss.
33. CELLINI, B. *Vita* (Vida). Milão: Biblioteca Universale Rizzoli, 1985, pp. 323 e 329.
34. WACKERNAGEL, M. *Il Mondo degli Artisti nel Rinascimento Fiorentino. Op. cit.*, p. 369.
35. CAMESASCA. *Artisti a Bottega. Op. cit.*, p. 192.
36. PEVSNER, N. *Le Accademie d'Arte* (As academias de arte). Turim: Einaudi, 1982, p. 51.
37. WACKERNAGEL, M. *Il mondo degli artisti nel Rinascimento fiorentino* (O mundo dos artistas no Renascimento florentino). *Op. cit.*, p. 377-78.
38. CARPENTER, R. Gli *Architetti del Partenone* (Os arquitetos do Partenon). Turim: Einaudi, 1979.
39. *Ibid.*, pp. XIII, 83 e 84.
40. KING, R. *La Cupola di Brunelleschi* (A cúpula de Brunelleschi). Milão: Rizzoli, 2001, pp. 92-95.
41. PRADGER, F. e SCAGLIA, G. *Brunelleschi: Studies of his Technology and Inventions* (Brunelleschi: Estudos de sua tecnologia e suas invenções). Cambridge: MIT Press Cambridge (Mass.), 1971, p. 129.

CAPÍTULO OITO

1. LANDES, D. S. *Prometeo Liberato. Trasformazioni Tecnologiche e Sviluppo Industriale nell'Europa Occidentale dal 1750 ai Giorni Nostri* (Prometeu liberado. Transformações tecnológicas e desenvolvimento industrial na Europa Ocidental de 1750 aos nossos dias). Turim: Einaudi, 1978.
2. Para toda essa temática, ver: FARRINGTON, B. *Francesco Bacone, Filosofo dell'età Industriale* (Francis Bacon, filósofo da era industrial). Turim: Einaudi, 1952. O livro reporta em apêndice o texto completo de *New Atlantis*.
3. GARIN, E. *Scienza e Vita Civile nel Rinascimento Italiano. Op.cit.*, pp. 123-126.
4. CAMPANELLA, T. *Lettere* (Cartas). Bari: Laterza, 1927, p. 241.
5. GARIN, E. *Scienza e Vita Civile. Op. cit.*, p. 116.
6. *Ibid.*, p. 167.
7. DE MASI, D. *Il Futuro del Favoro. Op. cit.*, p. 90.
8. KOYRÉ, A. *Dal Mondo del Pressappoco all'Universo della Precisione* (Do mundo do mais-ou-menos ao universo da precisão). Turim: Einaudi, 1967.
9. VIDAL, G. *Giuliano*. Milão: Bompiani, 1962, p. 404.
10. CASINI, P. *Scienza, Utopia e Progresso. Profilo dell'Illuminismo* (Ciência, utopia e progresso. Perfil do Iluminismo). Bari: Laterza, 1994, p. 14.
11. Para reler com gosto refinadamente iluminista toda a cativante história da *Encyclopédie*, leia *Diderot*, de DIOGUARDI, Gianfranco. Palermo: Sellerio, 1966.
12. DE MASI, D. e PEPE, D. *Le Parole nel Tempo* (As palavras no tempo). Milão: Guerini, 2001.
13. Para informações adicionais sobre a Casa Thonet, veja o capítulo de PALUMBO, M. P. "Buon gusto e buon senso nella produzione sociale: la Casa Thonet" (Bom gosto e bom senso na produção social) em *L'Emozione e la Regola. Op. cit.*, pp. 3 ss.
14. Para informações adicionais sobre o Instituto Pasteur, ver o capítulo de CINTI, P. e LUPI, S. "Una cooperativa scientifica: L'Istituto Pasteur di Parigi" (Uma cooperativa científica: O Instituto Pasteur de Paris) em *L'Emozione e la Regola. Op. cit.*, pp. 29 ss.
15. Os parágrafos referentes à obra de Anton Dohrn retomam, em parte, um artigo de DE MASI, D., publicado na *Rivista IBM*. Veja também o capítulo "Un congresso permanente: Anton Dohrn e la Stazione Zoologica di Napoli" em *L'Emozione e la Regola. Op. cit.*, pp. 29 ss. Para informações adicionais sobre o ambiente científico napolitano em que floriu a Estação Zoológica, ver: DE SANCTIS, R. *La Nuova Scienza a Napoli tra '700 e '800* (A nova ciência de Nápoles entre os séculos XVI e XVII). Bari: Laterza, 1986.
16. HEUSS, T. L *"Acquario" di Napoli e il suo Fondatore Anton Dohrn* (O "Aquário" de Nápoles e o seu fundador Anton Dohrn). Roma: Casini, 1959. Todas as citações sem referência a outras fontes são tiradas desse estudo.
17. PANCALDI, G. *Darwin in Italia* (Darwin na Itália). Bolonha: Il Mulino, 1983.
18. MORRIS, W. *Opere* (Obras), organizado por ELIA, M. Manieri. Bari: Laterza, 1985.
19. BUCHMAN, W. *Mackintosh's Masterwork: The Glasgow School of Art* (A obra-prima de Mackintosh). Glasgow: Richard Drew Publishing, 1989; BURKHAUSER, J. Glasgow *Girls. Women in Art and Design 1880-1920* (As garotas de Glasgow). Edimburgo: Canogate 1990; MOFFAT, A. *Remembering Charles Rennie Mackintosh. An Illustrated*

Biography (Recordando Charles Rennie Mackintosh. Uma biografia ilustrada). Lanark: Colin Baxter, 1989.

20. Os parágrafos referentes a Guccia e ao Circulo Matemático de Palermo retomam em parte o capítulo de DE MASI, D. "Un network internazionale nella Sicilia liberty: Il Circolo Matematico di Palermo" (Uma rede internacional de liberdade na Sicília) em *L'Emozione e la Regola. Op. cit.*, pp. 59 ss.
21. Suplemento de *Rendiconti* nº 9 (1914), pp. 12-13.
22. KLEIN, F. "Bull. New York Math." Soc. nº 3 (1894), p. 3.
23. BRIGAGLIA, A. e MASOTTO, G. *Il Circolo Matematico di Palermo* (O círculo matemático de Palermo). Bari: Dedalo, 1982. Para toda a parte que diz respeito a Guccia e ao Circolo, servi-me tanto desse precioso livro quanto de uma entrevista que me foi concedida por Brigaglia, publicada no nº 4 (1987) da *Rivista IBM*, pp. 12-16. Todas as alusões a Brigaglia e Masotto referem-se ao livro; todas as alusões feitas somente a Brigaglia referem-se à entrevista.
24. Suplemento de *Rendiconti* nº 9 cit.
25. *Ibid.*
26. MUSIL, R. *L'Uomo Senza Qualità* (O homem sem qualidades). Turim: Einaudi, 1957, v. I, pp. 28-29. Citação retirada da edição brasileira *O Homem sem Qualidades*. Rio de Janeiro: Editora Nova Fronteira, 1989; pp. 25-26.
27. KRAUS, K. "Heine und die Folgen" (Heine e as conseqüências), 1910, em *Untergang der Welt Durch Schwarze Magie*. Mônaco: 1960, p. 200.
28. Para informações adicionais sobre a Wiener Werkstätte, ver o capítulo de DE MASI, D. e MENICONI, M. "Una cooperativa di artisti e artigiani: La genialità politecnica della Wiener Werkstätte" (A genialidade politécnica da Wiener Werkstätte) em *L'Emozione e la Regola. Op. cit.*, pp. 148 ss. A parte aqui mencionada é extraída de um artigo de DE MASI, D. que aparece na *Rivista IBM*.
29. JANIK, A. e TOULMIN, S. *La grande Vienna* (A grande Viena). Milão: Garzanti, 1984, p. 23.
30. *Ibid.*, pp. 41-42.
31. CLAIR, J. *L'arte di Curvare il Faggio* (A arte de curvar a faia), em *FMR* nº 45, 1986, p. 23.
32. BAHAR, H. *Der Englische Styl* (O estilo inglês), em "Osterreichsche Volks-Zeitung", a. 45, nº 325. Viena: 25 de novembro de 1899, pp. 1-2.
33. SCHWEIGER, W. J. *Wiener Werkstätte, Arte e Artigianato a Vienna* (Wiener Werksträtte, arte e artesanato em Viena), 1903-1932. Milão: Edições de Comunità, 1903. Na falta de outras indicações bibliográficas, todas as citações referentes a Wiener Werkstätte são extraídas desse belo livro.
34. Carta de K. Brauer a P. Häusler de 26 de outubro de 1961.
35. SCHWEIGER, W. J. *Wiener Werkstätte. Op. cit.*, pp. 429-431.
36. Para informações adicionais sobre o Círculo, veja o capítulo de PEPE, D. "Un gruppo di libera discussione sul linguaggio e sulla scienza: Il Circolo Filosofico di Vienna" (Um grupo de discussão livre sobre a linguagem e sobre a ciência: O Círculo Filosófico de Viena) em *L'Emozione e la Regola. Op. cit.*, pp. 183 ss.
37. ZWEIG, S. *Il Mondo di Iieri* (O mundo de ontem). Milão: Mondadori, 1994.

38. *Ibid.*, pp. 9-10.

39. PLATÃO. *Fedro*. Milão: Mondadori, 1998, 245 a-b-c, pp. 46-47.

40. SHAKESPEARE, W. *Sonetti* (Sonetos). Milão: Rizzoli, 1998, soneto LXXVIII, pp. 222-223. Em obras completas de William Shakespeare, v. XXII, *Sonetos*, trad. Jerônimo de Aquino. São Paulo: Edições Melhoramentos, 1957.

41. É interessante, por exemplo, a descrição feita por Bruce Chatwin tanto das casas em que ele conseguia encontrar inspiração para escrever seus livros como das três esplêndidas vilas de Capri que, apesar de sua beleza, não conseguiram inspirar senão obras medíocres aos três escritores que a habitaram: Malaparte, Fersen e Axel Munthe. Ver, para isso, CHATWIN, B. *Anatomia dell'Irrequietezza* (Anatomia da inquietude). Milão: Adelphi, 1996.

42. DE MASI, D. *Ravello*. Roma: L'officina di Next, 2000.

43. Para a vida de Alma Mahler veja sua *Autobiografia* (Roma: Editori Riuniti, 1985) e seus documentos, publicados na Itália com o título de *Gustav Mahler. Ricordi e Lettere* (Gustav Mahler. Recordações e cartas). Milão: Il Saggiatore, 1960; KOKOSCHKA, O. *La Mia Vita* (A minha vida). Veneza: Marsilio, 1982; GIROUD, F. *Alma Mahler o l'Arte di Essere Amata* (Alma Mahler, ou a arte de ser amada). Milão: Garzanti, 1989; ZWEIG, S. *Il mondo di Ieri. Op. cit.*; DE LA GRANGE, H.-L. *Mahler*. Paris: Fayard, 1983.

44. Basta recordar Mahler e Kokoschka, Zemlinsky e Schönberg, Charpentier e Kolo Moser, Bruno Walter e Richard Strauss, Hauptmann e Pfitzner, Clemanceau e Debussy, Schnitzler e Zweig, Burckhard e Webern, Alban Berg e Karl Moll, Rodin e Freud, Paul Dukas e Walter Gropius, Blei e Werfel, Ochs, Ravel, Elias Canetti.

45. TAYLOR, F. W. *L'Organizzazione Scientifica del Lavoro. Op. cit.*; NELSON, D. *Taylor e la Rivoluzione Manageriale* (Taylor e a revolução administrativa). Turim: Einaudi, 1988; COPLEY, F. B. *Frederick W. Taylor, the Father of Scientific Management* (Frederick W. Taylor, o pai da administração científica). Nova York, 1923.

46. TAYLOR, F. W. *L'Organizzazione Scientifica del Lavoro. Op. cit.*, pp. 5-6.

47. *Ibid.*, p. 160.

48. FORD, H. *Autobiografia*, organizado por CROWTHER, S. Milão: Rizzoli, 1982. Sobre Ford, ver ainda: SWARD, K. *Legend of Henry Ford* (Lenda de Henry Ford). Nova York: Rinehart & Co., 1948; NEVIS, A. *Ford: the Times, the Man, the Company* (Ford: os tempos, o homem, a companhia). Nova York: Scribner, 1954; LACEY, R. L. *The Man and the Machine* (O homem e a máquina). Nova York: Ballantine Books, 1987.

49. FORD, H. *Autobiografia. Op. cit.*, p. 143. Todas as outras citações de Ford são extraídas do mesmo livro.

50. DE MASI, D. *Il Futuro del Lavoro. Op. cit.*, pp. 115-118.

51. Para toda a temática da organização industrial e dos seus desdobramentos sociais, ver: ACCORNERO, A. *Il Mondo della Produzione* (O mundo da produção). Bolonha: Il Mulino, 1994.

52. Para a evolução organizativa do automóvel, ver: WOMACK, J. P., JHONES, D. T. e ROOS, D. *La Macchina che ha Cambiato il Mondo* (A máquina que mudou o mundo). Milão: Rizzoli, 1993.

53. LANDES, D. S. *Prometeo Liberato. Op. cit.*, pp. 9 e 11.

54. TOFFLER, A. *La Terza Ondata* (A terceira onda). Milão: Sperling & Kupfer, 1987.

55. DE MASI, D. *Il Futuro del Lavoro. Op. cit.*, capítulo IX.
56. LE CORBUSIER. *Urbanistica. Op. cit.*, pp. 91-92.
57. NAISBITT, J. *Megatrends* (Macrotendências). Milão: Sperling & Kupfer, 1984, p. 5.
58. MUSIL, R. *L'Uomo Senza Qualità. Op. cit.*, pp. 26-27. Edição brasileira já citada, pp. 24-25.
59. LE CORBUSIER, *Urbanistica. Op. cit.*, p. 4.
60. CORBIN, A. (org.) *L'Invenzione del Tempo Libero* (A invenção do tempo livre). Bari: Laterza, 1996, p. 4.
61. COLOMBO, U. *Energia. Storia e Scenari* (Energia. História e cenários). Roma: Donzelli, 1996, p. 15.
62. Ver, a propósito: CAGLIANO, S. *Dieci Farmaci che Sconvolsero il Mondo* (Dez medicamentos que agitaram o mundo). Bari: Laterza, 1989; SEGRE, G. "Cinquant'anni di farmaci" (Cinqüenta anos de medicamentos), dossiê de *Scienza*, nº 26 (junho de 1988), Ed. Giunti Barbera; o número especial (102) de *Le Scienze* dedicado a "I farmaci dalla natura alle biotecnologie" (Os medicamentos da natureza nas biotecnologias), junho de 1998; o número especial (399) de *Le Scienze* dedicado a "Le sfide della medicina" (Os desafios da medicina), novembro de 2001.
63 DAHRENDORF, R. *Sociologia dell'Industria e dell'Azienda* (Sociologia da indústria e da empresa). Milão: Jaca Book, 1967, p. 26.
64. STEIN, L.V. *Geschichte der Sozialen Bewegung in Frankeich von 1789 bis Unsere Tage.* Munique: 1921, v. II.
65. BARACCA, A., RUFFO, S. e RUSSO, A. *Scienza e Industria 1848-1915* (Ciência e indústria). Bari: Laterza, 1979.

CAPÍTULO NOVE

1. COLOMBO, U. *Energia. Storia e Scenari* (Energia. História e cenários). Roma: Donzelli Editore, 1996, p. 23.
2. *Ibid.*, pp. 24-25. O joule, no sistema métrico decimal, é a unidade de medida da energia. São necessários 41,87 bilhões de joules para fazer uma tonelada equivalente de petróleo.
3. JUDSON, H. Freeland. *L'Ottavo Giorno della Creazione. La Scoperta del DNA* (O oitavo dia da criação. A descoberta do DNA). Roma: Editori Riuniti, 1982.
4. MERTON, R. K. *La Sociologia della Scienza* (A sociologia da ciência). Milão: Angeli, 1981; SOROKIN, P. A. *Social and Cultural Dynamics. II: Function of Systems of Truth, Ethics and Law* (Dinâmica social e cultural: fundação dos sistemas de verdade, ética e lei). Nova York: American Book Company, 1937; SIMONTON, D. K. "The Casual Relation Between War and Scientific Discovery. An Exploratory Cross-national Analysis" (A ocasional relação entre a guerra e a descoberta científica) em *Journal of Cross-Cultural Psychology*, 7, 1976, pp. 133-144; PRICE, D. De Solla. *Sociologia della Creatività Scientifica* (Sociologia da criatividade científica). Milão: Bompiani, 1967; PRICE, D. De Solla. *La Teoria Analitica (Quantitativa) della Scienza e le sue Applicazioni per la Natura della Scoperta Scientifica* [A teoria analítica (quantitativa) da ciência e as suas aplicações para a natureza da descoberta científica], em G. Cimino, M. D. Grmek; SOMENZI, V. (org.). *La Scoperta Scientifica. Aspetti Logici, Psicologici, Sociali* (A descoberta científica. Aspectos lógicos, psicológicos, sociais). Roma: Armando, 1984, pp. 135-146.

5. Alguns dados e informações interessantes reportados nesse capítulo são extraídos de ANGELA, P. *Quark economia*. Milão: Garzanti, 1986.
6. IRVING, M. *La Città Scomparsa* (A cidade desaparecida), em *Domus*, outubro de 2001, pp. 61 ss.
7. GALLINO, L. *La Tragedia dell'Auto Nazionale* (A tragédia do carro nacional), em *La Repubblica*, 9 de outubro de 2002. Para a comparação de Turim com Boston, ver: PERULLI, P. *Società e Innovazione. Teorie, Attori e Politiche in Italia e Negli Stati Uniti* (Sociedade e inovação. Teorias, agentes e políticas na Itália e nos Estados Unidos). Bolonha: Il Mulino, 1989; BAGNASCO, A. Torino. *Un Profilo Sociologico* (Turim. Um perfil sociológico). Turim: Einaudi, 1986; ANTONELLI, C. *L'Attività Iinnovativa in un Distretto Tecnologico* (A atividade inovadora de um distrito tecnológico). Turim: Fondazione Giovanni Agnelli, 1986. Para o declínio industrial, ver: BIANCHI, P. *Divisione del Lavoro e Ristrutturazione Industriale* (Divisão do trabalho e reestruturação industrial). Bolonha: Il Mulino, 1984; BLUESTONE, B. e HARRISON, B. *The Deindustrialization of America* (A desindustrialização da América). Nova York: Basic Books, 1982; DYSON, K. e WILKS, S. (coord.), *Industrial Crisis* (Crise industrial). Oxford: Martin Robertson, 1983; FREEMAN, C. *The Economics of Industrial Innovation* (A economia da inovação industrial). Londres: Francis Pinter, 1982; MULKAY, M. J. *The Social Process of Innovation* (O progresso social da inovação). Londres: McMillan, 1972; SABEL, C. *Work and Politics* (Trabalho e polítca). Cambridge (Mass.): Cambridge University Press, 1982; PICHIERRI, A. *Il Declino Industriale* (O declínio industrial). Turim: Rosenberg & Sellier, 1986.
8. BAGNASCO, A. *Tre Italie. La Problematica Territoriale dello Sviluppo Italiano* (Três Itálias. A problemática territorial do desenvolvimento italiano). Bolonha: Il Mulino, 1977; BRUSCO S. e SABEL, C. F. *Artisan Production and Economic Growth* (Produção artesanal e desenvolvimento econômico), em *The Dynamics of Labour Market Segmentation* (As dinâmicas do mercado de trabalho segmentado), organizado por de WILKINSON, F. Londres: Academic Press, 1981.
9. PIORE, M. e SABEL, C. F. *The Second Industrial Divide* (A segunda divisão industrial). Nova York: Basic Books, 1984, p. 287. Para todas as informações que transmiti a respeito de Boston, ver o interessante estudo de PERULLI, P. *Società e Innovazione. Op. cit.* Sobre a temática em geral, ver: WILLIAMSON, O. A. Markets and Hierarchies. Analysis and Antitrust Implications (Mercados e hierarquias. Análises e implicações antitruste). Nova York: The Free Press, 1975; HIRSCHMAN, A. O. *Exit, Voice and Loyalty*. Cambridge: Harvard University Press, 1970 [trad. it. *Lealtà, Defezione e Protesta* (Lealdade, deserção e protesto)]. Milão: Bompiani, 1982].
10. PRICE, D. De Solla. *La Teoria Analitica. Op.cit.*, pp. 136-37. Ver também CRANE, D. *Invisibile College: Diffusion of Knowledge in Scientific Communities* (A universidade invisível: difusão do conhecimento científico nas comunidades). Chicago: University of Chicago Press, 1972.
11. Uma reprodução da célebre foto pode ser vista também em *L'Emozione e la Regola. Op.cit.*, pp. 266-67. Reconhecem-se aí os prêmios Nobel Richardson, Millikan, Marie Curie, Bohr, Aston, Bothe, Stern, Babye, Compton, Perrin, Heisenberg, Blackett e Fermi.
12. Quando ainda poucos sociólogos estavam dispostos a admitir o advento pós-industrial, os pesquisadores italianos eram 62.000 no total, os franceses eram já 98.000, os da Alemanha Federal eram 133.000, os japoneses, 448.000, os americanos eram 751.000 e os soviéticos, 1.501.000. O percentual do produto interno bruto destinado à pesquisa

era de 1,3 na Itália; 1,9 nos Estados Unidos; 2,4 na Alemanha e 2,6 no Japão. (Informação de 1987 do presidente do CNR. No mesmo período, segundo fontes da OECD, o percentual das verbas públicas para pesquisa e desenvolvimento destinados à promoção dos conhecimentos era de 4% nos Estados Unidos, 25% na Itália, 44% na alemanha e 53% no Japão).

13. HOLTON, G. *L'Intelligenza Scientifica. Un'Indagine sull'Iimmaginazione Creatrice dello Scienziato* (A inteligência científica. Uma investigação sobre a imaginação criativa do cientista). Roma: Armando, 1984, p. 277.

14. Se ainda se quisesse recuar até antes do Eniac, à primeira geração dos computadores, se chegaria ao protótipo realizado em 1930 pelo físico John Atanasoff, ou à calculadora com a qual o mesmo Atanasoff e o seu colega Clifford Berry resolveram os sistemas de equações lineares, em 1943. Quanto à história dos relógios, ver: LANDES, D. S. *Storia del Tempo. L'Orologio e la Nascita del Mondo Moderno* (História do tempo. O relógio e o nascimento do mundo moderno). Milão: Mondadori, 1984.

15. PRICE, D. De Solla. *La Teoria Analitica. Op. cit.*, p. 136.

16. Dois cenários muito interessantes do progresso científico e tecnológico estão contidos em TecnoCosmo 2006 e em Globus 2005, ambos publicados em Roma por L'Officina de NEXT, em 2001.

17. SADOUL, G. *Storia del Cinema Mondiale dalle Origini ai Giorni Nostri* (História do cinema mundial das origens aos nossos dias). Milão: Feltrinelli, 1964, p. 295.

18. FREEMAN, C. *Prometeo Liberato* (Prometeu liberado), em "Prometheus. Paradigmi tecnologici. Saggi sull'economia del progresso tecnico" (Prometeu. Paradigmas tecnológicos. Ensaios sobre a economia do progresso técnico), nº 2, 1985, pp. 187 ss.

19. PEREZ, C. *Structural Change and the Assimilation of the New Technologies in The Economic and Social System* (Mudança estrutural e assimilação das novas tecnologias na economia e no sitema social), em *Futures*, 15 (4), outubro de 1983, pp. 357 ss. (tradução italiana em "Prometheus". *Op. cit.*).

20. O livro, organizado por ANDERSON, H. H., foi publicado por Harper & Row em 1959. A tradução italiana saiu em 1972 com o título de *La Creatività e le sue Prospettive* (A criatividade e suas perspectivas). Brescia: Editora La Scuola. No mesmo ano, essa Editora traduziu outro livro pioneiro: *Educare al Pensiero Creativo* (Educar o pensamento criativo), organizado por PARNES, S. J. e HARDING, H. F., cujo conteúdo era *Creativity* (Criatividade), o ensaio que GUILFORD, J. P. tinha publicado em 1950.

21. *Ibid.*, pp. 11 e 13.

22. TOURAINE, A. *La Produzione della Società* (A produção da sociedade). Bolonha: Il Mulino, 1973, p. 213.

23. HEGEDUS, Z. *Il Presente è l'Avvenire. Nuove pratiche e nuove rappresentazioni sociali* (O presente é o futuro. Novas práticas e novas representações sociais). Milão: Angeli, 1985, p. 26.

24. Citado por PASSERA, C. *Impegno per crescere* (Compromisso para crescer), em *NEXT*, nº 14, pp. 22-23.

25. TOURAINE, A. *La Produzione delle Società. Op. cit.*, p. 215.

26. GALBRAITH, J. *Organizzare per l'Innovazione* (Organizar para a inovação), em "Cambiamento e innovazione organizzativa" (Mudança e inovação organizacional), suplemento de *Sviluppo e Organizzazione* (Desenvolvimento e organização), nº 103, 1987, p. 69.

27. HEGEDUS, Z. *Il Presente è l'Avvenire*. *Op. cit.*

28. Entre os muitos escritos sobre o grupo de Fermi são relembrados sobretudo *Enrico Fermi, fisico*, de SEGRÉ, Emilo Zanichelli. Bolonha: 1971; *Atomi in Famiglia* (Átomos em família), de FERMI, Laura. Milão: Mondadori, 1965; o ensaio de HOLTON, Gerald, *La Grande Avventura del Gruppo Fermi* (A grande aventura do Grupo Fermi), em *Il Caso Italiano* (O caso italiano), organizado por GAVAZZA e GRAUBARD. Milão: Garzanti, 1974. Para a influência do grupo Fermi sobre o desenvolvimento da física, ver: BALLONI, L. *Da Fermi a Rubbia. Storia e Politica di un Successo Mondiale della Scienza Italiana* (De Fermi a Rubbia. História e política de um sucesso mundial da ciência italiana). Milão: Rizzoli, 1987. Os parágrafos aqui dedicados ao grupo da Via Panisperna retomam o capítulo "Enrico Fermi e il gruppo di via Panisperna" (Enrico Fermo e o Grupo da Via Panisperna), em *L'Emozione e la Regola*. *Op. cit.*, pp. 261 ss. Várias notícias aqui reportadas são extraídas de uma longa entrevista minha a Amaldi, dada em 8 de julho de 1986 na Faculdade de Física da Universidade de Roma, no mesmo edificio onde, a partir de 1936, Enrico Fermi – como diz uma lápide posta no pátio – "investigou a estrutura da matéria, decobriu a radiatividade provocada pelos nêutrons, abrindo novos caminhos ao mundo do saber e ao poder do homem".

29. Transcrito em HOLTON, G. *La Grande Avventura*. *Op.cit.*, p. 518.

30. Para mais informações, ver: SPAGNUOLO, G. "Il Progetto Manhattan a Los Alamos" (O projeto de Manhattan a Los Alamos), em DE MASI, D. (org.), *L'Emozione e la Regola*. *Op. cit.*, pp. 337 ss.

31. Para mais informações, ver: MORELLI, G. e NATOLI, G. "La scuola biologica di Cambridge" (A escola de biologia de Cambridge) em *L'Emozione e la Regola*. *Op. cit.*, pp. 315 ss.

32. BONCINELLI, E. *Genoma: Il Grande Libro dell'Uomo* (Genoma, o grande livro do homem). Milão: Mondadori, 2001, pp. 144-45.

33. DULBECCO, R. *La Mappa della Vita* (O mapa da vida). Milão: Sperling & Kupfer, 2001, p. 3.

34. BONCINELLI, E. *Genoma*. *Op. cit.*, pp. 105-106.

35. DULBECCO, R. *La Mappa della Vita*. *Op. cit.*, pp. 60 e 71.

36. BONCINELLI, E. *Genoma*. *Op. cit.*, p. 198.

37. KUHN, T. S. *La Struttura delle Rivoluzioni Scientifiche*. *Op. cit.*

38. RUBBIA, C. *Arte, Scienza, Potere* (Arte, ciência, poder), em "Energia e Innovazione" (Energia e inovação), noticiário Enea, janeiro de 1989, p. 7.

39. COLOMBO, U. *L'Impatto Sociale delle Nuove Tecnologie* (O impacto social das novas tecnologias), descrição datilografada ao Congresso do Instituto Gramsci sobre "Scienza/Tecnologia", 11-16 de março de 1985, p. 7.

40. WALLERSTEIN, I. *Il Capitalismo Storico* (O capitalismo histórico). Turim: Einaudi, 1985.

41. *Ibid.*, p. 29.

42. AMIN, S. *Lo Sviluppo Inuguale* (O desenvolvimento desigual). Turim: Einaudi, 1977.

43. WALLERSTEIN, I. *Il Capitalismo Storico*. *Op. cit.*, pp. 74 e 87.

44. PIORE, M. J. e SABEL, C. F. *Le Due Vie dello Sviluppo Industriale* (Os dois caminhos do desenvolvimento industrial).Turim: Isedi, 1987.

45. TOFFLER, A. *La Terza Ondata*. *Op. cit.*; DE MASI, D. *Il Futuro del Lavoro*. *Op. cit.*, pp. 131-135.

46. DE MASI, D. *Il Futturo del Lavoro. Op. cit.*, cap. XVII "Lavorare ovunque" (Trabalhar onde quer que seja), pp. 224 ss.
47. DE MASI, D. e PIPAN,T. "Integrazione, alienazione, conflitto" (Integração, alienação, conflito), em DE MASI, D. e BONZANINI, A. (org.), *Trattato di Sociologia del Llavoro e dell'Organizzazione. L'industria* (Tratado de sociologia do trabalho e da organização. A indústria). Milão: Angeli, 1988, pp. 863 ss.; PIPAN, T. *Sciopero Contro l'Utente* (Greve contra o usuário). Turim: Bollati Boringhieri, 1989; DE MASI, D. *Il futuro del lavoro. Op. cit.*, pp. 193-199.
48. MILLS, W. *L'Immaginazione Sociologica* (A imaginação sociológica). Milão: Il Sagittario, 1962, p. 14.
49. DE MASI, D. *L'Avvento Post-industriale. Op. cit.*, pp. 30 ss.
50. MARIEN, M. "The Two Vision of Post-industrial Society" (As duas visões da sociedade pós-industrial), em *Futures*, nº 5, 1977, pp. 415-431.
51. Num estudo seguinte ("The World in 2013", *Dialogue*, nº 3. 1988, pp. 2-9), Daniel Bell sustentou que nos próximos anos o mundo assistirá a uma transferência progressiva do centro do poder econômico e tecnológico da bacia do Atlântico para a do Pacífico, a uma intensificação da revolução tecnológica, a um novo sistema monetário mundial e a uma conseqüente internacionalização dos capitais.
52. TOURAINE, A. *La Produzione della Società. Op. cit.*, p. 203.
53. A propósito, ver: *Echange et Projets, La Rivoluzione del Tempo Scelto* (A revolução do tempo escolhido). Milão: Angeli, 1985.
54. CARISTI, F. "La creatività razionale del Bauhaus" (A criatividade racional do Bauhaus), em *L'Emozione e la Regola. Op. cit.*, pp. 207-236. A citação está na página 233.
55. PEPE, D. "Il Circolo Filosofico di Vienna", em *L'Emozione e la Regola. Op. cit.*, pp. 183-206.
56. GUGGENBERGER, B. *Sein Order Design. Zur Dialektik der Abklarung.* Rotbuch Verlag, 1987; *id.*, entrevista a *L'Espresso*, 16 de agosto de 1987, p. 87.
57. BUZZANCA, G. e CINTI, P. "L'Istituto Centrale del Restauro di Roma" (O Instituto Central da Restauração de Roma), in *L'Emozione e La Regola. Op. cit.*, pp. 281-314.
58. RUBBIA, C. *Arte, Scienza, Potere. Op. cit.*, pp. 6-7.
59. A esse, como se sabe, propunham-se a contribuir alguns projetos europeus, como l'Esprit, il Race, il Brite.
60. FRONTALI, C. *Organismi Manipolati* (Organismos manipulados), em *Sistemaricerca* nº 12, outubro-dezembro de 1989, p. 12. Ver também: BONCINELLI, E. *Genoma. Op. cit.*
61. *Sistemaricerca*, nº13, janeiro-março de 1989, p. 5.
62. TOCQUEVILLE, A. de. *La Democrazia in America* (A democracia na América). Bolonha: Universale Cappelli, 1962, pp. 225-228.
63. *Ibid.*, pp. 274-275

CAPÍTULO DEZ

1. Um repertório de métodos até hoje tentados para facilitar a produção de idéias está em ZINGALES, M. *L'Organizzazione della Creatività* (A organização da criatividade). Bolonha: Cappelli, 1974.
2. Um rico repertório de técnicas para destruir as idéias está em *Les Fossoyeurs du Progrès. Les Mandarins contre les pionniers de la science* (Os coveiros do progresso. Os manda-chuvas contra os pioneiros da ciência). Lyon: Imprimerie Léon Dézanne, 1942.
3. EYRING, H. *La Creatività Scientifica* (A criatividade científica), em ANDERSON, H. H. (org.). *La Creatività e le sue Prospettive* (A criatividade e as suas perspectivas). Brescia: Editora La Scuola, 1972, p. 20.
4. ARIETI, S. *Creatività. Op. cit.*, p. 420. Sobre toda essa problemática, ver também dois textos interessantes de OLIVERIO, A. *Il Cervello tra Filosofia e Biologia* (O cérebro entre filosofia e biologia). Milão: Raffaello Cortina, 1999, e *La Mente. Istruzioni per l'Uso* (A mente. Instruções para uso). Milão: Rizzoli, 2001.
5. *Ibid.*, pp. 424-426.
6. LURIA, A. R. *Higher Critical Functions in Man* (As funções críticas mais elevadas no homem). Nova York: Basic Books, 1966; Id., *The Working Brain: An Introduction to Neuropsycology* (O cérebro trabalhando: uma introdução à neuropsicologia). Nova York: Basic Books, 1973.
7. Ver: KLEIN, M. *Matematica, la Perdita della Certezza* (Matemática, a perda da certeza). Milão: Mondadori, 1985.
8. Ver MAINARDI, D. Gli *Animali Creativi: Qhi Sono, Che Cosa ci Suggeriscono* (Os animais criativos: quem são e o que sugerem), em vários autores. *Psicologia e Creatività. Op. cit.*
9. BUTTURINI, U. Vários Autores. *Psicologia e Creatività. Op. cit.*, pp. 107-108
10. MONTALCINI, R. Levi. Vários Autores. *Psicologia e Creatività. Op. cit.*, p. 73.
11. *Ibid.*, p. 81.
12. *Ibid.*, pp. 84-85.
13. GRMEK, M. D. *Per una Demitizzazione della Presentazione Storica delle Scoperte Scientifiche* (Para uma desmitificação da apresentação histórica das descobertas científicas). Em CIMINO, G., GRMEK, M. D. e SOMENZI, V. *La Scoperta Scientifica. Aspetti Logici, Psicologici e Sociali* (A descoberta científica. Aspectos lógicos, psicológicos e sociais). Roma: Armando, 1984, p. 45.

CAPÍTULO ONZE

1. ARIETI, S. *Creativity. The Magic Synthesis*. Nova York: Basic Books, 1976 [trad. it. *Creatività. La Sintesi Magica* (Criatividade. A síntese mágica). Roma: Il Pensiero Scientifico, 1979, p. 24].
2. HILLMAN, J. *The Myth of Analysis. Three Essays in Archetypal Psychology*. Northwestern University Press, 1972 [trad. it. *Il Mito dell'Analisi* (O mito da análise). Milão: Adelphi, 1979, p. 44].

3. ROGERS, C. R. *Per una Teoria della Creatività* (Por uma teoria da criatividade), em ANDERSON, H. H. *La Creatività e le sue Prospettive*. *Op. cit.*, pp. 103-104.
4. ARIETI, S. *Creatività*. *Op. cit.*, p. 24.
5. ROGERS, C. R. *Per una Teoria della Creatività*. *Op. cit.*, p. 98.
6. DOW A. B. Em ANDERSON, H. H. *La Creatività e le sue Prospettive*. *Op. cit.*, p. 301.
7. HILLMAN, J. *Il Mito dell'Analisi*. *Op. cit.*, pp. 52-53.
8. KOESTLER, A. *The Act of Creation*. Londres: Hutchinson & Co, 1964 [trad. it. *L'Atto della Creazione* (O ato da criação). Roma: Astrolabio, 1975]. Ver também; STORR, A. *The Dynamics of Creation* (A dinâmica da criação). Nova York: Atheneum, 1972 [trad. it. *La Dinamica della Personalità* (A dinâmica da personalidade). Roma: Astrolabio, 1973].
9. KRIS, E. *Psychoanalytic Explorations in Art*. Nova York: International Universities, 1952 [trad. it. *Ricerche Psicoanalitiche sull'Arte* (Pesquisas psicanalíticas sobre a arte). Turim: Einaudi, 1967].
10. ARIETI, S. *Creatività*. *Op. cit.*, p. 36.
11. HILLMAN, J. *Il Mito dell'Analisi*. *Op. cit.*
12. LORENZ, K. *Das Sogenannte Böse*. Viena: G. Borotha-Schoeler Verlag, 1963 [trad. it. *Il Cosiddetto Male* (O assim chamado mal). Milão: Il Saggiatore, 1969].
13. HILLMAN, J. *Il mito dell'analisi*. *Op. cit.*, p. 50.
14. *Ibid.*, pp. 32-33.
15. LORENZ, K. *Il Cosiddetto Male*. *Op.cit.*
16. HILLMAN, J. *Il Mito dell'Analisi*. *Op. cit.*, pp. 49-50.
17. *Ibid.*, pp. 62-63
18. *Ibid.*, p. 68.
19. ROGERS, C. R. *Per una Teoria della Creatività*. *Op. cit.*, pp. 97-98.
20. GUILFORD, J. P. *Elementi Caratteristici della Creatività* (Elementos característicos da criatividade), em ANDERSON, H. H. *La Creatività e le sue Prospettive*. *Op.cit.*, pp. 177 ss.
21. ARIETI, S. *Creatività*. *Op. cit.*, p. 89.
22. MASLOW, A. H. *La Creatività nell'Individuo che Realizza il Proprio Io* (A criatividade no indivíduo que realiza o próprio ego), em ANDERSON, H. H. *La Creatività e le sue Prospettive*. *Op. cit.*, p. 115.
23. *Ibid.*, p. 122.
24. ARIETI, S. *Creatività*. *Op. cit.*, p. 12.
25. *Ibid.*, pp. 200-201.
26. *Ibid.*, p. 67.
27. *Ibid.*, p. 83.
28. *Ibid.*, p. 205.
29. *Ibid.*, p. 207.
30. VAN HELMHOLTZ, H. *Vortrage und Reden* (Leitura e discusrso). Braunschweig: Vieweg e Sohn, 1896.
31. POINCARÉ, H. *Mathematical Creation*, em *The Foundation of Science* (1913). Lancaster: The Science Press, 1946 [trad. it. *La Creazione Matematica* (A criação matemática), em *Il Valore della Scienza* (O valor da ciência), Florença: La Nuova Italia, 1947].

32. ARIETI, S. *Creatività*. *Op. cit.*, pp. 306-307
33. HADAMARD, J. *The Psychology of Invention in the Mathematical Field* (A psicologia da invenção no campo da matemática). Princeton: Princeton University Press, 1945.
34. ARIETI, S. *Creatività*. *Op. cit.*, p. 95.
35. *Ibid.*, p. 405.

CAPÍTULO DOZE

1. SMITH, P. (org.). *Creativity: An Examination of the Creativity Process* (Criatividade: um exame do processo de criatividade). Nova York: Hasting House, 1959.
2. VAN HELMHOLTZ, H. *Vortrage und Reden*. *Op. cit.*
3. POINCARÉ, H. *Mathematical Creation*. *Op. cit.*
4. ROSSMAN, J. *The Psychology of the Inventor* (A psicologia do inventor). Washington: Inventors Publishing, 1931.
5. OSBORN, A. F. *Applied Immagination*. *Principles and Procedures of Creative Problem-Solving*. New York: C. Scribner's Sons, 1953 [trad. it. *L'Arte della "Creativity"*. *Principi e procedure di "creative problem-solving"* (A arte da criatividade. Princípios e procedimentos na solução criativa dos problemas). Milão: Angeli, 1988].
6. CACCAMO, R. *Il Filo di Arianna*. *Una Ricerca sulle Professionalità Creative* (O fio de Ariana. Uma pesquisa sobre as profissionalidades criativas). Milão: Angeli, 1987, p. 47. Esse livro é dedicado às vicissitudes teóricas do conceito de criatividade e à análise empírica de dez percursos criativos realizados por igual número de mulheres. Anteriormente (1986), Caccamo tinha dedicado um estudo à criatividade como autolegitimação. Em *Il Filo di Arianna*, a estudiosa, embora sendo socióloga, e tencionando conduzir uma pesquisa sociológica, escolhe três psicanalistas como referências teóricas principais (Hillman, Ricoeur, Anzieu) e, com a orientação deles, define a criatividade com nove atributos: transgressiva, diferente, precária, projetiva, crítica, ressentida, arquetípica, inesperada, mensurável. Diferente, por impostação e finalidade, com respeito à contribuição de Rita Caccamo, e ao texto de Gian Carlo Cocco, *Creatività. Ricerca e Innovazione* (Criatividade. Pesquisa e inovação), de 1987, que tenta uma relação entre o tema da criatividade e o mundo das empresas, passando pelos problemas da pesquisa e do desenvolvimento.
7. ANZIEU, D. *Le Corps de d'Oeuvre* (O corpo da obra). Paris: Gallimard, 1981, p. 117.
8. VASARI, G. *Vite de' Più Eccellenti Pittori, Scultori et Architetti*. *Op. cit.*, IV, p. 134.
9. KRIS, E. e KURZ, O. *Die Legende von Künstler: ein Historischer Versuch* (Lenda, mito e magia na imagem do artista). Viena: Krystall Verlag, 1934.
10. ANDERSON, H. H. *La Creatività e le sue Prospettive*. *Op. cit.*, pp. 287-288.
11. ARIETI, S. *Creatività*. *La Sintesi Magica*. *Op. cit.*, p. 374.
12. MAY, R. *La Natura della Creatività*, em ANDERSON, H. H. *La Creatività e le Sue Prospettive*. *Op. cit.*, p. 91 e pp. 288-289
13. ROGERS, C. R. *Per una Teoria della Creatività*, em ANDERSON, H. H. *La Creatività e le sue Prospettive*. *Op. cit.*, pp. 102-104.

14. FROMM, E. *L'Atteggiamento Creativo* (A atitude criativa), em ANDERSON, H. H. *La Creatività e le Sue Prospettive*. *Op. cit.*, pp. 72-77.
15. ROGERS, C. R. *Per una Teoria della Creatività*. *Op. cit.*, pp. 101-105.
16. FROMM, E. *L'Atteggiamento Creativo*. *Op. cit.*, p. 75.
17. MAY, R. *La Natura della Creatività*. *Op. cit*, pp. 83 ss.
18. MURRAY, H. A. *Le Vicissitudini della Creatività* (As vicissitudes da criatividade), em ANDERSON, H. H. *La Creatività e le sue Prospettive*. *Op. cit.*, p. 137.
19. *Ibid.*, p. 137.
20. WEISINGER, H. *Tragedy and the Paradox of the Fortunate* (Tragédia e o paradoxo do afortunado). State University Press, 1953.
21. JACQUES, E. *Work, Creativity and Social Justice* (Trabalho, criatividade e justiça social). Londres: Heinemann, 1970; *id.*, *Mort et Crise du Milieu de la Vie* (Morte e crise da meia-idade) em ANZIEU, D. *Psycanalise du Génie Créateur* (Psicanálise do gênio criador). Paris: Dunod, 1974.
22. MARCHETTI, C. *Society as a Learning System: Discovery, Invention and Innovation Cycles Revisited* (Sociedade como sistema de aprendizado: descoberta, invenção e inovação), em "Technological Forecasting and Social Change" (Previsão tecnológica e mudança social), v. 8, 1980.
23. BUTLER, R. N. *The Destiny of Creativity in Later Life: Studies of Creative People and the Creative Process* (O destino da criatividade na idade avançada: estudo de pessoas criativas e do processo criativo), em LEVIN, S. e KAHANA R. J. (org.), *Psychodynamic Studies on Aging* (Estudo da psicodinâmica do envelhecimento). Nova York: International Universities, 1967.
24. KRIS, E. e KURZ, O. *La leggenda dell'Artista*. *Op. cit*.
25. WATSON, J. D. *La Doppia Elica: Trent'Anni Dopo* (A dupla hélice: trinta anos depois). Milão: Garzanti, 1926.
26. NICOLAEVSKIJ, B. e MAENCHEN-HELFEN, O. *Karl Marx. La Vita e l'Opera* (Karl Marx. A vida e a obra). Turim: Einaudi, 1969, pp. 274 e 269-270.
27. TEDESCHI, R. *Invito all'Ascolto di Wagner* (Convite a ouvir Wagner). Milão: Mursia, 1983, p. 200.
28. KOESTLER, A. *The Act of Creation* (O ato da criação). Londres: Hutchinson & Co., 1964 [trad. it. *L'Atto della Creazione*. Roma: Astrolabio-Ubaldini Editore, 1975].

CAPÍTULO TREZE

1. MONTALCINI, R. Levi. *Creatività Scientifica e Artistica* (Criatividade científica e artística), em vários autores. *Psicologia e Creatività* (Psicologia e criatividade), *Seleções do Reader's Digest*. Milão: 1985, pp. 74 ss.
2. MATURANA, H. e VARELA, F. J. *Autopoiesis and Cognition. The Realization of the Living* (*Autopoiese* e cognição. A realização do ser vivente). Dordrecht: D. Reidel Publishing, 1980; PALMARINI, M. Piattelli (org.), *Livelli di Realtà* (Níveis de realidade). Milão: Feltrinelli, 1984; WATZLAWICK, P. *Die Erfundene Wirklichkeit* (A realidade inventada). Munique: Piper Verlag, 1981.

3. FEYERABEND, P. K. *Contro il Metodo. Abbozzo di una Teoria Anarchica della Conoscenza* (Contra o método. Esboço de uma teoria anárquica do conhecimento). Milão: Feltrinelli, 1981.
4. KUHN, T. S. *La Struttura delle Rivoluzioni Scientifiche. Op. cit.*
5. LAKATOS, I. e MUSGRAVE, A. *Critica e Crescita della Conoscenza* (Crítica e crescimento do conhecimento). Milão: Feltrinelli, 1976.
6. POPPER, K. R. *La Logica della Scoperta Scientifica* (A lógica da descoberta científica). Turim: Einaudi, 1970; *id.*, *Congetture e Confutazioni* (Conjeturas e contestações). Bolonha: Il Mulino, 1972; *id.*, *La Scoperta non Ha Fine. Autobiografia Intellettuale* (A descoberta não tem fim. Autobiografia intelectual). Roma: Armando, 1976.
7. CHALMERS, A. F. *Che Cos'È Questa Scienza?* (O que é essa ciência?). Milão: Mondadori, 1979.
8. GRMEK, M. D. *Per una Demitizzazione della Presentazione Storica delle Scoperte Scientifiche*, em CIMINO, G., GRMEK, M. D. e SOMENZI, V. (org.). *La Scoperta Scientifica. Aspetti Logici, Psicologici e Sociali. Op. cit.*, pp. 13 ss. Ver também: BEVERIDGE, W. I. *The Art of Scientific Investigation* (A arte da pesquisa científica). William Heinemann Ltd., 1950; *id.*, *Seeds of Discovery* (Gênese da descoberta). Londres: Heinemann Education Books, 1980; HOLTON, G. *L'Intelligenza Scientifica. Un'Immagine sull'Immaginazione Creatrice dello Scienziato* (A inteligência científica. Uma imagem sobre a imaginação criativa do cientista). Roma: Armando, 1984 (nesse texto, Holton esboça um perfil típico ideal do cientista); NERESINI, F. *La Creatività degli Scienziati* (A criatividade dos cientistas), em MELUCCI, A. *Creatività: Miti, Discorsi, Processi* (Criatividade: mitos, discursos, processos). Milão: Feltrinelli, 1994, pp. 56 ss.
9. Sobre a utilidade da analogia, ver: NORTH, J. D. *Scienza e Analogia* (Ciência e analogia), em CIMINO, G., GRMEK, M. D. e SOMENZI, V. *La Scoperta Scientifica. Op. cit.*, pp. 78 ss.
10. WATSON, D. *The Double Helix* (A dupla hélice). Londres: Weidenfeld & Nicolson, 1968.
11. OLBY, R. *The Path to the Double Helix* (O caminho da dupla hélice). Londres: McMillan, 1974.
12. BERNARD, C. *Introduction à l'Étude de la Médicine Expérimentale* (Introdução ao estudo da medicina experimental). Paris: Baillière, 1965.
13. GRMEK, M. D. *Raisonnement Expérimental et Recherches Toxicologiques chez Claude Bernard* (Psicologia e epistemologia da pesquisa científica: Claude Bernard e suas pesquisas toxicológicas). Genebra: Droz, 1973.
14. GRMEK, M. D. *Per una Demitizzazione. Op. cit.*, pp. 32.
15. *Ibid.*, pp. 35.
16. KUHN, T. S. *La Struttura delle Rivoluzioni Scientifiche. Op. cit.*, pp. 197.
17. CERUTI, M. *La Hybris dell'Onniscienza e la Sfida della Complessità* (A postura rebelde do conhecimento ilimitado e o desafio da complexidade), em BOCCHI, G. e CERUTI, M. (org.). *La Sfida della Complessità* (O desafio da complexidade). Milão: Feltrinelli, 1985, pp. 33.
18. MATURANA, H. e VARELA, F. J. *Autopoiesis and Cognition* (*Autopoiese* e cognição). *Op. cit.*
19. *Ibid.*, p. 17.
20. BALLOLA, G. C. *Beethoven. La Vita e la Musica* (Beethoven. A vida e a música).

Milão: Edizioni Accademia, 1977, pp. 270. Ver também: PRINCIPE, Q. *I Quartetti per Archi di Beethoven* (Os quartetos de arcos de Beethoven). Milão: Anabasi, 1993; SLOBODA, J. A. *The Musical Mind. The Cognitive Psychology of Music* (A mente musical. Psicologia do cognitivo da música). Londres: Oxford University Press, 1985.

21. *Ibid.*, p. 335.
22. *Ibid.*, p. 270.
23. *Ibid.*, pp. 275-276.
24. A ordem dos movimentos será ainda mais revolucionada nos quartetos seguintes, mas não é a métrica formal dos tempos que nos interessa e sim a aparente extravagância dos conteúdos. Anomalias formais encontram-se freqüentemente na história da música: pense na sinfonia *La Geniale* (Concerto Grosso nº 12) de Scarlatti, constituída de quatro tempos lentos sem *scherzo*, ou na febril *Polaca Op. 61 – tonale*, estilisticamente atípica, escrita por Chopin quando já tinha sido atingido pela doença que em três anos o levaria ao túmulo.
25. BALLOLA, G. C. *Beethoven. Op. cit.*, pp. 272-273.
26. COOPER, M. *Beethoven. The Last Decade 1817-1827* (Beethoven, o último decênio, 1817-1827). Londres: Oxford University Press, 1970.
27. MONTAIGNE, M. de. *Saggi* (Ensaios). Milão: Mondadori, 1986, pp. 227-241.

CAPÍTULO QUATORZE

1. HAUSER, A. *Storia Sociale dell'Arte* (História social da arte). Turim: Einaudi, 1964; *id.*, *Sociologia dell'Arte* (Sociologia da arte). Turim: Einaudi, 1977; ADORNO, T. *Introduzione alla Sociologia della Musica* (Introdução à sociologia da música). Turim: Einaudi, 1971; *id.*, *Il Fido Maestro Sostituto. Studi sulla Comunicazione della Musica* (O confiável maestro substituto. Estudos sobre a comunicação da música). Turim: Einaudi, 1982.
2. ZIMAN, J. *Il Lavoro dello Scienziato* (O trabalho do cientista). Bari: Laterza, 1987.
3. ANDERSON, H. H. *La Creatività. Op. cit.*, p. 151.
4. LASSWELL, H. D. *Lo Sviluppo Sociale della Creatività* (O desenvolvimento social da criatividade), em ANDERSON, H. H. *La Creatività e le sue Prospettive. Op. cit.*, p. 250.
5. *Ibid.*, p. 250.
6. MERTON, R. K. *La Sociologia della Scienza* (A sociologia da ciência). *Op. cit.*, p. 351.
7. COTGROVE, S. e BOX, S. *Science, Industry and Society. Studies in the Sociology of Science* (Ciência, indústria e sociedade. Estudos da sociologia da ciência). Londres: Allen R. Unwin, 1970.
8. Como se conclui da compilação bibliográfica *American Men of Science* (Cientistas americanos), preparada por CATTEL, J. Mckeen. Três anos depois de Galton, a relação entre sociedade e criatividade genial foi examinada por Spencer Herbert e depois, em 1880, por William James, num ensaio intitulado justamente *Great Man, Great Thoughts and the Environment* (Grandes homens, grandes pensamentos e o ambiente).
9. PRICE, D. De Solla. *Sociologia della Creatività Scientifica* (Sociologia da criatividade científica). Milão: Bompiani, 1967, p. 96.
10. MC KINNON, D. W. *What Makes a Person Creative?* (O que faz uma pessoa criativa?),

em *Saturday Review*, XLV (10 de fevereiro de 1962), pp. 15-17, 69; *The Nature and Nurture of Creative Talent* (A natureza e a nutrição do talento criativo), Binghan Lecture, Yale University, 11 de abril de 1962.

11. *Ibid.*, pp. 133-134.

12. NAISBITT, J. *Megatrends* (Macrotendências). Milão: Sperling & Kupfer, 1984.

13. Os doze países da CEE, que em 1955 tinham 269 milhões de habitantes, se tudo seguir a tendência atual, terão 329 milhões em 2015. Os nove países da orla sul do Mediterrâneo (Turquia, Síria, Líbano, Israel, Egito, Líbia, Tunísia, Argélia e Marrocos), que tinham 79 milhões de habitantes em 1955, terão 309 milhões em 2015. Entre 1955 e 2015, a população dos países desenvolvidos, no seu conjunto, passará de 887 milhões para 1 bilhão e 325 milhões; a dos países subdesenvolvidos, em conjunto, passará de dois bilhões e 751 milhões para sete bilhões e 638 milhões (ver o Rapporto sulla Situazione Demografica Italiana (Relatório sobre a situação demográfica italiana) do Istituto di Ricerche sulla Popolazione – IRP – del Consiglio Nazionale delle Ricerche), novembro de 1988, p. XX. Desse trabalho extraímos muitos dados mencionados neste parágrafo, que discordam apenas ligeiramente dos dados da ONU, transcritos no nono capítulo.

14. Segundo alguns demógrafos, se for alcançada a derrota do câncer e reduzida de 10% da taxa de envelhecimento biológico, a expectativa de vida poderá atingir facilmente os 110 anos (MANTON, K. G., WOODBURY, M. A. e STALLARD, E. *Forecasts of the Theoretical Limits to Human Life Expectancy* (Previsão dos limites teóricos da expectativa da vida humana), documento apresentado no "Workshop on Estimating an upper Limit to Human Life Expectancy", Berkeley, 1988, pp. 1-54.

15. HEGEDUS, Z. *Il Presente è l'Avvenire*. *Op. cit.*, p. 47.

16. TEITELBAUM, M. S. e WINTER, J. *La Paura del Declino Demografico* (O medo do declínio demográfico). Bolonha: Il Mulino, 1987.

17. Segundo o *Rapporto sulla Situazione Demografica*. *Op. cit.*, pp. XXXIII.

18. Para a relação entre idade e criatividade, ver: ANTONINI, F. e MAGNOLFI, S. *L'Età dei Capolavori. Creatività e Vecchiaia nelle Arti Figurative* (A idade das obras-primas. Criatividade e velhice nas artes figurativas). Pádua: Marsilio, 1991. Para o envelhecimento em geral, ver: "L'invecchiamento" (O envelhecimento), caderno nº 79 (setembro de 1994) de *Le Scienze*. Já falamos desses problemas nos capítulos anteriores.

19. Na Itália, em 1958, os cidadãos de 80 anos ou mais eram um para cada 79 habitantes, e serão um para cada 14 habitantes em 2018.

20. Se a legislação italiana tivesse deixado fixa a idade de aposentadoria em 55 anos para as mulheres e 60 para os homens, os aposentados – que eram cerca de 13 milhões em 1988 – passariam para cerca de 20 milhões em 2033. Elevando-se a idade de aposentadoria para 65, para homens e mulheres, em 2033 o número de aposentados não superará os 14 milhões.

21. Em 2000, a Cidade do México sozinha tinha uma população igual à das 5.545 comunas de todo o Centro-Norte italiano.

22. GORZ, A. *La Strada del Paradiso* (A estrada do paraíso). Roma: Edizioni Lavoro, 1984; DE MASI, D. *Il Futuro del Lavoro*. *Op. cit.*

23. Para a terminologia utilizada aqui ("patrocinadores", "orquestradores", etc.) ver: GALBRAITH, J. *Organizzare per l'Innovazione* (Organizar para a inovação), em *Sviluppo e Organizzazione* nº 79, setembro-outubro de 1983; *id.*, *Progettare l'Organizzazione*,

Innovativa (Projetar a organização inovadora), em *Gestione Aziendale*, nº 144, outubro de 1983.

24. ECHEVERRIA, J. *Telepolis. La Nuova Città Telematica* (Telépolis. A nova cidade telemática). Bari: Laterza, 1994.
25. FORD, H. *Autobiografia. Op. cit.*, pp. 139-154.
26. O testemunho de E. B. White, que apareceu pela primeira vez em *New Yorker*, em 1936, foi depois republicado no livro *Essays of E. B.White* (Ensaio de E. B. White), editado por Harper & Row, em 1977. Na Itália, apareceu na revista *FMR* com o título de *Addio, Amore Mio!* (nº 8, 1985), pp. 74 ss.
27. Pense-se, por exemplo, nestas invenções: em 1901, Booth inventou o aspirador de pó; em 1906, Fisher construiu a primeira lavadora elétrica; em 1908, Brandenberger produziu o celofane; em 1916, Black e Decker inventaram a furadeira elétrica; em 1920, foi emitida a primeira carta de crédito; em 1921 foram postos à venda os primeiros refrigeradores elétricos; em 1925, o fonógrafo é patenteado; em 1926, em Londres, entraram em função os primeiros semáforos de trânsito; em 1929, Drew inventou a fita adesiva; em 1935, Wick descobriu o plástico; em 1938, os irmãos Biro inventaram a caneta esferográfica; em 1939, Müller inventou o DDT; ainda em 1939, a lavadora de louças é patenteada; em 1943, a IBM produz a primeira calculadora automática; em 1948, Bardeen, Brattain e Shokley inventaram o transistor; em 1953 foi testado o forno de microondas; no ano seguinte, McDonalds lançou a sua cadeia de *fast food* e os irmãos Le Scure inventaram a panela de pressão; em 1960 passou a ser comercializada a pílula anticoncepcional, e Maiman inventou o laser; em 1963, a BBC apresentou o primeiro gravador em videocassete para uso doméstico; em1970 é introduzido o código de barras; em1972, Bushnell criou o videogame; em 1978 testou-se o primeiro telefone celular; em 1979 foram lançados no comércio os primeiros CDs; em 1980, apareceu o fax; em 1986 foram postas no comércio as pilhas de lítio; em 1992 é lançada a câmara fotográfica digital; em 1996 firmou-se o World Wide Web; em 1997 nasceu a ovelha Dolly e entrou em funcionamento o Global Position System (GPS); em 2000 é completado o Projeto Genoma.
28. GALBRAITH, J. *Organizzare per l'Innovazione. Op. cit.*; *id.*, *Progettare l'Organizzazione Innovativa* em *Gestione Aziendale*, nº 144 (outubro de 1983). Para uma abordagem bastante fora do comum à organização das atividades inovadoras, ver: ZIGALES, M. *L'Organizzazione della Creatività* (A organização da criatividade). Bolonha: Cappelli, 1974.
29. A literatura sobre pesquisa e desenvolvimento, sobre os *knowledge workers*, sobre as novas profissões e os novos profissionais é interminável. Para todos eles, ver: BUTERA, F. Dalle. *Occupazioni Industriali alle Nuove Professioni* (Das ocupações industriais às novas profissões). Milão: Angeli, 1987; STEWARD, T. S. *The Wealth of Knowledge* [trad. it. *La Ricchezza del Sapere* (A riqueza do conhecimento). Florença: Ponte alle Grazie, 2001.
30. DRUCKER, P. F. *Quella Nobile Arte Chiamata Innovazione* (Aquela nobre arte chamada inovação), em "Harvard-Espansione", 1985, pp. 7-13. Desse artigo extraí uma parte dos exemplos apresentados no parágrafo.
31. PEROTTO, P. G. *Programma 101*. Milão: Sperling & Kupfer, 1995.
32. MERTON, R. K. *The Sociology of Science: Theoretical and Empirical Investigations*. The University of Chicago Press, 1973 [trad. it. *La Sociologia della Scienza* (A sociologia da ciência). Milão: Angeli, 1981 pp. 545 ss.]
33. NELSON R. R. e WINTER, S. G. *An Evolutionary Theory of Economic Change* (Uma

teoria evolucionária da mudança econômica). Cambridge (Mass): The Belknap Press of Harvard University.

34. SCHUMPETER, J. A. *Capitalism, Socialism and Democracy* (Capitalismo, socialismo e democracia). Londres: Allen & Unwin, 1954. Para toda a interminável temática da inovação e para a também interminável literatura que trata dela, ver a bela síntese de PERULLI, P. *Società e Innovazione* (Sociedade e inovação). Bolonha: Il Mulino, 1989.

35. SIMON, H. A. *Casualità, Razionalità, Organizzazione* (Casualidade, racionalidade, organização). Bolonha: Il Mulino, 1985; NELSON R. R. e WINTER, S. G. *An Evolutionary Theory*. *Op. cit.* Sobre o tema, ver também a bela antologia *Il Nuovo Imprenditore* (O novo empresário), organizado por PAGANI, A. Milão: Angeli, 1967.

36. KOHN, A. *No contest* (O fim da concorrência). Boston: Houghton Mifflin, 1986.

CAPÍTULO QUINZE

1. DELLA TERZA, D. *Da Vienna a Baltimora. La Diaspora degli Intellettuali Europei negli Stati Uniti d'America* (De Viena a Baltimore. A diáspora dos intelectuais europeus nos Estados Unidos da América). Roma: Editori Riuniti, 1987.
2. KIELY, T. *A Caccia di Idee* (A caça de idéias), em *Technology Review*, nº 52, fevereiro de 1993.
3. PETIT, J. *Niemeyer, Poeta da Arquitetura*. Lugano: Fidia, 1997.
4. HILLMAN, J. *Il Mito dell'Analisi*. *Op. cit.*, p. 113.
5. KOESTLER, A. *L'Atto della Creazione*. *Op. cit.* Severas críticas às teorias de Koestler encontram-se no livro muito anticonformista de WEISBERG, Robert W. *Guida alla Creatività* (Guia para a criatividade). Pádua: Meb, 1988.
6. ARIETI, S. *Creatività. La Sintesi Magica*. *Op. cit.*, p. 12.
7. DAQUINO, G. *Vivere il Piacere* (Viver o prazer). Turim: Società Editrice Internazionale, 1984, p. 74.
8. ARIETI, S. *Creatività*. *Op. cit.*, p. 439.
9. NIEMEYER, O. *Spiegazione Necessaria* (Explicação necessária). *NEXT*, nº 10 (2000), p. 48.
10. STENDHAL. *Romanzi e Racconti* (Romances e contos): Florença: Sansoni, 1962, pp. 961-62
11. *Ibid.*, p. 965.
12. Até nos apontamentos para Lamiel encontramos a anotação: "Uma vez que o cômico depende do mínimo matiz do estilo, seria inútil fazer um plano; é necessário proceder pedacinho a pedacinho." STENDHAL. *Romanzi e Racconti*. *Op. cit.*, p. 965.
13. JAMES, H. *The Notebooks of Henry James* (Os cadernos de notas de Henry James). Londres: Oxford University Press, 1974.
14. HOFSTADTER, D. R. *Gödel, Hescher, Bach: An Eternal Golden Braid* (Godel, Escher, Bach, laços eternos). Nova York: Basic Books, 1979.
15. POE, E. A. *Filosofia della Composizione* (Filosofia da composição), em *Opere Scelte* (Obras escolhidas). Milão: Mondadori, I Meridiani, 1988, pp. 1308-09.

16. WEINSTOCK, H. *Rossini*. Londres: Oxford University Press, 1968, pp. 317-318.
17. QUENEAU, R. *Segni, Cifre e Lettere* (Sinais, algarismos e letras). Turim: Einaudi, 1981. Citado em CALVINO, I. *Lezioni Americane* (Lições americanas). Milão: Garzanti, 1988, p. 120.
18. LA CAPRIA, R. *Poe: Ultimo Venne il Corvo* (Poe: por último veio o corvo) em *Il Corriere della Sera*, 1 de abril de 1990; *id.*, *Ferito a Morte* (Ferido de morte). Milão: Bompiani, 1961.
19. MONTANELLI, I. Prefácio, em *La sua Signora* (A sua senhora), de LONGANESI, L. Milão: Rizzoli, 1957, p. 5.
20. SEDLMAYR, H. *La Rivoluzione dell'Arte Moderna* (A revolução da arte moderna). Milão: Garzanti, 1960.
21. KOESTLER, A. *L'Atto della Creazione*. *Op. cit.*, pp. 145 e 146.
22. ANDERSON, H. H. *La Creatività come Sviluppo della Personalità, em La Creatività e le sue Prospettive*. *Op. cit.*, p. 156.
23. *Ibid.*, pp. 154 e 160.
24. *Ibid.*, p. 155.
25. FOLLETT, M. P. *Creative Experience* (A experiência criativa). Longmans, Green and Co.
26. GUILFORD, J. P. *Elementi Caratteristici della Creatività* (Elementos característicos da criatividade), em ANDERSON, H. H. *La Creatività e le Sue Prospettive*. *Op. cit.*, pp. 178-79.
27. ANDERSON, H. H. *La Creatività e le Sue Prospettive*. *Op. cit.*, p. 164.
28. *Ibid.*, p. 164.

CAPÍTULO 16

1. ARIETI, S. *Creatività*. *Op. cit.*, pp. 331, 336, 339 e 340.
2. ROGERS, C. R. *Per una Teoria della Creatività*. *Op. cit.*, pp. 105 ss.
3. MOTTA, N. *Noites Tropicais. Solos, Improvisos e Memórias Musicais*. Rio de Janeiro: Objetiva, 2000; VELOSO, Caetano. *Verdade Tropical*. São Paulo: Companhia das Letras, 1997.
4. ANDERSON, H. H. *La Creatività e le Sue Prospettive*. *Op. cit.*, p. 303.
5. LASSWELL, H. D. *Lo Sviluppo Sociale della Creatività* (O desenvolvimento social da criatividade), em ANDERSON, H. H. *La Creatività e le sue Prospettive*. *Op. cit.*, p. 265.
6. DI TIAVEA, Tuiavii. *Papalagi*. Millelire Stampa Alternativa, 1992.
7. NADOLNY, S. *Die Entdeckung der Langsamkeit* (A descoberta da lentidão). Mônaco: R. Piper & Co., 1983; HANDKE, P. *Saggio sulla Stanchezza* (Ensaio sobre o cansaço). Milão: Garzanti, 1991; PAQUOT, T. *L'Art de la Sieste* (A arte da sesta). Zulma, 1998; SANSOT, P. *Du Bon Usage de la Lenteur* (Sobre o bom uso da lentidão). Paris: Payot & Rivages, 1998. Sobre o tema do ócio, ver também: CUOMO, F. *L'Ozio* (O ócio). Roma: Nuove Edizioni del Gallo, 1990. Um livro simples e prazeroso é o de TORNO, A. *Le Virtù dell'Ozio* (As virtudes do ócio). Milão: Mondadori, 2001. Cansativa, entretanto, é a leitura de *La Communauté Désoeuvrée* (A comunidade inoperante), de NANCY, J.-L. Christian Bourgois, 1990.

8. LAFARGUE, P. *Diritto all'Ozio* (Direito ao ócio), em *Economia dell'Ozio* (Economia do ócio) organizado por DE MASI, D. Milão: Edizioni Olivares, 1993, p. 62.
9. *Ibid.*, p. 57.
10. *Ibid.*, p. 73.
11. *Ibid.*, p. 74.
12. BARITZ, L. *The Servants of Power. A Hystory of the Use of Social Science in American Industry*. Wesleyan University, 1960 [trad. it. *I Servi del Potere* (Os servos do poder). Milão: Bompiani, 1963, pp. 23 e 175].
13. FORD II, H. *Human Engineering Necessary for Further Mass Production Progress* (Engenharia humana necessária para o progresso da prodoção em massa), em "Automotive and Aviation Industries", XCIV, 2, 15 de janeiro de 1946, p. 39.
14. BARITZ, L. *I Servi del Potere*. *Op. cit.*, p. 171
15. Ver, a propósito, ECHANGE e PROJETS, *La Rivoluzione del Tempo Scelto* (A revolução do tempo escolhido). Milão: Angeli, 1986.
16. RIFKIN, J. *The Age of Access* (A era do acesso). Penguin Putman Inc., 2000.
17. LUTTWAK, E. N. *Il Turbocapitalismo* (O turbocapitalismo). Milão: Mondadori, 1999, pp. 12-13.
18. BOYER, C. B. *Storia della Matematica* (Historia da matemática). Milão: Mondadori, 1980, p. 680.
19. ROBBINS LONDON, H. C. *1791. Mozart's Last Year*. 1988. [trad. it. *1791. L'Ultimo Anno di Mozart* (1791. O último ano de Mozart). Milão: Garzanti, 1989].
20. Ver: FARETTO, G. *Lo Stress nelle Organizzazioni* (O estresse nas organizações). Bolonha: il Mulino, 1994; CABIB, S. e PUGLIESI ALLEGRA, S. *Lo Stress* (O estresse). Bari: Laterza, 1995; BOSCHI, P. e SPRUGNOLI, L. *Stress e Superlavoro. Come Evitare l'Infarto* (Estresse e trabalho excessivo. Como evitar o infarto). Bussolengo: Demetra, 1996; FARNÈ, M. *Lo Stress* (O estresse). Bolonha: Il Mulino, 1999; FIGLIOLI, A. e R. *Stress Economy* (Economia do estresse). Milão: Mondadori, 2001.
21. DE MASI, D. *Sociologia dell' Azzienda* (Sociologia do negócio). Bolonha: Il Mulino, 1973; DE MASI, D. e FEVOLA, G. I *Lavoratori dell'Industria Italiana* (Os trabalhadores da indústria italiana). Milão: Angeli, 1974; DE MASI, D. e outros. *Il Lavoratore Postindustriale* (O trabalhador pós-industrial). Milão: Angeli, 1985; DE MASI, D. e CEPOLLARO, G. *Dove Va il Lavoro Industriale?* (Aonde vai o trabalho industrial?). Milão: Angeli, 1988; DE MASI, D. *L'Avvento Post-Industriale* (O advento pós-industrial). Milão: Angeli, 1985; *Il Futuro del Lavoro. Op. cit.*
22. CORBIN, A. (org.), *L'Invenzione del Tempo Libero 1850-1960* (A invenção do tempo livre). Bari: Laterza, 1996, p. 5.
23. HUIZINGA, J. *Homo Ludens. Milão: Il Saggiatore*, 1967, pp. 18-19.
24. HUIZINGA, J. *Homo Ludens. Op. cit.*; EIGEN, M. e WINKLER, R. *Das Spiel. Naturgesetze Steuern den Zufall* (O jogo. As leis naturais governam o acaso). Mônaco: Piper Gmbh & Co, 1985; SAVIANI, L. *Ermeneutica del Gioco* (Hermenêutica do jogo). Nápoles: ESI, 2000.
25. SIMON, H. *Administrative Behaviour* (Comportamento administrativo). Nova York: McMillan, 1957.
26. MARX, K. *Lineamenti Fondamentali della Critica dell'Economia Politica* (Traços fundamentais da crítica da economia política). Florença: La Nuova Italia, 1968, v. II, p. 410.

27. LAFARGUE, P. *Diritto all'Ozio*. *Op. cit.*, p. 97.
28. KEYNES, J. M. *Prospettive Economiche per i Nostri Nipoti* (Perspectivas econômicas para os nossos netos), em *La Fine del Laissez-Faire* e *Altri Scritti* (O fim do *laissez-faire* e outros escritos). Turim: Bollati Boringhieri, 1991, pp. 57-68.
29. RUSSELL, B. *Elogio dell'Ozio* (Elogio ao ócio) em *Economia dell'Ozio* (Economia do ócio), organizado por DE MASI, D. Milão: Olivares, 1992, p. 105.
30. *Ibid.*, pp. 101 e 107
31. *Ibid.*, pp. 110-113.
32. HESSE, H. *Die Kunst des Mussiggangs* (A arte do ócio). 1904
33. MORAND, P. *Elogio del Riposo* (Elogio do repouso). Milão: Archinto, 1992, pp. 6-7.
34. *Ibid.*, p. 116.
35. CORBIN, A. (org.). *L'Invenzione del Tempo Libero*. *Op. cit.*; WOLF, M. J. *The Entertainment Economy. How Mega Media Forces are Transforming our Lives* (A economia do entretenimento). Wolf, 1999; BONOMI, A. *Il Distretto del Piacere* (O distrito do prazer). Turim: Bollati Boringhieri, 2000.
36. RUSSELL, B. *Elogio dell'Ozio*. *Op. cit.*, p. 127.
37. *Ibid.*, p. 130.
38. HESSE, H. *L'Arte dell'Ozio*. *Op. cit.*, p. 18.
39. *Ibid.*, p. 20.
40. COLOMBO, A. *Le Società del Futuro. Saggio Utopico sulle Società Postindustriali* (A sociedade do futuro. Ensaio utópico sobre as sociedades pós-industriais). Bari: Dedalo, 1978, p. 246.
41. Para toda a temática do rir e do sorrir, ver: FRANCESCANO, D. *Ridere è una Cosa Seria* (Rir é uma coisa séria). Milão: Mondadori, 2002.
42. Citado em CHOMSKY, N. *Profit Over People* [trad. it. *Sulla Nostra Pelle* (Na nossa pele). Udine: Marco Tropea Editore, 1999, pp. 62-63].
43. COLOMBO, A. *Le Società del Futuro*. *Op. cit.*, p. 247.

CAPÍTULO 17

1. MARX, C. *Manoscritti Economico-filosofici del 1844* (Manuscritos econômico-filosóficos de 1844). Turim: Einaudi, 1968.
2. TAYLOR, W. *L'Organizzazione Scientifica del Lavoro*. *Op. cit.*, p. 19.
3. *Ibid.*, p. 135.
4. *Ibid.*, p. 23.
5. *Ibid.*, p. 15.
6. *Ibid.*, p. 130.
7. *Ibid.*, p. 147.
8. *Ibid.*, p. 15.
9. *Ibid.*, p. 88.
10. *Ibid.*, p. 237.

11. *Ibid.*, p. 63.
12. *Ibid.*, p. 95.
13. *Ibid.*, p. 235.
14. *Ibid.*, p. 41.
15. STEWART, T. *The Wealth of Knowledge* [trad. it. *La Ricchezza del Sapere* (A riqueza do conhecimento). Milão: Ponte alle Grazie, 2002].
16. TAYLOR, W. *L'Organizzazione Scientifica. Op. cit.*, p. 16.
17. FORD, H. *My Life and Work. Op. cit.*, p. 203.
18. *Ibid.*, p. 199.
19. *Ibid.*, p. 195.
20. *Ibid.*, pp. 188-89.
21. *Ibid.*, pp. 198-99 e 209.
22. *Ibid.*, p. 200.
23. *Ibid.*, p. 196.
24. *Ibid.*, p. 179.
25. *Ibid.*, p. 181.
26. *Ibid.*, p. 181.
27. *Ibid.*, p. 37.
28. *Ibid.*, p. 38.
29. WYATT, S. e FRASER, J. A. *The Effects of Monotony in Work* (Os efeitos da monotonia no trabalho), Reportagem nº 56 de *Industrial Health Research Board.*
30. *Ibid.*, p. 42.
31. Para a descrição das pesquisas na Western Electric, ler: MAYO, E. *The Human Problems of an Industrial Civilization*, publicado em 1933 [trad. it. *La Civiltà Industriale* (A civilização industrial). Turim: Utet, 1969]; *The Industrial Worker* (O trabalhador industrial), de WHITEHEAD, T. N., publicado em 1938, e *Management and the Worker* (Gerência e trabalhador), de ROETHLISBERGER, F. J. e DICKSON, W. J., publicado em 1939.
32. MAYO, E. *La Civiltà Industriale* (A civilização industrial) *Op. cit.*, pp. 65, 68 e 69.
33. *Ibid.*, p. 85.
34. SILVERMAN, D. *Sociologia delle Organizzazioni* (Sociologia das organizações). Milão: ISEDI, 1974, pp. 53-55; SCHEIN, E. H. *Organizational Psycology* (Psiologia organizacional). New Jersey: Englewood Cliffs, Prentice Hall, 1965; LIKERT, R. *Comportamento Direttivo e Risorse Umane nell'Azienda* (Comportamento diretivo e recursos humanos na empresa), em *Studi Organizzativi* nº 3, setembro de 1970, p. 140.
35. KORNHAUSER, A. *Concluding Interpretations: the Undetermined Future of Industrial Conflict* (Interpretações conclusivas: O futuro indeterminado do conflito industrial), em KORNHAUSER, A., DUFIN, R. e ROSS, A. M. (org.). *Industrial Conflict* (Conflito industrial). Nova York, 1954.
36. MCGREGOR, D. *L'Aspetto Umano dell'Impresa* (O aspecto humano da empresa), em *Management Review*, XLVI (1957); agora em DE MASI, D. (org.). *Sociologia dell'Azienda* (Sociologia do negócio). Bolonha: Il Mulino, 1973, p. 404.
37. ARGYRIS, C. *The Individual and the Organization* (O individual e a organização), em *Administrative Science Quarterly*, junho de 1957, v. 2, traduzido em BILLA, G. e

FABRIS, A. (org.). *L'Organizzazione Aziendale* (A organização empresarial). Milão: Etas Kompass, 1967, pp. 215-234.

38. DE MASI, D. e FEVOLA, G. *I Lavoratori dell'Industria Italiana. Op. cit.*, v. 1, tomo 2. p. 541.
39. HERZBERG, F. *Work and Nature of Man* (Trabalho e natureza do homem). Cleveland: World, 1968. Ver também: LEAVITT, H. J. *Managerial Psychology* (Psicologia gerencial). Chicago e Londres: The University of Chicago Press, 1972; CHIAROMONTE, F. *Nuove Forme di Organizzazione del Lavoro* (Novas formas de organização do trabalho). Milão: Angeli, 1975.
40. WIATT, S. e FRASER, J. A. *The Effects of Monotony. Op. cit.*, p. 42.
41. Ver, por todos, o ótimo livro de MORGAN, G. *Images of Organization* (Imagens da organização). SAGE Publications, 1997.
42. Os artigos de DRUKER sobre *no profit* podem ser lidos em *Gestire il Futuro* (Gerir o futuro). Milão: Sperling & Kupfer, 1993.
43. "Uma diocese católica do Midwest, que atende a 200 mil famílias, tem atualmente menos da metade dos padres do que há 20 anos, mas redobrou o número de serviços à comunidade" (p. 207). "Com a permanente escassez de dinheiro, as entidades sem fins lucrativos não podem agregar pessoal pago. Se querem iniciar novas atividades, e há cada vez mais necessidade delas, devem tornar os voluntários mais produtivos, dar-lhes mais trabalho e maiores responsabilidades" (p. 190). "Por isso, essas organizações *no profit*, na área mais crucial, de motivação e produtividade dos trabalhadores intelectuais, são autênticas pioneiras e inventam políticas e métodos que as empresas deverão aprender amanhã" (p. 181).
44. *Ibid.*, p. 192.
45. *Ibid.*, p. 192: "Um grande museu de arte do Midwest, que está vivendo uma fase de desenvolvimento, pede aos seus voluntários – membros do conselho, recolhedores de fundos, redatores do boletim do museu – que a cada ano fixem os seus próprios objetivos, e que se demitam, se durante dois anos seguidos não os atingirem."
46. *Ibid.*, p. 190: "Os voluntários devem estar muito mais satisfeitos com as coisas que fazem e dar uma contribuição maior justamente porque não recebem qualquer pagamento."

Capítulo 18

1. LIKERT, R. *Comportamento Direttivo e Risorse Umane nell'Azienda* (Comportamento diretivo e recursos humanos na empresa), em *Studi Organizzativi* nº 3, setembro de 1970, p. 140.
2. LIKERT, R. *New Patterns of Management* (Novos padrões de gerenciamento). Nova York: McGraw-Hill, 1961, p. 99.
3. DAHRENDORF, R. *Classi e Conflitti di Classe nella Società Industriale* (Classes e conflitos de classe na sociedade industrial). Bari: Laterza, 1963, p. 363.
4. COSER, L. A. *The Functions of Social Conflict* (As funções do conflito social). The Free Press, 1956. Na longa introdução desse livro, Coser passa em revista as teses de muitos sociólogos que são contrários ao conflito porque consideram apenas as suas conseqüências negativas.

5. As frases transcritas são tiradas de LIKERT, R. *et. al.* *Testing a management style* (Testando o estilo de gerenciamento), em *European Business*, outono de 1970.
6. MITSCHERLICH, A. *Verso una Società Senza Padre* (Para uma sociedade sem pai). Milão: Feltrinelli, 1970.
7. Para essa temática, ver: SHILLS, E. *Carisma, Order and Status* (Carisma, ordem e *status*), em *American Sociological Review*, abril de 1965; CAVALLI, L. *Il Capo Carismatico* (O chefe carismático). Bolonha: Il Mulino, 1981; SELZNICK, P. *La Leadership nelle Organizzazioni* (A liderança nas organizações). Milão: Angeli, 1984; GEERTZ, C. *Centri, Re e Carisma: Riflessioni sul Simbolismo del Potere* (Centros, rei e carisma: reflexões sobre o simbolismo do poder); em vários autores. *Antropologia Interpretativa*. Bolonha: Il Mulino, 1988; WESTLEY, F. e MINTZBERG, H. *Leadership Visionaria e Management Strategico* (Liderança visionária e administração estratégica), em *Sviluppo e Organizzazione*, nº 120, julho-agosto 1990; SHEIN, E. H. *Cultura d'Azienda e Leadership* (Cultura de empresa e liderança). Milão: Guerini e Associati, 1990. Uma ótima análise da problemática está em VILLIMBURGO, M. *La Possibilità Creativa* (A possibilidade criativa). Roma: *paper* para a especialização em S3-Studium, não-impresso, 1991.
8. WEBER, M. *Wirtschaft und Gesellshaft*. Mohr: Tubingen, 1922 [trad. it. *Economia e Società* (Economia e sociedade). Milão: Edizioni di Comunità, 1961, v. I, pp. 238 ss.]; AMIETTA, P. L. *La Creatività come Necessità. Il Nuovo Manager tra Creazione, Complessità e Carisma* (A criatividade como especialização. O novo administrador entre criação, complexidade e carisma). Milão: Etaslibri, 1990.
9. APULEIO, L. *L'Asino d'Oro* (O asno de ouro). Milão: Garzanti, 2000, pp. 87 ss. Todas as citações são tiradas dessa edição.
10. HILLMAN, J. *Il Mito dell'Analisi*. *Op. cit.*, pp. 34-35.
11. POPPER, K. R. *La Scoperta Non Ha Fine. Autobiografia intellettuale* (A descoberta não tem fim. Autobiografia intelectual). Roma: Armando, 1976, p. 50.
12. JUNG, C. G. *La Dimensione Psichica* (A dimensão psíquica). Turim: Boringhieri, 1972, pp. 86-87.
13. DAQUINO, G. *Vivere il Piacere*. *Op. cit.*, pp. 14-15.
14. *Ibid.*, p. 85.
15 *Ibid.*, p. 82.

BIBLIOGRAFIA

SEIS CONSIDERAÇÕES PRELIMINARES

Hoje, uma boa bibliografia que queira assinalar as obras especializadas centradas no tema da criatividade, mesmo que se limite aos livros e exclua os artigos, atinge facilmente muitos milhares de títulos. Se depois se expande até abranger estudos menos diretos e fundamentais, também importantes, não tem dificuldade de recolher centenas de milhares de citações.

Pode-se dizer que toda disciplina e, no seu interior, todo autor interessado nesse tema tenham chegado a uma definição própria de "criatividade": já em 1959, I. A. Taylor recolheu mais de 100 delas; no mesmo ano, F. J. Bedard compilou uma longa bibliografia apenas de contribuições italianas ao estudo da criatividade nas artes, na literatura, nas ciências e na engenharia.

A impressão geral que se obtém do exame de todo esse material é de que:

♦ os psicólogos e psicanalistas fazem a parte do leão;

♦ o interesse científico se tenha aos poucos deslocado da biologia e da hereditariedade (Lombroso) para as componentes inconscientes (Freud, Jung e Adler), para as psicológicas (Valas, Weheimer, Guilford), para as socioambientais (Stoddart, Lasswell), para as sistêmicas (Arieti), para as epistemológicas (Popper, Kuhn, Maturana, Varela), para as sociorganizativas (De Masi, Melucci);

♦ até a Segunda Guerra Mundial prevaleciam estudos e pesquisas conduzidos na Europa, enquanto, a partir daí, a maioria das análises tem sido realizada nos Estados Unidos;

♦ sempre a partir da Segunda Guerra Mundial o número desses estudos foi notavelmente aumentado;

♦ cresceu neles o interesse não só pela criatividade "excelente" (a dos gênios, dos grandes artistas e dos cientistas), mas também pela criatividade "normal", que todos nós possuímos, isto é, "a criatividade e a capacidade de assumir e resolver os problemas daqueles que nos são mais próximos, sejam eles nossos filhos, nossos alunos, nossos dependentes nas fábricas, nos escritórios e nos laboratórios" (Hilgard, 1975);

♦ o interesse operativo prevalece cada vez mais sobre o interesse descritivo e explicativo, na tentativa não só de compreender as peculiaridades dos produtos criativos, os processos cognitivos e psicossociais que os geraram, mas também de caracterizar os instrumentos práticos para encorajar e potencializar a criatividade dos cidadãos, sobretudo por meio de uma escola adequada para os jovens e de uma formação permanente para os adultos.

É lícito, portanto, perguntar-se: Por que o interesse científico pela criatividade cresceu justamente nas últimas décadas? Por que preocupa acima de tudo os estudiosos americanos? Por que se refere cada vez mais à criatividade "corriqueira" e aos meios práticos para incrementá-la?

A resposta é relativamente simples: o advento da sociedade pós-industrial, com todo o seu torrencial progresso tecnológico, permitiu a delegação dos trabalhos de execução às máquinas, conferiu centralidade às ciências e à estética, fez da criatividade – seja a "excelente", dos gênios, como a "normal", de todo cidadão, mas principalmente daquela de equipe – o banco de prova da concorrência internacional. Hoje, todos estão convencidos de que o PIB de um país depende da sua criatividade.

Da década de 1930 até hoje, os Estados Unidos gozaram de uma grande e merecida vantagem estrutural na disputa dos cérebros: as maiores inteligências do mundo ali preocuraram refúgio e logo encontraram os recursos econômicos e as liberdades políticas necessárias para a auto-realização, concorrendo para formar um feliz contexto, pelo qual outras inteligências foram, por sua vez, atraídas. Esse círculo vicioso foi diminuindo porque também em outros lugares começam a ser disponibilizadas as mesmas facilidades. Já "o oitavo dia da criação" pertence a muitos e, em todo o mundo, muitos aspiram a desvendar os seus mecanismos organizacionais por meio de buscas de todo gênero.

A história da criatividade coincide com a própria história do gênero humano. A vastidão dessa história obrigou-me a escolher intencionalmente os episódios que considerei mais significativos para os fins das teses que tencionava demonstrar com este meu livro. Em vista da amplitude do tema, também a bibliografia consultada – que, por minha vez, aconselho aos leitores – é uma parte exígua do todo, privilegiada com base nas pistas que segui para a minha pesquisa.

Para não tornar pesada essa bibliografia, já excessivamente vasta, preferi assinalar, salvo raríssimas exceções, apenas livros publicados a partir da segunda metade do século XX. Mas a exploração da criatividade individual e coletiva começou muito antes. Além disso, ela também produziu, ao lado de tantos livros, inumeráveis artigos acolhidos pelas revistas científicas de todo o mundo.

Concebi a bibliografia como uma bela biblioteca composta de três amplas "salas", cada uma das quais contendo muitas estantes cheias de testes que reproduzem mais ou menos a ordem lógica do livro.

HISTÓRIA DA CRIATIVIDADE

Esta primeira sala da biblioteca contém livros úteis para reconstruir uma história da criatividade das origens até os nossos dias. Compõe-se de cinco estantes, dedicadas, respectivamente: à pré-história; ao período que vai da Grécia clássica até o século XII, dito "Século Alegre"; ao período que vai do século XII até o Renascimento, inclusive; ao período que vai do Renascimento a toda a sociedade industrial; por fim, à atual sociedade pós-industrial.

A PRÉ-HISTÓRIA

Para repassar o longo caminho da criatividade no curso da pré-história, podem ser úteis essas leituras:

ADAMS, R. McC. *La Rivoluzione Urbana* (A revolução urbana). Turim: Einaudi, 1982.

BARRAU, J. *et. al.* *La Riscoperta della Preistoria* (A redescoberta da pré-história). Milão: EST Mondadori, 1979.

BOCCHI, G. e CERUTI, M. *Origini di Storie* (Origens de histórias). Milão: Feltrinelli, 1993.

BORDES, F. *Leçons sur le Paléolithique* (Lições sobre o paleolítico). Paris: Editions du CNRS, 1984.

BREUIL, H. *Quattre Siècles d'Art Pariétal* (Quatro séculos de arte parietal). Montigna: Centre d'Études Préhistoriques, 1952.

CAMPS, G. *Les Civilisations Préhistoriques de l'Afrique du Nord et du Sahara* (As civilizações pre-históricas da África do Norte e do Saara). Paris: Doin, 1974.

CHIARELLI, B. *Origine della Socialità e della Cultura Umana* (Origem da sociedade e da cultura humana). Bari: Laterza, 1984.

CHILDE, G. V. *What Happened in History* (O que aconteceu na História). Harmondsworth: Penguin Books, Middlsex 1942.

CLOTTES, J. *La Grotte Chauvet: L'Art des Origines* (A gruta Chauvet: a arte das origens). Paris: Editions du Seuil, 2001.

COON, C. S. *The Story of Man* (História do homem). Nova York: Carleton S. Coon, 1962.

COPPENS, Y. *O Macaco, a África e o Homem*. Lisboa: Gradiva.

DARWIN, C. *A Origem das Espécies*. Curitiba: Hemus, 2000.

DE LUMLEY, H. (org.). *Art et Civilisations des Chasseurs de la Préhistoire* (Arte e civilização dos caçadores da pré-história). Paris: Musée de l'Homme.

DIAMOND, J. *Armas, Germes e Aço*. Rio de Janeiro: Record, 2001.

FORBES, R. J. *Man the Maker* (O homem faz o mundo). Nova York: Abelard Schuman.

FOREST, J.-D. *Mesopotamia. L'Invenzione dello Stato. VII-III millennio* (Mesopotamia. A invenção do Estado). Milão: Jaca Book, 1996.

FRANGIPANE, M. *La Nascita dello Stato nel Vicino Oriente* (O nascimento do Estado no Oriente Próximo). Bari: Laterza, 1996.

FRAZER, J. H. *O Ramo de Ouro*. São Paulo: LTC, 1982.

GREGORIETTI, S. e VASSALE, E. *La Forma della Scrittura* (A forma da escrita): Milão: Feltrinelli, 1988.

HÖCKMANN, O. *Antike Seefahrt* (A navegação no mundo antigo). Munique: C. H. Beck'sche Verlagsbuchhandlung, 1985

JOHANSON, J. D. e EDEY, M. *Lucy, the Beginnings of Humankind* [trad. it. *Lucy, Le Origini dell'Umanità* (Lucy, as origens da humanidade). Milão: Mondadori, 1981.

KOLHOR, W. *Intelligenzprufungen an Menschenaffen* (A inteligência nos macacos antropóides). Berlim: Springer, 1921.

LEAKEY, R. E. e LEWIN, R. *A Origem da Espécie Humana*. Rio de Janeiro: Rocco, 1995.

LEROI-GOURHAN, A. *Le Préhistorie de l'Art Occidental* (A pré-história da arte ocidental). Paris: Mazenod, 1965.

__________. *As Religiões da Pré-História*. Lisboa: Edições 70, 1984.

__________. *I più Antichi Artisti d'Europa. Introduzione all'Arte Parietale Paleolitica* (Os mais antigos artistas da Europa. Introdução à arte rupestre paleolítica). Milão: Jaca Book, 1981.

__________. *Dictionnaire de la Préhistoire* (Dicionário da pré-história). Paris: PUF, 1988.

LESLIE, C. (org.). *Anthropology of Folk Religion* (Antropologia das religiões primitivas). Londres: Vintage Books, Alfred A. Knopf and Random House, 1960.

LEVY-BRUHL, L. *L'Expérience Mystique et les Symboles chez les Primitifs* (As experiências míticas e os símbolos dos primitivos). Paris: 1938.

LIEBERMAN, P. *L'Origine delle Parole* (A origem das palavras). Turim: Boringhieri, 1980.

LIVERANI, M. *Uruk la Prima Città* (Uruk, a primeira cidade). Bari: Laterza, 1998.

MALINOWSKI, B. *Argonauti del Pacifico Occidentale. Riti Magici e Vita Quotidiana nella Società Primitiva* (Argonautas do Pacífico Ocidental. Ritos mágicos e vida cotidiana na sociedade primitiva). Roma: Newton Compton, 1973.

MOSCATI, S. *L'Alba della Civiltà* (A aurora da civilização). Turim: Utet, 1976.

MOSCATI, S. *Antichi Imperi d'Oriente* (Antigos impérios do Oriente). Roma: Newton Compton, 1978.

NISSEN, H. J. *Protostoria del Vicino Oriente* (Proto-história do Oriente Próximo). Bari: Laterza, 1990.

OLIVERIO, A. e OLIVERIO FERRARIS, A. *L'Alba del Comportamento Umano* (A aurora do comportamento humano). Bari: Laterza, 1983.

OPPENHEIM, L. *L'Antica Mesopotamia: Ritratto di una Civiltà Scomparsa* (A antiga Mesopotâmia: retrato de uma civilização desaparecida). Roma: Newton Compton, 1980.

PETTINATO, G. (org.). *Mitologia sumerica*. Turim: Utet, 2001.

PERLÈS, C. *Preistoria del Fuoco* (Pré-história do fogo). Turim: Einaudi, 1983.

PETTAZZONI, R. *L'Essere Supremo nelle Religioni Primitive* (O ser supremo nas religiões primitivas). Turim: Einaudi, 1968.

PIEVANI, T. *Homo Sapiens e Altre Catastrofi* (*Homo sapiens* e outras catástrofes). Roma: Meltemi, 2002.

POLANYI, K. *Economie Primitive, Arcaiche e Moderne* (Economias primitivas, arcaicas e modernas). Turim: Einaudi, 1980.

RIES, J. *Le Religioni* (As religiões). Milão: Jaca Book, 1993.

SAHLINS, M. *Economia dell'Età della Pietra* (A economia da Idade da Pedra). Milão: Bompiani, 1980.

__________. *Au Coeur des Sociétés: Raison Utilitaire et Raison Culturelle* (O coração das sociedades: razão utilitária e razão cultural). Paris: Gallimard, 1991.

SIMONS, L. *Primate Evolution: An Introduction to Man's Place in Nature* (Evolução dos primatas: uma introdução ao lugar do homem na natureza). Londres e Nova York: McMillan, 1972.

SZALAY, F. S. e DELSON, E. *Evolutionary History of the Primates* (História da evolução dos primatas). Nova York e Londres: Academic Press, 1979.

VÁRIOS AUTORES. *Homo. Viaggio alle Origimi della Storia* (Viagem às origens da história). Veneza: Cataloghi Marsilio, 1985.

UHLIG, H. *Die Sumerer* (Os sumérios). Munique: C. Bertelsmann Verlag GmbH, 1976.

WYMER, J. *The Paleolithic Age* (A era paleolítica). Londres: Croom Helm, 1982.

DA GRÉCIA AO "SÉCULO ALEGRE"

Para o período que vai da Grécia clássica ao século XII d.C., caracterizado por um baixo nível de criatividade científica e tecnológica, mas de altíssimo nível de criatividade em filosofia, estudos políticos, historiografia, literatura e arte, ver os seguintes estudos:

BECHMANN, R. *Le Racines des Cathédrales* (As raízes das catedrais). Paris: Payot, 1981.

BLOCH, M. *Lavoro e Tecnica nel Medioevo* (Trabalho e técnica na Idade Média). Bari: Laterza, 1981.

CARCOPINO, J. *Roma no Apogeu do Império*. São Paulo: Companhia das Letras, 1991.

CARPENTER, R. *The Architects of the Parthenon* (Os arquitetos do Partenon). Harmondsworth: Penguin Books Ltd., Middlsex, 1970.

CAZELLES, R. *Giorni del Medioevo* (Dias da Idade Média). Milão: Rizzoli, 1988.

DETIENNE, M. e VERNANT, J. P. *Le Ruses de l'Intelligence – La Mètis des Grecs* (As astúcias da inteligência na Grécia antiga). Paris: Flammarion, 1974.

FINLEY, M. I. *L'Economia degli Antichi e dei Moderni* (A economia dos antigos e dos modernos). Bari: Laterza, 1974.

________. *Economia e Società nel Mondo Antico* (Economia e sociedade no mundo antigo). Bari: Laterza, 1984.

________. *Democracia Antiga e Moderna*. São Paulo: Graal, 1998.

FLACELIÈRE, R. *La Vie Quotidienne en Grèce au Siècle de Péricles* (A vida cotidiana na Grécia no século de Péricles). Paris: Hachette, 1983.

FRUGONI, C. *Medioevo sul Naso. Occhiali, Bottoni e Altre Invenzioni Medievali* (Idade Média sobre o nariz. Óculos, botões e outras invenções medievais). Bari: Laterza, 2001.

GRAVES, R. *Greek Myths* [trad. it.: *I Miti Greci* (Os mitos gregos). Milão: Longanesi, 1979].

KERÉNYI, K. *Gli Dei e gli Eroi della Grecia* (Os deuses e os heróis da Grécia). Milão: Garzanti, 1981.

________. *Miti e Misteri* (Mitos e mistérios). Turim: Boringhieri, 1979.

KOYRÉ, A. *Les Philosophes et la Machine; Du Monde de l'"à-peu-près" à l'Univers de la Précision* (Do mundo do mais-ou-menos ao universo da precisão) em *Études d'Histoire de la Pensée Philosophique*. Paris: Librairie Armand Colin, 1961.

LE GOFF, J. (org.). *O Homem Medieval*. Lisboa: Presença, 1989.

LEVI, M. A. *La Società nel Mondo Antico* (A sociedade no mundo antigo). Roma: Eri, 1966.

LLOYD, G. E. R. *La Scienza dei Greci* (A ciência dos gregos). Bari: Laterza, 1978.

LLOYD-JONES, H. (org.). *The Greeks* (Os gregos). Londres: C. A. Watts & Co. Ltd., 1962.

LOMBARDI, L. e CORAZZA, A. *Le Terme di Caracalla* (As termas de Caracalla). Roma: Palombi, 1995.

NIELSEN, I. *Thermae et Balnea: The Architecture and Cultural History of Roman Public Baths*. Aarhus, 1990.

POLANYI, K. *Traffici e Mercati negli Antichi Imperi* (Tráfego e mercado nos antigos impérios). Turim: Einaudi, 1978.

POWER, W. *Medieval People* (Vida na Idade Média). Londres: Methuen & Co. Ltd.

SOPRINTENDENZA Archeologica di Roma (com textos de Marina Piranomonte), guia às *Terme di Caracalla*. Milão: Electa, 1998.

STACCIALI, R. A. *Le Terme dei Romani* (As termas dos romanos), dossiê de *Archeo* nº 68 (outubro de 1990).

VÁRIOS AUTORES. *Terme Romane e Vita Quotidiana* (Termas romanas e vida cotidiana). Módena: Panini, 987.

VOLPE, G. *Il Medioevo* (A Idade Média). Florença: Vallecchi, 1926.

DO SÉCULO XII AO RENASCIMENTO

Para o período que vai do século XII até todo o Renascimento, em que a criatividade artística triunfa e a científica desperta, ver os seguintes estudos:

BATTISTI, E. *L'Antirinascimento* (O anti-Renascimento). Milão: Garzanti, 1989.

BURKHARDT. *La Civiltà del Rinascimento in Italia* (A civilização do Renascimento na Itália). Florença: Sansoni, 1944.

CAMESASCA, E. *Artisti a Bottega* (Artistas em oficina). Milão: Feltrinelli, 1965.

GARIN, E. *Il Rinascimento Italiano* (O Renascimento italiano). Milão: Istituto per gli Studi di Politica Internazionale, 1941.

__________. *O Homem Renascentista.* Lisboa: Presença, 1989.

__________. *L'Umanesimo Italiano. Filosofia e Vita Civile nel Rinascimento* (O humanismo italiano. Filosofia e vida civil no Renascimento). Bari: Laterza, 1993.

__________. Ciência e Vida Civil no Renascimento Italiano. São Paulo: UNESP, 1996.

KING, R. *Brunelleschi's Dome, The Story of the Great Cathedral in Florence* (A cúpula de Brunelleschi). Nova York: Walker and Company, 2001.

KUHN, T. S. A Revolução Copernicana. Lisboa: Edições 70, 1990.

LE GOFF, J. *Tempo della Chiesa e Tempo del Mercante* (Tempo da Igreja e tempo do mercador). Turim: Einaudi, 1977.

__________. *O Nascimento do Purgatório.* Lisboa: Estampa, 1995.

NICCOLI, O. (org.). *Rinascimento al Femminile* (O Renascimento no feminino). Bari: Laterza, 1991.

PANOFSKY, E. *Rinascimento e Rinascenze nell'Arte Occidentale* (O Renascimento e renascenças na arte ocidental). Milão: Feltrinelli, 1971.

PEVSNER, N. *Academies of Art. Past and Present* (As academias de arte). Cambridge University Press, 1940.

PRADGER, F. e SCAGLIA, G. *Brunelleschi: Studies of his Technology and Inventions* (Brunelleschi: Estudo sobre suas tecnologias e invenções). Cambridge (Mass.): The MIT Press, 1971.

VÁRIOS AUTORES. *Homo. Viaggio alle Origini della Storia* (Viagem às origens da história). Veneza: Cataloghi Marsilio, 1985.

VASARI. *Vite de' più Eccellenti Pittori, Scultori e Architetti* (Vidas dos mais excelentes pintores, escultores e arquitetos). Milão: Rizzoli, 1943.

WACKERNAGEL, M. *Der Lebensraum des Kunstlers in der Florentinischen Renaissance: Aufgaben und Auftraggeher, Werkstatt und Kunstmarkt* (O mundo dos artistas no Renascimento florentino. Compradores, oficinas e mercado da arte). Leipzig: E. A. Seemann, 1938.

WITTKOWER, R. e M. *Born Under Saturn* (Nascidos sob Saturno). Londres: Weidenfeld and Nicolson, 1963.

DO RENASCIMENTO À SOCIEDADE INDUSTRIAL

Para o período que vai do fim do século XVI até a *Encyclopédie* e depois ao triunfo da sociedade industrial, durante o qual a criatividade artística expressou-se principalmente no plano musical, no literário e depois no cinematográfico, e durante o qual a ciência e a tecnologia conquistaram o papel hegemônico que até hoje mantêm, ver os seguintes estudos:

ABBATE, M. *Libertà e Società di Massa* (Liberdade e sociedade de massa). Bari: Laterza, 1967.

ACCORNERO, A. *Il Mondo della Produzione* (O mundo da produção). Bolonha: Il Mulino, 1994.

ARON, R. *Dezoito Lições sobre a Sociedade Industrial.* São Paulo: Martins Fontes, 1981.

ASHTON, T. S. *A Revolução Industrial.* Lisboa: Europa-América, 1977.

BARACCA, A., RUFFO, S. e RUSSO, A. *Scienza e Industria 1848-1915* (Ciência e indústria 1848-1915). Bari: Laterza, 1979.

CAGLIANO, S. *Dieci Farmaci che Sconvolsero il Mondo* (Dez medicamentos que agitaram o mundo). Bari: Laterza, 1989.

CARPENTER, E. e MC LUHAN, M. La Comunicazione di Massa (A comunicação de massa). Florença: La Nuova Italia, 1966.

CASINI, P. *Scienza, Utopia e Progresso. Profilo dell'Illuminismo* (Ciência, utopia e progresso. Perfil do Iluminismo). Bari: Laterza, 1994.

CHIARINI, L. *Arte e Tecnica del Film* (Arte e técnica do filme). Bari: Laterza, 1962.

CHANDLER, A. D. Jr. *Strategy and Structure: Chapters in the History of the American Industrial Enterprise* (Estratégia e estrutura: História da grande empresa americana). Cambridge (Mass.): The MIT Press, 1962.

__________ *The Visible Hand. The Managerial Revolution in American Business* (A mão visível. A revolução administrativa na economia americana). Cambridge (Mass.): The Belknap Press of Harvard University Press, 1977.

CLARK, C. *The Conditions of Economic Progress* (As condições do progresso econômico). Londres: 1940.

COLOMBO, U. *Energia. Storia e Scenari* (Energia. História e cenários). Roma: Donzelli, 1996.

COPLEY, F. B. *Frederick W. Taylor, The Father of Scientific Management* (Frederick W. Taylor, o pai da administração científica). Nova York: 1923.

CORBIN, A. (org.). *L'Invenzione del Tempo Libero* (A invenção do tempo livre). Bari: Laterza, 1996.

DAHRENDORF, R. *Class und Class Conflict in Industrial Society* (Classes e conflitos de classe na sociedade industrial). Londres: Routledge & Kegan, 1959.

__________. *Industrie und Betriebssoziologie* (Sociologia da indústria e da empresa). Walter de Gruyter, 1965.

DANIEL, N. *Frederick W. Taylor and the Rise of Scientific Management* (Frederick W. Taylor e a revolução administrativa). University of Wisconsin System, 1980.

DAUMAS, M. *Esquisse d'une Histoire de la Science Scientifique* (Breve história da vida científica) em *Histoire de la Science* (História da ciência). Paris: Gallimard, 1957.

DEANE, Ph. *The First Industrial Revolution* (A primeira revolução industrial). Londres: Cambridge University Press, 1967.

DE MASI. D. *O Futuro do Trabalho*. Rio de Janeiro: José Olympio, 1999.

DE MASI, D. e PEPE, D. (org.) *As Palavras no Tempo*. Rio de Janeiro: José Olympio.

DE SETA, C. Origini ed Eclisse del Movimento Moderno (Origem e eclipse do movimento moderno). Bari: Laterza, 1980.

DIOGUARDI, G. *Diderot*. Palermo: Sellerio, 1996.

FARRINGTON, B. *Francesco Bacone, Filosofo dell'Età Industriale* (Francis Bacon, filósofo da idade industrial). Turim: Einaudi, 1952. O livro transcreve, em apêndice, o texto completo de New Atlantis.

FLICHY, P. *Les Industries de l'Immaginaire. Pour une Analyse Economique des Media* (A indústria da imaginação). Grenoble: Institut national de l'Audiovisuel, 1980.

FORD, H. e CROWTHER, S. (org.). *My Life and Work* (Minha vida e meu trabalho). Doubleday, Page & Company, 1922

GALBRAITH, J. K. *A Sociedade Afluente*. São Paulo: Pioneira, 1987.

__________. *O Novo Estado Industrial*. Lisboa: Europa-América.

HAMPSON, N. *The Enlightenment*. Middlsex: Penguin Books Ltd., Harmondsworth, 1968 [trad. it. *Storia e Cultura dell'Illuminismo* (História e cultura do Iluminismo). Bari: Laterza, 1969].

JACOB, M. C. *The Cultural Meaning of the Scientific Revolution* (O significado cultural da revolução científica). Nova York: Alfred A. Knopf, 1988.

JEANNE, R. e FORD, C. *Storia Illustrata del Cinema* (História ilustrada do cinema). Milão: Dall'Oglio, 1967.

JOHNSON, P. *The Birth of the Modern* [trad. it. *La Nascita del Moderno*, 1815-1830 (O nascimento do moderno). Milão: Corbaccio, 1994].

KORNHAUSER, W. *The Politics of Mass Society* (A política da sociedade de massa). The Free Press of Glencol, 1959.

KRIEDTE, P. e MEDICK, H. *Schlumbohm, Industrialisierung vor der Industrialisierung. Gewerbliche Warenproduktion auf dem Land in der Formationsperiode des Kapitalismus* (A industrialização antes da industrialização). Gottingen: Vemdenhoeck & Ruprecht, 1977.

LACEY, R. L. *The Man and the Machine* (O homem e a máquina). Nova York: Ballantine Books, 1987.

LANDES, D. S. *Prometeu Desacorrentado*. Rio de Janeiro: Nova Fronteira, 1994.

__________. *Revolution in Time* (Volta no tempo). President and Fellows of Harvard College, 1983.

LE CORBUSIER. *Urbanismo*. São Paulo: Martins Fontes, 2000 .

MANNUCCI, C. *La Società di Massa* (A sociedade de massa). Turim: Comunità, 1967.

MARCUSE, H. *One-Dimensional Man. Studies in the Ideology of Advanced Industrial Society, 1964* [trad. it. *L'Uomo a una Dimensione*. *L'Ideologia della Società Industriale Avanzata* (O homem em uma dimensão. A ideologia da sociedade industrial avançada). Turim: Einaudi, 1967].

MARX, K. O *Capital*. São Paulo: Edipro, 1998.

__________. *Manuscritos Econômico-Filosóficos de 1844*. São Paulo: Martin Claret, 2001.

__________. *Grundrisse der Kritik der Politischen Ökonomie (Rothentwurf) 1857-58* (Grundrisse). Berlim: Dietz Verlag, 1953.

MARX, K. e ENGELS, F. *Manifesto do Partido Comunista*. São Paulo: Cortez, 1998.

MASLOW, A. H. *Motivation and Personality* (Motivação e personalidade). Harper & Row, 1954.

MAYO, E. *The Human Problems of an Industrial Civilization* (Os problemas humanos da civilização industrial). Nova York: McMillan, 1933.

MELOGRANI, P. *La Modernità e i suoi Nemici* (A modernidade e os seus inimigos). Milão: Mondadori, 1996.

MILLS, C. W. *White Collar. The American Middle Classes* (Colarinhos brancos. A classe média americana). Nova York: Oxford University Press, 1951.

MORIN, E. *L'Industria Culturale. Saggio sulla Cultura di Massa* (A indústria cultural. Ensaio sobre a cultura de massa). Bolonha: Il Mulino, 1962.

MORRIS, W. e MANIERI ELIA, M. (org.). *Opere* (Obras). Bari: Laterza, 1985.

NEVIS, A. *Ford: the Times, the Man, the Company* (Ford: os tempos, o homem, a companhia). NovaYork: Scribner, 1954.

NEWHALL, B. *The History of Photography* (A história da fotografia). Nova York: The Museum of Modern Art, 1982.

OWEN, R. *A New View of Society and Other Writings* (Uma nova visão da sociedade e outros escritos). Londres: J. M. Deut & Sons Ltd., 1927.

PARKER FOLLETT, M. *Creative Experience* (A experiência criativa). Longmans, Green and Co., 1924.

POLANYI, K. *A Grande Transformação*. Rio de Janeiro: Campus, 2000.

PRANDSTRALLER, G. P. *Professione Pegista* (Profissão diretor). Cosenza: Lerici, 1977.

ROSTOW, G. *The Stages of Economic Growth* (Os estágios do desenvolvimento econômico). Nova York, 1960.

SALVATORI, L. e VILLI, C. *Il Luddismo* (O ludismo). Roma: Editori Riuniti, 1987.

SMITH A. *A Riqueza das Nações*. Rio de Janeiro: Ediouro, 1986.

SOMBART, W. *Il Capitalismo Moderno* (O capitalismo moderno). Turim: Utet, 1967.

SORLIN, P. *Sociologie du Cinéma* (Sociologia do cinema). Paris: Edition Aubier Montaigne, 1977.

SWARD, K. *Legend of Henry Ford* (Lenda de Henry Ford). Nova York: Rinehart & Co., 1948.

SYLOS LABINI, P. *Nuove Tecnologie e Disoccupazione* (Novas tecnologias e desemprego). Bari: Laterza, 1989.

TAYLOR, F. W. *L'Organizzazione Scientifica del Lavoro* (A organização científica do trabalho). Milão: Etas/Kompass, 1967.

TOCQUEVILLE, A. *A Democracia na América*. São Paulo: Itatiaia.

TOSI, V. *Il Cinema Prima di Lumière* (O cinema antes de Lumière). Turim: ERI, 1984.

VÁRIOS AUTORES. *Scientific Revolutions* (Revoluções científicas). Londres: Oxford University Press, 1981.

VEBLEN, T. *A Teoria da Classe Ociosa*. São Paulo: Pioneira.

WEBER, M. *Economia e Sociedade*. Brasília: UNB, 1994.

WILLIAMS, R. *Culture and Society 1780-1950* (Cultura e sociedade). Londres: Chatto & Windus, 1961.

ZOLLA, E. *L'Eclissi dell'Intellettuale* (O eclipse do intelectual). Milão: Bompiani, 1964.

ZWEIG, S. *Die Welt von Western. Errinnerungen eines Europäers* (O mundo de ontem. Recordações de um europeu). William Verlag AG, 1946.

A SOCIEDADE PÓS-INDUSTRIAL

Para o período que vai do declínio da sociedade industrial até a atual expansão da sociedade pós-industrial, cada vez mais caracterizado pelo trabalho intelectual, pelo esteticismo da criatividade científica e tecnológica, ver os seguintes estudos:

AZNAR, G. *Trabalhar Menos para Trabalharem Todos*. São Paulo: Scritta, 1995.

BELL, D. *The Coming of Post-Industrial Society: A Venture in Social Forecasting* (A chegada da sociedade pós-industrial). Nova York: Basic Books, 1973.

BONCINELLI, E. *Genoma: Il Grande Libro dell'Uomo* (Genoma: o grande livro do homem). Milão: Mondadori, 2001.

CHIURAZZI, G. *Il Postmoderno* (O pós-moderno). Turim: Paravia, 1999.

CHIURAZZI, G. *Il Postmoderno. Il Pensiero nella Società della Comunicazione* (O pós-moderno. O pensamento na sociedade da comunicação). Milão: Bruno Mondadori, 2002.

COLOMBO, A. *La Società del Futuro. Saggio Utopico sulle Società Post-industriali* (A sociedade do futuro. Ensaio utópico sobre as sociedades pós-industriais). Bari: Dedalo, 1978.

__________. *Carriera: Vale una Vita?* (Carreira: Vale uma vida?). Milão: Rizzoli, 1989.

COMPAGNON, A. *Os Cinco Paradoxos da Modernidade*. Minas Gerais: UFMG, 1999.

CRICK, F. *Life Itself: Its Origin and Nature* [trad. it. *L'Origine della Vita* (A origem da vida). Milão: Garzanti, 1983].

DE MASI, D. (org.). *L'Avvento Post-Industriale* (O advento pós-industrial). Milão: Angeli, 1985.

__________. *O Futuro do Trabalho*. Rio de Janeiro: José Olympio, 1999.

__________. (org.). *A emoção e a Regra*. Rio de Janeiro: José Olympio, 1997.

DE SOLLA PRICE, D. J. *Little Science, Big Science* (Pequena ciência, grande ciência). Columbia University Press, 1963.

DULBECCO, R. *La Mappa della Vita* (O mapa da vida). Milão: Sperling & Kupfer, 2001.

FLORIDA, R. *The Rise of the Creative Class* (A ascensão da classe criativa). Nova York: Basic Books, 2002.

FREELAND JUDSON, H. *The Eighth Day of Creation. The Makers of the Revolution in Biology* (O oitavo dia da criação). Nova York: Simon & Schuster, 1980.

GASPARRI, M. e URSO, A. *L'Età dell'Intelligenza* (A idade da inteligência). Roma: Settimo Sigillo, 1984.

GERSHUNY, J. *After Industrial Society, the Emerging Self Service Economy* (Após a sociedade industrial). Londres: McMillan, 1978.

GORZ, A. *Les Chemins du Paradis, l'Agonie du Capital* (O caminho do paraíso). Paris: Éditions Galilée, 1983.

__________. *Métamorphoses du Travail. Quête du sens Critique de la Raison Économique* (A metamorfose do trabalho). Paris: Éditions Galilée, 1988.

GOTTMAN, J. *Megalopolis. The Urbanized Northeastern Seabord of the United States* (Megalópole). Nova York: The Twentieth Century Fund, 1961.

HARVEY, D. *A Condição Pós-Moderna*. Edições Loyola, 1992.

HEGEDUS, Z. *Il Presente è l'Avvenire. Nuove Pratiche e Nuove Rappresentazioni Sociali* (O presente e o futuro. Novas práticas e novas representações sociais). Milão: Angeli, 1985.

HELLER, A. *Bedeutung und Funktion des Begriffs Bedürfnis im Denken von Karl Marx* [trad. it. *La Teoria dei Bisogni in Marx* (A teoria das necessidades em Marx). Milão: Feltrinelli, 1974].

__________. *A Mindennapi Élet* (Sociologia da vida cotidiana). Budapeste: Akadémai Kiadó, 1970.

__________. *General Ethics* (Ética geral). Oxford: Blackwell, 1988.

ILLICH, I. *A Convivencialidade*. Lisboa: Europa-América.

__________. *Per una Storia dei Bisogni* (Para uma história das necessidades). Milão: Mondadori, 1981.

INGLEHART, R. *La Rivoluzione Silenziosa* (A revolução silenciosa). Milão: Rizzoli, 1983.

__________. *Modernization and Postmodernization. Cultural, Political Change in 43 Societies* (A sociedade pós-moderna. Mutação, ideologias e valores em 43 países). Princeton: Princeton University Press, 1996.

JAMESON, F. *Pós-modernismo*. São Paulo: Ática, 1996.

________. *Writings* (Escritos). Oxford University Press, 1979.

KAUFFMAN, S. *At Home in the Universe* (Em casa no universo). Oxford University Press, 1995.

KEYNES, J. M. *Economic Possibilities for our Grandchildren* (1931) em *Collected Writings*. Cambridge: Cambridge University Press, 1987 [trad. it. *Prospettive Economiche per i Nostri Nipoti* (Perspectivas econômicas para os nossos netos), em *La Fine del Laissez-Faire e Altri Scritti* (O fim do *laissez-faire* e outros escritos). Turim: Bollati Boringhieri, 1991].

KOSLOWSKI, P. *Die Postmoderne Kultur. Gesselleschaftlich-kulturelle Konsequenzen der Technischen Entwicklung* (A cultura pós-moderna. Conseqüências socioculturais do desenvolvimento técnico). Munique: C. H. Beck, 1987.

LASCH, C. *The Culture of Narcisism* (A cultura do narcisismo). W. W. Norton & Company, 1979.

LUTTWAK, E. N. *Turbo-Capitalismo*. São Paulo: Nova Alexandria, 2001.

LYOTARD, J. L. *La Condition Postmoderne* (A condição pós-moderna). Paris: Les Editions de Minuit, 1979.

MÉDA, D. *Le Travail. Une Valeur en Voie de Disparition* (O trabalho). Paris: Aubier, 1995.

NAISBITT, J. *Macrotendências*. Lisboa: Presença, 1996.

RIFKIN, J. *O Fim dos Empregos*. São Paulo: Makron, 1996.

________. *A Era do Acesso*. São Paulo: Makron, 2000.

SCHUMACKER, E. F. *Small is Beautifull* (Pequeno é belo). Londres: Blond & Briggs, 1973.

STEWART, T. A. *O Capital Intelectual*. Rio de Janeiro: Campus, 1998.

THUROW, L. C. *O Futuro do Capitalismo*. Rio de Janeiro: Rocco, 1997.

TOFFLER, A. *A Terceira Onda*. Rio de Janeiro: Record, 2000.

TOTANO, F. *Non di Solo Lavoro* (Não só de trabalho). Milão: Vita e Pensiero, 1998.

TOURAINE, A. *La Societé Post-Industrielle* (A sociedade pós-industrial). Paris: 1969.

________. *Production de la Société* (A produção da sociedade). Paris: Editions du Seuil, 1973.

________. *Crítica da Modernidade*. Rio de Janeiro: Vozes, 1999.

VATTIMO, G. *O Fim da Modernidade*. São Paulo: Martins Fontes, 2002.

VENEZIANI, M. *L'Antinovecento. Il Sale di Fine Millennio* (O ante-século XX. O chiste do fim de milênio). Milão: Mondadori, 1996.

ESTUDOS SOBRE A CRIATIVIDADE

Esta segunda sala da nossa biblioteca é dedicada aos textos que nos permitem caracterizar as abordagens de algumas disciplinas e a compreensão da criatividade individual e coletiva. Os livros estão distribuídos em oito estantes, reservadas respectivamente: às obras de caráter geral; aos ensaios que tratam da criatividade sob o perfil neurológico, psicanalítico, psicológico e psiquiátrico, pedagógico, epistemológico, sociológico e antropológico, e organizativo. A última estante é dedicada aos livros que tentam ensinar como se suscita ou se incentiva a criatividade.

OBRAS GERAIS

ANDERSON, H. H. (org.). *Creativity and its Cultivation* (A criatividade e as suas perspectivas). Nova York: Harper & Row, 1959.

BEAUDOT, A. *La Creativité* (A criatividade). Paris: Bordas, 1973.

BESSIS, P. e JAOUI, H. *Qu'est-que ce la Créativité* (O que é criatividade). Paris: Dunod, 1976.

BLOOMBERG, M. (org.). *Creativity: Theory and Research* (Criatividade: teoria e pesquisa). New Haven: College University Press, 1973.

BOIREL, R. *Theorie Générale de l'Invention* (Teoria geral da invenção). Paris: Puf, 1974.

CROPLEY, A. *Creativity* (Criatividade). Londres: Longmans, 1967.

FORTUNATO, G. *La Creatività*, em BRUSCAGLIONI, R. e SPALTRO, E. (org.). *La Psicologia Organizzativa* (A psicologia organizativa), v. 53 da *Enciclopedia di Direzione e Organizzazione Aziendale* (Enciclopédia de direção e organização empresarial). Milão: Angeli, 1982.

FOSS, B. M. (org.). *Nuovi Orizzonti della Psicologia* (Novos horizontes da psicologia). Turim: Boringhieri, 1968.

GARRONI, E. *Creatività* (Criatividade), em *Enciclopedia Einaudi*. Turim: Einaudi, 1978, v. 4.

GEDO, J. E. e GEDO, M. M. *Perspectives on Creativity: The Biographical Method* (Perspectiva para a criatividade). Norwood (N. J.): Ablex Publishing Co., 1991.

GLOVER, J. A., RONNING, R. R. e REYNOLDS C. R. (org.). *Handbook of Creativity* (O livro da criatividade). Nova York: Plenum Press, 1989.

HAMMER, E. F. *Creativity* (Criatividade). Nova York: Random House, 1961.

JAOUI, H. *La Créativité* (A criatividade). Paris: Seghers, 1975.

MATUSSEK, P. *Kreativität als Chance* (Criatividade como oportunidade). Munique: Piper Verlag, 1974.

MENCARELLI, M. *Creatività* (Criatividade). Brescia: La Scuola, 1976.

NEUMANN, E. *L'Uomo Creativo e la Trasformazione* (O homem criativo e a transformação). Veneza e Pádua: Marsilio, 1973.

NYSTROM, H. *Creativity and Innovation* (Criatividade e inovação). Nova York: John Wiley & Sons, 1979.

RICOUER, P. *Saggi sulla Creatività* (Ensaios sobre a criatividade.). Roma: Il Pensiero Scientifico, 1977.

ROUCHETTE, M. L. *La creativité* (A criatividade). Paris: Puf, 1973.

RUBINI, V. *La creatività* (A criatividade). Florença: Giunti-Barbera, 1980.

RUNCO, M. A. e ALBERT, R. S. (org.). *Theories of Creativity* (Teorias da criatividade). Newbury Park (Ca.): Sage, 1990.

SBISA, A. *La Creatività* (A criatividade). Florença: Le Monnier, 1976.

STORR, A. *The Dinamics of Creation* (A dinâmica da criação). Nova York: Atheneum, 1972.

TAYLOR, C. W. *Creativity: Progress and Potential* (Criatividade: progresso e potencial). Nova York: McGraw-Hill, 1964.

TROMBETTA, C. *La Creatività. Un'Utopia Contemporanea* (A criatividade. Uma utopia contemporânea). Milão: Bompiani, 1989.

VÁRIOS AUTORES. *Saggi sulla Creatività* (Ensaios sobre a criatividade). Roma: Il Pensiero Scientifico, 1977.

VERNON, P. E. (org.). *Creativity* (Criatividade). Londres: Penguin, 1970.

WEBER, M. *Politik als Beruf, Wissenschaft als Beruf* (O trabalho intelectual como profissão). Berlim: Duncker & Humblot, 1919.

WEISBERG, R. *Creativity and Other Myths* (Criatividade e outros mitos). Nova York: Freeman, 1986.

__________. *Guida alla Creatività* (Guia para a criatividade). Pádua: Meb, 1988.

NEUROLOGIA

ALAND, A. Jr. *L'Impero Umano. La Biologia e le Scienze Sociali* (O império humano. A biologia e as ciências sociais). Milão: Bompiani, 1974.

ALLEN, M. S. *Morphological Creativity* (Criatividade morfológica). Englewood Cliff (N. J.): Prentice Hall, 1970.

ANTONINI, F. e MAGNOLFI, S. *L'Età dei Capolavori. Creatività e Vecchiaia nelle Arti Figurative* (A idade das obras-primas. Criatividade e velhice nas artes figurativas). Veneza: Marsilio, 1991.

BARTLETT, F. *La Mente nel Lavoro e nel Gioco* (A mente no trabalho e o lazer). Milão: Bompiani, 1957.

BINET, A. *Étude Expérimentale de l'Intelligence* (Estudo experimental de inteligência). Paris: Schleicher, 1903.

BRAITENBERG, V. *I Tessuti Intelligenti* (Os tecidos inteligentes). Turim: Boringhieri, 1980.

CALISSANO, P. (org.) *Mente e Cervello: un Falso Dilemma?* (Mente e cérebro: um falso dilema?). Gênova: Il Melangolo, 2001.

ECCLES, J. C. *O Conhecimento do Cérebro*. São Paulo: Atheneu, 1979.

GALTON, F. *Hereditary Genius* (Genialidade hereditária). Londres: Meridian Books, 1962.

KNORR-CETINA, K. K. *The Manufacture of Knowledge* (A manufatura do conhecimento). Exeter: Wheaton & Co., 1981.

LEVI MONTALCINI, R. *Creatività Scientifica e Artistica* (Criatividade científica e artística), em vários autores. *Psicologia e Creatività* (Psicologia e criatividade). Milão: *Seleções do Reader's Digest*, 1985.

__________. *NGF: Apertura di una Nuova Frontiera nella Neurobiologia* (NGF: abertura de uma nova fronteira na neurobiologia). Roma e Nápoles: Theoria, 1989.

LOMBROSO, C. *L'Uomo di Genio* (O homem de gênio). Turim: Bocca, 1892.

__________. *L'Uomo di Genio in Rapporto alla Psichiatria, alla Storia ed all'Estetica* (O homem de gênio em relação à psiquiatria, à história e à estética). Turim: Bocca, 1894.

__________. *Genio e Degenerazione* (Gênio e degeneração). Palermo: Sandron, 1897.

LOWENFELD, V. e BRITTAIN, W. L. *Creative and Mental Growth* (Criatividade e desenvolvimento mental). Nova York: MacMillan, 1951.

LURIA, A. R. *Higher Cortical Functions in Man* (Funções corticais superiores do homem). Nova York: Basic Books, 1966.

__________. *The Working Brain: An Introduction to Neuropsychology* (O cérebro trabalhador). Nova York: Basic Books, 1973.

MECACCI, L. *Identikit del Cervello* (*Identikit* do cérebro). Roma e Bari: Laterza, 1984.

NICOLLE, Ch. *Biologie de l'Invention* (Biologia da invenção). Paris: Alcan, 1932.

OLIVERIO, A. *Esplorare la Mente. Il Cervello tra Filosofia e Biologia* (Explorar a mente. O cérebro entre filosofia e biologia). Milão: Raffaello Cortina, 1999.

__________. *La Mente. Istruzioni per l'Uso* (A mente. Instruções para uso). Milão: Rizzoli, 2001.

PASINI, W. *Il Corpo in Psicoterapia* (O corpo em psicoterapia). Milão: Cortina, 1982.

ROSE, S. *Il Cervello e la Coscienza* (O cérebro e a consciência). Milão: Mondadori, 1973.

TORRANCE, E. P. *Guiding Creativity Talent* (Guiando o talento criativo). Englewood Cliffs (N.J.): Prentice-Hall, 1962.

WILSON, E. D. *Sociobiology. The New Syntesis* (Sociobiologia. A nova síntese). Cambridge (Mass.): Belknap Press, 1975.

YOUNG, J. *Doubt and Creativity in Science. A Biologist's Reflections on the Brain* (Dúvida e criatividade na ciência). Londres: Oxford University Press, 1951.

PSICANÁLISE

AMMANNITI, M. (org.). *La Nascita del Sé* (O nascimento do eu). Bari: Laterza, 1990.

ANDERSON, H. H. (org.). *Creativity and its Cultivation* (A criatividade e as suas perspectivas). Nova York: Harper & Row, 1959.

ANZIEU, D. *Psycanalise du Génie Créateur* (Psicanálise do gênio criador). Paris: Dunod, 1974.

__________. *Le Corps d'Oeuvre* (O corpo da obra). Paris: Gallimard, 1981.

ARIETI, S. *The Intrapsychic Self* (O eu intrapsíquico). Nova York: Basic Books, 1966.

__________. *Creativity. The Magic Synthesis* (Criatividade. A síntese mágica). Nova York: Basic Books, 1976.

AVENS, R. *A Imaginação É Realidade*. Rio de Janeiro: Editora Vozes, 1993.

BATESON, G. *Steps to an Ecology of Mind* (Para uma ecologia da mente). Paladin Books, 1972.

__________. *Mente e Natura* (Mente e natureza). Milão: Adelphi, 1984.

CHASSEGUET-SMIRGEL, J. *Pour une Psychoanalyse de l'Art et de la Créativité* (Para uma psicanálise da arte e da criatividade). Paris: Payot, 1967.

CREMERIUS, J. *Nevrosi e Genialità* (Neurose e genialidade). Turim: Boringhieri, 1975.

DAQUINO, G. Vivere il Piacere (Viver o prazer). Turim: Società Editrice Internazionale, 1984.

DE BOARD, R. *The Psychoanalysis of Organizations* (A psicanálise das organizações). Londres: Tavistock, 1978.

DERVIN, D. *Creativity and Culture: A Psychoanalytic Study of the Creative Process in the Arts, Sciences and Culture* (Criatividade e cultura). Londres: Associated University Press, 1990.

ERIKSON, E. H. *Growth and Crises of the Healty Personality* (Desenvolvimento e crise da personalidade saudável), em KLUCKON, C., HURRAY, H. A. e SCHNEIDER, D. M. *Personality* (Personalidade). Nova York: Knopf, 1953.

FORNARI, B. e FORNARI, F. *Psicoanalisi e Ricerca Letteraria* (Psicanálise e pesquisa literária). Milão: Principato, 1974.

FREUD, S. *A Interpretação dos Sonhos*. Rio de Janeiro: Imago, 1999.

__________. *Der Witz and seine Beziehung zum Umbewussten*, em *Gesammelte Schriften*. Leipzig, Viena, Zurique 1905, Intern. Psychoanalytischer Verlag, 1925-42 [trad. it. *Il Motto di Spirito e la sua Relazione con l'Iinconscio* (O mote de espírito e a sua relação com o inconsciente), em *Opere* (Obras). Turim: Boringhieri, 1972, v. 5).

__________. *Der Dicker und das Phantasieren in Gesammelte Schriften*. Leipzig, Viena, Zurique 1907, Intern. Psychoanalytischer Verlag, 1925-42 [trad. it. *Il Poeta e la Fantasia* (O poeta e a fantasia), em *Opere* (Obras). Turim: Boringhieri, 1972, v. 5].

__________. *Uma Recordação de Infância de Leonardo da Vinci*. Lisboa: Relogio D'Agua, 1990.

__________. *Der Humour* (1927), em *Gesammelte Schriften*. Leipzig, Viena, Zurique 1927, Intern. Psychoanalytischer Verlag, 1925-42 [trad. it. *L'Umor* (O humor), em *Opere* (Obras). Turim: Boringhieri, 1977, v. 10].

__________. *Psicoanalisi della Cultura* (Psicanálise da cultura). Milão: Mondadori, 1989.

GHISELIN, B. *The Creative Process* (O processo criativo). Berkeley: University of California Press, 1952.

GOFFMAN, E. *Espressione e Identità* (Expressão e identidade). Milão: Mondadori, 1979.

HARMAN, W. e RHEINGOLD, H. *Creatività Superiore. Come Liberare le Intuizioni dell'Inconscio* (Criatividade superior. Como liberar as intuições do inconsciente). Roma: Astrolabio, 1986.

HENLE, M. *The Birth and Death of Ideas* (O nascimento e a morte de idéias), em GRUBER, H. E., TERREL, G. e WERTHEIMER, M. (org.). *Contemporary Approaches to Creative Thinking* (Aproximações contemporâneas do pensamento criativo). NovaYork: Atherton Press, 1962.

HILLMAN, J. *O Mito da Análise*. São Paulo: Paz e Terra, 1984.

__________. *Tipos de Poder*. São Paulo: Axis Mundi, 2001.

HIRSH, N. D. M. *Genius and Creative Intelligence* (Gênio e inteligência criativa). Cambridge: Sci-Art Publishers, 1931.

HORNEY, K. *Neurosis and Human Growth* (Neurose e desenvolvimento da personalidade). Nova York: Norton, 1950.

JAQUES, E. *Mort et Crise du Milieu de la Vie* (Morte e crise da meia-idade), em ANZIEU, D. *Psycanalise du Génie Créateur* (Psicanálise do gênio criador). Paris: Dunod, 1974.

JUNG, C. G. *La Dimensione Psichica* (A dimensão psíquica). Turim: Boringhieri, 1972.

__________. *A Dinâmica do Inconsciente*. Rio de Janeiro, Editora Vozes.

__________. *Psicologia e Religião*. Rio de Janeiro, Editora Vozes.

__________. *Os Arquétipos e o Inconsciente Coletivo*. Rio de Janeiro, Editora Vozes.

__________. *Die Wirklichkeit der Seele*. Rascher Verlag, Zurique 1934-57 [trad. it. *Realtà dell'Anima* (Realidade da alma). Turim: Bollati Boringhieri, 1988].

KOESTLER, A. *Insight and Outlook* (Intuição e perspectiva). Nova York: MacMillan, 1949.

__________. *The Act of Creation* (O ato da criação). Nova York: MacMillan, 1964.

KRIPPNER, S. *The Psychodelic State, the Hypnotic Trance, and the Creative Act* (O estado psicodélico, o transe hipnótico e o ato criativo), em TART, C. T. (ed.). *Altered States of Consciousness* (Estados alterados da consciência). Nova York: Wiley, 1969.

KRIS, E. *Psychoanalytic Explorations in Art* (Pesquisas psicanalíticas sobre a arte). Nova York: International Universities, 1952.

KRIS, E. e KURZ, O. *Lenda, Mito e Magia na Imagem do Artista.* Lisboa: Presença, 1988.

KUBIE, L. S. *Neurotic Distorsion of Creative Process* (Distorções neuróticas do processo criativo). Lawrence: University of Kansas Press, 1958.

LANGE-EICHBAUM, W. *The Problem of Genius* (O problema do gênio). Nova York: MacMillan, 1932.

LURIA, A. R. *The Working Brain: An Introduction to Neuropsychology* (O cérebro trabalhador). Nova York: Basic Books, 1973.

MARCUSE, H. *Eros e Civilização.* São Paulo: LTC, 1999.

MASUD, M. e KHAN, R. *Le Soi Caché* (O eu econdido). Paris: Gallimard, 1976.

NORMAN, D. *La Caffettiera del Masochista. Psicopatologia degli Oggetti Quotidiani* (A cafeteira do masoquista. Psicopatologia dos objetos cotidianos). Florença: Giunti, 1988.

PASINI, W. *Il Corpo in Psicoterapia* (O corpo em psicoterapia). Milão: Cortina, 1982.

RICOUER, P. *Saggi sulla Creatività* (Ensaios sobre a criatividade). Roma: Il Pensiero Scientifico, 1977.

SACHS, H. *The Creative Unconscious* (O inconsciente criativo). Cambridge (Mass.): Sci-Art Publishers, 1951.

SCHACTEL, E. G. *Metamorphosis.* Nova York: Basic Books, 1959.

SHEEHY, G. *Sentieri* (Caminhos). Milão: Garzanti, 1985.

STORR, A. *The Dynamics of Creation* (A dinâmica da criação). Nova York: Atheneum, 1972.

VANNI, F. *Psicoanalisi della Creatività Artistica e Scientifica* (Psicanálise da criatividade artística e científica). Milão: Cortina, 1976.

PSICOLOGIA E PSIQUIATRIA

ALONSO-FERNÁNDEZ, F. *El Talento Creador. Rasgos y Perfile del Genio* (O talento criativo. Traços e características do gênio). Madri: Ediciones Temas de Hoy, 1996.

AMBROSI, L. *Saggio sull'Immaginazione* (Ensaio sobre a imaginação). Roma: Loescher, 1982.

ANDERSON, H. H. (org.). *Creativity and its Cultivation* (A criatividade e suas perspectivas). Nova York: Harper & Row, 1959.

ANDREANI, O. e ORIO, S. *Le Radici Psicologiche del Talento* (As raízes psicológicas do talento). Bolonha: Il Mulino, 1972.

ARASTEH, A. R. *Creativity in the Life Cycle: an Annotaded Bibliography* (Criatividade no ciclo da vida: uma bibliografia comentada). Leiden: E. J. Brill, 1968, v. L I-II.

ARIETI, S. *Creativity. The Magic Synthesis* (Criatividade. A síntese mágica). Nova York: Basic Books, 1976.

AVENS, R. *L'Immaginazione è Realtà* (A imaginação é realidade). Milão: Edizioni di Comunità, 1986.

BARRON, F. *Creativity and Psychological Health* (Criatividade e saúde psicológica). Nova York: Van Nostrand, 1963.

________. *Creativity and Personal Freedom* (Criatividade e liberdade pessoal). Princeton: Van Nostrand, 1968.

________. *The Creative Person and the Creative Process* (A pessoa criativa e o processo criativo). Nova York: Holt, 1969.

BARTLETT, F. *La Mente nel Lavoro e nel Gioco* (A mente no trabalho e no jogo). Milão: Bompiani, 1957.

________. *Thinking – An Experimental and Social Study* (O pensamento: Um estudo experimental e social). Londres: G. Allen and Unwin Ltd., 1958.

BEAUDOT, A. *La Creatività* (A criatividade). Turim: Loescher, 1977.

BERLYLE, D. E. *Conflict, Arousal, and Curiosity* (Conflito, ativação e criatividade): Nova York: McGraw-Hill, 1960.

________. *Structure and Direction in Thinking* (Estrutura e orientação do pensamento). Nova York: Wiley & Sons, 1965.

BERNIS, J. *L'Imagination* (A imaginação). Paris: Puf, 1954.

BODEI, R. *Geometria delle Passioni* (Geometria das paixões). Milão: Feltrinelli, 1991.

BRIGGS, J. *Fire in the Crucible: The Alchemy of Creative Genius*. Nova York: St. Martin Press, 1989.

BROWN, R. W. *Motivation of Behavior* (Motivação e comportamento). Nova York: McGraw-Hill, 1961.

BRUNER, J. S., GOODNOW, J. J., AUSTIN, G. A. e BROWN, R. W. *A Study of Thinking* (Estudos sobre o pensamento). Nova York: Wiley and Sons, 1956.

BUTCHNER, H. J. *Human Intelligence: Its Nature and Assessment* (Inteligência humana). Londres: Methuen, 1968.

CALVI, G. *Il Problema Psicologico della Creatività* (O problema psicológico da criatividade). Milão: Ceschina, 1966.

D'ALESSIO, M. e MANNETTI, L. *Sul Pensiero Creativo: Ipotesi e Contributi di Ricerca* (Sobre o pensamento criativo: hipóteses e contribuições de pesquisa). Roma: Bulzoni, 1976.

FABBRI MONTESANO, D. e MUNARI A. *Strategie del Sapere. Verso una Psicologia Culturale* (Estratégias do saber. Para uma psicologia cultural). Bari: Dedalo, 1984.

FRANCESCATO, D. *Ridere è una Cosa Seria* (Rir é uma coisa séria). Milão: Mondadori, 2002.

GALTON, F. *Hereditary Genius* (Gênio hereditário). Londres: Meridian Books, 1962.

GHISELIN, B. *The Creative Process* (O processo criativo). Berkeley: University of California, 1952.

GOFFMAN, E. *Espressione e Identità* (Expressão e identidade). Milão: Mondadori, 1979.

GOLDSTEIN, J. H. e MCGHEE, P. E. (org.). *The Psychology of Humor* (A psicologia do humor). Nova York: Academic Press, 1972.

GOLEMAN, D. *Emotional Intelligence* (Inteligência emocional). Nova York: Bantam Books, 1995.

GOLEMAN, D., KAUFMAN, P. e RAY, M. *The Creative Spirit* (O espírito criativo). Nova York: Dutton, 1992.

GRUBER, H. E., TERREL, G. e WERTHEIMER, M. (org.). *Contemporary Approaches to Creative Thinking* (Abordagens contemporâneas do pensamento criativo). Nova York: Atherton Press, 1962.

GUILFORD, J. P. *The Nature of Human Intelligence* (A natureza da inteligência humana). Nova York: McGraw-Hill, 1967.

HACKING, I. *Representing and Intervening* (Conhecer e experimentar). Cambridge: Cambridge University Press, 1983.

HADAMARD, J. *The Psychology of Invention in the Mathematical Field* (A psicologia da invenção da matemática). Princeton: Princeton University Press, 1945.

HARE, P. *Creativity in Small Groups* (Criatividade em pequenos grupos). Londres: Sage, 1982.

HARMAN, W. e RHEINGOLD, H. *Higher Creativity* (Criatividade superior). Los Angeles: Jeremy P. Tarcher, 1984.

HENLE, M. *The Birth and Death of Ideas* (O nascimento e a morte das ideias), em GRUBER, H. E., TERREL, G. e WERTHEIMER, M. (org.). *Contemporary Approaches to Creative Thinking. Op.cit.*

HOFSTADTER, D. R. *Godel, Escher, Bach: An Eternal Golden Braid* (Godel, Escher, Bach: Laços eternos). Nova York: Basic Books, 1979.

HORNEY, K. *Neurosis and Human Growth* (Neurose e desenvolvimento da personalidade). Nova York: Norton, 1950.

HUDSON, L. *Frances and Mind. Ability, Perception and Self-Perception in the Arts and Sciences*. Londres: Methuen, 1968.

JASPER, K. *Strindberg und Van Gogh* (Strindberg e Van Gogh). Munique: R. Piper GmbH & Co.

JOHNSON, D. M. *Systematic Introduction to the Psychology of Thinking* (Introdução sistemática à psicologia do pensamento). Nova York: Harper & Row, 1972.

KLUCKON, C., HURRAY, H. A. e SCHNEIDER, D. M. *Personality* (Personalidade). Nova York: Knopf, 1953.

KOESTLER, A. *Insight and Outlook* (Inspiração e perspectiva). Nova York: MacMillan, 1949.

__________. *The Act of Creation* (O ato de criação). Londres: Hutchinson & Co, 1964

KUBIE, L. S. *Neurotic Distortion of the Creative Process* (Distorção neurótica do processo criativo). Lawrence: University of Kansas Press, 1958.

LEWIN, K. *Teoria Dinamica della Personalità* (Teoria dinâmica da personalidade). Florença: Editrice Università, 1965.

__________. *Antologia di Scritti* (Antologia de escritos), organizado por GALLI, Giuseppe. Bolonha: Il Mulino, 1977.

LEVIN, S. e KAHANA, R. J. (org.). *Psychodynamic Studies on Aging* (Estudos psicodinâmicos sobre a ação). Nova York: International Universities, 1967.

LOWENFELD, V. e BRITTAIN, W. L. *Creative and Mental Growth* (Criação e desenvolvimento mental). Nova York: MacMillan, 1951.

MACH, E. *Conoscenza ed Errore. Abbozzi per una Psicologia della Ricerca* (Conhecimento e erro. Esboços para uma psicologia da pesquisa). Turim: Einaudi, 1982.

MASLOW, A. H. *Verso una Psicologia dell'Essere* (Para uma psicologia do ser). Roma: Ubaldini, 1971.

__________. *Motivation and Personality* (Motivação e personalidade). Harper & Row, 1954.

MASUD, M. e KHAN, R. *Le Soi Caché* (O eu escondido). Paris: Gallimard, 1976.

MATUSSEK, P. *Kreativität als chance* (Criatividade como oportunidade). Munique: Piper Verlag, 1974.

MCKELLER, P. *Imagination and Thinking* (Imaginação e pensamento). Londres: Cohen and West, 1957.

MCKINNON, D.W. (org.). *The Creative Person* (A pessoa criativa). Berkeley: University of California, 1961.

MCLELLAND, D. C. *Talent and Society* (Talento e sociedade). Princeton (N. J.): Van Nostrand, 1958.

NEUMANN, E. *Der Schopferische Mensch und die Wandlung* (O homem criativo e a transformação). Zurique: Eranos Jahr-buch, 1954.

NYSTROM, H. *Creativity and Innovation* (Criatividade e inovação). Nova York: John Wiley & Sons, 1979.

PAGNIN, A. e VERGINE S. *Il Pensiero Creativo* (O pensamento criativo). Florença: La Nuova Italia, 1974.

__________. *La Personalità Creativa* (A personalidade criativa). Florença: La Nuova Italia, 1977.

PIAGET, J. *La Nascita dell'Intelligenza* (O nascimento da inteligência). Florença: Barbera Universitaria, 1963.

__________. *Six Études de Psychologie* (Seis estudos de psicologia). Paris: Éditions Gonthier, 1964.

__________. *La Représentation du Mond chez l'Enfant* (A representação no mundo da criança). Paris: Puf, 1926.

RICOUER, P. *Saggi sulla Creatività* (Ensaios sobre a criatividade). Roma: Il Pensiero Scientifico, 1977.

ROSSMAN, J. *The Psychology of the Inventor* (A psicologia do inventor). Washington: Inventors Publishing, 1931.

SANDERS, S. J. *et al. L'imaginaire* (O imaginário). Paris: Gallimard, 1952.

SHOUKSMITH, G. *Intelligence, Creativity and Cognitive Style* (Inteligência, criatividade e estilo cognitivo). Londres: Betsford, 1970.

SMITH, P. (org.). *Creativity: An Examination of the Creativity Process* (Criatividade: um exame do processo criativo). Nova York: Hasting House, 1959.

STEIN, M. I. *Stimulating Creativity* (Estimulando a criatividade). NovaYork: Academic Press, 1974.

STEIN, M. I. e HEINZE, S. J. *Creativity and Individual* (Criatividade e indivíduo). Glencoe: Free Press, 1960.

STORR, A. *The Dinamics of Creation* (A dinâmica da criação). Nova York: Atheneum, 1972.

TAYLOR, C. W. (org.). *Creativity: Progress and Potential* (Criatividade: progresso e potencial). Nova York: McGraw-Hill, 1964.

TAYLOR, C. W. (org.). *Widening Horizons in Creativity* (Alargando os horizontes da criatividade). Nova York: Wiley, 1958.

__________. *Climate for Creativity*. Nova York: Pergamon Press, 1972.

TAYLOR, C. W. e BARRON, F. (org.). *Scientific Creativity: Its Recognition and Development* (Criatividade científica). Nova York: Wiley, 1963.

TAYLOR, I. A. e GETZELS, J. W. *Perspectives in Creativity* (Perspectivas em criatividade). Stanford University Press, 1975.

TORRANCE, E. P. *Guiding Creativity Talent* (Guiando o processo criativo). Englewood Cliffs (N.J.): Prentice-Hall, 1962.

__________. *Creativity: Progress and the Potential* (Criatividade: progresso e potencial). Minnesota: University of Minnesota Press, 1964.

TROMBETTA, C. *Il Problema Psicologico della Creatività* (O problema psicológico da criatividade). Roma: Bulzoni, 1974.

VÁRIOS AUTORES. *Psicologia e Creatività* (Psicologia e criatividade). Atos do Congresso de *Seleções do Reader's Digest*, 1985.

VÁRIOS AUTORES. *Saggi sulla Creatività* (Ensaios sobre a criatividade). Roma: Il Pensiero Scientifico, 1977.

WATZLAWICK, P. *Die Erfundene Wirklichkeit* (A realidade inventada). Munique: Piper Verlag, 1981.

WEAKLAND, J. H. e FISH, R. *Change. Sulla Formazione e la Soluzione dei Problemi* (*Change*. Sobre a formação e a solução dos problemas). Roma: Astrolabio-Ubaldini, 1974.

WEISINGER, H. *Tragedy and the Paradox of the Fortunate* (Tragédia e o paradoxo da fortuna). State University Press, 1953.

WINNICOTT, D. W. *Gioco e Realtà* (Jogo e realidade). Roma: Armando, 1974.

PEDAGOGIA

ANASTASI, A. *Psychological Testing* (Os testes psicológicos). Nova York: MacMillan, 1961.

BEAUDOT, A. *La Creativité dans l'École* (A criatividade na escola). Paris: Puf, 1974

BERNARDINI, A. *Un Anno a Pietralata* (Um ano em Pietralata). Florença: La Nuova Italia, 1971.

CHERUBINI, G. *Analisi Strutturale di Narrazioni Infantili* (Análise estrutural de narrações infantis). Florença: Sansoni, 1974.

COMB, E. *Il Genio dell'Infanzia* (O gênio da infância). Milão: Emme Edizioni, 1977.

DAVIS, G. A. e WARREN, T. F. (org.). *Psychology of Education: New Looks* (Psicologia da educação). Lexington (Mass.): Heat and Company, 1974.

DE MAURO, T. *Pedagogia della Creatività Linguistica* (Pedagogia da criatividade lingüística). Nápoles: Guida, 1971.

DILTS, R., GRINDER, J., BANDLER, R., BANDLER, L. C. e DE LOZIER, J. *Programmazione Neurolinguistica* (Programação neurolingüística). Roma: Astrolabio-Ubaldini, 1982.

FABBRINI, A. e MELUCCI, A. *L'Età dell'Oro. Adolescenti tra sogno ed esperienza* (A idade do ouro. Adolescentes entre sonho e experiência). Milão: Feltrinelli, 1992.

FATTORI, M. *Creatività ed Educazione* (Criatividade e educação). Bari: Laterza, 1968.

FONZI, A. *Disegno e Linguaggio del Bambino* (Desenho e linguagem da criança). Turim: Giannichelli, 1968.

FONZI, A. e NEGRO SANCIPRIANO E. *Il Mondo Magico del Bambino* (O mundo mágico da criança). Turim: Einaudi, 1968.

GARDNER, H. *Forma Mentis*. Milão: Feltrinelli,1987.

__________. *Il Bambino come Artista. Saggi sulla Creatività e l'Educazione* (A criança como artista. Ensaios sobre a criatividade e a educação). Milão: Anabasi, 1993.

GOODMAN, N. *Vedere e Costruire il Mondo* (Ver e construir o mundo). Bari: Laterza, 1988.

GOWAN, J. C., DEMOS, G. D. e TORRANCE, E. P. *Creativity: Its Educational Implications* (Criatividade: suas implicações educacionais). Nova York: Wiley and Sons, 1967.

GOWAN, J. C. e TORRANCE, E. P. *Educating the Ablest*. Ithaca: Peacocok Publishers, 1967. GUILFORD, J. P. *Intelligence, Creative and Their Educational Implications*. San Diego: Knapp, 1968.

HEIST, P. (org.). *Education for Creativity* (Educação para criatividade). Berkeley: Center for Research and Development in Higher Education, 1967.

KAGAN, J. (org.). *Creativity and Learning* (Criatividade e aprendizado). Londres: Beacon Press, 1970.

LOWENFELD, V. *Your Child and His Art* (As crianças e sua arte). Nova York: MacMillan, 1956.

LOWENFELD, V. e BRITTAIN, W. L. *Creative and Mental Growth* (Criatividade e desenvolvimento mental). Nova York: MacMillan.

LUCARELLI. G. *L'Arte di Essere Creativi* (A arte de ser criativo). Urbino: QuattroVenti, 1998.

LYTTON, H. *Creativity and Education* (Criatividade e educação). Londres: Routledge & Kegan Paul, 1971.

MENCARELLI, M. *Potenziale Educativo e Creatività* (Potencial educativo e criatividade). Brescia: La Scuola, 1972.

NEUMANN, E. *L'Uomo Creativo e la Transformazione* (O homem criativo e a transformação). Veneza e Pádua: Marsilio, 1973.

OLIVERIO FERRARIS, A. *Il Significato del Disegno Infantile* (O significado do desenho infantil). Turim: Boringhieri, 1973.

OSBORN, A. F. L'Arte della Creatività (A arte da criatividade). Milão: Angeli, 1990.

OSBORN, A. P. *Applied Imagination. Principles and Procedures of Creative Thinking* (Imaginação aplicada). Nova York: Scribner's Sons, 1955.

PARNES, S. J. e HARDING, H. F. (org.). *A Source Book for Creative Thinking* (Educar o pensamento criativo). Nova York: Scribner, 1962.

POWELL JONES, T. *L'Apprendimento Creativo* (A aprendizagem criativa). Florença: Giunti Barbera, 1974.

PRINCE, G. M. *The Practice of Creativity. A Manual for Dynamic Groups Problem Solving* (A prática da criatividade). Nova York: Harper & Row, 1970.

ROGERS, C. R. *Libertà nell'Apprendimento* (Liberdade na aprendizagem). Florença: Giunti Barbera, 1973.

STERN, D. N. *Il Mondo Interpersonale del Bambino* (O mundo interpessoal do bebê). Turim: Boringhieri, 1987.

STERNBERG, R. J. (org.). *The Nature of Creativity* (A natureza da criatividade). Nova York: Cambridge University Press, 1988.

TAYLOR, C. W. (org.). *Creativity: Progress and Potential* (Criatividade: progresso e potencial). Nova York: McGraw-Hill, 1964.

TESTA, A. *La Parola Immaginata* (A palavra imaginada). Parma: Pratiche Editrice, 1988.

TORRANCE, E. P. (org.). *Education and Talent* (Educação e talento). Minneapolis: Minnesota Press, 1960.

________. *Tests of Creative Thinking* (Testes de pensamento criativo). Lexington (Mass.). 1974.

________. *Guiding Creativity Talent* (Guiando o talento criativo). Englewood Cliffs (N. J.): Prentice-Hall, 1962.

________. *Education and the Creative Potential* (Educação e potencial criativo). Minneapolis: University of Minnesota Press, 1963.

________. *Rewarding Creative Behavior* (Recompensando o comportamento criativo). Englewood Cliffs (N. J): Prentice-Hall, 1965.

TORRANCE, E. P. e MYERS, R. E. *Creative Learning an Teaching*. Nova York: Dodd, Mead, 1972.

VYGOTSKIJ, L. S. *Immaginazione e Creatività nell'Età Infantile* (Imaginação e criatividade na idade infantil). Roma: Editori Riuniti, 1986.

WERTHEIMER, M. *Productive Thinking* (O pensamento produtivo). Nova York: Harper, 1945.

EPISTEMOLOGIA

BACHELARD, G. *O Novo Espírito Científico*. Tempo Brasileito, 1985.

________. *On Poetic Imagination and Rêverie* (A imaginação poética e o sonho). Indianápolis: Bobbs-Merrill, 1971.

BLOOR, D. *Knowledge and Social Imagery* (Conhecimento e imaginação social). Londres: Routledge & Kegan Paul, 1980.

BOCCHI, G. e CERUTI, M. (org.). *La Sfida della Complessità* (O desafio da complexidade). Milão: Feltrinelli, 1985.

BODEN, M. A. *The Creative Mind: Myths and Mechanisms*(A mente criativa). Londres: Weidenfeld and Nicholson, 1990.

BOYD, R. e KUHN, T. S. *Metafor in Science* (A metáfora na ciência), em *Metaphor and Trought*. Organizado por ORTONY, A. Cambridge: Cambridge University Press, 1979.

CARNAP, R. *Tolleranza e Logica* (Tolerância e lógica). Milão: Il Saggiatore, 1978.

CERUTI, M. *Il Vincolo e la Possibilità* (O vínculo e a possibilidade). Milão: Feltrinelli, 1986.

COULTER, J. *Mente, Conoscenza, Società* (Mente, conhecimento, sociedade). Bolonha: Il Mulino, 1991.

ECO, U. *Lector in Fabula*. São Paulo: Perspectiva, 2002.

FEYERABEND, P. K. Contra o Método. Lisboa: Relógio D'Água, 1997.

________. *Il Realismo Scientifico e l'Autorità della Scienza* (O realismo científico e a autoridade da ciência). Milão: Il Saggiatore, 1983.

________. *Adeus à Razão*. Lisboa: Edições 70, 1991.

FEYERABEND, P. K., KUHN, T., LAKATOS, I. *et al. Critica e Crescita della Conoscenza* (Crítica e crescimento do conhecimento). Milão: Feltrinelli, 1978.

FRANK, P. *Philosophy of Science* (Filosofia da ciência). Englewood Cliffs (N.J.): Prentice-Hall, 1957.

GEYMONAT, L. *Paradossi e Rivoluzioni* (Paradoxos e revoluções). Milão: Il Saggiatore, 1979.

__________. *Lineamenti di Filosofia della Scienza* (Traços de filosofia da ciência). Milão: Mondadori, 1985.

GOFFMAN, E. *Espressione e Identità* (Expressão e identidade). Milão: Mondadori, 1979.

GREIMAS, A. J. *Sémiotique et Sciences Sociales* (Semiótica e ciências sociais). Paris: Seuil, 1976.

HESSE, M. *Revolutions and Reconstructions in the Philosophy of Science* (Revoluções e reconstruções na filosofia da ciência). Brighton: The Harvester Press, 1980.

JACOB, F. *Evoluzione e Bricolage* (Evolução e "bricolage"). Turim: Einaudi, 1978.

__________. *O Jogo dos Possíveis*. Lisboa: Gradiva, 1982.

JACOB, M. C. *The Cultural Meaning of the Scientific Revolution* (O significado cultural da revolução científica). Nova York: Alfred A. Knopf, 1988.

KUHN, T. S. *A Estrutura das Revoluções Científicas*. São Paulo: Perspectiva, 1998.

__________. *A Tensão Essencial*. Lisboa: Edições 70, 1980.

LAKATOS, I. e MUSGRAVE, A. *Criticism and the Growth of Knowledge* (Crítica e crescimento do conhecimento). Cambridge University Press, 1970-1974.

MACH, E. *Conoscenza ed Errore. Abbozzi per una Psicologia della Ricerca* (Conhecimento e erro. Esboços para uma psicologia da pesquisa). Turim: Einaudi, 1982.

MATURANA H. e VARELA F. J. *Autopoiesis and Cognition*. (*Autopoiese* e cognição). Dordrecht: D. Reidel Publishing, 1980.

__________. *L'Albero della Conoscenza* (A árvore do conhecimento). Milão: Garzanti, 1992.

MONOD, J. *O Acaso e a Necessidade*. Europa-América, 2002.

MORIN, E. *O Método*. Europa-América, 1997.

PIATTELLI PALMARINI, M. (org.) *Livelli di Realtà* (Níveis de realidade). Milão: Feltrinelli, 1984.

POLANYI, M. *La Conoscenza Inespressa* (O conhecimento não-expresso). Roma: Armando, 1979.

POPPER, K. R. *A Lógica da Pesquisa Científica*. São Paulo: Cultrix, 2000.

__________. *Congetture e Confutazioni* (Conjeturas e contestação). Bolonha: Il Mulino, 1972.

PRIGOGINE, I. e STENGERS, I. *A Nova Aliança*. Brasília: UNB, 1997.

RIESMAN, D., GLAZER, N. e DENNEY R. *A Multidão Solitária*. São Paulo: Perspectiva, 1995.

SNOW, C. P. *As Duas Culturas e uma Segunda Leitura*. São Paulo: EDUSP, 1995.

VÁRIOS AUTORES. *Complessità Sociale e Identità* (Complexidade social e identidade). Milão: Angeli, 1983.

VON FOERSTER, H. *Sistemi che Osservano* (Sistemas que observam). Roma: Astrolabio, 1987.

WATZLAWICK, P. (org.). *A Realidade Inventada*. São Paulo: PSY, 1944.

SOCIOLOGIA E ANTROPOLOGIA

ACCORNERO, A. *Il Lavoro come Ideologia* (O trabalho como ideologia). Bolonha: Il Mulino, 1980.

ALBERONI, F. *Movimento e Istituzione* (Movimento e instituição). Bolonha: Il Mulino, 1979.

ANDREANI, O. (org.). *Classe Sociale, Intelligenza e Personalità* (Classe social, inteligência e personalidade). Bolonha: Il Mulino, 1974.

ARENDT, H. *A Condição Humana*. Forensi Universitari, 2000.

BARRINGTON, M. Jr. *Le Cause Sociali delle Sofferenze Umane* (As causas sociais do sofrimento humano). Milão: Edizioni di Comunità, 1974.

BOUDON, R. *O Lugar da Desordem*. Lisboa: Gradiva, 1990.

BOURDIEU, P. *La Distinction* (A distinção). Paris: Éditions de Minuit, 1979.

__________. *Homo Academicus*. Paris: Éditions de Minuit, 1985.

CACCAMO, R. *Il Filo di Arianna. Una Ricerca sulle Professionalità Creative* (O fio de Ariana. Uma pesquisa sobre as profissões criativas). Milão: Angeli, 1987.

CAVALLARO, R. *La Sociologia dei Gruppi Primari* (A sociologia dos grupos primários). Nápoles: Liguori, 1975.

CAVALLI, L. *Il Capo Carismatico* (O chefe carismático). Bolonha: Il Mulino, 1981.

COLOMBO, A. *Le Società del Futuro. Saggio Utopico sulle Società Postindustriali* (As sociedades do futuro. Ensaio utópico sobre as sociedades pós-industriais). Bari: Dedalo, 1978.

CORBIN, A. (org.). *L'Invenzione del Tempo Libero 1850-1960* (A invenção do tempo livre). Bari: Laterza, 1996.

DE MASI D. (org.). *A Economia do Ócio*. Rio de Janeiro: Sextante, 2001.

__________. *O Futuro do Trabalho*. Rio de Janeiro: José Olympio, 1999.

__________. *O Ócio Criativo*. Rio de Janeiro: Sextante, 2000.

DURAND, G. *Estruturas Antropológicas do Imaginário*. Presença, 1989.

ECHANGE *et Projets*. *La Révolution du Temps Choisi* (A revolução do tempo escolhido). Paris: Editions Albin Michel, 1980.

EIGEN, M., WILKLER, R. *Das Spiel. Naturgesetze steuern den Zufall* (O jogo. As leis naturais governam o acaso). Munique: R. Piper Gmbg & Co, 1975.

ELIAS, N. *Mozart. Sociologia de um Gênio*. Rio de Janeiro: Jorge Zahar Editor, 1994.

FOUCAULT, M. *Isto Não É um Cachimbo*. São Paulo: Paz e Terra, 1989.

GARRATY, J. A. *Unenployment in History* (O desemprego na história). Harper & Row, 1978.

HARE, P. *Creativity in Small Groups* (Criatividade em pequenos grupos). Londres: Sage, 1982.

HEGEDUS, Z. *Il Presente È l'Avvenire* (O presente é o futuro). Milão: Angeli, 1985.

HOBSBAWM, E. J. *Primitive Rebels. Studies in Archaic Forms of Social Movement in the 19th and 20th Centuries* (Revoltas primitivas). Manchester University Press, 1959.

__________. *Revolucionários*. São Paulo: Paz e Terra, s/d.

HOFSTADTER, D. R. *Godel, Escher, Bach, Laços Eternos*. Lisboa: Gradiva II, 2000.

HUIZINGA, J. *Homo Ludens*. São Paulo: Perspectiva, 1999.

JAY, M. *The Dialectical Immagination. A History of the Frankfurt School and the Institute of Social Research 1923-1950* (A imaginação dialética. História da Escola de Frankfurt e do Instituto para as Pesquisas Sociais). Boston e Toronto: Little, Brown & Company, 1973.

KLEIN, J. *The Study of Groups* (O estudo dos grupos). Londres: Routledge & Kegan, 1956.

KNORR-CETINA, K. e CICOUREL, A.V. *Advances in Social Theory and Methology: Toward an Integration of Micro and Macro-Sociologies*. Londres: Routledge & Kegan, 1981.

KOHN, A. *No Contest* (O fim da concorrência). Boston: Houghton Mifflin, 1986.

MANNHEIM, K. *Sociologia da Cultura*. São Paulo: Perspectiva, 2001.

MELUCCI, A. *A Invenção do Presente*. Rio de Janeiro: Editora Editora Vozes, 2001.

__________. *Il Gioco dell'Io* (O jogo do eu). Milão: Feltrinelli, 1992.

MELUCCI, A. *et al. Creatività: Miti, Discorsi, Processi* (Criatividade, mitos, discursos, processos). Milão: Feltrinelli, 1884.

MILLS, C.W. *A Imaginação Sociológica*. Rio de Janeiro: Jorge Zahar Editor, 1975.

MULKAY, M. *La Scienza e la Sociologia della Conoscenza* (A ciência e a sociologia do conhecimento). Milão: Edizioni di Comunità, 1981.

MURRAY, P. (org.). *Genius: The History of an Idea*. (O gênio). Londres: Basic Backwell, 1989.

NADOLNY, S. *Die Entdeckung der Langsamkeit* (A descoberta da lentidão). Mônaco: R. Piper & Co., 1983.

NYSTROM, H. *Creativity and Innovation* (Criatividade e inovação). Nova York: John Wiley R. Sons, 1979.

PAQUOT, T. *L'Art de la Sieste* (A arte da sesta). Zulma, 1998.

PERULLI, P. *Società e Innovazione* (Sociedade e inovação). Bolonha: Il Mulino, 1989.

SANSOT, S. *Du Bon Usage de la Lenteur* (Sobre a boa utilização da lentidão). Paris: Payot & Rivages, 1998.

SAVELLI, A. *Sociologia del Turismo* (Sociologia do turismo). Milão: Angeli, 1989.

SAVIANI, L. *Ermeneutica del Gioco* (Hermenêutica do jogo). Nápoles: ESI, 2000.

SENNETT, R. *A Autoridade*. Rio de Janeiro: Record, 2001.

TORNO, A. *Le Virtù dell'Ozio* (As virtudes do ócio). Milão: Mondadori, 2001.

CIÊNCIAS ORGANIZACIONAIS

ALBRECHT, K. e ALBRECHT, S. *The Creative Corporation* (A corporação criativa). Illinois: Dow Jones-Irwin, Homewood, 1987.

AMIETTA, P. L. *La Creatività come Necessità. Il Nuovo Manager tra Creazione, Complessità e Carisma* (A criatividade como necessidade. O novo administrador entre criação, complexidade e carisma). Milão: Etaslibri, 1990.

BLAKE, R. R. e MOUTON, J. S. *O Grid Gerencial*. São Paulo: Pioneira, 2000.

BOGART, L. *Strategia e Pubblicità* (Estratégia e publicidade). Milão: Angeli, 1990.

BONOMI, A. *Il Distretto del Piacere* (O distrito do prazer). Turim: Bollati Boringhieri, 2000.

BURNS, T. e STALKER, G. M. *Direzione Aziendale e Innovazione* (Direção empresarial e inovação). Milão: Angeli, 1974.

BUTERA, F. *L'Orologio e l'Organismo* (O relógio e o organismo). Milão: Angeli, 1985.

__________. *Dalle Occupazioni Industriali alle Nuove Professioni* (Das ocupações industriais às novas profissões). Milão: Angeli, 1987.

__________. (org.) *Bachi, Crisalidi e Farfalle. L'Evoluzione dei Parchi Scientifici e Tecnologici verso reti Organizzative Autoregolate* (Lagartas, crisálidas e borboletas. A evolução dos parques científicos e tecnológicos para redes organizacionais auto-reguladas). Milão: Angeli, 1995.

CHIAROMONTE, F. *Nuove Forme di Organizzazione del Lavoro* (Novas formas de organização do trabalho). Milão: Angeli, 1975.

CHRISTENSEN, C. M. *O Dilema da Inovação*. São Paulo: Makron, 2001.

COCCO, G. C. *Creatività, Ricerca e Innovazione. Individui e Imprese di Fronte alle Sfide della Società Post-Industriale* (Criatividade, pesquisa e inovação. Indivíduos e empresas frente aos desafios da sociedade pós-industrial). Milão: Angeli, 1987.

COPLEY, F. B. *Frederick W. Taylor, The Father of Scientific Management* (Frederick W. Taylor, o pai do gerenciamento científico). Nova York: 1923.

DALE TIMPE, A. *Creativity* (Criatividade). Kend Publishing, 1987

DE BOARD, R. *The Psychoanalysis of Organizations* (A psicanálise das organizações). Londres: Tavistock, 1978.

DE LISO, G. *Creatività & Pubblicità* (Criatividade e publicidade). Milão: Angeli, 1997.

DE MASI, D. *et al. Il Lavoratore Postindustriale* (O trabalhador pós-industrial). Milão: Angeli, 1985.

DRUKER, P. *Innovation and Entrepreneurship* (Inovação e empreendimento). Nova York: Harper, 1985.

EMINENTE, G. *L'Innovazione dei Prodotti* (A inovação dos produtos). Milão: Etas Libri, 1974.

FABRIS, G. P. *La Pubblicità. Teorie e Prassi* (A publicidade. Teorias e práticas). Milão: Angeli, 1992.

FARETTO, G. *Lo Stress nelle Organizzazioni* (O estresse nas organizações). Bolonha: Il Mulino, 1994.

FOLLETT, M. P. *Creative Experience, Longmans, Green and Co.* [trad. it. *L'Esperienza Creativa. Leadership, Partecipazione, Tecniche del Consenso nelle Democrazie Moderne* (A experiência criativa. Liderança, participação, técnicas do consenso nas democracias modernas). Roma: Ediesse, 1994].

GELINER, O. *L'Enterprise Créatrice*. Puteaux: Homme et Techniques, 1972.

GIGLIOLI, A. e GIGLIOLI, R. *Stress Economy* (Econiomia do estresse). Milão: Mondadori, 2001.

GIORGETTI, G. *Integrazione e Organizzazione della Ricerca nell'Impresa Industriale* (Integração e organização da pesquisa na empresa industrial). Milão: Giuffré, 1973.

HERSEY P. e BLANCHARD, K. *Management of Organizational Behavior*. Prentice-Hall, 1982 [trad. it. *Leadership Situazionale* (Liderança situacional). Milão: Sperling & Kupfer, 1985].

HERZBERG, F. *Work and Nature of Man* (Trabalho e natureza do homem). Cleveland: World, 1968.

JAQUES, E. *Work, Creativity and Social Justice* (Trabalho, criatividade e justiça social). Londres: Heinemann, 1970.

JAQUES, E. *Teoria Generale della Burocrazia* (Teoria geral da burocracia). Turim: Isedi, 1979.

KANTER, R. *The Change Masters: Innovation and Entrepreneurship in the American Corporation* (Os mestres da mudança). Nova York: Simon & Schuster, 1983.

LEAVITT, H. J. *Managerial Psychology* (Psicologia para dirigentes). The University of Chicago Press, 1958 .

MANGHAM, I. L. e OVERINGTON, M. A. *Organizations as Theatre: a Social Psychology of Dramatic Appearances* (Organização como teatro). Chichester: John Wiley & Sons, 1987.

MORGAN, G. *Imagens da Organização*. São Paulo: Atlas, 1996.

NORMANN, R. *Le Condizioni di Sviluppo dell'Impresa* (As condições de desenvolvimento da empresa). Milão: Etas Libri, 1979.

OGILVY, D. *Confissões de um Publicitário*. São Paulo: Bertrand, 2001.

PAGANI, A. (org.). *Il Nuovo Imprenditore* (O novo empresário). Milão: Angeli, 1967.

PARVIS, F. *Il Valore del Talento* (O valor do talento). Roma: Fazi, 2002.

PETRONI, G. *L'Organizzazione della Ricerca Industriale: Strategie, Strutture e Risorse Umane per l'Innovazione* (A organização da pesquisa industrial: Estratégias, estruturas e recursos humanos para a inovação). Milão: Etas Libri, 1979.

PREVOST, R. A. *I Creativi Italiani* (Os criativos italianos). Milão: Lupetti & Co., 1987.

RAY M. MYERS, R. *Criatividade nos Negócios*. Rio de Janeiro: Record, 1996.

SANNA, G. e BIASI, A. *Professione Creativo* (Profissão, criativo). Milão: Bridge Editore, 1991.

SELZNICK, P. *La Leadership nelle Organizzazioni* (A liderança nas organizações). Milão: Angeli, 1984.

SHEIN, E. H. *Cultura d'Azienda e Leadership* (Cultura da empresa e liderança). Milão: Guerini e Associati, 1990.

SHELER, M. *Probleme einer Soziologie des Wissen* (Sociologia do saber). Berna: Francke Verlag.

SIMON, H. *Administrative Behaviour* (O comportamento administrativo). NovaYork: McMillan, 1957.

__________. *Casualità, Razionalità, Organizzazione* (Casualidade, racionalidade, organização). Bolonha: Il Mulino, 1985.

SMILOR, R. *Audaci Visionari* (Audazes visionários). Milão: Guerini, 2002.

STACEY, R. D. *The Chaos Frontier. Creative Strategic Control for Business* (Administração e caos. A criatividade no controle estratégico da empresa). Oxford: Butterworth-Heinemann, 1991.

STEINER, G. A. *The Creative Organization* (A organização criativa). Chicago: University of Chicago Press, 1965.

STEWARD, T. S. *The Wealth of Knowledge* [trad. it. *La Ricchezza del Sapere* (A riqueza do conhecimento). Milão: Ponte alle Grazie, 2002].

VARCHETTA, G. *La Solidarietà Organizzativa* (A solidariedade organizativa). Milão: Guerini, 1993.

VÁRIOS AUTORES. *Doppi Legami. Creatività e Variabile di Genere nelle Organizzazioni* (Duplas ligações. Criatividade e variável de gênero nas organizações). Roma: Ediesse, 1993.

WALLACE, D. B. e GRUBER, H. E. (org.). *Creative People at Work. Twelve Cognitive Case Studies* (Pessoas criativas no trabalho). Nova York: Oxford University Press, 1990.

WHITFIELD, P. R. *Creativity in Industry* (Criatividade na indústria). Londres: Pelikan Books, 1975.

WHYTE, W. H. *The Organization Man* (O homem da organização). Nova York: Simon & Schuster.

WOLF, M. J. *The Entertainment Economy. How Mega Media Forces are Trasforming our Lives* (A economia do entretenimento). Wolf, 1999.

ZINGALES, M. *L'Organizzazione della Creatività* (A organização da criatividade). Bolonha: Cappelli, 1974.

TÉCNICAS

AMADORI, A. e PIEPOLI, N. *Come Essere Creativi* (Como ser criativo). Milão: Sperling & Kupfer, 1992.

AZNAR, G. *La Créativité dans l'Enterprise. Organisation Pratique et Techniques d'Animation* (Criatividade na empresa). Paris: Les Editions d'Organisation, 1971.

BENDIN, M. *Creatività. Come Sbloccarla, Stimolarla, Svilupparla e Viverla* (Criatividade. Como soltá-la, estimulá-la e vivê-la). Milão: Mondadori, 1990.

CLARK, C. A. *Brainstorming*. Nova York: Doubledays, 1958.

COVINGTON, M.V., CRUTCHFIELD, R. S. e DAVIS, L. B. *The Productive Thinking Program. Series One: General Problem Solving* (O produtivo programa de pensamento). Berkeley: Brazelton Printing Company, 1966.

__________. *The Productive Thinking Program: a Course in Learning to Thing* (O produtivo programa de pensamento). Columbus: Merrill, 1974.

DAVIS, G. A. *Psychology of Problem Solving: Theory and Practice* (Psicologia da solução de problemas: Teoria e prática). Nova York: Basic Books, 1966.

DAVIS, G. A. e SCOTT, J. A. (org.) *Training Creative Thinking* (Treinando o pensamento criativo). Nova York: Holt & Rinehart, 1971.

DAY, B. *È Questa la Chiamata Creatività?* (É essa a chamada criatividade?). Milão: Lupetti & Co., 1987.

__________. *Avete 30 Secondi* (Vocês têm 30 segundos). Milão: Lupetti & Co., 1990.

DE BONO E. *O Pensamento Lateral*. Rio de Janeiro: Nova Era, 1995.

__________. *A Técnica dos Seis Chapéus*. Rio de Janeiro: Ediouro, 1995.

__________. *Using the Power Lateral Thinking to Create New Ideas* (Usando o pensamento lateral na criação de novas idéias). The McQuaig Group, 1992.

DEMORY, B. *L'or Gris. Créativité? Créativité... Créativité! Methodes et Outils* (O ouro cinzento). Les Presses du Management, 1990

DE SCHIETERE, J. C. e TURCOTTE, P. R. *La Dinamique de la Créativité dans l'Enterprise* (A dinâmica da criatividade na empresa). Paris: Dunod, 1977.

FUSTIER, M. *Pratique de la Créativité* (Prática da criatividade). Paris: Libraires Techniques, Enterprise moderne d'édition et les Editions E. S. F., 1976.

GORDON, W. J. J. *Synectics: The Development of Creative Capacity* (Synectics: O desenvolvimento da capacidade criativa). Nova York: Harper & Row, 1961.

JAOUI, H. *Clef pour la Créativité* (Chave para a criatividade). Paris: Seghers, 1975.

JAOUI, H. *Créa Prat. Tecniche di Creatività Pratica* (*Créa Prat.* Técnicas de criatividade prática). Turim: Tirrenia Stampatori, 1989.

__________. *La Créativité, Mode d'Emploi* (Criatividade, modo de emprego). Paris: ESF, 1990.

__________. *Créatifs au Quotidien. Outils et Méthodes* (Criativo com o jornal diário). Marselha: Hommes et Perspectives, 1991.

__________. *La Créativité au Service de l'Homme* (A criatividade a serviço do homem). Paris: Gimca Editions, 1998.

KAO, J. J. *Managing Creativity* (Administrando a criatividade). Englewood Cliffs (N.J.): Prentice Hall, 1991.

KUST, W. e DIERMEYER, U. *Come Stimolare la Capacità Creativa* (Como estimular a capacidade criativa). Milão: Garzanti 1973.

LEIGH, A. *Decisioni, Decisioni! Guida Pratica Manageriale al "Problem Solving" e al "Decision Making"* (Decisões, decisões! Guia prático gerencial ao "*problem solving*" e ao "*decision making*"). Milão: Angeli, 1987.

MOSCONI, G. e D'URSO, V. *La Soluzione dei Problemi. "Problem Solving"* (A solução dos problemas . "*Problem solving*"). Florença: Giunti e Barbera, 1973.

OSBORN, A. F. *Applied Immagination. Principles and Procedures of Creative Problem-Solving* (Imaginação aplicada). Nova York: C. Scribner's Sons, 1953.

PIEPOLI, N. *La Giornata Magica* (A jornada mágica). Milão: Rizzoli, 1996.

QUISKE, F. H., SKIRL, S. J. e SPIESS, G. *Come Organizzare il Lavoro di Gruppo. Piano di Soluzioni creative dei Problemi nei Settori della Ricerca, dell'Amministrazione, dell'Industria* (Como organizar o trabalho de grupo). Milão: Garzanti, 1976.

RAUDSEPP, E. *L'Importanza di Essere Creativi* (A importância de ser criativo). Milão: Angeli, 1991.

RICKARDS, T. *Problem Solving Through Creative Analysis* (Solução de problemas com análise criativa). Londres: Gower, 1975.

ROSSETTO, A. *La Creatività. Il Potere della Immaginazione* (A criatividade. O poder da imaginação). Milão: Fabbri Editori, 1986.

SINETAR, M. *Developing 21st Century Mind* (Criando mentes do século 21). Nova York: Villard Books, 1991.

YOUNG, J. W. *Técnicas para Produção de Idéias.* São Paulo: Nobel, 1994.

ZINGALES, M. *L'Organizzazione della Creatività* (A organização da criatividade). Bolonha: Cappelli, 1974.

TRÊS CAMPOS DA CRIATIVIDADE

Esta terceira sala da nossa biblioteca contém três estantes reservadas aos livros que nos permitem descrever e avaliar a imensa produção criativa do homem em três campos privilegiados: o religioso, o artístico e o científico.

RELIGIÃO

BERNHEIM, P. A. e STAVRIDÈS, G. *Paradis, Paradis* (Paraíso, Paraíso). Paris: Plon, 1991.

BURTON RUSSELL, J. *Storia del Paradiso* (História do Paraíso). Bari: Laterza, 1996.

DELUMEAU, J. *Le Jardin des Délices* (O jardim das delícias). Paris: Fayard, 1992.

DELUMEAU, J. *Mil Anos de Felicidade*. São Paulo: Companhia das Letras, 1997.

__________. *O que Sobrou do Paraíso*. São Paulo: Companhia das Letras, 2003.

ELIADE, M. *La Creatività dello Spirito* (A criatividade do espírito). Milão: Jaca Book, 1979.

__________. *Storia delle Credenze e delle Idee Religiose* (História das crenças e das idéias religiosas). Florença: Sansoni, 1989.

GEORGE, K. e GEORGE, C. H. *I Santi Cattolico-Romani ed il loro Status Sociale* (Os santos católico-romanos e o seu *status* social) em *Classe, Potere, Status. Comportamento Sociale e Struttura di Classe* (Classe, poder, *status*. Comportamento social e estrutura de classe.). Organizado por BENDIX, R. e LIPSET, S. M. Pádua: Marsilio, 1971.

GRAVES, R. *Greek Myths* [trad. it. *I Miti Greci* (Os mitos gregos). Milão: Longanesi, 1979].

KERÉNYI, K. *Die Mythologie der Griechen* [trad. it. *Gli Dei e gli Eroi della Grecia* (Os deuses e os heróis da Grécia). Milão: Garzanti, 1981].

__________. *Miti e Misteri* (Mitos e mistérios). Turim: Boringhieri, 1979.

LEROI-GOURHAN, A. *As Religiões da Pré-História*. Lisboa: Edições 70, 1985.

LESLIE, C. (org.). *Anthropology of Folk Religion* (Antropologia da religião popular). Nova York: Vintage Books, Alfred A. Knopf and Random House, 1960.

LEVY-BRUHL, L. *L'Expérience Mystique et les Symboles chez les Primitifs* (Experiência mística e os símbolos dos primitivos). Paris: Alcan, 1938.

LIEBERMAN, P. *L'Origine delle Parole* (A origem das palavras). Turim: Boringhieri, 1980.

MCDANNELL, C. e LANG, B. *Heaven. A History* (Céu, a história). New Haven: Yale University Press, 1988

MINOIS, G. *Histoire de l'Enfer* (História do inferno). Paris: Puf, 1994.

PETTAZZONI, R. *L'Essere Supremo nelle Religioni Primitive* (O ser supremo nas religiões primitivas). Turim: Einaudi, 1968.

RIES, J. *Le Religioni* (As religiões). Milão: Jaca Book, 1993.

ARTE

ADORNO, T. W. *Il Fido Maestro Sostituto. Studi sulla Comunicazione della Musica* (O confiável maestro substituto. Estudos sobre a comunicação da música). Turim: Einaudi, 1982.

__________. *Einleitung in die Musiksoziologie. Zwölf Theoretische Vorlesungen* (Introdução à sociologia da música). Frankfurt e Main: Suhrkamp Verlag, 1962.

ANTONINI, F e MAGNOLFI, S. *L'Età dei Capolavori. Creatività e Vecchiaia nelle Arti Figurative* (A idade das obras-primas. Criatividade e velhice nas artes figurativas). Pádua: Marsilio, 1991.

ARGAN, G. C. *Walter Gropius e Bauhaus*. Presença, 1990.

__________ *Arte Moderna*. São Paulo: Companhia das Letras, 1992.

ARNHEIM, R. *Arte e Percepção Visual*. Pioneira, 1998.

__________. *Toward a Psychology of Art* (Para uma psicologia da arte). Berkeley: University of California Press, 1966.

__________. *Visual Thinking* (O pensamento visual). Berkeley: University of California Press, 1969.

__________. *Entropia e Arte*. Turim: Einaudi, 1989.

BASSI, A. e SANTONI RUGIU, A. *Creatività e Deprivazione Artistica* (Criatividade e privação artística). Florença: La Nuova Italia, 1969.

BATTISTI, E. *L'antirinascimento* (O anti-Renascimento). Milão: Garzanti, 1989.

BECHMANN, R. *Le racines des cathédrales* (As raízes das catedrais). Paris: Payot, 1981.

BELL, C. *Art* (Arte). Nova York: Putnam, 1913.

BELL, Q. *Bloomsbury*. Rio de Janeiro: Ediouro.

BENJAMIN, W. *Das Kunstwerk im Zeitalter seiner Recnischen Reproduzierbarkeit* (A obra de arte na época de sua reprodutibilidade técnica), ensaio de Walter Benjamin. Frankfurt e Main Schriften: Suhr Verlag, 1955.

BONITO OLIVA, A. *Arte e Sistema dell'Arte* (Arte e sistema de arte). Roma: De Donato, 1975.

BREUIL, H. *Quattre Siècles d'Art Pariétal* (Quatro séculos de arte antiga). Montigna: Centre d'Études Préhistoriques, 1952.

BUCHMAN, W. *Mackintosh's Masterwork: The Glasgow School of Art*. Glasgow: Richard Drew Publishing, 1989.

BURKHAUSER, J. *Glasgow Girls. Women in Art and Design, 1880-1920* (As garotas de Glasgow). Edinburgo: Canogate, 1990.

CALVINO, I. *Lezioni Americane* (Lições americanas). Milão: Garzanti, 1988.

CAMESASCA, E. *Artisti a Bottega* (Artistas em ateliê). Milão: Feltrinelli, 1965.

CARPENTER, R. *The Architects of the Parthenon* (Os arquitetos do Partenon). Middlesex: Penguin Books Ltd., Harmondsworth, 1970.

CHASTEL, A. *A Arte Italiana*. Rio de Janeiro: Martins Fontes, 1991.

CLAIR, J. (org.). *Vienne: 1880-1938. L'Apocalypse Joyeuse* (Viena: 1880-1938). Paris: Centre Pompidou, 1936.

CLOTTES, J. *La Grotte Chauvet: L'Art des Origines* (A gruta Chauvest). Paris: Editions du Seuil, 2001.

COOPER, M. *Beethoven. Um Compêndio*. Rio de Janeiro: Jorge Zahar Editor, 1996.

DE FUSCO, R. *Storia del Design* (História do *design*). Roma e Bari: Laterza, 1985.

DE LUMLEY, H. (org.). *Art et Civilisations des Chasseurs de la Préhistoire* (Arte e civilização dos caçadores da pré-história). Paris: Musée de l'Homme.

DOSTOIEVSKI, F. *Lettere sulla Creatività* (Cartas sobre a criatividade). Milão: Feltrinelli, 1991.

DUCASSE, J. *The Philosophy of Art* (A filosofia da arte). Nova York: Dial, 1929.

DUFRENNE, M. e FORMAGGIO, D. *Trattato di Estetica* (Tratado de estética). Milão: Oscar Studio Mondadori, 1981.

DUVIGNAUD, J. *Sociologie de l'Art* (Sociologia da arte). Paris: Puf, 1967.

EDEL, L. *Bloomsbury: A House of Lions* (Bloomsbury: uma casa de leões). Londres: The Hogarth Press, 1979.

EHRENZWEIG, A. *The Psychoanalysis of Artistic Vision and Hearing*. Nova York: Julia Press, 1957.

__________. *The Hidden Order of Art: A Study in the Psychology of Artistic Imagination* (A ordem oculta da arte). Berkeley: University of California Press, 1967.

ELAM, K. *Semiotica del Teatro* (Semiótica do teatro). Bolonha: Il Mulino, 1988.

FREUND, G. *Photographie et Société* (Fotografia e sociedade). Paris: Editions du Minuit, 1974.

GARIN, E. *Il Rinascimento Italiano* (O Renascimento italiano). Milão: Istituto per gli Studi di Politica Internazionale, 1941.

GIROUD, F. *Alma Mahler*. Rio de Janeiro: Rocco.

GOMBRICH, E. H. *Freud e la Psicologia dell'Arte* (Freud e a psicologia da arte). Turim; Einaudi, 1967.

GOYMARD, J. (org.). *Vienne au Temps de Francis-Joseph* (Viena nos tempos de Francis-Joseph). Paris: Hachette, 1970.

HAUSER, A. *Sociologia dell'Arte* (Sociologia da arte). Turim: Einaudi, 1977.

__________. *A História Social da Arte e da Literatura*. Rio de Janeiro: Martins Fontes, 1995.

HOFSTADTER, D. R. *Godel, Escher, Bach: An Eternal Golden Braid*. Nova York: Basic Books, 1979.

KANDINSKY, W. *Do Espiritual na Arte*. Rio de Janeiro: Martins Fontes, 2000.

KEIM, J. A. *Histoire de la Photographie* (História da fotografia). Paris: Puf, 1970.

KING, R. *Brunelleschi's Dome, The Story of the Great Cathedral in Florence* (A cúpula de Brunelleschi). Nova York: Walker and Company, 2001.

KLIBANSKY, R., PANOFSKY, E. e SAXI, F. *Saturno e la Malinconia* (Saturno e a melancolia). Turim: Einaudi, 1983.

KRIS, E. *Psychoanalytic Explorations in Art* (Pesquisas psicanalíticas sobre a arte). Nova York: International Universities, 1952.

KRIS, E. e KURZ, O. *Die Legende corn Künstler: ein Historischer Versuch*. Viena: Krystall Verlag, 1934.

KRISTELLER, O. P. *Il Sitema Moderno delle Arti* (O sistema moderno das artes). Florença: Alinea, 1985.

KROEBER, A. *Configurations of Culture Growth* (Configurações do desenvolvimento cultural). Berkeley e Los Angeles: University of California Press, 1944.

LEEDY J. J. (org.). *Poetry Therapy* (Terapia da poesia). Filadélfia: Lippincott, 1969.

__________. *Poetry the Healer* (Poesia, a curadora). Filadélfia: Lippincott, 1973.

LE GOFF, J. *La Naissance du Purgatoire* (O nascimento do Purgatório). Paris: Gallimard, 1981.

LEROI-GOURHAN, A. *Le Préhistorie de l'Art Occidental* (A pré-história da arte ocidental). Paris: Mazenod, 1965.

__________. *I più Antichi Artisti d'Europa. Introduzione all'Arte Parietale Paleolitica* (Os mais antigos artistas da Europa). Milão: Jaca Book, 1981.

LEVI MONTALCINI, R. *Creatività Scientifica e Artistica* (Criatividade artística e científica), em vários autores. *Psicologia e Creatività* (Psicologia e criatividade). *Seleções do Reader's Digest*. Milão. 1985.

LUCIE-SMITH, E. *Storia dell'Artigianato* (História do artesanato). Roma e Bari: Laterza, 1984.

MALDONADO, T. *Design Industrial*. Lisboa: Edições 70, 1999.

MANG, K. *Thonet Bugholzmöbel*. Viena: Christian Brandstatter Edition, 1982.

MASSOBRIO, G. e PORTOGHESI, P. *Casa Thonet. Storia dei Mobili in Legno Curvato* (História dos móveis em madeira curvada). Roma e Bari: Laterza, 1980.

MOFFAT, A. *Remembering Charles Rennie Mackintosh. An Illustrated Biography* (Relembrando Charles Rennie Mackintosh). Lanark: Colin Baxter, 1989.

MORRIS, W. *Opere* (Obras). Roma e Bari: Laterza, 1985.

MUNRO, T. *Toward Science in Aesthetics: Selected Essay*. Nova York: The Liberal Arts Press, 1956.

NAHAM, M. C. *The Artist as Creator* (O artista como criador). Baltimore: Johns Hopkins Press, 1956.

NEWHALL, B. *The History of Photography* (História da fotografia). Nova York: The Museum of Modern Art, 1982.

OLIVERIO FERRARIS, A. *Il Significato del Disegno Infantile*. Turim: Boringhieri, 1973.

PANOFSKY, E. *Rinascimento e Rinascenze nell'Arte Occidentale* (Renascimento e Renascença na arte ocidental). Milão: Feltrinelli, 1971.

PETIT, J. *Niemeyer*. Instituto Lima BO, 1998.

PEVSNER. *Academies of Art. Past and Present* (As academias de arte). Cambridge University Press, 1940.

PHILIPSON, M. *Outline of Jungian Aesthetics* (Esboço da estética junguiana). Evanston: Northwestern University Press, 1963.

POLI, F. *Il Sistema dell'Arte Contemporanea* (O sistema de arte contemporânea). Bari: Laterza, 2002.

PRADGER, F. e SCAGLIA, G. *Brunelleschi: Studies of his Technology and Inventions* (Brunelleschi: estudo de suas tecnologias e invenções). Cambridge (Mass.): MIT Press, 1971.

QUASIMODO, S. *Il Poeta e il Politico e Altri Saggi* (O poeta e o político e outros ensaios). Milão: Schwarz, 1960.

READ, H. *Icon and Idea* (Ícone e idéia). Cambridge: Harvard University Press, 1955.

__________. *O Sentido da Arte*. São Paulo: IBRASA.

ROSENBAUM, S. P. *The Bloomsbury Group* (O Grupo de Bloomsbury). Toronto: University of Toronto Press, 1975.

ROTHENBERG, A. *The Creative Process in Art, Science and Other Fields* (O processo criativo na arte). Chicago: University of Chicago Press, 1980.

SANTORO, G. *Il Caso Thonet* (O caso Thonet). Roma: Lo Scaffale, 1966.

SCHWEIGER, W. J. *Wienner Werkstätte, Arte e Artigianato a Vienna* (1903-1932) [Wienner Werkstätte, arte e artesanato em Viena (1903-1932)]. Milão: Edizioni di Comunità, 1983.

SORLIN, P. *Sociologia del Cinema* (Sociologia do cinema). Milão: Garzanti, 1979.

STAROBINSKI, J. *Ritratto dell'Artista da Saltimbanco* (Retrato do artista do saltimbanco). Turim: Boringhieri, 1984.

STRACHEY, J. e STRACHEY, A. *Bloomsbury-Freud*. Londres: Perry Meisel e Walter Kendrick, 1986.

TOLSTÓI, L. N. *Scritti sull'Arte* (Escritos sobre a arte). Turim: Boringhieri, 1964.

TOSI, V. *Il Cinema Prima di Lumière*. Turim: ERI, 1984.

VAN VEGESACK, A. *Das Thonet Buch* (O livro de Tonet). Munique: Bangert Verlag, 1987.

VÁRIOS AUTORES. *Le Arti a Vienna. Dalla Secessione alla Caduta dell'Impero Asburgico* (As artes em Viena. Da secessão à queda do Império de Habsburgo). Veneza: Edizioni La Biennale, Mazzotta, 1984.

VARNEDOE, K. *Vienna 1900. Art, Architecture & Design*. New York: The Museum of Modern Art, 1986.

VASARI, G. *Vite de' più Eccellenti Pittori, Scultori ed Architetti* (Vidas dos mais excelentes pintores, escultores e arquitetos). Milão: Rizzoli, 1943.

VERDONE, M. *L'Operazione Creativa del Film* (A operação criativa do filme). Roma: Officina Edizioni, 1978.

WACKERNAGEL, M. *Der Lebensraum des Kunstlers in der Florentinischen Renaissance: Aufgaben und Auftraggeher, Werkstatt und Kunstmarkt* (O mundo dos artistas no Renascimento florentino). Leipzig: E. A. Seemann, 1938.

WINGLER, H. M. *Il Bauhaus 1919-1933* (A Bauhaus). Milão: Feltrinelli, 1972.

WITTKOWER, R. e WITTKOWER, M. *Born Under Saturn* (Nascidos sob Saturno). Londres: Weidenfeld and Nicolson, 1963.

WOLFF, J. *Sociologia delle Arti* (Sociologia das artes). Bolonha: Il Mulino, 1983.

WOOLF, V. *A Room of One's Own* (Uma sala toda para si). Nova York: Harcourt, Brace, 1929.

CIÊNCIA

ALAND, A. Jr. *L'Impero Umano. La Biologia e le Scienze Sociali* (O império humano. A biologia e as ciências sociais). Milão: Bompiani, 1974.

ANGELA, P. *Viaggi nella Scienza* (Viagem na ciência). Milão: Garzanti, 1983.

BARACCA, A., RUFFO, S. e RUSSO, A. Scienza e Industria, 1848-1915 (Ciência e indústria, 1848 a 1915). Bari: Laterza, 1979.

BARNES, B. *Conoscenza Scientifica e Teoria Sociologica* (Conhecimento científico e teoria sociológica). Nápoles: Liguori, 1979.

__________. *Science in Context: Readings in the Sociology of Science* (Ciência em contexto). Bletchley: The Open University Press, 1982.

BELLONI, L. *Da Fermi a Rubbia. Storia e Politica di un Successo Mondiale della Scienza Italiana* (De Fermi a Rubbia. História e política de um sucesso mundial da ciência italiana). Milão: Rizzoli, 1987.

BEN-DAVID, J. *Scienza e Società. Uno Studio Comparato del Ruolo Sociale dello Scienziato* (Ciência e sociedade. Um estudo comparado do papel social do cientista). Bolonha: Il Mulino, 1978.

BERNAL, J. D. *Storia della Fisica. Dalla Scoperta del Fuoco all'Età Moderna* (História da física. Da descoberta do fogo à Idade Moderna). Roma: Editori Riuniti, 1983.

BEVERIDGE, Ian W. *La Genesi della Scoperta* (A gênese da descoberta). Bari: Laterza, 1987.

BINNIG, G. *Aus dem Nichts* (Do nada). Munique: Piper GmbH & Co., 1989

BISOGNO, P. *Il Ricercatore Oggi in Italia* (Os pesquisadores hoje na Itália). Milão: Angeli, 1978.

BONCINELLI, E. *Genoma: Il Grande Libro dell'Uomo* (Genoma: o grande livro do homem). Milão: Mondadori, 2001.

BOYER, C. B. *História da Matemática*. Edgard Blucher, 1996.

BRIGAGLIA, A. e MASOTTO, G. *Il Circolo Matematico di Palermo* (O Círculo Matemático de Palermo). Bari: Dedalo, 1982.

BROCKMAN, J. *Einstein, Gertrude Stein, Wittgenstein e Frankenstein*. São Paulo: Companhia das Letras, 1988.

CAGLIANO, S. *Dieci Farmaci che Sconvolsero il Mondo* (Dez medicamentos que revolucionaram o mundo). Bari: Laterza, 1989.

CANNAVÒ, L. (org.) *Le Reti di Prometeo. Ambienti, Culture, Valori delle Professioni Scientifico-Tecnologiche* (As redes de Prometeu. Ambientes, cultura, valores das profissões). Milão: Angeli, 1996.

________ (org.). *Studi Sociali della Tecnologia. Metodologie Integrate di Valutazione* (Estudos sociais da tecnologia. Metodologias integradas de avaliação). Roma: EURoma, 1991.

CAPRA, F. *O Tao da Física*. São Paulo: Cultrix, 2000.

CARDWELL, D. *Tecnologia, Scienza e Storia* (Tecnologia, ciência e história). Bolonha: Il Mulino, 1979.

CASINI, P. *Scienza, Utopia e Progresso. Profilo dell'Illuminismo* (Ciência, utopia e progresso. Perfil do Iluminismo). Bari: Laterza, 1994.

CECCATO, S. *Cibernetica per Tutti* (Cibernética para todos). Milão: Feltrinelli, 1979.

CHALMERS, A. F. *O que É a Ciência, Afinal?* Brasília: Brasiliense, 1993.

CIMINO, G., GRMEK, M. D. e SOMENZI V. (org.). *La Scoperta Scientifica* (A descoberta científica). Roma: Armando, 1984.

CLARK, R. W. *Einstein: The Life and Times* (Einstein: a vida e os momentos). Nova York: World, 1971.

COHEN, I. B. *O Nascimento de uma Nova Física*. Lisboa: Gradiva, 1988.

COLOMBO, U. *Energia. Storia e Scenari* (Energia. História e cenários). Roma: Donzelli, 1996.

COTGROVE, S. e BOX, S. *Science, Industry and Society. Studies in The Sociology of Science* (Ciência, indústria e sociedade). Londres: Allen R. Unwin, 1970.

CRANE, D. *Invisible Colleges. Diffusion of Knowledge* (Faculdades invisíveis). Chicago: Scientific Communities, 1972.

CRICK, F. *Life Itself: Its Origin and Nature* [trad. it. *L'Origine della Vita* (A origem da vida). Milão: Garzanti, 1983].

________. *La Folle Caccia. La Vera Storia della Scoperta del Codice Genetico* (A caçada louca. A verdadeira história da descoberta do código genético). Milão: Rizzoli, 1990.

DAUMAS, M. *Esquisse d'une Histoire de la Science Scientifique* (Breve história da vida científica), em *Histoire de la Science* (História da ciência). Paris: Gallimard, 1957.

DELAUNAY, A. *L'Institut Pasteur des Origines a Aujourd'hui*. Paris: Editions France-Empire, 1962.

DERRY, T. K. e WILLIAMS, T. I. *Tecnologia e Civiltà Occidentale* (Tecnologia e civilização ocidental). Turim: Boringhieri, 1968.

DE SANCTIS, R. *La Nuova Scienza a Napoli tra '700 e '800* (A nova ciência em Nápoles nos séculos XVI e XVII). Roma e Bari: Laterza, 1986.

DE SOLLA PRICE, D. J. *Little Science, Big Science* (Pequena ciência, grande ciência). Columbia University Press, 1963.

DICKSON, D. *La Tecnologia Alternativa* (A tecnologia alternativa). Milão: Mondadori, 1977.

DUBOS, R. *Pasteur and Modern Science* (Pasteur e a ciência moderna). Nova York: Doubledays & Co., 1960.

EIDUSON, B. T. *Scientists: Their Psychological World* (Cientistas). Nova York: Basic Books, 1962.

EINSTEIN, A. *Como Vejo o Mundo*. Rio de Janeiro: Nova Fronteira, 2000.

ELIAS, N. *Sobre o Tempo*. Rio de Janeiro: Jorge Zahar Editor, 1998.

FERMI, L. *Atomi in Famiglia* (Átomos em família). Milão: Mondadori, 1965.

FEUER, L. S. *Einstein and the Generation of Science* (Einstein e a geração da ciência). Basic Books, 1974.

__________. *The Scientific Intellectual* (O intelectual científico). Nova York: Basic Books, 1963.

FLECK, L. *Genesi e Sviluppo di un Fatto Scientifico* (Gênese e desenvolvimento de um fato científico). Bolonha: Il Mulino, 1983.

FORTI, U. *Storia della Scienza* (História da ciência). Milão: Dall'Oglio, 1969.

FREELAND JUDSON, H. *The Eighth Day of Creation. The Makers of the Revolution in Biology* (O oitavo dia da criação). Simon & Schuster, 1980.

GARIN, E. *Ciência e Vida Civil no Renascimento Italiano*. São Paulo: UNESP, 1996.

GIROUD, F. *Une Femme Honorable* (Uma mulher honorável). Paris: Librairie Arthème Fayard, 1981.

GLASER, B. C. G. *Organizational Scientists: Their Professional Careers* (Cientistas organizacionais). Indianápolis: Bobbs-Merril, 1964.

HACKING, I. (org.). *Rivoluzioni Scientifiche* (Revoluções científicas). Roma e Bari: Laterza, 1984.

HADAMARD, J. *The Psychology of Invention in the Mathematical Field* (A psicologia da invenção no campo matemático). Princeton: Princeton University Press, 1945.

HAGSTRON, W. *The Scientific Community* (A comunidade científica). Nova York: Basic Books, 1965.

HANSON, N. R. *I Modelli della Scoperta Scientifica* (Os modelos da descoberta científica). Milão: Feltrinelli, 1978.

HARRE, R. *Grandi Esperimenti Scientifici* (Grandes experimentos científicos). Roma: Editori Riuniti, 1983.

HEISENBERG, W. *Fisica e Oltre* (Física e além). Turim: Boringhieri, 1984.

HOFSTADTER, D. R. *Godel, Escher, Bach, Laços Eternos*. Lisboa: Gradia II, 2000.

HOLTON, G. *L'Immaginazione Scientifica. I Temi del Pensiero Scientifico* (A imaginação científica. Os temas do pensamento científico). Turim: Einaudi, 1983.

JUNGK, R. *Heller als Tausend Sonnen. Das Schicksal der Atomforscher* (Os aprendizes de bruxos). Stuttgart: Scherz & Goverts Ferlag.

__________. *Die Grosse Maschine. Auf dern Weg in cine ande* (A grande máquina). Berna e Munique: 1966

KLINE, M. *The Loss of Certainty* (A perda da certeza). Oxford University Press, 1980.

KNORR-CETINA, K. K. *Science Observed* (Ciência observada). Londres: Sage Publication, 1983.

KUHN ,T. S. *A Revolução Copernicana*. Lisboa: Edições 70, 1990.

LACEY, R. L. *The Man and the Machine* (O homem e a máquina). Nova York: Ballantine Books, 1987.

LANDES, D. S. *Revolution in Time* (Revolução no tempo). President and Fellows of Harvard College, 1983.

LATER, B. e WOOLGAR, S. *Laboratory Life. The Social Construction of Scientific Facts* (Vida em laboratório). Londres: Sage, 1979.

LAUDAN, L. *Il Progresso Scientifico* (O progresso científico). Roma: Armando, 1979.

LEVI MONTALCINI, R. *Elogio da Imperfeição*. Studio Nobel, 1991.

LLOYD, G. E. R. *La Scienza dei Greci* (A ciência dos gregos). Bari: Laterza, 1978.

LYNCH, M. *Art and Artifact in Laboratory Science* (Arte e artefatos no laboratório científico). Londres: Routledge & Kegan, 1984.

MAFAI, M. *Il Lungo Freddo. Storia di Bruno Pontecorvo, lo Scienziato che Scelse l'Urss* (O longo frio. História de Bruno Pontecorvo, o cientista que escolheu a União Soviética). Milão: Mondadori, 1992.

MCKAY, A. *The Making of the Atomic Age* (A criação da era atômica). Oxford: Oxford University Press, 1984.

MERTON, R. K. *Teoria e Struttura Sociale* (Teoria e estrutura social). Bolonha: Il Mulino, 1971, v. III.

__________. *The Sociology of Science: Theoretical and Empirical Investigations* (A sociologia da ciência). The University of Chicago Press, 1973.

MULKAY M. *La Scienza e la Sociologia della Conoscenza* (A ciência e a sociologia do conhecimento). Milão: Edizioni di Comunità, 1981.

MUNRO, T. *Toward Science in Aesthetics: Selected Essay*. Nova York: The Liberal Arts Press, 1956.

OLBY, R. *The Path to the Double Helix* (O caminho da hélice dupla). Tucson: University of Arizona, 1974.

PACEY, A. *Vivere con la Tecnologia* (Viver com tecnologia). Roma: Editori Riuniti, 1986.

POINCARÉ, H. *Mathematical Creation* (A criação matemática) em *The Foundation of Science* (1913). Lancaster: The Science Press, 1946.

REGIS, E. *Who Got Einstein's Office?* (Quem se sentou na cadeira de Einstein?). Massachusetts: Addison-Wesley Publishing Company, 1987.

ROSSI, B. *Momenti nella Vita di uno Scienziato* (Momentos na vida de um cientista). Bolonha: Zanichelli, 1987.

ROSSMAN, J. *The Psychology of the Inventor* (A psicologia do inventor). Washington: Inventors Publishing, 1931.

RUBERTI, A. *Tecnologia Domani* (Tecnologia amanhã). Roma e Bari: Laterza, 1985.

SEGRE, E. *Personaggi e Scoperte della Fisica Contemporanea* (Personagens e descobertas da física contemporânea). Milão: Mondadori, 1976.

SIMONTON, D. K. *Scientific Genius. A Psychology of Science* (Gênio científico). Cambridge: Cambridge University Press, 1990.

STATERA, G. *Sociologia della Scienza* (Sociologia da ciência). Nápoles: Liguori, 1978.

SUGIMOTO, K. *Albert Einstein, die Kommentierte Bilddokumentation*. Gräfelfing of München: Verlag Moos & Partner, 1987.

TAYLOR, C. W. e BARRON, F. (org.). *Scientific-Creative: Its Recognition and Development* (Criatividade científica). Nova York: Wiley, 1963.

THE OPEN UNIVERSITY. *La Conoscenza Scientifica. Osservazione e Misura* (O conhecimento científico. Observações e medida). Milão: Mondadori, 1979.

__________. *La Ricerca Scientifica e le Sue Conseguenze Sociali* (A pesquisa científica e as suas conseqüências sociais). Milão: Mondadori, 1980.

VÁRIOS AUTORES. *La Ricerca scientifica e le sue Conseguenze Sociali* (A pesquisa científica e as suas conseqüências sociais). Milão: Mondadori, 1980.

VÁRIOS AUTORES. *Scientific Revolutions* (Revoluções científicas). Oxford University Press, 1981.

VÁRIOS AUTORES. *Scienza e Tecnica* (Ciência e técnica). Milão: Mondadori, 1977.

VEGETTI, M. *Il Coltello e lo Stilo: Animali, Schiavi, Barbari, Donne, alle Origini della Razionalità Scientifica* (A faca e o estilete: animais, escravos, bárbaros, mulheres, nas origens da racionalidade científica). Milão: Il Saggiatore, 1979.

VERGATI, S. *Sociologia delle Comunità Scientifiche. Sistema Normativo e Valori Organizzativi* (Sociologia das comunidades científicas. Sistema normativo e valores organizativos). Roma: Carucci, 1981.

WATSON, J. D. *A Dupla Hélice*. Lisboa: Gradiva, 1994.

WIECHOWSKI, S. *La Storia dell'Atomo* (A história do átomo). Turim: Bompiani, 1966.

WILSON, E. D. *Sociobiology. The New Syntesis* (Sociobiologia. A nova síntese). Cambridge (Mass.): Belknap Press, 1975.

WINOGRAD, T. e FLORES, F. *Understanding Computers and Cognition* (Compreendendo calculadores e conhecimento). Norwood (N. J.): Ablex Publishing Corporation, 1986.

ZIMAN, J. M. *The Force of Knowledge. The Scientific Dimension of Society* (A força do conhecimento). Cambridge: Cambridge University Press, 1976.

__________. *An Introduction to Science Studies. The Philosophical and Social Aspects of Science and Technology* (Uma introdução ao estudo científico). Cambridge: Cambridge University Press, 1984.

ÍNDICE

D

E

I

J

K

CONHEÇA OUTROS IMPORTANTES TÍTULOS DA EDITORA SEXTANTE

DOMENICO DE MASI

O Ócio Criativo

"A sociedade pós-industrial privilegia a produção de idéias, o que por sua vez exige um corpo quieto e uma mente irrequieta. Exige aquilo que eu chamo de 'ócio criativo', o que faz com que nos sintamos livres, fecundos, felizes e em crescimento."

Domenico De Masi

Neste livro, De Masi analisa não só os temas da sociedade pós-industrial, do desenvolvimento sem emprego, da criatividade e do tempo livre, como também as questões da globalização, da feminilização, do declínio das ideologias tradicionais e do novo arranjo de classes.

O autor demonstra uma profunda insatisfação com o modelo social elaborado pelo Ocidente, sobretudo pelos Estados Unidos, centrado na idolatria do trabalho, do mercado e da competitividade. E propõe um novo modelo em que os indivíduos são educados a privilegiar a satisfação de necessidades radicais, como a introspecção, a amizade, o amor, as atividades lúdicas e o convívio.

Coleção Para Ler na Rede
ORGANIZAÇÃO DOMENICO DE MASI

BERTRAND RUSSELL E PAUL LAFARGUE
A Economia do Ócio

Domenico De Masi recorreu a dois "clássicos" para sustentar sua tese de que o Homem chegou a um ponto de inversão de rota. Pela primeira vez, após a civilização grega, o trabalho já não representa mais a categoria geral que explica o papel dos indivíduos e da coletividade. Pela primeira vez, são o tempo livre e a capacidade de valorizá-lo que determinam o nosso destino não só cultural como também econômico.

Neste livro, De Masi selecionou e organizou textos de Bertrand Russell (*O Elogio ao Ócio*) e de Paul Lafargue (*O Direito ao Ócio*), que considera iluminantes. Ele explica que resolveu tratar o ócio sob o perfil econômico porque, sendo um recurso escasso, ele deve ser usado com atenta perícia econômica. Não para reduzi-lo ao extremo, mas para aumentar a sua qualidade e a sua produtividade, em termos de elevação do espírito e de produção da idéias.

A Sextante também publicou na íntegra o livro O *Elogio ao Ócio*, de Bertrand Russell, que reúne quinze ensaios do filósofo, entre eles o que dá nome ao livro.

BALTASAR GRACIÁN
A Arte da Prudência

A *Arte da Prudência*, do filósofo e jesuíta Baltasar Gracián, é um manual que advoga a virtude da prudência e ensina normas essenciais à convivência em sociedade e à sobrevivência em um mundo competitivo e hostil. Escrito há mais de trezentos anos, o livro continua extremamente moderno e atual. Esta edição de A *Arte da Prudência* reúne cento e cinqüenta aforismos selecionados entre os trezentos originais. Cada um deles traz um conselho aplicável a situações concretas.

Tim Sanders
O Amor É a Melhor Estratégia

Ter um trabalho gratificante, ganhar o respeito e a amizade dos colegas, ser capaz de aprender sempre mais, fazer mais negócios, influenciar positivamente as pessoas – estes são os temas de *O Amor É a Melhor Estratégia.*

Tim Sanders apresenta neste livro os três pilares do sucesso e da realização profissional: conhecimento (que você acumula com sua experiência e, principalmente, através da leitura), rede de relacionamentos (os amigos e contatos que já possui, mas que tem de cultivar) e compaixão (o calor humano que é capaz de transmitir aos outros).

Bob Nelson
Faça o que Tem de Ser Feito

"Simples, inteligente e prático, este livro mostra aos empregados como atingir o céu e usar a iniciativa que não sabiam que estava lá. Acreditar no seu potencial é o futuro!"

Dr. Stephen R. Covey, autor de
Os 7 Hábitos das Pessoas Altamente Eficazes

O ambiente competitivo e o mundo globalizado exigem, hoje em dia, que os profissionais corram mais riscos e tenham mais iniciativa no trabalho.

Fazer o que precisa ser feito por sua própria conta, e não apenas seguir ordens, é a marca registrada da excelência profissional.

Com conselhos breves, diretos e surpreendentes, Bob Nelson mostra o que cada um de nós precisa fazer para assumir as rédeas do seu emprego, da sua carreira e da sua vida.

André Trigueiro

Meio Ambiente no Século 21

Neste início do século 21, em que a Humanidade enfrenta o esgotamento acelerado dos recursos naturais do planeta num ritmo sem precedentes na História, 21 autores de renomado prestígio nos meios em que atuam, como Fritjof Capra, Leonardo Boff, Gilberto Gil, Alfredo Sirkis e Carlos Minc, foram desafiados a explicar de forma clara e objetiva como a questão ambiental se insere nas suas respectivas áreas de conhecimento.

O surpreendente resultado está no livro *Meio Ambiente no Século 21*, coordenado pelo jornalista André Trigueiro, com prefácio da Ministra Marina Silva e glossário com verbetes que traduzem o "ecologês" para o grande público.

Margot Morrell e Stephanie Capparell

Shackleton – Uma lição de coragem

Shackleton já foi chamado de "o maior líder que jamais surgiu nesta terra de Deus". Este livro revela com riqueza de detalhes a grandeza do homem que conseguiu transformar sua malsucedida expedição à Antártida numa história de resistência heróica. Ao conduzir todos os seus tripulantes em segurança para casa, depois de quase dois anos isolados no gelo, Shackleton se tornou um exemplo de liderança.

Usando sua lendária aventura como ponto de partida, as autoras Margot Morrell e Stephanie Capparell analisam as estratégias do explorador e suas vitoriosas características de comando – autoridade, integridade, humor e compaixão. Sua história é um relato inspirador sobre como ajudar cada pessoa a alcançar o melhor de si mesma e a realizar o que alguns encaram como tarefa impossível.

Informações sobre os próximos lançamentos

Para receber informações sobre os próximos lançamentos da Editora Sextante, queira entrar em contato com nossa Central de Atendimento, dando seu nome, endereço e telefone para:

Editora Sextante

Rua Voluntários da Pátria, 45 – Gr. 1.404 – Botafogo

22270-000 – Rio de Janeiro – RJ

Tel.: (21) 2286-9944 – Fax: (21) 2286-9244

DDG: 0800-22-6306 (ligação gratuita)

E-mail: atendimento@esextante.com.br

Para saber mais sobre nossos títulos e autores, e enviar seus comentários sobre este livro, visite o nosso site:

www.sextante.com.br

PAPEL CHAMOIS-FINE alcalino

Impresso em papel Chamois Fine Alta Performance Dunas 80g/m² da Ripasa S/A, fabricado em harmonia com o meio ambiente.